中華古籍保護計劃

ZHONG HUA GU JI BAO HU JI HUA CHENG GUO

·成果·

（宋）歐陽修　撰

宋本歐陽文忠公集

第一册

國家圖書館出版社

圖書在版編目(CIP)數據

宋本歐陽文忠公集:全三十册/(宋)歐陽修撰.—北京:國家圖書館出版社,2019.11

(國學基本典籍叢刊)

ISBN 978-7-5013-6439-8

Ⅰ.①宋… Ⅱ.①歐… Ⅲ.①中國文學—古典文學—作品綜合集—北宋 Ⅳ.①I214.412

中國版本圖書館CIP數據核字(2018)第100365號

書　　名　宋本歐陽文忠公集(全三十册)
著　　者　(宋)歐陽修　撰
責任編輯　苗文葉
封面設計　徐新狀

出版發行　國家圖書館出版社(北京市西城區文津街7號　100034)
(原書目文獻出版社　北京圖書館出版社)
010-66114536　63802249　nlcpress@nlc.cn(郵購)
網　　址　http://www.nlcpress.com
印　　裝　北京市通州興龍印刷廠
版次印次　2019年11月第1版　2019年11月第1次印刷

開　　本　880×1230(毫米)　1/32
印　　張　200
書　　號　ISBN 978-7-5013-6439-8
定　　價　600.00圓

《國學基本典籍叢刊》編委會

《國學基本典籍叢刊》前言

國家圖書館出版社（原書目文獻出版社 北京圖書館出版社）成立三十多年來，出版了大量的中國傳統文化典籍。由於這些典籍的出版往往采用叢書的方式或綫裝形式，供公共圖書館和大學圖書館典藏使用，普通讀者因價格較高、部頭較大，不易購買使用。爲弘揚優秀傳統文化，滿足廣大普通讀者的需求，現將經、史、子、集各部的常用典籍，選擇善本，分輯陸續出版單行本。每書之前均加簡要説明，必要者加編目録和索引，總名《國學基本典籍叢刊》。歡迎讀者提出寶貴意見和建議，以使這項工作逐步完善。

編委會

二〇一六年四月

序言

歐陽修（一〇〇七—一〇七二），字永叔，號醉翁，晚號六一居士，廬陵（今屬江西）人。四歲喪父，家境貧寒，母以蘆秆畫地教其識字。宋仁宗天聖八年（一〇三〇）登進士第，授將仕郎、試秘書省校書郎，充西京留守推官。任職期間，與錢惟演、梅堯臣、尹洙、謝絳等詩酒唱和，後人稱之爲洛陽創作群體。景祐元年（一〇三四）召試學士院，授宣德郎、試大理評事，兼監察御史，充鎮南軍節度掌書記、館閣校勘，參與編纂《崇文總目》。景祐三年（一〇三六），因直言爲范仲淹辯護，貶夷陵縣令。次年，量移爲乾德縣令。寶元二年（一〇三九）起復舊官，以鎮南軍節度掌書記權武成軍節度判官廳公事。次年，奉詔還京復職，旋擢太子中允，又改集賢校理。慶曆二年（一〇四二），外放滑州通判。慶曆三年（一〇四三）還京爲太常丞、知諫院，旋以右正言知制誥。慶曆五年（一〇四五），權真定府事。因諫官錢明逸彈劾，貶知滁州。而後歷知揚州、潁州、應天府。皇祐四年（一〇五二），丁母憂，歸潁州守制。至和元年（一〇五四），喪服期滿，權判流内銓，擢翰林學士，兼史館修撰。嘉祐二年（一〇五七）以翰林學士知貢舉，排抑當時科場流行的險怪奇澀之『太學體』，爲科場和文壇帶來平易流暢之新文風。嘉祐三年（一〇五八），以龍圖閣學士權知開封府。嘉祐五年（一〇六〇）官至樞密副使，六年（一〇六一）改任參知政事。神宗時改外任，出知亳州、青州、蔡州等。熙寧四年（一〇七一）以太子太師致仕，居潁州。次年卒，謚文忠。

歐陽修性格剛直張揚，《宋史·歐陽修傳》稱其『天資剛勁，見義勇爲，雖機井在前，觸發之不顧』。仕途經歷四十多年，政治立場鮮明，始終堅持正直爲官、坦蕩做人的原則，以『先憂後樂』的精神關心國事民生，遇事敢言敢做，充分展現了封建社會士大夫以天下爲己任的優良政治品格。然而，歐陽修不是一位出色的政治家，仕途事功成績平平。歐陽修杰出的貢獻在於文化建設方面，如參與編纂《崇文總目》，主持修撰《新唐書》《新五代史》，利用權知貢舉身份滌蕩科場文風等等。

歐陽修生平還有極其豐富的詩詞文賦創作，一直被推尊爲北宋中葉文壇之領袖人物。南宋宰相周必大退歸故里廬陵，率衆收集歐陽修作品，相互編校，定爲《歐陽文忠公文集》一百五十三卷，内含《居士集》五十卷、《外集》二十五卷、《易童子問》三卷、《外制集》三卷、《内制集》八卷、《表奏書啓四六集》七卷、《奏議集》十八卷、《雜著述》十九卷、《集古録跋尾》十卷、《書簡》十卷，另有《附録》五卷。周必大慶元刻本問世之後，歷代翻刻不絶，遂成爲歐陽修文集衆多版本中占主導地位的一百五十三卷系統的祖本。國家圖書館出版社據國家圖書館所藏宋慶元二年

（一一九六）周必大刻本影印出版，收入《國學基本典籍叢刊》中，以饗學界。是本框高二十一點五厘米，寬十五點四厘米。每半葉十行，行十六字，白口，左右雙邊。首尾基本完整，中缺二十五卷（卷三至六、三十八至四十四、六十一至六十三、九十五、一百三十四至一百四十三），配以明鈔本。此本鈐有『乾學』『雙鑑樓收臧宋本』等印記，可證曾爲徐乾學、傅增湘等名家收藏，彌足珍貴。

歐陽修今存詩歌約八百六十餘首，是『宋調』的開創者之一。歐陽修一生奔走仕途，積極發揮『詩言志』的創作功能，抒寫政治懷抱和主張。如《食糟民》《晏太尉西園賀雪歌》《邊户》等等，議論時政，關懷民生，展現詩人之胸襟抱負。歐陽修更多的詩歌是表達宦海風波之喜怒哀樂的多種情感體驗。『廬陵事業起夷陵』（莊有恭詩），歐陽修仕途最初之挫折是貶官夷陵，詩歌中有關宦海浮沉的感慨驟然增多。最爲膾炙人口的《戲答元珍》，在『春風疑不到天涯』之嗟歎憂慮中，却表達了『曾是洛陽花下客，野芳雖晚不須嗟』的樂觀精神，這與宋人仕途相對暢達的經歷相關。幽默樂觀是『宋調』的品質之一，在歐陽修詩歌中已經有很好的表現。仕途順暢之後，歐陽修的咏物詩增多，議論化加强，如嘉祐二年（一〇五七）鎖院創作，『長篇險韻，衆製交作……間以滑稽嘲謔，形於風刺』（《歸田録》卷二），大都是此類咏物之作。通過歐陽修等人的創作努力，宋人『以文字爲詩，以才學爲詩，以議論爲詩』的創作特徵漸漸得以定型。

歐陽修詩文兼善，今存散文五百餘篇，躋身『唐宋八大家』之列。歐陽修早年爲科舉功名，學習『時文』寫作，深知『時文』堆砌怪誕之弊病，拳拳服膺韓愈文章，曾立志『當盡力於斯文』（《歐陽修全集》卷七三《記舊本韓文後》），承繼并弘揚韓愈古文運動之精神。歐陽修進入仕途之後，以畢生的努力實踐著自己的創作主張，其大量的散文創作、排抑『太學體』的作爲，都是這種實踐的具體表現。特别能夠體現其文學成就的是記體散文，如《醉翁亭記》《有美堂記》《豐樂亭記》等等。這些文章，清麗通達，曉暢明白，不僅記載了當地的地理風景、時風民俗，而且將自己仕途顛簸的感慨融入其中，表現了宋代士大夫特有的精神風貌。如『醉翁』形象當然有仕途失意的牢騷，結尾滁人『前者呼，後者應』的游樂景象，又充分證實了『醉翁』之政績，歐陽修的政治自信和樂觀開朗表露無遺。受科舉策文寫作之訓練，歐陽修的政論文觀點鮮明，邏輯嚴密，條理清晰，論説明白，如《朋黨論》《縱囚論》《爲君難論》等。歐陽修識拔的人才王安石、曾鞏、蘇軾、蘇轍、蘇洵等，皆入『唐宋八大家』之列，與歐陽修一起最終奠定了古文牢不可破的地位。蘇軾説北宋當時的評價是『歐陽子，今之韓愈也』（《六一居士集敘》），這是對歐陽修在詩文革新運動中核心地位的充分肯定。

歐陽修存詞近二百四十首。他沿襲『花間』與南唐的傳統，是北宋較早公開謳歌男女情愛的詞人。又以多種題材入詞，爲蘇軾等豪放之作導夫先路。尤其難能可貴的是，歐陽修詞不避俚俗，在現存的近二百四十首詞作中俚俗詞約有七十多首。這些詞淺易明白，生動細膩，與柳永的創作努力方向一致，爲宋詞注入新鮮的生命活力。在詞史上『晏歐』并稱，歐陽修是北宋詞第一個高峰創作期的代表作家。

綜上所述，歐陽修在文學創作領域的貢獻是巨大的，他是北宋文壇第一位文學巨匠。

諸葛憶兵

二〇一八年八月

總目録

第一册

第二册

第三册

第四册

第五册

第六册

第七册

第八册

第九册

第一〇册

第一一册

第一二册

第一三册

第一四册

第一五册

第一六册

第一七册

第一八册

第一九册

第二〇册

第二一册

第二二册

第二三册

第二四册

第二五册

第二六册

第二七册

第二八册

第二九册

第三〇册

第一册目録

據國家圖書館藏宋慶元二年（一一九六）周必大刻本影印原書版框高二十一點五厘米寬十五點四厘米

歐陽文忠公文集總目

居士集五十卷

卷第五　文集五

古詩一十八首

卷第六　文集六

古詩二十五首

卷第七　文集七

古詩二十二首

卷第八　文集八

古詩二十一首

卷第九　文集九

古詩三十首

卷第二十　文集二十

神道碑銘三首

卷第二十一　文集二十一

神道碑銘四首

卷第二十二　文集二十二

神道碑銘二首

卷第二十三　文集二十三

神道碑銘二首

卷第二十四　文集二十四

墓表八首

卷第四十五　文集四十五

通進司上書一首

卷第四十六　文集四十六

準詔言事上書一首

卷第四十七　文集四十七

與人書八首

卷第四十八　文集四十八

策問十二首

卷第四十九　文集四十九

祭文二十首

卷第五十　文集五十

祭文十七首

外集二十五卷

卷第一　文集五十一

樂府七首　古詩四十首

卷第二　文集五十二

古詩二十七首

卷第三　文集五十三

古詩三十首

卷第四　文集五十四

章一首

卷第九　文集五十九

論一十一首　辨二首

卷第十　文集六十

經旨一十三首

卷第十一　文集六十一

神道碑銘一首　墓誌銘六首

卷第十二　文集六十二

墓誌銘六首　石槨銘一首

墓表一首

卷第二　　文集七十七

問答一十五章

卷第三　　文集七十八

問答一章

外制集三卷

卷第一　　文集七十九

敕二首　　制四十七首

卷第二　　文集八十

制五十首

卷第三　　文集八十一

制五十首拾遺一十五首附

内制集八卷

卷第一　文集八十二

詔七首　國書二首

敕書二首　批答一首

口宣一十五首　春帖子詞二十首

青詞七首　密詞一首

齋文三首　祝文五首

功德疏右語一首

卷第二　文集八十三

卷第三　文集八十四

表一首　青詞六首
密詞一首　齋文三首
祝文二首　祭文四首
功德疏右語一首
卷第四　文集八十五
制一首　詔八首
詔敕四首　敕書七首
批答二首　口宣一十三首
青詞五首　密詞二首
齋文一首

卷第五　文集八十六

詔八首　詔勑二首

國書三首　敕書二首

批答一首　口宣一十三首

青詞三首　密詞二首

黙表一首　齋文二首

祝文三首

卷第六　文集八十七

制四首　詔一十一首

國書二首　批答六首

口宣五首　端午帖子二十首

青詞六首　密詞三首

表六首　默表一首

冊文三首

卷第七　文集八十八

制二首　詔一十首

國書二首　勅書四首

批答三首　口宣七首

青詞六首　齋文二首

祝文四首　功德疏語五首

内中御侍賀節詞語二首

卷第八　文集八十九

制三首　詔一十二首

勑書八首　批答六首

口宣二首　表三首

密詞一首　齋文二首

祝文一首　祭文三首

表奏書啓四六集七卷

卷第一　表奏　文集九十

表一十八首　狀五首

劄子十首

卷第八　　文集一百四

劄子十首

狀一首

卷第九　　文集一百五

劄子十首

卷第十　　文集一百六

劄子六首

狀一首

卷第十一　　文集一百七

狀四首

卷第十二　　文集一百八

劄子四首　狀二首

書一首

卷第十三　文集一百九

劄子二首　狀三首

卷第十四　文集一百十

疏一首　狀五首

劄子六首

卷第十五　文集一百十一

劄子十一首　疏一首

書一首

長短句一

卷第十八　文集一百三十二

長短句二

卷第十九　文集一百三十三

長短句三

集古録跋尾一十卷

卷第一　文集一百三十四

周　秦

前漢　後漢

卷第二　文集一百三十五

後漢

卷第三　文集一百三十六

後漢

卷第四　文集一百三十七

魏　吳

晉　宋

齊　南齊

梁　陳

後魏　東魏

北齊　後周

卷第五　文集一百三十八

隋　唐

卷第六　文集一百三十九

唐

卷第七　文集一百四十

唐

卷第八　文集一百四十一

唐

卷第九　文集一百四十二

唐

卷第十　文集一百四十三

唐　五代

書簡一十卷

卷第一　文集一百四十四

五十一首

卷第二　文集一百四十五

五十六首

卷第三　文集一百四十六

四十八首

卷第四　文集一百四十七

傳

卷第四

傳

卷第五

事迹

目录

居士集序

門人翰林學士承　旨左朝奉郎知

制誥兼　侍讀蘇　軾　撰

夫言有大而非夸達者信之衆人疑焉孔子曰天之將喪斯文也後死者不得與於斯文也孟子曰禹抑洪水孔子作春秋而予距楊墨蓋以是配禹也文章之得喪何與於天而禹之功與天地並孔子孟子以空言配之不已夸乎自春秋作而亂臣賊子懼孟子之言行而楊墨之道廢天下以

爲是二字一作是爲固然而不知其功孟子既没有申商韓非之學違道而趣利殘民以厚主其説至陋也而士以是罔其上上之人侥倖一切之功靡然從之而世無大人先生如孔子孟子者推其本末權其禍福之輕重以救其惑故其學遂行秦以是喪天下陵夷至於勝廣劉項之禍死者十八九天下蕭然洪水之患蓋不至此也方秦之未得志也使復有一孟子則申韓爲空言作於其心害於其事作於其事害於其政者必不

至若是烈也使楊墨得志於天下其禍豈減於申韓哉由此言之雖以孟子配禹可也太史公曰蓋公言黃老賈誼晁錯明申韓錯不足道也而誼亦爲之予以是知邪說之移人雖豪傑之士有不免者況衆人乎自漢以來道術不出於孔氏而亂天下者多矣晉以老莊亡梁以佛亡莫或正之五百餘年而後得韓愈學者以愈配孟子蓋庶幾焉愈之後三百有餘年而後得歐陽子其學推韓愈孟子以達於孔氏著禮

樂仁義之實以合於大道其言簡而明信而通引物連類折之於至理以服人心故天下翕然師尊之自歐陽子之存世之不說者譁而攻之能折困其身而不能屈其言士無賢不肖不謀而同曰歐陽子今之韓愈也　宋興七十餘年民不知兵富而教之至天聖景祐極矣而斯文終有愧於古士亦因陋守舊論卑而氣弱自歐陽子出天下爭自濯磨以通經學古爲高以救時行道爲賢以犯顏納說爲忠長育成就

至嘉祐末號稱多士歐陽子之功爲多嗚
呼此豈人力也哉非天其孰能使之歐陽
子沒十有餘年士始爲新學以佛老之似
亂周孔之實識者憂之賴　天子明聖詔
修取士法風厲學者專治孔氏黜異端然
後風俗一變考論師友淵源所自復知誦
習歐陽子之書予得其詩文七百六十六
篇於其子棐乃次而論之曰歐陽子論大
道似韓愈論事似陸贄記事似司馬遷詩
賦似李白此非予言也天下之言也歐陽

子諱脩字永叔既老自謂六一居士云元祐六年六月十五日叙綿本作三年十二月是時任翰林學士

不知其功一作不知其功不可納說一作納諫

居士集目録

卷第一

古詩

步月　八節灘

白傳墳　晚登菩提上方

山槎　石笋

鴛鴦　魚罾

魚鷹

伊川獨遊　同前

三遊洞　景祐四年

下牢溪　同前

蝦蟇碚　同前

黃牛峽祠　同前

送胡學士宿知湖州 同前

哭曼卿 同前

送曇頴歸廬山 同前

送孔秀才遊河北 同前

送黎生下第還蜀 慶曆二年

卷第二

古詩

送楊闢秀才 慶曆三年

送孔生再遊河北 慶曆二年

送慧勤歸餘杭 慶曆三年

讀張李二生文贈石先生 同前

絳守居園池 慶曆四年

晉祠 同前

登絳州富公嵩巫亭 同前

水谷夜行寄子美聖俞 同前

病中代書寄聖俞 慶曆五年

鎮陽殘杏 同前

班班林間鳩 同前

暮春有感 同前

洛陽牡丹圖 慶曆二年

鎮陽讀書 慶曆五年
留題鎮陽潭園 同前
讀蟠桃詩寄子美 同前
初伏日招王幾道小飲 同前
白髮 同前
永陽大雪 同前
送章生東歸 慶曆六年

卷第三

古詩

啼鳥 慶曆六年

遊瑯琊山 慶曆六年

讀徂徠集 慶曆六年

大熱二首 同前

幽谷泉 同前

百子坑賽龍 同前

憎蚊 同前

重讀徂徠集 慶曆七年

汝癭答仲儀 同前

滄浪亭 同前

寶劍

秋晚凝翠亭 慶曆六年

菱溪大石 同前

送姜秀才遊蘇州 寶元元年

送孫秀才 慶曆六年

新霜二首 同前

豐樂亭小飲 慶曆七年

四月九日幽谷見緋桃盛開 同前

秋懷二首寄聖俞 同前

希真堂東手種菊花十月始開 同前

拒霜花 同前

懷嵩樓晚飲示徐無黨無逸 同前

瑯琊山六題 同前

歸雲洞　瑯琊谿

石屏路　班春亭

庶子泉　惠覺方丈

卷第四

古詩

贈無為軍李道士二首 慶曆七年

拜赦 慶曆七年

彈琴效賈島體

酬學詩僧惟晤

别後寄聖俞 慶曆七年

紫石屏歌 同前

聚星堂前紫薇花 皇祐二年

獲麟贈姚闢先輩 皇祐元年

喜雨 皇祐二年

飛蓋橋翫月 皇祐元年

竹閣亭 皇祐二年

答吕公著見贈 皇祐元年

送滎陽魏主簿

青松贈林國華慶曆八年

人日聚星堂燕集探韻得豐字皇祐二年

檄覽

鸜鵒螺

食糟民

送焦千之皇祐元年

伏日贈徐焦二生同前

寄生槐皇祐二年

韓公閲古堂皇祐元年

永州萬石亭同前

卷第五

古詩

答原父 皇祐二年

蟲鳴

答子華學士安撫江南見寄 皇祐二年

送張洞推官赴永興經略司 同前

寄聖俞 同前

有馬示徐無黨 至和元年

天辰

再和聖俞見答 皇祐二年

感春雜言 同前

廬山高贈劉中允渙歸南康 皇祐三年

送徐生之澠池 至和元年

葛氏鼎

太白戲聖俞

邊戶

梅聖俞寄銀杏 至和元年

與子華原父小飲坐中寄同州江十

學士休復 同前

述懷 同前

和劉原父澄心紙 至和二年

卷第六

古詩

奉使契丹道中答劉原父桑乾河見寄之作 至和二年

書素屏 同前

馬齧雪 同前

風吹沙 同前

重贈劉原父 嘉祐元年

贈沈遵 同前

答聖俞 同前

感興五首 同前

吴學士石屏歌 同前

初食車螯 同前

送裴如晦之吴江 同前

盤車圖 同前

答聖俞莫登樓 嘉祐二年

答聖俞莫飲酒 同前

思白兔雜言答梅公儀憶鶴之作 同前

戲答聖俞 同前

和梅龍圖公儀謝鷴 同前

和聖俞感李花 同前

折刑部海棠戲贈聖俞二首 同前

刑部看竹效孟郊體 同前

卷第七

古詩

贈沈遵博士歌 嘉祐二年

和聖俞李侯家鴨脚子 同前

送吴生南歸 嘉祐五年

樂哉襄陽人送劉太尉從廣 嘉祐二年

奉酬揚州劉舍人原父見寄 同前

西齋菊花過節始開偶書呈聖俞 同前

於劉功曹家聽楊直講褒女奴彈琵琶戲作呈聖俞 同前

長句送子履學士赴宿州 同前

送公期得假歸絳 嘉祐三年

送宋次道學士赴太平州 同前

謝王尚書舉正惠西京牡丹 同前

送朱職方提舉運鹽 同前

嘗新茶呈聖俞 同前

所覽雜記并簡聖俞之作 同前

卷第八

古詩

有贈端溪緑石枕蘄州竹簟呈原父聖俞 嘉祐四年

夜聞風聲有感呈原父聖俞 同前

答聖俞大雨見寄 嘉祐二年

答聖俞白鸚鵡雜言 嘉祐四年

清明風雨三日不出因書所見呈聖俞 同前

答原父見過寵示之作 嘉祐五年

會飲聖俞家有作兼呈原父景仁聖從 嘉祐四年

依韻酬聖俞見贈之作 同前

小飲坐中贈別祖擇之赴陝府 同前

奉答聖俞達頭魚之作 嘉祐三年

送刁紡推官歸潤州 嘉祐四年

夜坐彈琴有感呈聖俞

二月雪 嘉祐五年

歸田四時樂春夏二首 嘉祐三年

明妃曲和王介甫作 嘉祐四年

盆池 同前

再和明妃曲 同前

奉送原父侍讀出守永興 嘉祐五年

哭聖俞 同前

卷第九

古詩

寄題劉義叟家園效聖俞體

西齋小飲贈别沖卿學士 嘉祐五年

答原父九月八日見過會飲之作 同前

答梅公儀歸鴈亭長韻 嘉祐元年

寄題洛陽張少卿靜居堂 嘉祐六年

鬼車 同前

讀書 同前

感二子 嘉祐■年

鶡鴂詞 同前

初食鷄頭有感 同前

雙井茶 同前

贈李士寧 治平四年

明妃小引

感事四首

新春有感寄常吏甫 熙寧元年

昇天檜 同前

憶焦陂 同前

贈許道人 同前

送龍茶與許道人 同前

馴鹿

留題齊州舜泉 熙寧元年

山齋戲書絶句二首 熙寧三年

嘲少年惜花 熙寧二年

出郊見田家蠶麥已成有感 熙寧■年

射生戶 熙寧■年

戲石唐山隱者 熙寧■年

卷第十

律詩

送王汲宰藍田 景祐元年

徽安門曉望

送孟都官知蜀州

南征回京至界上驛先呈城中諸友 明道二年

逸老亭

廣愛寺

弔黄學士鑑三首 明道元年

雨後獨行洛北 同前

陪府中諸官遊城南 同前

智蟾上人遊南嶽 天聖九年

送左殿丞入蜀

秋郊曉行

被牒行縣因書所見呈僚友 明道元年

過緱氏縣作 同前

又行次作 同前

送梅秀才歸宣城

鞏縣陪祭獻懿二后回孝義橋道中作　明道二年

送謝學士歸闕　同前

河南王尉西齋　明道元年

張主簿東齋　同前

留守相公禱雨九龍祠應時獲澍呈府中同僚　同前

春日獨遊上林院後亭見櫻桃花寄希深聖俞　景祐元年

獨至香山憶謝學士 同前

春晚同應之至普明寺小飲

黄河八韻寄聖俞 明道二年

和應之登廣愛寺閣寄聖俞 同前

晚過水北

罷官西京回寄河南張主簿 景祐元年

寄西京張法曹 同前

離彭婆值雨投臨汝驛回寄張九屯

田司録 同前

朱家曲

行至椹澗作景祐元年

送謝希深學士北使同前

送賈推官赴絳州景祐二年

送張如京知安肅軍同前

送威勝軍張判官同前

送同年史褒之武功尉

送祝熙載之東陽主簿景祐元年

鄭十一先輩赴四明幕同前

送丁元珍峽州判官同前

送楚建中穎州法曹同前

送王尚恭隰州幕　同前

送王尚喆三原尉　同前

送餘姚陳寺丞

送廖八下第歸衡山　景祐元年

夏侯彦濟武陟尉　同前

遠山

宋宣獻公挽歌詞三首　康定元年

初出真州泛大江作　景祐三年

江行贈鴈　同前

松門　景祐四年

下牢津 同前

龍溪 同前

勞停驛 同前

黃溪夜泊 同前

望州坡 景祐三年

卷第十一

律詩

初至夷陵答蘇子美見寄 景祐三年

冬至後三日陪丁元珍遊東山寺 同前

送前巫山宰吳殿丞 同前

龍興寺小飲呈表臣元珍同前

縣舍不種花因戲書景祐四年

至喜堂北軒手植楠木呈元珍表臣同前

戲答元珍同前

初晴獨遊東山寺同前

夷陵歲暮書事呈元珍表臣景祐三年

夷陵書事寄謝三舍人景祐四年

戲贈丁判官同前

寄梅聖俞同前

離峽州後回寄元珍表臣寶元元年

再至西都慶曆四年

過錢文僖公白蓮莊同前

謝公挽詞三首康定元年

愁牛嶺

寄子山待制二絶慶曆五年

寄秦州田元均同前

送沈待制陜西都運同前

欒城遇風效韓孟聯句體同前

過中渡二首同前

自河北貶滁州初入汴河聞鴈同前

自勉 慶曆五年

席上送劉都官 同前

又寄劉都官

書王元之畫像側 慶曆六年

送京西提刑趙學士 同前

寄題宜城縣射亭 同前

豐樂亭遊春三首 慶曆七年

謝判官幽谷種花 同前 一云六年

畫眉鳥

懷嵩樓新開南軒與郡僚小飲 慶曆七年

送張生同前

田家

別滁慶曆八年

答謝判官獨遊幽谷見寄同前

招許主客同前

金鳳花

鷺鷥

野鵲

木芙蓉

樵者

卷第十二

律詩

酬張器判官泛溪

西園石榴盛開

西湖戲作示同遊者皇祐元年

夢中作

贈歐世英皇祐元年

送楊君之任永康

上太傅杜相公二首皇祐二年

太傅杜相公索聚星堂詩謹成同前

和太傅杜相公寵示之作同前

杜相公有答兗州待制之句其卒章

云獨無風雅可流傳因輒成 同前

依韻答杜相公寵示之作 皇祐三年

依韻和杜相公喜雨 同前

謝太傅杜相公寵示嘉篇 同前

答杜相公寵示去思堂詩 同前

答太傅相公見贈長韻 同前

借觀五老詩次韻爲謝 同前

答杜相公惠詩 同前

去思堂手植雙柳今已成陰因而有感 至和元年

和陸子履再遊城西李園 至和二年

內直對月奉寄子華舍人持國廷評 同前

答子華舍人退朝小飲官舍 同前

內直晨出便赴奉慈齋宮馬上口占 同前

景靈朝謁從駕還宮 至和元年

憶滁州幽谷

和韓學士襄州聞喜亭置酒

寄題梅龍圖滑州溪園 嘉祐元年

奉使道中五言長韻 至和二年

奉使契丹初至雄州 同前

奉使契丹回出上京馬上作同前

送渭州王龍圖同前

李留後家聞箏坐上作

送鄆州李留後

子華褉直未滿遽出館伴遂當輪宿

輒成嘉祐二年

禮部貢院閱進士就試同前

和梅聖俞元夕登東樓同前

再和同前

又和同前

憶鶴呈公儀同前

答王禹玉見贈同前

答王内翰范舍人同前

戲答聖俞持燭之句同前

小桃同前

戲書同前

春雪同前

和梅公儀嘗茶同前

和較藝書事同前

和公儀贈白鷴同前

卷第十三

律詩

時會堂二首　春貢亭

竹西亭　崑丘臺

蒙谷

内直寄聖俞博士至和[illegible]年

送梅龍圖公儀知杭州嘉祐二年

送沈學士康知常州同前

聖俞監印南宫試卷因思去歲同在

禮闈有感兼簡子華景仁嘉祐三年

答聖俞歲日書事嘉祐四年

夜聞春風有感寄子華長文景仁同前

病告中懷子華原父 同前

酬長文出城見示之句 同前

唐崇徽公主手痕和韓内翰子華 同前

答和閣老劉舍人雨中見寄 嘉祐五年

寄閣老劉舍人 同前

詳定幕次呈同舍 嘉祐四年

禁中見鞓紅牡丹 同前

和江鄰幾學士桃花 同前

送襄陵令李君 同前

景靈宫致齋 同前

夏享太廟攝事齋宮聞鸎寄原甫 同前

送王平甫下第 同前

對雪十韻 同前

和武平學士歲晚禁直書懷 同前

答西京王尚書寄牡丹 嘉祐六年

應制賞花釣魚 同前

清明賜新火 同前

明堂慶成 嘉祐七年

羣玉殿賜宴 同前

永昭陵挽詞三首 嘉祐八年

續作五首同前

赴集禧宫祈雪追憶從　先皇駕幸

有感同前

夜宿中書東閤同前

送王學士赴兩浙轉運同前

早朝治平元年

下直同前

齋宫有殘雪思作學士時有聞鶯詩

寄原父有感四首同前

攝事齋宫偶書同前

早朝感事同前

集禧謝雨同前

下直呈同行三公同前

東閣雨中同前

四月十七日景靈宫奉迎　仁宗御容有感治平二年

卷第十四

律詩

馬上默誦聖俞詩有感治平二年

定力院七葉木同前

秋陰同前

秋懷同前

初寒同前

寄渭州王仲儀龍圖同前

崇政殿試賢良晚歸同前

聞潁州通判知郡唱和因以奉寄同前

南郊慶成同前

和昭文相公上巳賜宴治平三年

三日赴宴口占同前

讀楊蟠章安集同前

蘇主簿洵挽歌 同前

寄題沙溪寶錫院 嘉祐五年

宋司空挽詞 治平三年

感事 治平四年

永厚陵挽歌詞三首 同前

答子履學士見贈之作 同前

送張職方知道州 同前

再至汝陰三絶 同前

郡齋書事寄子履 同前

答子履見寄 同前

寄棗人行書贈子履 同前

贈隱者 同前

戲書示黎教授 同前

書懷 同前

渦河龍潭

遊太清宮出城馬上口占 熙寧元年

太清宮燒香 同前

謝提刑張郎中寄筇竹杖 治平四年

答黎教授二首 同前

寄許道人 熙寧元年

酬扶溝周職方録示白鶴宫詩 同前

曉發齊州道中二首 同前

表海亭 同前

歲晚書事 同前

謁廟馬上有感 同前

毬場看山 同前

殘臘 同前

歲暮書事 同前

聞沂州盧侍郎致仕有感 同前

春晴書事 熙寧二年

遊石子澗 同前

讀易 同前

水磨亭子 同前

寄題相州榮歸堂 熙寧三年

晝錦堂 同前

觀魚軒 同前

狎鷗亭 同前

休逸臺 同前

青州書事 熙寧二年

留題南樓二絶 同前

答和王宣徽

答和吕侍讀 熙寧四年

答子履見寄之作 熙寧三年

謝景平挽詞 熙寧四年

答資政邵諫議見寄二首 同前

卷第十五

賦

黄楊樹子賦 景祐三年

鳴蟬賦 嘉祐元年

秋聲賦 嘉祐四年

病暑賦 同前

憎蒼蠅賦 治平三年

雜文

醉翁吟 嘉祐元年

山中之樂

雜說三首

卷第十六

論

正統論三首 康定元年

或問一首

卷第十七

論

本論二首 慶曆二年

朋黨論 慶曆四年

魏梁解論

爲君難論二首 慶曆二年

卷第十八

經旨

易或問三首 景祐四年

明用一首 同前

春秋論三首 同前

春秋或問二首 同前

泰誓論 同前

縱囚論 康定元年

辯

怪竹辯 康定元年

卷第十九

詔冊

請皇太后權同聽政詔 嘉祐八年

皇太后還政議合行典禮詔 同前

賜大宗正司詔 治平元年

賜夏國詔書 治平元年

英宗遺制 治平四年

尊皇太后册文 治平二年

卷第二十

神道碑銘

金部郎中贈兵部侍郎閻公象神道碑銘 寶元元年

太子太師致仕贈司空文惠陳公堯佐神道碑銘 慶曆四年

資政殿學士戸部侍郎文正范公仲淹神道碑銘至和元年

卷第二十一

神道碑銘

戸部郎中贈右諫議大夫曽公致堯神道碑銘慶曆六年

度支郎中天章閣待制王公質神道碑銘至和元年

袁州宜春縣令贈太師冀國程公元白神道碑銘至和二年

鎮安軍節度使同平章事贈中書令

程公琳神道碑銘嘉祐四年

卷第二十二

神道碑銘

太尉文正王公旦神道碑銘至和二年

觀文殿大學士贈司空晏公殊神道

碑銘同前

卷第二十三

神道碑銘

忠武軍節度使同平章事武恭王公

德用神道碑銘 嘉祐三年

工部尚書贈刑部尚書余襄公靖神道碑銘 治平四年

卷第二十四

墓表

石曼卿延年墓表 慶曆元年

尚書屯田員外郎李君仲芳墓表 寶元元年

内殿崇班薛君塾墓表 慶曆元年

連處士舜賓墓表 慶曆八年

尚書屯田員外郎張君谷墓表 至和二年

龍武將軍薛君睦墓表至和元年

永春縣令歐君慶墓表天聖[illegible]年

河南府司録張君汝士墓表嘉祐二年

卷第二十五

墓表

屯田員外郎贈兵部員外郎錢君冶

墓表至和二年

太常博士周君堯卿墓表皇祐五年

左班殿直贈右羽林軍將軍唐君拱

墓表嘉祐四年

胡先生瑗墓表 嘉祐六年

瀧岡阡表 熙寧三年

集賢校理丁君寶臣墓表 熙寧元年

卷第二十六

墓誌銘

虞部員外郎尹公仲宣墓誌銘 寶元元年

知制誥謝公絳墓誌銘 康定元年

資政殿學士戶部侍郎簡肅薛公奎墓誌銘 寶元元年

度支員外郎張君思墓誌銘 嘉祐四年

卷第二十七

墓誌銘

翰林侍讀學士給事中梅公詢墓誌銘　慶曆二年

都官員外郎歐陽公曄墓誌銘　慶曆四年

句容縣令贈兵部員外郎王公代恕墓誌銘　同前

張子野先墓誌銘　康定元年

孫明復復墓誌銘　嘉祐二年

卷第二十八

墓誌銘

蔡君山高墓誌銘 慶曆三年

黃夢升注墓誌銘 同前

大理寺丞狄君栗墓誌銘 慶曆五年

薛質夫直孺墓誌銘 寶元二年

隴城縣令贈太常博士呂君士元墓誌銘 慶曆八年

尹師魯洙墓誌銘 同前

卷第二十九

墓誌銘

主客郎中劉君立之墓誌銘 皇祐二年

翰林侍讀學士右諫議大夫楊公偕

墓誌銘 皇祐三年

供備庫副使楊君琪墓誌銘 皇祐三年

太子中舍王君汲墓誌銘 康定元年

工部郎中歐陽君載墓誌銘 嘉祐二年

少府監分司西京裴公德谷墓誌銘 同前

卷第三十

墓誌銘

翰林侍讀學士右諫議大夫贈工部

卷第三十一

墓誌銘

太子中舍梅君讓墓誌銘皇祐元年

湖州長史蘇君舜欽墓誌銘嘉祐元年

翰林侍讀學士王公洙墓誌銘嘉祐二年

卷第三十二

墓誌銘

尚書户部侍郎參知政事贈右僕射

文安王公堯臣墓誌銘嘉祐四年

資政殿大學士尚書左丞贈吏部尚

書正肅吴公育墓誌銘同前

鎮潼軍節度觀察留後李公端懿墓

誌銘 嘉祐五年

卷第三十三

墓誌銘

尚書工部郎中天章閣待制許公元墓誌銘 嘉祐二年

尚書刑部郎中天章閣待制孫公甫墓誌銘 嘉祐五年

梅聖俞 堯臣 墓誌銘 嘉祐六年

江鄰幾 休復 墓誌銘 同前

卷第三十四

墓誌銘

尚書駕部員外郎致仕薛君長孺墓誌銘治平三年

國子博士薛君良孺墓誌銘同前

徂徠石先生介墓誌銘治平二年

文安縣主簿蘇君洵墓誌銘治平四年

贈太子太傅胡公宿墓誌銘同前

卷第三十五

墓誌銘

永州軍事判官鄭君平墓誌銘慶曆四年

端明殿學士蔡公襄墓誌銘熙寧元年

集賢院學士劉公敞墓誌銘熙寧二年

零陵縣令贈都官員外郎吴君舉墓

碣銘嘉祐三年

卷第三十六

墓誌銘

南陽縣君謝氏墓誌銘慶曆五年

萬壽縣君徐氏墓誌銘同前

長沙縣君胡氏墓誌銘

長壽縣太君李氏墓誌銘慶曆八年

廣平郡太君張氏墓誌銘 嘉祐元年

渤海縣君高氏墓碣 同前

北海郡君王氏墓誌銘 嘉祐五年

長安郡太君盧氏墓誌銘 治平四年

卷第三十七

墓誌銘

皇從姪衛州防禦使遂國公宗顏墓誌銘 嘉祐五年

皇從姪筠州團練使安陸侯宗訥墓誌銘 同前

皇從姪右領軍衛大將軍博平侯世融
墓誌銘同前

皇從姪康州刺史高密侯宗師墓誌
銘同前

皇從姪右監門衛將軍廣平侯宗沔
墓誌銘同前
皇從姪右監門衛將軍世衡墓誌銘同前

皇從孫右屯衛大將軍武當侯世宣
墓誌銘同前
安陸侯夫人長樂郡君賈氏墓誌銘同前

雍國太夫人馮氏墓誌銘同前

東萊侯夫人平原郡夫人米氏墓誌

銘同前

韓國公夫人太寧郡君慕容氏墓誌銘同前

右監門衛將軍夫人李氏墓誌銘同前

右監門衛將軍夫人金堂縣君錢氏

墓誌銘同前

右監門衛將軍夫人武昌縣君郭氏

墓誌銘同前

右監門衛將軍夫人東陽縣君鄭氏

墓誌銘 同前

右屯衛將軍夫人永安縣君慕容氏墓誌銘 同前

右監門衛將軍夫人周氏墓誌銘 同前

卷第三十八

行狀

户部侍郎贈兵部尚書蔡公齊行狀 寶元二年

司封員外郎許公逖行狀 同前

卷第三十九

記

泗州先春亭記 景祐三年
夷陵縣至喜堂記 同前
峽州至喜亭記 景祐四年
御書閣記 慶曆二年
畫舫齋記 慶曆二年
王彦章畫像記 慶曆三年
穀城縣夫子廟記 寶元元年
吉州學記 慶曆四年
豐樂亭記 慶曆六年
醉翁亭記 慶曆[illegible]年

卷第四十

記

菱谿石記 慶曆六年

海陵許氏南園記 慶曆八年

真州東園記 皇祐三年

浮槎山水記 嘉祐三年

有美堂記 嘉祐四年

晝錦堂記 治平二年

仁宗御飛白記 治平四年

峴山亭記 熙寧三年

序

韻總序

送楊寘序 慶曆七年

送曾鞏序 慶曆二年

送田畫秀才寧親萬州序 景祐四年

謝氏詩序 同前

送張唐民歸青州序 慶曆二年

送王陶序

孫子後序

梅聖俞詩集序 慶曆六年

卷第四十三

序

卷第四十四

序

傳

卷第四十五

書

通進司上書康定元年

卷第四十六

書

準詔言事上書慶曆二年

卷第四十七

書

答陝西安撫范龍圖辭辟命書康定元年

答李詡書二首

與荆南樂秀才書景祐四年

答吴充秀才書康定元年

上杜中丞論舉官書景祐二年

與曾鞏論氏族書慶曆六年

答宋咸書至和二年

卷第四十八

策問

武成王廟問進士策二首慶曆二年

問進士策三首

南省試進士策問三首嘉祐二年

問進士策四首

卷第四十九

祭文

求雨祭文 寶元元年

求雨祭漢景帝文 同前

祭桓侯文 景祐四年

北嶽廟賽雨祭文 慶曆五年

修城祈晴祭五龍文 慶曆七年

又祭城隍神文 同前

祈晴祭城隍神文 同前

祭蘇子美文 同前

祭鄭宣徽文

皇考焚黄祭文

卷第五十

祭文

祭程相公文 嘉祐元年

祭資政范公文 皇祐四年

祭杜祁公文 嘉祐二年

祭吴尚書文 嘉祐三年

祭梅聖俞文 嘉祐五年

焚黄祭文三首 嘉祐七年

祭宋侍中文 治平■年

英宗皇帝靈駕發引祭文 治平四年

祭石曼卿文 治平四年

祭胡太傅文 同前

祭劉給事文 熙寧元年

祭丁學士文 治平四年

祭吴大資文 嘉祐三年

祭蔡端明文 治平四年

青州求晴祭文 熙寧二年

居士集目録卷終

居士集卷第一　歐陽文忠公集一

古詩三十八首

顏跖

顏回飲瓢水陋巷卧曲肱盜跖馘人肝九州恣橫行回仁而短命跖壽死免兵愚夫仰天呼禍福豈足憑跖身一腐鼠死朽化無形萬世尚遭戮筆誅甚刀刑思其生所得豺犬飽臭腥顏子聖人徒生知自誠明惟其生之樂豈減跖所榮死也至今在光輝一作輝光如日星譬如埋金玉不耗精與英

生死得失間較量誰重輕善惡理如此毋尤天不平

猛虎

猛虎白日行心閑貌揚揚當路擇人肉羆（一作熊）豬不形相頭垂尾不掉百獸自然降暗禍發所忽有機埋路傍徐行自踏之機飛矢穿腸怒吼震林丘瓦落兒墮床已死不敢近目睛射餘光虎勇（一作猛）恃其外爪牙利鉤鋸人形雖羸弱智巧（一作巧智）乃中藏恃外可摧折藏中難測量英心多決烈自

信不猜防老狐足姦計安居（一作身安）穴垣墻
窮冬聽冰渡思慮豈不長引身入扱中將
死猶跳踉狐姦固堪笑虎猛誠可傷

仙草

世說有仙草得之能隱身仙書已怪妄此
事況無文嗟爾得從誰不辨僞與真持行
入都市自謂術通神白日攫黄金磊落揀
奇珍旁人掩口笑縱汝暫懽忻汝方矜所
得謂世盡盲昏非人不見汝乃汝不見人

遊龍門分題十五首

上山

躡蹻上高山探險慕幽賞初驚澗芳早忽望巖扉啟林窮路已迷但逐樵歌響

下山

行歌翠微裏共下山前路千峯返照外一鳥投巖去渡口晚無人繫舸芳洲樹

石樓

高灘復下灘風急刺舟難不及樓中客徘徊川上山一作山上看一作山上山夕陽洲渚遠唯見

白鷗飛

上方閣

聞鐘渡（一作動）寒水共步尋雲嶂還隨孤鳥下却望層林上清梵遠猶聞日暮空（一作千）山響

伊川泛舟

春谿漸生溜演漾迴舟小沙禽獨避人飛去青林杪

宿廣化寺

橫槎渡深澗披露採香薇樵歌雜梵響共向松林歸日落寒山慘浮雲隨客衣

自菩提步月歸廣化寺
春巖瀑泉響夜久山已寂明月淨松林千
峯同一色
八節灘
亂石瀉溪流跳波濺如雪往來川上人一作寒川上
朝暮愁灘闊更待浮雲散孤舟弄明
月
白傅墳
芳荃奠蘭酌共弔松林裏溪口望山椒但
見浮雲起

晚登菩提上方

野色混晴嵐蒼茫辨煙樹行人下山道猶向都門去

山樣

古木卧山巔危根老盤石山中苦霜霰歲久無春色不如嵓下桂開花獨留客

石笋

巨石何亭亭孤生此巖側白雲與翠霧誰見琅玕色惟應山鳥飛百轉時來息

鸑鷟

畫舷一作船鳴兩槳日暮芳洲路泛泛風波

鳥雙雙弄紋羽愛之欲移舟漸近還飛去

魚一作漁罾

春水弄春沙蕩漾流不極笭箵苦難滿終

日沙頭客向暮卷空罾棹歌菱浦北

魚鷹

日色弄晴一作清川時時錦鱗躍輕飛若下

韝豈畏風灘惡人歸晚渚靜獨傍漁舟落

伊川獨遊

東郊漸微緑驅馬忻獨往梅繁野渡晴泉

落春山響身閑愛物外趣遠諧心賞歸路

逐樵歌落日寒川上

三遊洞 一本作夷陵九詠一三遊洞二下牢溪三蝦蟇碚四黄牛峽祠五龍溪六黄溪夜泊七黄牛峽祠八松門九下牢津居士集本古律各從其類今從之

漾檝泝清川捨舟緣翠嶺探奇冒層嶮因以窮人境弄舟一作川終日愛雲山徒見青蒼杳靄閒誰知一室煙霞裏乳竇雲腴凝石髓蒼崖一徑横查渡翠壁千尋當户起昔人心賞爲誰留人去山阿跡更幽青蘿

綠桂何岑寂山鳥嘐嘐不驚客松鳴澗底

自生風月出林間來照席仙境難尋復易

迷山回路轉幾人知惟應洞口春花落流

出巖前百丈谿

下牢溪 即下牢溪也

隔谷聞溪聲尋溪度橫嶺清流涵白石靜

見千峯影巖花無時歇翠栢欝何整安能

戀潺湲俯仰弄雲景

蝦蟇碚 今土人寫作背字音佩

石溜吐陰崖泉聲蒲空谷能邀弄泉客繫

舸留巖腹陰精分月窟水味標茶錄共約
試春芽槍旗幾時綠

黃牛峽（一本無峽字）祠

大川雖有神（一作固神靈）淫祀亦其（一作本風）俗石
馬繫祠門山鵶噪叢木潭潭村鼓隔溪聞
楚巫歌舞送迎神畫船百丈山前路上灘
下峽長來去江水東流不暫停黃牛千古
長如故峽山侵天起青嶂崖崩路絕無由
上黃牛不下江頭飲行人惟向舟中望朝
朝暮暮（一作行行終日）見黃牛徒使行（一作誰使人）人

過此愁山高更遠望猶見不是黄牛灘一作中滯客舟語曰朝見黄牛暮見黄牛一朝一暮黄牛如故言江惡難行久不能過也

千葉紅梨花峽州署中舊有此花前無賞者知郡朱郎中始加欄檻命坐客賦之

紅梨千葉愛者誰白髮郎官心好奇徘徊繞樹不忍折一日千匝看無時夷陵寂寞千山裏地遠氣偏時節異愁煙苦霧少芳菲野卉蠻花鬬紅紫可憐此樹生此處高枝絶一作紅艷無人顧春風吹落復吹開山

鳥飛來自飛去根盤樹老幾經春眞賞今
纔遇使君風輕絳雪罇前舞日暖繁香露
下聞從來奇物產天涯安得移根植帝家
猶勝張騫爲漢使辛勤西域徙榴花

金雞五言十四韻

蠻荆鮮人秀厥美爲物惟禽鳥得之多山
雞稟其粹衆綵爛成文眞色不可繪仙衣
霓紛披女錦花綷綵輝華日光亂眩轉目
睛憊高田啄秋粟下澗飲寒瀨清唳或相
呼舞影還自愛豈知文章累遂使網羅掛

及禍誠有媒求友反遭責有身乃吾患斷
尾亦前戒不羣世所驚甚美衆之害稻粱
雖云厚樊縶豈爲泰山林歸無期羽翮日
已鎩用晦有前言書之可爲誡

和丁寶臣遊甘泉寺 寺在臨江一山上與縣廨相對

江上孤峯蔽綠蘿縣樓終日對嵯峨叢林
已廢姜祠在事迹難尋楚語訛 寺有清泉一泓俗傳爲姜詩泉亦有姜詩祠案詩廣漢人疑泉不在此 空餘一派寒巖
側澄碧泓渟涵玉色野僧豈解惜清泉蠻

俗那知爲勝迹西陵老一作縣令好尋幽時共登臨向此遊歆危一逕穿林樾盤石蒼苔留客歌山深雲日變陰晴澗栢巖松度歲青谷裏花開知地暖林間鳥語作春聲依依渡口夕陽時却望層巒在翠微城頭暮鼓休催客更待横江一作孤舟弄月歸

送京西提點刑獄張駕部

太華之松千歲青嘗聞其下多茯苓地靈山秀草木異往往變化爲人形神仙不欲世人採覆以雲氣常冥冥臺郎何年一作歲

得眞訣服餌旣久毛骨清汝陽昔見今十載丹顏益少方瞳明郡齋政成罇俎樂髙談日接無俗情詔書忽下褒美績使車朝出行蜀城職清事簡稱雅（一作髙）意蠹書古篋（一作靈乆蒲笥）晨裝輕洛陽花色笑春口錦衣晝歸閭里驚自云就欲（一作欲就）謝官去烏紗白鬓西臺卿他年我（一作終）亦老嵩髙少願乞仙粒分餘馨

贈杜默（一本注云默師太學先生石守道介）

南山有鳴鳳其音和且清鳴於有道國出

則天下平杜默東土秀能吟鳳凰聲作詩
幾百篇長歌仍短行攜之入京邑欲使衆
耳驚來時上師堂再拜辭先生先生頷首
遺敎以勿驕矜贈之三豪篇而我濫一名
杜子來訪我欲求相和鳴顧我文字卑未
足當豪英豈如子之辭鏗鍠閒鏞笙淫哇
俗所樂百鳥徒一作方嚶嚶杜子卷舌去歸
衫翩以輕京東聚羣盜河北點新兵饑荒
與愁苦道路日以盈子盍引其吭發聲通
下情上聞天子聰次使宰相聽何必九包

翕始能瑞（一作鳴）堯庭子詩何時作我耳久
已傾願以白玉琴寫之朱絲繩

送呂夏卿（夏卿父造字公初有名進士也一本云送呂先輩赴端州高要尉）

始吾尚幼學弄筆羣兒爭誦公初文嗟我
今年已白鬉公初相見猶埃塵傳家尚喜
有二子始知靈珠出淮濵（一作海蠙一作淮蠙）去年
東書來上國欲以文字驚衆人駑駘羣馬
斂足避天衢讓路（一作騰踏）先騏驎尚書禮部
奏髙弟斂衣襆硯趨嚴宸曈曈春日轉黄

傘藹藹賦筆摛青雲我時寓直殿廬外衆
中迎子笑以忻明朝一作晨失意落人後我
爲沮氣羞出門得官高要幾千里猶幸海
遠一作遠海無惡氛英英帝圃多鸞凰一作鳳上
下羽翼何繽紛期子當呼丹山鳳爲瑞相
與來及羣

憶山示聖俞

吾思夷陵山山亂不可究東城一堠餘高
下漸岡阜羣峯迤邐接四顧無前後憶嘗
祗吏役鉅細悉經覯是時秋卉紅嶺谷堆

纈繡林枯松鱗皴山老石脊瘦斷徑履頹
崖孤泉聽清溜深行得平川古俗見耕耨
澗荒驚麏奔日出飛雉翀盤石屢欹眠緑
巖堪解綬幽尋歎獨往清興思誰侑其西
乃三峽嶮怪愈奇富江如自天傾瀉一作岸
立兩崖闞黔巫望西屬越嶺通南奏時時
縣樓對雲霧昏白晝荒煙下牢戍百仞寒
溪漱蝦蟆噴水簾甘液勝飲酎亦嘗到黄
牛泊舟聽猿狖巉巉起絶壁蒼翠非刻鏤
陰嵒下攢叢岫穴忽空透遥岑聳孤出可

愛欣欲就惟思得君詩古健寫奇秀今來
會京師車馬逐塵晉頳冠各白髮舉酒無
蒨袖繁華不可慕幽賞亦難遣徒爲憶山
吟耳熱助嘲詬

送唐生 一本作送唐秀才歸永州

京師英豪域車馬日紛紛唐生萬里客一
影隨一身出無車與馬但踏車馬塵日食
不自飽讀書依主人夜夜客枕夢 一作冷 北
風吹孤雲翩然動歸思旦夕來叩 一作叩我 門
終年少人識逆旅 一作旅意 惟我親來學媿道

矒一作昧贈歸慚一作嗟橐貧勉之期不止多穫由力耘指家大嶺北重湖浩無垠飛鴈不可到書來安得一作能頻

送任處士歸太原時天兵方討趙元昊

一虜動邊陲用兵三十萬天威豈不嚴賊首猶未獻自古王者師有征而不一作無戰勝敗繫人謀得失由廟筭是以天子明咨詢務周徧直欲採奇謀不爲人品限公車百千輩下不遺僕賤況於儒學者延納宜無間如何任生來三月不得見方茲急士

時論擇豈宜慢任生居太原白首勤著撰
閑户不求聞忽來誰所薦人賢固當用舉
繆不加譴一作賢固當用舉繆亦不加譴賞罰兩無文是
非奚以辨遂令拂衣歸安使來者勸一本有其餘苟盡然所責胡由辨兩句嗟吾筆與舌非職不敢諫

聖俞會飲時聖俞赴湖州一本作送梅堯臣赴湖州

傾壺豈徒彊君飲解帶且欲留君談洛陽
舊友一時散十年會合無二三京師旱久
塵土熱忽值晚雨涼纖纖一作靃靃滑公井泉
釀最美赤泥印酒新開緘更吟君句勝啖

匋杏花妍媚春酣酣（君詩有春風酣酣杏正妍之句）吾交豪俊天下選誰（一作難）得衆美如君兼（一本有鏗鏘文律金玉寫森羅武庫戈戟銛兩句）詩工鑱刻露天骨將論縱橫輕玉鈐遺編最愛孫武說往往曹杜遭夷芟關西幕府（一作下）不能辟隴山（一作西）敗（一作大）將死可慚嗟余身賤不敢薦四十白髮猶青衫吳興太守詩亦好往（一作助）奏玉琯和英咸盃行到手莫辭醉明日（一作發）舉棹天東南

送胡學士知湖州（一本云送胡宿武平學士）

武平天下才四十滯鉛槧忽乘使君舟歸
榜（一作艕）不可纜都門春漸動柳色綠將暗
掛帆千里風水闊江灩灩吳興水精宮樓
閣在寒鑑橘柚秋苞繁烏程春甕釀清談
越客醉屢舞吳娘豔脣詩毋憚頻（一作煩）以
慰離居念

哭（一作平石）曼卿

嗟我識君晚君時猶壯夫信哉天下奇落
落不可拘軒昂懼驚俗自（一作似）隱酒之徒一
飲不計斗傾河竭崑墟作詩幾百篇錦組

聯瓊瑶時時出險語意外研精麤窮奇變
雲煙搜怪蟠蛟魚詩成多自寫筆法顏與
虞旋弃不復惜所存今幾餘往往落人間
藏之比明珠又好一作愛題屋壁虹蜺隨卷
舒遺蹤處處在餘墨潤不枯胸山頂歲出
我亦斥江湖乖離一作睽四五載人事忽焉
殊一作有歸來見京師心老貌已癯但驚何
其衰豈意今也無才高不少下闊若與世
疎驊騮當少時其志萬里塗一旦老伏櫪
猶思玉山芻天兵宿西北狂兒尚稽誅而

令壯士死痛惜無賢愚歸寃渦上田露草荒春蕪

送曇穎歸廬山

吾聞廬山久欲往世俗拘昔嵗貶夷陵扁舟下江湖八月到湓口停帆望香爐香爐雲霧間杳靄疑有無忽值秋日明彩翠浮空虛信哉奇且秀不與灊霍俱偶病不時往中流但踟躕今思尚髣髴恨不傳畫圖曇穎十年舊風塵客京都一旦不辭訣飄然卷衣一作長裾山林往不返古亦有吾儒

西北苦兵戰江南仍旱枯新秦又攻寇京陝募兵夫聖君念蒼生賢相思良謨嗟我無一說朝紳拖舒舒未能膏鼎鑊又不老菰蒲羨子識所止雙林歸結廬

送孔秀才遊河北

吾始未識子但聞楊公賢及子來叩門手持贈子篇賢愚視所與不待交子（一作得一交）言子文諧律呂子行潔琅玕行矣慎所遊惡草能敗蘭

送黎生下第還蜀

黍離不復雅孔子修春秋扶王貶吳楚大
法加諸侯妾儒泥於魯甚者去黜周大旨
旣已矣安能討（一作計）源流遂令學者迷異
說相交鉤黎生西南秀挾策來東遊（一作州）
有司不見採春霜滑歸輈自去喜三傳力（一作方）
欲探微幽凡學患不彊苟至將焉廋
聖言簡且直愼勿迂其求經通道自明下
筆如戈矛一敗不足衂後功掩前羞

居士集卷第一

熙寧五年秋七月男發等編定

紹熙二年三月郡人孫謙益校正

猛虎詩引身入扱中朝佐　攷字書扱音插取也獲也舉也引也收也義與詩不類按韓文公城南聯句云韅妖藤索絣時景逼云布活套於狐徑而掎其足謂之韅韅扱聲相近公用扱字義或取此

蝦蟆碚詩諸本皆作碚　朝佐　攷字書無此字按東坡集泆四經歷詩忽憶尋蟆培其字從土又南行集二蘇皆有蝦蟇培詩欒城作培東坡作背令秘書正字項安世嘗自蜀來云土人寫作背字音佩

石樓川上山 一作看

三遊洞泝 一作泝 嘐嘐 夷陵石本作膠膠 後稱石本同

下牢溪靜 石本作淨

紅梨花猶勝 石本作共笑

金雞厚 石本作享

送呂夏卿文字 一作學

憶山緑巖 石本作緑蘿 奏 石本作走 陰嵓 石本作陰崖

岫穴 一作蚢穴

送任處士採奇 一作探奇

送曇頴 一作送僧曇頴

送黎生 已矣 一作失

續添

魚罾 蔆浦 蔆一作凌

蝦蟇碚 茶録 録一作籙

居士集卷第二　歐陽文忠公集二

古詩二十首

送楊闢秀才

吾奇曾生者始得之太學初謂獨軒然百鳥而一鶚既又得楊生羣獸出麟角乃知天下才所識慚未博楊生初誰師仁義而禮樂天姿樸且茂美不待追琢始來讀其文如渴飲醴（一作湩）酪既坐即之談稍稍吐鋒鍔非唯富春秋固已厚天爵有司選羣材繩墨困量度胡爲謹毫分而使遺磊落

至寶異常珍夜光驚把握駭者弃諸塗竊
拾充吾橐其於獲二生厥價王一轂嗟吾
雖得之氣力獨何弱帝閽啓巖巖一作嚴嚴欲
獻前復却遽令扁舟下飄若吹霜籜世好
競辛鹹古味殊淡泊一作薄否泰理有時惟
窮見其確

送孔生一本生作監簿再遊河北

志士惜白日高車無停輪孔生東魯儒年
少勇且仁大軸獻理匭長裾弊街塵門無
黃金聘家有白髮親寒風八九月北渡大

河津王塞積精甲金戈耀秋雲孔生力數
斗其智兼千人短褐不自暖高談吐陽春
北州多賢侯待（一作得）士誰最勤一見贈雙
璧再見延上賓丈夫患不遇豈患長賤貧

送慧勤歸餘杭

越俗僭宮室傾貲事雕牆佛屋尤其侈耽
耽擬侯王丈彩瑩丹漆四壁金焜煌上懸
百寶蓋宴坐以方牀胡爲弃不居棲身客
京坊辛勤營一室有（一作乃）類鸞巢梁南方
精飲食菌（一作菡）筍鄙羔羊飯以玉粒粳調

之甘露漿一饌費千金百品羅成行晨興
未飯僧日昃不敢嘗乃兹隨北客枯粟充
飢腸東南地秀絶山水澄清一作鮮光餘杭
幾萬家日夕焚清香煙霏四面起雲霧雜
芬芳豈如車馬塵驥鬉染成霜三者孰苦
樂子奚一作兮勤四方乃去慕仁義奔走不
自遑始知仁義力可以治膏肓有志誠可
樂一作嘉及時宜自彊人情重懷土飛鳥思
故鄉夜枕聞北鴈歸心逐南檣歸兮能來
否送子以短章

讀張李二生文贈（一本作謝張續李常寄）石先生（先生石介也）

先生二十年東魯能使魯人皆好學其間張續與李常剖琢珉石（一作如剖珉石一作如剖衆石）得天璞大圭雖不假雕琢（一作鐫）但未磨礲出圭角二生固是天下寶豈與先生私褚橐先生示我何矜誇手携文編謂新作得之數日未暇讀意欲百事先（一作前）屏却夜歸獨坐南窻下寒燭青熒如熠爚病眸昏澁乍開緘燦若月（一作日）星明錯落辭嚴意正

質非俚（一作高且簡）古味雖淡醇不薄千年佛老（一作佛老）賊中國禍福依憑羣黨惡拔根摇窟期必盡有勇無前力何犖乃知二子果可用非獨詞（一作特言）堅由志確朝廷清明天子聖陽德彙進羣陰剥大烹養賢有列（一作味別）鼎豈久師門共藜藿（一本有先生在魯魯皆化苟用於朝具利博兩句又一本在作居朝作時）子（一作我）慚職諫未能薦有酒且慰先生酌

絳守居園池（一本上有留題字）

嘗聞紹述絳守居偶來覽登（一作登覽）周四隅

異哉樊子怪可吁心欲獨出無古初窮荒
搜幽入有無（一作無有）一語詰曲百盤紆孰云
已出不剽襲句斷欲學盤庚書（一本有方言爾雅不訓詁幾欲古譯從象胥兩句）荒煙古木蔚遺墟我來嗟
秖（一作止）得其餘栢槐端莊偉丈夫蒼
顏鬱鬱老不枯靚容薪麗一何姝清池翠
蓋擁紅蕖胡鬚虎摶豈足道記
録細碎何區區處氏入卦畫河圖禹湯皋
虺（一作陶）暨唐虞豈不古奥萬世模嫉世姣
巧（一作好）習卑汙以奇矯薄駭羣愚用此猶

得追韓徒我思其人爲躊躇作詩聊謔爲坐娛

晉祠（一本作過并州晉祠泉）

古（一作故）城南出十里間鳴渠夾路（一作石渠夾道）何潺潺行人望祠下馬謁退即祠下窺水源地靈草木得餘潤鬱鬱古（一作松）栢含蒼煙并兒自古事（一作重）豪俠戰爭五代幾百年天開地關眞主出猶須再駕方凱旋頑民盡遷高壘削秋草自綠埋空垣（一作自緑空塞垣）并人昔遊晉水上清鏡照耀涵朱顔晉

水今入并州稟稻花漠漠澆平田廢興髣
髴無舊（一作故）老氣象寂寞餘山川惟存祖
宗聖功業干戈象舞被管絃我來覽登（一作登覽）
爲歎息暫照白髮臨清泉鳥啼人去廟
門闃還有山月來娟娟

登絳州富公嵩巫亭示同行者

羣峯擁軒檻竹樹隱漠漠公胡苦思山規
構自心作惟子（一作亦予）愛山者初仕即京洛
嵩峯三十六終日對高閣隱晴無朝暮紫
氣常浮泊雄然九州中氣象壓寥廓亦嘗

步其巔培塿視（一作觀）四岳其後竄荆蠻始
識峽山惡長江瀉天來巨石忽開拓始疑
茫昧初渾沌死鑴鑿神功夜催就萬仞成
（一作或）一削尤奇十二峯隱見入冥邈人蹤
斷攀緣異物宜所託顚躋但徘徊想像逢
綽約嵩山近可愛泉石吾已諾終期友幽
人白首老雲壑荆巫惜遐荒詭怪杳難窺
至今清夜思寃夢輙飛愕偶來玩茲亭塵
眼刮昏膜況逢秋雨霽濃翠新染濯峯端
上明月且可留幽酌

水谷夜行寄子美聖俞（一本題上有補成字）

寒（一作晨）雞號荒林山壁月倒掛披衣起視夜攬轡念行（一作遐）邁我來夏云初素節今已屆高河瀉長空勢落九州外微風動涼襟曉氣清餘睡（一作色清餘睡）緬懷京師友文（一作有）酒邀（一作遨）高會其間蘇與梅二子可畏愛篇章富縱橫聲價相磨（一作摩）蓋子美氣尤雄萬竅號一噫有時肆顛狂醉墨洒霧霈譬（一作勢）如千里馬（一作足）已發不可殺盈前盡珠璣一一難柬汰梅翁事清切石齒

漱寒瀨作詩三十年視我猶後一作猶無後輩

文詞愈清新心意雖一作難老大譬如妖韶

女老自有餘態近詩尤古硬一作淡咀嚼苦

難嘬初如食橄欖眞味久愈在蘇豪以氣

轢一作爍舉世徒一作盡驚駭梅窮獨我知一作

我獨奇古貨今難賣一作物今誰買二子雙鳳凰百

鳥之嘉瑞雲煙一翱翔羽翮一摧鎩安得

相從遊終日鳴噦噦問胡一作相問苦思之對

酒把一作把酒對新蟹

病中代書奉寄聖俞二十五兄一本無奉

及下四字

憶君去年來自越值我傳車催去闕是時新秋蟹正肥恨不一醉與君別今年得疾一作別病因酒作一春不飲氣彌劣飢腸未慣飽甘脆一作平生作得飽甘肥九蟲寸白一作腹蟲不慣爭爲孽一飽猶能致身患寵禄豈無神所罰乃知賦予分有涯適分自然無夭閼昔在洛陽年少時春思每先花亂發萌芽不待楊柳動探春馬蹄常踏雪到今年纔三十九怕見新花羞白髮顔侵塞下風霜色病

過鎮陽桃李月兵閑事簡居可樂心意自襄非胥胥日長天暖惟欲睡眠一作睡羙尤猒春鳩聒北潭去城無百步渌水冰銷魚撥剌經時曾未著脚到好景但聽遊人説官榮雖厚世味薄始信衣纓乃羈紲故人有幾獨思君安得見君憂暫豁公厨酒羙遠莫致念君貫慣一作飲衣屢脱郭生書來猶未到想見新詩甚飢渴少年事事今已去惟有愛詩心未歇君閑可能爲我作莫辭自書藤紙滑少低筆力容留一作我和無

使難追韻高絶

鎮陽殘杏一本有寄聖俞字

鎮陽二月春苦寒東風力弱冰雪頑北潭跬步病不到即常山宮後池也州之勝游惟此何暇騎馬尋郊原鷴一作雕丘新晴暖已動砌下流水來潺潺鷴丘水在州西十五里以長渠引走城中但聞簷間鳥語變不覺桃杏開已闌人生一世浪自苦盛衰桃杏開落間西亭昨日偶獨到一作往猶有一樹當南軒殘芳爛漫看更好皓若春雪團枝繁無風已恐自零落長條可愛

不可攀猶堪携酒醉其下誰肯伴我頽巾冠

班班林間鳩寄内

班班林間鳩穀穀命其匹迨天之未雨與汝勿相失春原洗新霽緑葉暗朝日鳴聲相呼和一作呼相諧應荅如吹一作若呂應嘉律深棲柔桑暖下啄高田實人皆笑汝拙無巢以家室易安由寡求吾羡拙之佚吾雖有室家出處曾不一一本有豈如鳴鳩樂天性免乖咈兩句荆蠻昔竄逐奔走若鞭扶山川瘴霧深江海

波濤颶跬步子所同淪弃甘共没投身去
人眼已廢誰復嫉山花與野草我醉子鳴
琴但知貧賤安不覺歲月忽還朝今幾年
官禄霑兒姪身榮責愈重器小憂常溢今
年來鎮陽留滯見春物北潭新漲渌魚鳥
相聱耴魚乙切一作懽聲逸我意不在春所憂空自
咄一官誠易了報國何時畢高堂母老矣
衰髮不滿櫛昨日寄書言新陽發舊疾藥
食一作石子雖勤豈若我在滕又去子亦病
蓬首不加櫛書來本慰我使我煩憂鬱思

家春夢亂妄意占凶吉卻思夷陵囚其樂何可述前年辭諫署朝議不容乞孤忠一許國家事豈復（一作暇）卹橫身當衆怒見者旁可慄近日讀除書朝廷更輔弼君恩優大臣進退禮有秩小人妄希旨論議爭操筆又聞說朋黨次第推甲乙而我豈敢逃不若先自劾上賴天子聖必未（一作未必）加斧鑕一身但得貶羣口息啾唧公朝賢彥衆避路（一本作讓）當揣質苟能因謫去引分思藏密還爾禽鳥性樊籠免驚怵子意其謂何

吾謀今已必（一本有試思憂與樂便可齊升黜兩句）子能（一作知）甘藜藿我易解簪紱嵩峯三十六蒼翠爭聳出安得携子去耕桑老蓬蓽

暮春有感

幽憂無以銷春日靜愈長薰風入花骨花枝午低昂往來採花蜂清蜜未滿房春事已爛漫落英漸飄揚蛺蝶無所為飛飛助其忙啼鳥亦屢變新音巧調簧遊絲最無事百尺拖晴光天工施造化萬物感春陽我獨不知春久病臥空堂時節去莫挽浩

歌自成傷

洛陽牡丹圖

洛陽地脉花最宜牡丹尤爲天下奇我昔所記數十種於今十年半忘之開圖若見故人面其間數種昔未窺客言(一作云)近歲花特異往往變出呈新枝洛人驚誇立名字買種不復論家貲比新較舊難(一作莫)優劣爭先擅價各一時當時絕品可數者魏紅窈窕姚黃妃壽安細葉開尚少(一作早)朱砂玉版人(一作猶)未知傳聞千葉昔未有只

從左紫名初馳四十年間花百變最後最好潛溪緋今花雖新我未識未信與舊誰妍嫌當時（一作年）所見已云絕豈有更好（一作妍）此可疑古稱天下無正色但恐世好隨時移鞓紅鶴翎豈不美斂色如避新來姬何況遠說蘇與賀有類異世誇嬙施造化無情宜一槩偏此著意何其私又疑人心愈巧僞天（一作各）欲鬬巧窮精微不然元化朴散久豈特近歲尤澆漓爭新（一作先）鬬麗若不已更後百載知何為但應新花日愈

好惟有我老年年衰

鎮陽讀書

春深夜苦短燈冷焰不長塵蠹文字細病眸澁無光坐乆百骸倦中遭羣慮戕尋前顧後失得一念一作而十忘乃知學在少老大不可彊廢書誰與語歎息自悲傷因憶石夫子徂徠有茅堂前年來京師講學居上庠青衫綴朝士面有一作乃弃數畝桑不耐羣兒嗤東書歸故鄉却尋茅堂在高卧泰山傍聖經日陳前弟子羅兩廂大論叱佛

老高聲一作言誦虞唐賓朋足棗栗兒女飽

糟糠雖去待官闕便欲解朝裳有似蟄作

繭縮身思自藏嗟我一何愚貪得不自量

平生事筆硯自可娛文章開口攬時事論

議爭煌煌退之嘗有云名聲暫羶香誤蒙

天子知侍從列班行官榮日已寵事業闇

不彰器小以一作而任大躋顛理之常聖君

雖不誅在汝一作尔豈自遑不能雖欲止悅一作

若失其方却欲尋舊學舊學已榛荒

有類邯鄲步兩失皆茫茫便欲乞身去君

恩厚須償又欲求一州俸錢買歸裝譬如歸巢鳥將棲少徊翔自覺誠未晚收愚老縑緗

留題鎮陽潭園

官雖鎮陽居身是鎮陽客北園潭上花安問誰所植春風無先後爛漫爭紅白一花聊一醉盡醉猶須百而我病不飲對花空歎息朝來不能歸暮看不忍摘謂言花縱落蒲地猶可席不來纔幾時人事已非昔芳枝結青杏翠葉新奕奕落絮風卷盡春

歸不留迹空餘綠潭水尚帶餘春色疑一作思春竟何之意謂追可得東西遶潭行蜂鳥已寂寂惘然無所依歸駕不停軺寓興誠可樂留情豈非惑至今清夜夢猶遶北潭北

讀一本有聖俞字蟠桃詩寄子美

韓孟於文詞兩雄力相當一本有偶以恠自戲作詩驚有唐兩句篇章綴談笑雷電擊幽荒眾鳥誰一作不敢和鳴鳳呼其皇孟窮苦纍纍韓富浩穰穰窮者啄其精富者爛文章發生一爲

宮攣斂一爲商二律雖不同合奏乃鏘鏘天之產奇怪希世不可常寂寥二百年至寶埋無光郊死不爲島聖俞發其藏患世愈不出孤吟夜號一作夜號清霜霜寒入毛骨清響哀一作乃愈長玉山禾難熟終歲苦飢腸我不能飽之更欲不自量引吭和其音力盡猶勉彊一本有嗟我於韓徒足未及其墻而子得孟骨英靈空北卬四句誠知非所敵但欲繼前芳近者蟠桃詩有傳來北方發我衰病思藹如得春陽忻然便欲和洗硯坐中堂墨筆不能下怳

怳（一作恍恍）若有亡老雞嘴爪硬未易犯其場
不戰先（一作輙）自却雖奔（一作然）未甘降更（一作便）
欲呼子美子美隔濤江其人雖憔悴其
志獨軒（一作昂）昂氣力誠當對勝敗可交相
安得二子接揮鋒兩交鋩我亦願助勇鼓
旗譟其旁快哉天下樂一釂宜百觴乖離
難會合此志何由償

初伏日招王幾道小飲

北園數畝官墻下嗟我官居如傳舍滹沲
北渡馬踏（一作蹄）冰西山病歸花已謝落英

不見空繞樹細草初長猶可藉空園一鎖不復窺不覺芳蹊繁早夏隔墻時時聞好鳥如得嘉（一作佳）客聽清話今朝試去繞園尋緑李橫枝礙行馬蒲萄憶見初引蔓翠葉陰（一作成陰）還滿架紅榴（一作榴花）最晚子已繁猶有殘花藏葉罅（一本有雖無桃李競繁華固有竹栢資瀟洒兩句）人生有酒復何求官事無了須偷暇古云伏日當早歸況今著令許休假能來解帶相就飲爲子掃月開風榭

白髮喪女師作（一本無下四字）

吾年未四十三斷哭子腸一割痛莫忍屢
痛誰能當割腸痛連心心碎骨亦傷出我
心骨血灑爲清淚行淚多血已竭毛膚冷
無光自然鬚與鬢一作鬢與鬚未老先蒼蒼

永陽大雪

清流關前一尺雪鳥飛不度人行絕冰連
一作沍谿谷麋鹿死風勁野田桑柘折江淮
卑濕殊北地歲不苦寒常疫癘老農自言
身七十曾見此雪纔三四新陽漸動愛日
輝微和習習東風吹一尺雪幾尺泥泥深

麥苗春始肥老農爾豈知帝力聽我歌此豐年詩

送章生東歸

窮山一作廬荒僻人罕顧子以一身千里來問子之勤何所欲自慚報子無瓊瑰非徒多難學久廢世事漸懶由心衰吳興先生富道德侁侁弟子皆賢材鄉閭禮讓已成俗餘風漸被來江淮子年方少力可勉往與夫子爲顏回

居士集卷第二

熙寧五年秋七月男發等編定

紹熙二年三月郡人孫謙益挍正

送楊闢秀才詩如渴飲醴酪諸本同惟衢本作潼酪朝佐按列子乳湩有餘謝承後漢書乳爲生湩湩乳汁也音種訛而爲潼史記匈奴傳湩酪之美今正之

送慧勤歸餘杭詩箘筍鄙羞羊𦢊本建本
吉本作簵從竹吉州羅寺丞家京師舊本
蜀本作箘從艹朝佐按箘簬美竹也菌蕈
也呂氏春秋越駱之菌注竹筍也本亦從艹今
兩存之

送慧勤 未飯一作供 歸兮一作歸去

晉祠 窺一作觀 豪俠一作游俠 高壘一作孤壘

登高巫亭 朝暮石本作昏朝 綽約京本作婥約莊子作淖約

水谷夜行 轢一作鑠

病中寄聖俞 冰消一作淯淯

班班林間鳩 官禄一作宦禄

鎮陽讀書 官榮一作宦榮

讀蟠桃詩 寥一作寞

初伏小飲 殘花一作殘紅

續添

絳守居園池　駭羣一作駮羣

鎮陽讀書　躋顛一作顛躋

讀蟠桃詩　子美二字上一有蘇字

永陽大雪　鳥飛一作飛鳥

此卷班班林間鳩寄内云次第推甲乙

廣韻第字注云次第說文云本作弟韋

東之次弟也今爲兄弟字又漢複姓玉

篇亦謂第字今爲第幾明非古也然則古惟用弟字未甞加竹史傳皆然故公集凡言次弟兄弟之類並用弟字近世既分而爲二印本從之今難盡正書此以示後人

第九册目録

（宋）歐陽修　撰

宋本歐陽文忠公集

第九册

國家圖書館出版社

（宋）歐陽修　撰

宋本歐陽文忠公集

第一〇册

國家圖書館出版社

第一〇册目録

外集卷第二　歐陽文忠公集五十二

古詩二

數詩

一室曾何埽居閑俗慮平二毛經節變青鑑不須驚三復磨圭戒深防悔吝生四愁寧敢擬高詠且陶情五鼎期君禄無思死必烹六奇還自祕海寓正休兵七日南山霧彪文幸有成八門當鼓翼凌厲指霄程九德方居位皇猷日月明十朋如可問從此卜嘉亨

答錢寺丞憶伊川

之子問伊川伊川已春色緑芷雜芳浦青溪含白石山阿昔留賞屐齒無遺迹惟有嵓桂花留芳待歸客

書懷感事寄梅聖俞

相别始一歲幽憂有百端乃知一世中少樂多悲患平聲每憶少年日未知人事艱顛狂無所閡落魄去羇牽三月入洛陽春深花未殘龍門翠鬱鬱伊水清潺潺逢君伊水畔一見已開顏不暇謁大尹相携步香

山自兹愜所適便若投山猿幕府足文士
相公方好賢希深好風骨迴出風塵間師
魯心磊落高談羲與軒子漸口若訥誦書
坐千言彥國善飲酒百盞顏未丹幾道事
閑遠風流如謝安子聰作參軍常跨破虎
韉子野乃禿翁戲弄時脫冠次公才曠奇
王霸馳筆端聖俞善吟哦共嘲爲閣仙惟
予號達老醉必如張顛洛陽古郡邑萬戶美
風煙荒涼見宮闕表裏壯河山相將日無
事上馬若鴻翩出門盡垂柳信步即名園

嫩籜筠粉暗淥池萍錦翻殘花落酒面飛
絮拂歸鞍尋盡水與竹忽去嵩峯巔青蒼
緣萬仞杳藹望三川花草窺澗竇崎嶇尋
石泉君吟倚樹立我醉欹雲眠子聰疑日
近謂若手可攀共題三醉石留在八仙壇
水雲心已倦歸坐正盃盤飛瓊始十八妖
妙猶雙環〔疑〕寒篁暖鳳觜銀甲調鴈絃自製
白雲曲始送黃金船珠簾捲明月夜氣如
春煙燈花弄粉色酒紅生臉蓮東堂榴花
好點綴裙腰鮮插花雲髻上展簞綠陰前

樂事不可極酣歌變為歎平聲詔書走東下

丞相忽南遷送之伊水頭相顧淚潸潸臘月相公去君隨赴春官送君白馬寺獨入東上門故府誰同在新年獨未還當時作此語聞者已依然

雜言答聖俞見寄兼簡東京諸友

昔君居洛陽樂事無時有賓府富文章謝墅從親友豐年政頗簡命駕時為偶不問竹林主仍携步兵酒芬芳一作菲弄嘉月翠綠相森茂

聞梅二授德興戲書

君家小謝城爲客洛陽裏緑髮方少年青衫喜爲吏重湖亂山緑歸夢寄千里洛浦見秋鴻江南老芳芷自言北地禽能感南人耳京國本繁華馳逐多英軌爭歌白雪曲取酒西城市朝逢油壁車暮結青驄尾歲月倏可忘行樂方未已忽爾畏簡書翻然浩歸思江山故國近風物饒陽美楚柚煙中黄吳蓴波上紫還鄉問井邑上堂多慶喜離別古所難更畏秋風起

戲贈

莫愁家住洛川傍十五纖腰鬪四方堂上金罇邀上客門前白馬繫垂楊春風滿城花滿樹落日花光爭粉光城頭行人莫駐馬一曲能令君斷腸

寄左軍巡劉判官

遥聽洛城鍾獨渡伊川水緑樹鬱參差行人去無已因高望京邑驅馬沿山趾落日亂峯多龍門何處是

罷官後初還襄城弊居述懷十韻

回寄洛中舊寮

路盡見家山欣然望吾廬陋巷叩柴扉迎
候遥驚呼兒童戲竹馬田里邀籃輿春桑
欝已緑歲事催農夫朝日飛雉雊東皐新
雨餘植杖望遠林行歌登故墟夙志在一
壑茲焉將荷鋤言謝洛社友因招洛中愚
馬卿已倦客嚴安猶獻書行矣方于役豈
能遂歸歟

和聖俞聚蚊

頽陽照窮巷暑退涼風生夫子卧環堵振

衩步前楹愁煙四鄰起鳥雀喧空庭餘景藹欲昏衆蚊復(一作聚)薨薨群飛豈能數但厭聲營營抱琴不暇撫揮麈無由停散帙復歸臥詠言聊寫情覆載無巨細善惡皆生成朽木出衆蠹腐草爲飛螢書魚長陰溼醯雞由鬱蒸豖鬣固多虱牛閑常聚䖟元氣或壹鬱播之爲孽腥早臭乃其類清虛非所經華堂敞高棟綺疏仍藻扃金釭瑩椒壁玉壺含夜冰終朝事薰祓豈敢近簷甍富貴非苟得抱節居茅衡陰墻百蟲

聚下偃衆穢盈何嘗曲肱樂但苦聚雷聲

江南美山水水木正秋明自古佳麗國能

助詩人情喧囂不可久片席何時征

送劉學士知衡州

揚子懶屬書平居惟嗜酒一沐或彌旬解

醒須五斗淡爾輕榮利何常悶無有忍憶

四（一作回）馬歸行爲一麾守湘酎自古醇醽

水聞名久簿領但盈几聖經不離口湖田

賦稻蟹民訟爭讞畝兀爾即沈冥安能知

可否聊爲寄情樂豈與素懷偶藏器思適

時投刃寧煩手行當考官績勿復困羈馽

送張屯田歸洛歌

昔年洛浦見花落曾作悲歌歌落花愁來欲遣何可柰時向金河尋杜家杜家花雖非絕品猶可開顏爲之飲少年意氣易成懽醉不還家伴花寢一來京國兩傷春憔悴窮愁九陌塵紅房紫萼處處有騎馬欲尋無故人黃河三月入隋河河水多時悵望多爲憐此水來何處（二字一作觚遠）中有伊流與洛波忽聞君至自西京洗眼相看眼暫

明心衰面老畏人問驚我瘦骨清如冰今年七月妹喪夫稚兒孀女啼呱呱季秋九月予喪婦十月厭厭成病軀端居移病新城下日不出門無過者獨行時欲強高歌一曲未終雙涕洒可憐明月與春風歲歲年年事不同暫別已嗟非舊態再來應是作衰翁感時惜別情無已無酒送君空有淚西歸必有問君人爲道別來今若此

述懷送張惣之

鬱鬱河堤綠樹平送君因得到東城落花

已盡鸎猶囀垂柳初長蟬欲鳴去年送客亦曾到正值楊花亂芳草人心不復故時歡景物自隨時節好感今懷昔復傷離一別相逢知幾時莫辭今日一罇酒明日思君難重持東吳山水天下秀羨君輕舟片帆逗江城月下夜聞歌淮浦山前朝放溜樂哉此行時未晚萬壑千巖不知遠可憐病客猒京塵寂寞淹留已再春扁舟待得東南下猶更河橋送幾人

送子野

四時慘舒不可調冬夏寒暑易鬱陶春陽
著物大歟媚獨有秋節最勁豪金方堅剛
屛炎瘴宂氣高爽清風飈煙霞破散灝氣
豁山河震發地脉摇天開寶鑑露寒月海
拍積雪巻怒潮光輝通透奪星耀蟠潛鼇
奮鬬蜃蛟高樓精爽毛髮竦壯懷直恐衝
斗杓欲飛輕衣上拂漢擬乘王氣戲鷺濤
念時文法密於織羈縻束縛不自聊豈無
策議獻人主扼持舌在口已膠當秋且幸
際軒豁誰能兒女聽螗蜩君方壯歲襟宇

怏名聲樂與家聲高輕舟從遊山川底詩酒合興皆翹翹堪嗟宋玉自悲攬可並張翰同逍遥功名富貴有時到忍把壯節良辰消

送劉十三南遊

泱泱汴河流櫓聲過晚浦行客問吴山舟人多楚語春深紫蘭澤夏早黄梅雨時應賦登眺聊以忘羇旅

與李獻臣宋子京春集東園得節字

緑野秀可飡遊驂喜初結芸局苦寂寥禁

署隔清切歡言得幽尋況此及嘉節鳥哢已關關泉流初泱泱紫萼繁若綴翠苕柔可擷屢期無後時芳物畏鶗鴂

晚泊岳陽

卧聞岳陽城裏鍾繫舟岳陽城下樹正見空江明月來雲水蒼茫失江路夜深江月弄清輝水上人歌月下歸一闋聲長聽不盡輕舟短楫去如飛

新開棊軒呈元珍表臣

竹樹日已滋軒窻漸幽興人閑與世遠鳥

語知境靜春光藹欲布山色寒尚映獨收萬慮心於此一枰競

代贈田文初

感君一顧重千金贈君白璧爲妾心舟中繡被薰香夜春雪江頭三尺深西陵長官頭已白憔悴窮愁（一作顏）媿相識手持玉斝唱陽春江上梅花落如積津亭送別君未悲夢闌酒解始相思須知巫峽聞猿處不似荆江夜雪時

惠泉亭（一本序云某啓伏覩知軍學士丈丈新理惠泉謹爲拙詩十六句伏惟采覽）

翠壁刻孱顔煙霞跬步間使君能愛客朝夕弄山泉春巖雨過春流長置酒來聽山溜響鑑中樓閣俯清池雪裏峯巒開曉幌須知清興無時已酒美賔嘉自相對席間誰伴謝公吟日暮多逢山簡醉淹留桂樹幾經春野鳥巖花識使君使君今是罇前客誰與山泉作主人

過張至祕校莊

田家何所樂簦笠日相親桑條起蠶事菖葉候耕辰望歲占風色寬徭知政仁樵漁

逐晚浦雞犬隔前村泉溜塍間動山田樹杪分鳥聲梅店雨野色柳橋春有客問行路呼童鷺候門焚魚酌白醴但坐且懽忻

行次葉縣

朝渡汝河流暮宿楚山曲城陰日下寒野氣春深緑征車倦長道故國有喬木行行漸樂郊東風滿平陸

將至淮安驀馬上早行學謝靈運體六韻

晴霞煦東浦鷺鳥動煙林曙河兼斗没沓（一作杳）嶂隱雲深寒雞隔樹起曲塢留風吟

征夫倦行役秋興感登臨衡（一作蘅）臯積涂（一作滁）迴江蘺香露沉行矣歲華晚歸歟勞歎音

自岐（一作枝）江山行至平陸驛五言二十四韻

岐江望平陸百里千餘嶺蕭條斷煙火莽蒼無人境峯巒亙前後南北失壬丙天秋雲愈高木落歲方冷水涉愁蜮射（含沙也）林行憂虎猛萬仞懸巖崖一彴履枯梗緣危類猨猱陷淖若鼀鼁腰輿懼傾撲煩馬倦

鞭警攀躋誠畏途習俗羡蠻獷度隘足雖踠
因高目還騁九野畫荆衡群山亂巫郢煙
嵐互明滅點綴成若一作圖屏時時度深谷
往往得佳景翠樹欝如盖飛泉溜垂綆幽
花亂黄紫蒨粲弄光影山鳥囀成歌寒蜩
嘒如哽登臨雖云勞廣一作巨細得周省晨
裝趂徒旅夕宿訪閭井村暗水茫茫鷄鳴
星耿耿登高近佳節歸思時引領谿菊薦
山罇田鶩佑烹鼎家近夢先歸夜寒衾屢
整崎嶇念行役昔宿已爲永豈如江上舟

棹歌方酩酊初泛舟荆江棋酒甚懽故有此句

春日西湖寄謝法曹歌

西湖春色歸春水緑於染群芳爛不收東風落如糝西湖者許昌勝地也參軍春思亂如雲白髮題詩愁送春謝君有多情未老已白髮遥野思到春如亂雲之句知湖上一罇酒能憶天涯萬里人萬里思春尚有情忽逢春至客心驚雪消門外千山緑花發江邊二月晴少年把酒逢春色今日逢春頭已白異鄉物態與人殊惟有東風舊相識

答謝景山遺古瓦硯歌

火數四百炎靈銷誰其代者當塗高窮姦極酷不易取始知文景基扃牢坐揮長喙啄天下豪傑競起如蝟毛董呂傕汜相繼死紹術權備爭咆咻力彊者勝怯者敗豈較才德爲功勞然猶到手不敢取而使蝡蝗生蝮蝎子丕當初不自恥敢謂舜禹傳之堯得之以此失亦此誰知三馬食一槽當其盛時爭意氣叱咤靁雹生風飈干戈戰罷數功閥周蔑方召堯無臯英雄致酒

奉高會巍然銅雀高岧岧圓歌宛轉激清
徵妙舞左右回纖腰一朝西陵（一作西朝，或作兩朝）看
拱木寂寞繐帳空蕭蕭當時淒涼已可歎
而況後世悲前朝高臺已傾漸平地此瓦
一墜埋蓬蒿苔文半滅荒土蝕戰血曾經
野火燒敗皮斃網各有用誰使鐫鑱成凸
凹景山筆力若牛弩句遒語老能揮毫嗟
予奪得何所用簿領朱墨徒紛淆走官南
北未嘗捨緹襲三四勤緘包有時屬思欲
飛灑意緒軋軋難抽繅冊行屢備（一作被）水

神奪往往冥晦遺風濤質頑物久有精怪
常恐變化成靈妖名都所至必傳玩愛之
不換魯寶刀長歌送我怪且偉欲報慙愧
無瓊瑶

古瓦硯

甎瓦賤微物得厠筆墨間於物用有宜不
計醜與妍金非不爲寶玉豈不爲堅用之
以發墨不及瓦礫頑乃知物雖一作微賤當
用價難攀豈惟瓦礫爾用人從古難一作然

新營小齋鑿地爐輒成五言三十七韻

霜降百工休居者皆入室墐户畏初寒開
爐代温律規模不盈丈廣狹足容膝軒窻
共幽窗竹栢助蒙密辛勤慚巧宦窮賤守
畢秩無術政奚爲有年秋屢實文書少期
會租訟省鞭扑地僻與世踈官閑得身佚
荆蠻苦卑陋氣候常壹鬱天日每陰翳風
飈多凛凓衰顔慘時晚病骨知寒疾蠻牀
勌晨興籃轝猒朝出南山近樵採僮僕免
呵叱禦歲畜蹲鴟饋客薦包橘霜薪吹晶
熒石鼎沸啾唧披方養丹砂候節煎去聲秋

朮西鄰有高士轗軻臥蓬蓽鶴髮善高談鮐背便(平聲)炙慰披裘屢相就束緼亦時乞傳經伏生老愛酒楊雄吃晨夙煖餘盃夜火爆山栗無言兩忘形相對或終日微生慕剛毅勁強(去聲)早難屈自從世俗牽常恐天性失仰茲微官祿養此多病質省躬由一言無枉慕三黜因知吏隱樂漸使欲心窒面壁或僧禪倒冠聊酒逸螟蠕輕二豪一馬齊萬物啓期爲樂三叔夜不堪七負薪幸有(一作自)瘳舊學頗思述興亡閱今古

一作古今圖籍羅甲乙魯冊謹會盟周公彖凶吉詳或作鮮明左丘辯馳騁馬遷筆金石亙鏗鏘風雲生倏忽豁爾一開卷慨然時撫帙浮沈恣其間適若遂聱耴乙一作遨佚吾居誰云陋所得乃非一五斗豈須㦸優游歲將畢

外集卷第二

送劉學士知衡州 何常常疑是嘗

述懷 復傷離復一作更

寄謝法曹 思春一作思君

古瓦硯歌 致酒疑是置酒

新營小齋 詳明衆本皆作鮮明唯薛齊誼編年引此詩作詳明

外集卷第三　歐陽文忠公集五十三

古詩三

南獠

洪宋區夏廣恢張際四維狂孽久不聳民物含一作涵春熙耆稚適所尚游泳光華時遽然攝提歲南獠掠邊陲予因叩村叟此事曷如斯初似劫人問未語先涕垂收涕謝客問爲客陳始基撫水有上源水淺山嶮巇生民三千室聚此天一涯狼勇復輕脫性若麋與麇男夫不耕鑿刀兵動相隨

宜融兩境上殺人取其貲因斯久久來此寇易爲覊鼠竊及蟻聚近裹焉敢窺勢亦不久住官軍來即馳景德祥符後時移事亦移四輔哲且善天子仁又慈將軍稱招安兵非羽林兒龍江一牧拙邏騎材亦非威恵不兼深徒以官力欺智略仍復短從此難覊縻引兵卸甲嶺部陣自參差鋒鏑殊未接士卒心先離奔走六吏死初在懷遠軍卸甲寅殺傷范禮賓王崇班等六人落陣死明知國挫威自茲賊聲震直寇融州淯縣宇及民廬燬蕩無孑

遺利鏃淬諸毒中膚無藥醫長刀斷人股
横屍滿通逵婦人及孳產驅負足始歸堂
堂過城戍何人敢正窺外計削奏疏一一
聞宸闈赫爾天斯怒選將興王師精甲二
萬餘猛毅如虎貔劍戟凛秋霜旌旆閃朝
曦八營與七萃豈得多于兹外統三路進
小敵胡能爲前驅已壓境後軍猶未知逶
迤至蠻域但見空稻畦搜羅一月餘不戰
師自罷荷戈莫言苦負糧深可悲哀哉都
督鄙無辜遭屠糜昭州都曹皇甫僅三人部糧入洞遭蠻賊掩殺及害

夫力千餘嘵咋計不出還出招安辭半降半來
拒蠻意猶狐疑厚以繒錦贈狙心詐爲卑
戎帳草草起賊戈躡背揮我聆老叟言不
覺顰雙眉吮毫兼疊簡占作南獠詩願值
采詩官一敷于彤墀

寄聖俞

西陵山水天下佳我昔謫官君所嗟官閑
憔悴一病叟縣古瀟灑如山家雪消深林
自斸一作斵筍人響空山隨摘茶有時携酒
探幽絶往往上下窮煙霞嵓蓀緑縟軟可

藉野卉青紅春自華風餘落蘂飛面旋日暖山鳥鳴交加貪追時俗翫歲月不覺萬里留天涯今來寂寞西岡口秋盡不見東籬花市亭插旗鬬新酒十千得斗不可賒材非世用自當去一舸聱牙揮鈞車君能先往勿自滯行矣春洲生荻芽

答梅聖俞寺丞見寄

憶昔識君初我少君方壯風期一相許意氣曾誰讓交遊盛京洛罇俎陪丞相騄驥日相追鸞凰志高颺詞章盡崔蔡論議皆

歆向文會忝子盟詩壇推子將談精鋒愈
出飲劇歡無量賈勇爲無前餘光誰敢望
玆年五六歲人事堪悽愴南北頓睽乖相
離獨飄蕩失杯由畫足傷手因代匠移書
雖激切拙語非欺誑安知乃心愚而使所
言妄權豪不自避斧質誠爲當蒼皇得一
邑奔走踰千嶂楚峽聽猿鳴荆江畏蛟浪
蠻方異時俗景物殊氣象綠髮變風霜丹
顔侵疾痒常憂鵩鳥窺幸免江魚葬今玆
荷寬宥遷徙來漢上憔悴戴囚冠驅馳嗟

俗狀王事多倥偬學業差遺忘未能解綬去所戀寸祿養舉足畏逢仇低頭惟避謗忻聞故人近豈憚驅車訪一別各衰翁相見閑無恙交情宛如舊歡意獨能強幸陪主人賢更值芳洲漲菱荷亂浮泛水竹涵虛曠清風滿談席明月臨歌舫已見洛陽人重聞畫樓唱怡然壹欒寫暫是爾累囚放自從還邑來會此驕陽亢神靈多請禱租訟煩笞搒猶須新秋涼漢水臨（一作瀉）清漾野稼蕩浮雲晴山開疊障聊以助吟詠亦

可資酣暢比輮如未駕幸子能來貺

酬聖俞朔風見寄

因君朔風句令我苦寒吟離別時未幾崢嶸歲再陰鷙飈擊曠野餘響入空林客路行役遠馬蹄冰雪深瞻言洛中舊期我高陽吟故館哭知己新年傷客心相逢豈能飲惟有涕沾襟

送琴僧知白

吾聞夷中琴已久常恐老死無其傳夷中未識不得見豈謂今逢知白彈遺音髣髴

尚可愛何况之子傳其全孤禽曉警秋野露空澗夜落春嵓泉二年遷謫寓三峽江流無底山侵天登臨探賞久不厭每欲圖畫存於前豈知山高水深意久以寫此朱絲絃酒酣耳熱神氣王聽之爲子心肅然嵩陽山高雪三尺有客擁臯吟苦寒負琴北走乞其贈持我此句爲之先

聽平戎操

西戎負固稽天誅勇夫戰死智士謨上人知白何爲者年少力壯逃浮屠自言平戎

有古操抱琴欲進爲我娛我材不足置廊廟力弱又不堪戈殳遭時有事獨無用偷安飽食與汝俱爾知平戎競何事自古無不由吾儒周宣六月伐獫狁漢武五道征匈奴方叔召虎乃真將衛青去病誠區區建功立業當盛日後世稱詠於詩書平生又欲慕賈誼長纓直請繫單于當衢理檢四面啓有策不獻空踟蹰慙君爲我奏此曲聽之空使壯士吁推琴置（一作耽）酒恍若失誰謂子琴能起子

書宜城修木渠記後奉呈朱寺丞

因民之利無難爲使民以説民忘疲樂哉朱君鄗靈堤導鄢及蠻興衆陂古渠廢久人莫知朱君三月而復之沃土如膏瘠土肥百里歲歲無凶菑（一作災）鄢蠻之水流不止襄人思君無時已

谷正至始得先所寄書及詩不勝喜慰因書數韻奉酬聖俞

寒日照深巷柴門朝尚閑有客自江來尺書千里至啓書復何云但言南北異南方

地常暖風物稱佳麗梅蘤入新年蘭皋動
芳氣樂哉登臨興豈厭江湖滯伊予方寂
寞刻苦窮文字萬國會王州群英馳儁軌
方朔常苦餓子雲非官意歲暮慘風塵官
閑倦朝市出處一云别所思寧可冀春江
有歸鴈但使音書繼

答梅聖俞

寒日照窮巷荆扉晨未開驚聞遠方信有
客渡江來開緘復何喜宛若見瓊瑰一爾
乖出處未甞持酒盃官閑隱朝市歲暮慘

風埃音書日可待春鴈暖應回

病中聞梅二南歸

聞君解舟去秋水正泫泫野岸曠歸思都門辭世紛稍逐商帆伴初隨征鴈羣山多淮甸出柳盡汴河分楚色蕪尚（一作上）綠江煙日半（一作畔）曛客意浩已遠離懷寧復云宣城好風月歸信幾時聞

送蟾上人遊天台

昔年在伊洛林壑每相從對掃竹下榻坐思湖上峯自言伊洛波每起滄洲憶今茲

道行遊千里東南國都門汴河上柳色入青煙流水向淮浦歸人隨越船東南遍林巘萬壑新流滿小桂綠應芳江春行已晚藹藹赤城陰依依識古岑一去誰復見石橋雲霧深

送徐生秀州法曹

一笑暫相從結交方恨晚猶茲簿領困況爾東南遠落帆淮口暮採石江洲暖黃鴿可寄書惟嗟雙翅短

讀山海經圖

夏鼎象九州山經有遺載空濛大荒中杳
靄群山會炎海積歊蒸陰幽異明晦奔趨
各異種倏忽俄萬態群倫固殊稟至理寧
一槩駭者自云驚生乎孰知怪未能識造
化但爾披圖繪不有萬物殊豈知方輿大

依韻和聖俞見寄

與君結交深相濟同水火文章發春葩節
行凜筠笴吾才已愧君子齒又先我君惡
予所非我許子云可厭趣共乖時畏塗難
轉輠道阸家所窮身老志彌果每嗟遊從

異有甚樊籠鏁天匠染青紅花腰呈裊娜

茍能柸酌同直待冠巾墮無欺校讎貧鹽

米尚餘顆

晏太尉西園賀雪歌

陰陽乖錯亂五行窮冬山谷暖不冰一陽

且出在地上地下誰發萬物萌太陰當用

不用事蓋由姦將不斬虧國刑遂令邪風

伺間隙潛中瘟疫於疲氓神哉陛下至仁

聖憂勤懇禱通精誠聖人與天同一體意

未發口天已聽忽收寒威還水官正時肅

物凜以清寒風得勢獵獵走瓦乾霰急落不停恍然天地半夜白群雞失曉不及鳴清晨拜表東上閤鬱鬱瑞氣盈宮庭退朝騎馬下銀闕馬滑不慣行瑤瓊晚趨賓館賀太尉坐覺滿路流歡聲便開西園掃徑步正見玉樹花凋零小軒却坐對山石拂拂酒面紅煙生主人與國共休戚不惟喜悦將豐登須憐鐵甲冷徹骨四十餘萬屯邊兵

送吴照鄰還江南

霜前江水磨碧銅岸背菱葉翹青蟲吳郎
鬢絲生幾縷不羞月上扶桑東羞見清波
照人景去時黑髮吹春風五年歸來婦應
喜從此不問西飛鴻

答朱寀捕蝗詩

捕蝗之術世所非欲究此語興於誰或云
豐凶歲有數天孽未可人力支或言蝗多
不易捕驅民入野踐其畦因之姦吏恣貪
擾戶到頭斂無一遺蝗災食苗民自苦吏
虐民苗皆被之吾嗟此語秖知一不究其

本論其皮驅雖不盡勝養患昔人固已決
不疑秉蟊投火況舊法古之去惡猶如斯
既多而捕誠未易其失安在常由遲詵詵
最説子孫衆爲腹所孕多蝝蚳始生朝畝
暮已頃化一爲百無根涯口含鋒刃疾風
雨毒腸不滿疑常飢高原下隰不知數進
退整若隨金鼙嗟兹羽孽物共惡不知造
化其誰尸大凡萬事悉如此禍當早絶防
其微蠅頭出土不急捕羽翼已就功難施
只驚群飛自天下不究生子由山陂官書

立法空太峻吏愚畏罰反自欺蓋藏十不敢申一上心雖惻何由知不如寬法擇良令告蝗不隱捕以時今苗因捕雖踐死明歲猶免爲蝝留吾甞捕蝗見其事較以利害曾深思官錢二十買一斗示一作亦以明信民爭馳斂微成衆在人力頃刻露積如京坻乃知孽蟲雖甚衆嫉惡苟鋭無難爲往時姚崇用此議誠哉賢相得所宜因吟君贈廣其說爲我持之告採詩

答蘇子美離京見寄

衆奇子美貌堂堂千人英我獨疑其胷浩
浩包滄溟滄溟產龍蜃百怪不可名是以
子美辭吐出人輒驚其於詩最豪奔放何
縱橫衆絃排律呂金石次第鳴間以險絶
句非時震雷霆兩耳不及掩百痾爲之醒
語言既可駭筆墨尤其精少雖甞力學老
乃若天成濡毫弄點畫信手不自停端莊
雜醜怪群星見攙槍爛然溢紙幅視久無
定形使我終老學得一已足矜而君兼衆
美磊落猶自輕高冠出人上誰敢揖其膺

群臣列丹陛幾位缺公卿使之東帶立可以重朝廷況今參國議高論吐崢嶸惜哉三十五白髮今已生近者去江淮作詩寄離情口誦不及寫一日傳都城退之序百物其鳴由不平天方苦君心欲使發其聲嗟我非鸑鷟徒思和嚶嚶因風幸數寄謦我聾與盲

立秋有感寄蘇子美

庭樹忽改色秋風動其枝物情未必爾我意先已悽雖恐芳節謝猶忻早涼歸起步

雲月暗顧瞻星斗移四時有大信萬物誰與期故人在千里歲月令我悲所嗟事業晚豈惜顏色衰廟謀今謂何胡馬日以肥

喜雪示徐生

清穹一作空凜冬慼旱野渴天澤經旬三尺雪萬物變顏色愁雲噓不開慘慘連日夕寒風借天勢豪忽肆陵轢空枝凍鳥雀凝不避彈弋長河寂無聲厚地若龜坼陰階夜自照缺瓦晨復積貯潔瑩冰壺量深埋玉尺凝陰反窮剝陽九兆初畫春回百草

心氣動黃泉脉堅冰雖未破土潤已潛釋
常聞老農語一臘見三白是爲豐年候占
驗勝蓍策天兵血西陲萬轍走供億嗟予
媿疲俗奚術肥爾瘠惟幸歲之穰茲惠豈
人力非徒給租調且可銷盜賊從今絜醽
禀期共飽麰麥

賦竹上甘露

梢梢兩竹枝甘露葉間垂草木有靈液陰
陽凝以時深山與窮谷往往嘗有之幸當
君子軒得爲衆人知物生隨所託晦顯各

有宜聊以助歌詠兼壚飲童兒

和對雪憶梅花

昔官西陵江峽間野花紅紫多斕斑惟有寒梅舊所識異鄉每見心一作必依然爲憐花自洛中看花上蜀鳥啼綿蠻當時作詩誰唱和粉蘂自折清香縈今來把酒對殘雪却憶江上高樓山群花四時媚者衆何獨此樹令人攀窮冬萬木立枯死玉艷獨發陵清寒鮮妍皎如鏡裏面綽約對若風中仙惜哉北地無此樹霰雪漫漫平沙川

徐生隨我客此郡冰霜旅舍逢新年憶花對雪晨起坐清詩寶鐵裁琅玕長河風色暖将動即看緑柳含春煙寒齋寂寞何以慰卯盃且醉酣午眠

歸鴈亭

荒蹊臘雪春尚埋我初獨與徐生來城高樹古禽鳥野聲響格磔寒毰毸頹垣敗屋巍然在略可遠眺臨傾臺高株唯有柳數十夾路對立初誰栽漸誅榛莽辨草樹頗有桃李當墻隈欣然便擬趁時節斤斸日

夕勞耘培新年風色日漸好晴天仰見鴈已回枯根老脉凍不發遶之百匝空徘徊頑姿野態煩造化勾芒不肯先煦吹酒酣幾欲擣大鼓驚起龍蟄驅春雷偶然不到才數日顏色一變由誰催翠芽紅粒迸條出纖趺嫩蕚如剪裁卧槎燒枿亦強發老朽不避衆艷咍姹然山杏開最早其餘紅白各自媒初開盛發與零落皆有意思牽人懷衆芳勿使一時發當令一落續一開畢春應須酒萬斛與子共醉三千盃

送韓子華

嗟我久不見韓子如讀古書思古人忽然相逢又數日笑語反不共一罇諫垣尸居職業廢朝事汲汲勞精神子華筆力天馬足驁騁千百誰可群嗟予老鈍不自笑尚欲疾走追其塵子華有時高談駭我聽榮枯萬物移秋春所以不見令我思見之如飲玉醴醇叩門下馬忽來別高帆得風披飛雲離懷有酒不及寫別後慰我寓於文

送李太傅知冀州 端懿

吾慕李漢超爲將勇無儔養士三千人人
人百貔貅關南三十年天子不北憂吾愛
李允則善覘多計籌慮動靜寢食皎如在
雙眸出入若變化談笑摧敵謀恩信浹南
北聲名落燕幽二公材各異戰守兩堪尤
天下不用兵爾來三十秋今其繼者誰守
冀得李侯李侯年尚少文武學彬彪河朔
一尺雪北風煖貂裘上馬擘（一作臂）長弓白
羽飛金鏃臨行問我言我慙本儒鯫漢超
雖已久故來尚歌謳允則事最近猶能想

風流將此聊爲贈勉哉行無留

石篆詩并序

某啓近蒙朝恩守此州州之西南有瑯琊山唐李幼卿庶子泉者昔某在館閣時方國家詔天下求古碑石之文集于閣下因得見李陽冰篆庶子泉銘學篆者云陽冰之迹多矣無如此銘者常欲求其本而不得于今十年矣及此來已獲焉而銘石之側又陽冰別篆十餘字尤奇於銘文世罕傳焉山僧惠覺指以示予予徘徊其下久之

不能去山之奇迹古今紀述詳矣而獨遺此字予甚惜之欲有所述而患文辭之不稱思予嘗愛其文而不及者梅聖俞蘇子美也因爲詩一首并封題墨本以寄二君乞詩刻于石

寒嵓飛流（一作溜）落青苔旁斲石篆何奇哉其人已死骨已朽此字不滅留山隈山中老僧憂石泐印之以紙磨松煤欲令留傳在人世持以贈客比瓊瑰我疑此字非筆畫又疑人力非能爲始從天地胚渾判元

氣結此高崔嵬當時野鳥踏山石萬古遺
迹於蒼崖山祇不欲人屢見每吐雲霧深
藏埋群仙飛空欲下讀常借海月清光來
嗟我豈能識字法見之但覺心眼開辭慳
語鄙不足記封題遠寄蘇與梅

題滁州醉翁亭

四十未爲老醉翁偶題篇醉中遺萬物豈
復記吾年但愛亭下水來從亂峯間聲如
自空落瀉向兩簷前流入巖下溪幽泉助
涓涓響不亂人語其清非管絃豈不美絲

竹絲竹不勝繁所以屢携酒遠步就潺湲野鳥窺我醉溪雲留我眠山花徒能笑不解與我言惟有巖風來吹我還醒然

贈學者

人禀天地氣乃物中最靈性雖有五常不學無由明輪曲揉而就木直在中繩堅金礪所利玉琢器乃成仁義不遠躬勤勤入至誠學既積於心猶木之敷榮根本既堅好蓊鬱其幹莖爾曹宜勉勉無以吾言輕

春寒効李長吉體

東風吹雲海天黑飢龍凍雲雨不滴嗔雷隱隱愁煙白宿露無光瑶草寂東皇染花滿春國天爲花迷借春色呼雲鑠日（一作月）恐紅蔫幾日春陰養花魄悠悠遠絮縈空擲愁思（一作絲）織春挽不得高樓去天無幾尺遠岫參差亂屏碧

幽谷（一作豐樂亭）晚飲

一徑入蒙密已聞流水聲行穿翠篠盡忽見青山橫山勢抱幽谷谷泉含石泓旁生嘉樹林上有好鳥鳴鳥語谷中靜樹涼泉

影清露蟬已嘒嘒風溜時泠泠渴心不待飲醉耳傾還醒嘉我二三友偶同丘壑情環流席高蔭置酒當崢嶸是時新雨餘日落山更明山色已可愛泉聲難久聽安得白玉琴寫以（一作之）朱絲繩

外集卷第三

奉酬聖俞答梅聖俞（二詩多同而韻異故兩存之）

續添

答梅聖俞　茲年疑是茲來

酬聖俞朔風見寄　此詩押兩吟字一本第一韻作吟寒乃別韻

聽平戎操　競何事競疑是竟

答蘇子美　子美慶曆文粹作倩仲蓋舜欽舊字後篇同　衆絃一作衆懸

歸鴈亭　時發慶曆文粹作時歇

石篆詩序　子嘗一作子常

又續添

賦竹上甘露　嘗有之嘗一作常

書宣城修木渠記後呈朱表臣寺丞　朱名紘字儀甫治平中爲宜城令脩木渠有功熙寧二年冬吳充薦改大理寺丞鄭獬爲作渠記公詩當在三年合入外集第四卷誤寘第三

外集卷第四　歐陽文忠公集五十四

古詩四

桐花

猗猗井上桐花葉何蓑蓑下蔭百尺泉上聳陵雲材翠色洗朝露清陰午當階幽蟬自嘒嘒鳴鳥何喈喈日出花照耀飛香動浮埃今朝一雨過狼籍黏青苔斯桐乃誰樹意若銘吾齋常聞漢道隆上下相和諧選吏擇孝廉視民嬰與孩政聲如九韶百物絶妖災優優潁川守能致鳳凰來到此

幾千載丹山自崔嵬聖君勤治理百郡列
賢才嗟爾不自勉鳳凰其來哉

思二亭送光禄謝寺丞歸滁陽

吾嘗（一作常）思醉翁醉翁名自我山林本我
性章服偶包裹君恩未知報進退奚爲可
自非因讒逐決去焉（一作詎）能果前時永陽
謫誰與脱韁鏁山氣無四時幽花常婀娜
石泉咽然鳴野豔笑而傞賓歡正諠譁翁
醉已岌峩我樂世所悲衆馳予坎軻惟兹
三二子嗜好其（二字一作學甚）同頗因歸謝巖石

爲我刻其左

吾嘗（一作常）思豐樂魂夢不在身三年永陽謫幽谷最來頻谷口兩三家山泉爲四鄰但聞山泉聲豈識山意春春至換群物花開思故人故人今何在憔悴潁之濱人去山自緑春歸花更新空令谷中叟笑我種花勤

堂中畫像探題得杜子美

風雅久寂寞吾思見其人杜君詩之豪來者孰比倫生爲一身窮死也萬世珍言苟

可垂後士無羞賤貧

和徐生假山

匠智無遺巧天形極幽探謂我愛山者爲山列前簷頽垣不數尺萬嶮由心潛或開如斷裂或吐似谺谽或長隨靡迤或瘦露[illegible]嵌陰(一作險)穴覰杳杳高屏立巉巉後出忽孤聳群奔沓相參靉若氣融結突如鬼鐫鑱昔歲貶荊楚扁舟極東南孤山馬當夾兩岸臨江潭常恨江水惡輕風不留帆峯巒千萬狀可愛不可談但欲借粉繪圖

之掛紈纎豈如几席間百態生濃纖暮雲點新翠孤煙起朝嵐況此窮冬節陰飈積凝嚴幽齋喜深處遠目生遐瞻晝卧不移枕晨興自開簾吾聞君子居出處無常占卷道或獨善施物仁貴兼於時苟無益懷禄古所鄙嵩山幸不遠薇蕨豈不甘自可結幽侶披雲老溪巖胡爲不即往一室安且恬辱子贈可愧因詩以自譏

送楊員外

予昔走南宮江湖浩然涉今來厭塵土常

懷把輕楫聞君東南行山水恣登躡秋江湛巳清樹色映丹葉羨君舟插檣去若魚鼓鬣君家兄弟才門族當世甲行期薦賢書疾驛來上閤

讀梅氏詩有感示徐生

子美忽巳死聖俞舍吾南嗟吾譬馳車而失左右驂勍敵嘗壓壘羸兵當戒嚴凡人貴勉強惰逸易安恬吾既苦多病交朋復凋殲篇章久不作意思如膠粘良田失時耕草莽廢鋤芟美井不日汲何由發清甘

偶閱梅氏篇不覺日掛簷乃知文字樂愈久益無厭吾嘗一作常哀世人聲利競爭貪哇咬聾兩耳死不享韶咸而幸知此樂又常深討探今官得閑散舍此欲奚耽頑庸須警策賴子發其箝

和人三橋

笳鼓下層臺旌旗轉長嶼橋響鷺歸軒溪明望行炬

北臨白雲澗南望清風閣出樹見人行隔溪聞魚躍

斷虹跨曲岸倒影涵清波爲愛斜陽好迴舟特特過

初夏劉氏竹林小飲

春榮忽已衰夏葉換初秀披荒得深蹊掃綠蔭清晝萬竿交已聳千畝蔚何富驚雷迸狂鞭霧籜舒文繡虛心高自擢勁節晚愈瘦雖慙桃李妖豈愧松栢後川源湛新霽林麓洗昏霧猗猗色可餐滴滴翠欲溜況茲夏首月景物得嘉候晚蝶舞新黃孤禽弄清咮窺深入牕蒙玩密愛林茂依依

帶幽澗隱隱見孤岫林蓀縟堪眠野汲冷可漱鳴琴瀉山風高籟發仙奏暑却自蠲渴心閑疑愈疚枉盤雜芬芳圖籍羅左右怡然忘簪組釋若出羈廐矧予懷一丘未得解黃綬官事偶多閑郊扉須屢叩新篁漸添林晚筍堪薦豆誰邀接籬公有酒幸相就

眼有黑花戲書自遣

洛陽三見牡丹月春醉往往眠人家揚州一遇芍藥時夜飲不覺生朝霞天下名花

惟有此罇前樂事更無加如今白首春風裏病眼何須厭黑花

送朱生

萬物各有役無心獨浮雲遂令幽居客日與山雲親植桂比芳操佩蘭思潔身何必濯於水本無纓上塵

雪 時在潁州作玉月梨梅練絮白舞鵝鶴銀等事皆請勿用

新陽力微初破蕚客陰用壯猶相薄朝寒稜稜風〔疑〕莫犯暮雪緌緌止還作驅馳風雲初慘淡炫晃山川漸開廓光芒可愛初日

照潤澤終爲和氣爍美人高堂晨起驚幽士虛牕靜聞落酒壚成徑集餅罌獵騎尋蹤得狐貉龍虵掃處斷復續猊虎團成呀且攫共貪終歲飽麰麥豈恤空林飢鳥雀沙墀朝賀迷象笏桑野行歌沒芒屩乃知一雪萬人喜顧我不飲胡爲樂坐看天地絶氛埃使我胷襟如洗瀹脫遺前言笑塵雜搜索萬象窺冥漠潁雖陋邦文士衆巨筆人人把矛槊自非我爲發其端凍口何由開一噱

雪晴

悠悠野水來，灧灧西溪闊。曉日披宿雲，荒臺照殘雪。風光變窮臘，歲律新陽月。凍冉意初回，緑醅浮可撥。人閑樂朋友，鳥哢知時節。豈止探芳菲，耕桑行可閱。

琴高魚

琴高一去不復見，神仙雖有亦何爲。溪鱗佳味自可愛，何必虛名務好奇。

竹間亭 二首其一已見居士集

高亭照初日，竹影涼蕭森。新篁漸解籜，翠

色日已深雨多苔莓疑青幽徑無人尋靜趣久廼得暫來聊解襟清風颼然生鳴鳥送好音佳時不易得濁酒聊自斟興盡即言返重來期抱琴

箕山

朝下黃蘆坂夕望箕山雲緬懷巢上客想彼嵩中人弱歲慕高節壯年嬰世紛漱流羨潁水振衣嗟洛塵空祠亂鷲鳥山木含餘曛聊茲謝芝桂歸月及新春

西園

落日叩溪門西溪復何所人侵樹裏耕花落田中雨平野見南山荒臺起寒霧歌舞昔云誰今人但懷古

白兎

天冥冥雲濛濛白兎擣藥姮娥宮玉關金鏁夜不閉竄入滁山千萬重滁泉清甘瀉大壑滁草軟翠搖輕風渴飲泉困棲草滁人遇之豐山道網羅百計偶得之千里持爲翰林寶翰林酬酢委金壁珠箔花籠玉爲食朝隨孔翠伴暮綴鸞皇翼主人邀客

醉籠下京洛風埃不霑席群詩名藐極豪
縱爾兎有意果誰識天資潔白已爲累物
性拘囚盡無益上林榮落幾時休回首峯
巒斷消息

偶書

吾見陶靖節愛酒又愛閑二者人所欲不
問愚與賢柰何古今人遂此樂尤難飲酒
或時有得閑何鮮焉浮屠老子流營營盈
市廛二物尚如此仕官不待言官高責愈
重禄厚足憂患暫息不可得況欲閑長年

少壯務貪得鋭意力爭前老來難勉強思
此但長歎決計不宜晚歸耕潁尾田

日本刀歌

昆夷道遠不復通世傳切玉誰能窮寶刀
近出日本國越賈得之滄海東魚皮裝貼
香木鞘黃白閒雜鍮與銅（真鍮似金　真銅似銀）百金
傳入好事手佩服可以禳妖凶傳聞其國
居大島土壤沃饒風俗好其先徐福詐秦
民採藥淹留丱童老百工五種與之居至
今器玩皆精巧前朝貢獻屢往來士人往

往工詞藻徐福行時書未焚逸書百篇今尚存令嚴不許傳中國舉世無人識古文先王大典藏夷貊蒼波浩蕩無通津令人感激坐流涕鏽澁短刀何足云

會峯亭

山勢百里見新亭壓其巔群峯漸靡迤高下相綿聯下窺疑無地杳靄但蒼煙是時新雨餘衆壑鳴春泉林籟靜更響山光晚逾鮮嵓花爲誰開春去夏猶妍野鳥窺我醉谿雲留我眠日暮山風來吹我還醒然

醉醒各任物雲鳥徒留連

晩步綠陰園遂登凝翠亭

餘春去已遠綠水涵新塘漸愛樹陰密初迎蕙風涼高亭可四望繞郭青山長野色晩更好嵐曛共微茫幽懷不可寫雅詠同誰觴明月如慰我開軒送清光

聖俞惠宣州筆戲書

聖俞宣城人能使紫毫筆宣人諸葛高世業守不失緊心縛長毫三副頗精密硬軟適人手百管不差一京師諸筆工牌榜自

稱述纍纍相國東比若衣縫蝨或柔多虛尖或硬不可屈但能裝管搨有表曾無實價高仍費錢用不過數日豈如宣城毫耐久仍可乞

贈潘景温叟

秦盧不世出俗子相矜誇治疾不知一作求源横死紛如麻番陽奇男子衣冠本儒家學本得心訣照底窮根厓冷然鑒五藏曾靡毫釐差公卿掃榻迎黄金載盈車語言無羽翰飛入萬齒牙相逢京洛下使我驚

且嗟七年慈母病庸工口咿啞恨不早見君以乞壺中砂通宵耳高論飲恨知何涯瞥然别我去征途指煙霞孤雲不可留淚線風中斜

學書二首

蘇子歸黃泉筆法遂中絶賴有蔡君謨名聲馳晚節醉翁不量力每欲追其轍人生浪自苦以取兒女悦豈止學書然自悔從今决

學書不覺夜但怪西窻暗病目故已昏墨

不分濃淡人生一小自知勞苦殊無憾所得乃虛名榮華俄頃暫豈止學書然作銘聊自鑒

奉使道中作三首

執手意遲遲出門還草草無嫌去時速但願歸時早北風吹雪犯征裘夾路花開回馬頭若無二月還家樂爭奈千山遠客愁

爲客莫思家客行方遠道還家自有時空使朱顏老禁城春色暖融怡花倚春風待客歸勸君還家須飲酒記取思歸未得時

客夢方在家角聲已催曉忽忽行人起共怨角聲早馬蹄終日踐冰霜未到思回空斷腸少貪夢裏還家樂早起前山一作山前路正長

奉使道中寄垣師

道人少賈海上遊海船破散身沈浮黃金滿篋人所寄吹簸偶得還中州鸁身歸金不受報秖取斗酒相獻酬歡娛慈母終一世脫棄妻子藏巖幽蒼煙寥寥池水漫白玉菡萏吹高秋夜燃栢子煑山藥憶此東

望無時休塞垣春枯積雪溜沙礫威怒黃雲愁五更匹馬隨鴈起想見鄧郭花今稠百年夸奪終一丘世上滿眼真悠悠寄聲萬里心綢繆莫道異趣無相求

勉劉申

有司精考覈中第爲公卿本基在積習優學登榮名吾子齒尚少加勤無自輕努力圖樹立庶幾終有成

壽樓

碧瓦照日生青煙誰家高樓當道邊昨日

丁丁斤且斵今朝朱欄横翠幕主人起樓何太高欲誇富力壓群豪樓中女兒十五六紅膏畫眉雙鬟緑日暮春風吹管絃過者仰首皆留連應笑樓前騎馬客腰垂金章頭已白苦貪名利損形骸爭若庸愚恣聲色朝見騎馬過暮見騎馬歸經年無補朝廷事何用區區來往爲

試院聞奚琴作

奚琴本出奚人樂奚虜彈之雙淚落抱琴置酒試一彈曲罷依然不能作黃河之水

向東流鳧飛鴈下白雲秋岸上行人舟上客朝來暮去無今昔哀絃一奏池上風忽聞如在河舟中絃聲千古聽不改可憐纖手今何在誰知着意弄新音斷我罇前今日心當時應有曾聞者若使重聽須淚下

乞藥有感呈梅聖俞

宣州紫沙合圓若截耶筒偶得今十載走官（一作宦）南北東持之聖俞家乞藥戒羸僮聖俞見之喜遽以手磨礱謂此吾家物問誰持贈公因嗟與君交事事無不同憶昔

初識面青衫游洛中高標不可揖杳若雲間鴻不獨體輕徤目明仍耳聰爾來三十年多難百憂攻君晚得奇藥靈根斸離宮其狀若狗蹄其香比芎藭愛君方食貧面色悅以豐不憚乞餘劑庶幾助衰癃平時一笑歡飲酒各爭雄向老百病出區區論藥功衰盛物常理循環勢無窮寄語少年兒慎勿笑兩翁

擬剝啄行寄趙少師

剝剝復啄啄柴門驚鳥雀故人千里駕信

士百金諸搢紳相趨動顔色閭巷歡呼共嗟愕顧我非惟慰寂寥於時自可警偷薄事國十年憂患同酣歌幾日暫相從酒醒初不戒徒馭歸思瞥起如飛鴻車馬闐然人已去荷鋤却向野田中

絶句 臨薨作

冷雨漲焦陂人去陂寂寞惟有霜前花鮮鮮對高閣

聯句三首

冬夕小齋聯句寄梅聖俞 陸經

寒牕明夜月（歐。一作夜自明）散帙耿燈火。破硯裂冰澌（陸）敗席薦霜笴。廢書浩長吟（歐）想子實勞我。清篇追曹劉（陸）苦語侔島可。酣飲每頹山（歐）談笑工炙輠。駕言當有期（陸）歲晩何未果。幽夢亂如雲（歐）別愁牢若鎖。雪水漸漣漪（陸）春枝將婀娜。客心莫遲留（歐）苑（一作花）葩即紛墮。何當迎笑前（陸）相逢嘲飯顆（歐）

劍聯句（范仲淹 滕宗諒）

聖人作神兵以定天下厄（范）蚩尤發靈機

干將構雄績歐槖籥天地開鑪冶陰陽闢
滕南帝輸火精西皇降金液歐炎炎崑岡
熒洶洶洪河擘范雷霆助意氣日月淪精
魄滕神氣不在大錯落就三尺直淬靈溪
泉橫磨太行石歐雄雌威並立晝夜光相
射范提攜風雲生指顧煙霞寂滕堅剛正
人心耿介志士跡歐初疑成夏鼎魑魅世
所適滕又若引吳刀犀象謂無隅范截波
虬尾滑脫浪鯨牙直頑冰挂陰霤皎月乘
孤隙歐河角起彗氣雲罅露秋碧曉鐔星

斗爛夜匣飛龍宅　范　舞酣霰雪回彈倏球

琳擊鮮搖雲水光賦刮湘山色　滕　青蛟渴

雨瘦素虺蟠霜瘠　歐　清音鏘以鳴寒姿堅

且澤　范　鬼類喪影響佞黨摧肝膈　歐　一旦

會神武四海屠兇逆　范　周王奉天討商郊

千里赤　歐　楚子揚軍聲秦師萬首白祥輝

冠吳楚殺氣横燕易　范　與君斬鼇足八極

停震虩　歐　與君刜鵬翼三辰增煥赫莫使

化猿、翁辱我爲幻、惑　范　莫使暴虎人屈我

執仇敵　滕　尊嚴倈冠冕左右舞干、戚　歐　功

成不可留延平空霹靂范

鶴聯句 范仲淹 滕宗諒

上霄降靈氣鍾此千年禽范幽閑靖節性
孤高伯夷心歐頡頏紫霄垠飄飖滄浪潯
歐岳湛有仙姿鈞韶無俗音范毛滋月華
淡頂粹霞光深歐目流泉客淚翅垂羽人
襟滕騰漢雪千丈點溪霜半尋范纖喙礪
青鐵脩脛雕碧琳歐巖棲干溪樹澤飲卑
朱泠滕鸞皇自塤篪鷰雀徒商參范獨翅
聳瓊枝群舞傾瑤林歐病餘霞雲段夢回

松吹吟滕靜嫵鸚鵡言高笑鴛鴦謠范金
清泠澄澈玉格寒蕭森歐潔白不我恃腥
羶非所任滕稻粱不得已蟣虱胡爲侵范
天池憶鵬遊雲羅傷鳳沈滕風流超縞一作起績
素雅淡絕規箴歐相親長道情偶見銷煩
襟范西漢惜馮唐華皓欲投簪歐南朝仰
衛玠清羸疑不禁滕端如方直臣處群良
足欽范介如廉退士鷟秋猶在陰范幾詣
鷹隼鷙羈韝俄見臨歐還嗤梟鷺貪弋繳
終就擒歐秉軒乃一芥空籠仍萬金滕片

雲伴遙影冥冥越煙岑范長飈送逸響亭

亭疑出一作幽霜砧歐蓬瀛忽往來桑田成古

今歐願下八佾庭鼓舞薰風琴滕

外集卷第四

桐花 花照（一作光照）

假山 自讒（讒字疑）

送楊貟外 南宮（疑是南官）

鶴聯句 羽人襟 煩襟（此詩重押襟字其上疑作衿）

續添

乞藥有感 斸（一作斲） 物常（一作有常）

冬夕小齋聯句 酣飲（一作醺酣） 談笑（一作笑談）

菀葩（一作菀蘤）

續添

來鷰堂與趙叔平王禹玉王原叔
韓子華聯句 嘉祐三年見華陽集
賢侯謝郡歸從游樂吾黨林泉富餘地卜
築踈陳莽是時春正中來鷰音下上若賀
大厦成喜留衆賓賞槩得名因談笑揮墨
繫題榜所夸賢豪盛豈止池榭廣人心樂
且閑鳥意頡而頏吟罇敞花軒醉枕酣風
幌脩輕雲薄藻棟初日麗珠網紅袂生暗
香清絃泛餘響林深隱飛蓋岸曲遲去槳

波光欄檻明竹氣衣巾爽 珪
虛容涼樾入影與文漣蕩晨飈轉緑蕙夕雨滋膏壤嘉辰喜盍朋命駕期屢徃觴詠陶淑真世俗豈吾倣 洙
得以爲勝游蕭然散煩想公子固好士世德復可象今此大基構不圖專奉養美哉風流存來葉足師仰 絳

賢侯譚鎮東軍節度
觀察留後李端愿

外集卷第五　歐陽文忠公集五十五

律詩一

漢宮

桂館神君去甘泉輦道平翠華飛蓋下豹尾屬車迎曉露寒浮掌光風細轉旌廊回偏費步珮遠尚聞聲玉樹人間老珊瑚海底生金波夜夜意偏照影娥清

送劉半千平陽簿 假道歸故里

嶺梅歸驛路迢迢越鳥巢傾木半喬松徑就荒聊應召桂叢最留隱定相招家庭噪鵲

爭喧樹夜帳鸞依自擁條何處秋風催客鬢青絲恐逐物華凋一作銷

樓頭

百尺樓頭萬疊山楚江南望陽晴煙雲藏白道天垂幕簾捲黃昏月上弦桑落蒲城催熟酒柳褭章陌感凋年髮光如蓧寧禁恨不待爲郎已颯然

夕照

夕照留歌扇餘輝上桂叢霞光晴散錦雨氣晚成虹燕下飜池草烏鵲傍井桐無憀

照湘水丹色映秋楓

送張學士知郢州

漢郎清曉赤墀趨楚老西來望隼旟侍史護衣薰蕙草轆轤要劒從驪駒陽春繞雪歌低扇油幕連雲水泛渠千里脩門對涔浦好尋遺玦弔三閭

曉詠

簾外星辰逐斗移紫河聲轉下雲西九雛烏起城將曙百尺樓高月易低露裛蘭若惟有淚秋荒桃李不成蹊西堂吟思無人

助草滿池塘夢自迷

禁火

火禁開何晚春芳半巳凋柳風蕉絮墜榆雨帶錢飄淚翦蘭膏盡弦虧桂魄消袚蘭流水曲游禊一相招

送趙山人歸舊山

屈賈江山思不休霜飛翠葆忽驚秋吟拋楚畹蘭茗老歸有淮山桂樹留聒耳春池蛙兩部比封秋蟻橘千頭嗔絛怒穎真堪愧莫染衣塵更遠遊

閑居即事

巷有容車陋門無載酒過池喧蛙怒雨客去雀驚羅握臂如枝骨哀絃繫（一作擊）筋歌無憀漳浦臥還似詠中阿

傷春

蕙蘭蹊徑失芳期風雨春深怯減衣卷落高樓驚燕入揮絃遠目送鴻歸蜂催釀蜜愁花盡絮撲喧條妬雪飛欲識傷春多少恨試量衣帶忖要圍

公子

黄山閑苑獵初回，絳樹分行舞迹來。下馬春場雞鬭距，鳴弦初日雉驚媒。犀投博齒呼成白，橋隔車音聽似雷。不問春蠶眠未起，更尋桑陌到秦臺。

夜意

蕙炷爐薰斷，蘭膏燭豔煎。夜風多起籟，曉月漸虧弦。鵲去星低漢，烏啼樹暝煙。惟應墻外柳，三起復三眠。

寄張至祕校

關山一里一重愁，念遠傷離兩未休。南陌

望窮雲似帳西樓吟斷月如鈎柳綿飛後（一作奠）春應減蘭徑荒時客倦游擬寄東流問溝水亦應溝水更東流

寄徐巽秀才

瑶花飛雪蕩離愁鸜鵒鷩風下緑疇雎苑樹荒誰共客楚江楓老獨悲秋千重錦浪翻如箭萬疊春山翠入樓章陌柳條今在否定臨溝水拂東流

寄劉昉秀才

絲路縈回細入雲離懷南陌草初薰茂林

脩竹誰同禊明月春蘿定勒文燕憶銅鞮
來不定鴻歸碣石信難分東風鸎友應相
望懊惱孤飛不及羣

送客回馬上作

南浦空波緑西陂夕照寒瑶華傷遠道芳
草送歸鞍翠歛遥山疊氣收古澤寛衰容
畏秋色不及楚楓丹

西征道中送陳舅秀才北歸

綦墅風流謝舅賢髮光如葆惜窮年人隨
黄鵠飛千里酒滿樓烏送一絃望驛早梅

迎遠使拂鞍裊柳拗歸鞭越禽胡馬相逢地南北思歸各黯然

送目

送目衡（一作蘅）皋望不休江蘋高下遍汀洲長堤柳曲妨回首小苑花深礙倚樓楚徑蕙風消病渴洛城花雪蕩春愁流杯三日佳期過擲度蘭波負勝遊

春曉

小閣回殘夢開簾轉曉暉露寒風不定花落鳥驚飛病渴偏思柘（一作蔗楚詞漢志作柘晉書杜詩作蔗）朝

寒怯減衣沈錢將謝雪持底送春歸

劉秀才宅對弈　昉

烏巷招邀謝墅中紫囊香珮更臨風塵驚野烽一作火遥知獵目送雲羅但聽鴻六■比犀鳴博勝百嬌柘矢捧壺空解衣對子歡何極玉井移陰下翠桐

送李寔

幾幅歸帆不暫停吳天遥望斗牛横香薰翠被乘青翰波暖屏風詠紫莖江水自隨潮上下月輪閑與蚌虧盈河橋折柳傷離

後更作南雲萬里行

早夏鄭工部園池

夜雨殘芳盡朝暉宿霧收蘭香纔馥徑柳暗欲翻溝夏木繁堪結春蹊（一作畦）翠巳稠披襟楚風快伏檻更臨流

舟中寄劉昉秀才

東南天闊漾歸流西北雲高斷寸眸明月隨人來遠浦青山荅鼓送行舟歸心逐夢成魚鳥夜漢看星識斗牛釃（一作醱）酒開樽誰共醉清江聊且玩游儵（一作儵游）

月夕

月氣初升海屏光半隱扉寒消覺春盡漏永送籌稀蘭燭風驚爐煙簾霧濕衣清羸急寬帶頻減故時圍

奉送叔父都官知永州

虎頭盤綬貴垂紳青組名郎領郡頻畫鷁千艘隨下瀨聽鷄五鼓送行人楚波漾楫萍如日淮月開舲蚌有津千里壺漿民詠溢檣烏旟隼下汀蘋

柳

緑樹低昂不自持河橋風雨弄春絲殘黄淺約眉雙歛欲舞先誇手小垂快馬折鞭催遠道落梅横笛共餘悲長亭送客兼迎雨費盡春條贈别離

舟中望京邑

東北歸川泱泱流汎艎青渚暫夷猶遥登灞岸空回首不見長安但舉頭揮手嵇琴空墮睫開樽魯酒不忘憂青門柳色春應遍猶自留連杜若洲

小圃

桂樹鴛鴦起蘭苕翡翠翔風高絲引絮雨
罷葉生光蝶粉花霑紫蜂茸露濕黃愁醒
與消渴容易爲春傷

即目

李徑陰森接翠疇押簾風日澹清秋晚烏
藏柳棲殘照遠燕傷風失故樓星漢經年
雖可望雲波千疊不緘愁平居華帶頻移
孔誰問無憀沈隱侯

南征道寄相送者

楚天風雪犯征裘誤拂京塵事遠遊謝墅

人歸應作詠灞陵岸遠尚回頭雲含江樹看迷所目逐歸鴻送不休欲借高樓望西北亦應西北有高樓

楚澤

宿莽湘纍怨幽蘭楚俗謡紫屏空自老翠被豈能招欲就蒼梧訴愁迷澧浦遥哀猿羌晝晦悲鴂衆芳凋紅壁丹砂扳瓊鈎翡翠翹如何搴香杜（一作杜若）江上獨無憀

題金山寺

地接龍宫漲浪賒鷲峯岑絶倚雲斜嵓拔

宿霧三竿日路引迷人四照花海國盜牙
爭起塔河童施鉢但鷩沙春蘿攀倚難成
去山谷跡鍾落暮霞

送竇秀才

晴原高下細如鱗樹轉城回路欲分望月
西樓人共遠躍鞍南陌草初薰短亭山翠
徧多疊送目鴻鷩不及群一驛賦成應援
筆好憑飛翼寄歸雲

旅思

調苦歌非樂歧多淚始零羞彈長鋏劍終

戀五侯鯖陌草薰沙緑江楓照岸青南陔
動歸思蘭葉向春馨

仙意

孤祠百尺拂非煙鳳去鸞歸夜悄然滄海
風高愁燕遠扶桑春老記蠶眠槎流千里
纔成曲桂魄經旬始下弦獨有金人寄遺
恨曉盤雲淚冷涓涓

聞朱祠部罷潯州歸闕

漢柱題名墨未乾南州坐布政條寬嶺雲
路隔梅歆驛使騶秋歸柳拂鞾建禮侵晨

趨冉冉明光賜對佩珊珊穎川此召行聞
拜冠頍凝塵俟一彈

勸征

沈約傷春思嵇含倦久游帆歸黄鶴一作華
浦人滯白蘋洲乳燕差池遠江禽格磔浮
物華真可玩黑鬢恐逢秋

鄭駕部射圃

蒙草西堂射圃連蘭茁初日露華鮮暈含
晝的弦開月牙箭行籌酒滿船鏤管思催
吟韻劚妓簾陰薄舞衣翩當筵獨愧探牛

象儉府芙蓉客盡賢

甘露寺

雲樹千尋隔翠微給園金地敞仁祠講花
飄雨諸天近春漏歌蓮白日遲引鉢當空
時取露殘灰經刼自成池危欄徙倚吟忘
下九子鈴寒塔影移

送友人南下

河橋別柳減春條隔浦孥音聽已遥千里
羹蓴誇敵酪滿池澱稻欲鳴蜩東風楚岸
神靈雨殘月吴波上下潮如弔湘纍搴香

一作杜若秋江斜日駐蘭橈

高樓

六曲雕欄百尺樓簾波不定瓦如流浮雲已映樓西北更向雲西待月鈎

榴花

絮亂絲繁不自持蜂黃蝶紫燕參差榴花最恨來時晚惆悵春期獨後期

宿雲夢館

北鴈來時歲欲昏私書歸夢杳難分井桐葉落池荷盡一夜西牕雨不聞

鸂鶒一作鳩

花殘如霞落紛紛紫陌空遺翠幰塵鸂鶒枉緣催節物年華不信有傷春

簾

銀蒜鈎簾宛地垂桂叢烏起上朝暉枉將玳瑁雕爲押遮掩春堂礙燕歸

行雲

疊疊煙波隔夢思離愁幾日減要圍行雲自亦傷無定莫就行雲託信歸

琵琶亭上作

九江煙水一登臨風月清含古恨深濕盡
青衫司馬淚琵琶還似雍門琴

柳

雨闊堤長走畫轅絮兼梨雪墮春煙東風
苑外千絲老猶伴吴蠶盡日眠

井桐

簷欹碧瓦拂傾梧玉井聲高轉轆轤腸斷
西樓驚穩夢半留殘月照啼烏

雪中寄友人

楚岸梅香半入衣凍雲銀鑠曉光飛遥應

便面逢人處走馬章街失路歸

與謝三學士絳唱和八首

和國庠勸講之什

春盡沂風暖芹生泮水清雙旌榮照路博帶儼盈庭函丈師臨席鏘金壁有經諸生拜玉（一作王）衮欣識象丘形

和遊午橋莊

曉壇初畢祀弭蓋共尋幽鳥哢林中出泉聲冰下流攀條驚雪盡翻袂愛風柔好駐城南馬春（一作秦）桑徧陌頭

和龍門曉望

水霧濛濛曉望平悠然驅馬獨吟行煙嵐明滅川霞上凌亂空山白鳥驚

除夜偶成拜上學士三丈

萬瓦青煙夕靄生斗杓迎歲轉東城隋宮守夜沈香燎楚俗驅神爆竹聲玉樹羅階家宴盛羽觴稱壽綵衣榮九門朝客思公甚向曉天風舞雪霙

陪飲上林院後亭見櫻桃花悉已披謝因成七言四韻

尋芳長恨見花遲豈意看花獨後期試藉
落英聊共醉爲憐殘蕚更攀枝清香肯以
無人減幽艷惟應有蝶知開謝兩堪成悵
望傷春不到柳絲時

昨日偶陪後騎同適近郊謹成七
言四韻兼呈聖俞

堤柳纔黃已落梅尋芳弭蓋共徘徊桑城
日暖蠶催浴麥壠風和雉應媒别浦人嬉
遺翠羽弋林春廢鏁歌臺歸鞍暮逼宮街
鼓府吏應驚便面回

和八月十五日齋宫對月

皓月三川靜晴氛萬里銷靈光望日滿寒色入波揺灝氣成山霧浮雲蔽巃苗廟荒陰燐出苑廢露螢飄齋館心方寂秋城夜已遥清談對元亮瓊彩映蕭蕭

送學士三丈（一作送謝學士歸闕）

供帳洛城邊（三字一作拂朝煙）征轅（一作鞍）去莫攀人醒風外酒馬度雪中關故舊（一作府）誰同在新年獨未還遥遥應行路者偏識綵衣斑

已上八篇居士集止載後一篇其不同者五字而題云送謝希深今諸本皆作送王學士疑希深第三訛爲王耳

外集卷第六　歐陽文忠公集五十六

律詩二

雙桂樓

嘉樹叢生秀茲樓層漢傍飛甍臨萬井伏檻出垂楊卷幕晴雲度披襟夕籟涼山河瞻帝里風月坐胡牀愛客東阿宴清歡北海觴淮南多雅詠歲晚翫幽芳

題張應之縣齋　夫子一作丈人

小官歎簿領夫子卧高齋五斗未能去一丘真所懷綠苔一作蘚長秋雨黄葉堆空階

縣古仍無柳池清尚有蛙琴觴閑月幌窻户對雲崖嵩少亦堪老行當與子（一作子與）偕

和梅聖俞杏花

誰道梅花早殘年豈是春何如艷風日獨自占芳辰

錢相中伏日池亭宴會分韻

罇俎逢佳節簪纓奉宴居林光拂衣冷雲影入池虛酒色風前緑蓮香水上踈飛談交玉麈聽曲躍文魚粉籜春苞解紅榴夏實初雖園多美物能賦謝相如

送辛判官

被薦方趨召還鄉仍綵衣看山向家近上路逐鴻飛結綬同爲客登高獨送歸都門足行者莫訝柳條稀

叢翠亭

柳色滿重城岧岧出翠甍春雲依檻暖夕照落山明走馬章街曉飜鴻洛浦晴清罇但留客桴鼓晝無驚

賀九龍廟祈雪有應

眞宰調神化幽靈應不言朝雲九淵闇暮

霰六花繁朔吹縈歸旆賓裾載後軒睢園有客賦郢曲幾人飜槐座方虛位鋒車佇改轅願移盈尺瑞爲雨徧羣元

早春南征寄洛中諸友

楚色窮千里行人何苦賒芳林逢旅鴈候館噪山鵶春入河邊草花開水上槎東風一罇酒新歲獨思家

花山寒食

客路逢寒食花山不見花歸心隨北鴈先向洛陽家

寒食値雨

禁火仍風雨客心愁復悽陰雲花更重春日水平堤（一作還西）油壁逢南陌鞦韆出緑蹊尋芳無厭遠自有錦障泥

寄謝晏尚書二絶

送盡殘春始到家主人愛客不須嗟紅泥煮酒嘗青杏猶向臨流藉落花

爛漫殘芳不可收歸來惆悵失春遊緑陰深處聞啼鳥猶得追陪果下騮

留守相公移鎮漢東

周郊徹楚坰，舊相擁新旌。路識青山在，人今白首行。相公舊有方城題句 問農穿稻野，候節見梅英。腰組人稀識，偏應郎吏驚。

寄聖俞

平沙漫去聲飛雪，行旅斷浮橋。坐覺山陂阻，空嗟音信遥。窮陰變寒律，急節慘驚飈。野霽雲猶積，河長冰未銷。山陽人半在，洛社客無聊。寄問陶彭澤，籃輿誰見邀。聊一作寥

柴舍人金霞閣

簷前洛陽道，下聽走轅聲。樹蔭春城緑，山

明雪野晴雲藏天外闕日落柳間營綴步
應多樂壺歌詠太平

送王公慥判官

久客倦京國言歸歲巳冬獨過伊水渡猶
聽洛城鍾山色經寒綠雲陰入暮重朧梅
孤館路疲馬有誰逢

伊川獨遊

綠樹遶伊川人行亂石間寒雲依晚日白
鳥向青山路轉香林出僧歸野渡閑巖阿
誰可訪興盡復空還

遊彭城公白蓮莊

謝墅多幽賞華軒曾共尋人閑聊載酒臺

迥獨披襟水落陂光淡城當山氣陰惟餘

桃李樹日覺翠蹊深

普明院避暑

選勝避炎鬱林泉清可佳拂琴驚水鳥代

麈折山花就簡刻筠粉浮甌烹露芽歸鞍

微帶雨不惜角巾斜

送高君先輩還家

閑居寂寞面重城過我時欣倒屣迎入洛

機雲推俊譽遊梁枚馬得英聲風晴秀野春光變梅發家林鳥哢輕秖待登高成麗賦漢庭推轂有公卿

憶龍門

楚客有歸心因聲道故岑依依動春色藹藹望香林山日巖邊下溪雲水上霽遥知懷洛社應復動鄉吟

贈梅聖俞 時聞敗舉

黃鵠刷金衣自言能遠飛擇侶異棲息終年脩羽儀朝下玉池飲暮宿霜桐枝徘徊

且垂翼會有秋風時

郡人獻花

蝶遶蜂遊露蒲盤芳條可惜折來殘我緑

多病經春卧砌下花開不暇看

龍門泛舟晚向香山

暫解塵中紱來尋物外遊褰蘭流水曲弄

桂倚山幽波影巖前緑灘聲石上流忘機

下鷗鳥至樂翫遊翛梵響雲閒出殘陽樹

杪收溪窮興不盡繫榜且淹留

荷葉與梅二分題

採掇本芳陂移根向玉池晴香滋白露翠色弄清漪雨歇涼飈起煙明夕照移如何江上思偏動越人悲

早赴府學釋奠

羽籥興東序春秋紀上丁行祠漢丞相學禮魯諸生俎豆兼三代罇罍奠兩楹霧中槐市暗日出杏壇明昔齒公卿胄嘗聞絃誦聲何須向闕里首善本西京

和晏尚書夏日偶至郊亭

闤闠啼鳥樹交陰雨過西城野色侵避暑

誰能陪劇飲清歌自可滌煩襟稻花欲秀蟬初嘒菱蔓初長水正深知有江湖杳然意扁舟應許共追尋

和晏尚書自嘲

未歸歸即秉鴻鈞偷醉闌亭醉幾春與物有情寧易得莫嗔花解久留人

題薦巖院

那堪多難百憂攻三十衰容一病翁却把西都看花眼斷腸來此哭東風

寄題嵩巫亭

平地煙霄向此分繡楣丹檻照清芬一作氛

風蘸暮擔秋空碧剎見西山數嶺雲

題淨慧大師禪齋景德寺普光院

巾屨諸方遍莓苔一室前萎花吟次一作處

落孤月定中圓齋鉢都人施談機海外傳

時應暮鍾響來度禁城煙

琵琶亭

樂天曾謫此江邊已嘆天涯涕泣然今日

始知予罪大夷陵此去更三千

初至虎牙灘見江山類龍門

曉鼓潭潭客夢驚虎牙灘上作船行山形酷似龍門秀江色不如伊水清平日兩京人少壯今年三峽歲崢嶸卧聞乳石淙流響疑是香林八節聲

題張損之學士蘭皐亭

碕岸接芳蹊琴觴此自怡林花朝落砌山月夜臨池雨積蛙鳴亂春歸鳥哢移惟應乘興客不待主人知

霽後看雪走筆呈元珍判官二首

江上寒山秪對門野（一作山）花巖草共嶙峋

獨吟群玉峯前景閑憶紅蓮幕下人

嘉景無人把酒看（一作尊）縣樓終日獨凭欄

山城歲暮驚時節已作春風料峭寒

送致政朱郎中

平生不省問田園白首忘懷道更尊已上印書辭北闕稍留冠蓋餞東門馮唐老有爲郎戀疏廣終無任子恩今日榮歸人所羨兩兒腰綬擁高軒

留題安州朱氏草堂

俯檻臨流蕙徑深平泉花木繞陰森蛙鳴

鼓吹春喧耳草暖池塘夢費吟賭墅乞甥賓對奕驚鴻送目手揮琴嗟予遠捧從軍檄不得披裘五月尋

題光化張氏園亭

君家花幾種來自洛之濱惟我曾遊洛看花若故人芳菲不改色開落幾經春陶令來常醉山公到最頻曲池涵草樹啼鳥悅松筠相德今方賴恩歸未有因

和聖俞百花洲二首

野岸溪幾曲松（一作沿）蹊穿翠陰不知芳渚

遠但愛緑荷深

荷深水風闊雨過清香發暮角起城頭歸橈帶明月

魚

秋水澄清見髮毛錦鱗行處一作漫水紋揺岸邊人影驚還去時向緑荷深處跳

月

天高月影浸長江江闊風微水面涼天水相連爲一色更無纖靄隔清光

帳子

嘉樹團團俯可攀壓枝秋實漸斕斑朱欄碧瓦清霜曉纍纍繁星緑葉間

初冬歸襄城弊居

日落原野晦天寒閭市閑牛羊遠陂去鳥雀空簷閣憑高植藜杖曠目瞻前山壠麥風際緑霜鵶村外還禾黍日已熟杯酒聊開顔酣歌歲云暮寂寞向柴關

和晏尚書對雪招飲

瑶林瓊樹影交加誰伴山翁醉帽斜自把金船浮白蟻應須紅粉唱梅花

滑州歸鴈亭

長河終歲足悲風亭古臺荒半倚空惟有鴈歸時最早柳含微緑杏粘紅

送黃通之郎鄉

君子貴從俗小官能養賢無慚折腰吏勉食落頭鮮（均人相尚食腐魚故俗傳爲落頭鮮）困有亨之理窮當志益堅惟宜少近禍親髮況皤然

秋日與諸君馬頭山登高

晴原霜後若榴紅佳節登臨興未窮日泛花光搖露際酒浮山色入樽中金壺淺灑

毫端墨玉麈交揮席上風惟有淵明偏好飲籃輿酩酊一衰翁

送楊君歸漢上

我昔謫窮縣相逢清漢陰拂塵時解榻置酒屢横琴介節温如玉嘉辭擲若金趣當鄉士薦無滯計車音

後潭遊船見岸上看者有感 河朔之俗不知嬉遊大名與真定以三月十八日爲行樂之日其俗頗盛

喧喧誰暇聽歌謳浪遶春潭逐綵舟爭得心如汝無事明年今日更來遊

春日獨居

衆喧爭去逐春遊獨靜誰知味最優雨霽日長花爛漫春深睡美夢飄浮常憂任重才難了偶得身閑樂暫偷因此益知爲郡趣乞州仍擬乞山州

得滕岳陽書大誇湖山之美郡署懷【疑】物甚野其意有戀著之趣作詩一百四十言爲寄且警激之

峭巇孤城倚平湖遠浪來萬尋迷島嶼百仞起樓臺太守偍軒處群賓奉笏陪清霜

薦丹橋積雨過黃梅逸思歌湘曲遒文繼
楚材魚貪河岫樂雲忘帝鄉回遥信雙鴻
下新緘尺素裁因聞誇野景一作境自笑擁
邊埃龍漠方多孽旄頭久示災旌旗時映
日鼙鼓或驚雷有志皆嘗膽何人可鑿坏
儒生半投筆牧豎亦輸財沮澤辭猶慢蒲
萄館未開支離莫攘臂天子正求才

幽谷種花洗山

洗出峯巒看臘雪栽成花木趂新年史君
功行令將蒲誰肯同來作地仙

鷺鷥

激石灘聲如戰鼓飜天浪色似銀山灘鷥浪打風兼雨獨立亭亭意愈閑

贈歌者

病客多年掩緑罇今宵爲爾一顔醺可憐玉樹庭花後又向江都月下聞

初春

新年變物華春意日堪嘉霽色初含柳餘寒尚勒花風絲飛蕩漾林鳥哢交加獨有無悰者誰知老可嗟

送田處士

秦士多豪俠夫君久遁名青山對高卧白首喜論兵氣古時難合詩精一作清格入評公車不久召歸袖夕風生

行次壽州寄内

紫金山下水長流嘗記當年此共遊今夜南風吹客夢清淮明月照孤舟

答吕太博賞雙蓮

年來因病不飲酒老去無悰懶作詩我巳負花常自愧君須屢醉及芳時漢宮姊妹

爭新寵湘浦皇英望所思天下從來無定色況將鉛黛比天姿

酬孫延仲龍圖

洛社當年盛莫加洛陽耆老至今誇（梅聖俞張堯夫張子野延仲與予皆在洛中）死生零落餘無幾齒髮衰殘各可嗟比庫酒醪君舊物（延仲前守汝陰）西湖煙水我如家已將二美交相勝仍枉新篇麗彩霞

常州張卿養素堂

江左衣冠世有名幾人今復振家聲朝廷

獨立清冰節閭里歸來白首鄉志在言談猶慷慨身閑耳目益聰明長松野水誰爲伴顧我堪羞戀寵榮

西湖泛舟呈運使學士張掞

波光柳色碧溟濛曲渚斜橋畫舸通更遠更佳唯恐盡漸深漸密似無窮綺羅香裏留佳客絃管聲來颺晚風半醉迴舟一作還迷向背樓臺高下夕陽中

去思堂會飲得春字甲午四月潁州張唐公座上

世事紛然百態新西岡一醉十三春自慚

白髮隨年少猶把金鍾勸主人黃鳥乱飛深夏木紅榴初發艷清晨佳時易失閑難得有酒重來莫猒頻

太傅相公入陪大祀以疾不行聖恩優賢詔書俞允發於感遇紀以嘉篇小子不揆輒亦課成拙惡詩一首

驛騎頻來急詔隨都人相與竊嗟咨自非峻節終無改安得清衷久益思前席蓋將求讜議在庭非爲乏陪祠尊賢優老朝家

羡他日安車召未遲

寄子春發運待制

廣陵花月嘗同醉睢苑風霜暫破顏但喜交情久彌重休嗟人事老多艱壯心未忍悲華髮強飲猶能倒玉山留滯江一作五湖應不久多爲春酒待君還

答許發運見寄許詩云芍藥瓊花應有恨維揚新什獨無名

瓊花芍藥世無倫偶不題詩便怨人曾向無雙亭下醉自知不負廣陵春

贈廬山僧居訥

方瞳如水衲披肩邂逅相逢爲洒然五百僧中得一士始知林下有遺賢

過塞二首 一首已見居士集

身驅漢馬踏胡霜每嘆勞生秖自傷氣候愈寒人愈北不如征鴈解隨陽

晏元獻公挽辭三首

接物襟懷曠推賢品藻精謀猷存二府臺閣徧諸生帝念宮臣舊恩隆袞服榮春風緑野迴千兩送銘旌

四鎮名藩忽十春歸來白首兩朝臣上心

方喜親耆德物論猶期秉國鈞退食圖書盈一室開罇談笑列嘉賓昔人風采今人少慟哭何由贖以身

富貴優游五十年始終明哲保身全一時聞望朝廷重餘事文章海外傳舊館池臺閑水石悲笳風日慘山川解官制服門生禮慙負君恩隔九泉

酬滑州公儀龍圖見寄

畫舫齋前舊菊叢十年開落任秋風知君爲我留紅萼猶記栽花白髮翁

外集卷第六

錢相中伏日池亭宴會分韻中伏集本皆作中秋而詩無秋意又梅聖俞同賦此題亦云中伏且有徂暑之句今改正

歸襄城弊居古詩誤入律詩中

霽後看雪呈元珍判官第一首野花一作春花

嶙峋一作璘珣

外集卷第七　歐陽文忠公集五十七

律詩三

贈王介甫

翰林風月三千首吏部文章二百年老去自憐心尚在後來誰與子爭先朱門歌舞爭新態綠綺塵埃試拂絃常恨聞名不相識相逢鐏酒盡留連

蘇才翁挽詩二首

握手接歡言相知二十年文章家世事名譽弟兄賢可惜英魂掩惟餘醉墨傳秋風

衰柳岸撫樞送歸船

雄心壯志兩崢嶸誰謂中年志不成零落篇章爲世寶平生風義見交情青松月下泉臺路白草原頭薤露聲自古英豪皆若此哭君徒有淚沾纓

送石揚休還蜀

長愛謫仙誇蜀道送君西望重吟哦路高黃鵠飛不到花發杜鵑啼更多清禁寒生鳳池水繡衣榮照錦江波昔年同舍青衿子夾道歡迎鬢已皤

和景仁試明經大義多不通有感

庠序制猶闕鄉閭教不行古於經學政今也藝虛名來者益可鄙待之因愈輕無徒誚其陋講勸在公卿

和公儀試進士終場有作

朝家意在取遺才樂育推仁亦至哉本欲勵賢敦古學可嗟趨利競朋來昔人自重身難進薄俗多端路久開何異鱣魴爭尺水巨魚先已化風雷

久在病告近方赴直偶成拙詩二首

經時移病久端居玉署新秋獨直廬夜静樓臺落銀漢人閒鈴索少文書江湖未去年華晚燈火微涼暑雨初敢向聖朝辭寵禄多慙禁籞（一作闕）養慵踈

清晨下直大明宫馳馬悠然宿露中金闕雲開滄海日天街雨後緑槐風歳華忽忽雙流矢鬢髮蕭蕭一病翁名在玉堂歸未得西山畫閣興何窮　宿露（一作宿霧）

送潤州通判屯田

船頭初轉兩旗開清曉津亭疊皷催自古

江山最佳處，況君談笑有餘才。雲愁海闊
驚濤漲，木落霜清畫角哀。善政已成多雅
思，寄詩宜逐驛筒來。

和劉原甫平山堂見寄

督府繁華久已闌，至今形勝可躋攀。山橫
天地蒼茫外，花發池臺草莽閒。萬井笙歌
遺俗在，一罇風月屬君閑。遙知為我留真
賞，恨不相隨暫解顏。

送張吉老赴浙憲

吳越東南富百城，路人應羨繡（一作錦）衣榮。

昔時結客曾遊處今見焚香夾道迎治世
用刑期止殺仁心聽獄務求生時豐訟息
多餘暇無惜新篇屢寄聲

春日詞五首

宮壇青陌賽牛回玉琯（一作管）東風逗曉來
不待嶺梅傳遠信剪刀先放綵花開

試粉東牕待曉迴共尋春柳傍香臺不驚
樹裏禽初變共喜釵頭鷰已來

紅霧初開上曉霞共驚風色變年華香車
遥認春雷響庭雪先開玉樹花

玉琯吹灰夜色殘，鷄鳴紅日上仙盤。初驚百舌綿蠻語，已覺東風料峭寒。待曉銅荷剪蠟煤，繡簾春色犯寒來。畫眉不待張京兆，自有新粧試落梅。

走筆答原甫提刑學士 慶曆五年詳見卷末

歲暮山城喜少留，西亭尚欲挽行輈。一罇莫惜臨岐別，十載相逢各白頭。

酬淨照大師説

佛説吾不學，勞師忽款關。吾方仁義急，君且水雲閑。意淡宜松鶴，詩清叩珮環。林泉

苟有趣何必市廛間

和劉原父從幸後苑觀稻呈講筵諸公

禁籞皇居接香畦鏤檻邊分渠自靈沼種稻蒲澠田六穀名居首三農政所先擢莖蒙德茂養實以時堅曉謁龍墀罷行瞻鳳蓋翩粹容知（和一作）喜色嘉瑞奏豐年衰病慙經學陪遊與俊賢安知帝力及但樂歲功全拜賜秋風裏分行黼座前自憐臺笠叟來綴侍臣篇

送薛水部通判并州

胷懷磊落逢知己氣略縱横負壯心玉麈生風賔滿坐金鱗照甲士如林牛羊日暖山田美雨雪春寒土屋深自古幽并重豪俠秖應行樂費黃金

鶴

樊籠毛羽日低摧野水長松眼暫開萬里秋風天外意日斜閑啄岸邊苔

鴈

來時沙磧已冰霜飛過江南木葉黃水闊

天低雲暗澹朔風吹起自成行

鶻

依倚秋風氣象豪似欺黃雀在蓬蒿不知羽翼青冥上腐鼠相隨勢亦高

原甫致齋集禧余亦攝事後廟謹呈拙句兼簡聖俞

受命分行攝上公紫微人在玉華宮樓臺碧瓦輝雲日蓮芰清香帶水風每接少年嗟老病尚能聯句惱詩翁凌一作臨晨巳事追佳賞緑李甘瓜興未窮

同年祕書丞陳動之挽詞二首

場屋當年氣最雄交游樽酒弟兄同文章落筆傳都下議論生鋒脹座中自古聖賢誰一作猶不死況君門戸有清風凋零三十年朋舊在者多爲白髮翁

冨貴聲名豈足論死生榮辱等埃塵青衫照日誇春牓白首餘年哭故人盛德不忘存誌刻話言能記有朋親吴江草木春風動灑酒誰瞻壠樹新

奉和劉舍人初雪

夜雪填空曉更飄龍墀風冷珮聲高瓊花落處縈仙仗玉殿光中認赭袍下直笑談多樂事平時罇酒屬吾曹羨君年少才無敵顧我雖衰飲尚豪

暮春書事呈四舍人

樹陰初合苔生暈花蘂新成蜜滿脾鸎燕各歸巢哺子蛙魚共樂雨添池少年春物今如此老病衰翁了不知飽食杜門何所事日長偏與睡相宜

荷葉

池面風來波瀲瀲，波間露下葉田田。誰於水上張青蓋，罩却紅粧唱採蓮。

小池

深院無人鏁曲池，莓苔繞岸雨生衣。綠萍合處蜻蜓立，紅蓼開時蛺蝶飛。

釣者

風牽釣線裊長竿，短笠輕蓑細草間。春雨濛濛看不見（一作足），水煙埋却面前山。

霜

一夜新霜著瓦輕，芭蕉心折敗荷傾。奈寒

惟有東籬菊金蘂繁開曉更清

牛

日出東籬黃雀驚雪銷春動草芽生土坡平慢陂田闊橫載童兒帶犢行

送劉虛白二首

祕訣誰傳妙若神能將題品徧朝紳因言禍福兼忠孝吾愛君平善誨人

我嗟韁鎖若牵拘幺羡南山去結廬自顧豈勞君借譽偶然章服裹猿狙

劉丞相挽詞二首

南國鄰鄉邑東都並儁遊賜袍聯唱第命
相見封侯念昔趨黃閣相看笑白頭盛衰
同俯仰旌旄送山丘

連章相府辭榮寵擁旆名都出鎮臨年少
巳推能宰社鄉人終不見揮金長蛟息浪
歸帆穩喬木生煙蔽日深平昔家庭郭友
愛可憐松檟亦連陰

寄大名程資政琳

龍門長恨晚方登便以忘年接後生談劇
每容陪玉麈飲豪常憶困金觥冰開御水

春應緑雲破淮天月自明醉倒離筵聽別
曲醒來猶尚記餘聲

東齋對雪有懷

東齋坐客飲方豪誰報風簾雪已飄貪聽
罇前歌裊裊不聞牕外響蕭蕭已憐殘臘
催梅蘂更約新春探柳條共憶瀛洲人獨
直神仙清景正寥寥

雪後玉堂夜直

雪壓宮墻鑠禁城沉沉樓殿景尤清玉堂
影亂燈交晃銀闕光寒夜自明塵暗圖書

愁獨直人閑鈴索久無聲鑾坡地峻誰能
到莫惜宮壺酒屢傾

官舍假日書懷奉呈子華內翰長
文原甫景仁舍人聖俞博士

鎖印春風雪入簾天寒鳥雀聚空簷青幡
受歲兒童喜白髮催人老病添豔舞回腰
飛玉盞清吟擁鼻對冰蟾相從一笑兩莫
得簿領區區嘆米鹽

酬王君玉中秋席上待月值雨

池上雖然無皓魄罇前殊未減清歡綠醅

自有寒中力紅粉尤宜燭下看羅綺塵隨歌扇動管絃聲雜雨荷乾客舟閑卧王夫子詩陣教誰主將壇

中秋不見月問客

試問玉蟾寒皎皎何如銀燭亂熒熒不知桂魄今何在應在吾家紫石屏

張仲通示墨竹嗣以嘉（一作佳）篇豈勝欽玩聊以四韻仰酬厚貺

數竿蒼翠寫生綃寄我公齋伴寂寥不待雪霜常（一作長）凜凜雖無風雨自蕭蕭嗟予

心志俱憔悴羨子文章騁（一作足）富饒嗣以嘉（一作佳）篇誠厚貺遠慚爲報乏瓊瑤

奉寄襄陽張學士兄

東津淥水南山色夢寐襄陽二十年（予昔遊漢上嘗愛其山川追今十六七年矣）顧我百憂今白首羨君千騎若登仙花開漢女游堤上人看仙翁擁道邊況有玉鍾應不負夜槽春酒響如泉

奉答聖俞宿直見寄之作

寒夜分曹直嚴城隔幾層予慚批鳳詔（一作誥）君歎守螢燈病骨羸漳浦官書蠹羽陵無

嫌學舍冷文字比清冰

和原甫舍人閤下午寢歸有作

遥知好睡紫微郎枕簟清薰緑蕙芳五色詔成人不到萬年風動閣生涼平時下直歸宜早陋巷相過意未忘楊子不煩多載酒主人猶可具一作共黄粱

聞原甫久在病告有感

東城移疾久離居安得疑虵意盡祛諸老何爲讒賈誼君王猶未識相如浮沈俗喜隨時態磊落材多與世踈誰謂文章金馬

客黹同憔悴楚三閭

試筆

試筆消長日躭書遣百憂餘生得如此萬事復何求黃犬可爲戒白雲當自由無將一抔土欲塞九河流

齋宮感事寄原甫學士

曾向齋宮詠麥秋綠陰佳樹覆牆頭重來滿地新霜葉却憶初聞黃栗留

戲答仲儀口號

弊居回看如蛙穴華宇來棲若鷰身寄宿人家

敢望笙歌行樂事只憂無米過來春今年遶近大水稼穡何望

觀龍圖閣三聖御書應制

層構嚴清禁披圖爛寶文虹蜺光照物龍鳳勢騰雲妙極功歸一真隨體自分孝思遵寶訓聖業廣惟勤

題東閣後集一作題營丘集後

東閣三朝多大事營丘二載足三字一作兩郡半閑辭近詩留作歸榮集何日歸田自集詩

日長偶書

木已蒼煙報國知乖願歸耕寧買田此言今始踐知不愧黃泉

答端明王尚書見寄兼簡景仁文裕二侍郎二首

日久都城車馬喧豈知風月屬三賢唱高誰敢投詩社行處人爭看地仙酒面撥醅浮大白舞腰催拍趂繁絃與公等是休官者方把鋤犁學事田

多病新還太守章歸來白首興何長琴書自是千金產日月閑銷百刻香尚有俸錢

酤美酒自栽花圃趂新陽醉翁生計今如此一笑何時共一觴

寄題景純學士藏春塢新居

清才四紀擅時名晚卜丘林遂解纓欲借青春藏向此須知白首尚多情水浮花出人間去山近雲從席上生漫一作謾說市朝堪大隱仙家誰信在重城

會老堂

古來交道愧難終此會今時豈易逢出處三朝俱白首凋零萬木見青松公能不遠

來千里我病猶諶醻一鍾已勝山陰空興
盡且留歸駕爲從容

叔平少師去後會老堂獨坐偶成

積雨荒庭徧緑苔西堂瀟灑爲誰開愛酒
少師花落去彈琴道士月明來鷄啼日午
衡門靜鶴唳風清晝夢回野老但欣南畝
伴豈知一作峯高名籍在蓬萊

退居述懷寄北京韓侍中二首

悠悠身世比浮雲白首歸來潁水濆曾看
元臣調鼎鼐却尋田叟問耕耘一生勤苦

書千卷萬事銷磨酒百分放浪豈無方外
士尚思親友念離羣
書殿宫臣寵並叨不同憔悴返漁樵無窮
興味閑中得强半光陰醉裏銷靜愛竹時
來野寺獨尋春偶過溪橋猶須五物稱居
士不及顔回飲一瓢

贈潘道士

門無車轍紫苔侵鷄犬蕭條陋巷深寄語
彈琴潘道士雨中尋得越江吟

答樞密吴給事見寄

老得閑來興味長問将何事送餘光春寒擁被三竿日宴坐忘言一炷香報國愧無功尺寸歸田仍值歲豐穰樞庭任重才餘暇猶有新篇寄草堂

答判班孫待制見寄

三朝竊寵幸逢辰晚節恩深許乞身無用物中仍老病太平時得作閑人鳴琴酌酒留嘉客引水栽花過一春惟恨江淹才已盡難酬閑府句清新

初夏西湖

積雨新晴漲碧溪偶尋行處獨依依緑陰黄鳥春歸後紅蘤青苔人跡稀萍面汀洲魚自躍日長欄檻燕交飛林僧不用相迎送吾欲臺頭坐釣磯

寄河陽王宣徽

誰謂蕭條潁水邊能令嘉客少留連肥魚美酒偏宜老明月清風不用錢況值湖園方首夏正當櫻筍似三川自知不及南都會勉彊猶須詫短篇

寄韓子華 并序

余與韓子華長文禹玉同直玉堂嘗約五十八歲致仕子華書於柱上其後荐蒙恩寵世故多難歷仕三朝備位二府已過限七年方能乞身歸老俗諺云世賣弄得過裏人事從來無處定世途多故踐言難誰如潁水閑居士十頃西湖一釣竿

外集卷第七

答原甫提刑學士慶曆五年冬公守滁州而前政趙良規帶秘閣校理移京西提刑即其人也合入第六卷

陳動之挽詞動或作洞非登科記可據

釣者釣線一作鈎線

退居述懷寄韓侍中潁水濆衆本皆作濆不特別韻而韓公文集載和篇亦作濆今從之

戲劉原甫見蔡絛西清詩話

平生志業有誰先落筆文章海内傳昨日都城應紙貴閑簾却扇見新篇

仙家千載一何長浮世空驚日月忙洞裏

新花莫相笑劉郎今是老劉郎

嘉祐三年二月公館伴北使在都亭驛有戲寄梅聖俞絶句聖俞集中次韻云去年鏁宿得聯華二月墻頭始見花今日都亭公感物明朝太學我辭家（上丁釋奠致齋）公詩無之

和子履遊泗上雍家園

長橋南走群山間中有雍子之名園蒼雲蔽

天竹色淨暖日樸地花氣繁飛泉來從遠嶺背林下曲折寒波翻珍禽不可見毛羽數聲清絶如哀彈我來據石弄琵琶惟恐日暮登歸軒塵紛解剥耳目異秖疑夢入神仙村知君襟尚我同好作詩閟放莫可攀高篇絶景兩不及久之想像空冥煩

右雍家園詩吉綿閣本皆入公外集而王荆公四家詩選亦有之今乃載蘇子美滄浪集後人安得不疑或謂公親作滄浪集序不應誤雜己詩可以無疑姑

附見於此按王荆公取公詩凡一百二十五首内一百三首載居士集二十一首載外集又一篇即此詩其它或全改一聯或增减一聯甚者至增四聯或移兩聯之類已注一作於逐篇豈當時傳本不同抑荆公自加潤色也

京本子履姓陳衆本並作弄琴瑟惟蜀本作琵瑟

（宋）歐陽修　撰

宋本歐陽文忠公集

第一三冊

國家圖書館出版社

第一三册目録

外集卷第十八　歐陽文忠公集六十八

書三

與謝景山書

脩頓首再拜景山十二兄法曹昨送馬人還得所示書并古瓦硯歌一軸近著詩文又三軸不勝欣喜景山留滯州縣行年四十獨能異其少時儁逸之氣就於法度根蔕一作柢前古作爲文章一下其筆遂高於人乃知駔駿之馬奔星覆駕及節之鑾和以駕五輅而行於大道則非常馬之所及

也古人久困不得其志則多躁憤佯狂失其常節接輿屈原之輩是也景山愈困愈刻意又能恬（一作安）然習於聖人之道賢於古人遠矣某嘗自負平生不妄許人之交而所交必得天下之賢才今景山若此於吾之交有光所以其益得自負也幸甚幸甚與君謨往還書不如此何以發明然何必懼人之多見也若欲衒長而恥短則是有爭心於其中有爭心則意不在於講道也荀卿曰有爭氣者不可與辯此之謂也

然君謨既規景山之短不當以示人彼以示人景山不當責之而欲自蔽也願試思之此縣常有人入京頻得書信往還今者兹人入京作書多未能子細夏熱千萬自愛

答李淑內翰書

脩啓脩違去門館今三年矣罪棄之迹不敢自齒於人是以雖有誠心饑渴之勤而奏記通問彌時曠闊惟恃憐憫寬而置之今月六日鄆中蒙賜手書加以存恤憔悴之意感悅何勝幸甚幸甚問及五代紀傳

脩曩在京師不能自閑輒欲妄作幸因餘論發於教誘假以文字力欲獎成不幸中間自罹咎責爾來三年陸走三千水行萬里勤職補過營私養親偷其暇時不敢自廢收拾綴緝粗若有成然其銓次去取須有義例論議襃貶此豈易當故雖編摭甫就而首尾顛倒未有卷第當更資指授終而成之庶幾可就也曩爾之質列（一作限）於因拘瞻望門墻豈任私恨

答孫正之（侔）第一書

脩白孫生足下丁元珍書至辱所示書及雜文二篇辭博義高而不違於道甚喜甚喜元珍言足下好古自守不妄接人雖居鄉閭罕識其面其特立如此而乃越千里以書見及若某者何以當之豈足下好忽近而慕遠邪得非以道見謀不爲遠近親踈然者也僕愚學不足以自立而氣力不足以動人而言不見信於世不知足下何爲而見及今又豈足下所取信者丁元珍愛我而過譽邪學者不講道久矣然道固

不茀廢而聖人之書如日月卓乎其可求苟不爲刑禍禄利動其心者則勉之皆可至也惟足下力焉而不止則不必相見以目而後可知其心相語以言而後可盡其說也以所示文求足下之志苟不惑而止則僕將見足下大發于文著于行而質于行事以要其成焉

答孫正之第二書

某再拜人至辱書甚勤前年丁元珍得所示書喜吾子之好學自立然未深相知及

得今書乃知吾子用心如此僕與吾子生而未相識面徒以一言相往來而吾子遽有憂我之意欲戒其過使不陷於小人此非惟朋友之義乃一作而吾父兄訓我者不過如此也僕自知何足憂而吾子所憂者道也世之知道者少幸而有焉又自爲過失以取累不得爲完人此吾子之所悉也僕知道晚三十年一作以前尚好文華嗜酒歌呼知以爲樂而不知其非也及後少識聖人之道而悔其往咎則已布出而不可

追矣聖人曰勿謂小惡爲無傷言之可慎也如此爲僕計者巳無柰何惟有力爲善以自贖爾書曰改過不吝書不譏成湯之過而稱其能改則所以容後世之能自新者聖人尚爾則僕之改過而自贖其不晚也吾子以謂如此可乎尚爲未可則願有可進可贖之說見教吾子待我者厚愛我者深惜乎未得相見以規吾子之所未至者以報大惠蓋其他不足以爲報也値多事不子細

與王源叔問古碑字書

脩頓首白源叔學士秋涼體候無恙脩以罪廢不從先生長者之遊久矣今春蒙恩得徙茲邑然地僻而陋罕有學者幸而有之亦不足與講論或事有凝滯無所考正則思見君子北首瞻望而已縣有古碑一斤（一作斫）在近郊數大冢之間圖經以爲儒翟先生碑其文云先生諱壽字元考南陽隆人也大略述其有道不仕以教學爲業然不著其姓氏其題額乃云吉儒學（一作玄儒學）

先生碑學字疑非翟字而莫有識者許慎
說文亦不載外方無他書可考正其文辭
簡質皆隸書書亦古樸隱隱猶可讀乃云熹
平三年所立去今蓋八百五十六年矣漢
之金石之文存於今者蓋寡惜其將遂磨
滅而圖記所載訛謬若斯遂使漢道草萊
之賢湮没而不見源叔好古博學知名今
世必識此字或能究見其人本末事迹悉
以條示幸甚幸甚源叔居京師事多不當
以此煩聽覽漸寒千萬保重不宣

與刁景純學士書

脩頓首啓近自罷乾德遂居南陽始見謝舍人知丈丈內翰凶訃聞問驚怛不能已已丈丈位望並隆然平生亦嘗坎軻數年以來方履亨塗任要劇其去大用尺寸間爾豈富與貴不可力爲而天之賦予多少有限邪凡天之賦予人者又量何事而爲之節也前旣不可詰但痛惜感悼而已其自束髮爲學初未有一人知者及首登門便被憐奬開端誘道勤勤不已至其粗若

有成而後止雖其後遊於諸公而獲齒多士雖有知者皆莫之先也然亦自念不欲効世俗子一遭人之顧已不以至公相期反趨走門下脅肩諂笑甚者獻讒諛而備使令以卑昵自親名曰報德非惟自私直亦待所知以不厚是故懼此惟欲少勵名節庶不泯然無聞用以不負所知爾其之愚誠所守如此然雖胥公亦未必諒其此心也自前歲得罪夷陵奔走萬里身日益窮迹日益疎不及再聞語言之音而遂爲

幽明之隔嗟夫世俗之態既不欲爲愚誠所守又未克果惟有望門長號臨柩一奠亦又不及此之爲恨何可道也徒能惜不永年與未大用遂與道路之人同歎爾知歸葬廣陵遂謀京居議者多云不便而聞理命若斯必有以也若須春水下汴其歲盡春初當過京師尚可一拜見以盡區區身賤力微於此之時當有可致而無毫髮之助慚愧慚愧不宣某再拜

按内翰胥偃以寶元二年八月辛卯卒此書乃當時所作既與刁君不應稱丈丈若與胥氏子又不應稱胥公當考

與陳貟外書

陳君足下無恙近縣幹上府得書一角屬有少吏事不皇作報既而私有惑者脩本愚無似固不足以希執友之遊然而群居平日幸得肩從齒序跪拜起居竊兄弟行寓書存勞謂宜有所款曲以親之之意奈何一幅之紙前名後書且狀且牒如上公府退以尋度非讓即疏此乃世之浮道之交外陽相尊者之爲非宜足下之所以賜脩也古之書具惟有鉛刀竹木而削札爲

剌止於達名姓寓書於簡止於舒心意爲問好惟官府吏曹凡公之事上而下者則曰符曰檄問訊列對下而上者則曰狀位等相以往來曰移曰牒非公之事長吏或自以意曉其下以戒以飭者則曰教下吏以私自達於其屬長而有所候問請謝者則曰牋記書啓故非有狀牒之儀施於非公之事相參如今所行者其原蓋出唐世大臣或貴且尊或有權於時縉紳湊其門以傳嚮者謂舊禮不足爲重務稍增之然

始於刺謁有參候起居因爲之狀及五代始復以候問請謝加狀牒之儀如公之事然止施於官之尊貴及吏之長者其僞繆所從來既遠世不根古以爲當然居今之世無不知此而莫以易者蓋常俗所爲積習以一作已牢而不得以更之也然士或同師友締交游以道誼相期者尚有手書勤勤之意猶爲近古噫候問請謝非公之事有狀牒之儀以施于尊貴長吏猶曰非古之宜用況又用之於肩從齒序跪拜起居如

兄弟者乎豈足下不以道義交游期我而惜手書之勤耶将待以牽俗積習者而姑用世禮以遇我之勤耶不然是爲浮道以陽相尊也是以不勝拳拳之心謹布左右屬以公檄赴滑臺行視驛傳迫於促裝楊秀才旦（一作且）詣縣府中事可悉數

答祖擇之書

脩啓秀才人至蒙示書一通并詩賦雜文兩策諭之曰一覽以爲如何其既陋不足以辱好學者之問又其少賤而長窮其素

所爲未有足稱以取信於人亦嘗有人問者以不足問之愚而未嘗答人之問足下卒然及之是以愧懼不知所言雖然不遠數百里走使者以及門意厚禮勤何敢不報某聞古之學者必嚴其師師嚴然後道尊道尊然後篤敬篤敬然後能自守能自守然後果於用果於用然後不畏而不遷三代之衰學校廢至兩漢師道尚存故其學者各守其經以自用是以漢之政理文章與其當時之事後世莫及者其所從來

深矣後世師法漸壞而今世無■則學者不尊嚴故自輕其道輕之則不能至不至則不能篤信信不篤則不知所守守不固則有所畏而物可移是故學者惟俯仰徇時以希禄利爲急至於忘本趨末流而不返夫以不信不固之心守不至之學雖欲果於自用莫知其所以用之之道又況有禄利之誘刑禍之懼以遷之哉此足下所謂志古知道之士世所鮮而未有合者由此也足下所爲文用意甚高卓然有不顧世

俗之心直欲自到於古人今世之人用心
如足下者有幾是（一作士）則鄉曲之中能爲足
下之師者謂誰交游之間能發足下之議
論者謂誰學不師則守不一議論不博則
無所發明而究其深足下之言高趣遠甚
善然所守未一而議論未精此其病也竊
惟足下之交游能爲足下稱才譽美者不
少今皆捨之遠而見及乃知足下是欲求
其不至此古君子之用心也是以言之不
敢隱夫世無師矣學者當師經師經必先

求其意意得則心定心定則道純道純則充於中者實中充實則發爲文者輝光施於世者果致〔疑〕三代兩漢之學不過此也足下患世未有合者而不棄其愚將某以爲合故敢道此未知足下之意合否

與田元均論財計書

脩啓承有國計之命朝野忻然引首西望近審已至闕下道路勞止寢味多休弊乏之餘諒煩精慮建利害更法制甚易若欲其必行而無沮敗則實難裁冗長塞僥倖

非難然欲其能久而無怨謗則不易爲大
計旣遲久而莫待收細碎又無益而徒勞
凡相知爲元均慮者多如此説不審以爲
如何但日冀公私蒙福爾春暄千萬爲國
自厚（一作重）不宣脩再拜

答徐無黨第一書

脩白人還惠書及始隱書論等并前所記
獲麟論文辭馳騁之際豈常人筆力可到
於辨論經旨則不敢以爲是蓋吾子自信
甚銳又嘗取信於某茍以爲然誰能奪

凡今治經者莫不患聖人之意不明而爲諸儒以自出之說汨之也今於經外又自爲說則是患沙渾水而投土益之也不若沙土盡去則水清而明矣魯隱公南面治其國臣其吏民者十餘年死而入廟立謚稱公則當時魯人孰謂息姑不爲君也孔子脩春秋凡與諸侯盟會行師命將一以公書之於其卒也書曰公薨則聖人何嘗異隱於他公也據經隱公立十一年而薨則左氏何從而知其攝公羊穀梁何從而

見其有讓桓之迹吾子亦何從而云云也仲尼曰吾其爲東周乎與吾子起於平王之說何相反之甚邪故某常告學者慎於述作誠以是也秋初許相訪此不子細略開其端吾子必能自思而得之不宣某書

答徐無黨第二書

脩再拜白前夜自外歸燈下得吾子書言陳烈事亟讀之未暇求陳君之所爲尤愛吾子辭意甚質徑知吾子之有成不負其千里所以去父母而來之之意脩亦粗塞

責不愧于吾子之父母與親戚鄰里鄉黨之人甚善甚善脩今歲還京師職在言責值天下多事常日夕汲汲爲明天子求人間利病無小大皆躬自訪問於人又夏大暑老母病故不得從今學者以遊得少如前歲之樂自入京來便聞陳君之名數以問於人多不識今得吾子所言如見其面矣幸母病今已愈望時過且謀共見陳君

與陳之方書

某白陳君足下某憂患早衰之人也廢學

不講久矣而幸士子不見棄日有來吾門者至於粹然仁義之言韙然閎博之辯蔚然組麗之文閱於吾目多矣若吾子之文辨明而曲暢峻潔而舒遲變動往來有馳有止而皆中於節使人喜慕而不厭者誠難得也某固不能悉得天下之士然盡某所見如吾子之文豈一二而可數哉為而不止行而必至畜厚而發益遠吾雖不能悉得天下之士然天下之士如吾子者可一二而數也某老矣心秏力憊有所不能

徒喜後生之奮於斯也恨不得鳴躍於其間而從之姑奉此爲謝

外集卷第十八

答孫正之第一書 今又（二字疑衍）

答祖擇之書 未知足下之意合否（知字下一有於字）

答徐無黨書 於辨論經旨（於字上一有至字）

并前所記記一作寄

外集卷第十九　歐陽文忠公集六十九

書四

答宋咸書 至和三年

某啓去年冬〻承惠問時以奉使契丹不皇爲答玆者人至辱書豈勝感媿其區區于此無補當時徒於京師大衆中汨汨人事舊學都廢耳不聞仁義之言久矣惟君子不以甘榮禄走聲利之徒見待時有所教幸甚幸甚天日之高以其下臨於人者不遠而自古至今積千萬人之智測驗之得其如此故時亦有差者由不得其真也聖人之言在人情不遠然自戰國

及今述者多矣所以吾儕猶不能默者以前人未得其真也然亦當積千萬人之見庶幾得者多而近是此所以學者不可以止也足下以為如何尚或不然當賜教向熟為政外自重以副所懷不宣某再拜

與集賢杜相公 慶曆四年秋

脩皇恐頓首三兩日不審尊體動止何似其被催赴任不得躬造門下豈勝戀戀之誠保州叛卒必欲招之而外不退兵雖使忠臣孝子不免疑惑今又聞有築城之請雖知朝廷不以為是而便宜之旨已下軍前萬一他事盡如築城之繆遂不請而便

宜從事脫有敗誤則一方之事繫天下安危伏惟聰明何以裁處某才薄力劣不足以備急緩一作緩急之用若止於調發輸餉此俗吏之所能為故自請願與田李共議兵事至今寢而不報內竊自度不報誠宜然朝廷既已力排言事者而託以用才於外今反疑之而不任以事何以解言者之惑哉此某之不可諭也秋暑尚繁伏惟為國自重

答李大臨學士書

脩再拜人至辱書甚慰永陽窮僻而多山林之景又嘗得賢士君子居焉脩在滁之三年得博士杜君與處甚樂每登臨覽泉石之際惟恐其去也其後徙官廣陵忽忽不逾歲而求〔一作來〕潁在潁逾年差自適然滁之山林泉石與杜君共樂者未嘗輒一日忘于心也今足下在滁而事陳君與居足下知道之明者固能達于進退窮通之理能達於此而無累於心然後山林泉石可以樂必與賢者共然後登臨之際有以

樂也足下所得與脩之得者同而有小異
者脩不足以知道獨其遭世憂患多齒髮
衰困得閑處而爲宜爾此爲與足下異也
不知足下之樂惟恐其去能與脩同否況
足下學至文高宜有所施於當世不得若
某之戀戀此其與某異也得陳君所寄二
圖覽其景物之宛然復思二賢相與之樂
恨不得追逐于其間因人還草率

答陳知明書

脩再拜啓人至辱書有秦燕玉馬之説何

其謙之甚邪某昨在廣陵一相見於衆人中未有相知之意及食將徹案方接足下以言而始知其非衆人也然尚不暇少留以盡脩之所欲得者後常以爲恨也去年辱書于潁又客之來自滁者皆能道足下之事於是判然以爲士之相知或相望於千里或相追於異世知其道而已不必接其迹也則廣陵之不留無足以爲恨此前書所道勤勤備矣某於足下不必見其文章之自述然後以爲知也明矣蓋嘗辱示

詩及書讀而愛之不已以謂閎博高深必有放縱奔馳而可喜者雖得之多宜不厭也因復輒有求於足下者譬之垂涎已啖一臠之味而思快意於五鼎之間也何足怪哉幸足下無惜

與王深甫論世譜帖

脩啓惠借顔氏譜得見一二大幸前世常多喪亂而士大夫之世譜未嘗絶也自五代迄今家家亡之由士不自重禮俗苟簡之使然雖使人人自求其家猶不可得況

一人之力兼考於繆亂亡失之餘能如所
示者非深甫之好學深思莫能也顔譜且
留愚有未達須因見過得請集古録未始
委僮奴昨日大熱艱於檢尋今送不次脩
再拜

同前

脩啓辱示承旦莫體佳高陽説如此爲得
之矣載初元年正月乃永昌年之十一月
爾當與永昌同年天授庚寅載初己丑爾
然自天授至長安四年甲辰凡十五年使

自武德不除周年則乾元己亥乃一百四十二年除周年則大曆乙卯爲一百四十年乙卯大曆十年也哥舒晃事在八年又江西出兵不當越數千里出於明州此又可疑前日奉答（一作啓）後再將校勘却未敢書更俟面議也蓋江西出嶺路絶近次則出湖南已爲稍遠就令出明州非江西可節制也病（一作疾）嗽無悰姑此爲報脩頓首

同前

脩啓蒙疏示開益已多感服何已唐除周

歲誠如所諭蕪密罷明州在建中二年則大曆八九年後徽爲明守而密代亡以年數推之與乾元之説不較可知但恐除周之年前人未必如此難以臆斷爲定當兩載之使來者自擇也高陽門徒之説恐便是高陽人未知何如一作如何郭子儀家傳等先送碑當續馳脩再拜

所推誠好然更深思唐人除周之説恐未必然也則天是天授中改周惟復是載初相較亦只一年爾

與王深甫論五代張憲帖

脩啓辱教甚詳蒙益不淺所疑所論皆與脩所考驗者同今既疑之則欲著一小論于傳後以哀其忠如此得否脩之所書只是變賜死爲見殺於憲無所損益憲初節甚明但棄城而走不若守位而死巳失此節則見殺與賜死同爾其心則可喜但舉措不中爾更爲不見張昭傳中所載或爲録示尤幸目痛草草不次脩再拜

莊宗月一日遇弑存霸在河中聞變走太原見殺而憲亦走忻州明宗初三日入洛十日監國二十

日即位憲二十四日死初以此疑之又本傳言明宗郊天憲得昭雪則似非明宗殺之更爲思之如何

同前

脩啓辱教益詳盡多荷多荷存霸奔太原人言其馬鞦斷疑其戰敗而來存霸乃以情告仍自髠衣僧衣見符彥超曰願爲山僧望公庇護彥超亦欲留之俟朝命爲軍衆所殺若此則憲似知莊宗已崩據張昭勸憲奉表則知新君立明矣但不知其走忻州何故也此意可喜而死不得其所爾食後見過更盡高議可乎脩再拜

問王深甫五月一日會朝帖

脩啓信宿爲況清佳前日貪奉笑言有一事數日欲咨問偶忘之唐時有五月一日會朝之禮略記其始本出於道家是日君臣集會其儀甚盛而其説不經不知起自何帝亦記得是開元已後方有略與批示其時爲幸脩再拜

中間嘗罷後又復行復行恐是憲宗朝亦不記子細

與杜訢論祁公墓誌書

脩啓專人至辱書伏承暑熱孝履支福深慰企想所要文字終不曾得的實葬日以謂卜

日尚遠遂未曾銓次忽辱見索亦莫知葬期遠近爲一兒子患傷寒三次勞發已（二字一作復）一月在床虗乏之可憂日夕憂迫心緒紛亂不能清思於文辭縱使強爲之辭亦不工有玷清德如葬期逼乞且令韓舍人將行狀添改作誌文脩雖遲緩當自作文一篇紀述平生知己先相公最深别無報答只有文字是本職固不辭雖足下不見命亦自當作然須慎重要傳久遠不鬬速也苟粗能傳述於後亦不必行〔疑〕況治命不用耶若葬期未有日可待即尤好也然亦只月十日

可了若以愚見誌文不若且用韓公行狀爲便緣脩文字簡略止記大節期於久遠恐難滿孝子意但自報知己盡心於紀録則可耳更乞裁擇范公家神刻爲其子擅自增損不免更作文字發明欲後世以家集爲信續得録呈尹氏子卒請韓太尉別爲墓表以此見朋友門生故吏與孝子用心常異脩豈負知己者范尹二家亦可爲鑒更思之然能有意於傳久則須紀大而略小此可與通識之士語足下必深曉此但因葬期速恐倉卒不及遂及斯言也幸察京師區區

中日爲病患憂煎不時遣人致問夏熱節哀自愛

同前

脩啓秋涼不審孝履何似前於遞中辱書所示誌文今已撰了爲無得力人遂託李學士送達脩愚鄙辱正獻公知遇不比他人公之知人推奬未有若脩之勤者脩遇知己未有若公知之深也其論報之分他事皆玄非公所欲惟紀述盛德可以盡門生故吏之分然以衰病文字不工不能次序萬分之一此尤爲愧恨也然所紀事皆録實有稽據皆大節與人之所難者其他

常人所能者在他人更無巨美不可不書於公爲可略者皆不暇書（如作提刑斷獄之類）然又不知尊意以爲何如苟見信甚幸或擇一真楷書而字畫不恠者書之亦所以傳世易曉之意也刻石了多乞數本爲人來求者多葬事知定十月不知何人篆蓋早了爲善昨禮院定謚曰正獻（清白守節曰正正避御名音同所改也文賢有成曰獻義兼文節文正矣）知已令不可得每臨公事但知感涕爾漸寒侍親千萬節哀自愛不宣脩再拜

問劉原甫侍讀入閤儀帖

入閤之禮起自何年（閤是何殿）開延英亦起何年五日一起居遂廢正衙不坐起何年三者孤陋所不詳乞示其本末

脩啓辱示甚煩尊用然得以開釋未悟其幸尤多感刻感刻閤此一事本爲明宗置內殿起居又復入閤當時緣昭宗朝誤繆不合故事也朔望宣政一事尤失紫宸入閤本制也（然不見初起年代）今乃入閤却御前殿（此自昭宗失之）延英之對與入閤合儀（亦自昭宗失之）起

居而廢正衙自明宗失之至今遂爾含元大殿大朝會宣政常朝謂之正衙本爲玄宗朔望以陵寢薦食不復御正殿始於便殿召入宰臣已下此入閤之漸今云朔望御宣政殿大失之矣延英便殿亦謂入閤乃五日一開與宰臣議事宣政立而奏事訖賜坐茶湯延英賜坐而論事蓋漸密而漸親也昭宗始一日中九度開延英入閤仍於一度開延英一日日行之前殿入閤唐末即於朔望日前殿正觀殿行入閤自後唐至國朝並於文明殿行入閤皆非便殿或指朔望宣政爲入閤尤誤說也脩於史已不熟於制度又不熟乞爲參詳之

與蔡君謨求書集古録序書

脩啓鄉一作曩在河朔不能自閑嘗集録前

世金石之遺文自三代以來古文奇字莫不皆有中間雖罪戾擯斥水陸奔走顛危困踣兼之人事吉凶憂患悲愁無聊倉卒未嘗一日忘也蓋自慶曆乙酉逮嘉祐壬寅十有八年而得千卷顧其勤至矣然亦可謂富哉竊復自念好嗜與俗異馳獨區區收拾世人之所棄者惟恐不及是又可笑也因輒自敘其事庶以見其志焉然顧其文鄙意陋不足以示人既則一作而自視前所集録雖浮屠老子詭妄之説常見

貶絶於吾儒者往往取之而不忍遽廢者何哉豈非特以其字畫之工邪然則字書之法雖爲學者之餘事亦有助於金石之傳也若浮屠老子之説當棄而獲存者廼直以字畫而傳是其幸而得所託爾豈特有助而已哉僕之文陋矣顧不能以自傳其或幸而得所託則未必不傳也由是言之爲僕不朽之託者在君謨一揮毫之頃爾竊惟君子樂善欲成人之美者或聞斯説謂宜有不能却也故輒持其説以進而

不疑伏惟幸察

外集卷第十九

按居士集第四十七卷有答宋咸書論補注周易其末云屬出疆忽忽不具蓋至和二年冬也今此卷所載次年夏答咸之書謂去冬不皇爲答得非前書之後咸復有書而未答耶

答宋咸書

茲者人至〔此下一有又字〕

與王深甫論世譜

前世〔真蹟世字下有固字〕況一人之力〔真蹟況字下有以字〕

同前

〔以集古跋裴公紀德碣觀之則此帖正論此事其書百四十年處疑脫零數〕

同前

代亡〔一作代之〕

與蔡君謨書

自三代〔此下一有秦漢二字〕奔走〔此下一有山川險阻四字〕不足以示人〔不字上一有恐字〕自傳〔此下一有也字〕

外集卷第二十　歐陽文忠公集七十

策問

問進士策題五道

問古之人作詩亦因時之得失鬱其情於中而發之於詠歌而已一人之爲詠歌歡樂悲痒宜若所繫者未爲重矣然子夏序詩以謂動天地感鬼神莫近於詩者詩之言果足以動天地感鬼神乎

問古之爲聖人者莫如舜賢而與聖人近者莫如顏回仲尼稱虞舜不可及而顏氏

其殆庶幾至其稱舜之所爲則曰好問而好察邇言而已稱顏氏之好學則曰不遷怒不貳過而已然則如是者是爲不可及與庶幾乎

問漢宣中興丙魏爲相後之人言爲相之賢者必稽焉宜其有興樹之業顯於世也及觀其紀傳亦無他功德相獨有明堂月令一章吉之事大槩而已不識丙魏之所以得賢於後世者可得見乎

問子丑寅三代之正也孔子何獨行夏之

時說者曰夏時質也忠質文三代之政也孔子何獨曰從周之文使夏之時爲正則商周之時不正乎周之政尚文則夏商之政無文乎夫周以子則今之冬十一月乃春正也商以丑則今之冬十二月乃春正也夫以冬十有一月十有二月頒春正於天下而教民之事無乃與天時相戾歟夫君臣之相和父子之相愛兄弟夫婦之相爲悌順是文之本也仁以守之義以制之禮樂以和節之是文之成也使夏商而無

文則夏商之世無君臣父子兄弟夫婦之制歟說者曰三代之正皆同也子丑寅出於後儒之妄也忠質文亦出於後儒之妄也使夫誠出於後儒之妄則孔子安有行時從文之說

問周天子之田方千里號稱萬乘萬乘之馬皆具又有十二閑之馬而六卿三百六十官必皆各有車馬車馬豈不多乎哉千里之地爲田幾何其牧養之地又幾何而能容馬若是之多乎哉千里之地爲田幾

何馬之法又如何今天下廣矣常患無馬豈古之善養馬而今不善乎宜有說以對也

謚議

贈太尉夏守贇謚議

議曰謹按謚法世篤勤勞曰忠小心恭慎曰僖今考公之行狀言其父以軍校歿戰陣遂獲賞延子以君命死道塗得謚莊（一作壯）恪公自束髮已能孝謹遭遇先帝給事左右材敏自力愈久益勤至於典掌師旅宿衛王宮出領節旄入登樞輔安享榮寵六

十餘年方真宗時繼遷叛命用兵朔方契丹未和再駕河北多事之際其勤最著或奔走自効不暇過於私家親暱雖至未嘗敢請恩澤歷小大之職無纖毫之過先朝用此尤加獎擢昨者西師始出父子迭行北顧之憂選任居首迫於奄忽厥用未彰較其始終其迹可見所謂勤勞著於奕世恭慎見於小心考之不誣宜以節惠謹合二灋謚曰忠僖謹議

齋文

順祖惠元睿明皇帝忌辰齋文

伏以積仁累德王業始於艱難追遠奉先孝治刑於遐邇式臨諱日祗率舊章順祖惠元睿明皇帝肇啓慶基克光前烈昭聖謨而貽厥隆廟德而可觀今皇帝嗣繼大明克昌盛業屬諱辰而增感因佛事以薦嚴順祖皇帝伏願如在之威亘百年而可畏無疆之祚佑億世以垂休今皇帝伏願聖壽延鴻丕圖永固然後願鈞衡舊德宗室羣英下洎臣民咸均福祐

祭文

祭沙山太守祈晴文

脩謹告祭于沙山太守之神脩扶護母喪歸祔先域大事有日陰雲屢興脩不孝罪逆賴天地鬼神哀憐行四千里之江得無風波之恐今即事矣幸神寬之假三日之不雨則始終之賜報德何窮尚饗

祭五龍祈雨文

伏以去秋之潦豐不補凶飢民食糟麥爲命而天久不雨苗將槁焉旱非人力之能

移徒知奔走雨者龍神之所作其忍不爲薄奠拙辭致誠而已尚饗

祈晴文

吏之所以食民之賦而神之所以享民之祭祀者吏以刑政庇民而神能以禍福加之也寃枉之無訴刑罰之不明此人力能爲而吏不舉之其過宜在吏水旱而不時饑饉而疾疫此人力所不能及而皆職神之由今自冬涉春雨雪不止居人無食市肆不開人皆食糟以延旦夕之命至於無

食有自殺者此縣吏不能治民以致神禍之過此宜罰縣令之身使爲病恙災殃以塞其責不宜使數千戶人皆受其災雨雪雖久及今而止民猶有望焉惟神閔之

祭東嶽文

某此者獲解郡章許還里閈方巾車而即路屬暑雨之時行輒以愚誠仰干大造蒙神之惠賜以不違吹清飈而散陰晷秋陽以涸轍遂無道路之阻得返草茅之居荷德之深不知爲報一觴之絜謹用薦衷尚饗

祭金城夫人文

脩謹遣表弟鄭興宗以清酌庶羞之奠致祭于金城夫人之靈脩遭罹酷罰方在哀疚護喪歸葬千里之外忽承凶訃情禮莫伸聊陳薄奠致誠而已尚饗

祭王深甫文

嗟吾深甫孝悌行於鄉黨信義施於友朋貧與賤不爲之耻富與貴不爲之榮雖得於内者無待於外物而不可掩者蓋由其至誠故方身窮於陋巷而名已重於朝廷

若夫利害不動其心富貴不更其守處於衆而不隨臨於得而不苟惟吾知子於初世徒信子於久念昔居頳我壯而子方少年今我老矣來歸而送子于泉古人所居必有是邦之友况如子者豈止一邦之賢舉觴永訣夫復何言

外集卷第二十

外集卷第二十一　歐陽文忠公集七十一

譜

石本　歐陽氏譜圖序

歐陽氏之先本出於夏禹之苗裔自帝少康封其庶子於會稽使守禹祀歷夏商周以世相傳至于允常子曰句踐是爲越王越王句踐傳五世至王無疆爲楚威王所滅其諸族子分散爭立皆受封於楚而無疆之子蹄封於烏程歐餘山之陽爲歐陽亭侯其後子孫遂以爲氏當漢之初有仕

爲涿郡太守者子孫遂居于北或居青州之千乘或居冀州之渤海千乘之顯者曰生字和伯爲漢博士以經名家所謂歐陽尚書者是也渤海之顯者曰建字堅石所謂渤海赫赫歐陽堅石者是也建遇趙王倫之亂見殺其兄子質以其族南奔居于長沙其七世孫曰景達仕于齊不顯至其孫頠頠子紇仕于陳紇子詢詢子通仕于唐四世有聞遂顯自通三世生琮爲吉州刺史子孫因家于吉州自琮八世生萬又

爲吉州安福令其後世或居安福或居廬陵或居吉水而脩之皇祖始居沙溪至和二年分吉水置永豐縣而沙溪分屬永豐今譜雖著廬陵而實爲吉州永豐人也蓋自亭侯蹄因封命氏自别於越其後子孫散亡不可悉紀其可紀者千乘渤海而已千乘之族自生傳八世至歙子復無後世絕經不傳家其他子孫亦皆微弱遂不復見而渤海之後獨見于今然中間失其世次者再蓋自質奔長沙至于景達七世而

始見自琮至于安福府君又八世而始見其後遂不絕安福府君之九世孫曰脩當皇祐至和之間以其家之舊譜問于族人各得其所藏諸本以考正其同異列其世次爲譜圖一篇自景達以後始得其次敘

譜圖

景達 生二子

僧寶 生三子

顗 生二子

紘 生四子

詢

亮

德

器

約 生一子
胤

盛 闕

邃 闕

詢 生四子
長卿 闕

肅 生一子

倫 闕

通 生二子
幼明 生一子
昶 生二子
環

琮

幼讓 闕

自琮已下譜亡至其八世孫曰萬始復見

于譜

萬 生一子名亡						託 生三子		
其 生一子						鄠 闕	椰 生八子	
雅 生二子							俊 生一子	伸 生一子
效 生三子			楚 生三子二名亡				翔 生一子	宏 生二子
謨	詫	遠	其	其	戍		葛 三	至

起

儀 生四子
猛 生二子
麗

綬

谷 生二子
煥

炳

寬 生五子
曦

暐

晃

曉

昫

載 生一子
鑒

伾 生一子
素 生三子
霈

曉

藹

信 生一子
端 無子

偃 生三子
觀 生二子
昞

脩

旦 生二子
宗古

宗道

曄 生三子
宗顔

			儆 生三子				佺 生二子		
項 生一子名乜	顗 生一子名乜		潁 生二子	羽 無子			翦 生三子		
		昱	景		勳	凱	遲	宗孟	宗閔

邦　闕

惟歐陽氏自得姓以來子孫衆多而譜隨親疎宜有詳略其上世遠而支分疎者事或具於史或各見其家譜今自吉州府君而下具列如左

吉州府君諱琮葬袁州之萍鄉而子孫始家于吉州當唐之末黃巢攻陷州縣府君率州人扞賊鄉里賴以保全至今人稱其德

安福府君諱萬事迹闕

處士諱雅字正言高年不仕德行稱於鄉

里夫人龍氏
韶陽府君諱效字德用爲韶州韶陽主簿
夫人周氏
處士諱託字達明隱德不仕鄉里稱之凡
民有爭決之官府者後多復訴訟有從處
士平其曲直者遂不復爭夫人王氏
令公府君諱郴字可封仕南唐爲武昌令
吉州軍事衙推官至撿挍右散騎常侍兼
御史大夫性至孝兄弟相友愛有紫芝一
莖兩葩生於楹鄉人以爲孝德所感爲著

賦頌享年九十有四葬歐桂里横溪保之
鷰湖夫人劉氏府君累贈金紫光禄大夫
太師中書令夫人累封楚國太夫人
屯田府君諱俊第三十六仕南唐爲洪州屯田
院判官享年五十七葬栗源夫人李氏
處士諱伸第三十七守道不仕享年七十有三
葬滁陂夫人蕭氏
屯田府君諱儀第三十八字象之仕南唐舉進
士及第官至屯田郎中府君之登進士第
也父母皆在鄉里榮之乃改廬陵之文霸

鄉安德里爲儒林鄉歐桂里其所居履順坊爲具慶坊享年五十有五葬官山夫人王氏

處士諱伾第三十九守道不仕夫人王氏張氏

靜江府君諱信第四十仕南唐爲靜江軍團練使據宋奭所撰安福太君墓志列序八子官封云信爲靜江軍團練使無憲秩南唐官品疑與令異享年二十有五葬曾家莊夫人郭氏

令公府君諱偃第四十一少以文學著稱南唐耻從進士舉乃詣文理院上書獻其所爲

文十餘萬言召試爲南京街院判官享年
三十八葬吉水之回陂夫人李氏府君累
贈金紫光禄大夫太師中書令兼尚書令
夫人累封吴國太夫人
處士諱佺第四十二晦迹不仕享年四十有七
葬東田夫人陸氏
工部府君諱傚第四十三仕皇朝爲許田令葬
奉新累贈工部侍郎夫人李氏
處士諱翺事迹闕
處士諱宏事迹闕

處士諱猛葬馬家坑夫人鄭氏
水部府君諱谷爲筠州團練副使官至檢
挍水部員外郎葬傳家坑夫人王氏
封州府君諱寛爲封州司理參軍葬早禾
坑夫人邊氏
工部府君諱載字則之淳化三年進士及
第歐陽氏自江南歸朝以進士登科者自
府君始爲人方重寡言真宗皇帝嘗自擇
御史府君以祕書丞拜監察御史後知泗
州毀龜山佛寺誅妖僧數十人爲政清廉

簡靜所至官舍不窺園圃至果爛墮地家
人無敢拾者官至尚書工部郎中享年六
十有八夫人金壇縣君米氏

處士諱素事迹闕

處士諱端事迹闕

崇公諱觀字仲賓事具瀧岡阡表享年五
十有九葬吉水沙溪之瀧岡累贈金紫光
祿大夫太師中書令兼尚書令追封崇國
公夫人彭城郡太君鄭氏累封魏國太夫
人享年七十有二祔葬瀧岡

處士諱旦隱德不仕事母以孝爲鄉里所
稱葬烏龜塘夫人彭氏
兵部府君諱曄字日華咸平三年進士及
第官至都官員外郎歷知桂陽監端黃永
三州所至有能稱尤長於決疑獄所得俸
禄分養孤遺其兄之子脩少孤教之如己
子享年七十有九葬安州應城之彭樂村
夫人福昌縣君范氏其後兄子脩者以參
知政事遇今上登極恩贈府君兵部員外郎
處士諱翦事迹闕

處士諱羽事迹闕

職方府君諱穎字孝叔咸平三年進士及第官至尚書職方郎中歷知萬峽鄂歙彭岳閬饒八州爲政務嚴明有威惠以本官分司享年七十有三家于荆南遂葬焉夫人廣陵縣君曾氏

奉職府君諱顗爲三班奉職

殿直府君諱頊爲右班殿直

譜例曰姓氏之出其來也遠故其上世多亡不見譜圖之法斷自可見之世即

爲高祖下至五世玄孫而別自爲世如此世久子孫多則官爵功行載於譜者不勝其繁宜以遠近親疎爲別凡遠者疎者略之近者親者詳之此人情之常也玄孫既別自爲世則各詳其親各繫其所出是詳者不繁而略者不遺也凡諸房子孫各紀其當紀者使譜諜互見親疎有倫宜視此例而審求之（諸房譜皆以此圖爲首）

集本　歐陽氏譜圖序

吉州　廬陵縣　儒林鄉　歐陽里

歐陽氏之先本出於夏禹之苗裔自帝少康封其庶子於（一作于）會稽使守禹祀傳二十餘世（五字一作歷夏商周以世相傳）至於允常允常之子曰句踐是爲越王越王句踐卒子王鼫與立自鼫與傳五世至王無疆爲楚威王所滅其諸族子分散爭立濱於江南海上皆受封於楚有封於歐陽亭者爲歐陽亭侯歐陽亭在今湖州烏程歐餘山之陽（二十六字一作而無疆之子蹄封於烏程歐餘山之陽爲歐陽亭侯）其後子孫遂以爲氏漢高祖滅秦得無疆之七世孫（一有閩君字）搖復以爲

越王使奉越後而歐陽亭侯（一有跡字）之後有仕漢爲涿郡太守者子孫遂居于北一居冀州之渤海一居青州之千乘（十四字一作或居青州之千乘或居冀州之渤海）其居千乘（四字一作千乘之顯）者曰（一有生字二字）和伯仕于漢世爲博士以經名家所謂歐陽尚書者是也其居渤海（四字一作渤海之顯）者仕于晉最顯（一無五字）曰建字堅石所謂渤海赫赫歐陽堅石者是也建遇趙王倫之亂見殺其兄子質以其族奔于長沙由是子孫復于南仕于陳者曰頠威名著于南海頠之孫曰詢

詢之子通仕于唐尤顯皆爲名臣其世居長沙猶以渤海爲封望自通三世生琮琮爲吉州刺史子孫因家焉今爲吉州吉水人也自琮八世生萬萬爲安福縣令萬生某某生雅雅生效效生託託生皇高祖府君府君生子八人於世次爲曾祖今圖所列子孫皆出于八祖自安福府君以來遭唐末五代之亂江南陷于僭僞歐陽氏遂不顯然世爲廬陵大族而皇祖一有少卿二字府君以儒學知名當世至今名其所居鄉曰儒

林云及宋興天下一八祖之子孫稍復出而仕官然自宋興三十年而吾先君伯父叔父始以進士登于科者四人後又三十年某與其兄之子乾曜又登于科今又殆將三十年矣以進士仕者又纔二人蓋自八祖以來傳六世百年或絕或微分散扶踈而其達於仕進者何其遲而又少也今某獲承祖考之餘休列官于朝叨竊榮寵過其涯分而才卑能薄泯然遂將老死於無聞夫無德而禄辱也適足以爲身之媿

尚敢以爲親之顯哉嗚呼自通而上其行事見於史自安福府君而下遭世故而無所施焉其不幸幼孤不得備聞祖考之遺德然傳於其家者以忠事君以孝事親以廉爲吏以學立身吾先君諸父之所以行于其躬教于其子弟者獲承其一二矣某又嘗聞長老言當黃巢攻破江西州縣時吉州尤被其毒歐陽氏率鄉人扞賊賴而保全者千餘家子孫宜有被其陰德者顧某不肖何足以當之傳曰積善之家必有

餘慶令八祖之子孫甚衆苟吾先君諸父之行于其躬教于其子孫者守而不失其必有當之者矣故圖其世次傳于族人又志于其石以待自八祖以來遷徙婚嫁官封名謚與其行事則具于譜一本自以其族奔于長沙至其

行事則具于譜五百五十七字改云以其族南奔巳而晉室大亂歐陽氏之諸族曰皋曰迹曰純亦以其族隨晉渡江散居丹陽吳郡豫章然皆不顯而質之族居于長沙其七世孫曰景達仕于齊無所稱至其孫頠頠子紇紇子詢詢子通仕于唐四世有聞遂顯自通三世生琮爲吉州刺史子孫因家于吉州自琮八世生萬萬又爲吉州安福縣令其後世或居安福或居廬陵或居吉水而譜著廬陵縣儒林鄉歐陽里爲定者因其舊也初景達家于長沙之臨湘故自頠至通史皆以爲臨湘人而詢之舊譜則以渤海之重

合縣都昌鄉仁貴里爲著定者亦因其舊矣自脩皇祖始居吉水之沙溪至和二年分吉水置永豐縣而沙溪屬永豐今譜雖著廬陵而脩之世實爲吉州永豐人也自唐末之亂士族亡其家譜今雖顯族名家多失其世次譜學由是廢絶而唐之遺族往往有藏其舊譜者時得見之而譜皆無圖豈其亡之抑前世簡而未備歟因采太史公史記表鄭玄詩譜略依其上下旁行作爲譜圖上自高祖下止玄孫而别自爲世使别爲世者上承其祖爲玄孫下繫其孫爲高祖凡世再别而九族之親備推而上下之則知源流之所自旁行而列之則見子孫之多少夫惟多與久其勢必分此物之常理也凡玄孫别而自爲世者各繫其子孫則上同其出祖而下别其親疏如此則子孫雖多而不亂世傳雖遠而無窮此譜圖之法也

譜圖

景達生一子

僧實生三子

頠生二子

紇生四子

詢

亮

					詢生四子				
					長卿闕	肅生一子	倫闕	通生二子	
			盛闕	邃闕		顗闕		幼明生一子	
		約生一子						昶生二子	
德	器	胤						環	琮

纫讓闕

自琮以下七世其譜亡琮之八世孫曰彪
彪弟曰萬萬生棊棊生雅自萬以下世次
具如左

萬 生一子 名亡

棊 生一子

雅 生二子

效 生三子

謨

託

遠

楚 生三子

長子 名亡

第二子 名亡

戌

託 生二子

鄆 闕

梛 生八子

俊 生一子

翔 生一子

蒿

伸 生一子

顒 生二子

至

起

儀 生四子

猛 生二子

綬

麗

谷 生二子

煥

炳

寬 生四子

曦

暐

		晃
		昫
	載 生一子	鑒
伾 生一子	素 生一子	霈
信 生一子	端 無子	
偃 生三子	觀 生二子	昞
		脩
	旦 生二子	宗古
		宗道
	曄 生三子	宗顔

宗閔	宗孟	凱	勳	景	昱		
		翦生二子		頫生二子		顗生一子	項生一子
		佺生一子		倣生三子			

此譜圖與石本大槩相類惟子孫之多寡名次之先後微有不同凡一十五處

右自亭侯蹄因封命氏自別於越其後子

孫散亡不可悉紀其不可紀者千乘渤海之後蓋其後亡在乎人有其人雖歷千載不絶其人無所稱其世輒没不見可不勉哉千乘之族以尚書顯于漢自生傳歆八世歆子復無後世絶經不傳家其他子孫亦遂微弱不復見而渤海之後獨見于今然或微或絶中間失其世次者再蓋自賢奔長沙至于晷達七世而始見自琮至于安福府君又八世而始見其後遂不絶安福府君之九世孫曰脩當皇祐至和之間

以其家之舊譜問于族人各得其所藏諸
本以考正其同異大抵文字殘闕其言又
不純雅然取其所同多者并列其世次爲
譜圖一篇而略存其舊譜所載舊譜前列
魏司空清河崔林宋太保王弘齊太尉王
儉梁御史中丞王僧孺尚書兵部馬將臣
賈贄等上又列唐吏部尚書高士廉中書
舍人徐令言等重定其譜多載千乘之族
至歙而止魏晉已後無復次序疑其脫亂
不真其尤可疑者漢書曰生子和而譜自

涿郡太守而下列其十世而無生太守亡
其名字有其夫人曰楚春申君之女也生
子曰睦字公安睦夫人陳氏生子曰欽字
子敬欽夫人張氏生三子曰容曰述曰興
皆不著其字而亡同受業於濟南伏生容
爲博士其夫人夏侯氏生子曰巨字孝仁
巨夫人戴德之女生子曰遠字叔遊遠夫
人倪寬之女生子曰高字彥士高夫人孔
安國之女生子而亡其名有其字曰仲仁
仲仁夫人趙氏生子曰地餘字長賓地餘

夫人戴氏生二子曰崇曰政政字少翁夫人孫氏生子曰歆字正思漢氏以歆爲和伯八世孫然今譜無生而有容又玄容受尚書於伏生自容至歆八世疑漢所謂歐陽生者以其經師謂之生如伏生之類而其實名容容字和伯於義爲通此其可疑者也漢書曰高字陽而譜字彦士小不同此不足怪其夫人世家無可考證莫知其是非故存之至於他說可知其繆者皆不録渤海之族自景達以下至于通事見于

史記譜尤詳自幼明以下至于今或見于譜或得于家而多闕謹録乎左以俟乎將來

自此後歷序譜中名字官爵壽數喪葬及夫人名氏有事迹可紀者各隨其人紀之

譜例曰姓氏之出其來也遠故其上世多亡不見譜圖之法斷自可見之世玄孫而別自爲世如此世久子孫多則官爵功行載於譜者不勝其繁宜有遠近親疎之限凡遠者疎者略之近者親者詳之此人情之常也玄孫既別自爲世則各詳其親各承其所出是詳者不繁而

略者不遺也凡諸房子孫各紀其當紀者使譜諜互見親踈有倫宜視此譜爲例而審求之

外集卷第二十一

前賢遺文往往集本異於石本按公集古録跋盤谷詩序云以集本校濟源石刻或小不同疑刻石誤竊謂非誤也後或改定爾故此

譜不敢專以碑爲正而存集本於後

集本歐陽氏譜圖序凡玄孫凡字上一有故字字彥士士一作世又作事譜圖二本其甚不同者如集本載寬四子素一子皆不名曉而石本則謂寬之第四子素之第二子皆名曉豈曉嘗出繼耶又集本肅生一子顗唐書世系表亦同而石本無之其閒世次與表又多

差殊二書皆經公手不應異同如此當考

外集卷第二十二　歐陽文忠公集七十二

譜 牡丹記附

硯譜

端石出端溪色理瑩潤本以子石爲上子石者在大石中生蓋精石也而流俗傳訛遂以紫石爲上又以貯水不秏爲佳有鸜鵒眼爲貴眼石病也然惟此巖石則有之端石非徒重於流俗官司歲以爲貢亦在他硯上然十無一二發墨者但充翫好而已歙石出於龍尾溪其石堅勁大抵多發

墨故前世多用之以金星爲貴其石理微麤以手摩之索索有鋒鋩者尤佳余少時又得金坑礦石尤堅而發墨然世亦罕有端溪以北嵓爲上龍尾以深溪爲上較其優劣龍尾遠出端溪上而端溪以後出見貴爾

絳州角石者其色如白牛角其文有花浪與牛角無異然頑滑不發墨世人但以研丹爾

歸州大沱石其色青黑斑斑其文理微麤

亦頗發墨歸峽人謂江水爲沱蓋江水中石也硯止用於川峽人世未嘗有余爲夷陵縣令時嘗得一枚聊記以廣聞爾

青州紫金石文理麤亦不發墨惟京東人用之又有鐵硯製作頗精然患其不發墨往往函端石於其中人亦罕用惟研筒便於提攜官曹往往持之以自從爾

紅絲石硯者君謨贈余云此青州石也得之唐彥猷云須飲以水使足乃可用不然渴燥彥猷甚奇此硯以爲發墨不減端石

君謨又言端石瑩潤惟有鋩者尤發墨歙石多鋩惟膩理者特佳蓋物之奇者必異其類也此言與余特異故并記之

青州濰州石末研皆瓦硯也其善發墨非石硯之比然稍麤者損筆鋒石末本用濰水石前世已記之故唐人惟稱濰州今二州所作皆佳而青州尤擅名於世矣

相州古瓦誠佳然少真者蓋真瓦朽腐不可用世俗尚其名爾今人乃以澄泥如古瓦狀作瓦埋土中久而斲以爲硯然不必

真古瓦自是凡瓦皆發墨優於石爾今見官府典吏以破盆甕片研墨作文書尤快也虢州澄泥唐人品硯以爲第一而今人罕用矣文房四譜有造瓦硯法人罕知其妙嚮時有著作佐郎劉羲叟者嘗如其法造之絶佳硯作未多士大夫家未甚有而羲叟物故獨余嘗得其二一以贈劉原父一余置中書閤中尤以爲寶也今士大夫不學書故罕事筆硯硯之見於時者惟此爾

記

洛陽牡丹記

花品序第一

牡丹出丹州延州東出青州南亦出越州而出洛陽者今爲天下第一洛陽所謂丹州花延州紅青州紅者皆彼土之尤傑者然來洛陽纔得備衆花之一種列第不出三已下（七字一作終列第三）不能獨立與洛花敵而越之花以遠罕識不見齒然雖越人亦不敢自譽以與洛陽爭高下是洛陽者果天下之第一也洛陽亦有黄芍藥緋桃（一有碧桃二字）瑞蓮千葉李紅郁李之類

皆不減它出者而洛陽人不甚惜謂之果子花曰某花某花至牡丹則不名直曰花其意謂天下真花獨牡丹其名之著不假曰牡丹而（一有自字）可知也其愛重之如此說者多言洛陽於（一作居）三河間（一有最字）古善地昔周公以尺寸考日出没測知寒暑風雨乖與順於此此蓋天地之中草木之華得中氣之和者多故獨與它方異予甚以爲不然夫洛陽於周所有之土四方入貢道里（一有遠近二字）均乃九州之中在天地崐崘（一作混淪）旁

薄之間未必中也又況天地之和氣宜遍被四方上下不宜限其中以自私夫中與和者有常之氣其推於物也亦宜爲有常之形物之常者不甚美亦不甚惡及元氣之病也美惡鬲（一作隔）并而不相和入故物有極美與（一作有）極惡者皆得於氣之偏也花之鍾其美與夫癭木擁腫之鍾其惡醜好雖異而得一氣之偏病則均洛陽城圓（一作圍）數十里而諸縣之花莫及城中者出其境則不可植焉豈又偏氣之美者獨聚

此數十里之地乎此又天地之大不可考也已凡物不常有而爲害乎人者曰災不常有而徒可怪駭不爲害者曰妖語曰天反時爲災地反物爲妖此亦草木之妖而萬物之一怪也然比夫瘿木擁腫者竊獨鍾其美而見幸於人焉余在洛陽四見春天聖九年三月始至洛其至也晚見其晚者明年會與友人梅聖俞游嵩山少室緱氏嶺石唐山紫雲洞既還不及見又明年有悼亡之戚不暇見又明年以留守推官

歲滿解去只（一作止）見其蓊者是未嘗見其極盛時然目之所矚已不勝其麗焉余居府中時嘗謁錢思公於雙桂樓下見一小屏立坐後細書字滿其上思公指之曰欲作花品此是牡丹名凡九十餘種余時不暇讀之然余所經見而今人多稱者纔三十許種不知思公何從而得之多也計其餘雖有名而不著未必佳也故今所錄但取其特著者而次第之

姚黃　魏花

細葉壽安　鞓紅亦曰青州紅

牛家黃　潛溪緋

左花　獻來紅

葉底紫　鶴翎紅

添色紅　倒暈檀心

朱砂紅　九蘂真珠

延州紅　多葉紫

麤葉壽安　丹州紅

蓮花萼　一百五

鹿胎花　甘草黃

一撚紅　玉板白

花釋名第二

牡丹之名或以氏或以州或以地或以色或旌其所異者而志之姚黃牛黃左花魏花以姓著青州丹州延州紅以州著細葉麤葉壽安潛溪緋以地著一撚紅鶴翎紅朱砂紅玉板白多葉紫甘草黃以色著獻來紅添色紅九蘂真珠鹿胎花倒暈檀心蓮花萼一百五葉底紫皆志其異者姚黃者千葉黃花出於民姚氏家此花之出於

今未十年姚氏居白司馬坡其地屬河陽然花不傳河陽傳洛陽洛陽亦不甚多一歲不過數朶牛黃亦千葉出於民牛氏家比姚黃差小真宗祀汾陰還過洛陽留宴淑景亭牛氏獻此花名遂著甘草黃單葉色如甘草洛人善别花見其樹知爲某花云獨姚黃易識其葉嚼之不腥魏家花者千葉肉紅花出於魏相仁溥家始樵者於壽安山中見之斵以賣魏氏魏氏池館甚大傳者云此花初出時人有欲閱者人稅十數錢

乃得登舟渡池至花所魏氏日收十數緡其後破亡鬻其園今普明寺後林池乃其地寺僧耕之以植桑麥（一作棗）花傳民家甚多人有數其葉者云至七百葉錢思公嘗曰人謂牡丹花王今姚黃真可爲王而魏花乃后也鞓紅者單葉深紅花出青州亦曰青州紅故張僕射齊賢有第西京賢相坊自青州以馲駝馱其種遂傳洛中其色類腰帶鞓故謂之鞓紅獻來紅者大多葉淺紅花張僕射罷相居洛陽人有獻此花者因

曰獻來紅添色紅者多葉花始開而白經日漸紅至其落乃類深紅此造化之尤巧者鶴翎紅者多葉花其末白而本（一作其）肉紅如鴻鵠羽色細葉麤葉壽安者皆千葉肉紅花出壽安縣錦屏山中細葉者尤佳倒暈檀心者多葉紅花凡花近萼色深至其末漸淺此花自外深色近萼反淺白而深檀點其心此尤可愛一擫紅者多葉淺紅花葉杪深紅一點如人以手指擫之九蘂真珠紅者千葉紅花葉上有一白點如

珠而葉密蹙其蘂爲九叢一百五者多葉
白花洛花以穀雨爲開候而此花常至一
百五日開最先丹州延州花皆千葉紅花
不知其至洛之因蓮花萼者多葉紅花青
趺三重如蓮花萼左花者千葉紫花出一有出民左氏家字
葉密而齊如截亦謂之平頭紫朱砂
紅者多葉紅花不知其所出有民門氏子
者善接花以爲生買地於崇德寺前治花
圃有此花洛陽豪家尚未有故其名未甚
著花葉甚鮮向日視之如猩血葉底紫者

千葉紫花其色如墨亦謂之墨紫花在叢中旁必生一大枝引葉覆其上其開也比他花可延十日之久噫造物者亦惜之耶此花之出比他花最遠傳云唐末有中官爲觀軍容使者花出其家亦謂之軍容紫歲久失其姓氏矣玉板白者單葉白花葉細長如拍板其色如玉而深檀心洛陽人家亦少有余嘗從思公至福嚴院見之問寺僧而得其名其後未嘗見也潛溪緋者千葉緋花出於潛溪寺寺在龍門山後本

唐相李藩别墅今寺中已無此花而人家或有之本是紫花忽於藂中特出緋者不過一二朶明年移在他枝洛人謂之轉（音篆）枝花故其接頭尤難得鹿胎花者多葉紫花有白點如鹿胎之紋故蘇相禹珪宅今有之多葉紫不知其所出初姚黄未出時牛黄為第一牛黄未出時魏花為第一魏花未出時左花為第一左花之前唯有蘇家紅賀家紅林家紅之類皆單葉花當時為第一自多葉千葉花出後此花黜矣今

人不復種也牡丹初不載文字唯以藥載本草然於花中不爲高第大抵丹延已西及褒斜道中尤多與荊棘無異土人皆取以爲薪自唐則天已後洛陽牡丹始盛然未聞有以名著者如沈宋元白之流皆善詠花草計有若今（五字一作當時有一花）之異者彼必形於篇詠（一作什）而寂無傳焉唯劉夢得有詠魚朝恩宅牡丹詩但云一叢千萬朶而已亦不云其美且異也謝靈運言永嘉竹間水際多牡丹今越花不及洛陽甚遠

是洛花自古未有若今之盛也

風俗記第三

洛陽之俗大抵好花春時城中無貴賤皆插花雖負擔者亦然花開時士庶競爲遨遨往往於古寺廢宅有池臺處爲市井張幄帟笙歌之聲相聞最盛於月陂堤張家園棠棣坊長壽寺東街與郭令宅至花落乃罷洛陽至東京六驛舊不進花自今徐州李相迪爲留守時始進御歲遣衙校一員乘驛馬一日一夕至京師所進不過姚

黃魏花三數朶以菜葉實竹籠子藉覆之使馬上不動搖以臘封花蔕乃數日不落大抵洛人家家有花而少大樹者蓋其不接則不佳春初時洛人於壽安山中斲小栽子賣城中謂之山篦子人家治地爲畦塍種之至秋乃接接花工尤著者謂之門園子蓋本姓東門氏或是西門俗但云門園子亦由今俗呼皇甫氏多只云皇家也豪家無不邀之姚黃一接頭直錢五千秋時立契買之至春見花乃歸其直洛人甚惜此花不欲傳有權貴求其接頭者或以

湯中醮殺與之魏花初出時接頭亦直錢五千今尚直一千接時須用社後重陽前過此不堪矣花之木去地五七寸許截之乃接以泥封裹用軟土擁之以蒻葉作庵子罩之不令見風日惟南向留一小戶以達氣至春乃去其覆此接花之法也用瓦亦可種花必擇善地盡去舊土以細土用白斂末一斤和之蓋牡丹根甜多引蟲食白斂能殺蟲此種花之法也澆花亦自有時或用日未出或日西時九月旬日一澆十月

十一月三日二日一澆正月隔日一澆二
月一日一澆此澆花之法也一本發數朶
者擇其小者去之只留一二朶謂之打剥
懼分其脉也花纔落便剪其枝勿令結子
懼其易老也春初既去蒻庵便以棘數枝
置花叢上棘氣暖可以辟霜不損花芽他
大樹亦然此養花之法也花開漸小於舊
者蓋有蠹蟲損之必尋其穴以硫黄簪之
其旁又有小穴如鍼孔乃蟲所藏處花工
謂之氣窻以大鍼點硫黄末鍼之蟲乃死

蟲死花復盛此醫花之法也烏賊魚骨以鍼花樹入其膚花輒死此花之忌也

牡丹記跋尾

右蔡君謨之書八分散隸正楷行狎大小草衆體皆精其平生手書小簡殘篇斷稾時人得者甚多惟不肯與人書石而獨喜書余文也若陳文惠公神道碑銘薛將軍碣真州東園記杭州有美堂記相州晝錦堂記余家集古録目序皆公之所書最後又書此記刻而自藏于其家方走人於亳

以模本遺予使者未復於閩而凶訃已至于亳矣蓋其絕筆於斯文也於戲君謨之筆既不可復得而予亦老病不能文者久矣於是可不惜哉故書以傳兩家子孫

外集卷第二十二

牡丹記 萬物之一怪也或無一字或以氏以字下一有姓字司馬坡一作坂有一白點如珠而葉密

一作點白如珠其葉家或作寥其葉此花點矣此一作其丹延巳

西巳一作已不堪矣一作不佳也或用日未出或日

西時九月旬日一澆十月十一月三日二

日一澆正月隔日一澆二月一日一澆一作

或用日西或用日未出秋時旬日乃澆十月十一月三二日一澆正月隔日一澆入其

膚花輒死膚一作皮輙一作必

續添

硯譜惟此嵒石此一作比

花品序以自私此下一有也字偏氣之美一作偏病之氣九

蘂真珠此下一有紅字下同

花釋名 因曰（一作因名曰）丹州延州花（此下脱一者字）

風俗記 以菜葉（以一作用）尤著者（此下或有一人兩字）以鋮

花（三字上一有用字）

士大夫家有公牡丹譜一卷乃承平時

印本始列花品序及名品與此卷前兩

篇頗同其後則曰敘事宮禁貴家寺觀

府署元白詩譏鄙吳蜀詩集記異雜記

本朝雙頭花進花丁晉公續花譜凡十六

門萬餘言前題吏部侍郎參知政事歐陽

棊撰後有梅堯臣跋蓋假託也姑以三事

明之公之花釋名謂沈宋元白之流不形篇詠而此本乃以元白牡丹唱酬爲一門一也花譜蔡君謨所書至今流傳熙寧元年公跋云君謨絕筆於斯文安得此萬餘言者二也梅之後序云公初筮西洛作花品及參大政亦有謝西京王尚書牡丹詩案梅以嘉祐五年四月卒是冬公方入西府明年遷參政其妄尤甚三也此初無足辨特以印本流傳或誤後人耳

外集卷第二十三　歐陽文忠公集七十三

雜題跋

書李翺集後

予爲西京留守推官得此書於魏君書五十篇予嘗讀韓文所作哀歐陽詹文云詹之事旣有李翺作傳而此書亡之惜其遺闕者多矣

書梅聖俞稾後

凡樂達天地之和而與人之氣相接故其疾徐奮動可以感於心歡欣惻愴可以察

於聲五聲單出於金石不能自和也而工者和之然抱其器知其聲節其廉肉而調其律呂如此者工之善也今指其器以問於工曰彼簨者簴者堵而編執而列者何也彼必曰鼖鼓鏄磬絲管干戚也又語其聲以問之曰彼清者濁者剛而奮柔而曼衍者或在郊或在廟堂之下而羅者何也彼必曰八音五聲六代之曲上者歌而下者舞也其聲器名物皆可以數而對也然至乎動盪血脉流通精神使人可以喜可

以悲或歌或泣不知手足鼓舞之所然問其何以感之者則雖有善工猶不知其所以然焉蓋不可得而言也樂之道深矣故工之善者必得於心應於手而不可述之言也聽之善亦必得於心而會以意不可得而言也堯舜之時夔得之以和人神舞百獸三代春秋之際師襄師曠州鳩之徒得之爲樂官理國家知興亡周衰官失樂器淪亡散之河海逾千百歲間未聞有得之者其天地人之和氣相接者既不得泄

於金石疑其遂獨鍾於人故其人之得者雖不可和於樂尚能歌之爲詩古者登歌清廟大師掌之而諸侯之國亦各有詩以道其風土性情至於投壺饗射必使工歌以達其意而爲賓樂蓋詩者樂之苗裔與漢之蘇李魏之曹劉得其正始宋齊而下得其浮淫流佚唐之時子昂李杜沈宋王維之徒或得其淳古淡泊之聲或得其舒和高暢之節而孟郊賈島之徒又得其悲愁鬱堙之氣由是而下得者時有而不純

焉今聖俞亦得之然其體長於本人情狀風物英華雅正變態百出哆兮其似春淒兮其似秋使人讀之可以喜可以悲陶暢酣適不知手足之將鼓舞也斯固得深者邪其感人之至所謂與樂同其苗裔者邪余嘗問詩於聖俞其聲律之高下文語之疵病可以指而告余也至其心之得者一作直不可以言而告也余亦將以心得意會而未能至之者也聖俞久在洛中其詩亦往往人皆有之今將告歸余因求其槀而寫

之然夫前所謂心之所得者如伯牙鼓琴子期聽之不相語而意相知也余今得聖俞之槀猶伯牙之琴絃乎

讀李翱文

予始讀翱復性書三篇曰此中庸之義疏爾智者誠（一作識）其性當讀（一作復）中庸愚者雖讀此不曉也不作可焉又讀與韓侍郎薦賢書以謂翱特窮時憤世無薦己者故丁寧如此使其得志亦未必然以韓爲秦漢間好俠（一作事）行義之一豪儁亦善論（一作諭）人

者也最後讀幽懷賦然後置書而歎歎已復讀不自休恨翱不生於今不得與之交又恨予不得生翱時與翱上下其論也凡昔（二字一作況廼）翱一時人有道而能文者莫若韓愈愈嘗有賦矣不過羨二鳥之光榮歎一飽之（而一作）無時爾此其（二字一作推是）心使光榮而飽則不復云矣若翱獨不然其賦曰衆囂囂而雜處兮咸歎老而嗟卑視予心之不然兮慮行道之猶非又怪神堯以一旅取天下後世子孫不能以天下取河北

以爲憂嗚呼使當時君子皆易其歎老嗟卑之心爲翺所憂之心則唐之天下豈有亂與亡哉然翺幸不生今時見今之事則其憂又甚矣奈何今之人不憂也余行天下見人多矣脫有一人能如一作知翺憂者又皆賤一作踈遠與翺無異其餘光榮而飽者一聞憂世之言不以爲狂人則以爲病癡子不怒則笑之矣嗚呼在位而不肯自憂又禁他人使皆不得憂可歎也夫景一作皇祐三年十月十七日歐陽脩書

書春秋繁露後

漢書董仲舒傳載仲舒所著書百餘篇第云清明竹林玉杯繁露之書蓋略舉其篇名今其書纔四十篇又總名春秋繁露者失其真也予在館中校勘羣書見有八十餘篇然多錯亂重複又有民間應募獻書者獻三（一作二）十餘篇其間數篇在八十篇外乃知董生之書流散而不全矣方俟校勘而予得罪夷陵秀才田文初以此本示予不暇讀明年春得假之許州以舟下南

郡獨卧閲此遂誌之董生儒者其論深極春秋之旨然惑於改正朔而云王者大一元者牽於其師之説不能高其論以明聖人之道惜哉惜哉景祐四年四月四日書

書韋應物西澗詩後

右唐韋應物滁州西澗詩今州城之西乃是豐山無所謂西澗者獨城之北有一澗水極淺遇夏潦漲溢但爲州人之患其水亦不勝舟又江潮不至此豈詩家務作佳句而實無此耶然當時偶不以圖經考正

恐在州界中也聞左司郭員外新授滁陽
欲以此事問之

論尹師魯墓誌

誌言天下之人識與不識皆知師魯文學議論材能則文學之長議論之高材能之美不言可知又恐太略故條析其事再述于後述其文則曰簡而有法此一句在孔子六經惟春秋可當之其他經非孔子自作文章故雖有法而不簡也脩於師魯之文不薄矣而世之無識者不考文之輕重

但責言之多少云師魯文章不合祇著一句道了既述其文則又述其學曰通知古今此語若必求其可當者惟孔孟也既述其學則又述其論議云是是非非務盡其道理不苟止而妄隨亦非孟子不可當此語既述其論議則又述其材能備言師魯歷貶自兵興便在陝西尤深知西事未及施爲而元昊臣師魯得罪使天下之人盡知師魯材能此三者皆君子之極美然在師魯猶爲末事其大節乃篤於仁義窮達

禍福不媿古人其事不可徧舉故舉其要者一兩事以取信如上書論范公而自請同貶臨死而語不及私則平生忠義可知也其臨窮達禍福不媿古人又可知也既已具言其文其學其論議其材能其忠義遂又言其爲仇人挾情論告以貶死又言其死後妻子困窮之狀欲使後世知有如此人以如此事廢死至於妻子如此困窮所以深痛死者而切責當世君子致斯人之及此也春秋之義痛之益至則其辭益

深子般卒是也詩人之意責之愈切則其言愈緩君子偕老是也不必號天叫屈然後爲師魯稱寃一作怨也故於其銘文但云藏之深固之密石可朽銘不滅意謂舉世無可告語但深藏牢埋此銘使其不朽則後世必有知師魯者其語愈緩其意愈切詩人之義也而世之無識者乃云銘文不合不講德不辯師魯以非罪蓋爲前言其窮達禍福無媿古人則必不犯法況是仇人所告故不必區區曲辯也今止直言所

坐自然知非罪矣添之無害故勉徇議者添之若作古文自師魯始則前有穆脩鄭條輩及有大宋先達甚多不敢斷自師魯始也偶儷之文苟合于理未必為非故不是此而非彼也若謂近年古文自師魯始則范公祭文已言之矣可以互見不必重出也皇甫湜韓文公墓誌李翺行狀不必同亦互見之也誌云師魯喜論兵論兵儒者末事言喜無害喜非嬉戲之戲喜者好也君子固有所好矣孔子言回也好學豈

是薄顏回乎後生小子未經師友苟恣所見豈足聽哉脩見韓退之與孟郊聯句便似孟郊詩與樊宗師作誌便似樊文慕其如此故師魯之誌用意特深而語簡蓋為師魯文簡而意深又思平生作文惟師魯一見展卷疾讀五行俱下便曉人深處因謂死者有知必受此文所以慰吾亡友爾豈恤小子輩哉

書沖厚居士墓銘後

東南固多學者而徐氏尤為大族其子弟

從子學者往往有聞于時視其子弟則可知其父兄之賢也廬陵歐陽脩書

讀裴寂傳

予嘗與尹師魯論自魏晉而下佐命功臣皆可貶絶以其貳心舊朝叶成大謀（二字一作謀主）雖曰忠於所事而非人臣之正也及讀裴寂傳迹其終始良有以哉始寂爲晉陽宮監私以宮人饋高祖因見親暱可謂貳隋矣及太宗以博奕啗之遂開義師之謀卒成唐室武周爲寇請行自敗不即就誅者

非特佐命有功豈非曩時私狎之恩哉坐交沙門法雖免官見放復有所陳太宗數之曰計公勳庸不至於此數以武德時（一作官）政之繆皆歸其人又聞妖言不自明乃欲殺人緘（一作滅）口遂被流放列其四罪貸不致理蓋由進身之私恩衰即敗也韓彭之功猶終不保況寂也哉

書梅聖俞河豚魚詩後

予友梅聖俞於范饒州席上賦此河豚魚詩余每體中不康誦之數過輒佳亦屢書

以示人爲奇贈翰林東閣書

書三絶句詩後

前一篇梅聖俞詠泥滑滑次一篇蘇子美詠黄鸎後一篇余詠畫眉鳥三人者之作也出於偶然初未始相知及其至也意輒一作趣同歸豈非其精神會通遂暗合耶自二子死余殆絶筆於斯矣翰林東閣書

跋晏元獻公書

右觀文殿大學士兵部尚書晏元獻公二帖公爲人真率其詞翰亦如其性是可佳也

跋李西臺書

嘉祐三年三月晦日和叔攜以過余因得覽之不能釋手嗟今人之清尚如西臺君者何少也遂書其後而還之廬陵歐陽脩

同前

李公爲人端重清方爲當時所重不徒愛其筆蹟也嘉祐三年三月晦日脩題

跋李翰林昌武書

昌武筆畫遒峻蓋欲自成一家宜其見稱於當時也脩覽其書知此道（七字一作風雅）寂寞

久矣嚮時蘇梅二子以天下兩窮人主張斯道一時士人（一作人士）傾想其風采奔走不暇自其淪亡遂無復繼者豈孟子所謂折枝之易第不爲邪覽李翰林詩筆見故時朝廷儒學侍從之臣未嘗不以篇章翰墨爲樂也

記舊本韓文後

予少家漢東漢東僻陋無學者吾家又貧無藏書州南有大姓李氏者其子堯（一作彥）輔頗好學予爲兒童時多遊其家見有弊

筐貯故書在壁間發而視之得唐昌黎先
生文集六卷脫落顛倒無次序(一作第)因乞
李氏以歸讀之見其言深厚而雄博然予
猶少未能悉究其義徒見其浩然無涯若
可愛是時天下學者楊劉之作號爲時文
能者取科第擅名聲以誇榮當世未嘗有
道韓文者予亦方舉進士以禮部詩賦爲
事年十有七試于州爲有司所黜因取所
藏韓氏之文復閱之則喟然(一有而字)歎曰學
者當至於是而止爾因恠時人之不道而

顧己亦未暇學徒時時獨念于予心以謂方從進士干禄以養親苟得禄矣當盡力于斯文以償其素志後七年舉進士及第官于洛陽而尹師魯之徒皆在遂相與作爲古文因出所藏昌黎集而補綴之求人家所有舊本而校定之其後天下學者亦漸趨於古而韓文遂行于世至于今蓋三十餘年矣學者非韓不學也可謂盛矣嗚呼道固有行於遠而止於近有忽於往而貴于今者非惟世俗好惡之使然亦其理

有當然者而孔孟惶惶於一時而師法於千萬世韓氏之文没而不見者二百年而後大施於今此又非特好惡之所上下蓋其久而愈明不可磨滅雖蔽于暫而終耀于無窮者其道（一有皆字）當然也予之始得於韓也當其沈没棄廢之時予固知其不足以追時好而取勢利於是就而學之則予之所爲者豈所以急名譽而干勢利之用哉亦志乎久而已矣故予之仕於進不爲喜退不爲懼者蓋其志先定而所學者宜

然也集本出於蜀文字刻畫頗精於今世俗本而脫繆尤多凡三十年間聞人有善本者必求而改正之其最後卷秩不足今不復補者重增其故也予家藏書萬卷獨昌黎先生集爲舊物也嗚呼韓氏之文之道萬世所共尊天下所共傳而有也予於此本特以其舊物而尤惜之

題薛公期畫

善言畫者多云鬼神易爲工以謂畫以形似爲難鬼神人不見也然至其陰威慘淡

變化超騰而窮奇極怪使人見輒驚絶及徐而定視則千狀萬態筆簡而意足是不亦爲難哉此畫雖傳自妙本然其筆力精勁亦自有佳處嘉祐八年仲春旬休日竊覽而嘉之題還薛公期書室廬陵歐陽脩題一作俗言見畫鬼神者易爲工以其人不常見也然而隱見出没於有無之際千狀萬態筆簡而意足難矣及其變化飛騰窮奇極怪使人見輒驚絶豈不又難哉此畫雖所傳好本然其筆力精勁亦自有佳處廬陵歐陽脩竊覽而嘉之遂題其後以還公期書室嘉祐八年仲春休日

跋杜祁公書

右杜祁公墨蹟公當景祐中爲御史中丞時余以鎮南軍掌書記爲館閣校勘始登公門遂見知奬後十五年余以尚書禮部郎中龍圖閣直學士留守南都公已罷相致仕于家者數年矣余歲時率僚屬候問起居見公福壽康寧言笑不倦歲餘予遭内艱去居于潁服除來京師蒙恩召入翰林爲學士與公書問往還無虛月又二歲公以疾薨于家予既泣而論次公之功德而銘之又集在南都時唱和詩爲一卷以

傳二家之子孫又發篋得公手書簡尺歌詩類爲十卷而藏之余與時寡合辱公之知幺而愈篤宜於公有不能忘矧公筆法爲世楷模人人皆寶而藏之然世人莫若余得之多也嘉祐八年六月晦日

跋永城縣學記

唐世執筆之士工書者十八九蓋自魏晉以來風流相承家傳少習故易爲能也下逮懿僖昭哀衰亡（一作世）之亂宜不暇矣接乎五代四海分裂士大夫生長干戈於積

屍白刃之間時時猶有以揮翰馳名於當世者豈又唐之餘習乎如王文秉之小篆李鄂郭忠恕之楷法楊凝式之行草至於羅紹威錢俶皆武夫驕將之子酣樂於狗馬聲色者其於字畫亦有以過人及宋一天下於今百年儒學稱盛矣唯以翰墨之妙中間寂寥者久之豈其忽而不爲乎將俗尚苟簡廢而不振乎抑亦難能而罕至也蓋久而得三人焉嚮時蘇子美兄弟以行草稱自二子亡而君謨書特出於世君

謨筆有師法真草惟意所爲動造精絕世人多藏以爲寶而予得之尤多若荔枝譜永城縣學記筆畫尤精而有法者故聊誌之俾世藏之知余所好而吾家之有此物也廬陵歐陽某書嘉祐八年歲在癸卯中元日

書荔枝譜後

善爲物理之論者曰天地任物之自然物生有常理斯之謂至神圓方刻畫不以智造而力給然千狀萬態各極其巧以成其形可謂任之自然矣二十七字一作千態萬狀維不以智造而

力給一任之自然故能各極其巧而其一無此字醜好精麤壽夭多少皆有常分不有尸之孰爲之限數由是言之又若有爲之者一無此十字是皆不可詰於有無之間故謂之神也牡丹花之絕而無甘實荔枝果之絕而非名花昔樂天二字一作人一有感於二物矣是孰尸其賦予邪然斯二者惟一一無此字不兼萬一無此字物之美故各得一作得各極其精此於造化不可知而推之至理宜如此也余少遊洛陽花之盛處也因爲牡丹作記君謨閩人也故能

識荔枝而譜之因念昔人嘗有感於二物而吾二人者適各得其一之詳故聊書其所以然而以附君謨譜之末嘉祐八年七月十九日廬陵歐陽脩題

跋學士院題名

余竊在翰林七年嘗以謂宰輔有任責之憂神仙無爵禄之寵既都榮顯又享清閑而兼有人天之樂者惟學士也自頃以來叨被恩私俾參政論力疲矣而勤勞不得少息心衰矣而憂患浩乎無涯却思玉堂

如在天上偶因發篋閱覽題名不覺慨然遂書於此嘉祐八年中秋日

熙寧四年正月二十九日載覽至却思玉堂如在天上之語因思余作内制集序亦爲此語英宗皇帝嘗加稱賞爲之泫然感涕不能止也六一居士書

跋茶録

善爲書者以真楷爲難而真楷又以小字爲難羲獻以來遺迹見於今者多矣小楷維樂毅論一篇而已今世俗所傳出故高

紳學士家最爲真本而斷裂之餘僅存者百餘字爾此外吾家率更所書温彦博墓銘亦爲絶筆率更書世固不少而小字亦止此而已以此見前人於小楷難工而傳於世者少而難得也君謨小字新出而傳者二集古録目序横逸飄發而茶録勁實端嚴爲體雖殊而各極其妙蓋學之至者意之所到必造其精予非知書者以接君謨之論久故亦粗識其一二焉治平甲辰

古之善書者必先楷法漸而至於行草

亦不離乎楷正張芝與旭變怪不常出
乎筆墨蹊徑之外神逸有餘而與羲獻
異矣襄近年粗知其意而力已不及烏
足道哉 此蔡忠惠公所題

跋觀文王尚書 舉正 書

右觀文學士尚書王公字伯中清德之老
也余晚接公遊愛其爲人未幾公以病卒
因録其遺迹而藏之實思其人不獨玩其
筆也天聖中公與謝絳希深黄鑑唐卿修
國史余爲進士初至京師因希深始識公

而未接其遊後三十年余爲翰林學士公以書殿兼職經筵始得竊從公後故得公手筆不多嗚呼天聖之間三人者皆一時之選今皆亡矣其遺迹尤可惜矧公素以書名當世也治平元年清明前一日書

跋學士院御詩

列聖御製刻石龕在玉堂北壁扃鐍甚嚴至和元年秋余初蒙恩召爲學士嘗因事獨對便殿先帝密諭將幸玉堂及欲如祖宗時夜召學士因問唐朝故事余奏曰唐

世學士以獻替爲職業至於進退大臣常參密議故當時號爲內相又謂之天子私人其職在禁近故唐制學士不與外人交通比來選用非精致上恩禮亦薄漸見踈外無異百司若聖君有意崇獎則當漸修故事予遂退而建言不許私謁執政時人喧然共以爲非葢流俗習見近事不知學士爲禁職舊制不通外人也真宗時劉子儀當直既不爲丁晉公草制明日晏元獻公入直劉見晏來遽趨一作移以出相遇不

揖揜面而過蓋當時學士猶交直也近時當直者多不宿宿者暮入晨出玉堂終日閴然吏人共守空院而已職隳事廢已久自朝廷近臣皆不知故事流俗不足怪也因覽刻石遂并記之于後治平元年清明日

院中名畫舊有董羽水僧巨然山在玉堂後壁其後又有燕肅山水今又有易元吉猿及狟皆在屛風其諸司官舍皆莫之有亦禁林之竒玩也余自出翰苑夢寐思之今中書樞密院惟內宴更衣

則借學士院解歇每至裴回盡下不忍去也

跋薛簡肅公奎書

右薛簡肅公詩并書其背乃天聖四年司農卿李湘門狀是歲丙寅至今丁未實四十二年矣偶得於家人篋中因褾軸而藏之公之清節直道余既銘之而有傳在國史此不復書治平四年閏月十八日

跋醉翁吟

余以至和二年奉使契丹明年改元嘉祐

與聖俞作此詩後五年聖俞卒作詩殆今十有五年矣而聖俞之亡亦十年也閱其辭翰一爲泫然遂軸而藏之熙寧三年五月十三日

題青州山齋

吾常喜誦常建詩云竹逕通幽處禪房花木深欲效其語作一聯久不可得迺知造意者爲難工也晚來青州始得山齋宴息因謂不意平生想見而不能道以言者乃爲己有於是益欲希其髣髴竟爾莫獲一

言夫前人爲開其端而物景又在其目然不得自稱其懷豈人才有限而不可彊將吾老矣文思之衰邪茲爲終身之恨爾熙寧庚戌仲夏月望日題

跋三絶帖

南唐澄心堂紙爲世所珍今人家不復有曼卿詩與筆稱雄於一時今亦未有繼者謂之三絶不爲過矣余家藏此蓋三十餘年熙寧壬子正月　記六一居士

外集卷第二十三

跋永城縣學記 唯以（真蹟作唯於）廢而（真蹟廢字上有遂字）世人（真蹟無人字）

續添

論尹師魯墓誌 故條析（石本作故又條悉）可當之（石本作可以當之）而不簡（類槀作而或不簡）必求其可當務盡其道理（石本無二其字）歷貶（石本作歷官屢貶）盡知師魯（四字上石本有不字）仁義（石本作忠義）其學（石本無其字）叫屈（類槀作叫地）於其銘文（石本無其字）乃云銘文（石本

無文字以非罪石本無以字未必爲非石本作皆非故不

此下一有必字若謂石本作若爲皇甫湜韓文公墓誌李

翶行狀類稾作皇甫湜作韓文公誌與李翶行狀誌云石本作誌言之

戯石本作之喜孔子言石本作仲尼言故師魯之誌故字

下一有於字豈恤此下石本有彼字

此卷論尹師魯墓誌即辨誌也遂寧府有石刻載師魯妻初怒誌文簡略新進士孔嗣宗請詣潁州與公辨論凡留半月公爲添換并遺辨誌又答嗣宗兩帖

與今本書簡第七卷同但增一節云此不當辨爲世人多云云恐尹氏惑之使其妻子不足故須委曲近曾録寄范公今録奉呈爲語尹氏凡三十九字據此則所謂添換尚或可疑姑附于此

外集第十九卷與杜訢書云尹氏子卒請韓太尉別爲墓表以此見朋友與孝子用心常異然則當時固無甚添換也

外集卷第二十四　歐陽文忠公集七十四

近體賦 詩附

進擬御試應天以實不以文賦 并引狀

臣伏覩今月十三日御試應天以實不以文賦題目初出中外群臣皆歡然以謂至明至聖有小心翼翼事天之意蓋自四年來天災頻見故陛下欲脩應天以實之事時謂出題以詢多士而求其直言外議皆稱自來科場只是考試進士文辭但取空言無益時事亦未一作有人君能上思天戒

廣求規諫以爲試題者此乃自有殿試以
來數百年間最美之事獨見於陛下然臣
竊慮遠方貢士乍對天威又迫三題不能
盡其說以副陛下之意臣忝列書林粗知
文字學淺文陋不自揆度謹擬御題撰成
賦一首不敢廣列前事但直言當今要務
皆陛下所欲聞者臣聞古者聖帝明王皆
不免天降災異惟能脩德脩政則變災爲
福永享無窮之休臣不勝大願其賦一首
謹隨狀上進

賦推誠應天豈尚文飾

天災之示人也若響應聲君心之奉天也
惟德與誠固當務實以推本不假浮文而
治情彼雖不言適見以時而下告吾其脩
德禍患可銷於未萌臣聞天所助兮惟善
則降祥德苟至兮雖妖而不勝皆由人事
之告召然後天心之上應若國家有闕失
之政則當頻見於衆災欲人主知戒懼之
心所以保安於萬乘臣請述當今之所爲
引近事而爲證至如陽能和陰則雨降若

歲大旱則陽不和陰而可推（去年大旱）陰不侵陽則地靜若地頻動則陰干於陽而可知（去年河東地頻動）又如黑者陰之色晦者陰之時或暴風慘黑而大至白晝晦冥而四垂（康定元年三月黑風起白日晦）日食正旦雨冰木枝（今春二月）如此之類皆陰之爲蓋陰爲小人與婦女又爲大兵與蠻夷若四者之爲患則群陰之失宜故天象以此告吾君不謂不至陛下所宜奉天戒不可不思是謂應以實者臣敢列而言之若夫慎擇左右而察小人則

視聽之不惑肅清宮闈而減冗列則恭儉而成式況乎遠佞人者孔宣父之明訓放宮女者唐太宗之盛德又若西師久不利宜究兵弊而改作叛羌久未服宜講廟謀之失得在陛下之至聖行此事而不忒廢天意之可回雖有災而自息方今民疲賦斂之苦又值饑荒之年貲財盡於私室苗稼盡於農田刼掠居人盜賊並起流離道路老幼相連陛下視民如子覆民如天在於仁聖非不矜憐故德音除刻削之令赦

書行賑濟之權然而詔令雖嚴州縣之吏
多慢人死相半朝廷之惠未宣夫天至高
遠也惟可動以精誠民之休戚也皆繫君
之好尚惟善政之能惠則休符之並貺而
況富有四海之大獨制萬民之上一言之
出兮誰敢不從百事責實兮自然無曠發
號施令在聖意之必行變災爲祥則太平
之可望今漢史有五行之志尚書有洪範
之文顧詔侍臣之講說許陳古事於聽（一作聰）
聞可以見自召妖災雖由於時政能招福

應亦自於明君故禾偃於風表周王之覺悟雉鳴于鼎成商帝之功勳蓋恐懼脩省者實也在乎不倦祈禳消伏者文也皆不足玄臣生逢納諫之聖明不閒直言之狂斐惟冀愚衷一作忠之可採茍避誅夷而則豈蓋賦者古人規諫之文臣故敢上干於旒扆

監試玉不琢不成器賦良玉非琢安得成器

至寶雖美因人乃彰欲成器而斯尚由載琢以爲良瑕玷弗施始中含於溫潤切瑳

有則取應用於圓方披大禮之遺言洞先儒之所録以謂玉不因琢器莫得以自貴人不因學道無由而内昺故我誘之於人諭之以玉内含其美雖禀質而可嘉外飾其形假載雕而後足然以寶有可尚世誠所希價連城而有待氣如虹而上揮禮神之用斯在磨玷之言則非禀爾天真包十德而成質制由工巧參六瑞以凝輝然則攻自它山列乎良璞雖曰寶也不能效於自用雖曰堅也未有成於不琢美在中矣

徒内抱於英華礱而錯諸始外成於圭角豈不以玉者華於國而可重器者用於人而克安規矩殊形於圭璧短長具制於躬桓亦猶在鎔者金必資乎鍛礪之設從繩者木遂分乎曲直之端且夫人務其師玉貴其德性雖本善不學則弗至於道質雖至美不琢則弗成其飾稽匪刻匪雕之説理實異斯嘉如切如瑳之言義誠有得彼大圭貴乎尚質鳴珮取乎揚聲雖效珍而並用在設諭以非精曷若彰教誨而有漸

譬琢雕而可成是故西琥東圭捨規模而安創半璋全璧非制度以難明向若追琢不加刻畫非備雖縝密以含彩在文華而曷視故楊子以謂玉不雕則璠璵不作器

國學試人主之尊如堂賦（堂陛隆峻人主尊矣）

位既異等君宜有常惟居尊而體國爰取諭於如堂望而畏之使下民之咸仰高爲貴者譬遠地以同彰稽往諜之遺文懿嘉言之洞啓謂立制於君上諭相承於堂陛蓋以貴賤殊品尊卑異禮下臨於物必也

尊嚴而有儀乚亠𨕖言於堂所以崇高乎正體誠以赫赫化被巍巍道隆儼正宁以居極統群黎於宅中蓋取乎馭民之貴非資於構厦之功位正當陽若盛九筵之制民欣戴后如瞻七尺之崇然則堂非高則偪下而易陵君弗尊則保位而難慎卑高必貴乎不瀆上下於焉而克順邇臣內附類榱棟之相依一作高列辟下陳由陛廉而比峻豈不以富有函夏躬臨兆民示臣庶之弗越表等威之有倫將使制爾萬國宗予一人

下絶僣王非歷階之可及世惟與子彰肯
構以相因是知制衆室者莫先乎堂奄九
有者必尊其主蓋兼統於邦國匪專稱於
棟宇化有於下奉穆穆以深居仰之彌高
若耽耽之可覩蓋由堂不可以卑而亂制
君不可以黷而不尊喻穹隆於九仞用總
制於群元且異夫蓋之如天但述居高之
旨就之如日惟明照下之言大哉陛峻而
堂高者勢之然臣貴而君尊者國之理伊
制度之有別俾崇高而是視所以建公卿

大夫而天子加焉其尊也於斯見矣

詔重修太學詩

漢詔崇儒術虞庠講帝猷叢楹新實構萬杵逐歡謳照爛雲甍麗回環壁水流冠童儀盛魯蒿柱德同周舞翟彌文郁横經盛禮脩微生聽昕鼓願齒夏弦游

省試司空掌輿地圖賦平土之職圖掌輿地

率土雖廣披圖可明命乃司空之職掌夫輿地之名奉水土以勤修慎司無曠覽山川而盡載按諜惟精所以專一官而克謹

辨九區而底平者也伊昔令王尊臨下土以謂綿宇非一不可以周覽衆職異守俾從於各主故我因地理（二字一作輿地）之察宜建冬官而法古將使如指諸掌括乎地以無遺皆聚此書著之圖而可覩險固咸在方隅異宜分形勝以昭若廣指陳而辨之度地居民既脩官而有舊辨方正位俾披文而可知其或作屏建親命侯封國小大有民社之制遠邇異封圻之式非圖無以辨乎數非官無以奉其職主於空土既險阻

之盡明別爾分疆誌廣輪而可識誠由據函夏之至要賛大君之永圖上以體國而經野下以建邦而設都參古號於周官各司其局辨群方於禹跡無得而踰是何標區域以並分限華夷而靡爽域中所以彰乎大天下無以逾其廣亦猶五土異物必辨於司徒之官九州有宜乃命乎職方之掌用能三壤咸則四民莫居窮人跡於遐域包坤載於方輿且異夫充國論兵但模方略之狀鄭侯創業惟収圖籍之餘彼夏

貢紀乎州名漢史標乎地志雖前策之並
載在設官而未備曷若我謹三公於漢儀
專掌圖於輿地

翠旌詩

盛禮郊儀肅純音帝樂清葳蕤飄翠羽赫
奕展華旌鳳邸光交覆鸞旗色共明繽紛
拂葩蓋輝映雜綏纓且異文竿飾非同翿
舞名竹宫歌𤇆祀雅曲播遺聲

殿試藏珠於淵賦君子非貴難得之物

稽治古之郅化仰聖人之作君務藏珠而

弗寶俾在淵而可分效乎至珍雖希世而
弗産棄於無用嬈還浦以攸聞得外篇之
寓言述臨民之致理將華紛華於媮俗復
芚愚於赤子謂非欲以自化則爭心之不
起蓋賤貨者爲貴德之義敦本者由抑末
而始示不復用雖乎寶而奚爲捨之則藏
祕諸淵而有以誠由窒民情者在杜其漸
防世欲者必藏其機使嗜慾不得以外誘
則淳朴於焉而可歸將抵璧以同議諒彈
雀而誠非照乘無庸盡遺碕岸之側連城

奚取皆沉媚水之輝用能崇儉德以外昭復淳風而有謂民心朴以歸本物產全而靡費珍雖無脛俾臨淵而盡除事異暗投永沉川而不貴然而道既散則民薄風一澆而朴殘玩好既紛乎外役質素無由而内安故我斥乃珍奇之用絕乎侈靡之端將令物遂乎生老蚌蔑剖胎之患民知非尚驪龍無探頷之難是則恢至治之風揚淳古之式不寶於遠則知用物之足不見其欲則無亂心之惑上茍賤於所好下豈

求於難得是雖寶也將去泰而去奢從而屏之使不知而不識彼捐金者由是類矣摘玉者可同言之諒率歸於至理寔大化於無爲致爾漢皐之濵各全其本雖有淮蠙之產無得而窺自然道著不貪時無異物民用遵乎至儉地寶蕃而不屈所以虞舜垂衣亦由斯而弗咈

博愛無私詩 闕

賞以春夏賦 天子行賞欽順時令

賞出於國時行在天紀勳庸而有序順春

夏以昭宣無忘爾勞法蠢生而布惠用嘉
乃績因長養以旌賢原夫執政者君爲民
之紀懼賞罰之一失則恩威之兩弛受焉
不以其私賜之非爲其喜蓋夫欲固其國
者必謹國之常能奉乎天者是謂天之子
將出令以無僭必順時而后軌顯庸制爵
爰占星鳥之中茂惪建官當俟薰風之始
且夫春居東以首歲夏司南而執衡在氣
爲燠於時主生東動也以之起南任也以
之成我所以推本萬事之理欽象四時之

行政刑由是以有度寒暑於焉而不爭須以土田順木行而養育昭其服物助火德之光明故曰天之大端在陰陽君之大柄在刑賞操其柄以歸己求其端而取象法太蔟贊陽之月行慶有常體林鍾種物之時勸功無爽誠以賞當則民協澤流而德深但慮過時之失敢懷虛受之心故月令有布德之文前規具在景風爲賜爵之候往牒攸欽嗚呼王者畏天以臨民天道在人而可信事與時合則爲和而爲福時與

事逆則有災而有饉在乎察動靜以爲本
布仁恩而克愼亦由獮田主教非仲秋而
不行議獄斷刑須大冬而乃順故能光昭
國體欽奉邦彝用豈有於踰德舉無聞於
振時且異夫賜以鞶纓示假人而取誚贈
其袞冕識錫命以非宜大哉君之舉者必
書上之出者爲令苟違時而不度懼招尤
而失正故左氏載聲子之言以戒後王之
立政

畏天者保其國賦（祗畏天道能守其國）

聖人以凝命恭默靡甯圖肅祗爰務畏天之
義但彰保國之規惟帝難之翼翼固欽於
乾道爲人上者兢兢慎守於邦基用能御
寶位而惟永隆昌運以咸熙者也揆齊王
之式陳懿子輿之所謂將設治民之術先
本爲君之貴且曰天惟簡在誠由乎不敢
荒寧國乃洽平是宜乎克自抑畏惠此方
國欽若昊天實克遵於慄慄示無斁於乾
乾慮威宣咫尺之間所以嚴恭罔怠致疆啓
幅員之内所以底定無愆蓋由仰高明以

惟勤遂邦家而永保又新之戒斯在無逸之篇可考順帝之則始勤危懼之誠俾民不迷終得阜安之道豈不以天者本降鑒而是顯國者在緝綏而以與畏乎天表降鑒之甚邇保乎國示緝綏而可憑審雖休勿休之理遵曰慎一日之稱是故懼無災以爲懷見楚莊之勿伐不敢康而在念識周成之有能夫如是則垂拱是圖持盈可久不遑啓居兮以圓靈之是奉無敢暇豫兮以中區而自守昭事而宜乎宗社咸寧

之旨攸同欽承而惠彼民人設險之功何有不然又安得惟寅謹爾匪懈昭其蓋足憚於覆燾必克固於蕃維周詩垂陟降之文亦足畏也洊雷著修省之説于時保之至哉闡繹聖猷鋪昭皇極眷戁悚以爲本在撫綏而作式有以見惟天爲大而君則之故定于萬國

斲雕爲樸賦（除去文飾歸彼淳樸）

德以儉而爲本器有文而可除爰斲截雕之飾將全至樸之餘篆刻未銷見背僞歸

真之始鏤章感滅知去華務實之初稽史
牒之前聞述政風而遐舉懿淳儉之攸尚
斥浮華而可沮謂乎防世僞者在塞其源
全物性者必反其所素以爲貴將抱樸而
是思煥乎有文俾運斤而悉去誠由淳自
澆散器隨樸分騁匠巧而傷本掩天真而
蔑聞故我反淳風而矯正杜末作之紛紜
剖刻桷之形復采椽而不琢滅鏤簋之僣
反木器於無文則知工巧盡捐浮淫是抑
道尚取乎反本理何求於外飾圭磨嶽鎮

歸璞玉以全真罍去山雲表瓦罇而務德是則遵乎樸者將反始而臻極斲乎雕者惡亂真而飾非約澆風於一變矯治古以同歸礱而錯諸盡滅彫蟲之巧質爲貴者寧慙朽木之譏用能杜文彩之煥然返淳和而遵彼雕雖著則尚可磨也樸其復則在其中矣棄末反本小巧之工盡捐華故取新見素之風可美彼琢玉然後成器命工列乎彫人務以文而勝質徒散朴以還淳曷若剞劂之功靡施大巧若拙刻鏤之

華盡減其德乃眞懿之隆者非假飾以爲資儉之至者匪奇淫而是覺但期乎去泰去甚寧患乎匪雕匪斲有以知一變至道之風由是而復歸乎樸

祭先河而後海賦 王者行祭先務其本

在祭者必有常典務本者貴乎不忘旣先河而告備乃後海以爲常幣玉始陳恭視諸侯之瀆牲牢繼列方祠百谷之王採國典之舊文撫禮經之大者以謂河導其派本一勺而始矣海納其會實百川之委也

祀容肅設必先有事於靈長望秩並修然
後功歸於善下誠以決九川而分導括衆
流而混并一則窮本而有自一則薦容而
積成是用分禮章而異數昭祭典以推行
命祀首陳始則出圖之所禱辭以設方祈
紀地之名用能綒乃令儀昭夫重祭利萬
物以斯善用五材而並濟無文既秩禜經
瀆以領祠羣望繼行禱朝宗而用幣外則
盡物中惟告虔既義取於源委乃禮分於
後先一禱致誠必告榮光之渼大川並走

嗣臨重潤之淵得非衆嶽肇乎一拳椎輪生乎五輅考厥初之攸在彰返始而爲務亦猶文王之祀雖貴不踰后稷之尊齊人之事將行敢越配林之故是知河必居首取發源而肇兹海不自大由積衆以成其導洪流而並注散靈潤以旁滋顧乃濫觴之因必有先也視爾委輸之廣然後從之异哉祭尚潔誠禮惟思反將展報以爲義必討源而自遠故夫三王之祭川必務其本

大匠誨人以規矩賦（良匠之誨人以規矩）

工善其事器無不良用準繩而相誨由規矩以為常度木隨形俾不欺於曲直運斤取法必先正於圓方載考前文爰稽哲匠伊作器以祖善必誨人而攸尚有模有範俾從教之克精中矩中規貴任材而必當誠以人於道也非學而弗至匠之能也在器而攸施既諄諄而誨爾俾拳拳而服之默受以全曲則輪而直則軫動皆有法宇為鞠而斷為綦然則道不可以弗知人不可以無誨苟審材之義失則教人之理昧

規矩有取為圭為璧以異宜制度可詢象地象天以是配匠之心也本乎大巧工之事也作于聖人因從繩而取諭彰治材而有倫學在其中辨蓋輿之異狀藝成而下明鑿枘之殊陳義不徒云道皆有以將博我而斯在寧小巧而專美殊玉工之作罷惟求磨琢之精異扁人之斲輪但述苦甘之旨是知直在其中者謂之矩曲盡其妙者本乎規然工藝以斯下俾後來之可師道或相營引圓生方生而作諭言如未達

譬周旋折旋而可知是何樸斲爲工剞劂斯主覩其役以雖未聽乃言而可取故孟子謂學者之誨人亦必由於規矩

外集卷第二十四

進擬御試賦引狀

自四年來（四字下一有五字）

王不琢不成器賦

可成（一作可名）難成（一作難明）

大匠誨人以規矩賦　完爲鞠完當作梡

續添

賞以春夏賦　必順一作先順東動也以之起南任也以之成一作東動也事之以發南任也物之以成養育一作長育有常一作無差無爽一作不爽具在一作其載往牒攸欽一作往諜攸箴事逆一作事戾有災而有饉一作或災而或饉主教一作主殺而不行不一作後故能一作蓋其且異夫賜以鞶纓一作豈比夫賜以繁纓贈其袞冕一作贈夫袞服

魯秉周禮所以本賦魯公之後基本周禮

侯國循度時王著彝惟東魯之大本秉西

周之舊儀曲阜襲封率奉先規之盛鎬京
遺法限爲至治之基說者謂惟王建邦裂
疆分土稟正朔者歸於元后尊制度者合
於前古惟周之典世爲大則惟魯之盛法
爲常矩及夫姬道衰遜邦侯侵侮雖周公
之才之美不行於時文王之德之純盡在
於魯述夫禮與時至教由治隆翊奉孺子
位爲上公千乘之國仰有遺法數世之後
敢弃元功雖治邦治刑尚可宏宣於祖業
而教典教法[illegible]能固本於民風大德純純

兮世不敢忘至文微微兮流而自遠守茂
典之惟永遵■休而可損一變于道聖人
之後所以昌百世可知先王之法以爲本
且夫德固則邦化法行則教流治而以於
諸侯則莫若魯教而正於三代則莫如周
在隱桓之世力行純軌至定哀之後不弃
芳猷蓋固帶以惟至以治人而可求彼雖
發歎於詩人改王室而作離黍何俟興言
於聲子見易象之與春秋蓋夫與治同道
罔不興安上治民莫如禮禮與邦化則莫

窺其枝葉法因時至則深蟠其根柢亦如齊有太公之遺制定作民彝杞觀夏道之可知式成邦體嗚呼聖之所治人不可追移茂實以參用著通規而有宜遂使化民之議有所經理之大者治國之君無亂紀則而行之大哉周世所行魯邦慎守秉其法爲治之極則其文延付而後故仲孫知魯而不可取者禮爲本焉致邦儀之含厚

右並見振奇集

秋獮詩

豳籥迎寒至商飈應節流戎容修大獮殺
氣順行秋多稼登方茂三農隙始休飲歸
軍實獻誓衆藪爲褒索享儀非蜡園田禮
異蒐國威恩遠播神武暢皇猷
右見古省題詩

（宋）歐陽修　撰

宋本歐陽文忠公集

第一四册

國家圖書館出版社

第一四册目録

外集卷第二十五　歐陽文忠公集七十五

論

殿試儒者可與守成論 [闕]

三皇設言民不違論

論曰夫至治之極也塗耳目以愚民之識暢希夷以合道之極化被而物不知功成而迹無朕古有臻於是者其大道之行乎聖人之興也掊仁義以爲德之細放約束以取民之信德及而物自化言行而人必從古有盛於此者其三皇之世歟故孔子

有三皇設言而民不違之說敢試論之若乃暢上古之至道張億世之遠御結繩所以爲信也而懼信之未孚我則有書契之易於是乎畫八卦以由數起茹毛所以養生也而憚生之未具我則有烹飪之利於是乎嘗百穀以粒蒸民網罟利人以爲用使以畋而以漁牛馬異性而必馴使可乘而可服壯棟宇以易古者之居垂衣裳以興天下之治凡所以使民不倦者皆伏犧神農黃帝之爲世[疑]然而治既行矣民既賴

矣守之以至靜化之以無爲上有淡泊清淨之風下無薄惡叛離之俗故言爲教非誥誓而自聽言爲號令不鞭扑而自隨且夫歃血以涖盟約要之於信者由不信而然也爲刑以殘肌骨威之使從者由不從而設也不若御至質之民行大道之化恍不以憂故不待賞而勸畏不以威故不待罰而責政不罔民故不待約而信事不申令故不待誥而從一言以行萬民禀命賴其德者百年而利服其化者百年而移

非三皇之德其孰能與於此乎噫商人作誓欲民之從也而人始疑周人會盟欲信之固也而諸侯叛由是而言則詛民於神明狃民於賞罰而違之者末世之爲也服民以道德漸民以教化而人自從之者三皇之盛也夫設言而不違者其在兹乎

賈誼不至公卿論

論曰漢興本恭儉革弊末移風俗之厚者以孝文爲稱首議禮樂興制度切當世之務者惟賈生爲美談天子方忻然説之倚

以爲用而卒遭周勃東陽之毀以謂儒學
之生紛亂諸事由是斥去竟以憂死班史
贊之以誼天年早終雖不至公卿未爲不
遇予切惑之嘗試論之曰孝文之興漢三
世矣孤秦之弊未救諸吕之危繼作南北
興兩軍之誅京師新蹀血之變而文帝由
代邸嗣漢位天下初定人心未集方且破
觚斲雕衣綈履革務率敦朴推行恭儉故
改作之議謙於未遑制度之風闕然不講
者二十餘年矣而誼因痛哭以憫世太息

而著論況是時方隅未寧表裏未輯匈奴桀黠朝那上郡蕭然苦兵侯王僭儗淮南濟北繼以見戮誼指陳當世之宜規畫億載之策顧試屬國以系單于之頸請分諸子以弱侯王之勢上徒善其言而不克用又若鑒秦俗之薄惡指漢風之奢侈嘆屋壁之被帝服憤優倡之爲后飾請設庠序述宗周之長久深戒刑罰明孤秦之速亡譬人主之如堂所以優臣子之禮置天下於大器所以見安危之幾諸所以日〔疑〕不可

勝而文帝卒能拱默化理推行恭儉緩除刑罰善養臣下者誼之所言略施行矣故天下以謂可任公卿而劉向亦稱遠過伊管然卒以不用者得非孝文之初立日淺而宿將老臣方握其事或艾旗斬級矢石之勇或鼓刀販繒賈竪之人朴而少文昧於大體相與非斥至于謫去則誼之不遇可勝歎哉且以誼之所陳孝文略施其術猶能比德於成康況用於朝廷之間坐於廊廟之上則舉大漢之風登三皇之首猶

決■禅墜耳奈何俯仰佐王之略遠致諸侯之間故誼過長沙作賦以弔汨羅而太史公傳於屈原之後明其若屈原之忠而遭弃逐也而班固不識文帝之遠賢痛賈生之不用但謂其天年早終且誼以失志憂傷而横夭豈曰天年乎則固之善志遠疑作殆與春秋襃貶萬一矣謹論

夫子罕言利命仁論

論曰昔明王不興而宗周衰斯文未喪而仲尼出修敗起廢而變于道扶衰救弊而

反於正至如探造化之本賾幾深之慮以窮乎天下之至精立道德之防張禮樂之致以達乎人情之大竇故易言天地之變吾得以辭而繫詩厚風化之本吾得以擇而刪禮樂備三代之英吾得以定而正春秋立一王之法吾得以約而修其爲教也所以該明帝王之大猷推見天人之至隱道有機而不得祕神有竅而不得藏曉乎人倫明乎耳目如此而詳備也然獨以利命仁而罕言其旨何哉請試言之夫利命

仁之爲道也淵深而難明廣博而難詳若
乃誘生民以至教周萬物而不遺草木貴
殖而無知所以遂其生跂喙行息而不知
所以達其樂物性莫不欲茂則薰之以太
和人情莫不欲壽則濟之以不夭滯者導
之使達蒙者開之使明衣被羣生贍足萬
類此上之利下及於物聖人達之以和於
義也則利之爲道豈不大哉函五行之秀
氣兼二儀之肖貌稟爾至命得之自天厥
生而靜謂之性觸物而動感其欲派而爲

賢愚誘而爲善惡賢愚所以畢貴賤善惡所以定吉凶貧富窮達死生夭壽賦分而有定循環而無端聖人達之内照乎神明小人逆之外滅於天理則命之爲義豈不達哉又若兼百行以全美居五常而稱首愛人而及物力行而能近守而行之一日由乎復禮推而引之天下稱乎達道則仁之爲理豈不盛哉噫三者之説誠皆聖人之深達非難言之也易曰乾以美利利乎天下又曰利者義之和中庸曰天命之謂

性又曰君子居易以俟命繫辭曰樂天知命故不憂禮記曰仁者天下之表又曰仁者右也道者左也酌是而論之則非不言也然罕言及者得非以利命仁之爲道微而奧博而遠賢者誠而明之不假言之道也愚者鮮能及之雖言之弗可曉也故曰中人已上可以語上中人已下不可以語上又曰仁則吾不知者舉一可知也子貢以謂夫子之言性與天道不可得而聞者誠在是乎然則利命仁之罕言由此而見

矣謹論

策

南省試策五道 并問目

問管夷吾之書曰聖人之治天下也四民勿使雜處則其言哤其事易士就閒燕工就官府商就市井農就田野羣萃而州處少而習焉其志安焉不見異物而遷焉且曰士農之子常爲士農工商之子常爲工商若乃士講學以居位農力穡以阜生安而不遷斯則嘉矣其或

百工居肆萬商成淵奇技淫巧之蕩心鬻良雜苦之牟利安於所習未足敦風見善而遷茲亦何害又如端木之貨殖膠鬲之魚鹽倪寬之帶經王猛之賣畚乘時萬變安可限其定居黃憲之牛醫胡廣之田畝桑羊之賈竪叔敖之負薪肯構百端安可責其承世今茲貢士之制亦有異類之防雖條禁之久行諒甄明之不暇衆君子優於博古長於辨宜以爲如何無惜辭費

對講天人之精祲責中茅之愚言古之求、治者莫急於此興愚民之休利傳經術而條對士之射策者以盡其才自漢而還於唐爲盛然以公孫之對置第本下天子自擢於第一劉蕡之言指時甚直有司不敢以入第蓋言至切者顧後害論至甚者爲難行故事欲述者枉於有司而議不得申言欲顯者牽於文辭而談不得騁爲弊之甚由古而然夫能革之誠在今日皇上垂衣御圖側席延士詔郡國以充賦命公卿

而署奏而末學庸妄亦預試言開陳其端
周爰而問上所以講求至治之本下所以
展盡思慮之秋也策以謂古之四民罔敢
雜處之義而今取士故有異類之防端木
膠鬲倪寬王猛之徒謂不可限以定居黃
憲胡廣桑羊叔敖之賢謂不可責其世職
以古之鑒求今之宜此誠當世之所急也
且夫至治之世四民異居士處閒燕談仁
義禮樂於是乎興農服力穡限井田衣食
於是乎足工述巧以備器用商達貨以遷

有無少而習之各有常分故命射以觀其德命御以論其行如是則可以官賢材而不肖者有所勸不耕則祭無盛不蠶則衣無帛如是則可以禁游手而趨末者著於本器奇者殺以杜工之僞關譏弗征以檢商之猾此聖王所以治天下之本罷[疑]不得以異物遷也及周之晚漢繼而興救時之宜猶有可取士雖不選於里而有孝廉之舉農欲勸之使勤故有力田之秩有市籍則不得仕禁乘車之抑其豪行之當時猶

爲進士疑降及弊末適於權宜有入貲以爲
郎有入粟而拜爵農商雜進黑白混然今
國家監太清以爲治求王道之大端務思
眞賢以登庶位故於貢士之制亦有異類
之防此誠治古爲政之要也然自井田一
墮四民失業士不本鄉里舉不明眞僞後
世之取賢者宜條禁之故可行限年之制
有復鄉舉之請有立秀才之科有立中正
以品功伐之高下有從土斷以禁人士之
流移科條益嚴變更非一賢否之辨未覩

其真豈非制其末而失其要歟方今詔郡國歲貢謹士著以占數先鄉議而覈實然患條禁久行甄明不暇者誠由制之未得其術爾必若取人以才考行以實舉賢者上賞以旌功不肖者黜地以明罰自然無冒舉之過有得人之盛又何患工商雜以並進士類混而無別乎彼作奇巧以蕩心雜良苦而射利謂其媮俗未足虧風在乎禁之以絶其僞而已若乃端木殖財膠鬲擅利倪寬爲御史而稱職王猛與諸葛而

並功黃憲有三公之量胡廣明萬事之理
桑羊之心計叔敖之善相如此數賢者皆
遭遇其時以立勳業故不限以定居責其
世職烏得同條而語哉謹對

第二道

問古者糾邦禁以敘六典因天討而作
五刑所以申嚴國章明慎時憲協大中
之法助教化之治定三尺以著令明一
成而不變又赦過宥罪議獄緩死法天
地之茂育象雷雨之作解式顯好生之

化茂宣去殺之仁且肆眚之恩尚廢而
不用則時無滌穢之澤若數以爲利則
人有委轡之歎折衷之理願聞嘉言
對夫民弊於末心作乎爭德不可以獨輔
也輔之者其刑法乎猛而則殘虐以爲暴
刑不可以獨任也濟之者其仁恩乎先王
由是扶衰世以捄溢即民心而有作謂天
有震耀殺戮我則嚴之以威虐刑罰謂天
有生殖長養我則申之以溫慈惠和大爲
之防曲爲之制以商周之盛德有九刑之

典亦知獄與刑之不可去也如此然而議獄緩死羲易之明文眚災肆赦帝典之奧訓周官有三宥新國用輕典皆所以寬民之謂也故肆眚苟廢則時無滌穢之澤是傷乎無恩也數以爲利則人有委轡之歎是因而起弊也折衷之理何以辨之蓋周家之政至忠厚也須成康而刑乃錯漢世之德至寬仁也至文景而獄乃平夫所以致刑之錯獄之平其要非他在削苛刻之深文執議論之平讞無罹民之不遠無縱誅

以怏怒使愚民知所避姦吏無所弄則獄雖不赦刑將自平且授簞者不能救饑持羈者不能御騎又何必申小恵推私恩啓民心之姦弛古刑之典者哉故謂不赦者良醫之針石赦者奔馬之委轡質斯言也不其然乎謹對

第三道

問天駟先牧列於祭經圉人圉師實有官局然則國馬之政其來尚矣皇朝累盛函夏大同華陽之歸偃息旣久坰野

之頌孳生益蕃而又河隴朔方歲行互市頗積縻於金帛亦罕辨於良駑誠由騎兵不可以闕供支落仰資於善價寖爲經制著在有司議者或云承平日深冗費宜革思欲減邊關之條禁遂泯庚之貿遷儻緩急於戎容可借資於民畜恭惟聖治務廣芻言靡倦極談以光俊域對養馬有夏庌之制掌於周官春秋紀日中之候著於左傳遠郊任乎牧事祭祖標於月令作延廄禁原蠶著爲國經並載方

策則國馬之政其可廢乎國家接千歲之大統承五代之末流畫牡荆以指麾包虎皮而載戢聞（一作闇）有日矣而猶弗敢忘戰備於不虞内有七校禁衛之屯外有三邊防秋之戍而兵騎之衆畜牧且蕃資河朔以御足用金帛而交易爲日滋久其費日深然欲減邊防之條禁遂詪庚之貿遷施之于今未見其得何則探寶貨以懷利者此夷落之民所甚欲也商功利以惜費則主計之臣所徧明也若乃指有餘之實獲爲

兵之備以其所有易其所無斯誠利害可明而經久弗變之制也非互市不能以足用歸㫰民庶則懼乎起姦顯蒙所見故在於此謹對

第四道

問粵若姬氏肇自邰封佐堯而爲農師居豳成於王業綿綿之瓞本仁積功膴膴之原聿來胥宇逮文武之景化被岐鎬之故區繼聖嗣興定命攸厚相茲河洛之宅求乎天地之中澗瀍之間風雨

所會在禮也載土圭之法於書也兆龜墨之祥逖觀獻卜之文顯著徙都之事何乃丘明作傳康王有酆宮之朝杜預垂言平王爲東周之始豈先後之殊致將方策之失傳矧又奉春始謀極談秦地之固孟堅能賦頗枏西賓之問建邦之利折理奚長諒茲俊髦精于經傳敷言條對勿尚猥并

對肇祖乎后稷以至乎赧王流德而深厚者莫大乎西周始封乎邰土卒終於洛都

因世而相宅者逮歷乎七百方策之所並載詩頌之所歌舞可略而談也若乃武王在鎬繼文而有聲周公踐祚相成而負扆即神皐以闢壤據澗瀍之上游是爲洛都以從周邑然而丘明作傳康王有酆宮之朝杜預垂言平王爲東周之始此策所以疑而闕者得非洛之初營周都既定但遷九鼎以居其中及周德之下衰始平王之東徙迹先後之可見非方策之失傳也夫守金城之府據繞霤之固扼關中之形勢

者彊秦之興也此奉春以是建策而爲高
皇説也因土圭之影迹宗周之舊當天下
而宅中者東漢之盛也此孟堅之所以因
賦而陳光武之業也夫圮耿徙亳成湯非
一邦而理在岐居鎬姬氏不共邑而興世
之盛衰顧德薄厚而已又烏稱建邦之利
哉故東西二都皆兩漢由之而興廢也謹對

第五道

問聽德惟聰前王之至訓嘉言罔伏舉
善之令猷國家守承平之基御中區之

廣地利無極齒籍益蕃各有爭心必虞彊詐之患或非良吏慮興枉濫之尤故立肺石以達窮民設匭函以開言路而又俾之轉對復彼制科思廣所聞遂延多士屬茲舉首將列仕塗以何道致民之暴者興仁智者無訟以何術使吏之酷者存恕貪者守廉試舉所長用觀精識

對帝堯之德非不聖也必秉九功而興虞舜之明非不智也必闢四聰之聽大禹之勤求賢士乃至乎王漢家之並建豪英以

翼乎治誠以一人之聖據羣元之尊王道之寖微寖昌生民之或仁或鄙理有未燭思求其端是以垂精留神廣覽兼聽居以側遲賢之席行則馳褁輪之車施及於方外而弗遺退託於不明而求輔其勤若此猶懼乎弗及也故今國家所以覽照前古講求舊規下明詔以開不諱之門設匭函以廣言者之路復轉對以採搢紳之議立制策以待雋良之言者意在茲乎猥惟檮昧之微舉皆管淺之說夫欲民之暴者興

仁智者無訟在乎庠序以明教化欲吏之酷者存恕貪者守廉在乎嚴督責而明科條爲治之方不過乎是而已謹對

國學試策三道 并問目

問詩刪風雅有一國四方之殊書載典謨實二帝三王之道君臣之制有别小大之政不侔然而關雎王者之風反繫於周公之化秦誓諸侯之事乃附於訓誥之餘究其闕綱必有微旨且巧言者丘明爲耻傳春秋蒙誣艷之譏惠人者

子產用心作丘賦被蠆尾之謗謂之誣艷非巧言乎目之蠆尾豈惠人也夫子又何謂之同耻歟其遺愛者哉子大夫博識洽聞彊學待問請談大義用釋深疑對舉賢而問炎漢之得人射策程材有唐之明詔晁錯明國家之大體仲舒究春秋之一元皆條對于篇章備天子之親覽劉蕡述兵農之大略微之以才識而中科然品覈其言詞由有司而考第皇上思講助華之闕道欲舉漢唐之茂規已詔公卿之流

博選賢良之士而又申周官辨論之法以考於賢能較成均上游之徒並升於歲貢退媿拘儒亦當與聞夫近世取士之弊策試爲先談無用之空文角不急之常論知井田之不能復妄設沿革之辭知榷酤之不可除虛開利害之說或策之者鉤探微細殆皆游談而對之者骩骳曲辭僅能塞問棄本求末捨實得華若乃詩書之可疑聖賢之異行樂所以導和而率俗官所以共治而建中此皆聖師之所談明問之至

要敢陳臆見用備詢求策曰詩删風雅有一國四方之殊書載典謨是二帝三王之道關雎王者之風反繫於周公之化秦誓諸侯之事乃附於訓誥之餘考其本因可爲梗槩夫述四始之要明五際之變始之以風終之以頌以厚風俗以察盛衰此詩之所以作也而變風變雅有六義之殊焉關雎王化之基三百五篇推其首而周南之作（一作化）亦繫其列者蓋姬旦分陝而居天子與之共治故其政化之美得繫于王

者之風也述百篇爲歷代之寶斷之自唐
迄之以周以陳典謨以爲約束此書之所
以設也作誥作誓皆三王之事焉成湯有
罪己之言五十九篇載其義而秦侯之誓
亦參其末者蓋穆公伐晉之辭夫子善之
於改過故其誡令之說亦附訓誥之餘不
然夫仲尼述堯舜刪詩書著爲不刋以示
來葉豈容有失乎且巧言者丘明所耻惡
人者子產用心著于前經此可明矣先儒
稱仲尼立一王之法始修春秋而親授丘

明使之作傳及范甯欲尊穀梁一家故蒙
以誣豔之譏前志稱子產猶衆人之母善
其養民而臨治鄭國能行其恵及國人怨
其丘賦之重斂故被以蠆尾之謗夫傳一
經之義非曲而暢之蓋不能詳也救一時
之弊蓋推權一作而行之非爲毒也學者偏
見妄云誣豔豈丘明之失歟國人無知謗
以蠆尾非子産之過矣況以仲尼之聖作
經親授豈有繆舉乎國僑既死國人皆罷
不曰恵乎宜其同巧言之爲耻以遺愛而

見稱也荒孱之説敢以此聞謹對

第二道

問樂由中出音以心生自金石畢陳咸韶間作莫不叶和律吕感暢神靈雖嗜欲之變萬殊思慮之端百致鄣和飾喜何莫由斯是以哀樂和睽則噍殺嘽緩之音應其外禮信殊衍則雖一作大雅小雅之歌異其宜鍾期改聽於流水伯喈回車於欲殺戚憂未弭子夏不能成聲感槃形言孟嘗所以抆泣斯則樂由志革

音以情遷蓋心術定其懆舒鏗鏘發之影響是以亡陳遺曲唐人不以爲悲文皇劇談杜生於斯結舌謂致樂可以導志將此音不足移人先王立樂之方君子審音之旨請論（一作爲）詳悉傾竚洽聞對人肖天地之貌故有血氣仁智之靈生稟陰陽之和故形喜怒哀樂之變物所以感乎目情所以動乎心合之爲大中發之爲至和誘以非物則邪僻之將入感以非理則流蕩而忘歸蓋七情不能自節待樂

而節之至性不能自和待樂而和之聖人由是照天命以窮根哀生民之多欲順導其性大爲之防爲播金石之音以暢其律爲制羽毛之采以飾其容發焉爲德華聽焉達天理此六樂之所以作三王之所由用人物以是感暢心術於焉慘舒也故樂記之文噍殺嘽緩之音以隨哀樂而應乎外師乙之說以小雅大雅之異禮信而各安於宜夫姦聲正聲應感而至好禮好信由性則然此則禮信之常也若夫流水一

奏而子期賞音殺聲外形則伯喈興歎子夏戚憂而不能成聲孟嘗聽曲而爲之墮睫亡陳之曲唐人不悲文皇劇談杜生靡對斯瑣瑣之濫音曾非聖人之至樂語其悲適足以蹙匹夫之意謂其和而不能暢天下之樂且黄鍾六律之音尚賤於末節大武三王之事猶譏於未善況鼓琴之末技亡國之遺音又烏足道哉必欲明教之導志音之移人粗舉一端請陳其説夫順天地調陰陽感人以和適物之性則樂之

導志將由是乎本治亂形哀樂歌政之本
動民之心則音之移人其在茲矣帝堯之
大章成湯之大濩乃是先王立樂之方延
陵之聘魯夫子之聞韶則見君子審音之
旨謹對

第三道

問建官惟百帝堯之閎規涖事惟能武
成之令典然則簡易之理斯得爵祿之
馭有經自卜洛伻圖述天定位別九服
廣輪之數辨一圻國邑之宜乃六卿在

郊五家爲比咸用蒙士尸於厥官教以和親禁其愛惡惟列爵之旣衆豈取士之盡賢匪徒百里比肩尚艱於充選抑亦一命授職咸仰於代耕以夫至寡治衆之言清心省事之論會其歸趣不乃異乎是以秦漢已還抑而不舉得非折衷難用相沿乎象魏舊章人倫彝訓遅聞清論用折深疑

對天生民而樹之牧執政以馭邦王建國以辨其方設官而分理列職乎庶位立民

之大中以登至平皆由此道帝堯以巍巍之功臻乎靜治故建官惟百緝熙於大猷姬周以郁郁之風縟乎至化故涖事惟能丕揚於景鑠逮夫卜洛開基述天定位别九服而有等建六官而分職至于六卿在郊五家爲比並列官敍教於民人羸政并諸侯之疆姗古以自是其制不經搢紳者罕道炎漢承孤秦之弊日給不暇相沿末流貴因循而不比常〔疑〕民被乎無爲之化故官雖至簡亦可以治平姬周承二代之弊

意在救時之失故官必衆建乃能爲共治此世之異時之然也雖曰六卿五家爲職甚細然由計以會要行之誅賞賢者旌之以勸善不賢者罰之以去惡則列職雖云至衆取人安不盡賢祿何由而濫尸官誠難於充選此宗周所以治安而長久後世所宜法則而未行也自秦歷漢積弊相沿權宜適時放去古法居位者莫分善惡之真考課者未見誅賞之當故列職彌衆滋事益煩故政立而治不能進官衆而人不

必賢夫清心省事之論所以爲此弊而設
非爲宗周而談也今欲捨姬周之往軌談
秦漢之末規濁源清流未見其可夫惟簡
易之深旨賢哲之異能求禮樂之深源述
官師之大義此誠遠大之閎體非陋儒之
能具也管窺之微旣難於殫見蒭蕘之鄙
聊備於周詢謹對

外集卷第二十五

南省試策第三道徧明（一作偏明）

第四道策問頗栿（疑是頗折）折理（疑是栿理）圭之

影（影合作景）

國學試策第一道是二帝（策題作實二帝）

易童子問卷第一　歐陽文忠公集七十六

童子問曰乾元亨利正何謂也曰衆辭淆亂質諸聖彖者聖人之言也童子曰然則乾無四德而文言非聖人書乎曰是魯穆姜之言也在襄公之九年

童子問曰象曰天行健君子以自強不息何謂也曰其傳久矣而世無疑焉吾獨疑之也蓋聖人取象所以明卦也故曰天行健乾而嫌其執於象也則又以人事言之故曰君子以自強不息六十四卦皆然也

易之闕文多矣

童子問曰乾曰用九坤曰用六何謂也曰釋所以不用七八也乾爻七九則變坤爻八六則變易用變以爲占故以名其爻也陽過乎亢則災數至九而必變故曰見羣龍無首吉物極則反數窮則變天道之常也故曰天德不可爲首也陰柔之動多入於邪聖人因其變以戒之故曰利永正

童子問曰屯之彖象與卦之義反何謂也曰吾不知也童子曰屯之卦辭曰勿用有

攸往彖曰動乎險中大亨正動而大亨其不往乎象曰君子以經綸不往而能經綸乎曰居屯之世者勿用有攸往衆人也治屯之時者動乎險而經綸之大人君子也故曰利建侯

童子問曰象曰山下出泉蒙君子以果行育德何謂也曰蒙者未知所適之時也處乎蒙者果於自信其行以育德而已蒙有時而發也患乎不果於自脩以養其德而待也

童子問曰象曰雲上於天需君子以飲食宴樂何謂也曰需須也事有期而時將至也雲已在天澤將施也君子之時將及矣少待之焉飲食以養其體宴安和樂以養其志有待之道也

童子問曰師正丈人何謂也曰師正於丈人也其彖曰能以衆正可以王矣童子曰敢問可以王矣孰能當之曰湯武是已彼二王者以臣伐主其爲毒也甚矣然其以本於順民之欲而除其害猶毒藥瞑眩以

去疾也故其彖又曰行險而順以此毒天下而民從之童子曰然則湯武之師正乎曰凡師必正於丈人者文王之志也以此毒天下而王者湯武也湯武以應天順人爲心故孟子曰有湯武之心則可也童子曰吉無咎何謂也曰爲易之説者謂無咎者本有咎也又曰善補過也嗚呼舉師之成功莫大於王也然不免毒天下而僅得補過無咎以此見兵非聖王之所務而湯武不足貴也

童子問曰地上有水比先王以建萬國親諸侯何謂也曰王氏之傳曰萬國以比建諸侯以比親得之矣蓋王者之於天下不可以獨比也故建爲萬國君以諸侯使其民各比其君而萬國之君共比於王則視天下如身之使臂臂之使指矣

童子問曰同人之彖曰唯君子爲能通天下之志象又曰君子以類族辨物何謂也曰通天下之志者同人也類族辨物者同物也夫同天下者不可以一槩必使夫各

得其同也人睽其類而同其欲則志通物安其族而同其生則各從其類故君子於人則通其志於物則類其族使各得其同也

童子問曰天道虧盈而益謙地道變盈而流謙鬼神害盈而福謙人道惡盈而好謙何謂也曰聖人急於人事者也天人之際罕言焉惟謙之彖略具其說矣聖人人也知人而已天地鬼神不可知故推其迹人可知者故直言其情以人之情而推天地鬼神之迹無以異也然則脩吾人事而已

人事脩則與天地鬼神合矣

童子問曰雷出地奮豫先王以作樂崇德殷薦之上帝以配祖考何謂也曰於此見聖人之用心矣聖人憂以天下樂以天下其樂也薦之上帝祖考而已其身不與焉衆人之豫豫其身耳聖人以天下爲心者也是故以天下之憂爲己憂以天下之樂爲己樂

童子問曰觀之象曰先王以省方觀民設教何謂也曰聖人處乎人上而下觀於民

各因其方順其俗而敎之民知各安其生而不知聖人所以順之者此所謂神道設敎也童子曰順民先王之所難歟曰後王之不戾民者鮮矣

童子問曰剥不利有攸往彖曰順而止之觀象也君子尚消息盈虚天行也者何謂也曰剥陰剥陽也小人道長君子道消之時也故曰不利有攸往君子於此時而止與屯之勿往異矣屯之世衆人宜勿往而君子動以經論之時也剥者君子止而不往

之時也剥盡則復否極則泰消必有息盈必有虛天道也是以君子尚之故順其時而止亦有時而進也

童子問曰復其見天地之心乎者何謂也曰天地之心見乎動復也一陽初動於下矣天地所以生育萬物者本於此故曰天地之心也天地以生物爲心者也其彖曰剛反動而以順行是矣童子曰然則象曰先王以至日閉關商旅不行后不省方豈非靜乎曰至日者陰陽初復之際也其來

甚微聖人安靜以順其微至其盛然後有
所爲也不亦宜哉
童子問曰大過之卦辭曰利有攸往亨其
象曰君子以獨立不懼遯世無悶者其往
乎其遯乎曰易非一體之書而卦不爲一
人設也大過者橈敗之世可以大有爲矣
當物極則反易爲之力之時是以往而必
亨也然有不以爲利而不爲者矣故居是
時也往者利而亨遯者獨立而無悶
童子問曰坎之卦曰習坎其彖曰習坎重

險也者何謂也曰坎因重險之象以戒人之慎習也習高山者可以追猿猱習深淵者至能泅泳出没以爲樂夫險可習則天下之事無不可爲也是以聖人於此戒人之習惡而不自知誘人於習善而不倦故其象曰君子以常德行習教事也

童子問曰咸取女吉何謂也曰咸感也其卦以剛下柔故其彖曰男下女是以取女吉也童子又曰然則男女同類歟曰男女睽而其志通謂各睽其類也凡柔與柔爲

類剛與剛爲類謂感必同類則以柔應柔以剛應剛可以爲感乎故必二氣交感然後爲感也夫物類同者自同也何所感哉惟異類而合然後見其感也鐵石無情之物也而以磁石引針則雖隔物而應彖曰觀其所感而萬物之情可見者謂此類也童子又曰然則聖人感人心而天下和平是果異類乎曰天下之廣蠻夷戎狄四海九州之類不勝其異也而能一以感之此王者所以爲大聖人所以爲能

童子問曰恒利有攸往終則有始何謂也曰恒之爲言久也所謂窮則變變則通通則久也久於其道者知變之謂也天地升降而不息故曰天地之道久而不已也日月往來與天偕行而不息故曰日月得天而能久照四時代謝循環而不息故曰四時變化而久成聖人者尚消息盈虛而知進退存亡者也故曰聖人久於其道而化成

童子問曰遯亨小利貞何謂也曰遯陰進而陽遯也遯者見之先也陰進至于否則

不正利矣遯者陰浸而未盛陽能先見而
遯猶得小利其正焉
童子問曰明入地中明夷君子以蒞衆用
晦而明何謂也曰日君象也而下入于地
君道晦而天下暗矣大哉萬物各得其隨
則君子嚮晦而入宴息天下暗而思明則
君子出而臨衆商紂之晦周道之明也因
其晦發其明故曰用晦而明童子曰然則
聖人貴之乎曰不貴也聖人非武王而貴
文王矣

童子問曰家人利女正何謂也其不利君子之正乎曰是何言歟彖不云乎女正位乎內男正位乎外也曰然則何爲獨言利女正曰家道主於內故女正乎內則一家正矣凡家人之禍未有不始於女子者也此所以戒也嗚呼事無不利於正未有不正而利者聖人於卦隨事以爲言故於坤則利牝馬之正於同人則利君子正於明夷則利艱正於家人則利女正

童子問曰睽之彖與卦辭之義反何謂也

曰吾不知也童子曰睽之卦曰小事吉彖曰睽之時用大矣哉曰小事睽則吉大事睽則凶也凡睽於此者必有合於彼地睽其下而升天睽其上而降則上下交而爲泰是謂小睽而大合使天地睽而上下不交則否矣聖人因其小睽而通其大利故曰天地睽而其事同男女睽而其志通萬物睽而其事類其象又曰君子以同而異

易童子問卷第一

易童子問第三 乾坤

乾爻七九則變坤爻八六則變一作乾爻七九九則變坤爻八六六則變

第四 屯 動乎險而經綸之險字下一有中字

第五 蒙 以養其德以一作不

第七 師 臣伐主主一作君以本於順以當作心兵非聖王王一作人

第九 同人 急於人事急一作適

第十一 觀 下觀於民於一作乎

第十二 剝 動以經論易釋文黃穎云經論匡濟也本亦作綸

第十三 復 見乎動復也復字下一有動字

第十六咸　男女同類歟曰此下一有男女異類也故睽之

彖曰二女同居其志不同行又曰二十一字其志通此下一有也字

第十七恒　而久成久字上疑脫能字而化成而字下疑脫天下字不正利一作不利正

第十八明夷　出而臨衆臨一作莅

易童子問卷第二　歐陽文忠公集七十七

童子問曰履險蹈難謂之蹇解難濟險謂之解二卦之義相反而辭同皆曰利西南者何謂也曰聖人於斯二卦辭則同而義則異各於其彖言之矣蹇之彖曰往得中也解之彖曰往得衆也者是巳西南坤也坤道主順凡居蹇難者以順而後免於蹇然順過乎柔則入於邪必順而不失其正故曰往得中也解難者必順人之所欲故曰往得衆也

童子問曰損損下益上益損上益下何謂也曰上君而下民也損民而益君損矣損君而益民益矣語曰百姓足君孰與不足此之謂也童子又曰損之象曰君子以懲忿窒慾益之象曰君子以見善則遷有過則改何謂也曰嗚呼君子者天下繫焉其一身之損益天下之利害也君子之自損忿欲爾自益者遷善而改過爾然而肆其忿欲者豈止一身之損哉天下有被其害矣遷善而改過者豈止一己之益哉天下

有蒙其利者矣童子曰君子亦有過乎曰湯孔子聖人也皆有過矣君子與衆人同者不免乎有過也其異乎衆人者過而能改也湯孔子不免有過則易之所謂損益者豈止一身之損益哉

童子問曰夬不利即戎何謂也曰謂其已甚也去小人者不可盡蓋君子者養小人者也小人之道長斯害矣不可以不去也小人之道已衰君子之利及乎天下矣則必使小人受其賜而知君子之可尊也故

不可使小人而害君子必以君子而養小
人夬剛決柔之卦也五陽而一陰決之雖
易而聖人不欲其盡決也故其彖曰所尚
乃窮也小人盛則決之衰則養之使知君
子之爲利故其象曰君子以施祿及下小
人已衰君子已盛物極而必反不可以不
懼故其象又曰居德則忌

童子問曰困亨正大人吉無咎其彖曰險
以說困而不失其所亨何謂也曰困亨者
困極而後亨物之常理也所謂易窮則變

變則通也困而不失其所亨者在困而亨也惟君子能之其曰險以說者處險而不懼也惟有守于其中則不懼於其外惟不懼則不失其所亨謂身雖困而志則亨也故曰其惟君子乎其象又曰君子以致命遂志者是也童子又曰敢問正大人吉無咎者古之人孰可以當之曰文王之羑里箕子之明夷

童子問曰革之彖曰湯武革命順乎天而應乎人何謂也曰逆莫大乎以臣伐君若

君不君則非君矣是以至仁而伐桀紂之惡天之所欲誅而人之所欲去湯武誅而去之故曰順乎天而應乎人也童子又曰然則正乎曰正者常道也堯傳舜舜傳禹禹傳子是巳權者非常之時必有非常之變也湯武是巳故其彖曰革之時大矣哉玄者見其難之也童子又曰湯武之事聖人貴之乎曰孔子區區思文王而不巳其厚於此則薄於彼可知矣童子又曰順天應人豈非極稱之乎何謂薄曰聖人於革

稱之者適當其事爾若乾坤者君臣之正道也於乾坤而稱湯武可乎聖人於坤以履霜爲戒以黄裳爲吉也

童子問曰革去故而鼎取新何謂也曰非聖人之言也何足問革曰去故不待言而可知鼎曰取新易無其辭汝何從而得之夫以新易舊故謂之革若以商革夏以周革商故其象曰湯武革命者是也然則以新革故一事爾分於二卦者其誰乎童子又曰然則鼎之義何謂也曰聖人言之矣

以木巽火亨飪也
童子問曰震之辭曰震驚百里不喪匕鬯者何謂也曰震者雷也驚乎百里震之大者也處大震之時衆皆震驚而獨能不失其守不喪其器者可以任大事矣故其彖曰震驚百里驚遠而懼邇也不喪匕鬯出可以守宗廟社稷爲祭主者謂可任以大事也童子曰郭公夏五聖人所以傳疑彖之闕文奈何曰聖人疑則傳疑也若震之彖其辭雖闕其義則在又何疑焉

童子問曰艮之象曰君子以思不出其位何謂也曰艮者君子止而不爲之時也時不可爲矣則止而以待其可爲而爲者也故其彖曰時止則止時行則行於斯時也在其位者宜如何思不出其位而已然則位之所職不敢廢也詩云風雨如晦鷄鳴不已此之謂也

童子問曰歸妹征凶彖曰歸妹天地之大義人之終始也其卦辭凶而彖辭吉何謂也曰合二姓具六禮而歸得其正者此彖

之所謂妹者也若婚不以禮而從人者卦所謂征凶者也童子曰敢問何以知之曰咸之辭曰取女吉其爲卦也艮下而兌上故其彖曰上柔而下剛男下女是以吉也漸之辭曰女歸吉其爲卦也艮下而巽上其上柔下剛以男下女皆與咸同故又曰女歸吉也歸妹之爲卦也不然兌下而震上其上剛下柔以女下男正與咸漸反故彼吉則此凶矣故其彖曰征凶位不當也者謂兌下震上也童子曰取必男下女乎曰

夫婦所以正人倫禮義所以養廉耻故取女之禮自納采至于親迎無非男下女而又有漸也故漸之彖曰漸之進也女歸吉也者是已奈何歸妹以女下男而往其有不凶者乎

童子問曰兌之彖曰順乎天而應乎人何謂也曰兌說也說以先民民忘其勞說以犯難民忘其死說莫大於此矣而所以能使民忘勞與死者非順天應人則不可由是見小惠不足以說人而私愛不可以求說

童子問曰萃聚也其辭曰王假有廟渙散也其辭又曰王假有廟何謂也曰謂渙爲散者誰歟易無其辭也童子曰然則敢問渙之義曰吾其敢爲臆說乎渙之卦辭曰利涉大川其彖曰乘木有功也其象亦曰風行水上渙而人之語者冰釋汗浹皆曰渙然則渙者流行通達之謂也與夫乘離分散之義異矣嗚呼王者富有九州四海萬物之象莫大於萃可以有廟矣功德流行達于天下莫大於渙可以有廟矣

童子問曰節之辭曰苦節不可正者自節過苦而不得其正歟物被其節而不堪其苦歟曰君子之所以節於已者爲其愛於物也故其彖曰節以制度不傷財不害民者是也節者物之所利也何不堪之有乎夫所謂苦節者節而太過行於已不可久雖久而不可施於人故曰不可正也童子曰敢問其人曰異衆以取名貴難而自刻者皆苦節也其人則鮑焦於陵仲子之徒是矣二子皆苦者也

童子問曰小過之象曰君子以行過乎恭喪過乎哀用過乎儉者何謂也曰是三者施於行已雖有過焉無害也若施於治人者必合乎大中不可以小過也蓋仁過乎愛患之所生也刑過乎威亂之所起也推是可以知之矣

童子問曰既濟之象曰君子思患而豫防之者何謂也曰人情處危則慮深居安則意怠而患常生於怠忽也是以君子既濟則思患而豫防之也

童子問曰火在水上未濟君子以慎辨物居方何謂也曰未濟之象火宜居下而反居上水宜居上而反居下二物各失其所居而不相濟也故君子慎辨其物宜而各置其物於所宜居之方以相爲用所以濟乎未濟也

易童子問卷第二

易童子問第一 履 坤道主順此下一有又衆也三字

第二 損 君子之自損此下一有者字有被其害矣矣字上一有者字

第五 革 貴之乎一作所貴乎順天應人此上一有其曰二字

第八 艮 可爲而爲者也爲者一作有爲

第十 兌 萬物之象象一作衆

第十一 節 皆苦者也皆苦一作其甚

第十二 小過 於治人者一無者字

易童子問卷第三　歐陽文忠公集七十八

童子問曰繫辭非聖人之作乎曰何獨繫辭焉文言說卦而下皆非聖人之作而衆說淆亂亦非一人之言也昔之學易者雜取以資其講說而說非一家是以或同或異或是或非其擇而不精至使害經而惑世也然有附託聖經其傳已久莫得究其所從來而覈其眞僞故雖有明智之士或貪其雜博之辯溺其富麗之辭或以爲辨疑是正君子所慎是以未始措意於其間

若余者可謂不量力矣邈然遠出諸儒之後而學無師授之傳其勇於敢爲而決於不疑者以聖人之經尚在可以質也童子曰敢問其略曰乾之初九曰潛龍勿用聖人於其象曰陽在下也豈不曰其文已顯而其義已足乎而爲文言者又曰龍德而隱者也又曰陽在下也又曰陽氣潛藏又曰潛之爲言隱而未見繫辭曰乾以易知坤以簡能易則易知簡則易從易知則有親易從則有功有親則可久有功則可大

可久則賢人之德可大則賢人之業其言
天地之道乾坤之用聖人所以成其德業
者可謂詳而備矣故曰易簡而天下之理
得矣者是其義盡於此矣俄而又曰廣大
配天地變通配四時陰陽之義配日月易
簡之善配至德又曰夫乾確然示人易矣
夫坤隤然示人簡矣又曰夫乾天下之至
健也其德行常易以知險夫坤天下之至
順也其德行常簡以知阻繫辭曰六爻之
動三極之道也者謂六爻而兼三材之道

也其言雖約其義無不包矣又曰易之爲書也廣大悉備有天道焉有人道焉有地道焉兼三材而兩之故六六者非他也三材之道也而說卦又曰立天之道曰陰與陽立地之道曰柔與剛立人之道曰仁與義兼三材而兩之故易六畫而成卦分陰分陽迭用柔剛故易六位而成章繫辭曰聖人設卦觀象繫辭焉而明吉凶又曰辨吉凶者存乎辭又曰聖人有以見天下之動而觀其會通以行其典禮繫辭焉以斷

其吉凶是故謂之爻又曰易有四象所以示也繫辭焉所以告也定之以吉凶所以斷也又曰設卦以盡情僞繫辭焉以盡其言其說雖多要其旨歸止於繫辭明吉凶爾可一言而足也凡此數說者其略也其餘辭雖小異而大旨則同者不可以勝舉也謂其說出於諸家而昔之人雜取以釋經故擇之不精則不足怪也謂其說出於一人則是繫衍叢脞之言也其遂以爲聖人之作則又大繆矣孔子之文章易春秋

是已其言愈簡其義愈深吾不知聖人之作繫衍叢脞之如此也雖然辨其非聖之言而已其於易義尚未有害也而又有害經而惑世者矣文言曰元者善之長也亨者嘉之會也利者義之和也正者事之幹也是謂乾之四德又曰乾元者始而亨者也利正者性情也則又非四德矣謂此二説出於一人乎則殆非人情也繫辭曰河出圖洛出書聖人則之所謂圖者八卦之文也神馬負之自河而出以授於伏羲者

也蓋八卦者非人之所爲是天之所降也
又曰包羲氏之王天下也仰則觀象於天
俯則觀法於地觀鳥獸之文與地之宜近
取諸身遠取諸物於是始作八卦然則八
卦者是人之所爲也河圖不與焉斯二説者
已不能相容矣而説卦又曰昔者聖人之
作易也幽賛於神明而生蓍參天兩地而
倚數觀變於陰陽而立卦則卦又出於蓍
矣八卦之説如是是果何從而出也謂此
三説出於一人乎則殆非人情也人情常

患自是其偏見而立言之士莫不自信其欲以垂乎後世惟恐異説之攻之也其肯自爲二三之説以相抵捂而疑世使人不信其書乎故曰非人情也凡此五説者自相乖戾尚不可以爲一人之説其可以爲聖人之作乎童子曰於此五説亦有所取乎曰乾無四德而洛不出圖書吾昔已言之矣若元亨利貞則聖人於彖言之矣吾知自堯舜已來用卜筮爾而孔子不道其初也吾敢妄意之乎童子曰是五説皆無

取矣然則繁衍叢脞之言與夫自相乖戾之説其書皆可廢乎曰不必廢也古之學經者皆有大傳今書禮之傳尚存此所謂繫辭者漢初謂之易大傳也至後漢已爲繫辭矣語曰爲趙魏老則優不可以爲滕薛大夫也繫辭者謂之易大傳則優於書禮之傳遠矣謂之聖人之作則僭僞之書也蓋夫使學者知大傳爲諸儒之作而敢取其是而捨其非則三代之末去聖未遠老師名家之世學長者先生之餘論雜於

其間者在焉未必無益於學也使以爲聖人之作不敢有所擇而盡信之則害經惑世者多矣此不可以不辨也吾豈好辨者哉童子曰敢問四德曰此魯穆姜之所道也初穆姜之筮也遇艮之隨而爲隨元亨利貞說也在襄公之九年後十有五年而孔子始生又數十年而始賛易然則四德非乾之德文言不爲孔子之言矣童子曰或謂左氏之傳春秋也竊取孔子文言以上附穆姜之說是左氏之過也然乎曰不然

彼左氏者胡爲而傳春秋豈不欲其書之信於世也乃以孔子晚而所著之書爲孔子未生之前之說此雖甚愚者之不爲也蓋方左氏傳春秋時世猶未以文言爲孔子作也所以用之不疑然則謂文言爲孔子作者出於近世乎童子曰敢問八卦之說或謂伏羲已授河圖又俯仰於天地觀取於人物然後畫爲八卦爾二說雖異會其義則一也然乎曰不然此曲學之士牽合傳會以苟通其說而遂其一家之學爾

其失由於妄以繫辭爲聖人之言而不敢非故不得不曲爲之說也河圖之出也八卦之文已具乎則伏羲授之而已復何所爲也八卦之文不具必須人力爲之則不足爲河圖也其曰觀天地觀鳥獸取於身取於物然後始作八卦蓋始作者前未有之言也考其文義其創意造始其勞如此而後八卦得以成文則所謂河圖者何與於其間哉若曰已授河圖又須有爲而立卦則觀於天地鳥獸取於人物者皆備言

之矣而獨遺其本始所授於天者不曰取法於河圖此豈近於人情乎考今繫辭二說離絶各自爲言義不相通而曲學之士牽合以通其說而悞惑學者其爲患豈小哉古之言僞而辯順非而澤者殺無赦嗚呼爲斯說者王制之所宜誅也童子曰敢問生蓍立卦之說或謂聖人已畫卦必用蓍以筮也然乎曰不然考其文義可知矣其曰昔者聖人之作易也者謂始作易時也又曰幽贊於神明而生蓍參天兩地而

倚數觀變於陰陽而立卦發揮於剛柔而生爻者謂前此未有蓍聖人之將作易也感於神明而蓍爲之生聖人得之遂以倚數而立卦是言昔之作易立卦之始如此爾故漢儒謂伏羲畫八卦由數起者用此說也其後學者知幽贊生蓍之推其義不安則曲爲之說曰用生蓍之意者將以救其失也又以卦由數起之義害於二說則謂已畫卦而用蓍以筮欲牽合二說而通之也然而考其文義豈然哉若曰已作卦

而用蓍以筮則大衍之説是已大抵學易者莫不欲尊其書故務爲竒説以神之至其自相乖戾則曲爲牽合而不能通也童子曰敢請益曰夫諭未達者未能及於至理也必指事據迹以爲言余之所以知繫辭而下非聖人之作者以其言繁衍叢脞而乖戾也蓋略舉其易知者爾其餘不可以悉數也其曰原始反終故知死生之説又曰精氣爲物遊魂爲變是故知鬼神之情狀云者質於夫子平生之語可以知之矣

其曰知者觀乎彖辭則思過半矣又曰八卦以象告爻彖以情言云者以常人之情而推聖人可以知之矣其以乾坤之策三百有六十當期之日而不知七八九六之數同而乾坤無定策此雖筮人皆可以知之矣至於何謂子曰者講師之言也說卦雜卦者筮人之占書也此又不待辨而可以知者然猶皆迹也若夫語以聖人之中道而過推之天下之至理而不通則思之至者可以自得之童子曰既聞命矣敢不勉

易童子問卷第三

易童子問繫辭然有附託（有一作其）莫不自信其（此下一有言字）其肯（其一作豈）洛不出（一作河洛不出）則三代之末（則字下一有自字）其間者在焉（此下一有取之二字）之不爲（不字上一有所字）遂其一家（其一作爲）聖人之將（此上一有由字）用生蓍（一作生用蓍）不能通也而乖戾也（二也字下一本各有如此二字）七八九六之數同（同字上一有不字）

外制集序

慶曆三年春丞相吕夷簡病不能朝上既更用大臣鋭意天下事始用諫官御史疏追還夏竦制書既而召韓琦范仲淹於陜西又除富弼樞密副使弼仲淹琦皆皇恐頓首辭讓至五六不已手詔趣琦等就道甚急而弼方且入求對以辭不得見遣中貴人趣送閤門使即受命嗚呼觀琦等之所以讓上之所以用琦等者可謂聖賢相遭萬世一遇而君臣之際何其盛也於是

時天下之士孰不顧為材邪顧予何人亦與其選夏四月召自滑臺入諫院冬十二月拜右正言知制誥是時夏人雖數請命而西師尚未解嚴京東累歲盜賊最後王倫暴起沂州轉劫江淮之間而張海郭貌山等亦起商鄧以驚京西州縣之吏多不稱職而民弊矣天子方慨然勸農桑興學校破去前例以不次用人哀民之困而欲除其蠹吏知磨勘法久之弊而思別材不肖以進賢能患百職之不修而申行賞罰

之信蓋欲修法度矣予時雖掌誥命猶在諫職常得奏事殿中從容盡聞天子所以更張庶事憂憫元元而勞心求治之意退得載于制書以諷曉訓勑在位者然予方與修祖宗故事又修起居注又修編勑日與同舍論議治文書所省不一而除目所下率不一二時已迫丞相出故不得專一思慮工文字以盡道天子難諭之意而復誥命於三代之文嗟夫學者文章見用于世鮮矣況得施於朝廷而又遭人主致治

之盛若脩之鄙使謁其材猶恐不稱而況不能專一其職此予所以常遺恨於斯文也明年秋予出爲河北轉運使又明年春權知成德軍事事少閒發嚮所作制草而閱之雖不能盡載明天子之意於其所述而（一作百）得一二足以章示後世蓋王者之訓在焉豈以予文之鄙而廢也於是錄之爲三卷予自直閣下儤直八十始滿不數日奉使河東還即以來河北故其所作纔一百五十餘篇云三月二十一日序

外制集卷第一　歐陽文忠公集七十九

制勑五十首

勸農勑

勑朕惟德之不明而至於用武久興師旅重困黎元有閔民愛物（一作農）之心誰能副予意者有信賞必罰之令令將舉而行之朕言有條其聽無忽夫農天下之本也凡爲國者莫不務焉要在節其用則易充勉其力使不匱今夫食者甚衆而輸者已殫勸之不勤而取之仰足使民盡耕猶不給

而半爲游惰之手使歲常熟猶恐乏而多罹水旱之凶調斂不得已也而吏之不仁(一作明)者緣以誅求賦役自有法也而政之不明者重爲煩費農者有幾害者若茲欲寬吾民何可得也既富而教豈無術乎體予茲懷望爾良吏自今在官有能興水利闢田荒(一作荒田)課農桑增戸口凡有利(一有於字)農而弗(一作不)擾者有司具爲(一作其)賞格當議旌酬其或陂池不修田野不闢桑棗不植戸口流亡慢政隳官亦行降黜夫言而不信

法弛於寬朕夊患之方思革弊爾毋猶習舊態慢我新書此匪虛名必期責實凡爲條約告爾旣明賞吾不欺罰爾無悔

頒貢舉條制勑（元有詳定貢舉條制狀在此勑前今移入奏議第七卷）

勑夫儒者通乎天地人之理而兼明古今治亂之原可謂博矣然學者不得騁其説而有司務先聲病章句以牽拘之則吾豪儁奇偉之士何以奮焉有純明朴茂之美而無斅學養成之法其飭身勵節者使與不肖之人雜而並進則夫懿德敏行之賢

何以見焉此士人（一作取士）之甚弊而學者自以爲患議者屢以爲言朕慎於改更比令詳酌（一作朕於更改之令比詳酌焉）仍詔宰府加之參定皆以謂本學校以教之然後可求其行實先策論則辨理者得盡其說簡程式（一作試）則閎博者可見其材至於經術之家稍增新制兼行舊式以勉中人其煩法細文一皆罷去明其賞罰俾各勸焉如此則待士之意周取人之道廣夫遇人以薄者不可責其厚今朕建學興善以尊子大夫之行而更

制革弊以盡學者之材予於教育之方勤亦至矣有司其務嚴訓道精察舉以稱朕意學者其思進德脩業而無失其時凡所科條可一作以為永制一作式

皇叔荊王元儼可贈徐兗二州牧追封燕王加天策上將軍制

勑朕負荷先業懼德不明實賴宗藩以屏王室今其亡也何痛如之故皇叔荊南淮南節度大使守太師尚書令兼中書令行荊州揚州牧荊王先皇帝之弟而朕之諸

父於屬爲尊荆淮之節於鎮爲重太師三公尚書中書令皆一品於官爲崇於爵爲貴而王皆享一作兼之克有令德貴而能去其驕富而能守以約名重天下聞于四夷自遘疾以來醫禱備至朕嘗臨省親爲奠藥賜賚之物讓而不受話言猶在邈可想焉噫享年六十不謂不壽天之五福不曰不全而朕之所以悼嘆之至深者上遵先帝友于之仁而下示朕孝思之至也故詔有司擇位號之尤尊美者以追榮之而

稱朕意焉夫名載冊書而不朽澤流子孫而亡窮竃而有知膺我休命可特贈天策上將軍依舊荆南淮南節度大使守太師尚書令兼中書令行荆州牧仍加兖州徐州牧追封燕王

堂後官李元方可大理寺丞制

敕李元方丞相府天下政本也吾任於相者既重則爲之選吏也亦艱賞勞勸能皆有優典以爾給事茲久其勤益著慎不漏泄謹無過差用爾歲成俾丞卿寺勉圖後

效無玷寵榮可

祠部員外郎直集賢院兩浙轉運

按察使王琪可就轉刑部員外郎制

勑具官王琪以儒學立于朝而嘗好言天下之利今二浙之廣生齒衆而物產繁誠可以效汝之材幹予之蠱今有司申考績之舊文乃敘遷之常法爾其能使吾民不勞而邦用給足去吏之貪愚者毋害于州縣舉士之材能者不遺其寒俊厥效茍著信賞豈稽往其勉哉以率爾職可

國子博士陳淑祕書丞薛仲簡尹源
太子中舍李隨大理評事朱壽昌

磨勘改官制

勑國家考課之格敘進有常所以示爲法之均平而防有司之輕重也及其弊也賢愚並進而功過不明屬者命考舊文稍更新制不專累日以爲限間須善舉而後遷夫選之艱則材者出賞之當則能者勸焉此予之意也今汝等雖以滿歲增秩而皆敏材可稱尚有爾知以應新法可

前光禄寺丞王簡言復舊官制

勑夫王者之有赦所以閔訓道之（一無此字）不純而愚民之陷焉者開其自新之路誘於改過之善而已然前世議者莫不以數赦爲患得非人之無良以赦爲幸者歟具官王簡言服于朝倫嚮以罪廢屢經肆眚宜與滌瑕夫過不可以貳赦不可以幸惟勉爾力以贖前羞可

登州黃縣尉（五字一作主簿）東方辛可密州司士叅軍制

勑具官東方辛朕以信示天下而以祿報有功今爾辛緣死事而命于官然按察者糺失職而來有請按察吾所詔也不從則不自信念功吾所急也不報則無所勸焉是用易爾散秩優爾俸祿免爾吏責俾爾自安庶幾使吾信賞並行而不失可

華州鄭縣尉程炎可泗一作同州錄事參軍京兆府興平縣尉呂定可鳳翔府左司理參軍制

勑自兵興以來盜賊頗衆屢明信賞思以

勸能具官程炎等各以敏材試于一尉令有司上爾所獲應于賞格聊茲甄録以嘉勤勞夫量功而賞大小異宜勉爾自圖余無所愛可

大理評事張子庚可大理寺丞制

勑具官張子庚往臨邑政（一作事）近在王畿當夫賦役方繁而盜賊並起凡諸州縣之吏能不失職而免於咎者蓋亦鮮焉（一作矣）爾考績有司法當進秩能守厥職是亦可嘉遷爾鄉丞勉終縣治可

舒州推官吕選可大理寺丞制

勑具官吕選國家設官之法由保薦而遷者必試之縣政非惟質舉者之信否亦以愼臨民之選焉以爾久服官勤今由材舉往服新命將觀汝能可

殿中丞郭及大理寺丞魯有立太常寺太祝張昭度等磨勘改官制

勑具官郭及等朕患考績之不明而使無聞者累久而幸遷有善者混淆而莫别故申新法不專以日月叙秩而閒須保任之

舉（一作任保之限）非以（一有節字）抑人之進而所以來能者焉汝等無謂今由積日而得次升尚勤後圖以俟知者可

東頭供奉官桑逵可內殿崇班制

（先因過犯格磨勘一年今及四年除授）

勑具官桑逵國家命官之術必量功過之分計歲時之勤以爲陞黜法在有司其平不欺其信不渝以爾嚮因事累格其會課今日月及矣考績者以時來上還汝所當得者示我不汝忘焉可

環州石昌鎮熟戶牛家族巡檢奴訛男萬訛可本族都軍主制

勑萬訛世捍邊陲繼生材武能以威信服其部人今爾父以疾而告休俾爾承家而濟美夫忠孝之節不徒守其先業而已亦以奮功名而圖富貴焉可

審官院令史馬登可遂州司戶參軍充職制

勑馬登百司丞史皆有入官之格不惟賞其勞所以勸能者而謹其無過也惟勤與

慎可不勉焉可

西京左藏庫使内侍省内侍押班

任守信可遥郡刺史依舊鄜延路

駐泊兵馬鈐轄制

勑國家自靈夏不賓邊隅多警議者率以謂用兵之道任将宜專恩信不久（一作明）則無以得士心（一無此字）山川不習則不可圖勝筭頃（一無二字）自兵宿于野久而無功此殆将帥數易之患也茍有能者無遽奪焉以具官任守信選以敵材臨于戎事肅軍捍寇宣

力有聞遽以飛章自言滿歲顧久親於矢石豈不念於勤勞然而士卒之樂旣汝安夷狄之情惟汝熟雖欲代汝實難其人所宜旌以郡章仍臨舊部體兹委寄服我茂恩可

開封府兵曹參軍謝曄可大理寺丞制

勑具官謝曄府掾之制凡再歲而無過失者皆得例遷蓋以京師大衆之會獄訟尤多能無過焉是亦材也今考爾歲月法當

進秩夫官能有守早者尤難事之寔繁勤
則克（一作惟勤則）濟勉服明訓往膺寵章可

虞部員外郎盧士宏（一作閎）太常博士王
揆祠部員外郎祕閣校理張瓌丁
憂服闋復舊官制

勑具官張瓌等夫孝子之於其親也無所
不至焉生則養之以祿歿則榮之以名爾
等自丁家艱克盡孝道天時屢變禮制以
終勉思揚名無墜厥世可

比部員外郎趙宗古謝衍屯田員

外郎李琪(一作祺)祕書丞劉元瑜殿中

丞馬伸磨勘改官制

敕具官謝衍等自兵興以來天下重困盜賊並起獄訟繁多爲州縣者不亦勞乎夫飢寒者未能衣食而調歛者未能盡除惟處之有方則民不甚弊賴夫勤敏乃克濟焉爾等咸以吏材寄予民政録勞考課宜有茂恩可

前磁州録事(一作司理)叅軍杜銭(一作錢)可

衛尉寺丞制

勑朕撫有萬國而官羣材不敢專用獨見之明而外詔庶寮各舉其善具官杜錢舉者言爾材堪親民是用升汝司衛之丞而將用汝臨人於治詩云豈弟君子民之父母蓋夫善爲政者能使其民愛之如此汝能以此親我民乎往膺進秩之榮無爲舉者之累可

前杭州司理參軍范衮可衛尉寺丞充堂後官制

勑朕觀兩漢名臣多或出於丞史小吏非

夫丞史之能出名臣也乃知古雖吏屬亦必選用賢材焉（一有況字）今中書丞相之職比古公府曹掾之制吏員已爲簡闕欲任其事豈不擇人故詔銓衡俾其慎選具官范衮有司來上以爾爲（一作有）材進爾諸丞往率乃職古人可慕無自怠焉可

將作監主簿程中行制

勑程中行夫廉恥道缺而貪冒成俗風化之薄久矣吾思有以勵焉故於致仕之制特示推恩之優厚廩給以家居官子孫而

世及今爾父至服勞在官以老得謝宜茲懋賞以示寵榮汝尚勗哉無忘濟美可

祠部郎中沈周可開封府判官制

勑具官沈周夫刑獄以禁暴而託獄足以爲姦法令以止亂而舞法反以滋害平民者政而敗政者吏也知政之術繩吏爲先況乎京師號稱繁劇凡治繁者貴一作尚乎不勞苟知其方在得於要擿姦急吏此非要歟以爾久列周行屢經任使通於政事俾佐浩穰告汝政弊之多端訓汝治煩之

有術善思乃職無或廢官可

絳州防禦判官張銳衛州軍事推

官汲縣載可大理寺丞制

勑具官張銳等以爾由學飭身試材于吏

服勞既久薦者屢聞有邇臣之亟稱加所

司之考實推恩進秩其慎若斯豈不勉哉

無回汝守可

供備庫副使王道卿一作清臣可西京

左藏庫副使制

朕觀春秋之際公侯卿大夫之譜至數十

世而不絶不徒世其禄爾惟克劭者乃不隕焉近至于唐将相之後能以勳名自繼其家者亦衆秉　筆者記之號稱衣冠盛事噫古之大族多良子孫而今獨鮮耶抑惟人之勉不勉爾惟汝大臣之子世爲名家豈不勵焉無俾自墜有司積日兹乃敘進不次之賞能者得之汝其勉哉無忽而怠可

前彰信軍節度判官褚式可太子中舍致仕制

勑具官諸式昨按察者言爾事（一無此字）有迹而

爾方以老自（一無此字）請吾屈言者不究而進爾

以秩全爾之歸吾之欲成人之美而不欲

成人之惡如此汝其休矣知我之仁可

祠部員外郎崔嶧男庾可試祕書

省校書郎（一作試監簿）制

勑崔嶧男庾古稱不學者之於事譬夫立

而面墻與其敗政而干官孰若勸教之明

而養之有素也屬者故勑有司增定蔭補

之格必由試藝乃得涖官夫不惟爲國造

士是乃爲臣立家此子一作其詔也汝其勉之可

梓潼縣主簿宋文質可國子監丞致仕制

勅具官宋文質只壯也服勞晚而登仕老能知止意亦可嘉吾有躋民仁壽之心爾其歸安田里之養可

駕部員外郎席夷甫可本官致仕制

勅具官席夷甫古者七十而得謝所以優其臣也不任以事而養之于家所以愛老

也朕惠廣恥之隸而尤嘉止足之人隆長老之恩而欲興孝悌之俗今爾之請朕所褒焉已詔有司錄爾之子克安眉壽往服寵章

南劍州司理參軍李孝友責授吉州參軍制

敕具官李孝友不孝之罪國有常刑民愚無知犯者猶鮮況爾被儒服者誦習六經而背本忘親悖理傷化雖屢經赦宥法欲貸汝而汝之自視夫亦何顏宜屏遠方絕

而不齒

江南■路提刑内殿承制柴貽慶可就轉禮賓副使制

勑具官柴貽慶傳曰夫刑者一成而不變又曰法者天下之至平庶獄之間其可不慎故於國制尤重邦刑擇彼監司必參文武所以藉其材敏而佐夫不逮者也惟爾克守其職能濟以勤有司質成法應敘進故增榮秩無替前勞可

右侍禁樂天錫可率府率致仕制

勑具官樂天錫服勞茲久因疾得衰雖未
及於引年嘉自能於知止俾進春宮之率
以爲歸老之榮可

大理寺丞袁穆許恢授殿中丞著
作佐郎程適授秘書丞制並磨勘改官

勑具官程適等國家治民之要其具素備
惟奉法守職而免於有過者考其積日皆
得叙遷茍有能稱豈無懋賞爾等寄子民
政咸上歲成俾登于朝蓋用常典若夫異
績在爾勉焉可

皇姪仲伉贈官制

勑具官仲伉朕上憑宗社之靈克荷先帝之業思治天下以孝而親九族以仁令宗正言爾信安郡王之長孫也不幸早世而追榮之典尚未有稱朕聞于聽（一作聞于朕聽）意甚悼焉可

秦州推官董彝可太子中舍致仕制

勑具官董彝朕嚮遣韓琦行視邊鄙所以宣上恩而下逮撫下情而上通也令琦言

爾有勤未録久疾自淹夫人之有勞吾豈不念事或（一作有）在遠患於不聞既披奏章宜示寵典可

劒州司理參軍董壽可大理寺丞制

勑具官董壽夫法者所以禁民爲非而使其遷善遠罪也然世之專於法者不患於不通而患於刻薄豈夫（一無此字）學者之弊歟今爾以學法入官而有能（二字一作復）被薦以（一作施）之臨事可不戒哉往服明恩宜慎汝習可

兵部郎中皇甫泌男偁可將作監
主簿制
勑具官皇甫泌男偁梓潼去京三千里外
而東蜀一都會也吾難其選知泌爲材而
乃以家爲言請任其子俾榮初仕仍便其
私庶乎泌無內顧之憂而得盡心於事則
汝之幹蠱可不勉哉可
東頭供奉官閤門祗候知勝關寨李
守信可就轉內殿崇班儀州寨主制
勑具官李守信西師之出累年而將帥之

効未著凡爲吾扞城而乗障者不亦久(一有於字)勞乎迹其勤誠宜有陞進若夫異賞俟爾立功

和州防禦判官夏侯溥可太子中舍致仕制

勅具官夏侯溥古者王道之隆也使夫種樹畜養皆不失其時然後衣帛食肉而老者得以安之今夫致仕而歸者必增其榮秩而又廩給于其(一無此字)家者所以慮夫田野(一作里)之閭養老之具未備而有以優其

終身焉爾其往哉服我新命可

都官員外郎知成州王嘉聞轉職

方員外郎殿中丞知普州葛昌一作商

轉國子博士某官監洺州鹽酒稅

李思恭轉駕部員外郎制並磨勘改官

勑具官王嘉聞等夫士之學古干禄而陳

力從官者孰不欲自爲材耶患乎勸之勵

之四字一作勸賞砥礪無方而使賢能之不勉也一無此字

朕所以思革審官之法近增舉類之科爾

等猶用舊文例當升秩其思率職無懈厥

勤俟乎有聞以應新格可

東頭供奉官張德榮張行簡可率

府率致仕制

勑具官張行簡等陳力有年服勞匪怠止足之戒乃能自知終始之恩亦以示勸衛率之長東宫要官享兹榮名可以休老可

虞部員外郎呂師簡可比部員外郎制 爲招軍

勑具官呂師簡國家嚮因募兵特立賞格俾勸勤者速於集事而議者皆患應募之

卒雖多而難用豈夫訓練之未至將由簡閱之不精然而號令重於已行賞罰貴乎存信今有司按籍言爾當遷往服新恩其思實効可

悉利族軍主嗟移可都軍主制為功效

勑嗟移夫賊壘未平王師在野當吾聞鼓鼙思將帥之際是汝立功名取富貴之時而能率其部人力捍狂寇材武忠勇是皆可嘉爵秩階勳茲以爲寵猶有異賞爾其圖之可

東上閤門使普州刺史趙安期可

右領軍衛大將軍致仕制

敕具官趙安期夫陳力就列不能者止而致仕之制非爲止者而設乃古所以禮其卿大夫之美名也而今又有增官秩須廪給之數於爾之止（一作爾之知止）豈不爲優爾其歸哉可以榮矣可

供備庫副使沿邊巡檢都監王守一可就轉西京左藏庫副使制

敕具官王守一臨于軍政邈彼塞垣訓齊

甲兵謹備寇盜爾其勤（一作謹）職吾不忘勞
適因奏課之來宜舉陟明之典可

貝州歷亭縣主簿周登可國子監
丞致仕制

勑具官周登方剛而仕以疾思歸自陳不
能可謂知止有官以爲汝寵有俸以終汝
身體予深仁（一作恩）膺此嘉命可

進納長馬空名誥海詞

勑其人等國家以用師西鄙不欲加賦於
人乃能出爾家貲佐吾邦用第其多少咸

有（一作可）旌酬俾綴官聯以榮里閈可

潁州推官江楫可大理寺丞制

勑具官江楫朕思與多士共寧庶邦而賢豪材美之人或自沉於幽遠與夫懿節茂行之韞于中而未見於（一作于）事者吾皆不得而徧觀焉故以舉類之科而爲官人之法今舉者言爾材行可稱命爾新恩以期後効可

廣南西路轉運按察使金部員外郎周陵可司勳員外郎就差充荆

湖南路轉運按察使制

勑具官周陵朕顧荆楚之俗雜於諸蠻而嚮者州縣之間不能綏輯與民生患曠日未平夫惟蠻貊（一作夷）雖不通於禮義而剽輕之性惟信（一作德）可懷獷悍之心以威則服思擇能者僉曰汝材至於察官吏之否臧平賦輸（一作稅）而移用廣西之最朕已嘉焉今其諭我至仁曉茲異（一作暴）俗並伸威信以靜一方仍遷郎署之榮以增使車之重可

外制集卷第一

外制集序 聖賢相遭 遭一作逢

皇叔荆王制 行荆州 此下脱牧字

陳淑等改官制 一本作國子博士通判澧州陳淑可虞部員外郎

柴貽慶制 貽慶一作貽憲

趙安期制 可以 一作亦可以

王守一制 沿邊巡檢都監 六字上一有儀州二字

外制集卷第二　歐陽文忠公集八十

制五十首

内殿承制桑逵可左監門衛将軍

致仕制

勑具官桑逵夫少也用其力老也優其秩在予推恩之意固亦仁矣於汝克終之善豈不美哉况爾方寘朝行又升環列歸安汝壽服此新命可

駕部員外郎致仕席夷甫男汝賢

可将作監主簿制

勑具官席衷甫男汝賢夫力彊（一作壯）而仕老至而（一作則）休還其官政于君傳其家事於（一作于）子士之美（一作盡）行不亦榮哉在爾承之宜勤以孝惟善事父乃能事君可

內殿崇班柴貽坦可內殿承制制

勑具官柴貽坦自列朝班克（一作久）勤官次用有司之常典因滿歲以（一作之）當遷往服新恩益思後（一作克勤厥）效可

福州寧德縣令孫知古可太子中舍致仕制

勑具官孫知古禮於老者尚不責其筋力而况涖官行法非彊而敏者莫能焉士之老而還政者不惟示國之優恩（一作禮）亦自愛其身者得以遂其安（一無此字）養也矧加寵命豈不榮哉可

前太常寺奉禮郎司馬旦前將作監主簿司馬光前祕書省校書郎黄元規丁憂服闋復舊官制

勑司馬旦等先王制禮之中不使賢者過而愚者不及故三年之喪謂之通制者人

皆所共（一作人皆可以）行焉惟立身事君用顯親揚名之節則必賢者勉焉而可至（二字一作不可不至）此孝之大者也爾其思（一作勉）之可

比部員外郎知眉州馮平轉虞部員外郎太常博士知秀州嘉興縣胡昉轉祕書丞制（並磨勘改官）

勅具官馮平等朕頃因考績之文增以薦材之法夫累日月以敘進則患賢愚之不分因舉類而觀能則慮奔趨而（一作以）求譽知人選士其難若此惟材茂而（一無此字）業廣

既久而自彰者不亦優哉爾宜（一作惟）不懈其勤以求諸己可

東頭供奉官鍾懷德可內殿崇班制

勅具官鍾懷德臨于莞摧頗服勤勞因茲會課之來宜舉叙遷之例升之朝序勉荷寵章可

東頭供奉官夏惟慶可內殿崇班制

勅具官夏惟慶爵禄王者所以厲世磨鈍之具非徒爲進者積日之資也（一有惟字）爾考績有司例當遷秩升于朝序可謂寵榮惟

材與能在爾自力可

進納人空名誥海詞

敕某人等官者所以治人而非以假人之器也朕閔西人之勞而欲紓其乏有出其私以佐吾之用者是亦有益於吾民俾命于官所以示勸爾其往矣服我茂恩可

三班借職崔瑾可換縣尉制

敕具官崔瑾夫器人之材術者無施而（一無此字）不宜其次用其所長而各盡其善今爾猷夫武吏之不足爲而思自擇以奮厥效從

爾之請必有可觀可

太子中允通判秦州馮誥可太常

丞制

勑具官馮誥西鄙用師久矣而未見成功然凡從事於兵間者纖勞小善未甞不録而稍爲久次已曰滯材夫材者必能集吾事賞者所以圖厥功吾無愛焉以觀汝效可

文學李長卿可長史制

勑具官李長卿文學長史皆無職事而有秩俸吾設科（一無此字）以待天下之士而官其才

者其不中於有司者猶禄其終身吾於養士之仁至矣汝其知之可

著作佐郎張去惑可祕書丞制

勑具官張去惑國家設官之法患乎巧僞干譽者之難止故考績之格三載而一例遷所以使沉實守正之人得以自進及其弊也庸人希累日之賞而賢者不能自别故又增舊法稍欲因舉類而求能者焉惟爾之材世所稱美夫累日而遷（一作進）非爾（一有所字）志干譽而進不可爲（一有僞字）惟思厥中務廣

其業可

任若拙牛文渥等改官制

勑具官任若拙等朕閔夫士有少而執經老不及祿者其勤可嘉不可以棄故皆登一有官字于仕以榮厥躬歲月久焉又增以秩吾之不忘于爾也厚矣往其勉哉可

殿中丞通判延州高良夫可國子博士制

勑具官高良夫邊鄙之事不徒袵金革而當矢石至於撫民人平政賦凡關決於兵

（一作其）闇者不亦勞乎惟爾之材久於其事今三載考績而倒（一有當字）進秩乃爲常典況爾有勞宜推茂恩以旌能吏可

前司門員外郎樂許國殿中丞路綸李仲宣丁憂服闋復舊官制

勑樂許國等夫生事而死祭苴麻哭泣之禮二十七月而後止孝子之服　於其親也足矣奉其遺體立身揚名而施于有政孝子之忠於事君也吾欲觀爾之能焉勉膺新恩無怠其志可

内殿崇班劉顯可内殿承制制

勑具官劉顯以爾習知河事二十餘年旣久而勤有勞可録宜增榮秩以示襃嘉無易其官（一作守）俾終厥效可

澤州推官李泰可大理寺丞制

勑具官李泰誦習之學患乎專固少通而難施於事爾由學禮以登仕而涖官行法能使薦者稱之爲材是亦可嘉宜推寵命可

大理寺丞知鉅野縣孟皆可太子中舍制

勑具官孟皆夫執經之士不徒誦其文而必知其義一縣之政有土與民用爾所通之經求其治人之術苟有善聞（一作譽）豈無褒榮勉服新恩以率爾（一作厥）職可

陳曙李方改官制

勑具官陳曙等朕嚮以州縣之間備盜不謹而官吏畏怯擒捕失時雖寘于刑以警不職而思得材武之士旌其功伐以廣勸（一作勤）能爾於茲時以捷來上霈然推賞朕所樂焉服我新恩益勤後效可

駙馬都尉柴宗慶可贈中書令制

勑具官柴宗慶夫爵禄王者所以賞功懋德之器古之聰明材智之士處乎崇高猶或顛覆爾以名臣之家爲國近戚惟富與貴享茲燕美乃能守而不一作弗失克保厥終一作終厥身蓋朕恩廣孝愛之心務推仁恩之厚而致也夫生而寵之以位則歿也不可不榮其終在乎朕心既所嗟閔考之國典則有彝章寵而有知膺此休命可

前觀察支使試大理司直張德兙

懷州防禦判官試大理司直倪俊

並可檢校水部員外郎制

勑具官張德熈等士之在乎（一作夫）下位其有所稱道者吾無不（二字一作乃）擢其材而用之其積日累久而未聞於予者猶有兼試檢校階勳之次而敘升之所以念勞也況郊祀之禮慶賜所均宜有茂恩以彰寵典可

永興軍節度推官董士廉可著作

佐郎制

勑具官董士廉（一有朕覼二字）自古奇偉之士因時

立功而名在竹帛者率皆不以細文常行責其備蓋於其大者人(二字一作以)有所不能而能者焉惟爾少而好奇不徇小節喜從兵事思奮其材今積久録(一作累)勞蓋從請者若夫異賞待爾有爲可

潭州録事參軍楊令聞可太子中舍致仕制

勑具官楊令聞嚮因疾病自請退休少有間焉復思從政今其決矣可以止哉俾升朝序之榮以爲歸老之美可

權保安軍判官王温恭可知延州延水縣制

勑具官王温恭自西鄙用兵而智謀材敏（一作勇）之士奮然而爭出者非唯吾爵賞是利蓋士之負其能者亦欲因時而有立焉百里之縣有民與土課田而實軍備平政以懷邊（一作疲）人亦足有爲將觀汝效可

平陽郡王允幷第二十二女趙氏可某縣主制

勑王者之以孝治天下也必先仁其九族

然後刑于四海故具官允升女趙氏幼而淑美將及有行沐邑之封蓋稽舊典其勤女訓往宜汝（一作爾）家可

入内内侍省内東頭供奉官李允恭可内殿承制（一作崇班）制

勑具官李允恭昨者亡命之卒攻劫京西而吏不能捕煩吾出兵爾（一有能字）稱我使令克奮厥效録勞第賞宜有及（一作且及身）焉升爾于朝往膺（一作服）寵命可

真州推官陳則可大理寺丞制

勑具官陳則朕撫有萬邦以官多士而材能廣善之迹苟有聞于予聽者必（一無二字）皆進而用之而申以（二字一作與申）賞罰之文懼乎言者之不信今爾之善屢有以聞勉爾之勤克廣其業無使言者干予之罰可

内殿崇班郝質可内殿承制制

勑具官郝質夫被甲馳馬出而與敵周旋于原野搴旗斬馘歸而與士卒數俘獲于軍中量功較計蒙褒被寵進而受賞于朝廷此將帥之事也（一無此字）豈不榮且樂（一無二字）

哉戰之功有大小國之賞有重輕膺此茂

恩更期後效可

龍衛指揮使开贇拱聖指揮使胡

元並可内殿承制制

勑具官开贇等朕之勁兵鋭將戍于邊者不可勝數惟爾能以武勇出乎其閒方吾思得猛士之時吾之大臣以爾來上高爵厚禄爲爾等而設也往其勉矣吾將觀汝（一作覩爾）之能可

殿中丞崔愈（一作嶧）可國子博士制

勑具官崔愈博士古經師之職也（一無此字）爾由明經登仕而居是官於爾之志豈不榮哉夫經者聖人之遺法也其臨民涖政治身之道備矣雖未能施之於國子其（一作幸）率而行于厥躬可

錄事參軍張垂象登州文登縣令

蓋（一作孟）巨源並可太子中舍致仕制

勑具官張垂象等致仕士之（一無二字）克終之美節也故吏部之格吏賕無重輕（一作輕重）皆不得與乎（一作焉）斯命所以勸厲士而重乎歸

老之榮也爾等爲吏二十餘年而能獲還政之名以歸宜推褒恩以寵田里可

右侍禁田延昭可右内率府率制

勑具官田延昭爾之子况乃吾侍從之臣（一作官）既不得去吾而從汝而念汝之老思得來歸朕亦嘉汝世陷虜中能識忠義自拔歸國致子顯榮宜有嘉（一作加）褒以旌美節服兹休命慰子孝心可

三司前行胡敏可許州長史制

勑胡敏陳力涖事積有歲年自知不能以

疾而止俾列州佐以榮厥終可

前將作監主簿張盛丁憂服闋復

舊官制

勑張盛爾幼未任事而已命于官蓋承其

祖父之遺業長而宜思有立以顯其親惟

學可以成人爾其勉而無怠可

大理寺丞王諄轉左贊善大夫贊

善大夫王若谷轉殿中丞著作佐

郎李望周輔並轉祕書丞制並磨勘改官

勑具官王若谷等廩官之在位者吾不能

徧察其常行而一有委之二字有司考第歲月以爲
進退之法惟治之有聲者五字一作治之有迹善而有聲也吾
未嘗遺必有甄擢予聞無壅各勉所爲可
前漣水軍判官吳知幾可大理寺

丞制

敕具官吳知幾士之飭躬勵行以勤厥官
未有不知於人者知而薦之吾亦無所遺
焉惟爾之能數有稱道有司較最於格當
升勉膺新恩無廢其業可
供備庫副使郭承緒可西京左藏

庫副使制

勑具官郭承緒夫善訓卒者少而愈精善用兵者寡可擊衆一障之守苟得其人推恩信以悅士心明教習以修武備扞城禦寇其任豈輕顧爾宣勞頗勤歲月今茲考績宜有（一作被）寵章爾其勉哉思奮厥效可

秦州觀察支使喬察可靜難軍節度推官知隴城縣制

勑具官喬察夫吏之不能稱（一有其字）職者或謂數易使之（一作之使）然今爾嘗佐於（一作于）州就

臨屬縣其上下政令之便否土風民俗之所安皆所習知可以爲治將觀汝績無替其勤可

吴守一改官制

勑具官吴守一夫文士之職有常守而循敘進之科至夫出類之材尚有不次之用況夫武吏有可以奮節立功之資而當茲用武之時其材易施其效易著歲月考課是爲常格膺茲新命其往勉哉可

沂州沂水縣主簿韓道可大理評

事制

勑具官韓道自京以東比苦多盜而臨沂狂卒一歲再變汝以主簿領尉職而能力捕首惡上功第二凡真捕賊吏後時而無所獲與夫不獲而坐黜罰者豈不媿於汝哉夫事無不能惟不勉爾以褒以勸其（一作其勸）宜有寵恩可

比部員外郎致仕張緯（一作偉）男允修可將作監主簿制

勑具官張緯男允修凡人之既老且病而

見其子之得祿豈不榮哉爾宜一作其修身勵節入而思有以慰一作榮其親出而思有以報於國可

杜惟序可西上閤門使福州刺史知涇州一作四方館使涇原鈐轄兼知涇州制

勑具官杜惟序西鄙用兵五六歲矣凡是中外文武之吏其材勇而可任者無不柬在於一無此字予心苟思得人則擇而用惟爾久習戎事勤於北邊素有能稱熟于朕聽涇原重地當賊之衝督視兵師兼撫其俗

惟爾爲可往其勉哉佩茲新恩以觀厥效可

左藏庫使涇原鈐轄王從政可西

上閤門使益州鈐轄制

勑具官王從政西蜀之人性本輕悍易揺以事動輒驚擾而禦寇扞城兵任尤重夫馭兵之法威主於肅令一則威明恩患乎私信著則恩浹使士卒和而武備謹則軍有善政民無姦心此惟材者能之而爾久習兵戎嘗委邊寄克堪一作膺茲任往服訓詞可

大理寺丞王陶轉殿中丞大理寺

丞郭佑賢王正己並轉太子中舍

制(並磨勘改官)

勑具官王陶等州縣之政其文具美吏之良者能舉(一作學)而行之足以爲治故夫奉法守職積勞歲月而無過者皆有進秩之資所以褒勸(一作勤)而勉夫不及也今爾之課考於有司膺茲敘升慎守厥位可

試助教郭固可寧州軍事推官制

勑具官郭固自邊陲用兵而天下游談之

士趍時蹈利者吾非不知其濫而未始怠焉者兾必有得於其間惟爾之能乃其素學夫學有實者詰之不窮而推之可用嘉汝施設精而有條慮變適宜將觀汝用可

東頭供奉官李禹言（一作臣）可内殿崇班制

勑具官李禹言惟爾陳力效職三十餘年而後登于朝序雖命官進秩厥有常法而爾之積勞至此不亦勤哉（一作乎）夫得之惟艱守之不可不慎往膺明訓服此寵章可

禮院副禮直官王永可益州司户
參軍充職制
勑王永太常所上禮皆祖宗之法朝廷之儀掌在有司爾所當習成書第賞及下不遺往膺新恩慎守而職可
太常寺太祝張觀（一作覲）可大理評
事制
勑具官張觀有司上爾會課之書考其日時當得敘進夫有勞必録其信不渝惟勤與能不可不勉可

故國子博士李克明可贈度支員
外郎制

勑國家務以孝治爲人子者欲有所申於其父母則其爲請不（一作壹）可不從故具官某有子德隆克嗣其世效官陳力當得敘遷而思以其榮報於罔極合於經之以顯父母之義朕甚嘉之魂而有知膺此追命可

外制集卷第二

樂許國等復舊官制（吉綿本以司門爲司勳服於其親也足矣作報於其親也足以）

孟皆制　皆（一作階）

郭固制　慮變（一作應變）

席汝賢張允修可將作監主簿（兩可字下一本各有試字）

外制集卷第三　歐陽文忠公集八十一

制五十首

左班殿直李德隆母王氏可追封永安縣君制

勑夫觀其子之孝可以知其父母之賢具官李德隆亡母永安縣君王氏生此孝子（一作是生此子）能守其家請以身官移於泉壤夫禄養於親有時而止榮名之及存不朽焉寵兮享之可以爲慰可

比部員外郎知綿州薛貽應轉駕

部貟外郎虞部貟外郎知博州薛
綸轉司門貟外郎祕書丞知嘉州
洪雅縣李述轉太常博士制並磨勘改官
勑具官薛貽應等吏之庸庸而無聞者吾
所不取章章而特見者必擢一有而字用之若夫
奉法循職守其官而無過者不亦吏之良
哉念其勤勞豈可不録三年考績叙進有
常往服新恩無渝爾守可
司門貟外郎李公謹祕書丞充集賢
校理楊儀殿中丞段高磨勘改官制

勑具官李公謹等夫令在必信法在必行令審官考課增以舉類之科乃吾示信之令而新行之法也汝等叙進於此猶用常文其後當遷皆須應格勉勤其業以俟爾知可

范仲温可台州黄巖縣尉制

勑具官范仲温爾弟仲淹參吾大政方欲輔朕平賞罰推至公以脩紀綱而正庶位爾令所任有土與民惟過與功則有賞罰爾勤厥職可不戒哉可

東頭供奉官閤門祗候石宗尹可

内殿崇班制

勑具官石宗尹陳力效官積有歲月會其課最來上有司按於舊文當得敘進升之朝列可謂寵榮往服新章益勤後效可

著作佐郎盧華潘泳（一作詠）等磨勘改官制

勑具官盧華等州縣之職治有常法而遠方之俗風土異宜若夫上克奉於教條下不違於民欲惟勤與敏乃克濟焉爾等服職有勞會課來上膺茲敘進無廢官箴可

史館書直官潘宗益可梓州司戶
參軍制
勑具官潘宗益給事有年其勞可錄宜命以秩俾旌厥勤凡爲有司惟久則習尚安乃職以慎克終可

角厮波男合羅角可本族軍主制
勑合羅角生禀勁勇之姿而濟以忠果之性屢陳厥効咸可旌褒俾升官榮以勸諸部勉圖功業無自失時可

軍事推官龔待問可桂州觀察推

官制

勑具官龔待問捕盜之格有功者賞而吏能應書者少非吾有所愛焉苟有其勞豈不甄録令有司言爾於格當遷方茲多盜之時用勸不能之者（一作吏）可

進士劉純可試將作監主簿制

勑劉純自兵興累年而功效未立然游談之士以兵爲説而得禄者多矣吾猶意乎厥路尚狹而未足以來特起之人故甄收未始少懈況爾屢經器使而言者謂材宜

有推恩以勸來者可

祕書丞竇隨可本官致仕制

敕具官竇隨夫老而致其政於君者士之懿節也爾壯而登仕困於數奇今其老焉可以歸矣安而（一作於）眉壽膺此美名可

邢州觀察支使張德顒可著作佐郎制

敕具官張德顒士之在下位而能以聞于上者不有言者乎一失其言則有常罰焉知人而薦豈爲易哉今爾由舉者而被升

擢尚勤其業無累爾知可

大理寺丞薛仲孺可太子右贊善

大夫制

勑具官薛仲孺爾之伯父奎爲吾大臣參議國政剛直之節見於臨事歿而無嗣吾甚哀之爾幼以奎蔭而登仕籍今由累歲遂升于朝惟爾伯父之行有司考法易（一作謚）以一德不懈執心決斷之名可謂美矣守爾家法克勤厥官可

殿中丞王正民大理寺丞朱景陽

陳侁等磨勘改官制

勑具官王正民等審官之法三歲一遷惟無過焉乃得會課爾等服於官政以涖吾民奉法守職積勞歲月膺茲敘進此乃常科勉爾之爲以期懋賞可

內殿崇班李允恭可內殿承制制

勑具官李允恭朕患州縣之吏不職者不能禦姦禁暴而憫吾民罹於賊盜（一作盜賊）故於捕盜之吏推賞尤厚非以爲私蓋有爲也今爾之請（一作課）自陳其勞方吾以賞行勸

之時惟恐不及故加爾寵非徇爾私夫古有讓功不言之賢惟爾宜慕可

節度推官張紳可大理寺丞制

勑具官張紳朕閔夫兵興而費廣不忍加歛於吾民凡能佐國足用者皆思懋賞以勸其勤今薦爾者皆曰爾材而吾近臣尤所取信故增汝秩不易厥官夫官惟業勤常患不久爾其自勉無替乃勞可

學士院孔目官遂州司户參軍李

懷德可特授隸州陽信縣尉充學

士院録事制

勑具官李懷德夫有司之事（一作掌）惟久則習次遷之例顧（一作惟）汝宜升無忘克勤慢則有罰可

虞部員外郎李備太子中舍侯克明大理寺丞曹（一作唐）琰等磨勘改官制

勑具官李備等國家外建庶位以官羣士而賞罰進退之法掌（一作行）於有司者所以待中材之無過者爾高能異效吾有不次

之用焉爾等咸服于官久勤歲月以勞序
進雖曰寵榮勉爾所爲以期懋賞可
彰武軍節度推官李仲昌可大理
寺丞簽署渭州判官公事制
勅具官李仲昌羣材之在下者思達其上
難矣而在上者思得可用之材豈爲易哉
朕頃自擇能臣使舉其類而洙以爾充薦
今琦又以爲言琦洙皆能體吾勞於擇士
之心者舉爾不應不慎霈然推寵吾所不
疑爾尚勉哉以稱兹舉可

故尚父汾陽王郭子儀孫元亨可

永興軍助教制

勑郭元亨繼絶世褒有功非惟推恩以及遠所以勸天下之爲臣者焉況爾先王名載舊史勳德之厚宜其流澤於無窮而其後裔不可以廢往服新命以榮厥家可

奉禮郎李景圭可大理評事制

勑具官李景圭九州四海風俗不同而王者之化無不及吾於遠者尤加意焉夫吏非敏於其事則不能通俗習而順其宜政

一失焉下則重困邈茲南海爾涖吾民今
會課上聞增爾榮秩克勤厥職以副予懷可

故右驍衛大將軍致仕王元祐男
知信可內殿崇班制
勑具官王知信爾父元祐陳力事予告老以休位終環尹歿而餘慶尚及爾身爾嗣厥家苟能有立則始終寵榮（一作榮寵）視汝父焉惟孝與忠勉思兩得可

前楚州團練判官丁宗臣可著作
佐郎制

勑具官丁宗臣㢊官之在位者衆矣吾思一善之取而無失則惟舉類之法所得尤一作宜多今薦者交章言爾可取爾其自勉以稱吾思善之心焉可

左侍禁李從式孫清並可太子左清道率府副率致仕制

勑具官孫清等壯而陳力老也告休古人所難有始有卒爾能至此可謂克終尚有推恩以嘉爾節歸安眉壽服此新榮可

權無爲軍判官劉皆洪州録事參

軍張德元並可太子中舍致仕制

勑具官劉皆等禮與法之爲書其於老者皆有優焉今爾等學於禮法而能安其老思以歸休吾所嘉褒宜推寵命可

國子監直講青州千乘縣主簿孫復可大理評事制

勑具官孫復昔聖人之作春秋也患乎空文之不足爲故（信一作）著之於行事以爲萬世之法然學而執其經者豈可徒誦其言哉惟爾復行足以爲人師學足以明人性

不徒誦其説而必欲施於事吾將見吾國

子蔚然而有成宜有嘉褒以爲學者之寵可

太子中舍孫礪李國慶並可殿中

丞制

勑具官孫礪等六經皆載治民之術而法

者爲吏一無此字之資也汝等學之用以從政

經之道廣矣擇其宜於民者法之文密矣

取其平而不害者足以涖爾官而成厥績

焉膺兹敘遷勉用爾學可

祕書丞黄正殿中丞盧咸並可太

常博士制

勑具官黄正等自兵興（一作興兵）以來調度日廣其能勤征摧以佐經費而均漕運使不滯以通諸用者皆方今之急務其爲勞力宜有勸焉因兹歲成寵爾榮秩可

原州彭陽縣令郝嗣宗可某州推官制

勑具官郝嗣宗吏三歲而一易其法久矣然議者莫不以屢易爲患苟有能者吾豈奪焉爾（一作汝）於彭陽數有稱者就增其秩

無易其居勉爾所爲以俟成績可

供備庫副使張禮一可西京左藏庫副使制

勑具官張禮一考課之法計過與功皆有常文得以叙進此所以待夫中材而勉其不及者也苟能有立吾必異之爾其往哉思所自效可

杜諮轉官制

勑具官杜諮吏部之格吏之升降遠邇勞逸之均皆有法焉不可以亂令衍以爾爲

請一作今以爾爲大臣所薦吾既重違大臣之言而顧有司之法苟不甚戾則吾豈不從無專爾私其率厥職可

柴宗慶第三女可封郡君制

勑其人相與將人臣之極也爾父常兼享其位而連戚里其於存殁宜有寵焉况其生也貴而殁也無嗣續之裔此吾尤所憫焉加一作疏爾郡封此非常典所以申吾不忘爾父之意可

洛苑使英州團練使内侍省内侍

右班副都知藍元用可眉州防禦使罷副都知制

勑具官藍元用爾之事予陳力茲久既明而敏能濟以勤慎密一心不見過失屢更器任實東予懷屢披奏章陳疾自請願解要職以思便安惟爾之舊予所嘉惟爾有勞予所録雖可爾請豈無加（一作嘉）襃服茲寵榮勉爾（一作惟）後效可

西頭供奉官閤門祗候綦恩可内殿承制制

勑具官綦恩用兵久矣而將吏能以材武稱於軍中者豈不多哉苟有聞焉無不用也況如世衡吾所信者令其稱爾吾豈不然夫信以出令仁以撫人（一作之）勇以臨戰而嚴以一衆必皆出於智而後成功雖大將不過此也爾其勉之（一作哉）可

達州司戶參軍吳沖可奉寧軍節度推官制

勑具官吳沖嚮者盜起州縣久而未捕議者皆曰素備不謹賞罰不明所以盜滋而

吏怠今考爾所獲嘉爾之能第賞推恩子無所愛（一作愛矣）凡謹備者爾則勉之當使怠吏由爾而勸可

内殿崇班程逸可左監門衛將軍致仕制

勑具官程逸將軍之職居則宿衛天子出則征伐四方此武人之重也今假爾兹寵以爲歸老之榮者以爾服勞既久能克厥終而不忘爾勤之意也其往欽哉可

懷州防禦判官倪俊可著作佐郎制

勑具官倪俊凡官人之法莫不期於得材而或失之於有遺或失之於太濫故有司之守厥有常文苟能應書皆可選擢（一作擇）可使中材之並進不濫而無遺此吾所以愼於擇材之意也爾膺（一作之）茲舉其不勉哉可

大理寺丞宋緬孫周蘇逢等磨勘

改官制

勑具官宋緬等庶官之守位者衆予欲（一有其字）百職並舉而人各趨之則於考功敘進之科厥有常法使夫自勉者無不得焉蓋所

以示勸而及衆也今考爾歲績法當遷秩爾無以爲例得其體(一作思)予勸功進善之心以勉爾職其無懈可

盧守勤致仕制

勑具官盧守勤少也陳其力病而養其衰非惟安生樂壽人之所欲而朝廷待勞能之臣厚始終之意考之典禮亦有彝章爾之事予既勤且久今其病矣可以息焉尚有恩榮以爲爾寵夫勞無不報既享爵禄之豐身孰與親宜專輔養之理可

曹元賓轉官制

勑具官曹元賓夫用兵之法不可先言則爲將之材亦難先見國家用兵久矣求之行陣堪將者少夫士有素藴之材未得達者比降明詔廣其詢求而方平等以汝爲言吾將觀汝之能試汝以事俾升朝序往自勉焉可

司理叅軍杜彭壽可大理寺丞制

勑具官杜彭壽士有潔身以厲而服官以勤者長吏皆得薦論有司加之考閱用而

進秩俾以臨民雖曰常科豈不慎選汝膺
兹命其往勉哉可

户曹參軍尹植可某官致仕制

勑具官尹植惟爾陳力二十餘年以老而
歸朕豈不憫升之朝序榮以宫僚往其休
哉安爾眉壽可

開封府開封縣主簿孫量可保大
軍節度掌書記制

勑具官孫量用兵之法不欲久惟能使調
斂發輸不勞而民有餘力則可以制敵（二字一作久）

而有待於必勝西師之出久矣不惟将帥之選爲重其州縣臨民之吏能不乏民之力而佐吾之軍者亦難其人今爾既薦者皆曰材而臨涇乃爾自請往膺新命将試汝能可

內殿崇班韓守允可左監門衛将軍致仕制

勑具官韓守允自兵興于邊天下多事吏強有力者猶不能稱厥職而況於老者乎夫老者吾所優也豈宜強其力之所不逮

往從爾請以安爾私尚有茂恩以爲爾寵可

泰州興化縣主簿朱思道可衛尉寺丞制

勑具官朱思道夫廉爲吏之一節也今保薦之法惟以受財爲同坐則待夫能吏豈盡其材爾其奮厥所長思有所立不獨守夫一節而已焉可

溪洞楊先贇可權知古城州制

勑楊先贇世號材勇雄于一州威能服其部人忠能奉其職責宜加寵秩以紹厥家

往服恩章（一作榮）無忘報效可

京西轉運按察使虞部員外郎杜

杞可刑部員外郎直集賢院充廣

西轉運使制

敕具官杜杞自一隅用兵而調發輸役之繁無遠不及況廣東西之路於東南尤爲遠者而吏多不良吾之疲民既有賦歛之勞而今又罹盜賊之患吾一慮及爲之惻然凡與吾憂國者豈遑暇於安居哉汝爲吾往其（一作安）可憚勞吾又嘉汝名臣之後

好學博文（一作聞）尚有榮名以爲汝寵凡吾寄汝之事繫汝之材吾惟責成（一作惟責厥成）爾可自勉可

内殿承制孟均可千牛衛將軍制

勑具官孟均諸衛之置將軍唐之盛時兵官之重者也衛兵之制廢久矣其官雖存而世不知其重也自頃西北用師講求武事而議者多言唐之府兵可復朕方思之而爾能有請朕甚嘉焉爾其往哉吾將有用可

殿中丞史吉亨王珣瑜著作佐郎

蘇黄中等磨勘改官制

勑具官史吉亨等夫官者所以盡人之材也至乎材之難得則姑以歲月常法積勞而敘遷誠亦冀有異材之善出於其閒非止於此而已也爾等各膺例進宜自勉旃可

蘄州廣濟縣令充國子監直講邵必可大理寺丞制

勑具官邵必夫學所以爲治也而儒者以記誦爲專多或不通於世務但能傳古之

説而不足施之於事使愚者益固（一作昧）而不明而材者聽之而怠（一作殆）以謂儒迂不足學故教人之法必該於古今以博其識而成其業焉惟爾之學能明當世之事而屢形議論朕甚嘉焉爾其守節礪行以率諸生而取古之有以宜于今者而養成之則功利廣矣可不勉哉可

外制拾遺

孫復可祕書省校書郎國子監直講制

朕勤治體喜賢俊嘗慮四方遺逸之善有

不吾聞者閤屬近列屢騰薦章以爾孫復深經術茬德行躬耕田畝以給歲時東州士人皆師尊（一作隸）之吾命汝校文於書省講藝於胄序不由鄉舉不俟科選汝姑直屏雜説純道粹經使搢紳子弟聞仁義忠孝之樂此吾所以待汝意往欽哉可

周陵荆湖轉運使制

勑具官周陵朕思欲寬民賦役而衣食給足天下之飢寒而患州縣之吏不能稱職其老疾闒懦而縱其下與夫貪暴而自爲

殘者皆所以蠹於物而重困吾民者也然按察之司視而不舉反一作乃務較錙銖毫末之遺利而欲足用舒民豈不失其術而且勞者哉今荊湖之南十一州一監三十有一縣吏貪不爲不多矣爾其察其不良者而舉其賢者使州縣得良吏未有民富而用不足者廣西之最知汝爲材今其往哉無替朕命可

皇弟安靜軍節度使允迪可責授右監門衛大將軍制

勑皇弟具官允迪五刑之屬三千其罪莫

大於不孝小民無知犯者猶鮮況爾燕恭肅王之子而朕之諸弟也宜率訓義以迪四方而乃忘苴麻哭泣之哀爲酣飲沈酗之佚肆情鄙行害于而家達於朕聽嗟惋無已朕茍貸法何以處王公之上而教天下哉宜歸爵秩下領屯衛蓋寬於馭過而欲循省其非無蹈後悔也可

楊畋屯田員外郎直史館制

勑尚書省二十四司散郎皆當今要官況分直史館提太史筆蓋位之高者非材資

甚美安可以蕆此授以爾東染院使湖南鈐轄楊畋出自將家有文武器幹早由辭科歷任郡縣至提按之職嚮以羣蠻繹騷湖嶺未靖故特命以使名往專討輯逺玆二歲谿洞帖然而勤勞積時重膇生疾瀝懇來上願還朝行予既嘉爾作事不怠以集疹于厥躬又重煩爾以軍旅之役宜攺田曹之號且以表年爲業苟能有以益於國家則執干戈書簡牘其義一也可

司勲郎中張從革可衛尉少卿制

勑洛宅朕之西都而居之皇暇也然有司百職莫不具焉其留務之多閑在憲司之尤簡最爲清峻可以優賢具官某久服官勞頗彰吏最老于郎署分領西臺用乎考績之文俾列命卿之貴仕而至此是亦爲榮可

殿中丞府司録李虞卿可國子博士制

勑具官某司録爲府曹首民關閎增減吏詞按曲直皆繫焉前涖此者或苛悍或懦

軟率不免缺折之患惟爾慎不踰節廉不撓人吾用嘉之俾增秩于庠列爾其惟祗惟畏以茂對我朝家休命可

大名府推官徐治可著作佐郎制

勑某朝廷置磨勘之法必以考限用人者使詳試吏能而後進也則仕者由銓調改京秩乃榮階之始固非輕授以爾進士登第歷佐大幕所知論薦是用進擢爾惟自勉以副恩命可

平陽縣尉林術可試祕校知永州

祁陽縣事制

勑具官某南方之吏不能爲吾以恩信撫兹谿蠻而使毒吾民於攻劫爾嘗被甲操矢而逐之則蠻之害民也深民之瘡痍者衆所宜自見焉令録汝之勞命汝以縣勉勤其政以撫吾人可

大理寺丞彭通程濬可殿中丞其人可賛善制

勑具官某等仲尼有云言寡尤行寡悔禄在其中矣今有司大比羣吏之治不待悉

最課而後遷也但不處于尤悔斯遷矣某
等或贊治遠藩或長人大邑奉法循職克無
累疵銓（一作鈞）考歲成用應陟典肩省儲坊
俾通朝守盡勤官業以對恩榮可

奏舉人杭州觀察推官呂遘可大
理寺丞制

勑具官某夫士之處世如錐在囊中其鋒
立見爾以選吏爲藩府賔佐凡薦爾材者
自戢等十有二人是必脫穎而出其輩者
矣不然何言者之多也擢爾卿屬試爾治

民無謂寵利之可圖因違道以干譽其思行義以自立務求己而爲人服此訓辭則無疵吝可

軍事推官王野民可大理寺丞制

敕具官王野民自兵興用乏而能不取民以佐有司之急者利入之法尤多非勤且敏者則莫能焉不惟干賞者趨之蓋亦適時之用也爾職酒利厥課屢聞所宜襃陞以勸怠者可

録事參軍張（一作王）師民可大理寺

丞制

勑具官某方今官人之法由舉善而遷者必試之以臨民而觀其從政自兵興以來吾民可謂勞矣惟吏之良者能爲吾休息之令爾被舉曰材亟遷其秩將觀汝政其不勉哉可

閤文實供備副使監亳州茶鹽稅制

勑具官某國家因山澤之饒與莞榷之利以足邦用實須幹臣爾其絕侵牟謹出入使歲課增羨而績効著明敘進之榮茲迺

常典疇勞之賞尚有優恩可

滕公輔衛州推官制

勑具官滕公輔堂洎昷之皆朕侍從之臣而外當寄任之重交章來上薦爾爲材必有可觀以稱公舉宜從其請以察爾能往其勉哉無廢爾職可

藍田縣主簿權充府學教授

可華州蒲城主簿就差管勾永興府學制

勑具官某古之斆學之法肆習以時而難

易先後教之有方非久而安之則不能以成其業今學者言爾講說訓導可以爲師吾欲觀汝之道至于有成故假爾大邑之佐使祿足以充然後安然克終其業可不勉哉可

外制集卷第三

外制序云所作纔一百五十餘篇今衢本

分三卷通科舉條法議僅百五十篇而京
閩吉綿諸本乃多十五篇以
仁宗實録考之慶曆二年十一月孫復除
校書直講公尚倅滑四年正月周陵移湖
南轉運公所草制已載第一卷除授同而
詞異五年二月允迪責環衛皇祐元年三
月楊畋換官直史館皆在公去朝之後張
從革李虞卿徐冶林衎程濬王野民張師
民閻文寶滕公輔及永興府學教授十人
難盡稽考吕遘轉寺丞制見張方平集公

既自云二百五十餘篇則其間或出公手亦未可知緣諸本散在四方傳信已久恐後人疑爲脱逸復收之故命曰拾遺必有能辨之者

周陵兩制當出公手蓋是時中書省在禁中每有除授隨即命詞給告陵初移湖南不曾轉官其制行而未下尋再降旨轉官故別草詞令第一卷所載是也

潘宗盃制 潘一作汪

進士劉純制 故甄收（故字下脫於字）

劉旨等制 寵命（一作恩命）

柴宗慶第三女制 連戚里（連字下一有榮字）

倪俊制 皆可選擢（可一作得）

曹元賓制 試汝以事（此上一有而字）

孫量制 開封縣（一作封丘縣）

楊先瓚制 報効（一作夙夜）

史吉亨等制 蘇黃中（一作蘇華）

邵必制 爲治也（此上一有學字）

(宋)歐陽修 撰

宋本歐陽文忠公集

第八册

國家圖書館出版社

第八册目録

居士集五十卷（卷四十—四十六）……一

居士集卷第四十　歐陽文忠公集四十

記八首

菱谿石記

菱谿之石有六，其四為人取去，其一差小而尤奇，亦藏民家。其最大者偃然僵卧於谿側，以其難徙，故得獨存。每歲寒霜落，水涸而石出，谿傍人見其可怪，往往祀以為神。菱谿按圖與經皆不載。唐會昌中，刺史李濆為荇谿記，云水出永陽嶺，西經皇（一作黄）道山下。以地求之，今無所謂荇谿者，詢於

滁州人曰此谿是也揚行密有（一作據）淮南淮人為諱其嫌名以荇為菱理或然也谿傍若有遺址云故將劉金之宅石即劉氏之物也金僞（一作為）吳時貴將與行密俱起合淝號三十六英雄金其一也金本武夫悍（一作驍）卒而乃能知愛賞奇異為兒女子之（一作所）好豈非遭逢亂世功成志得驕於富貴之佚欲而然邪想其陂池臺榭奇木異草與此石稱亦一時之盛哉今劉氏之後散為編民（一作氓）尚有居谿旁者予感夫

人物之廢興（一無此字）惜其可愛而（一有又字）棄也乃以二牛曳置幽谷又索其小者得於白塔民朱氏遂立于亭之南北亭負城而近以為滁人歲時嬉遊之好夫物之奇者棄沒於幽遠則可惜置之耳目則愛者不免取之而去嗟夫劉金者雖不足道然亦可謂雄勇（一作勇悍）之士其平生志意豈不偉哉及其後世荒堙零落至於子孫泯沒而無聞況欲長有此石乎用此（一無此二字）可為富貴者之戒而好奇之士聞此石者（一作聞石而來）

可以一賞而足何必取而去也哉

海陵許氏南園（一作園亭）記

高陽許君子春治其海陵郊居之南為小園作某亭其堂于其間許君為江浙荆淮制置發運使其所領六路七十六州之廣凡賦斂之多少山川之遠近舟楫之往来均節轉徙視江湖數千里之外如運諸其（一無此字）掌能使人樂為而事集當國家用兵之後修前人久廢之職補京師匱乏之供為之六年厥績大著自國子博士遷主客

員外郎由判官為副使夫理繁而得其要
則簡簡則易行而不違惟簡與易然後其
力不勞而有餘夫以制置七十六州之有
餘治數畝之地為園誠不足施其智而於
君之事亦不足書君之美衆矣予特書其
一節可以示海陵之人者君本歙人世有
孝德其先君司封喪其父母事其兄如父
戒其妻事其嫂如姑衣雖弊兄未易衣不
敢易食雖具兄未食不敢先食司封之亡
一子當得官其兄弟相讓久之諸兄卒以

讓君君令遂顯于朝以大其門君撫兄弟諸子猶己子歲當上計京師而弟之子病君留不忍去其子亦不忍捨君而留遂以俱行君素清貧罄其家貲走四方以求醫而藥必親調食飲必親視至其矢溲亦親候其時節顏色所下一作疾如可理則喜或變動逆節則憂戚之色不自勝其子卒君哭泣悲哀行路之人皆嗟歎嗚呼予見許氏孝悌一有者字著于三一作四世矣凡海陵之人過其園者望其竹樹登一作覩其臺榭思

其宗族少長相從愉愉而樂於此也愛其人化其善自一家而形一鄉由一鄉而推之無遠邇（一作近）使許氏之子孫世久而（一無此字）愈篤則（一作焉）不獨化及其人將見其園閒之草木有駢枝而連理也禽鳥之翔集于其間者不爭巢而棲不擇子而哺也嗚呼事患不為與夫怠而止爾惟力行而不怠以止然後知予言之可信也慶曆八年十二月二十七日廬陵歐陽脩記

真州東園記

真為州當東南之水會故為江淮兩浙荆湖發運使之治所龍圖閣直學士施君正臣侍御史許君子春之為使也得監察御史裏行馬君仲塗為其判官三人者樂其相得之懽而因其暇日得州之監軍廢營以作東園而日往遊焉歲秋八月子春以其職事走京師圖其所謂東園者來以示予曰園之廣百畝而流水横其前清池浸其右高臺起其（一作超而）北臺吾望以拂雲之亭池吾俯以澄虛之閣水吾泛以畫舫之

舟敞其中以為清讌之堂閣其後以為射賓之圃芙蕖芰荷之的歷幽蘭白芷之芬芳與夫佳花美木列植而交陰此前日之蒼煙白露而荊棘也高甍巨桷水光日景動搖而下上（一作上下）其寬閑深靚可以答遠響而生清風此前日之頹垣斷塹而荒墟（一作塸）也嘉時令節州人士女嘯歌而管絃此前日之晦冥風雨鼪鼯鳥獸之嗥音也吾於是信有力焉凡圖之所載蓋其一二之略也若迺升于高以望江山之遠近嬉

于水而逐魚鳥之浮沈其物象意趣登臨之樂覽者各自得焉凡工之所不能畫者吾亦不能言也其為我書大其槩焉又曰真天下之衡也四方之賓客往来者吾與之共樂于此豈獨私吾三人者哉然而一作其池臺日益以新草樹日益以茂四方之士無日而不来而吾三人者有時而皆去也豈不眷眷於是哉不為之記則後孰知其自吾三人者始也予以謂三君子之材賢足以相濟而又協于其職知所先後使

上下給足而東南六路之人無辛苦愁怨之聲然後休其餘閑又與四方之賢士大夫共樂于此是皆可嘉也乃為之書廬陵歐陽脩記

浮槎山水記

浮槎山在慎縣南三十五里或曰浮闍山一無此五字或曰浮巢二一無此字山其事出於浮圖老子之徒荒怪誕幻之說其上有泉自前世論水者皆弗道余嘗讀茶經愛陸羽善言水後得張又新水記載劉伯芻李季

卿所列水次第以為得之於羽然以茶經考之皆不合又新妄狂險譎之士其言難信頗疑非羽之説及得浮槎山水然後益以羽為知水者浮槎與龍池山皆在廬州界中較其水味不及浮槎遠甚而又新所記以龍池為第十浮槎之水弃而不錄以此知其所失多矣羽則不然其論曰山水上江次之井為下山水乳泉池漫流者上其言雖簡而於論水盡矣浮槎之水發自李侯嘉祐二年李侯以鎮東軍（一無此字）留後

出守廬州因遊金陵登蔣山飲其水既又登浮槎至其山上有石池涓涓可愛蓋羽所謂乳漫流者也飲之而甘乃考圖記問於故老得其事迹因以其水遺余於京師予報之曰李侯可謂賢矣夫窮天下之物無不得其欲者富貴者之樂也至於蔭長松藉豐草聽山溜之潺湲飲石泉之滴瀝此山林者之樂也而山林之士視天下之樂不一動其心或有欲於心顧力不可得而止者乃能退而獲樂於斯彼富貴者之

能致物矣而其不可兼者惟山林之樂爾惟富貴者而不得兼然後貧賤之士有以自足而高世其不能兩得亦其理與勢之然歟今李侯生長富貴厭於耳目又知山林之為樂至於攀緣上下幽隱窮絶人所不及者皆能得之其兼取於物者可謂多矣李侯折節好學喜交賢士敏於為政所至有能名凡物不能自見而待人以彰者有矣其物未必可貴而因人以重者亦有矣故予為志其事俾世知斯（一作奇）泉發自

李侯始也三年二月二十有四日廬陵歐陽脩記

有美堂記

嘉祐二年龍圖閣直學士尚書吏部郎中梅公出守于杭於其行也天子寵之以詩於是始作有美之堂蓋取賜詩之首章而名之為以杭人之榮然公之甚愛斯堂也雖去而不忘今年自金陵遣人走京師命予誌之其請至六七而不倦予乃為之言曰夫舉天下之至與其樂有不得而兼焉

者多矣故窮山水登臨之美者必之乎寬閑之野寂寞之鄉而後得焉覽人物之盛麗夸都邑之雄富者必據乎四達之衝舟車之會而後足焉蓋彼放心於物外而此娛意於繁華二者各有適焉然其為樂不得而兼也今夫所謂羅浮天台衡嶽廬阜洞庭之廣三峽之險號為東南奇偉秀絕者乃皆在乎下州小邑僻陋之邦此幽潛之士窮愁放逐之臣之所樂也若乃四方之所聚百貨之所交物盛人衆為一都會

而又能兼有山水之美以資富貴之娛者惟金陵錢塘然二邦皆僭竊於亂世及聖宋受命海內為一金陵以後服見誅今其江山雖在而頹垣廢址荒煙野草過而覽者莫不為之躊躇而悽愴獨錢塘自五代時知尊中國效臣順及其已也頓首請命不煩干戈今其民幸富完安樂又其俗習（一作習俗）工巧邑屋華麗蓋十餘萬家環以湖山左右映帶而閩商海賈風帆浪舶出入於江濤浩渺煙雲杳靄之間可謂盛矣而

臨是邦者必皆朝廷公卿大臣若天子之侍從又有四方遊士為之賓客故喜占形勝治亭（一作臺）榭相與極遊覽之娛然後其於所取有得於此者必有遺於彼獨所謂有美堂者山水登臨之美人物邑居之繁一寓目而盡得之蓋錢塘兼有天下之美而斯堂者又盡得錢塘之美焉宜乎公之甚愛而難忘也梅公清慎好學君子也視其所好可以知其人焉四年八月丁亥廬陵歐陽脩記

相州晝錦堂記

仕宦而至將相富貴而歸故鄉此人情之所榮而今昔之所同也蓋士方窮時困阨閭里庸人孺子皆得易而侮之若季子不禮於其嫂買臣見棄於其妻一旦高車駟馬旗旄導前而騎卒擁後夾道之人相與駢肩累迹瞻望咨嗟而所謂庸夫愚婦者奔走駭汗羞愧俯伏以自悔罪於車塵馬足之間（一有而莫敢仰視五字）此一介之士得志（一有於字）當時而意氣之盛昔人比之衣錦之榮

者也惟大丞相衛國公則不然公相人也世有令德為時名卿自公少時已擢高科登顯仕海内之士聞下風而望餘光者蓋亦有年矣所謂將相富貴皆公所宜素有非如窮阨之人僥倖得志於一時出於庸夫愚婦之不意以驚駭而夸耀之也然作高牙大纛（一作旆）不足為公榮桓圭衮冕不足為公貴惟德被生民而功施社稷勒之金石播之聲詩以耀後世而垂無窮此公之志而士亦以此望於公也豈止夸一時

而榮一鄉哉公在至和中嘗以武康之節來治於相乃作晝錦之堂于後圃既又刻詩於石以遺相人其言以快恩讎矜名譽爲可薄蓋不以昔人所夸者爲榮而以爲戒於此見公之視富貴爲如何而其志豈易量哉故能出入將相勤勞王家而夷險一節至於臨大事決大議垂紳正笏不動聲氣（一作色）而措天下於泰山之安可謂社稷之臣矣其豐功盛烈所以銘彝鼎而被絃歌者乃邦家之光非閭里之榮也余雖

不獲登公之堂幸嘗竊誦公之詩樂公之志有成而喜爲天下道也於是乎書尚書吏部侍郎參知政事歐陽脩記

仁宗御飛白記

治平四年夏五月余將赴亳假道于汝陰因得閲書於子履之室而雲章爛然輝映日月爲之正冠肅容再拜而後敢仰視蓋仁宗皇帝之御飛白（一作帛）也曰此寶文閣之所藏也胡爲於子之室乎子履曰曩者天子宴從臣於群玉而賜以飛白余幸得

與賜焉予窮於世久矣少不悦於時人流離竄斥十有餘年而得不老死江湖之上者蓋以遭時清明天子嚮學樂有天下之材而不遺一介之賤一作善使得與群賢並遊於儒學之館而天下無事歲時豐登民物安樂天子優游清閑不邇聲色方與羣臣從容於翰墨之娛而余於斯時竊獲此賜非惟一介之臣之榮遇亦朝廷一時之盛事也子其為我志之余曰仁宗之德澤涵濡於萬物者四十餘年雖田夫野老之

無知猶能悲歌思慕於壠畝之間而況儒臣學士得望清光蒙恩寵登金門而上玉堂者乎於是相與泫然流涕而書之夫玉韞石而珠藏淵其光氣常見於外也故山輝如白虹水變而五色者至寶之所在也今賜書之藏于子室也吾知將有望氣者言榮光起而屬天者必賜書之所在也一有

觀文殿學士刑部尚書歐陽脩謹記

峴山亭記 一本題上有史光祿修

峴山臨漢上望之隱然蓋諸山之小者而

其名特著於荊州者，豈非以其人哉？其人謂誰？羊祜叔子、杜預元凱是已。方晉與吳以兵爭，常倚荊州以為重，而二子相繼於此，遂以平吳而成晉業，其功烈已蓋於當世矣。至於風流餘韻，藹然被於江漢之間者，至今人猶思之，而於思叔子也（一作而於叔子思之）尤深。蓋元凱以其功（一作力），而叔子以其仁，二子所謂雖不同，然（一作謂）皆足以垂於不朽。余（一作而）頗疑其反自汲汲於後世之名者何哉？傳言叔子嘗登茲山，慨然語其

屬以謂此山常在而前世之士皆已湮滅於無聞因自顧而悲傷然獨不知茲山待已而名著也元凱銘功於二石一置茲山之上一投漢水之淵是知陵谷有變而不知石有時而磨滅也豈皆自喜其名之甚而過無為窮之慮歟將自待者厚而所思者遠歟山故有亭世傳以為叔子之所遊止也故其屢廢而復興者由後世慕其名而思其人者多也熙寧元年余友人史君中煇以光祿卿來守襄陽明年因亭之舊

廣而新之既一無此字周以回廊之壯又大其後軒使與亭相稱君知名當世所至有聲襄人安其政而樂從其遊也因以君之官名其後軒為一作曰光祿堂又為欲記其事于石以與叔子元凱之名並傳于久遠君皆不能止也乃來以記屬於余余謂君知慕叔子之風而襲其遺迹則其為人與其志之所存者可知矣襄人愛君而安樂之如此則君之為政於襄者又可知矣此襄人之所欲書也若其左右山川之勝勢與

夫草木雲煙之杳靄出沒於空曠有無之間而可以備詩人之登高寫離騷之極目者宜其覽者自得之至於亭屢廢興或自有記或不必究其詳者一有則字皆不復道一有也字

熙寧三年十月二十有二日六一居士

歐陽脩記

居士集卷第四十

熙寧五年秋七月男發等編定

紹熙二年三月郡人孫謙益校正

菱谿石記滁州人一無州字即劉亦作乃劉

東園記監軍石本作盐軍芙渠一作芙蕖塹石本作壍

浮槎山水記浮閣山石本無山字問於石本無於字

而不得兼而一作之

有美堂記又有一作必有

御飛白記江湖之上四字上一有於字

居士集卷第四十一　歐陽文忠公集四十一

序七首

望韋之字序

校書郎韋君（一作望之）嘗（一無此字）以其名望之（一無二字）來請字，曰願有所教使得以勉焉而自勗者。予為之自字曰表民，而告之曰：古之君子所以異乎眾人者，言出而為民信，事行而為世法，其動作容貌皆可以表於民（一作皆有以為民表）也。故紘綖（一作纓旒）冕弁以為首容，佩玉玦環以為行容，衣裳黼黻（一作設色）以為

身容手有手容足有足容揖讓登降獻酬俯仰莫不有容又見其寬柔溫厚剛嚴果毅之色以為仁義之容服其服載其車立乎朝廷而正君臣出入宗廟而臨大事儼然人皆望而畏之曰此吾民之所尊也非民之知尊君子而君子者能自脩而尊者也然而行不充于内德不備於人雖盛其服文其容民不尊也（一作民弗尊也已）名山大川一方之望也山川之岳瀆（一有則字）天下之望也故君子之賢於一鄉者一鄉之望也賢

於一國者一國之望也名烈著于天下者天下之望也功德被于後世者萬世之望也孝慈友悌達于一鄉（一作於州閭）古所謂鄉先生者一鄉之望也春秋之賢大夫若隨之季良鄭之子産者（一作春秋諸侯之大夫若鄭之子産吴之季札之類）一國之望也位于（二字一作居）中而姦臣賊子不敢竊（一作輒）發于外如漢之大將軍出入將相朝廷以為輕重天下繫其（一作以為）安危如唐之裴丞相（一有若此二字）者天下之望也其人已沒（一作死）其事已久（一作矣）聞其名

想其人若不可及者夔龍稷契是也其功可以及百一作被萬世其道可以師百王雖有賢一作後聖莫敢過之一作自謂莫及者周孔是也此萬世之望而皆所以為民之表也傳曰其在一作在其賢者識其大者遠三字一作遠字者一有若此數者皆可自擇而勉焉者也今十四字章君儒其衣冠氣劉色仁好學而有志三字一作志於古視其絜然修乎其外而輝然充乎其內以發乎一作為文辭則又辯博放一作宏肆而無涯一作不流是數者皆可以自擇而勉焉者也一無此十三字是固

一無此字能識夫一作其遠大者矣雖予何何字一作信可以勗焉第一作敢因其志廣其說一作彊為之言以塞請慶曆三年六月日序

釋祕演詩集序

予少以進士遊京師因得盡交當世之賢豪然猶以謂國家臣一四海休兵革養息天下以無事者四十年而智謀雄偉非常之士無所用其能者往往伏而不出山林屠販必而老死而世莫見者欲從而求之不可得其後得其亡友石曼卿曼卿為人

廓然有大志時人不能用其材曼卿亦不屈以求合無所放其意則往往從布衣野老酣嬉淋漓顛倒而不厭予疑所謂伏而不見者庶幾狎而得之故嘗喜從曼卿遊欲因以陰求天下奇士浮屠（二字一作僧）祕演者與曼卿交最久亦能遺外世俗以氣節相高二人懽然無所間曼卿隱於酒祕演隱於浮屠皆奇男子也然喜為歌詩以自娛當其極飲大醉（一作臨水望月）歌吟笑呼以適天下之樂何其壯也一時賢士皆願從其

（一作之）游予亦時至其室十年之間祕演北渡河東之濟鄆無所合困而歸曼卿已死祕演亦老病嗟（一作若）夫二人者予乃見其盛衰則余亦將老矣夫曼卿詩辭清絶尤稱祕演之作以為雅健有詩人之意祕演状貌雄傑其胷中浩然既習于佛無所用獨其詩可行于世而懶不自惜已老胠其橐尚得三四百篇皆可喜者曼卿死祕演漠然無所向聞東南多山水其巓崖崛㟴江濤洶涌甚可壯也遂欲往遊焉足以知

其老而志在也於其將行為叙其詩因道其盛時以悲其衰慶曆二年十二月二十八日廬陵歐陽脩序

釋惟儼文集序

惟儼姓魏氏杭州人少遊京師三（一作二）十餘年雖學于佛而通儒術喜為辭章與吾亡友曼卿交最善曼卿遇人無所擇必皆盡其忻歡惟儼非賢士不交有不可其意無貴賤一切閉拒絶去不少顧曼卿之兼愛惟儼之介所趣雖異而交合無所間曼

卿嘗曰君子泛愛而親仁惟儼曰不然吾所以不交妄人故能得（一作得待）天下士若賢不肖混則賢者安肯顧我哉以此一時賢士多從其遊居相國浮圖不出其戶十五年士嘗遊其室者禮之惟恐不至及去為公卿貴人未始一往干之然嘗竊怪平生所交皆當世賢傑未見（一作有）卓卓著（一作見）功業如古人可記者因謂世所稱賢材若不笞兵走萬里立功海外則當佐天子號令賞罰於明堂苟皆不用則絕寵辱遺世

俗自高而不屈苟安能酣豢於富貴而無為哉醉則（一作嘗或）以此誚其生人亦復之以為遺世自守古人之所易若奮身逢時欲必就功業此雖聖賢難之周孔所以窮達異也今子老於浮圖不見用於世而幸不踐窮亨之塗乃以古事之已然而責今人之必然邪雖然惟儼（四字一作儼雖）傲乎退偃於一室天下之務當世之利病聽其言終日不猒惟惜其將老也已曼卿死惟儼亦買地京城之東以謀之其終乃斂平生所

為文數百篇示予曰曼卿之死既已表其墓顧為我序其文然及我之見也嗟夫惟儼既不用於世其材莫見（一作顯）於此時若考其筆墨馳騁文章贍逸之能可以見其志矣廬陵歐陽永叔叙

詩譜補亡後序

歐陽子曰昔者聖人已没六經之道幾熄於戰國而焚弃於秦自漢已來收拾亡逸發明遺義而正其訛繆得以粗備傳于（一作於）今者豈（一有止字）一人之力哉後之學者因

迹前世之所傳而較其得失或有之矣若使徒抱焚餘殘脱之經倀倀於去聖千百年後不見先儒中間之說而欲特立一家之學者果有能哉吾未之信也然則先儒之論苟非詳其終始而抵捂質於聖人而悖理害經之甚有不得已而後改易者何必徒爲異論以相訾也毛鄭於詩其學亦已博矣予嘗依其箋傳考之於經而證以序譜惜其不合者頗多蓋詩述商周自生民玄鳥上陳稷契下迄一作訖陳靈公千五

六百歲之間旁及列國君臣世次國地山川封域圖牒鳥獸草木魚蟲之名與其風俗善惡方言訓故（一作詁）盛衰治亂美刺之由無所不載然則孰能無失於其間哉予疑毛鄭之失既多然不敢輕為改易者意其為說不止於箋傳而恨已（一作已恨）不得盡見二家之書未能徧通其旨夫不盡見其書而欲折其是非猶不盡人之辭（一作辨）而欲斷其訟之曲直其能果於自決乎其能使之必服乎世言鄭氏詩譜最詳求之久

矣不可得雖崇文總目祕書所藏亦無之慶暦四年奉使河東至於絳州偶得焉其文有注而不見名氏然首尾殘缺自周公致太平已上皆亡之其國譜旁行尤易為訛舛悉皆顛倒錯亂不可復考凡詩雅頌兼列商魯其正變之風十有四國而其次比莫詳其義惟封國變風之先後不可以不知周召王豳同出於周邶鄘并於衛檜魏無世家其可考者陳齊衛晉曹鄭秦此封國之先後也豳齊衛檜陳唐秦鄭魏曹

變風之先後也周南召南邶鄘衛王鄭齊豳秦魏唐陳曹此孔子未刪詩之前周大師樂歌之次第也周召邶鄘衛王檜鄭齊魏唐秦陳曹豳此鄭氏詩譜次第也黜檜後陳此今詩次比也初予未見鄭譜嘗略考春秋史記本紀世家年表而合以毛鄭之說為詩圖十四篇今因取以補鄭譜之亡者足以見二家所說世次先後甚備因據而求其得失較然矣而仍存其圖庶幾以見予於鄭氏之學盡心焉耳夫盡其說

而有所不通然後得以論正予豈好為異論者哉凡補其譜十有五補其文字二百七（一本注云譜序自周公致太平已上皆亡其文予取孔穎達正義所載之文補足因為之注自周公已下即用舊注云）增損塗乙改正者三（一作八）百八十三而鄭氏之譜復完（一有矣字）

集古錄目序

物常聚於所好而常得於有力之彊有力而不好好之而無力雖近且易有不能致之象犀虎豹蠻夷山海殺人之獸然其齒角皮革可聚而有也玉出崑崙流沙萬里

之外經十餘譯乃至乎中國珠出南海常生深淵採者腰絙而入水形色非人往往不出則下飽蛟魚金礦于山鑿深而穴遠篝火餱粮而後進其崖崩窟塞則遂葬於其中者率常數十百人其遠且難而又多死禍常如此然而金玉珠璣世常兼聚而有也凡物好之而有力則無不至也湯盤孔鼎岐陽之鼓岱山鄒嶧會稽之刻石與夫漢魏已來聖君賢士桓碑彝器銘詩序記下至古文籀篆分隸諸家之字書皆三

代以来至寶怪奇偉麗工妙可喜之物其去人不遠其取之無禍然而風霜兵火湮淪磨滅散弃於山崖墟莽之間未嘗收拾者由世之好者少也幸而有好之者又其力或不足故僅得其一二而不知能使其聚也夫力莫如好好莫如一予性顓而嗜古凡世人之所貪者皆無欲於其間故得一其所好於斯好之已篤則力雖未足猶能致之故上自周穆王以来下更秦漢隋唐五代外至四海九州名山大澤窮崖絶

谷荒林破塚神仙鬼物詭怪所傳莫不皆有以為集古錄以謂轉（一作傳）寫失真故因其石本軸而藏之有卷帙次第而無時世之先後蓋其取多而未已故隨其所得而錄之又以謂聚多而終必散乃撮其大要別為錄目因并載夫可與史傳正其闕謬者以傳後學庶益於多聞或譏予曰物多則其勢難聚聚久而無不散何必區區於是哉予對曰足吾所好玩而老焉可也象犀金玉之聚其能果不散乎予固未能以

此而易彼也廬陵歐脩序

蘇氏文集序

予友蘇子美之亡後四年始得其平生文章遺藁於太子太傅杜公之家而集錄之以為十卷子美杜氏壻也遂以其集歸之而告于公曰斯文金玉也弃擲埋没糞土不能銷蝕其見遺于一時必見收而寶之于後世者雖其埋没而未出其精氣光怪已能常自發見而物亦不能揜也故方其擯斥摧挫流離窮一本作困厄之時文章已自

行于（一作於）天下雖其怨家仇人及嘗能出力而擠之死者至其文章則不能少毀而揜蔽（一無此字）之也凡人之情忽近而貴遠子美屈于今世猶若此其伸於後世宜如何也公其可無恨予嘗考前世文章政理之盛衰而怪唐太宗致治幾乎三王之盛而文章不能革五代之餘習後百有餘年韓李之徒出然後元和之文始復于古唐衰兵亂又百餘年而聖宋興天下一定晏然無事又幾百年而古文始盛于今自古治

時少而亂時多幸時治矣文章或不能純粹或遲久而不相及何其難之若是歟豈非難得其人歟苟一有其人又幸而及出于治世世其可不為之貴重而愛惜之歟嗟吾子美以一酒食之過至廢為民而流落以死此其可以歎息流涕而為當世仁人君子之（一無此字）職位宜與國家樂育賢材者惜也子美之齒少於予而予學古文反在其後天聖之間予舉進士于有司見時學者務以言語聲偶擿裂號為時文以相

誇尚而子美獨與其兄才翁及穆參軍伯長作爲古詞詩雜文時人頗共非笑之而（一無此字）子美不顧也其後天子患時文之弊下詔書諷勉學者以近古由是風漸息而學者稍趨於古焉獨子美爲於舉世不爲之時其始終自守不牽世俗趨舍可謂特立之士也子美官至大理評事集賢校理而廢後爲湖州長史以卒享年四十有一其狀貌其偉望之昂然而即之溫溫久而愈可愛慕其材雖高而人亦不甚嫉忌其

擊而去之者意不在子美也賴天子聰明仁聖（四字一作聖明）凡當時所指名而排斥二三大臣而下欲以子美爲根而累之者皆蒙保全今並列於榮寵雖與子美同時飲酒得罪之人多一時之豪俊亦被收采進顯于朝廷而子美獨不幸死矣豈非其命也悲夫廬陵歐陽脩序

鄭荀改名序

三代之衰學廢而道不明然後諸子出自老子猒周之亂用其小見以爲聖人之術

止於此始非仁義而詆聖智諸子因之益得肆其異說至於戰國蕩而不反然後山淵齊秦堅白異同之論興聖人之學幾乎其息最後荀卿子獨用詩書之言貶異扶正著書以非諸子尤以勸學為急荀卿楚人嘗以學干諸侯不用退老蘭陵楚人尊之及戰國平三代詩書未盡出漢諸大儒賈生司馬遷之徒莫不盡用荀卿子蓋其為說最近於聖人而然也滎陽鄭昊少為詩賦舉進士已中第遂弃之曰此不足學

也始從先生長者學問慨然有好古不及之意鄭君年尚少而性明輔一有之字以彊力之志得其是者而師焉無不至也將更其名數以請予使之自擇遂改曰荀於是又見其志之果也夫荀卿者未嘗親見聖人徒讀其書而得之然自子思孟子已下意皆輕之使其與游夏並進於孔子之門吾不知其先後也世之學者苟如荀卿可謂學矣而又進焉則孰能禦哉余既嘉君善自擇而慕焉因為之字曰叔希且以勗其

成馬

居士集卷第四十一

熙寧五年秋七月男發等編定

紹熙二年三月郡人孫謙益校正

章望之字序著于一作著乎將相此下一有而字之表

此下一有者字章君儒其衣冠章君之下一有之來也三字

祕演詩集序祕演隱於浮屠一無祕字下同江濤

一作濤江

惟儼文集序其户一無其字世俗一作世事文章一作

文辭

詩譜補亡後序焚棄一無棄字去聖此下一有人字次

比一作次第

蘇氏文集序治矣此下一有其字宜與一作宜為而人

一作而世

居士集卷第四十二　　歐陽文忠公集四十二

序九首

韻總序

倕工於為弓而不能射羿與逢蒙天下之善射者也奚仲公工於為車而不能御王良造父天下之善御者也此荀卿子所謂藝之至者不兩能信哉儒者學乎聖人聖人之道直以簡然至其曲而暢之以通天下之理以究陰陽天地人鬼事物之變化君臣父子吉凶生死凡人一作禍福之大倫則

六經不能盡其說而七十子與孟軻荀楊之徒各極其辨而莫能殫焉夫以孔子之好學而其所道者自堯舜而後則詳之其前葢畧而弗道其亦有所不暇者歟儒之學者信哉遠且大而用功多則其有所不暇者宜也文字之爲學儒者之所用也其爲精也有聲形曲直毫釐之别音響清濁相生之類五方言語風俗之殊故儒者莫暇精之其有精者則往往不能乎其他是以學者莫肯捨其所事而盡心乎此所謂

不两能者也必待乎用心專者而或能之然後儒者有以取焉洛僧鑒聿為韻總五篇推子母輕重之法以定四聲考求前儒之失辯正五方之訛顧其用心之精可謂入於忽微若櫛一有者字之於髮績一有者字之於絲雖細且多而條理不亂儒之學者莫能難也鑒聿通於易能知大演之數又學乎陰陽地理黃帝岐伯之書其尤盡心者韻總也世一作聿本儒家子少為浮圖入武當山往來江漢之旁十餘年不妄與人交有

不可其意雖王公大人亦莫肯顧閒士有一藝雖千里必求之介然有古獨行之節所謂用心專者也宜其學必至焉耳浮圖之書行乎世者數百萬言其文字雜以夷夏讀者罕得其真往往就（一有聿字）而正焉鑒（一無此字）聿之書（一作韻）非獨有取於吾儒亦欲傳於其徒也

送楊寘（一作送楊二赴劍浦）序

予嘗有幽憂之疾退而閒居不能治也既而學琴於友人孫道滋受宮聲數引久而

樂之不知疾之在其體也一本有夫疾生乎憂者也藥之毒者能攻其疾之聚不若聲之至者能和其心之所不平乎心而平不和者和則疾之忘也宜哉四十五字夫琴之為技小矣及其至也大者為宮細者為羽操絃驟作忽然變之急者悽然以促緩者舒然以和如崩崖裂石高山出泉而風雨夜至也如怨夫寡婦之歎息雌雄雍雍之相鳴也其憂深思遠則舜與文王孔子之遺音也悲愁感憤則伯奇孤子屈原忠臣之所歎也喜怒哀樂動人心深而純古淡泊與夫堯舜三代之

言語孔子之文章易之憂患（一作思一作深）詩之怨刺無以異其能聽之以耳應之以手取其和者道其堙鬱寫其憂思則感人之際亦有至者焉（一有是不可以不學也七字）予友楊君好學有文累以進士舉不得志反從廕調為尉於劍浦區區在東南數千里外是其心固有不平者且少又多疾而南方少醫藥風俗飲食異宜以多疾之體有不平之心居異宜之俗其能鬱鬱以久乎然欲平其心以養其疾於琴亦將有得焉故予作琴

説以贈其行且邀道滋酌酒進琴以為別（一無此二字而有說以贈其行挈道滋之琴而行曰是真可樂也行將學之二十二字）

送曾鞏秀才序

廣文曾生来自南豐（一作自南豐来）入太學與其諸生羣進於有司有司斂羣材操尺度槩以一法考其不中者而棄之雖有魁壘拔出之材其一絫不中尺度則棄不敢取幸而得良有司不過反同衆人歎嗟（一作咨嗟而）愛惜若取捨非己事者諉曰有司有法奈不中何（一作奈何其不中也）有司固不自任其責

而天下之人（一作士）亦不以責有司皆曰其不中法也（一作其如不中法何）不幸有司尺度一失手（一作守）則往往失多而得少（一作失多於所得）嗚呼（二字一作噫）一有司所操果良法邪何其久而不思革也況若曾生之業其大者固已魁壘其於（一無此字）小者亦可以中（一作就）尺度而有司（一有遽字）棄之可怪也然曾生不非同進不罪有司告予以歸思廣其學而（一有益字）堅其守予初駭（一作驚）其文（一有既字）又壯其志夫農不咎歲而菑播是勤其水旱則已使一

有穫則豈不多邪曾生槀其文數十萬言來京師京師之人無求曾生者然曾生亦不以干也（一作而生亦不一往干之）予豈敢（一作若予者豈能）求生而生辱以顧予是京師之人既不（四字）（一作士大夫既莫能）求之而有司又失之而獨余得也於其行也遂見於文使知（一有曾字）生者可以吊有司（一有之失二字）而賀余之獨得也

送田畫秀才寧親萬州序

五代之初天下分為十三四及建隆之際或滅或微其在者猶七國而蜀與江南地

最大以周世宗之雄三至淮上不能舉李氏而蜀亦恃險為阻秦隴山南皆被侵奪而荆人縮手歸峽不敢西窺以争故地（一本注云往時忠萬夔施皆屬荆南五代之際為蜀所侵）及太祖受天命用兵不過（一作及）萬人舉兩國如一郡縣吏何其偉歟（一作哉）當此時文初之祖從諸將西平成都及南攻（一作破）金陵功最多於時（一作最有功於時）語名將者稱田氏田氏攻書史官祿世于家至今而不絶及天下已定（一作天下既平久矣）将率無所用其武士君子爭以文

儒進故文初將家子反衣白衣從鄉進士舉於有司彼此一時亦各遭其執而然也文初辭業通敏爲人敦潔可喜歲之仲春自荊南西（一作自荊南而西將）拜其親於萬州維（一作繫）舟夷陵予與之登高以遠望（一作望山川）遂遊東山窺綠蘿溪坐磐石文初愛之（一有留字）數日乃去（一作行）夷陵者其地志云北有夷山以爲（一有之字）名或曰巴峽之險至此地始平夷蓋今文初所見尚未爲山川之勝者由此而上泝江湍入三峽險怪奇絕乃（一作

直可愛也當王師伐蜀時兵出兩道一自鳳州以入一自歸州以取忠萬以西今之所謂經皆王師嚮所用武處一作今文初所歷皆嚮時王師用武處覽其山川可以慨然而賦矣

謝氏詩序

大聖七年予始遊京師得吾友謝景山景山少以進士中科甲以善歌詩知名一作以好古能文知名於時其後予於他所又得今舍人宋公所爲景山母夫人之墓銘言夫人好學通經自教其子乃知景山出於甌閩數千

里之外負其藝於大衆之一無此字中一賈而售遂以名知一作知名於人者繫其母之賢也今年予自夷陵至一作之許昌景山出其女弟希孟所為詩百餘篇然後又知景山之母不獨成其子之名而又以其餘遺其女也景山嘗學杜甫杜牧之文以雄健高逸自喜希孟之言尤隱約深厚一作切守禮而不自放有古幽閒淑女之風非持婦人之能言者也然景山嘗從今世賢豪者遊故得聞於當時而希孟不幸為女子莫自章

顯於世昔衛莊姜許穆夫人錄於仲尼而列之國風（一有使字）今有傑然巨人能輕重時人而取信後世者一為希孟重之其不泯没矣予固力不足者復何為哉復何為哉希孟嫁進士陳安國卒時年二（一作三）十四景祐四年八月一日守峽州夷陵縣令歐陽脩序

送張唐民歸青州序

予讀周禮至於教民興學選賢命士之法未嘗不輟而歎息以謂三代之際士豈皆

素賢哉當其王道備而習俗成仁義禮樂達於學孝慈友悌達於家居有教養之漸進有爵福之勸苟一不勉則又有屛黜不齒（一無二字）戮辱之羞然則士生其間其勢不得不至於爲善也豈必生知之賢及後世道缺學廢苟僞之俗成而忘其教養之具（一作漸）至於爵祿黜辱之法又失其方而不足以勸懼然則士生其間能自爲善（二字一作立）卓然而不惑者非其生知之性天所賦予其孰能至哉則凡所謂賢者其可貴於

三代之士遠矣故善人尤少幸而有則往往飢寒困踣之不暇其幸者或艱而後通夫賢者豈必困且艱歟蓋高世則難合遠俗則多窮（一有困字）亦其勢然也嗚呼人事修則天下之人皆可使為善士（一無此字）廢則雖天所賦予其賢亦困於時夫天非不好善其不勝於人力者其勢之然歟此所謂天人之理在於周易（一有為字）否泰消長之卦能通其說則自古賢聖窮達而禍福皆可知而不足怪秀才張生居青州其母賢而知

書三子喪其二獨生最賢行義聞於鄉而好學力為古文是為卓然而不惑者也今年舉進士黜於有司母老而貧無以養可謂困且艱矣嗟乎予力既不能（一有以字）周於生而生尤好（一有學字）易常以講於予若歸而卒其業則天命之理人事之勢窮達禍福可以不動于其心雖然若生者豈必（一作終）窮也哉安知其不艱而後通也哉慶曆二年三月十九日序

送王陶序（一作剛說送王先輩之岳陽）

六經皆載聖人之道而易著（著一作尤明）聖人之用吉凶得失動靜進退易之事也其所以爲之用者剛與柔也乾健坤順剛柔之大用也至於八卦之變六爻之錯剛與柔迭居其位而吉亨利无咎凶厲悔吝之象生焉蓋剛爲陽爲德爲君子柔爲陰爲險爲小人自乾之初九爲姤而上至於剝其卦五皆陰剝陽之卦也小人之道長君子靜以退之時也自坤之初六爲復而上至於夬其卦五皆剛决柔之卦也小人之道

消君子動以進而用事之時也夫剛之為德君子之常用也庇民利物功莫大焉其為卦（一有也字）過泰之三而四為大壯（一本畫卦）五為夬（一本畫卦）壯者壯也夬者決也四陽雖盛而猶有二陰然陽衆而陰寡則可用壯以（一作以壯而）攻之故其卦為壯五陽而一陰陰不足為直可決之而已故其卦為夬然則君子之用其剛也審其力視其時知陰險小人之必可去然後以壯而決之夫勇者可犯也彊者可詘也聖人於壯決之用必

有戒焉故大壯之彖辭曰大壯利正其象辭曰君子非禮弗履夬之彖辭曰健而説决而和其象辭曰居德則忌以明夫剛之不可獨任也故復始而亨臨浸而長泰交而大壯以衆攻其寡夬乘其衰而决之夫君子之用其剛也有漸而不失其時一作宜又不獨任必以正以禮以説以和而濟之則功可成此君子動以進而用事之方也太原王陶字樂道好剛之士也嘗嫉世陰險三字一作夫君子少而小人多居京師不安與人

遊力學好古以（一無此字）自（一作篤）信自守今其初仕於易得君子動以進之象故予爲劉説以贈之大壯之初九曰壯于趾征凶夬之初九亦曰壯于趾往不勝爲咎以此見（三字一作此皆）聖人之戒用剛也不獨於其（一作著于）彖象而又常深戒於其初嗚呼世之君子少而小人多君之力學好剛以蓄其志未始施之於事也今其往尤宜慎乎其初（一有脩述）

孫子後序（一作書孫子後）

世所傳孫武十三篇多用曹公杜牧陳皥注號三家孫子余頃與撰四庫書目所見孫子注者尤多（一有至二十餘家五字）武之書本於兵兵之術非一而以不窮為奇宜其說者之多也凡人之用智有短長有施設各異故或膠其說於偏見然無出所謂三家者三家之注皥最後其說時時攻牧之短牧亦慨然最喜論兵欲試而不得者其學能道春秋戰國時事甚博而詳然前世言善用兵稱曹公曹公嘗與董呂諸袁角其力

而勝之遂與吳蜀分漢而王傳言魏之諸將出兵千里（一有公字）每坐計數勝敗授其成算諸將用之十不失一一有違者兵輒敗北故魏世用兵悉以新書從事其精於兵也如此牧謂曹公於注孫子尤略蓋惜其所得自為一書是曹公悉得武之術也然武嘗以其書干吳王闔閭闔閭用之西破楚北服齊晉而霸諸侯夫使武自用其書止於彊伯及曹公用之然亦終不能滅吳蜀豈武之術盡於此乎抑用之不極其能

也後之學者徒見其書又各牽於己見是以注者雖多而少當也獨吾友聖俞不然嘗評武之書曰此戰國相傾之說也三代王者之師司馬九伐之法武不及也然亦愛其文略而意深其行師用兵料敵制勝亦皆有法其言甚有次序而注者汨之或失其意乃自爲注凡膠於偏見者皆抉一作排去傳以己意而發之然後武之說不汨而明吾知此書當與三家並傳而後世取其說者往往於吾聖俞多焉聖俞爲人謹

質溫恭（一有仁厚而明四字）衣冠進趨眇然儒者也後世之視其書者與太史公疑張子房為壯夫何異

梅聖俞詩集序

予聞世謂詩人少達而多窮夫豈然哉蓋世所傳詩者多出於古窮人之辭也凡士之蘊其所有而不得施於世者多喜自放於山巔水涯（一有之字）外見蟲魚草木風雲鳥獸之狀類往往探其奇怪內有憂思感憤之鬱積其興於怨刺以道羇臣寡婦之

所歎而寫人情之難言蓋愈窮則愈工然
則非詩之能窮人殆窮者而後工也予友
梅聖俞少以蔭補為吏累舉進士輒抑於
有司困於州縣凡十餘年年今五十猶從
辟書為人之佐鬱其所畜不得奮見於事
業其家宛陵幼習於詩自為童子出語已
驚其長老既長學乎六經仁義之說其為
文章簡古純粹不求苟說於世世之人徒
知其詩而已然時無賢愚語詩者必求之
聖俞聖俞亦自以其不得志者樂於詩而

發之故其平生所作於詩尤（一作最）多世既知之矣而未有薦于上者昔王文康公嘗見而歎曰二百年無此作矣雖知之深亦不果薦也若使其幸得用於朝廷作為雅頌以歌詠大宋之功德薦之清廟而追商周魯頌之作者豈不偉歟奈何使其老不得志而為窮者之詩乃徒發於蟲魚物類羇愁感歎之言世徒喜其工不知其窮之久而將老也可不惜哉聖俞詩既多不自收拾其妻之兄子謝景初懼其多而易失

也取其自洛陽至于吳興已来所作次為十卷予嘗嗜聖俞詩而患不能盡得之遽喜謝氏之能類次也輒序而藏之其後十五年聖俞以疾卒于京師余既哭而銘之因索于其家得其遺槀千餘篇并舊所藏掇其尤者六百七十七篇為一十五卷嗚呼吾於聖俞詩論之詳矣故不復云廬陵

歐陽脩序

居士集卷第四十二

熙寧五年秋七月男發等編定

紹熙二年三月郡人孫謙益校正

送曾鞏序與其（一無其字）京師之人（四字一作士大夫）

送田畫序十三四（一作十四五）其在（一作其存）為蜀所侵（四字一作入於蜀）如一郡縣吏（一作若取一郡縣吏）功最多於時語名將者稱田氏（一作最有功故當時語名將者稱田氏）于家（一作其家）反衣（一作反以）通敏（一作精敏）三峽（此下一有其字）以取（一作而取）

謝氏詩序泯沒（此下一有必字）

送張唐民序爵福之勸（福一作祿）豈必（一作豈皆必）

而忘(一作而已)又失(一作久失)三月(一作五月)送王陶序五陽而一陰(一作而五陽一陰)直河決之(一作則可直次之)泰交而大(大一作泰)用其剝(一無其字)以正以禮以說以和(宋文粹作以禮以正以和以說)陰險而小人多(而一作之)君之力學(四字上一有若字)施之於事(一無之字)

居士集卷第四十三　歐陽文忠公集四十三

序七首

送祕書丞宋君歸太學序

陋巷之士甘藜藿而脩仁義毀譽不干其守饑寒不累其心此衆人以為難而君子以為易生于高門世襲軒冕而躬布衣韋帶之行其驕榮佚欲之樂生長于其間而不溺其習日見于其外而不動乎中其此雖君子猶或難之學行足以立身而進不止材能足以高人而志愈下此雖聖人亦

以為難也書曰不自滿假又曰汝惟不矜不伐（一有夫字）以舜禹之明（一有且字）猶以是為相戒懼況其下者哉此誠可謂難也已廣平宋君宣獻公之子公以文章為當世宗師顯于朝廷登于輔弼清德著于一時令名垂于後世君少自立不以門地驕于人既長學問好古為（一無此字）文章天下賢士大夫皆稱慕其為人而君慊然常若不足于己者守官太學甘寂寞以自處日與寒士往來而從先生國子講論道德以求其益夫

生而不溺其習此蓋出其（一作於）天性其見焉而不動於中者由性之明學之而後至也學（一作進）而不止高而愈下予自其幼見其長行而不倦久而愈篤可知其將無所不至焉也孟子所謂孰能禦之者歟予陋巷之士也遭時奮身竊位于朝守其貧賤之節其臨利害禍福之際常恐其奪也以予行君子之所易者猶若是知君行聖賢之所難者為難能也歲之三月來自京師拜其舅氏予得延之南齋聽其論議而慕

其為人雖與之終身久處而不厭也留之數日而去於其去也不能忘言遂為之序

廬陵歐陽脩述

送徐無黨南歸序

草木鳥獸之為物衆人之為人其為生雖異而為死則同一歸於腐壞澌盡泯滅而已而衆人之中有聖賢者固亦生且死於其閒而獨異於草木鳥獸衆人者雖死而不朽逾（一作逾）遠而彌存也其所以為聖賢者脩之於身施之於事見之於言是三者

所以能不朽而存也脩於身者無所不獲施於事者有得有不得焉其見於言者則又有能有不能也施於事矣不見於言者可也自詩書史記所傳其人豈必皆能言之士哉修於身矣而不施於事不見於言亦可也孔子弟子有能政事者矣有能言語者矣若顏回者在陋巷曲肱饑臥而已其群居則默然終日如愚人然自當時羣弟子皆推尊之以為不敢望而一作以及而後世更百千歲亦未有能及之者其不朽

而存者固不待施於事況於一作其言乎予讀班固藝文志唐四庫書目見其所列自三代秦漢以來著書之士多者至百餘篇少者猶三四十篇其人不可勝數而散亡磨滅百不一二存焉予竊悲其人文章麗美言語工矣無異草木榮華之飄風鳥獸好音之過耳也方其用心與力之勞一作勤亦何異衆人之汲汲營營而忽焉以死者雖有遲而速一作其遲速雖異而一作然卒與三者同歸於泯滅夫言之不可恃也蓋如此今

之學者莫不慕古聖賢之不朽而勤一世以盡心於文字間（一無此字）者皆可悲也東陽徐生少從予學爲文章稍稍見稱於人既去而與羣士試於禮部得高第由是知名（一有而字）其文辭日進如水涌而山出予欲摧其盛氣而勉其思也故於其歸告以是言然予固亦喜爲文辭者亦因以自警焉

廖氏文集序

自孔子歿而（一無此字）周（一無益字）衰接乎戰國秦遂焚書六經於是中絕漢興蓋久而後出

其散亂磨滅既失其傳然後諸儒因得措其異說於其間如河圖洛書怪妄之尤甚者余嘗哀夫學者知守經以篤信而不知僞說之亂經也屢爲說以黜之而學者溺其久習之傳反駭然非余以一人之見決千歲不可考之是非欲奪衆人之所信一作好徒自守而世莫之從也余以謂自孔子沒至今二千歲之間有一歐陽脩者爲是說矣又二千歲焉知無一人焉與脩同其說也又二千歲將復有一人焉然則同者

至于三則後之人不待千歲而有也同予説者既衆則衆人之所溺者可勝而（二字一作以）奪也夫六經非一世之書（一有也字）其將與天地無終極而存也以無終極視數千歲（一作載）於其間頃刻爾是則余之有待於後者遠矣非汲汲有求於今世也（一作今之世矣）衡山廖倚與余遊三十年已而出其兄偁之遺文百餘篇號朱陵編者其論洪範以為九疇聖人之法爾非有龜書出洛之事者也余乃知不待千歲而有與余同於今世

者（一有矣字）始余之待于後世也冀有因余言而同者爾若偁者未嘗聞余言蓋其意有所合焉然則舉今之世固有不相求而同者矣亦何待於數千歲（一作載）乎廖氏家衡山世以能詩知名於湖南而偁尤好古能文章其德行聞于鄉里一時賢士皆與之遊以其不達而早死故不顯于世嗚呼知（一有字）所待者必有時而獲知（一有字）所畜者必有時而施苟有志焉不必有求而後合余嘉與偁不相求而兩得也於是乎書嘉

祐六年四月十六日翰林學士尚書吏部郎中知制誥充史舘修撰歐陽脩序

外制集序一作慶曆制草

慶曆三年春丞相夷簡病不能朝上既更用大臣鋭意天下事始用諫官御史疏追還夏竦制書既而召韓琦范仲淹於陝西又除富弼樞密副使弼仲淹琦皆惶恐頓首辭讓至五六不已手詔趣琦等就道甚急而弼方且入求對以辭不得見遣中貴人趣送閤門使即受命嗚呼觀琦等之所

以讓上之所以用琦等者可謂聖賢相遭（一作逢）萬世一遇而君臣之際何其盛也於是時天下之士孰不願為材邪顧予何人亦與其選夏四月召自滑臺入諫院冬十二月拜右正言知制誥是時夏人雖數請命而西師尚未解嚴京東累歲盜賊最後王倫暴起沂州轉劫江淮之閒而張海郭貌山等亦起商鄧以驚京西州縣之吏多不稱職而民弊矣天子方慨然勸農桑興學校破去前例以不次用人哀民之困

而欲除其蠹吏知磨勘法久之弊而思别材不肖以進賢黜愚百職之不修而申行賞罰之信蓋欲修法度矣予時雖掌誥命猶在諫職常得奏事殿中從容盡聞天子所以更張庶事憂閔元元而勞心求治之意退得載于制書以諷曉訓勑在位者然予方與修祖宗故事又修起居注又修編勑日與同舍論議治文章所省不一而除日所下率不一二時已迫丞相出故不得專一思慮工文字以盡導天子難諭之意

而復誥命於三代之文嗟夫學者文章見用于世鮮矣況得施於朝廷而又遭人主致治之盛若修之鄙使竭其材猶恐不稱而況不能專一其職此予所以常遺恨於斯文也明年秋予出為河北轉運使又明年春權知成德軍事事少閒發嚮所作制草而閱之雖不能盡載明天子之意於其所述百（一作而）得一二足以章示後世蓋王者之訓在焉以予文之鄙而廢也於是錄之為三卷予自直閣下儤直八十始滿不

數日奉使河東還即以来河北故其作所纔一百五十餘篇云三月二十一日序

禮部唱和詩集序

嘉祐二年春予幸得從五人者於尚書禮部考天下所貢士凡六千五百人蓋絶不通人者五十日乃於其間時相與作為古律長短歌詩雜言庶幾所謂羣居燕處言談之文亦所以宣其底滞而忘其倦怠也故其為言易而近擇而不精然綢繆反復若斷若續而時發於奇怪雜以談嘲笑謔

及其至也往往亦造於精微夫君子之慱取於人者雖滑稽鄙俚猶或不遺而況於詩乎古者詩三百篇其言無所不有惟其肆而不放樂而不流以卒歸乎正此所以為貴也於是次而錄之得一百七十三篇以傳於六家嗚呼吾六人者志氣可謂盛矣然壯者有時而衰衰者有時而老其出處離合參差不齊則是詩也足以追惟平昔握手以為笑樂至於慨然掩卷而流涕噓嚱者亦將有之雖然豈徒如此而止也

覽者其必有取焉廬陵歐陽脩序

内制集序

昔錢思公嘗以謂朝廷之官雖宰相之重皆可雜以他才處之惟翰林學士非文章不可思公自言爲此語頗取怒（一作怨）於達官然亦自負以爲至論今學士所作文書多矣至於青詞齋文必用老子浮圖之說祈禳祕祝往往近於家人里巷之事而制詔（一作誥）取便於宣讀常拘以世俗所謂四六之文其類多如此然則果可謂之文章

者歟予在翰林六年中間進拜二三大臣皆適不當直而天下無事四夷和好兵革不用凡朝廷之文所以指麾號令訓戒約束自非因事無以發明矧予中年早衰意思零落以非工之作又無所遇以發焉其屑屑應用拘牽常格卑弱不振宜可羞也然今文士尤以翰林爲榮選予既罷職院吏取予直草以日次之得四百餘篇因不忍棄況其上自朝廷內及宮禁下暨蠻夷海外事無不載而時政記日曆與起居郎

舍人有所略而不記未必不有取於斯焉嗚呼予且老矣方買田淮潁之間若夫涼竹簟之暑風曝茅簷之冬日睡餘支枕念昔平生仕宦出處顧瞻玉堂如在天上因覽遺藁見其所載職官名氏以較其人盛衰先後孰在孰亡足以知榮寵爲虛名而資笑談（一作談笑）之一噱也亦因以誇於田夫野老而已嘉祐六年秋八月二日廬陵歐陽脩序

帝王世次圖序

堯舜禹湯文武此六君子者可謂顯人矣而後世猶失其傳者豈非以其遠也哉是故君子之學不窮遠以為能而闕其不知慎所傳以惑世也方孔子時周衰學廢先王之道不明而異端之說並起孔子患之乃修正詩書史記以止紛亂之說而欲其傳之信也故略其遠而詳其近於書斷自唐虞以來著其大事可以為世法者而已至於三皇五帝君臣世次皆未嘗道者以其世遠而慎所不知也孔子既沒異端之

說復與周室亦益衰亂接乎戰國秦遂焚書先王之道中絶漢興久之詩書稍出而不完當王道中絶之際奇書異說方充斥而盛行其言往往反自託於孔子之徒以取信於時學者旣不備見詩書之詳而習傳盛行之異說世無聖人以爲質而不自知其取捨眞僞至有博學好奇之士務多聞以爲勝者於是盡集諸說而論次初無所擇而惟恐遺之也如司馬遷之史記是矣以孔子之學上述前世止於堯舜著其

大略而不道其前遷遠出孔子之後而乃上述黃帝以來又詳悉其世次其不量力而務勝宜其失之多也遷所作本紀出於大戴禮世本諸書今依其說圖而考之堯舜夏商周皆同出於黃帝堯之崩也下傳其四世孫舜舜之崩也復上傳其四世祖禹而舜禹皆壽百歲稷契於高辛為子乃同父異母之兄弟今以其世次而下之湯與王季同世湯下傳十六世而為紂王季下傳一世而為文王二世而為武王是文

王以十五世祖臣事十五世孫紂而武王
以十四世祖代十四世孫而代之王何其
繆哉嗚呼堯舜禹湯文武之道百王之取
法也其盛德大業見於行事而後世所歆
知者孔子皆已論著之矣其久遠難明之
事後世不必知不知不害為君子者孔子
皆不道也夫孔子所以為聖人者其智知
所取捨皆如此

後序

余既略論帝王世次而見本紀之失猶謂

文武與紂相去十五六世其繆較然不疑而堯舜禹之世相去不遠尚冀其理有可通乃復以尚書孟子孔安國皇甫謐諸書參考其壽數長短而尤乖戾不能合也據書及諸説云堯壽一百一十六歲舜壽一百一十二歲禹壽百歲堯年十六即位在位七十年年八十六始得舜而試之二年乃使攝政時舜年三十居試攝通三十年而堯崩舜服堯喪三年畢乃即位在位五十年而崩方舜在位三十三年命禹攝政

凡十七年而舜崩禹服舜喪三年畢乃即位在位十年而崩由是言之當堯得舜之時堯年八十六舜年三十以此推而上之是堯年五十七已見四世之玄孫生一歲矣舜居試攝及在位通八十二年而禹壽百歲以禹百年之間推而上之禹即位及居舜喪通十三年又在舜朝八十二年通九十五年則當舜攝試之初年禹纔六歲是舜為玄孫年三十時見四世之高祖方生六歲矣至於舜娶堯二女據圖為曾祖

姑雖古遠世異與今容有不同然人倫之理乃萬世之常道必不錯亂顛倒之如此然則諸家世次壽數長短之說聖經之所不著者皆不足信也决矣

居士集卷第四十三

熙寧五年秋七月男發等編定

紹熙二年三月郡人孫謙益校正

送祕書丞宋君序為相戒懼（一無為字）久處（一作久遊）

廖氏文集序千歲（一作數千載）

外制集序諫職（一作諫院）盡導（一作盡道）

禮部唱和詩序三篇（一作二篇）

帝王世次圖序十四世（四當作六後序可證）

居士集卷第四十四　歐陽文忠公集四十四

序六首 傳一首附

思潁詩後序

皇祐元年春予自廣陵得請来潁愛其民淳訟簡而物産美土厚水甘而風氣和於時慨然已有終焉之意也爾来俛仰二十年間（一無此字）歷事三朝竊位二府寵榮已至而憂患隨之心志索然而筋骸憊矣其思潁之念未嘗（一有一日二字）少忘于心（一無此二字）而意（一作心）之所存亦時時見於文字也今者

幸蒙寬恩獲解重任使得待罪于亳既釋危機之慮而就閒曠之優其進退出處顧無所繫於事矣謂可以償夙志者此其時哉因假道于潁蓋將謀（一有葺敝廬以四字）決歸休之計也乃發舊藁得自南京以後詩十餘篇皆思潁之作以見予拳拳於潁者非一日也不類勸飛之鳥然後知還惟恐勒移之靈却回俗駕爾治平四年五月三日廬陵歐陽脩序

歸田錄序

歸田錄者朝廷之遺事史官之所不記與夫士大夫笑談之餘而可錄者錄之以備閑居之覽也有聞而誚余者曰何其迂哉子之所學者修仁義以為業誦六經以為言其自待者宜如何而幸蒙人主之知備位朝廷與聞國論者蓋八年于茲矣既不能因時奮身遇事發憤有所建明以為補益又不能依阿取容以徇世俗使怨嫉謗怒叢于一身以受侮于羣小當其驚風駭浪卒然起於不測之淵而蛟鱷黿鼉之怪

方騈首而闖伺乃措身其間以蹈必死之禍賴天子仁聖惻然哀憐脫於垂涎之口而活之以賜其餘生之命曾不聞吐珠銜環蛟效蛇雀之報蓋方其壯也猶無所為今既老且病矣是終負人主之恩而徒久費大農之錢為太倉之鼠也為子計者謂宜乞身于朝遠引疾去以深戒前日之禍（十一字一作退避榮寵）而優游田畝盡其天年猶足竊知止之賢名而乃裴回俯仰久之不決此而不思尚何歸田之錄乎余起而謝曰

凡子之責我者皆是也吾其歸哉子姑待

治平四年九月乙未歐陽脩序

仲氏文集序

嗚呼語稱君子知命所謂命其果可知乎貴賤窮亨用捨進退得失成敗其有幸有不幸或當然而不然而皆不知其所以然者則推之於天曰有命夫君子所謂知命者知此而已蓋小人知在我故常無所不爲君子知有命故能無所屈凡士之有材而不用於世有善而不知於人至老死困

窮而不悔者皆推之有命而不求苟合者也余讀仲君之文而想見其人也君諱訥字樸翁其氣剛其學古其材敏其為文抑揚感激勁正豪邁似其為人少舉進士官至尚書屯田員外郎而止君生於有宋百年全盛之際儒學文章之士得用之時宜其馳騁上下發揮其所畜振耀於當世而獨韜藏抑鬱久伏而不顯者蓋其不苟屈以合世故世亦莫之知也豈非知命之君子歟余謂君非徒知命而不苟屈亦自負

其所有者謂雖抑於一時必將伸於後世而不可揜也君之既歿富春孫華老狀其行以告于史臨川王介甫銘之石以藏諸幽而余又序其集以行其於世然則君之不苟屈於一時而有待於後世者其不在吾三人者邪噫余雖老且病而言不文其可不勉觀文殿學士刑部尚書知亳州廬陵歐陽脩序

續思潁詩序

皇祐二年余方留守南都已約梅聖俞買

田于頴上其詩曰優游琴酒逐漁釣上下林壑相攀躋及身彊健始為樂莫待衰病須扶攜此蓋余之本志也時年四十有四其後丁家艱服除還朝遂入翰林為學士忽忽七八年間歸頴之志雖未遑也然未嘗一日少忘焉故其詩曰乞身當及彊健時顧我蹉跎已衰老蓋歎前言之未踐也時年五十有二自是誤被選擢叨塵二府遂歷三朝蓋自嘉祐治平之間國家多事固非臣子敢自言其私時也而非才竊位

謗咎已盈賴天子仁聖聦明辨察誣罔始
終保全其出處俯仰十有二年今其年六
十有四盖自有蹉跎之歎又復一紀矣中
間在亳幸遇朝廷無事中外晏然而身又
不當責任以謂臣子可退無嫌之時遂敢
以其私言天子惻然閔其年猶未也謂尚
可以勉故奏封十上而六被詔諭未賜允
俞今者蒙上哀憐察其實病且衰矣既不
責其避事又曲從其便私免并得蔡俾以
偷安此君父廓大度之寬仁遂萬物之所

欲覆載含容養育之恩也而復蔡潁連疆因得以為歸老之漸冀少償其夙願茲又莫大之幸焉初陸子履以余自南都至在中書所作十有三篇為思潁詩以刻于石今又得在亳及青十有七篇以附之蓋自南都至在中書十有八年而得十三篇在亳及青三年而得十有七篇以見余之年益加老病益加衰其日漸短其心漸迫故其言愈多也庶幾覽者知余有志於彊健之時而未償於衰老之後幸不譏其踐言

之晚也熙寧三年九月七日六一居士序

江鄰幾文集序

余竊不自揆少習為銘章因得論次當世賢士大夫功行自明道景祐以來名卿鉅公往往見於余文矣至於朋友故舊平居握手言笑意氣偉然可謂一時之盛而方從其遊遽哭其死遂銘其藏者是可歎也蓋自尹師魯之亡逮今二十五年之間相繼而歿為之銘者至二十人又有余不及銘與雖銘而非交且舊者皆不與焉嗚呼

何其多也不獨善人君子難得易失而交游零落如此反顧身世死生盛衰之際又可悲夫而其間又有不幸罹憂患觸網羅至困阨流離以死與夫仕宦連蹇志不獲伸而歿獨其文章尚見於世者則又可哀也歟然則雖其殘篇斷藁猶為可惜況其可以垂世而行遠也故余於聖俞子美之歿既已銘其壙又類集其文而序之其言尤感切而殷勤者以此也陳留江君鄰幾常與聖俞子美遊而又與聖俞同時以卒

余既誌而銘之後十有五年來守淮西又於其家得其文集而序之鄭幾毅然仁厚君子也雖知名於時仕宦久而不進晚而朝廷方將用之未及而卒其學問通博文辭雅正深粹而論議多所發明詩尤清淡閑肆可喜然其文已自行於世矣固不待余言以為輕重而余特區區於是者蓋發於有感而云然熙寧四年三月日六一居士集序

薛簡肅公文集序

君子之學或施之事業或見於文章而常患於難兼也蓋遭時之士功烈顯於朝廷名譽光於竹帛故其常視文章為末事而又有不暇與不能者焉至於失志之人窮居隱約苦心危慮而極於精思與其有所感激發憤惟無所施於世者皆一寓於文辭故曰窮者之言易工也如唐之劉柳無稱於事業而姚宋不見於文章彼四人者猶不能於（一無此字）兩得況其下者乎惟簡肅公在真宗時以材能為名臣仁宗母后時

以劉毅正直爲賢輔其決大事定大議嘉謀讜論著在國史而遺風餘烈至今稱於士大夫公絳州正平人也自少以文行推於鄉里既舉進士獻其文百軸於有司由是名動京師其平生所爲文至八百餘篇何其盛哉可謂兼於兩得也公之事業顯矣其於文章氣質純深而勁正蓋發於其志故如其爲人公有子直孺早卒無後以其弟之子仲孺公期爲後公之文既多而往往流散於人間公期能力收拾蓋自公

薨後三十年始克類次而集之爲四十卷公期可謂能世其家者也嗚呼公爲有後矣熙寧四年五月日序

六一居士傳

六一居士初謫滁山自號醉翁既老而衰且病將退休於潁水之上則又更號六一居士客有問曰六一何謂也居士曰吾家藏書一萬卷集錄三代以來金石遺文一千卷有琴一張有碁一局而常置酒一壺客曰是爲五一柰何居士曰以吾一翁老

（一作老翁）於此五物之間，是豈不爲六一乎客笑曰子欲逃名者乎而屢易其號此莊生所誚畏影而走乎日中者也余將見子疾走大喘渴死而名不得逃也居士曰吾固知名之不可逃然亦知夫不必逃也吾爲此名聊以志吾之樂爾客曰其樂如何居士曰吾之樂可勝道哉方其得意於五物也太山在前而不見疾雷破柱而不驚雖響九奏於洞庭之野閱大戰於涿鹿之原未足喻其樂且適也然常患不得極吾樂

於其間者世事之爲吾累者衆也其大者有二焉軒裳珪組勞吾形于外憂患思慮勞吾心於内使吾形不病而已悴心未老而先衰尚何暇於五物哉雖然吾自一作方乞其身於朝者三年矣一日天子惻然哀之賜其骸骨使得與此五物偕返於田廬庶幾償其夙願焉此吾之所以志也客復笑曰子知軒裳珪組之累其形而不知五物之累其心乎居士曰不然累於彼者已勞矣又多憂累於此者既佚矣幸無患吾

其何擇哉於是與客俱起握手大笑曰置之區區不足較也已而歎曰夫士少而仕老而休蓋有不待七十者矣吾素慕之（二字作志）宜去一也吾嘗用於時矣而訖無稱焉宜去二也壯猶如此今既老且病矣乃以難彊之筋骸貪過分之榮祿是將違其素志而自食其言宜去三也吾負三宜去雖無五物其去宜矣復何道哉熙寧三年九月七日六一居士自傳

居士集卷第四十四

熈寧五年秋七月男發等編定

紹熈二年三月郡人孫謙益校正

歸田錄序怨嫉一作怨恨無所一作無可

六一居士傳曰吾家三字上一有對字所謂一作所謂

聊以一作所以無稱一作無補

居士集卷第四十五　歐陽文忠公集四十五

上書一首

通進司上書

十二月二十四日宣德郎守太子中允充館閣校勘臣歐陽脩謹昧死再拜上書于

皇帝闕下臣伏見國家自元昊叛逆關西用兵以來為國言事者衆矣臣初竊為三策以料賊情然臣迂儒不識兵之大計始猶遲疑未敢自信今兵興既久賊形已露如臣素料頗不甚遠故竊自謂有可以助

萬一而塵聽覽者謹條以聞惟陛下仁聖寬其狂妄之誅幸甚夫關西弛備而民不見兵者二三十年矣使賊萌亂之初藏形隱計卒然而来當是時吾之邊也寡弱城堡未完民習久安而易驚將非素選而敗怯使其羊驅豕突可以奮然而深入然國威未挫民力未疲彼得城而居不能久守虜掠而去可邀擊其歸此下策也故賊知而不為之戎狄侵邊自古為患其攻城掠野敗則走而勝則来蓋其常事此中策也

故賊兼而用之若夫假僭名號以威其衆先擊吾之易取者一二以悅其心然後訓養精鋭爲長久之謀故其來也雖勝而不前不敗而自退所以誘吾兵而勞之也或擊吾東或擊吾西乍出乍入所以使吾兵分備多而不得減息也吾欲速攻賊方新鋭坐而待戰彼則不來如此相持不三四歲吾兵已老民力已疲不幸又遇水旱之災調歛不勝而盜賊羣起彼方奮其全鋭擊吾困獘可也使吾不堪其困忿而出攻

決於一戰彼以逸而待吾勞亦可也幸吾苦兵計未知出遂求通聘以邀歲時之賂度吾困急不得不從亦可也是吾力一困則賊謀無施而不可此兵法所謂不戰而疲人兵者上策也而賊今方用之今三十萬之兵食於西者二歲矣又有十四五萬之鄉兵不耕而自食其民自古未有四五十萬之兵連年仰食而國力不困者也臣聞元昊之為賊威能畏其下恩能死其人自初僭叛嫚書已上逾年而不出一出則

鋒不可當執劫蓄官獲吾將帥多禮而不殺此其兇謀所畜皆非倉卒者也柰何彼能以上策而疲吾吾不自知其已困彼爲久計以撓我我無長策而制之哉夫訓兵養士伺隙乘便用間出奇此將帥之職也所謂閫外之事而君不御者可也至於外料賊謀之心内察國家之勢知彼知此因謀制敵此朝廷之大計也所謂廟筭而勝者也不可以不思今賊謀可知以久而疲我耳吾勢可察西人已困也誠能豐財積

粟以紓西人而亡國壯兵則賊謀沮而廟筭得矣夫兵攻守而已然皆以財用爲彊弱也守非財用而不久此不待言請試言攻昔秦席六世之彊資以事胡卒困天下而不得志漢因文景之富力三舉而纔得河南隋唐突厥吐蕃常與中國相勝敗擊而勝之有矣未有舉而滅者秦漢尤彊者其所攻今元昊之地是也况自劉平陷没賊鋒熾鋭未甞挫衄攻守之計非臣所知天威所加雖終期於掃盡然臨邊之將尚

未聞得賊釁隙挫其兇鋒是攻守皆未有休息之期而財用不為長久之計臣未見其可也四五十萬之人坐而仰食然關西之地物不加多關東所有莫能運致掊克細碎既以無益而羅之矣至於鬻官入粟下無應者改法權貨而商旅不行是四五十萬之人惟取足於西人而已西人何為而不困困而不起為盜者須水旱爾外為賊謀之所疲內遭水旱而多故天下之患可勝道哉夫關西之物不能加多則必通

其漕運而致之漕運已通而關東之物不充則無得而西矣故臣以謂通漕運盡地利權商賈三術並施則財用足而西人紓國力完而兵可久以守以攻惟上所使夫小瑣目前之利既不足為長久之謀非旦夕而可効故為長久而計者初若迂愚而可笑在必而行之則其利博矣故臣區區不敢避迂愚之責請上便宜三事惟陛下裁擇其一曰通漕運臣聞今為西計者皆患漕運之不通臣以謂但未而求之耳今

京師在汴漕運不西而人之習見者遂以為不能西不知秦漢隋唐其都在雍則天下之物皆可致之西也山川地形非有變易於古其路皆在昔人可行今人胡（一作何）為而不可漢初歲漕山東粟數十萬石是時運路未修其漕尚少其後武帝益修渭渠至漕百餘萬石隋文帝時沿水為倉轉相運置而關東汾晉之粟皆至渭南運物最多其遺倉之迹往往皆在然皆尚有三門之險自唐裴耀卿又尋隋迹於三門東

西置倉開山十八里為陸運以避其險卒
汴河而入渭當時歲運不減二三百萬石
其後劉晏導耀卿之路悉漕江淮之米以
實關西後世言能經財利而善漕運者耀
卿與晏為首今江淮之米歲入于汴者六
百萬石誠能分給關西得一二百萬石足
矣今兵之食汴漕者出戍甚衆有司不惜
百萬之粟分而及之其患者三門阻其中
尔今宜浚治汴渠使歲運不阻然後按求
耀卿之迹不憚十許里陸運之勞則河漕

通而物可致且紓關西之困使古無法今
有可為尚當為之況昔人行之而未遠今
人行之而豈難哉耀卿與晏初理漕時其
得尚少至其末年所入十倍是可久行之
法明矣此水運之利也臣聞漢高祖之入
秦不由東關而道南陽過酈析而入武關
曹操等起兵誅董卓亦欲自南陽道丹析
而入長安是時張濟又自長安出武關奔
南陽則自古用兵往來之徑也臣嘗至南
陽問其遺老云自鄧西北至永興六七百

里令小商賈往往行之初漢高入關其兵十萬夫能容十萬兵之路宜不甚狹而險也但自雒陽為都行者皆趨東關其路久而遂廢今能按求而通之則武昌漢陽郢復襄陽梁洋金商均房光化沿漢之地十一二州之物皆可漕而頓之南陽自南陽為輕車人輦而遞之募置遞兵為十五六鋪則十餘州之物日日入關而不絕沿漢之地山多美木近漢之民仰足而有餘以造舟車甚不難也前日陛下深恤有司之

勤內賜禁錢數十萬以供西用而道路艱遠輦運逾年不能畢至至於軍裝輸送多苦秋霖邊州已寒冬服尚滯於路其艱如此夫使州縣綱吏遠輸京師轉冒艱滯然後得西豈若較南陽之旁郡度其道里入于武關與至京師遠近等者與其尤近者皆使直輸于關西京師之用有不足則以禁帑出賜有司者代而充用其迂曲簡直利害較然矣此陸運之利也其二曰盡地利臣聞昔之畫財利者易爲工今之言財

利者難為術昔者之民賦稅而已故其不足則鑄山煑海榷酒與茶征關市而筭舟車尚有可為之法以苟一時之用自漢魏迄今其法日增其取益細今取民之法盡矣昔者賦外之征以備有事之用今盡取民之法用於無事之時悉以冗費而糜之矣至卒然有事則無法可增然獨猶有可為者民作而輸官者已勞而游手之人方逸地之產物者耕不得代而不墾之土尚多是民有遺力地有遺利此可為也況歷

視前世用兵者未嘗不先營田漢武帝時兵興用之趙過為畎田人犁之法以足用趙充國攻西羌議者爭欲出擊而充國深思全勝之策能忍而待其弊至遣詔罷兵而治屯田田於極邊以游兵而防鈔寇則其理田不為易也猶勉為之後漢之時曹操屯兵許下墾敵四面以令視之疑其旦夕戰爭而不暇然用棗祗韓浩之計建置田官募民而田近許之地歲得穀百萬石其後郡國皆田積穀無數隋唐田制尤廣

不可勝舉其勢艱而難田莫若充國迫急而不暇田莫如曹操然皆勉焉不以迂緩而不田者知地利之博而可以紓民勞也今天下之土不耕者多矣臣未能悉言謹舉其近者自京以西土之不闢者不知其數非土之瘠而棄也蓋人不勤農與夫役重而逃爾久廢之地其利數倍於營田今若督之使勤與免其役則願耕者衆矣臣聞鄉兵之不便於民議者方論之矣充兵之人遂棄農業託云教習聚而飲博取資

一有於字其家不顧無有官吏不加禁父兄不敢詰家家自以為患也河東河北關西之鄉兵此猶有用若京東西者平居不足以備盜而水旱適足以為盜其尤可患者京西素貧之地非有山澤之饒民惟力農是仰而今三夫之家一人五夫之家三人為游手凡十八九州以少言之尚可四五萬人不耕而食是自相糜耗而重困也今誠能盡驅之使耕于棄地官貸其種歲田之入與中分之如民之法募吏之習田者為

田官優其課最而誘之則民願田者衆矣太宗皇帝時嘗貸陳蔡民錢使市牛而耕真宗皇帝時亦用耿望之言買牛湖南而治屯田今湖南之牛歲賈于北者皆出京西若官爲買之不難得也一有又宜重爲法以困所謂私牛之客者使不客於民而樂爲官耕凡民之已有牛者使自耕則牛不足而官市者不多四十四字且鄉兵本農也籍而爲兵遂棄其業今幸其去農未久尚可復驅還之田畝使不得羣游而飲博以爲父兄之患此民所願也一夫之力以逸而言任耕縵田一

頃使四五萬人皆耕而久廢之田利又數倍則歲穀不可勝數矣京西之分北有大河南至漢而西椄關若又通其水陸之運所在積穀惟陛下詔有司而務用之耳其三曰權商賈臣聞秦廢王法啓兼并其上侵公利下刻細民爲國之患久矣自漢以來甞欲爲法而抑奪之然不能也蓋爲國者興利日繁兼并者趨利日巧至其甚也商賈坐而權國利其故非他由興利廣也夫興利廣則上難專必與下而共之然後

通流而不滯然爲今議者方欲奪商之利一歸於公上而專之故奪商之謀益深則爲國之利益損前日有司屢變其法法每一變則一歲之間所損數百萬議者不知利不可專欲專而反損但云變法之未當變而不已其損愈多夫欲十分之利皆歸于公至其虧少十不得三不若與商共之常得其五也今爲國之利多者茶與鹽耳茶自變法已來商賈不復一歲之失數年莫補所在積朽棄而焚之前日議者屢言

三說之法為使有司既以詳之矣今誠能復之使商賈有利而通行則上下濟矣解池之鹽積若山阜今宜暫下其價誘羣商而散之先為令曰三年將復舊價則貪利之商爭先而湊矣夫茶者生於山而無窮鹽者出於水而不竭賤而散之三年十未減其一二夫二物之所以貴者以能為國資錢幣爾今不散而積之是惜朽壞也夫何用哉夫大商之能蓄其貨者豈其錙銖射自鬻於市哉必有販夫小賈就而分之

販夫小賈無利則不為故大商不妬販夫之分其利者恃其貨博雖取利少貨行流速則積少而為多也今為大國者有無窮不竭之貨反妬大商之分其利寍使無用而積為朽壞何哉故大商之善為術者不惜其利而誘販夫大國之善為術者不惜其利而誘大商此與商賈共利取少而致多之術也一有又令商賈之難以術制者以其積貨多而不急故也利厚則来利薄則止不可以號令召也故每有司變法下利既薄小商以無利而不能行則大商方幸小商之不行適得獨賣其貨尚安肯勉趨薄利而来哉故變法而刻利

者適足使小商不來而爲大商賈積貨也今必以術制商宜盡括其居積之物官爲賣而還之使其貨盡而後變法夫大商以利爲生一歲不營利則有惶惶之憂彼必不能守積錢而閑居得利雖薄猶將勉而來此變法制商之術也夫欲誘商而通貨莫若與之共利此術之上也欲制商使其不得不從則莫若痛裁之使無積貨此術之下也然此可制茶商耳若鹽者禁益密則冒法愈多而刑繁凡二百三十八字

若乃縣官自爲鬻市之事此大商之不爲臣謂行之難久者也誠能不較錙銖而思遠大則積朽之物散而錢幣通可不勞而用足矣臣愚不足以知時事若夫堅守以扞賊利則出而擾之凡小便宜願且委之

邊將至於積穀與錢通其漕運不二三歲而國力漸豐邊兵漸習賊銳漸挫而有隙可乘然後一舉而滅之此萬全之策也願陛下以其小者責將帥謀其大計而行之則天下幸甚臣脩昧死再拜

居士集卷第四十五

熙寧五年秋七月男發等編定

紹熙二年三月郡人孫謙益校正

居士集卷第四十六　歐陽文忠公集四十六

上書一首

準詔言事上書（一作上封事）

月日臣脩謹昧死再拜上書于　皇帝陛下臣近準詔書許臣上書（一作許以封章）言事臣學識愚淺（一作昧）不能廣引深遠以明治亂之原謹採當今急務條爲三弊五事以應詔書所求伏惟陛下裁擇臣聞自古王者之治天下雖有憂勤之心而不知致治之要則心愈勞而事愈乖雖有納諫之明而

無力行之果斷則言愈多而聽愈惑故爲人君者以細務而責人專大事而獨斷此致治之要術一無此字也納一言而可用雖衆説一作議不得以沮一作沮之此力行之果斷也知此二者天下無難治矣一本治作致理伏見國家自大兵一動中外一作天下騷然陛下思社稷之安危念兵民之疲一作困弊四五年來聖心憂勞一作勤可謂至矣然而兵日益老賊日益彊併九州之力討一作平一西戎小者尚無一人敢前今又北戎大者違盟

而動（一作妄作）其將何以禦之從來所患者夷狄今夷狄叛矣所惡者盜賊今盜賊起矣所憂者水旱今水旱作矣所賴（一作仰）者民力今民力困矣所須（一作急）者財用今財用乏矣陛下之心日憂於一日天下之勢歲危於一歲此臣所謂用心雖勞不知求致治之要者也近年朝廷開發（一作雖廣）言路獻計之士不下數千然而事緒轉多枝梧不暇從前所採衆議紛紜至於臨事誰策可用此臣所謂聽言雖多不如力行之果斷

者也伏思聖心所甚憂而當今所尚一作最闕者不過曰無兵也無將也無財用也無禦戎之策也無可任之臣也此五者陛下憂其未有而臣謂今皆有之然陛下未得而用者未思其術也國家創業之初四方割據中國地狹兵民不多然尚能南取荆楚收僞唐定閩嶺西平兩蜀東下并潞北窺幽燕當時所用兵財將吏其數幾何惟善用之故不覺其少何況一作豈如今日承百年祖宗之業盡有天下之富疆人衆物盛

十倍國初故臣敢言有兵有將有財用有禦戎之策有可任（一有用字）之臣然陛下皆不得而用者其故何哉由朝廷有三大弊故也何謂三（一有大字）弊一曰不慎號令二曰不明賞罰三曰不責功實此三弊因循於上則萬事弛慢廢壞於下臣聞號令者天子之威也賞罰者天子之權也若號令（一有煩而二字）不信賞罰（一有行而二字）不當則天下不服故又須責臣下以功實然後號令不虛出而賞罰不濫行是以慎號令明賞罰責功實

此三者帝王之奇術也自古人君英雄如漢武帝聰明如唐太宗皆知用（一作皆能知）此三術而自執威權之柄故（一有二帝二字）所求無不得所欲皆如意漢武好用兵則誅滅四夷立功萬里以快其心欲求將則有衛霍之材以供其指使欲得賢士則有公孫董汲之徒以稱其意唐太宗好用兵則誅突厥服遼東威振夷狄以逞其志欲求將則有李靖李勣之徒（一作儔）入其駕馭欲得賢士則有房杜之徒（一作輩）在其左右此二帝

者（一有凡有所爲後世莫及八字）可謂所求無不得所欲皆如意無他術也惟能自執威權之柄耳伏惟陛下以聖明之姿超出（一作越）二帝又盡有漢唐之天下然而欲禦邊則常患無兵欲破賊則常患無將欲贍軍則常患無財用欲威服四夷則常患無策欲任使賢材則常患無人是所求皆不得所欲皆不如意其故無他由不用威權之術也自古帝王或爲强臣所制或爲小人所惑則威權不得出於己今朝無强臣之患旁無小

人偏任之溺（一作又無小人獨任之惑）內外臣庶尊陛下如天愛陛下如父傾耳延首願（一有聽字）陛下之所爲然何所憚而不爲乎（一作何憚而久不爲）哉若一日赫然執（一作奮）威權以臨之則（一作可使）萬事皆辨何患五者之無柰何爲三弊之因循一事之不集臣請言三弊夫言多變則（一有俗字）不信令頻改則（一有下字）難從（一作入）令出令之初不加詳審行之未久尋又更張以不信之言行難從之令故每有處置之事州縣（一作天下）知朝廷未是一定之命則

官吏或（一作咸）相謂曰且未要（一作可）行不久必須更改或曰備禮行下略與應破指揮旦夕之間果然又變至於將（一作官）吏更易道路疲於送迎符（一作文）牒縱橫上下莫能遵守（一作稟）中外臣庶（一作官吏軍民）或聞而歎息或聞而竊笑歎息者有憂天下之心竊笑者有輕朝廷之意號令如此欲威天下其可得乎此不慎號令之弊（一有一字）也用人之術不過賞罰（一作古今用人之法不過賞罰而已用人一作人君）然賞及無功則恩不足勸罰失有罪則威無

所懼雖有人不可用矣（一作也）太祖時（一作臣嘗聞太祖皇帝時）王全斌破蜀而歸功不細矣犯法一貶十年不問是時方討江南故黜全斌與諸將立法（一有及江南已下乃復其官九字）太祖神武英斷所以能平定天下者其賞罰之法（一作分明）皆如此也昨（一作自）關西用兵四五年矣（一有賞罰之際是非莫分八字）大將以無功罷者依舊居官軍中見無功者不妨得好官則諸將誰肯立功矣裨將畏懦逗留者皆當斬罪或暫貶而尋遷或不貶而依舊軍中

見有罪者不誅則諸將誰肯用命矣所謂賞不足勸威（一作罰）無所懼賞罰如此而欲用人其可得乎此不明賞罰之弊（一有二字）也自兵動以來處置之事不少然多有名而無實臣請略言其一二則其他可知數年以來點兵不絕諸路之民半為兵矣其間老弱病患短小怯懦者不可勝數（一有兵額空多所用者少八字）是有點兵之虛名而無得兵之實數（一作効）也新集之兵所在教習追呼上下民不安居主教者非將領之材所教者無旗鼓之

節（一作法）往來州縣愁（一作怨）嘆嗷嗷既多是老病小怯（一作弱小懦）之人又無訓齊精練之法（一作術）此有教兵之虛名而無訓兵之實藝（一作効）也諸路州軍分造器械（一作諸州所造器械數不少矣）工作之際已勞民力輦運般送又苦道塗（一作路）然而鐵刃不剛（一作鋼）筋膠不固長短大小多不中度造作之所但務充數而速了不計所用之不堪經歷官司又無檢責此有器械之虛名而無器械之實用也以草草（一作無實）之法教老（一作小）怯之兵執

鈍折不堪之器械百戰百敗理在不疑臨事而悟何可及乎故事無大小悉皆鹵莽則不責功實之弊（一有三字）也臣故曰三弊因循於上則萬事弛慢廢壞於下萬事不可盡言臣請（一有直字）言（一有其字）大者五事其一曰兵臣聞攻人以謀不以力用兵鬬智不鬬多前代用兵之人多者常敗少者常勝漢王尋等以百萬之兵遇光武九千人而敗是多者敗而少者勝也苻堅以百萬之兵遇東晉二三萬人而敗是多者敗而少者勝也

曹操以三十萬青州兵大敗於吕布退而歸許復以二萬人破袁紹十四五萬（一作四十萬人）是用兵多則敗少則勝之明驗也況於夷狄尤難以力爭只可以計取李靖破突厥於定襄只用三千人其後破頡利於陰山亦不過一萬（一作萬人下有其佗以三五千人立功塞外者不可悉數十六字）蓋兵不在多能以計取（一作用計能）爾故善用兵者以少（一有而字）爲多不善用者雖多而愈少也（一無此字）爲今計者（一作臣謂方今）添兵則耗國減兵則破賊今沿邊之兵不下七

八十萬可謂多矣然訓練不精又有老弱虛數則十人不當一人是七八十萬之兵不當七八萬人之用加又（一作之）軍無統制分散支離分多爲寡兵法所忌此所謂不善用兵者雖多而愈少故常戰而常敗也臣願陛下赫然奮威勑勵諸將精加訓練去其老弱七八十萬中可得（一有四字）五十萬數古人用兵以一當百今旣未能但得以一當十則五十萬精兵（二字一作數）一可當五百萬兵之用此所謂善用兵者以少而爲多

古人所以少而常勝者以此也今不思實効但務添多耗國耗民積以年歲（一作遷延日月）賊雖不至天下已困矣此一事也其二曰將臣又聞古語曰將相無種故或出於奴僕或出於軍卒（一作或出於士或出於卒伍或出於奴僕）或出於盜賊惟能不次而用之乃爲名將耳國家求將之意雖勞（一作切）選將之路太狹今詔近臣舉將而限以資品則英豪之士在下位者不可得矣試將材者限以弓馬一夫之勇則智略萬人之敵皆遺之矣山林

奇傑之士召而至者以其貧賤而薄之不過與一主簿借職使其（一作之）怏怏而去則古之屠釣飯牛之傑皆激怒而失之矣至於無人可用則寧用龍鍾跛躄庸懦暗劣之徒皆（一有委之要地四字）授之兵柄天下三尺童子皆爲朝廷危之前日澶淵之卒幾爲國家生事此可見也議者不知取將之無術但云當今之無將臣願陛下革去舊弊奮然精求有賢豪之士不須限以下位有智略之人不必試以弓馬有山林之傑不可薄

其貧賤惟陛下能以非常之禮待人人臣亦將以非常之効報國（一作爲報又下有又何患於無將哉一句）此二事也其三曰財用臣又聞善治病者必醫其受病之處善救弊者必尋（一作塞）其起弊之源今天下財用困乏其弊安在起於用兵（一作兵興）而費大故也漢武好窮兵用盡累世之財當時勒兵單于臺不過十八萬（一作十萬人）尚能困其（一無其字）國力況未若（一無二字）今日七八十萬連四五年而不罷（一作所解）以罄天地之所生竭萬民之膏血而用不

足也今雖有智者物不能增而計無所出矣惟有減冗卒之虛費練精兵而速戰功成兵罷自然足矣今兵有可減之理（一有而字）無人敢當其事賊有速擊之便（一有而字）無將（一作人）敢奮其勇後時敗事徒耗國而耗民（一有惟陛下以威權督責之乃有期耳二句）此三事也其四曰禦戎之策臣又聞兵法曰上兵伐謀其次伐交北虜與朝廷通好僅四十年不敢妄動今一旦發其狂謀者其意何在蓋見中國頻爲元昊所敗故敢啓其貪心伺隙而

動亦今若勑勵諸將選兵秣馬疾入西界但能痛敗昊賊一陣則吾軍威大振而虜計沮矣此所謂上兵伐謀者也今詞（一作論）事者皆知北虜與西賊通謀欲併二國之力窺我河北陝西（一有若使二虜並寇則難以力支十一字）今若我能先擊敗其一國則虜勢減半不能獨舉此兵法所謂伐交者也元昊地狹賊兵不多向來攻我傳聞北虜常有助兵今若虜中自有點集之謀而元昊驟然被擊必求助於北虜北虜分兵助昊則可牽其南

寇之力若不助昊則二國有隙自相疑貳此亦伐交之策也假令二國尅期分路來寇我能先期大舉則元昊蒼皇自救不暇豈能與北虜相爲表裏是破其素定之約乖其尅日之期此兵法所謂親而離之者亦伐交之策也元昊叛逆以來幸而屢勝常有輕視諸將之心今又見朝廷北憂戎虜方經營於河朔必謂我師不能西出今乘其驕怠正是疾驅急擊之時此兵法所謂出其不意者此（一無此字）取勝之上策也前

年西將有請出攻者當時賊氣力（一無力字）方盛我兵未練朝廷尚許其出師況今元昊有可攻之勢此不可失之時彼方幸吾憂河北而不虞我能西征出其不意此可攻之勢也自四路分帥今已半年訓練恩信兵已可用故近日屢奏小捷是我師漸振賊氣漸衄此可攻之勢也苟失此時而使二虜先來則吾無策矣臣願陛下（一有不以臣言爲狂密七字）詔執事之臣熟（一作詔四路之帥協）議而行之此四事也其五曰可任之臣臣又聞仲

尼曰十室之邑必有忠信況今文武列職（一作文武常選之官盈於朝廷）偏於天下其間豈無材智之臣而陛下總治萬機之大既不暇盡識其人故不能躬自進賢而退不肖執政大臣動拘舊例又不敢進賢而退不肖審官吏部三班之職但掌文簿差除而已又不敢越次進賢而退不肖是上自天子下至有司無一人得進賢而退不肖者所以賢愚混雜僥倖相容三載一遷更無旌別平居無事惟患太多而差遣（一作除）不行一旦

臨事要人常患乏人使用自古任官之法無如今日之繆也今議者或謂(一有以字)舉主轉官爲進賢犯罪黜責爲退不肖此不知其弊之深也大凡善惡之人各以類聚故守廉愼者各舉清幹之人(一無上十字)有贓汙者各舉貪濁之人好徇私者各舉請(一作好財利者各舉誅)求之人性庸暗者各舉不材之人(一有守廉節者乃舉公幹之人十字)朝廷不問是非但見舉主數足便與改官則清(一作公)幹者進矣貪濁者亦進矣請(一作誅)求者亦進矣不

材者亦進矣混淆如此便可爲進賢之法乎方今黜責官吏豈有澄清糾舉之術哉惟犯贓之人因民論訴者乃能黜之耳夫能舞弄文法而求財賄者亦强黠之吏政事必由己出故雖誅剥豪民尚或不及貧弱至於不材之人不能主事衆胥羣吏共爲姦欺則民無貧富一時受弊以此而言則贓吏與不材之人爲害等耳今贓吏因自敗者乃加黜責十不去其一二至於不材之人上下共知而不問寬緩容姦其弊

如此便可爲退不肖之法乎賢不肖既無别則冝乎設官雖多而無人可用也臣願陛下明賞罰責功實則材（一有不材二字）皆列於陛下之前矣臣故曰五者皆有然陛下不得而用者爲有弊也三弊五事臣旣已詳言之矣惟陛下擇之天下之務不過此也方今天文變於上地理逆於下人心怨於内四夷攻於外事勢如此矣非是陛下遲疑寬緩之時惟願爲社稷生民留意（一作惟陛下留計狂直甘俟誅夷）臣脩昧死再拜

居士集卷第四十六

熈寧五年秋七月男發等編定

紹熈二年三月郡人孫謙益挍正

準詔言事

伏見（一作臣伏見）所採（一作年來）伏思（一作臣伏思）惟善（一作蓋善）其少（此下一有也字）敢言（一作敢曰）漢武好用兵（一作漢武帝）立功（一作收功）服遠（一作破遠）威振夷狄（一作威加四海）房杜（一作王魏房杜）欲贍軍則常患無財用（一作欲贍軍富國則常患無財）今朝（一作方今外）一事之不集（此上一有而字）十年不問（此下一有蓋字）皆當斬罷（一作法皆當斬）所謂賞（所一作是）言其一二（言一作舉）造作（二字上一有蓋字）則不責功（則一作此）王尋等以百萬之兵（兵一作師）九千人（九一作六）苻堅以百萬之兵（兵一作衆）只用三千人（用字下一有兵字）愈少（一作爲少）

破賊（一作破虜）不當七八萬（當一作得）勑勵（勑一作飭）至於無人可用（至於一作以至）授之（一作授以）賢豪（一作英豪）漢武好（一作昔漢武帝好）勤兵（一作耀兵）勑勵（勑一作督）仲尼曰（一作語曰）豈無材智之臣（一作非無材智之人）動拘舊例（拘一作循）糾舉之術（一作糾案之法）寬緩容姦（緩一作縱）天文變（一作天災見）於外（一作其外）事勢（一作事理）

右言事書凡一作者皆江鈿文海本疑是初槀不若集本之善故難盡從姑擿其大槩如此後人亦可推公改定之意矣

（宋）歐陽修 撰

宋本歐陽文忠公集

第一二册

國家圖書館出版社

第一二册目録

外集卷第十三　歐陽文忠公集六十三

記

河南府重脩使院記

郡府統理民務調發賦稅稽功會事事無不舉代君理物政教繫之漢承秦餘精意牧民之官置部刺史以督察出御史以監掌之太守二千石莫不盡誠率下奉上李唐酌用舊典使天下以大權小故有州有府刺史專守理所大鎮觀察旁郡後增置胥吏史以總治諸州繩寬刺善理務詳焉

府之有使院也厥惟尚矣皇朝政教清明制度適中雖鎮守自占總領委于均輸惟使幕置吏用而不革洛都天下之儀表提封萬井隷縣十九王事浩穰百倍他邑而典吏之局甚陋不稱彭城相居守之明年若曰政教之廢興由于是官吏之緩猛繫于是義不可忽始謀新之乃度地於府之西偏斥大其舊居列司存整按牒以圖經久之制夏某月工徒告成制作雖壯不踰短官司雖冗執其方君子謂是舉也得為

政之本焉烏有端其本而末不正者哉宜乎書厥旨以示方来且誌歲月也

河南府重修淨垢院記

河南自古天子之都王公戚里富商大姓處其地喜於事佛者往往割脂田沐邑貨布之贏奉祠宇為莊嚴故浮圖氏之居與侯家主第之樓臺屋庑高下相望於洛水之南北若弈棊然及汴建廟社稱京師河南空而不都貴人大賈廢散浮圖之奉養亦衰歲壞月隳其居多不克完與夫遊臺

釣池並爲榛蕪者十有八九淨𢇛院在洛北廢最甚無刻識一作石不知誰氏之爲獨牓其梁曰長興四年建丞相彭城錢公來鎮洛之明年禱雨九龍祠下過之歎其空且呼主藏者給緡錢二十萬洛陽知縣李宋卿幹而葺焉於是規其廣而小之即其舊而新之即舊馬所以速於集工損小馬所以易於完修一作守易壞補闕三十六間工既畢宋卿願刻於石以紀夫修舊起廢由彭城公賜也且誌其復興之之一無此字

歲月云從事歐陽脩遂爲一無二字記

陳氏榮鄉亭記

什邡漢某縣戶若干可征役者家若干任里胥給吏事又若干其豪又若干縣大以饒吏與民尤驁惡猾驕善貸法爲蠹孽中州之人凡仕宦之蜀者皆遠客孤寓思歸以苟滿歲脫過失得去爲幸居官旣不久又不究知其俗常不暇刮剔已輒易去而縣之大吏皆宿老其事根堅穴深爲其長者非甚明銳難卒攻破故一縣之政吏常

把持而上下之然其持不喜秀才儒者以能接見官府知己短長以讒之為己病也每儒服持謁嚮縣門者吏輒坐門下嘲咐踞罵辱之俾慙以去甚則陰用里人無賴苦之羅中以法期必破壞之而後已民既素饒樂鄉里不急祿仕又苦吏之所為故未嘗有儒其業與服以游者甚好學者不過專一經工歌詩優游自養為鄉丈人而已比年蜀之士人以進士學試有司者稍稍增多而什邡獨絕少陳君什邡之鄉丈

人有賢子曰巖夫巖夫幼喜讀書為進士力學甚有志然亦未嘗敢儒其衣冠以謁縣門出入閭閈必鄉其服鄉人莫知其所為也已而州下天子詔書索鄉舉秀才巖夫始改衣詣門應詔（一作書）吏方相驚然莫能為也既州試之送禮部將行陳君戒且約曰嘻吾知惡進士之病已而不知可以為榮君行達得選於有司吾將有以旌志之使榮吾鄉以勸也於是呼工理材若將構築者明年巖夫中丙科以歸陳君成是

亭與鄉人宴其下縣之吏悔且歎曰陳氏有善子而吾鄉有才進士豈不榮邪巖夫初為伊闕縣主簿時予為西京留守推官嘗語予如此歟予之志之也巖夫為縣吏材而有內行不求聞知於上官而上官薦用下吏之能者歲無員數然卒亦不及噫巖夫為鄉進士而鄉人始不知之卒能榮之為下吏有可進之勢而不肯一繫所長以干其上其守道自修可知矣陳君有子如此亦賢丈人也予既友巖夫恨不一登

是亭往拜陳君之下且以識彼邦之長者也又嘉巖夫之果能榮是鄉也因以命名其亭且志之也某年月歐陽脩記

明因大師塔記

明因大師道詮姓衛氏并州文水縣民家子生於太平興國辛巳之歲終於明道癸酉之正月壽五十有三年始為童子辭家人入洛陽妙覺禪院依真行大師惠璘學浮圖法咸平五年始去氏削髮入僧籍後二十四年賜紫衣遂主其衆又四年賜號

明因兼領右街教門事凡為僧三十有一
年卒之明年其徒以骨葬城南龍門山下
始道詮未死時予過其廬問其年幾何曰
五十有二矣問其何許人也曰本太原農
家也因與語曰詩唐風言晉本唐之俗其
民被堯之德化且詩多以儉刺然其勤生
以儉嗇朴厚而純固最得古之遺風今能
言其土風乎其民俗何若信若詩之所謂
乎詩去今餘千歲矣猶若詩之時乎其亦
隨世而遷變也曰樹麻而衣陶瓦而食築

土而室甘辛苦薄滋味歲耕日積有餘則窖而藏之率千百年不輒發其勤且儉誠有古之遺風至今而不變也又言爲兒時聞長老語晉自春秋爲盛國至唐基并以興世爲北京及朱邪有中土後唐僭并爲雄亦卒以王既而晉祖又以王漢又以王遭時之故相次出三天子劉崇父子又自爲國故民熟兵鬭饟軍死戰勞苦幾百年不得息既而聖人出四方次第平一日兵臨城門係繼元以歸并民然後被政教棄

兵專農休息勞苦爲太平之幸人并平後二歲我始生幼又依浮圖生不見干戈長不孰耒耜衣不麻食不厇室不圡力不穡而休乃并人之又幸者也今老矣且病即死無恨予愛其語朴而詳他日復過其廬莫見也訪之曰死矣爲之惻然及其葬其徒有求予誌其始終者因并書其常語予者志歲月云爾

叢翠亭記

九州皆有名山以爲鎮而洛陽天下中周

營（一作宮）漢都自古常（一作皆）以王者制度臨四方宜其山川之勢雄深偉麗以壯萬邦之所瞻由都城而南以東山之近者闕塞萬安轘轅緱氏以連嵩室（一作少）首尾盤屈踰百里從城中因高以望之衆山靡迤或見或否惟嵩最遠最（一作而）獨出其巔巖聳秀拔立諸峯上而不可掩蔽蓋其名在祀典與四嶽俱備天子巡狩望祭其秩甚尊則其高大殊傑當然城中可以望而見者若巡檢署之居洛北者為尤高巡檢使內

殿崇班李君始入其署即相其西南隅而增築之治（一作為）亭於上敞其南北嚮以望焉見山之連者峰者岫者駱驛（二字或從系）聯亘卑相附高相摩亭然起崒然止来而向去而背頹崖怪壑若奔若蹲若鬬若倚世所傳嵩陽三十六峯者皆可以坐而數之因叙其蒼翠叢列之狀遂以叢翠名其亭亭成李君與賓客以酒食登而落之其古所謂居高明而遠眺望者歟既而欲紀其始造之歲月因求脩辭而刻之云

非非堂記

權衡之平物動則輕重差其於靜也錙銖不失水之鑒物動則不能有睹其於靜也毫髮可辨在乎人耳司聽目司視動則亂於聰明其於靜也聞見必審處身者不為外物眩晃而動則其心靜心靜則智識明是是非非無所施而不中夫是是近乎諂非非近乎訕不幸而過寧訕無諂是者君子之常是之何加一以觀之未若非非之為正也予居洛之明年既新廳事有文紀

于壁未營其西偏作堂户北嚮植叢竹闢
户於其南納日月之光設一几一榻架書
數百卷朝夕居其中以其静也閉目澄心
覽今照古思慮無所不至焉故其堂以非
非為名云

遊大字院記

六月之庚金伏火見往往暑虹晝明驚雷
破柱鬱雲蒸雨斜風酷熱非有清勝不可
以消煩炎故與諸君子有普明後園之遊
春笋解籜夏潦漲渠引流穿林命席當水

紅薇始開影照波上折花弄流銜觴對弈非有清吟嘯歌不足以開歡情故與諸君子有避暑之詠太素最少飲詩獨先成坐者欣然繼之日斜酒歡不能徧以詩寫獨留名於壁而去他日語且道之拂塵視壁其人題也同共索舊句揭之于版以致一時之勝而為後會之尋云

李秀才東園亭記

脩友李公佐有亭在其居之東園今年春以書抵洛命脩志之李氏世家隨隨春秋

時稱漢東大國魯桓之後楚始盛隨近之常與為鬬國相勝敗然怪其山川土地旣無高深壯厚之勢封域之廣與鄖蓼相介纔一二百里非有古彊諸侯制度而為大國何也其春秋世未嘗通中國盟會朝聘僖二年方見於經以伐見書哀之元年始約列諸侯一會而罷其後乃希見僻居荆夷蓋於蒲騷鄖蓼小國之間特大而已故於今雖名藩鎮而實下州山澤之產無美材土地之貢無上物朝廷達官大人自閩

陬嶺徼出而顯者往往皆是而隨近在天
子千里内幾一一無此字百年間未出一士豈
其庳貧薄陋自古然也予少以江南就食
居之能道其風土地既瘠枯民給一作急生
不舒愉雖豐年大族厚聚之家未嘗有樹
林池沼之樂以為歲時休暇之嬉獨城南
李氏為著姓家多藏書訓子孫以學予為
童子與李氏諸兒戲其家見李氏方治東
園往求美草一一手植周視封樹日日去
來園間甚勤李氏壽終公佐嗣家又構亭

其間益脩先人之所為予亦壯不復其家已而去客漢沔遊京師久而乃歸復行成南公佐引予登亭上周尋童子時所見則樹之孽者抱昔之抱者枿草之茁者叢荄之甲者今果矣問其遊兒則有子如予童子之歲矣相與逆數昔時則於今七閏矣然忽忽如前日事因嘆嗟徘徊不能去噫予方仕宦奔走不知再至城南登此亭復幾閏幸而再至則東園之物又幾變也計亭之梁木其蠹瓦甓其〔一作之〕溜石物其

沕乎隨隨雖陋非予鄉然予之長也豈能忘情於隨哉公佐好學有行鄉里推之與予友益明道二年十月十二日也

樊侯廟災記

鄭之盜有入樊侯廟刲神象之腹者既而大風雨雹近鄭之田麥苗皆死人咸駭曰侯怒而爲之也余謂樊侯本以屠狗立軍功佐沛公至成皇帝位爲列侯邑食舞陽剖符傳封與漢長久禮所謂有功德於民則祀之者歟舞陽距鄭既不遠又漢楚常

苦戰滎陽京索間亦侯平生提戈斬級所
立功處故廟而食之宜矣方侯之參乘沛
公事危鴻門振目一顧使羽失氣其勇力
足有過人者故後世言雄武稱樊將軍宜
其聰明正直有遺靈矣然當盜之傳刃腹
中獨不能保其心腹腎腸哉而反貽怒於
無罪之民以騁其恣睢何哉豈生能萬人
敵而死不能庇一躬邪豈其靈不神於禦
盜而反神於平民以駭其耳目邪風霆雨
雹天之所以震耀威罰有司者而侯又得

以濫用之邪蓋聞陰陽之氣怒則薄而為風霆其不和之甚者凝結而為雹方今歲且久旱伏陰不興壯陽剛燥疑有不和而凝結者豈其適會民之自災也邪不然則噫嗚叱咤使風馳霆擊則侯之威靈暴矣哉

東齋記

官署之東有閣以燕休或曰齋謂夫閑居平心以養思慮若於此而齋戒也故曰齋河南主簿張應之居縣署亦理（一作治）小齋

河南雖赤縣然征賦之民（一作名）户纔七八千田利之入率無一鍾之畝人稀土不膏腴則少爭訟幸而歲不大凶亦無逋租凡主簿之所職者甚簡少故未嘗憂吏責而得優游以嬉應之又素病羸宜其有以閒居而平心者也應之雖病然力自為學常曰我之病氣留而不行血滯而流逆故其病咳血然每體之不康則或取六經百氏若（一作與）古人述作之文章誦之愛其深博閎達雄（一作奇）富偉麗之說則必茫乎以思

暢乎以平釋然不知[一作覺]疾之在體因多取古書文字貯齋中少休則探以覽焉夫世之善醫者必多畜金石百草之物以毒其疾須其瞑眩而後瘳應之獨能安居是齋以養思慮又以聖人之道和平其心而忘厥疾真古之[三字一作可謂]樂善者歟傍有小池竹樹環之應之時時引客坐其間飲酒言笑終日[一作終日言笑]不倦而某嘗從應之於此因書於其壁[三字一作于壁而記云]

伐樹記

署之東園久蕪不治脩至始闢之糞瘠溉
枯為蔬圃十數畦又植花果桐竹凡百本
春陽既浮萌者將動園之守啓曰園有樗
焉其根壯而葉大根壯則梗地脉耗陽氣
而新植者不得滋葉大則陰翳蒙礙而新
植者不得暢以茂又其材拳曲臃腫疎輕
而不堅不足養是宜伐因盡薪之明日圃
之守又曰圃之南有杏焉凡其根庇之廣
可六七尺其下之地最壤腴以杏故特不
得蔬是亦宜薪脩曰噫今杏方春且華將

待其實若獨不能損數畦之廣為杏地邪因勿伐既而悟且歎曰吁莊周之說曰樗櫟以不材終其天年桂漆以有用而見傷夭今樗誠不材矣然一旦悉翦棄杏之體最堅密美澤可用反見存豈才不才各遭其時之可否邪他日客有過僑者僕夫曳薪過堂下因指而語客以所疑客曰是何怪邪夫以無用處無用莊周之貴也以無用而賊有用烏能免哉彼杏之有華實也以有生之具而庇其根幸矣若桂漆之不

能逃乎斤斧者蓋有利之者在死勢不得以生也與乎杏實異矣今樗之臃腫不材而以壯大害物其見伐誠宜爾與夫才者死不才者生之說又異矣凡物幸之與不幸視其處之而已客既去脩然其言而記之

戕竹記

洛最多竹樊圃棊錯包籜榯筍之贏歲尚十數萬緡坐安侯（一作享）利寧肯為渭川下然其治水庸任土物簡歷芟養率須謹嚴

家必有小齋閑館在虧蔽間賓歆賞輒腰
輿以入不問辟疆恬無慍讓也以是名其
俗為好事壬申之秋人吏率持鑱斧亡公
私誰何且戕且桴不竭不止守都出令有
敢隱一毫為私不與公上急病服王官為
慢齒王民為悖如是累日地榛園禿下亡
有畜色少見於顏間者由是知其民之急
上噫古者伐山林納材葦惟是地物之美
必登王府以經于用不供謂之畔廢不時
謂之暴殄今主宇廣斥賦入委疊上益篤

儉非有廣居盛囿之侈縣官材用顧不衍溢朽蠹而一有非常歛取無藝意者營飾像廟過差乎書不云不作無益害有益又曰君子節用而愛人天子有司所當朝夕謀慮守官與道不可以忽也推類而廣之則竹事猶末

養魚記

折簷之前有隙地方四五丈直對非非堂脩竹環繞蔭映未嘗植物因洿以為池不方不圓任其地形不甃不築全其自然縱

鋪以潛之汲井以盈之湛乎汪洋晶乎清明微風而波無波而平若星若月精彩下入予偃息其上潛形於毫芒循漪沿岸渺然有江湖千里之想斯足以舒憂隘而娛窮獨也乃求漁者之罟市數十魚童子養之乎其中童子以為斗斛之水不能廣其容蓋活其小者而棄其大者怪而問之且以是對嗟乎其童子無乃嚚昏而無識矣乎予觀巨魚枯涸在旁不得其所而群小魚遊戲乎淺狹之間有若自足焉感之而

作養魚記

游儵亭記

禹之所治大水七岷山導江其一也江出荆州合沅湘合漢沔以輸之海其爲汪洋誕漫蛟龍水物之所憑風濤晦冥之變怪壯哉是爲（四字一作是爲壯哉）勇者之觀也吾兄晦叔爲人慷慨喜義勇而有大志能讀前史識其盛衰之迹聽其言豁如也困於位卑無所用以老然其胷中亦已壯矣夫壯者之樂非登崇高之丘臨萬里之流不足以

爲適今吾兄家荆州臨大江捨汪洋誕漫壯哉勇者之所觀而方規地爲池方不數丈治亭其上反以爲樂何哉蓋其擊壺而歌解衣而飲陶乎不以汪洋爲大不以方丈爲局則其心豈不浩然哉夫視富貴而不動處卑困而浩然其心者(一無此字)眞勇者也然則水波之漣漪游魚之上下其爲適也與夫莊周所謂惠施游於濠梁之樂何以異烏用蛟魚變怪之爲壯哉故名其亭曰游儵亭景祐五年四月二日舟中記

浙川縣興化寺廊記

興化寺新修行廊四行揔六十四間匠者其人用工之力凡若干土木圬墁陶瓦鐵石之費匠工傭食之資凡若干營而主其事者僧延遇延遇自言餘杭人少棄父母稱出家子之鄆州拜浮圖人師其說年十九尚書祠部給牒稱僧遂行四方淳化三年止此寺得維摩院廢基築室自為師教弟子以居居二十有三年授弟子惠聰而老焉又十八年年七十有一矣乃斂其衣

孟之具所（一作之）餘示惠聰而歎曰吾生乾
德之癸亥明年而甲子一復而又將甲焉
棄杭即浙四十有三歲去墳墓不哭其郊
聞吳歈不懷其土吾豈無鄉閭親戚之仁
與愛而樂此土耶吾惟浮圖之說畏且信
以忘其生不知久乎此也今老矣凡吾之
有衣食之餘生無鄉閭宗族之賙沒不待
歲時烝嘗之具盡就吾之素信者而用焉
畢吾無恨也於是庀工度材營此廊廡成
明道二年之某月也寺始建於隋仁壽四

年號法相寺太平興國中改曰興化屋垣甚壯廣由仁壽至明道實四百四十有四年之間凡幾壞幾易未嘗有志刻雖其始造之因亦莫詳焉至延遇爲此役始求志之予因嘉延遇之能果其學也惠聰自少師之雖老益堅不壞又竭其所有期與俱就所信而盡焉夫世之學者知患不至不知患不能果此果於自信者也年月日記

湘潭縣修藥師院佛殿記

湘潭縣藥師院新修佛殿者縣民李遷之

所爲也遷之賈江湖歲一賈其入數千萬遷之謀曰夫民力役以生者也用力勞者其得厚用力媮者其得薄以其得之豐約必視其用力之多少而必當然後各食其力而無慙焉士非我匹若工農則吾等也夫琢磨（一作磨琢）煎鍊調筋柔革此工之盡力也斤斸鉏夷畎畝樹藝此農之盡力也然後所食皆不過其勞今我則不然徒幸物之廢興而上下其價權時輕重而操其奇羸游嬉以浮於江湖用力至逸以安而得

則過之我有懟於彼焉凡誠我契而不我欺平我斗斛權衡而不我踰出入關市而不我虞我何能焉是皆在上而爲政者以庇我也何以報焉聞浮屠之爲善其法曰有能捨己之有以崇飾尊嚴我則能陰相之凡有所欲皆如志乃曰盡用我之有所得於此施以報焉且爲善也於是得此寺廢殿而新之又如其法作釋迦佛十六羅漢塑像皆備凡用錢二十萬自景祐二年十二月癸酉訖三年二月甲寅以成其秋

會予赴夷陵自真州假其舟行次潯陽見買一石甖而載于舟問其所欲用之因具言其所為且曰欲歸而記其始造歲月也視其色若欲得予記而不敢言也因善其以買為生而能知夫力少而得厚以為幸又知在上者庇己而思有以報顧其所為之心又趨為善皆可喜也乃為之作記問其寺始造之由及其歲月皆不能道也九月十六日記

偃虹隄記

有自岳陽至者以滕侯之書洞庭之圖来告曰願有所記予發書按圖自岳陽門西距金鷄之右其外隱然隆高以長者曰偃虹隄問其作而名者曰吾滕侯之所為也問其所以作之利害曰洞庭天下之至險而岳陽荆潭黔蜀四會之衝也昔舟之往来湖中者至無所寓則皆泊南津其有事于州者遠且勞而又常有風波之恐覆溺之虞今舟之至者皆泊隄下有事于州者近而且無患問其大小之制用人之力曰

長一千尺高三十尺厚加二尺而殺其上得厚三分之二用民力萬有五千五百工而不踰時以成問其始作之謀曰州以事上轉運使轉運使擇其吏之能者行視可否凡三反復而又上于朝廷決之三司然後曰可而皆不能易吾侯之議也曰此君子之作也可以書矣蓋慮於民也深則謀其始也精故能用力少而為功多夫以百步之隄禦天下至險不測之虞惠其民而及于荊潭黔蜀凡往来湖中無遠邇之人

皆豢其利焉且岳陽四會之衝舟之来而止者日凡有幾使隄土石幸而不朽則滕侯之惠利於人物可以數計哉夫事不患於不成而患於易壞葢作者未始不欲其久存而繼者常至於殆廢自古賢智之士爲其民捍患興利其遺跡往往而在使其繼者皆如始作之心則民到于今受其賜天下豈有遺利乎此滕侯之所以慮而欲有紀於後也滕侯志大材高名聞當世方朝廷用兵急人之時常顯用之而功未及

就退守一州無所用心略施其餘以利及物夫慮熟謀審力不勞而功倍作事可以為後法一宜書不苟一時之譽思為利於無窮而告来者不以廢二宜書岳之民人與湖中之往来者皆欲為滕侯紀三宜書以三宜書不可以不書乃為之書慶曆六年月　日記

大明水記

世傳陸羽茶經其論水云山水上江水次井水下又云山水乳泉石池漫流者上瀑

湯湍漱勿食食久令人有頸疾江水取去人遠者井取汲多者其說止於此而未嘗品第天下之水味也至張又新爲煎茶水記始云劉伯芻謂水之宜茶者有七等又載羽爲李秀卿論水次第有二十種今考二說與羽茶經皆不合謂山水上乳泉石池又上江水次而井水下伯芻以揚子江爲第一惠山石泉爲第二虎丘石井第三丹陽寺井第四揚州大明寺井第五而松江第六淮水第七與羽說皆相反秀卿所

說二十水廬山康王谷水第一無錫惠山石泉第二蘄州蘭谿石下水第三扇子峡蝦蟆口水第四虎丘寺井水第五廬山招（疑）賢寺下方橋潭水第六揚子江南零水第七洪州西山瀑布第八桐栢淮源第九廬山龍池山頂水第十丹陽寺井第十一揚州大明寺井第十二漢江中零水第十三玉虛洞香谿水第十四武關西水第十五松江水第十六天台千丈瀑布水第十七郴州圓泉第十八嚴陵灘水第十九雪

水第二十如蝦蟆口水西山瀑布天台千丈瀑布皆戒人勿食食之生疾其餘江水居山水上井水居江水上皆與羽經相反疑羽不當二說以自異使誠羽說何足信也得非又新妄附益之邪其述羽辨南零岸時疑怪誕甚妄也水味有美惡而已欲求天下之水一二而次第之者妄說也故其為說前後不同如此然此井為水之美者也羽之論水惡渟浸而喜泉源故井取汲者江雖長然衆水雜聚故次山水惟此

說近物理云

孫氏碑陰記

皇祐三年夏元規以龍圖閣直學士尚書吏部郎中爲陝西都轉運使道出南京遇疾留河上予時往問之元規疾少間出其皇祖少師之銘而謂予曰此太子太傅杜公所書也吾家世德杜公之父榮公實銘之惟吾二家皆爲當世盛族五代之亂播于吳越而不顯然其同祿仕通婚姻子孫之好至今而不絶也自吳越國除衣冠之

族皆北子以不幸少孤既壯而從祿養其為御史諫官以言事謫守處州始得過故鄉識其耆老而求杜氏之銘不可得也今十有五年而始獲于斯自榮公之銘孫氏三世百年至于小子幸成祖考忠義之訓令得進被榮顯于朝廷而列于侍從杜公以道德名望相明天子荷天之福眉壽于家惟吾二家之盛衰與時治亂而上下故屈于彼而伸于此其世德遺文由後有人克保不墜故晦於昔而顯於今將刻銘於

碑表之墓隧以昭示来世子孫其以為如何予曰嗚呼為善之効無不報然其遲速不必問（一作同）也故不在身者則在其子孫或晦於當時者必顯于後世其孫氏杜氏之謂乎刻之金石以遺家之子孫而勸天下之為善者不亦宜哉

三琴記

吾家三琴其一傳為張越琴其一傳為樓則琴其一傳為雷氏琴其製作皆精而有法然皆不知是否要在其轂如何不問其

古今何人作也琴面皆有横文如蚹腹世之識琴者以此為古琴蓋其漆過百年始有斷文用以為驗爾其一金暉其一石暉其一玉暉金暉者張越琴也石暉者樓則琴也玉暉者雷氏琴也金暉其聲暢而遠石暉其聲清實而緩玉暉其聲和而有餘今人有其一已足為寶而余兼有之然惟石暉者老人之所宜也世人多用金玉蚌瑟暉此數物者夜置之燭下炫燿有光老人目昏視暉難準惟石無光置之燭下黑

白分明故爲老者之所宜也余自少不喜鄭衛獨愛琴聲尤愛小流水曲平生患難南北奔馳琴曲率皆廢忘獨流水一曲夢寢不忘今老矣猶時時能作之其他不過數小調弄足以自娛琴曲不必多學要於自適琴亦不必多藏然業已有之亦不必以患多而棄也嘉祐七年上巳後一日以疾在告學書信筆作歐陽氏三琴記

吉州學記 續添

慶曆三年天子開天章閣召政事之臣八

人賜之坐問治天下其要有幾施於今者
宜何先使書于紙以對八人者皆震恐失
措俯伏頓首言此事大非愚臣所能及惟
陛下幸詔臣等於是退而具述爲條列明
年正月始詔州郡吏以賞罰勸桑農三月
又詔天下皆立學惟三代仁政之本始於
井田而成於學校記曰國有學遂有序黨
有庠家有塾其極盛之時大備之制也凡
學本於人性磨揉遷革使趨於善至於風
俗成而頌聲興蓋其功法施之各有次第

其教於人者勤而入於人者漸勤則不倦漸則遲久而深夫以不倦之意待遲久而成功者三王之用心也故其為法必久而後至太平而為國皆至六七百年而未已此其効也三代學制甚詳而後世罕克以舉舉或不知而本末不備又欲於速不待其成而怠故學之道常廢而僅存惟天子明聖深原三代致治之本要在富而教之故先之農桑而繼以學校將以衣食飢寒之民而皆知孝慈禮讓是以詔書再下吏

民感悅奔走執事者以後為羞其年十月吉州之學成州即先夫子廟為學舍於城西而未備今知州事殿中丞李侯寬之至也謀與州人遷而大之事方上請而詔下學遂以成李侯治吉敏而有方其作學也吉之士率其私錢一百五十萬以助用人之力積二萬一千工而人不以為勞其良材堅甓之用凡二十二萬三千五百而人不以為多學有堂筵齋講有藏書之閣有賓客之位有游息之亭嚴嚴翼翼壯偉閎

糴而入不以為侈既成而來學者常三百餘人予世家於吉濫官于朝廷進不能贊明天子之盛美退不能與諸生揖讓乎其中惟幸吉之學教者知學本於勤漸遲久而不倦以治毋廢慢天子之詔使予他日因得歸榮故鄉而謁於學門將見吉之士皆道德明秀可為公卿過其市而賈者不鬻其淫適其野而耕者不爭壠畝入其里閭而長幼和孝慈於其家行其道塗而少者扶羸老壯其代其負荷於路然後樂學

之道成而得從鄉先生席于衆賓之後聽鄉樂之歌飲射壺之酒以詩頌天子太平之功而周覽學舍思詠李侯之遺愛不亦美哉故於其始成也刻辭于石以立諸其廡

右吉州學記乃承平時印本與石本異其說在居士集第三十九卷後

外集卷第十三

淨垢院記處其（處上有聚字）十有八（無有字）空且

空下元缺一字恕本作空且第洛陽洛上有命字損小無損字三

十六三上有凡字既畢畢作訖遂為無二字

恕本此記彭城公並作長城公

滎鄉亭記什邡縣隸漢州諸本皆以邡為方非以荀滿歲

一作月字未嘗此下一有缺字君行達君疑作若恕本作若行幸

可知矣矣作已之下一作其下

明因塔記千百年千作十明道二年七月十

四日記恕本有此

叢翠亭記周營恕本同注作宮常以同注作皆嵩室同注

作少室最獨無最字治亭同注作為亭連者一作節者而

刻之此下一有云字
大字院記其人題其人作乃
東園亭記脩友脩作予為大為作云僖二二下有千
字始約約作得乃希乃作出幾一無一字未出作未
聞出少以以作從風土一作土風給生給作急豐年年作
居往求作佳木並脩脩作修不復復下元缺一字怒本作不
復游幾閏閏下[illegible]也字其溜其作之石物無物字友盖
善字友作善二年文藪作三年也也作記
樊侯廟記廟而食廟上有亦字腎腸哉無哉字貽
怒一作移怒以騁其恣睢無此五字有司有上有宜字不

興不作始壯陽剛燥四字作以干陽氣以使風使上有舷字
東齋記之東東字作視字以燕以作其誦之誦上有以
字雄富雄作奇在體宋文粹此下有也字傍有小池宋文
粹傍字上有齋字而集二字作予於其壁同正文
伐樹記其根之其作二庇之庇上有奇字七尺尺作弓
杏之之下本缺一字恕本作木死勢死上有其字
戕竹記恕本記作誌侯利同正文作侯
游儵亭記是爲同正文作是爲心者無者字
浙川記浙作淛之資資作要所餘所作之甲子子下
再有今甲子三字惠聰自無此三字雖老無雖字

藥師院佛殿記之賈之作世以生以下有為字以其無以字琢磨作磨琢然後所食後作其以庇我以上有有字浮屠之之下有入能教入四字我之有無有字所欲用之之作還因具言因下有得字問其所欲用之因具言其所為文藪作問其所欲用還之具言之所為汪達云脩佛殿者乃李還之始造歲月文藪作始造之歲月可喜文藪作可嘉十六日[illegible]十字有夷陵令歐陽其七字

偃虹隄記怨本作臥虹按文忠公祖諱偃今家集以偃作臥疑避諱也所記記作紀金雞之右右作石長一千尺高三十尺怨本作長三百尺高十有三尺萬有五千五百工作四

千有五百工百步之隄百作五十皆蒙其利無此四字不

以廢作以不廢

大明水記取汲者一作取汲多者秀卿秀作季謂山

水謂上有羽字謂山上水乳泉石池又上江水

次而井水下文纂乳泉字上有而字汪達云此有而字乃與下句相類

虎丘石井井作泉拾賢拾字本疑恕本同玉虛二字作壺

天台千丈瀑布水第十七文纂無水字汪達云此篇瀑布

下無水字皆戒人皆下有羽字食之之作而岸時時有本疑

恕本同此井為水為作於

孫氏碑來世子孫無孫字不必問問作同遺家

作遺二家復有廬陵歐陽某記五字

三琴記皆不知皆作要

外集卷第十四　歐陽文忠公集六十四

序一

仁宗御集序 英宗皇帝密旨代作

在昔君臣聖賢自相戒勅都俞吁嘆於朝廷之上而天下治者二帝之言語也號令征伐丁寧約束而其辭彬彬篤厚純雅者三代之文章也堯舜夏商周之盛邈乎遠出千載之上而昭然著見百世之下者以其書存焉此典謨訓誥之文所以爲歷代之寶也惟我仁考神文聖武明孝皇帝之

作二帝之言語而三代之文章也是宜刋之六經而不朽示之萬世而取法矧余小子獲承統業其所以繼大而顯揚之者方思勉焉其敢失墜乃詔尚書刑部郎中知制誥邵必右諫議大夫天章閣待制呂公著悉發寶文之舊藏而類次之以爲百卷而必公著勉朕以敍述之曰是不可闕也予惟聖考在位四十有二載承三聖之鴻業享百年之盛隆而不敢暇逸慎重祭祀以事天而饗親齋莊潔精必以誠信故親

郊而見上帝者九恭謝于天地大享于明堂者皆再耕于籍田祫于太廟者皆一而不爲勞若夫游娱射獵前世賢王明主之所不能免者則皆非所欲歲時臨幸燕飫臣下必問祖宗之故常闃然非時不聞輿馬之音後苑歲春一賞亦故事也中廢者二十餘年而時畋于近郊曲宴于便坐者廑纔一二而已故叙禋祀享升歌樂章藏于有司薦于郊廟者多矣而登臨游賞之適割鮮獻獲之樂前世之所誇者未始一

及焉至於萬機之暇洎然凝神不見所好
惟躬閱寶訓陳經邇英究鍾律之本元訓
師兵之武略披圖以鑒古銘物以自戒其
從事於清閑宴息之餘者不過此類嗚呼
大禹之勤儉也夫惟一人勞於上則天下
安其逸紓于己則天下享其豐此禹之所
以聖勤儉之功也惟我聖考之在御也澤
被生民恩加夷狄寬刑罰息兵革容納諫
諍信任賢材措民逸於治安躋俗豐於富
庶使海内蒙德受賜涵濡鼓舞而不知所

以然者由勤與儉久而馴致之也是以功成業茂立廟建號爲宋仁宗噫仁之爲言堯舜之盛德而甚美之稱也固巳巍乎與天地而亡極矣永惟聖作刻之玉版藏之金匱以耀後嗣而垂無窮庶俾知我聖考仁宗之所以爲仁者自勤儉始嗚呼亦惟予小子是訓

送方希則序

蒙莊以紳笏爲柴柵班伯以名聲爲韁鎖夫軒裳輝華人之所甚欲彼豈惡之邪蓋

將有激云爾是以君子輕去就隨卷舒富貴不可誘故其氣浩然勇過乎賁育毀譽不以屑其量恬然不見於喜愠能及是者達人之節而大方之家乎希則茂才入官三舉進士不利命乎數奇時不見用而（一作宜）且夷然拂衣師心自往推否泰以消息輕寄物之去來淵乎其大雅之君子而幾類於昔賢者乎余自來上都寓謁舍化衣京塵穿屨金門者再見春矣會天子方嚮儒學招徠俊良開賢科命鄉舉而四方之傑賷

貢函詣公車者十百千數余雖後進晩出而猗裳摩趺攘臂以遊其閒交者固已多矣晩方得君傾蓋道塗一笑相樂形忘乎外心照乎內雖濠梁之遊不若是也未幾君召試中臺以枉於有司奪席見罷擢（一作薦）紳議者咸傷寃之君方澹乎沖襟竟於使人不能窺也後數日齎裝具舟泛然東下以余辱交者索言以爲贈夫恢識宇以見乎遠窮倚伏以至于命此非可爲淺見寡聞者道也希則達人爾可一言之昔公孫常

退歸鄉人再推射策遂第一更生書數十上每聞報罷而終爲漢名臣以希則之資材識業而沈冥欝堙者豈非天將張之而固翕之邪不然何邅迴而若此也夫良工晚成者器之大後發先至者驥之良異日垂光虹蜺濯髮雲漢使諸儒後生企仰而不暇此固希則褚囊（一作橐）中所畜爾豈假予詳言之哉觴行酒半坐者皆欲去操觚率然辭不逮意同年景山欽之識之亦賦詩以爲别則祖離道舊之情備之矣此不復云

送陳經秀才序

伊出陸渾略國南絶山而下東以會河山夾水東西北直國門當雙闕隋煬帝初營宮洛陽登邙山南望曰此豈非龍門邪世因謂之龍門非禹貢所謂導河自積石而號龍門者也然山形中斷巖崖缺呀若斷若鑱當禹之治水九州披山斬木徧行天下凡水之破山而出之者皆禹鑿之豈必龍門然伊之流最清淺水濺濺鳴石間刺舟隨波可爲浮泛釣魴鱮鼈可供膳羞山

兩麓浸流中無巖嶄頽怪盤絶之險而可以登高顧望自長夏而往纔十八里可以朝遊而暮歸故人之遊此者欣然得山水之樂而未嘗有筋骸之勞雖數至不厭也然洛陽西都來此者多達官尊重不可輒輕出幸時一往則騶奴從騎吏屬遮道唱呵後先前儐旁扶登覽一作覽登未周意已怠矣故非有激流上下與魚鳥相傲然徙倚之適也然能得此者惟卑且閑者宜之脩爲從事子聰參軍應之主縣簿秀才陳生

旅遊皆畢且闕者因相與期於兹夜宿西峯步月松林間登山上方路窮而返明日上香山石樓聽八節灘晚泛舟傍山足夷猶而下賦詩飲酒暮已歸後三日陳生告予且西予方得生喜與之遊也又遽去因書其所以遊以贈其行

送楊子聰戶曹序

士之仕於州郡者必視其地大小高下之望以爲輕重河南大府也參軍雖卑以望而高下之固與他州郡異矣然地大望高

居者皆將相名臣達官居又不久率一二歲而甚者半歲而易故河南吏民閒坐而偶語道某相某將某官者常名斥而一二歲數之至於郎官御史方鎮牧守使人貴客由河南出者入不候於疆去不餞于郊途逢而不避市坐者不起豈素慢哉蓋其見之習也彼視公卿大臣要官其易如此矧所謂參軍者邪其不群嘲而隨侮之幸也參軍每上府望門而趨吏摩以肩過不揖反就焉持刺執版求通姓名雖心負其

所有欲進自達不可得其勢鬱鬱卑且賤反甚於它州郡故爲之者未嘗樂也然其間能自以頭角頎然而出者鮮矣其才能之美非有異乎衆莫能也戶曹參軍楊子聰居府中常衣青衫騎破虎韉出入府門下人固輩一作背視而槩易之居一歲相國彭城公薦之集賢學士謝公又薦之士之有文而賢者盡交之其能出其頭角矣若去而之他州郡不特頎然而出矣遂特（疑）傑然以獨立也子聰南人樂其土風今秩滿

調於吏部必吏於南也吾見南之州郡有傑然而獨出者必楊子聰也

送廖倚歸衡山序

元氣之融結爲山川山川之秀麗稱衡湘其蒸爲雲霓其生爲杞梓人居其間得之爲俊傑秀才生於衡山之陽而秀麗之精英者得之尤多故其文則雲霓其材則杞梓始以鄉進士舉於有司不中遂遊公卿間所至無不虛館設席爭以禮下之今永興太原公雅識沈正器君尤深初其鎮秦

川也請君與俱行遂趨函關以覽秦都則西方士君子得以承望乎風采矣凡居秦幾歲而東將過京師以歸予嘗以上計吏客都中識君於交逵辱之以友益當君之西也獲餞於國門及夫斯來又相見於洛道語故舊數日乃行夫山川固能產異物而不能畜之者誠有利其用者爾今君之行也予疑夫不能久畜於衡山之阿也

送梅聖俞歸河陽序

至寶潛乎山川之幽而能先群物以貴於

世者負其有異而已故珠潛于泥玉潛于璞不與夫蜃蛤珉石混而棄者其先膺美澤之氣輝然特見于（一作於）外也士固有潛乎卑位而與夫庸庸之流俯仰上下然卒不混者其文章才美之光氣亦有輝然而特見者矣然求珠者必之乎海求玉者必之乎藍田求賢士者必之乎通邑大都據其會就其名而擇其精焉爾洛陽天子之西都距京師不數驛搢紳仕宦雜然而處其亦珠玉之淵海歟予方據是而擇之獨

得於梅君聖俞其所謂輝然特見而精者邪聖俞志高而行潔氣秀而色和嶄然獨出於衆人中初爲河南主簿以親嫌移佐河陽常喜與洛之士遊故因吏事而至於此余嘗與之徜徉於嵩洛之下每得絶崖倒壑深林古宇則必相與吟哦其間始而歡然以相得終則（一作而）暢然覺乎薫蒸浸漬之爲益也故久而不厭既而以吏事訖言歸余且惜其去又悲夫潛乎下邑混於庸庸然所謂能先羣物而貴於世者特其

異而已則光氣之輝然者豈能掩之哉

張應之字序

傳曰名以制義謂乎名之必可言也世之士君子名而無所言言則不能稱述（一作著）以見乎遠余友河南主簿張君名谷字仲容谷之爲義窪而不盈動而能應湛然而深有似乎賢人君子之德其所謂名而可言者也然嘗竊謂仲容之字不足以表其所以名之之義大凡物以至虛而爲用者有三其體殊焉有虛其形而能受者器之

圓方是也然受則有量故多盈溢敗覆之過有虛其中而能鳴乎外者鍾鼓是也然鳴必假物故須簨簴考擊之設有虛其體而能應物者空谷是也然應必有待故常自然以至靜接物而無窮士之以是爲其名則君之道從可知也宜易其字曰應之蓋容以言其虛之狀不若應以體乎容之德也君早以孝廉文藝考行於鄉里薦之於有司而又試其用於春官者之選深中隱厚學優道充其有以應乎物矣然今方

爲小官主簿書其所應者近而小誠未能有以發乎其聲也余知夫虛以待之則物之來者益廣響之應者益遠可涯也哉余與君同以進士登于科又同爲吏于此羣居肩隨宴閑相語得以字而相呼故於是不能讓而默也敢爲序以易之

尹源字子漸序

奉禮尹君之將西也稱古仁者送人之義責言於其交之所常厚者其友人渤海歐陽脩在餞中率然曰余無似雖不能竊仁

者之號奈嘗辱君之道義切劘爲最深是
以一作既不能無言然君之文行余既友慕欽
揖之不暇顧豈有遺忽之少之可以進於言
邪因姑請更君之字以塞其求云君之名
源而字子淵夫源發於淵深且一作其止也於
詁訓既不類又無所表發其名之美甚非稱
據禮家之說曰三王之祭川也先河而後
海或源也或委也蓋謂其源發而漸進於
廣大委其注積也揚子曰百川學海而至
於海今君之學也皆古文字聖賢之事業

至其尤深而鉅者又烏止淵之譬邪然亦欲君之漸進不已而至深遠博大之無際也請字之曰子漸古者男子之生舉以禮而名之年既長見廟筮賓而加元服服加而後字示尊其名以隆成人也夫君子所以自厚重其名一作所字如此之甚也誠以其賢否醜美必常與名字相上下而始終邾婁一小國君片善可稱春秋褒之曰儀甫解者謂國不如名名不如字以爲極美之談是也子漸行矣勉之

胡寅字序（一作字說）

寅之爲言恭且畏之辭虞書寅賓出日寅餞納日云者堯命其臣羲和者修其官而史美之之文又曰夙夜惟寅云者舜勑其臣伯夷之辭也又曰同寅協恭和衷哉云者臯陶戒禹之言言堯舜禹之事載於書者爲萬世之法而其君臣之際相言語者如是是知恭恪畏慎以思其事雖聖人猶然尉氏胡君名寅以問於余且將字之余以謂名者古之人生而有別之稱爾若太

甲盤庚仲壬者又（一無此字）直識其次第而已至於（一無此字）左丘明者載魯大夫之語始謂命名必有義而學者又以文王武王伯魚之類附其說者尤非也文王之世爲商諸侯偶商不幸而紂爲淫虐然猶身（一作生）服事之豈其生也已有滅商自大之心而名昌其子始生又期使殺君而發其功業哉孔子之生子適有饋鯉者遂名之若史魚孔鯉又有饋者乎則是直爲識別之稱未嘗有義也然考古人之命字者則似若有義蓋將

釋其名曰其字若此而已胡君曰我所以問其字者將知其寅者何謂然因考于古取堯舜禹之書常所道告之而字曰子畏作字說（三字一作云）

送陳子履赴絳州翼城序

予昔過鄭遇子履於管城其後二歲子履西自馮翊會予於洛陽而去又明年復來遂與（一作頃）鄉進士自河南貢于京師又明年予方解官洛陽以來則子履中甲科爲校書郎其冬得翼城於絳又明年春西拜其

親於洛而後行自鄭之遇及茲行凡六歲而四見之焉其始也純然氣和而貌野再見之則道所學問出其文辭煒（一作卓）然有出於衆人矣又見之則挾其藝以較於群士而以其能勝之今之行也又曰我將試其爲政於絳而且力廣其學當盡落其華而成其實直取古人之所以尚以（一無二字）距今之爲者其修己力行之道屢見而屢進進且（一有又字）不已而志又大焉孔子曰未見其止孟子曰孰能禦之者歟夫年少者心

鋭氣盛者好剛苟有志焉無不至也然君子之於臨政也欲果其行必審其思審而後果則不可易而後悔而學者亦在一朝其所趨而後博其聞其致思必精其發辭必易待其足於中而後見於外子友河南富彥國常與予語於此今彥國在絳而子履往焉又從而辨之後之復見子履豈特若前之見者乎將有駿然者矣

送孫屯田序 字延仲

良金美玉藏乎礦石而追師冶工莫不孜

孜攻且鍊焉吾誠有以利其用也況材臣賢士世不衆出而物官者得不貪以爲利乎故今兹屯田孫公始以尚書郎來貳洛政未踰歲則復乘兩馬之傳東上將冠惠文以肅臺憲居不皇暖席行不及具駕蓋被知者之用且祗君命之速也御史本爲秦官出入殿中督察監視事無大小皆得以法繩之至按章舉劾發姦治獄以清風軌則朝廷之得失御史繫焉然過者爲之至有伺求以爲察剛訐以爲直鷙愚激俗

以遠名譽至於紀綱大政則蔑乎無聞也故於是選必要以文儒況正闕達大體然後謇謇王廷為天子司直之臣況乎白筆霜簡吾家舊物握蘭卧錦為世名郎緣飾以儒雅濟之以文敏余知夫振頽綱舉舊典嗣先聲揚休聞在此行也而洛之士君子故相與翹足企聳東向而望俟聞凜然之餘風矣盍各賦棫樸以歌能官且賀舉者之得人也犯軷長道摻袪為（一作而）別又烏足効兒女之悲哉

張令注周易序

易之爲書無所不備故爲其說者亦無所不之蓋滯者執於象數以爲用通者流於變化而無窮語精微者務極於幽深喜誇誕者不勝其廣大茍非其正則失而皆入於賊若其推天地之理以明人事之始終而不失其正則王氏超然遠出於前人惜乎不幸短命而不得卒其業也張子之學其勤至矣而其說亦詳焉其爲自序尤所發明昔漢儒白首於一經雖孔子亦晩而

學易今子年方壯所得已多而學且不止其有不至者乎廬陵歐陽脩序

外集卷第十四

送楊子聰記

其能出其頭角矣此下一有河南爲望天下州郡無先者物之盛之衆而能出其頭角矣二十三字

送廖倚序 幾歲（一作載歲）

送梅聖俞歸河陽序 河陽（諸本皆作洛陽按序云聖俞移佐河陽因吏事而至於此事訖言歸余惜其去則非歸洛明矣今正之）

張應之字序 言言則不能稱述（一無下言字）

尹源字序 古仁者（一作古之人）

胡寅字序 文王之世（宋文粹無之字）

外集卷第十五　歐陽文忠公集六十五

序二

删正黄庭經序

無僊子者不知爲何人也無姓名無爵里世莫得而名之其自號爲無僊子者以警世人之學僊者也其爲言曰自古有道無僊而後世之人知有道而不得其道不知無僊而妄學（一作求）僊此我之所哀也道者自然之道也生而必死亦自然之理也以自然之道養自然之生不自戕賊夭閼而

盡其天年此自古聖智之所同也禹走天下乘四載治百川可謂勞其形矣而壽百年顔子蕭然卧於陋巷簞食瓢飲外不誘於物内不動於心可謂至樂矣而年不及三十斯二人者皆古之仁人也勞其形者長年安其樂者短命蓋命有一作之長短稟之於天非人力之所能爲也惟不自戕賊而各盡其天年則二人之所同也此所謂以自然之道養自然之生後世貪生之徒爲養生之術者無所不至至茹草木服金

石吸日月之精光又有以謂此外物不足恃而反求諸内者於是息慮絶欲鍊精氣勤吐納專於内守以養其神其術雖本於貪生及其至也尚或可以全形而却疾猶愈於肆欲稱情以害其生者是謂養内之術故上智任之自然其次養内以却疾最下妄意而貪生世傳黄庭經者魏晉間道士養生之書也其説專於養内多竒怪故其傳之久則易爲訛舛今家家異本莫可考正無僊子旣甚好古家多集録古書文

字以爲翫好之娛有黃庭經石本者廼永和十三年晉人所書其文頗簡以較今世俗所傳者獨爲有理疑得其真於是喟然嘆曰吾欲曉世以無僊而止人之學者吾力顧未能也吾視世人執奇怪訛舛之書欲求生而反害其生者可不哀哉矧以我翫好之餘拯世人之謬惑何惜而不爲乃爲刪正諸家之異一以永和石本爲定其難曉之言略爲注解庶幾不爲訛謬之說惑世以害生是亦不爲無益若大雅君子

則豈取於此

送王聖紀赴扶風主簿序

前年五月大霖雨殺麥河溢東畿浸下田已而不雨至于（一作於）八月菽粟死高田三司有言前時溢博州民冒河為言得免租者蓋萬計今歲秋當租懼民幸水旱因緣得妄免以虧兵食慎勑有司謹之朝廷因舉田令約束州縣吏吏無遠近皆望風惡民言水旱一以農田勑限甚者笞而絕之畿之民訴其縣不聽則訴於開封又不聽

則相與聚立一作於宣德門外訴於宰相於是遣吏四出視諸縣視者還而或言災或言否然言否者十七八最後視者還言民實災而吏徒畏約束以苟自免爾天子聞之惻然盡蠲饑民之租余嘗竊歎曰民生幸而爲饑民有一作且緩急近而易知也雨降于天河溢于地與赤日之出是三者物之易見也前二三歲旱蝗相連朝廷歲歲隨其災之厚薄蠲其賦之多少至兵食不足則歲糴或入粟以爵而充之是在上者

之愛人而仁人之心易惻也以易知之近言易見之事告易惻之仁然吏一壅之幾不得達況四海之大幾萬里而遠事之難知不若霖潦赤日之易見者何數使上有惻之之心不得達于下下有思告之苦不得通於上者吏居其間而壅之爾可勝歎哉扶風爲縣限關之西距京師在千里外民之不幸而事有隱微者何限其能生死曲直之者令與主簿尉三人而民之志得不壅而聞于州州不壅而聞于上縣不壅而

民志通者令與主簿尉達之而已王君聖紀主簿於其縣聖紀好學有文佐是縣也始試其爲政焉故以夫素所歎者告之景祐三年二月二十四日廬陵歐陽脩序

送太原秀才序

仲尼之徒子思伋記中庸事列於曲臺學欲服圜冠習矩步者皆造次必於中庸聞太原生得之矣生之履行無改是也月旅析木地居軫斿霜風動天萬竅號怒搖鞭長跋一作岐强飯自重時寶元二年十月初

七日乾德令尹歐陽脩序

傳易圖序

孟子曰盡信書不如無書夫孟子好學者豈獨忽於書哉蓋其自傷不得親見聖人之作而傳者失其真莫可考正而云也然豈獨無書之如此余讀經解至其引易曰差若豪釐謬以千里之說又讀今周易有何謂子曰者至其繫辭則又曰聖人設卦繫辭焉欲考其真而莫可得然後知孟子之嘆蓋有激云爾說者言當秦焚書時易

以卜筮得獨不焚其後漢興他書雖出皆
多殘缺而易經以故獨完然如經解所引
考於今易亡之豈今易亦有亡者耶是亦
不得爲完書也昔孔子門人追記其言作
論語書其首必以子曰者所以別夫子與
弟子之言又其言非一事其事非一時文
聯屬而言難次第故每更一事必以子曰
以起之若文言者夫子自作不應自稱子
曰又其作於一時文有次第何假子曰以
發之乃知今周易所載非孔子文言之全

篇也蓋漢之易師擇取其文以解卦體至其有所不取則文斷而不屬故以子曰起之也其先言何謂而後言子曰者乃講師自爲答問之言爾取卦體以爲答也亦如公羊穀梁傳春秋先言何曷而後道一作導其師之所傳以爲傳也今上繫凡有子曰者亦皆講師之說也然則今易皆出乎講師臨時之說矣幸而講師所引者得載於篇不幸其不及引者其亡豈不多邪嗚呼歷弟子之相傳經講師之去取不徒存者不完

而其僞謬之失其可究邪夫繫者有所繫之謂也故曰繫辭焉以斷其吉凶是故謂之爻言其爲辭各聯屬其一爻者也是則孔子專指爻辭爲繫辭而今乃以孔子賛易之文爲上下繫辭者何其謬也卦爻之辭或以爲文王作或以爲周公作孔子言聖人設卦繫辭焉是斥文王周公之作爲繫辭不必復自名其所作又爲繫辭也況其文乃槩言易之大體雜論易之諸卦其辭非有所繫不得謂之繫辭也必然自漢

諸儒已有此名不知從何而失之也漢去周最近不應有失然漢所爲繫辭者得非不爲今之繫辭乎易需之辭曰需于血出自穴艮之辭曰艮其限列其夤睽之辭曰見豕負塗載鬼一車是皆險怪奇絶非世常言無爲有訓故（一作詁）考證而學者出其臆見隨事爲解果得聖人之旨邪文言繫辭有可攷者其證如此而其非世常言無可攷者又可知矣今徒從夫臆出之說果可盡信之邪此孟子所歎其不如亡者也易之

傳注比他經爲尤多然止於王弼其後雖有述者不必皆其授受但其傳之而已大抵易至漢分爲三有田何之易焦贛之易費直之易田何之易傳自孔子有上下二篇又有彖象繫辭文言說卦等自爲十篇而有章句凡學有章句者皆祖之田氏焦贛之易無所傳授自得乎（一作之）隱者之學專於陰陽占察之術凡學陰陽占察者皆祖之焦氏費直之易亦無所授又無章句惟以彖象文言等十篇解上下經凡以彖象

文言等參入卦中者皆祖之費氏田焦之學廢於漢末費氏獨興遞傳至鄭康成而王弼所注或用康成之說比卦六四之類是弼即鄭本而爲注今行世者惟有王弼易其源出於費氏也孔子之古經亡矣

月石硯屏歌序

張景山在虢州時命治石橋小版一石中有月形石色紫而月白月中有樹森森然其文黑而枝葉老勁雖世之工畫者不能爲蓋奇物也景山南謫留以遺予予念此

石古所未有欲但書事則懼不爲信因令善畫工來松（一作模）寫以爲圖子美見之當愛歎也其月滿西旁微有不滿處正如十三四時其樹橫生一枝外出皆其實如此不敢增損貴可信也

七賢畫序

某不幸少孤先人爲綿州軍事推官時某始生生四歲而先人捐館某爲兒童時先妣嘗謂某曰吾歸汝家時極貧汝父爲吏至廉又於物無所嗜惟喜賓客不計其家

有無以具酒食在綿州三年他人皆多買蜀物以歸汝父不營一物而俸祿待賓客亦無餘已罷官有絹一匹畫爲七賢圖六幅此七君子吾所愛也此外無蜀物後先人調泰州軍事判官卒于任比其十許（一作餘）歲時家益貧每歲時設席祭祀則張此圖于壁先妣必指其曰吾家故物也後三十餘年圖益故闇某忝立朝懼其久而益朽損遂取七賢命工裝軸之更可傳百餘年以爲歐陽氏舊物且使子孫不忘先世之

清風而示吾先君所好尚又以見吾母少寡而子幼能克成其家不失舊物蓋自先君有事後二十年某始及第今又二十三年矣事迹如此始爲作贊并序

龍茶録後序

茶爲物之至精而小團又其精者録叙所謂上品龍茶者是也蓋自君謨始造而歲貢焉（一無此字）仁宗尤所珍惜雖輔相之臣未嘗輒賜惟南郊大禮致齋之夕中書樞密院各四人共賜一餅宫人剪金爲龍鳳花

草貼其上兩府八家分割以歸不敢碾試相（一作但）家藏以爲寶時有佳客出而傳翫爾至嘉祐七年親享明堂（一有致字）齋夕始人賜一餅余亦忝預至今藏之余自以諫官供奉仗内至登二府二十餘年纔一獲賜而丹成龍駕舐鼎莫及每一捧翫清血交零而已因君謨著録輒附于後庶知小團自君謨始而可貴如此（九字一作可貴而剏自君謨也）治平甲辰七月丁丑廬陵歐陽脩書還公期書室

傳

桑懌傳

桑懌開封雍丘人其兄慥本舉進士有名懌亦舉進士再不中去遊汝潁閒得龍城廢田數頃退而力耕歲凶汝旁諸縣多盜懌白令願（三字一作曰願令）爲耆長往來里中察姦民因召里中少年戒曰盜不可爲也吾在此不汝容也少年皆諾里老父子死未斂盜夜脫其衣里老父怯無他子不敢告縣羸其屍不能葬懌聞而悲之然疑少年王生者夜入其家探其篋不使之知覺明日

遇之問曰爾諾我不爲盜矣今又盜里父子屍者非爾邪少年色動即推仆地縛之詰共盜者王生指其少年懌呼壯丁守王生又自馳取少年者送縣皆伏法又嘗之郟城遇尉方出捕盜招懌飲酒遂與俱行至賊所藏尉怯陽爲不知以過懌曰賊在此何之乎下馬獨格殺數人因盡縛之又聞襄城有盜十許人獨提一劒以往殺數人縛其餘汝旁縣爲之無盜京西轉運使奏其事授郟城尉天聖中河南諸縣多盜

轉運奏移澠池尉崤古險地多涂山而青灰山尤阻險爲盜所恃惡盜王伯者藏此山時出爲近縣害當此時王伯名聞朝廷爲巡撿者皆授名以捕之既懌至巡檢者僞爲宣頭以示懌將謀招出之懌信之不疑其僞也因諜知伯所在挺身入賊中招之與伯同卧起十餘日信之乃出巡撿者反以兵邀於山口懌幾不自免懌曰巡撿授名懼無功爾即以伯與巡撿使自爲功不復自言巡撿俘獻京師朝廷知其實罪

黜巡檢懌爲尉歲餘改授右班殿直永安縣巡檢明道景祐之交天下旱蝗盜賊稍稍起其間有惡賊二十三人不能捕樞密院以傳召懌至京授二十三人名使往捕懌謀曰盜畏吾名必已（一作以）潰潰則難得矣宜先示之以怯至則閉柵戒軍吏無一人得輒出居數日軍吏不知所爲數請出自效輒不許既而夜與數卒變爲盜服以出迹盜所嘗行處入民家民皆走獨有一媪留爲作飲食饋之如盜乃歸復閉柵三

日又往則携其具就媪饌而以其餘遺媪媪待以爲真盜矣乃稍就媪與語及羣盜輩媪曰彼聞桑懌來始畏之皆遁矣又聞懌閉營不出知其不■畏今皆還也某在某處某在某所矣懌盡鉤得之復三日又往厚遺之遂以實告曰我桑懌也煩媪爲察其實而愼勿泄後三日我復來矣後又三日往媪察其實審矣明旦部分軍士用甲若干人於某所取某盜卒若干人於某處取某盜其尤彊者在某所則自馳馬以往士

卒不及從惟四騎追之遂與賊遇手殺三人凡二十三人者一日皆獲二十八日復命京師樞密吏謂曰與我銀爲君致閤職懌曰用賂得官非我欲況貧無銀有固不可也吏怒匿其閥以免短使送三班三班用例與兵馬監押未行會交趾獠叛殺海上巡檢昭化諸州皆警往者數輩不能定因命懌往盡手殺之還乃授閤門祗候懌曰是行也非獨吾功位有居吾上者吾乃其佐也今彼留而我還我賞厚而彼輕得

不疑我蓋其功而自伐乎受之徒慚吾心將讓其賞歸巳上者以奏稟示予予謂曰讓之必不聽徒以好名與詐取譏也懌歎曰亦思之然士顧其心何如爾當自信其心以行譏何累也若欲避名則善皆不可爲也巳余韙其言卒讓之不聽懌雖舉進士而不甚知書然其所爲皆合道理多此類始居雍丘遭大水有粟二廩將以舟載之見民走避溺者遂棄其粟以舟載之見民荒歲聚其里人飼之粟盡乃止懌善劍

及鐵簡力過數人而有謀略遇人常畏若不自足其爲人不甚長大亦自修爲威儀言語如不出其口卒然遇人不知其徒且勇也廬陵歐陽脩曰勇力人所有而能知用其勇者少矣若懌可謂義勇之士其學問不深而能者蓋天性也余固喜傳人事尤愛司馬遷善傳而其所書皆偉烈奇節士使人喜讀之欲學其作而怪今人如遷所書者何少也乃疑遷特雄文善壯其說而古人未必然也及得桑懌事乃知古之

人有然焉遷書不誣也知今人固有而但不盡知也惲所爲壯矣而不知予文能如遷書使人讀而喜否姑次第之

外集卷第十五

送王聖紀序

幾不得達（幾一作譏）一州不壅而聞于上縣不壅而民志通者（一作州不壅而及于縣縣不壅而民得及者）

送太原秀才序

貞元二年十月乾德令尹歐陽某序（按是年六月公改武成判官明年二月當上此猶繫舊階疑未受命時作）

桑懌傳

召懌至京（此下脫一師字）

皇祐五年序蜀畫七賢圖云爲作贊并
序今此卷有其序而贊不傳
閩本桑懌傳後又載錢鏐王景仁朱瑾
等傳即五代史文也間有小異今不取

外集卷第十六　歐陽文忠公集六十六

書一

上范司諫書

月日具官謹齋沐拜書司諫學士執事前月中得進奏吏報云自陳州召至闕拜司諫即欲爲一書以賀多事忽（一作卒）卒未能也司諫七品官爾於執事得之不爲喜而獨區區欲一賀者誠以諫官者天下之得失一時之公議繫焉今世之官自九卿百執事外至一郡縣吏非無貴官大職可以

行其道也然縣越其封郡逾其境雖賢守長不得行以其有守也吏部之官不得理兵部鴻臚之卿不得理光禄以其有司也若天下之失得生民之利害社稷之大計惟所見聞而不繫職司者獨宰相可行之諫官可言之爾故（一有謂字）士學古懷道者仕於時不得爲宰相必爲諫官諫官雖卑與宰相等天子曰不可宰相曰可天子曰然宰相曰不然坐乎廟堂之上與天子相可否者宰相也天子曰是諫官曰非天子曰

必行諫官曰必不可行立殿陛之前與天子爭是非者諫官也宰相尊行其道諫官卑行其言言行道亦行也九卿百司郡縣之吏守一職者任一職之責宰相諫官繫天下之事亦任天下之責然宰相九卿而下失職者受責於有司諫官之失職也取譏於君子有司之法行乎一時君子之譏著之簡冊（一作冊書）而昭明垂之百世而不泯甚可懼也夫七品之官任天下之責懼百世之譏豈不重邪（一作歟）非材且賢者不能

爲也近執事始被召於陳州洛之士大夫
相與語曰我識范君知其材也其來不爲
御史必爲諫官及命下果然則又相與語
曰我識范君知其賢也他日聞有立天子
陛下直辭正色面爭庭論者非他人必范
君也拜命以來翹首企足竚乎有聞而卒
未也竊惑之豈洛之士大夫能料於前而
不能料於後也將執事有待而爲也昔韓
退之作爭臣論以譏陽城不能極諫卒以
諫顯人皆謂城之不諫蓋有待而然退之

不識其意而妄譏脩獨以謂不然當退之作論時城爲諫議大夫已五年後又二年始庭論陸贄及沮裴延齡作相欲裂其麻纔兩事爾當德宗時可謂多事矣授受失宜叛將強臣羅列天下又多猜忌進任小人於此之時豈無一事可言而須七年耶當時之事豈無急於沮延齡論陸贄兩事也謂宜朝拜官而夕奏疏也幸而城爲諫官七年適遇延齡陸贄事一諫而罷以塞其責向使止五年六年而遂遷司業是終

無一言而去也何所取哉今之居官者率三歲而一遷或一二歲甚者半歲而遷也此又非一可以待乎七年也今天子躬親庶政化理清明雖爲無事然自千里詔執事而拜是官者豈不欲聞正議而樂讜言乎然今未聞有所言說使天下知朝廷有正士而彰吾君有納諫之明也夫布衣韋帶之士窮居草茅坐誦書史常恨不見用及用也又曰彼非我職不敢言或曰我位猶卑不得言矣又曰我有待是終無一人

言也可不惜哉伏惟執事思天子所以見用之意懼君子百世之譏一陳昌言以塞重望且解洛之士大夫之惑則幸甚幸甚

與郭秀才書

僕昨以吏事至漢東秀才見僕於叔父家以啓事二篇偕門刺先進自賓階拜起旋辟甚有儀坐而語諾甚謹讀其辭溫密華富甚可愛視秀才待僕之意甚勤而禮也古人之相見必有歡欣交接之誠而不能達乃取羔羊雉鶩之類致其意為贄而先

既致其意又恥其無文則以虎豹之皮繢畫之布以飾之然後意達情接客既贄而主人必禮以答之爲陳酒殽幣篚壺矢燕樂之具將其意又爲賦詩以陳其情今秀才好學甚精博記書史務爲文辭不以羔禽皮布爲飾獨以言文其身而其贄既美其意既勤矣宜秀才責僕之答厚也僕既無主人之具以爲禮獨爲秀才賦詩女曰雞鳴之卒章曰知子之來之雜珮以贈之取其知客之來豫儲珩璜琚瑀之美以送

客雖無此物猶言之以致其意厚也僕誠無此物可謂空言之爾秀才年且少貌厚色揚志銳學敏因進其業脩其辭暴練緝織之不已使其文采五色潤澤炳蔚若贄以見當世公卿大人非惟若僕空言以贈也必有分庭而禮加籩豆實幣篚延爲上賓者惟勉之不已

與張秀才第一書 某

脩頓首致書秀才足下前日辱以詩賦雜文啓事爲贄披讀三四不能輒休足下家

籍河中爲鄉進士精學勵行嘗已選於里升於府而試於有司矣誠可謂彼邦之秀者歟然士之居也遊必有友學必有師其鄉必有先生長者府縣必有賢守長佐吏彼能爲足下稱才而述美者宜不少矣今乃越數百里犯風霜干（一作奸）大國望官府下首於閽謁者以道（一作通）姓名趨走拜伏於人之階廡間何其勤勞乎豈由心負其所有而思以一發之邪將顧視其鄉之狹陋不足自廣而謂夫大國多賢士君子可

以奮揚而光遠之邪則足下之來也其志豈近而求豈小邪得非磨光濯色計之熟卜之吉而後勇決以來邪今市之門旦而啓商者趨焉賈者坐焉持寶而欲價者之焉賫金而求寶者亦之焉閭民無資攘臂以遊者亦之焉洛陽天下之大市也來而欲價者有矣坐而爲之輕重者有矣子居其間其官位學行無動人也是非可否不足取信也其亦無資而攘臂以遊者也今足下之來試其價既就於可以輕重者矣

而反以及予夫以無資者當求價之責雖知貪於所得而不知有以爲價也故辱賜以來且慙且喜旣不能塞所求以報厚意姑道此以爲謝

與張秀才第二書

脩頓首白秀才足下前日去後復取前所貺古今雜文十數篇反復讀之若大節賦樂古太古曲典一作等篇言尤高而志極大尋足下之意豈非閔世病俗究古明道欲拔今以復之古而翦剝齊整凡今之紛殽

較冗者歟然後益知足下之好學甚有志者也然而述三皇太古之道捨近取遠務高言而鮮事實此少過也君子之於學也務爲道爲道必求知古知古明道而後履之以身施之於事而又見於文章而發之以信後世其道周公孔子孟軻之徒常履而行之者是也其文章則六經所載至今而取信者是也其道易知而可法其言易明而可行及誕者言之乃以混蒙虛無爲道洪荒廣略爲古其道難法其言難行孔

子之言道曰道不遠人言中庸者曰率性
之謂道又曰可離非道也春秋之爲書也
以成隱讓而不正之傳者曰春秋信道不
信邪謂隱未能蹈道齊侯遷衛書城楚丘
與其仁不與其專封傳者曰仁不勝道凡此
所謂道者乃聖人之道也此履之於身施
之於事而可得者也豈如誕者之言者耶
堯禹之書皆曰若稽古傳說曰事不師古
匪說攸聞仲尼曰吾好古敏以求之者凡
此所謂古者其事乃君臣上下禮樂刑法之

事又豈如誕者之言者邪此君子之所學也夫所謂捨近而取遠云者孔子曰生周之世去堯舜遠孰與今去堯舜遠也孔子删書斷自堯典而弗道其前其所謂學則曰祖述堯舜如孔子之聖且勤而弗道其前者豈不能邪蓋以其漸遠而難彰不可以信後世也今生於孔子之絕後而反欲求堯舜之已前世所謂務高言而鮮事實者也（二字一作玄者）唐虞之道爲百王首仲尼之歎曰蕩蕩乎謂高深閎大而不可名也及夫

二典述之炳然（一作如）使後世尊崇仰望不可及其嚴若天然則書之言豈不高邪然其事不過於親九族平百姓憂水患問臣下誰可任以女妻舜及祀山川見諸侯齊律度謹權衡（一有斗斛飭字）使臣下誅放　罪而已孔子之後惟孟軻最知道然其言不過於教人樹桑麻畜雞豚以謂養生送死爲王道之本夫二典之文豈不爲文孟軻之言道豈不爲道而其事乃世人之甚易知而近者蓋切於事實而已今學者不深本之乃樂

誕者之言恩混沌於古初以無形爲至道者無有高下遠近使賢者能之愚者可勉而至無過不及而一本乎大中故能亘萬世可行而不變也今以謂不足爲而務高遠之爲勝以廣誕者無用之說是非學者之所盡心也宜少下其高而近其遠以及乎中則庶乎至矣凡僕之所論者皆陳言淺語如足下之多聞博學不宜爲足下道之也然其之所以云者本(一作卒)欲損足下高遠而俯就之則安(一作又)敢務爲奇言

以自高邪幸足下少思焉

與石推官第一書

脩頓首再拜白公操足下前歲於洛陽得在鄆州時所寄書卒然不能即報遂以及今然其勤心未必若書之怠而獨不知公操察不察也脩來京師已一歲也宋州臨汴水公操之譽日與南方之舟至京師脩少與時人相接尤寡而譽者無日不聞若幸使盡識舟上人則公操之美可一作何勝道哉凡人之相親者居則握手共席道歡

欣既别則問疾病起居以相爲憂者常人之情爾若聞如足下之譽者何必問其他乎聞之欣然亦不减握手之樂也夫不以相見爲歡樂不以疾病爲憂問是豈無情者乎得非相期者在於道爾其或有過而不至于道者乃可爲憂也近於京師頻得足下所爲文讀之甚善其好古閔世之意皆公操自得於古人不待脩之賛也然有自許太高詆時太過其論若未深究其源（一作原）者此事有本末不可卒然（一作卒）語須

相見乃能盡然有一事今詳而説此計公
操可朝聞而暮改者誠[疑]先陳之君既家有
足下手作書一通及有二像記石本始見
之駭然不可識徐而視定辨其點畫乃可
漸通吁何怪之甚也既而持以問人曰是
不能乎書者邪曰非不能也書之法當爾
邪曰非也古有之乎曰無今有之乎亦曰
無也然則何謂而若是曰特欲與世異而
已脩聞君子之於學是而已不聞爲異也
好學莫如楊雄亦曰如此然古之人或有

稱獨行而高世者考其行亦不過乎君子但與世之庸人不合爾行非異世蓋人不及而反棄之舉世斥以爲異者歟及其過聖人猶欲就之於中庸況今書前不師乎古後不足以爲來者法雖天下皆好之猶不可爲況天下皆非之乃獨爲之何也是果好異以取高歟然嚮謂公操能使人譽者豈其履中道秉常德而然歟抑亦昂然自異以驚世人而得之歟古之教童子者立必正聽不傾常視之毋誑勤謹乎其始

惟恐其見異而惑也今足下端然居乎學舍以教人爲師而反率然以自異顧學者何所法哉不幸學者皆從而効之足下又果爲獨異乎今不急止則懼他日有責後生之好怪者推其事罪以奉歸此脩所以爲憂而敢告也惟幸察之不宣同年弟歐陽某頓首

第二書

脩頓首白公操足下前同年徐君行因得寓書論足下書之怪時僕有妹居襄城喪

其夫匍匐將往視之故不能盡其所以云
者而略陳焉足下雖不以僕爲狂愚而絶
之復之以書然果未能諭僕之意非足下
之不諭由僕聽之不審而論之之略之過
也僕見足下書久矣不即有云而今乃云
者何邪始見之疑乎不能書又疑乎忽而
不學夫書一藝爾人或不能與忽不學時
不必論是以默默然及來京師見二像石
本及聞說者云足下不欲同俗而力爲之
如前所陳者是誠可諍矣然後一進其說

及得足下書自謂不能與前所聞者異然後知所聽之不審也然足下於僕之言亦似未審者足下謂世之善書者能鍾王虞柳不過一藝己之所學乃堯舜周孔之道不必善書又云因僕之言欲勉學之者此皆非也夫所謂鍾王虞柳之書者非獨足下薄之僕固亦薄之矣世之有好學其書而悅之者與嗜飲茗閱畫圖無異但其性之一僻爾豈君子之所務乎然至於書則不可無法古之始有文字也務乎記事而

因物取類爲其象故周禮六藝有六書之學其點畫曲直皆有其說楊子曰斷木爲棊梡革爲鞠亦皆有法焉而況書乎今雖隸字已變於古而變古爲隸者非聖人不足師法然其點畫曲直猶有準則如毋母彳亻之相近易之則亂而不可讀矣今足下以其直者爲斜以其方者爲圓而曰我第行堯舜周孔之道此甚不可也譬如設饌於案加帽於首正襟而坐然後食者此世人常爾若其納足於帽反衣而衣坐乎

案上以飯實酒卮而食曰我行堯舜周孔之道者以此之於世可乎不可也則書雖末事而當從常法不可以爲怪亦猶是矣然足下了不省僕之意凡僕之所陳者非論書之善不但患乎近怪自異以惑後生也若果不能又何必學僕豈區區勸足下以學書者乎足下又云我實有獨異於世者以疾釋老斥文章之雕刻者此又大不可也夫釋老惑者之所爲雕刻文章薄者之所爲足下安知世無明誠質厚君子之

不爲乎足下自以爲異是待天下無君子之與己同也仲尼曰後生可畏安知來者之不如今也是則仲尼一言不敢遺天下之後生足下一言待天下以無君子此故所謂大不可也夫士之不爲釋老與不雕刻文章者譬如爲吏而不受貨一作祿財蓋道當爾不足恃以爲賢也屬久苦小疾無意思不宣某頓首

答西京王相公書

月日某謹齋沐頓首復書于相公閤下所

遣使二十一日至許州獲賜書一通伏讀周復且慚且悸惝幸得備下吏承寵光日趨走于前竊慕古人堂下一言之獻思有所陳而恨愚無識不足自效徒抱區區之心者有日矣昨以初去府輒因奏記陳己踈淺（一作賤）得蒙大君子休德之幸以爲離去眷戀之辭既有次第臨治以來施政之善者顧寮吏宜有助而闒懦獨無能之過以爲謝因又妄思一言之獻以畢曩時區區之心以爲忠懇又輒贊德美願廣功業益休

問以爲禱其誠雖勤其言狂惑猶即著龜之神而再三黷宜其拒以不應伏蒙相公不即棄絕猶辱以書條陳曉諭以爲寵若其爲賜也厚矣然伏讀求繹似有未察其誠者敢一終其說以逃責焉其聞古之爲政者必視年之豐凶年凶則節國用振民窮姦盜生爭訟多而其政繁年豐民樂然後休息而簡安之以復其常此善爲政者之術而禮典之所載也凡某前所陳者亦不過如是而已其意謂夫乘凶年之後災沴

消息風雨既時耕種既得常平之粟既出而民有食關西之運既重至而軍不乏不旱不蝗下民樂利天子不憂慮能如是然後務大體簡細事而已豈有直以鎮俗（一作雅）救民愁無爲置軍食之説邪伏惟詳而察之

昔者孔子嘗爲委吏必曰稱其職而已蓋苟守其官不敢慢其事而思其他伏惟相公所賜之書有居官不出位之言有以見君子用心也然其之所陳非謂略一邦之小而不爲須四海之廣而後施以棄職而

越思也蓋願乎進德廣業思以致君而及天下不以一邦而止既禱且勸之辭也噫士之至賤敢以言干其上者有三焉不量輕重之勢不度貴賤之位必爭以理而後止者此直士也蒙德思報不計善否務罄其誠而言者此知義之士也其言乖繆不合道理問不及而自僭者此狂士（三字一作狂者）也然直士之言雖逆意宜思而擇報德之言雖善原其心之所來宜容而納狂者之言既狂矣宜不足與之辨其士之賤者敢有

干而去者於斯三者有其二焉伏惟相公擇之納之不足與之辨而絕之惟所賜焉

投時相書

某不佞疲軟不能強筋骨與工人田夫坐市區服畎畝爲力役之勞獨好取古書文字考尋前世以來聖賢君子之所爲與古之車旗服器名色等數以求國家之治賢愚之任至其炳然而精者時亦穿蠧盜取飾爲文辭以自欣喜然其爲道閎深肆大非愚且迂能所究及用功益精力益不足

其勞反甚於市區畞畝而其所得較之誠有不及焉豈勞力而役業者成功易勤心而爲道者至之難歟欲悔其所難而反就其易則復慙聖人爲山一簣止焉之言不敢叛棄故退失其小人之事進不及君子之文茫然其心罔識所嚮若棄車川游漫於中流不克攸濟回視陸者顧瞻徨徨然復思之人之有材能抱道德懷智慮而可自肆於世者雖聖與賢未嘗不無不幸焉禹之偏枯郤克之跛丘明之盲有不幸其

身者矣抱關擊柝恓惶奔走孟子之戰國揚雄之新室有不幸其時者矣少焉而材學焉而不回賈誼之毀仲舒之禁錮雖有其時有不幸其偶者矣今以六尺可用之軀生太平有道之世無進身毀罪之懼是其身時偶三者皆幸於古人之所有者獨不至焉豈天之所予不兩足歟亦勉之未臻歟伏惟明公履道懷正以相天下上以承天子社稷之大計下以理公卿百職之宜賢者任之以能不賢者任之以力由士

大夫下至於工商賤技皆適其分而收其長如脩之愚既不足任之能亦不堪■以力徒以常有志於學也今幸以文字試於有司因自顧其身時偶三者之幸也不能默然以自羞謹以所業雜文五軸贄闍人以俟進退之命焉

外集卷第十六

上苑司諫書此又非一文海無一字

與郭秀才書　羔羊（一作羔鴈）且少（一作甚少）

與張秀才第一書　勤勞（一作勤且勞）

第二書　剪剥（一作剪剔）發之（一作發明之）堯禹（一作堯舜禹）

孟軻之言道（軻一作子）

與石推官第一書　誠先（誠一作試）

第二書　文章（一作文字）

答王相公書　伏讀（一作捧讀）猶即（一作猶叩）寵若（一作寵答）

消息（一作稍息）愁無爲（愁一作樂）

投時相書　炳然而精（四字一作綮然而文粹然而精）賤拔（一作賤役）

外集卷第十七　歐陽文忠公集六十七

書二

與范希文書

脩頓首再拜知郡學士希文足下自去歲在洛陽聞以言事出睦州及來京師又知移常州尋復得蘇州遷延南方歲且終矣南方美江山水國富魚與稻世之仕宦者舉善地稱東南然竊惟希文登朝廷與國論每顧事是非不顧自身安危則雖有東南之樂豈能爲有憂天下之心者樂哉若

夫登高以望遠飲旨而食嘉所以宣輔神明亦君子起居寢食之宜也爲别久矣所懷如何自古言事而得罪解當復用遠方久處省愆慮節動作此非希文自重亦以爲天下士君子重也謝希深學士丁家艱將謀南歸有少私事須託營辦因通區區之誠以問左右

代人上王樞密求先集序書

某月日具位某謹齋沐獻書樞密相公閤下某聞傳曰言之無文行而不遠君子之

所學也言以載事而文以飾言事信言文乃能表見於後世詩書易春秋皆善載事而尤文者故其傳尤遠荀卿孟軻之徒亦善爲言然其道有至有不至故其書或傳或不傳猶繫於時之好惡而興廢之其次楚有大夫者善文其謳謌以傳漢之盛時有賈誼董仲舒司馬相如揚雄能文其文辭以傳由此以來去聖益遠世益薄或衰下迄周隋其間亦時時有善文其言以傳者然皆紛雜滅裂不純信故百不傳一幸而

一傳傳亦不顯不能若前數家之焯然暴見而大行也甚矣言之難行也事信矣須文文至矣又繫其所恃之大小以見其行遠不遠也書載堯舜詩載商周易載九聖春秋載文武之法荀孟二家載詩書易春秋者楚之辭載風雅漢之徒各載其時主（一作王）聲名文物之盛以爲辭後之學者蕩然無所載則其言之不純信其傳之不久遠勢使然也至唐之興若太宗之政開元之治憲宗之功其臣下又爭載之以文其

詞或播樂歌或刻金石故其閒鉅人碩德(一作士)閎言高論流鑠前後者恃其所載之在文也故其言之所載者大且文則其傳也章言之所載者不文而又小則其傳也不章某不佞守先人之緒餘先人在太宗時以文辭爲名進士以對策爲賢良方正既而守道純正爲賢待制逢時太平奮身揚名宜其言之所載文之所行大而可恃以傳也然未能甚行於世者豈其嗣續不肖不能繼守而泯没之抑有由也夫文之行雖

繫其所載猶有待焉詩書易春秋待仲尼之删正荀孟屈原無所待猶待其弟子而傳焉漢之徒亦得其史臣之書其始出也或待其時之有名者而後發其既殁也或待其後之紀次者而傳其爲之紀次也非其門人故吏則其親戚朋友如夢得之序子厚李漢之序退之也伏惟閣下學老文鉅爲時雄人出入三朝其能望光輝接步武者惟先君爲舊則亦先君之所待也豈小子之敢有請焉謹以家集若干卷數寫獻

門下惟哀其誠而幸賜之

代楊推官洎上吕相公求見書

某聞古者堯舜禹之爲君也有臯夔益稷之徒者五字一作稷契者之徒爲其臣而湯之王也亦有仲虺伊尹者周之始興也有周公召公其復一作後興也有方叔邵虎申一作山甫之徒下而至漢其初也功臣尤多而稱善相者曰蕭曹其後曰丙魏唐之始則曰房杜既而曰姚宋者是皆能以功德佐其君而卓然特以名出衆而見於世者夫詩書之所美

莫大乎堯舜三代其後世之盛者莫盛乎漢與唐而其興也必有賢哲之臣出其際而能使其君之功業名譽赫然光顯於萬世而不泯故每一讀其書考其事量其功而想乎其人疑其瓌傑奇怪若神人然非如今世之人可得而識也夫其人已亡其事已久去數千百歲之後徒得其書而一讀之猶灼然如在人耳目之際使人希慕稱述之不暇況得身出（二字一作生）於其時親見其所爲而一識其人則雖奔走俯伏從妾

園執鞭扑猶爲幸歟某嘗誦於此而私自爲恨者有日矣國家之興（一有也字）七十有五年矣禮樂文章可謂太平而傑然稱王公大人於世者往往而出凡士之得身出於斯時者宜爲幸矣又何必忽近以慕遠違目而信耳且安知後之望今不若今之望昔者邪然其實有若不幸者其生也少賤而愚賤則不接乎朝廷之閒愚故不能與於事則雖有王公大人者並出而欲一往識之乃無一事可因而進焉噫古之君子

在上不幸而不得出其間今之君子在上幸而親見矣又以愚賤見隔而莫可望焉是真可閔歎也已然嘗獨念昔有聞於先君大夫者似有可以藉而爲說以干進於左右者試一陳之先君之生也好學勤力以孤直不自進於時其晚也始登朝廷享榮禄使終不困其志而少伸者蓋實出於大君子之門則相公一有闔下二字之於楊氏不爲無恩矣其不肖其一作莫能繼一作光大先君之世而又苟欲藉之以有緒於闔人誠宜

獲罪於下執事者矣然而不詢於長者不謀於蓍龜而決然用是以自進者蓋冀萬一得償其素所願焉雖及門而獲罪不猶愈於望古而自爲恨者邪言狂計愚伏惟聰明幸賜察焉

與黄校書論文章書

脩頓首啓蒙問及丘舍人所示雜文十篇竊嘗覽之驚歎不已其毀譽等數短篇尤爲篤論然觀其用意在於策論此古人之所難工是以不能無小闕其救弊之説甚

詳而華弊未之能至見其弊而識其所以華之者才識兼通然後其文博辯而深切中於時病而不爲空言蓋見其弊必見其所以弊之因若賈生論秦之失而推古養太子之禮此可謂知其本矣然近世應科目文辭求若此者蓋寡必欲其至一作至於極致則冝少加意然後煥乎其不可禦矣文章繫乎治亂之說未易談況乎愚昧惡能當此愧畏愧畏脩謹白

與高司諫書

脩頓首再拜白司諫足下某年十七時家隨州見天聖二年進士及第牓始識足下姓名是時予年少未與人接又居遠方但聞今宋舍人兄弟與葉道卿鄭天休數人者以文學大有名號稱得人而足下厠其間獨無卓卓可道說者予固疑足下不知何如人也其後更十一年予再至京師足下已為御史裏行然猶未暇一識足下之面但時時於予友尹師魯問足下之賢否而師魯說足下正直有學問君子人也予

猶疑之夫正直者不可屈曲有學問者必能辯是非以不可屈之節有能辯是非之明又爲言事之官而俯仰默默無異衆人是果賢者耶此不得使子之不疑（三字一作不疑之）也自足下爲諫官來始得相識侃然正色論前世事歷歷可聽襃貶是非無一謬說噫持此辯以示人孰不愛之雖子亦疑足下真君子也是予自聞足下之名及相識凡十有四年而三疑之今者推其實迹而較之然後決知足下非君子也前日范希文

貶官後與足下相見於安道家足下詆誚希文爲人子始聞之疑是戲言及見師魯亦説足下深非希文所爲然後其疑遂決希文平生剛正好學通古今其立朝有本末天下所共知今又以言事觸宰相得罪足下既不能爲辨其非辜又畏有識者之責已遂隨而詆之以爲當黜是可怪也夫人之性剛果懦軟禀之於天不可勉強雖聖人亦不以不能責人之必能今足下家有老母身惜官位懼飢寒而顧利禄一作禄利

不敢一忤宰相以近刑禍此乃庸人之常
情不過作一不才諫官爾雖朝廷君子亦
將閔足下之不能而不責以必能也今乃
不然反昂然自得了無愧畏便毀其賢以
爲當黜庶乎飾己不言之過夫力所不敢
爲乃愚者之不逮以智文其過此君子之
賊也且希文果不賢耶自三四年來從大
理寺丞至前行員外郎作待制日日備顧
問今班行中無與比者是天子驟用不賢
之人夫使天子待不賢以爲賢是聰明有

所未盡足下身爲司諫乃耳目之官當其驟用時何不一爲天子辨其不賢反默默（一作然）無一語待其自敗然後隨而非之若果賢邪則今日天子與宰相以忤意逐賢人足下不得不言是則足下以希文爲賢亦不免責以爲不賢亦不免責大抵罪在默默爾昔漢殺蕭望之與王章計其當時之議必不肯明言殺賢者也必以石顯王鳳爲忠臣望之與章爲不賢而被罪也今足下視石顯王鳳果忠邪望之與章果不

賢邪當時亦有諫臣必不肯自言畏禍而不諫亦必曰當誅而不足諫也今足下視之果當誅邪是直可欺當時之人而不可欺後世也今足下又欲欺今人而不懼後世之不可欺邪況今之人未可欺也伏以今皇帝即位已來進用諫臣容納言論如曹脩古劉越雖殁猶被褒稱今希文與孔道輔皆自諫諍擢用足下幸生此時遇納諫之聖主如此猶不敢一言何也前日又聞御史臺牓朝堂戒百官不得越職言事

是可言者惟諫臣爾若足下又遂不言是天下無得言者也足下在其位而不言便當去之無妨他人之堪其任者也昨日安道貶官師魯待罪足下猶能以面目見士大夫出入朝中稱諫官是足下不復知人間有羞耻事爾所可惜者聖朝有事諫官不言而使他人言之書在史冊他日為朝廷羞者足下也春秋之法責賢者備今某區區猶望足下之能一言者不忍便絶足下而不以賢者責也若猶以謂希文不賢

而當遂則子今所言如此此乃是朋邪之人爾願足下直携此書于朝使正子罪而誅之使天下皆釋然知希文之當遂亦諫臣之一効也前日足下在安道家召予往論希文之事時坐有他客不能盡所懷故輒布區區伏惟幸察

與尹師魯第一書

某頓首師魯十二兄書記前在京師相别時約使人如河上既受命便遣白頭奴出城而還言不見舟矣其夕及（一作又）得師魯

手簡乃知留船以待怪不如約方悟此奴
懶去而見給臨行臺吏催苛百端不比催
師魯人長者有禮使人惶迫不知所爲是
以又不留下書在京師但深託君貺因書
道脩意以西始謀陸赴夷陵以大暑又無
馬乃作此行沿汴絶淮泛大江凡五千里
用一百一十程纔至荊南在路無附書處
不知君貺曾作書道脩意否及來此問荊
人云去郢止兩程方喜得作書以奉問又
見家兄言有人見師魯過襄州計今在郢

久矣師魯歡戚不問可知所渇欲聞者別
後安否及家人處之如何莫若相尤否六
郎舊疾平否脩行雖久然江湖皆昔所游
往往有親舊留連又不遇惡風水老母用
術者言果以此行爲幸又聞夷陵有米麪
魚如京洛又有梨栗橘柚大筍茶荈皆可
飲食益相喜賀昨日因參轉運作庭趨始
覺身是縣令矣其餘皆如昔時師魯簡中
言疑脩有自疑之意者非他蓋懼責人太
深以取直爾今而思之自決不復疑也然

師魯又云闇於朋友此似未知脩心當與高書時蓋已知其非君子發於極憤而切責之非以朋友待之也其所爲何足驚駭路中來頗有人以罪出不測見弔者此皆不知脩心也師魯又云非忘親此又非也得罪雖死不爲忘親此事須相見可盡其說也五六十年來天生此輩沈默畏慎布在世間相師成風忽見吾輩作此事下至竈門（一作間）老婢亦相驚怪交口議之不知此事古人日日有也但問所言當否而已

又有深相賞歎者此亦是不慣見事人也可嗟世人不見如往時事久矣往時砧斧鼎鑊皆是烹斬人之物然士有死不失義則趨而就之與几席枕藉之無異有義君子在傍見有就死知其當然亦不甚歎賞也史冊所以書之者蓋特欲警後世愚懦者使知事有當然而不得避爾非以爲奇事而詫人也幸今世用刑至仁慈無此物使有而一人就之不知作何等怪駭也然吾輩亦自當絕口不可及前事也居閑僻

處曰知進道而已此事不須言然師魯以脩有自疑之言要知脩處之如何故略道也安道與予在楚州談禍福事甚詳安道亦以爲然俟到夷陵寫去然後得知脩所以處之之心也又常與安道言每見前世有名人當論事時感激不避誅死真若知義者及到貶所則慼慼怨嗟有不堪之窮愁形於文字其心歡戚無異庸人雖韓文公不免此累用此戒安道慎勿作慼慼之文師魯察脩此語則處之之心又可知矣

近世人因言事亦有被貶者然或傲逸狂醉自言我爲大不爲小故師魯相別自言益慎職無飲酒此事脩今亦遵此語咽喉自出京愈矣至今不曾飲酒到縣後勤官以懲洛中時懶慢矣夷陵有一路紙數日可至郢白頭奴足以往來秋寒矣千萬保重

同前

某頓首自荆州得吾兄書後尋便西上十月二十六日到縣倏茲新年巳三月矣所

幸者老幼無恙老母舊不飲酒到此來日能飲五七盃隨時甘脆足以盡歡脩之舊疾漸以失去亦能飲酒矣不知師魯爲況如何到此便欲遣任進去又爲少事且遣伊入京師於今未回前者於朱駕部處見手書略知動靜夷陵雖小縣然諍訟甚多而田契不明僻遠之地縣吏朴鯁官書無簿籍吏曹不識文字凡百制度非如官府一一自新齊整無不躬親又朱公以故人日相勞慰時時頗有宴集加以乍到閑門

內事亦須自營開正以來始似無事治舊史前歲所作十國志蓋是進本務要卷多今若便爲正史盡宜刪削存其大要至如細小之事雖有可紀非干大體自可存之小說不足以累正史數日檢舊本因盡刪去矣十亦去其三四師魯所撰在京師時不曾細看路中昨來細讀乃大好師魯素以史筆自負果然河東一傳大妙脩本所取法此傳爲此外亦有繁簡未中願師魯亦刪之則盡妙也正史更不分五史而通

爲紀傳今欲將梁紀并漢周脩且試撰次唐晉師魯爲之如前歲之議其他列傳約略且將逐代功臣隨紀各自撰傳待續次盡將五代列傳姓名寫出分而爲二分手作傳不知如此於師魯意如何吾等棄於時聊欲因此粗伸其心少希後世之名如脩者幸與師魯相依若成此書亦是榮事

今特告朱公　介馳此奉咨且希一報如可以便各下手只候任進歸便令齋國志草本去次春寒保重

同前 慶曆五年春

某頓首啓兩路地壤相接幸時文字往還然闕附狀蓋書生責以錢穀強其所不能自然公私不濟況其素懶於作書也然時聞師魯動止蘇子美事深欲論叙但避猶豫聞有極言乃知自信爲是甚善甚善子美雖未亟復其如排沮羣議爲益不少晉潞師魯少所樂遊其況如何春寒千萬保愛列傳人名便請師魯録取一本分定寄來不必以人死年月斷於一代但著功一代

多者隨代分之所貴作傳與紀相應千萬

遞中却告一信要知尊意

同前 慶曆四年

某頓首啓始聞師魯徙晉乃駭然本初與郭推官計師魯必離渭而受晉命中道無所淹留徑之晉則謂於晉得相見既聞待闕至九月又計當入洛則謂於洛得相見又聞方留邠州有所陳來期未可知則謂遂不相見而東也及陝乃知直趨絳州脩在絳阻雨數日苟更少留猶得道中相遇

奈何前後相失如此尚欲留陝走人至解期一爲會而大暑懼煩往復亦須三四日又不欲久在陝使郡人有館待之勞顧此勢不得留慶晉不足屑屑於胷中但向聞師魯有失子之苦時方走河東界道遠多事不暇奉慰脩嘗失一五歲小兒已七八年至今思之痛若初失時脩素謂諸君自爲寡情而善忽世事者尚如此況師魯素自謂有情而子長又賢哉語及此雖脩忽自不堪又欲進何説以解師魯心邪自西

事已來師魯之髮無黑者其不如意事多
矣人生白首矣外物之能攺人者其類甚
多安能尚甘於自苦耶得失不足計然雖
歡戚勢既極亦當自有否泰惟不動心於
憂喜非勇者莫能焉咫尺不相見又無以
奉慰惟自寛自愛乃佳

同前慶暦五年夏

其頓首今春子漸兄云亡脩在鎮陽半月
後方知時又卧病草率走介託趙秉致奠
云已之洛中矣苦事苦事脩一春在外四

月中還家則母病妻皆卧在牀又值沈四
替去本司獨力出治公事入營醫藥纔得
清鄉來即往德博視河功比還馬墜傷足
至今行履未得以故久不及拜書爲慰一
寫朋友號呼之痛子漸平生所爲世謂吉
人君子者然人生固不可以善惡較壽夭
吾徒所爲天下之人嫉之者半故人相知
不比他人易得失一人如他人之失百人
也脩往時意銳性本真率近年經人事多
於世俗間漸似耐煩惟於故人書問尚有

逭慢之僻在困子漸亡追思數年不以一字往還遂至幽明永隔因此欲勉彊於書尺益知交游之難得爲可惜也子漸爲人不待縷述脩自知之然其所爲文章及在官有可記事相別多年不知子細望録示一本脩於子漸不可無文字墓誌或師魯自作則已若不自作則須脩與君謨當作蓋他平生相知深者吾三人與李之才爾縱不作墓誌則行狀或他文字須作一篇也愁人愁人師魯知爲士廉所訟仇家報怨不意亦聽而行此更不須較曲直他不足道也夏君來日

詢他潞州事得動靜甚詳差慰夏熱千萬保重

回丁判官書 景祐三年

九月十四日宣德郎守峽州夷陵縣令歐陽脩謹頓首復書于判官祕校足下脩之得夷陵也天子以有罪而不忍即誅與之一邑而告以訓曰往字吾民而無重前悔故其受命也始懼而後喜自謂曰幸而謂夷陵之不幸也夫有罪而猶得邑又撫安之曰無重前悔是以自幸也昔春秋時鄭詹自齊逃來傳者曰甚佞人來佞人來矣此不欲佞人入其邦而惡其來甚之（一作之甚）

之辭也脩之是行也以謂夷陵之官相與語於府吏相與語於家民相與語於道皆曰罪人來矣凡夷陵之人莫不惡之而不欲入其邦若魯國之惡鄭詹來者故曰夷陵不幸也及舟次江陵之建寧縣人來自夷陵首蒙示書一通言文意勤不徒不惡之而又加以厚禮出其意料之外不勝甚喜而且有不自遂之心焉夫人有厚己而自如者恃其中有所以當之而不愧也如脩之愚少無師傳而學出己見未一發其

蘊忽發焉果輒得罪是其學不本實而其
中空虛無有而然也今猶未獲一見君子
而先辱以書待之厚意以空虛之質當甚
厚之意竊懼既見而不若所待徒重媿爾
且爲政者之懲有罪也若不鞭膚刑肉以
痛切其身則必擇惡地而斥之使其奔走
顛躓窘苦左山右壑前虺虎而後蒺藜動
不逢偶吉而輒奇凶眞其狀可爲閔笑所以
深困辱之者欲其知自悔而改爲善也此
亦爲政者之仁也故將得罪也與之一邑

使載其老母寡妹浮五千五百之江湖冒大熱而履深險一有風波之危則叫號神明以乞須臾之命幸至其所則折身下首以事上官吏人連呼姓名喝出使拜起則趨而走設有大會則坐之壁下使與州校役人爲等伍得一食未徹俎而先走出上官遇之喜怒訶詰常斂手慄股以伺顔色冀一語之温和不可得所以困辱之如此者亦欲其能自悔咎而改爲善也故脩之來也惟困辱之是期今乃不然獨蒙加以

厚禮而不以有罪困辱之使不窮厄而得其所爲以無重悔如前訓可謂幸矣然懼其頑心而不知自改也夫士窮莫不欲人之閔己然非有深仁厚義君子之閔矣疑則又懼且慙焉謹因弓手還敢布所懷不勝區區伏惟幸察

外集卷第十七

代楊推官上呂相公書　伊尹者（一無者字）私自（一作私以）嘗獨念昔有聞於先君大夫者（一作獨念昔者有聞於先君大夫）

與高司諫書　於予友尹師魯間足下（一作問子友尹師魯以足下）不可屈之節（屈字下一有曲字）不以賢者（一作以不賢者）

與尹師魯第一書　見有就死（有一作其）

第四書　及陝（一作及至陝）

回丁判官書　自如（一作自恕）今乃（一作乃今）

（宋）歐陽修 撰

宋本歐陽文忠公集

第一一册

國家圖書館出版社

第一一册目録

外集卷第八　歐陽文忠公集五十八

古賦　雜文五首附

紅鸚鵡賦并序

聖俞作紅鸚鵡賦以謂禽鳥之性宜適於山林今茲鸚徒事言語文章以招累見囚樊中曾烏鳶雞雛之不若也謝公學士復多鸚之才故能去昆夷之賤有金閨玉堂之安飲泉啄實自足爲樂作賦以反之夫適物理窮天真則聖俞之說勝負才賢一作賢才以取貴於世而能自將所適皆安不知籠

檻之於山林則謝公之說勝某始得二賦讀之釋然知世之賢愚出處各有理也然猶疑夫茲禽之腹（一作賦）中或有未盡者因拾二賦之餘棄也以代鸚畢其說

后皇之載兮殊方異類肖翹蠢息兮厥生咸遂鎔埏賦予兮有物司之泊然後化兮默運其機陶形播氣兮小大取足紛不可狀兮千名萬族異物珍怪兮託產遐陬來海裔兮貴中州邈丹山於荒極越鳳皇之所宅稟南方之正氣孕赤精於火德蓋以

氣而召類兮故感生而同域播爲我形特殊其質不緑以文而丹其色物既賤多而貴少兮世亦安常而駭異豈負美以有求兮適遭時之我貴客方黜我以文采弔我於籠樊謂夫飛鳴而飲啄不若雞鶩與鳥鳶噫不知物有貴賤殊乎所得工一作天初造我甚難而嗇千毛億羽曾無其一忽然成形可異而珍慧言美質俾貴於人籠軒實翫翔集安馴彼衆禽之擾擾兮蓋迹殊而趣乖既心昏而質陋兮乃自穢而安卑樂

以鍾鼓宜其眩悲蓋貴我之異禀何槩我於群飛若夫生以才夭養以性違客之所悼我亦悼之我視乎世猶有甚兮郊犧牢豕龜文象齒蚌蛤之胎犛牛之尾既殘厥形又奪其生是猶天爲非以自營人又不然謂爲最靈淳和質靜本湛而寧不守爾初自爲巧智鑿竅泄和漓淳雜僞衣羔染夏強華其體鞭扑走趨自相械繫天不汝文而自文之天不汝勞而自勞之役聰與明反爲物使用精既多速老招累侵生蠹

性豈毛之罪又聞古初人禽雜處機萌乃
心物則遁去深兮則網高兮則弋爲之職
誰而反予是責

述夢賦

夫君去我而何之乎時節逝兮如波昔共
處兮堂上忽獨棄兮山阿嗚呼人羡久生
生不可久死其柰何死不可復惟可以哭
病予喉使不得哭兮況欲施乎其他憤既
不得與聲而俱發兮獨飲恨而悲歌歌不
成兮斷絕淚疾下兮滂沱行求兮不可過

（疑是過字）坐思兮不知處可見惟夢兮奈寐少而寤多或十寐而一見兮又若有而若無乍若去而若來忽若親而若疎杳兮倏兮猶勝於不見兮顧此夢之須臾尺蠖憐予兮爲之不動飛蠅閔予兮爲之無聲冀駐君兮可久悦予夢之先驚爲夢一斷兮魂立斷空堂耿耿兮華燈世之言曰死者澌也今之來兮是也非也又曰覺之所得者爲實夢之所得者爲想苟一慰乎予心又何（一作可）較乎真妄緑髮兮思君君而白豐肌兮以君而

脩君之意兮不可忘何憔悴而去惜願日之疾兮願月之遲夜長於晝兮無有四時雖音容之遠矣於恍惚以求之

荷花賦

步蘭塘以清暑兮飒蘋風以中人擷杜若之春榮兮搴芙蓉於水濱嘉丹葩之耀質出渌水而含新蔭曲池之清泚漾波紋之瀹淪披紅衣而耀彩寄清流以（一作而）託根挺無華之淺艷靡競麗乎先春抱生意以自得兮及薰時之嘉辰若夫夏（一作下）晼蘭衰夢

池草密慘群芳之已銷獨斯蓮之一作而迴出可以嗅清香以折醒可以玩芳華而自逸況其晚浦煙霞水亭風日投文竿而餌垂泳蓱薹而波溢絲縈藕以全折杯卷荷而半側墜紫菂以斂煙斂紅芳而向夕可憐影兮相顧列金葩而返植清風遏以似起碧霧合而乍失或兩兩以相扶漸亭亭而獨出發燕脂於此土生異香於西域匪江妃之小腰即廣陵之清一作青骨爾乃曲沼微陽橫塘細雨逐橋上之歸鞍笑堤邊之游

女墮虹梁而窺影倚風臺而欲舞霞復翠被
以薰香然犀燈而照浦雙心並根千株泣
露湛月白而風清香池平而樹古送艇子
於西州闌楨謳[illegible]北渚迎挑根而待檝逢
宓妃而未渡迫而視之靚若星妃臨水而
脉脉盈盈遠而望之杳如峽女行雲而朝
朝暮暮其妖麗也其閑麗也香荃橈兮木
蘭舟澹容與兮悵夷猶東西隨葉隱上下
逐波浮巳見雙魚能比目應笑鴛鴦會白
頭昔聞妃子貴東鄰池上金花不染塵空留

此日田田葉不見當時步步人

螟蠕賦 并序

詩曰螟蠕有子蜾蠃負之言非其類也及楊子法言又稱焉嗟夫螟蠕一蟲爾非有心於孝義也能以非類繼之爲子羽毛形性不相異也今夫爲人父母生之養育劬勞非爲異類也乃有不能繼其父之業者儒家之子卒爲商世家之子卒爲皁隷嗚呼所謂螟蠕之不若也作螟蠕賦詞曰

爰有桑蟲實曰螟蠕與夫蜾蠃異類殊形

負以爲子祝之以聲其子感之朝夕而成
嗟夫人子父母所生父祝之言子莫之聽
父傳之業子莫克承父没母死身覆位傾
鳴呼爲人孰與其蠹人不如蟲曷以人稱
辭

啄木辭

木皇司春兮物熙以春芽者斯甲者
斯萌物賴皇兮榮以欣翳有蟲兮甚不仁
穴皇木兮群以聚穴不已兮又加咀皇木
病兮竅將深皇心惻兮傷爾蝎彼鴷鳥兮

善啄吾利汝喙兮飢汝腹飛以鳴兮啄且食蟲不盡兮啄莫息山之麓兮水之濱皮堅節癭兮龍甲虵鱗節流膏兮吻流血百不一兮徒飢渇蠹日滋兮鴷日苦京謁皇兮披雲路雲之深兮不可見託歸風兮仰訴古初之皇兮甚仁惠憐民愛物使兩遂穴民處兮鮮民今穴不棟梁兮鮮不薪米其求甚少兮給之孔易野鬱鬱兮山蒼蒼土有毛髮兮山有衣裳金不鞴冶兮器不刃錯木至老朽兮不見菑殃聖萌機兮五

財利贍有足兮生不匱蔽風避濕兮脩容
威廟祭室寢兮猶無異爲帝何思之不熟
兮忽生般而與倕丹縣之不巳兮又以彫
幾斜鈎曲鬭兮莫照欄梯高構嶮兮目精
眩地禿而赭兮山褋而寒材者傷死兮生
者力殫一躬之庇兮一林夷族寓龍木馬
兮重闇陰屋皇民暴啚兮驅之以扑噫智
巧兮誰爲是旣紛紛而不止工蠹則大兮
蟲蠹則小捕小縱大兮將何謂皇惜木兮
雖甚恩蟲利食兮啄徒勤蠹未入口兮刃

至其根與其啄蠹能盡死不如得啄匠手使不堪於斧斤

哭女師

暮入門兮迎我笑朝出門兮牽我衣戲我懷兮走而馳旦不覺夜兮不知四時忽然不見兮一日千思日難度兮何長夜不寐兮何遲暮入門兮何望朝出門兮何之怳疑在兮杳難追髧兩毛兮秀雙眉不可見兮如酒醒睡覺追惟夢醉之時八年幾日兮百歲難期於汝有頃刻之愛兮使我有

終身之悲

頌

會聖宮頌并序

西京留守推官將仕郎試秘書省校書郎臣歐陽脩謹齋心滌慮頓首再拜言臣伏見國家采漢書原廟之制作宮于永安以備園寢欲以盛陵邑之充奉昭祖宗之光靈以耀示于千萬世甚盛德　脩永惟古先王者將有受命之符必先興業造功以警動覺悟於元元然後有其位而繼體守

文之君又從而顯明丕大以纂修乎舊物
故其兢兢勤勤不忘前人是以根深而葉
茂德厚而流光子子孫孫承之無疆伏惟
皇帝陛下以神聖[illegible]德傳有大器乾健而
正離繼而明即位以來于茲十年勤邦儉
家以修太平日朝東宮示天下孝親執籩
豆三見於郊日星軌道光明清潤河不怒
溢東南而流四夷承命歡和以賓奔走萬
里顧非有干戈告讓之命文移發召之期
而犀珠象牙文馬瑴玉旅于闕庭納于廐

府如司馬令無一後先至德之及上格于天下極于地中浹於人而外冒於四表昆蟲有命之物無不仰戴神威聖功効見如此太祖創造基始兄成厥家當天受命之功太宗征服綏來遂一海内眷武英文之業真宗禮樂文物以隆天聲升平告功之典陛下夙夜虔共嗣固鴻業纂服守成之勤基構累積顯顯昌昌益大而光稱于三后之意可謂至孝況春秋歲時以禘以祫則有廟祧之嚴配天昭孝以享以告則有

郊廟明堂之位篆金刻石則有史氏之官歌功之詩一作歌詩之詠流于樂府象德之舞見乎羽毛惟是邦家之光祖宗之爲有以示民而垂無窮者罔不宣著陛下承先烈昭孝思所以奉之以嚴罔不勤備聖人之德謂無以加而猶以爲未也乃復因陵園起宫室以望神游土木之功嚴而不華地奥而潔宇敞而邃神靈杳冥如來如宅合於禮經孝子謦咳思親之義愚以謂宫且成非天子自臨享則不能以來三后之靈然郡

國不見治道太僕不先整駕恬然未聞有
司之詔豈難於動民而遲其咎疑耶特疑以龜
筮所考須吉而後行耶不然何獨留意於屋
牆構築而至於蘆見孝享未之思耶況是
宮之制夷山爲平外取客土鍛石伐木發
兵胥靡調旁近郡如此數年而道路之民
徒見興爲之功恐愚無以識上意是宜不
惜屬車之費無諱數日之勞沛然幸臨因
展陵墓退而諭民以孝思之誠遂見守土
之臣采風俗以問高年亦堯舜之事也古

者天子之出必有采詩之官而道路童兒之言皆得以聞臣是以不勝惓惓之心謹采西人望幸意作爲頌詩以獻闕下詞曰

巍峩穹崇奠京之東有山而崧嶽淪道源滙流而淵有洛之川川靈山秀回環左右有高而阜其阜何名太祖太宗真宗之陵惟陵之制因山而起隱隱隆隆惟陵之氣常王而喜鬱鬱葱葱帝懷穹旻受命我宋造初于屯帝念先烈用顧余家宣力以勤赫赫三后重基累構既豐而茂燕翼貽謀

是惟永圖其傳在予曰祖曰宗有德有功
予實嗣之克勤克紹以孝以報予敢不思
惟此園陵先后之宅既宅且安后來游止
弗宮弗室神何以驩廼相川原乃得善地
地高惟丘廼以荆灼廼訊實龜龜告曰猷
帝命家臣而職我事而往惟寅一毫一絲
給以縣官無取於民伐洛之薪陶洛之土
瓦不病窳柯我之斧登我之山木好且堅
家臣之來役夫萬名三年有成宮成翼翼
在陵之側須后來格有門有宇有廊有廡

有庭有序殿兮耽耽黼帷襜襜天威可瞻
庭兮殖殖鉤盾虎戟容衛以飭太祖維祖
太宗維弟真宗維子三聖嶷嶷有以正位
于此而會聖兮在天風馬雲車其來僊僊
聖會于此靈威神馭其宮肅然聖旣降矣
其誰格之惟孝天子聖降當享其誰來薦
亦孝天子孝旣克祗而來胡遲其下臣脩
作頌風之

贊

有宋右諫議大夫贈開府儀同三

司太師中書令兼尚書令魏國韓

公國華真賛

氣剛而毅望之可畏色粹而仁近之可親有韞于中必見于外庶幾髣髴寫之圖繪惟其盛德不可形容公德之豐後世之隆誰爲公子丞柘衛公

章

州名急就章并序

叙曰古者史掌文書以識天地四方古今事物名言字訓而教學之法始於童子謂

之小學君子重焉急就章者漢世有之其源蓋出於小學之流昔顔籀爲史游序之詳矣余爲學士兼職史官不坐曹居多暇日每自娱於文字筆墨之間因戲集州名作急就章一篇以示兒女曹庶幾賢於博塞爾章曰

别州自禹郡於秦廢置經革難具陳皇家垂統天下定疆理萬方承政令近征遠貢各有宜或畀吏治或覊縻九域披圖指可知分音比類愼訛疑文差字析極精微若

夫錦居遐裔孤音無比隰集梓泗劍陝涪
幽騈聲相附可如類求則有蘷綏隨果賀
播滑達越和河羅連三前叶其四謂何乃
有瓜沙嘉巴鳳隴雍宋歙峽合疊淄資思
師化雅華夏審吉蔚悉永郢鼎潁不宜吃
訥又如保邵道趙耀鄆信潤晉慎凡五聲
而一韻柳壽茂竇宥湊憲究漢簡萬演海
岱解蔡泰愛欽潯金深郴黔蜀濮福睦復
陸乃六律而同音七言惟一白澤號石益
德壁八音相望廣象相閣句絳獎黨宕句

開萊台懷句階崖雷梅句澧棣冀利句濟
薊費智句鄭鄧定孟句慶應靜勝句廉潭
儋南句嵐鹽甘嵩句至於許汝婺處句楚
普潞敘古句魏惠桂貴句遂貝瑞嶲會句
言過乎九難宣於口於是有岳鄂亳溥洛句
莫涿朔廓拓句眉黎齊池蘄句施伊西夷
溪句濠曹饒昭韶句潮遼交洮牢句右皆十卭
通龍洪蓬象句邕同戎忠松籠句右十二連綿澶
安延丹端句宣檀驩蘭潘田巒句潮蘇舒
滁廬渝瀘句梧蒲徐鄜扶儒禺句右皆十四秦

邠麟汾句均陳温春句筠辰文循句銀雲
勤岷句杭楊江黄句常漳康襄句房坊商
滄句洋昌瀼長句右皆十六并青瀛登成明句
衡彭英瓊邢洺句涇寧昇榮橫藤句汀興
潛平庭澄句右二十四聯章斷句不能遽數真
定河源以諱不舉若乃物有疑似同音異
字則有陵靈原袁府撫乾虔濵賔融容渭
衛泠泉繡秀昜翼冀渠衢歸嬀龔恭汴辨涼
梁祁岐鄯單宿肅磁慈濰維峯封曁豐沂
宜及儀乃一號而三之音或不同相近者亦借以足之劒環恩

順鎮覇真雄又音文之兩同至於太平鬱林萬安平琴武安洮陽新定建康二名雖[illegible][illegible]小不彰若監若軍四十有六保定信[illegible][illegible]廣信安肅鎮戎保安岢嵐火山順安寧化寶控三邊其餘瑣瑣皆不足言其後因檢九域圖有高冨瀧當四州偶遺不録以文句難移不復增入也

外集卷第八

外集卷第九　歐陽文忠公集五十九

論

論時論三首附

本論本論三篇中下篇已載居士集第十七卷此乃公晚年所删上篇

天下之事有本末其爲治者有先後堯舜之書略矣後世之治天下未嘗不取法於三代者以其推本末而知所先後也三王之爲治也以理數均天下以爵地等邦國以井田域民以職事任官天下有定數邦國有定制民有定業官有定職使下之共上勤而不困上之治下簡而不勞財足於

用而可以備天災也兵足以禦患而不至於爲患也凡此具矣然後飾禮樂興仁義以教道之是以其政易行其民易使風俗淳厚而王道成矣雖有荒子孱孫繼之猶七八百歲而後巳夫三王之爲治豈有異於人哉財必取於民官必養於祿禁暴必以兵防民必以刑與後世之治者大抵同也然後世常多亂敗而三王獨能安全者何也三王善推本末知所先後而爲之有條理後之有天下者孰不欲安且治乎用心

益勞而政益不就諰諰然常恐亂敗及之而輙以至焉者何也以其不推本末不知先後而於今之務衆矣所當先者五也其二者有司之所知其三者則未之思也足天下之用莫先乎財繫天下之安危莫先乎兵此有司之所知也然財豐矣取之無限而用之無度則下益屈而上益勞兵強矣而不知所以用之則兵驕而生禍所以節財用兵者莫先乎立制制已具備兵已可使財已足用所以共守之者莫先乎任

人是故均財而節兵立法以制之任賢以守法尊名以厲賢此五者相爲用有天下者之常務當今之世所先而執事者之所忽也今四海之内非有亂也上之政令非有暴也天時水旱非有大故也君臣上下非不和也以晏然至廣之天下無一間隙之端而南夷敢殺天子之命吏西夷敢有崛彊之王北夷敢有抗禮之帝者何也生齒之數日益衆土地之産日益廣公家之用日益急四夷不服中國不尊天下不實

者何也以五者之不備故也請試言其一二方今農之趣耕可謂勞矣工商取利乎山澤可謂勤矣上之征賦榷易商利之臣可謂纖悉而無遺矣然一遇水旱如明道景祐之間則天下公私乏絕是無事之世民無一歲之備而國無數年之儲也以此知財之不足也古之善用兵者可使之赴水火今廂禁之軍有司不敢役必不得已而暫用之則謂之借倩彼兵相謂曰官倩我而官之文符亦曰倩夫賞者所以酬勞

也今以大禮之故不勞之賞三年而一徧所費八九百萬有司不敢緩月日之期兵之得賞不以無功知媿乃稱多量少比好嫌惡小不如意則羣聚而呼持梃欲擊天子之大吏無事之時其猶若此以此知兵驕也夫財用悉出而猶不足者以無定數也以【疑】兵之敢驕者以用之未得其術以此知制之不立也夫財匱兵驕法制未一而莫有奮然忘身許國者以此知不任人也不任人者非無人也彼或挾材藴知特以

時方惡人之好名各藏畜收斂不敢奮露惟恐近於名以犯時人所惡是以人人變賢爲愚愚者無所責賢者被譏疾遂使天下之事將弛廢而莫敢出力以爲之此不尚名之弊者天下之最大患也故曰五者之皆廢也前日五代之亂可謂極矣五十三年之間易五姓十三君而亡國被弒者八長者不過十餘歲甚者三四歲而亡夫五代之主豈皆愚者邪其心豈樂禍亂而不欲爲久安之計乎顧其力有不能爲者

時也當是時也東有汾晉西有岐蜀北有强胡南有江淮閩廣吳越荆潭天下分爲十三四四面環之以至狹之中國又有叛將强臣割而據之其君天下者類皆爲國日淺威德未洽强君武主力而爲之僅以自守不幸孱子懦孫不過一再傳而復亂敗是以養兵如兒子之啖虎狼猶恐不爲用尚何敢制以殘弊之民人贍無貲之征賦頭會箕斂猶恐不足尚何曰節財以富民天下之勢方若敝廬補其奧則隅壞整

其桷則棟傾枝撑扶持苟存而已尚何暇
法象規圜矩方而爲制度乎是以兵無制
用無節國家無法度一切苟且而已今宋
之爲宋八十年矣外平僭亂無抗敵之國
内削方鎮無強叛之臣天下爲一海内晏
然爲國不爲不久天下不爲不廣也語曰
長袖善舞多錢善賈言有資者其爲易也
方今承三聖之基業據萬乘之尊名以有
四海一家之天下盡大禹貢賦之地莫不
内輸惟上之所取不可謂乏財六尺之卒

荷戈勝甲力彀五石之弩彎二石之弓者數百萬惟上制而令之不可謂之兵中外之官居職者數千員官三班吏部常積者又數百三歲一詔布衣而應詔者萬餘人試禮部者七八千惟上之擇不可謂之賢民不見兵革者幾四十年矣外振兵武攘夷狄内修法度興德化惟上之所爲不可謂無暇以天子之慈聖仁儉得一二明智之臣相與而謀之天下積聚可如文景之富制禮作樂可如成周之盛奮發威烈以

耀名譽可如漢武帝唐太宗之顯赫論道德可興堯舜之治然而財不足用於上而下已弊兵不足威於外而敢驕於内制度不可爲萬世法而日益叢雜一切苟且不異五代之時此甚可嘆也是所謂居得致之位當可致之時又有能致之資然誰憚而久不爲乎

正統論七首

此七論公後刪爲三篇已載居士集第十六卷今所載蓋初本也

原正統論

傳曰君子大居正又曰王者大一統正者

所以正天下之不正也統者所以合天下之不一也由不正與不一然後正統之論作堯舜之相傳三代之相代或以至公或以大義皆得天下之正合天下於一是以君子不論也其帝王之理得而始終之分明故也及後世之亂僭僞興而盜竊作由是有居其正而不能合天下於一者周平王之有吳徐是也有合天下於一而不得居其正者前世謂秦爲閏是也由是正統之論興焉自漢而下至于西晉又推而下

之爲宋齊梁陳自唐而上至於後魏又推而上之則爲夷狄其帝王之理舛而始終之際不明由是學者疑焉而是非不公非其不公蓋其是非之難也自周之亡迄于顯德實千有一百一十二年之閒或理或亂或取或傳或分或合其理不能一槩是以論者於此而難也大抵其可疑之際有四其不同之説有三此論者之所病也何謂可疑之際周秦之際也漢魏之際也東晉後魏之際也朱梁後唐之際也秦親得

周而一天下其迹無異禹湯而論者黜之其可疑一也王莽得漢而天下一莽不自終其身而漢復興論者曰僞宜也魏得漢而天下三分論者曰正統其可疑二也以東晉承西晉則無終以周隋承元魏則無始其可疑三也梁之取唐無異魏晉而梁爲僞劉備漢之後裔以不能一天下而自别稱蜀不得正統可也後唐非李氏未嘗一天下而正統得之其可疑四也何謂不同之説三有昧者之論有自私之論有因

人之論正統之說肇於誰乎始於春秋之作也當東周之遷王室微弱吴徐並僭天下三王而天子號令不能加於諸侯其詩下同於列國天下之人莫知正統仲尼以爲周平雖始衰之王而正統在周也乃作春秋自平王以下常以推尊周室明正統之所在故書王以加正月而繩諸侯王人雖微必加於上諸侯雖大不與專封以天加王而別吴楚刺譏褎貶一以周法凡其用意無不在於尊周而後之學者不曉其

旨遂曰黜周而王魯或曰起魯隱之不正或曰起讓國之賢君泥其說於私魯殊不知聖人之意在於尊周以周之正而統諸侯也至秦之帝既非至公大義因悖棄先王之道而自爲五勝之說漢興諸儒既不明春秋正統之旨又習秦世不經之說乃欲尊漢而黜秦無所據依遂爲三統五運之論詆秦爲閏而黜之夫漢所以有天下者以至公大義而起也而說者直曰以火德當天統而已甚者至引蚰龍之妖以爲

左驗至於王莽魏晉直用五行相勝而已
故曰昧者之論也自西晉之滅而南爲東
晉宋齊梁陳北爲後魏後周隋私東晉者
曰隋得陳然後天下一則推其統曰晉宋
齊梁陳隋私後魏者曰統必有所授則正
其統曰唐授之隋隋授之後周後周授之
後魏至其甚相戾也則爲南史者詆北曰
虜爲北史者詆南曰夷故曰自私之論也
夫梁之取唐無異魏晉之取也魏晉得爲
正則梁亦正矣而獨曰僞何哉以有後唐

故也彼後唐者初與梁爲世仇及唐之滅
欲借唐爲名託大義以窺天下則不得不
指梁爲僞而爲唐討賊也而晉漢承之遂
因而不改故曰因人之論也以不同之論
於可疑之際是以是非相攻而罕得其當
也易曰天下之動正夫一夫帝王之統不
容有二而論者如此然搢紳先生未嘗有
是正之者豈其興廢之際治亂之本難言
歟自春秋之後述者多焉其通古今明統
類者希矣司馬子長列序帝王而項羽亦

爲本紀此豈可法邪文中子作元經欲斷南北之疑也絶宋於元徽五年進魏於大和元年是絶宋不得其終進魏不得其始夫以子長之博通王氏之好學而有不至之論是果難言歟若夫推天下之至公據天下之大義究其興廢迹其本末辨其可疑之際則不同之論息而正統明矣

明正統論

凡爲正統之論者皆欲相承而不絶至其斷而不接則猥以假人而續之是以其論

曲而不通也夫居天下之正合天下於一斯正統矣堯舜三代秦漢晉唐天下雖不一而居得其正猶曰天下當正於吾而一斯謂之正統可矣東周魏五代始雖不得其正卒能合天下於一夫一天下而居其上則是天下之君矣斯謂之正統可矣如隋是也天下大亂其上無君僭竊並興正統無屬當是之時奮然而起並爭乎天下東晉後魏有功者強有德者王威一作盛澤皆被于生民號令皆加乎當世幸而以大并小以強兼弱遂合天下

於一則大且強者謂之正統猶有說焉不幸而兩立不能相兼考其迹則皆正較其義則均焉則正統者將安與乎其或終始不得其正又不能合天下於一則可謂之正統乎不可也然則有不幸而丁其時則正統有時而絶也夫所謂正統者萬世大公之器也有得之者有不得之者而論者欲其不絶而猥以假人故曰曲而不通也或曰可絶則王者之史何以繫其年乎曰欲其不絶而猥以假人者由史之過也夫

居今而知古書今世以信乎後世者史也天下有統則爲有統書之天下無統則爲無統書之然後史可法也昔周厲王之亂天下無君周公邵公共行其政十四年而後宣王立是周之統嘗絶十四年而復續然爲周史者記周邵之年謂之共和而太史公亦列之於年表漢之中衰王莽簒位十有五年而敗是漢之統嘗絶十五年而復續然爲漢史者載其行事作王莽傳是則統之絶何害於記事乎正統萬世大公

之器也史者一有司之職也以萬世大公之器假人而就一有司之記事惑亦甚矣夫正與統之爲名甚尊而重也堯舜三代之得此名者或以至公或以大義而得之也自秦漢而下喪亂相尋其興廢之迹治亂之本或不由至公大義而起或由焉而功不克就是以正統屢絕而得之者少也正統之說曰堯舜夏商周秦漢魏晉而絕由此而後天下大亂自東晉太建之元年止陳正明之三年凡二百餘年其始也有

力者並起而爭因時者茍偷而假冒奮攘敗亂不可勝紀其畧可紀次者十六七家既而以大并小以強兼弱久而稍相并合天下猶分爲四東晉宋齊梁陳又自分爲後梁而爲二後魏後周隋又自分爲東魏北齊而爲二是四者皆不得其統其後後周并北齊而授之隋隋始并後梁又并陳然後天下合爲一而復得其統故自隋開皇九年復正其統曰隋唐梁後唐晉漢周夫秦自漢而下皆以爲閏也今乃進而正

之作秦論魏與吳蜀爲三國陳壽不以魏統二方而並爲三志今乃黜二國進魏而統之作魏論東晉後魏議者各以爲正也今皆黜之作東晉論後魏論朱梁四代之所黜也今進而正之作梁論此所謂辨其可疑之際則不同之論息而正統明者也

秦論

謂秦爲閏者誰乎是不原本末之論也此漢儒之私說也其說有三不過曰滅棄禮樂用法嚴苛與其興也不當五德之運而

已五德之說非聖人之言曰昧者之論詳之矣其二者特始皇帝之事爾然未原秦之本末也昔者堯舜夏商周秦皆出於黃帝之苗裔其子孫相代而王堯傳於舜舜傳於禹夏之衰也湯代之王商之衰也周代之王周之衰也秦代之王其興也或以德或以功大抵皆乘其弊而代之初夏世衰而桀爲昏暴湯救其亂而起稍治諸侯而誅之其書曰湯征自葛是也其後卒以放桀而滅夏及商世衰而紂爲昏暴周之文

武救其亂而起亦治諸侯而誅之其詩所謂昆崇共密是也其後卒攻紂而滅商推秦之興其德固有優劣而其迹豈有異乎秦之紀曰其先大業出於顓頊之苗裔至孫伯翳佐禹治水有功唐虞之閒賜姓嬴氏及非子爲周養馬有功秦仲始爲命大夫而襄公與立平王遂受岐豐之賜當是之時周衰固已久矣亂始於穆王而繼以厲幽之禍平王東遷遂同列國而齊晉大侯魯衛同姓擅相攻伐共起而弱周非獨

秦之暴也秦於是時旣平犬夷因取周所賜岐豐之地而繆公以來始東侵晉地至于河盡滅諸戎拓國千里其後關東諸侯强僭者日益多周之國地日益蹙至無復天子之制特其號在爾秦昭襄五十三年周之君臣稽首自歸於秦至其後世遂滅諸侯而一（一作有）天下此本末之迹也其德雖不足而其功力尚不優於魏晉乎始秦之興務以力勝至於始皇遂悖棄先王之典禮又自推水德益任法而少恩其制度文

爲皆非古而自是此其所以見黜也夫始皇之不德不過如桀紂桀紂不能廢夏商之統則始皇未可廢秦也

魏論

新與魏皆取漢者新輒敗亡魏遂傳數世而爲晉不幸東漢無賢子孫而魏爲不討之讎今方黜新而進魏疑者以謂與姦而進惡此不可以不論也昔三代之興也皆以功德或積數世而後王其亡也衰亂之迹亦積數世而至於大壞不可復支然後

有起而代之者其興也皆以至公大義爲心然成湯尚有慚德伯夷叔齊至耻食周粟而餓死況其後世乎自秦以来興者以力故直較其迹之逆順功之成敗而已彼漢之德自安和而始衰至桓靈而大壞其衰亂之迹積之數世無異三代之亡也故豪傑並起而爭而強者得之此直較其迹爾故魏之取漢無異漢之取秦而秦之取周也夫得正統者漢也得漢者魏也得魏者晉也晉嘗統天下矣推其本末而言之

則魏進而正之不疑

東晉論

周遷而東天下遂不能一然仲尼作春秋區區於尊周而明正統之所在晉遷而東與周無異而令黜之何哉是有說焉較其德與迹而然爾周之始興其來也遠當其盛也瓜分（一作規方）天下爲大小之國衆建諸侯以維王室定其名分使傳子孫而守之以爲萬世之計及厲王之亂周室無君者十四年而天下諸侯不敢僥倖而窺周於

此然後見周德之深而文武周公之作真聖人之業故雖天下無君而正統猶在不得而改況（一有乎字）平王之遷國地雖蹙然周德之在人者未厭而法制之臨人者未移平王以子繼父自西而東不出王畿之内（西周之地八百里東周六百里以井田之法計之通爲千里之方）則正統之在周也推其德與迹可以不疑夫晉之爲晉與夫（一作乎）周之爲周也異矣其德法之維天下者非有萬世之計聖人之業也直以其受魏之禪而合天下於一推較其

迹可以曰正而統爾自惠帝之亂晉政已亡愍懷之閒晉如綫爾惟嗣君繼世推其迹曰正焉可也建興之亡晉於是而絶矣夫周之東也以周而東晉之南也豈復以晉而南乎自愍帝死賊庭琅邪起江表位非嗣君正非繼世徒以晉之臣子有不忘晉之心發於忠義而功不就可爲傷已若因而遂竊萬世大公之名其可得乎春秋之法君弑而賊不討則以爲無臣子也使晉之臣子遭乎聖人適當春秋之責況欲

以失國共立之君干天下之統哉夫道德不足語矣直推其迹之如何爾若乃國已滅矣以宗室子自立於一方卒不能復天下於一則晉之琅邪與夫後漢之劉備五代漢之劉崇何異備與崇未甞爲正統則東晉可知焉爾

後魏論

魏之興也自成帝毛至于聖武凡十二世而可紀於文字又十一世至于昭成而建國改元略具君臣之法幸遭衰亂之極得

奮其力並爭乎中國又七世至于孝文而去夷即華易姓建都遂定天下之亂然後脩禮樂興制度而文之考其漸積之基其道德雖不及於三代而其爲功何異王者之興今特以其不能并晉宋之一方以小不備而黜其大功不得承百王之統而不疑焉者質諸聖人而可也今爲魏説者不過曰功多而國強爾此聖人有所不與也何以知之以春秋而知也春秋之時齊桓晉文可謂有功矣吳楚之僭迭強於諸侯

聖人於書齊晉實與而文不與之以爲功雖可褒而道不可以與也至書楚與吳或屢進之然不得過乎子爵則功與强聖人有所不取也或者以謂秦起夷狄以能滅周而一天下遂進之魏亦夷狄以不能滅晉宋而見黜是則因其成敗而毀譽之豈至公之篤論乎曰是不然也各於其黨而已周之興也與秦之興其說固已詳之矣當魏之興也劉淵以匈奴慕容以鮮卑符生以氐弋仲以羌赫連禿髮石勒季龍之

徒皆四夷之雄其力不足者弱有餘者強其最強者苻堅之時自晉而外天下莫不爲秦休兵革興學校庤幾刑政之方不幸未幾而敗亂其後（一作又）強者曰魏自江而北天下皆爲魏矣幸而傳數世而後亂以是而言魏者纔優於苻堅而已就使魏與世遠不可猶格之夷狄則不過爲東晉比也是皆有志乎天下而功不就者前所謂不幸兩立而不能相并者故皆不得而進之者不得已也

梁論

黜梁爲僞者其說有三一曰後唐之爲唐猶後漢之爲漢梁蓋新比也一曰梁雖改元即位而唐之正朔在李氏而不絶是梁於唐未能絶而李氏復興一曰因後唐而不改因後唐者是謂因人之論固已辨矣其二者宜有說也夫後唐之自爲唐也緣其賜姓而已唐之時賜姓李者多矣或同臣子之異心或懷四夷而縻之忠臣茂正思忠克用是也當唐之衰克用與梁並起

而爭之梁以強而先得克用耻爭之不勝難忍臣敵（一作服）之慚不得不借唐以自託也後之議者胡謂而從之哉其所以得爲正統者以其得梁而然也使梁且不滅同光之號不過於河南則其爲唐與昪璟等耳夫正朔者何王者所以加天下而同之於一之號也昔周之東其政雖弱而周猶在也故仲尼以王加正而繩諸侯者幸周在也當唐之亡天祐虚名與唐俱絶尚安所寓於天下哉使幸而有忠唐之臣不忍

去唐而自守雖不中於事理或可善其誠心若李氏者果忠唐而不忍弃乎况於唐亡託虛名者不獨李氏也王建稱之於蜀楊行密稱之於吳李茂正亦稱之於岐大抵不爲梁屈者皆自託於虛名也初梁祖奪昭宗於岐遂劫而東改天復四年爲天祐而克用與王建怒曰唐爲朱氏奪矣天祐非唐號也遂不奉之但稱天復至八年自以爲非復稱天祐此尤可笑者安得曰正朔在李氏乎夫論者何爲疑者設也堯

舜三代之終始較然著乎萬世而不疑固不待論而明也後世之有天下者帝王之理或舛而始終之際不明則不可以不疑故曰由不正與不一然後正統之論興者也其德不足以道矣推其迹而論之庶幾不爲無據云

正統辨上

正統曰統天下而得其正故繫正焉統而不得其正者猶弗統乎爾繼周而後帝王自高其功德自代統而得其正者難乎其

人哉必不得已而加諸人漢唐之主乎曰甚哉吾子之說其隘也以漢唐之盛烈由曰不得已而加之焉爲魏晉之主則將桀何乎曰不然是烏得茍加諸人一簞食一瓢飲其義弗直而取諸人君子且從而惡之以天下之廣而被乎大公之實茍非其人則闕之可已必若曰應天而順人則繼周之後桀紂之惡常多而湯武之仁義未嘗等也若是其茍加諸人何哉子以謂正統之不常在人率與言神聖者相類必待

擇人而後加焉是仁王義主不足貴而姦雄篡弒之臣得以濟也

正統辨下

秦之离罪暴於桀莽煬方於紂漢唐之主仗義而誅變以取天下其可謂之正統歟猶未離乎憾也德不及湯武秦之得天下也以力不以德秦之亡仁義驅其人民以爭敵其任賢得人孰若漢唐之始也晉之承魏也以篡繼篡隋亦若是而徒禪云爾晉隋盜也或者以爲正統茲非誤歟魏以吳存至于晉而吳始滅或者又以魏爲正統愈誤矣自後魏東晉至于周陳五

（代或以義或以不義皆不能并天下）聖人不生而暴僞代興名與實自重久矣必待後世之明者斷焉斷而不以其勢捨漢唐我宋非正統也

時論

原弊

孟子曰養生送死王道之本管子曰倉廩實而知禮節故農者天下之本也而王政所由起也古之爲國者未嘗敢忽而今之爲吏者不然簿書聽斷而已矣聞有道農之事則相與笑之曰鄙夫知賦斂移（一作財）

用之爲急不知務農爲先者是未原爲政之本末也知務農而不知節用以愛農是未盡務農之方也古之爲政者上下相移用以濟下之用力者甚勤上之用物者有節民無遺力國不過費上愛其下下給其上使不相困三代之法皆如此而最備於周周之法曰井牧其田十而一之一夫之力督之必盡其所任一日之用節之必量其所入一歲之耕供公與民食皆出其間而常有餘故三年而餘一年之備今乃不

然耕者不復督其力用者不復計其出入一歲之耕供公僅足而民食不過數月甚者場功甫畢簸糠麩而食秕稗或採橡實畜菜根以延冬春夫糠覈橡實孟子所謂狗彘之食也而卒歲之民不免食之不幸一水旱則相枕爲餓殍此甚可歎也夫三代之爲國公卿士庶之禄廩兵甲車牛之材用山川宗廟鬼神之供給未甞闕也是皆出於農而民之所耕不過今九州之地也歲之凶荒亦時時而有與今無以異今

固盡有羇時之地而制度無過於三代者昔者用常有餘而今常不足何也其爲術相反而然也昔者知務農又知節用今以不勤之農贍無節之用故也非徒不勤農又爲衆弊以耗之非徒不量民力以爲節（一作己）又直不量天力之所任也何謂衆弊有誘民之弊有兼并之弊有力役之弊請詳言之今坐華屋享美食而無事者曰浮圖之民仰衣食而養妻子者曰兵戎之民此在三代時南畝之民也今之議者以浮

圖並周孔之事曰三教不可以去兵戎曰國備不可以去浮圖不可並周孔不言而易知請試言之國家自景德罷兵三十三歲矣兵嘗經用者老死今盡而後來者未嘗聞金鼓識戰陣也生於無事而飽於衣食也其勢不得不驕惰今衛兵入宿不自持被而使人持之禁兵給糧不自荷而雇人荷之其驕如此況肯冒辛苦以戰鬭乎前日西邊之吏如高化軍齊宗舉兩用兵而一作兩輒敗此其効也夫就使兵耐辛苦

而能鬬戰惟耗農民爲之可也柰何有爲兵之虛名而其實驕惰無用之人也古之凡民長大壯健者皆在南畝農隙則教之以戰今乃大異一遇凶歲則州郡吏以尺度量民之長大而試其壯健者招之去爲禁兵其次不及尺度而稍怯弱者籍之以爲廂兵（一作軍）吏招人多者有賞而民方窮時爭投之故一經凶荒則所留在南畝者惟老弱也而吏方曰不收爲兵則恐爲盜噫苟知一時之不爲盜而不知其終身驕

惰而竊食也古之長大壯健者任耕而老弱者游惰令之長大壯健者游惰而老弱者留耕也何相反之甚邪然民盡力乎南畝者或不免乎狗彘之食而一去爲僧兵則終身安佚而享豐腴則南畝之民不得不日減也故曰有誘民之弊者謂此也其耗之一端也古者計口而受田家給而人足井田旣壞而兼幷乃興今大率一戶之田及百頃者養客數十家其間用主牛而出己力者用己牛而事主田以分利者不過

十餘户其餘皆出産租而僑居者曰浮客而有畬田夫此數十家者素非富而畜積之家也其春秋神社婚姻死葬之具又不幸遇凶荒與公家之事當其乏時嘗舉責（一作債）於主人而後償（一作責）之息不兩倍則三倍及其成也出種與稅而後分之償三倍之息盡其所得或不能足其場功朝畢而暮乏食則又舉之故冬春舉食則指麥於夏而償麥償盡矣（一無四字）夏秋則指禾於冬而償也似此數十家者常食三倍之物

而一戶常盡取百頃之利也夫主百頃而出稅賦者一戶盡力而輸一戶者數十家也就使國家有寬征薄賦之恩是徒益一家之幸而數十家者困苦常自如（一作之）也故曰有兼并之弊者謂此也此亦秏之一端也民有幸而不役於人能有田而自耕者下自二頃至一頃皆以等書於籍而公役之多者爲大役少者爲小役至不勝則賤賣其田或逃而去故曰有力役之弊者謂此也此亦秏之一端也夫此三弊是其大端又

有奇衺之民去爲浮巧之工與夫兼并商賈之人爲借貸之費又有貪吏之誅求賦歛之無名其弊不可以盡舉也旣不勸之使勤又爲衆弊以耗之大抵天下中民之士（一作事）富且（一作與）貴者化麤糲爲精善是一人常食五人之食也爲兵者■父母妻子而（一作爲）計其饋運之費是一兵常食五農之食也爲僧者養子弟而自豐食是一僧常食五農之食也貧民舉倍息而食者是一人常食二人三人之食也天下幾何其不乏也

何謂不量民力以爲節方今量國用而取之民未嘗量民力而制國用也古者冢宰制國用量入以爲出一歲之物三分之一以給公上一以給民食一以備凶荒今不先制乎國用而一切臨民而取之故有支移之賦有和糴之粟有入中之粟有和買之紬有雜料之物茶鹽山澤之利有榷有征制而不足則有司屢變其法以爭毫末之利用心益勞而益不足者何也制不先定而取之無量也何謂不量天力之所任

此不知水旱之謂也夫陰陽在天地閒騰
降而相推不能無愆伏如人身之有血氣
不能無疾病也故善醫者不能使人無疾
病療之而已善爲政者不能使歲無凶荒
備之而已堯湯大聖不能使無水旱而能
備之者也古者豐年補救之術三年耕必
留一年之蓄是凡三歲期一歲以必災也
此古之善知天者也今有司之調度用（一作歲）
足一歲而已是期天歲歲不水旱也故曰
不量天力之所任是以前二三歲連遭旱

蝗而公私乏食是期天之無水旱卒而遇之無備故也夫井田什一之法不可復用於今爲計者莫若就民而爲之制要在下者盡力而無秏弊上者量民而用有節則民與國庶幾乎俱富矣今士大夫方共修太平之基頗推務本以興農故輙原其弊而列之以俟興利除害者採於有司也

兵儲 疑

惟王建官各司其局雖有細大俾專董其權責其成功斯古制也被堅執鋭乃裨校

之事若屯田積穀在委辦吏爾而漢末有田禾將軍屯田北邊魏興建典農中郎將唐置營田使副判官雖晉魏南北職未甞闕國家弭獯戎之患包漢唐之境然而塞垣儲偫罔遵古憲俾仰給他州饋餉（一作餫）此外固無築室反耕典農營田之利儻遇凶荒未免艱食雖有轉運未免營田何甞建明利害稍致倉廩羡餘但守空名曾無實效當今之議要在乎河北河東陝西戍兵之地各特置營田使副判官仍在不兼

職若遇水潦行流之處廣植秔稻雖荒隙原田亦當墾闢播以五穀今河北保塞河東并汾關中涇陽悉有水地基址惟有鄴中西門豹漑田之迹未見興起得非後人務於因循而無昔賢識邪不然何歷朝而下涇陂如是或曰亦嘗有人建議良以漑導之時瀕水之地恐害及民田由是而止斯乃腐儒之見爾非經遠之士也夫利害相隨古猶未免若利害相半憚於改作猶可苟利七害三當須擇地而行豈可以小

害而妨大利哉夫如是鄴中漑田之法若行閼畎水衝民田秖百戶妨閡而能漑灌千萬頃瘠土所收獲利益大豈止利七而害三亦嘗訪於彼州人士僉曰漑田之迹湮廢兹久土斷力田者不諳其事殊不知官中他日就功但於涇陽鄭白渠和雇水工及彼中負罪百姓悉可分配此地俾之開導民既見之必倣傚矣又豈成功之難然後特置營田使副判官專董其役西北二邊不閑水陸並放此分職何假飛芻輓

粟卒鍾致石坐困民力以供軍實哉

塞垣 疑

先王肇分九州制定五服必内諸侯而外夷狄姑務息民弗勤遠略其來也調戍兵以禦之其去也備戰具以守之修利隄防申嚴斥堠或來獻貢得以覊縻蓋聖人制禦戎之常道嚴尤所謂得其中策古今大槩在乎謹邊防守要害而已古之制塞垣也與今尤異漢唐之世東自遼海碣石榆關漁陽盧龍飛狐鴈門雲中馬邑定襄西

抵五原朔方諸郡每歲匈奴高秋膠折塞上草衰控弦南牧陵犯漢境於是守邊之臣防秋之士据險而出奇兵持重而待外寇近世晉高祖建義并門得戎王爲援既已乃以幽薊山後諸郡爲邪律之壽故今劃塞垣也自滄海乾寧雄霸順安廣信由中山拒并代自兹關東無復關險故契丹奄有幽陵遂絶古一作虎北之隘往來全師入寇徑度常山陵獵全魏澶淵之役以至飲馬於河烝民不聊生矣非北一作索虜雄盛

如此失於險固然也今既無山阜設險所可恃者惟夾峙壘道引河流固其復水爲險瀦之勢就其要害屯以銳兵茲亦護塞垣之一策也今廣信之西有鮑河中山之北有唐河盡可開決水勢修利陂塘或導自長河之下金山之北派于廣信安肅達于保塞或包舉蒲陰入于陽城然後積水瀰漫橫絶紫塞亦可謂險矣蒲陰陽城度其地勢今塞上之要衝先是胡馬將入寇于茲城駐牙帳數日伺漢兵之輕重或我

師禦扞乃長驅南下我師既出即戎人爲全師歸重之地此所謂藉城險而資寇兵非中國之利今若修復雉堞宁聚兵穀與諸城柵刁斗相聞鮑唐二水交流其下虜騎縱至無復投足之地又焉有擾擾之患今之議者方南北修好恐邊庭生事然而戎狄之心桀驁難信貪我珍幣蓄養鋭兵伺吾人之顛頽乘邊境之間隙出乎不意因肆猖獗兹乃不圖豫備疆埸而偷取安逸弟弟相付貽後世深患復如何哉

外集卷第九

本論 而於（一作而已）立法以制之（之一作財）令四海（三字上一有方字）敢驕（一作又驕）

原正統論 正統之論作（一作正統之論興焉）其不（一無其字）其詩下同於列國（一作周之太師亦自黜其詩同列國）仲尼以爲**至**以加正月**四十五字**（一作仲尼以周平雖始衰之王而正統在周也乃作春秋自平王始欲去**疑**推尊周室明正統之所在內借魯史以託文又因隱公失正之君遂起元而明法故書王以加正月）魯隱（此下一有公字）左驗（一作其驗）唐授之隋（授一作受下同）至其（至字下一有於字）

明正統論 其上（一作其正）則是天下之君矣斯謂之正統可矣（矣一作也）相兼（一作相并）將安與乎（此下注文）

一有東魏後魏是也六字可謂之正統乎此下注文一有魏及五代是也六字

篡位一作篡立正統萬世大公之器也正統字下一有者字

得之者少也一無也字正統之說四字之上一有以其得之者少所以其爲名甚尊而重也至乎不得已則推其迹而進之二十八字復正一作後正

秦論其德一作其功德夫始皇至廢秦也二十八字

一作然自漢而下爲正統者多矣其用德之薄厚施政之寬猛雖有不同而其大體往往不能改秦也故自天子百官之稱號下至郡縣阡陌之制皆因秦舊而用之然則秦之改作若以德而附之何害於正統也夫始皇之不德不過如桀紂耳桀紂不能廢夏商之統則始皇未可廢秦也三代之祖傳而王也飾之禮樂文章而稱道其功德使後世炳然悅慕其所爲秦獨不然然又特惡儒生學士是以漢興學者尤醜

詆之此豈大公之論耶漢之興也起於亡徒而至皇帝非有三代漸積之德非甚醜秦則不能見其興起之功昔周人道紂之罪多孔子尚疑其不至於是矧漢儒之私說乎然後遂惑其說而雷同者也

後魏論 迭強於諸侯 此下一有矣字 有所不取也

此下一**有**天地之生萬物也人以聰明而爲貴人之分四夷也中國以有禮義而爲貴故以其貴者治賤者爲順以賤者干貴者爲逆聖人之推與善之誠夷狄而慕中國則進之夫進夷狄於中國幸矣遂以干帝王之統其可乎**八十八字** 苻堅 此下脫當堅二字

梁論 胡謂而從之 五字一作胡以從之

慶曆四年京師刊宋文粹十五卷皆一

時名公之古文正統論七篇在焉蓋公初本也外集此卷則公所自改者至居士集十七卷方爲定本今並存之使學者有考焉

原弊 贍無節贍一作賙今坐華屋今字下脫一夫字請試言之一作請試言兵戎之事高化軍疑惟耗惟一作雖有支移之賦一作有賦有征

塞垣 斥堠一作斥候牙帳一作汗帳可我師禦扞此句疑有脫誤藉城險城一作賊

續添

代曾參答弟子書

參白諸足下聞吾黨之士思夫子而莫得見也以有子之貌似夫子欲假設其位以夫子師之諸足下必其然乎否耶吾試爲諸足下陳夫子之道以爲斷諸足下知天之有四時乎春能生物而不能長也夏能長之而不能成也秋能有成而不能斂也斂之者其在冬矣自生民以來有大聖德居大聖位而作法以濟世者類不過八九

三皇經始之五帝纘明之禹湯文武該洽之周公祖述之經始之者春也纘明之該洽之者夏也祖述之者秋也天恐斯文之中未有以折衷乃生吾夫子於衰亂之世前聖之所未立者俾夫子立之前聖之所未作者俾夫子作之上規聖明下救淪壞垂之百王而不變稽之千古而不疑雖百周公百堯舜復出於世亦無以過夫子也是夫子於列聖有成歲之功也是列聖不能斂而夫子斂之也吾以謂夫子之道江

漢以濯之秋陽以暴之皜皜乎不可尚已吾與諸足下奚所識知幸而生於時得以登其門望其堂而傳其道以光榮其身吾與諸足下猶衆無名之星也夫子猶日月之明也以無名之星代日月之明雖積累萬數吾未見其可況一焉而已乎諸足下柰何乃不察於是也天則有一冬而諸足下有二冬乎苟有子升夫子之席而吾與諸足下趨進於左右斂衣而立負牆而請當是時有子能勿愧乎吾有以知彼之必

愧也吾儕有所問而不能答有所辨而不能斷譁然而往默然而來鏗然而叩寂然而應當是時有子能勿慚乎吾又知彼之必慙也昔者吾友子淵寔有聖人之德不幸短命前夫子而死使子淵尚在而設之於夫子之席吾猶恐天下之不吾信也足下以有子之道義孰與子淵德明而仁備孰與子淵夫子稱而嘆之孰與子淵群弟子服其爲人孰與子淵達夫子之道而鄰夫子之性孰與子淵是數者皆無一可而

獨以其容貌之似而欲升師之席竊師之位不亦難乎夫容貌之似者非獨有子也陽虎亦似矣如欲其大似則當以陽虎爲先奚先於有子哉諸足下果欲何耶復欲睹夫子之容乎復欲聞夫子之道乎如止欲睹夫子之容則圖之可也木之可也何必取弟子之似者以僭其稱而悖其位如必欲聞夫子之道不可以苟而已也且吾聞之師其道不必師其人師其人不必師其形如欲師其道則有夫子之六經在詩

可以見夫子之心書可以知夫子之斷禮可以明夫子之法樂可以達夫子之德易可以察夫子之性春秋可以存夫子之志是之弗務而假設以爲尚此吾所以悼痛而不敢知也且昔夫子果何師哉師堯舜者也師文王者也師周公者也惟曰師其道而已未聞其假設而師之則似堯舜者似文王者似周公者終身而不得見矣苟不見其人則亦弗師其道乎夫麟之於獸也鳳之於鳥也出乎其類而處乎長者也不

幸而麟以死鳳以亡則亦假設而爲之乎諸足下盍姑止不然吾恐萬世之後完口者寡矣死而無知則已如其有知則子淵子路輩將瞋目流涕而有責於足下也諸足下其思之不宣參白

江鈿文海多以它人文爲公所作其章章者筠州學記曾鞏文也（綿本亦誤收）察言論唐庚文也甚至元豐以後暨徽宗朝所下制詔亦有託公名者自當刪去惟京本英辭類稾似少僞妄

而代曾參答弟子書不知何人之文
與此卷兵儲塞垣兩論皆可疑削之
恐無以解後來之惑姑留而著其説

經旨

石鷁論

夫據天道仍人事筆則筆而削則削此春秋之所作也援他說攻異端是所是而非所非此三傳之所殊也若乃上揆之天意下質諸人情推至隱以探萬事之元垂將來以立一王之法者莫近於春秋矣故杜預以謂經者不刋之書范甯亦玄義以必當爲理然至一經之指三傳殊說是彼非

此學者疑焉魯僖之十六年隕石于宋五六鷁退飛過宋都左氏傳之曰石隕于宋星也六鷁退飛風也公羊又曰聞其磌然視之則石察之則五故先言石而後言五視之則鷁徐而視之則退飛故先言六而後言鷁穀梁之意又謂先後之數者聚散之辭也石鷁猶盡其辭而況於人乎左氏則辨其物公穀則鑒其意噫豈聖人之旨不一邪將後之學者偏見邪何紛紛而若是也且春秋載二百年之行事陰陽之所

變見災異之所著聞究其所終各有條理且左氏以石爲星者莊公七年星隕如雨若以所隕者是星則當星隕而爲石何得不言星而直曰隕石乎夫大水大雪爲異必書若以小風而鷁自退非由風之力也若大風而退之則衆鳥皆退豈獨退鷁乎成王之風有拔木之力亦未聞退飛鳥也若風能退鷁則是過成王之風矣而獨經不書曰大風退鷁乎以公羊之意謂數石視鷁而次其言且孔子生定哀之間去僖公

五世矣當石隕鷁飛之際是宋人次於舊史則又非仲尼之善志也且仲尼隔數世修經又焉及親數石而視鷁乎穀梁以謂石後言五鷁先言六者石鷁微物聖人尚不差先後以謹記其數則於人之褒貶可知矣若乃西狩獲麟不書幾麟鸜鵒來巢不書幾鸜鵒豈獨謹記於石鷁而忽於麟鸜鵒乎如此則仲尼之志荒矣殊不知聖人紀災異著勸戒而已矣又何區區於謹數乎必曰謹物察數人皆能之非獨仲尼

而後可也噫三者之説一無是矣而周内史叔興又以謂陰陽之事非吉凶所生且天裂陽地動陰有陰陵陽則日蝕陽勝陰則歳旱陰陽之變出爲災祥國之興亡由是而作旣曰陰陽之事孰謂非吉凶所生哉其不亦又甚乎

辨左氏

左丘明作春秋外傳以記諸國之語其記柯陵之會曰單襄公見晉厲公視遠而步高且告魯成公以晉必有禍亂成公問之

曰天道乎人事也單子曰吾非瞽瞍焉知天道吾見晉侯之容矣又曰觀其容知其心後卒如單子之言甚矣丘明之好奇而欲不信其書以傳後世也若單子之言然則夫單子者未得爲篤論君子也幸其言與事會而已不然丘明從後書之就其言以合其事者乎何以論之觀其容雖聖人不能知人之心知其必禍福也夫禮之爲物也聖人之所以飾人之情而閑其邪僻之具也其文爲制度皆因民以爲節而爲

之大防而已人目好五色爲制文物采章以昭之耳樂和聲爲制金石絲竹以道之體安尊嚴爲制冕弁衣裳以服之又懼其佚而過制也因爲之節其登車也有和鑾之節其行步也有佩玉之節其環拜也有鍾鼓之節其升降周旋莫不有節是故有其服必有其容故曰正其衣冠尊其瞻視儼然人望而畏之則外閑其邪而使非僻之心不入而已衣冠之不正瞻視之不尊升降周旋之不節不過不中禮而已天之禍

福於人也豈由是哉人之心又能以是而知之乎夫喜怒哀樂之動乎中必見乎外推是而言猶近之單子則不然乃以絶義棄德因其視瞻行步以觀之又以謂不必天道止於是而禍福於是皆可以必此故所謂非篤論君子而其言幸與事會者也書曰象恭滔天又曰巧言令色孔壬夫容之與心其異如此故曰觀其容雖聖人不能知其心堯舜之無後顏回之短命雖聖人不可必夫君子之修身也内正其心外

正其容而已若曰因容以知心遂又知其
禍敗則其可乎

三年無改問

或問傳曰三年無改於父之道可謂孝矣信乎曰是有孝子之志焉蹈道則未也凡子之事其親莫不盡其心焉爾君子之心正正則公盡正心而事其親大舜之孝是也蓋嘗不告而娶矣豈曰不孝乎至公之道也惟至公不敢私其所私私則不正以不正之心事其親者孝乎非孝也故事親

有三年無改者有終身而不可改者有不俟三年而改者不敢私其所私也衰麻之服祭祀之禮哭泣之節哀思之心所謂三年而無改也世世其世奉其遺體守其宗廟遵其教詔雖終身不可改也國家之利社稷之大計有不俟三年而改者矣禹承堯舜之業啓嗣之無改焉可也武王繼文之業成王嗣之無改焉可也使舜行瞽之不善禹行鯀之惡曰俟三年而後改可乎不可也凡爲人子者幸而伯禹武王爲其父

無改也雖過三年忍改之乎不幸而瞽鯀
爲其父者雖生焉猶將正之死可以遂而
不改乎文王生而事紂其死也武王不待
畢喪而伐之敢曰不孝乎至公之道也魯
隱讓桓欲成父志身終以弑春秋譏之可
曰孝乎私其私者也故曰凡子之事其親
者盡其心焉爾心貴正正則不敢私其所
私者大孝之道也曰然則言者非乎曰夫
子死門弟子記其言門弟子死而書寫出
乎人家之壁中者果盡夫子之玄乎哉

易或問

或問曰王弼所用卦爻彖象其説善乎曰善矣而未盡也夫卦者時也時有治亂卦有善惡然以彖象而求卦義則雖惡卦聖人君子無不可爲之時至其爻辭則艱厲悔吝凶咎雖善卦亦嘗不免是一卦之體而異用也卦彖象辭常易而明爻辭嘗怪而隱是一卦之言而異體也知此然后知易矣夫卦者時也爻者各居其一位者也聖人君子道大而智周故時無不可爲凡

卦及彖象統言一卦之義爲中人以上而設也爻之爲位有得失而居之者逆順六位君子小人之雜居也君子之失位小人之得位皆凶也居其位而順其理者吉逆其理者亦凶也六爻所以言得失逆順而告人以吉凶也爻辭兼以[疑]中人以下而設也是以論卦多言吉考爻多凶者由此也卦彖象辭大義也大義簡而要故其辭易而明爻辭占辭也占有剛柔進退之理逆順失得吉凶之象而變動之不可常者也

必究人物之狀以爲言所以告人之詳也是故窮極萬物以取象至于臂腓鼠豕皆不遺其及于恠者窮物而取象者也其多隱者究物之深情也所以盡萬物之理而爲之萬事之占也或曰易曰君子順天休命又曰自天祐之吉無不利其繫辭曰天垂象見吉凶聖人象之易之爲說一本於天乎其兼於人事乎曰止於人事而已矣天不與也在諸否泰然則天地鬼神之理可以無乎曰有而不異也在諸謙知此然

後知易矣泰之彖曰君子道長小人道消否之彖曰小人道長君子道消夫君子進小人不得不退小人進君子不得不退其勢然也君子盛而小人衰天下治於泰矣小人盛而君子衰天下亂於否矣否泰君子小人進退之間爾天何與焉問者曰君子小人所以進退者其不本於天乎曰不也上下交而其志同故君子進以道上下不交而其志不通則小人進以巧此人事也天何與焉又曰泰之彖不云乎天地交

而萬物通否之彖不云乎天地不交而萬物不通乎曰所以云者言天地也其曰上下之交不交者言人事也嗚呼聖人之於易也其意深其言謹謙之彖曰天道虧盈而益謙地道變盈而流謙鬼神害盈而福謙人道惡盈而好謙聖人之於事知之爲知之不知爲不知所以言出而萬世信也夫日中則昃之月缺則盈之天吾不知其心吾見其虧盈於物者矣物之盛者變而衰落之下者順而流行之地吾不知其心

吾見其變流於物者矣貪滿者多損謙卑者多福鬼神吾不知其心吾見其禍福之被人者矣若人則可知其情者也故天地鬼神不可知其心而見其迹之在物者則據其迹曰虧盈曰變流曰害福若人則可知者故直言其情曰好惡故曰其意深而言謹也然會而通之天地神人無以異也使其不與於人乎修吾人事而已使其有與於人乎與人之情無以異也亦脩吾人事而已夫專人事則天地鬼神之道廢悉

焉則人事惑使人事脩而不廢天地鬼神之道者謙之彖詳矣治亂在人而天不與者否泰之彖詳矣推是而之焉易之道盡矣或問曰今之所謂繫辭者果非聖人之書乎曰是講師之傳謂之大傳其源蓋出於孔子而相傳於易師也其來也遠其傳也多其間轉失而增加者不足怪也故有聖人之言焉有非聖人之言焉其曰易之興也其於中古乎作易者其有憂患乎其文王與紂之事歟殷之末世周之盛德歟

若此者聖人之言也由之可以見易者也河出圖洛出書聖人幽賛神明而生蓍兩儀生四象若此者非聖人之言凡學之不通者惑此者也知此然後知易矣

詩解統序

蜀中詩本義有此九篇他本無之故附於此

五經之書世人號爲難通者易與春秋夫豈然乎經皆聖人之言固無難易繫人之所得有深淺今考于詩其難亦不讓二經然世人反不難而易之用是通者亦罕使其存心一則人人皆明而經無不通矣大

抵謂詩爲不足通者有三曰章句之書也曰謡繇之辭也曰猥細之記也若然孔子爲迂儒矣非唯今人易而不習之考于先儒亦無幾人是果不足通歟唐韓文公最爲知道之篤者然亦不過議其序之是否豈足明聖人本意乎易書禮樂春秋道所存也詩關此五者而明聖人之用焉習其道不知其用之與奪猶不辨其物之曲直而欲制其方圓是果於其成乎故二南牽於聖賢國風惑於先後豳居變風之末惑

者溺於私見而謂之兼上下二雅混於小大而不明三頌昧於商魯而無辨此一經大槩之體皆所未正者先儒既無所取捨後人因不得其詳由是難易之說興焉毛鄭二學其說熾辭辯固已廣博然不合于經者亦不爲少或失於疎略或失於謬妄蓋詩載關睢上兼商世下及武成平桓之間君臣得失風一作土俗善惡之事闊廣邃邈有不失者鮮矣是亦可疑也予欲志鄭學之妄益毛氏踈略而不至者合之於經故先

明其統要十篇庾不爲之蕪泥玄爾

二南爲正風解

天子諸侯當大治之世不得有風風之生天下無王矣故曰諸侯無正風然則周召可爲正乎曰可與不可非聖人不能斷其疑當文王與紂之時可疑也二南之詩正變之間可疑也可疑之際天下雖惡紂而主文王然文王不得全有天下爾亦曰服事於紂焉則二南之詩作於事紂之時號令征伐不止於受命之後爾豈所謂周室

衰而關雎始作乎史氏之失也推而別之二十五篇之詩在商不得爲正在周不得爲變焉上無明天子號令由己出其可謂之正乎二南起王業文王正天下其可謂之變乎此不得不疑而輕其與奪也學詩者多推於周而不辨於商故正變不分焉以治亂本之二南之詩（一有而字）在商爲變而在周爲正乎或曰未諭曰推治亂而迹之當不誣矣

周召分聖賢解

聖人之治無異也一也統天下而言之有異焉者非聖人之治然矣由其民之所得有淺深焉文王之化出乎其心施乎其民豈異乎然孔子以周召爲別者蓋上下不得兼而民之所化有淺深爾文王之心則一也無異也而說者以爲由周召聖賢之異而分之何哉大抵周南之民得之者深故因周公之治而繫之豈謂周公能行聖人之化乎召南之民得之者淺故因召公之治而繫之豈謂召公能行聖人之化乎

殆不然矣或曰不繫於雅頌何也曰謂其本諸侯之詩也又曰不統於變風何也曰謂其周迹之始也列於雅頌則終始之道混矣雜於變風則文王之迹殆（一作始）矣雅頌焉不可混周迹之始其將略而不具乎聖人所以慮之也由是假周召而分焉非因周召聖賢之異而別其稱號爾蓋民之得者深故其心厚心之感者厚故其詩切感之薄者亦猶其深故其心淺心之淺者故其詩略是以有異焉非聖人私於天下而淺

深厚薄殊矣二南之作當紂之中世而文王之初是文王受命之前也世人多謂受命之前則太姒不得有后妃之號夫后妃之號非詩人之言先儒序之云爾考於其詩惑於其序是以異同之論爭起而聖人之意不明矣

王國風解

六經之法所以法不法正不正由不法與不正然後聖人者出而六經之書作焉周之衰也始之以夷懿終之以平桓平桓而

後不復支矣故書止文侯之命而不復録
春秋起周平之年而治其事詩自黍離之
什而降於風絶於文侯之命謂教令不足
行也起於周平之年謂正朔不足加也降
於黍離之什謂雅頌不足興也教令不行
天下無王矣正朔不加禮樂徧出矣雅頌
不興王者之迹息矣詩書貶其失春秋憫
其微無異焉爾然則詩處於衛後而不次
於二南惡其近於正而不明也其體不加
周姓而存王號嫌其混於諸侯而無王也

近正則貶之不著矣無王則絶之太遠矣不著云者周召二南至正之詩也次於至正之詩是不得貶其微弱而無異二南之詩爾若然豈降之乎太遠云者春秋之法書王以加正月言王人雖微必尊於上周室雖弱不絶其王苟絶而不與豈尊周乎故曰王號之存黜諸侯也次衛之下別正變也桓王而後雖欲其正風不可得也詩不降於厲幽之年亦猶春秋之作不在惠公之世爾春秋之作傷典誥之絶也黍離

之降憫雅頌之不復也幽平而後有如宣王者出則禮樂征伐不自一作在諸侯而雅頌未可知矣柰何推波助瀾縱風止燎乎

十五國次解

國風之號起周終豳皆有所次聖人豈徒云哉而明詩者多泥於疏說而不通或者又以爲聖人之意不在於先後之次是皆不足爲訓法者大抵國風之次以兩而合之分其次以爲比則賢善者著而醜惡者明矣或曰何如其謂之比乎曰周召以淺

深比也衛王以世爵比也鄭齊以族氏比也魏唐以土地比也陳秦以祖裔比也鄶曹以美惡比也豳能終之以正故居末焉淺深云者周得之深故先於召世爵云者衛爲紂都而紂不能有之周幽東遷無異是也加衛於先明幽紂之惡同而不得近於正焉姓族云者周法尊其同姓而異姓者爲後鄭先於齊其理然也土地云者魏本舜地唐爲堯封以舜先堯明晉之亂非魏褊儉之等也祖裔云者陳不能興舜而

襄公能大於秦子孫之功陳不如矣一有聖字穆姜卜而遇艮之隨乃引文言之辭以爲卦說夫穆姜始筮時去孔子之生尚十四年爾是文言先於孔子而有乎不然左氏不爲誕妄也推此以迹其怪則季札觀樂之次明白可驗而不足爲疑矣夫黍離已下皆平王東遷桓王失信之詩是以列於國風言其不足正也借使周天子至甚無道則周之樂工敢以周王之詩降同諸侯乎是皆不近人情不可爲法者昔孔子大聖

人其作春秋也既微其辭然猶不公傳於人第口受而已況一樂工而敢明白彰顯其君之惡哉此又可驗孔子分定爲信也本其事而推之以著其妄庶不爲無據云

定風雅頌解

詩之息久矣天子諸侯莫得而自正也古詩之作有天下焉有一國焉有神明焉觀天下而成者人不得而私也體一國而成者衆不得而違也會神明而成者物不得而欺也不私焉雅著矣不違焉風一矣不

歟焉頌明矣然則風生於文王而雅頌雜於武王之間風之變自夷懿始雅之變自厲幽始霸者興變風息焉王道廢詩不作焉秦漢而後何其滅然也王通謂諸侯不貢詩天子不採風樂官不達雅頌國史不明變非民之不作也詩出於民之情性情性其能無哉職詩者之罪也通之言其幾於聖人之心矣或問成王周公之際風有變乎曰豳是矣幸而成王悟也不然則變而不能復乎豳之去雅一息焉蓋周公之

心也故能終之以正

魯頌解

或問諸侯無正風而魯有頌何也曰非頌也不得已而名之也四篇之體不免變風之例爾何頌乎頌惟一章而魯頌章句不等頌無頌字之號而今四篇皆有其序曰季孫行父請命于周而史克作之亦未離乎強也頌之本一人是之未可作焉訪於衆人衆人可之猶曰天下有非之者又訪於天下天下之人亦曰可然後作之無疑

矣僖公之政國人猶未全其惠而春秋之貶尚不能逃未知其頌何從而興乎頌之美者不過文武文武之頌非當其存而作者也皆追述也僖公之德孰與文武而曰有頌乎先儒謂名生於不足宜矣然聖人所以列爲頌者其說有二貶魯之強一也勸諸侯之不及二也請於天子其非強乎特取於魯其非勸乎或曰何謂勸曰僖公之善不過復土宇修宫室大牧養之法爾聖人猶不敢遺之使當時諸侯有過於僖

公之善者聖人忍絶去而不存之乎故曰
勸爾而鄭氏謂之備三頌何哉大抵不列
於風而與其爲者所謂憫周之失貶魯之
強是矣豈鄭氏之云乎

商頌解

古詩三百始終於周而仲尼兼以商頌豈
多記而廣録者哉聖人之意存一頌而有
三益大商祖之德其益一也予紂之不憾
其益二也明武王周公之心其益三也曷
謂大商祖之德曰頌具美曷謂予紂之不

憾曰憫廢矣昌謂明武王周公之心曰存商矣桉周本紀稱武王伐紂下車而封武庚於宋以爲商後及武庚叛周公又以微子繼之是聖人之意雖惡紂之暴而不忘湯之德故始終不絶其爲後焉或曰商頌之存豈異是乎曰其然也而人莫之知矣（三字一作知之）非仲尼武王周公之心殆而成湯之德微毒紂之惡有不得其著矣向所謂存一頌而有三益焉者豈妄云哉

十月之交解

小雅無厲王之詩著其惡之甚也而鄭氏自十月之交巳下分其篇以爲當刺厲王又妄指毛公爲詁訓時移其篇第因引前後之詩以爲據其說有三一曰節刺師尹不平此不當譏皇父擅恣予謂非大亂之世者必不容二人之專不然李斯趙高不同生於秦也其二曰正月惡褒姒滅周此不當疾艷妻之説出於鄭氏非史傳所聞況褒姒之惡天下萬世皆同疾而共醜者二篇譏之殆豈過哉其三曰幽王時司徒乃鄭

桓公友此不當云番惟司徒子謂史記所
載鄭桓公在幽王八年方爲司徒爾豈止
桓公哉是三說皆不合於經不可按法爲
鄭氏者獨一作又不能自信而欲指他人之非
斯亦惑矣今考兩無正已下三篇之詩又
其亂說歸向皆無刺厲王之文不知鄭氏
之說何從而爲據也孟子曰說詩者不以
文害辭不以辭害意非如是其能通詩乎

外集卷第十

按公墓誌等皆云詩本義十四卷江浙閩本亦然仍以詩圖總序詩譜補亡附卷末惟蜀本增詩解統序并詩解凡九篇共為一卷又移詩圖總序詩譜補亡自為一卷總十六卷故綿州於集本收此九篇它本則無之今附此卷中

石鷁論　獨經（一作經獨）

辨左氏　人事也（一作乎）瞽瞍（一作史）

易或問（文海作答問卦爻彖象）　於泰　於否（文海作而泰而否）

二南爲正風解　可與不可（與一作亦）

定風雅頌解　滅然（滅字疑）

十月之交解　亂説歸向　疑

外集卷第十一　歐陽文忠公集六十一

碑銘

衛尉卿祁公神道碑銘

惟太原祁氏其先出於黃帝之子二十五人一食於祁遂為氏太原晉公盛於春秋之際祁氏亦盛於晉其後世遠而衰子孫散亡（一作士散）之他國有居譙者即為譙人後幾世生公諱其公由曾祖（一有考字）以來畜德蘊明世不大顯公生幾歲始有賢子革革咸平三年以鄉貢進士中（一作及）第始以祿

榮其親後幾歲公卒卒之歲實景祐四年正月二十七日享年六十有一革既棄官服喪于家日月（二字一作既）訖如禮起復就仕仕又朞年始爲尚書郎然後又以爵榮之一命贈大理評事累升衛尉卿夫人楚氏其人女其賢爲公之配後公以卒天聖八年始以公夫人之喪合葬譙縣湯陰鄉將葬乃考其世德刻石藏墓中又圖刻於墓隧之外以暴露顯揚孝子之心也初公間居常命革曰祁氏世有仕族（一作官）名聲可

稱聞者比比出於時自國家建隆以來天子每（一作歲）歲下書四方舉賢能之士以官之而四方之人摩肩爭出獨祁氏無一人之迹至譙刺史廷下稱應書者豈吾門遂廢乎抑大廢而後興也或後遂興興由汝也於是盡出其家之有益市群書日釀酒為具以待四方之賓使與其之遊每鄉里大儒先生講說授學校（一作徒）子即隨酒具以往勤勤盡其歡歲時未嘗懈怠不（一有敢字）顧資產之有無者惟奉其家祭祀及以禮士

君子爾由是浸漸以成人及享子祿不數歲乃終人謂力勞而報約何也既而享名爵登九卿然後鄉里榮之夫享子養人之常歿而榮不朽顧天之報予孰云無厚薄哉惟公以純篤敦實履其身行其家以大其門教其子卒成其志志成矣而身歿身歿而名益榮矣今文得顯書其行揭之金石以彰為善之効而以其餘勸於後人得為賢也噫今有人（一作人有）負材與能昂立人上與時爭高下不肯分寸屈其心而卒困

厄顛躓怏怏不得志歟一縣佐不可得以至窮且老殁無聞者幸而得志處富貴極崇高即死而身名俱滅子孫至為僕隸轉死溝壑者亦不可數用彼較此得失孰多乎豈負材與畜德所享固不同耶碑具使耒乞辭辭具又為之詩以貽譙里之童子使歌之以永公之無窮也

衣車赫赫馳者誰生世不聞死莫知鄉居里門乃褐衣殁榮之存令名垂人有不信考斯碑卿之有碑由子為後之父者宜所

思

諫議大夫楊公墓誌銘

府君杭州錢塘人其譜曰漢太尉震之後世出弘農其後微遠不得譜錄府君之九代祖隱朝始復得次序曰隱朝生燕客燕客生堪而猶為弘農人堪生承休是謂皇高祖唐天祐元年為刑部員外郎副給事中鄭祁使吳越冊錢鏐為王楊行密亂江淮道阻不克歸遂留杭州始分弘農之籍籍錢塘初承休之行也挈其子巖以俱巖

仕吳越國位至丞相是謂皇曾祖生尚書
職方員外郎諱鄖是謂皇祖生贈禮部尚
書諱蠙是謂皇考府君幼失其父有志節
不群諸兄母元夫人獨愛之夫人之喪尚
書也內外之姻未嘗有見其笑者府君生
十歲作雪賦一篇始爲之笑及長尤好學
日必誦書數萬言或晝夜不息臨食至失
匕筯已而病其目元夫人奪藏其書府君
盜之亡鄰家以讀大宋受命太宗皇帝即
位之三年吳越忠懿王朝京師以其地納

籍有司吳越國除隨其皇祖以族行寓宋州三舉進士端拱二年中乙科歷蔡州新昌縣令遷著作佐郎知德州爲政有治迹詔書褒之咸平三年交趾獻馴犀府君以祕書丞監在京商稅院因奏犀賦真宗嘉之召試學士院遷太常博士賦一時文士爭相傳誦不及明年又上書自薦獻所爲文二十餘萬言乃直集賢院知袁筠二州提點開封府界諸縣入爲三司鹽鐵判官知越州提點淮南刑獄爲宰相王文穆公

不悅以事罷之卒坐考試國子監生貶監陳州榷酒逾年得知常州復入三司判磨勘司丁元夫人憂服除判戶部勾院比自薦及是二十七年矣然少孤能自立身勤苦爲文章篤其身以儉約不妄自爲進取其官業行己之方一皆自信於聖人之道不肯少顧時之人所爲而時之人亦以有德君子名之故其直集賢院者二十七年不遷官由太常博士纔至刑部郎中有出其後者往往至榮顯或有笑其遠世自守

以質朴諷使少改其爲者府君歎曰吾不
學乎世學乎聖人由是以至此吾之所有
不敢以薦於人而嘗自獻于天子矣今欲
孰附以進邪其信道深篤不可屈曲如此
天聖四年以久次遷集賢修撰出知應天
府同糺察在京刑獄轉兵部郎中六年年
六十五老矣始召以知制誥府君與頴川
陳從易皆以好古有文行知名然二人者
皆久不用遂以老既而一日並用之是時
學者稍相習務婾窳爲文章在位稍以爲

患皆以謂天子用耆老將有意矣而又下詔書勑學者禁浮華使近古道然後以謂用二人皆不無意矣而皆恨其晚也居二歲拜右諫議大夫集賢院學士出知亳州於州封號略縣男食邑三百戶明道二年四月十日以疾卒於州之正寢年六十有九其病將卒猶不廢學有文三十卷曰隱集又五卷曰西垣集嗚呼畜其學以老不克用獨見於文章然其文卒待一施於朝廷遂位榮顯既貴贈其皇考禮部尚書

母太原郡太君其婦曰漳南縣君張氏後夫人南陽郡君亦張氏蔭其男長曰洎明州觀察支使次曰濬江陰軍司理參軍次曰泳漸沆渢皆將作監主簿既終又蔭二孫其官其餘之及者三世則夫守道者未必果不遇也噫楊氏嘗以族顯於漢為三公者四世漢之亂更魏涉晉戕賊（一作劉）於夷胡而漢之大人苗裔盡矣比數百歲下而及唐然楊氏之後獨在大和開成之間曰汝士者與虞卿魯士漢公又以名顯

於唐居靖恭坊楊氏者大以其族著唐之
亂極於懿僖昭三宗下更五姓天下瓏裂
焚蕩翦薙而唐之名臣之後盡矣又幾百
年至于今然楊氏之後獨在及府君又大
顯始震嘗有德於漢而死以無辜君子悼
震曰不幸然孰知夫世不昌且久歟而府
君又畜其德則孰知其後世又不然歟於
其葬也是宜銘銘蓋所以使後世之有考
也府君卒後若干年以景祐二年某月某
日葬杭州某縣某鄉潼南縣君先府君二

十六年以亡及是合塟自有誌府君初名佩後避真宗皇帝舊名改曰大雅字子正

銘曰

楊氏之先自震有聞有盛有衰世惟厥人由漢迄今更難冐亂歷時千年而世三顯府君之顯不彰于初其久不渝卒克以敷弘農之分遂播南土嗚呼德則承其先而葵也塋于一作於祖

尚書職方郎中分司南京歐陽公墓

誌銘

公諱頴字孝叔咸平三年舉進士中第初任峽州軍事判官有能名即州拜秘書省著作佐郎知建寧縣未半歲峽路轉運使薛顔巡部至萬州逐其守之不治者以謂繼不治非尤善治者不能因奏自建寧縣往代之以治聞由萬州相次九領州而治之一再至曰鄂州二辭不行初彭州以母夫人老不果行最後嘉州以老告不行實治七州州大者繁廣小者俗惡而姦皆世指為難治者其尤甚曰歙州民習律令性

喜訟家家自爲簿書凡聞人之陰私毫髮
坐起語言日時皆記之有訟則取以證其
規入㘸牢就桎梏猶冠帶偃簀恬如也盜
有殺其民董氏於市三年捕不獲府君至
則得之以抵法又富家有盜夜入啓其藏
者有司百計捕之甚急且又大購之皆不
獲有司苦之公曰勿捕與購獨召富家二
子械付獄鞫之州之吏民皆曰是素良子
也大怪之吏疑互諫公堅不回鞫愈急二
子服然吏民猶疑其不勝而自誣及取其

所盗其物於其所皆是然後讙一作嘆曰公神明也其治尤難者若是其易可知也公劉果有氣外嚴内明不可犯以是施於政亦以是持其身初皇考侍郎爲許田令時丁晋公尚少客其縣皇考識之曰貴人也使與之遊待之極厚及公佐峡州晋公薦之遂拜著作其後晋公居大位用事天下之士往往因而登榮顯而公屏不與之接故其仕也自著作佐郎秘書丞太常博士尚書屯田都官職方三員外郎郎中皆以

歲月考課次第陞知萬峡鄂歙彭鄂閬饒
嘉州皆所當得及晉公敗士多不免惟公
不及明道二年以老乞分司有田荆南遂
歸焉以景祐元年正月二十六日終于家
年七十有三祖諱某贈某官疑皇妣李氏
贈某縣君夫人曾氏某縣君先亡公平生
彊力少疾病居家忽晨起作遺戒數紙以
示其嗣子景昱曰吾將終矣後三日乃終
而嗣子景昱能守其家如其戒歐氏出於
禹禹之後有越王句踐句踐之後有無疆

者為楚威王所滅無疆之子皆受楚封封之烏程歐陽亭者為歐陽氏漢世有仕為涿郡守者子孫遂北有居冀州之渤海有居青州之千乘而歐陽仕漢世為博士所謂歐陽尚書者也渤海之歐陽有仕晉者曰建所謂渤海赫赫歐陽堅石者也建遇趙王倫之亂其兄子質南奔長沙自質十二世生詢詢生通仕於唐皆為長沙之歐陽而猶以渤海為封通又三世而生琮琮為吉州刺史子孫家焉自琮八世生萬萬

生雅雅生高祖諱效高祖生曾祖諱託曾祖生皇祖武昌令諱郴皇祖生公之父贈戶部侍郎諱儆皆家吉州又為吉州之歐陽及公遂遷荊南且葬焉又為荊南之歐陽嗚呼公於脩叔父也銘其叔父宜於其世尤詳銘曰

壽孰與之七十而老祿則自取於取猶少扶身以方亦以從公不變其初以及其終

都官郎中王公墓誌銘

明道元年五月二十四日尚書都官郎中

王公以疾終于許州私第明年十月其孤
宗彭宗古奉公之喪及公之先君先夫人
俱葬于許州長社縣白兎原公諱世昌字
次仲少屬文舉進士端拱元年登科第補
鳳翔郿縣主簿再調開封士曹參軍知杭
州鹽官縣又改蘇州常熟縣轉運使張式
以治狀奏充秀州判官遷著作佐郎知彭
州九隴縣轉太常丞會鹽鐵上言建安茶
税不充請擇材臣幹其任公膺是選歲增
四十萬三年歸朝優詔嘉奬擢知饒州連

典蜀福二州歷太常博士屯田都官職方三員外郎權三司判官出知鄧州轉屯田郎中徙東川賜三品服移成州權莅西京留守司御史臺又知澤州轉都官郎中知絳州老疾上章得分司西京享年七十有八公性明察凡爲郡獄訟無細大皆呼前面質其罪有寃者立辨出之獄官俯伏受教僚佐充員而已故所至稱有治聲亦用此爲人所擠成州之遷是也好接士類不以年耆自處候門者雖晩進皆與均禮論

者多之初娶李氏再娶水丘氏封歸安縣
君柔婉有婦道早亡生子三人長宗説終
杭州臨安主簿次宗古前連州陽山令次
宗彭前孟州汜水主簿女四人長適涇州
支使宋齊古次早夭次適侍御史楊偕次
適光祿寺丞呂昌齡臨安有子一人師温
郊社齋郎陽山子師良師儉皆郊社齋郎
二女俱幼銘曰
八十其齡三品其服有子有孫以才以淑
吁嗟令人兮饗用兹福

左班殿直胥君墓誌銘

胥姓出晉大夫童世久徙遷失其譜君諱某字致堯有子曰沆能略言其世曰吾家爲燕人十三代祖儀爲唐御史中丞坐言武后事貶臨川後世因家焉胥氏義聞鄉閭門有旌表由吾先君而上祖諱某仕僞唐袁州宜春令父諱某當周世宗取淮南李氏日益衰亂因徙家合肥及吾先君始祿于朝然卒於不得志今其葬敢再拜以請予爲考次君之行曰君少力學爲文辭

端拱咸平之間再舉進士嘗中選矣時天子諒闇不能廷試進士疑有司選太多削其奏籍之半乃罷去其冬契丹犯邊天子幸魏又將幸真定君以草澤應詔上書理檢言兵事且曰臣言有不可書者非人主不得聞天子召見為屏左右聽其說矍然而悟將拜其官既出大臣詰其事不肯對大臣皆不悦曰且可以職縻之以為三班借職君辭不就天子還京師又固辭願從進士試禮部皆不許以監温州天富鹽監

君歎曰吾親老敢擇禄邪凡世所謂材者惟施無不利乃可謂能吾將有為也已乃受命凡治鹽三歲增其舊二百餘萬斛羅歸以能被薦未暇録初契丹陷黎陽滑州守張秉請君將戍兵擊河淩以斷賊契丹去張公以君為材留君護漁池迎陽二埽朱傅代守滑乃曰河恐滑人者趨西埽爾請君兼護之君疏河為别流以殺其勢明年河棄西埽去滑人無水恐歲省工材百餘萬秩滿有司上君鹽最護河之功遷奉

職君意不滿辭不拜丁母夫人綦氏憂終喪不許以監黄州商税餘年課為最召還在道用祀汾陰恩卒遷奉職監杭州排岸司浚浙江龍山二閘廢清河堰以通漕杭人至今便之為端州兵馬監押就遷右班殿直給事中樂黄目舉君材任閤門祗候有司限例不行得温州兵馬監押期還遷職在温州聞黄目死前舉狀格不用君歎曰豈吾命邪今天子即位遷左班殿直以疾求監壽州酒税逾年請告就醫京師天

聖元年十月某日卒于建平坊享年五十有九初娶宋氏生三男曰沇澄泳澄早卒二女長亦早卒次適某氏再娶沈氏後君卒初君之喪寓葬朝陽門外慶曆二年某月某日葬于某縣某鄉某原銘曰

余悲胥君始以儒者自進而仕也非其志方其以一布衣飛箝人主之意其志壯哉豈止於此自古賢材明智之士困於失職多矣豈天所不相邪豈其力不足邪蓋苟者多得偷者易安守義而窮乃理或然嗟

乎胥君永矣茲阡

內殿崇班薛君墓誌銘

公諱塈字宗道絳州正平人資政殿學士兵部尚書河東簡肅公之弟於惟簡肅爲時顯人天聖明道閒實參大政以道德剛直外正於朝孝友敦睦內仁其家其爵命之榮上逮三世旁禄其族子官者三十人公於一作于太保諱景之廟爲曾孫太傅諱温瑜之廟爲孫太師諱化光之廟爲第五子少以簡肅蔭補三班借職九遷內殿崇

班享年六十五以終公為人果毅質直喜以氣節自高少好學嘗為文詞仕雖不章官能其職初監曲沃縣酒稅民素苦伐薪給官炊公始更用石炭民得不苦至今賴之又監龍門縣清澗木稅絳州鹽酒稅河中府浮橋凡所施設皆有法後人雖欲輒更莫能也蜀民易摇喜倡事以相驚譁遂緣為亂公為兵馬監押旁郡呼曰盜將大至公能以重鎮之州卒無事民恃以安歲滿州乞留不克知河池縣賦役刑罰示民

以信使民知政而吏無所措其姦始建孔子廟春秋飭其牲器以與邑人行事民初識學校之禮當時名臣若令樞密副使杜公多薦其材以兄廉避不升用奉使走馬承受滄州路公事數對便殿言利害皆可施行歷監通利軍陝蜀二州兵康定二年六月十五日壬辰以疾卒于蜀州之廨其長子曰大理寺丞通判陵州仲孺扶其柩歸于絳州道出河池河池之民泣遮于路曰此吾民之所思也公卒之六日夫人吳

氏卒于代州其次子曰大理寺丞通判代州宗孺以其喪歸遂合葬于正平縣清源鄉周村原用慶曆元年十二月二十一日丙申之吉二子皆以材賢克承其家女一人適將作監主簿鄭宗賢銘曰

薛絳大族興自簡肅簡肅之揞其剛烈烈公躬直清官以材稱惟賢是似不愧其兄薛有世次簡肅之碑公墓南原銘以識之

長安縣太君盧氏墓誌銘

夫人盧氏其父諱之翰單父人好學通五

行律曆善籌策中進士第至道中用兵河西以爲陝西轉運使屢爲太宗言靈武事不合意輒貶既而事驗思之輒復召用由是卒爲名臣官至太常少卿知廣州夫人歸楊公時年始十七公前夫人張氏生三男文友文舉文本皆尚幼夫人亦生三男一早卒次文敏文通四女長適大理寺丞王中孚次適崑山縣尉刁緩次將作監主簿朱銑次早卒楊公以文行著名當時治身廉清好施宗族大中祥符四年以右諫

議大夫蕘廣州家無貲夫人居喪於淮上
諸子怡怡知其母之慈撫其己不知家之
有無也後二十有五年文友爲虞部員外
郎知建昌軍文舉國子博士通判蔡州文
本文通早卒文敏由大理寺丞應進士中
第爲太子中允知蘇州常熟縣夫人在建
昌感疾卒官舍享年五十七將卒戒其子
曰吾幸見汝輩立而死吾無以教爲人能
如汝父足矣遂歸葬壽州之西原祔舊塋
禮也夫人初用公封范陽縣君後用其子

封仁壽縣太君又進封長安縣太君及卒也張夫人二子居喪哀如所生嗚呼賢母也哉是宜銘粤景祐三年二月庚戌葬之銘曰

從者其姑祔者其夫安此室乎

外集卷第十一

祁公神道碑景祐碑云景祐四年卒天聖八年葬按天聖在景祐之前疑景祐當作景德

諫議楊公墓銘錄一作抵學乎聖人四字上一有而字

其婦二字上一有封字

王公墓誌水丘氏集本多作巫丘

薛君墓銘又監一作後監

盧氏墓銘將作二字上疑脫一適字

外集卷第十二　　歐陽文忠公集六十二

碑銘

漳一作鄣南縣君張氏墓誌銘

右諫議大夫集賢院學士楊公諱大雅之夫人曰漳南縣君張氏父諱保衡官至太僕寺丞其先荆門大族劉守光亂幽州曾祖敏從其家濟南之歷城而益盛夫人生二十有二歲歸楊氏十有五年生二男三女景德三年十月十四日終于泰州之廨其子洎濬尚幼能記其母及長聞其家與

其外内宗姻之稱夫人者曰夫人生于富族而柔明孝謹楊氏曾世家公少孤貧始為開封縣尉夫人入其門若素小家子事其姑視日時早暮氣節之寒暑飲食起居之當進與否者不少懈如此十五年如始歸凡楊氏之内宗與其外姻賓客之至者如豐家退視其褚空如惟恐人之知也教其子不略弛其色有問之則曰慈或失之教不嚴不足以訓雖家人亦未嘗見其跛隆自開封及其為秘書丞而得封又見其

夫爲太常博士知袁州乃卒其後楊公登
朝廷掌書命爲諫議大夫居榮顯皆莫見
也嗚呼可哀也已天聖某年楊公薨景祐
二年某月日子洎舉而合葬之於其塋也
洎爲某官濬爲某官女三人皆適人其幼
早亡二女皆有子娶矣銘曰

嗚呼一無二字生而淑没也何思夫安於此其
從斯

太子賓客分司西京謝公墓誌銘

惟景祐元年十月之晦太子賓客分司西

京謝公薨明年三月嗣子絳自京師舉其柩南歸用八月某吉葬杭州富陽縣某鄉某原合以夫人晉陵郡君許氏而從王父戶部侍郎府君之墓次公世居富春生十一歲時已如成人嘗與客談論侍郎竊從聽之往往能奪其客議十四歲詣州學學左氏春秋略授其說即為諸生委曲講論如其師稍長居蘇州時天子平劉繼元露布至守臣當上賀命吳中文士作表章吏數人皆不可意公私作於家客有持去者

吳士見之大驚遂有名於南方淳化三年以進士及第為梓州権鹽院判官會兩川盗起攻劫州縣公乘賊未至盡伐近郊林木内城中且曰除賊隱蔽以修閉守之具有餘可給薪蒸為久圍之備身與士卒守壍壁凡圍百日不能破賊平知州事尚書左丞張雍轉運使馬襄狀言其能就除觀察判官賜以器幣明年知益州華陽縣縣人苦兵劫皆逃失業朝廷下令許民能倍租入官者皆得占其田既而良田盡為大

豪所奪而逃人歸者不復得公至則手判
訟牒以謂恤亂撫人不宜利倍租而使貧
人失業盡奪之格其詔書不用由華陽召
改著作佐郎通判壽州筠州知興國軍三
遷至太常博士真宗方考責能吏一日自
内出中外賢吏有治狀者二十四人付中
書以名召公由興國召見于長春殿賜緋
魚袋即日試於學士院明日邉臣有急奏
天子詔且親征是時大賊王長壽又刼曹
濮真宗面語宰相委公曹州遂改屯田員

外郎以往至則縛凶人趙諫趙諤斬於京師（三字一作于市）曹人以寧自曹歸朝是歲大星見西南方占曰在蜀奉使廵撿益利兩路蜀卒無事又議大鐵錢平其法至今行之使還舉州縣吏三十餘人宰相疑其多公願署連坐以取信朝廷從之所舉後皆為能吏奉使舉人連坐自公始既而為三司度支判官知泰州歙州再遷司封員外郎坐三司舉吏奪官復為度支通判河南府侍中始平公自洛来朝薦之召試授兵部

員外郎直史館判三司理欠憑由司出爲兩浙轉運使賜金紫遷禮部郎中判司農寺朝廷方議以知制誥將試忽得疾踰旬不能興遂寢天禧五年以戸部郎中兼侍御史知雜事同判吏部流内銓眞宗葬永定陵詔山陵使道路所經拆民廬舍及城門以過車輿象物公上言先帝封祀行幸儀物全盛不聞所過壞民居今少府治塗車明器侈大非禮且違遺詔務儉薄之意請裁損之書奏不聽以疾求去職遷吏部

郎中直昭文館知越州還遷太常少卿判太府寺登聞檢院復以疾求西京留司御史臺踰年就臺拜祕書監遂求分司明道元年轉太子賓客公少以文行有名於時自言吾於（一作在）天下無一嫌怨待士君子必盡其心雖人出其下亦未嘗敢懈怠家居有法度撫養孤幼極恩愛常時溫和謙厚眞長者及在官臨事見義喜爲過於勇夫故所至必有能稱不幸中廢以疾不得盡其所爲及居西京不關人事惟理醫藥

與方術士語終日不休歲時河南官屬詣門請見慘疑然肅潔有威儀不若老且病者享年七十有四以壽終嗚呼可謂君子者已公諱濤字濟之高祖希圖仕至衛州刺史曾祖延徽處州麗水縣主簿祖懿文杭州塩官令父崇禮泰寧軍節度掌書記以公贈户部侍郎母崔氏博陵郡太君弟四人炎最有文行知名於時見國史子三人長曰絳次將作監主簿約次太廟齋郎綺亦有文皆早亡諫氏自曾高不顯由公

始昌其家而子絳又以文行繼之初公之葬其先君也為兵部員外郎今公之葬絳亦世其官度支判官河南府通判並踐世職判太府寺實父子相代書府之任昭文史館集賢院祕閣父子同時為之見于衣冠盛事錄謝氏其不衰又將大也歟銘曰謝之遠世河南緱氏四代之祖因仕過江卒葬嘉興始留南方曾祖在南佐麗水縣卒又葬馬世亦未顯祖令鹽官始葬富陽凡三徙遷遂家於（一作手）杭世久當隆其昌

自公富陽之原三世有墓父大於祖子大於父後有賢嗣又有令孫公其安居有祀有承

檢校司農少卿致仕張公墓誌銘

君諱九思鄆州陽谷縣人張氏世以明經仕宦君少習春秋三傳太平興國五年以舉中高第凡仕若干年而致之又若干年而考終命初任雅州軍事推官轉大理評事光祿大理二寺丞太子中舍殿中丞國子博士尚書虞部比部駕部三員外郎中

凡居官一十有三歷知黄蘄道三州既老又加檢校司農少卿扵其家年八十有五其終也實天聖某年某月某日其塟也以明道二年某月某日其葬之地汝州襄城縣某村某山之下父諱清累贈某官母崔氏追封某縣太君初娶朱氏某縣君生子龜正龜文龜文先亡女二人後娶王氏某縣君生子龜誠扵其葬也龜正爲鄆州支使知鄂州崇陽縣龜誠襄城縣尉君爲人沉朴謹儉官能其職爲政以慈仁厚下爲

先人有鬬訟常兩論之初強不屈化必以禮義柔之卒相服從顧改自疑爲善故所至人愛思之其爲黄州也飛蝗越州不下州人歌之以爲異凡居官所得俸廩計身衣食足而已秩滿還家輒以所餘分親族噫其賢厚而敏亦經之効歟銘曰

張世鄆居舉明經朴儉勤孝家所承公壯而仕老康寧八十其壽位則卿始終以全爲家榮去鄆而汝從新塋後之世者考此銘

河南府司錄張君墓誌銘

山東道節度掌書記知伊陽縣事

天水尹洙撰

吾友張堯夫以今年七月癸酉葬其先君於北邙山既葬二十有九日壬寅晨起感疾復就寢弗寤若醉狀醫視其脉曰疾勢風甚盛脉宜洪今細蹙殆不可爲晝未盡數刻啓手足於官署翌日殯于正寢戊申葬先君墓次實明道二年八月也堯夫内淳固外曠簡不妄與人交初爲河南府推

官後爲司録予與之遊幾五年出處多共

之其飭身臨事予嘗愧堯夫堯夫不予愧

也嗚呼安能盡識吾友之善哉堯夫名汝

士年三十七歷官至大理寺丞先君諱某

終虞部員外郎母李氏隴西縣君娶崔氏

生二男三女皆幼渤海歐陽脩爲之銘曰

噫嘻哉上者蒼蒼也宜壽而夭宜福而禍

有尸者邪其無也豐其躬者鮮其仁予之

賢者嗇其位豈其不可兼邪斯可怪也其

有莫施其爲不伐充而不光遂以昧滅後

孰知也弔賓盈位哭皆有涕夫嗟於道婦咄於竈夫能使人之若此也噫嘻哉君子吾不得見而見善人善人今復不得而見也

先君墓表

此乃瀧岡表初稾其後刪潤頗多題曰瀧岡阡表在居士集第二十五卷

脩不幸生四歲而孤太夫人守節自誓居貧自力於衣食以長以教俾至于成人而嘗告之曰汝父為吏廉而好施以其俸祿事賓客常不使有餘曰無以是為我累故

其亡也無一瓦之覆以庇其生然吾何恃而能自守以至此耶吾於汝父知其一二而已也此吾之所恃也吾之始歸也汝父免於母喪方踰年歲時祭祀則必泣涕曰祭而豐不如養之薄也間居而御酒食盛饌則又涕泣曰昔不足而今有餘其何及也吾始一二見之以為新免於喪而適然耳既而其後常然至於終身未嘗不然此吾知汝父之能養也汝父為吏嘗夜燭治官書屢廢而歎吾問之則曰此死獄也

我求其生不得也吾曰生可求乎曰求其生而不得則死者與我皆無恨矧求而有得耶以其嘗有得知其不求而死者恨也夫常求其生猶失之死而況世常求其死也回顧乳者抱汝而立于旁指而歎曰歲行在戌我將死不及見兒之立也後當以我語告之其平居教他子弟亦皆用此語吾耳熟焉故能詳也其施於外事接於賓客或有矜飾吾不能知其居于家無所事而其為如此是其發於中者也其心誠厚

於仁者也此吾之知汝父之得疑有後也汝其勉之夫士有用捨志之得施與否不在己而為仁與孝不取於人也脩泣而誌之不敢忘先君少孤力學咸平三年進士及第為通州判官泗綿二州推官又為泰州判官正身懐道不及其施享年五十有九初贈太子中允今贈其官太夫人姓鄭氏世為江南名族太夫人恭儉仁愛而有禮初封縣太君累封樂安安康彭城三郡太君自其子少賤時治其家以儉約其後

常不使之曰吾兒多不合于世儉薄所以安患難也脩初貶夷陵太夫人言笑自若曰汝家故貧賤也脩察其志久而安故其後立于朝得不苟容于時葢自先君之亡二十年脩始得祿而養又二十有三年脩為龍圖閣直學士尚書吏部郎中留守南京太夫人以疾卒于官舍享年七十有二脩竊自念為人子而不能識其父幸而得聞吾母之言其忍廢為乃泣血而記之歐陽氏自為吉州吉水人至予脩十有五

世矣沙溪吾世之家且葬也故又刻其所
記者表於其阡以告其宗族及鄉之人曰
而耕而田歲取百千而耘而學久而不獲
田何取之囷倉峩峩學而取之簪笏盈家
量功較收所得孰多先君之學獲不及時
匪于其躬而利其後疾遲幾何善無不報
先君之貽子脩不肖矧有才子于何不有
矧我歐陽世家惟舊自始氏封烏程之亭
在北有聞或冀或青中顯彌長或吉或衡
勢大必分枝葉婆娑惟吉舊居子孫今多

木久而林有喬其秀矧我歐陽扶疎並茂
先君之德吾母知隆子脩不肖以俟其宗
以勉同鄉敢及他人

母鄭夫人石槨銘

維皇祐五年癸巳六月庚午匠作石槨粵
七月己亥既成銘曰於乎有宋歐陽脩母
鄭夫人槨既窆既堅惟億萬年其固其安

胥氏夫人墓誌銘（公在憂制舉祔葬之禮故命門人秉筆）

廬陵歐陽先生語其學者徐無黨曰脩年
二十餘以其所爲文見胥公于漢陽公一

見而奇之曰子當有名于世因留置門下
與之偕至京師為之稱譽於諸公之間明
年當天聖八年脩以廣文館生舉中甲科
又明年胥公遂妻以女公諱偃世為潭州
人官至工部郎中翰林學士公以文章取
高第以清節為時名臣為人沈厚周密其
居家雖燕必嚴不少懈每端坐堂上四顧
終日如無人雖其嬰兒女子無一敢妄舉
足發聲其飲食衣服少長貴賤皆有常數
胥氏女既賢又習安其所見故去其父母

而歸其夫不知其家之貧去其姆傅而事其姑不知為婦之勞後二年三月胥氏女生子未逾月以疾卒享年十有七後五年其所生子亦卒後二十年從其姑葬于吉州吉水縣沙溪之山脩既感胥公之知己又哀其妻之不幸短命顧二十年間存亡憂患無不可悲者欲書其事以銘而哀不能文因命無黨序其意又代為哀辭一篇以弔胥氏因并刻而藏于墓當胥氏之卒也先生時為西京留守推官實明道二年

也其哀辭曰

清冷兮將絕之語言猶可記髣髴兮平生之音容不可求謂不見爲纔幾時兮忽二紀其行周豈無子兮久先于下土昔事姑兮今從于此丘同時之人兮藐獨予留顧生餘幾兮一身而百憂惟其不忘兮下志諸幽松風草露兮閱此千秋

楊氏夫人墓誌銘 同前

廬陵歐陽先生之繼室曰楊氏者故右諫議大夫集賢院學士楊公之女也楊氏遠

有世德自漢至唐常出顯人故其繫譜所傳次序自震至今不絕公諱大雅以文學篤行居清顯號爲古君子先生嘗謂其學者焦千之曰楊公已殁脩始娶其女雖不及識公然嘗獲銘公之德究見終始其行于己立于朝廷發于文章者皆得考次及楊氏之歸又得見公之退施于其家者皆可法也楊氏事其姑以孝而勤友其夫以義而順接其內外宗族以禮而和方其歸也脩爲鎮南軍掌書記館閣校勘家至貧

見其夫讀書著文章則曰此吾先君之所以樂而終身也見其夫食糲而衣弊則曰此吾先君雖顯而不過是也間因其夫之俸廩食其月而有餘則必市酒具殽菓于堂上曰吾姑老矣惟此不可不勉歸之十月以疾卒享年十有八實景祐一年九月也後十有九年從其姑葬于吉州吉水縣沙溪之山乃命千之序而銘其壙曰

其居忽兮而逝也遽其殁久矣一作兮而悲如新一言以誌兮千萬歲之存

外集卷第十二

張氏墓銘其先（恕本作張氏）荊門（荊作薊）其家（一作居）益盛（益上有族字）嘗世家（嘗作當家上有名字）節之（無之字）蹳隧（作跋墜）及其（作及見其夫）莫見（見作及）

謝賓客魚袋（無袋字）

張司錄山東（山下有南字）可兼（可作得）

先君墓表皆無恨（一作皆無有恨）通州判官（石本瀧岡仟表作通州）歲取百千（百一作十）抱汝（文纂作掬汝）

吉綿本誤收天水尹府君及黄夫人墓誌銘乃尹師魯文在河南集第十五卷今刪去

居士集卷第四十七　歐陽文忠公集四十七

書八首

荅陝西安撫使范龍圖辭辟命書

脩頓首再拜啓急脚（一作步）至得七月十九日華州所發書伏審即日尊體動止萬福（一有卑情不任欣慰之至八字）戎狄侵邊自古常事邊吏無狀至煩大賢伏惟執事忠義之節信於天下天下之士得一識面者退誇於人以爲榮耀至於游談布衣之賤往往竊託門下之名矧今以大謀小以順取逆濟以明

哲之才有必成功之勢則士之好功名者於此爲時孰不願出所長少助萬一得託附以成其名哉況聞狂虜猖蹶屢有斥指之詞加之輕侮購募之辱至於執戮將吏殺害邊民凡此數事在於脩輩尤爲憤恥每一思之中夜三起不幸脩無所能徒以少喜文字過爲世俗見許此豈足以當大君子之舉哉若夫參決軍謀經畫財利料敵制勝在於幕府苟不乏人則軍書奏記一末事耳有不待脩而堪者矣

一有之工拙三字

由此始敢以親爲辭況今世人所謂四六者非脩所好少爲進士時不免作之自及第遂棄不復作在西京佐三相幕府於職當作亦不爲作此師魯所見今廢已久懼無好辭以辱嘉命此一端也一本此下云某雖儒生不知兵事竊惟兵法有勇有怯必較彼我之利否事之如何要在成功不限遲速某近至京師屢於諸公間略聞緒言攻守之計此實當時之宜非深思遠見者孰能至此願不爲浮議所移伏見自至關西辟士甚衆古人所與成事者必有國士共之非惟在上者以知人爲難士雖貧賤以身許人固亦未易

欲其盡死必深相知知之不盡士不爲用今奇怪豪儁之士往往蒙見收擇顧用之如何尔（一有此在明哲豈須獻言）然尚（一作但）慮山林草莽有挺特知義慷慨自重之士未得出於門下也宜少（一作亦宜）思焉若脩者恨無他才以當長者之用非敢効庸人苟且樂安佚也（一本此下云伏蒙示書夏公又以見舉其孤賤素未甞登其門非執事過見褎稱何以及此媿畏然其已以親老爲辭更無可往之理惟）幸察（一有焉字）

荅李詡第一書

脩白人至辱書及性詮三篇曰以質其果

是一有非字夫自信篤者無所待於人有質於人者自疑者也今吾子自謂夫子與孟荀楊韓復生不能奪吾言其可謂自信不疑者矣而返以質於脩使脩有過於夫子者乃可爲一作與吾子辯況脩未及孟荀楊韓之一二也脩非知道者好學而未至者也世無師久矣尚賴朋友切磋之益苟不自蒲而中止庶幾終身而有成固常樂與學者論議往來非敢以益於人蓋求益於人者也況如吾子之文章論議豈易得哉固

樂爲（一作與）吾子辯也苟尚有所疑敢不盡其所學以告既吾子之自信如是雖夫子不能奪使脩何所說焉人還索書未知所荅慚惕慚惕脩再拜

荅李詡第二書

脩白前辱示書及性詮三篇見吾子好學善辯而文能盡其意之詳今世之言性者多矣有所不及也故思與吾子卒其說脩患世之學者多言性故常爲說曰夫性非學者之所急而聖人之所罕言也易六十

四卦不言性其言者動静得失吉凶之常理也春秋二百四十二年不言性其言者善惡是非之實録也詩三百五篇不言性其言者政教興衰之美刺也書五十九篇不言性其言者堯舜三代之治亂也禮樂之書雖不完而雜出於諸儒之記然其大要治國脩身之法也六經之所載皆人事之切於世者是以言之甚詳至於性也百不一二言之或因言而及焉非爲性而言也故雖言而不究予之所謂不言者非謂

絕而無言蓋其言者鮮而又不主於性而言也論語所載七十二子之問於孔子者問孝問忠問仁義問禮樂問脩身問爲政問朋友問鬼神者有矣未甞有問性者孔子之告其弟子者凡數千言其及於性者一言而已予故曰非學者之所急而聖人之罕言也書曰習與性成語曰性相近習相遠者戒人慎所習而言也中庸曰天命之謂性率性之謂道者明性無常必有以率之也樂記亦曰感物而動性之欲者明

物之感人無不至也然終不言性果善果惡但戒人愼所習與所感而勤其所以率之者亦予故曰因言以及之而不究也脩少好學知學之難凡所謂六經之所載七十二子之所問者學之終身有不能達者矣於其所達行之終身有不能至者矣以予之汲汲於此而不暇乎其他因以知七十二子亦以是汲汲而不暇也又以知聖人所以教人垂世亦皇皇而不暇也今之學者於古聖賢所皇皇汲汲者學之行之

或未至其一二而好爲性説以窮聖賢之所罕言而不究者執後儒之偏説事無用之空言一作文此予之所不暇也或有一作者問曰性果不足學乎予曰性者與身俱生而人之所皆有也爲君子者脩身治人而已性之善惡不必究也使性果善邪身不可以不脩人不可以不治使性果惡邪身不可以不脩人不可以不治不脩其身雖君子而爲小人書曰惟聖罔念作狂是也能脩其身雖小人而爲君子書曰惟狂克

念作聖是也治道備人斯爲善矣書曰黎民於變時雍是也治道失人斯爲惡矣書曰毇頑民又曰舊染汙俗是也故爲君子者以脩身治人爲急而不窮性以爲言夫七十二子之不問六經之不主言或雖言而不究豈略之哉蓋有意也或又問曰然則三子言性過歟曰不過也其不同何也曰始異而終同也使孟子曰人性善矣遂怠而不教則是過也使荀子曰人性惡矣遂棄而不教則是過也使揚子曰人性混

矣遂肆而不教則是過也然三子者或身奔走諸侯以行其道或著書累千萬言以告于後世未嘗不區區以仁義禮樂爲急蓋其意以謂善者一日不教則失而入于惡惡者勤而教之則可使至于善混者驅而率之則可使去惡而就善也其說與書之習與性成語之性近習遠中庸之有以率之樂記之愼物所感皆合夫三子者推其言則殊察其用心則一故予以爲推一無此字其言不過始異而終同也凡論三子者

以予言而一之則譊譊者可以息矣予之所說如此吾子其擇焉

與荆南樂秀才書

脩頓首白秀才足下前者舟行往來屢辱見過又辱以所業一編先之啓事及門而贄田秀才西來辱書其後予家奴自府還縣比又辱書僕有罪之人人所共棄而足下見禮如此何以當之當之未暇荅宜遂絶而再辱書再而未荅宜絶而又辱之何其勤之甚也如脩者天下窮賤之人尓安

能使足下之切切如是邪蓋足下力學好
問急於自爲謀而然也然蒙索僕所爲文
字者此似有所過聽也僕少從進士舉於
有司學爲詩賦以備程試凡三舉而得第
與士君子相識者多故往往能道僕名字
而又以游從相愛之私或過稱其文字故
使足下聞僕虛名而欲見其所爲者由此
也僕少孤貧貪禄仕以養親不暇就師窮
經以學聖人之遺業而涉獵書史姑隨世
俗作所謂時文者皆穿蠹經傳移此儷彼

以爲浮薄惟恐不悦于時人非有卓然自
立之言如古人者然有司過採屢以先多
士及得第已來自以前所爲不足以稱有
司之舉而當長者之知始大改其爲庶幾
有立然言出而罪至學成而身辱爲彼則
獲譽爲此則受禍此明効也夫時文雖曰
浮巧然其爲功亦不易也僕天姿不好而
彊爲之故比時人之爲者尤不工然已足
以取禄仕而竊名譽者順時故也先輩少
年志盛方欲取榮譽於世則莫若順時天

聖中天子下詔書勑學者去浮華其後風俗大變今時之士大夫所爲彬彬有兩漢之風矣先輩往學之非徒足以順時取譽而已如其至之是直齊肩於兩漢之士也若僕者其前所爲既不足學其後所爲愼不可學是以徘徊不敢出其所爲者爲此也在易之困曰有言不信謂夫人方困時其言不爲人所信也今可謂困矣安足爲足下所取信哉辱書既多且切不敢不答

幸察

答吳充秀才書

脩頓首白先輩吳君足下前辱示書及文三篇發而讀之浩乎若千萬言之多及少定而視焉纔數百言尒非夫辭豐意雄霈然有不可禦之勢何以至此然猶自患倀倀莫有開之使前者此好學之謙言也脩材不足用於時仕不足榮於世其毀譽不足輕重氣力不足動人世之欲假譽以爲重借力而後進者奚取於脩焉先輩學精文雄其施於時又非待脩譽而爲重力而

後進者也然而惠然見臨（六字一作惠然而見及）若有所責（一作求）得（一無此字）非急於謀道不擇其人而問焉者歟夫學者未始不爲道而至者鮮焉非道之於人遠也學者有所溺焉尔蓋文之爲言難工而可喜易悅而自足世之學者往往溺之一有工焉則曰吾學足矣甚者至棄百事不關于心曰吾文士也職於文而已此其所以至之鮮也昔孔子老而歸魯六經之作數年之頃尔然讀易者如無春秋讀書者如無詩（一作讀春秋者如無

詩書何其用功少而至（此字一作自然）於至也聖人之文雖不可及然大抵道勝者（一有於字）文不難而自至也故孟子皇皇不暇著書荀卿蓋亦晚而有作若子雲仲淹方勉焉以模（三字一作彊區區力作）言語此（一無此字有而宏博不及孟荀之雄者十字）道未足而彊（一作勉）言者也後之惑者徒見前世之文傳以爲學者文而已（此句一作又溺其悅也）故愈力（一無此二字）愈勤而愈不至此足下所謂終日不出於軒序（一無此足下以下一句）不能縱橫高下皆如意者道未（一作不）足也若

道之充焉雖行乎天地（一作下）入于淵泉無不之也（一有何患不至四字）先輩（一作足下）之文浩乎霈然可謂善矣而又志於爲道猶自以爲未廣若不止焉孟荀可至而不難也脩學道而不至者然幸不甘於所悅而溺於所止因吾子之能不自止又以勵脩之少進焉幸甚幸甚脩白

上杜中丞論舉官書

具官脩謹齋沐拜書中丞執事脩前伏見舉南京留守推官石介爲主簿近者聞介

以上書論赦被罷而臺中因舉他吏代介
者主簿於臺職最卑介一賤士也用不用
當否未足害政然可惜者中丞之舉動也
介爲人剛果有氣節力學喜辯是非眞好
義之士也始執事舉其材議者咸曰知人
之明今聞其罷皆謂赦乃天子已行之令
非疏賤當有說以此罪介曰當罷脩獨以
爲不然然不知介果指何事而言也傳者
皆云介之所論謂朱梁劉漢不當求其後
裔尔若止此一事則介不爲過也然又不

知執事以介爲是爲非也若隨以爲非是大不可也且主簿於臺中非言事之官然大抵居臺中者必以正直剛明不畏避爲稱職今介足未履臺門之閾而已用言事見罷眞可謂正直剛明不畏避矣度介之才不止爲主簿直可任御史也是執事有知人之明而介不負執事之知矣脩甞聞長老說趙中令相 太祖皇帝也甞爲其事擇官中令列二臣姓名以進 太祖不肯用它日又問復以進又不用它日又問復

以進　太祖大怒裂卄共奏擲殿階一作陛上中令
色不動揷笏帶間徐拾碎紙袖歸中書它
日又問則補綴之復以進　太祖大悟終
用二臣者彼之敢尒者蓋先審知其人之
可用然後果而不可易也今執事之舉介
也亦先審知其可舉邪是偶舉之也一作邪
若知而舉則不可遽止若偶舉之猶宜一
請介之所言辯其是非而後已若介雖忤
上而言是也當助以辯若其言非也猶宜
曰所舉者爲主簿尒非言事也待爲主簿

不任職則可罷請（一作請罷）以此辭焉可也且中丞爲天子司直之臣上雖好之其人不肖則當彈而去之上雖惡之其人賢則當舉而申之非謂隨時好惡而高下者也今備位之臣百十邪者正者其紏舉一信於臺臣而執事始舉介曰能朝廷信而將用之及以爲不能則亦曰不能是執事自信猶不果若遂言它事何敢望天子之取信於執事哉故曰主簿雖卑介雖賤士其可惜者中丞之舉動也況今斥介而它舉必

亦擇賢而舉也夫賢者固好辯若舉而入臺又有言則又斥而它舉乎如此則必得愚闇懦默者而後止也伏惟執事如欲舉愚者則豈敢復云若將舉賢也願無易介而它取也今世之官兼御史者例不與臺事故敢布狂言竊獻門下伏惟幸察焉

與曾鞏論氏族書

脩（一有拜字）白（一有曾君先輩足下六字）貺所僻遠不與人通辱遺專人惠書甚勤豈勝媿也示及見託撰次碑文事脩於人事多故不近文字

久矣大懼不能稱述世德之萬一以蒲足
下之意然近世士大夫於氏族一作族氏尤不
明其遷徙世次多失其序至於始封得姓
亦或不眞如足下所示云曾元之曾孫樂
爲漢都鄉侯至四世孫𢶡遭王莽亂始去
都鄉而家豫章考於史記皆不合蓋曾元
去漢近二百年自元至樂似非曾孫然亦
當仕漢初則𢶡遭莽世失侯而徙蓋又二
百年疑亦非四世以諸侯年表推之雖大
功德之侯亦未有終前漢而國不絶者亦

無自高祖之世至平帝時侯纔四傳者宣帝時分宗室趙頃王之子景封爲都鄉侯則據之去國亦不在莽世而都鄉已先別封宗室矣又樂據姓名皆不見於年表蓋世次久遠而難詳如此若曾氏出於鄫者蓋其支庶自別有爲曾氏者尔非鄫子之後皆姓曾也蓋今所謂鄫氏者是也楊允恭據國史所書嘗以西京作坊使爲江淛發運制置茶鹽使乃至道之間耳今云洛苑使者雖且從所述皆宜更加考正山州

無文字尋究一有不能周悉四字幸察

荅宋咸書

脩頓首白州人一作吏至蒙惠書及補注周易甚善世無孔子乆矣六經之旨失其傳其有不可得而正者自非孔子復出無以得其眞也儒者之於學博矣而又苦心勞神一作疲精於殘編朽簡之中以求一作考千歲失傳之繆茫乎前望已遠之聖人而不可見杳乎後顧無窮之來者欲爲未悟決難解之惑是眞所謂勞而少功者哉然而有一

六字經非一世之書也其傳之繆非一日之失也其所以刊正補緝亦非一人之能也使學者各極其所見而明者擇焉十取其一百取其十雖未能復六經於無失而卓如日月之明然聚衆人之善以補緝之庶幾不至於大繆可以俟聖人之復生也然則學者之於經（一無三字）其可已乎足下於經（一本二字作之於學）勤矣（一有其於經至矣字）凡其所失無所不欲正之其刊正補緝者衆則其所得亦已多矣脩學（一作性）不敏明而又無彊力

以自濟恐終不能少出所見以補六經一作失傳之萬一得足下所爲故尤區區而不能忘也屬奉使出疆一本二字作行有日悤悤不具一本具字作得盡所懷惟一有以時字自愛廬陵歐陽脩再拜

居士集卷第四十七

熙寧五年秋七月男發等編定

紹熙二年三月郡人孫謙益校正

答陝西范龍圖辭辟命書 知義（此下一有可用二字）

答李詡第二書 而不究（此下一有凡字）果善耶果惡耶（耶一本作而）人性混矣（混字上一有善惡二字）

答吳充秀才書 何以（一作孰能）先輩學精（先輩二字一作矧如足下）鮮焉（一作鮮矣）讀易者（三字上一有使字）

上杜中丞論舉官書 又不知執事（不一作未）殿階上（一作陛下）終用二臣者（一無者字）百十（一作百千）

與曾鞏論氏族書 僻遠（一作僻絕）當仕（一作當在）亦未有（一作亦少得）鄖氏（鄖一作繒）茶鹽使（此下一有時字）

答宋咸書 儒者之於學（一作學者之為工）

續添

答李詡第二書　勤而教之（一作勤勸）

上杜中丞論舉官書　不爲過也（一作也矣）幸察焉（一作幸賜察焉）

與樂秀才第一書　景祐三年

某白秀才樂君足下昨者舟行往来皆辱見過又蒙以所業一冊先之啓事宛然如後進之見先達之儀某年始三十矣其不從鄉進士之後者於今纔七年而官僅得一縣令又爲有罪之人其德爵齒三者皆不足以稱足下之所待此其所以爲慙自冬涉春陰滮不止夷陵水土之氣比頻作疾又苦多事是以闕然闓古人之於學也講之深而信之篤其充於中者足而後發

乎外者大以光譬夫金玉之有英華非由磨飾染濯之所爲而由其質性堅實而光輝之發自然也易之大畜曰剛健篤實輝光日新謂夫畜於其內者實而後發爲光輝者日益新而不竭也故其文曰君子多識前言往行以畜其德此之謂也古人之學者非一家其爲道雖同言語文章未嘗相似孔子之繫易周公之作書奚斯之作頌其辭皆不同而各自以爲經子游子夏子張與顏回同一師其爲人皆不同各由其性

而就於道耳今之學者或不然不務深講
而篤信之徒巧其詞以爲華張其言以爲
大夫強爲則用力艱用力艱則有限有限
則易竭又其爲辭不規模於前人則必屈
曲變態以隨時俗之所好鮮克自立此其
充於中者不足而莫自知其所守也竊讀
足下之所爲高健志甚壯而力有餘譬夫
良駿之馬有其質矣使駕大輅而王良馭之
節以和鑾而行大道不難也夫欲充其中
由講之深至其深然後知自守能如是矣

言出其口而皆文脩見惡於時棄身此邑不敢自齒於人人所共棄而足下過禮之以賢明巧正見待雖不敢當是以盡所懷爲報以塞其慙甚頓首

京本英辭類稾有答樂秀才二書首尾意頗相類其一居士集所無今録如右其二雖載居士集而用字或不同併列于左

當之未暇答之或作時一無當之二字宜絶二字上一有益字切二字一作勤一遺業二字一作道一浮薄一作浮巧恍于一作切

悅於爲彼二字上一有蓋字受禍一作獲罪不易一作未易譽者一無者字先輩少年一作今先輩年少方欲一作方將如其至之是直齊肩於兩漢之士也一作如其器焉直可齊於兩漢之士也愼不可學一作又不宜學今可謂困今字下一有子字安足爲足下所取信哉一作雖有言安能取信於先輩哉

居士集卷第四十八　歐陽文忠公集四十八

策問十二道

武成王廟問進士策二首

問學者言三統之義備矣然自孔子刪修六經與其弟子論辯堯舜三代之際甚詳而於正朔獨無明文見於經者三正王者所以正一統蓋大法也豈宜略而不言歟抑隱其義以寓見諸書歟或者經籍散缺而失之歟自漢以來學者多增三統之說以附六經之文今所見者特因漢儒之說

爾當漢承秦焚書聖經未備而百家異說不合于理者衆則其言果可信歟夫衆辭淆亂質諸聖今考於六經孔子所筆何說可以驗其信然歟不然商周未嘗有改歟豈其不足爲法聖人非之而不言歟請稽三王之舊典考六經之明文以祛厥疑敢俟來對

問禮樂治民之具也王者之愛養斯民其於教導之方甚勤而備故禮防民之欲也周樂成民之俗也厚苟不由焉則賞不足

勸善刑不足禁非而政不成大宋之興八十餘歲明天子仁聖思致民於太平久矣而天下之廣元元之衆州縣之吏奉法守職不暇其他使愚民目不識俎豆耳不聞弦匏民俗頑鄙刑獄不衰而吏無任責夫先王之遺文具在凡歲時吉凶聚會考古禮樂可施民間者其別有幾順民便事可行於今者有幾行之固有次第其所當先者又有幾禮樂興而後臻於富庶歟將旣富而後教之歟夫政緩而迂鮮近事實教

不以漸則或戾民欲其不迂而政易成有漸而民不戾者其術何云儒者之於禮樂不徒誦其文必能通其用不獨學於古必可施於今願悉陳之無讓

問進士策三首

問六經者先王之治具而後世之取法也書載上古春秋紀事詩以微言感刺易道隱而深矣其切於世者禮與樂也自秦之焚書六經盡矣至漢而出者皆其殘脫顛倒或傳之老師昏耄之説或取之冢墓屋

壁之間是以學者不明異說紛起況乎周禮其出最後然其爲書備矣其天地萬物之統制禮作樂建國君民養生事死禁非道善所以爲治之法皆有條理三代之政美矣而周之治迹所以比二代而尤詳見於後世者周禮著之故也然漢武以爲瀆亂不驗之書何休亦云六國陰謀之說何也然今考之實有可疑者夫内設公卿大夫士下至府史胥徒以相副貳外分九服建五等差尊卑以相統理此周禮之大略

也而六官之屬略見於經者五萬餘人而里閭縣鄙之長軍師卒伍之徒不與焉王畿千里之地爲田幾井容民幾家王官王族之國邑幾數民之貢賦幾何而又容五萬人者於其間其人耕而賦乎如其不耕而賦則何以給之夫爲治者故若是之煩乎此其一可疑者也秦既誹古盡去古制自漢以後帝王稱號官府制度皆襲秦故以至於今雖有因有革然大抵皆秦制也未甞有意於周禮者豈其體大而難行乎

其果不可行乎夫立法垂制將以遺後也使難行而萬世莫能行與不可行等爾然則反秦制之不若也脫有行者亦莫能興或因以取亂王莽後周是也則其不可用決矣此又可疑也然其祭祀衣服車旗似有可采者豈所謂郁郁之文乎三代之治其要如何周禮之經其失安在宜於今者其理安從其悉陳無隱

問古者爲治有繁簡其施於民也有淺深各適其宜而已三代之盛時地方萬里而

王所自治者千里而已其餘以建諸侯至於禮樂刑政須其大法而使守之則其大體蓋簡如此諸侯大小國蓋數千必各立都邑建宗廟鄉士大夫朝聘祭祀訓農練卒（一作訓練武士）居民度士自一夫以上皆有法制則其於衆務何其繁也今自京師至於海隅徼障一尉卒之職必命於朝政之大小皆自朝出州縣（一作郡）之吏奉行而已是舉天下皆所自治其於大體則爲繁（一有且勞二字）矣其州縣大小邑閭田井訓農練卒一夫

以上略無制度其於衆務何其怱而簡也夫禮以治民而樂以和之德義仁恩長養涵澤此三代之所以深於民者也政以一作均民刑以防之一作姦此其淺者爾一有蓋不可專用也六字今自宰相至于州縣一有之字一作至內外凡百有司莫不行文書治吏事其急在於督賦斂斷獄訟而已此特淺者爾禮樂仁義吏不知所以爲而欲望民之被其教其可得乎一有況民之泯泯乎此專務其淺而忘其所以教民之深之弊也久矣二十五字

夫治大以簡則力有餘治小以繁則事不

遺制民以淺則防其僻漸民以深則化可成此三代之所以治也今一切悖古簡其當繁而繁其可簡（一作大者煩而勞細者簡而忽）務其淺而忽其深故爲國百年而仁政未成生民未厚者以此也然若欲使國體大小適繁簡之宜法政弛張盡淺深之術諸侯井田不可卒復施於今者何宜禮樂刑政（一作仁義）不可卒成用於今者何便悖古之失其原何自修復之方其術何始迹治亂通古今子大夫之職也其悉心以陳焉

問禮樂之書散亡而雜出於諸儒之記獨中庸出於子思子思聖人之後也其所傳宜得其眞而其說有異（一作矣）乎聖人者何也論語云吾十有五而志于學三十而立四十而不惑五十而知天命蓋孔子自年十五而學學十五年而後有立其道又須十年而一進孔子之聖必學而後至久而後成而中庸曰自誠明謂之性自明誠謂之教自誠明生而知之也自明誠學而知之也若孔子者可謂學而知之者孔子必

須學則中庸所謂自誠而明不學而知之者誰可以當之歟堯用四凶其初非不思也蓋思之不能無失耳故曰惟帝其難之舜之於事必問於人而擇焉故曰舜好問禹之於事己所不決人有告之言則拜而從之故曰禹拜昌言湯之有過後知而（三字一作人告）必改故曰改過不悋孔子亦嘗有過故曰幸苟有過人必知之而中庸曰誠者不勉而中不思而得夫堯之思慮常有失舜禹常待人之助湯與孔子常有過此五

君子者皆上古聖人之明者其勉而思之猶有不及則中庸之所謂不勉而中不思而得者誰可以當之歟此五君子者不足當之則自有天地已來無其人矣豈所謂虛言高論而無益者歟夫孔子必學而後至堯之思慮或失舜禹必資於人湯孔不能無過此皆勉人力行不怠有益之言也若中庸之誠明不可及則怠人而中止無用之空言也故予疑其傳之謬也吾子以爲如何

南省試進士策問三首

問昔者禹治洪水奠山川而堯稱之曰萬世之功也蓋遭大水莫如堯致力以捍（四字一作能弭）大患莫如禹別四海九州山川地形盡水之性知其利害而治之有法莫（一作未有）如禹貢之爲書（一作詳）也故後世之言知水者必本於禹求所以治之之法與其跡者必於禹貢然則學者所宜盡心也國家天下廣矣其爲水害者特一河耳非有堯之大患也自橫壠商胡再決三十餘年天下

無一人能興水利者豈有其人而弗求歟
求而弗至歟抑不知水性而乖其導洩之
方由禹貢之學久廢而然歟此當今之務
學者之所留意也且堯之九州孰高孰下
禹所治水孰後孰先考其治之之跡導其
大水所從來而順其歸其小水則或附而
行或止而有所畜然後百川皆得其宜夫
致力於其大而小者從之此豈非其法歟
然所導大水其名有幾夫欲治水而不知
地形高下所治後先致力之多少及其名

與數則何以知水之利害故願有所聞焉
夫禹所以通治水之法如此者必又得其
要願悉陳之無隱
問三王之治損益不同而制度文章惟周
爲大備周禮之制設六官以治萬民而百
事理夫公卿之任重矣若乃祭祀天地日
月宗廟社稷四郊明堂之類天子大臣所
躬親者一歲之間有幾又有巡狩朝會師
田射耕燕饗凡大事之舉一歲之間又有
幾而爲其民者亦有畋獵學校射鄉飲酒

凡大聚（聚字一作事期）會一歲之間有幾文有州黨族官歲時月朔春秋酺禜（一作蜡祭）詢事讀法一歲之間又有幾其齋戒供給期召奔走廢日幾何由是而言疑其官不得安其府民不得安其居亦何暇修政事治生業乎何其煩之若是也然說者謂周用此以致太平豈朝廷禮樂文物萬民富庶豈弟必如是之勤且詳然後可以致之歟後世苟簡不能備舉故其未能及於三代之盛歟然爲治者果若是之勞乎用之於今果

安焉而不倦乎抑其設施有法而弟弗深
考之歟諸君子爲言之
問六十四卦所謂易者聖人之書也今謂
之繫辭昔謂之大傳者亦皆曰聖人之作
也其言曰兩儀生四象四象生八卦又曰
河出圖聖人則之又曰庖犧氏之王天下
也仰觀于天俯察于地觀鳥獸之文近取
一有諸字下同身遠取物始作八卦又曰昔者聖
人之作易也幽贊於神明而生蓍參天兩
地而倚數觀變於陰陽而立卦一書而四

說則八卦者果何從而有乎若曰河圖之說信然乎則是天生神馬負八卦出于水中乃天地自然之文爾何假庖犧始自作之也如幽贊生蓍之說又似八卦直因蓍數而生爾至於兩儀四象相生而成則又無待於三說而有卦也故一說苟勝則三說可以廢也然孰從而爲是乎卜筮不必窮其始於古遠茫昧之前然繫辭聖自堯舜三代以來用之蓋古聖人之法也人之作也必有深旨曰幸决其疑

問進士策四首

問孟子以謂井田不均則穀祿不平經界既正而分田制祿可坐而定也故曰仁政必自經界始蓋三代井田之法也自周衰迄今田制廢而不復者千有餘歲凡爲天下國家者其善治之迹雖不同而其文章制度禮樂刑政未嘗不法三代而於井田之制獨廢而不取豈其不可用乎豈憚其難而不爲乎然亦不害其爲治也仁政果始於經界乎不可用與難爲者果萬世之

通法乎王莽嘗依古制更名民字一有田矣而天下之人愁苦怨叛卒共起而亡之莽之惡加于人者雖非一而更田之制當時民特爲不便也嗚呼孟子之所先者後世皆不用而治用之而民特愁苦怨叛以爲不便則孟子謂之仁政可乎記曰異世殊時不相沿襲書又曰事不師古匪說攸聞書傳之言其戾如此而於一作孰從乎孟子世之所師也豈其泥於古而不通於後世乎豈其所謂迂闊者乎不然將有說也自三

代之後有天下莫盛漢唐漢唐之治視三代何如其民田之制稅賦之一有法穀四字之差又何如其可施於今者又何如皆願聞其詳也

問子不語怪著之前說以其無益於事而有惑於人也然書載鳳凰之來舜詩録乙鳥之生商易稱河洛出圖書禮著龜龍游宮沼春秋明是非而正王道六鷁鸜鵒於人事而何干二南本功德於后妃麟暨騶虞豈婦人而來應昔孔子見作俑者歎其

不仁以謂開端於用殉也況六經萬世之法而容異說自啓其源自秦漢已來諸儒所述荒虛怪誕無所不有推其所自抑有漸乎夫無焉而書之聖人不爲也雖實有焉書之無益而有害不書可也然書之亦有意乎抑非聖人之所書乎予皆不能諭也惟博辯明識者詳之

問爲政者徇名乎襲迹乎三代之名正名也其迹治迹也所謂名者萬世之法也迹者萬世之制也正名立制言順事成然後

因名迹以考實而其文章事物粲然無不備矣可謂盛哉董仲舒以謂三代質文有改制之名而無變道之實者是也自秦肆其虐滅棄古典然後三代之名與迹皆變易而喪其實豈所謂變其道者邪然自秦迄今千有餘歲或治或亂其廢興長短之勢各由其人爲之而已其襲秦之名不可改也三代之迹不可復也豈其理之自然歟豈三代之制止於三代而不可施於後世歟王莽求其迹而復井田宇文求其名

而復六官二者固昏亂敗亡之國也然則孔子言爲政必也正名孟子言爲政必始經界豈虛言哉然自秦以來治世之主幾乎三代者唐太宗而已其名迹固未甞復三代之一二而其治則幾乎三王豈所謂名迹者非此之謂歟豈遺名與迹而直考其實歟豈孔孟之所謂者有旨而學者弗深考之歟其酌古今之宜與其異同者以

對

問古之取士者上下交相待以成其美今

之取士者上下交相害欲濟於事可乎古之士教養有素而進取有漸上之禮其下者厚故下之自守者重上非厚禮不能以得士士非自重不能以見禮於上故有國者設爵禄車服禮樂于朝以待其下爲士者修仁義忠信孝悌於家以待其上設于朝者知下之能副其待則愈厚居下者知上之不薄于已故愈重此豈不交相成其美歟後世之士則反是上之待其下也以謂下利而進爾雖有爵禄之設而曰爲之

防以華進之濫者下之視其上也以謂雖自重上孰我知不自進則不能以達由是上之待其下也益薄下之自守者益不重而輕嗚呼居上者欲得其人在下者欲行其道其可得邪原夫三代取士之制如何漢魏迨今其變制又如何宜歷道其詳也制失其本致其反古一有復自何時欲就今制稍復於古十二字當自何始今之士皆學古通經稍知自重矣而上之所以禮之者未加厚也噫由上之厚然後致下之自重歟必下之自重

然後上禮之厚歟二者兩不爲之先其埶亦奚由而合也宜具陳其本末與其可施於今者以對

居士集卷第四十八

熙寧五年秋七月男發等編定

紹熙二年三月郡人孫謙益校正

問進士策第二首 諸侯大小國蓋數千必各立都邑建宗廟一作諸侯之國小大數千皆建■邑立宗廟

問進士策第一首 書傳之言言一作說

井田一作井地聞其詳也一作闡其說

第四首 上孰我知一作上或不我知

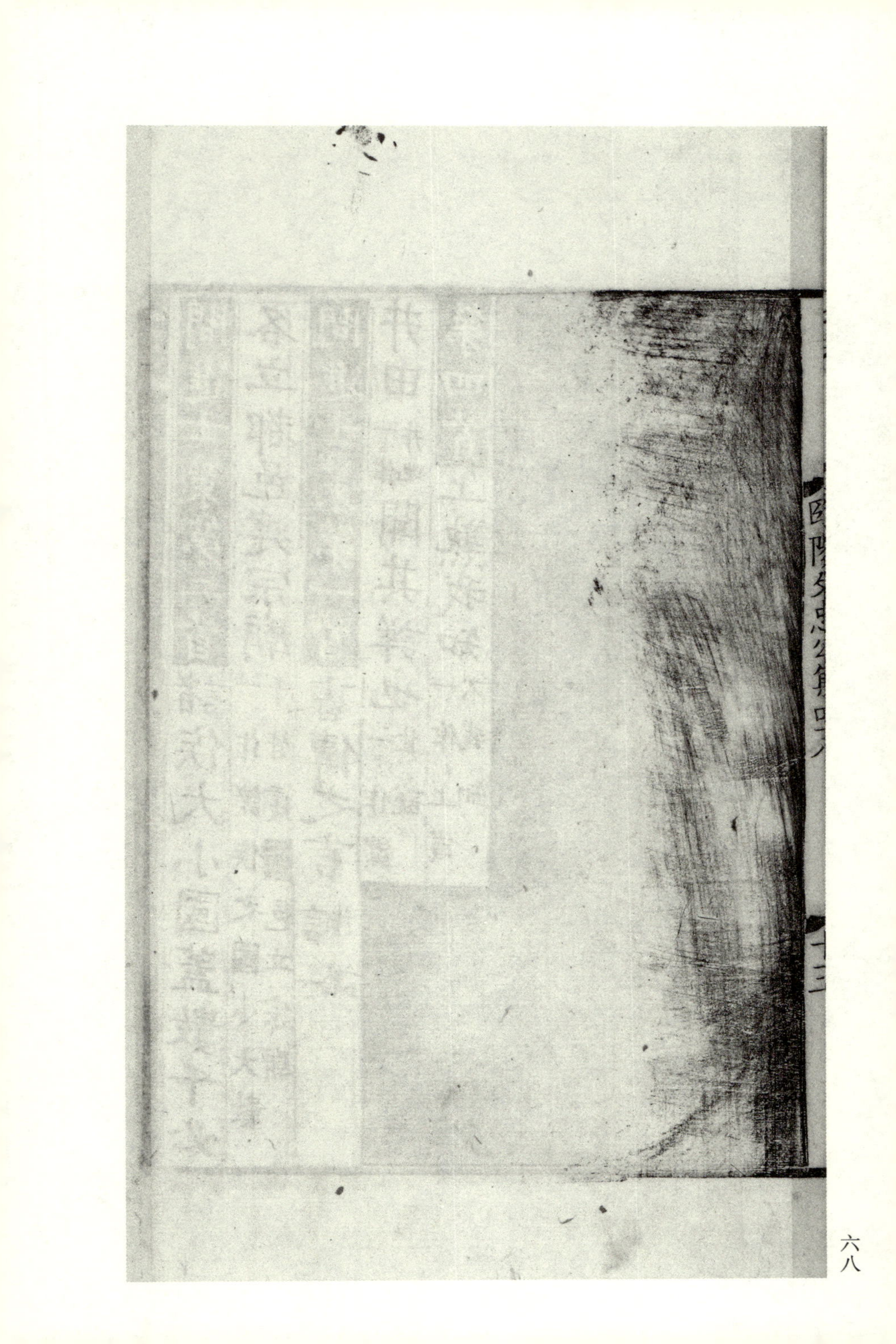

居士集卷第四十九　歐陽文忠公集四十九

祭文二十首

求雨祭一作五龍祈雨文

年月日乾德縣令歐陽脩謹以清酌庶羞之奠祭于五龍之神曰百里之地一時而不雨則民被其災者數千家然則水旱一有之字重事也一無此字天之庇生斯民者豈欲輕爲之乎不幸而遭焉則歸其說於二者一曰吏之貪戾不能平民而使怨吁之氣干於陰陽之和而然也一曰凡山川能出雲

爲雨者皆有神以主之以節豐凶而爲民之司命也故水旱之災不以責吏則以告神嗚呼民不幸而罹其災脩一作吏與神又不幸而當其事者以吏食其禄而神享其祀也今歲旱矣令一作吏雖愚尚知恐懼而奔走神至靈也得不動於心乎尚饗

求雨祭漢景帝文

維年月日具官脩告于漢孝景帝之神縣有州帖祈雨諸祠縣令至愚以謂雨澤頗時民不至於不足不敢以煩神之視聽癸

丑出于近郊見民稼之苗者荒在草間問
之曰待雨而后耘耔又行見老父曰此月
無雨歲將不成然後乃知前所謂雨澤頗
時者徒見於城郭之近而縣境數百里山
陂田畝之間蓋未及也脩以有罪爲令於
此宜勤民事神以塞其責令旣治民獄訟
之不明又不求民之所急至去縣十餘里
外凡民之事皆不能知頑然慢於事神此
脩爲罪又甚於所以來爲令之罪惟神爲
漢明帝生能惠澤其民布義行剛威靈之

名照臨後世而尤信於此土之人神其降
休以答此土之民之信尚饗

祭桓侯文

謹以彘肩卮酒之奠告于桓侯張將軍之
靈農之爲事亦勞矣盡筋力勤歲時數年
之耕不遇一歲之稔稔則租賦科斂之不
暇有餘而食其得幾何不幸則水旱相枕
爲饑殍夫豐歲常少而凶歲常多今夏麥
已登粟與稻之早者民皆食之矣秋又大
熟則庶幾可以支一二歲之凶荒歲功將

成曷忍敗之今晚田秋稼將實而少雨雨之降者頻在近郊山田僻遠欲雨一作高阜之方皆未及也惟神降休宜均其惠而終成歲功神生以忠勇事人威名震於荆楚没食其土民之所宜告也尚饗

北嶽廟賽雨祭文

古者諸侯之國水旱豐凶山川所禱各即其封祀薄秩卑止於一國而神所降休亦不過其國中豈如巨岳四方之鎮天下之雄天子命祀公王之崇而脩之職既非一

邦之守凡河北千里上給下足皆責于厥躬故脩之禱非鎮一州而止自河以北冀厥惠之咸蒙況神之主又非河北而已利澤之廣宜及於無窮既獲賜矣而又敢黷幸神聽之惟聰尚饗

修城祈晴祭五龍文滁州

雨澤於物博哉其利及其過差患亦不細民勞於農將熟而敗吏勤於職一作干城已成而圮一作壞龍於吏民何怒何戾山湫有祠樂可潛戲宜安爾居一作藏靜以養智冬雪

春雨其多已太浸潤收畜足支一歲旱則

來告（一作救）否當且待（一作有待）

又祭城隍神文（滁州）

雨之害物多矣而（一作惟）城者神之所職不敢及他請言城役用民之力六萬九千工食民之米一千三百石衆力方作雨則止之城功既（一作已）成雨又壞之敢問雨者於神誰尸吏能知人（一作成城）不能知（一作爲字）雨惟神有靈可與雨（一作以與）語吏竭其力神祐以靈各供其（一作厥）職無媿斯民

祈晴祭城隍神文

眛者王倫爲盜攻刼城市州民被虐餘毒未瘳非待脩言乃神所見近蒙朝旨許理城隍所以戒往弊防未然惟神愛福此州必有陰助令興役有期而大雪不止沮民害事咎必有歸惟脩不能事神治民當有明罰而城之成否自繫神民惟神之靈敢以誠告數日之内豁然陽開尚不失時在神而已尚饗

又祭漢高祖一作城隍廟文滁州

民常患不勤於農農勤矣而雨敗其稼吏常患不修其職職修矣而雨害其功吏與民（一作民怠）慢則懼神罰妨民沮吏豈又神聰今麥雖已失猶有望於穀城尚可補敢不勞厥躬咎難追於已往神幸惠於其終

祈雨祭漢高皇帝文（滁州）

維年月日具官歐陽脩謹以清酌庶羞之奠致祭于漢高皇帝之靈（一作神）而言曰吏有常職來官于滁（一作此）者不三四歲而易也神食于此無窮已也神與吏於滁人孰

親且乆（一有也字）孰宜愛其（一作滁）人之深也滁人敢慢其吏而犯吏法者有矣未聞有敢慢神而犯威靈也其畏信勤事於吏孰若畏信勤事於神也吏於凡小事猶皆（一無此字）動有法令約束違則有罰孰若神之變化不測而能與民轉災爲福也吏朝夕拜禱彌旬越月而無所感動神之召呼風雲開闔陰陽而役使鬼物頃刻之間（一有爾孰難而孰易六字）也今民田待雨急矣吏知人力不能爲猶竭其力而不得已況神之易爲也況滁人

民一作畏信勤事之久而親神宜愛之一作神宜愛之深也而又有可以轉災爲福變化不測之能也吏誰敢與神較而一無此二十三字脩輒一作敢以此爲黷者蓋哀民之急辭也其政一作其政之不善而召災旱又以爲黷神宜降殃於一作于脩而賜民以雨使賞罰並行而兩得也民之幸也脩之願一作幸也尚饗

漢高祖廟賽雨文

謹以清酌庶羞之奠致祭于漢高皇帝之神古之爲政者率人甚勤備災甚謹而自

勉甚篤故勸農節用均豐補敗雖有水旱之歲而無饑殍之民一遇天災則厚自貶責務修人事之闕而復陰陽之和今乃不然當無事之時不能勸民於農而亡備災之具一月不雨使民惶惶又不自責以修其闕而動輒干神賴神聰明知厥過之在吏閔斯民之可哀賜之豐年徧及遠邇神之大惠如何可報吏之大過如何可逃惟與民永永事神無敢懈尚饗

祈雨祭張龍公文　潁州

維年月日具官脩謹以清酌庶羞之奠致祭于張龍公之神曰刺史不能爲政而使民失所其咎安歸而又頑傲愚冥無誠慤忠信之心可以動於物者是皆無以進說於神雖其有請宜不無一作聽也然而明天子閔閔憂勞於上而生民嗷嗷困苦于下公私並乏之道路流亡於此之時以一日之雨救一方之旱用力至少其功至多此非人力之所能爲而神之所甚易也苟以此說神其有不動於心者乎幸無以刺史不

堪而止也刺史有職守不獲躬走祠下謹遣管界巡檢田甫布茲懇迫尚饗

祭薛尚書一作公肅簡文

維年月日具官歐陽脩謹以清酌庶羞之奠恭祭于故資政殿學士贈兵部尚書薛公之靈景祐之元公初解政雖告于家而疾未病若脩之鄙敢辱公知公於此時欲以女歸公德方隆謂當再起齊大之婚敢辭以禮天不憖遺公薨忽然其後二一作三年卒追前言生死一作死生之間以成公志掛

刎于墓古人之義公敏於材剛毅自勵不顧不隨以直而遂命也在天位則難期惟其行已敢言是自一作師有罪之身竄逐因拘生不及門葬不送車致誠薄奠因道終初尚饗

祭謝希深一作舍人文

維年月日具官脩將以明日祗役于滑謹用清酌庶羞之奠致祭于故副閣舍人謝公之靈嗚呼謝公一作公乎性明於誠履蹈其方其於死生固已自達而天下之士所以

嘆息而不已者惜時之良況於吾徒師友之分情親義篤其何可忘景祐之初脩走于峽而公在江東寓書眞州哀其親老一作甚眊而勉以自彊其後二年再遷漢上風波霧毒凡萬二千里而會公南陽初來謁公迎我而笑與我別久憐其皃若故而氣揚清風之館覽秀之涼坐竹林之脩蔭泛水芰之清香及告還一作歸邑得官靈昌走書來報喜詠于章罷縣無歸來客公邦歡言未幾遽問于牀不見五日而入哭其堂嗚

呼謝公年不得中壽而位止于郎惟其歿也哭者爲之哀不識者爲之相弔或賻其家或力其喪嗟夫爲善之効得此而已庸何傷富貴偶也壽夭數也奚一作何較其少多而短長若公之有言著于文行著于事材著于用既久而愈彰此吾徒可以無大恨而君子謂公爲不亡滑人來迎脩馬當北而不即去者以公而彷徨始脩將行期公餞我今其去也來奠公觴茲言悲矣公其聞乎抑不聞也徒有淚而浪浪尚饗

祭薛質夫文　大理寺丞薛直孺

嗟吾質夫行豐而腴乃享甚癯莖華雖敷不菂而枯善惡賢愚非有契符報或一差咎誰歸辜孔智通天曰命矣夫在聖猶疑況於吾徒嗟吾質夫母不勝纕慕無孺孤奠觴爲訣已矣嗚呼尚饗

祭叔父文

維年月日具官姪脩謹以清酌庶羞之奠致祭于十四叔都官之靈曰昔官夷陵有罪之罰令位於朝而參諫列榮辱雖異實

皆羈紲使脩哭不及喪而葬不臨穴孩童孤艱哺養提挈昊天之報於義何闕惟其報者庶幾大節尚饗

祭尹子漸文 太常博士知懷州尹源

年月日具官歐陽脩謹遣人自鎮陽至懷州以清酌庶羞之奠致祭于亡友尹君子漸十一兄博士之靈嗚呼夭於一作生萬物與吾人孰愛憎而薄厚其生未始以一齊其死宜其有夭壽苟百年者亦死則短長之何較惟善人之可喜謂宜在世而常存曰

仁者壽兮是亦愛之者之說謂善必福兮
得非以已而推天禍福吉凶一作壽夭至其難
通雖聖人亦曰命而罕言兮豈其至此而
辭窮壽夭置之吾不能問嗟乎子漸吾獨
有恨我不見子於今幾時自子得懷始有
見期子不能來我欲亟往子今安歸我往
何誰一作訪昔我在朝諫官侍從職當薦賢
知子不貢朋黨之誣苟避讒諷兩相知而
以心謂尺書之不用遂聲音之永隔哭不
聞而徒慟嗟此奠之一觴冀歆言之可共

徃莫及兮難追哀以辭而永送尚饗

祭尹師魯文

維年月日具官歐陽脩謹以清酌庶羞之奠祭于亡友師魯十二兄之靈曰嗟乎師魯辯足以窮萬物而不能當一獄吏志可以狹四海而無所措其一身窮山之崖野水之濱猿猱之窟麋鹿之羣猶不容於其間兮遂即萬鬼而爲鄰嗟乎師魯世之惡子之多未必若愛子者之衆何其窮而至此兮得非命在乎天而不在乎人方其奔

顛斥逐困厄艱屯舉世皆寃而語言未嘗
以自及以窮至死而妻子不見其悲忻用
捨進退屈伸（一作出處）語默夫何能然乃學之
力至其握手爲訣隱几待終顔色不變笑
言從容死生之間既已能通於性命憂悲
之至宜其不累於心胷自子云逝善人宜
哀子能自達子又何悲惟其師友之益平
生之舊情之難忘言不可究嗟乎師魯自
古有死皆歸無物惟聖與賢雖埋不没尤
於文章焯若星日子之所爲後世師法雖

嗣子尚幼未足以付子而世人藏之庶可

無於墜失子於衆人最愛子文寓辭千里

侑此一鐏冀以慰子聞乎不聞尚饗

祭蘇子美文

維年月日具官歐陽脩謹以清酌庶羞之

奠致祭于亡友湖州長史蘇君子美之靈

曰哀哀子美命止斯邪小人之幸君子之

嗟子之心胷蟠屈龍蚍風雲變化雨雹交

加忽然揮斧霹靂轟車人有遭之心驚膽

落震仆如麻須臾霽止而回一作四顧百里

山川草木開發萌芽子於文章雄豪放肆有如此者吁可怪邪嗟乎世人知此而已貪惋其外不窺其内欲知子心窮達之際金石雖堅尚可破壞（一作碎）子於窮達始終仁義惟人不知乃窮至此蘊而不見遂（一作遽）以没地獨留文章照耀後世嗟世之愚掩抑毀傷譬如磨鑑不滅愈光一世之短萬世之長其間得失不待較量哀哀子美來舉子觴尚饗

祭鄭宣徽文

謹以清酌庶羞之奠致祭于宣徽太尉鄭
公之靈曰脩脩曩在場屋公爲先進旣登館
閣遂獲並遊平生笑言俯仰今昔至於勤
勞中外啓沃謀猷紀德揚功已著朝廷之
論臨風隕涕但伸朋舊之私永訣之情一
觴而已尚饗

皇考焚黃祭文

男脩謹以清酌庶羞之奠告于皇考郎中
之靈脩不肖不能紹禀先訓尚賴餘德遺
休不隕其世得階仕進荷國寵靈欲報之

恩不知其所幸天子以孝治天下凡列位

于朝者皆有追榮之典俾其知所以有此

爵禄者皆有自來而退得伸其私志故自

上三見于郊一開明堂以大享其所推恩

自太子中允尚書工部兵部員外郎兵部

郎中告于弟者四今謹以告惟是褒榮之

意則具載于訓辭尚饗

居士集卷第四十九

熈寧五年秋七月男發等編定

紹熈二年三月郡人孫謙益校正

祈雨祭漢高皇帝文

不三四歲而易一作不過三四歲無所感動一作雨不可得【續添】威靈也一作威靈者也

祭謝希深文

景祐之初初一作間

祭尹子漸文

年者一作年之常存一作長存莫及一作莫返

歐陽文忠公集

居士集卷第五十　歐陽文忠公集五十

祭文十七首

祭程相公文

維至和三年歲次丙申月日具官歐陽脩謹以清酌庶羞之奠致祭于故太師相國程公之靈嗚呼公於時人氣剛難合予實後進晚而相接一笑之樂淋漓酒巵十年再見公老予衰公遽如此予存幾時人生富貴朝露之光及其零落止一作祇益悲傷惟可喜者令名不忘士窮閭巷念不逢時

公位將相韜能不施公居廟堂有言諤諤
白首于外愉愉其樂酒酣氣振猶見鋒鍔
惜也雖老神清志亨手書未復訃已在門
昔者罇酒歡笑讙今而一觴涕淚霑落
死生忽焉自古常然撫棺爲訣夫復何言
尚享

祭資政范公文

月日廬陵歐陽脩謹以清酌庶羞之奠致
祭于故資政殿學士尚書户部侍郎范文
正公之靈曰嗚呼公乎學古居今持方入

圓丘軻之艱其道則然公曰彼惡公爲好
許公曰彼善公爲樹朋公所勇爲公則躁
進公有退讓公爲近名讒人之言其何可
聽先事而弁羣譏衆排有事而思雖仇謂
材毀不吾傷譽不吾喜進退有儀一作度夷
行險止嗚呼公乎舉世之善誰非公徒讒
人豈多公志不舒善不勝惡豈其然乎成
難毀易理又然歟嗚呼公乎欲壞其棟先
摧桷榱傾巢破鷇披折傍枝害一損百人
誰不罹誰爲黨論是不仁哉嗚呼公乎易

名謚行君子之榮生也何毀沒也何稱好死惡生殆非人情豈其生有所嫉而死無所爭自公云亡謗不待辨愈久愈明由今可見始屈終伸公其無恨寫懷平生寓此薄奠

祭杜祁公文

維嘉祐二年三月日具官歐陽脩謹遣驅使官趙日宣以清酌庶羞之奠致祭于故太子太師贈司徒侍中杜公之靈曰士之進顯於榮祿者莫不欲安享於豐腴公爲

輔弼飲食起居如陋巷之士環堵之儒他人不堪公處愉愉士之退老而歸休者所以思自放於閑適公居于家心在于國思慮精深言辭感激或達旦不寐或憂形于色如在朝廷而有官責嗚呼進不知富貴之爲樂退不忘天下以爲心故行於已者老益篤而信於人者久愈深人之愛公寧有猒已壽胡不多八十而止自公之喪道路嗟咨況於愚鄙久辱公知繫官在朝心往神馳送不臨穴哭不望帷銜辭寫恨有

涕漣洏尚饗

祭吳尚書文

維嘉祐三年五月庚午朔具官歐陽脩謹遣驅使官田安之至于西京以清酌庶羞之奠致祭于故留守資政左丞贈吏部尚書吳公之靈曰嗚呼公乎余將老也閱世久也見（一作念）時之事可喜者少而可悲者多也士少勤其身以干祿仕取名聲初若可愛慕者衆也旣而得其所欲而怠與迫於利害而遷求全其節以保其終者十不

一二也其人康彊飲食平居笑言以相歡樂察其志意可謂偉然而或離或合不見幾時遂至於衰病與其俯仰旦暮之間忽焉以死者十常八九也嗚呼公乎所謂善人君子者其難得旣如彼而易失又如此也故每失一人未嘗不咨嗟殞泣至於失聲而長號也（一有惟字）公抃謀足以居大臣文學足以名後世宜在朝廷以講國論而久留于外宜享壽考以爲人望而遽云長逝（一作往）此搢紳大夫所以聚弔于家而交朋故

舊莫不走哭于位一作次豈惟老病之人獨易感而多涕也尚饗

祭梅聖俞文

維嘉祐五年歲次庚子七月丁亥朔九日乙未具官歐陽脩謹率具官呂某劉某以清酌庶羞之奠致祭于亡友聖俞之靈而言曰昔始見子伊川之上余仕方初子年亦壯讀書飲酒握手相歡談辯鋒出賢豪滿前謂言仕宦所至皆然但當行樂何有憂患子去一作出河南余貶山峽三十年間

乖離會合晚被選擢濫官朝廷薦子學舍
吟哦六經余才過分可愧非榮子雖窮厄
日有聲名余猶而剛中遭多難氣血先耗
髮鬚早變子心寬易在險如夷年實加我
其顏不衰謂子仁人自宜多壽余譬膏火
煎熬豈久事今反此理固難知況於富貴
又可必期念昔河南同時一輩零落之餘
惟子在子又去我余存兀然凡今之遊
皆莫余先紀行琢辭子宜余責送終卹孤
則有衆力惟聲與淚獨出余臆尚饗

曾祖曾祖母祖祖母焚黄祭文

維嘉祐七年歲次壬寅某月朔日曾孫具官脩謹以清酌庶羞之奠及太子少保太保延安郡榮國太夫人之告四通告于曾祖太保曾祖母太夫人之靈曰脩以不肖之質獲蒙祖考之餘休享有爵禄材薄任重繆膺奬擢踐更二府國有常典命及其先非惟優異丞弼之臣蓋所以彰積善垂慶其來有自而欲潛光閟德發耀有時俾爲臣子者退得伸孝於家而進以盡忠於

國是謂一施而兩得此朝廷所以推仁廣
恩而爲小子之幸也敢不夙夜祗畏竭其
恩慮勉其不逮俾有樹立冀不顛墜其家
聲以對揚天子之寵靈以永賴祖考之遺
德官有職位繫身于朝不得瞻望松楸親
執籩豆謹遣兄之子廬陵縣尉嗣立以告

祖祖母同詞

皇考太師祭文

嗣子具官脩謹以清酌庶羞之奠及太常
少卿給事中太子少師太師告身四通告

于皇考太師之靈曰脩獲罪于天幼罹孤
苦蒙賴積德積善之慶不殞其躬得從士
大夫之列天子哀其禄不獲養而寵及其
親曰非以爲榮俾以伸汝志亦以示國家
推仁廣惠不忘人之先也有慶賜之恩而
又有官秩之寵粤元年季秋天子恭謝天
地于大慶則有太常少卿之命四年孟冬
祫享于廟則有給事中之贈五年冬十有
一月脩忝貳樞密則有少師之錫明年閏
八月承乏東府則有太師之告而脩官職

有守不得以時躬親即事留君之命于家不恭不勉力於其親不孝罪莫大焉是以涕泣憂懼不能自安謹遣兄之子廬陵縣尉嗣立以告尚饗

皇妣太夫人祭文

嗣子具官脩謹以清酌庶羞之奠及平昌榮陽郡太君安定郡永國太夫人告身四通告于皇妣太夫人之靈曰脩有不孝之罪不得躬親省視松柏者于茲十年無歲不請于朝而訖不獲報遂以貪冒榮祿留

連歲時獨幸天子仁恩教人以孝俾得寵

及其親故自嘉祐之元殆今凡四被追封

之告亦足以少慰烏烏之心而備官東府

任責至重不得退徇其私有司所下告第

之制所以誕揚休命寵褒幽顯者不能躬

自臨事則又以汞負至慈罔極不報之恩

不勝悲慕哀愴之情謹遣兒之子嗣立以

告尚饗

祭宋侍中文

惟靈明誠敏識清方粹直由初考終不變

一德忽然云亡天子之惻冨於文章玉質
天葩施之朝廟炳耀光華自茲而絕學者
之嗟既文一作智且賢周達善問惟此不朽
有司之信輤車其行禮備哀榮奠觴爲訣
脩等之誠尚饗

英宗皇帝靈駕發引祭文

維治平四年歲次丁未八月丁未朔八日
甲寅具官臣歐陽脩伏覩 大行皇帝靈
駕發引臣以官守有職不得攀號於道左
謹擇順天門外恭陳薄奠瞻望靈輿臣脩

西望泣血頓首死罪言曰伏惟　大行皇
帝至仁至孝本堯舜之心克儉克寬躬禹
湯之聖德澤被物威靈在天今者因山爲
陵卜萬世而叶吉同軌畢至無一人之後
期而臣受恩最深報國無狀不能秉翣持
紼以供賤事而古人可慕有媿三良之殉
身罔極銜哀但同百姓之喪考尚知豺獺
之薦冀伸犬馬之誠臣無任號天擗絕哀
慕感切之至臣脩西望泣血頓首死罪謹
言

祭石曼卿文　祭一作弔

維治平四年七月日具官歐陽脩謹遣尚書都省令史李敭至于太清以清酌庶羞之奠致祭于亡友曼卿之墓下而弔之以文曰嗚呼曼卿生而爲英死而爲靈其同乎萬物生死而復歸於無物者暫聚之形不與萬物共盡而卓然其不朽者後世之名此自古聖賢莫不皆然而著在簡冊者昭如日星嗚呼曼卿吾不見子久矣猶能髣髴子之平生其軒昂磊落突兀崢嶸而

埋藏於地下者一有吾字意其不化爲朽壤而爲金玉之精不然生長松之千尺產靈芝之而一作之九莖柰何荒煙野蔓荊棘縱橫風淒露下走燐飛螢但見牧童樵叟歌唫而上下與夫驚禽駭獸悲鳴躑躅而咿嚶今固如此更千秋而萬歲兮安知其不穴藏狐貉與䶉鼯此自古聖賢亦皆然兮獨不見夫纍纍乎曠野與荒城嗚呼曼卿盛衰之理吾固知其如此而感念疇昔悲涼悽愴不覺臨風而隕涕者有媿乎太上之忘

情尚饗

祭胡太傅文

維治平四年歲次丁未十一月乙亥朔某日具官脩謹以清酌庶羞之奠致祭于故太子太傅致仕胡公之靈自昔並遊儒館當世英豪譬如花卉先後零凋惟公松栢凜凜寒標他人磨礲爭出圭角公獨渾然不見其璞廊廟之器誰能測度晚登大用蔚有嘉言予文之鄙懼不能傳三十年間既親且舊哭不及喪行不送柩寫恨臨風

有懷莫究尚饗

祭劉給事文

惟熙寧元年歲次戊申四月壬寅朔十五日丙辰具官脩謹遣通引官行首龐簡以清酌庶羞之奠致祭于亡友留臺給事原甫之靈曰嗚呼金百鍊以爲鑑而萬物不能遁其形及爲物蝕而蔽其光頽然無異乎瓦甓然而一遇良工之藥磨而瑩之則可以見肝膽而數毛髮蓋其可昏者光不可昏者性其或廢而或用由有幸與不幸

若吾原甫者敏學通於今古精識造乎幽微乃百鍊之英而萬事之鑑也一爲末疾昏之至使良醫不能措其術百藥無所施其功遂埋至寳銜恨無窮此所以士夫驚呼莫不爲朝廷而痛惜至於不知命者皆有疑於造物之工况相知於道義而久接於遊從念以身而莫贖徒有淚而沾胷尚饗

祭丁學士文

嗚呼元珍善惡之殊如火與水不能相容

其勢然爾是故鄉人皆好孔子不然惡於
不善然後爲賢子之美才懿行純德誰稱
諸朝當世有識子之憔悴遂以湮淪問孰
惡子可知其人毀善之言譬若蠅矢點彼
白玉濯之而已小人得志蹔快一時要其
得失後世方知受侮被謗無如仲尼巍然
衮冕不祀桓魋孟軻之道愈久彌光名尊
四子不數臧倉是以君子脩身而俟擾擾
姦愚經營一世追榮華之銷歇嗟泯沒其
誰記是皆生則狐鼠死爲狗彘惟一賢之

不幸歷千載而猶傷自古孰不有死至今獨弔乎沅湘彼靈均之事業初未見於南郛使不遭羅於放斥未必功顯而名彰然則彼讒人之致力乃借譽而揄揚嗚呼元珍道之通塞有命在天其如予何孔孟亦然何以慰子聊爲此言寄哀一奠有涕漣漣尚饗

祭吴大資文一作長文

維年月日具官脩謹遣某人以清酌庶羞之奠致祭于資政侍郎吴公之靈曰惟公

以孔孟之學晁董之文佐佑三朝始終一
節顧惟庸繆敢企光塵而金門玉堂早接
儁遊之末紫樞黃閤晩陪國論之餘雖出
處之略同在進退而則異余實衰病久思
返於田疇一作廬公方盛年宜復還於廊廟
豈期白首來哭素帷飲醑百分尚想平生
之意氣寫哀一奠不知涕淚之縱橫尚饗

祭蔡端明文

維年月日具官脩謹遣三班奉職指使李
馭以清酌庶羞之奠致祭于故端明殿學

士尚書吏部侍郎蔡公君謨之靈曰嗚呼
盛必有衰而生必有死物之常理也生爲
可樂而死爲可哀人之常情也而又有不
幸於其間者宜其爲恨於無窮也自公之
奮起徒步而名動京師遂登朝廷列侍從
其年壯志銳而意氣橫出材宏業茂而譽
望偉然方公之輝華顯赫之時而其親享
壽考康寧之福夫得禄及親人以爲幸也
而公以榮名顯仕爲之養綵衣而戲昔以
爲孝也而公以金章紫綬恍其顏使天下

爲子者莫不欲其親如公之親爲父母者莫不欲其子如公之爲子也其榮且樂可謂盛哉及其衰也母夫人喪猶在殯而公已卧病於苫凷之間而愛子長而賢者遽又卒於其前遂以奄然而瞑目一孤藐然以爲二喪之主嗚呼又何其不幸也此行路之人聞之皆爲之出涕況於親戚朋友乎況如脩者與公之遊最久而相知之最深者乎夫世之舉遠以爲言者不過曰四海而閩負南海齊臨東海使脩不得躬一

觴之奠寫長慟之哀此其為恨又可涯哉尚饗

青州求晴祭文 求晴一作祈晴

維年月日具官脩謹以清酌之奠致告于東嶽天齊仁聖帝而言曰夫麥之為物歷四時而後實凡所以生育長養成就之功可謂至矣以四時之功而成之以數日之雨而壞之此殆非天之意也非神之欲也農服耒耜有勞筋苦骨之勤而水旱之災螟蝗之孽豐歲常少而凶歲常多所得常

不補其所失天之至仁憫斯民之若此也故於其間時賜一大豐之歲以償之夫豐歲可謂難得也既賜與之又遽奪之此非天之意也非神之欲也今在田者垂穗而蔽野在場者其積而如坻民徬徨而視之穗者不得施其手積者不得入于廩使皆化爲羽翼而飛揚之豈不可惜也哉此非天之意也非神之欲也惟神之惠假以十日之不雨以成天之大賜使收穫得以時而民是食公是足用是則賴神之靈假之旬

浹之頃而九州數千里之地公私皆受其賜矣蓋所假者少而所利者多故敢以爲請尚饗

居士集卷第五十

熈寧五年秋七月男發等編定

紹熈二年三月郡人孫謙益挍正

祭程相公文 韜一作韞

祭吳大資文 金門一作金馬

青州求晴文 斯民之若此也 之字下一有苦字

外集目録

卷第一 西京作起天聖九年盡明道二年

樂府

擬玉臺體七首 明道元年

古詩

張推官　尹書記

揚户曹　梅主簿

張判官　王秀才

自叙

荅楊子静祈雨長句

嵩山十二首 明道元年

公路澗　拜馬澗

二室道　登太室中峯

玉女窻　玉女擣衣石

天門　天門泉

天池　三醉石

峻極寺　中峯

初秋普明寺竹林小飲餞梅聖俞分韻得亭皐木葉下　明道元年

和謝學士泛伊川浩然無歸意因詠劉長卿佳句作欲留篇之什　同前

戲書呈學士三丈

和楊子聰答聖俞月夜見寄

謝人寄雙桂樹子　明道二年

雨中獨酌二首

自西京至夷陵作起明道■年盡景祐四年
卷第二

古詩

數詩

答錢寺丞憶伊川

書懷感事寄梅聖俞 景祐元年

雜言荅聖俞見寄兼簡東京諸友

聞梅二授德興令戲書

戲贈

寄左軍巡劉判官

罷官後初還襄城弊居述懷十韻回

寄洛中舊僚

和聖俞聚蚊

送劉學士知衡州

送張屯田歸洛歌 景祐二年

述懷送張揔之

送子野

送劉十三南遊

與李獻臣宋子京春集東園得節字

晚泊岳陽

新開棊軒呈元珍表臣

代贈田文初 景祐四年

惠泉亭

過張至祕校莊

行次蕭縣

將至淮安馬上早行學謝靈運體六韻

自枝江山行至平陸驛

春日西湖寄答謝法曹歌

答謝景山遺古瓦硯歌

古瓦研

新營小齋鑿地爐

卷第三 自乾德至滁州作起寶元元年盡慶曆八年

古詩

南獠 寶元元年

寄聖俞

荅梅聖俞寺丞見寄 寶元二年

酬聖俞朔風見寄

送琴僧知白 寶元二年

聽平戎操

書宜城修木渠記後奉呈朱寺丞

谷正至始得先所寄書及詩不勝喜慰因書數韻奉酬聖俞 康定元年

答梅聖俞

病中聞梅二南歸

送智蟾上人遊天台

送徐生秀州法曹

讀山海經圖

依韻和聖俞見寄

晏太尉西園賀雪歌 慶曆元年

送吳照鄰還江南

答朱寀捕蝗 慶曆二年

答蘇子美離京見寄

立秋有感寄子美

喜雪示徐生

賦竹上甘露

和對雪憶梅花

歸鴈亭 慶曆三年

送韓子華

送李太傅知冀州

石篆 慶曆五年

題滁州醉翁亭 慶曆六年

贈學者

春寒効李長吉體

幽谷晚飲

卷第四 自知潁州至歸潁州作起皇祐元年盡熙寧五年

古詩 聯句附

桐花 皇祐元年

思二亭送謝寺丞歸滁陽

堂中畫像探題得杜子美

和徐生假山

送楊貟外

讀梅氏詩有感示徐生

和人三橋

初夏劉氏竹林小飲

眼有黑花戲書自遣

送朱生

雪 皇祐二年

雪晴

琴高魚 嘉祐二年

竹間亭

箕山

西園

白兔 至和二年

偶書

日本刀歌

會峯亭

晚步緑陰園遂登凝翠亭

聖俞惠宣州筆戲書

贈潘景温叟

學書二首

奉使道中作三首

奉使道中寄坦師

勉劉申

壽樓

試院聞奚琴作

乞藥有感呈梅聖俞 嘉祐五年

擬剥啄行寄趙少師 熙寧五年

絶句 同前

聯句

冬夕小齋聯句寄梅聖俞 康定元年

劒聯句 慶曆三年

鶴聯句 同前

卷第五 未第時及西京作天聖明道間

律詩

漢宫

送劉半千·平陽簿

樓頭

夕照

送張學士知郢州

曉詠

禁火

送趙山人歸舊山

閑居即事

傷春

公子

夜意

寄張至祕校

寄徐巽秀才

寄劉昉秀才

送客回馬上作

西征道中送陳舅秀才

送目

春曉
劉秀才宅對弈
送李寔
早夏鄭工部園池
舟中寄劉昉秀才
月夕
奉送叔父都官知永州
柳
舟中望京邑
小圃

即目

南征道寄相送者

楚澤

題金山寺

送竇秀才

旅思

仙意

聞朱祠部罷潯州歸闕

勸征

鄭駕部射圃

甘露寺
送友人南下
高樓
榴花
宿雲夢館
鸜鵒
簾
行雲
琵琶亭上作
柳

井桐

雪中寄友人

與謝三學士絳唱和八首 明道元年

和國庠勸講　和遊午橋莊

和龍門曉望　除夜偶成

陪飲上林院後亭見櫻花拔謝

昨日陪後騎同適近郊謹成七言

四韻蕪呈聖俞

和齋官對月　送學士三丈

卷第六 自西京至京師作起明道元年盡至和二年

律詩

雙桂樓明道元年

題張應之縣齋

和梅聖俞杏花

餞相中伏日池亭宴會分韻

送辛判官

叢翠亭

賀九龍廟祈雪有應

早春南征寄洛中諸友明道二年

花山寒食

寒食值雨

寄謝晏尚書二絶句

留守相公移鎮漢東

寄聖俞

柴舍人金霞閣

送王公慥判官

伊川獨遊 景祐元年

遊彭城公白蓮莊

普明院避暑

送高君先輩還家

憶龍門

贈梅聖俞

郡人獻花

龍門泛舟晚向香山

荷葉

早赴府學釋奠

和晏尚書夏日偶至郊亭

和晏尚書自嘲

題薦嚴院

寄題嵩巫亭 景祐二年

題淨慧大師禪齋
琵琶亭 景祐三年
初至虎牙灘見江山類龍門
題張損之學士蘭皋亭
霽後看雪走筆呈元珍判官
送致政朱郎中
留題安州朱氏草堂
題光化軍張氏園亭
和聖俞百花洲 寶元二年
魚

月

棖子

歸襄城弊居

和晏尚書對雪招飲 慶曆元年

歸鴈亭絕句 慶曆三年

送黄通之郞鄉

秋日與諸君馬頭山登高

送楊君歸漢上

後潭遊船見岸上看者有感 慶曆五年

春日獨居

得滕岳陽書大誇湖山之美郡署一物甚野其意有戀着之趣作詩一百四十言以寄且警激之

幽谷種花洗山

鷺鷥

贈歌者 慶曆八年

初春

送田處士

行次壽州

答呂太傅賞雙蓮 皇祐元年

酬孫延仲龍圖

常州張鄉養素堂

西湖泛舟呈運使學士張掞

去思堂會飲得春字

太傅相公入陪大祀以疾不行優詔俞允發於感遇紀以佳篇小子不揆輙亦課成拙詩一首 皇祐二年

寄子春發運待制

答許發運見寄

贈廬山僧居訥

過塞二首 至和元年

晏元獻公挽詩三首 至和二年

酬滑州公儀龍圖見寄

卷第七 自京師至歸穎作起嘉祐元年盡熙寧五年

律詩

贈王介甫 嘉祐元年

蘇才翁挽詩二首

送石揚休還蜀

和景仁試明經大義多不通有感 嘉祐二年

和公儀試進士終場有作

久病在告赴直偶成

送潤州通判屯田

和劉原父平山堂見寄 嘉祐二年

送張吉老赴浙憲

春日詞五首

走筆答原父提刑學士 慶曆五年，誤寘此

酬淨照大師說

和原父從幸後苑觀稻呈講筵諸公

送薛水部通判并州

鶴

鴈

鶻

原父致齋集禧余亦攝事後廟謹呈

拙句兼簡聖俞 嘉祐四年

祕書丞陳動之挽詞二首

奉和劉舍人初雪

暮春書事呈四舍人

荷葉

小池

釣者

霜

牛

送劉虛白二首

劉丞相挽詩二首

寄大名程資政

東齋對雪有懷

雪後玉堂夜直

官舍暇日書懷奉呈子華内翰長文

原父景仁舍人聖俞博士

酬王君玉中秋席上待月值雨

中秋不見月問客

張仲通示墨竹嗣以佳篇豈勝欽玩聊以四韻仰酬厚貺

奉寄襄陽張學士兄

奉答聖俞宿直見寄之什

和原父舍人閣下午寢歸有作

聞原父久在病告有感

試筆

齋宫感事寄原父

戲答仲儀口號

觀龍圖閣三聖御書應制 嘉祐七年

題東閣後集 熙寧二年

日長偶書

寄答王仲儀太尉 熙寧三年

解官後答韓魏公見寄 熙寧四年

題杜祁公祠堂

答端明王尚書見寄兼簡景仁文裕二侍郎二首

寄題景純藏春塢新居

會老堂 熙寧五年

叔平少師去後會老堂獨坐偶成

退居述懷寄北京韓侍中

贈潘道士

答樞密吴給事充見寄

答判班孫待制見寄

初夏西湖

寄河陽王宣徽

寄韓子華 熙寧四年

卷第八

古賦

紅鸚鵡賦 明道元年

述夢賦 明道二年

荷花賦

螟蠕賦

辭

啄木辭

哭女師 慶曆五年

頌

會聖宮頌 天聖九年

贊

魏國韓公國華真贊 治平元年

章

州名急就章 至和元年

卷第九

論辨

本論 慶曆二年

正統論七首 康定元年

原正統論　明正統論

秦論　魏論

東晉論　後魏論

梁論

正統辨二首

時論

原弊　康定元年

兵儲　慶曆四年

塞垣　同前

卷第十

經旨

石鷁論

辨左氏

三年無改問
易或問 景祐四年
詩解八篇 并序
二南爲正風解　周召分聖賢解
王國風解　十五國次解
定風雅頌解　魯頌解
商頌解　十月之交解
卷第十一
神道碑銘　墓誌銘
衛尉卿祁公神道碑銘 天聖八年

諫議大夫楊君墓誌銘景祐二年

尚書職方郎中分司南京歐陽公墓誌銘景祐元年

都官郎中王公墓誌銘明道二年

左班殿直胥君墓誌銘慶曆二年

内殿崇班薛君墓誌銘治平三年

長安縣太君盧氏墓誌銘景祐三年

卷第十二

墓誌銘　墓表　石槨銘

漳南縣君張氏墓誌銘景祐二年

太子賓客分司西京謝公墓誌銘 景祐二年

檢校司農少卿致仕張公墓誌銘 明道二年

河南府司録張君墓誌銘 明道二年

先君墓表 皇祐[illegible]年

母鄭夫人石槨銘 皇祐五年

胥夫人墓誌銘 同前

楊夫人墓誌銘 同前

卷第十三

記

河南府重修使院記 明道元年

河南府重修淨垢院記 同前

陳氏榮鄉亭記

明因大師塔記 景祐元年

叢翠亭記 明道元年

非非堂記 同前

遊大字院記 天聖九年

李秀才東園亭記 景祐元年

樊侯廟災記

東齋記 明道二年

伐樹記 天聖九年

戕竹記

養魚記

游儵亭記 景祐五年

浙川縣興化寺廊記 明道二年

湘潭縣修藥師院佛殿記 景祐三年

偃虹隄記 慶曆六年

大明水記 慶曆八年

孫氏碑陰記 皇祐三年

三琴記 嘉祐七年

卷第十四

序

仁宗御集序 治平二年

送方希則序 天聖八年

送陳經秀才序 明道元年

送楊子聰户曹序 明道二年

送廖倚歸衡山序 同前

送梅聖俞歸河陽序 明道元年

張應之字序

尹子漸字序

胡子畏字序

送陳子履赴絳州翼城序 皇祐二年

送孫屯田延仲序

張令注周易序

卷第十五

序

刪正黃庭經序

送王聖紀赴扶風主簿序 景祐三年

送太原秀才序 寶元二年

傳易圖序

月石硯屏歌序 慶曆八年

七賢畫序 皇祐五年

龍茶録後序 治平元年

傳

桑懌傳 皇祐二年

卷第十六

書

上范司諫 明道二年

與郭秀才 同前

與張秀才二首 同前

與石推官二首 景祐二年

答西京王相公 景祐元年

投時相 同前

卷第十七

書

與范希文 景祐元年

代人上王樞密求先集序 同前

代楊推官洎上呂相公 同前

與黄校書論文章

與高司諫 景祐三年

與尹師魯 同前

第二同前

第三慶曆五年

第四慶曆四年

第五慶曆五年

回丁判官景祐三年

卷第十八

書

與謝景山景祐四年

答李内翰寶元元年

答孫正之景祐二年

卷第十九

與陳之方

又 慶曆三年

答徐無黨

與田元均論財計 皇祐二年

答祖擇之

與陳貟外 康定元年

與刁景純 寶元三年

與王源叔問古碑字 寶元元年

又 寶元二年

書

答宋咸 至和三年

與集賢杜相公 慶曆四年

答李大臨 皇祐二年

答陳知明 同前

與王深甫論世譜

與王深甫論裴公碣 嘉祐八年

又 同前

與王深甫論五代張憲 皇祐[illegible]年

又 同前

與王深甫問五月一日會朝

與杜訢論祁公墓誌 嘉祐二年

又 同前

與劉原父問入閤儀

又

與蔡君謨求書集古録序 嘉祐七年

卷第二十

策問

問進士策題五首

謚議

贈太尉夏守贇謚議

齋文

順祖惠元睿明皇帝忌辰齋文

祭文

祭沙山太守祈晴文 皇祐五年

祭五龍祈雨文 寶元元年

祈晴文

祭東嶽文 熙寧四年

祭金城夫人文 皇祐五年

祭王深甫文 治平二年

卷第二十一

譜圖

歐陽氏譜圖 熙寧二年

卷第二十二

譜

硯譜

記

洛陽牡丹記 景祐元年

花品序

花釋名

風俗記

牡丹記跋尾■

卷第二十三

雜題跋

書李翶集後 天聖■年

書梅聖俞槀後 明道元年

讀李翶文 景祐三年

書春秋繁露後 景祐四年

書韋應物西澗詩後 慶曆■年

論尹師魯墓誌 皇祐元年

書沖厚居士墓銘後 ■

讀裴寂傳 皇祐■年

書梅聖俞河豚魚詩後 至和■年

書三絕句詩後 至和■年

跋晏元獻公書 至和■年

跋李西臺書二首 嘉祐三年

跋李翰林昌武書 嘉祐■年

記舊本韓文後 嘉祐■年

題薛公期畫 嘉祐八年

跋杜祁公書 同前

卷第二十四

近體賦 官題詩附

進擬御試應天以實不以文賦 并引狀 慶曆二年

監試王不琢不成器賦 天聖七年

國學試人主之尊如堂賦 同前

詔重修太學詩 同前

省試司空掌輿地圖賦 天聖八年

翠旌詩 同前

殿試藏珠於淵賦 同前

博愛無私詩 闕

賞以春夏賦

畏天者保其國賦

斲雕爲樸賦

祭先河而後海賦

大匠誨人以規矩賦

卷第二十五

論

殿試儒者可與守成論闕

三皇設言民不違論

賈誼不至公卿論

夫子罕言利命仁論

策

南省試策五首 天聖八年

國學試策三首 天聖七年

外集卷第一　歐陽文忠公集五十一

樂府

擬玉臺體七首

欲眠

行人夜已斷明河南陌頭雙璫不擬解更欲要君留

携手曲

落日堤上行獨歌携手曲却憶携手人處處春華緑

雨中歸

朝看樓上雲日暮城南兩路遠香車遲迢迢向何所

別後

連環結連帶贈君情不忘暫別莫言易一夕九回腸

夜夜曲

浮雲吐明月流影玉堦陰千里雖共照安知夜夜心

落日窻中坐

朝聞驚禽去日暮見禽歸瑤琴坐不理含

情復爲一作與誰

領邊繡

雙鸞刺繡領綦爛五文章暫近已復遠猶

持歌扇障

古詩一

七交七首

河南府張推官

堯夫大雅哲稟德實溫粹霜筠秀含潤玉

海湛無際平明坐大府官事盈案几高談

遺放紛外物不能累非惟席上珍乃是青

雲器

尹書記

師魯天下才神鋒凛豪儁逸驥卧秋櫪意在騤騤迅平居弄翰墨揮灑不停瞬談笑帝王略驅馳古今論良工正求玉片石胡爲韞

楊戶曹

子聽江山稟弱歲擅奇譽盱衡恣文辯落筆妙言語胡爲冉冉趨三十滯公府美璞思善價浮雲有夷路大雅惡速成俟命宜

希古

梅主簿

聖俞翹楚才乃是東南秀玉山高岑岑映

我覺形陋離騷喻草香詩人識鳥獸城中

爭擁阜欲學不能就平日禮文賢寧久滯

奔走

張判官

洛城車隆隆曉門爭道入連袂紛如帷文

者豈無十壯矣張太素拂羽擇其集遠慕

鄴才子一笑懽相挹雖有軒與冕攀翔莫

能及人將孰君子盍視其遊孰

王秀才

幾道顏之徒沈深務覃聖采藻薦良璧文
潤相輝映入市羊駕車談道犀爲柄時時
一文出往往紙價盛無爲戀丘樊遂滯蒲
輪聘

自敘

余本漫浪者茲亦漫爲官胡然類鴟夷託
載隨車轅時士不俛眉默默誰與言賴有
洛中俊日許相躋攀飲德醉醇酎襲馨佩

春蘭平時罷軍撽文酒聊相歡

答楊闢（一作子靜）喜（一作祈）雨長句

吾聞陰陽在天地升降上下無時窮環回不得不差失所以歲時無常豐古之爲政知君此均節收斂勸人功三年必有一年食九歲（一作年）常備三歲（一作年）凶縱令水旱或（一作忽）時遇以多補少能相通今者吏愚不善政民亦游情離於農軍國賦斂急星火兼并奉養過王公終年之耕幸一熟聚而耗者多於蠹是以比歲屢（一作累）登稔然

而民室常虛空遂令一時暫一作遭不雨輒

以困急號天翁一作公賴天閔民不責吏甘

澤一作澍流布何其濃農當勉力吏當愧敢

不酌酒澆神龍

嵩山十二首

公路澗

驅馬渡寒流斷澗橫荒堡槎危欲欹岸花

落多依草撃汰戢游鯈倒影看飛鳥留連

愛芳杜漸下四峯照

拜馬澗

昔聞王子晉把袂浮丘仙金駿於此墮吹
笙不復還玉蹄無迹久澗草但荒煙

二室道

二室對岧嶤群峯聳嶆直雲隨高下起路
轉參差碧春晚桂叢深日下山煙白芝英
已可茹悠然想泉石

自峻極中院步登太室中峯

繫馬青松陰躡屣蒼崖路鷲鳥動林花空
山答人語雲霞不可攬直入冥冥霧

王女窻

玉女不可邀蒼崖鬱岧直石乳滴空竇仰見沆寥碧徙倚難久留桂樹含春色

玉女擣衣石

玉女擣仙衣夜下青松嶺山深風露寒月杵遥相應靈蹤杳可尋片石秋光瑩

天門

石徑方盤紆雙峯忽中斷呀豁青冥間畜泄煙雲亂杉蘿試舉手自可階天漢

天門泉 舊號救命泉惡其名鄙因取美名書爲續命泉人書一字立于泉側

煙霞天門深靈泉吐巖側雲濕顥氣寒石

老林腴碧長松暫休坐一酌煩心滌

天池

高步登天池靈源湛然吐俯窺不可見淵默神龍護靜夜天（一作松）籟寒宿客疑風雨

三醉石（三醉石在八仙壇上南臨下崖峯岫迤邐蒼煙白雲鬱鬱在下物外之適相與酣酌坐石歌醉似非人間因索筆目梅聖俞書三醉字於石上而三人者又各題其姓名而刻之）

拂石登古壇曠懷聊共醉雲霞伴酣樂忽在千峯外坐久還自醒日落松聲起

峻極寺

路入石門見蒼蒼深靄間雲生一石砌潤木

老天風寒客來依返照徙倚聽山蟬

中峯

望望不可到行行何屈盤一逕林杪出千巖雲下看煙嵐半明滅落照在峯端

初秋普明寺竹林小飲餞梅聖俞分韻得亭皐木葉下五首

臨水復欹石陶然同醉醒山霞坐未斂池月來亭亭

洛城風日美秋色滿蘅皐誰同茂林下掃葉酌松醪

野水竹間清秋山酒中綠送子此酣歌淮
南應落木
勸客芙蓉盃欲搴芙蓉葉垂楊礙行舟演
漾回輕檝
山水日已佳登臨同上下裒蘭尚可採欲
贈離居者
和謝學士泛伊川浩然無歸意因
詠劉長卿佳句作欲留篇之什
久不見南山依然已秋色悠哉川上行復
邀城中客木落山半空川明潦尤積飛鳥

鑑中看行雲舟中白夷猶白蘋裏笑傲清
風側極浦追所[疑]遠回峯高易夕觴詠共留
連高懷追昔賢惟應謝公興不減向臨川

戲書拜呈學士三丈

淵明本嗜酒一錢常不持人邀輒就飲酩
酊籃輿歸歸來步三徑索寞繞東籬詠句
把黄菊望門逢白衣欣然復坐酌獨醉卧
斜暉

和楊子聰答聖俞月夜見寄

秋露藹已繁迢迢星漢回皎潔庭際月流

光依井莒有客愛凉景幽軒爲君開所思不可極但慰清風來

謝人寄雙桂樹子

有客賞芳叢移根自幽谷爲懷山中趣愛此嵓下緑曉露秋暉浮清陰藥欄曲更待繁花白邀君弄芳馥

雨中獨酌二首

老大世情薄掩關外郊原英英少年子誰肯過我門宿雲屯朝陰暑雨清北軒逍遥一罇酒此意誰與論酒味正薰烈吾心方

浩然鳴禽時一弄如與古人言

幽居草木深蒙籠蔽窻戶鳥語知天陰蛙

鳴識天雨亦復命罇酒欣兹却煩暑人情

貴自適獨樂非鍾鼓出門何所之閉門誰

我顧

庭前兩好樹

庭前兩好樹日夕欣相對風霜歲苦晚枝

葉常葱翠午眠背清陰露坐蔭高蓋東城

桃李月車馬傾闤闠而我不出門依然伴

憔悴榮華不隨時寂寞幸相慰君子固有

常小人多變態

緑竹堂獨飲

夏篁解籜陰加樛卧齋公退無喧囂清和
況復值佳月翠樹好鳥鳴咬咬芳罇有酒
美可酌胡爲欲飲先長謡人生暫別客秦
楚尚欲泣涙相攀邀況兹一訣乃永已獨
使幽夢恨蓬蒿憶予驅馬別家去去時柳
陌東風高楚鄉留滞一千里歸來落盡李
與桃殘花不共一日看東風送哭聲嗷嗷
洛池不見青春色白楊但有風蕭蕭姚黄

魏紫開次第不覺成悵俱零凋榴花最晚
今又拆紅緑點綴如裙腰年芳轉新物轉
好逝者日與生期遥予生本是少年氣瑳
磨牙角爭雄豪馬遷班固洎歆向下筆點
竄皆嘲嘈客來共坐説今古紛紛落盡玉
麈毛彎弓或擬射石虎又欲醉斬荆江蛟
自言剛氣貯心腹何爾柔軟爲脂膏吾聞
莊生善齊物平日吐論奇牙聱憂從中來
不自遣强叩瓦缶何譊譊伊人達者尚乃
爾情之所鍾況吾曹愁塡胷中若山積雖

欲強飲如沃焦乃判自古英壯氣不有此
恨如何消又聞浮屠說生死滅沒謂若夢
幻泡前有萬古後萬世其中一世獨蚼蟧
安得獨洒一掬淚欲助河水增滔滔古來
此事無可奈不如飲此罇中醪
暇日雨後綠竹堂獨居兼簡府中
諸僚
新晴竹林茂日夕愛此君佳禽哢翠樹若
與幽人親掃徑綠苔靜引流清派分開軒
見遠岫欹枕送歸雲桐槿漸秋意琴觴懷

友文浩然滄洲思日厭京洛塵車騎方開府梁王多上賓平時罷飛檄行樂喜從軍騎省悼亡後漳濱多病身南窻若可傲方事陶潛巾

江上彈琴

江水深無聲江雲夜不明抱琴舟上彈棲鳥林中驚遊魚爲跳躍山風助清泠境寂聽愈真絃舒心已平用兹有道器寄此無景情經緯文章合諧調一作和雎雄鳴颯颯驟風雨隆隆隱雷霆無射變凜冽黄鍾催

發生詠歌文王雅怨刺離騷經二典意澹
薄三盤語丁寧琴聲雖可狀琴意誰可聽

送白秀才西歸

白子來自西投我文與書升階揖讓席言
氣溫且舒萬轍走聲利獨趨仁義塗仁義
荒已久斤鋤費耕除吾常患力寡欣子好
古徒終當竭其力剗治爲通衢旗旄待天
子安駕五輅車盡驅天子民垂白歌其隅
子其從我游有志知何如

鞏縣初見黃河

河決三門合四水徑流萬里東輸海鞏洛
之山夾而峙河來齧山作沙觜山形迤邐
若奔避河益汹汹怒而詈舟師弭檝不以
帆頃刻奔過不及視舞波淵旋投沙渚聚
沫倏忽爲平地下窺莫測濁且深癡龍恠
魚肆憑恃我生居南不識河但見禹貢書
之記其言河狀鉅且猛驗河質書信皆是
昔者帝堯與帝舜有子朱商不堪嗣皇天
意欲開禹聖以水病堯民以潰堯愁下人
瘦若腊衆臣薦鯀帝曰試試之九載功不

効遂殛羽山懸而斃禹羞父罪哀且勤天
始以書畀於姒書曰五行水潤下禹得其
術因而治鑿山疏流浚畎澮分擘枝派有
條理萬邦入貢九州宅生人始免生鱗尾
功深德大夏以家施及三代蒙其利江海
淮濟洎漢沔豈不浩渺汪而大收波卷怒
畏威德萬古不敢肆凶厲惟茲濁流不可
律歷自秦漢尤爲害崩堅決壅勢益横斜
跳旁出惟其意制之以力不以德驅民就
溺財隨弊蓋聞河源出崑崙其山上高大

無際自高瀉下若激箭一直一曲一千里

湍雄衝急乃迸溢其勢不得不然爾前歲

河怒驚滑民浸漱洋洋溢注一作不止滑人

奔走若鋒駭河伯視之以爲戲呀呀怒口

鈌若門日啖薪石萬萬計明堂天子聖且

神悼河不仁嗟曰喟河伯素頑不可令至

誠一感惶且畏引流辟易趨故道閉口不

敢煩官吏遵塗率職直東下咫尺莫可離

其次爾來歲星行一周民牛飽芻邦羨貴

滑人居河飲河流耕河之壖浸河漬嗟河

攺凶作民福嗚呼明堂聖天子

代書寄尹十一兄楊十六王三

竝轡登北原分首昭陵道秋風吹衣落日下霜草昔日憩輩縣信馬行苦早行行過任村遂歷黃河隩登高望河流洶洶若怒鬪予生平居南但聞河浩渺停鞍暫遊目茫洋肆驚眺並河行數曲山坡亦縈繞㠑子與山口呀險乃天竈秤鈎真如鈎上下欲顛倒虎牢吏當關譏問名已告滎陽夜聞雨故人留我笑明朝已高塵轄車引

旌纛傳云送主喪窀穸詣墳兆後乘皆輜
軿輪轂相輝照辟易未及避廬兒已呵嗷
午出鄭東門下馬僕射廟中午去鄭遠記
里十餘堠抵午日已暮僕馬困米稾漸望
闤闠門崛若中天表趨門爭道入羈鞅不
及掉浪壇遊九衢風埃嘆何浩京師天下
聚奔走紛擾擾但聞街鼓喧忽忽夜復曉
追懷洛中俊已動思歸操爲別未期月音
塵一何杳因書寫行役聊以爲君導

別聖俞

車馬古城隅喧喧分曉色行人念歸塗居者徒慘惻薄宦共羇旅論交喜金石薦以朋酒懽寧知歲月適人事坐云變出處俄乘隔關山自兹始揮袂舉輕策歲暮寒雲多野曠陰風積征蹄踐嚴霜别酒臨長陌應念同時人獨爲未歸客

送劉秀才歸河内

落日古京門車馬動行色河上多悲風山陽有歸客朽篋蠹蟲篆遺文摹鳥迹言干有司知豈顧時人識山陂歲始寒霰雪密

巳積還家寧久留方言事征軺

外集卷第一

普明寺小飲　蘅一作衡

雨中獨酌　烈一作列

初見黃河　生人一作人生

（宋）歐陽修 撰

宋本歐陽文忠公集

第七册

國家圖書館出版社

第七册目録

居士集卷第三十四　歐陽文忠公集三十四

墓誌五首

尚書駕部員外郎致仕薛君墓誌銘

并序

尚書駕部員外郎致仕薛君諱長孺字元卿絳州正平人也贈太傅諱溫瑜之曾孫殿中丞贈太師諱化光之孫右班殿直贈左驍衛大將軍諱睦之子尚書户部侍郎贈司空簡肅公兄之子薛爲絳大族簡肅公爲時名臣君爲薛氏良子弟少用簡肅

公蔭補郊社齋郎將作監主簿太常寺太祝大理評事衛尉大理寺丞太子右一作左贊善大夫殿中丞國子博士尚書虞部比部駕部三員外郎歷知趙州臨城縣通判漢湖滑三州知彭州坐斷獄降監陽武縣稅會簡肅公夫人薨葬于絳州即起君知州事以辦葬歲滿通判成都府未行遂以疾致仕居于許州之郾城嘉祐六年七月丙午以卒享年六十有一君在漢州州兵數百殺其軍校燒營以爲亂君挺身徒步

自壞垣入其營中以禍福語亂卒曰叛者立左脅從者立右於是數百人者皆趨立於右獨叛者十三人亡去州遂無事明年蜀大饑令韓丞相安撫兩川獨漢人不甚殍賜詔書獎諭其在絳也曰絳吾鄉里也長老乃吾父師子弟猶吾子弟也爲立學置學官以教之爲政有惠愛絳人大悅君爲人謹默淳質平居似不能言而其臨事如此先娶李氏早亡後娶董氏封范陽縣君子男二人長曰延永興軍醴泉縣主簿

次曰通蔡州司户参軍孫男曰震孫女三人以治平三年二月乙酉葬于絳州正平縣清原源一作鄉周村原将葬其女弟之夫歐陽脩爲之銘曰

維聖有言兮仁勇而壽壽胡不多兮勇則信有爲政鄉州兮稱于長老匿車來歸兮鄉人奔走遺思在人兮刻銘不朽

國子博士薛君墓誌銘并序

君諱良孺字得之姓薛氏絳州正平人也少孤育於其叔父是爲簡肅公以公蔭爲

將作監主簿太常寺奉禮郎大理評事將作監丞大理寺丞遷太子右贊善大夫殿中丞嘗知秦州清水縣縣雜蕃夷君爲簡其政令示之必信蕃夷畏愛歲滿罷去人甚思之其後簽書通利軍判官公事與其軍守爭事坐停官久之復爲殿中丞遷國子博士監陳州清酒務嘉祐八年二月甲午以疾卒于官舍享年四十有六宋興百年薛姓五顯而簡肅公以清德直節聞故其家法嚴而子弟多賢材君爲人開爽明秀幼爲

簡肅公所愛若己一作過其子長工書作歌詩
嘗一舉進士不中以蔭補例監庫務無所
施其能一爲民政遂有聲平居喜飲酒談
笑與其親戚朋友驩然未嘗有怨惡其在
通利與其軍守所爭皆公事旣廢無懟色
至卒窮以死豁如也嗚呼可哀也已曾祖
贈太傅諱溫瑜祖贈太師諱化光父右班
殿直贈左驍衛大將軍諱睦君娶張氏
故樞密直學士逸之女封仁壽縣君先君
二歲而卒子男一人曰遜女三人長適大

理評事王正甫次適太常寺太祝王端甫次尚幼治平三年二月乙酉其孤遜舉其喪合葬于絳州正平縣清原源一作鄉周村原將葬廬陵歐陽脩曰余薛氏壻也與君遊而賢其人宜有以哀之乃爲之銘曰

維古才子兮出于名族嗟吾得之兮旣晢而淑有能不施兮不遐以趣卒困于蹇兮泰乎自足絳水深長兮山岡起伏利我後人兮安于吉卜

徂徠石先生墓誌銘并序

祖徠先生姓石氏名介字守道兗州奉符
人也祖徠魯東山而先生非隱者也其仕
嘗位於朝矣魯之人不稱其官而稱其德
以爲祖徠魯之望先生魯人之所尊故因
其所居山以配其有德之稱曰祖徠先生
者魯人之志也先生貌厚而氣完學篤而
志大雖在畎畝不忘天下之憂以謂時無
不可爲爲之無不至不在其位則行其言
吾言用功利施於天下不必出乎已吾言
不用雖獲禍咎至死而不悔其遇事發憤

作爲文章極陳古今治亂成敗以指切當世賢愚善惡是是非非無所諱忌（一作忌諱）世俗頗駭其言由是謗議喧然　而小人尤嫉惡之相與出力必（一有欲字）擠之死先生安然不惑不變曰吾道固如是吾勇過孟軻矣不幸遇疾以卒既卒而姦人有欲以奇禍中傷大臣者猶指先生以起事謂其詐死而北走契丹矣請發棺以驗賴天子仁聖察其誣得不發棺而保全其妻子先生世爲農家父諱丙始以仕進官至太

常博士先生年二十六舉進士甲科爲鄭州觀察推官南京留守推官御史臺辟主簿未至以上書論赦罷不召秩蒲遷某軍節度掌書記代其父官于蜀爲嘉州軍事判官丁内外艱去官垢面跣足躬耕徂徠之下葬其五世未葬者七十喪服除召入國子監直講是時兵討元昊久無功海内重困天子奮然思欲振起威德而進退二三大臣增置諫官御史所以求治之意甚鋭先生躍然喜曰此盛事也雅頌吾職其

可巳乎乃作慶曆聖德詩以褒貶大臣分別邪正累數百言詩出太山孫明復曰子禍始於此矣明復先生之師友也其後所謂姦人作奇禍者乃詩之所斥也先生自閑居徂徠後官于南京常以經術教授及在太學益以師道自居門人弟子從之者甚衆太學之興自先生始其所爲文章曰某集者若干卷曰某集者若干卷其斥佛老時文則有怪說中國論曰去此三者然後可以有爲其戒姦臣宦女則有唐鑑

曰吾非爲一世監也其餘喜怒哀樂必見
於文其辭博辯雄偉而憂思深遠其爲言
曰學者學爲仁義也（一有仁急於利物義果於有爲十字）惟忠
能忘其身信篤於自信者乃可以力行也
以是行於已亦以是教於人所謂堯舜禹
湯文武周公孔子孟軻楊雄韓愈氏者未
嘗一日不誦於口思與天下之士皆爲周
孔之徒以致其君爲堯舜之君民爲堯舜
之民亦未嘗一日少忘于心至其違世驚
衆人或笑之則曰吾非狂癡者也是以君

子察其行而信其言推其用心而哀其志

先生直講歲餘杜祁公薦之天子拜太子

中允今丞相韓公又薦之乃直集賢院又

歲餘始去太學通判濮州方待次于徂徠

以慶曆五年七月某日卒于家享年四十

有一友人廬陵歐陽脩哭之以詩以謂待

彼謗焰熄然後先生之道明矣先生既没

妻子凍一作寒餒不自勝今丞相韓公與河

陽富公分俸買田以活之後二十一一無此字

年其家始克葬先生于某所將葬其子師

訥與其門人姜潛杜默徐遁等來告曰謗
熖熄矣可以發先生之光矣敢請銘其曰
吾詩不云乎子道自能久也何必吾銘遁
等曰雖然魯人之欲也乃爲之銘曰
徂徠之巖巖與子之德兮魯人之所瞻汶
水之湯湯與子之道兮逾（一作愈）遠而彌長
道之難行兮孔孟（一有亦云二字）遑遑一世之屯
兮萬世之光曰吾不有命兮安在夫桓魋
與臧倉自古聖賢皆然兮噫子雖毀其何傷

故霸州文安縣主簿蘇君（一作趙郡蘇明允）

墓誌銘 并序

有蜀君子曰蘇君諱洵字明允眉州眉山人也君之行義修於家信於鄉里聞於蜀之人一無此二字久矣當至和嘉祐之間與其二子軾轍偕至京師翰林學士歐陽脩得其所著書二十二篇獻諸朝書既出而公卿士大夫爭傳之其二子舉進士皆在高等亦以文學稱於時眉山在西南數千里外一日父子隱然名動京師而蘇氏文章遂擅天下君之文博辯宏偉讀者悚然想

見其人旣見而温温似不能言及即之與居愈久而愈可愛間而出其所有愈叩而愈無窮嗚呼可謂純明篤實之君子也曾祖諱祐祖諱杲父諱庠贈尚書職方員外郎三世皆不顯職方君三子曰澹曰渙皆以文學舉進士而君少獨不喜學年巳壯猶不知書職方君縱而不問鄉閭親族皆怪之或問其故職方君笑而不荅君亦自如也年二十七始大發憤謝其素所往來少年閉戶讀書爲文辭歲餘舉進士再不

中又舉茂材異等不中退而歎曰此不足爲吾學也悉取所爲文數百篇焚之益閉户讀書絶筆不爲文辭者五六年乃大究六經百家之説以考質古今治亂成敗聖賢窮達出處之際得其粹精（一作精粹）涵畜充溢抑而不發久之慨然曰可矣由是下筆頃刻數千言其縱横上下出入馳驟必造於深微而後止蓋其禀也厚故發之遲志也慤故得之精自來京師一時後生學者皆尊其賢學其文以爲師法以其父子俱

知名故號老蘇以別之初脩爲上其書召
試紫微閣辭不至遂除試祕書省校書郎
會太常修纂建隆以來禮書乃以爲霸州
文安縣主簿使食其禄與陳州項城縣一無
此字令姚闢同修禮書爲太常因革禮一百
卷書成方奏未報而君以疾卒實治平三
年四月戊申也享年五十有八天子聞而
哀之特贈光禄寺丞勑有司具舟載其喪歸
于蜀君娶程氏大理寺丞文應之女生三
子曰景先早卒軾今爲殿中丞直史館輟

權大名府推官三女皆早卒孫曰邁曰遲有文集二十卷謚法三卷君善與人交急人患難死則卹養其孤鄉人多德之蓋晚而好易曰易之道深矣汨而不明者諸儒以附會之說亂之也去之則聖人之旨見矣作易傳未成而卒治平四年十月壬申葬于彭山之安鎮鄉可龍里君生於遠方而學又晚成常歎曰知我者惟吾父與歐陽公也然則非余誰宜銘銘曰

蘇顯唐世實欒城人以官留眉蕃蕃子孫

自其髙曾鄉里稱仁偉歟明允大發於文
亦旣有文而又有子其存不朽其嗣彌昌
嗚呼明允可謂不亡

贈太子太傅胡公墓誌

太子少師致仕贈太子太傅胡公諱宿字
武平其先豫章人也後徙常州之晉陵世
有隱德爲晉陵著姓公舉進士中天聖二
年乙科爲眞州楊子尉縣大水漂溺居民
令不能救公曰拯溺吾職也即率公私舟
活數千人歲滿調廬州合淝主簿張丞相

士遜稱其文行薦諸朝召試學士院爲
館閣校勘與修北史改集賢校理通判
宣州三遷太常博士判吏部南曹賜緋
衣銀魚一有出字知湖州爲政有惠愛築石
塘百里捍水患大興學校學者盛於東南
自湖學始公丁母夫人憂去郡州人思之
名其塘曰胡公塘學者爲公立生祠于學
中至今祠之公居喪毁瘠過禮三年不居
于内服除爲三司鹽鐵判官轉尚書祠部
員外郎判度支句院知蘇州兩浙路轉運

使召還修起居注以本官知制誥兼句當
三班院已而兼判吏部流内銓入内都知
楊懷敏坐衛士夜盜入禁中驚乗輿斥出
爲和州都監懷敏用事久勢動中外未幾
召復故職公封還辭頭不草制論曰衛士
之變蹤跡連懷敏得不窮治誅死幸矣豈
宜復在左右其命遂止久之拜公翰林侍
讀學士遷翰林學士兼史館修撰判館事
兼端明殿學士累遷尚書左司郎中兼知
通進銀臺司審刑院羣牧使提舉在京諸

司庫務醴泉宮判尚書禮部遂判都省再
知禮部貢舉奉使契丹館伴北朝人使亦
皆再而虜人嚴憚之公爲人清儉謹默内
剛外和羣居笑語讙譁獨正容色温温不
動聲氣與人言必思而後對故其涖官臨
事慎重不輒發發亦不可回止而其趣要
歸於仁厚朝議在官年七十而不致仕者
有司以時按籍舉行公以謂養廉恥厚風
俗宜有漸而欲一切以吏議從事殆非所
以優老勸功之意當少緩其事一作法使人

得自言而全其美節朝廷嘉其言是至今行之皇祐新樂成議者多異論有詔新樂用於常祀朝會而郊廟仍用舊樂公言書稱同律而今舊樂高新樂下相去一律難並（一作遂）用而新樂未施於郊廟先用之朝會非先王薦上帝配祖考之意皆不可（一作遂不行）近制禮部四歲一貢士議者患之請更爲間歲議已定公獨以爲不然曰使士子廢業而奔走無寧歲不如復用三歲之制也衆皆以公言爲非行之數年士子果

以爲不便而卒用三歲之制　仁宗久未
有皇子羣臣多以皇嗣爲言未省公以學
士當作青辭禱嗣（一作祠）于山川即建言儲
位久虛非所以居安而慮危願擇宗室之
賢者立之以慰安天下之心語甚切至公
學問該博兼通陰陽五行天人（一作文）災異
之說南京鴻慶宮災公以謂南京聖宋所
以受命建號而大火王於商丘國家乘火
德而王者也今不領於祠官而比年數災
宜修火祀事下太常歲以長吏奉祠商丘

自公始慶曆六年夏河北河東京東同時
地震而登萊尤甚公以歲推之曰明年丁
亥歲之刑德皆在北宮陰生於子而極於
亥然陰猶彊而未即伏陽猶微而未即勝
此所以震也是謂龍戰之會而其位在乾
今西北二虜中國之陰也宜爲之備不然
必有内盗起於河朔明年王則以貝州叛
公又以爲登萊視京師爲東北隅乃一作易艮
少陽之位也今二州並置金坑多聚民以
鑿山谷陽氣損泄故陰乘而動縣官入金

歲幾何小利而大害可即禁止以寧地道

皇祐五年正月會靈宫災是歲冬至祀天

南郊以三聖並配明年大旱公曰五行火

禮也去歲火而今又旱其應在禮此殆郊

丘並配之失也即建言並配非古宜用迭

配如初詔其後并州議建軍爲節鎮公以

星土考之曰昔高辛氏之二子不相能也

堯遷閼伯於商丘主火而商爲宋星遷實

沉於臺駘主水而參爲晉星國家受命始

於商丘王以火德又京師當宋之分野而

并爲晉地參商仇讎之星今欲崇晉非國之利也自宋興平僭僞并最後服　太宗削之不使列於方鎮八十年矣謂宜如舊制公在翰林十年多所補益大抵不爲苟止而妄隨故其言或用或不用或後卒如其言然天子察公之忠欲大用者久矣嘉祐六年八月拜公諫議大夫樞密副使公旣慎靜而當大（一作重）任尤顧惜大體而羣臣方建利害多更張庶事以革弊公獨默之曰變法古人（一作令）之難不務守祖宗成

法而徒紛紛無益於治也又以謂契丹與中國通好六十餘年自古未有也善待夷狄者謹爲備而已今三邊武備多弛牧馬著虛名於籍可乘而戰者百無一二又謂滄州宜分爲一路以禦虜此今急務也若其界上交侵小故乃城寨主吏之職朝廷宜守祖宗之約不宜爭小利而隳大信深戒邊臣生事以爲功在位六年其論議類皆如此　英宗即位拜（一作遷）給事中治平三年累上表乞致仕未（一作不）允久之拜

尚書吏部侍郎觀文殿學士知杭州爲政
不略細故或謂大臣不宜自勞公曰此民
事也吾不敢忽以是民尤愛之明年 今
上即位遷左丞五月公以疾告遂除太子
少師致仕命未至而公以六月十一日薨
于正寢享年七十有三一作二即以其年十
一月某日葬于某州某縣某鄉之某原一作
常州晉陵縣萬安鄉之隆亭公之曾祖諱持累贈太傅
曾祖妣歐陽氏追封晉陵郡太夫人祖諱
徽累贈太師祖妣楊氏追封華陰郡太夫

人余氏嘉興郡太夫人余氏丹陽郡太夫人龔氏武陵郡太夫人父諱寀累贈太師兼中書令妣沈氏追封東陽郡太夫人貝氏南陽郡太夫人李氏金城郡太夫人公累階光禄大夫勲上柱國開國安定爵公食邑二千八百户食實封四百户賜推誠保德翊戴功臣初娶吴氏追封蘭陵郡夫人再娶何氏封南康郡夫人子男五人長曰宗堯今爲都官員外郎次曰遵路早卒次曰宗質國子博士次曰宗炎著作佐郎

次曰宗厚秘書省正字早卒女四人皆適士族孫志脩太常寺太祝行脩守秘書省校書郎簡脩試秘書省校書郎世脩德脩安脩奕脩愼脩益脩公自（一無此字）爲進士知名于時楊文公億得其詩題于秘閣歎曰吾恨未識此人其舉進士也謝陽夏公絳薦公爲第一公名以此益彰而謝公亦以此自負少嘗善一浮圖其人將死謂公曰我有秘術能化瓦石爲黃金子其葬我我以此報子公曰爾之後事吾敢不勉秘術

非吾欲也浮圖歎曰子之志未可量也其
篤行自勵至於貴顯常如布衣時有文集
四十一（一有字）卷銘曰
允矣胡公順外剛中惟初暨終一德之恭
公之燕居其氣溫溫舉必可法思而後言
公在朝廷正色侃侃蔚有嘉話（一作謀）憂深
慮遠不迎利趨不畏勢反有或不從後必
如之久（一作多）而愈信（一作篤）孰不公思侍從
之親樞機之密名望三朝清職峻秩愷悌
之仁（一作化）宜國黃耈七十而止孰云多壽

惟善在人刻銘（一作知名）不朽

居士集卷第三十四

熙寧五年秋七月男發等編定

紹熙二年三月郡人孫謙益校正

胡公墓銘兩浙路一無路字風俗一作化于山一作

於山陰生於子當作午入金歲幾何一作歲入金幾何

十一月其日一作甲申追封一本惟曾祖妣用追封二字祖妣妣

皆削去

續添

薛長孫墓銘鄉州一作故州稱于于一作於

蘇君墓銘志也懿一作其志也懿

居士集卷第三十五　歐陽文忠公集三十五

墓誌三首　碣一首附

永州軍事判官鄭君墓誌銘

鄭君諱平字某衡州衡陽人也少倜儻有大志舉進士中天禧三年甲科爲郴州軍事推官監潭州茶場坐茶惡免官久之試祕書省校書郎知連州陽山縣爲道州軍事推官丁母憂服除調永州軍事判官監衡州茭源銀冶以疾去官慶曆三年七月某日卒于家享年五十有一以某年某月

某日葬于某所曾祖諱某永州祁陽令祖
諱某江陵府建寧縣令父諱某道州軍事
判官君娶孫氏贈尚書工部侍郎冕之女
子男六人絢總紀經維綬絢早卒總舉進
士出[illegible]亦早卒孫七人皆幼君丗仕不顯
少孤而貧母夫人某氏賢母也教其三子
以學皆有立君與其兄本弟華皆舉進士
及第君初監茶場茶實不惡上官挾他事
以罪中之君不自辯竭其貲以償解官而
去無愠色及爲陽山有善政民甚愛之其

既以疾廢概然歎曰吾少力學而不幸廢以疾吾終不用於時矣安事空言哉即取其平生所爲文藁悉焚之嗚呼君之志可哀也已自三代詩書已來立言之士多矣其始無不欲其言之傳也而散亡磨滅泯然不復見於後世者何可勝數或暫見而終沒或其言雖傳而其人不爲世所貴者有矣惟君子有諸躬而不可揜者不待自言而傳也君之不欲見於空言其可謂善慮於無窮者矣其志豈不遠哉雖然君之

志既不自見於言而宜有爲之著者銘所以彰善而著無窮也乃爲之銘曰

夫惟自信者不疑知命者不惑故能得失不累其心喜愠不見其色嗚呼鄭君學幾於此矣可謂之君子

端明殿學士蔡公墓誌銘

公諱襄字君謨興化軍仙遊人也天聖八年舉進士甲科爲漳州軍事判官西京留守推官改著作佐郎館閣校勘慶曆三年以祕書丞集賢校理知諫院兼修起居注

是時天下無事士大夫弛於久安一日元昊叛師久無功天子慨然猒兵思正百度以修太平既已排羣議進退（一作用）二三大臣又詔增置諫官四員使拾遺補闕所以遇之甚寵公以材名在選中遇事感激無所回[illegible]（一有於是二字）權倖畏斂不敢撓法干政而上得益與大臣圖議明年屢下詔書勸農桑興學校革弊修廢而天下悚然知上之求治矣於此之時言事之臣無日不進見而公之補益爲尤多四年以右正言直

史館出知福州以便親遂爲福建路轉運
使復古五塘以溉田民以爲利爲公立生
祠于塘側又奏減閩人五代時丁口稅之
半丁父憂服除判三司鹽鐵勾院復修起
居注參知政事唐公介時爲御史以直
言忤旨貶春州別駕廷臣無敢言者公獨
論其忠人皆危之而上悟意解唐公得改
英州遂復召用皇祐四年遷起居舍人知
制誥兼判流内銓御史吕景初吳中復馬
遵坐論梁丞相適罷臺職除他官公封還

辭頭不草制其後屢有除授非當者必皆封還之而上遇公益厚曰有子如此其母之賢可知命特賜冠帔以寵之至和元年遷龍圖閣直學士知開封府三年以樞密直學士知泉州徙知福州未幾復知泉州公爲政精明而世（教一作）閩人（一有士字）知其風俗至則禮其士之賢者以勸學興善而變民之故除其甚害往時閩人士（一作）多好學而專用賦以應科舉公得先生周希孟以經術傳授學者常至數百人公爲親至學舍執經講問爲諸生率延見處

士陳烈薦以師禮而陳襄鄭穆方以德行
著稱鄉里公皆折節下之閩俗重凶事其
奉浮圖會賓客以盡力豐侈爲孝否則深
自愧恨爲鄉里羞而姦民游手無賴子幸
而貪民食利錢財來者無限極往往至數
百千人至有親亡祕不舉哭必破產辦具
而後敢發喪者有力者乘其急時賤買其
田宅而貧者立券舉責終身困不能償公
曰弊有大於此邪即下令禁止至於巫覡
主病蠱毒殺人之類皆痛斷絕之然後擇

民之聰明者教以醫藥使治疾病其子弟有不率教令者條其事作五戒以教諭之久之閩人大便公既去閩人相率詣州請爲公立德政碑吏以法不許謝即退而以公善政私刻于石曰俾我民不忘公之德嘉祐五年召拜翰林學士權三司使三司開封世稱省府爲難治而易以毀譽居者不由以遷則由以敗而敗者十常四五公居之皆有能名其治京師談笑無留事尤喜破姦一有發字隱吏不能欺至商財利則

較天下盈虛出入量力以制用必使下户
而上給下曁百司因習蠹弊切磨剗剔久
之簿書纖悉紀綱條目皆可法七年季秋
大享明堂後數月　仁宗崩　英宗即位
數大賞賚及作永昭陵皆猝辦於縣官經
費外公應煩愈閒暇若有餘而人不知勞
遂拜三司使居二歲以母老求知杭州即
拜端明殿學士以往三年徙南京留守未
行丁母夫人憂明年八月某日以疾卒于
家享年五十有六蔡氏之譜自晉從事中

郎克以來世有顯聞其後中衰隱德不仕公年十八以農家子舉進士爲開封第一名動京師後官于閩典方州領使一路二（一作而）親尚皆無恙閩人瞻望咨嗟不榮公之貴而榮其父母母夫人尤有壽年九十餘飲食起居康彊如少者歲時爲壽母子鬢髮皆皤然而命服金紫煌煌如也至今閩人之爲子者必以夫人祝其親爲父母者必以公教其子也公於朋友重信義聞其喪則不御酒肉爲位以哭盡哀乃止嘗會飲

會靈東園坐客有射矢誤（一有中）傷人者客遽指爲公矢京師喧然事旣聞上（一又有上字）以問公公即再拜媿謝終不自辯退亦未甞以語人公爲文章清遒粹美有文集若干卷工於書畫頗自惜不妄爲人書故其殘章斷藁人悉珍藏而　仁宗尤愛稱之御製元舅隴西王碑文詔公書之其後命學士撰温成皇后碑文又勅公書則辭不肯書曰此待詔職也公累官至禮部侍郎旣卒翰林學士王珪等十餘人列言公賢其

亡可惜天子新即位未及識公而聞其名久也爲之惻然特贈吏部侍郎官其子旻爲祕書省正字孫傳一作傅及弟之子均皆守將作監主簿而優以賻卹以旻尚幼命守吏助給其喪事曾祖諱顯皇不仕祖諱綦贈工部員外郎父諱琇贈刑部侍郎母夫人盧氏長安郡太君夫人葛氏永嘉郡君子男三人曰匀將作監主簿曰旬大理評事皆先公卒幼子旻也女三人一適著作佐郎謝仲規二尚幼以某年某月某

日葬公於莆田縣某鄉將軍山銘曰
誰謂閩遠而多奇産産非物寶惟士之賢
嶷嶷蔡公其人傑然奮躬當朝讜言正色
出入左右彌縫補益一作闕 間歸于閩有政
在人食不畏蠱喪不憂貧疾者有醫學者
有師□誰使然孰不公思有高其墳有拱
其木凡閩之人過者必肅

集賢院學士劉公墓誌銘

公諱敞字仲原父姓劉氏世爲吉州臨江
人自其皇祖以尚書郎有聲　太宗時遂

爲名家其後多聞人至公而益顯公舉慶
曆六年進士中甲科以大理評事通判蔡
州丁外艱服除召試學士院遷太子中允
直集賢院判登聞鼓院吏部南曹尚書考
功於是夏英公既薨天子賜謚曰文正公
曰此吾職也即上疏言謚者有司之事也
且竦行不應法令百司各得守其職而陛
下侵臣官䟽凡三上天子嘉其守爲更其
謚曰文莊公曰姑可以止矣權判三司開
圻司又權度支判官同修起居注至和元

年九月召試遷右正言知制誥官者石全
彬以勞遷宮苑使領觀察使意不滿退而
慍有言居三日正除觀察使公封還辭頭
不草制其命遂止二年八月奉使契丹公
素知虜山川道里虜人道自古北口回曲
千餘里至柳河公問曰自一有古字松亭趨柳
河甚直而近不數日可至中京何不道彼
而道此蓋虜人常故迂其路欲以國地險
遠誇使者且謂莫習其山川不虞公之問
也相與驚顧羞媿即吐其實曰誠如公言

時順州山中有異獸如馬而食虎豹虜人不識以（一有爲字）問公曰此所謂駮也爲言其形狀聲音皆是虜人益歎服三年使還以親嫌求知揚州歲餘遷起居舍人徙知鄆州兼京東西路安撫使居數月召還糾察在京刑獄修玉牒知嘉祐四年貢舉稱爲得人是歲天子卜以孟冬祫既廷告丞相用故事率文武官加上天子尊號公上書言尊號非古也陛下自寶元之郊止羣臣毋得以請迨今二十年無所加天下皆知甚

盛德奈何一旦受虛名而損實美上曰我
意亦謂當如此遂不允羣臣請而禮官前
袷請祔郭皇后於廟自孝章以下四后在
別廟者請毋合食事下議議者紛然公之
議曰春秋之義不薨于寢不稱夫人而郭
氏以廢薨按景祐之詔許復其號而不許
其謚與祔謂宜如詔書又曰禮於祫未毀
廟之主皆合食而無帝后之限且祖宗以
來用之傳曰祭從先祖宜如故於是皆如
公言公既驟屈廷臣之議議者已多仄目

既而又論呂溱過輕而責重與臺諫異由是言事者亟攻之公知不容于時矣會永興闕守因自請行即拜翰林侍讀學士充永興軍路安撫使兼知永興軍府事長安多富人右族豪猾難治猶習故都時（一無此字）態公方發大姓范偉事獄未具而公召由是獄屢變連年吏不能決至其事聞制取以付御史臺乃決而卒如公所發也公爲三州皆有善政在揚州奪發運使冒占雷塘田數百頃予民民至今以爲德其治鄆

永興皆承旱歉所至必雨雪蝗輒飛去歲
用豐稔流亡來歸令行民信盜賊禁止至
路不拾遺公於學博自六經百氏古今傳
記下至天文地理卜醫數術浮圖老莊之
說無所不通其爲文章尤敏贍嘗直紫微
閣一日追封皇子公主九人公方將下直
爲之立馬却坐一揮九制數千言文辭典
雅各得其體公知制誥七年當以次遷翰
林學士者數矣久而不遷及居永興歲餘
遂以疾聞八年八月召還判三班院太常

寺公在朝廷遇事多所建明如古渭州可棄孟陽河不可開樞密使狄青宜罷以保全之之類皆其語在士大夫間者若其規切人主直言逆耳至於從容進見開導聰明賢否人物其事不聞于外廷者其補益尤多故雖不合於世而特被人主之知方嘉祐中嫉者衆而攻之急其雖危而得無害者 仁宗深察其忠也及侍 英宗講讀不專章句解詁而指事據經因以諷諫每見聽納故尤奇其材已而復得驚眩疾

告蒲百日求便郡上曰如劉某者豈易得
也復賜以告上每宴見諸學士時時問公
少間否賜以新橙五十勞其良苦疾一有
久字
少間復求外補上悵然許之出知衞州未
行徙汝州治平三年召還以疾不能朝改
集賢院學士判南京留司御史臺熈寧元
年四月八日卒于官舍享年五十嗚呼以
先帝之知公使其不病其所以用之者豈
一翰林學士而止哉方公以論事忤於時
也又有構爲謗語以怒時相者及歸自雍

丞相韓公方欲還公學士未及而公病遂止於此豈非其命也夫公累官至給事中階朝散大夫勳上輕車都尉開國彭城爵公邑戶二千一百實食者三百曾祖諱瑌贈大理評事祖諱式尚書工部員外郎贈戶部尚書考諱立之尚書主客郎中贈工一作禮部尚書公再娶論氏皆侍御史程之女前夫人先公早卒後夫人以公貴累封河南郡君子男四人長定國郊社掌座早卒次奉世大理寺丞次當時大理評

事次安上太常寺太祝女三人長適大理
評事韓宗直二尚幼公既卒天子推恩録
其兩孫望旦一族子安世皆試將作監主
簿公爲人磊落明白推誠自信不爲防慮
至其屢見侵害皆置而不較亦不介于胷
中居家不問有無喜賙宗族既卒家無餘
財與其弟放友愛尤篤有文集六十卷其
爲春秋之說曰傳曰權衡曰說例曰文權
一無三字曰意林合四十一一無此字卷又有七經
小傳五卷弟子記五卷而七經小傳今盛

行於學者二年十月辛酉其弟效與其子奉世等葬公於其所（一作葬公祥符縣以魏陵鄉祔于先墓）以來請銘乃爲之銘曰

嗚呼維仲原父學彊而博識敏而明坦其無疑一以誠見利如畏義必爭觸機履險危不傾畜大不施奪其齡惟其文章粲日星雖欲有毁知莫能維古聖賢皆後亨有如不信考斯銘

零陵縣令贈尚書都官員外郎吳君墓碣銘 并序

君諱舉字太沖姓吴氏興國軍永興人也
曾祖諱珝祖諱章父諱思適五代之際自
江以南爲南唐吴氏亦微不顯君當李煜時
以明經爲彭澤主簿　太祖皇帝召煜來
朝煜不奉詔遣曹彬討之前鋒兵破池陽
遣使招降郡縣使者至彭澤其令欲以城
降君以大義責之且曰吾能爲李氏死爾
乃共殺使者爲煜守煜已降君爲游兵執
送軍中主將責以殺使者君曰固當如是
爾主將義而釋之當是時嘗仕煜者皆隨

煜至京師得復補吏君獨棄去不顧太平
興國二年詔求李氏時故吏所在躬遣君
始至京師以爲鄆州平陰主簿歷益州成
都令陜州録事參軍襄州之宜城洋州之
眞符福州之連江楚州之鹽城耀州之同
官最後爲零陵令以祥符九年八月二十
六日道卒于揚州享年七十有六夫人伏
氏能讀書史有賢行後君十有四年以卒
享年八十有二子男二人長曰晛早卒次
曰中復今爲起居舍人以景祐三年十有

一月甲子合葬君夫人于南康軍都昌縣之長城君學春秋通三傳其臨大節知所守當五代時僭竊分裂喪君亡國不勝數士之不得守其節與不能守者世皆習而不怪君於此時獨區區志不忘李氏其義有足動人然而亦無爲君道者考君之出處自重不妄宜其世莫之知而潛德晦善顯於後世克有賢子爲時名臣君以子恩累贈尚書都官員外郎考於令品文得碣于其墓以昭令德而示子孫於是史官廬

陵歐陽脩曰此余職也乃爲之辭曰

世逢屯兮廉恥道缺中國五禮兮九州分裂朝存夕亡兮士莫守節昧者習安兮懦夫志奪偉哉吳君兮凛矣其烈世莫我知兮不妄自伐有韞必昭兮後世而發嗚呼吳君兮寓銘斯碣

居士集卷第三十五

熙寧五年秋七月男發等編定

紹熙二年三月郡人孫謙益校正

鄭君墓銘 天禧三（一作二）年

劉公墓銘 得也（也一作耶）定國（一作充國）

吳君墓碣 不勝數（一作不可勝數）然而（此下一有人字）

居士集卷第三十六　歐陽文忠公集三十六

墓誌七首 碣一首附

南陽縣君謝氏墓誌銘

慶曆四年秋予友宛陵梅聖俞來自吳興出其哭内之詩而悲曰吾妻謝氏亡矣丐我以銘而葬焉予（一有諾之二字）未暇作居一歲中書七八至未嘗不以謝氏銘爲言且曰吾妻故太子賓客諱濤之女希深之妹也希深父子爲時聞人而世顯榮謝氏生於盛族年二十以歸吾凡十七（一作八）年而卒卒

之夕斂以嫁時之衣甚矣吾貧可知也然
謝氏怡然處之（一作處之怡然）治其家有常法其
飲食器皿雖不及（一作至）豐侈而必精以旨
其衣無故新而澣濯縫紉必潔以完所至
官舍雖庳陋而庭宇灑掃必肅以嚴其平
居語言容止必怡（一作怡從容）以和吾窮於世
久矣（一有不惟信於聖人以自守九字）其出而幸與賢士大
夫遊而樂入則見吾妻之怡怡而忘其憂
使吾不以富貴貧賤累其心者抑吾妻之
助也吾甞與士大夫語謝氏多從戶屏竊

聽之間則盡能商搉其人才能賢否及時事之得失皆有條理吾官吳興或自外醉而歸必問曰今日孰與飲而樂乎聞其賢者也則悅否則歎曰君所交皆一時賢儁豈其屈巳下之耶惟以道德（一作得）焉故合者尤寡（一無此十七字）今與吳人飲而歡邪是歲南方旱仰見飛蝗而歎曰今西兵未解天下重困盜賊暴起於江淮而天旱且蝗如此我爲婦人死而得君葬我幸矣其所以能安居貧而不困者其性識明而知道理多此類

一作類此嗚呼其生也迫吾之貧而沒也又無以厚焉謂惟文字可以著其不朽且其平生尤知文章爲可貴殁而得此庶幾以慰其魂且塞予悲此吾所以請銘於子之勤也若此予忍不銘夫人享年三十七用夫恩封南陽縣君二男一女以其年七月七日卒于高郵梅氏世葬宛陵以貧不能歸也某年某月某日葬于潤州之某縣某原

銘曰

高崖一作岸斷谷兮京口之原山蒼水深兮

土厚而堅居之可樂兮卜者曰然骨肉雖歸一作土兮魂氣則升一作天何必故鄉兮然後爲安

萬壽縣君徐氏墓誌銘并序

河東都轉運使天章閣待制施君卜以慶曆五年三月某日葬其夫人萬壽縣君于蘇州吴縣三讓鄉之陸公原以來請銘夫人姓徐氏世家通州之靜海七歲喪其母哀不自勝泣曰母女所恃以生者也無母其復能生因欲投水火一無火字其父兄力止

之既長事其繼母則以孝聞年若干歸于
施氏逮事其姑紉縫烹飪必以身蚤暮寒
暑飲食必以時姑亡哀毁得疾逾年而後
能起生五男一女男曰邈舉進士某官知
開封府太康縣曰述曰造皆將作監主簿
曰逌曰遜尚幼女曰錦娘慶曆三年十一
月甲子以疾卒于河東之官舍享年四十
有三夫人之生也事其繼母及姑皆稱曰
孝及其殁也其夫之稱曰吾妻助我而賢
其子之幼者曰吾母慈我其長者之稱曰

吾母不以愛怠一作殆我而以成人畀我使我至於有立凡施氏外內婚姻宗族之稱者曰夫人遇我有禮而仁至于妾媵左右之稱者亦曰夫人於我仁而均嗚呼夫人之行至矣其勤而有法其施之各有宜可謂賢也已若夫男子見于外其善惡功過可舉而書至於婦德主內自非死節徇難非常之事則其幽閒淑女之行孰得顯然列而詩之以示後惟視其所稱與其所思則其賢可知矣施君名昌言一無此三字有以明識敏

行守正敢言達於當世其稱曰助我夫人則夫人之賢又從可知矣二十八字

曾祖諱某祖諱某父諱某以尚書都官員外郎致仕夫生而其善可稱未若沒而遺思之深也悲夫銘曰

於惟夫人東海之華始來施氏有此室家爲婦爲母勤孝勞劬有女昔祿令婉其裾子綬煌煌弟長相趨夫爵之高榮及親疎厥家已成而獨不居千里之遠歸魂東吴銘以哀之已矣嗚呼

長沙縣君胡氏墓誌銘并序

故太子中舍張君諱某之夫人曰（一無此字）長沙縣（一有太字）君（一有曰字）胡氏胡氏世爲某（一作世其郡其縣）人父諱震官至刺史夫人年二十七以歸中舍君君時爲融州司理叅軍歷潭州寧鄉縣尉鳳州兩當福州寧德二（一作兩）縣令以卒夫人之爲婦也以勤儉恭肅主張氏之祭饋而睦其內外之宗姻生子（一無此字）男二人女一人男曰大年大有皆舉進士（一無此四字）大年今爲鄭州原武縣令大有秘書丞女適邵陽縣令錢弈夫人之爲母

也以禮義慈嚴教育其子故其（一無此字）男也有立而克嗣其世女也適於人而宜人之家爲婦爲母之道無不備而成其夫之家享其子之禄以某年某月某日以疾卒享年七十有五又用其子之恩追封長沙縣（一有太字）君嗚呼（一有夫人二字）可謂榮矣中舍君先以（一無此二字）某年某月日卒葬于某州某縣某鄉夫人（一無此二字）以某年某月某日（一有奉夫人之喪）合葬于中舍君之墓銘曰

婦德之備功施也（一作于）内銘昭其幽以法

後世

長壽縣太君李氏墓誌銘

太中大夫尚書屯田郎中上柱國王公諱利之夫人曰李氏李氏世家湖南其父諱昭文官至國子博士贈工部侍郎夫人年二十二歸于王氏用夫封隆平縣君後以其子徙封長壽縣太君夫人爲李氏女事後母以孝聞及爲王氏婦（一有以事父母者五字）逮（一無此字）事其舅姑其舅姑嘗稱夫人以誡諸婦曰事我者當如此又以誡其諸女曰爲

人婦者當如此其爲母也有三男三女及其老也鼎爲職方員外郎震太子中舍復太常博士三子者皆有才行而復尤好古有文聞于當世女皆有歸孫男六人曰夷仲曰虞仲曰于仲曰南仲曰武仲曰延仲女五人一亦歸人矣餘尚幼夫人享年八十有六以慶曆七年七月十日終于京兆子復之官舍用明年二月十七日合葬于河南洛陽大樊原王公之墓夫人於王氏積行累功其德備矣不可以徧書一作夫人之德

書其舅姑之所嘗稱者以見其爲婦可謂備矣

之道書其子之賢而有立以見其爲母之方書其子孫之衆壽考之隆以見其勤于其家至于有成而終享其福之厚嗚呼於夫人無不足矣而其子若孫皆曰未也謂必有以示永久而不没一有者字庶幾以慰無窮之哀乃來請銘以葬其子之友廬陵歐陽脩爲之銘曰

家成于勤德隆以壽歸安其藏以昌厥後

廣平郡太君張氏墓誌銘并序

故右諫議大夫集賢院學士贈禮部尚書
虢略楊公之夫人曰廣平郡太君張氏其
先青州人後徙爲開封人也楊公諱大雅
以文行知名於時號有清節夫人佐公以
勤儉治其家教子弟和宗族皆有法公以
明道元年四月某日薨後二十有四年至
和二年六月某日夫人以疾卒于高郵以
嘉祐元年十二月某日葬于杭州錢塘縣
履泰鄉湖西村靈隱山祖塋之西夫人曾
祖嗣當五代之亂不顯祖平舉三禮　太

宗皇帝爲晉王署平押衙爲人剛果有智謀以此尤見親信官至三司鹽鐵使父從古莊宅副使景德中以殿直從李繼隆軍擊契丹繼隆戰敗從古入見陳繼隆所以敗之狀其言甚辯稱旨會宜州蠻叛乃以從古爲供奉官守宜州從古招降叛蠻秩蒲罷去以内殿崇班馮勵代之蠻復叛攻宜州斬勵而去告邊吏曰得張侯守宜州我則聽命即復遣從古守宜州凡七年蠻無事從知澧州而宜州人陳進反攻嶺南

驛召從古以爲巡撫副使與賊戰象州斬首萬餘級已破進留宜州以疾卒宜人爲立廟于州北韓婆嶺慶曆中蠻賊區希範攻宜桂轉運使杜杞禱兵于廟下更其名曰制勝嶺至今宜人祠之蓋楊氏自漢以來世有令譽迨公千餘歲常有顯人而張氏威烈信于一方楊氏以德張氏以功合二族之美而夫人爲淑女爲賢婦母享年六十以壽終公先娶漳南縣君張氏生子二人曰洎虞部員外郎曰濬殿中丞女三

人長適國子博士袁成師次大理寺丞李
嚴次殿中丞温嗣良夫人生子男四人曰
泳大理寺丞曰漸奉禮郎曰流太子中舍
曰渢衛尉寺丞有女一人歸于脩女之適
李氏者今封武原縣太君餘女及濬泳漸
皆先夫人而亡孫男十四人嗚呼惟德與
功與賢法皆宜銘銘曰
有邑清河遂開其邦又徙南陽皆以夫榮
後用子封京兆廣平宜其夫子有淑其聲
子孫之思考德有銘

渤海縣太君高氏墓碣

故尚書兵部員外郎知制誥知鄧州軍州事陽夏公之夫人姓高氏宣州宣城人也父諱惠連官至兵部郎中母曰廣陵縣君句氏陽夏公諱絳姓謝氏夫人有子曰景初景溫景平景回女一早卒次適上虞縣令王存次適大理寺丞李處厚次若干人未嫁寶元二年陽夏公卒于鄧州以其年八月某日葬于某所後若干年夫人隨其子某官于某州以某年某月某日卒于官

舍遂以其年某月某日合葬于公之墓夫人初以夫封文安縣君後以其子封渤海縣太君謝氏世爲名族而陽夏公尤顯聞於時初公與予俱官于洛陽而公之父太子賓客諱濤尚無恙其子景初景温方爲童兒景平始生二三女子皆幼予日至其家進拜賓客見其鬚髮垂白衣冠肅潔貌厚而氣清壽考君子也退而與陽夏公遊見其年壯志盛偉然方爲一時名臣而諸兒女子戲嬉罇席之間者皆穎發而秀好

於是時夫人以孝力事其舅爲賢婦以柔順事其夫爲賢妻以恭儉均一教育其子爲賢母後二三年賔客薨于京師又五六年陽夏公卒于鄧又十餘年景初景温景平皆以進士及第景初爲某官景温某官景平某官夫人於其舅與夫爲婦之禮備於其子立家之道成享年若干以卒嗚呼予始銘賔客又銘陽夏公今又書夫人之事于碣殆見謝氏更一世矣其爲之書也宜得其詳

北海郡君王氏墓誌銘

太常丞致仕吳君之夫人曰北海郡君王氏濰州北海人也皇考（二字一作父）諱汀舉明經不中後爲本州助教夫人年二十三歸于吳氏天聖元年六月二日以疾卒享年三十有七夫人爲人孝順儉勤自其幼時凡於女事其保傅皆曰教而不勞組紃織維其諸女皆曰巧莫可及其歸於吳氏也其母曰自吾女適人吾之内事無所助而吳氏之姑曰自吾得此婦吾之内事不失

時及其卒也太常君曰舉吾里中有賢女者莫如王氏於是娶其女弟以爲繼室而令夫人戒其家曰凡吾吳氏之内事惟吾女兄之法是守至今而不敢失夫人有賢子曰奎字長文初舉明經爲殿中丞後舉賢良方正直言極諫一有對策二字今爲翰林學士尚書兵部員外郎知制誥夫人初用子恩追封福壽一作昌縣君其後長文貴顯以夫人爲請天子曰近臣吾所寵也有請其可不從乃特追封夫人爲北海郡君長文

號泣頓首曰臣奎不幸竊享厚禄不得及其母而天子寵臣以此俾以報其親（一有雖然二字）臣奎其何以報當是時朝廷之士大夫吴氏之鄉黨鄰里皆咨嗟歎息曰吴氏有子矣嘉祐四年冬長文請告于朝將以明年正月丁酉葬夫人于鄆州之魚山（一有以書來乞銘五字）夫人生三男曰奎奄胄今夫人生一男曰參女三人孫男女九人曾孫女二人銘曰

奎顯矣奄早亡胄與參仕方強以一子榮

一鄉生雖不及歿有光孫曾多^一作已有後

愈昌

長安郡太君盧氏墓誌銘

長安郡太君盧氏尚書刑部侍郎蔡公諱琇之夫人端明殿學士尚書禮部侍郎襄之母也以治平三年十月某日卒於杭州之官舍享年九十有二嗚呼可以爲壽矣夫壽者洪範所謂五福也福者百順之名也故離之雖爲五必合而不闕其一然後爲福之備也蓋五者其一在人曰德而其

四在天必有其一於已然後能致其四而有諸已者或厚或薄故其所致亦有備有不備焉夫老而貧且病者是人之所哀非福也壽且富康而無德以將之謂之賊與不仁非福也三者具而又有德而死非其命者謂之不幸非福也故曰必不闕其一然後爲福之備者惟夫人有之夫人在父母家奉其親以孝其歸于蔡氏也其舅姑老事之如其親其歸寧於父母也能使其舅姑不見三日必涕泣而思其事長慈幼

既儉且勤夂而宗族和鄉黨化其亡也廬
自餘杭至里閭親戚哭之往往有過乎哀
者問之皆曰夫人於我有德而人人各有
述焉嗚呼可謂賢也已夫人生四子其三
皆早卒而端明君第二子也獨顯赫爲時
名臣自爲諫官知制誥翰林學士知開封
府三司使閒出知泉福二州福建路轉運
使出入清要光華寵榮以爲其親之養而
夫人享此者蓋三十有六年端明君已顯
貴天子嘉之曰有子如此其母之賢可知

於是有冠帔之錫夫人平生少疾病雖老而耳目聰明食生飲寒如壯者晚從端明君于杭州極東南富麗海陸之珍奇以爲娛樂之奉而奄然以其壽終其於五福可謂不闕一矣方夫人之盛時凡爲人子者舉觴壽其親莫不以夫人爲祝而不幸榮不及養者必仰天怨吁謂薄厚不均以不得如夫人爲恨蓋不知夫有諸己者厚故能致其福之備也夫人泉州惠安人也曾祖諱某祖諱某父諱某皆不仕其三子早

卒者曰丕不及仕曰高太康縣主簿曰奭福州司戶叅軍女二人皆適士族孫六人曾孫三十餘人嗚呼盛矣蔡氏之後其又將大興乎銘者所以昭德而示後也於是端明君之友人廬陵歐陽脩爲之銘曰維治平四年十有一月某日孤子襄祔其母夫人盧氏于先君之墓其縣仙遊其里慈孝其岡半井其固其安其千萬年之永

居士集卷第三十六

熙寧五年秋七月男發等編定

紹熙二年三月郡人孫謙益校正

謝氏墓銘

居貧一作吾貧

徐氏墓銘 千里 一作萬里

胡氏墓銘 鳳州 二字上一有又爲二字

李氏墓銘 于仲 一作平仲

居士集卷第三十七　歐陽文忠公集三十七

墓誌一十七首　宗室

皇從姪衛州防禦使遂國公墓誌銘

太宗皇帝之曾孫潞恭憲王元佐之孫鎮江軍節度使兼侍中郇國公允成之長子初除西頭供奉官歷内殿崇班禮賓崇儀副使六宅使改左屯衛大將軍封州刺史遷左金吾衛大將軍領復州團練使左衛大將軍領郢州防禦使拜衛州防禦使公好學通王氏

易喜爲詩藏書數萬卷性聰敏多能至於琴奕之藝佛老之説所學必通履行修謹未嘗有過失每燕見侍上讀易賦詩數賜器幣詔書褒美嘗召宴太清樓賦裸玉詩爲諸皇子第一上尤嘉賞賜繒綵二百段有詩集十卷至和二年九月壬戌以疾薨享年四十有八初其疾也上遣中貴人押國醫治之既薨輟視朝一日勑有司具駕將視其喪以雨不克遣中貴人厚加賻卹乃贈昭信軍節度使太常考行謚曰昭裕

權厝于東法濟寺夫人太原郡君郭氏燕
王從義之裔孫子男三人長曰仲連右千
牛衛將軍次曰仲丹仲筠皆太子右內率
府副率早卒女四人長適左侍禁潘若旦
今亡次適內殿承制閤門祗候郭士選次
一作其二一有亦字亡以嘉祐五年十月乙酉葬于
河南永安縣銘曰
學而通行益修中充實外譽優見於言帝
所褒雖不克施於事斯可以銘諸幽

皇從姪筠州團練使安陸侯墓誌銘

安陸侯宗訥字行敏　太宗皇帝之曾孫
潞恭憲王元佐之孫鎮江軍節度使兼侍中
郇國公允成之第二子初除西頭供奉官
歷内殿崇班承制改右千牛衛將軍領茂
州刺史天子祀明堂推恩遷領筠州團練
使至和元年八月癸卯以疾卒享年四十
有六天子哀卹贈安州觀察使追封安陸
侯權厝於薦嚴佛寺嘉祐五年十月乙酉
葬於河南永安縣夫人長樂郡君賈氏子
男五人其二早卒次仲緘右千牛衛將軍

二人尚幼未名女八人長適右侍禁蔚世
庸再適右侍禁郭昭簡令亡次適左班殿
直劉起次適陳躬令亡次適王整次適董
昭遜次適張經令亡次適程翼皆右班殿
直最幼入太和宮爲道士惟侯學知爲詩
好義喜施性端謹能修容止進退有法未
嘗少懈銘曰
思無邪容則莊蔚然有儀人所望學而不
止久愈彰銘昭厥美示不忘

皇從姪右領軍衛大將軍博平侯墓

誌銘

惟　太祖皇帝之長子曰吳懿王之曾孫右屯衞大將軍昌州團練使贈彰化軍節度使舒國公惟忠之孫萊州防禦使東萊侯從恪之第二子金紫光禄大夫檢校國子祭酒右領軍衞大將軍兼御史大夫輕車都尉天水郡開國侯世融字仲源幼好學不驕富貴以清節自勵尊重師友執經問道無倦色嘗自銘其器物起居寢食視之喜爲詩工書亦通浮屠説平居一室蕭

然終日無所營欲世咸知其賢初爲殿直
歷左右侍禁改太子右衛率府率遷右領
軍衛將軍天子祀明堂推恩爲本衛大將
軍當寶元康定間趙元昊叛西邊用兵侯
率宗室七人詣闕自言願效用上深嘉奬
至和二年七月癸未得疾神色恬然與諸
昆弟談論不輟是日卒享年四十贈博州
防禦使追封博平侯天子悲思不已爲飛
白字六曰世融好學忠孝以褒之夫人金
城縣君王氏子男七人五早亡在者二人

曰令旻右千牛衛將軍令箴太子右監門
率府率女二人長適右班殿直王戩次早
卒以嘉祐五年十月乙酉葬于某所銘曰
富貴不動其心生死不渝其色惟性之安
惟學之力孰云不壽永昭厥德

皇從姪康州刺史高密侯墓誌銘
惟高密侯宗師字靖之　太宗皇帝之曾
孫潤恭靖王元份之孫濮王允讓之第七
子明道元年爲右侍禁遷左侍禁改太子
左清道率府副率累遷金紫光禄大夫檢

校國子祭酒行太子左清道率府率兼侍御史騎都尉封天水縣開國男食邑三百户居三歲遷右監門衛將軍兼御史大夫轉勳上騎都尉進爵子加食邑三百户天子祀明堂推恩遷右領軍衛大將軍轉勳輕車都尉進爵伯加食邑三百户天子有事于南郊推恩轉勳上輕車都尉進爵侯加户四百至和元年五月領康州刺史嘉祐元年十月甲子暴疾薨于家享年二十有九贈密州觀察使追封高密侯惟侯沈

靜寡言寬仁好學未嘗有過失夫人濮陽郡君吳氏生男一人仲廩太子右内率府副率女三人尚幼以嘉祐五年十月乙酉葬于河南永安縣銘曰

好仁而靜敏學而明雖不永年而垂令名卜安于此其固其寧

皇從姪右監門衛將軍廣平侯墓誌銘

廣平侯宗沔字上善太宗皇帝之曾孫潤恭靖王元份之孫濮王允讓之第二十

子初授銀青光禄大夫檢校國子祭酒行
太子左監門率府率兼監察御史武騎尉
遷太子左清道率府率兼侍御史轉勳上
騎都尉天子祀明堂推恩遷左監門衞將
軍轉勳輕車都尉天子有事于南郊推恩
轉上輕車一有都尉二字天水縣開國男食邑三
百户明年二月甲辰以疾卒享年二十贈
洺州防禦使追封廣平侯權厝于承天佛
寺惟侯爲人明敏好學能爲文辭娶高氏
封仁壽縣君子男二人仲足仲霄皆太子

右内率府副率早卒以嘉祐五年十月乙酉葬于河南永安縣銘曰
性之明學有方壽不隆永以藏

皇從姪右監門衛將軍墓誌銘

太祖皇帝之長子曰吴懿王德昭之曾孫彰化軍節度使舒國公惟忠之孫萊州防禦使東萊侯從恪之子曰右監門衛將軍贈右武衛大將軍世衡字夏卿母曰平原郡夫人米氏世衡生早孤而平原夫人教之以學性沈敏自爲童兒不好弄既長好

學問通周易孟子善爲詩暇則學射法而
已在諸昆弟爲最幼而尤以孝悌見稱初
補殿直改太子右衛副率天子祀明堂推
恩拜右監門衛將軍累遷至金紫光祿大
夫檢校國子祭酒兼御史大夫柱國天水
縣開國伯食邑九百戸嘉祐四年六月丙
寅以疾卒享年三十有一娶王氏太原縣
君子男二人令展令持皆率府副率早卒
女一人尚幼嘉祐五年十月乙酉葬于河
南永安縣銘曰

學問以爲文孝悌以爲本其華已榮而實
斯殞銘以藏之以昭其韞

皇從孫右屯衛大將軍武當侯墓誌

銘

惟武當侯世宣吳懿王德昭之曾孫彰國
軍節度使舒國公惟忠之孫武勝軍節度
觀察留後韓國公從藹之子母曰太寧郡
君慕容氏惟侯生於富貴而不習爲驕侈
少好學喜購古書奇字遇人卑恭事親孝
悌累官至左題目作本屯衛大將軍嘉祐三年

五月巳卯以疾卒享年三十有六初娶天水縣君王氏再娶金城縣君張氏子男六人長曰令鐸左千牛衛將軍次曰令進令禱令憘皆太子右內率府副率其二幼未名以嘉祐五年十月乙酉葬于河南永安縣以天水縣君祔焉銘曰

孝行之本謙德之恭壽胡不隆閟此幽宮

安陸侯夫人賈氏墓誌銘

夫人姓賈氏曾祖延瓌累贈左神武大將軍祖官至四方館使昭州團練使父德滋

前左班殿直夫人以選歸于安陸侯宗訥至和元年五月乙卯以疾卒享年三十有六權厝于薦嚴佛寺以嘉祐五年十月乙酉祔安陸侯以葬銘曰

配德惟諧卜藏斯吉其固其安于此室

雍國太夫人馮氏墓誌銘

雍國太夫人馮氏者皇兄右千牛衛大將軍贈永清軍節度觀察留後臨汝侯惟和之夫人襄州觀察使襄陽侯從誨寧國軍節度觀察留後宣城公從審之母曾祖暉

靜難軍節度使衛王祖繼業定國軍節度
使贈中書令父訥西上閤門使馮氏自衛
王仍世守西邊有功載國史夫人生將家
孝謹柔明動不踰禮以世族選爲臨汝侯
諸本有公字之配居十有二年而臨汝侯卒夫
人居喪哀毁　眞宗嘉其行特封譚國夫
人以襃寵之夫人益自勵衣服飲食務爲
儉薄居處嚴潔未嘗下堂雖家人亦罕得
見喜誦浮屠書皇祐五年正月癸亥以疾
卒享年六十有七追封雍國太夫人子男

二人從誨從審也女五人長適東頭供奉
官宋宗顏次早亡次以疾廢爲比丘尼次
適供備庫使姚宗望次適西頭供奉官宋
從政孫男十一人世遠世儀皆大將軍世
英世堅世及世開世卿世肱皆衛將軍世
褘世總世仍皆太子率府率重孫九人令
駔令晃一作晁皆率府率令戈令甲令績一作纘
令課令浮令收令僉皆副率以嘉祐五年十
月乙酉合葬于臨汝侯之墓銘曰
世高勲選賢配進國爵褒行懿加大名由

子貴壽考隆銘不墜

東萊侯夫人平原郡夫人米氏墓誌銘

皇從姪故萊州防禦使東萊侯從恪之夫人曰平原郡夫人米氏贈太子太師承德之曾孫橫海軍節度使信之孫內殿崇班閤門祗候繼豐之女夫人年十七選配東萊侯累封平陽郡君子男六人長曰世安贈左右一作驍衛大將軍次曰世融贈博州防禦使追封博平侯次曰世昌右屯衛大

將軍次曰世規右監門衛將軍次曰世猷太子右監門率府率早亡次曰世衡贈左武衛大將軍女三人長適左侍禁劉希正次適內殿承制王詵次適右侍禁陳宗誨孫男十二人皆諸衛將軍夫人將家子有賢行東萊之亡諸孤尚幼夫人治家訓子皆有法皇祐元年二月癸酉以疾卒享年五十有一追封平原郡夫人權厝于奉先佛寺以嘉祐五年十月乙酉合葬于東萊侯之墓銘曰

門以勳高配以賢求撫孤教善內德以優

永揚其懿以閟諸幽

韓國公夫人太寧郡君慕容氏墓誌

銘

夫人姓慕容氏贈太保章之曾孫贈中書令河南郡王延釗之孫太子率府率德正之女河南王有功於國爲時名臣夫人以賢女選爲韓國公從藹之配韓公彰化軍節度使舒公之子事其親以孝而夫人承其夫以順事其舅姑以禮下其妾媵以仁

撫其子無嫡庶以均故其内外宗姻莫不稱其能封太寧郡君至和元年正月戊寅以疾卒享年五十有六子男十人長曰世豐贈右驍衛大將軍次曰世宣贈均州防禦使次曰世準世雄世本世綱皆諸衛將軍次曰世岳世崍世庸（一作膺）皆太子率府副率女三人長適高允懷次適張承訓次適鄭偃皆右侍禁餘皆幼以嘉祐五年十月乙酉舉夫人之喪合葬于韓公之墓銘曰

承夫以順爲婦以勤逮下以恩愛子以均

以成厥家以播其芬

右監門衛將軍夫人李氏墓誌銘

惟右監門衛將軍世堅之配曰李氏天雄軍節度使同中書門下平章事兼侍中贈中書令隴西郡王繼勳之曾孫崇儀副使守徵之孫東頭供奉官舜舉之女惟李氏世爲將家功在國史餘烈遺德是生賢女夫人年十有五以選配世堅惟孝與順以事其親以佐其夫惟禮與義以正其躬以全其節歸于世堅也凡若干年而世堅

辛無子夫人自誓不嫁宗族𠢐迫其守益
堅凡七年當皇祐五年六月庚辰以疾卒
于寢享年二十有三以嘉祐五年十月乙
酉合葬于世堅之墓銘曰
婦德之休惟先順柔及其大節有不可奪
刻銘幽陰以永芳烈

右監門衛將軍夫人金堂縣君錢氏

墓誌銘

夫人姓錢氏餘杭人也曾祖吴越忠懿王
俶祖衛州防禦使惟渲父文思副使象輿

錢氏自五代以來尊中國效臣順世稱其
忠孝子孫蕃昌至今不衰夫人生於盛族孝
謹勤儉性巧慧喜字書年十有四以選爲
右監門衛將軍世準之配封金堂縣君嘉
祐二年九月庚子以疾卒享年二十有八
子男二人令羅令烜皆太子右内率府副
率早亡女三人皆尚幼以嘉祐五年十月
乙酉葬于永安之原銘曰
生宜其室歿安其藏銘昭其昧以示不忘

右監門衛將軍夫人武昌縣君郭氏

墓誌銘 并序

夫人姓郭氏曾祖恕右千牛衛將軍祖遵武洛苑使父昭晦一作誨左侍禁夫人聰明孝謹能讀書史善書畫喜浮圖之説以選歸于皇從孫右監門衛將軍世覃封武昌縣君子男四人長曰令辟太子右内率府副率餘皆幼未賜名夫人以嘉祐二年十一月丁亥以疾卒享年三十有三權厝于奉先佛寺以嘉祐五年十月乙酉葬于永安之原銘曰

行之修學以明德施於內銘告諸冥

右監門衛將軍夫人東陽縣君鄭氏

墓誌銘

夫人姓鄭氏曾祖誠贈定國軍節度使祖崇勳贈左屯衛將軍父從範內殿崇班夫人以選歸于皇從孫右監門衛將軍世智封東陽縣君生子男三人長曰令唐太子右內率府副率早卒次未名卒次令祈太子右內率府副率夫人爲人孝謹節儉喜誦浮圖書至和元年八月戊戌以疾卒享

年十有九以嘉祐五年十月乙酉葬于永安之原銘曰

儉以行其躬孝以事其親以是貽其子孫

右屯衛將軍夫人永安縣君慕容氏墓誌銘

永安縣君慕容氏者皇從孫贈右屯衛大將軍仲謇之配也曾祖隱贈左千牛衛大將軍祖興虢州團練使父守恩左班殿直年十七選爲屯衛之配有子二人長曰士潔太子右監門衛率府率早卒次士䨥太

子右內率府副率女一人尚幼夫人以嘉祐三年三月丙戌以疾卒享年二十有五嘉祐五年十月乙酉合葬于仲寶之墓銘曰

選以賢配封以夫貴歿而從之安此位

右監門衛將軍夫人周氏墓誌銘并序

皇從孫右監門衛將軍世哲之夫人曰永安縣君周氏曾祖景左領軍衛上將軍累贈尚書令祖瑩天平軍節度使宣徽南院使父普西染院使夫人以慶曆五年選爲監門之配勤孝柔仁克有婦道生一男曰太

子右内率府率令儇女三人皆幼夫人以嘉祐二年二月庚午以疾卒享年二十有九五年十月乙酉葬于河南永安之原銘曰山川旣佳日月惟吉惟永其安其藏其窸

居士集卷第三十七

熙寧五年秋七月男發等編定

紹熙二年三月郡人孫謙益挍正

皇從姪遂國公墓銘 諸皇子疑

賈氏墓銘 祖官至 闕其名

慕容氏墓銘 子男十人 今止書九人世庸注一作世膺恐在十人之數

國朝故事宗室宗婦初亡皆權欑京城之僧寺遇葬尊屬乃啓殯從行嘉祐五年十月三十日葬皇兄濮安懿王以向傳式爲護葬使於是分命近屬宗懿隨護三祖下宗室宗婦同時祔于西京

及汝州路例差翰林學士分撰誌銘此
卷合附內制集今從其舊不敢易

居士集卷第三十八　歐陽文忠公集三十八

行狀二首

尚書戶部侍郎贈兵部尚書蔡公

行狀

公諱齊字子思其先洛陽人皇祖以下始著籍於膠東公幼依外舅劉氏能自力爲學初作詩已有動人語令相國李公見之大驚謂公之皇考曰兒有大志宜善視之州舉進士第一以書薦其里人史防而居其次祥符八年真宗皇帝采賈誼置器之

說試禮部所奏士讀至公賦有安天下意歎曰此宰相器也凡貢士當賜第者考定必召其高第數人並見又參擇其材質可者然後賜第一及公召見衣冠偉然進對有法天子為無能過者亟以第一賜之初拜將仕郎將作監丞通判兖州太守（諸本作原）王臻治政嚴急喜以察盡（一作盡察）為明公務為裁損濟之以寬獄訟為之不寃逾年通判濰州民有告其氏刻偽稅印為姦利者已逾十年蹤跡連蔓至數百人公歎曰盡

利於民民無逃此所謂法出而姦生者邪是為政者之過也為緩其獄得減死者十餘人餘皆釋而不問濰人皆曰公德於我使我自新為善人由是風化大行天禧三年還京師當召試時大臣有用事者意不悅公居數月不得召久而天子記其姓名趣使召試拜著作佐郎直集賢院階再加為宣德郎勳騎都尉主判三司開拆司賜緋衣銀魚遷右正言階朝奉郎勳上騎都尉今天子即位遷右司諫真宗新弃天下

天子諒陰不言丁晉公用事專權欲邀致
公許以知制誥公拒不往益堅已而寇萊
公王文康公皆以不附己連黜公歸歎曰
吾受先帝之知而至於此豈宜為權臣所
脅得罪非吾懼也既而晉公敗士嘗為其
用者皆恐懼獨公終無所屈未幾同修起
居注又拜尚書禮部員外郎兼侍御史知
雜事判流內銓賜服金紫改三司户部度
支二副使轉勳輕車都尉借給事中奉使
契丹天聖八年拜起居舍人知制誥同知

審官院會靈宮判官充翰林學士加侍讀學士賜爵汝南縣開國子食邑五百戶太后修景德寺成詔公為記而宦者羅崇勳主營寺事使人陰謂公曰善為記當得參知政事公故遲之頗久使者數趣終不以進崇勳怒譖之太后遷禮部郎中改龍圖閣直學士出為西京留守是時魯肅簡公方參知（一無此字）政事爭之太后前卒不能留以親便求改密州遭歲旱除其公田之租數千石（諸本作碩疑頃字訛）又請悉除京東民租弛

其鹽禁使民得買海易食救其飢東人至
今賴之皆曰使吾人百萬口活而不飢者
蔡公也徙南京留守進爵侯增邑戶五百
爲一千階朝散大夫召還拜右諫議大夫
權御史中丞判吏部流内銓遷給事中勲
護軍增邑五百爲千五百戶莊獻明肅皇
太后崩議尊楊太妃爲太后垂簾聽政議
決召百官賀公曰天子明聖奉太后十餘
年今始躬親萬事以慰天下之心豈宜女
后相繼稱制且自古無有固止不追班太

妃卒不預政止稱太后於宮中復爲龍圖
閣直學士權三司使京師有指荆王爲飛
語者内侍省得三司小吏鞫之連及數百
人上聞之大怒詔公窮治迹其所来無端
而上督責愈急有司不知所爲京師爲之
恐動公以謂繆妄之説起於小人不足窮
治且無以慰安荆王危疑之心奏疏論之
一夕三上上大悟乃可其奏止笞數人而
巳中外之情乃安拜樞密副使進爵公增
邑戶五百爲二千南海蠻酋𠕋其部人部

人款宜州自歸者八百餘人議者以為叛
蠻不可納宜還其部公獨以為蠻去殘酷
而歸有德且以求生宜内之荆湖賜以閒
田使自營令縱却之必不復還其（一無四字）部
苟散入山谷當為後患爭之不能得其後
數年蠻果為亂殺將吏十餘人宜桂以西
皆警朝廷頗以為憂景祐元年遷禮部侍
郎參知政事二年賜號推忠佐理功臣進
階正奉大夫勲柱國郭皇后廢京師富人
陳氏女有色選入公宮為后公爭之以為

不可自辰至巳辨論不已上意稍悟遂還其家河决橫壠改而北流議者以爲當塞公曰水性下而河北地卑順其所趣以導之可無澶滑壅潰之患而貝慱數州得在河南於國家便但理堤護魏州而已從之澶滑果無契丹祭天於幽州以兵屯界上界上驚擾議者欲發大軍以備邉公獨料其必不動後卒無事公在大位臨事不回無所牽畏而恭謹謙退未嘗自伐天下推之爲正人搢紳之士倚以爲朝廷重三年

頻表（一有求字）解職不許明年遂罷以戶部侍郎歸班改賜推誠保德功臣勳上柱國久之出知潁州寶元二年四月四日以疾卒于官公在潁州聞西方用兵惻然有憂國心自以待罪外邦不得盡其所懷使其弟禀言西事甚詳公之卒故吏朱寀至潁潁之吏民見寀（一有踊字）泣（一有拜字）於馬前指公嘗所更歷施為曰此公之迹也其為政有仁恩所至如此平生喜薦士（一有所薦二字）如楊偕郭勸劉隨龎籍段少連比比為當世名臣

公為人神色明秀須眉如畫精學博聞寬大沈默一言之出終身可復其涖官行已出處始終之大節可考不誣如此謹按贈兵部尚書於令為三品其法當謚敢告有司謹狀

司封員外郎許公行狀

君諱遜字景山世家歙州少仕僞唐為監察御史李氏國除以族北遷獻其文若干篇得召試為汲縣尉冠氏主簿二歲縣民七百人詣京師願得君為令遷秘書省校

書郎知縣事數上書論北邉事是時趙普
為相四方奏疏不可其意者悉投二甕中
甕滿輙出而焚之未嘗有所肯可獨稱君
為能曰其言與我多合又二歲徙江華令
未行轉運使樊知古薦其材拜太僕寺丞
磨勘錢帛粮草監永城和糴知海陵監三
歲用鹽最遷大理寺丞賜緋衣銀魚監泗
州排岸司遷賛善大夫監永興軍榷貨務
遷太常寺知邕州州雜蠻言喜以攻劫為
生少年百餘人私自署為名號常伺夜出

掠居人居人惡之莫敢指君至而歎曰夫
政民之庇也威不先去其惡則惠亦不能
及人君政既行盜皆亡入他境約君去乃
還遷國子博士奉使兩浙江南言茶鹽利
害省州縣之役皆稱旨出知興元府大修
山河堰堰水舊溉民田四萬餘頃世傳漢
蕭何所為君行壞堰顧其屬曰鄭侯方佐
漢取天下乃暇為此以溉其農古之聖賢
有以利人無不為也今吾豈宜憚一時之
勞而廢古人萬世之利乃率工徒躬治木

石石隆傷其左足君益不懈堰成歲穀大豐得嘉禾十二莖以獻遷尚書主客員外郎京西轉運使徙荊湖南路荊湖南接谿洞諸蠻歲出為州縣患君曰鳥獸可馴況蠻亦人乎乃召其酋豪諭以禍福諸蠻皆以君言為可信訖三歲不以蠻事聞朝廷君罷來朝真宗面稱其能會有司言荊南久不治真宗拜君度支員外郎知府荊南鈐轄北路兵馬於荊湖為大府故常用重人至君特選以材用員外郎自君而始明

年遷司封員外郎賜金紫徙知揚州州居
南方之會世之仕宦於南與其死而無歸
者皆寓其家于揚州故其子弟雜居民閒
往往倚權貴恃法得贖出入里巷為不法
至或破亡其家君捕其甚者笞之曰此非
吏法吾乃代汝父兄教也子弟羞媿自悔
稍就學問為善人風俗大化歲滿在道得
疾卒于高郵君少孤事其母曰兄以孝謹
聞常戒其妻事嫂如姑而未嘗敢先其兄
食衣雖弊兄不易衣不敢易初遺命俟遣

其弟朝京師君之故友全（一作金　一作潘）惟岳當從以其家屬託君惟岳果留不返君善撫其家爲嫁其女數人李氏國亡君載其家北歸京師以還惟岳曆官四十年不問家事好學尤喜孫吳兵法初在僞唐數上書言事得校書郎遂遷御史王師圍金陵李氏大將李雄擁兵數萬留上江陰持兩端李氏患之以謂非君不能召雄君走上江以語動雄雄即聽命已而李氏以蠟書止雄於溧水君曰此非柵兵之地留之必敗

乃戒雄曰兵來慎無動待我一夕吾當入白可與公兵俱入城君去王師挑之雄輒出戰果敗死君至收其餘卒千人而去君少慷慨卒能自立於時其孝謹聞於其族其信義著於其友其材能稱於其官是皆可書以傳謹狀

居士集卷第三十八

熈寧五年秋七月男發等編定

紹熈二年三月郡人孫謙益校正

蔡公行狀詩已有一作已能有數千石元本疑石字訛當作

許公行狀全惟岳全恕本作全

居士集卷第三十九　歐陽文忠公集三十九

記十首

泗州先春亭記

景祐二年秋清河張侯以殿中丞來守泗上既至問民之所素病而治其尤暴者曰暴莫大於淮越明年春作城之外堤因其舊而廣之度爲萬有九千二百尺用人之力八萬五千泗之民曰此吾利也而大役焉然人力出於州兵而石出乎南山作大役而民不知是爲政者之私我也不出一

力而享大利不可相與出米一千三百石以食役者堤成高三十三尺土實石堅捍暴備災可久而不壞既曰泗四達之州也賓客之至者有禮於是因前蔣侯堂之亭新之爲勞餞之所曰思邵亭且推其美於前人而志邦人之思也又曰泗天下之水會也歲漕必廩於此於是治常豐倉西門二夾室一以視出納曰某亭一以爲舟者之寓舍曰通漕亭然後曰吾亦有所休（一有暇其勞三字）乎乃築州署之東城上爲先春亭

以臨淮水而望西山是歲秋予貶夷陵過
泗上於是知張侯之善爲政也昔周單子
聘楚而過陳見其道穢而川澤不陂梁客
至不授館羈旅無所寓遂知其必亡蓋城
郭道路旅舍寄寓皆三代爲政之法而周
官尤謹著之以爲禦備今張侯之作也先
民之備災而及于賓客往來然後思自休
焉故曰知爲政也先時歲大水州幾溺前
司封員外郎張侯夏守是州築堤以禦之
今所謂因其舊者是也是役也堤爲大故

予記其大者詳焉

夷陵縣至喜堂記

峽州治夷陵地濱大江雖一無卌字有楙漆紙以通商賈而民俗儉陋常自足無所仰於四方販夫所售不過鱐魚腐鮑民所嗜而已富商大賈皆無為而至地僻而貧故夷陵為下縣而峽為小州州居無郭郛通衢不能容車馬市無百貨之列而鮑之肆不可入雖邦君之過市必常下乘掩鼻以疾趨而民之列處竈廩匽井無異位一室之

間上父子而下畜豕其覆皆用以一作茅竹
故歲常火災而俗信鬼神其相傳曰作一無此字
瓦屋者不利夷陵者楚之西境昔春秋書
荆以狄之而詩人亦曰蠻荆豈其陋俗自
古然歟景祐二年尚書駕部員外郎朱公
治是州始樹木增城柵甓南北之街作市
門市區又教民爲瓦屋别竈廪異人畜以
變其俗既又命夷陵令劉光裔治其縣起
勑書樓飾廳事新吏舍三年夏縣功畢某
有罪來是邦朱公有於某有舊且哀其以

罪而來爲至縣舍擇其廳事之東以作斯堂度爲疏絜高明而日居之以休其心堂成又與賓客偕至而落之夫罪戾之人宜棄惡地處窮險使其憔悴憂思而知自悔咎令乃賴朱公而得善地以偷宴安禎然使忘其有罪之憂是皆異其所以來之意然夷陵之僻陸走荆門襄陽至京師二十有八驛水道大江絶淮抵汴東水門五千五百有九十里故爲吏者多不欲遠來而居之往往不得代至歲滿或自罷去然不

知夷陵風俗朴野少盗爭（一作少盗事靜）而令之日食有稻與魚又有橘柚茶筍四時之味江山美秀而邑居繕完無不可愛是非惟有罪者之可以忘其憂而凡為吏者莫不始來而不樂既至而後喜也作至喜堂記藏其壁夫令雖卑而有土與民宜志其風俗變化之善惡使後來者有考焉爾（一作使後來有考其歲月云爾）

峽州至喜亭記

蜀於五代為僭國以險為虞以富自足舟

車之迹不通乎中國者五十有九年宋受
天命一海内四方次第平太祖改元之三
年始平蜀然後蜀之絲枲織文之富衣被
於天下而貢輸商旅之往来者陸輦秦鳳
水道岷江不絶于萬里之外岷江之来合
蜀衆水出三峽為荆江傾折回直捍怒鬬
激束之為湍觸之為旋順流之舟頃刻數
百里不及顧視一失毫釐與崖石遇則糜
潰漂没不見蹤迹故凡一有西字蜀之可以充
内府供京師而移用乎諸州者皆陸出而

其羨餘不急之物乃下于江若棄之然其爲險且不測如此夷陵爲州當峽口江出峽始漫爲平流故舟人至此者必瀝酒再拜相賀以爲更生尚書虞部郎中朱公再治是州之三月作至喜亭于江津以爲舟者之停留也且誌夫天下之大險至此而始平夷以爲行人之喜幸夷陵固爲下州廩與俸皆薄而僻且遠雖有善政不足爲名譽以資進取朱公能不以陋而安之其心又喜夫人之去憂患而就樂易詩所謂

愷悌君子者矣自公之来歲數大豊因民之餘然後有作惠于往来以館以勞動不違時而人有頼是皆宜書故凡公之佐吏因相與謀而屬筆於脩焉

御書閣記

醴陵縣東二十里有宫曰登真其前有山世傳仙人王喬鍊藥於此唐開元間神仙道家之説興天子為書六大字賜而揭焉太宗皇帝時詔求天下前世名山異迹而尤好書法聞登真有開元時所賜字甚奇

乃取至京師閲焉已而還之又賜御書飛帛字使藏焉其後登真大火獨飛帛書存康定元年道士彭知一探其私笈一作以篋以市工材悉復宫之舊建樓若干尺以藏賜書予之故人處士任君為予言其事来乞文以志凡十餘請而不懈予所領職方悉掌天下圖書考圖驗之醴陵老佛之居凡八十而所謂登真者其説皆然乃為之記夫老與佛之學皆行於世久矣為其徒者常相訾病若不相容於世二家之説皆見

斥於吾儒宜其合勢并力以為拒守而乃反自相攻惟恐不能相弱者何哉豈其死生性命所持之說相盭而然邪故其代為興衰各繫於時之好惡雖善辯者不能合二說而一之至其好大宮室以矜世人則其為事同焉然而佛能箝人情而鼓以禍福人之趣者常衆而熾老氏獨好言清淨遠去靈仙飛化之術其事冥深不可質究則其為（一無此字）常以淡泊無為為務故凡佛氏之動搖興作為力甚易而道家非遭人

主之好尚不能獨興其間能自力而不廢者豈不賢於其徒者哉知一是已慶曆二年八月八日廬陵歐陽脩記

畫舫齋記

予至滑之三月即其署東偏之室治爲燕私之居而名曰畫舫齋齋廣一室其深七室以戸相通凡入予室者如入乎舟中其溫室之奥則穴其上以爲明其虗室之疏以達則欄檻其兩旁以爲坐立之倚凡偃休於吾齋者又加偃休乎舟中山石崷崒

佳花美木之植列於兩簷之外又似汎乎中流而左山右林之相映皆可愛者故因以舟名焉周易之象至於履險蹈難必曰涉川蓋舟之為物所以濟險難而非安居之用也今予治齋於署以為燕安而反以舟名之豈不戾哉矧予又嘗以罪謫走江湖間自汴絕淮浮于大江至于巴峽轉而以入于漢沔計其水行幾萬餘里其羇窮不幸而卒遭風波之恐往往（二字一作或）叫號神明以脫須臾之命者數矣當其恐時顧

視前後凡舟之人非爲商賈則必仕宦因
竊自歎以謂非冒利與不得已者孰肯至
是哉賴天之會全活其生今得除去宿負
列官于朝以來是州（一無此二字）飽廩食而安
署居追（一作遐）思曩時山川所歷舟檝之危
蛟黿（一有白鼉二字）之出沒波濤之洶欻宜其寢
驚而夢愕而乃忘其險阻猶以舟名其齋
豈真樂於舟居者邪然予聞古之人有逃
世遠去江湖之上終身而不肯反者其必
有所樂也苟非冒利於險有罪而不得已

使順風恬波傲然（一無此二字）枕上席之上一日而（一無此字）千里則舟之行豈不樂哉（誠一作可樂也）顧予誠有所未暇而（此八字一作今舟之制尤多）舫者宴禧之舟也姑以名予齋奚曰不宜予友蔡君謨善大書頗怪偉將乞其大字以題於楹懼其疑予之所以名齋者故具以云又因以（一無此字）置于壁壬午十二月十二日書

王彥章畫像記

太師王公諱彥章字子明鄆州壽張人也

事梁為宣義軍節度使以身死國葬於鄭
州之管城晉天福二年始贈太師公在梁
以智勇聞梁晉之爭數百戰其為勇將多
矣而晉人獨畏彥章自乾化後常與晉戰
屢困莊宗於河上及梁末年小人趙巖等
用事梁之大臣老將以讒不見信（一作用）皆
怒而有怠心而梁亦盡失河北事勢已去
諸將多懷顧望獨公奮然自必不少屈懈
志雖不就卒死以忠公既死而梁亦亡矣
悲夫五代終始纔五十年而更十有三君

五易國而八姓士之不幸而出乎其時能不汙其身得全其節者鮮矣公本武人不知書其語質平生嘗謂人曰豹死留皮人死留名蓋其義勇忠信出於天性而然予於五代書竊有善善惡惡之志至於公傳未嘗不感憤歎息惜乎舊史殘略不能備公之事康定元年予以節度判官來此求於滑人得公之孫睿所錄家傳頗多於舊史其記德勝之戰尤詳又言敬翔怒末帝不肯用公欲自經於帝前公因用笏畫山

川為御史彈而見廢又言公五子其二同
公死節此皆舊史無之又云公在滑以讒
自歸於京師而史云召之是時梁兵盡屬
段凝京師羸兵不滿數千公得保鑾五百
人之鄆州以力寡敗於中都而史云將五
千以往者亦皆非也公之攻德勝也初受
命於帝前期以三日破敵梁之將相聞者
皆竊笑及破南城果三日是時莊宗在魏
聞公復用料公必速攻自魏馳馬來救已
不及矣莊宗之善料公之善（一無此字）出奇何

其神哉今國家罷兵四十年一旦元昊反敗軍殺將連四五年而攻守之計至今未决予嘗獨持用奇取勝之議而歎邊將屢失其機時人聞予說者或笑以為狂或忽若不聞雖予亦惑不能自信及讀公家傳至於德勝之捷乃知古之名將必出於奇然後能勝然非審於為計者不能出奇奇在速速在果此天下偉男子之所為非拘牽常算之士可到也每讀其傳未嘗不想見其人後二年予復來通判州事歲之正

月過俗所謂鐵槍寺者又得公畫像而拜焉歲久磨滅隱隱可見亟命工完理之而不敢有加焉懼失其真也公（一有尤字）善用槍當時號王鐵槍公死已百年至今俗猶以名其寺童兒牧豎皆知王鐵槍之為良將也一槍之勇同時豈無而公獨不朽者豈其忠義之節使然歟畫已百餘年矣完之復可百年然公之不泯者不繫乎畫之存不存（二字一作否）也而予尤區區如此者蓋其希慕之至焉耳讀其書尚想乎其人況得

拜其像識其面目不悉見其壞也畫既完因書予所得者于後而歸其人使藏之（一有焉字）

襄州穀城縣夫子廟記

釋奠釋菜祭之略者也古者士之見師以菜為摯故始入學者必釋菜以禮其先師其學官四時之祭乃皆釋奠釋奠有樂無尸而釋菜無樂則其又略也故其禮已焉而今釋奠幸存然亦無樂又不徧舉於四時獨春秋行事而已記曰釋奠必有合有

國故則否謂凡有國各自祭其先聖先師若唐虞之夔伯夷周之周公魯之孔子其國之無焉者則必合於鄰國而祭之然自孔子沒後之學者莫不宗焉故天下皆尊以爲先聖而後世無以易學校廢久矣學者莫知所師一有則字又取孔子門人之高第曰顔回者而配焉以爲先師隋唐之際天下州縣皆立學置學官生員而釋奠之禮遂以著令其後州縣學廢而釋奠之禮吏以其著令故得不廢學廢矣無所從祭則

皆廟而祭之荀卿子曰仲尼聖人之不得
勢者也然使其得勢則為堯舜矣不幸無
時而沒持以學者之故享弟子春秋之禮
而後之人不推所謂釋奠者徒見官為立
祠而州縣莫不祭之則以為夫子之尊由
此而盛甚者乃謂生雖不得位而沒有所
享以為夫子榮謂有德之報雖堯舜莫若
何其謬論者歟祭之禮以迎尸酌鬯為盛
釋奠薦饌直奠而已故曰祭之略者其事
有樂舞授器之禮今又廢則於其略者又

不備焉然古之所謂吉凶鄉射賓燕之禮民得而見焉者今皆廢失而州縣幸有社稷釋奠風雨雷師之祭民猶得以識先王之禮器焉其牲酒器幣之數升降俯仰之節吏又多不能習至其臨事舉多不中而色不莊使民無所瞻仰見者怠焉因以為古禮不足復用可勝歎哉一無此四字大宋之興於今八十年天下無事方修禮樂崇一作尊儒術以文太平之功以謂王爵未足以尊夫子又加至聖之號以褒崇之講正其

禮下於州縣而吏或不能諭上（一有之字）意凡有司簿書之所不責者謂之不急非師古好學者莫肯盡心焉穀城令狄君栗為其邑未逾時修文宣王廟易於縣之左大其正位為學舍於其旁藏九經書率其邑之子弟興於學然後（一作后）考制度（一作圖記）為俎豆籩篚罇爵簠簋凡若干（一作凡百餘事）以與其邑人行事（一本大宋之興至謂之不急一段載于此下）穀城縣政久廢狄君居之朞月稱治又能載國典修禮興學急其有司所不責者諰諰然惟

恐不及可謂有志之士矣

吉州學記

慶曆三年秋天子開天章閣召政事之臣八人問治天下其要有幾施於今者宜何先使坐而書以對八人者皆震恐失位俯伏頓首言此非愚臣所能及惟陛下所欲爲則天下幸甚於是詔書屢下勸農桑責吏課舉賢材其明年三月遂詔天下皆立學置學官之員然後海隅徼塞四方萬里之外莫不皆有學嗚呼盛矣學校王政之

本也古者致治之盛衰視其學之興廢記
曰國有學遂有序黨有庠家有塾此三代
極盛之時大備之制也宋興蓋八十有四
年而天下之學始克大立豈非盛美之事
須其久而後至於大備歟是以詔下之日
臣民喜幸而奔走就事者以後爲羞其年
十月吉州之學成州舊有夫子廟在城之
西北今知州事李侯寛之至也謀與州人
遷而大之以爲學舍事方上請而詔已下
學遂以成李侯治吉敏而有方其作學也

吉之士率其私錢一百五十萬以助用人之力積二萬二千工而人不以為勞其良材堅甓之用凡二十二萬三千五百而人不以為多學有堂筵齋講有藏書之閣有賓客之位有游息之亭嚴嚴翼翼壯偉閎耀而人不以為侈既成而來學者常三百餘人予世家于吉而（一無此字）濫官于朝（一有廷字）進不能贊揚（一有明字）天子之盛美退不得與諸生揖讓乎其中然予聞教學之法本於人性磨揉遷革使趨於善其勉於人者勤

其入於人者漸善教者以不倦之意須遲
久之功至於禮讓興行而一無此字風俗純美
然後為學之成今州縣之吏不得久其職
而躬親於教化也故李侯之績及於學之
立而不及待其成惟後之人毋廢慢天子
之詔而殆一作怠以中止幸予他日因得歸
榮故鄉而謁於學門將見吉之士皆道德
明秀而可為公卿問於其俗而婚喪飲食
皆中禮節入於其里而長幼相孝慈於其
家行於其郊而少者扶其羸老壯者代其

負荷於道路然後樂學之道成而得時從先生耆老席于衆賓之後聽鄉樂之歌飲獻酬之酒以詩頌天子太平之功而周覽學舍思詠李侯之遺愛不亦美哉故於其始成也刻辭于石而立諸其廡以候

豐樂亭記

脩既治滁之明年夏始飲滁水而甘問諸滁人得於州(一作城西)南百步之近其上豐山聳然而特立下則幽谷窈然而深藏中有清泉滃然而仰(一無此字)出俯仰左右顧而樂

之於是疏泉鑿石闢地以爲亭而與滁人往遊（一作還一有於字）其間滁於五代干戈之際用武之地也昔太祖皇帝嘗以周師破李景兵十五萬於清流山下生擒其將皇甫暉姚鳳於滁東門之外遂以平滁脩嘗考其山川按（一作按其山水考）其圖記升高以望清流之關欲求暉鳳就擒之所而故老皆無在者蓋天下之平久矣自唐失其政海內分裂豪傑並起而爭（一有而字）所在（一有自字）爲敵國者何可勝數及宋受天命聖人出而四

海一嚮之憑恃險阻剗削消磨百年之間漠然徒見山高而水清欲問其事而遺老盡矣今滁介於江淮之間舟車商賈四方賓客之所不至民生不見外事而安於畎畝衣食以樂生送死而孰知上之功德休養生息（一作覆被休養）涵煦百年之深也脩之來此樂其地僻而事簡又愛其俗之安閑既得斯泉于山谷之間乃（一無此字）曰與滁人仰而望山俯而聽泉掇幽芳而蔭喬木風霜冰雪刻露清秀四時之景（一作美）無不可愛

又幸其民樂其歲物之豐成而喜與予遊也因爲本其山川道其風俗之美使民知所以安此豐年之樂者幸生無事之時也夫宣上恩德以與民共樂刺史之事也遂書以名其亭焉慶曆丙戌六月日右正言知制誥知滁州軍州事歐陽脩記

醉翁亭記

環滁皆山也其西南諸峯林壑尤美望之蔚然而深秀者琅邪也山行六七里漸聞水聲潺潺而瀉出于兩峯之間者讓泉也

峯回路轉有亭翼然臨于泉上者醉翁亭也作亭者誰山之僧曰（一無此字）智僊也名之者誰太守自謂也太守與客來飲于此飲少輒醉而年又最高故自號曰醉翁也醉翁之意不在酒在乎山水之間也山水之樂得之心而寓之酒也若夫日出而林霏開雲歸而巖穴暝晦明變化者山間之朝暮也野芳發而幽香佳木秀而繁陰風霜高潔水清（一作凋一作落）而石出者山間之四時也朝而往暮而歸四時之景不同而樂亦

無窮也至於負者歌于塗行也休于樹前
者呼後者應傴僂提攜往来而不絶者滁
人遊也臨谿而漁谿深而魚肥釀泉為酒
泉香而酒洌（一作泉洌而酒香）山肴野蔌雜然而
前陳者太守宴也宴酣之樂非絲非竹之
射者中奕者勝觥籌交錯起坐而諠譁者
衆賓懽也蒼顔白髮頽然乎其間者太守
醉也已而夕陽在山人影散亂太守歸而
賓客從也樹林陰翳鳴聲上下遊人去而
禽鳥樂也然而禽鳥知山林之樂而不知

人之樂人知從太守遊而樂碑有而字不知太守之樂其樂也醉能同其樂醒能述以文者太守也太守謂誰廬陵歐陽脩也

居士集卷第三十九

熙寧五年秋七月男發等編定

紹熙二年三月郡人孫謙益校正

御書閣記醴陵縣東有宮曰登真（朝伍）按長沙志登真觀名非宮也公父名觀故其功德觀亦曰西陽公蓋避諱易之三十四卷胡文恭公墓誌醴泉觀使為宮使亦以此

至喜亭記始平蜀（石本無始字）于萬里（于石本作千）合蜀衆水出三峽為荆江（宋文粹云合蜀衆水歷三峽為別江峽山之險與江相傾）捍（石本作悍）舟人至此（一作舟人之至此）更生（石本此字下有朝奉郎三字）之亭留也（石本作弭櫂之地）

誌石本作識喜幸石本此字下有也字固為下州石本無固字

固為固一作舊廩與俸一作守之廩俸朱公能朱一作獨愷

悌石本作豈弟數大豐一作頻大登

畫舫齋記以舟名之之一作焉

穀城縣夫子廟記大宋之興一作宋興太平之

功一無之功二字為其邑其一作是有志之士矣此下一有

寶元元年廬陵歐陽脩記十字

吉州學記西北石本作西南知州事石本此字下有殿中

丞三事人不以為多石本無人字下句人不以為修亦無人字世

家于吉于石本作於其入其石本作而者漸石本此字下有

故字 婚石本作昏 長幼石本作幼長

至喜亭記吉州學記各有石本

豐樂亭記欲求一無欲字 之所一作之慶 道其此上一有而字 以與民共樂一作以而

醉翁亭記宴酣一作宴適

此卷峽州至喜亭記穀城夫子廟記再以慶曆四年宋文粹本校之尚有不同又吉州學記以校承平時閩本往往異辭疑是初稾先已傳布今錄全篇附外集十三卷之後使學者有考焉

（宋）歐陽修 撰

宋本歐陽文忠公集

第六册

國家圖書館出版社

第六册目録

居士集卷第二十八　歐陽文忠公集二十八

墓誌六首

蔡君山墓誌銘

予友蔡君謨之弟曰君山爲開封府太康主簿時予與君謨皆爲館閣校勘居京師君山數往來其兄家見其以縣事決於其府府尹吳遵路素剛好以嚴憚下吏君山年少位卑能不懾屈而得盡其事之詳吳公獨喜以君山爲能予始知君山敏於爲吏而未知其他也明年君謨南歸拜其親

夏京師大疫君山以疾卒于縣其妻程氏一男二女皆幼縣之人哀其貧以錢二百千爲其賻程氏泣曰吾家素以廉爲吏不可以此汚吾夫拒而不受於是又知君山能以惠愛其縣人而以廉化其妻妾也君山間甞語予曰天子以六科策天下士而學者以記問應對爲事非古取士之意也吾獨不然乃晝夜自苦爲學及其亡也君謨發其遺槀得十數萬言皆當世之務其後踰年天子與大臣講天下利害爲條目

其所改更於君山之稾十得其五六於是
又知君山果天下之奇才也君山景祐中
舉進士初爲長谿縣尉縣媪二子漁於海
而亡媪指某氏爲仇告縣捕賊縣吏難之
皆曰海有風波豈知其不水死乎且雖果
爲仇所殺若屍不得則於法不可理君山
獨曰媪色有寃吾不可不爲理乃陰察仇
家得其迹與媪約曰吾與汝宿海上期十
日不得屍則爲媪受捕賊之責凡宿七日
海水潮二屍浮而至驗之皆殺也乃捕仇

家伏法民有夫婦偕出而盜殺其守舍子者君山亟召里民畢會環坐而熟視之指一人曰此殺人者也訊之果伏衆莫知其以何術得也長谿人至今喜道君山事多如此曰前史所載能吏號如神明不過此也自天子與大臣條天下事而屢下舉吏之法尤欲官無小大必得其材方求天下能吏而君山死矣此可爲痛惜者也君山諱高享年二十有八以某年某月某日卒今年君謨又歸迎其親自太康取其

柩以歸將以某年某月某日葬于某所且謂予曰吾兄弟始去其親而來京師欲以仕宦爲親榮今幸還家吾弟獨以柩歸甚矣老者之愛其子也何以塞吾親之悲子能爲我銘君山乎乃爲之銘曰

嗚呼吾聞仁義之行于天下也可使父不哭子老不哭少（一作幼）嗟夫君山不得其壽父母七十扶行（一作杖）送柩退之有言死孰謂夭子墓予銘其傳不朽庶幾以此慰其父母

黄夢升墓誌銘

予友黄君夢升其先婺州金華人後徙洪州之分寧其曾祖諱元吉祖諱某父諱中雅皆不仕黄氏世爲江南大族自其祖父以來樂以家貲賑鄉里多聚書以招一有延字四方之士夢升兄弟皆好學尤以文章意氣自豪予少家隨一有州字夢升從其兄茂宗官于隨予爲童子一作予時爲童子無下四字立諸兄側見夢升年十七八眉目明秀善飲酒談笑予雖幼心巳獨奇夢升一作巳能知夢升爲可奇其

後七（一作八九）年予與夢升皆舉進士於京師夢升得丙科初任興國軍永興主簿怏怏不得志以疾（一有解字）去久之復調江陵府公安主簿時予（一作予時）謫夷陵令遇之于江陵夢升顏色憔悴初不可識久而握手噓嚱相飲（一作勞）以酒夜醉起舞歌呼大噱（一作自若）予益悲夢升志雖衰而少時意氣尚在也後二年予徙乾德令夢升復調南陽主簿又遇之于鄧間常問其平生所爲文章幾何夢升慨然歎曰吾已諱之矣窮達有命

非世之人不知我（一有乃字）我蓋道於世人也
求之不肯出遂飲之酒復大醉起舞歌呼
因（一有大字）笑曰子知我者（一作獨子知我）乃肯出其
文讀之（一無二字）博辨雄偉其（一無此字）意氣奔放
猶（一有若字）不可禦子又益悲夢外志雖困而
獨其（一無二字）文章未衰也是時謝希深出守
鄧州尤喜稱道天下士子因手書夢外文
一通欲以（一本改欲以字爲將）示希深未及而希深
卒子亦去鄧後之守鄧者皆俗吏（一作庸人）不
復知夢外夢外素剛不苟合負其所有常

怏怏無所施（一作憤憤無所發）卒以不得志死于南陽蔓外諱注以寶元二年四月二十五日卒享年四十有二其平生所爲文曰破碎集公安集南陽集凡三十卷娶潘氏生四（一作其娶温氏生三）男二女將以慶曆四年某月某日葬于董坊之先塋（一作葬于先塋之側）其弟渭泣而來告曰吾兄患世之莫吾知孰可爲其銘予素悲蔓外者因爲之銘曰

予嘗讀蔓外之文至於哭其兄子庠之詞曰子之文章電激雷震雨雹忽止闃然滅

泯未嘗不諷誦歎息而不已嗟夫夢升曾不及庠不震不驚鬱塞埋藏孰與子（一作其）有不使其施吾不知所歸咎徒爲夢升而悲

大理寺丞狄君墓誌銘

距長沙縣西三十里新陽鄉梅溪村（一作距其縣東南若干里其原）有墓曰狄君之墓者廼予所記（一作紀）穀城孔子廟碑所謂狄君粟者也始君居穀城有善政嘗已見於予文及其亡也其子遵誼泣而請曰願卒其詳而銘之

以終先君死榮之賜烏虖予哀狄君者其壽止於五十有六其官止於一鄉丞蓋其生也以不知於世而止於是若其歿而又無傳則後世遂將泯沒而爲善者何以勸焉此予之所欲銘也君字仲莊世爲長沙人幼孤事母鄉里稱其孝好（一作力）學自立年四十始用其兄棐蔭補英州眞陽主簿再調安州應城尉能使其縣終君之去無一人爲盜薦者稱其材任治民乃遷穀城令漢旁之民惟鄧穀爲富縣尚書銓吏常

邀厚賂以售貪令故省中私語一有鄧毅二字以一二數之惜爲奇貨而二邑之民未嘗得廉吏其豪猾習以賕賄汚令而爲自恣至君一切以法繩之姦民大吏不便君之政者往往訴於其上雖按覆卒不能奪君所爲其州所下文符有不如理必輒封還州吏亦切齒求君過失不可得君益不爲之屈其後民有訟田而君誤斷者訴之君坐被劾已而縣籍彊壯爲兵有告訟田之民隱丁以規避者君笑曰是嘗訴我者彼寃民

能自伸此令一有養民之所欲也吾豈挾此而報以罪邪因置之不問縣民繇是知君爲愛我是歲西北初用兵州縣旣大籍彊壯而訛言相驚一作警云當驅以備邊縣民數萬聚邑中會秋大雨霖米踊貴絕粒君發常平粟賑之有司劾君擅發倉廩君即具伏事聞朝廷亦原之又爲其民正其稅籍之失而吏得歲免破産之患逾年政大洽乃脩孔子廟作禮器與其邑人春秋釋奠而興于學時予爲乾德令嘗至其縣與其

民言皆曰吾邑不幸有生而未識廉吏者
而長老之民所記纔一人而繼之者今君
也問其一人者曰張及也推及之歲至于
君蓋三十餘年是謂一世矣嗚呼使民更
一世而始得一良令吏其可不慎擇乎君
其可不惜其殁乎其政之善者可遺而不
録乎君用轂城之績遷大理寺丞知新州
至則丁母夫人鄭氏憂服除赴京師道病
卒于宿州實慶曆五年七月二十四日也
曾祖諱崇謙連州桂陽令祖諱文蔚全州

清湘令父諱杞不仕君娶滎陽鄭氏生子男二人遵誼遵徵皆舉進士（一無四字）女四人長適進士胡純臣其三尚幼其（一無其字）銘曰
彊而仕古之道終中壽不爲夭善在人宜有後銘于石著不朽

薛質夫墓誌銘

故大理寺丞薛君直孺字質夫資政殿學士贈禮部尚書簡肅公之子母曰金城（一有郡字）夫人趙氏質夫生四歲爲殿直公爲參知政事拜大理評事遷將作監丞景祐元

年公薨天子推恩於其孤拜大理寺丞公以忠直剛毅顯于當世贊夫爲名臣子能純儉謹飭好學自立以世其家公葬絳州贊夫自京師杖而行哭至于絳州行路之人皆哀嗟之贊夫少多病後公六年以卒享年二十有四初娶向氏某人之孫某人之女再娶王氏某人之孫某人之女皆無子嗚呼簡肅公之世於是而絕孟子曰不孝有三無後爲大此爲舜娶妻而言耳非萬世之通論也不娶而無後罪之大者可

也娶而無子與夫不幸短命未及有子而死以正者其人可以哀不可以爲罪也故曰孟子之言非通論爲舜而言可也質夫再娶皆無子不幸短命而疾病以死其可哀也非其罪也自古賢一作聖人君子未必皆有後其功德名譽垂世而不朽者非皆因其子孫而傳也伊尹周公孔子顏回之道著于萬世非其家世之能獨傳乃天下之所傳也有子莫如舜而瞽不得爲善人卒爲頑父是爲惡者有後而無益爲善雖

無後而不朽然則爲善者可以不懈爲簡肅公者可以無憾也使簡肅公無憾質夫無罪全其身終其壽考以從其先君于地下復何道哉某娶簡肅公之女質夫之妹也常哀質夫之賢而不幸傷簡肅公之絶世閔金城夫人之老而孤故爲斯言庶幾以慰其存亡者已悲夫銘曰

死而有祀四世之間死而不朽萬世之傳簡肅之德質夫之賢雖其闕矣久也其存

隴城縣令贈太常博士吕君墓誌銘

君（一本上有吕字）諱士元字佐堯江寧人也咸平二年舉明經爲潭州醴陵尉廬州司理參軍寧州彭原廣州四會縣令又爲湖州司理泗州録事參軍吉州太和秦州隴城縣令以疾卒于官享年六十有五娶闞氏生子四人曰淵曰溱曰淙曰淇闞氏年七十三後君十五年以卒子淙後其母三月卒以慶曆八年十二月二十日以闞氏之喪合葬于揚州江都縣東興鄉馬坊村先塋之次君爲人剛介有節長於爲政醴陵太

和皆大邑民喜鬭訟往往因事中吏以法
吏多不免而君日與長吏爭曲直下爲邑
民伺候終無毫髮過失可得而民卒愛思
之四會近海俗雜蠻夷君尤知其人之利
害事所經決後有欲輒改更者民必自言
于廷曰此呂君所決豈可動邪後人亦莫
能改也君仕三十餘年以一縣令之禄衣
食其族四十餘口雖薄而必均夫人闞氏
尤能爲勤儉子淵溱皆舉進士溱有賢材
以文學選中第一今淵爲祕書丞溱著作

郎直集賢院以溱官得封贈贈君太常博士母夫人封天長縣太君嗚呼吕君官雖卑惠於其民足以爲政禄雖薄周於其族足以爲仁身雖不顯而有子以大其門足以彰爲善之効君之皇祖諱裕贈兵一作工部尚書皇考諱文膺官至太子左賛善大夫自宋興百年間吕姓之族五顯于世君之叔父刑部侍郎集賢院學士文仲實爲先朝名臣而今君有賢子又將顯吕氏之族于後於其葬也是宜銘以誌其銘一作墓

曰

善無不報報不必同或在其後或及其躬積久發遲逾一作愈遠彌昌如其不信考此銘章

尹師魯墓誌銘

師魯河南人姓尹氏諱洙然天下之士識與不識皆稱之曰師魯蓋其名重當世而世之知師魯者或推其文學或高其議論或多其材能至其忠義之節處窮達臨禍福無愧於古君子則天下之稱師魯者未

必盡知之師魯爲文章簡而有法博學彊記通知今古（一作古今）長於春秋其與人言是是非非務窮盡道理乃已不爲苟止而妄隨而人亦罕能過也遇事無難易而（一無此字）勇於敢爲其所以見稱於世者亦所以取嫉於人故其卒窮以死師魯少舉進士及第爲絳州正平縣主簿河南府户曹參軍邵武軍判官舉書判拔萃遷山南東道掌書記知伊陽縣王文康公薦其才召試充館閣挍勘遷太子中允天章閣待制范公

貶饒州諫官御史不肯言師魯上書言仲淹臣之師友願得俱貶貶監郢州酒稅又徙唐州遭父喪服除復得太子中允知河南縣趙元昊反陝西用兵大將葛懷敏奏起爲經略判官師魯雖用懷敏辟而尤爲經略使韓公所深知其後諸將敗於好水韓公降知秦州師魯亦徙通判濠州久之韓公奏得通判秦州遷知涇州又知渭州兼涇原路經略部署坐城水洛與邊臣一作將異議徙知晉州又知潞州爲政有惠愛

潞州人至今思之累遷官至起居舍人直龍圖閣師魯當天下無事時獨喜論兵爲叙燕息戍二篇行于世自西兵起凡五六歲未嘗不在其間故其論議益（一作亦）精密而於西事尤習其詳其爲兵制之說述戰守勝敗之要盡當今之利害又欲訓土兵代戍卒以減邊用爲禦戎長久之策皆未及施爲而元昊臣西兵解嚴師魯亦去而得罪矣然則天下之稱師魯者於其材能亦未必盡知之也初師魯在渭州將吏有

違其節度者欲按軍法斬之而不果（一作未）其後吏至京師上書訟師魯以公使錢貸部將（一作訟師魯自盜）貶崇信軍節度副使徙監均州酒稅得疾無醫藥舁至南陽求醫疾革隱（一作憑）几而坐顧稚子在前無甚憐之色與賓客言終不及其私享年四十有六以卒師魯娶張氏某縣君有兄源字子漸亦以文學知名前一歲卒師魯凡十年間三貶官喪其父又喪其兄有子四人連喪其三女一適人亦卒而其身終以貶死一

子三歲四女未嫁家無餘貲客其喪于南陽不能歸平生故人無遠邇皆往賻（一作近）之然後妻子得以其柩歸河南以某年某月某日葬于先塋之次余與師魯兄弟交甞銘其父之墓矣故不復次其世家焉銘曰

藏之深固之密石可朽銘不滅

居士集卷第二十八

熙寧五年秋七月男發等編定

紹熙二年二月郡人孫謙益校正

黃夢升墓銘後二年（一作後又二年）飲之酒（之一作以）獨其文章未衰也（一作文章獨未衰）因爲（一作乃爲）

狄君墓銘至君（一作君至）

南陽主簿黄君墓誌銘

予友黄君夢外其先婺州金華人後徙洪州之分寧其曾祖諱某祖諱某父諱某皆不仕黄氏世爲江西大族自其祖父以來樂以家貲賑施鄉里多聚書以招延四方之士夢外兄弟皆好學尤以文章意氣自豪予少家隋州夢外從其兄官于隋予時爲童子見夢外年十七八眉目明秀善飲酒談笑予雖幼已能知夢外爲可奇其後八九年與予皆舉進士于京師夢外得丙

科初任興國軍永興主簿怏怏不得志以
疾解去久之復調江陵府公安主簿予時
謫夷陵令遇之于江陵夢升顔色憔悴初
不能識久而握手吁嚱相勞以酒夜醉起
舞歌呼自若予益悲夢升志雖衰而少時
意氣尚在也後又二年予徙乾德令夢升
復調南陽主簿又遇之于鄧間嘗問其平
生所爲文章幾何夢升慨然曰吾已諱之
矣窮達有命非世人不知我乃我羞道於
世人也求之不肯出遂飲以酒復大醉起

舞歌呼因大笑曰獨子知我者也乃肯出
其文其博辯雄偉意氣奔放猶若不可禦
予又益悲夢升志雖困而其文章獨未衰
也是時謝希深守鄧州尤喜稱道天下士
予因手書夢升文一通將示希深未及而
希深卒予亦去鄧後之守鄧者皆庸人不
復知夢升夢升素剛不苟合負其所有常
憤憤無所發卒以不得志死于南陽夢升
諱注以寶元二年四月某日卒享年四十
有二其平生所爲文曰破碎集公安集南

陽集凡若干卷其娶溫氏生四男二女以其年其月其日葬于先塋之側其弟渭泣而來告曰吾兄患世之莫知孰可爲其銘予素悲夢升者乃爲之銘曰

予嘗喜讀夢升之文至於哭其兄子庠之辭曰子之文章電激雷震雨雹忽止闃然滅泯未始不諷誦嘆息而不已嗟夫夢升曾不及庠不震不驚鬱塞埋藏孰予其有不使其施吾不知夫歸咎徒爲夢升而悲

與黃渭小簡

脩啓多事不及周謹鄙文或可刋石望只依首尾不須添他語亦不必平空及不用官銜惟書刻人欲署姓名無妨墨本乞三五紙乍別保愛脩再拜

叔祖夢升學問文章五兵從横制作之意似徐陵庾信使同時遇合未知孰先孰後也然不幸得人間四十年尒使之白髮角逐於英俊之場又未知與歐陽文忠公孰先孰後也夢升旣乖牾不逢嘗以文哭世父長善云高明之家尚爲

鬼瞰子之文章豈無物憾蓋自道也安
世十三弟秀而不實使人氣塞於今孫
曾特多英妙之質力學不休安知來者
之不如今也紹聖元年五月諸孫庭堅記
右黃夢升墓銘公年三十八所作眞
蹟今藏興國軍吳氏字畫端麗雖似
淨本然亦間有塗改校今衆本凡增
損異同七十餘字疑公後嘗修潤或
傳寫差訛今録示後人併以元帖并
山谷跋附焉

居士集卷第二十九　歐陽文忠公集二十九

墓誌六首

尚書主客郎中劉君墓誌銘并序

君諱立之字斯立姓劉氏吉州臨江人也曾祖諱逵祖諱璵當五代時避亂皆不仕父諱式官至尚書工部員外郎掌三司磨勘十餘年能其職世以其官名其家君少孤能自立舉進士爲福州連江尉睦州青溪主簿宣州南陵令改大理寺丞知夔州金華縣太子中舍知梓州中江縣通判瀘

州瀘州接西南夷常用武人爲守而夷數怨叛議者以謂武人不習夷情以生患宜得能吏通判州事君始以材選至則爲明約束止侵欺曰必使信自我始夷人安之凡君之所更立至今用（一作因）以爲法而夷亦至今不叛通判常州知高郵軍累遷殿中丞國子博士尚書虞部比部員外郎知潤州皆有能政以能選爲提點福建路刑獄察獄之寃死者奏黜知泉州蘇壽與其通判張太沖福建七州皆震悚（一作慄）御史

考其課爲天下第一遷司勲員外郎開封府判官荆湖北路轉運使坐舉官免杜衍李若谷范仲淹等皆言方天下多事時（一作方今天下多事）如劉某者不宜久居于家（一作外）乃復起爲比部員外郎知漣水軍言事者以謂自元昊反一方用兵而天下之民弊財絀於上而盜起於下然州縣吏猶習故態苟簡弛壞（一作慢）如無事時於是大選轉運使以按察諸路君以選爲荆湖北路轉運使他路繩吏或過急而被按劾者多不服

君所舉察簡而(一作其)賢否無不當是時廣西湖南夔峽諸蠻皆叛亂君所部下溪辰州彭氏蠻亦折誓柱招集亡命移書州縣州縣使人往者(一無者字)輒因辱侮慢(一作侮慢辱因)辰鼎澧(一作鼎澧辰)三州守吏皆言蠻叛有迹請加兵詔書問君君曰蠻道辰溪落鶴水悍激可下不可上其必不敢輒出而辰州土丁勝兵者三萬人宜積粟利兵爲備而已因言蠻類雖人宜鳥獸畜其小嘲啾抆觸驅而遠之耳若必擾伏制從至戾其性

則譟呼跑躨駭起而奔突乃欲力追而捕之則散漫山林我弊而彼逸凡湖廣之患皆如此也天子以其言然下三州毋得妄動一聽君所爲而蠻亦卒無事復爲司勳員外郎判三司度支句院改鹽鐵判官假太常少卿接伴契丹使者遂送之明年遂使于契丹還言澶魏築河堤非其時必難成雖成必決不如因其所趣而導之利後河果決商胡君仕官四十年不營產業自復爲司勳員外郎遂不復求磨勘凡三遷皆

爲知者所薦爲人沉敏少言笑與人寡合
而喜薦士士由君薦者多爲聞人天章閣
待制杜杞田瑜是也轉運鹽鐵皆掌財賦
而君常以民爲先其調率有可免免之其
不得已一有費字必爲處畫使吏不能因縁而
民不重費一作困其守官不爲勢牽一作奪不
爲利奪一作牽爲青溪主簿時知州事李階
通判朱正辭者皆一有世字號強吏喜負其能
以折辱下士士皆承望奔走不暇獨君數
以事爭而二人者常輒屈其始皆怒後卒

歎服共薦之其通判瀘州州有鹽井蜀大姓王蒙正請歲倍輸以自占蒙正與莊獻明肅一有皇字太后連姻轉運使等皆不敢與奪君曰倍輸於國家猶秋毫耳柰何使貧民失業遂執不與鄂州官歲市茶五百一作十萬斤君爲轉運使時三司請益一無益字市一百萬君上言曰鄂人利茶以爲生今官市之多反以茶爲病縱不能減柰何增之天子爲君許寬一年君曰事茍可行何必一年如其不可雖寬十年不可也爭之

不已後卒爲君罷之君在鹽鐵次當舉
官掌其事一作其人爲三司使欲用其私人
以空名狀請君署君不肯署而求舉者姓
名三司使不悦卒命他判官舉之其後三
司使竟坐所舉罷慶曆八年五月遷主客
郎中益州路轉運使其年十一月七日卒
于官享年六十有四夫人臨沂縣君王氏
贈尚書右僕射礪之女先君若干年卒五
子元卿眞卿亦早亡敞今爲大理評事攽
鳳翔府推官皆賢而有文章放太廟齋郎

尚幼四女三適人一尚幼以某年某月某
日葬于某縣某鄉某原銘曰
劉氏顯晦以時亂治有聲王朝自君再世
惟德之貽是將文大曷知其然君實有子
翰林侍讀學士右諫議大夫楊公墓
誌銘
慶曆八年春翰林侍讀學士右諫議大夫
楊公年六十有九告老即以工部侍郎致
仕歸于常州其行也天子召見宴勞賜以
不拜公卿大夫咸出餞于東門瞻望咨嗟

相與言曰楊公歸哉於公計爲可榮於國
家計爲可惜其明年九月十三日公疾革
出其兵論一篇示其子忱慥而授以言曰
（一有臣聞二字）臣子雖死不敢忘其君父者天下之
至恩大義也今臣借不幸猶以垂閑之口
言天下莫大之憂爲陛下無窮之慮者其
事有五以畢臣志死無所恨惟陛下用臣
言不必哀臣死也言訖而卒不及其私忱
慥以其語并其兵論以聞天子震悼顧有
司問可以寵公者有司舉故事以對天子

曰此何足以慰吾思乃詔特贈公兵部侍
郎公少師事种放學問爲文章長於議論
好讀兵書知古兵法以謂士不兼文武不
足任大事當四方無事時數上書言邊事
後二十餘年元昊叛河西契丹舉衆違約
三邊皆警天下弊於兵公於此時耗精疲
神日夜思慮創作兵車陣圖刀楯之屬皆
有法天子以步卒五百如公之法試于廷
以爲可用而世多非其刀楯脩甞奉使河
東得邊將王吉言元昊出兔毛川爲吉所

敗者用揚公一有刀掮也蓋世未甞用其術爾然公素剛一作剛直少合而議者不一故不得盡用其言夏竦經略陝西請益置土兵公言竦據内地無破賊之謀而坐請益兵蓋虞敗事則欲以兵少爲解竦復論公不忠沮計公不能忍以語詆之其後三路農民壯者咸墨爲兵公又言兵在精不在衆衆而不練則不整而易敗困國而難供時自將相大臣議者皆務多兵獨公之論能如此劉平兵敗元昊圍延州甚急而救兵

不至公在河中乃僞爲書馳告延州救兵
十萬至矣因命旁郡縣具芻粮什器如其
數以俟已而元昊亦解去後公守并州即
詔公爲并代麟府路經略安撫招討等使
兼兵馬都部署公執勑告其羣吏曰天子
用我矣然任其事必圖其効欲責其効必
盡其方乃列六事以請曰能用臣言則受
命不然則已朝廷難之公論不已坐是徙
知邢州公志之不就皆此類也公嘗爲御
史
章獻太后兄子劉從德爲團練使以

卒其門人親戚廝養用從德拜官爵者數十人馬季良以劉氏壻爲龍圖閣直學士公上書言漢呂太后王禄産欲彊其族而反以覆宗唐武三思楊國忠之禍不獨其身幾亡其國太后大怒貶監舒州酒稅居二歲復召爲御史言事愈切公祥符元年進士及第以上書言事　真宗奇之召試不赴拜著作佐郎累官至工部侍郎爲天章閣待制龍圖閣樞密直學士遂侍講于翰林嘗爲審刑院詳議官知淮陽江陰軍

三司度支判官知御史雜事判吏部流內銓三司度支副使河北河東都轉運使知河中府陝并邢滄杭五州所至皆有能績（一作稱）爲人廉潔（一作平）剛直少屈而難犯其仁心愛物至其有所能容人多所不及也公（一有諱字借二字）字次公曾祖諱偉祖諱其父諱守慶初娶張氏又娶李氏又娶李氏（一無此八字）又娶王氏太原郡君（一有六孫景略景亮景謨景道景直景彥十四字　直一作宣）公卒之明年秋其子忱以其喪歸于河南又明年二月十七日葬于洛陽

縣宣武管平洛鄉之先塋公有文集十卷兵書十五卷讀其書可以見公之志考其始終之節可以知公之心嗚呼可謂忠矣脩爲諫官時嘗與公爭議一作言于朝者而且未嘗識公也及其葬也其子不以銘屬於他人而以屬脩者豈以脩言爲可信也歟然則銘之其可不信銘曰

遠矣楊氏有來其一作其來有始赤泉侯功與漢俱起震官太尉四世以公於陵正直僕射于唐師復理鄉振左拾遺文蔚獲嘉其

後益衰避亂中州曾祖始一作遷南祖居僞
邦令于烏江又適南粤皇考是生晦顯一作顯晦
有時發于皇明在考司馬始仕坊州遂
家中一作內部道德之優司馬四子唯公克
大非徒大之將又長之世有官族孰無繫
譜或絶於微或亡其序不絶不亡由屢有
人誰如楊世愈久而蕃次第一作後嗣弗迷昭
穆緜聯公其歸此一作乎安千萬年

供備庫副使楊君墓誌銘

君諱琪字寶臣姓楊氏麟州新秦人也新

秦近胡以戰射爲俗而楊氏世以武力雄
其一方其曾祖諱弘信爲州刺史祖諱重
勳又爲防禦使太祖時爲置建寧軍於麟
州以重勳爲留後後召以爲宿州刺史保
靜軍節度使卒贈侍中父諱光扆以西頭
供奉官監麟州兵馬卒于官君其長子也
君之伯祖繼業　太宗時爲雲州觀察使
與契丹戰殁贈太師中書令繼業有子延
昭　眞宗時爲莫州防禦使父子皆爲名
將其智勇號稱無敵至今天下之士至於

里兒野叟皆能道之君生於將家世以武

顯而獨好儒學讀書史爲人材敏謙謹沈

厚意恬如也初以父卒于邊補殿侍後用

其從父延昭任爲三班奉職累官至供備

庫副使階銀青光禄大夫爵原武伯李溥

爲發運使以峻法繩下吏凡溥所按行吏

皆先戒以備而溥至多不免其黜廢者數

百人其聞溥來輒惶懼自失至有投水死

者君時年最少爲奉職監大通堰去溥治

所尤近溥嘗夜拏輕舟猝至按其文簿視

其職事如素戒以備者溥稱其才君所歷
官無不稱職其後同提點河東京西淮南
三路刑獄公事君歎曰吾本武人豈足以
知士大夫哉然其職得以薦士亦吾志也
其所舉者二百餘人往往爲世聞人嘗坐
所舉一人罰金君喜曰古人拔士十或得
五而吾所薦者多矣其失者一而已君少
喪父事其母韓夫人以孝聞後以恩贈其
一無此字父左驍衛將軍母夫人南陽縣太
君初娶慕容氏又娶李氏有子曰畋賢而

有文武材今爲尚書屯田員外郎直史館
君以皇祐二年六月壬戌卒于淮南年七
十有一皇祐三年十月甲申畋以其喪合
慕容氏之喪葬于河南洛陽杜澤原銘
曰
楊世初微自河西彎弓馳馬耀一作躍邊陲
桓桓侍中國屛毗太師防禦傑然奇名聲
累世在羌夷時平文勝武力衰溫溫供備
樂有儀好賢舉善利豈私愷悌君子神所
宜康寧壽考順全歸有畋爲子後可知

太子中舍王君墓誌銘

王君之皇考曰贈衛尉少卿諱某皇妣曰南充縣太君胥氏皇祖諱某皇曾祖諱某君諱汲字師黯娶胡氏（一有曰字）安定縣君子男三人女五人男曰尚恭尚喆尚辭初天聖明道之間予爲西京留守推官時王君寓家河南其二子始習業國子學日從諸生請學於予較其藝常爲諸生先而尚恭尤謹飭儼然有儒者法度予固奇王君之有是子也以故與君游而君性簡質重然

諾臨事而敏與之游者必愛其為人其後二子者果皆以進士中第子亦罷去不復遇王君且七年矣而尚恭來請曰不幸吾先人之亡將以今年某月甲子葬于河南某縣某鄉之某原宜得銘于石以誌諸後世一有子嘗嘉尚恭而從王君遊十字乃為次其世而作銘以遺之云

惟王氏之先長安萬年四代之祖刺史壁州遭巢猾唐得果而留卒葬西充為鄉壁公王孟有蜀或家或祿三世不遷自君東

還始家河南廣文之生舉三不中任仕以
兄主簿之畢試原武密晉城是令政專自
出令政有稱遷理之丞藍田夏雒三邑皆
聞壽五十九終中舍人在雒逢饑餔粟不
殍褒功勸吏天子有詔雒人涤膺躬之不
避以死勤民在法宜祀刻詩同藏惟世之
揚

尚書工部郎中歐陽公墓誌銘

歐陽氏世爲盧陵人盧陵於五代時屬僞
吴故歐陽氏在五代無聞者淳化三年脩

仲父府君始以進士中乙科（一作太宗時脩仲父府君始以進士中淳化三年乙科）其後爲御史有能名眞宗嘗自擇御史府君以秘書丞（一有召字）見見者數人皆進自稱薦惟恐不用府君獨立墀下無所說（一作無言）明（一作翌）日拜監察御史中丞王嗣宗指曰是獨立墀下者眞御史也（一有會字）絳州守齊化基犯法制劾其事化基嗣宗素所惡者諷之欲使蔓其獄府君（一有遽拒二字）曰如詔（一作如制所劾）而已嗣宗怒及獄上奏用他吏覆之（一有他吏二字）索其家得（一有金塗）

二字銅器十數府君坐鞫獄不盡免官明年
復得御史監蘄州稅又明年遷殿中侍御
史左巡使居二歲奏事殿中　眞宗識之
勞曰御史久矣亦勞乎問何所欲府君謝
不任（一作稱）職而已後數日　眞宗語宰相
與轉運使宰相疑其有求而不先白已對
以負無闕復使與一大郡宰相召至中書
問御史家何在欲郡孰爲便對曰無不便
宰相怒與海州又移睦州天禧元年入遷
侍御史二年出知泗州先是京師歲旱有

浮圖人斷一作有僧某者用浮屠術斷二臂禱雨官爲起

寺於一有淮上二字龜山自京師王公大臣皆禮

下之其勢傾動一無動字四方又誘民男女投

淮水死曰佛之法用此得大利而愚民歲

死淮水者幾百一作常數十人至其臨溺時用

其徒倡呼前後擁之以入至有自悔欲走

者一無者字叫號不得免一作而叫號不得免者府君聞

之驚一作大駭曰害有大一作甚於此邪盡捕其

徒詰其姦民誅數十一作餘人遣還鄉里者數

百人遂一作而毀其寺入轉尚書司封員外

郎三司戶部判官六年爲廣南東路轉運使前爲使者以市舶物代俸錢其利三倍府君歎曰（一作嶺南舊以市舶司物代轉運使俸錢其利三倍前爲使者相襲久而不變府君至則歎曰）利豈吾欲邪使直以錢爲俸今上即位就轉工部郎中秩滿以一弊舟還無一海上物歸朝賜金紫爲兩浙路轉運使以足疾求知江州天聖四年又求分司未得命以其年二月某日卒於江州之廨享年六十有八以某年某月某日葬其所曾祖諱某祖諱某僞唐吉州軍事判

官父諱其僞唐屯田員外郞娶米氏封金
壇縣君先府君以卒嗣子鑒（一有今字）爲右侍
禁武昌巡檢女二人長適某次未嫁府君
諱載字則之性方直嚴謹（一有儀容）美治身儉
薄簡言語爲政務清淨平居斂色而（一作常正衣獨）
坐如對大賓終日不少懈（一作不少）色弛人
用憚之薦舉下吏人未嘗（一作不之）知後有知
者來謝皆拒不納所至官舍未嘗窺園圃
至果爛墮地家人無敢取者其清如此銘
曰

唐隳盜猖土裂四（有一作食）方鍾氏於洪入（一作八）州自王傳死子時敗臣于楊自梁迄周盧陵僞邦歐陽是家世以不章（一作彰）違命之侯盧陵王土歐陽有聞始我仲父以貢中科來者繼武仲父之材御史其能廉清儉恭直躬以行銘以藏之子孫之承

少府監分司西京裴公墓誌銘

君諱德裕（一作谷）字某姓裴氏河中萬泉人也其九世祖耀卿爲唐名臣曾祖諱某祖諱某贈左千牛衛大將軍父諱濟以智勇

事　太宗皇帝從李繼隆擊契丹於唐河
屢立戰功守鎮定十餘年威惠著于北邊
咸平中李繼遷叛河西以内客省使順州
防禦使守靈州繼遷連歲攻之城守堅不
能下繼遷擊破清遠軍而粮道絶救兵不
至城乃陷遂歿于賊贈鎮江軍節度使累
贈尚書令兼中書令追封吴國公方其歿
也詔録其子孫君以長子自四門助教拜
太子右贊善大夫累官至少府監階朝奉
大夫勳上柱國爵開國侯以老分司西京

許居于京師某年某月某日以疾卒于家享年七十有六君爲人質重寬易居父喪盡哀宗族稱其孝得父金帛悉分諸弟不有其一錢其爲吏廉清不擾歷監藥蜜庫店宅務泗明一作州粮料院宿州酒稅知明州奉化興元南鄭二縣同判吏部南曹通判南京留守司知蓬絳解虢澤沂六州皆有能政喜自晦默如不能言予嘗問其解之鹽池君解析纖密自前世功利沿革損益條布如在目前寶元中嘗上書論茶鹽

利害多所施行其聽獄訟敏決數得疑獄
皆強吏所不能辨者及平居議法必以仁
恕爲本君初名德昌前娶康氏後娶趙氏
封平原郡君有賢行子男三人士倫士林
大理寺丞士傑衛尉寺丞女八人長適右
侍禁張用之次適大理寺丞薛寅集賢校
理孫錫大理寺丞丁某殿中丞孫祖慶庫
部員外郎張承懿集賢校理王益柔以某
年某月某日葬君于河南登封縣之某原
其孤士傑來請銘以葬銘曰

裴始絳人於唐顯聞偉歟文獻八世有孫守節蹈義厥聲以振忍生而恥亦終以死死義之榮令名不已豈惟令名報德之隆延延裴氏其賴無窮少府之賢寛恭信厚保身承家多其禄壽壽豐于躬禄及其嗣爰告後人俾知所自

居士集卷第二十九

熈寧五年秋七月男發等編定

紹熈二年三月郡人孫謙益校正

劉君墓銘 起爲（一作起君爲）

楊公墓銘 舒州（一作徐州）以其喪歸于河南（一無其于二字）

歐陽公墓銘 左巡使（三字上有充字）僞唐（一作南唐下同）

五七

[illegible]陵文忠公集三十[illegible]

十[illegible]

居士集卷第三十　歐陽文忠公集三十

墓誌四首

翰林侍讀學士右諫議大夫贈工部侍郎張公墓誌銘并序

翰林侍讀學士朝散大夫右諫議大夫上柱國清河縣伯張公諱錫字貺之其先京兆長安人也其祖山甫從唐僖宗入蜀留不返蜀遭王孟再亂絶於中國中國更五代天下爲　宋而蜀平張氏留蜀蓋亦已五世矣始得去爲漢陽人又二世而張氏

遂以大顯公爲人淸方敏黙爲善不倦而喜自晦斂若不欲人知其遇人怡怡若無所不可及覩其發施於事者其義有可畏其守有不可奪其能有不可及旣已則若未嘗有所爲者少喜讀書至其疾革猶不釋手自經史子集百家之説無不記覽通達而絶口不道於人故其一無此字晚始侍讀于中上嘗歎曰自吾得張錫日益有所聞以飛白爲博學二字賜之曰錫老矣恨得之晚也公初舉進士中大中祥符元年甲

科試秘書省校書郎知南昌縣遷萍鄉令
改著作佐郎又知安遠縣徙知新州興學
校以教新人新人有進士自公始再遷太
常博士監染院詔選能吏治畿縣公以選
知東明前爲令者闔門重簾以壅隔廢治
公至則闢門去簾告其人曰吾所治者三
而已彊恃力富恃貲刑恃贖者吾所先也
其人以謂公言簡必信法簡必嚴於是豪
勢者屈而善弱者伸縣以大治工部侍郎
李及薦公材堪御史上曰李及清慎人未

嘗妄有所舉此可信也乃以爲監察御史
故相丁謂貶崖州至是議徙內地公疏言
謂姦邪弄國罪當死無可憐且大臣竄逐
本與天下棄之今復內還是違天下意由
是止徙道州玉清昭應宮災坐火事劾當
死者百餘人公疏言天災可畏不可反以
罪人而重天怒願益修德以塞譴人乃獲
免公於御史自監察歷殿中侍御史侍御
史知雜事於尚書爲員外郎郎中累官至
諫議大夫於外爲荆湖北路京東河北轉

運使江淮一有南字兩浙荆湖發運制置使利
夔路安撫使知河中府滑州於三司爲鹽
鐵判官判句院歷鹽鐵度支户部副使又甞
權知諫院判三班審官院太常寺國子監
於侍從爲天章閣待制龍圖閣直學士翰
林侍讀學士雖其一作其雖自晦其所居人皆
以爲宜其在京東籍淄青齊濮濟鄆六州
之人冒耕河壖地收租緡絹歲二十八萬
而六州之民爭訟遂息其後言利者請稅
天下橋渡以佐軍公建言津梁利人而反

稅之以爲害卒爭罷之平居退讓未甞肯
爲人先妖賊王則反貝州兵圍久不克而
自河以北軍餉調發益急轉運使受命者
以疾留不行公自滑州權河北轉運使命
至即日馳城下軍須皆如其期其於取舍
緩急常如此公居家有常法雖貴顯衣服
飲食如少賤時事母至孝與族兄甚相友
愛人以爲同產一有平生所爲文章有集十卷公以皇祐
元年七月十日遇疾卒于京師享年六十
有八上聞震悼以白金三百兩賜其家特

贈工部侍郎曾祖諱惟序不仕祖諱文翼復州録事參軍贈太子中舍父諱龜從贈右諫議大夫母南陽郡太君鄧氏自皇祖中舍君家于漢陽遂葬之至公始葬汝州之襄城某鄉某原（一作彰孝鄉保豐原）實五年閏七月十七日也公初娶程氏再娶孫氏封樂安郡君先公五十日而卒公子五人曰子駿子充子雲（一作子瑾下同）子諒子眞子眞子充皆早卒於公之葬（一作終）也子駿子雲皆爲大理評事子諒大理寺丞有孫十人女三

人長適虞部員外郎杜樞次早卒幼適大
理寺丞王緯銘曰
自足乎其中不求乎其外斯惟公之善晦
仁能勇於必爲善有應而無遠故公晦其
終顯難於自進以晚見嗟而壽胡不俾其
遐嗚呼其柰何

兵部員外郎天章閣待制杜公墓誌

銘

慶曆三年盜起京西掠商鄧均房叛兵燒
光化軍逐守吏吏不能捕天子患之問宰

相誰可任者宰相言度支判官尚書虞部
員外郎杜棊名家子（一有好字）學通知古今宜
可用乃以君爲京西轉運按察使居數月
賊平叛兵誅死明年廣西歐希範誘白崖
山蠻蒙趕襲破環州陷鎮寧帶溪普義有
衆數千以攻桂管宰相又言前時杜棊守
横州言蠻事可聽宜知蠻利害天子驛召
君見便殿所對合意即除君刑部員外郎
直集賢院廣南西路轉運按察安撫等使
君至宜州得州人吴香及獄囚歐世宏脱

其械使入賊峒說其酋豪君乘其怠急擊之破其五峒斬首數百級復取環州因盡焚其山林積聚希範窮迫走荔波洞蒙趕率僞將相數十人以其衆降君與將佐謀曰夫蠻習險恃阻如捕猩猱而吾兵以苦暑難久是進退遲速皆不可爲故常務揃厚利以招之蓋威不足以制則恩不能以懷此其所以數叛也今吾兵雖幸勝然蠻特敗而來耳豈眞降者邪啖之以利後必復動乃慨然歎曰蠻知利而不知威久矣

吾將先威而後信庶幾信可立也(一無此字)乃
擊牛爲酒大會環州戮其(一作之)坐中者
六百餘人而釋其脇病脅從與其非因敗
而降者百餘人後三日兵破荔波擒希範
至并戮而醢之以醢賜諸溪峒於是叛蠻
無噍類而君威震南海言事者論君殺降
爲國失信於蠻貊天子置之不問詔書諭
君賜以金帛君即上書引咎六年徙爲兩
浙轉運使築錢塘堤自官浦至沙陘以除
海患明年又徙河北轉運使召見奏事移

刻天子益知其材賜金紫服以遣之是歲
夏拜天章閣待制充環慶路兵馬都部署
經略安撫使知慶州君言殺降臣也宜得
罪將吏惟臣所使其勞未録不敢先受命
天子爲君悉録將吏賞之乃受命自元昊
稱臣聽誓而數犯約抄一作撓邊邊吏避生
事縱不敢爭君始至其酋孟香率千餘人
内附事聞詔君如約君言如約當還而孟
香得罪夏人勢無還理遣之必反爲邊患
議未決夏人以兵入界求孟香孟香散走

自匿夏兵驅殺邊戶掠奪羊（一作牛）馬而求
孟香益急朝議責君亟索而還之君言夏
人違誓舉兵孟香不可與因移檄夏人不
償所掠則孟香不可得夏人不肯償所掠
君亦不與孟香夏人後亦不復敢動君治
邊二歲有威愛皇祐二年五月甲子疾卒
于官享年四十有六天子震悼賻䘏其家
以其子炤爲（一有守字）秘書省校書郎君以
蔭補將作監主簿累官至尚書兵部員
外郎階朝奉郎勳護軍嘗以太子中舍知

建陽縣除民無名租歲以萬計閩俗貧當
有老而生子者父兄多不舉曰是將分吾
貲君上書請立伍保俾民相察寘之法由
是生子得免閩人久之以君爲德多以君
姓字名其子曰生汝者杜君也君諱杞字
偉長世爲金陵人其曾伯祖昌業仕江南
李氏爲江州節度使江南國滅杜氏北遷
今爲開封府開封人也曾祖諱某贈給事
中祖諱鎬官至龍圖閣學士尚書禮部侍
郎父諱某贈尚書工部侍郎君初娶蔣氏

封其縣君後娶徐氏封東海縣君女六人其二適人四尚幼子男一人炤也杜氏自君皇祖侍郎以博學爲世儒宗故其子孫皆守儒學而多聞人君尤博覽強記其爲文章多論當世利害甚辯有文集十卷奏議集十二卷其居官以精敏明幹所至有聲君學問之餘兼喜陰陽數術之說常自推其數曰吾年四十六死矣其親戚朋友莫不聞其說至其歲果然嗚呼可謂異矣所謂命者果有數邪其果可以自知

邪皇祐六年某月日其兄駕部員外郎植與其孤葬君于某縣某鄉某原銘曰其敏以達其果以決其守不奪其摧不折其終一節茲謂不沒

尚書比部員外郎陳君墓誌銘

故尚書比部員外郎陳君卜以至和二年正月某日葬于京兆府萬年縣洪固鄉神禾原其素所知秘書丞李詡與其孤安期謀將乞銘於廬陵歐陽脩安期曰吾不敢詡曰我能得之乃相與具書幣遣君之客

貫繹自長安走京師以請蓋君以至和元年五月某日卒于長安享年四十有六其仕未達而所爲未有大見于時也然詡節義可信之士以詡能報君而君能知詡則君之爲人可知也已君諱漢卿字師黯世居閬中其先博州人因事僞蜀爲縣令遂留家焉其曾叔祖省華官至諫議大夫生堯叟堯佐堯咨先後爲將相而君自曾祖而下三世不顯曾祖諱省恭不仕祖諱堯封舉進士爲虢縣主簿王均亂蜀詣闕上

書獻破賊策不報遂退老于嵩山父諱淵
亦舉進士官至大理寺丞與其兄漸所謂
金龜子者皆以文學知名君生一歲而孤
年十三與其母入蜀過鳳翔謁其府尹而
吏少君不爲之通君直入伏庭下曰陳某
請見因責尹慢士戒吏不謹尹慙笞吏以
謝君君用叔祖堯咨蔭補將作監主簿累
遷大理寺丞監沙苑監權知渭南縣民有
兄弟爭田者吏常直其兄而弟訟不已君
爲往視其田辨其券書而以田與弟其兄

謝曰我悔欲歸弟以田者數矣直懼畧而
不敢耳弟曰我田故多然恥以不直訟兄
今我直矣願以田與兄兄弟相持慟哭拜
而去由是縣民有事多相持詣君得一言
以决曲直又知登封縣縣有惡盗十人已
謀未發而尉方以事出君募少年選手力
夜往捕獲之明日召尉歸以賊與之曰得
是可以論賞賞未及下而尉卒尉河南儒
者魏景山也老而且貧君爲主其喪事買
田宅于汝州以活其妻子通判嘉州治田

訟三十年不決者一日決之秩蒲嘉人詣
轉運使乞留不得時文丞相守成都薦其
材而薦者十有五人通判河中府府有妖
獄二百餘人君方以公事之他州提點刑
獄司疑獄有寃召君還視之獨留其一人
餘皆釋之累遷尚書虞部員外郎天子享
明堂推恩遂遷比部通判寧州決疑獄活
一家五人君好學重氣節嘗有負其錢數
千萬輒毀其劵棄之與人交久而益篤喜
爲歌詩至於射藝書法醫藥皆精妙尤好

古書竒畫每傾貲購之嘗自爲録藏于家其材能好尚皆可嘉也母曰仁壽縣太君王氏初娶王氏生一子安期也後娶又曰王氏銘曰

在蜀僞時㱠昏不迷惟陳最微蜀士而東高明顯融莫如陳宗惟陳有聲自其高曾君世不興惟興與伏有俟而畜其周必復實始自君昌其子孫考銘有文

鎮安軍節度使同中書門下平章事贈中書令謚文簡程公墓誌銘

嘉祐元年閏三月巳丑鎮安軍節度使撿校太師同中書門下平章事使持節陳州諸軍事陳州刺史程公薨于位以聞詔輟視朝二日贈公中書令於是其孤嗣隆以狀上考功移于太常而博士起曰法宜謚乃謚曰文簡明年十月十八日葬公于河南伊闕之某鄉某原（一作神陰鄉張留里）其孤又以請于太史而史臣脩曰禮宜銘乃考次公之世族官封爵號卒葬時日與其始終之大節合而誌於其墓且銘之曰惟程氏遠

有世序自重黎以來其後居中山者出於
魏安鄉侯昱之後公諱琳字天球中山博
野人也曾祖贈太師諱新曾祖妣吳國夫
人齊氏祖贈太師中書令諱贇明祖妣秦
國夫人吳氏考袁州宜春令贈太師中書
令（一有兼字）尚書令冀國公諱元白妣晉國夫
人楚氏公以大中祥符四年舉服勤辭學
高第爲泰寧軍節度掌書記（一作推官）改著作
佐郎知壽陽縣秘書丞監左藏庫天禧中
詔舉辭學履行召試直集賢院今天子即

位遷太常博士三司户部判官是時契丹所遣使者數出不遜語生事而主者應對多失辭上患之已而契丹來賀即位乃選公爲接伴使而契丹使者言太后當遣使通書公遽以禮折之乃已史官修 真宗實録而起居注闕命公修大中祥符八年以後起居注遂修起居注遷祠部員外郎提舉在京諸司庫務以本官知制誥同判吏部流内銓天聖五年館伴契丹賀乾元節使使者言中國使至契丹坐殿上位次

高而契丹使來坐次下當陛語甚切不已
而上與大臣皆以爲小故不足爭將許之
公以謂許其小必啓其大力爭以爲不可
遂止河決滑州初議者言可塞役旣作而
後議者以爲不可乃命公往視之公言可
塞遂塞之歲中遷右諫議大夫權御史中
丞明年拜樞密直學士知益州蜀人輕而
喜亂公常先制於無事至其臨時如不用
意而略其細治其大且甚者不過一二而蜀
人安之自寮吏皆不能窺其所爲正月俗

放燈吏民夜會聚遨嬉盛天下公先戒吏
爲火備有失火者使隨救之勿白以動衆
既而大宴五門城中火吏救止卒宴民皆
不知蓋其他設施多類此軍士見監軍告
其軍有變監軍入白公笑遣之惶恐不敢
去公曰軍中動靜吾自知之苟有謀者不
待告也可使告者來監軍去而告者卒不
敢來公亦不問遂止蜀州妖人有自號李
冰神子者署官屬吏卒聚徒百餘人公命
捕寘之法而讒之朝者言公妄殺人蜀人

恐且亂矣上遣中貴人馳視之使者入其
境居人行旅爭道公善使者問殺妖人事
其父老皆曰殺一人可使蜀數十年無事
使者問其故對曰前亂蜀者非有智謀豪
傑之才乃里閭無賴小人爾惟不制其始
遂至於亂也使者視蜀既無事又得父老
語還白於是上益以公爲能遷給事中知
開封府禁中大火延兩宮宦者治獄得縫
人火斗已誣伏而下府命公具獄公立辨
其非禁中不得入乃命工圖火所經而後

宮人多所居隘其娃竈近版壁歲久燥而
焚曰此豈一日火哉乃建言此殆天災也
不宜以罪人上爲緩其獄故卒得無死者
公在府決事神速一歲中獄常空者四五
遷工部侍郎龍圖閣學士守御史中丞
是歲以翰林侍讀學士復知開封府明年
爲三司使治財賦知本末出入有節雖一
金不可一作敢妄取累遷吏部侍郎景祐四
年以本官參知政事司天言日食明年正
旦請移閏月以避之公以謂天有所譴非

移閏可免惟修德政而已乃止范仲淹以
言事忤大臣貶饒州已而上悔悟欲復用
之稍徙知潤州而惡仲淹者復誣以事語
入上怒亟命置之嶺南自仲淹貶而朋黨
之論起朝士牽連一有字出語及仲淹皆指
爲黨人公獨爲上開說明其誣枉上意解
而後已公爲人剛決明敏多識故事議論
慨然及知政事益奮勵無所回避宰相有
所欲私輒以語折之至今人往往能道其
語而小人僥倖多不得志遂共以事中之

坐貶光禄卿知潁州已而上思之徙知青州又徙大名府居一歲間遷户部吏部二侍郎尚書左丞資政殿學士北京建與官者皇甫繼明爭治行宫事章交上上遣一御史視其曲直御史直公遂罷繼明是時繼明方信用其勢傾動中外自朝廷大臣莫不屈意下之而公被中傷方起未復而獨與之爭雖小故不少假也故議者不以公所直爲難而以能不爲繼明屈爲難也遷工部尚書資政殿大學士河北安撫使

慶曆六年拜武昌軍節度使陝西安撫使知永興軍府事明年加宣徽北院使判延州夏人以兵三萬臨界上前三日公諜知其來戒諸堡寨按兵閉壘虜至以爲有備引去訖公去不復窺邊趙元昊死子諒祚立方幼三大將共治其國言事者謂可除其諸將皆以爲節度使使各有其所部以分弱其勢可遂無西患事下公公以謂幸人之喪非所以示大信撫夷狄而諒祚雖幼君臣和三將無異志雖欲有爲必無功

而反生事不如因而撫之上以爲然皇祐元年加同中書門下平章事復判大名府兼北京留守自元昊反河西契丹亦犯約求地二邊兵興連歲不解而公方入與謀議更守西北二方尤知夷狄虛實情僞山川要害所以行師制勝營陣出入之法於河北尤詳其奏議頗多雖不能盡用其指畫規爲之際有可喜也再居大名前後十年威惠信於其人人爲立生祠公自罷政事益不妄與人合亦卒不復用旣徙鎮安

居三歲上書曰臣雖老尚能爲國守邊未報而得疾享年六十有九公累階開府儀同三司勲上柱國開國廣平郡爵公食户七千四百而實封二千一百賜號推誠保德守正翊戴功臣娶陳氏封衛國夫人子男四人曰嗣隆太常博士嗣弼殿中丞嗣恭太常博士嗣先大理寺丞女五人長適職方員外郎榮諲次適秘書丞韓縝次適都官員外郎晁仲約一作緯次適大理寺丞吴得次適將作監主簿王偁孫三人長曰

伯孫次曰公孫皆太常寺太祝次曰昌孫

守秘（一作校）書郎有文集奏議六十卷公平

生寡言笑慎於知人既已知之久而益篤

喜飲酒引蕭然人罕得其驩而與余尤相

好也銘曰

君子之守志於不奪不學而剛有權必折

毅毅程公其剛不屈公在政事有諤其言

直雖不容志豈不守謂公不顯公位將相

豈無謀謨胡不以訪老于輔藩（一作藩輔）白首

猶壯公雖在外邦國之光奄其不存士夫

曷望吉卜之從兆此新岡惟其休聲逾一作愈遠彌長

居士集卷第三十

熙寧五年秋七月男發等編定

紹熙二年三月郡人孫謙益校正

社待制墓誌知建安縣建本吉本同而蜀

本衢本作建昌羅氏本作建陽朝佐按

仁宗實録杜杞傳作建陽令從之

張公墓銘 讀于一作於新人有進士人一作之乃

以爲一作乃以公爲工部二字上一有尚書字

杜公墓銘 四十六一作四十有六

程文簡公墓銘 八年以後起居注此下一有二十卷三字

告其軍一作告某軍

居士集卷第三十一　歐陽文忠公集三十一

墓誌五首

太子太師致仕杜祁公墓誌銘

故太子太師致仕祁國公贈司徒兼侍中杜公諱衍字世昌越州山陰人也其先本出於堯之後歷三代常爲諸侯後徙其封于杜而子孫散適他國者以杜爲氏自杜赫爲秦將軍後三世御史大夫周及其子建平侯延年仍顯于漢又九世當陽侯預顯于晉又十有四世岐國公佑顯于唐又

九世而至于祁公其爲家有法其吉凶祭祀齋戒日時幣祝從事一用其家書自唐滅士喪其舊禮而一切苟簡獨杜氏守其家法不遷於世俗蓋自春秋諸侯之子孫歷秦漢千有餘歲得不絕其世譜而唐之盛時公卿家法存於今者惟杜氏公自曾高以來以恭儉孝謹稱鄉里至公爲人尤潔廉自尅（一作刻）其爲大臣事其上以不欺爲忠推於人以行已取信故其動靜纖悉謹而有法至考其大節偉如也（一作至考其始終之大節雖古

君子有不能及也其立於朝廷天下國家以爲重退而老也久而天子益思之公享年八十官至尚書左丞方其六十有九歲且盡即上書告老明年以太子少師致仕累遷太子太保太傅太師封祁國公於其家天子祀明堂遣使者召公陪祠將有所問以疾不至而歲時存問勞賜不絕公少舉進士高第爲揚州觀察推官知平遙縣通判晉州知乾州遷河東京西路提點刑獄知揚州河東陝西路轉運使入爲三司戶部副使拜天章閣待制知荆南府未

行以爲河北路都轉運使遂知天雄軍召爲御史中丞判流内銓知審官院拜樞密直學士知永興軍徙知并州遷龍圖閣學士復知永興軍權知開封府康定元年以刑部侍郎同知樞密院事即拜副使慶曆三年遷吏部侍郎樞密使明年以本官同中書門下平章事公治吏事如其爲人其聽獄訟雖明敏而審覈愈精故屢決疑獄人以爲神其簿書出納推析毫髮終日無倦色至爲條目必使吏不得爲姦而已及其

施於民者則簡而易行始居平遥嘗以吏
事適他州而縣民爭訟者皆不肯決以待
公歸知乾州未蒲歲安撫使察其治行以
公權知鳳翔府二邦之民爭於界上一曰
此我公也汝奪之一曰今我公也汝何有
焉夏人初叛命天下苦於兵而自陜以西
尤甚吏緣侵漁調發督迫至民破産不能
足往往自經投水以死於是時公在永興
語其人曰吾不能免汝然可使汝不勞爾
乃爲之區處計較量物有無貴賤道里遠

近寬其期會使以次（一作次第）得輸送由是物不踴貴車牛芻秣宿食來往如平時而吏束手無所施民比他州費省十六七至於繕治城郭器械民皆不知開封治京師常撓於權要有干其法而能不爲之屈者卌皆以爲難至公能使權要不敢有所干凡其爲治以聽斷盜訟爲能否爾獨公始有餘力省其民事如治他州而纖赤諸縣之民皆被其惠開封比比出能吏而兼於民政者惟公一人吏部審官主天下吏員而

居職者類以不久遷去故吏得爲姦公始視銓事一日選者三人爭某闕公以問吏吏受丙賕對曰當與甲乙不能爭遂一作乃授他闕居數日吏教丙訟甲負其事不當得公悟召乙問之乙謝曰業已得他闕不願爭公不得已與丙而笑曰此非吏罪乃吾未知銓法爾因命諸曹各具格式科條以白問曰盡乎曰盡矣明日勑諸吏無得升堂使坐曹聽行文書而已由是吏不得與銓事與奪一出於公居月餘翕然聲動

京師其在審官有以賄求官者吏謝不受曰我公有賢名不久見用去矣姑少待之慶曆之初上猒西兵之久出而民弊亟用今丞相富公樞密韓公及范文正公而三人者遂欲盡革衆事以修紀綱而小人權倖皆不悅獨公與相佐佑而公尤抑絶僥倖凡内降與恩澤者一切不與每積至十數則連封而面還之或詰責其人至懟恨涕泣而去上嘗謂諫官歐陽脩曰外人知杜其封還内降邪吾居禁中有求恩澤者

每以杜其不可告之而止者多於所封還也其助我多矣此外人及杜其皆不知也然公與三人者卒皆以此罷去公多知本朝故實善決大事初邊將議欲大舉以擊夏人雖韓公亦以爲可舉公爭以爲不可大臣至有欲以沮軍罪公者然兵後果不得出契丹與夏人爭銀甕族大戰黃河外而鴈門麟府皆警范文正公安撫河東欲以兵從公以爲契丹必不來兵不可妄出范公怒至以語侵公公不爲恨後契丹卒

不來二公皆世俗指公與爲朋黨者其論
議之際蓋如此及三人者將罷去公獨以
爲不可遂一作故亦罷以尚書左丞知兖州
歲餘乃致仕公自布衣至爲相衣服飲食
無所加雖妻子亦有常節家故饒財諸父
分産公以所得悉與昆弟之貧者俸禄所
入分給宗族賙人急難至其歸老無屋以
居寓於南京驛舍者乆之自少好學工書
畫喜爲詩讀書雖老不倦推奬後進今世
知名士多出其門居家見賔客必問時事聞

有善喜若已出至有所不可憂見於色或夜不能寐如任其責者凡公所以行之終身者有能履其一君子以爲人之所難而公自謂不足以名後世遺戒子孫無得紀述嗚呼豈所謂任重道遠而爲善惟日（一無此字）不足者歟曾祖太子少保（一作師）諱某贈太師祖鴻臚卿諱叔詹追封吳國公父尚書度支員外郎諱遂良追封韓國公皆贈太師中書令兼尚書令娶相里氏封晉國夫人子男曰詵大理評事許太常博士訥將

作監主簿詒祕書省正字三子早卒女長適集賢校理蘇舜欽次適祕閣校理李綖次適單州團練推官張遵道公以嘉祐二年二月五日卒于家其子許以其年十月十八日葬公于應天府宋城縣之仁孝原

銘曰

翼翼祁公率履自躬一其初終惟德之恭公在于位士知貪廉退老于家四方之瞻豈惟士夫天子曰咨爾曲爾直繩之墨之正爾方圓有矩有規人莫之踰公無爾欺

予左予右惟公是毗公雖告休受寵不已
宮臣國公即命于第奕奕明堂萬邦從祀
豈無臣工爲予執事何以召之惟公舊德
公不能來予其往錫君子愷悌民之父母
公雖百齡人以爲少不俾黃耇喪予元老
寵禄之隆則有止期惟其不已既去而思
銘昭于遠萬世之詒

太常博士尹君墓誌銘 并序

君諱源字子漸姓尹氏與其弟洙師魯俱
有名於當世其論議文章博學彊記皆有

以過人而師魯好辯果於有爲子漸爲人剛簡不矜飾能自晦藏與人居久而莫知至其一有所發則人必驚伏其視世事若不干其意已而推其情僞計其成敗後多如其言其性不能容常人而善與人交久而益篤自天聖明道之間予與其兄弟交其得於子漸者如此其曾祖諱誼贈光祿少卿祖諱文化官至都官郎中贈刑部侍郎父諱仲宣官至虞部員外郎贈工部郎中子漸初以祖廕補三班借職稍遷左班

殿直天聖八年舉進士及第爲奉禮郎累遷太常博士歷知芮城河陽二縣簽署孟州判官事又知新鄭縣通判涇州慶州知懷州以慶曆五年三月十四日卒于官趙元昊寇邊圍定川堡大將葛懷敏發涇原兵救之君遺懷敏書曰賊舉其（此一字無）國而來其利不在城堡而兵法有不得而救者且吾軍畏法見敵必赴而不計利害此其所以數敗也宜駐兵瓦亭見利而後動懷敏不能用其言遂以敗死劉渙知滄州杖

一卒不服渙命斬之以聞一作徇坐專殺降知密州君上書爲渙論直得復知滄州范文正公常薦君材可以居館閣召試不用遂知懷州至朞月大治是時天子用范文正公與今觀文殿學士富公武康軍節度使韓公欲更置天下事而權倖小人不便三公皆罷去而師魯與時賢士多被誣枉得罪君歎息憂悲發憤以一無此字謂生可厭而死可樂也往往被酒哀歌泣下朋友皆竊怪之已而以疾卒享年五十至和元年十有

二月十三日其子材葬君于一作於河南府壽安縣甘泉鄉龍一作龕澗里其平生所爲文章六十篇皆行於世子男四人曰材植機桴嗚呼師魯常勞其智於事物而卒蹈憂患以窮死若子漸者曠然不有累其心而無所屈其志然其壽考亦以不長豈其所謂短長得失者皆非此之謂歟其所以然者不可得而知歟銘曰有韞于中不以施一憤樂死其如歸豈其志之將衰不然世果可嫉其如斯

太子中舍梅君墓誌銘

故太子中舍致仕梅君諱讓字克讓世爲宣城人常以文學仕進君獨不肯仕其弟詢勉之君曰士之仕也進而取榮祿易欲行其志而無媿於心者難吾豈不欲仕哉居其（一無此字）官不得行其志食其（一無此字）祿而有媿於其心者吾不爲也今吾居父母之邦事長老以恭接朋友以信守吾墳墓安吾里閭以老死而無恨此吾志也其弟後貴顯必欲官之君堅不肯乃奏任君大理評事致仕于家有子六人曰堯臣曰正臣

曰彦臣曰禹臣曰純臣其一早卒其三子皆仕宦而堯臣有名當世今爲國子博士累以郊祀恩進君爲太子中舍君既老堯臣來歸朱服象笏侍君旁鄉人不榮其子而榮其父堯臣等皆以君年高願留養君不許曰此非吾意也顧其二子曰勉爾朝夕以輔吾老顧其三子曰勉爾名譽以爲吾榮居者養吾體仕者養吾志可也君享年九十有一（一作二）康彊無恙以皇祐元年正月朔卒于家其子堯臣泣請於其友盧

陵歐陽脩曰堯臣不肖仕不顯而無聞不
足以成吾先人之志退託文字以銘後世
文不敢以自私予乃爲之（一本上四字作子其爲吾銘之）
銘曰
志之充樂也（一作乎）中壽以隆福有終銘無
窮耀幽宮
湖州長史蘇君墓誌銘（并序）
故湖州長史蘇君有賢妻杜氏自君之喪
布衣蔬食居數歲提君之孤子歛其平生
文章走南京號泣于其父曰吾夫屈於生

猶可伸於死其父太子太師以告於子予爲集次其文而序之以著君之大節與其所以屈伸得失以深誚世之君子當爲國家樂育賢材者（一有惜字）且悲君之不幸其妻卜以嘉祐元年十月某日葬君于潤州丹徒縣義里鄉檀山里石門村又號泣于其父曰吾夫屈於人間猶可伸於地下於是杜公及君之子泌皆以書來乞銘以葬君諱舜欽字子美其上世居蜀後徙開封（一有府字）爲開封人自君之祖諱易簡以文章有

名太宗時承旨翰林爲學士參知政事官
至禮部侍郎父諱着官至工部郎中直集
賢院君少以父蔭補太廟齋郎調滎陽尉
非所好也已而鎖其廳去舉進士中第改
光禄寺主簿知蒙城縣丁父憂服除知長
垣縣遷大理評事監在京樓店務君狀貌
奇偉慷慨有大志少好古工爲文章所至
皆有善政官于京師位雖卑數上疏論朝
廷大事敢道人之所難言范文正公薦君
召試得集賢校理自元昊反兵出無功而

天下殆（一作怠）於久安尤（一作而）困兵事天子奮然用三四大臣欲盡革衆弊以紓民於是時范文正公與今富丞相多所設施而小人不便顧人主方信用思有以撼動未得其根以君文正公之所薦而宰相杜公壻也乃以事中君坐監進奏院祠神奏用市故紙錢會客爲自盜除名君名重天下所會客皆一時賢俊悉坐貶逐然後中君者喜曰吾一舉網盡之矣其後三四大臣（一有相字）繼罷去天下事卒不復施爲君携妻

子居蘇州買水石作滄浪亭日益讀書大涵肆於六經而時發其憤悶於歌詩至其所激往往驚絶又喜行狎一作竹草書皆可愛故其雖短章醉墨落筆爭爲人所傳天下之士聞其名而慕見其所傳而喜往揖其貌而竦聽其論而驚以服久與其居而不能捨以去也居數年復一作二年後得湖州長史慶曆八年十二月某日以疾卒于蘇州享年四十有一君先娶鄭氏後娶杜氏三子長曰泌將作監主簿次曰液曰激二女

長適前進士陳紘次尚幼初君得罪時以奏用錢爲盜無敢辨其冤者自君卒後天子感悟凡所被逐之臣復召用（一有今字）皆顯列于朝而至今無復爲君言者宜其欲求伸於地下也宜予述其得罪以死之詳而使後世知其有以也既又長言以爲之辭庶幾并寫予之所以哀君者其辭曰

謂爲無力兮孰擊而去之謂爲有力兮胡不反子之歸豈彼能兮（一作而）此不爲善百譽而不進兮一毀終世以顛擠荒孰問兮

杳難知嗟子之中兮有韞而無施文章發耀兮星日光輝雖冥冥以掩恨兮不（一作宜）昭昭其永垂

翰林侍讀侍講學士王公墓誌銘（并序）

公諱洙字原叔其生始能言已知爲詩指物（一有輒字）能賦既長學問自六經史記百氏之書至於圖緯陰陽五行律呂星官筭法訓故字音（一本上四字作方言訓詁篆隸八分）無所不學學必通達如其專家其語言初如不出諸口已而辨別條理發其精微聽者忘倦決疑

請益人人必得其所欲故自其少也一時名臣賢士皆稱慕之其名聲著天下初舉進士爲廬州舒城尉坐事免官歸居南京故相臨淄晏公爲留守竒其文章待以客禮久之復調賀州富川主簿未行臨淄公薦其才留居應天府學教諸生會一無此字詔舉經術士爲學官京東轉運使舉公應詔召爲國子監直講遷大理評事史館檢討知太常禮院天章閣侍講直龍圖閣同判太常寺慶曆中小人有不便大臣執政者欲排

去之未知所發而杜丞相子壻蘇舜欽爲
集賢校理負時名所與交遊皆當世賢豪
巳而舜欽坐監進奏院祠神會客爲御史
所彈公以一作預坐客貶知濠州徙知襄徐
亳三州范文正公富丞相皆言王某學問
經術多識故事宜在朝廷復召爲檢討同
判太常寺侍講充史館修撰拜知制誥權
判吏部流内銓至和元年九月爲翰林學
士三年以親嫌改侍讀學士兼侍講學士
嘉祐二年九月甲戌朔以疾卒享年六十

有一累官至尚書吏部郎中階朝散大夫
勳輕車都尉爵開國伯食邑五百戶公爲人
寬厚樂易孝於宗族信於朋友諸孤不能
自立者皆爲之嫁娶始舉進士時與郭積
同保人有告積冒一有祖字母禫者法當連坐
主司召公問果保積否不然可易也公言
保之不可易也於是與積俱罷公以文儒
進用能因其所學爲上開陳其言緩而不
迫天子常喜其說意有所欲必以問之無
不能對嘗以塗金龍水牋爲飛白詞林二

字以襃之至於朝廷他有司前言故實皆就以考正旣領太常吉凶禮典撰定尤多甞修集韻校定史記前後漢書編國朝會要鄉兵制度祖宗故事三朝經武聖略皇祐中大享明堂翰林侍讀學士宋祁言明堂禮廢久必得通知古今之學者詔公共草其儀禮成撰大享明堂記又詔修雅樂晩喜隷書尤有古法著易傳十篇一無此五字其他一作所爲文章千有餘篇其施於爲政敏而有方襄州中盧戍兵驕前爲守者患

之不能制公至囹事召之悉集于庭告曰某時爲某事者非某人邪取其一二人（一無此字）寘于法餘悉不問（一有由是二字）兵始知懼是時妖賊反貝州州縣無遠近皆警動佐吏勸公毋給州卒教習者真兵公笑曰是欲防亂乎此所以使人不安也在徐州遭歲大饑免民舟筭繙使得糴旁郡而（一有多字）出公私米粟賑民所活尤多（一作甚衆）有司上其最（一有爲京東第一五字）降詔書褒美（一作獎諭）其在朝廷多所論議遇人恂恂惟謹及既歿而考其

言皆當世要大一作務公知制誥夏竦卒天
子以東宫舊恩賜謚文獻公曰此僖祖皇
帝謚也封還其目不爲草辭因曰前有司
謚王溥爲文獻章得象爲文憲字雖異而
音同皆當改於是太常更謚竦文莊而溥
得象皆易謚又嘗論宗戚近幸冒法干恩
澤以亂刑賞又言天下民田稅不均而姦
民逃亡有司失其常稅請用郭諮孫琳千
步開方爲均田法頒之州縣使因民訟稍
稍均之可不擾而有司得復其常數近時

選諫官御史有執政之臣嘗薦舉者皆以嫌不用公以謂士飭身勵行而大臣薦賢以報國以嫌廢（一作置）之是疑大臣而廢賢材不可及論河功邊食皆可施行方公病時八月開邇英閣侍臣並進講讀而公獨病（一作不在）天子思之遣使者問公疾少間否能起而爲子講邪既而公病篤以卒天子震悼賻䘏加等贈給事中特賜謚曰文即以其年十月辛酉葬于應天府虞（一作宋）城縣之孟諸鄉土山原公

應天宋城人也曾祖諱厚祖諱化贈太傅
父諱礪贈太師中書令兼尚書令公初娶
董氏再娶胡氏皆先公卒又娶齊氏封高
陽郡君子男五人長曰叟臣早卒次曰力
臣太常寺太祝次欽臣祕書省正字次陟
臣將作監主簿次曾臣某官一無二字一女適
太常博士陳安道銘曰
惟王氏之先遠自三代下迄戰國商周齊
魏其後之人皆以王爲氏故其爲姓尤多
於後世而太原之王出周王子公世可考

實太原人後家于宋遂以蕃延惟其皇考
是生八子公實其季其德克嗣播其休聲
以顯于仕八支之盛名譽材賢公老朝廷
儒學之臣退食于家詵詵子孫豈其不樂
胡奪之年朝無咨詢士失益友送車國門
出涕引首于兹歸藏刻銘不朽

居士集卷第三十一

熙寧五年秋七月男發等編定

紹熙二年三月郡人孫謙益校正

杜祁公墓誌銘衢閩蜀本皆作娶相里氏司馬公記聞亦然惟羅氏并吉本以爲李氏近歲吉州教授林仲熊遂入纂誤非也

王文公墓誌銘諸本皆作階朝奉大夫惟羅氏本作朝散大夫

蘇長史墓誌天下殆於久安二十三卷余襄公神道碑作怠於久安朝佐孜公集怠

迨殆三字似通用徐氏墓誌吾母不以愛殆我穀城縣夫子廟記見者殆焉此亦以怠爲殆也劉侍讀墓誌殆今三十年忝丁學士文殆榮華之銷歇此則以迨爲殆也諸本間有改者覽者以意讀之

杜祁公墓誌銘　而三人者遂欲盡革衆事（遂一作乃）工書畫（盡心畫之畫一本以其用俗書畫字遂削去）

（後有李端懿蔡襄墓誌皆云工書畫）

蘇君墓銘　太子太師（此下一有祁國公三字）文章（一作文華）所好（一作其好）

居士集卷第三十二　歐陽文忠集三十二

墓誌七首

尚書户部侍郎參知政事贈右僕射文安王公墓誌銘 并序

公姓王氏其先太原祁人其六世祖某爲唐輝州刺史遭世亂因留家碭山碭山近宋其後又徙宋州之虞城今爲應天虞城人也公諱堯臣字伯庸天聖五年舉進士第一爲將作監丞通判湖州召試以著作佐郎直集賢院知光州歲大饑羣盜發民

倉廩吏法當死公曰此飢民求食爾荒政之所恤也乃請以減死論其後遂以著令至今用之丁父憂服除爲三司度支判官再遷右司諫郭皇后廢居瑶華宫有疾上頗哀憐之方后廢時宦者閻文應有力及后疾文應又主監醫后且卒議者疑文應有姦謀公請付其事御史考按虛實以釋天下之疑事雖不行然自文應用事無敢指言者（一有其字）後文應卒以恣横斥死后猶在殯有司以歲正月用故事張燈公言郭

氏幸得蒙厚恩復位號乃天子后也張燈可廢上遽爲之罷景祐四年以本官知制誥賜服金紫同知通進銀臺司兼門下封駁提舉諸司庫務遷翰林學士知審官院元昊反西邊用兵以公爲陝西體量安撫使公視四路山川險易還言其路宜益兵若干其路賊所不攻其路宜急爲備至於諸將材能長短盡識之薦其可用者二十餘人後皆爲名將是時邊兵新敗於好水任福等戰死今韓丞相坐主帥失律奪招討

副使知秦州范文正公亦以移書元昊不
先聞奪招討副使知耀州公因言此兩人
天下之選也其忠義智勇名動夷狄不宜
以小故置之且任福由違節度以致敗尤
不可深責主將由是忤宰相意并其他議
多格不行明年賊入涇原戰定川殺大將
葛懷敏乃公指言爲備處由是始以公言
爲可信而前所格議悉見施行因復遣公
安撫涇原路公曰陛下復用韓琦范仲淹
幸甚然將不中御兵法也願許以便宜從

事上以爲然因言諸路都部署可罷經略
副使以重將權而偏將見招討使以軍禮
置德順軍於籠竿城廢涇原等五州營田
以其地募弓箭手其所更置尤多方公使
還行至涇州而德勝寨兵逌其將姚貴閉
城叛公止道左解裝爲牓射城中以招貴
且發近兵討之初吏白曰公奉使且還歸
報天子爾貴叛非公事也公曰貴土豪也
頗得士心然初非叛者今不乘其未定速
招降後必生事爲朝廷患貴果出降明年

四月以學士權三司使自朝廷理元昊罪
軍興而用益廣前爲三司者皆厚賦暴斂
甚者借内藏率富人出錢下至果菜皆加
稅而用益不足公始受命則曰今國與民
皆弊矣在陛下任臣者如何由是天子一
聽公所爲公乃推見財利出入盈縮曰此
本也彼末也計其緩急先後而去其蠹弊
之有根究者斥其妄計小利之害大體者
然後一爲條目使就法度罷副使判官不
可用者十五人更薦用材且賢者朞年民

不加賦而用足明年以其餘償内藏所借者數百萬又明年其餘而積於有司者〔一有又字〕數千萬而所在流庸稍復其業公曰臣之術止於是矣且臣母老願解煩劇天子多公功以爲翰林學士承旨兼端明殿學士羣牧使初官者張永和方用事請收民房錢十之三以佐國事下三司永和陰遣人以利動公公執以爲不可度支副使林濰附永和議不已公奏罷濰乃止益利夔三路轉運使皆請增民鹽井課歲可爲錢

十餘萬公亦以爲不可而權倖因緣多見裁抑京師數爲飛語及上之左右往往讒其短者上一切不問而公爲之亦自若也及公旣罷上慰勞之公頓首謝曰非臣之能惟陛下信用臣爾丁母憂去職服除復爲學士羣牧使再遷給事中皇祐三年以本官爲樞密副使公持法守正遂以身任天下事凡宗室宦官醫師樂工嬖習之賤莫不關樞密而濫恩倖請隨其事可損損之可絶絶之至其大者則皆著爲定令由

是小人益怨構爲飛書以害公公得書自
請曰臣恐不能勝衆怨願得罷去上愈知
公爲忠爲下令購爲書者甚急公益感勵
在位六年廢職脩舉皆有條理樞密使狄
青以軍功起行伍居大位而士卒多屬目
往往造作言語以相扇動人情以爲疑而
青色頗自得公嘗以語衆折青爲陳禍福
言古將帥起微賤至富貴而不能保首領
者可以爲鑒戒青稍沮畏嘉祐元年三月
拜户部侍郎叅知政事三年遷吏部侍郎

八月二十一日以疾薨于位享年五十有六公在政事論議有所不同必反復切劘至於是而後止不爲獨見在上前所陳天下利害甚多至施行之亦未甞自名其所設施與在樞密時特異豈政事者丞相府也其體自宜如是邪公爲人純質雖貴顯不忘儉約與其弟純臣相友愛世稱孝悌者言王氏遇人一以誠意無所矯飾善知人多所稱薦士爲時名臣者甚衆有文集五十一作六十卷將終口授其弟純臣遺奏以

宗廟至重儲嗣未立爲憂天子愍然臨
其喪輟視朝一日贈左僕射太常謚曰
文安曾祖諱化某官一無某官二字下同贈太傅妣
戚氏封曹國太夫人祖諱礪某官父諱瀆
某官皆贈太師中書令兼尚書令祖妣袁
氏鄆一作鄭國太夫人妣仇氏徐國太夫人
娶丁氏安康郡夫人子男三人同老大理
評事周老太常寺太祝早卒朋老大理評
事二女長適校書郎戚師道早卒次未嫁
王氏自遷虞城由公曾祖而下或葬雙金

或葬土山皆在虞城嘉祐四年八月十日
改葬公之皇考于宋城縣平臺鄉石落原
而以公從葬焉銘曰

王爲祁人遭亂不還六世之祖初留碭山
其後再遷虞宋之間遂安其居葬不遠卜
宋多名家王實大族族大而振自公顯聞
公初奮躬以學以文逢國多事有勞有勤
利歸于邦怨不避身帝識其忠謂堪予弼
俾副樞機出入惟密遂參政事實有謀謨
誰中止之不俾相予帝有褒章愍飾之贈

長于百寮考德惟稱維古載功在其廟器

今亦有銘幽宮是閟

資政殿大學士尚書左丞贈吏部尚

書正肅吳公墓誌銘

嘉祐四年十一月丁未資政殿大學士金

紫光祿大夫尚書左丞知河南府兼西京

留守司上柱國渤海郡開國公食邑二千

八百户食實封捌伯户贈吏部尚書謚曰

正肅吳公葬于鄭州新鄭縣崇義鄉朝村

之原吳氏世爲建安人自高曾以來皆葬

建州之浦城至公始葬其皇考于新鄭公
諱育字春卿爲人明敏勁果彊學博辯能
自忖一作持度不可守不發巳發莫能屈奪天
聖中與其弟京方俱舉進士試禮部爲第一
遂中甲科而京方皆及第當是時吴氏兄
弟名聞天下公初以大理評事知臨安諸
曁二縣遷本寺丞知襄城縣舉才識兼茂
明於體用策入三等遷著作佐郎直集賢
院通判蘇州同知太常禮院三司户部度
支二判官知諫院脩起居注知制誥判太

常大理二寺吏部流内銓史館修撰累遷起居舍人爲翰林學士久之遷禮部郎中以學士知開封府公爲政簡嚴所至民樂其不擾去雖久愈思之初秦悼王葬汝州界中其後子孫當從葬者與其歲時上冢者不絶故宗室官官常往來爲州縣患公在襄城每裁折一作抑之宗室官官怒或夜半叩縣門索牛駕車以動之公輒不應及旦徐告曰牛不可得也由是宗室官官曰此不可爲也凡過其縣者不敢以鷹犬犯

民田至他境矣然後敢縱獵其治開封尤先豪猾曰吾何有以及斯人去其爲害者而已居數日發大姦吏一人流于嶺外一府股栗又得巨盜積贓萬九千緡獄具而輒再變衆疑以爲寃天子爲遣他吏按之卒伏法由是京師肅清方元昊叛河西契丹亦乘間𧶘盟朝廷多故公數言事獻計畫自元昊初遣使上書有不順語朝廷亟命將出師而羣臣爭言豎子即可一作可卯誅滅獨公以謂元昊雖名藩臣而實夷狄其

服叛荒忽不常宜示以不足責外置之且
其已僭名號誇其人勢必不能自削以取
羞種落第可因之賜號若國主者且故事
也彼得其欲宜不肯妄動然時方鋭意於
必討故皆以公言爲不然其後師久無功
而（一無此字）元昊亦歸過自新天子爲除其罪
卒以爲夏國主由是議者始悔不用公言
而虛弊中國公在開封數以職事辨爭或
有不得則輒請引去天子惜之慶曆五年
正月以爲諫議大夫樞密副使三月拜叅

知政事與賈丞相爭事上前上之左右與殿中人皆恐色變公論辯不已既而曰臣所爭者職也顧力不能勝矣願罷臣職不敢爭上顧〈一作多〉公直乃復以爲樞密副使居歲餘大旱賈丞相罷去御史中丞高若訥用洪範言大臣廷爭爲不肅故雨不時若因并罷公以給事中知許州又知蔡州州故多盜公按令爲民立伍保而簡其法民便安之盜賊爲息京師有告妖賊千人聚確山者上遣中貴人馳至蔡以名捕者

十人使者欲得兵自往取之公曰使者欲藉兵立威欲得妖人以還報也使者曰欲得妖人爾公曰吾在此雖不敏然聚千人于境内安得不知使信有之今以兵往是趣其爲亂也此不過鄉人相聚爲佛事以利錢財爾一弓手召之可致也乃館使者日與之飲酒而密遣人召十人者皆至送京師告者果伏辜拜資政殿學士徙知河南府兼西京留守司又徙陜府遷禮部侍郎徙永興軍丁父憂去官起復懇請終喪

服除加拜翰林侍讀學士且召之公辭以
疾上惻然遣使者存問賜以名藥遂以知
汝州居久之又辭以疾即以爲集賢院學士
判西京留守司御史臺疾少間一作愈復知陝
府加拜資政殿大學士自公罷去上數爲
大臣言吴某剛正可用每召之輒以疾不
至於是召還始侍講禁中判通進銀臺司
尚書都省明年拜宣徽南院使鄜延路經
略安撫使判延州龐丞相經略河東與夏
人爭麟州界亟築柵於白草公以謂約不

先定而亟城必生事遽以利害牒河東移
書龎公且奏疏論之（一有朝廷二字）皆不報巳而
夏人果犯邊殺驍將郭恩而龎丞相與其
將校十數人皆以此得罪麟府遂警旣而
公復以疾辭不任邊事且求解宣徽使乃
復以爲資政殿大學士尚書左丞知河中
府遂徙河南公前在河南踰月而去河南
人思之聞其復來皆驩呼逆于路惟恐後
其卒也皆聚哭公享年五十有五以嘉祐
三年四月十五日（一作乙卯）卒于位（一有以聞二字）詔

輟朝一日曾祖諱進忠贈太師妣陳氏吳
國太夫人祖諱諒贈中書令妣葛氏越國
太夫人父諱待問官至禮部侍郎贈太保
妣李氏楚國太夫人娶王氏太原郡夫人
子男十人安度安矩安素皆太常寺太祝
安常大理評事安正安本安厚皆祕書省正
字安厚太常寺奉禮郎安憲安節未仕女三
人長適集賢校理韓宗彥次適著作佐郎
龐元英皆早卒次適光禄寺丞任逸公在
二府時太保公以列卿奉朝請父子在廷

士大夫以爲榮而公踧踖不安自言子班
父前非所以示人以法顧不敢以人子私
亂朝廷之制願得罷去不聽天子數推恩
羣臣子弟公每先及宗族疎遠者至公之
卒子孫未官者七人有文集五十卷尤長
於論議銘曰
顯允吳公有家于閩自我皇考卜茲新原
厚壤深泉樂其寛閑令公其從公志之安
公昔尚少一作少時始來京師挾其二季名發
聲馳乃賜之第以承帝問語驚于一作天廷

有偉其論乃登侍從乃任大臣出入險夷
周旋屈伸公所策事先其利害初有不從
後無不悔公於臨政簡以便人人失一作去
而思愈久彌新帝曰廷臣汝剛而直來汝
予用斷余不惑公曰臣愚負薪之憂帝爲
咨嗟公其少休優以本邦寵其秩禄尚冀
公來公卒不復史臣考德作銘幽宅

鎭潼軍節度觀察留後李公墓誌銘

嘉祐五年八月某日鎭潼軍節度觀察留
後知澶州軍州事隴西李公得暴疾薨于

州之正寢其以疾聞也上方宴禁中爲止
樂命中貴人馳國醫往視未及行而以薨
聞詔輟視朝一日賜其家黃金三百兩贈
公感德軍節度使已而又贈兼侍中太常
謚曰某即以某年某月某日葬于開封府開
封縣褒親鄉先塋之次公諱端懿字元伯開
封人也右千牛衛將軍贈太師尚書令兼
中書令隴西元靖王諱崇矩之曾孫連州
刺史贈太師諱繼昌之孫鎮國軍節度使
駙馬都尉贈尚書令兼中書令許和文公

諱遵勗之子母曰齊國獻穆大長公主太
宗之女眞宗之妹今天子之姑屬親而尊
禮秩崇顯其淑德美問彰于内外而和文
公好學不倦折節下士喜交名公卿一時
翕然號稱賢尉故李氏之盛受寵三朝而
天下之士不後其榮而樂道其德公爲家
子於其家法習見安行不待教告少篤學
問長而孝友喜爲詩工書畫至於陰陽醫
術星經地理無所不通七歲爲如京副使
歷文思副使供備庫使洛苑使新州刺史

康懷二州團練使濟州防禦使坐知冀州
失捕妖人降授單州團練使知均州未行
改滑州兵馬鈐轄居歲中遷汝州防禦使
蔡州觀察使天子祀明堂推恩徙華州觀
察使獻穆大長公主薨起復爲鎭國軍節
度觀察留後公泣血辭讓願終喪制上不
許其讓許其終喪給以全俸服除拜鎭潼
軍節度觀察留後累階金紫光祿大夫勳
上柱國爵開國公食邑四千四百戶實封
九百戶公爲兒時上在東宮　眞宗命公

侍研席上尤親愛嘗解方玉帶賜之稍長出
入宮禁禮如家人雖燕見語不及私數爲
上陳朝廷闕失開說古今治亂多所補益
退而未嘗言公既薨得其遺稾之末上者
言宗室事甚詳其餘不傳公少自勉勵見
士大夫有失節廢義者輒歎曰士起寒苦
以學行自名至牽利欲遂亡其所守况驕
佚易習而生長富貴間邪故常惕然痛自
刮磨思立名節聞一善士傾身下之而賢
士大夫亦樂與之遊以此多得名譽方大

長公主在時數欲求外官以自効不可得
久之出知冀州爲政循法度檢身束下民
以不擾歲滿召還初在冀捕妖人李校校
窮自經死驗得實矣後貝州妖賊王則閉
城叛聲言校在以惑衆公坐貶官已而則
誅城開無李校者乃還公防禦使又知鄆
州安撫京東之西路是歲京東水災民饑
流亡公爲治室廬發倉廩而流人至者如
歸咸賴以全活置弓手馬教其馬鬭皆如
精兵治汶陽堤百餘里鄆人遂無水患又

知澶州發軍吏之姦者去之流其尤者於
遠方然後明軍籍均其勞逸軍中稱平而
畏其法始下令捕盜有登隣屋取一杙者
遽寘之法以徇於市曰是固足以信吾令
由是盜賊屏息公雖以公主子自少居京
師常領職事其在三班院尤爲稱職三班
掌諸使臣功過黜陟而主者皆顯官自重
或貴家子食俸廩而已吏得因依爲姦而
職廢久不省至公始躬治簿書考覈虛實
賞罰必當後人多遵用其法及出爲三州

又皆有治狀故雖享年不永不究其所施
而士君子皆知其非安於富貴者也及聞
其喪也莫不痛惜焉公自爲鎮潼留後十
年不遷上以其久也以爲寧遠軍節度使
公懇辭不拜及其薨也遂贈感德軍節度
使公享年四十有八娶郭氏封仁壽郡君
先公九年卒贈太原郡夫人西京左藏庫
使昌州團練使中和之女子男五人長曰
詵供備庫副使次曰諲曰詢皆右侍禁次
曰誧曰訢尚幼女四人長適皇姪右屯衛

大將軍吉州團練使建安郡公宗保早卒

次適秘書丞夏倚次適皇姪左領軍衛大

將軍宗景次適皇姪孫右監門衛將軍世

逸公平生嘗語其子弟曰吾蒙國厚恩未

有以報吾且死宜有遺言毋因以求恩澤

及其薨也其家如其言銘曰

允矣和文惟時顯人蔚有士譽匪矜帝姻

賚其子孫列爵啓國惟公承之克似其德

士起寒家驕于蒲盈紛其利欲敗節隳名

公生盛族赫奕高明都尉之子天子之甥

惟謹惟恭其色不懈聞善如貪在得思戒

間亦宴見忠言告猷學而從政有惠三州

享其多美獨不遐年高旌巨節以賁于泉

曷又贈之金璫附蟬寵渥名榮（一作榮名）惟有

其實刻詩同藏其固其密

居士集卷第三十二

熙寧五年秋七月男發等編定

紹熙二年三月郡人孫謙益校正

王文安公墓銘　封曹國（一無封字）

吳正肅公墓銘　才識兼茂明於體用（一作賢良）

方正直言極諫　留守司（一無守字）本邦（一作大邦）

李留後墓銘　即以某年（一作其年）

續添

吳正肅公墓銘　上顧（一作上稱）州故多盜（州一作蔡）

居士集卷第三十三　歐陽文忠公集三十三

墓誌四首

尚書工部郎中充天章閣待制許公墓誌銘 并序

公諱元字子春姓許氏宣州宣城人也許氏世以孝謹稱鄉里其父亡一子當官兄弟相讓父之曰吾弟材後必庇吾宗乃以公補郊社齋郎徙居海陵力耕以養其母調明州定海尉州順昌縣尉泰州軍事推官戍兵千人自海上亡歸州守聞變不知

所爲公爲詰其所以來二三人出前對公叱左右執之曰惑衆者此爾其餘何罪勞其徒而遣之遷鎮東軍節度推官知潤州丹陽縣縣有練湖決水一寸爲漕渠一尺故法盜決湖者罪比殺人會歲大旱公請借湖水溉民田不待報決之州守遣吏按問公曰便民罪令可也竟不能詰由是溉民田萬餘頃歲乃大豐再遷太子中舍監揚州博鹽和糴倉知泰州如皐縣所至民愛思之公爲吏喜修廢壞其術長於治財

自元昊叛河西兵出久無功而天下勞弊
三司使言公材以主榷貨公言先時賈人
入粟塞下京師錢不足以償故錢償愈不
足則粟入愈少而價愈高是謂內外俱困
請高塞粟之價下南鹽以償之使東南去
滯積而西北之粟盈曰此輕重之術也行
之果便是時京師粟少而江淮歲漕不給
三司使懼大臣以爲憂參知政事范仲淹
謂公獨可辦乃以公爲江淮兩浙荊湖發
運判官公曰以六路七十二州之粟不能

足京師者吾不信也至則治千艘浮江而
上所過州縣留三月食其餘悉發而州縣
之廩遠近以次相補由是不數月京師足
食旣而歎曰此可爲於乏之時然歲漕不給
者有司之職廢也乃考故事明約信令發
斂轉徙至於風波遠近遲速賞罰皆有法
凡江湖數千里外談笑治之不擾不勞而
用以足公初以殿中丞爲判官巳而爲副
爲使每歲終會計來朝天子必加恩禮特
賜進士出身官至工部郎中天章閣待制

凡在職十有三年已而曰臣憊矣願乞臣一州天子顧代公者難其人其請至八九久之察其實病且老矣乃以知揚州居歲餘徙知越州公益病又徙泰州至州未視事以嘉祐二年四月某日卒于家享年六十有九曾祖諱稠池州録事參軍祖諱規贈大理評事父諱遜尚書司封員外郎贈工部侍郎公娶馮氏封崇德縣君先公卒子男二人長曰宗旦眞州楊子縣主簿次曰宗孟守將作監主簿女一人適太常寺

太祝滕希雅先是江淮歲漕京師者常六百萬石其後十餘歲歲益不充至公爲之歲必六百萬而常餘一百萬以備非常方其去職有勸公進爲羨餘者公曰吾豈聚斂者哉敢用此以希寵公爲人善談論與人交久而益篤於其家尤孝悌所得俸禄分給宗族無親踈之異其孤宗旦等以其年某月某日葬公於真州楊子縣甘露鄉之某原其所與遊廬陵歐陽脩誌於其墓曰嗚呼爲天下者固常養材於無事之時蓋

必有事然後材臣出自寶元慶曆以來兵
動一方奔走從事於其間者皆號稱天下
豪傑其智者出謀材者獻力訖不得少如
其志而公遭此時用其所長且久於其官
故得卒就其業而成此名此其可以書矣
乃爲之銘曰
材難矣有藴而不得其時時逢矣有用而
不盡其施功難成而易毁雖明哲或不能
以自知公材之敏兮用適其宜志方甚壯
兮力則先衰行著于家而勞施于國永幽

其閟兮銘以哀之

尚書刑部郎中充天章閣待制兼侍讀贈右諫議大夫孫公墓誌銘

公諱甫字之翰許州陽翟人也初舉進士天聖五年得同學究出身爲蔡州汝陽縣主簿八年再舉進士及第爲一無此字華州觀察推官轉運使李紘薦其材遷大理寺丞知絳州翼城縣故丞相杜祁公與紘皆以清節自高尤難於取士聞公紘所薦也數招致之一見大喜已而祁公自御史中丞拜樞

密直學士知永興軍辟公司錄凡事之繁猥者一以委之公歎曰待我以此可以去矣祁公爲謝顧事非他吏不能者不敢煩公公乃從容爲陳當世之務所以緩急先後施設之宜又多薦士之賢而在下者於是祁公自以爲得益友歲滿知彭州永昌縣監益州交子務再遷太常博士祁公爲樞密副使薦于朝得祕閣校理是時諸將兵討靈夏久無功天下騷動盜賊數入州縣殺吏卒吏多失職而民弊矣天子方銳

意更用二三大臣乃極選一時知名士增置諫員使補闕失公以右正言居諫院上好納諫諍未嘗罪言者而至言宮禁事他人猶須委曲開諷而公獨曰所謂后者正嫡也其餘皆猶婢爾貴賤有等用物不宜過僭自古寵女色初不制而後不能制者其禍不可悔上曰用物在有司吾恨不知爾公曰世謂諫臣耳目官所以達不知也若所謂前世女禍者載在書史陛下可自知也上深嘉納之保州兵變前有告者大臣

不時發之公因力言樞密使副當得罪使乃杜祁公也邊將劉滬城水洛于渭州部署尹洙以滬違節度將誅之大臣稍主洙議公以謂水洛通秦渭於國家利滬不可罪由是罷洙而釋滬洙公平生所善者也公在諫院所言補益尤多是三者其一人所難言其二人所難處者其後言宰相以某事當去者上亟爲罷之因以陳執中爲參知政事公又言執中不可用由是上難之公遂求解職於是小人不便大臣執政

而朋黨之論起二三公相繼去位公亦在
論中而辨諍愈切不自疑由是罷諫職以
右司諫知鄧州徙知安州歷江南兩浙轉
運使再遷兵部員外郎改直史館知陝府
又徙晉州河東轉運使公素羸性淡然寡
所好欲恂恂似不能言而内勁果遇事精
明議者謂公道德文章宜在朝廷備顧問
而錢穀刀筆非其職然公處之益辨至臨
疑獄滯訟常立得其情大賊張海郭貌山
攻刦商鄧新破南陽順陽公安輯有方常

曰教民知戰古法也乃親閱縣弓手教之擊射坐作皆爲精兵盜賊爲息陝當東西衝吏苦廚傳而前爲守者顧毀譽不能有所損至公痛裁節之過客畏其清初無所望而亦莫之毀也陝人賴以紓後遂以爲法其爲轉運使所至州縣視其職事修廢察其民樂否以此升黜官吏而不納毀譽遇下雖嚴而不害其在兩浙范文正公守杭州以大臣或便宜行事公曰范公貴臣也吾屈於此則不得伸於彼矣由是一切

繩以法而常以監司自處范公遇公無倦色及退而不能無恨公遇范公不少下然退而未甞不稱其賢也自河東召爲度支副使勤其職不以爲勞已而得疾嘉祐元年遷刑部郎中天章閣待制河北都轉運使不行疾少間乃留侍讀公博學彊記尤喜言唐事能詳其君臣行事本末以推見當時治亂每爲人說如其身履其間而聽者曉然如目見故學者以謂終歲讀史不如一日聞公論也所著唐史記七十五卷

論議宏贍書未及成以嘉祐二年正月戊
戌卒于家享年六十公旣卒詔取其書藏
于祕府贈右諫議大夫又有文集七卷公
喜接士務揚人善所得俸廪多所施與撫
諸孤兒教育如巳子曾祖諱恕博州堂邑
主簿祖諱賁尚書庫部員外郎考諱從革
不仕以公貴累贈都官郎中母曰長安縣
太君李氏娶程氏壽昌縣君子三人長曰
宜滑州節度推官次曰寔曰寘皆將作監
主簿女三人一適將作監主簿程著餘皆

早亡以五年七月丁酉葬公于陽翟縣舊學鄉塢頭村之北原銘曰

惟學而知方以行其義惟簡而無欲以遂其剛力雖弱兮志則彊積之厚兮發也光宜壽兮奄以藏有深其泉兮有崇其岡永安其固兮百世無傷

梅聖俞墓誌銘 并序

嘉祐五年京師大疫四月乙亥聖俞得疾卧城東汴陽坊明日朝之賢士大夫往問疾者騶呼屬路不絶城東之入市者廢行

者不得往來咸驚顧相語[一作謂]曰茲坊所居大人誰邪[一作茲坊大人誰也]何致客之多也居八日癸未聖俞卒於是賢士大夫又走弔[二字一作共]哭如前日益多而其尤親且舊者相與聚而謀其後事自丞相以下皆有以賻卹其家粵六月甲申其孤[一作子]增[一無此字]載其柩南歸以明年正月丁丑葬于其所[一作宣州陽城鎮雙歸山]聖俞字也其名堯臣姓梅氏宣州宣城人也[一作姓梅氏名堯臣宣州人也]自[一無此字]其家世頗[一有皆字]能詩而從[一作叔]父詢以仕顯

至聖俞遂以詩聞自武夫貴戚童兒（一作兒童）野叟皆能道其名字雖妄愚人不能知詩義者直曰此世所貴也吾能得之用以自矜故求者日踵門而聖俞詩遂行天下其初喜爲清麗閑肆平淡久則涵演深遠間亦琢刻以出怪巧然氣完力餘益老以勁其應於人者多故辭非一體至於他文章皆可喜非如唐諸子號詩人者僻固而狹陋也聖俞爲人仁厚樂易未嘗忤於物至其窮愁感憤有所罵譏笑謔一發（一有之字）於

詩然用以爲驩而不怨懟可謂君子者也
初在河南（一有時字）王文康公見其文歎曰二
百年無此作矣其後大臣屢薦宜在館閣
嘗一召試賜進士出身餘輒不報嘉祐元
年翰林學士趙槩等十餘人列言于朝曰
梅某經行修明願得留與國子諸生講論
道德作爲雅頌（一作風雅）以謌詠聖化乃得國
子監直講三年冬祫于太廟御史中丞韓
絳言天子且親祠當更制樂章以薦祖考
惟梅某爲宜亦不報聖俞初以從父蔭補

太廟齋郎歷桐城河南河陽三縣主簿以
德興縣令知建德縣又知襄城縣監湖州
塩稅簽署忠武鎮安兩軍節度判官監永
濟倉國子監直講累官至尚書都官員外
郎嘗奏其所撰唐載二十六卷多補正舊
史闕繆乃命編修唐書書成未奏而卒享
年五十有九曽祖諱遠祖諱邈皆不仕父
諱讓太子中舍致仕贈職方郎中母曰仙
遊縣太君朿氏又曰清河縣太君張氏初
娶謝氏封南陽縣君再娶刁氏封某

一作平恩縣君子男五人曰增曰墀曰坰曰龜兒一早卒女二人長適太廟齋郎薛通次尚幼聖俞學長於毛氏詩爲小傳二十卷其文集四十卷注孫子十三篇余嘗論其詩曰世謂詩人少達而多窮蓋非詩能窮人殆窮者而後工也聖俞以爲知言銘曰

不戚其窮不困其鳴不躓于艱不履于傾養其和平以發厥聲震越渾鍠衆聽以驚以揚其清以播其英以成其名以告諸冥

江鄰幾墓誌銘

君諱休復字鄰幾其爲人外若簡曠而內行修飭不妄動於利欲其彊學博覽無所不通而（一無此字）不以矜人至有問輒應雖好辯者不能窮也已則默若不能言者其爲文章淳雅尤長於詩淡泊閑遠往往造人之不至善隸書喜琴奕飲酒與人交久而益篤孝於宗族事孀姑如母天聖中與尹師魯蘇子美遊知名當時舉進士及第調藍山尉騎驢赴官每據鞍讀書至迷失道家人求得之乃覺歷信潞二州司法叅軍

又舉書判拔萃改大理寺丞知長葛縣事
通判閬州以母喪去職服除知天長縣事
遷殿中丞又以父憂終喪獻其所著書召
試充集賢校理判尚書刑部當慶曆時小
人不便大臣執政者欲罪以事去之君友
蘇子美杜丞相壻也以祠神會飲得罪一
時知名士皆被逐君坐落職監蔡州商稅
久之知奉符縣事改太常博士通判睦州
徙廬州復得集賢校理判吏部南曹登聞
檢鼓一作院爲羣牧判官出知同州提點陝

西路刑獄入判三司鹽鐵句院修起居注
累遷刑部郎中君於治人則□□所以
安民也無擾之而已故所至民樂其簡易
至辨疑折獄則或權以術舉無不得而不
常用亦不自以爲能也君所著書號唐宜
鑒十五卷春秋世論三十卷文集二十卷
又作神告一篇言皇嗣事以謂皇嗣國大
事也臣子以爲嫌而難言或言而不見納
故假神告祖宗之意務爲深切冀以感悟
又嘗言　昭憲太后杜氏子孫宜録用故

翰林學士劉筠無後而官沒其貲宜爲立
後還其貲劉氏一有因字得不絶君之論議頗
多凡與其遊者莫不稱其賢而在上位者
久未之用也自其修起居注士大夫始相
慶以爲在上者知將用之矣而用君者亦
方自以爲得而君亡矣嗚呼豈非其命哉
君以嘉祐五年四月乙亥以疾終于京師
即以其年六月庚申葬于某所一作陽夏鄉之原
君享年五十有六方其亡恙時爲理一作治
命數百言已而疾且革其子問所欲言曰

吾巳著之矣遂不復言曾祖諱濬殿中丞
贈駕部員外郎妣李氏始（一作隆）平縣太君
祖諱日新駕部員外郎贈太僕少卿妣孫
氏富陽縣太君考諱中古太常博士贈工
部侍郎妣張氏仁壽縣太君夫人夏侯氏
永安縣君金部郎中或之女先君數月卒
子男三人長曰懋簡并州司户叅軍次曰
懋相太廟齋郎次曰懋迪女三人長適祕
書丞錢衮餘尚幼君姓江氏開封陳留人
也自漢轒陽侯德居於陳留之圉城其後

子孫分散一作居而君世世至今居園城不去自高祖而上七世葬園南夏岡由大王父而下三世乃葬陽夏銘曰

彼馳而我後彼取而我不豈用力者好先而知命者不苟嗟吾鄰幾兮卒以不偶舉世之隨兮君子之守衆人所亡兮君子之有其失一世兮其存不朽惟其自以爲得兮吾將誰咎

居士集卷第三十三

熙寧五年秋七月男發等編定

紹熙二年三月郡人孫謙益校正

孫公墓銘（上脫仁字）未嘗罪言者（五字上一有雖字）宜壽芳（宜字）

梅聖俞墓銘 號詩人者（一作號爲詩人）見其文（文一作詩）

（宋）歐陽修 撰

宋本歐陽文忠公集

第五册

國家圖書館出版社

第五册目録

居士集五十卷（卷二十二—二十七）……一

居士集卷第二十二　歐陽文忠公集二十二

碑銘二首

太尉文正王公神道碑銘并序

至和二年七月乙未樞密直學士右諫議大夫王素奏事殿中已而泣且言曰臣之先臣旦相　眞宗皇帝十有八年今臣素又得待罪侍從之臣惟是先臣之訓其遺業餘烈臣實無似不能顯大而墓碑至今無辭以刻惟陛下哀憐不忘先帝之臣以假寵於王氏而昴其子孫天子曰嗚呼惟

汝父旦事我文考真宗叶德一心克終厥位有始有卒其可謂全德元老矣汝素以是刻于碑素拜稽首（一有泣而）出明日有詔史館修撰歐陽脩脩曰王旦墓碑未立汝可以銘臣脩謹按故推誠保順同德守正翊戴功臣開府儀同三司守太尉充玉清昭應宮使上柱國太原郡開國公贈太師尚書令兼中書令追封魏國公（一作上柱國魏國公食邑一萬三千戶食實封陸阡伍伯戶贈太師尚書令）謚曰文正王公諱旦字子明大名莘人也皇曾祖諱言滑

州黎陽令追封許國公皇祖諱徹左拾遺
追封魯國公皇考諱祐尚書兵部侍郎追
封晉國公皆累贈太師尚書令兼中書令
曾祖妣姚氏魯國夫人祖妣田氏秦國夫
人妣任氏徐國夫人邊氏秦國夫人公之
皇考以文章自顯漢周之際逮事　太祖
太宗爲名臣嘗諭杜重威使無反漢拒盧
多遜害趙普之謀以百口明符彦卿無罪故
世多稱王氏有陰德公之皇考亦自植三
槐于庭曰吾之後世必有爲三公者此其

所以志也公少好學有文太平興國五年進士及第爲大理評事知臨一作平江縣監潭州銀場再遷著作佐郎與編文苑英華遷殿中丞通判鄭濠二州王禹偁薦其材任轉運使驛召至京師辭不受獻其所爲文章得試直史館遷右正言知制誥知漳化三年禮部貢舉遷虞部員外郎同判吏部流内銓知考課院右諫議大夫趙昌言叅知政事公以壻避嫌求解職　太宗嘉之改禮部郎中集賢殿修撰昌言罷復知

制誥仍兼修撰判院事召賜金紫久之遷兵部郎中居職　眞宗即位拜中書舍人數日召爲翰林學士知審官院通進銀臺封駁事公爲人嚴重能任大事避遠權勢不可干以私由是　眞宗益知其賢錢若水名能知人常稱公曰眞宰相器也若水爲樞密副使罷召對苑中問誰可大用者若水言公可（一有用字一有大用二字）　眞宗曰吾固已知之矣咸平三年又知禮部貢舉居數日拜給事中知樞密院事明年以工部侍

郎參知政事再遷刑部侍郎景德元年契丹犯邊　眞宗幸澶州雍王元份留守東京得暴疾命公馳自行在代元份留守二年遷尚書左丞三年拜工部尚書同中書門下平章事集賢殿大學士監修國史是時契丹初請盟趙德明亦納誓約願守河西故地二邊兵罷不用　眞宗遂欲以無事治天下公以謂宋興三世祖宗之法具在故其爲相務行故事慎所改作進退能否賞罰必當　眞宗久而益信之所言無

不聽雖他宰相大臣有所請必曰王某以謂如何事無大小非公所言不決公在相位十餘年外無夷狄之虞兵革不用海内富實羣工百司各得其職故天下至今稱爲賢宰相公於用人不以名譽必求其實苟賢且材（一作能）矣必久其官而（一無而字）衆以爲宜其職然後遷其所薦引人未嘗知寇準爲樞密使當罷使人私（一作告）公求爲使相公大驚曰將相之任豈可求邪且吾不受私請準深恨之已而制出除準武勝軍

節度使同中書門下平章事準入見泣涕曰非陛下知臣何以至此 眞宗具道公所以薦準者準始媿歎以爲不可及故參知政事李穆子行簡有賢行以將作監丞居于家 眞宗召見慰勞之遷太子中允初遣使者召之（一無之字）不知其所止 眞宗命至中書問王某然後人知行簡公所薦也公自知制誥至爲相薦士尤多其後公薨史官修 眞宗實録得内出奏章乃知朝廷之士多公所薦者公與人寡言笑其

語雖簡而能以理屈人默然終日莫能窺其際及奏事上前羣臣異同公徐一言以定 今上爲皇太子太子諭德見公稱太子學書有法公曰諭德之職止於是邪趙德明言民飢求糧百萬斛大臣皆曰德明新納誓而敢違請以詔書責之 真宗以問公公請勑有司具粟百萬於京師詔德明來取 真宗大喜德明得詔書慚且拜曰朝廷有人大中祥符中天下大蝗 真宗使人於野得死蝗以示大臣明日佗宰

相有袖死蝗以進者曰蝗實死矣請示于朝（一作於）率百官賀公獨以爲不可後數日方奏事飛蝗蔽天　眞宗顧公曰使百官方賀而蝗如此豈不爲天下笑邪官者劉承規（一作珪）以忠謹得幸病且死求爲節度使　眞宗以語公曰承規（一作珪）待此以瞑目公執以爲不可曰他日將有求爲樞密使者柰何至今内臣官不過留後公任事久人有謗公於上者公輒引咎未嘗自辨至人有過失雖人主盛怒可辨者辨之必

得而後已滎王宮火延前殿有言非天災請置獄劾火事當坐死者百餘人公獨請見曰始失火時陛下以罪已詔天下而臣等皆上章待罪今反歸咎於人何以示信且火雖有迹寧知非天譴邪由是當坐者皆免日者上書言宮禁事坐誅籍其家得朝士所與往還占（一作書）問吉凶之說　真宗怒欲付御史問狀公曰此人之常情且語不及朝廷不足罪　真宗怒不解公因自取嘗所占問之書進曰臣少賤時不免

爲此必以爲罪願并臣付獄　眞宗曰此事已發何可免公曰臣爲宰相執國法豈可自爲之幸於不發而以罪人　眞宗意解公至中書悉焚所得書旣而　眞宗悔復馳取之公曰臣已焚之矣由是獲免者衆公累官至太保以病求罷入見滋福殿　眞宗曰朕方以大事託卿而卿病一作疾如此因命皇太子拜公公言皇太子盛德必任陛下事因薦可爲大臣者十餘人其後不至宰相者李及凌策二人而已然亦皆

為名臣公屢以疾請　真宗不得已拜公太尉兼侍中五日一朝視事遇軍國大事不以時入參决公益惶恐因卧不起以疾懇辭冊拜太尉玉清昭應宮使自公病使者存問日常三四　真宗手自和藥賜之疾亟遽幸其第賜以白金五千兩辭不受以天禧元年九月癸酉薨于家享年六十有一　真宗臨哭輟視朝三日發哀于苑中其子弟門人故吏皆被恩澤即以其年十一月庚申葬公於開封府開封縣新里

鄉大邊村公娶趙氏封榮國夫人後公五年卒子男三人長曰司封郎中雍次曰贊善大夫沖次曰素女四人長適太子太（一作少）傅韓億次適兵部員外郎直集賢院蘇耆次適右正言范令孫次適龍圖閣直學士兵部郎中呂公弼（一本有諸孫十四人）公事寡嫂謹與其弟旭相（一無相字）友悌尤篤任以家事一無所問而務以儉約率勵子弟使在富貴不知爲驕侈（一作後）兄子睦欲舉進士公曰吾常以大（一作太）盛爲懼其可與寒士爭

進至其薨也子素猶未官遺表不求恩澤有文集二十卷乾興元年詔配享　眞宗廟庭臣脩曰景德祥符之際盛矣觀公之所以相而先帝之所以用公者可謂至哉是以君明臣賢德顯名尊生而俱享其榮歿而長配於廟可謂有始有卒如明詔所褒昔者烝民江漢推大臣下之事所以見任賢使能之功雖曰山甫穆公之詩實歌宣王之德也臣謹考國史實録至於搢紳故老之傳得公終始之節而録其可紀者

輒聲（一無聲字）爲銘詩昭示後世（一無上四字）以彰先帝之明以稱聖恩褒顯王氏流澤子孫與宋無極之意銘曰

烈烈魏公相我眞宗　眞宗眞廟翼翼魏公配食公相　眞宗不言以躬時有大事事有大疑匪卜匪筮公爲蓍龜公在相位終日如默問其夷狄包裹兵革問其卿士百工以職問其庶民耕織衣食相有（一作所）賞罰功當罪明相所（一作有）黜升惟否惟能執其權衡萬物之平孰不事君胡能必信孰不爲相其誰有終

公薨于位太尉之崇天子孝思來薦清廟
侑我聖考惟時元老天子念功報公之隆
春秋從享萬祀無窮作爲詩歌以諗廟工

觀文殿大學士行兵部尚書西京留守贈司空兼侍中晏公神道碑銘并序

至和元年六月觀文殿大學士行兵部尚書西京留守臨淄公以疾歸于京師八月疾少間入見天子曰噫子舊學之臣也乃留侍講邇英閤詔五日一朝前殿明年正月疾作不能朝敕一作飭太醫朝夕往視有司除

道將幸其家公歎曰吾無狀乃以疾病憂
吾君即馳奏曰臣疾少間行愈矣乃止其
月丁亥以公薨聞天子震悼亟臨其喪以
不即視公爲恨贈公司空兼侍中謚曰元
獻有司請輟視朝一日詔特輟二日以其
年三月癸酉葬公于許州陽翟縣麥秀鄉
之北原既葬賜其墓隧之碑首曰舊學之
碑既又勑史臣脩考次公事具書于碑下
臣脩伏讀國史見　眞宗皇帝時天下無
事天子方推讓功德祠祀天地山川講禮

樂以文頌聲而儒學文章儁賢偉異之人出公世家江西之臨川年始十四一日起田里進見天子時方親閲天下貢士會廷中者千餘人與夫宮臣衛官擁列圜視公不動聲氣操筆爲文辭立成以獻天子嘉賞賜同進士出身遂登館閣掌書命以文章爲天下所宗逮陛下養德東宮先帝選用臣屬即以公遺陛下由王官宮臣卒登宰相凡所以輔道聖德憂勤國家有舊有勞自始至卒五十餘年公既薨而先帝之

名臣與陛下東宮之舊人皆無在者宜其
褒寵優異比公甘盤臣脩幸得執筆史官
奉明詔謹昧死上臨淄公事曰公諱殊字
同叔姓晏氏其世次晦顯徙遷不常自其高
祖諱墉唐咸通中舉進士卒官江西始著
籍于高安其後三世不顯曾祖諱延昌又
徙其籍于臨川祖諱郜追封英國公考諱
固追封秦國公自曾祖已下皆用公貴累
贈開府儀同三司太師中書令兼尚書令
曾祖妣張氏陳國太夫人祖妣傅氏許國

太夫人妣吳氏唐一作越國太夫人公生七歲知學問一作始學知爲文章鄉里號爲神童故丞相張文節公安撫江西一作南得公以聞　眞宗召見旣賜出身後二日又召試詩賦論公徐啓曰臣嘗私習此賦不敢隱眞宗益嗟異之因試以佗題以爲秘書省正字置之秘閣使得悉讀秘書命故僕射陳文僖公視其學明年獻其所爲文召試中書遷太常寺奉禮郎封祀太山推恩遷光禄寺丞數月充集賢校理明年遷著作

佐郎丁父憂去官已而　眞宗思之即其家起復命淮南發運使具舟送之（一作至）京師從祀太清宮賜緋衣銀魚同判太常禮院又丁母憂求去官服喪不許　今天子始封昇王公以選爲府記室叅軍再遷左正言直史館　今天子爲皇太子以户部員外郎充太子舍人賜金紫知制誥判集賢院遷翰林學士充景靈宮判官太子左庶子兼判太常寺知禮儀院公既以道德文章佐佑東宮　眞宗每所諮訪多以方寸

小紙細書問之由是參與機密凡所對必以其藁進示不洩其後悉閱 眞宗閤中遺書得公所進藁類爲八十卷藏之禁中人莫之見也初 眞宗遺詔 章獻明肅太后權聽軍國事宰相丁謂樞密使曹利用各欲獨見奏事無敢決其議者公建言羣臣奏事 太后者垂簾聽之皆毋得見議遂定乾興元年拜右諫議大夫兼侍讀學士遷給事中景靈宮副使判吏部流内銓以易侍講崇政殿遷禮部侍郎知審官

院爲樞密副使遷刑部侍郎上疏論張耆不可爲樞密使由是忤　太后旨坐以笏擊其僕帿折其齒罷留守南京大興學校以教諸生自五代以來天下學廢興自公始召拜御史中丞改兵部侍郎兼秘書監資政殿學士翰林侍讀學士知天聖八年禮部貢舉明年爲三司使復爲樞密副使未拜改叅知政事遷尚書左丞　太后謁太廟有請服袞冕者　太后以問公公以周官后服對　太后崩大臣執政者皆罷

一有以字公爲禮部尚書知亳州徙知陳州遷刑部尚書復召爲御史中丞又爲三司使知樞密院事拜樞密使再加檢校太尉同中書門下平章事慶曆三年三月遂以刑部尚書居相位充集賢殿大學士兼樞密使自公復召用而趙元昊反師出陝西天下弊於兵公數建利害請罷監軍無以陣圖授諸將使得應敵爲攻守及制財用爲一無爲字出入之要皆有法天子悉爲施行自宮禁先以率天下而財賦之職悉歸有司

卒能以謀臣元昊使聽約束乃還其王號公爲人剛簡遇人必以誠雖處富貴如寒士罇酒相對懽如也得一善稱之如已出當世知名之士如范仲淹孔道輔等皆出其門及爲相益務進賢材當公居相府時范仲淹韓琦富弼皆進用至於臺閣多一時之賢天子既厭西兵閔天下困弊奮然有意遂欲因羣材以更治數詔大臣條天下事方施行而小人權倖皆不便明年秋會公以事罷而仲淹等相次亦皆去事遂

已公既罷以工部尚書知潁州徙知陳州又徙許州三遷戶部尚書拜觀文殿大學士知永興軍充一路都部署安撫使徙知河南府兼西京留守累進階至開府儀同三司勳上柱國爵臨淄公食邑萬二千戶實封叁阡柒伯戶公享年六十有五自少篤學至其病亟猶手不釋卷有文集二百四十卷嘗奉敕修士訓及　眞宗實錄又集類古今文章爲集選二百卷其一作公爲政敏而務以簡便其民其於家嚴子弟之

見有時事寡妹孝謹未嘗爲子弟求恩澤其在陳州上問宰相曰晏某居外未嘗有所請其亦有所欲邪宰相以告公公自爲表問起居而已故其薨也天子尤哀悼之賜予加等以其子承一作成下同裕爲崇文院檢討孫及甥之未官者九人皆命以官公初娶李氏工部侍郎虛己之女次孟氏屯田員外郎虛舟之女封鉅鹿郡夫人次王氏太師尚書令超之女封榮國夫人子八人長曰居厚大理評事早卒次承裕尚書

屯田員外郎宣禮贊善大夫崇讓著作佐郎明遠祗德皆大理評事幾道傳正皆太常寺太祝女六人長適户部侍郎同中書門下平章事富弼次適禮部侍郎三司使楊察其四尚幼孫十有二（一作三）人公既樂善而稱爲知人士之顯于朝者多公所薦達至擇其女之所從又得二人者如此（一有嗚呼字）可謂賢也已銘曰

有姜之裔齊爲晏氏齊在春秋晏顯諸侯傳載栢子嬰稱于丘其後無聞不亡僅存

有煒自公厥聲以振公之顯聲實相天子
天子曰噫予考 眞宗唯多名臣以臻盛
隆汝初事我王官東宮以暨相予始卒一
躬輔我以德有勞于邦公疾在外來歸自
洛天子曰留汝予舊學凡今在庭莫如汝
舊孰以畀予唯予聖考今既亡矣孰爲予
老何以贈之司空侍中禮則有加予思何
窮有篆其文在其碑首天子之褒史臣有
詔銘以述之永昭厥後

居士集卷第二十二

熙寧五年秋七月男發等編定

紹熙二年三月郡人孫謙益校正

廣韻注誤字云謬誤又注悞字云上同禮部韻始以誤爲謬以悞爲欺居士集第二卷鎮陽讀書詩云悞蒙天子知其

它詩文大率用此悮字盖以誤悮古人通用也今晏公碑乃王洙奉敕書洙於字學最精其書悮以笏擊僕齒字亦從心後人多改從言過矣碑云道德文學而印本作文章次子名成裕印本作承裕題銜加推忠保德功臣六字皆當以碑爲正

居士集卷第二十三　歐陽文忠公集二十三

碑銘二首

忠武軍節度使同中書門下平章事

武恭王公神道碑銘并序

惟王氏之先爲常山眞定人後世葬河南密而密分入于管城遂爲鄭州管城人其封國仍世于魯惟魯武康公事　太宗皇帝秉節治戎出征入衛乃受遺詔輔　眞宗有勞有勤報卹追崇以有兹魯國是生魯武恭公公少以父任爲西頭供奉官至

道二年遣五將討李繼遷公從武康公出鐵門爲先鋒殺獲甚衆軍至烏白池諸將失期不得進公告其父曰歸師過險爭必亂乃以兵前守隘號其軍曰亂行者斬由是士卒無敢先後雖武康公亦爲之按轡追兵望其軍整不敢近武康公歎曰王氏有子矣後以御前忠佐爲軍頭巡檢邢洺男子張洪霸聚盜二州間歷年吏不能捕公以氊車載勇士爲婦人服盛飾誘之邯鄲道中賊黨爭前邀劫遂皆就擒由是知

名公以將家子宿衛　眞宗爲內殿直殿
前左班都虞候捧日左廂都指揮使累遷
英州團練使今天子即位改博州團練使
知廣信軍徙知冀州遷康州防禦使歷龍
神衛捧日天武四廂都指揮使侍衛親軍
步軍馬軍殿前都虞候步軍副都指揮使
桂福二州觀察使是時　章獻太后猶臨
朝有詔補一軍吏公曰補吏軍政也敢挾
詔書以干吾軍亟請罷之　太后固欲與之
公不奉詔乃止及　太后上僊有司請衛

士坐甲公以爲故事無爲　太后喪坐甲
又不奉詔於是天子知一作以公可任大事
明道二年拜檢校太保簽署樞密院事遂
爲副使明年以奉國軍留後同知院事又
明年領安德軍節度使又明年加檢校太
尉宣徽南院使公爲將善撫士而識與不
識皆喜爲之稱譽其狀貌雄偉動人雖里
兒巷婦外至夷狄皆知其名氏御史中丞
孔道輔等因事以爲言乃罷公樞密拜武
寧軍節度使言者不已即以爲右千牛衛

上將軍知隨州士皆爲之懼公舉止言色如平時惟不接賓客而已久之徙知（一作公）曹州而孔道輔卒客有謂公曰此害公者也公愀然曰孔公以職言事豈害我者可惜朝廷亡一直臣於是言者終身以爲愧而士大夫服公爲有量慶曆二年起公爲保靜軍留後知青州未行而契丹聚兵幽涿遣使者有所求自河以北皆警乃拜公保靜軍節度使知澶州契丹使者過澶州見公喜曰聞公名久矣乃得見於此邪公

爲言已衰老中國多賢士大夫因指坐客歷陳其世家使者竦聽是歲徙眞定府定州等路都部署改宣徽南院使判成德軍未行徙判定州兼三路都部署公治其軍無撓其私亦不貸其過居頃之士皆可用契丹使人覘其軍或勸公執而戮之公曰吾軍整而和使覘者得吾實以歸是屈人兵以不戰也明日大閱于郊公執桴鼓誓師號令簡明進退坐作肅然無聲乃下令曰具糗糧聽鼓聲視吾旗所鄉契丹聞之

震恐會復議和兵解徙知陳州道過京師天子遣中貴人問公欲見否公謝曰備邊無功幸得蒙恩徙内地不敢見明年徙河陽不行以宣徽使奉朝請已而出判相州六年拜同中書門下平章事判澶州明年徙鄭州封祁國公又明年乞骸骨不許以爲會靈觀使已而復判鄭州徙澶州除集慶軍節度使徙封冀國公皇祐三年遂以太子太師致仕大朝會許綴中書門下班居一歲天子思之起爲河陽三城節度使

同中書門下平章事判鄭州六年以本官爲樞密使徙封魯國公旣而上以富公弼爲宰相是歲契丹使者來公與之射使者曰天子以公典樞密而用富公爲相得人矣語聞上喜賜公御弓一矢五十公善射至老不衰嘗侍上射辭曰幸得備位大臣舉止爲天下所視臣老矣恐不能勝弓矢上再三諭之乃手二矢再拜一發中之遂將釋復位上固勉之再發又中由是左右皆驩呼賜以襲衣金帶自寶元慶曆之間

元昊叛河西兵出（一無出字）久無功士大夫爭進計策多所改作公笑曰柰何紛紛兵法不如是也使士知畏愛而怯者勇勇者不驕以吾可勝因敵而勝之爾豈多言哉其在樞密亦嘗自請臨邊不許凡大謀議必以咨之其在外則遣中貴人詔問其言多見施用公自致仕復起掌樞密凡三歲以老求去位至六七上爲之不得已以爲景靈宮使徙忠武軍節度使又以爲同羣牧制置使五日一朝給扶者以子若孫一人

是歲公年七十有八矣明年二月辛未以疾薨于家詔輟視朝二日發哀于（一作於）苑中贈太尉中書令其遺言曰臣有俸禄足以具死事不敢復累朝廷願無遣使者護喪無厚賻贈天子惻然哀其志以黄金百兩白金三千兩賜其家固辭不許以其年五月甲申葬于管城明年有詔史臣刻其墓碑臣愚以謂自國家西定河湟北通契丹罷兵不用幾四十年一日元昊叛幽燕亦犯約二邊騷動而老臣宿將無在者公

於是時屹然爲中國鉅人名將雖未嘗躬矢石攻堅摧敵而恩信已足撫士卒名聲已足動四夷遂登朝廷典掌機密以老還仕復起于家保有富貴享終壽考雖古之將帥及于是者其幾何人至於出入勤勞之節與其進退綢繆君臣之恩意可以褒勸後世如古詩書所載皆應法可書一作紀

謹按魯武恭公諱德用字元輔曾祖諱方追封蔣國公祖諱玄追封邢一作邪國公皆贈中書令父諱超建雄軍節度使贈尚書

令（一有中書令）追封魯國公謚曰武康公娶宋氏武勝軍節度使延渥之女初爲安定郡夫人追封榮國夫人五男四女男曰咸熙東頭供奉官蚤卒次曰咸融西京左藏庫使果州團練使次曰咸庶（一作度）內殿崇班早卒次曰咸英供備庫副使次曰咸康內殿承制銘曰

魯始錫封以褒武康爰暨武恭乃克有邦桓桓武恭其容甚飭偉其名聲以動夷狄公治軍旅不寛不煩恩均令齊千萬一人

公在朝廷出守入衛乃登大臣與國謀議

公曰老矣乞臣之身帝曰休哉汝予舊臣

亟其強起秉我樞鈞禮不筋力老予敢侮

公來在庭拜毋蹈舞君子與孫助其興俯

凡百有位誰其敢儔惟時黃耇天子之優

富貴之隆亦有能保孰享其終如公壽考

公有世德載勳旂常刻銘有詔俾嗣其芳

贈刑部尚書余襄公神道碑銘并序

始興襄公既葬于曲江之明年其子仲荀走于亳以來告曰余氏世爲閩人五代之

際逃亂于韶自曽髙以來晦迹嘉遁至于博士府君始有禄仕而襄公繼之以大曲江僻在嶺表自始興張文獻公有聲于唐爲賢相至公復出爲宋名臣蓋余氏徙韶歷四世始有顯仕而曲江寂寥三百年然後再有聞人惟公位登天臺正秩三品遂有爵土開國鄉州以繼美前哲而爲韶人榮至於褒卹贈謚始終之寵盛矣蓋褒有詔卹有物贈有告而謚行考功有議有狀合而誌之以閟諸幽有銘可謂備矣惟是

螭首龜趺揭于墓隧以表見於後世而昭示其子孫者宜有辭而闕焉敢以爲請謹按余氏韶州曲江人曾祖諱某祖諱某皆不仕父諱某太常博士累贈太常少卿公諱靖字安道官至朝散大夫守工部尚書集賢院學士知廣州軍州事兼廣南東路兵馬鈐轄經略安撫使柱國始興郡開國公食邑二千六百户食實封貳伯户治平元年自廣朝京師六月癸亥以疾薨于金陵天子惻然輟視朝一日賻以粟帛贈刑

部尚書謚曰襄明年七月某甲子返葬于曲江之龍歸鄉成山之原公爲人質重剛勁而言語恂恂不見喜怒自少博學強記至於歷代史記雜家小說陰陽律曆外暨浮屠老子之書無所不通天聖二年舉進士爲贑縣尉書判拔萃改將作監丞知新建縣再遷秘書丞刋挍三史充集賢校理天章閣待制范公仲淹以言事觸宰相得罪諫官御史不敢言公疏論之坐貶監筠州酒稅稍徙泰州已而天子感悟亟復用

范公而因之以被斥者皆召還惟公以便親乞知英州遷太常博士丁母憂服除遂還爲集賢校理同判太常禮院景祐慶曆之間天下怠於久安吏習因循多失職及趙元昊以夏叛師出久無功縣官財屈而民重困天子赫然思振頹弊以修百度既已更用二三大臣又增置諫官四員使言天下事公其一人也即改右正言供職公感激奮勵遇事輒言無所迴避姦諛權倖屛息畏之其補益多矣然亦不勝其怨嫉

也慶曆四年元昊納誓請和將加封冊而契丹以兵臨境上遣使言爲中國討賊且告師期請止毋與和朝廷患之欲聽重絶夏人而兵不得息不聽生事北邊議未決公獨以謂中國猒兵久矣此契丹之所幸一日使吾息兵養勇非其利也故用此以撓我爾是不可聽朝廷雖是公言猶留夏冊不遣而假公諫議大夫以報公從十餘騎馳出居庸關見虜於九十九泉從容坐帳中辯言（一作折）往復數十卒屈其議取其

要領而還朝廷遂發夏冊臣元昊西師既解嚴而北邊亦無事是歲以本官知制誥史館修撰而契丹卒自攻元昊明年使來告捷又以公往報坐習虜語出知吉州然家因之中以事左遷將作少監分司南京公怡然還鄉里闔門謝賓客絶人事凡六年天子每思之欲用者數矣大臣有不喜者弟遷光祿少卿于家又以爲某（一本作右領軍）衛將軍壽州兵馬鈐轄辭不拜皇祐二年祀明堂覃恩遷衛尉卿明年知虔州丁父

憂去官而蠻賊儂智高陷邕州連破嶺南州縣圍廣州乃即廬中起公爲秘書監知潭州即日疾馳在道改知桂州廣南西路經略安撫使公奏曰賊在東而徙臣西非臣志也天子嘉之即詔公經制廣東西賊盜乃趨廣州而智高復西走邕州自智高初起交趾請出兵助討賊詔不許公以謂智高交趾叛者宜聽出兵毋沮其善意累疏論之不報至是公曰邕州與交趾接境今不納必忿而反助智高乃以便宜趣交

趾會兵又募儂黃諸姓酋豪皆縻以職與之誓約使聽節制或疑其不可用公曰使不與智高合足矣及智高入邕州遂無外援既而宣撫使狄青會公兵敗賊於歸仁智高走入海邕州平公請復終喪不許諸將班師以智高尚在請留公廣西委以後事還給事中諫官御史列疏言公功多而賞薄再遷尚書工部侍郎公留廣西逾年撫緝完復嶺海肅然又遣人入特磨襲取智高母及其弟一人俘于京師斬之拜集

賢院學士久之徙知潭州又徙青州再遷吏部侍郎嘉祐五年交趾寇邕州殺五巡檢天子以謂恩信著於嶺外而爲交趾所畏者公也驛召以爲廣西體量安撫使悉發荆湖兵以從公至則移檄交趾召其臣費嘉祐詰責之嘉祐皇恐對曰種落犯邊罪當死願歸一本作留取首惡以獻即械五人送欽州斬于界上公還邕人遮道留之不得明年以尚書左丞知廣州　英宗即位拜工部尚書代還道病卒享年六十有五公

經制五管前後十年凡治六州所至有惠愛雖在兵間手不釋卷有文集二十卷奏議五卷三史刋誤四十卷娶林氏封魯郡夫人子男三人伯莊殿中丞早卒仲荀今爲屯田員外郎叔英太常寺太祝女六人皆適士族孫一本有男四人孫女五人銘曰

余遷曲江仍世不顯奮自襄公有聲甚遠始興開國襲美于前兩賢相望三百年間偉歟襄公惟邦之直始登于朝官有言責左右獻納姦諛屏息慶曆之治實多補益

逢時有事奔走南北功書史官名在夷狄
出入艱勤險夷一德小人之讒公廢于里
一方有警公起于家戚行信結嶺海幽遐
公之在焉帝不南顧胡召其還殞于中路
返柩來歸韶人負土伐石刻辭立于墓門
以貽來世匪止韶人

居士集卷第二十三

熙寧五年秋七月男發等編定

紹熙二年三月郡人孫謙益校正

余襄公碑

曾祖諱從祖諱榮父諱慶一本如此兵馬鈐轄鈐字上一有都字其甲子一作乙酉成山一作成家山猶留猶字上一有然字其衛將軍一作雅州刺史嘉之一作喜之廣東西一作廣南東西入海一作洞太常寺太祝一作大理評事皆適士族一作長適職方員外郎郭師愈次適屯田員外郎孫邵次適宿州觀察支使周熊次適秘書省校書郎章惇裕次適越州上虞縣主簿張元淳一尚幼孫男四人一作七人嗣恭嗣昌皆大理評事嗣隆太常寺奉禮郎嗣徽嗣光嗣立嗣京未仕

右石本所書較集本加詳盖刻時所增

續添

王武恭公碑河南密（此下有縣字）過險（一作過險）號

其軍（一作號令其軍）能捕（一作敢捕）

居士集卷第二十四　歐陽文忠公集二十四

墓表八首

石曼卿墓表

曼卿諱延年，姓石氏，其上世爲幽州人。幽州入于契丹，其祖自成始以其族間走南歸，天子嘉（一作喜）其來，將祿之，不可，乃家于宋州之宋城。父諱補之，官至太常博士。幽燕俗勁武，而曼卿少亦以氣自豪，讀書不治章句，獨慕古人奇節偉行非常之功，視世俗屑屑無足動其意者，自顧不合於時乃一混以（一作于）酒然好劇飲大醉頹然自放由是益與時不合而人之從其遊者皆知愛曼卿落落可奇而不知其才之有以用也年四十八康定二年二月四日以太子中允秘閣校理卒于京師曼卿少舉進士不中（一有第字）眞宗推恩三舉進士皆補奉職曼卿初不肯就張文節公素奇之謂曰母老乃擇祿耶曼卿矍然起就之遷殿直久之改太常寺太祝知濟州金鄉縣歎曰此亦可以爲政也縣有治聲（一有用薦者三字）

通判乾寧軍丁母永安縣君李氏憂服除通判永靜軍皆有能名充館閣校勘累遷大理寺丞通判海州還爲校理　莊獻明肅一有皇字太后臨朝曼卿上書請還政天子其後太后崩范諷以言見幸引嘗言太后事者遽得顯官欲引曼卿曼卿固止之乃已自契丹通中國德明盡有河南而臣屬遂務休兵養息天下然内外弛武三十餘年曼卿上書言十事不報已而元昊反西方用兵始思其言召見稍用其説籍河北

（一無二字）河東陝西之民得鄉兵數十萬曼卿奉使籍兵河東還稱旨賜緋衣銀魚天子方思盡其才而且病矣旣而聞邊將有欲以鄉兵扞賊者笑曰此得吾粗也夫不教之兵勇怯相雜若怯者見敵而動則勇者亦牽而潰矣今或不暇教不若募其敢行者（一有用字）則人人皆勝兵也其視世事蔑若不足爲及聽其施設之方雖精思深慮不能過也狀貌偉然喜酒自豪若不可繩以法度退而質其平生趣（一作取）舍大節無一

悖于理者遇人無賢愚皆盡忻懽（一作懽忻）及間而可不天下是非善惡當其意者無幾人其爲文章勁健稱其意氣有子濟滋夭子闈其喪官其一子使禄其家既卒之三十七日葬于太清之先塋其友歐陽脩表於其墓曰

嗚呼曼卿寧自混以爲高不少屈以合世可謂自重之士矣士之所負者愈大則其自顧也愈重自顧愈重則其合愈難然欲與共大事立奇功非得（一無得字）難合自重之

士不可爲也古之魁雄之人未始不負高世之志故寧或毀身汚迹卒困於無聞或老且死而幸一遇猶克少施於世若曼卿者非徒與世難合而不克所施亦其不幸不得至乎中壽其命也夫其可哀也夫

尚書屯田員外郎李君墓表

漢水東至乾德匯而南民居其衝水悍暴而岸善崩然其民尤冨宇其下南山一作山南之材治室屋聚居蓋數千家皆安然易漢而自若者以有石隄爲可恃也景祐五年

余始爲其縣令旣行漢上臨石隄問其長老皆曰吾李君之作也於是喟然而歎求李君者得其孫厚厚舉進士好學能自言其世云李氏貝州清河人君舉進士中淳化三年乙科鎮州眞定主簿齊化基爲吏以強察自喜惡君廉直不爲屈多求事可釀爲罪者責君理之君辨愈明不可汙卒服其能反薦之遷威虜軍判官秩滿（一無二字）河北轉運使又薦爲冀州軍事判官逾年（一無二字）吏部考（一無此字）籍凡四較考者外皆召

還公考當召是時契丹侵邊冀州獨乞留君督軍餉課爲最多遷大理寺丞乘傳治（一作理）壁州疑獄既還轉運使又請通判冀州督旁七縣軍餉課尤多而民不勞遭歲饑悉出廋粟以貸民且曰凶豐甚必復使豐而歸諸廋是化吾朽積而爲新乃兩利也轉運使以爲然因請君益貸貝魏滄棣諸州後歲果豐饑民德君粟歸諸廋無後者蓋賴而活者數十萬家（一本有居三年）轉運使上冀人言乞留許留一歲就拜殿中丞歲滿將去冀民夜

私入其府塹其居若不可出君諭之乃得去通判河南（一有府字）未行契丹兵掠邢洺天子擇吏之能者改君通判邢州其守（一無二字）趙守一當守邢以扞寇辭不任邢事天子曰李其佐汝可無患守一至邢悉以州事任君御史中丞王嗣宗辟推直官遂薦爲御史以疾不拜求知光化軍作所謂石隄者孫何薦其材拜三司户部判官改知建州皆以疾辭又求知漢陽軍居三歲而漢陽之獄空者二歲卒以疾解退居于漢旁大中祥符六年五月其

日辛于家遂葬縣東遵教鄉之友于村子孫因留家焉君諱仲芳字秀之享年五十有三（一作二）官至尚書屯田員外郎君爲人彊敏而材以疾中止（一有善不享其厚用不旣其能）余聞古之有德於民者歿則鄉人祭於其社今民旣不能祠君于（一作於）漢之（一無之字）旁而其墓幸在其縣余令也又不表以示民嗚呼其何以章乃德俾其孫刻石于隧以永君之揚（一作賜）

内殿崇班薛君墓表

公諱塾字宗道姓薛氏資政殿學士兵部

尚書簡肅公之弟薛之世德終始有簡肅公之誌與碑公官至内殿崇班以某年某月某日卒官于蜀州其子仲孺以其喪歸葬于絳州之正平先葬而來乞銘以誌予幸嘗紀次簡肅公之德而又得銘公其銘曰公躬直清官以材稱惟賢是似不愧其兄既葬而仲孺又來請曰銘之藏誠（一作者）以永吾先君于不朽然不若碣于隧以表見于世之昭昭也予惟薛氏於絳爲著姓簡肅公於公爲兄弟而公之世德予既見

之銘而其子又欲碣以昭顯于世可謂孝矣然予考古所謂賢人君子功臣烈士之所以銘見于後世者其言簡而著及後世衰言者自疑於不信始繁其文而猶患於不章又備其行事惟恐不爲世之信也若薛氏之著于絳簡肅公之信于天下而予之銘公不愧於其兄則公之銘不待繁言而信也然其行事終始予亦不敢略而誌諸墓矣今之碣者無以加焉則取其可以簡而著者書之以慰其子之孝思而信于

絳之人云

連處士墓表

連處士應山人也以一布衣終于家而應山之人至今思之其長老教其子弟所以孝友恭謹禮讓而溫仁必以處士爲法曰爲人如連公足矣其矜寡孤獨凶荒饑饉之人皆曰自連公亡使吾無所告依而生以爲恨嗚呼處士居應山非有政令恩威以親其人而能使人如此其所謂行之以躬不言而信者歟處士諱舜賓字輔之其

先闓人自其祖光裕嘗爲應山令後爲磁郢二州推官卒而反葬應山遂家焉處士少舉毛詩一不中而其父正以疾廢于家處士供養左右十餘年因不復仕進父卒家故多貲悉散以賙鄉里而教其二子以學曰此吾貲也歲饑出穀萬斛以糶而市穀之價卒不能增及旁近縣之民皆賴之盜有竊其牛者官爲捕之甚急盜窮以牛自歸處士爲之媿謝曰煩爾送牛厚遺以遣之嘗以事之信陽遇盜於西關左右告

以處士盜曰此長者不可犯也捨之而去處士有弟居雲夢往省之得疾而卒以其柩歸應山應山之人去縣數十里迎哭爭負其柩以還過縣市市人皆哭爲之罷市三日曰當爲連公（一作當與處士）行喪處士生四子曰庶庠庸賡其二子教以學者後皆舉進士及第今庶爲壽春令庠爲宜城令處士以天聖八年十二月某日卒慶曆二年某月日葬于安陸蔽山之陽自卒至今二十年應山之長老識處士者與其縣人嘗

賴以爲生者往往尚皆在其子弟後生聞處士之風者尚未遠使更三四世至于孫曾其所傳聞有時而失則懼應山之人不復能知處士之詳也乃表其墓以告于後人一作云八年閏正月一日廬陵歐陽脩述

尚書屯田員外郎張君墓表

君諱谷字應之世爲開封尉氏人曾祖節祖遇皆不仕父炳爲鄭州原武縣主簿因留家焉今爲原武人也君舉進士及第爲河陽河南主簿蘇州觀察推官開封府士

曹參軍遷著作佐郎知陽武縣通判眉州累遷屯田員外郎復知陽武縣以疾致仕卒于家享年五十有九君為人剛介（一作毅）好學問事父母孝與朋友信其為吏潔廉所至有能稱其在河南時予為西京留守推官與謝希深尹師魯同在一府其所與游雖他掾屬賓客多材賢少壯馳騁於一時而君居其間年尚少獨苦羸病肺唾血者已十餘年幸其疾少間輒亦從諸君飲酒諸君愛（一作惜）而止之君曰我豈久生者

邪雖他人視君亦若不能勝朝夕者其後同府之人皆解去而希深師魯與當時少壯馳騁者喪其十八九而君癯然唾血如故後二十年始以疾卒君雖病羸而力自爲善居官爲吏未嘗廢學問多爲賢士大夫所知乃知夫康強者不可恃以久而羸弱者未必不能生雖其遲速長短相去幾何而彊者不自勉或死而泯没於無聞弱者能自力則必有稱於後世君其是已君嘗謂予曰吾旦暮人耳無所取於世也尚

何區區於仕哉然吾嘗哀祿之及於親者薄若幸得不死而官登于朝冀竊國家褒贈之寵以榮其親然後歸病于原武之廬足矣乃益買田治室於原武以待君自河南蘇州累爲名公卿所薦乃遷著作爲郎官贈其父太子中允（一作舍）母宋氏京兆（一作司氏永安）縣太君於是遂致仕歸于原武營其德政鄉之張固村原將葬其親卜以皇祐五年十一月某日用事前四日君亦卒遂以某日從葬于原上予與君遊久記其

昔所謂予者且哀君之賢而不幸文嘉君之志信而有成於其葬也不及銘乃表於其墓君娶祝一作竹氏封華陽縣君有子曰損試將作監主簿至和二年三月七日翰林學士尚書吏部郎中知制誥充史館修撰歐陽脩撰

龍武將軍薛君墓表

薛姓居河東者自唐以來族最盛　宋興百年而薛姓五顯資政殿學士尚書户部侍郎贈兵部尚書簡肅公當天聖中參輔

大政以亮直剛毅爲時名臣公絳州正平人也有子直孺早卒無後以其弟之子仲孺爲後然其兄弟五人及其諸子皆用公廕禄仕以忠厚孝謹多材能爲絳大族君諱某字某簡肅公之兄也少有高節仕而不得志退老于家以德行文學爲鄉善人君少好學工爲文辭應有司格旣而曰是豈足學也哉乃棄而不爲其後簡肅公貴顯以恩例補君右班殿直君篤愛其弟不得已爲強起就職居頃之卒棄去遂不復

仕君居鄉里孝悌於其家忠信於其朋友禮讓於其長老鄉里之人始而愛久而化旣歿而猶思焉君以天聖二年十一月某日以疾卒于家享年六十有九以某年某月某日葬于正平縣清原鄉之周村原曾祖景贈太保祖温瑜贈太傅父光化贈太師母曰鄭國夫人費氏子男二人長曰長孺今爲尚書虞部員外郎知絳州軍州事次曰良孺殿中丞女三人君以子恩累贈右龍武軍將軍夫人鄭氏正平縣太君君卒

之若干年其子始以尚書郎來守是州予薛氏婿也且嘉君之隱德以終而有後乃爲表于其墓旣又作詩以遺之曰

伊絳之人其出如雲往于周原從我邦君周原有墓鬱鬱其松絳無居人惟邦君是從來以春秋執事必躬邦君在絳禮我耆艾惟父之執其恭敢怠邦君有政惠我後生從民上冢閭里之榮嗟我絳人孝慈友悌爲善有後惟邦君是視

永春縣令歐君墓表

君諱慶字貽孫姓歐氏其上世爲韶州曲江人後徙均州之鄖鄉又徙襄州之穀城乾德二年分穀城之陰城鎮爲乾德縣建光化軍歐氏遂爲乾德人脩嘗爲其縣令問其故老鄉閭之賢者皆曰有三人焉其一人曰太傅贈太師中書令鄧文懿公其一人曰尚書屯田郎中戴國忠其一人曰歐君也三人者學問出處未嘗一日不同其忠信篤於朋友孝悌稱於宗族禮義達于一作於鄉閭乾德之人初未識學者見此

三人皆尊禮而愛親之既而皆以進士舉于鄉里一無里字而君獨黜于有司後二十年始以同三禮出身爲潭州湘潭主簿陳州司法叅軍監考城酒稅遷彭州軍事推官知泉州永春縣事而鄧公已貴顯于朝君尚爲州縣吏所至上官多鄧公故舊君絕口不復道前事至終其去不知君爲鄧公友也君爲吏廉貧宗族之孤幼者皆養于家居鄉里有訟者多就君決曲直得一言遂不復爭人至于今傳之嗟夫三人之爲

道無所不同至其窮達何其異也而三人者未嘗有動於其心雖乾德之人稱三人者亦不以貴賤爲異則其幸不幸豈足爲三人者道哉然而達者昭顯于一時而窮者泯沒於無述則爲善者何以勸而後世之來者何以考德於其先故表其墓以示其子孫君有子世英爲鄧城縣令世勣舉進士君以天聖七年卒享年六十有四葬乾德之西北廣節山之原一有云字

河南府司録張君墓表一作碣

故大理寺丞河南府司錄張君諱汝士字堯夫開封襄邑人也明道二年八月壬寅以疾卒于官享年三十有七卒之七日葬洛陽北邙山下其友人河南尹師魯誌其墓而廬陵歐陽脩爲之銘以其葬之速也不能刻石乃得金谷古塼命太原王顧以丹爲隸書納于（一作於）壙中嘉祐二年某月某日其子吉甫山甫改葬君于伊闕之教忠鄉積慶里君之始葬北邙也吉甫纔數歲而山甫始生余及送者相與臨穴視窆且

封哭而去今年春余主試天下貢士而山甫以進士試禮部乃來告以將改葬其先君因出銘以示余蓋君之卒距今二十有五年矣初天聖明道之間錢文僖公守河南公王家子特以文學仕至貴顯所至多招集文士而河南吏屬適皆當世賢材知名士故其幕府號爲天下之盛君其一人也文僖公善待士未嘗責以吏職而河南又多名一無名字山水竹林一作葱竹茂樹奇花怪石其平臺清池上下荒墟草莽之間余得

日從賢人長者賦詩飲酒以爲樂而君爲人靜默修潔常坐府治事省文書尤盡心於獄訟初以辟爲其府推官作余推既罷又辟司録河南人多賴之而守尹屢薦其材君亦工書喜爲詩閒則從余遊其語言簡而有意飲酒終日不亂雖醉未嘗頹墮與之居者莫不服其德故師魯誌之曰飭身臨事余嘗愧堯夫堯夫不余愧也始君之葬皆以其地不善又葬速一有其字禮不備君夫人崔氏有賢行能教其子而二子孝謹

克自樹立卒能改葬君如吉卜君其可謂有後矣自君卒後文僖公得罪貶死漢東吏屬亦各引去今師魯死且十餘年王顧者死亦六七年矣其送君而臨穴者及與君同府而遊者十蓋八九死矣其幸而在者不老則病且衰如予是也嗚呼盛衰生死之際未始不如是是豈足道哉惟爲善者能有後而託於文字者可以無窮故於其改葬也書以遺其子俾碣于墓且以寫余之思焉吉甫今爲大理寺丞知緱氏縣

山甫始以進士賜出身云翰林學士右諫
議大夫史館修撰歐陽脩撰

居士集卷第二十四

熙寧五年秋七月男發等編定
紹熙二年三月郡人孫謙益校正

連處士墓表羅氏本葬安陸蔽山之原諸本以陸爲陵 朝佐按安州安陸郡其倚郭有安陸縣應山乃鄰邑今從羅本

石曼卿墓表 然好一無然字

連處士墓表 連處士此下一有名字

張屯田墓表 幸其疾三字上一有時字

龍武將軍薛君墓表 清原鄉原一作源

居士集卷第二十五　歐陽文忠公集二十五

墓表六首

尚書屯田員外郎贈兵部員外郎錢

君墓表

君諱治字良範姓錢氏世爲彭城人後徙吳興自君之七世祖寶又徙常州之武進曾祖諱某祖諱某父諱某當唐末五代錢氏起餘杭據浙東西爲吳越王於是時常州或屬江南或屬吳越而武進錢氏獨不顯方以儒學廉讓行于鄉里連三世不仕

宋興取江南常州歸于有司君始以州進士舉中景德二年甲科試祕書省校書郎爲揚州廣陵潮州海陽縣令遷寧國軍節度推官監黃州麻城茶場遂知縣事遷著作佐郎知蘄州蘄水懷安軍金堂縣又遷祕書丞知泰州如皐縣再遷屯田員外郎通判宣州未行明道二年六月十一日以疾卒于家享年五十有二君少好學能爲文辭家貧其母賢嘗躬織紝以資其學問每夜讀書（一有不止字）母爲滅燭止之君陽卧

母且睡輒復起讀一有年二十三字州舉進士第一試禮部高第遂中甲科爲吏長於決獄歷六縣皆有能政潮州自五代時劉氏暴殘其民君爲海陽經年民歸業者千餘戶由是海陽外爲大縣潮之大姓某氏火迹其來自某家吏捕訊之某家號冤不服太守刁湛曰獄非錢君不可君問大姓得火所發狀足驗之疑里仇家物因率吏入仇家取狀折足合之皆是仇人即服曰火自我出然故遺其迹某家者欲自免也某家

誠寃君即日出其家獄致仇人以法舉州稱爲一無此字神明其佐宣州數決大獄及旁近郡獄有疑者皆歸決於君工部侍郎淩策知宣州尤稱君文學曰吏事不足汚子當以文章居臺閣欲薦其文未及而策卒初宣州官歲市茶于涇縣命君主之策子不肖以惡茶數千斤入于官君立焚之以白策策益以此知君策卒君歎曰世無知我者矣在麻城以茶課歲增五倍遂遷著作金堂故多盜君以伍保籍民察其出入

凡爲盜者許其徒告以贖罪盜遂止會甘
露降其縣明年麥禾大稔麥一莖五岐禾
一莖五穗者縣人以爲君政所致謂之錢
公三瑞君歎曰吾知治民爾瑞豈吾致哉
縣人爲君立生祠如臯民不農桑以鹽爲
生君曰使民足以衣食鹽猶農也乃悉求
鹽利害爲條目民便其利而鹽最增積以
石數者至四十五萬君在如臯時年五十
或歎其仕不達君曰使吾政行於民是達
也蔡文忠公爲御史中丞數欲引君爲御

史會君卒君平生所爲文章三百餘篇號曰晦書君之皇考贈殿中丞母諸葛氏封萬年縣太君徙封福昌娶蔣氏初封樂安縣君又封福清子男五人曰公餗公瑾公輔公儀公佐蔣氏有賢行自君之卒日以君所爲勗其五子以學蔣氏後君二十年以卒卒時公瑾公輔皆以進士及第公瑾爲新鄭尉公輔以文章知名當世爲太常丞集賢校理錢氏自其祖寶從武進其居與葬皆在其縣之遵教鄉歸行里慶曆三

一作二年九月庚申公銖等葬君于其居之東北原皇里水之北至和二年三月壬午一無上八字以蔣夫人從歐陽脩曰錢姓出陸終蓋顓頊之苗裔始以士爲周官乡而以爲姓自三代以來無甚顯者至唐末錢氏多居東南及鏐乗亂世起餘杭有地十三州號兼吳越而王者幾百年而武進錢氏獨以隱德累世不顯豈以力者如彼而以德者如此哉豈其盛衰遲速之理固有不同哉武進之錢自寶七世至君有聞又有賢子不

墜益彰其埶孰止蓋恃力者雖盛而必衰以德者愈遲而終顯立石刻辭其宗彌遠

太常博士周君墓表

有篤行君子曰周君者孝於其親友於其兄弟居父母喪與其兄某弟某某居于倚廬不飲酒食肉者三年其言必戚其哭必哀除喪而癯然不能勝人事者蓋久而後復自孔子在魯而魯人不能行三年之喪其弟子疑以爲問則非魯而他國可知也孔子歿而其後世又可知也今世之人知事

其親者多矣或居喪而不哀者有矣生能事而死能哀或不知喪禮者有矣或知禮而以謂喪主於哀而已不必合於禮者有矣如周君者事生盡孝居喪盡哀而以禮者也禮之失久矣喪禮尤廢也今之居喪者惟仕官婚嫁聽樂不爲此特法令之所禁爾其衰麻之數哭泣之節居處之别飲食之變皆莫知夫有禮也在上位者不以身率其下在下者無所望於其上其遂廢矣乎故吾於周君有所取也君諱堯卿字

子俞道州永明縣人也天聖二年舉進士累官至太常博士歷連（一作道）衡二州司理參軍桂州司録知高安寧化二縣通判饒州未行以慶曆五年六月朔日卒于朝集之舍享年五十有一皇祐五年某月日葬于道州永明縣之紫微岡曾祖諱某祖諱某父諱某贈某官毋唐氏封某縣太君娶某氏封某縣君君學長於毛鄭詩左氏春秋家貧不事生産喜聚書居官禄雖薄常分俸以賙宗族朋友人有慢己者必厚爲

禮以愧之其爲吏所居皆有能政有文集二十卷君有子七人曰諭鼎州司理參軍曰詵湖州歸安主簿曰謐曰諷曰諲曰説曰誼皆未仕嗚呼孝非一家之行也所以移於事君而忠仁於宗族而睦交於朋友而信始於一鄉推之四海表于金石示之後世而勸考君之所施者無不可以書也豈獨俾其子孫之不隕也哉

右班殿直贈右羽林軍將軍唐君墓表

嘉祐四年冬　天子既受祫享之福推恩羣臣並進爵秩既又以及其親若在若亡無有中外遠邇於是天章閣待制尚書戶部員外郎唐君得贈其皇考驍衛府君爲右羽林軍一無軍字將軍府君諱拱字某一無某字其先晉原人後徙爲錢塘人曾祖諱休復唐天復中舉明經爲建威一作武軍節度推官祖諱仁恭仕吳越王爲唐山縣令累贈諫議大夫父諱謂官至尚書職方郎中累贈禮部尚書府君以父廕補太廟齋郎改

三班借職再遷一作轉右班殿直監舒州孔城鎮澧州酒稅巡檢秦州鹽場漳州兵馬監押乾興元年七月某日以疾卒于官享年四十有六府君孝悌於其家信義於其朋友廉讓於其鄉里其居其官名公鉅人皆以爲材而未及用也享年不永君子哀之有子曰介字子方舉進士皇祐中嘗爲御史以言事切直貶春州別駕當是時子方之風悚動天下已而天子感悟貶未至而復用之今列侍從居諫官自子方爲祕

書丞始贈府君爲太子右清道率府率其爲尚書主客員外郎殿中侍御史裏行又贈府君爲右監門衛將軍其爲尚書工部員外郎直集賢院權開封府判官又贈府君爲右屯衛將軍其遷戶部員外郎河東轉運使又贈府君爲驍衛將軍蓋自登于朝以至榮顯遇　天子有事于天地宗廟推恩必及焉府君初娶博陵崔氏贈仙游縣太君後娶崔氏贈清河縣太君皆衛尉卿仁冀之女生一男介也五女長適太子

中舍盧圭次適歐陽昊早卒次適橫州推官高定次適進士陸平仲次適著作佐郎陳起慶曆三年八月某日以府君及二夫人之喪合葬于江陵龍山之東原後十有七年廬陵歐陽脩乃表於其墓曰嗚呼余於此見朝廷所以褒寵勸勵臣子之意豈不厚哉又以見士之爲善者雖堙没幽鬱其潛德隱行必有時而發而遲速顯晦在其子孫然則爲人之子者其可不自勉哉蓋古之爲子者禄不逮養則無以及其親

矣今之爲子者有克自立則尚有榮名之寵焉其所以教人之孝者篤於古也深矣子方進用於時其所以榮其親者未知其止也姑立表以待焉

胡先生墓表

先生諱瑗字翼之姓胡氏其上世爲陵州（一作京兆）人後爲泰州如皋（一作海陵）人先生爲人師言行而身化之使誠明者達昏愚者勵而頑傲者革故其爲法嚴而信爲道久而尊師道廢久矣自景祐明道以來學者有

師惟先生暨泰山孫明復石守道三人而先生之徒最盛其在湖州之學弟子去來常數百人各以其經轉相傳授其教學之法最備行之數年東南之士莫不以仁義禮樂爲學

慶曆四年　天子開天章閣與大臣講天下事始慨然詔州縣皆立學於是建太學於京師而有司請下湖州取先生之法以爲太學法至今爲著令後十餘年先生始來居太學學者自遠而至太學不能容取旁官署（一作宇）以爲學舍禮部貢舉歲所得士先生弟子十

常居四五其高第者知名當時或取一作中甲科居顯仕其餘散在四方隨其人賢愚皆循循雅飭其言談舉止遇之一無二字不問可知爲先生弟子其學者相語稱先生不問可知爲胡公也先生初以白衣見　天子論樂拜一有試字祕書省校書郎辟丹州軍事推官改密州觀察推官丁父憂去職服除爲保寧軍節度推官遂居湖學召爲諸王宮教授以疾免已而以太子中舍致仕遷殿中丞於家皇祐中驛召至京師議樂復以爲大理評事兼太常

寺主簿又以疾辭歲餘爲光禄寺丞國子監直講廼居太學遷大理寺丞賜緋衣銀魚嘉祐元年遷太子中允充天章閣侍講仍居太學已而病不能朝　天子數遣使者存問又以太常博士致[illegible]東歸之日太學之諸生與朝廷賢士大夫送之東門執弟子禮路人嗟歎以爲榮以四年六月六日卒于杭州享年六十有七以明年十月五日葬于烏程何山之原其世次官邑與其行事莆陽蔡君謨具（一作且）誌于幽堂嗚

呼先生之德在乎人不待表而見於後世然非此無以慰學者之思乃揭于其墓之原六年八月三日廬陵歐陽脩述

瀧岡阡表

嗚呼惟我皇考崇公卜吉于瀧岡之六十年其子脩始克表於其阡非敢緩也蓋有待也脩不幸生四歲而孤太夫人守節自誓居窮一作貧自力於衣食以長以教俾至于成人太夫人告之曰汝父爲吏廉而好施與喜賓客其俸禄雖薄常不使有餘曰

母以是爲我累故其亡也無一瓦之覆一壠之植(碑本作殖)以庇而爲生吾何恃而能自守邪吾於汝父知其一二以有待於汝也自吾爲汝家婦不及事吾姑然知汝父之能養也汝孤而幼吾不能知汝之必有立然知汝父之必將有後也吾之始歸也汝父免於母喪方逾年歲時祭祀則必涕泣曰祭而豐不如養之薄也間御酒食則又涕泣曰昔常(一作吾)不足而今有餘其何及也吾始一二見之以爲新免於喪適然耳

既而其後常然至其終身未嘗不然吾雖不及事姑而以此知汝父之能養也汝父爲吏嘗夜燭治官書屢廢而歎吾問之則曰此死獄也我求其生不得爾吾曰生可求乎曰求其生而不得則死者與我皆無恨也（一無也字）矧求而有得邪以其有（一本有字作求而）得則知不求而死者有恨也夫常求其生猶失之死而世（一作況）常求其死也回顧乳者劒（一作抱）汝而立于旁因指而歎曰術者謂我歲行在戌將死使其言然吾不及

見兒之立也後當以我語告之其平居教他子弟常用此語吾耳熟焉故能詳也其施於外事吾不能知其居于家無所矜飾而所爲如此是眞發於中者邪嗚呼其心厚於仁者邪此吾知汝父之必將有後也汝其勉之夫養不必豐要於孝利雖不得博於物要其心之厚於仁吾不能教汝此汝父之志也脩泣而志之不敢忘先公少孤力學咸平三年進士及第爲道州判官泗綿二州推官又爲泰州判官享年五十

有九葬沙溪之瀧岡太夫人姓鄭氏考諱德儀世爲江南名族太夫人恭儉仁愛而有禮初封福昌縣太君進封樂安安康彭城三郡太君自其家少微（一作賤）時治其家以儉約其後常不使過之曰吾兒不能苟合於世儉薄所以居患難也其後修貶夷陵太夫人言笑自若曰汝家故貧賤也（碑本無六字）吾處之有素矣汝能安之吾亦安矣自先公之亡二十年修始得祿而養又十有二年列官于朝始得贈封其親又十年修爲

龍圖閣直學士尚書一無尚書字吏部郎中留守南京太夫人以疾終一作卒于官舍享年七十有二又八年脩以非才入副樞密遂參政事又七年而罷自登二府　天子推恩褒其三世故一作蓋自嘉祐以來逢國大慶必加寵錫皇曾祖府君累贈金紫光祿大夫太師中書令曾祖妣累封楚國太夫人皇祖府君累贈金紫光祿大夫太師中書令兼尚書令祖妣累封吳國太夫人皇考崇公累贈金紫光祿大夫太師中書令

兼尚書令皇妣累封越國太夫人　今上初郊皇考賜爵爲崇國公太夫人進號魏一作韓國於是小子脩泣而言曰嗚呼爲善無不報而遲速有時此理之常也惟我祖考積善成德宜享其隆雖不克有於其躬而賜爵受封顯榮褒大實有三朝之錫命是足以表見於後世而庇賴其子孫矣乃列其世譜具刻于碑既又載我皇考崇公之遺訓太夫人之所以教而有待於脩者並揭于阡俾知夫小子脩之德薄能鮮遭

時竊位而幸全大節不辱其先者其來有自熙寧三年歲次庚戌四月辛酉朔十有五日乙亥男推誠保德崇仁翊戴功臣觀文殿學士特進行兵部尚書知青州軍州事兼管內勸農使充京東東路安撫使上柱國樂安郡開國公食邑四千三百戶食實封壹阡貳伯戶脩表

集賢校理丁君墓表

君諱寶臣字元珍姓丁氏常州晉陵人也景祐元年舉進士及第爲峽州軍事判官

淮南節度掌書記杭州觀察判官改太子中允知剡縣徙知端州遷太常丞博士坐海賊儂智高陷城失守奪一官徙置黄州久之復得太常丞監湖州酒稅又復博士知諸暨縣編校祕閣書籍遂爲校理同知太常禮院君爲人外和怡而内謹立望其容貌進趨知其君子人也居鄉里以文行稱少孤與其兄篤於友悌兄亡服喪三年曰吾不幸幼失其親兄吾父也慶曆中詔天下大興學校東南多學者而湖杭尤盛

君居杭學爲教授以其素所學問而自修於鄉里者教其徒久而學者多所成就其後　天子患館閣職廢特置編挍八員其選甚精乃自諸暨召居祕閣君治州縣聽決精明賦役有法民畏信而便安之其始治剡也如此後治諸暨剡鄰邑也其民聞其來讙曰此剡人愛而思之謂不可復得者也今吾民乃幸而得之而君亦以治剡者治之由是所至有聲及居閣下淡然不以勢利動其心未嘗走謁公卿與諸學士

羣居恂恂人皆愛親之蓋其召自諸暨也以材行選及在館閣久而朝廷益知其賢英宗每論人物屢稱之國家自削除僭僞東南遂無事偃兵弛備者六十餘年矣而嶺外尤甚其山海荒闊列郡數十皆爲下州朝廷命吏常以一縣視之故其守無城其戍無兵一日智高乘不備陷邕州殺將吏有衆萬餘人順流而下潯梧封康諸小州所過如破竹吏民皆望而散走獨君猶率羸卒百餘拒戰殺六七人既敗亦走初

賊未至君語其下曰幸得兵數千人伏小湘峽扼至險以擊驕兵可必勝也乃請兵於廣州凡九請不報又嘗得賊覘者一人斬之賊既平議者謂君文學宜居臺閣備侍從以承顧問而眇然以一儒者守空城提百十飢羸之卒當萬人卒至之賊可謂不幸而 天子亦以謂縣官不素設備而責守吏不以空手捍賊宜原其情故一切輕其法而君以嘗請兵不得又能拒戰殺賊則又輕之故他失守者皆奪兩官而君

奪一官已而知其賢復召用後十餘年御
史知雜蘇寀受命之明日建言請復治君
前事奪其職而黜之 天子知君賢不可
以一眚廢而 先帝已察其罪而輕之矣
又數更大赦且罪無再坐然猶以御史新
用故屈君使少避而不傷之也乃用其校
理歲滿所當得者即以君通判永州方待
闕於晉陵以治平四年四月某甲子暴中
風眩一夕卒享年五十有八累官至尚書
司封員外郎階朝奉郎勳上輕車都尉曾

祖諱某祖諱某皆不仕父諱某贈尚書工
部侍郎母張氏仙游縣太君娶饒氏封
晉陵縣君先卒子男四人曰隅曰除曰隮
皆舉進士曰恩兒才一歲女一人適著作
佐郎集賢校理胡宗愈君既卒 天子憫
然推恩録其子隅爲太廟齋郎君之平生
履憂患而遭困阨處之安焉未嘗見戚戚
之色其於窮達壽夭知有命固無憾於其
心然知君之賢哀其志而惜其命止於斯
者不能無恨也於是相與論著君之大節

伐石紀辭以表見於後世庶幾以慰其思焉熙寧元年六月十四日廬陵歐陽脩述

居士集卷第二十五

熙寧五年秋七月男發等編定

紹熙二年三月郡人孫謙益挍正

周君墓表諸本皆作君諱某字某某州某縣人朝佐竊謂篤行君子正賴公文以傳遠豈可逸其名字鄉里乃爲考舂陵志悉書之

唐君墓表 父諱謂（一作渭）

瀧岡阡表 吾始（石本作始吾）

丁君墓表 召自諸曁也以材行選也（一作巳）曾祖諱輝祖諱諒父諱東之（一本如此）

續添

錢君墓表 悉求（一作多求）賢行（一作節行）

胡先生墓表 景祐明道（一作明道景祐爲是）於京師（於一作于）

歐陽文忠公集

居士集卷第二十六　歐陽文忠公集二十六

墓誌四首

尚書虞部員外郎尹公墓誌銘

公諱仲宣姓尹氏尹氏世居太原無顯者由公之父贈刑部侍郎諱文化始舉毛詩登某（一無此字）科（一有能字）以材敏稱於當時仕至尚書都官郎中於今人士語尹氏者往往能稱其名字由是始有聞人刑部葬其父於河南今爲河南河南（一無此二字）人公舉周易咸平三年中第歷梓州銅山鳳翔麟游二主簿京兆

府司理叅軍潞州襄垣主簿遷汝州梁一有縣字懷州武陟二令又遷蜀州軍事判官薦其能者數十一作十數人拜大理寺丞太子中舍殿中丞國子博士尚書虞部員外郎歷知汝州之葉鄭州之滎陽一有縣字又知大寧監通判華州又知資州皆有政一作能績最後知郢州至州之三日晨起衣冠得疾一有及寢而三字卒實景祐四年三月七日也年七十一以五年十一月二十八日葬壽安母鄭氏德興縣太君妻張氏壽安縣君子七人源

洙湘沖淑沂泳諸孫十餘人公旣卒許州進士朱生遊資州資人一作州家家能道公之遺事及聞公喪皆巷哭其吏與民各以其類之浮屠發哀受弔朱生旣得公善十餘事爲作遺愛錄以遺資人朱生未嘗識公者而言若茲信矣嗚呼善人之爲善也生不赫赫於當時則其遺風餘思在乎人者必有時而著公生而爲善歿也見思一作歿也見稱斯可知也已銘者所以名其善功以昭後世也一有夫字銘曰

物塞而通必艱其初至于大亨乃煒而敷尹氏之先久窒不耀自公再世始發其奧公不墜德有善在人孰當其興在子與孫一作在子子孫

尚書兵部員外郎知制誥謝公墓誌銘

朝散大夫行尚書兵部員外郎知制誥知鄧州軍州事兼管内勸農使上輕車都尉陽夏縣開國男食邑三百戸賜紫金魚袋謝公諱絳字希深其先出於黃帝之後任

姓之别爲十族謝其一也其國在南陽宛
三代之際以微不見至詩嵩高始言周宣
王使召公營謝邑以賜申伯蓋謝先以失
國其子孫散亡以國爲姓歷秦漢魏益不
顯至晋宋間謝氏出陳郡者始爲盛族公
之皇考曰太子賓客諱濤其爵陳留伯至
公開國又爲陽夏男皆在陳郡故用其封
復因爲陳郡人然其官邑卒葬隨世而遷
其譜自八世而下可見曰八代祖汾爲河
南緱氏人至五代祖希圖始遷而南或葬

嘉興或葬麗水自皇考已上三代皆葬杭州之富陽公以寶元二年四月丁卯來治鄧其年十一月己酉以疾卒于官以遠不克歸于南即以明年八月得州之西南某山之陽遂以葬公享年四十有五初娶夏侯氏先卒今舉以祔後娶高氏文安縣君三男六女男某皆將作監主簿女一早亡五尚幼公之卒其客歐陽脩弔而哭于位退則歎曰初賓客之薨脩獲銘其德納諸富陽之原今又哭公之喪哭者在位莫如脩舊蓋嘗銘

其世矣乃論次其終始曰公年十五起家試秘書省校書郎復舉進士中甲科以奉禮郎知潁州汝陰縣遷光禄寺丞上書論四民失業楊文公薦其材召試充秘閣校理再遷太常丞通判常州丁母晉陵郡君許氏憂服除遷太常博士用鄭氏經唐故事議昭武皇帝非受命祖不宜配享感生帝天聖中天下水旱而蝗河決壞滑州又上書用洪範五行京房傳推災異所以爲天譴告之意極陳時所闕失無所諱與修

眞宗國史遷祠部員外郎直集賢院通判河南府移書丞相言歲凶嵩山宮宜罷勿治又上書論妖人方術士不宜出入禁中請追所賜先生處士號歲蒲權開封府判官再遷兵部員外郎爲三司度支判官上書論法（一作詔）禁窑花透背詔書云自内始令内人賜衣復下有司取之是爲法而自戾無以信天下又言後苑作官市龜筒亦禁物民間非所有有之爲犯法因請罷内作諸器皆以其職言又言有司多（一無此字）求

上旨（一有多字）從中出而數更且謂號令數變則虧國體利害偏聽則惑聰明請者務欲各行而守者患於不一請凡詔令皆由中書樞密院然後行郭皇后廢上書用詩白華引申后褒姒以爲戒景祐元年丁父憂服除（一本賓客薨于京師以喪南歸三年）召試知制誥判流内銓諫者言李照新定樂不可用下其議議者久不決公爲兩議曰宋樂用三世矣照之法不合古吾從舊乃署其一議曰從新樂者異署議者皆從公署公爲人肅然

自脩平居温温不妄喜怒及其臨事敢言何其壯也雖或聽或否或論高而不能行或後果如其言皆傳經據古切中時病三代已來文章盛者稱西漢公於制誥尤得其體世所謂常楊元白不足多也公既以文知名至於爲政無所不逹自汝陰已有能名佐常州至今常人思之錢思公守河南悉以事屬之是時　莊獻明肅太后莊懿太后起二陵於永安至於鐵石畚鍤不取一物於民而足修國子學教諸生自遠

而至者百餘人舉而中第者十八九河南人聞公喪皆出涕諸生畫像於學而祠之初吏部擬官以圭田有無爲均公取州縣田覆其實者準其方之物賈（一作價）差爲多少揭之省中宅有名而無實者皆不用人以爲便天下之吏有定職而無定員故選者常患其多而久積吏緣以姦至公爲之選而集者有不逾旬而去天下皆稱其平其遇事尤劇（一有夔字）尤若簡而有餘及求知鄧州其治益以寬靜爲本州遂無事先時

有妖僧者以僞言誘民男女數百人往往晝夜爲會凡六七年不廢公則取其首惡二人寘之法餘一不問民始知公法可畏而安於不苛南陽堰引湍水溉公田水之來遠而少能及民而堰墽勑列反𡒊破公議復召信臣故渠以罷鄧人歲役而以水與民大興學舍皆未就而卒始公來鄧食其廩者四十餘人或疑其多及其喪爲之制服其治衣櫛纔二婢至三從孤弟妹皆聚而食之卒之日廩無餘粟家無餘貲入哭其

堂樆無新衣然平生一有好施宗族喜賓客談宴怡怡如也自少而仕凡三十年間自守不回而外亦不爲甚異此其始終大節也一無也字下有昔太史公世稱其文善以多爲少今予不能乃不暇具書公之事而特著其大者略書之噫公之事何多歟繁予文而不克究使公而壽且用極其抑則凡今所書又有不暇書而又著其尤大者爾將葬其嗣子某來乞銘銘曰

壽吾不知命繫其偶不俾其隆安歸其咎惟德之明惟仁之茂惟力之爲而公之有

資政殿學士尚書戶部侍郎簡肅薛公墓誌銘

明道二年尚書禮部侍郎參知政事河東公以疾告歸其政天子曰吾不可以數煩公乃詔優公不朝而使視事如故居歲中數以告乃得還第又數以告然後拜公爲資政殿學士户部侍郎判尚書都省罷其政事景祐元年八月庚申公薨于家年六十有八贈兵部尚書公諱奎字宿藝姓薛氏薛氏之先出於黄帝之後任姓任姓之別爲十族薛者奚仲之始封也其後奚仲去遷邳而仲虺留居薛春秋之際以國見

經而其子孫後以爲氏此其譜也隋唐之間薛姓居河東者爲最盛公絳州正平人也曾王父贈太保諱某大王父贈太傅諱某王父殿中丞贈太師諱某三世皆不顯而以公貴初　太宗皇帝伐并州太師以策干行在不見用罷公生十餘歲已能屬文辭太師顧曰是必大吾門吾復何爲乃不復事生業務施貸以賙鄉閭曰吾有子矣後何患後五十年公始佐今天子參政事爲世名臣如其言公爲人剛篤忠烈果

敢明達初舉進士爲州第一讓其里人王
嚴而居其次於是鄉里皆稱之淳化三年
再舉乃中授秘書省校書郎隰州軍事推
官始至取州獄已成書活寃者四人徙儀
州推官士爭薦其能丁太夫人憂服除用
薦者拜大理寺丞知興化軍莆田縣悉除
故時王氏無名租莆田人至今以爲德遷
殿中丞知河南長水縣徙知興州州舊鑄
鐵錢用功多人以爲苦公乃募民有力者
弛其山使自爲利而收其鐵租以鑄悉罷

役者人用不勞遷太常博士御史中丞向敏中薦公材中御史就拜監察御史召爲殿中侍御史判三司都磨勘司賜緋衣銀魚出爲陝西轉運副使坐舉人免官居數月通判陝府歲餘召還臺安撫河北稱旨改尚書户部員外郎淮南轉運使江淮制置發運使開揚州河廢其三堰以便漕船歲以八百萬石食京師其後罕及其多轉吏部員外郎丁太師憂去職不許居二歲入爲三司户部副使與三司使李士衡爭

事省中士銜抜時權貴人爲助公拜戸部郎中直昭文館出知延州遷吏部郎中入爲龍圖閣待制知開封府遷右諫議大夫御史中丞契丹使蕭從順來朝是時　莊獻明肅太后垂簾聽政從順舉止多不遜以謂南使至契丹者皆見太后遂請見之朝議患之未有以決公獨以理折之從順乃止而嫉公者讒其漏禁中語由是拜集賢院學士出知并州改知秦州秦州宿重兵兵嘗慊食公爲勸儉積畜教民水種歲

中遷樞密直學士知益州而秦之餘粟積者三百萬征筭之衍者三十萬覈民舊隱田數百頃所得芻粟又十餘萬秦州之民與其藩（一作夷）落數千人詣轉運使請留不果公在開封以嚴爲治肅清京師京師之民至私以俚語目公且相戒曰是不可犯也囹圄爲之數空而至今之人猶或目之及居蜀尤有善政民有得僞蜀時中書印者夜以錦囊掛之西門門（一作閽）者以白蜀人隨之　者萬計皆恂恂（一作詾詾）出異語

且觀公所爲公顧主吏藏之略不取覡民乃止老媪告其子不孝者子訴貧不能養公取俸錢與之曰用此爲生以養母子遂相慈孝里富人三女皆孤民或妄爭其產公析其貲爲三爲嫁其女於是人皆以公爲仁恩蜀人喜亂而易揺公旣鎭以無事又能順其風俗從容宴樂及其臨事破姦發伏逆見隨決如逢蒙之射而方朔之占無一不中蜀人一作其後愛且畏之以比張尚書詠而不苛開封天子之畿益州蜀一都

會皆毌號尤難理者而公尤有名其猛寬之政前後異施可謂知其方矣入拜龍圖閣直學士權三司使遂拜參知政事公入謝上曰先帝嘗言卿可用吾今用卿矣公益感激自勵而素剛毅守節不苟合既與政尤挺立無所牽隨然遂欲繩天下無細大一入於規矩往往不可其意則歸卧于家歎息憂愧輒不食家人笑其何必若此公曰吾慚不及古人而懼後世譏我也公嘗使契丹與其君臣語而以論議服其坐

中其後契丹使來必問公所在及聞已用乃皆喜曰是得人矣邊吏得諜者言契丹欲弃約舉兵上亟召大臣議或欲選將增兵公曰契丹畏誓而貪利且無隙以開其端其必不動不宜失持重之勢而使其可窺已而卒無事他日上顧公曰果如公言於是益重之明道二年莊獻明肅太后欲以天子袞冕見太廟臣下依違不決公獨爭之曰太后必若王服見祖宗若何而拜乎太后不能奪爲改他服太后崩上見羣

臣泣曰太后疾不能言而猶數引其衣若有所屬何也公遽曰其在袞冕也然服之豈可見先帝乎上大悟卒以后服葬於是益以公爲果可用也一無也字下有而公不至乎大用終焉先娶潘氏早卒後娶趙氏今封金城郡夫人子男一人直孺大理寺丞女五人長適故職方員外郎張奇其次適故開封府士曹參軍喬易從早亡次適太原王珙辰早亡次適盧陵歐陽脩次又適王氏公既貴贈其曾祖而下三室曰太保太傅太師追

封曾祖妣某氏某夫人祖妣某氏某夫人
妣某氏某夫人公性孝慈雖在大位家人
勤儉不知爲驕奢諸子幼孤撫養不異平
生所爲文章四（一作二）十卷直而有氣如其
爲人五年某月某甲子其孤直孺奉其柩
自京師葬于絳州以某年某月某甲子即
事先期狀公之功行上之太常太常議曰
謚法一德不懈曰簡執心決斷曰肅今其
狀應法乃謚曰簡肅銘曰
薛夏之封以國爲姓其後河東隋唐最盛

公世載德實河東人必大其門太師之太
公之從事以難爲易叅于大政不撓不牽
屢決大議有言炳然公不爲相告病還家
賵賻之榮尚書是加公有敏德焯其行事
公有令名有司之謚事告之史謚傳子孫
又刻銘章納于墓門

贈尚書度支員外郎張君墓誌銘 一

君諱思字希聖青州人也曾祖諱庭實不仕祖諱昴贈尚書職方郎中父諱從化尚書駕部員外郎贈秘書少監母河南縣太

君朱氏君天禧四年舉進士及第爲濰州司理叅軍青州益都縣主簿開封府倉曹叅軍改秘書省著作佐郎知益都縣再遷秘書丞太常博士通判閬州權知興元府景祐四年九月十七日以疾卒于官享年六十有四君丗以明經仕官至君始爲辭章舉進士官雖卑事親能盡其養不知其禄之薄也退與妻子惡衣蔬食無難色居親喪盡哀葬其家三十餘喪鄉里稱其孝爲吏所至有能名京東歲大飢所在盜賊

起獨君所治益都無盜而賑卹飢人比他縣尤多安撫使以爲言詔書褒美在閬州治嘉陵江石隄民至今賴之君爲博士時其弟愈猶爲布衣君嘗歎曰吾年四十有七始以進士及第今且老吾志其衰矣顧其三子曰是必大吾門因獨念其弟愈先君之所愛也乃欲致其仕以冀一子恩得以命其弟顧貧未能去祿仕每以爲恨已而其子唐卿舉進士第一君聞之喜且泣曰吾志其就矣乃上書求致仕且欲官其

弟愈未及而卒君娶王氏馮翊縣君後君
二十二年以卒子男三人唐卿將作監丞
通判陝府唐輔孟州濟源縣尉皆早卒唐
民今爲秘書丞女二人長適屯田員外郎
任沆次早卒孫男二人曰危行果行孫女
二人皆尚幼君以子恩贈尚書度支員外
郎夫人王氏亦以子恩封長壽縣太君以
嘉祐四年十月十二日葬君夫人于青州
益都縣仁德鄉之南原銘曰
張有世序是爲青人君治益都有政于民

仕也四方昌其子孫終必返本斯之謂仁
鄉人之思封樹長存

居士集卷第二十六

熈寧五年秋七月男發等編定

紹熈二年三月郡人孫謙益校正

尹公墓銘 滎陽此下一有二縣兩字及寢一作反寢朱生一作朱公佐公善此下一有政字

謝公墓銘 終始一作始終

薛簡肅公墓銘 後世譏我譏一作議

居士集卷第二十七　歐陽文忠公集二十七

墓誌五首

翰林侍讀學士給事中梅公墓誌銘

翰林侍讀學士給事中一云行給事中知許州上柱國南昌郡開國公食邑三千三百戶實封陸伯戶賜紫金魚袋梅公既卒之明年其孤及其兄之子堯臣來請銘以葬曰吾叔父病且亟矣猶卧而使我誦子之文今其葬宜得子銘以藏公之名在人耳目五十餘年前卒一歲子始拜公於許公雖衰且一無此字病其言談詞氣尚足動人嗟

子不及見其壯也然嘗聞長老道公咸平景德之初一遇　真宗言天下事合意遂以人主爲知己當時搢紳之士（一無此二字）望之若不可及已而擯斥流離四十年間白首翰林卒老一州嗟夫士果能自爲材邪惟世用不用爾故予記公終始至於咸平景德之際尤爲詳焉良以悲其志也公諱詢字昌言世家宣城年二十六進士及第試校書郎利豐監判官遷將作監丞知杭州仁和縣又遷著作佐郎舉御史臺推勘官

時亦未之奇也咸平三年與考進士於崇政殿　眞宗過殿廬中一見以爲奇材召試中書直集賢院賜緋衣銀魚是時契丹數寇河北李繼遷急攻靈州天子新即位銳於爲治公乃上書請以朔方授潘羅支使自攻取是謂以蠻夷攻蠻夷　眞宗然其言問誰可使羅支者公自請行天子惜之不欲使蹈兵閒公曰苟活靈州而罷西兵何惜一梅詢天子壯其言因遣使羅支未至而靈州沒于賊召還遷太常丞三司

戶部判官數訪時事一有使得以書論於是屢言西北事時邊將皆守境不能出師公請一有出字大臣臨邊督戰募遊兵擊賊一有論曹瑋馬知節才可用又十字論傅潛楊瓊敗績當誅一有以正刑三字而田紹斌王榮等可責其効以贖過凡數十事其言甚壯天子益器其材數欲以知制誥宰相有言不一作未可者乃已其後繼遷卒爲潘羅支所困而朝廷以兩鎮授德明德明頓首謝罪河西平天子亦再幸澶淵一有以金帛三字盟契丹而河北之兵解天下無事矣

公既見跡不用初坐斷田訟失實通判杭州徙知蘇州又徙兩浙轉運（一有副字）使還判三司開拆司遷太常博士用封禪恩遷祠部員外郎又坐事出知濠州以刑部員外郎爲荆湖北路轉運使坐擅給驛馬與（一作假）人奔喪而馬死奪一官通判襄州徙知鄂州又徙蘇州天禧元年復爲刑部員外郎陝西轉運使靈州棄已久公與秦州曹瑋得胡蘆河路（一有無沙二字）可出兵無沙行之阻而能徑（一無此八字）趨靈州遂請瑋居環慶以圖出師會

瑄入爲宣徽使不克而止遷工部郎中坐朱能反貶一作左遷懷州團練副使再貶一作改池州天聖元年拜度支員外郎知廣德軍徙知楚州遷兵部員外郎知壽州又知陝府六年復直集賢院又遷工部郎中改直昭文館知荆南府召爲龍圖閣待制糾察在京刑獄判流内銓改龍圖閣直學士知并州未行遷兵部郎中樞密直學士以往就遷右諫議大夫入知通進銀臺司復判流内銓改翰林侍讀學士羣牧使遷給事

中知審官院以疾出知許州康定二年六月某日卒于官公好學有文尤（一無此五字）喜爲詩爲人嚴毅脩潔而材辯敏明少能慷慨見奇　眞宗自初召試感激言事自以謂君臣之遇已而失職逾二十年始復直於集賢（一作始復直集賢院）比登侍從而門生故吏曩時所考進士或至宰相居大官故其視時人常以先生長者自處論事尤多發憤其在許昌繼遷之孫復以河西叛朝廷出師西方而公已老不復言兵矣享年七十有

八以終（一無此二字）梅氏遠出梅伯世久而譜不明公之皇曾祖諱超皇祖諱遠皆不仕父諱邈贈刑部侍郎夫人劉氏彭城縣君子五人長曰鼎臣官至殿中丞次曰寶臣皆（一無皆字）先公卒次曰得臣太子中舍次曰輔臣前將作監丞次曰清臣大理評事公之卒天子贈賻優恤（一無此二字）加（一作拜）得臣殿中丞清臣衛尉寺丞明年八（一作九）月某日葬公宣州之某縣某鄉某原（一作葬于宣城縣長安鄉西山里）銘曰

士之所難有藴無時偉歟梅公人主之知
勇無不敢惟義之爲困于翼飛中垂以歛
一失其塗進退而坎理不終窮既晚而通
惟其壽考福禄之隆一作終

尚書都官員外郎歐陽公墓誌銘

公諱曅字日華於檢校工部尚書諱託彭
城縣君劉氏之室爲曾孫武昌縣令諱郴
蘭陵夫人一作蘭陵郡無夫人字蕭氏之室爲孫贈
太僕少卿諱偃追封潘原縣太君李氏之
室爲第三子於偹爲叔父偹不幸幼孤依

于叔父而長焉嘗奉太夫人之教曰爾欲識爾父乎視爾叔父其狀貌起居言笑皆爾父也脩雖幼已能知太夫人言爲悲一作哀而叔父之爲親也歐陽氏世家江南僞唐李氏時爲廬陵大族李氏亡先君昆弟同時而仕者四人獨先君早世其後三人皆登于朝以殁公一有以字咸平三年舉進士甲科歷南雄州判官隨閬二州推官江陵府掌書記拜太子中允太常丞博士尚書屯田都官二員外郎享年七十有九最後

終于家以慶曆四年三月十日葬于安州應城縣高風鄉彭樂村於其葬也其素所養兄之子脩泣而書曰嗚呼叔父之亡吾先君之昆弟無復在者矣其長養教育之恩既不可報而至於狀貌起居言笑之可思慕者皆不得而見焉矣惟勉而紀吾叔父之可傳于世者庶以盡脩之志焉公以太子中允監興國軍鹽酒稅太常丞知漢州雒縣博士知端州桂陽監屯田員外郎知黃州遷都官知永州皆有能政坐舉人

奪官復以屯田通判歙州以本官分司西京許家于隨復遷都官于家遂致仕景祐四年四月九日卒公爲人嚴明方質尤以潔廉自持自爲布衣非其義不輒受人之遺少而所與親舊後或甚貴終身不造其門其涖官臨事長於決斷初爲隨州推官治獄之難決者三十六（一有人字）大洪山奇峯寺聚僧數百人轉運使疑其積物多而僧爲姦利命公往籍之（一有官爲出入四字）僧以白金千兩餽公公笑曰吾安用此然汝能聽我言

乎今歲大凶汝有積穀六七萬石能盡以輸官而賑民則吾不籍汝僧喜曰諾飢民賴以全活陳堯咨以豪貴自驕（一有所居爲不法五字）官屬莫敢仰視在江陵用私錢詐爲官市黃金府吏持帖強僚佐署公呵吏曰官市金當有文符獨不肯署堯咨雖憚而止然諷轉運使出公不使居府中鄂州崇陽素號難治乃徙公治之至則決滯獄百餘事縣民王明與其同母兄李通爭產累歲明不能自理至貧爲人傭舂公折之一言通

則具伏盡取其產鉅萬一有一字歸于明通退而無怨言桂陽民有爭舟而相毆至死者獄久不決公自臨其獄出囚坐庭中去其桎梏而飲食之食訖悉勞而還于獄獨留一人于庭留者色動惶顧公曰殺人者汝也囚不知所以然公曰吾視食者皆以右手持匕而汝獨以左今死者傷在右肋此汝殺之明也囚即涕泣曰我殺也不敢以累他人公之臨事明辨有古良吏決獄之術多如此所居人皆愛思之公娶范氏封

福昌縣君子男四人長曰宗顔次曰宗閔其二早亡女一人適張氏亦早亡銘曰公之明足以決於事愛足以思於人仁足以施其族清足以潔其身而銘之以此足以遺其子孫

江寧府句容縣令贈尚書兵部員外郎王公墓誌銘代恕

王氏世家開封陳留之通許鎮咸平中分通許爲咸平縣故王氏今爲開封咸平人公諱某字某曾祖諱丕祖諱祚父諱銳世

以貲雄里中不樂仕宦而好施其有以賙人之急及公而貲益衰乃歎曰吾聞施於爲政其利可以賙天下貲安足道哉乃慨然以孔氏尚書舉於有司累不中因就他選曰可以爲政何擇焉初任萊州萊陽主簿會令坐事解去公署令事告其民曰令欲爲法簡而利民博者當何爲去其甚惡可也乃縛故吏唐權條其宿惡上于州杖其脊而還之縣之姦豪皆斂色屛氣指權相戒不可犯公法公曰使我爲令朞年不

獨善人不懼惡人可使惡人爲善也已而
河決東平公部縣丁夫數千召權署隊長
權喜曰公許我自新矣卒以丁夫治河爲
諸縣最歷婺州蘭溪尉陳州項城主簿會
歲旱蝗州守風吏按田者言旱不爲災公
與守爭至三四民得復乃已改潁州司法
參軍州民藥氏爲盜會赦出入里閭操弓
矢爲民害有朱氏者募客二人謀殺之法
當死公曰爲法所以輔善而禁惡也今殺
良民爲惡盜報仇豈法意邪乃狀列之朱

氏得減死改華州司法遷蘇州之吴江江寧之句容二縣令遂老于京師以某年某月某日卒于家享年六十有九公好學善書喜賓客務賙人緩急而爲性寛靜沈默[一有及於吏事敢於所爲不屈其守]左右丞史有不如意未嘗笞責諸子問之則曰刑法豈爲喜怒設邪公初娶趙氏永安郡太君後娶李氏陳留郡太君子男十人二早卒女二[一作人]一[一無一字]卒于家一適朱氏慶曆四年九月庚申葬于開封尉氏蔣成鄉栢子原之新

塋於其葬也長子拱璧右侍禁次拱之左班殿直次拱德衛州獲嘉縣令次拱安右班殿直次拱巳守將作監主簿次拱式尉氏縣尉次拱辰右諫議大夫權御史中丞次拱著歙州司户參軍以中丞之貴累贈尚書兵部員外郎將葬中丞君泣而語其伯仲曰吾家通許世有陰德于人而無興者至吾先君不有于其躬而以貽後世小子不佞幸得備員御史府進退大夫之後小子何有焉然懼乎後世徒見王氏之興

而不知吾世積漸之所以來者若此其可無銘乃來求銘銘曰

公世以貲施德于人至公貲裒乃施于官有子之一足大公門矧公多子多子多孫惟彼世德如流有源其來者遠愈積益蕃銘昭其昧以永厥存

張子野墓誌銘

吾友張子野既亡之二年其弟充以書來請曰吾兄之喪將以今年三月某日葬于開封不可以不銘銘之莫如子宜嗚呼子

雖不能銘然樂道天下之善以傳焉況若
吾子野者非獨其善可銘又有平生之舊
朋友之恩與其可哀者皆宜見於子文宜
其來請於予也初天聖九年予爲西京留
守推官是時陳郡謝希深南陽張堯夫與
吾子野尚皆無恙於時一府之士皆魁傑
賢豪日相往來飲酒歌呼上下角逐爭相
先後以爲笑樂而堯夫子野退然其間不
動聲氣衆皆指爲長者予時尚少心壯志
得以爲洛陽東西之衝賢豪所聚者多爲

適然耳其後去洛來京師南走夷陵並江漢其行萬三四千里山砠水厓窮居獨遊思從曩人邈不可得然雖洛人至今皆以謂無如嚮時之盛然後知世之賢豪不常聚而交遊之難得爲可惜也初在洛時已哭堯夫而銘之其後六年又哭希深而銘之今又哭吾子野而銘一有之字於是又知非徒相得之難而善人君子欲使幸而久在於世亦不可得一有也嗚呼可哀也已子野之世曰贈太子太師諱某曾祖也宣徽北

院使樞密副使累贈尚書令諱遜皇祖也尚書比部郎中諱敏中皇考也曾祖妣李氏隴西郡夫人祖妣宋氏昭應郡夫人孝章皇后之妹也妣李氏永安縣太君子野家聯后姻世久貴仕而被服操履甚於寒儒好學自力善筆札天聖二年舉進士歷漢陽軍司理參軍開封府咸平主簿河南法曹參軍王文康公錢思公謝希深與今參知政事宋公咸薦其能改著作佐郎監鄭州酒稅知閬州閬中縣就拜秘書丞秩

蒲知亳州鹿邑縣寶元二年二月丁未以疾卒于官享年四十有八子伸郊社掌坐次從次幼未名女五人一適人矣妻劉氏長安縣君子野爲人外雖愉怡中自刻苦遇人渾渾不見圭角而志守端直臨事敢一作果决平居酒半脫冠垂頭童然禿且白矣子固已悲其早衰而遂止於此豈其中亦有不自得者邪子野諱先其上世博州高堂人自曾祖已來家京師而葬開封今爲開封人也銘曰

嗟夫子野質厚材良孰屯其亨孰短其長豈其中有不自得而外物有以戕開封之原新里之鄉三世于此其歸其藏

孫明復先生墓誌銘并序

先生諱復字明復姓孫氏晉州平陽人也少舉進士不中退居泰山之陽學春秋著尊王發微魯多學者其尤賢而有道者石介自介而下皆以弟子事之先生年逾四十家貧不娶李丞相迪將以其弟之女一作子妻之先生疑焉介與羣弟子進曰公卿

不下士久矣令丞相不以先生貧賤而欲託以子是高先生之行義也先生宜因以成丞相之賢名於是乃許孔給事道輔爲人剛直嚴重不妄與人聞先生之風就見之介執杖屨侍左右先生坐則立升降拜則扶之及其往謝也亦然魯人旣素高此兩人由是始識師弟子之禮莫不歎嗟之而李丞相孔給事亦以此見稱於士大夫其後介爲學官語于朝曰先生非隱者也欲仕而未得其方也慶曆二年樞密副使

范仲淹資政殿學士富弼言其道德經術宜在朝廷召拜校書郎國子監直講嘗召見邇英閣說詩（一有且字）將以爲侍講而嫉之者言其講說多異先儒遂止七年徐州人孔直温以狂謀捕治索其家得詩有先生姓名坐貶監虔州商稅徙泗州又徙知河南府長水縣簽署應天府判官公事通判陵州翰林學士趙槩等十餘人上言孫某行爲世法經爲人師不宜棄之遠方乃復爲國子監直講居三歲以嘉祐二年七月

二十四日以疾卒于家享年六十有六官至殿中丞先生在太學時爲大理評事天子臨幸賜以緋衣銀魚及聞其喪惻然予其家錢十萬而公卿大夫朋友太學之諸生相與弔哭賻治其喪於是以其年十月二十七日葬先生於鄆州須城縣盧（一作靈）泉鄉之北扈原先生治春秋不惑傳註不爲曲說以亂經其言簡易明於諸侯大夫功罪以考時之盛衰而推見王道之治亂得於經之本義爲多方其病時樞密使韓

琦言之天子選書吏給紙筆命其門人祖無擇就其家得其書百十有五篇録之藏于秘閣先生一子大年尚幼銘曰

聖既殁經更戰焚逃藏脫亂僅傳（一作得）存衆說乘之汩其原怪迂百出雜僞眞後生牽卑習前聞有欲患之寡攻羣往往止燎以膏薪有勇夫子闢浮雲刮磨蔽蝕相吐吞日月卒復光破昏博哉功利無窮垠有考其不在斯文

居士集卷第二十七

熙寧五年秋七月男發等編定

紹熙二年三月郡人孫謙益校正

孫先生墓銘

聖既歿經更戰焚一作聖人既没經更焚

續添

梅公墓銘於許一作于許見其一作識其時邊

將三字上一有是字

（宋）歐陽修　撰

宋本歐陽文忠公集

第四册

國家圖書館出版社

第四册目録

居士集卷第十六　歐陽文忠公集十六

論三首（或問一首附）

正統論三首

序論

臣脩頓首死罪言伏見　太宗皇帝時嘗命薛居正等撰梁唐（一作後唐）晉漢周事爲五代史凡一百五十篇又命李昉等編次前世年號爲一篇（一作卷）藏之秘府而昉等以梁爲僞梁爲（一無此字）僞則史不宜爲帝紀（一本有而後唐之事當續劉昫唐史爲一書或比二漢離爲前後二十二字前一作先）

而（一作則）亦無曰五代者於理不安今又（一作又今）司天所用崇天曆承後唐書天祐至十九年而盡黜梁所建號援之於古惟張軌不用東晉太興而虛稱建興非可以爲後世法蓋後唐務惡梁（一有甚字）而欲黜之歷家不識古義但用有司之傳遂不復改至於昉等初非著書第採次前世名號以備有司之求因舊之失不專是正乃與史官戾不相合皆非是臣愚因以謂正統王者所以一民而臨天下三代用正朔後世有建

元之名然自漢以來學者多言三代正朔（一作改正朔之事）而惟仲尼嘗修尚書春秋與其學徒論述堯舜三代間事甚詳而於正朔尤大事乃獨無明言頗疑三代無有其事及於春秋得十月隕霜殺菽二月無冰推其時氣乃知周以建子爲正（一有月字）則三代固嘗改正朔而仲尼曰行夏之時又知聖人雖不明道正朔之事其意蓋非商周之爲云其興也新民耳目不務純以德而更易虛名至使四時與天不合不若夏時之

正也及秦又以十月爲正漢始稍分後元中元至于建元遂名年以爲號由是而後（一無此四字而有太初之元年復用夏正其後遂不復改十五字）直以建元之號加於天下而已所以同萬國而一民也而後世推次以爲王者相繼之統若夫上不戾於天下可加於人則名年建元便於三代之改歲然而後世僭亂假竊者多則名號紛雜不知所從於是正閏眞僞之論作而是非多失其中焉然堯舜三代之一天下也不待論說而明自秦昭襄訖

周顯德千有餘年治亂之迹不可不辨而前世論者靡有定說伏惟大宋之興統一天下與堯舜三代無異臣故曰不待論說而明謹採秦以來訖于顯德終始興廢之迹作正統論臣愚不足以知願下學者考定其是非而折中焉

正統論上

傳曰君子大居正又曰王者大一統正者所以正天下之不正也統者所以合天下之不一也由不正與不一然後正統之論

作堯舜之相傳三代之相代或以至公或以大義皆得天下之正合天下於一是以君子不論也其帝王之理得而始終之分明故也及後世之亂僭僞興而盜竊作由是有居其正而不能合天下於一者周平王之有吳徐是也有合天下於一而不得居其正者前世謂秦爲閏是也由是正統之論興焉自漢而下至于西晉又推而下之爲宋齊梁陳自唐而上至於後魏又推而上之則爲夷狄其帝王之理舛而始終

之際不明由是學者疑焉而是非又多不公自周之亡迄于顯德實千有二百一十六年之間或理或亂或取或傳或分或合其理不能一槩大抵其可疑之際有三周秦之際也東晉後魏之際也五代之際也秦親得周而一天下其迹無異禹湯而論者黜之其可疑者一也以東晉承西晉則無終以隋承後魏則無始其可疑者二也五代之所以得國者雖異然同歸於賊亂也而前世議者獨以梁爲僞其可疑者三

也夫論者何爲疑者設也堯舜三代之始終較然著乎萬世而不疑固不待論而明也後世之有天下者帝王之理或舛而始終之際不明則不可以不疑故曰由不正與不一然後正統之論作也然而論者衆矣其是非予奪所持者各異使後世莫知夫所從者何哉蓋於其（一作其於）可疑之際又挾自私之心而溺（一作入）於非聖之學也自西晉之滅而南爲東晉宋齊梁陳北爲後魏北齊後周隋私東晉者曰隋得陳然後

天下一則推其統曰晉宋齊梁陳隋私後魏者曰統必有所受（一作授下同）則推其統曰唐受之隋隋受之後周後周受之後魏至其甚相戾也則爲南史者詆北曰虜爲北史者詆南曰夷此自私之偏說也自古王者之興必有盛德以受天命或其功澤被于生民或累世積漸而成王業豈偏名於一德哉至於湯武之起所以捄弊拯民蓋有不得已者而曰五行之運有休王一以彼衰一以此勝此歷官術家之事而謂帝

王之興必乘五運者繆妄之說也不知其出於何人蓋自孔子殁周益衰亂先王之道不明而人人異學肆其恠奇放蕩之說後之學者不能卓然奮力而誅絕之反從而附益其說以相結固故自秦推五勝以水德自名由漢以來有國者未始不由於此說此所謂溺於非聖之學也惟天下之至公大義可以袪人之疑而使人不得遂其私夫心無所私疑得其決則是非之異論息而正統明所謂非聖人之說者可置

而勿論也

正統論下

凡爲正統之論者皆欲相承而不絕至其斷而不屬則猥以假人而續之是以其論曲而不通也夫居天下之正合天下於一斯正統矣堯舜夏商周秦漢唐是也始雖不得其正卒能合天下於一夫一天下而居上則是天下之君矣斯謂之正統可矣晉隋是也天下大亂其上無君僭竊並興正統無屬當是之時奮然而起並爭乎天

下有功者彊有德者王威澤皆被于生民號令皆加乎當世幸而以大并小以彊兼弱遂合天下於一則大且強者謂之正統猶有說焉不幸而兩立不能相并（一作兼）考其迹則皆正較其義則均焉則正統者將安予奪乎東晉後魏是也其或終始不得其正又不能合天下於一則可謂之正統乎魏及五代是也然則有不幸而丁其時則正統有時而絶也故正統之序上自堯舜歷夏商周秦漢而絶晉得之而又絶隋

唐得之而又絶自堯舜以來三絶而復續惟有絶而有續然後是非公予奪當而正統明然諸儒之論至於秦及東晉後魏五代之際其説多不同其惡秦而黜之以爲閏者誰乎是漢人之私論溺於非聖曲學之説者也其説有三不過曰滅棄禮樂用法嚴苛與其興也不當五德之運而已五德之説可置而勿論其二者特始皇帝之事爾然未原秦之本末也昔者堯傳於舜舜傳於禹夏之衰也湯代之王商之衰也

周代之王周之衰也秦代之王其興也或以德或以功大抵皆乘其弊而代之初夏世衰而桀爲昏暴湯救其亂而起稍治諸侯而誅之其書曰湯征自葛是也其後卒以攻桀而滅夏及商世衰而紂爲昏暴周之文武救其亂而起亦治諸侯而誅之其詩所謂崇密是也其後卒攻紂而滅商推秦之興其功德固有優劣而其迹豈有異乎秦之紀曰其先大業出於顓頊之苗裔至孫伯翳佐禹治水有功唐虞之間賜姓

嬴氏及非子爲周養馬有功秦仲始爲命大夫而襄公與立平王遂受岐豐之賜當是之時周衰固已久矣亂始於穆王而繼以厲幽之禍平王東遷遂同列國而齊晉大侯魯衛同姓擅相攻伐共起而弱周非獨秦之罪也秦於是時旣平犬夷因取周所賜岐豐之地而繆公以來始東侵晉地至于河盡滅諸戎拓國千里其後闢東諸侯強僭者日益多周之國地日益蹙至無復天子之制特其號在爾秦昭襄王五十

二年周之君臣稽首自歸於秦至其後世遂滅諸侯而一天下此其本末之迹也其德雖不足而其功力尚不優於魏晉乎始秦之興務以力勝至於始皇遂悖棄先王之典禮又自推水德益任法而少恩其制度文爲（一作云爲 一作文章）皆非古而自是此其所以見黜也夫始皇之不德不過如桀紂桀紂不廢夏商之統則始皇未可廢秦也其私東晉之論者曰周遷而東天下遂不能一然仲尼作春秋區區於尊周而黜吳楚

者豈非以其正統之所在乎晉遷而東與周無異而今黜之何哉曰是有說焉較其德與迹而然耳周之始興其來也遠當其盛也規方天下爲大小之國衆建諸侯以維王室定其名分使傳子孫而守之以爲萬世之計及厲王之亂周室無君者十四年而天下諸侯不敢僥倖而窺周於此然後見周德之深而文武周公之作眞聖人之業也况平王之遷國地雖蹙然周德之在人者未猒而法制之臨人者未移平王

以子繼父自西而東不出王畿之内（一本注西）在周也推其德與迹可以不疑夫晉之爲晉與乎周之爲周也異矣其德法之維天下者非有萬世之計聖人之業也直以其受魏之禪而合天下於一推較其迹可以曰正而統耳自惠帝之亂（一有晉政已亡四字）至于愍懷之間晉如綫爾惟嗣君繼世推其迹曰正焉可也建興之亡晉於是而絶矣夫周之東也以周而東晉之南也豈復以晉

（周之地八百里東周六百里以井田之法計之通爲千里之方）則正統之

而南乎自愍帝死賊庭琅邪起江表位非嗣君正非繼世徒以晉之臣子有不忘晉之心發於忠義而功不就可爲傷已若因而遂竊正統之號其可得乎春秋之說君弑而賊不討則以爲無臣子也使晉之臣子遭乎聖人適當春秋之誅況欲干天下之統哉若乃國已滅矣以宗室子自立於一方卒不能復天下於一則晉之琅邪與夫後漢之劉備五代漢之劉崇何異備與崇未嘗爲正統則東晉可知焉耳其私後

魏之論者曰魏之興也其來甚遠自昭成建國改元承天下衰弊得奮其力並爭乎中國七世至于孝文而去夷即華易姓建都遂定天下之亂然後修禮樂興制度而文之考其漸積之基其道德雖不及於三代而其爲功何異王者之興今特以其不能并晉宋之一方以小不備而黜其大功不得承百王之統者何哉曰質諸聖人而不疑也今爲魏說者不過曰（一作於）功多而國疆耳此聖人有所不與也春秋之時齊桓

晉文可謂有功矣吳楚之僭迭彊於諸侯矣聖人於春秋所尊者周也然則功與彊聖人有所不取也論者又曰秦起夷狄以能滅周而一天下遂進之魏亦夷狄以不能滅（一作并）晉宋而見黜是則因其成敗而毀譽之豈至公之篤論乎曰是不然也各於其黨而已周秦之所以興者其說固已詳之矣當魏之興也劉淵以匈奴慕容以鮮卑苻生以氐弋仲以羌赫連禿髮石勒季龍之徒皆四夷之雄者也其力不足者弱

有餘者彊其最彊者苻堅當堅之時自晉而外天下莫不爲秦休兵革興學校庶幾刑政之方不幸未幾而敗亂其又彊者曰魏自江而北天下皆爲魏矣幸而傳數世而後亂以是而言魏者纔優於苻堅而已豈能干正統乎五代之得國者皆賊亂之君也而獨僞梁而黜之者因惡梁者之私論也唐自僖昭以來不能制命於四海而方鎮之兵作已而小者并於大弱者服於彊其尤彊者朱氏以梁李氏以晉共起而

窺唐而梁先得之李氏因之借名討賊以與梁爭中國而卒得之其勢不得不以梁爲僞也而繼其後者遂因之使梁獨被此名也夫梁固不得爲正統而唐晉漢周何以得之今皆黜之而論者猶以漢爲疑以謂契丹滅晉天下無君而漢起太原徐驅而入汴與梁唐晉周其迹異矣而今乃一槩可乎曰較其心迹小異而大同爾且劉知遠晉之大臣也方晉有契丹之亂也竭其力以救難力所不勝而不能存晉出

於無可柰何則可以少異乎四國矣漢獨不然自契丹與晉戰者三年矣漢獨髙拱而視之如齊人之視越人也卒幸其敗云而取之及契丹之北也以中國委之許王從益而去從益之勢雖不能存晉然使忠於晉者得而奉之可以冀於有爲也漢乃殺之而後入以是而較其心迹其異於四國者幾何矧皆未甞合天下於一也其於正統絶之何疑

或問

或問子於史記本紀則不僞梁而進之於論正統則黜梁而絶之君子之信乎後世者固當如此乎曰孔子固甞如此也平桓莊之王於春秋則尊之書曰天王於詩則抑之下同於列國孔子之於此三王者非固尊於彼而抑於此也其理當然也梁賊亂之君也欲干天下之正統其爲不可雖不論而可知然謂之僞則甚矣彼有梁之土地臣梁之吏民立梁之宗廟社稷而能殺生賞罰以制命於梁人則是梁之君矣

安得曰僞哉故於正統則宜絕於其國則不得爲僞者理當然也豈獨梁哉魏及東晉後魏皆然也堯舜桀紂皆君也善惡不同而已凡梁之惡余於史記不沒其實者論之詳矣或者又曰正統之說不見於六經不道於聖人而子論之何也曰孔孟之時未嘗有其說則宜其不道也後世不勝其說矣其是非予奪人人自異而使學者惑焉莫知夫所從又有偏王一德之說而益之五勝之術皆非聖之曲學也自秦漢以

來習傳久矣使孔孟不復出則已其出而見之其不爲之一辨而止其紛紛乎此余之不得已也嗚呼堯舜之德至矣夏商周之起皆以天下之至公大義自秦以後德不足矣故考其終始有是有非而參差不齊此論之所以作也德不足矣必據其迹而論之所以息爭也或者又曰論必據迹則東周之時吳徐楚皆王矣是正而不統也子獨不論何也曰東周正統以其不待較而易知是以不論也若東晋後魏則兩

相敵而予奪難故不可以不論吳徐楚非周之敵雖童子之學猶知予周也何必論哉

居士集卷第十六

熙寧五年秋七月男發等編定

紹熙二年三月郡人孫謙益校正

朝佐攷正統論初有原正統明正統秦魏

東晉後魏梁論凡七篇又有正統後論二篇或問一篇魏梁解一篇正統辨二篇當編定居士集時刪原正統等論爲上下篇而繼以或問魏梁解（魏梁解在第十七卷中）餘篇雖削去而傳於世今附外集

正統論下

秦起夷狄（夷一作戎）

或問

益之（此下一有以字）

續添

正統序論以謂正統慶曆文粹正字下有者字

正統論下符生皆當作苻姓也

居士集卷第十七　　歐陽文忠公集十七

論六首

本論上

佛法爲中國患千餘歲世之卓然不惑而有力者莫不欲去之已甞去矣而復大集攻之暫破而愈堅撲之未滅而愈熾遂至於無可柰何是果不可去邪蓋亦未知其方也夫醫者之於疾也必推其病之所自來而治其受病之處病之中人乘乎氣虛而入焉則善醫者不攻其疾而務養其氣氣

實則病去此自然之効也故救天下之患者亦必推其患之所自來而治其受患之處佛爲夷狄去中國最遠而有佛固已久矣堯舜三代之際王政修明禮義之教充於天下於此之時雖有佛無由而入及三代衰王政闕禮義廢後二百餘年而佛至乎中國由是言之佛所以爲吾患者乘其闕廢之時而來此其受患之本也補其闕修其廢使王政明而禮義充則雖有佛無所施於吾民矣此亦自然之埶也昔堯舜

三代之爲政與設爲井田之法籍天下之人計其口而皆授之田凡人之力能勝耕者莫不有田而耕之斂以什一差其征賦以督其不勤使天下之人力皆盡於南畝而不暇乎其他然又懼其勞且怠而入於邪僻也於是爲制牲牢酒醴以養其體弦一作笙匏俎豆以悅其耳目於其不耕休力之時而教之以禮故因其田獵而爲蒐狩之禮因其嫁娶而爲婚姻之禮因其死葬而爲喪祭之禮因其飲食羣聚而爲鄉射之

禮非徒以防其亂又因而教之使知尊卑長幼凡人之大倫（一有者字）也故凡養生送死之道皆因其欲而爲之制節之物采而文焉所以悅之使其易趣也順其情性而節焉所以防之使其不過也然猶懼其未也又爲立學以講明之故上自天子之郊下至鄉黨莫不有學擇民之聰明者而習焉使相告語而誘勸其愚惰嗚呼何其備也蓋（一有堯舜二字）三代之爲政如此其慮民之意甚精治民之具甚備防民之術甚周誘民

之道甚篤行之以勤而被於物者洽浸之以漸而入於人者深故民之生也不用力乎南畝則從事於禮樂之際不在其家則在乎庠序之間耳聞目見無非仁義一有禮字樂而趣之不知其倦終身不見異物又奚暇夫外慕哉故曰雖有佛無由而入者謂有此具也及周之衰秦并天下盡去三代之法而王道中絕後之有天下者不能勉強其爲治之具不備防民之漸不周佛於此時乘間而出千有餘歲之間佛之來者

日益衆吾之所爲者日益壞井田最先廢
而兼并游惰之姦起其後所謂蒐狩婚姻
喪祭鄉射之禮凡所以教民之具相次而
盡廢然後民之姦者有暇而爲佗其良者
泯然不見禮義之及已夫姦民有餘力則
思爲邪僻良民不見禮義則莫知所趣佛
於此時乘其隙（一無此六字）方鼓其雄誕之說
而牽（一作率）之則民不得不從而歸矣又況
王公大人往往倡而敺之曰佛是眞可歸
依者然則吾民何疑而不歸焉幸而有一

不惑者方皝然而怒曰佛何爲者吾將操戈而逐之又曰吾將有說以排之（一有何其不思之甚也七字）夫千歲之患徧於天下豈一人一日之可爲民之沉酣入於骨髓非口舌之可勝然則將柰何曰莫若修其本以勝之昔戰國之時楊墨交亂孟子患之而專言仁義故仁義之說勝則楊墨之學廢漢之時百家並興董生患之而退修孔氏故孔氏之道明而百家（一有自字）息此所謂修其本以勝之之效也今八尺之夫被甲荷戟勇

蓋三軍然而見佛則拜聞佛之説則有畏慕之誠者何也彼誠壯佼其中心茫然無所守而然也一介之士眇然柔懦進趨畏怯然而聞有道佛者（一無此字）則義形於色非徒不爲之屈又欲驅而絶之者何也彼無佗焉學問明而禮義熟中心有所守以勝之之也然則禮義者勝佛之本也今一介之士知禮義者尚能不爲之屈使天下皆知禮義則勝之矣此自然之勢也

本論下

昔荀卿子之說以爲人性本惡著書一篇以持其論予始愛之及見世人之歸佛者然後知荀卿之說繆焉甚矣人之性善也彼爲佛者弃其父子絶其夫婦於人之性甚戾又有蠶食蟲蠹之弊然而民皆相率而歸焉者以佛有爲善之說故也嗚呼誠使吾民曉然知禮義之爲善則安知不相率而從哉柰何教之諭之之不至也佛之說熟於人耳入乎其心久矣至於禮義之事則未甞見聞今將號於衆曰禁汝之佛

而爲吾禮義則民將駭而走矣莫若爲之以漸使其不知而趣焉可也蓋鯀之治水也鄣之故其害益暴及禹之治水也導之則其患息蓋患深勢盛則難與敵莫若馴致而去（一有其害二字）之易也今堯舜三代之政其說尚傳其具皆在誠能講而修之行之以勸而浸之以漸使民皆樂而趣焉則充行乎天下而佛無所施矣傳曰物莫能兩大自然之埶也奚必曰火其書而廬其居哉昔者戎狄蠻夷雜居九州之間所謂徐

戎白狄荆蠻淮夷之類是也三代旣衰若此之類並侵於中國故秦以西戎據宗周吳楚之國一作君皆僭稱王春秋書用鄫子傳記被髮於伊川而仲尼亦以不左衽爲幸當是之時佛雖不來中國幾何其不夷狄也以是而言王道不明而仁義廢則夷狄之患至矣及孔子作春秋尊中國而賤夷狄然後王道復明方今九州之民莫不右衽而冠帶其爲患者特佛爾其所以勝之之道非有甚高難行之說也患乎忽而

不爲爾夫郊天祀地與乎宗廟社稷朝廷之儀皆天子之大禮也今皆舉而行之至於所謂蒐狩婚姻喪祭鄉射之禮此郡縣有司之事也在乎講明而頒布之爾然非行之以勤浸之以漸則不能入於人而成化自古王者之政必世而後仁今之議者將曰佛來千餘歲有力者尚無可柰何何用此迂緩之說爲是則以一日之功不速就而棄必世之功不爲也可不惜哉昔孔子歎爲俑者不仁蓋歎乎啓其漸而至於

用殉也然則爲佛者不猶甚於作俑乎當其始來未見其害引而内之今之爲害著矣非待先覺之明而後見也然而恬然不以爲怪者何哉夫物極則反數窮則變此理之常也今佛之盛久矣乘其窮極之時可以反而變之不難也昔三代之爲政皆聖人之事業及其久也必有弊故三代之術皆變其質文而相救就使佛爲聖人及其弊也猶將救之況其非聖者乎夫姦邪之士見信於人者彼雖小人必有所長以

取信是以古之人君惑之至於亂亡而不悟今佛之法可謂姦且邪矣蓋其爲說亦有可以惑人者使世之君子雖見其弊而不思救豈又善惑者歟抑亦不得其救之之術也救之莫若修其本以勝之捨是而將有爲雖賁育之勇孟軻之辯太公之陰謀吾見其力未及施言未及出計未及行而先已陷於禍敗矣何則患深勢盛難與敵非馴致而爲之莫能也故曰修其本以勝之作本論

朋黨論 在諫院進（一本以論爲議）

臣聞朋黨之說自古有之惟幸人君辨其君子小人而已大凡君子與君子以同道爲朋小人與小人以同利爲朋此自然之理也（一無此六字）然臣謂小人無朋惟君子則有之其故何哉小人所好者祿利也所貪者財貨也當其同利之時暫相黨引以爲朋者僞也及其見利而爭先或利盡而交踈則反相賊害雖其兄弟（一作弟兄）親戚不能相保故臣謂小人無朋其暫爲朋者僞也

君子則不然所守者道義所行者忠信所惜者名節以之修身則同道而相益以之事國則同心而共濟終始如一此君子之朋也故爲人君者但當退小人之僞朋用君子之眞朋則天下治矣堯之時小人共工驩兜等四人爲一朋君子八元八凱十六人爲一朋舜佐堯退四凶小人之朋而進元凱君子之朋堯之天下大治及舜自爲天子而皋夔稷契等二十二人並列于朝更相稱美更相推讓凡二十二人爲一

朋而舜皆用之天下亦大治書曰紂有臣億萬惟億萬心周有臣三千惟一心紂之時億萬人各異心可謂不爲朋矣然紂以亡國周武王之臣三千人爲一大朋而周用以興後漢獻帝時盡取天下名士囚禁之目爲黨人及黃巾賊起漢室大亂後方悔悟盡解黨人而釋之然已無救矣唐之晚年漸起朋黨之論及昭宗時盡殺朝之名士或（一作咸）投之黃河曰此輩清流可投濁流而唐遂亡矣夫前世之主能使人人

異心不爲朋莫如紂能禁絶善人爲朋莫如漢獻帝能誅戮清流之朋莫如唐昭宗之世然皆（一有以字）亂亡其國更相稱美推讓而不自疑莫如舜之二十二臣舜亦不疑而皆用之然而後世不誚舜爲二十二人朋黨所欺而稱舜爲聰明之聖者以辨君子與小人也周武之世舉其國之臣三千人共爲一朋自古爲朋之多且大莫如周然周用此以興者善人雖多而不猒也夫興亡治亂之迹爲人君者可以鑒矣（一有作朋黨議）

四字

紂有臣紂一作受

魏梁解一作論

予論正統辨魏梁一作不黜魏而辨梁注曹魏朱梁不爲僞議者或非予一作其大失春秋之旨以謂魏梁皆負篡弑之惡當加誅絶而反進之是獎篡也非春秋之志也予應之曰是春秋之志耳魯桓公弑隱公而自立者宣公弑子赤而自立者鄭厲公逐世子忽而自立者衛公孫剽逐其君衎而自立者聖人於春秋皆不絶其爲君此予所以不黜魏

梁者用春秋之法也魏梁之惡三尺童子皆知可惡予不得聖人之法爲據依其敢進而不疑乎然則春秋亦獎簒乎曰惟不絶四者之爲君於此見春秋之意也聖人之於春秋用意深故能勸戒切爲言信然後善惡明夫欲著其罪於後世在乎不没其實其實嘗爲君矣書其爲君其實簒也書其簒各傳其實而使後世信之則四君之罪不可得而揜耳使爲君者不得揜其惡則人之爲惡者庶乎其息矣是謂用意

深而勸戒切爲言信而善惡明也凡惡之爲名非徒君子嫉之雖爲小人者亦知其可惡也而小人常至於爲惡者蓋以人爲可欺與夫幸人不知而可揜耳夫位莫貴乎國君而不能逃大惡之名所以示人不可欺而惡不可揜也就使四君因聖人誅絕而其惡彰焉則後世之爲惡者將曰彼不幸遭逢聖人黜絕而一作之不得爲君遂彰其惡耳我無孔子世莫我黜則冀人爲可欺而惡可揜也如此則僥倖之心啓矣

惟與其爲君使不得揜其惡者春秋之深意也桀紂不待貶其爲王而萬世所共惡者也今匹夫之士比之顔閔則喜方之桀紂則怒是大惡之君不及一善之士也春秋之於大惡之君不誅絶之者不害其褒善貶惡之旨也惟不没其實以著其罪而信乎後世與其爲君而不得揜其惡以息人之爲惡能知春秋之此旨然後知予不黜魏梁之是也　不黜一作不絶

爲君難論上

語曰爲君難者孰難哉蓋莫難於用人夫用人之術任之必專信之必篤然後能盡其材而可共成事及其失也任之欲專則不復謀於人而拒絶羣議是欲盡一人之用而先失衆人之心也信之欲篤則一切不疑而果於必行是不審事之可否不計功之成敗也夫違衆舉事又不審計而輕發其百舉百失而及於禍敗此理之宜然也然亦有幸而成功者人情成是而敗非則又從而贊之以其違衆爲獨見之明以

其拒諫爲不惑羣論以其偏信而輕發爲決於能斷使後世人君慕此三者以自期至其信用一失而及於禍敗則雖悔而不可及此甚可歎也前世爲人君者力拒羣議專信一人而不能早悟以及於禍敗者多矣不可以徧舉請試舉其一二昔秦苻堅地大兵強有衆九十六萬號稱百萬蔑視東晉指爲一隅謂可直以氣吞之耳然而舉國之人皆言晉不可伐更進互說者不可勝數其所陳天時人事堅隨以強辯

折之忠言讜論皆沮屈而去如王猛符融
老成之言也不聽太子宏少子詵至親之
言也不聽沙門道安堅平生所信重者也
數爲之言不聽惟聽信一將軍慕容垂者
垂之言曰陛下內斷神謀足矣不煩廣訪
朝臣以亂聖慮堅大喜曰與吾共定天下
者惟卿爾於是決意不疑遂大舉南伐兵
至壽春晉以數千人擊之大敗而歸比至
洛陽九十六萬兵亡其八十六萬堅自此
兵威沮喪不復能振遂至於亂亡近五代

時後唐清泰帝患晉祖之鎮太原也地近
契丹恃兵跋扈議欲徙之於鄆州舉朝之
士皆諫以爲未可帝意必欲徙之夜召常
所與謀樞密直學士薛文遇問之以決可
否文遇對曰臣聞作舍道邊三年不成此
事斷在陛下何必更問羣臣帝大喜曰術
者言我今年當得一賢佐助我中興卿其
是乎即時命學士草制徙晉祖於鄆州明
旦宣麻在廷之臣皆失色後六日而晉祖
反書至清泰帝憂懼不知所爲謂李崧曰

我適見薛文遇爲之肉顫欲自抽刀刺之崧對曰事已至此悔無及矣但君臣相顧涕泣而已由是言之能力拒羣議專信一人莫如二君之果也由之以致禍敗亂亡亦莫如二君之酷也方符堅欲與慕容垂共定天下清秦帝以薛文遇爲賢佐助我中興可謂臨亂之君各賢其臣者也或有詰予曰然則用人者不可專信乎應之曰齊桓公之用管仲蜀先主之用諸葛亮可謂專而信矣不聞舉齊蜀之臣民非之也

蓋其令出而舉國之臣民從事行而舉國之臣民便故桓公先主得以專任而不貳也使令出而兩國之人不從事行而兩國之人不便則彼二君者其肯專任而信之以失衆心而斂國怨乎

爲君難論下

嗚呼用人之難難矣未若聽言之難也夫人之言非一端也巧辯縱橫而可喜忠言質樸而多訥此非聽言之難在聽者之明暗也諫言順意而易悅直言逆耳而觸怒

此非聽言之難在聽者之賢愚也是皆未足爲難也若聽其言則可用然用之有輒敗人之事者聽其言若不可用然非如其言不能以成功者此然後爲聽言之難也請試舉其一二戰國時趙將有趙括者善言兵自謂天下莫能當其父奢趙之名將老於用兵者也每與括言亦不能屈然奢終不以括爲能也歎曰趙若以括爲將必敗趙事其後奢死趙遂以括爲將其母自見趙王亦言括不可用趙王不聽使括將

而攻秦括爲秦軍射死趙兵大敗降秦者四十萬人阬於長平蓋當時未有如括善言兵亦未有如括大敗者也此聽其言可用用之輒敗人事者趙括是也秦始皇欲伐荆問其將李信用兵幾何信方年少而勇對曰不過二十萬足矣始皇大喜又以問老將王翦翦曰非六十萬不可始皇不悅曰將軍老矣何其怯也因以信爲可用即與兵二十萬使伐荆王翦遂謝病退老於頻陽已而信大爲荆人所敗亡七都尉

而還始皇大慙自駕如頻陽謝翦因强起之翦曰必欲用臣非六十萬不可於是卒與六十萬而往遂以滅荆夫初聽其言若不可用然非如其言不能以成功者王翦是也且聽計於人者宜如何聽其言若可用用之宜矣輒敗事聽其言若不可用捨之宜矣然必如其說則成功此所以爲難也予又以謂秦趙二主非徒失於聽言亦由樂用新進忽弃老成此其所以敗也大抵新進之士喜勇銳老成之人多持重此

所以人主之好立功名者聽勇銳之語則易合闇持重之言則難入也若趙括者則又有說焉予略考史記所書是時趙方遣廉頗攻秦頗趙名將也秦人畏頗而知括虛言易與也因行反間於趙曰秦人所畏者趙括也若趙以爲將則秦懼矣趙王不悟反間也遂用括爲將以代頗藺相如力諫以爲不可趙王不聽遂至於敗由是言之括虛談無實而不可用其父知之其母亦知之趙之諸臣藺相如等亦知之外至

敵國亦知之獨其主不悟爾夫用人之失天下之人皆知其不可而獨其主不知者莫大之患也前世之禍亂敗亡由此者不可勝數也

居士集卷第十七

熙寧五年秋七月男發等編定

紹熙二年三月郡人孫謙益校正

朝佐攷本論初有上中下篇此卷所載即中下二篇其上篇編居士集時雖削去而傳於世今附外集

本論上　王政闕（闕一作缺下同）者洽（一作者廣）其爲（一作而爲）

本論下　蓋歎（一作蓋傷）亦有可以惑人者（一作亦有所長而可以惑人者）

朋黨論　而已（二字一作耳）以辨君子（以字下一有能字）

本論上　耳聞目見無非仁義禮樂而趣之不知其倦（一無此十七字）莫知所趣（趣一作趍）操戈而逐之（而一作以）

居士集卷第十八　歐陽文忠公集十八

經旨十一首　辯一首附

易或問三首

或問大衍之數易之緼（一作數）乎學者莫不盡心焉曰大衍易之末也何必盡心焉（一無此字）也易者文王之作也其書則六（一無此字）經也其文則聖人之言也其事則天地萬物君臣父子夫婦人倫之大端也大衍筮占（一作卜筮）之一法耳非文王之事也然則不足學乎曰得其大者可以兼其小未有學其

小而能至其大者也知此然後知學易矣六十四卦自古用焉夏商之世筮占之說略見于書文王遭紂之亂有憂天下之心有慮萬世之志而無所發以謂（一作爲）卦爻起於奇耦之數陰陽變易交錯而成文有君子小人進退動靜剛柔之象而治亂盛衰得失吉凶之理具焉因假取以寓其言而名之曰易至其後世用以占（一作卜）筮孔子出於周末懼文王之志不見于後世而易專爲筮占（一作卜筮）用也乃作彖象發明卦

義必稱聖人君子王后以當其事而常以四方萬國天地萬物之大以爲言蓋明非止於卜筮也所以推原本意而矯世失然後文王之志大明而易始列乎六經矣易之淪于卜筮非止今世也微孔子則文王之志没而不見矣夫六爻之文占辭也（一有文王之作也五字）大衍之數占法也自（一作皆）古所用也文王更其辭而不改其法故曰大衍非文王之事也所謂辭者有君子小人進退動靜剛柔之象治亂盛衰得失吉凶之

理學者專其辭於筮占（一作卜筮）猶見非於孔子況遺其辭而執其占法欲以見文王作易之意不亦遠乎凡欲爲君子者學聖人之言欲爲占者學大衍之數惟所擇之（一無此字）焉耳

或問繫辭果非聖人之作前世之大儒君子不論何也曰何止乎繫辭舜之塗廩浚井不載於六經不道於孔子之徒蓋俚巷人之語也及其傳也久孟子之徒道之事固有出於繆妄之說其初也大儒君子以

世莫之信置而不論及其傳之久也後世反以謂更大儒君子而不非是實不誣矣由是曲學之士溺焉者多矣自孔子歿周益衰王道喪而學廢接乎戰國百家之異端起十翼之說不知起於何人自秦漢以來大儒君子不論也或者曰然則何以知非聖人之作也曰大儒君子之於學也理達而已矣中人已下指其迹提其耳而譬之猶有惑焉者溺於習聞之久曲學之士喜爲奇說以取勝也何謂子曰者講師之

言也吾嘗以譬學者矣元者善之長亨者嘉之會利者義之和正者事之幹此所謂文言也方魯穆姜之道此言也在襄公之九年後十有五年而孔子生左氏之傳春秋也固多浮誕之辭然其用心亦必欲其書之信後世也使左氏知文言爲孔子作也必不以追附穆姜之說而疑後世蓋左氏者不意後世以文言爲孔子作也孟子曰盡信書不如無書孟子豈好非六經者黜其雜亂之說所以尊經（一有也字）

或問（一有曰字）大衍筮占之事也其於筮占之說無所非乎曰其法是也其言非也用蓍四十有九分而爲二掛一揲四歸奇再扐其法是也象兩象三至于乾坤之策以當萬物之數者其言皆非也傳曰知者創物又曰百工之事皆聖人之作也筮者上古聖人之法也其爲數也出於自然而不測四十有九是也其爲用也通於變而無窮七八九六是也惟不測與無窮故謂之神惟神故可以占今爲大衍者取物合數以

配蓍是可測也以九六定乾坤之策是有限而可窮也剡占之而不効夫奇耦陰陽之數也陰陽天地之正氣也二氣升降有進退而無老少且聖人未嘗言而雖繫辭之疵雜亦不道也問者曰然則九六何爲而變曰夫蓍四十有九無不用也昔之言大衍者取四揲之策而捨掛扐之數兼知掛扐之多少（一又有多少字）則九六之變可知矣蓍數無所配合陰陽無老少乾坤無定策知此然後知筮占矣嗚呼文王無孔子易其淪於卜筮

乎易無王弼其淪於異端之說乎因孔子
而求文王之用心因弼而求孔子之意因
予言而求弼之得失可也

明用

乾之六爻曰初九潛龍勿用九二見龍在
田九三君子終日乾乾夕惕若厲无咎九
四或躍在淵九五飛龍在天上九亢龍有
悔又曰用九見羣龍无首吉者何謂也謂
以九而名爻也乾爻七九九變而七無爲
易道占其變故以其所占者名爻不謂六

爻皆常九也曰用九者釋所以不用七也及其筮也七常多而九常少有無九者焉此不可以不釋也曰羣龍旡首吉者首先也主也陽極則變而之他故曰旡首也凡物極而不變則弊變則通故曰吉也物無不變變無不通此天理之自然也故曰天德不可爲首又曰乃見天則也坤之六爻曰初六履霜堅冰至六二直方大不習无不利六三含章可貞或從王事无成有終六四括囊无咎无譽六五黃裳元吉上六龍

戰于野其血玄黃又曰用六利永貞者何謂也謂以六而名爻也坤爻八六六變而八無爲亦以其占者名爻不謂六爻皆常六也曰用六者釋所以不用八也及其筮也八常多而六常少有無六者焉此不可以不釋也陰柔之動或失於邪故曰利永貞也陰陽反復天地之常理也聖人於陽盡變通之道於陰則有所戒焉六十四卦陽爻皆七九陰爻皆六八於乾坤而見之則其餘可知也

春秋論上

事有不幸出於久遠而傳乎二說則奚從曰從其一之可信者然則安知可信者而從之曰從其人而信之可也衆人之說如彼君子之說如此則捨衆人而從君子君子博學而多聞矣然其傳不能無失也君子之說如彼聖人之說如此則捨君子而從聖人此舉世之人皆知其然而學春秋者獨異乎是孔子聖人也萬世取信一人而已若公羊高穀梁赤左氏（一本氏作丘明）三子者博

學而多聞矣其傳不能無失者也孔子之於經三子之於傳有所不同則學者寧捨經而從傳不信孔子而信三子甚哉其惑也經於魯隱公之事書曰公及邾儀父盟于蔑其卒也書曰公薨孔子始終謂之公三子者曰非公也是攝也學者不從孔子謂之公而從三子謂之攝其於晉靈公之事孔子書曰趙盾弒其君夷皐三子者曰非趙盾也是趙穿也學者不從孔子信爲趙盾而從三子信爲趙穿其於許悼公之

事孔子書曰許世子止弒其君買三子者曰非弒之也買病死而止不嘗藥耳學者不從孔子信爲弒君而從三子信爲不嘗藥其捨經而從傳者何哉經簡而直傳新而奇簡直無悅耳之言而（一無此字）新奇多（一作有）可喜之論是以學者樂聞而易惑也予非敢曰不惑然信於孔子而篤者也經之所書予所信也經所不言予不知也難者曰子之言有激而云爾夫三子者皆學乎聖人而傳所以述經也經文隱而意深三

子者從而發之故經有不言傳得而詳爾非爲二說也予曰經所不書三子者何從而知其然也曰推其前後而知之且其有所傳而得也國君必即位而隱不書即位此傳得知其攝也弑君者不復見經而盾復見經此傳得知弑君非盾也君弑賊不討則不書葬而許悼公書葬此傳得知世子止之非實弑也經文隱矣傳曲而暢之學者以謂三子之說聖人之深意也是以從之耳非謂捨孔子而信三子也予曰然則

妄意聖人而惑學者三子之過而已使學者必信乎三子予不能奪也使其惟是之求則予不得不爲之辨

春秋論中

孔子何爲而修春秋正名以定分求情而責實別是非明善惡此春秋之所以作也自周衰以來臣弑君子弑父諸侯之國相屠戮而爭爲君者天下皆是也當是之時有一人焉能好廉而知讓立乎爭國之亂世而懷讓國之高節孔子得之於經宜如

何而别白之宜如何而褒顯之其肯没其攝位之實而雷同衆君誣以爲公乎所謂攝者臣行君事之名也伊尹周公共和之臣嘗攝矣不聞商周之人謂之王也使息姑實攝而稱號無異於正君則名分不正而是非不别夫攝者心不欲爲君而身假行君事雖行君事而其實非君也今書曰公則是息姑心不欲之實不爲之而孔子加之失其本心誣以虛名而没其實善夫不求其情不責其實而善惡不明如此則

孔子之意跡而春秋繆矣春秋辭有同異尤謹嚴而簡約所以別嫌明微愼重而取信其於是非善惡難明之際聖人所盡心也息姑之攝也會盟征伐賞刑祭祀皆出於已舉魯之人皆聽命於已其不爲正君者幾何惟不有其名爾使其名實皆在已則何從而知其攝也故息姑之攝與不攝惟在爲公與不爲公別嫌明微繫此而已且其有讓桓之志未及行而見殺其生也志不克伸其死也被虛名而遺本意則息

姑之恨何申於後世乎其甚直之節難明之善亦何望於春秋乎今說春秋者皆以名字氏族與奪爲輕重故曰一字爲褒貶且公之爲字豈不重於名字氏族乎孔子於名字氏族不妄以加人其肯以公妄加於人而没其善一作實乎以此而言隱實爲攝則孔子決不書曰公孔子書爲公則隱決非攝攝難者曰然則何爲不書即位曰惠公之終不見其事則隱之始立亦不可知孔子從二百年後得其遺書而脩之闕其

所不知所以傳信也難者又曰謂爲攝者左氏耳公羊穀梁皆以爲假立以待桓也故得以假稱公予曰凡魯之事出於已舉魯之人聽於已生稱曰公死書曰薨何從而知其假

春秋論下

弑逆大惡也其爲罪也莫贖其於人也不容其在法也無赦法施於人雖小必慎況舉大法而加大惡乎既輒加之又輒赦之則自侮其法而人不畏春秋用法不如是

之輕易也三子說春秋書趙盾以不討賊故加之大惡旣而以盾非實弑則又復見于經以明盾之無罪是輒加之而輒赦之爾以盾爲無弑心乎其可輕以大惡加之以盾不討賊情可責而宜加之乎則其後頑然未嘗討賊旣不改過以自贖何爲遽赦使同無罪之人其於進退皆不可此非春秋意也趙穿弑君大惡也盾不討賊不能爲君復讎而失刑於下二者輕重不較可知就使盾爲可責然穿焉得免也今免

首罪爲善人使無辜者受大惡此決知其不然也春秋之法使爲惡者不得幸免疑似者有所辨明（一有此字）所謂是非之公也據三子之說初靈公欲殺盾盾走而免穿盾族也遂弑而盾不討其迹涉於與弑矣此疑似難明之事聖人尤當求情責實以明白之使盾果有弑心乎則自然罪在盾矣不得曰爲法受惡而稱其賢也使果無弑心乎則當爲之辨明必先正穿之惡使罪有所歸然後責盾縱賊則穿之大惡不可

幸而免盾之疑似之迹獲辨而不討之責亦不得辭如此則是非善惡明矣今爲惡者獲免而疑似之人陷于大惡此泱知其不然也若曰盾不討賊有幸弑之心與自弑同故寧捨穿而罪盾此乃逆詐用情之吏矯激之爲爾非孔子忠恕春秋以王道治人之法也孔子患舊史是非錯亂而善惡不明所以修春秋就令舊史如此其肯從而不正之乎其肯從而稱美文教人以越境逃惡乎此可知其繆傳也問者曰然

則夷皋孰弒之曰孔子所書是矣趙盾弒其君也今有一人焉父病躬進藥而不嘗又有一人焉父病而不躬進藥而二父皆死又有一人焉操刃而殺其父使吏治之是三人者其罪同乎曰雖庸吏猶知其不可同也躬藥而不知嘗者有愛父之孝心而不習於禮是可哀也無罪之人爾不躬藥者誠不孝矣雖無愛親之心然未有殺父之意使善治獄者猶當與操刃殊科況以躬藥之孝反與操刃同其罪乎此庸吏

之不爲也然則許世子止實不嘗藥則孔子洩不書曰弒君孔子書爲弒君則止洩非不嘗藥難者曰聖人借止以垂教爾對曰不然夫所謂借止以垂教者不過欲人之知嘗藥耳聖人一言明以告人則萬世法也何必加孝子以大惡之名而嘗藥之事卒不見于文使後世但知止爲弒君而莫知藥之當嘗也教未可垂而已陷人於大惡矣聖人垂教不如是之迂也果曰責止不如是之刻也難者曰然則盾曷爲復見

于經許悼公曷爲書葬曰弑君之臣不見經此自三子說爾果聖人法乎悼公之葬且安知其不討賊而書葬也自止以弑見經後四年吳敗許師又十有八年當定公之四年許男始見于經而不名許之書于經者略矣止之事迹不可得而知也難者曰三子之說非其臆出也其得於所傳如此然則所傳者皆不可信乎曰傳聞何可盡信公羊穀梁以尹氏卒爲正卿左氏以君氏卒爲隱母一以爲男子一以爲婦人

得於所傳者蓋如是是可盡信乎

春秋或問

或問春秋何爲（一無此字）始於隱公而終於獲麟曰吾不知也問者曰此學者之所盡心焉不知何也曰春秋（一有之字）起止吾所知也子所問者始終之義吾不知也吾無所用心乎此（一有也字）昔者孔子仕於魯不用去之諸侯又不用困而歸且老始著書得詩自關雎至于魯頌得書自堯典至于費誓得魯史記自隱公至于獲麟遂刪修之其前

遠矣聖人著書足以法世而已不窮遠之難明也故據其所得而修之孔子非史官也（一無此字）不常職乎史故盡其所得修之而止耳魯之史記則未嘗止也今左氏經可以見矣曰然則始終無義乎曰義在春秋不在起止春秋謹一言而信萬世者也予厭衆說之亂春秋者也

或問子於隱攝盾止之弑據經而廢傳經簡矣待傳而詳可廢乎曰吾豈盡廢之乎夫傳之於經勤矣其述經之事時有賴其

詳焉至其失傳則不勝其戾也其述經之意亦時有得焉及其失也欲大聖人而反小之欲尊經而反卑之取其詳而得者廢其失者可也嘉其尊大之心可也信其卑小之說不可也問者曰傳有所廢則經有所不通柰何曰經不待傳而通者十七八因傳而惑者十五六日月萬物皆仰然不爲盲者明而有物蔽之者亦不得見也聖人之意皎然乎經惟明者見之不爲他說蔽者見之也

泰誓論

書稱商始咎周以乘黎乘黎者西伯也西伯以征伐諸侯爲職事其伐黎而勝也商人已疑其難制而惡一作患之使西伯赫然見其不臣之狀與商並立而稱王如此十年商人反晏然不以爲怪其父師老臣如祖伊微子之徒亦默然相與熟視而無一言此豈近於人情邪由是言之謂西伯受命稱王十年者妄說也以紂之雄猜暴虐嘗醢九侯而脯鄂侯矣西伯聞之竊歎遂

執而囚之幾不免死至其叛已不臣而自王乃反優容而不問者十年此豈近於人情邪由是言之謂西伯受命稱王十年者妄説也孔子曰三分天下有其二以服事商使西伯不稱臣而稱王安能服事於商乎且謂西伯稱王者起於何説而孔子之言萬世之信也由是言之謂西伯受命稱王十年者妄説也伯夷叔齊古之知義之士也方其讓國而去顧天下皆莫可歸聞西伯之賢共徃歸之當是時紂雖無道天

子也天子在上諸侯不稱臣而稱王是僭叛之國也然二子不以爲非依之久而不去至武王伐紂始以爲非而棄去彼二子者始顧天下莫可歸卒依僭叛之國而不去不非其父而非其子此豈近於人情邪由是言之謂西伯受命稱王十年者妄說也書之泰誓稱十有一年說者因以謂自文王受命九年及武王居喪二年并數之爾是以西伯聽虞芮之訟謂之受命以爲元年此又妄說也古者人君即位必稱元

年常事爾不以爲重也後世曲學之士說
春秋始以改元爲重事然則果常事歟固
不足道也果重事歟西伯即位已改元矣
中間不宜改元而又改元至武王即位宜
改元而反不改元乃上冒先君之元年并
其居喪稱十一年及其滅商而得天下其
事大於聽訟遠矣又不改元由是言之謂
西伯以受命之年爲元年者妄說也後之
學者知西伯生不稱王而中間不再改元
則詩書所載文武之事粲然明白而不誣

矣或曰然則武王畢喪伐紂而泰誓曷謂稱十有一年對曰畢喪伐紂出於諸家之小說而泰誓六經之明文也昔者孔子當衰周之際患衆說紛紜以惑亂當世於是退而修六經以爲後世法及孔子旣殁去聖稍遠而衆說復興與六經相亂自漢以來莫能辨正今有卓然之士一取信乎六經則泰誓者武王之事也十有一年者武王即位之十有一年爾復何疑哉司馬遷作周本紀雖曰武王即位九年祭於文王

之墓然後治兵于盟津至作伯夷列傳則又載父死不葬之説皆不可爲信是以吾無取焉取信于書可矣

縱囚論

信義行於君子而刑戮施於小人刑入于死者乃罪大惡極此又小人之尤甚者也寧以義死不苟幸生而視死如歸此又君子之尤難者也方唐太宗之六年録大辟囚三百餘人縱使還家約其自歸以就死是以君子之難能期小人之尤者以必能

也其囚及期而卒自歸無後者是君子之所難而小人之所易也此豈近於人情或曰罪大惡極誠小人矣及施恩德以臨之可使變而爲君子蓋恩德入人之深而移人之速有如是者矣曰太宗之爲此所以求此名也然安知夫縱之去也不意其必來以冀免所以縱之乎又安知夫被縱而去也不意其自歸而必獲免所以復來乎夫意其必來而縱之是上賊下之情也意其必免而復來是下賊上之心也吾見上

下交相賊以成此名也烏有所謂施恩德與夫知信義者哉不然太宗施德於天下於茲六年矣不能使小人不爲極惡大罪而一日之恩能使視死如歸而存信義此又不通之論也然則何爲而可曰縱而來歸殺之無赦而又縱之而又來則可知爲恩德之致爾然此必無之事也若夫縱而來歸而赦之可偶一爲之爾若屢爲之則殺人者皆不死是可爲天下之常法乎不可爲常者其聖人之法乎是以堯舜三王

之治必本於人情不立異以爲高不逆情以干譽

怪竹辯

謂竹爲有知乎不宜生於廡下謂爲無知乎乃能避檻而曲全其生其果有知乎則有知莫如人人者萬物之最靈也其不知於物者多矣至有不自知其一身者如駢拇枝指懸疣附贅皆莫知其所以然也以人之靈而不自知其一身使竹雖有知必不能自知其曲直之所以然也竹果無知

乎則無知莫如枯草死骨所謂蓍龜者是也自古以來大聖大智之人有所不知者必問於蓍龜而取決是則枯草死骨之有知反過於聖智之人所知遠矣以枯草死骨之如此則安知竹之不有知也遂以蓍龜之神智而謂百物皆有知則其他草木瓦石叩之又頑然皆無所知然則竹未必不無知也由是言之謂竹爲有知不可謂爲無知亦不可謂其有知無知皆不可知然後可萬物生於天地之間其理不可以

一槩謂有心然後有知乎則蚓無心謂凡動物皆有知乎則水亦動物也人獸生而有知死則無知矣蓍龜生而無知死然後有知也是皆不可窮詰故聖人治其可知者置其不可知者是之謂大中之道

居士集卷第十八

熙寧五年秋七月男發等編定

紹熙二年三月郡人孫謙益校正

初公作易或問三篇第二篇論卦爻彖象

其後刪去別作一篇論繫辭此卷所載是也元論卦爻彖象一篇諸本皆不載恐遂棄遺今編入外集第十卷

明用無首無當作无下同

春秋論下而嘗藥之事而一作又

居士集卷第十九　歐陽文忠公集十九

詔冊七首

請　皇太后權同聽政詔

門下朕承大行之遺命嗣列聖之丕基踐祚之初銜哀罔極遂羅疾恙未獲痊和而機政之繁裁決或壅　皇太后母儀天下子育朕躬輔佐先朝練達庶務因請同於聽覽蒙曲賜於矜從俾緩憂勤冀速康復候將來聽政日　皇太后權同處分文武百官並放朝參候朕平愈日如故故茲詔

示想宜知悉

皇太后還政議合行典禮詔

勑中書門下朕頃以嗣承大統方執初喪過自摧傷遂嬰疾恙　皇太后尊居母道時溝家艱閔余哀荒俯徇誠請勉同聽覽用適權宜賴保護之勤劬獲清明而康復恭惟坤德之至靜實贊事機之久煩殆此彌年荐承諄誨顧寔繁於庶政難重浼於睿慈然而方國多虞則共濟天下之務惟時無事亦宜享天下之安先民有言無德

不報雖日以三牲之養未足盡於予心而刑于四海之風必務先於孝治惟是事親之禮蓋存有國之規當極尊崇以稱朕意應合行儀範等事令中書門下樞密院參議以聞故茲詔示想宜知悉

賜大宗正司詔

勑夫明德以親九族正家而刑萬邦古先哲王罔不由此朕嗣守丕業率循舊章惟皇屬之敦和命宗臣而董正而累聖承繼百年盛隆荷宗社之慶靈茂本支而蕃衍

念其性本於仁厚宜廣學以勤修顧其日益於衆多必增員而統理故外已詔於儒學各選於經師而内仍擇於親賢共司於屬籍庶乎協贊其職並修厥官糺乃非違先以正而爲率勉夫怠墮惟其善而是從式孚于休以副予意

賜夏國詔書

朕嗣守丕圖日新庶政方推大信以協萬邦思與藩屏之臣永遵帶礪之約矧勤王而述職固奕世以推誠而近年以來將命

之使或不體朝廷之意或罔循規矩之常多於臨時率爾改作旣官司之有守致事體以難從且下修奉上之儀本期効順而君有錫臣之寵所以隆恩豈宜一介於其間輒以多端而生事在國家之撫御固廓爾以無疑想忠孝之傾輸亦豈欲其如此故特申於旨諭諒深認於眷懷今後所遣使人更宜精擇不令妄舉以紊彞章所有押賜押伴使臣等亦已嚴行戒勵茍有違越必寘典刑載惟信誓之文炳若丹青之

著事皆可守言貴弗違毋開間隙之萌庶

躬悠乆之好

英宗遺制

詔内外文武百寮等朕蒙　先帝之遺休

荷高穹之眷命獲主大器于兹五年樂與

羣公講求至治先身以儉冀臻四海之富

康勵志之勤未甞一日而暇逸而憂勞積

慮疾恙踰時有加無瘳遂至大漸皇太

子御名睿哲之性天資夙成儲兩之明人望

攸屬可於柩前即皇帝位尊　皇太后爲

太皇太后皇后爲皇太后諸軍賞給並取
嗣君處分喪服以日易月山陵制度務從
儉約在外羣臣止於本處舉哀不得擅離
治所成服三日而除應緣邊州鎮皆以金
革從事不用舉哀於戲死生之理聖智所
同惟賴宗社之靈臣隣協德輔我元子永
康王家咨爾多方當體予意主者施行

尊　皇太后冊文

維治平二年歲次乙巳十一月丁巳朔十
有六日壬申嗣皇帝臣御名謹稽首再拜

言曰臣聞昔者明王之以孝治天下者非家至而日見也蓋有要道焉推所以行於已者爲天下率盡所以奉其親者爲天下先而四海靡然而承風矣洪惟 有宋受命造邦百年四聖而小子獲承之以繼我仁考之遺休餘烈方與羣公卿士夙夜以思勉其不逮庶幾如我 仁考付畀之意以申罔極欲報之心此固慄慄祗懼不敢遑寧者已顧惟眇末之質提攜鞠育慈仁咐煦至于有成自我 聖母嗣位之始哀

迷在疚而憂勞艱難一日萬務協和綏靖
保佑扶持功施邦家亦惟我　聖母永惟
至恩大德無物可稱是以稽參典禮率籲
羣心合志一辭懇懇惓惓不勝大願謹遣
攝太尉具官臣韓琦司徒具官臣胡宿奉
玉冊金寶上尊號曰　皇太后恭惟　皇
太后聖善明哲柔閑靜專粤自正位中宫
內助　先帝陰禮修而教行儉德著而下
化遂及萬國先於正家逮夫玉几受遺遭時
多難勉徇勤請權同聽決而明識遠慮動

懷謙畏深鑒漢家毋后之失訖不踐於外朝及歸政沖人合於易之進退不失其正之聖是惟全節鉅美固已超出前古而垂法後世宜乎盛烈播于聲詩尊名光於典冊惟末小子獲奉溫凊嗚呼殫九州之富以爲養未足盡於孝心享萬壽之福而無疆期永承於慈訓臣御名誠懽誠忭稽首再拜謹言

居士集卷第十九

熙寧五年秋七月男發等編定

紹熙二年三月郡人孫謙益校正

此卷皆任參知政事日中書所用之文公家定本元又有濮王典禮奏今既載之濮議更不重出

聽政詔俟一作候

冊文司徒二字上有攝字

居士集卷第二十　歐陽文忠公集二十

碑銘

金部郎中贈兵部侍郎閻公神道碑銘并序

惟閻氏世家于鄆其先曰太原王寶以武顯於梁晉之間實佐莊宗戰河上取常山功書史官爵有王土鄆之諸閻皆王後也周廣順二年以鄆州之鉅野鄆城爲濟州閻氏今爲濟州鉅野人也公生漢晉之間遭世多虞雖出將家而不喜戰鬬獨好學

通三禮頗習子史爲文辭是時鉅野大賊有衆千餘人以公鄉里儒者掠致賊中問以謀略公毅然未嘗有所言而爲人狀皃奇偉舉止嚴重有威儀賊皆憚之莫敢害賊平公還鄉里以三禮教授弟子　大宋受命天下將平公乃出以三禮舉中建隆某年某科歷漢州之金堂虢州之湖城二縣尉遷濮州濮陽令皆有吏績　太宗皇帝遣使者行視天下使者還言公可用召見奏事語音皀然殿中皆聳動　太宗奇之

拜太子洗馬知岳州一有遷殿中丞知均州一作鄆州吳越忠懿王再朝京師籍其所有浙東西之地納之有司　天子以爲新附之邦乃以禁兵千人屬公安撫其人遂知蘇州一有又知婺州五代之際江海之間分爲五大者竊名號其次擅征伐故皆峻刑法急聚歛以制命於其民越雖名爲臣屬之邦然閡於江淮與中國隔不相及者久矣公以齊魯之人悉能知越風俗而揉以善政或摩以漸或革以宜推凡上之所欲施寬凡民之所不

堪恩涵澤濡民以蘇息政成召還以國子博士知濟州又知晉州入拜尚書水部員外郎廣平郡王府翊善賜緋衣銀魚居六年廣平封陳王出閤公以司門員外郎求知黃州陳王徙封許乃詔公還遷庫部員外郎賜金紫侍講許王府王薨公出知棣州居歲餘以淮陽近鉅野乃求知淮陽軍公雖居許王府而 眞宗素知其賢數詔訪以經術謂之闓君子 眞宗即位問公何在左右具言所以然即時召之已在道

拜金部郎中知青州其後鄆州守臣某臨遣對殿上　真宗問鄆去青遠近守臣對若干　真宗曰爲吾告之將召也已而見召行至鉅野遇疾使者臨問慰賜藥百日賜告下濟州伺疾少間趨（一作趣）就道已而疾病（一作亟一作革）以某年某月某日薨于濟州享年七十有七贈兵部侍郎葬于鉅野大（一有閭字）徐村公諱象字某曾祖諱某某官祖諱某某官考（一作父）諱某某官公娶孫氏封富春縣君用子貴追封泗水縣太君子男

三人長曰某某某官次曰某某某官次曰某某某
官女三人皆適士族孫五人一早亡次皆
已仕曾孫十人仕者五人嗚呼士患不逢
時時逢矣患人主之不知知矣而不及用
者命也惟公履道純正生於多艱而卒遇
太平以奮其身又遭人主之知嘗用矣而
不暇於大用以殁殁而無章焉則其遂不
見於後世乎景祐五年冬其子光祿君自
光化罷還鄉閭乃謀刻其先德於墓之碑
而以其辭屬脩詞曰

閭世將家大𧆝高牙有封太原王功栢栢公不勇力而勇於學奮身逢時卒有成業不大其榮繼世而卿挻（一作挺）其後世多有孫曾有墓于里有碑其隧鄉人無傷鄉之君子

太子太師致仕贈司空兼侍中文惠陳公神道碑銘（并序）

潁川公既葬于新鄭其子尚書主客郎中述古等七人具公之行事及太常之狀祁伯之銘以來告曰唯陳氏世有顯人我先

正文惠公歷事　太宗　眞宗而相　今
天子其出處始終之大節可考不誣如此
故敢請以墓隧之碑予爲考其世次得其
所以基于初盛于中有于終而大施于其
後者曰信哉陳氏載德晦顯以時其畜厚
來遠故能發大而流長自[illegible]五世以上爲
博州人皇高祖翔當五代時爲王建掌書
記建欲帝蜀以逆順禍福譬之不聽弃官
于閬州之西水遂爲西水人皇曾祖齊國
公諱詡皇祖楚國公諱昭汶皇考秦國公

諱省華皆開府儀同三司太師尚書令兼中書令自翔已下三世不顯于蜀至秦公始事聖朝爲左諫議大夫其配曰燕國太夫人馮氏公其次子也諱堯佐字希元舉進士及第累遷太常丞知開封府録事叅軍用理獄有能績遷府推官以言事切直貶通判潮州自潮還獻詩數百篇而大臣亦薦其文學得直史館知壽廬二州提點府界諸縣公事丁秦公憂服除判三司都勾院兩浙轉運使徙京西河東河北三路

糾察在京刑獄天禧三年編次御試進士坐誤差其第貶監鄂州茶場未至丁燕國太夫人憂明年河決滑州　天子念非公不可塞乃起公知滑州乾興元年作　永定陵徙公京西轉運使以辦其事入爲三司户部副使徙副度支拜知制誥兼史館修撰同知天聖二年貢舉知通進銀臺司遷龍圖閣直學士知河南府徙并州知審官院開封府拜翰林學士兼龍圖閣學士七年拜樞密副使其年八月叅知政事居

三歲間凡三請罷明道二年罷知永興軍行過鄭州爲狂人所誣御史中丞范諷辨公無罪徙知廬州又徙同州復徙永興又徙鄭州累官至户部侍郎景祐四年四月召拜同中書門下平章事公爲人剛毅篤實好古博學居官無大小所至必聞一有其仁足以庇民智足以利物忠足以事上誠足以信于人潮州惡谿鱷魚食人不可近公命捕得鳴鼓于市以文告而戮之鱷一作其患屏息潮人歎曰昔韓公諭鱷而聽今公戮鱷而懼所爲雖異其能

使異物醜類革化而利人一也吾潮間三百年而得二公幸矣在潮修孔子廟韓公祠率其州民之秀者就于學知壽州遭歲大饑公自出米爲糜以食餓者吏民以公故皆爭出米其活數萬人公曰吾豈以是爲私惠邪蓋以令率人不若身先而使其從之樂也錢塘江堤以竹籠石而潮嚙之不數歲輒壞而復理公歎曰堤以捍患而反病民乃議易以薪土而害公政者言于朝以爲非便是時丁晉公叅知政事主言

者以黜公公爭不已乃徙公京西而籠石爲堤數歲功不就民力大困卒用公議堤乃成河東地寒而民貧奏除石炭稅減官冶鐵課歲數十萬以便民曰轉運征利之官也利有本末下有餘則足吾豈爲俗吏哉太行山當河東河北兩路之界公以謂晉自前世爲險國常先叛而後服者恃此也其在河東鑿澤州路後徙河北鑿懷州路而太行之險通行者德公以爲利公曰吾豈爲今日利哉河決壞滑州水力悍

甚每埽下湍激弁人以没不見蹤跡者不可勝數公躬自暴露晝夜督促刱爲木龍以巨木駢齒浮水上下殺其暴堤乃成又爲長堤以護其外滑人得復其居相戒曰不可使後人忘我陳公因號其堤爲陳公堤開封府治京師公以謂[illegible]煩之術任威以擊彊盡察以防姦譬於激水而欲其澄也故公爲政一以誠信每歲正月夜放燈則悉籍惡少年禁錮之一本有歲以爲常公召少年諭曰尹以惡人待汝汝安得爲善吾以

善人待汝汝其爲惡邪因盡縱之凡五夜無一人犯法者太常博士陳詁知祥符縣縣吏惡其明察欲中以事而詁公廉事不可得乃欲以奇動京師自録事巳下空一縣皆逃去京師果諠言詁政苛暴是時章獻明肅太后猶聽政怒詁欲加以罪公爲樞密副使力爭之以謂罪詁則姦人得計而沮能吏詁由是獲免公十典大州六爲轉運副使一無副字一無副使字常以方嚴肅下一作方嚴清肅莅下使人知畏而重犯法至其過失

則多保佑之故未嘗按黜一下吏公貶潮州其所言事蓋人臣所難言者其平生奏疏尤多悉焚其槀其他文章有文集三十卷又有野廬編潮陽編愚丘集多慕韓愈爲文與修　眞宗實録又修國史故事知制誥者常先試其文辭　天子以公文學天下所知不復命試自國朝以來不試而知制誥者惟楊億及公二人而已公居官不妄進取爲太常丞者十三年不遷爲起居郎者七年不遷自議錢塘堤爲丁晉公

所繇後晉公益用事專威福故人子弟以公
久于外多勉以進取公曰惟久然後見吾守
如是十五年　今天子即位晉公事敗投海
外公乃見召用公初作相以唐劉蕡所對
策進曰天下治亂自朝廷始朝廷賞罰自
近始凡蕡之所究言者皆當今之弊此臣
所欲言而陛下之所宜行且臣等之職也
天子嘉納之公在相位不久其年冬雷地
震星象數變公言王隨位在臣上而病不
任事程琳等位皆在下乃引漢故事以災

異自責求罷章凡四上明年三月拜淮康軍節度使檢校太傅同中書門下平章事判鄭州康定元年五月以太子太師致仕詔大朝會立宰相班遂居于鄭其起居飲食康寧如少者後四年年八十有二以疾卒于家公居家以儉約爲法雖已貴常使其子弟親執賤事曰孔子固多能鄙事作爲善箴以戒子孫臨卒口占數十言自誌其墓公前娶曰杞國夫人宋氏後娶曰沂國夫人王氏子男十人長曰述古次曰比

部員外郎求古主客員外郎學古虞部員外郎道古大理評事館閣校勘博古殿中丞脩古秘書省正字履古光禄寺丞游古大理寺丞襲古太常寺太祝象古秦公三子長曰堯叟爲樞密使同中書門下平章事季曰堯咨爲武信軍節度使皆舉進士第一人（一無人字）及第（一無第字）三子已貴秦公尚無恙每賔客至其家公及伯季侍立左右坐客蹴踖不安求去秦公笑曰此學（一作兒）子輩耳故天下皆以秦公教子爲法而以

陳氏世家爲滎公之孫四十人曾孫二人合伯季之後若子若孫若曾孫六十有八人女若孫曾五十有四人而仕于朝者多以材稱於時（一無於時）嗚呼可謂盛矣銘曰

陳氏高節在汚全潔閟德潛光有俟而發其發惟時自公啓之英英白季踵武偕來相車崇崇武節之雄高幢巨轂四世六公惟世有封秦楚及齊尚書中書儀同太師祖考在前孫曾盈後公居于中伯季左右惟勤其始以享其終惟能其約以有其豐

休庸顯問播美家邦有遠其貽有大其繼刻詩垂聲以質來裔

資政殿學士户部侍郎文正范公神道碑銘并序

皇祐四年五月甲子資政殿學士尚書户部侍郎汝南文正公薨于徐州以其年十有二月壬申葬于河南尹樊里之萬安山下公諱仲淹字希文五代之際世家蘇州事吴越　太宗皇帝時吴越獻其地公之
皇考從錢俶朝京師後爲武寧軍掌書記

以卒公生二歲而孤母夫人貧無依再適長山朱氏既長知其世家感泣去之南都入學舍掃一室晝夜講誦其起居飲食人所不堪而公自刻益苦居五年大通六經之旨爲文章論說必本於仁義祥符八年舉進士禮部選第一遂中乙科爲廣德軍司理參軍始歸迎其母以養及公既貴天子贈公曾祖蘇州糧料判官諱夢齡爲太保祖秘書監諱贇時爲太傅考諱墉爲太師妣謝氏爲吳國夫人公少有大節於富貴貧

賤毀譽歡戚不一動其心而慨然有志於天下常自誦曰士當先天下之憂而憂後天下之樂而樂也其事上遇人一以自信不擇利害爲趨捨其所有爲必盡其方曰爲之自我者當如是其成與否有不在我者雖聖賢不能必吾豈苟哉天聖中晏丞相薦公文學以大理寺丞爲秘閣校理以言事忤　章獻太后旨通判河中府（一有陳州）久之上記其忠召拜右司諫當　太后臨朝聽政時以至日大會前殿上將率

百官爲壽有司已具公上疏言天子無北面且開後世弱人主以彊母后之漸其事遂已又上書請還政 天子不報及 太后崩言事者希旨多求 太后時事欲深治之公獨以謂 太后受託 先帝保佑聖躬始終十年未見過失宜掩其小故以全大德初 太后有遺命立楊太妃代爲太后公諫曰太后母號也自古無代立者由是罷其冊命是歲大旱蝗奉使安撫東南使還會郭皇后廢率諫官御史伏閤

爭不能得貶知睦州又徙蘇州歲餘即拜禮部員外郎天章閣待制召還益論時政闕失而大臣權倖多忌惡之居數月以公知開封府開封素號難治公治有聲事日益簡暇則益取古今治亂安危爲上開說又爲百官圖以獻曰任人各以其材而百職修堯舜之治不過此也因指其遷進遲速次序曰如此而可以爲公可以爲私亦不可以不察由是呂丞相怒至交論上前公求對辨語切坐落職知饒州明年呂公

亦罷公徙潤州又徙越州而趙元昊反河西上復召相呂公乃以公爲陝西經略安撫副使遷龍圖閣直學士是時新失大將延州危公請自守鄜延扞賊乃知延州元昊遣人遺書以求和公以謂無事請和難信且書有僭號不可以聞乃自爲書告以逆順成敗之說甚辯坐擅復書奪一官知耀州未逾月徙知慶州既而四路置帥以公爲環慶路經略安撫招討使兵馬都部署累遷諫議大夫樞密直學士公爲將

務持重不急近功小利於延州築青澗城墾營田復承平永平廢寨熟羌歸業者數萬户於慶州城大順以據要害（一本有奪賊地而耕之六字）又城細腰胡蘆於是明珠滅藏等大族皆去賊爲中國用自邊制久隳至兵與將常不相識公始分延州兵爲六將訓練齊整諸路皆用以爲法公之所在賊不敢犯人或疑公見敵應變爲如何至其城大順也一旦引兵出諸將不知所向軍至柔遠始號令告其地處使往築城至於版築

之用大小畢具而軍中初不知賊以騎三萬來爭公戒諸將戰而賊走追勿過河已而賊果走追者不渡而河外果有伏賊（一有既字）失計乃引去於是諸將皆服公爲不可及公待將吏必使畏法而愛己所得賜賚皆以上意分賜諸將使自爲謝諸蕃質子縱其出入無一人逃者蕃酋來見召之卧内屛人徹衛與語不疑公居三歲士勇邊實恩信大洽乃決策謀取横山復靈武而元昊數遣使稱臣請和上亦召公歸矣初

西人籍爲鄉兵者十數萬既而黥以爲軍惟公所部但刺其手公去兵罷獨得復爲民其於兩路既得熟羌爲用使以守邊因徙屯兵就食內地而紓西人饋輓之勞其所設施去而人德之與守其法不敢變者至今尤多自公坐呂公貶羣士大夫各持二公曲直呂公患之凡直公者皆指爲黨或坐竄逐及呂公復相公亦再起被用於是二公驩然相約勠力平賊天下之士皆以此多二公然朋黨之論遂起而不

能止上既賢公可大用故卒置羣議而用之慶曆三年春召爲樞密副使五讓不許乃就道既至數月以爲參知政事每進見必以太平責之公歎曰上之用我者至矣然事有先後而革弊於久安非朝夕可也既而上再賜手詔趣使條天下事又開天章閣召見賜坐授以紙筆使疏于前公惶恐避席始退而條列時所宜先者十數事上之其詔天下興學取士先德行不專文辭革磨勘例遷以别能否減任子之

數而除濫官用農桑考課守宰等事方施行而磨勘任子之法僥倖之人皆不便因相與騰口而嫉公者亦幸外有言喜爲之佐佑會邊奏有警公即請行乃以公爲河東陝西宣撫使至則上書願復守邊即拜資政殿學士知邠州兼陝西四路安撫使其知政事纔一歲而罷有司悉奏罷公前所施行而復其故言者遂以危事中之賴上察其忠不聽是時夏人已稱臣公因以疾請鄧州守鄧三歲求知杭州又徙青州

公益病又求知潁州肩舁至徐遂不起享年六十有四方公之病上賜藥存問旣薨輟朝一日以其遺表無所請使就問其家所欲（一有爲）贈以兵部尚書所以哀䘏之甚厚公爲人外和內剛樂善汎愛喪其母時尚貧終身非賓客食不重肉臨財好施意豁如也及退而視其私妻子僅給衣食其爲政所至民多立祠畫像其行己臨事自山林（一作搢紳）處士里閭田野之人外至夷狄莫不知其名字而樂道其事者甚衆及其

世次官爵誌于墓譜于家藏于有司者皆不論著著其繫天下國家之大者亦公之志也歟銘曰

范於吳越世實陪臣傲納山川及其士民范始來北中間幾息公奮自躬與時偕逢事有罪功言有違從豈公必能天子用公其艱其勞一其初終夏童跳邊乘吏怠一作殆安帝命公往問彼驕頑有不聽順鋤其亢根公居三年怯勇隳孛兒憐獸擾卒俾來臣夏人在廷其事方議帝趣公來以就

予治公拜稽首兹惟難（一作艱）哉初匪其難在其終之羣言營營卒壞于成匪惡其成惟公是傾不傾不危天子之明存有顯榮殁有贈謚藏其子孫寵及後世惟百有位可勸無怠

居士集卷第二十

熙寧五年秋七月男發等編定

紹熙二年三月郡人孫謙益挍正

范文正公神道碑自公坐吕公貶羣士大

夫各持二公曲直呂公患之凡直公者皆指爲黨或坐竄逐及呂公復相公亦再起被用於是二公驩然相約勠力平賊天下之士皆以此多二公然朋黨之論遂起而不能止　按司馬文正公記聞景祐中呂許公執政范文正公知開封屢攻呂短坐落職知饒州康定元年復舊職知永興會許公復相言於　仁宗曰仲淹賢者朝廷將用之豈可但除舊職即除龍圖閣直學士陝西經略安撫副使上以許公爲長者

天下亦以許公不念舊惡又蘇文定公龍川志范文正自饒州還朝出領西事恐申公不爲之地無以成功乃爲書自咎解仇而去故歐陽公作文正碑有二公晩年歡然相得之語後生不知皆咎歐陽公子見張公安道言之乃信又邵氏聞見録當時文正子堯夫不以爲然從歐陽公辯不可得則自削去驩然勠力等語公不樂謂蘇明允曰范公碑爲其子弟擅於石本改動文字令人恨之故今羅氏本於坐落職知

饒州下無明年呂公亦罷六字爲陝西經略安撫副使上無上復召相呂公六字又無自公坐呂公貶已下至故卒置羣議而用之一段以此觀之諸家本乃當時定本也羅氏本堯夫改本也今從衆而載堯夫所改如此陳無已談叢敘二公曲折未必盡然呂公薨范公雖有祭文蓋交際常禮今載集中詞意亦平平無已謂歸重而自訟過矣

陳文惠公碑　棄官此下一有家字　嚙當作齧

范文正公碑　來臣來一作徠

居士集卷第二十一　歐陽文忠公集二十一

碑銘四

尚書户部郎中贈右諫議大夫曾公

神道碑一作墓誌銘 并序

公諱致堯字某撫州南豐人也少知名江南一本作少有大志以文行知名當李氏時不就鄉里之舉李氏亡太平興國八年一有始字舉進士及第爲符離主簿累遷光禄寺丞監越州酒稅數上書言事獻文章太宗奇之召拜著作佐郎直史館使行視汴河漕運稱旨遷

祕書丞爲兩浙轉運使諫議大夫魏庠知蘇州恃舊恩多不法吏莫敢近公一本有曰此吾職也劾其狀以聞　太宗驚曰是敢治魏庠可畏也卒爲公罷庠洛苑使楊允恭以言事見幸無不聽事有下公常匿不行允恭以許　太宗遣使問公公具言其不可一本下有事卒不行公既繩其大而人所難者至其小易則務爲寬簡歲終其課爲最徙知壽州壽近京師諸豪大商一作姓交結權貴一本作豪又有恃其聲勢號爲難治公居歲餘諸豪斂手莫一作不

敢犯公法人亦莫見其以何術而然也（一本下有夫敢以法加諸豪乃彊吏之所能爾使諸豪不敢干其法此爲法之本意而人之難也）故公於壽尤有惠愛既去壽人遮留數日以一騎從二卒逃去過他州壽人猶有追之者再遷主客員外郎判三司鹽鐵勾院是時李繼捧以銀夏五州歸朝廷其弟繼遷亡入磧中爲寇　太宗遽遣繼捧往招之至則誘其兄以陰合卒復圖而因之自陝以西既苦兵矣　眞宗初即位益欲來以恩德許還其地使聽約束公獨以謂繼

遷反覆（一有如此字）不可予繼遷已得五州後二年果叛圍靈武議者又欲予之公益爭以爲不可言雖不從　真宗知其材將召以知制誥而大臣有不可者乃已出爲京西轉運使王均伏誅奉使安撫西川誤留詔書于家其副潘惟岳（一作吉）教公上言渡吉栢江舟破亡之（一有可字）以自解公曰爲臣而欺其君吾不能爲也乃上書自劾釋不問其後惟岳（一作吉）入見禁中道蜀事具言公所自劾者　真宗嗟歎久之繼遷兵

旣久不解丞相張齊賢經略環慶以西署公判官以從公曰西兵十萬皆屬王超超材旣不可專任（一有以事）而兵多勢重非易可指麾若不得節度諸將事必不集　眞宗難其言爲詔陝西聽經略使得自發兵而已（一無而已）公度言終不合乃辭行會召賜金紫公謝曰臣甞言丞相某事未効不敢受賜由是貶黃州團練副使公已貶而王超兵敗繼遷破清遠軍朝廷卒亦棄靈州公貶逾年復爲戶部員外郎知泰州丁母憂服除

拜吏部員外郎知泉州徙知蘇州又徙知揚州上疏論事語斥大臣尤切當時皆不悦又徙知鄂州坐知揚州（一有日字）悮入添支俸多一月雖嘗自言猶貶監江寧府酒税用封禪恩累遷戶部郎中大中祥符五年五月某日卒于官享年六十有六遺戒無以佛汚我家人如其言公之曾祖諱某某官曾祖妣某氏某縣君祖諱某某官祖妣某氏某縣君考諱某某官妣某氏某縣君子男七人曰某（一本曰某二字作某等）女若干

人用其子易占恩再遷右諫議大夫初葬南豐之東園水壞其墓其年月日改葬龍治（一作津）鄉之源（一作原）頭慶曆六年夏其孫鞏稱其父命以（一有公之事）來請曰願有述遂爲之述曰維曾氏始出於鄫鄫爲姒姓之國微不知其始封春秋之際莒滅鄫而子孫散亡其在魯者自别爲曾氏蓋自鄫遠出於禹歷商周千有餘歲常微不顯及爲曾氏而蒧參元西始有聞于後世而其後又晦復千有餘歲而至於公（一作千有餘歲而至於）

公焉夫晦顯常相反覆（一作復）而世德之積者久則其發也宜非一二世而止矧公之有不得盡施而有以遺其後世乎是固不宜無銘者已公當　太宗　眞宗時言事屢見聽用自言西事不合而出遂以卒于外然在外所言（一本作然其在外所言尤多）如在朝廷而任言責者（一本無者）至其難言則人有所不敢言者予於其論議既不能盡載而亦有所不得載也取其初不見用久而益可思者（一本有將）特詳焉所以見公之志也銘曰

公於事明由學而知先知逆決（一本作逆決藏否）有若蓍龜告而不欺不顧從違初雖不信後必如之公所論議（一作議論）敢人之難古稱君子有德有言德畜不施言猶可聞銘而不朽公也長存

尚書度支郎中天章閣待制王公神道碑銘 并序

公諱質字子野其先大名莘人自唐同光初公之皇曾祖魯公舉進士第一顯名當時官至右拾遺歷（一有仕字）晉漢周而皇祖晉

公益以文章有大名逮事　太祖　太宗官至兵部侍郎當　眞宗時伯父文正公居中書二十餘年天下稱爲賢宰相　今天子慶曆三年公與其弟素皆待制天章閣自同光至慶曆蓋百有二十餘年王氏更四世世（一作代）有顯人或以文章或以功德公生累世富貴而操履甚於寒士性篤孝悌厚於朋友樂施與以賙人而妻子常不自給視榮利淡若無意平居苦疾病退然如不自勝及臨事介然（一有不可回奪字）有仁者之

勇君子之剛樂人之善如自己出初范仲淹以言事貶饒州方治黨人甚急公獨扶病率子弟餞于東門留連數日大臣有以讓公曰長者亦爲此乎何苦自陷朋黨公徐對曰范公天下賢者顧某何敢望之然若得爲黨人公之賜某厚矣聞者爲公縮頸其爲待制之明年出守于陜又明年小人連搆大獄坐貶廢者十餘人皆公素所賢者聞之悲憤歎息或終日不食（一本有語于人曰善人若此吾不樂在世矣）因歎劇飲大醉公既素病

益以酒遂卒公初以廕補太常寺太祝監都進奏院獻其文章召試賜進士及第校勘館閣書籍遂爲集賢校理通判蘇州州守黄宗旦負材自喜頗以新進少公議事則曰少年乃與丈人爭事耶公曰受命佐君事有當爭職也宗旦雖屢屈折而政常得無失稍德公助已爲之加禮宗旦得盜鑄錢者百餘人以詫一作詑公公曰事發無跡何從得之曰吾以術一有陰字鉤出之公愀然曰仁者之政以術鉤人寘之死而又喜

乎宗旦懒服悉緩出其獄始大稱公曰君子也判尚書刑部吏部南曹知蔡州始至發大姦吏一人去之繩諸豪猾以法與轉運使爭曲直事有下而不便者皆格不用既去其害政者然後崇學校一以仁恕臨下其政知寬猛必使吏畏而民愛其爲他州州率大而難治必常有善政皆用此入爲開封府推官已而其兄雍爲三司判官公曰省府皆要職吾豈可兄弟居之求知壽州徙廬州盜有殺其徒而并其財者獲

之寘于法大理駮曰法當原公以謂盜殺其徒而自首者原之所以疑壞其黨而開其自新若殺而不首旣獲而亦原則公行爲盜而第殺一人旣得兼其財又可以贖罪不獲則肆爲盜（一本公行爲盜以相殺兼其財不獲則爲盜）獲則引以自原如此盜不可止非法意䟽三上不能爭公嘆曰吾不勝法吏矣乃上書自劾請不坐佐吏公坐貶監靈仙宮其後議者更定不首之罪（一作其後韓某知審刑院議正首之罪）卒用公言（一作議）爲是而公貶猶不召資政殿學士鄭戩翰林學

士葉清臣訟公無罪始起知泰一本作秦州遷荆湖北路轉運使當用一作治兵西方急於財用之時獨不進羡餘其賦歛近寛平治以常法故他路不勝其弊而荆湖之人自若一作獨若平日權知荆南府民有訟婚者訴曰貧無貲故後期問其用幾何以俸錢與之使婚獲盜竊人衣者曰一本有平生不爲過迫於飢寒而爲之公爲之哀憐取衣衣之遣去荆人比公爲子産召爲史館修撰遂拜天章閣待制判吏部流内銓號爲稱職而於選法

未嘗有所更易人或問之公曰選法具備如權衡在執者不欺其輕重耳何必屢更其法（一作器）是歲　天子開天章閣召大臣問天下事以手詔責范公等（一本作是時天子感悟黨人説進用范公等在左右）而議事者爭言天下利害務欲更革諸事公獨無一言問之則曰吾病未能也公於榮利既薄臨禍福不爲喜懼其視世事若無一可以動其心者惟以天下善人君子亨否爲巳休戚遂以此卒此其爲志豈小哉豈有（一作以）病而不能者哉公

誠素病而任之以事所至必皆有爲使其壽且不死而用其必（一作如）有所爲（一本而任之大用其必大有爲於事）豈其不欲空言而已（一本已作無益）者哉嗚呼公享年（一作公年止）四十有五官至度支郎中階朝奉大夫勳上護軍爵平晉男娶周氏某縣君生子某曾祖諱某祖諱某皆贈太師尚書中書令考諱某官至兵部郎中有賢行贈戶部尚書公以某年某月某日卒于陜某年某月某日葬于某所先塋之次銘曰

仕不爲利以行其仁處豐自薄而清厥身其仁誰思不在吏民其清孰似（一作嗣）以遺子孫（一有生雖有止歿也長存）銘以昭之以告後人

袁州宜春縣令贈太師中書令兼尚書令冀國公程公神道碑銘（并序）

上即位之十有六年（一有以字）今鎮安軍節度使檢校太師同中書門下平章事程公自三司使吏部侍郎爲參知政事乃詔有司寵其祖考於是贈其皇考故袁州宜春縣令爲太子少師公在政事遷尚書左丞又

贈太子太師其爲資政殿學士工部尚書又贈太師中書令其爲宣徽北（一作南）院使武昌軍節度使又贈兼尚書令其爲武勝軍節度使同中書門下平章事追封定國公徙鎮鎮安（一作徙鎮安軍）又追封冀國公惟冀國（一無此三字）公諱某字某少舉明經仕不得志退居于家畜德不施貽其後世而相國太師實爲之子初以文學舉進士高第歷館閣掌制命儁德偉望顯于朝廷遂爲中丞執國之憲尹正京邑有聲蜀都乃由三司入與大政公亦自太常

博士累贈兵部侍郎遂遷太師中書尚書
令位皆一品有國定冀以啓其封雖發不自
躬而其施益遠晦於一時而顯於百世蓋
夫享于身者有時而止施于後者其耀無窮
表于其鄉以勸爲善可謂仁人之利博矣惟
程氏之先自重黎歷夏商周而程伯休父始
見於詩書其後世遠而分至唐定氏族而程
氏之望分爲七中山之程蓋出於魏安鄉
侯昱之後也公世爲中山博野人曾祖諱
某祖諱某贈太師祖妣齊氏吳國夫人考

諱某贈太師中書令妣吴氏秦國夫人當唐末五代天下亂於兵程氏再世不仕後唐長興三年公之皇考以神童舉官至太子賛善大夫　宋興一本有天下一於今百年而程氏亦再顯太平興國初公之從祖羽佐太宗自晉王即皇帝位爲文明殿學士官至兵部侍郎令相國太師出入將相爲時名臣子孫蕃昌世族昭著推其所自來者遠矣初公與其仲父象明同舉春秋皆中第是時從祖以給事中知開封府召公及

象明謂曰吾新被寵天子待罪于此不欲子弟並登科（一有選字）使其自擇去就公因讓其從父自引去從祖頗賢之其後累舉不中從祖謂曰由我困汝退而使人察公無悔色由是大嗟異之以爲不可及太平興國五年遂以明經中第爲虔州贛縣尉蔡州上蔡主簿袁州宜春令所至皆有惠愛公事母至孝與其兄弟怡怡爲鄉里所稱而仕宦不求名譽爲贛縣尉七年不代既罷宜春遂不復仕退居于蔡州淳化三年

七月某日（一作甲子）以疾卒于家享年四十有九以天聖十年十一月某日（一作甲子）葬于鄭州管城縣馬亭鄉之北田村夫人楚氏追封晉國夫人子男五人長曰瓘官至太常博士次曰璓曰琬皆早卒次曰琳相國太師也次曰琰國子博士女一人適某人諸孫九人銘曰

遠矣程侯顓頊之苗始自重黎歷夏商周惟伯休父聲詩孔昭世不絶聞盛于有唐程分爲七三祖安鄉廣平中山以暨濟陽

中山之程出自靈洗實昰裔孫仕于陳季陳滅散亡播而北遷公世中山爲博野人道德家潛孝悌邦閭不耀自躬以貽後昆惟後有人將相文武有國寵章覆其考祖定冀之封實開土宇程世其隆公多孫子有畜其源發而孰禦刻銘高原以示來者

鎮安軍節度使同中書門下平章事贈太師中書令程公神道碑銘 并序

惟文簡公既葬之二年其子嗣隆泣而言于一作於朝曰先臣幸得備位將相官階品

皆第一爵勳皆第二請得立碑如令於是

天子曰噫惟爾父琳有勞于我國家余其

可忘乃大書曰旌勞之碑遣中貴人即賜

其家曰以此名爾碑又詔史臣脩曰汝為

之銘臣脩與文簡公故往來知其人又嘗

誌其墓又嘗述其世德于冀公太師之碑

得其世次官封功行最詳乃不敢辭惟公字

天球姓程氏曾祖諱新贈太師曾祖妣吳

國夫人齊氏祖諱贊明贈太師中書令祖

妣秦國夫人吳氏考諱元白袁州宜春令

贈太師中書令兼尚書令冀國公妣晉國
夫人楚氏公舉大中祥符四年服勤詞學
高第試秘書省校書郎泰寧軍節度推官
改著作佐郎知并州壽陽縣祕書丞監左
藏庫天禧中詔選文學履行召試直集賢
院 今天子即位遷太常博士三司户部
判官會修 真宗實録而起居注闕命公
追修大中祥符八年已後書成遂修起居
注遷祠部員外郎提舉諸司庫務以本官
知制誥同判吏部流内銓契丹嘗遣使賀

上即位命公迓之使者妄有所言公折以理遂屈服其後又遣使賀天聖五年乾元節　天子思公前嘗折其使乃以公爲館伴使使者果言契丹見中國使者坐殿上位次高而中國見契丹使者位下當遷議者以爲小故可許雖　天子亦將許之公爭以謂契丹所以與中國好者守先帝約也一切宜用故事若許其小將啓其大天子是之乃止歲中遷右諫議大夫權御史中丞丞相張文節公少所稱許而最知公

方除中丞文節當執筆喜曰不辱吾筆矣明年拜樞密直學士知益州公性方重寡言笑凡所處畫常先慮謹備所以條目巨細甚悉至臨事簡嚴僚吏莫能窺其際嘗夜張燈會五門大集州民而城中火起吏如公教不以白而隨即救止終宴民去始稍知火監軍得告者言軍謀變懼而入白公笑曰豈有是哉監軍惶惑不敢去公曰軍中動靜吾自知之苟有謀者不能隱也已而卒無事其他多類此蜀妖人自名李

冰神子署官屬吏卒以恐蜀人公捕斬之而謗者言公妄殺人蜀且亂　天子遣人馳視之使者還言蜀人便公政方安樂而誅妖人所以止亂由是　天子益知公賢召爲給事中知開封府前爲府者苦其治劇或不（一無不字）滿歲罷不然被謗譏或以事去獨公居數歲久而治益精明盜訟稀少獄屢空詔書數下褒美遷工部侍郎龍圖閣（一有直字）學士守御史中丞久之　天子思其治召爲翰林（一有侍讀字）學士復知

開封府明年爲三司使不悅苟利不貪近功時議者患民稅多目吏得爲姦欲除其名而合爲一公以謂合而没其名一時之便後有興利之臣必復增之是重困民也議者莫能奪其於出入尤謹禁中時有所取未嘗肯予宦官怒言陛下雖有所一作欲物在程某何可得公曰臣所以爲陛下惜爾　天子以爲然累遷吏部侍郎景祐四年以本官叅知政事一有遷尚書左丞公益自信不疑宰相有所欲私輒衆折之其語至今

士大夫能道也初范仲淹以言事忤大臣貶饒州已而上悔悟欲復用之稍徙知潤州而惡仲淹者遽誣以事語入上怒亟命置之嶺南自仲淹貶而朋黨之論起朝士牽連出語及仲淹者皆指爲黨人公獨爲上開說上意解而後已是時元昊叛河西朝廷多故公在政事補益尤多而小人僥倖皆不便遂以事中之坐貶爲光祿卿知潁州已而徙知青州又徙大名府居一歲中遷戶部吏部二侍郎尚書左丞資政殿

學士北京建遂以爲留守官者皇甫繼明方用事主治行宮務廣制度以市恩公爲裁抑之與繼明章交上 天子遣一御史往視之還直公 天子爲罷繼明獨委公以建都事公自知政事以論議不私見嫉被貶斥已稍復見用遂與繼明爭曲直由是益不妄合於世雖不復大用而契丹方遣使數有所求兵誅元昊未克西北宿重兵公於是時 天子常委以河北陝西之重留守北京凡四年遷工部尚書資政殿大

學士河北安撫使慶曆六年拜武昌軍節度使陝西安撫使知永興軍府事明年加宣徽北院使鄜延路經略使馬步軍都部署判延州仍兼陝西安撫使皇祐元年加同中書門下平章事留守北京其於二方威惠信著尤知夷狄情僞山川險易行師制敵之要其在延州夏人數百驅畜產至界上請降言契丹兵至衙頭矣國且亂願自歸公曰契丹兵至元昊帳下當舉國取之豈容有來降者乎聞夏人方捕叛族此其是

乎不然誘我也拒而不受已而夏人果以兵數萬臨界上公戒諸堡塞無得數（一作輒）出兵夏人以爲有備引去自此不復窺邊公於河北最久民愛之爲立生祠明年改武勝軍節度使猶在北京又改鎮安軍節度使在鎮四年猶上書鎮安一郡尔不足以自効願復守邊書未報得疾以至和三年（一作嘉祐元年）閏三月七日巳丑薨于陳州之正寢享年六十有九天子輟視朝二日贈中書令謚曰文簡（一本有以嘉祐二年十月十八日葬河南府伊闕縣神陰鄉張）

劉里明年祫享太廟推恩加贈公太師尚書令公累階至開府儀同三司勳上柱國廣平郡爵公封户七千四百而實封貳阡壹伯賜號推誠保德守正翊戴功臣娶陳氏封衛（一作陳）國夫人子男四人曰嗣隆太常博士嗣弼殿中丞嗣恭太常博士嗣先大理寺丞女五人皆適良族謹按程氏之先出自重黎至休父爲周司馬國於程其後子孫遂以爲氏自秦漢以來世有其人程氏必顯而各以其所居著姓後世因之至

唐尤盛號稱中山程氏者皆祖魏安鄉侯昱公中山博野人也世有積德至公始大顯聞臣脩以謂古者功德之臣進受國寵退而銘於器物非獨私其後世所以不忘君命示國有人而詩人又播其事聲於詠歌以揚無窮今去古遠爲制不同而猶有幽堂之石隧道之碑得以紀德昭烈而又幸蒙天子書而名之其所以照臨程氏恩厚寵榮出古遠甚而臣又得刻銘其下銘臣職也懼不能稱銘曰

程以國氏世世遠支分因居著姓各以其人公世中山在昔有聞克大自公厥聲以振乃秉國鈞乃授將鉞出入其勤險夷一節帝曰噫歟余有勞臣何以旌之有爛其文惟此勞臣實余同德憂國在心匪勞以力二方有事諸將無功俾我舊老不遑居中閒息近藩庶休厥躬有請未（一作嗇其）報奄云其終歿而後已茲可謂忠惟帝之褒其言甚簡銘以述之萬世丕顯

居士集卷第二十一

熙寧五年秋七月男發等編定

紹熙二年三月郡人孫謙益校正

冀國程公神道碑遂遷少師中書尚書位皆一品朝佐考是時未置三少雖有太子少師乃非一品今諸本皆作少師當是筆誤合作太師羅本尚書下有令字今從之

程文簡公神道碑除中丞日丞相張文節

公當執筆喜曰不辱吾筆矣朝佐按文簡兩爲中丞其初在天聖五年九月時文節爲集賢相實當筆明年三月文節薨後數年當明道二年十月文簡方再守中丞諸本誤載文節之言於再除之後惟羅氏本移附初除之下今從之文諸本作至和三年閏三月薨惟羅氏本作嘉祐元年朝佐按仁宗實録至和三年九月下詔改嘉祐元年則閏三月固宜繫之至和但史官例書新元則至和今盡二年羅氏本亦有

所據

諫議大夫曾公碑　遣使者一有字其日卒一本書二十日龍治鄉治一作池

待制王公碑　曾祖諱徹祖諱祜考諱旭公以慶曆五年七月二十六日卒一本所書如此

冀國程公碑　公諱元白祖諱新考諱贇明一本如此

程文簡公碑　被貶斥巳一有而字來降者乎一無乎字猶上書一有言字

續添

諫議大夫曾公碑　十萬一作數十萬再遷一作再贈

待制王公碑　入爲二字一作又嘗爲之時獨三字一作而

近寛二字上一有務字

冀國程公碑　再世一作累世

程文簡公碑　久之一作頃之命置置一作寘堡塞一作堡寨

廣平郡三字上脫開國二字

（宋）歐陽修 撰

宋本歐陽文忠公集

第三册

國家圖書館出版社

第三册目録

居士集五十卷（卷十一—十五）……一

居士集卷第十　歐陽文忠公集十

律詩六十首

送王汲宰藍田

喧喧動車馬共出古都門落日催行客東風吹酒罇樹揺秦甸緑花入輞川繁若遇西來旅時應問一作望故園

徽安門曉望

都門收宿霧佳氣鬱葱葱曉日寒川上青山白霧一作露中樓臺萬瓦合車馬九衢通恨乏登高賦徒知京邑雄

送孟都官知蜀州

名郎出粉闈佳郡古關西幾驛秦亭盡千山蜀鳥啼朱輪照耕野綠芋覆秋畦向闕應東望雲深隴樹迷

南征回京至界上驛先呈城中諸友

朝雲來少室日暮向箕山本以無心出寧隨倦客還春歸伊水綠花晚洛橋閑誰有餘罇酒相期一解顏

遊老亭（一本注彭城公白蓮莊）

上相此忘榮怡然物外情池光開小幌山

翠入重城野鳥窺華衮春壺勞耦耕枕前雙鴈没雨外一川晴解組金龜重調琴赤鯉驚雒懷安石趣豈不爲（一作念）蒼生

廣愛寺

都人布金地紺宇巋然存山氣蒸經閣鐘聲出國門老杉春自緑古壁雨先昏應有幽人屐來留石蘚痕

弔黃學士三首（名鑑）

麗正雠書久蘭臺約史成迎親就江水獻直出承明世德無雙譽詩豪第一評風流

今頓盡響像憶平生
沈約多清瘦文園仍病痟共疑天上召更欲水邊招金馬人相弔長沙物易妖秋風吹越樹歸旐自飄飄
自古蘭衰早因令蕙歎深書遺茂陵藁病作越鄉吟萬里無春色閩山蔽夕陰空嗟埋玉樹齎志永沉沉

雨後獨行洛北

北闕望南山明嵐雜紫烟歸雲向萬嶺殘雨過伊川樹繞芳隄外橋橫落照前依依

半荒苑行處獨聞蟬

陪府中諸官遊城南一本注西京作

一雨郊圻迴新秋榆棗繁田荒溪溜入禾熟雀聲喧燒出空槎腹人耕廢廟垣閑追向城客落日隱高原

智蟾上人遊南岳

終日念雲壑南歸心浩然青山入楚路白水望湖田野渡惟浮鉢山家少施錢到時春尚早收茗綠巖前

送左殿丞直一作入蜀

傳聞蜀道難行客若登天紫竹深無路黃花忽見川聞禽嗟異域問俗訪耆年欲識京都遠惟應望日邊

秋郊曉行一作望

寒郊桑柘稀秋色曉依依野燒侵河斷山鴉向日飛行歌採樵去荷鍤刈一作治田歸秫一作村酒家家熟相邀白竹扉

被牒行縣因書所見呈寮友

周禮恤凶荒軺車出四方土龍朝祀雨田火夜驅蝗木落孤村迥原高百草黃亂鴉

鳴古堞寒雀聚空倉桑野人行饁魚陂鳥
下梁晚煙茅店月初日棗林霜墐户催寒
候叢祠禱歲穰不妨行覽物山水正蒼茫

緱氏縣作

亭候徹郊畿人家嶺坂西青山臨古縣綠
竹繞寒溪道上行收穗桑間晚漑畦東皋
有深趣便擬卜幽棲

又行次作

秋色滿郊原人行禾黍間雉飛横斷澗燒
響入空山野水蒼煙起平林夕鳥還嵩嵐

久不見寒碧更孱顔

送梅秀才歸宣城

從學方年少還家鬢槀金久爲江北客能作洛生吟罷亞霜前稻鉤輈竹上禽歸帆何處落應拂野梅林

鞏縣陪祭獻懿二后回孝義橋道中作

落日漢陵道初寒慘暮飆遥看山口火暗渡洛川橋不見新園樹空聞引葬簫林鵶棲已定猶獨一作此倦征鑣

送謝學士歸關

供帳拂拂朝煙征鞍去莫攀人醒風外酒馬度雪中關舊府誰同在新年獨未還遥遥應行路者偏識綵衣斑

河南王尉西齋

寒齋日蕭索天外敞簷楹竹雪晴猶覆山窻夜自明禽歸窺野客雲去入重城欲就陶潛飲應須載酒行

張主簿東齋

官舍掩寒扉聊同隱者棲溪流穿竹過一作

過山鳥入城啼賓主高談勝心冥外物齊
惟應朝枕夢長猷隅隣一作林雞

留守相公禱雨九龍祠應時獲澍呈
府中同寮

古木鬱沉沉祠亭相衮臨雷驅山外響雲
結日邊陰霢霂來初合依微勢稍深土膏
潛動脉野氣欲成霖隴上連雲色田間擊
壤音明光應奏瑞黃屋正焦心帝邑三川
美離宮萬瓦森廢溝鳴故苑紅蘤發青林
南畝猶須勸餘春尚可尋應容後車一作車後

客時作洛生吟

春日獨遊上林院後亭見櫻桃花奉寄希深聖俞仍酬遞中見寄之什

昔日尋春地今來感歲華人行已荒徑花發半枯槎高榭林端出殘陽水外斜聊持一罇酒徙倚憶天涯

獨至香山憶謝學士（一作希深）

伊水弄春沙山臨水上斜曾爲謝公客徧（一作偏）入梵王家陰澗初生草春嵓自落花却尋題石處歲月已堪嗟

春晚同應之偶至普明寺小飲作

偶來林下逕共酌竹間亭積雨添方一作芳沼殘花點綠萍野陰侵席潤芳氣襲人醒禽鳥休驚顧都忘兀爾形

黃河八韻寄呈聖俞

河水激箭險誰言航葦遊堅冰馳馬渡伏浪卷沙流樹落新摧岸湍驚忽改洲鑿龍時退鯉漲潦不分牛萬里通槎漢千帆下漕舟怨歌今罷築故道失難求灘急風逾響川寒霧不收詎能窮禹迹空欲問張侯

和應之同年兄秋日雨中登廣愛寺

閣寄梅聖俞

經年都洛與君交共許詩中思最豪舊社
更誰能擁皐新秋有客獨登高徑蘭欲謝
悲零露籬菊空開乏凍醪縱使河陽花滿
縣亦應留滯感潘毛

晚過水北

寒川消積雪凍浦漸通流日暮人歸盡沙
禽上釣舟

罷官西京回寄河南張主簿

歸客下三川孤郵暫解鞍鳥聲催暮急山氣欲晴寒巳作愁霖詠猶懷祖帳歡更聞溪溜響疑是石樓灘

寄西京張法曹

幕府三年客羣居幾日親初分闕闕一作日路猶見洛陽人壠麥晴將秀田花晚自春向家行漸近豈復倦征輪

離彭婆值雨投臨汝驛回寄張九屯田司録

投館野花邊羸驂晚不前山橋斷行路溪

雨漲春田樹冷無棲鳥村深起暮烟洛陽山已盡休更望伊川

朱家曲一本有并引字

朱家曲自許縣北門上赤坂岡分道西行入小路三十里有村市臨古河商賈之販京師者舟車皆會此居民繁雜宛然如江鄉予以事偶至此宿旅邸明日遂赴京師

行人傍衰柳路向古河窮桑柘田疇美漁商市井通薪歌晚入浦舟子夜乘風旅舍孤煙外天京王氣中山川許國近風俗楚鄉同宿客雞鳴起驅車猶更東

行至椹澗作

霜後葉初鳴羸驂遠澗行川原人遠近禾黍日晴明病質驚殘歲歸塗獸（一作壁）暮程空林聚寒雀疑已作春聲

送謝希深學士北使

漢使入幽燕風煙兩國間山河持節遠亭障出疆閑征馬聞笳躍雕弓向月彎禦寒低便面贈客解刀環鼓角雲中壘牛羊雪外山穹廬鳴朔吹凍酒發（一作啓）朱顏塞草生侵磧春榆綠滿關應須鴈北嚮方值使南還

送賈推官赴絳州

白雲汾水上人北鴈南飛行李山川遠風霜草木腓郡齋賓榻掛幕府羽書稀最有題輿客偏思玉麈揮

送張如京知安肅軍

相逢舊從事新命忽臨戎界上山河壯軍中皷角雄朔風馳駿馬塞雪射驚鴻試取封侯印何如筆硯功

送威勝軍張判官

北地不知春惟看榆葉新岑牟多武士玉

塵重嘉賓野燐（一作燒）驚行客烽煙入遠（一作暮）塵繫書沙上鴈時寄日邊人

送同年史襃之武功尉

久作遊邊客常悲入塞笳今茲一尉遠猶困折腰嗟白馬關中道青天（一作烟）棧外家過秦應弔古惟有故山斜

送祝熙載之東陽主簿

吳江通海浦畫舸候潮歸疊鼓山間響高帆鳥外飛孤城秋枕水千室夜鳴機試問還家客遼東今是非

鄭十一先輩赴四明幕（一本注初授洋川辭不行）

梁漢褒斜險夫君畏遠遊家臨越山下帆入海潮頭岸柳行稍盡江蓴歸漸秋故鄉看衣錦寧羨李膺舟

送丁元珍峽州判官（一作送朱處仁）

爲客久南方西游更異鄉江通蜀國遠山閑楚祠荒油幕無軍事清猿斷客腸惟應陪主諾不費日飛觴

送楚建中潁州法曹

冠蓋盛西京當年相府榮曾陪鹿鳴宴徧

一作偏識洛陽生共歎長沙謫空存許劭評堪嗟桃李樹何日見隂成

送王尚恭隰州幕

去國初游宦從軍苦寂寥愁雲帶一作傍城起畫角向山飄秋勁方馳馬春寒正襲貂遥知爲客恨應賴酒盃消

送王尚喆三原尉

初仕便西轅驪駒兩佩環山河識天府風雨度函關桑柘千疇富人煙萬井閑欲爲京洛詠應苦簿書間

送餘姚陳寺丞 [illegible] 最

銅墨佩腰間中流望若一作似仙鳴蟬汴河柳畫鷁越鄉船下瀨逢江鴈瞻氛落海鳶山川仍客思盡入隱侯篇

送廖八下弟歸衡山

曾作關中客嘗窺百二疆自言秦隴一作嶺水能斷楚人腸失意倦京國羇愁成鬢霜何如伴征鴈日日向衡陽

夏侯彦濟武陟尉

風煙地接懷井邑富田圾河近聞冰坼山

高見雨來官閑同小隱酒美足銜盃好去東籬菊迎霜正欲開

遠山

山色無遠近看山終日行峯巒隨處改行客不知名

宋宣獻公挽詞三首

望繫朝廷重文推天下工清名畏楊綰故事問胡公物議垂爲相風流頻已窮仁言博哉利獻替有遺忠

識度推明哲風猷藹縉紳何言止中壽遂

不秉洪鈞翰墨時爭寶詞章晚愈新哭哀文伯母悲感路傍人

結髮一作綬逢明主馳聲著兩朝奠楹先有夢外屋豈能招贈服三公衮兼榮七葉貂春風笳鼓咽松栢助蕭蕭

初出真州泛大江作

孤舟日日去無窮行色蒼茫杳靄中山浦轉帆迷向背夜江看斗辨西東滮田漸下雲間鴈霜日初丹水上楓蓴菜鱸魚方有味遠來猶喜及秋風

江行贈鴈

雲間征鴈水間棲矰繳方多羽翼微歲晚江湖同是客莫辭伴我更南飛

松門 已下五首一本屬夷陵九詠

島嶼松門數里長懸崖對起碧峯雙可憐勝境 一作景 當窮塞使留 一作流 人戀此邪亂石驚灘喧醉枕淺沙明月入船窻因遊始覺南來遠行盡荆江見蜀江

下牢津

依依下牢口古戍鬱嵯峨入峽江漸曲轉

灘山更多白沙飛白鳥青障(一作嶂)合青蘿遷客初(一作嘗 一作多)經此愁詞作楚歌

龍溪

潺潺出亂峯演漾緑蘿風淺瀨寒難涉危棧路不通朝雲起潭側飛雨徧江中更欲尋源去(一作上)山深不可窮

勞停驛

孤舟轉山曲豁爾見平川樹杪帆初落峯頭月正圓荒煙幾家聚瘦野一刀田行客愁明發驚灘鳥道前

黃溪夜泊

楚人自古登臨恨暫到愁腸已九回萬樹蒼煙三峽暗滿川明月一猿哀非鄉況復驚殘歲慰客偏宜把酒盃行見江山（一作山河）且吟詠不因遷謫豈能來

望州坡

聞說夷陵人爲愁共言遷客不堪遊崎嶇幾日山行倦却喜坡頭見峽州

居士集卷第十

熙寧五年秋七月男發等編定

紹熙二年三月郡人孫謙益校正

逸老亭雨外（一作後）

弔黃學士越鄉（一作山）

東齋賓主（一作至）

黃河馳馬（一作無馬）

江行贈鴈征鴈（一作秋鴈）

續添

被牒行縣呈寮友一作呈諸寮友

行次作寒碧一作凝碧

和應之登廣愛寺閣經年一作終年

居士集卷第十一　　歐陽文忠公集十一

律詩五十七首

初至夷陵答蘇子美見寄

三峽倚岧嶤同(一作南)遷地最遥物華雖可愛鄉思獨無聊江水流青嶂猿聲在碧霄野篁抽夏笋叢橘長春條未臘梅先發經霜葉不凋江雲愁(一作懸)蔽日山霧晦連朝斫谷爭收漆梯林鬭摘椒巴賓船賈集(一作巴江船賈至)蠻市酒旗招時節同荆俗民風載楚謡俚歌成調笑撩(一作擦)鬼聚喧嚣(夷陵俗多淫奔)

好祠祭每遇祠時里民數百共斂其餘里語謂之搽鬼因此多成鬬訟得罪

宜投裔包羞分折晉光陰催晏歲窂落慘驚飆白髮新年出朱顔異域銷縣樓朝見虎官舍夜聞鴉寄信無秋鴈思歸望斗杓須知千里夢長繞洛川橋

冬後三日陪丁元珍遊東山寺

幕府文書日已稀清罇歲晏喜相携寒山帶郭穿松路瘦馬尋春踏雪泥翠蘚蒼崖森古木緑蘿盤石暗深溪爲貪賞物來猶早迎臘梅花吐未齊

送前巫山宰吴殿丞 字照鄰

俊域當年仰下風，天涯今日一罇同。高文落筆妙天下，清論揮犀服坐中。江上掛帆明月峽，雲間謁帝紫微宫。山城寂寞少嘉客，喜見瓊枝一作林慰病翁。

龍興寺小飲呈表臣元珍

平日相從樂會文，愽梟壺馬占朋分。罰籌多似昆陽矢，酒令嚴於細柳軍。蔽日雪雲猶靉靆，欲晴花氣漸氛氲。一罇萬事皆毫末，蜾蠃螟蛉豈足云。

縣舍不種花惟栽楠木冬青茶竹之類因戲書七言四韻

結綬當年仕兩京自憐年少體猶輕伊川洛浦尋芳徧魏紫姚黄照眼明客思病來生白髮山城春至少紅英芳叢密葉聊須種猶得蕭蕭聽雨聲

至喜一作虛白堂新開北軒手植楠木兩株走筆呈元珍表臣

爲憐碧砌宜佳樹自斸蒼苔選綠叢不向芳菲趁一作赴開落直須霜雪見青葱披條

泫轉清晨露響葉蕭騷半夜風時掃濃陰
北窻下一枰閑且伴衰翁

戲答元珍一本下云花時久雨之什

春風疑不到天涯二月山城未見花殘雪
壓枝猶有橘凍雷驚筍欲抽芽夜聞歸鴈
生鄉思病入新年一作鳥聲漸變知芳節人意無聊感物
華曾是洛陽花下客野芳雖晚不須嗟

初晴獨遊東山寺五言六韻

日暖東山去松門數里斜山林隱者趣鍾
鼓梵王家地僻遲春節風晴變一作別物華

雲光漸容與鳥哢已交加冰下泉初動煙

中茗未芽自憐多病客來探欲開花

夷陵歲暮書事呈元珍表臣一本作元珍判官表臣推官

蕭條雞犬亂山中時節崢嶸忽一作歲已窮

遊女髻鬟風俗古野巫歌舞歲年豐夷陵俗朴陋惟歲暮祭鬼則男女數百相從而樂飲婦女競爲野服以相遊嬉夷陵俗下一本有古字平時都邑今爲陋敵國江山昔最雄三國時吳蜀戰爭於此荆楚先賢多勝迹不辭携酒

問鄰翁處士何參居縣舍西好學多知荆楚故事

夷陵書事寄謝三舍人一作代書寄舍人三丈

春秋楚國西偏境陸羽茶經第一州紫籜青林長蔽日緑叢紅橘最宜秋道塗處險人多負邑屋臨江俗善泅臘市漁一作魚鹽朝暫合淫祠簫鼓歲無休風鳴燒入空城響雨惡江崩斷岸流月出行歌聞調笑花開啼鳥亂鉤輈一本有訟庭晝地通人語邑政觀風閭俚謳士俗雖輕人自樂山川信美客偏愁四句黄牛峽口經新歲白玉京中夢舊遊曾是洛陽花下客欲誇風物向君羞

戲（一作寄）贈丁判官

西陵江口折寒梅，爭勸行人把一（一作酒）盃。
須信春風無遠近，維舟處處有花開。

寄梅聖俞（一本注夷陵作）

青（一作春）山四顧亂無涯，雞犬蕭條數百家。
楚俗歲時多雜鬼，蠻鄉（一作風）言語不通華。
繞城江急舟難泊，當縣山高日易斜。
擊鼓踏歌成夜市，邀龜卜雨趂燒（一作春）畬。
叢林白晝飛妖鳥，庭砌非時見異花。
惟有山川爲勝絶，寄人堪作畫圖誇。

離峽州後回寄元珍表臣一本作元珍判官表臣推官

經年遷謫厭荆蠻惟有江山興未闌醉裏人歸青草渡夢中船下武牙灘野花零落一作亂風前亂一作舞飛雨蕭條江上寒荻筍時魚方有味恨無佳客共盃盤

再至西都一作寄謝希深

伊川不到十年間魚鳥今應恠我一作我自還浪得浮名銷壯節羞將一作看白髮見一作對青山野花向客開如一作異花向我情猶笑芳草留

人意自閑却到一作行至謝公題壁處向風清淚獨一作臨風清淚落潺潺

過錢文僖公白蓮莊

城南車馬地行客過徘徊野水寒猶入餘花晚自開命賓曾授簡開府最多才今日西州路何人更獨來

謝公挽詞三首

始見行春旆俄聞引葬簫笑言猶在耳魂魄遂難招天象奎星暗辭林玉樹凋朔風吹霰雪銘旐共飄飄

前日賓齋宴今晨奠柩觴死生公自達存沒世徒傷舊國難歸葬餘貲不給喪平生公輔志所一作可得在文章樂事與良辰平生愛洛濵泉臺一閉夜蒿里不知春翰墨猶新澤圖書已素塵堪憐寢門哭猶有舊時賓

愁牛嶺

邦人盡一作自說畏愁牛一作牛愁不獨牛愁我亦愁終日下一作遶山行百轉却從山脚望山頭

寄子山待制二絶一本後篇作別鎮陽寄沈待制

留滯西山獨可嗟殘春過盡始還家落花縱有那堪醉一作看一作愛何況歸時無落花

聞君屢醉賞紅英落盡殘花酒未醒嗟我落花無分看莫嫌狼藉掃中庭

寄秦州田元均

由一作近來邊將用儒臣坐以威名撫漢軍萬馬不嘶聽號令諸蕃無事著一作樂耕耘夢回夜帳聞羌笛詩就高樓對隴一作暮雲莫忘一作望鎮陽遺愛在一作地北潭桃李正

氛氳一作春深桃李正絪緼

送沈待制陝西都運邈

幾歲瘡痍近息兵經營方喜得時英從來漢粟勞飛輓當使秦人自戰耕道左旌旗諸將列馬前弓一作冠劒六蕃迎知君材力多閑暇剩聽陽關醉後聲

欒城遇風効韓孟聯句體

歲暮氛霾惡冬餘氣候爭吹噓回暖律號令發新正遠響來猶漸狂奔勢益橫頽城鏖戰鼓掠野過陰兵掃蕩無餘靄顛摧鮮

立蓋五山搖岌嶪九鼎沸煎烹玉石焚岡
裂波濤卷海傾遥聽午合市爭呼夜驚營
慘極雲無色陰窮火自生雹鞭時砉劃雷
軸助喧轟孔竅千聲出陰幽百怪呈狐妖
憑莽蒼鬼焰走青熒奮怒神增悚中休耳
暫清胡兵占月暈江客候鼉鳴飄葉千艘
失飛空萬瓦輕獵豪添馬健舶穩想帆征
畏壓頻移席陰祈屢整纓凍消初醒蟄枯
活欲抽萌病體愁山館春寒賴酒鐺雞號
天地白登壠看晴明

過中渡二首

中渡橋邊十里堤，寒蟬（一作梅）落盡柳條衰。年年塞下春風晚，誰見輕黄弄色時。

得歸還自歎淹留，中渡橋邊柳拂頭。記得來時橋上過，斷冰殘雪滿河流。

自河北貶滁州初入汴河聞鴈

陽城淀裏新來鴈，趂伴南飛逐（一作何事來隨南）越船。野岸柳黄霜正白，五更驚破客愁眠。

自勉

引水澆花不厭勤，便須已有鎮陽春。官居

處處如郵傳誰得三年作主人

席上送劉都官

都城車馬日喧喧雖有離歌不慘顏豈似客亭臨野岸暫留罇酒對青山天街樹緑騰歸騎玉殿霜清綴曉班莫忘西亭曾醉處月明風溜響潺潺

寄劉都官

別後山光寒更緑秋深酒美色仍清繞亭黄菊同君種獨對殘芳醉不成

書王元之畫像側 在瑯琊山

偶然來繼前賢迹信矣皆如昔日言諸縣豐登少公事一家飽暖荷君恩想公風采常如在顧我文章不足論名姓已光青史上壁間容貌任塵昏（公貶滁州謝上表云諸縣豐登苦無公事一家飽暖共荷君恩）

送京西提刑趙學士

題輿嘗屈佐留京攬轡今行（一作來）按屬城楚館尚看淮月色嵩雲應過虎關迎春寒酒力風中醒日暖梅香雪後清野俗經年留惠愛莫辭臨別醉冠傾

寄題宜城縣射亭

作邑三年事事勤，宜城風物自君新。已能爲政留遺愛，何必栽花遺後人。藹若芝蘭芳可襲，温如金玉粹而純。友朋欣慕自如此，何況斯民父母親。

豐樂亭遊春三首

緑樹交加山（一作新陰野）鳥啼，晴風蕩漾落（一作晚晴斜日雜）花飛。鳥歌花舞太守醉，明日（一作月）酒醒春已（一作色）歸。

春雲淡淡日輝輝，草惹行襟絮拂衣。行到

亭西逢太守籃輿酩酊插花歸

紅樹青山日欲斜長郊草色緑無涯遊人不管春將老(一作盡)來往(一作空遶)亭前踏落花

謝判官幽谷種花

淺深紅白宜相間先後仍須次第栽我欲四時携酒去莫教一日不花開

畫眉鳥(一作郡齋聞百舌)

百囀千聲隨(一作任)意移山花紅紫樹高低始知鎖向金籠聽不及林間自在啼

懷嵩樓新開南軒與郡僚小飲

繞郭雲煙（一作閣煙雲）匝幾重昔人曾此感懷嵩霜林落後山爭出野菊開時酒正濃解帶西風飄畫角倚欄斜日照青松會須乘醉攜嘉客踏雪來看羣玉峯

送張生

一別相逢十七春頹顏衰髮互相詢江湖我再爲遷客道路君猶困旅人老驥骨奇心尚壯青松歲久色逾新山城寂寞難爲禮（一作客）濁酒無辭舉爵頻

田家

緑桑高下映平川賽罷田神笑語喧林外鳴鳩春雨歇屋頭初日杏花繁

別滁

花光濃爛柳輕明酌酒花前送我行我亦且（一作祇）如常日醉莫教絃管作離聲

答謝判官獨遊幽谷見寄

聞道西亭偶獨登悵然懷我未忘情新花自向遊人笑啼鳥猶爲舊日聲因拂醉題詩句在應怜手種樹陰成須知别後無由到莫厭頻携野客行

招許主客

欲將何物招嘉客惟有新秋一味涼更（一作
靜）掃廣庭寬（一作開）百畝少容明月放（一作吐）
清光樓頭破鑑看將蒲甕面浮蛆撥已香
仍（一作更）約多爲詩準備共防梅老敵難當

金鳳花

憶繞朱欄手（一作喜）自栽綠（一作繁）叢高下幾
番開中庭雨過無人迹狼籍深紅點綠苔

鷺鷥

風格孤高塵外物性情閑暇水邊身盡日

獨行溪淺處青苔白石見纖鱗

野鵲

鮮鮮毛羽耀朝輝紅粉墻頭緑樹枝日暖
風輕言語軟應將喜報主人知

木芙蓉

種處雪消春始動開時霜落鴈初過誰栽
金菊叢相近織出新番蜀錦窠

樵者

雲際依依認舊林斷崖荒磴路難尋西山
望見朝來雨南澗歸時渡處深

詠雪

至日陽初復，豐年瑞遽臻。飄颻初未積，散漫忽無垠。萬木青煙滅，千門白晝新。往來衝更合，高下著何勻。望好登長榭，平堪走畫輪。馬寒毛縮蝟，弓勁力添鈞。客醉看成眩，兒嬌（一作驕）咀且顰。虛堂明永夜，高閣照清晨。樹石詩翁對，川原獵騎陳。凍狐迷舊穴，飢（一作饑）雀噪空囷。此土偏宜稼，而予濫長人。應須待和暖，載酒共行春。

送楊先輩登第還家

解榻方欣待儁英掛帆千里忽南征錦衣白日還家樂鶴髮高堂獻壽觥殘雪楚天寒料峭春風淮水浪崢嶸知君歸意先飛鳥莫惜停舟酒屢傾一作餞行

初至潁州西湖一作到潁治事之明日行西湖上瑞蓮黃楊一作因與郡官小酌其上聊書所見寄淮南轉運呂度支發運許主客

平湖十頃碧琉璃四面清陰乍合時柳絮已將春去遠海棠應恨我來遲啼一作鳴禽似與遊人語明一本作好月閑撐野一作小艇隨

每到最佳堪樂處却思君共把芳巵

三橋詩皇祐元年新作三橋而名之既而又爲之詩

朱欄明緑水古柳照斜陽何處偏宜望清漣對女郎清漣閣名後改作去思堂

右宜遠

鳴騶入遠樹飛蓋渡長橋水闊鷺雙起波明魚自跳

右飛蓋

輕舟轉孤嶼幽浦漾平波回看望佳處歸路逐漁歌

右望佳

答通判呂太博

千頃芙蕖蓋水平（邵伯荷花四望極目）揚州太守舊多情畫盆圍處花光合（予嘗採蓮千朶插以畫盆圍繞坐席）紅袖傳來酒令行（又嘗命坐客傳花人摘一葉葉盡處飲以爲酒令）舞踏落暉留醉客歌遲檀板換新聲如今寂寞西湖上雨後無人看落英

祈雨曉過湖上

清晨驅馬思悠然渺渺平湖碧玉田曉日未昇先起霧緑陰（一本作雲）初合自生煙身閑

始覺時光好春去猶餘物色妍更待四郊甘雨足相隨簫鼓樂豐年

居士集卷第十一

熙寧五年秋七月男發等編定

紹熙二年三月郡人孫謙益校正

此卷答蘇子美見寄云祭鬼聚喧蹶本注夷陵俗好祠祭每遇祠時里民數百共餕

其餘里俗謂之祭鬼諸本皆同惟蜀本以祭爲⿰扌祭朝佐按類篇⿰扌祭初葛切挑取也推也有推食之義蜀去峽近故能知其方言又吉州羅寺丞家京師舊本亦作攃按集韻攃桑葛切散之也有散福之義二義皆通今改作⿰扌祭一作攃若作祭字別無意義本注豈應復言里俗謂之祭鬼也

答蘇子美 俚歌石本作祠歌 攃鬼攃石本作祭注文却引攃鬼事

遊東山寺 冬後石本作冬至後

龍興寺小飲 氛氳一作氤氳

手植柟木 泫轉石本作滴瀝

夷陵書事 向君羞君一作春石本同

入汴河聞鴈 新來一作秋

送劉都官 都城一作門

續添

遊東山寺 幕府一作幕下

幽谷種花 淺深紅白一作深紅淺白

答呂太博詩注 揷以 一作揷之

又續添

獨遊東山寺 交加 交一作嘐

寄子山待制 京本作令日報鎮陽守有行日某不久可出局先寄子山待制四兄二絕

送沈待制 方喜 一作方務

送楊先輩 高堂 一作高年

居士集卷第十二　歐陽文忠公集十二

律詩五十六首

送一作寄謝中舍二首

滁南一作陽幽谷抱山斜我鑿清泉子種花故事已傳遺一作留傳父老說世人今一作分作畫圖誇金閨引籍子方壯白髮盈簪我可嗟試問弦歌爲縣政一作意何如罇俎樂無涯

喜聞嘉譽藹淮壖又看吳一作送征帆解畫船隴畝遺民談舊政江山餘思入新篇人生

白首一作憂傷白髮吾今爾仕路一作官青雲子勉旃舉棹南風吹酒醒離觴莫惜少一作更留連

酬張器判官泛溪

園林初夏有清香人意乘閑味愈長日暖魚跳波面靜風輕鳥語樹陰涼野亭飛蓋臨芳草曲渚迴舟帶夕陽所得平時爲郡樂況多嘉客共銜觴

西園石榴盛開

荒臺野徑共躋攀正見榴花出短垣綠葉

晚鶯啼處密紅房初日照時繁最憐夏景鋪珍簟尤愛晴香入睡軒乗興便當携酒去不須旌騎擁車轅

西湖戲作示同遊者（一作初泛西湖）

菡萏香清（一作綠芰紅蓮）畫舸浮使君寧（一作不）復憶揚州都將二十四橋月換得西湖十頃秋

夢中作

夜涼吹笛千山月路暗迷人百種花棊罷不知人換世酒闌無奈客思家

秀才歐世英惠然見訪於其還也聊以贈之

相逢十年舊暫喜一罇同昔日青衫令今爲白髮翁俟時君子守（一作處）求士有司公況子之才美焉能久困窮

送楊君之任永康

劍峯雲棧未嘗行圖畫曽看已可驚險若登天懸鳥道下臨無地瀉江聲折轡莫以微官恥爲政須通異俗情況子多才兼美行薦章期即達承明

紀德陳情上致政太傅杜相公二首

一云與丞相太傅杜公唱和一十二首自此而下

儉節清名世絶倫坐令風俗可還淳貌先年老因憂國事與心違始乞身四海儀刑瞻舊德一罇談笑作閑人鈴齋幸得親師席東向時容問治民

事國一心勤以一作且瘁還家五福壽而康風波已出憑忠信松栢難凋耐雪霜昔日青衫遇知己今來白首再升堂里門每入從千騎賓主俱榮道路光

太傅杜相公索聚星堂詩謹成云一本太

傅相公寵答佳篇仍索拙詩副本謹吟成四韻以叙鄙懷

楚肆固知難衒玉丘門安敢輙論詩藏之十襲眞無用報以雙金豈所一作自宜已恨語言多猥冗況因盃杓一作酌正淋漓頽投几格資咍噱欲展須於欲睡時

和太傅杜相公寵示之作一本屢賜嘉篇褒借謹依元韻聊述媿佩之意

平生孤拙荷公知敢向公前自衒詩憂患飄流誠已甚文辭衰落固其宜非高僅比

巴音下少味還同魯酒漓兩辱佳篇永爲
寶豈惟榮耀詑當時
太傅杜相公有答兖州待制之句其
卒章云獨無風雅可流傳因輒成一本
作因成四韻
南都已見成新集東魯休嗟未作詩霖雨
曾爲天下福甘棠何止郡人思元劉事業
時無取姚宋篇章世不知二美惟公所兼
有後生何者欲攀追
依韻答杜相公寵示之作一本云伏蒙寵示佳

藉以不赴東園之會其亦經春多病誠有可嗟謹依元韻輒紓鄙素一本於經春多病下又有略無少暇四字

醉翁豐樂一閑身憔悴今來汴水濱每聽鳥聲知改節因吹柳絮惜殘春蓋經春罕見花也平生未省降詩敵近數和難韻甚覺牽彊到處何嘗許酒巡壯志銷磨都已盡看花翻作飲茶人

依韻和杜相公喜雨之什

歲時豐儉若循環天幸非由一作因拙政然一雨雖知爲美澤三登猶未一作未足補凶年

京棗累歲不熟桑陰蔽日交垂路麥穗含風秀滿田千里郊原想如畫正宜携酒望晴川

謝太傅杜相公寵示嘉篇

凜凜節竒霜澗栢昭昭心瑩玉壺冰正身尚可清風俗當暑何須厭鬱蒸麈柄屢揮容一作曽請益龍門雖峻忝先登立朝行已師資久寧止篇章此服膺

荅杜相公寵示去思堂詩

當年丞相倦洪鈞弭節初來潁水濆惟以琴罇樂嘉客能將富貴比浮雲西溪水色

春長緑北渚花光暖老一作自薰去思堂在北渚之北

臨西溪溪晏公所開也得載公詩播人口去思從此

四夷聞

答太傅相公見贈長韻

蹤跡本羈單登門二十年平生任愚拙自

進恥因緣憂患經多矣疲駑尚勉旃凋零

鷽谷友脩與尹師魯蘇子美同出門下憔悴鴈池邊忽忽

良時失區區俗慮闐公齋每偷暇師席屢

攻堅善誨常一本作當無倦餘談亦可編每接公論

議皆立朝行已之節至於談笑之間亦

多記朝廷故事皆可紀録以貽後生

高雖莫及希驥豈非賢報國如乖願歸耕寧買田期無辱知已肯逐利名遷

借觀五老詩次韻爲謝一本注云即丞相杜公太子賓客王渙光禄卿畢世長兵部郎中朱貫尚書郎馮平

脫遺軒冕就安閑笑傲丘園縱倒冠白髮憂民雖種種丹心許國尚桓桓鴻寘得路高難慕松老無風韻自寒閒說優游多唱和新篇何惜盡一作爲傳一作畫圖看

答杜相公惠詩一本云近以藥苗茶具爲獻伏蒙報以嘉篇云云謹於別韻課成一首

藥苗本是山（一作仙）家味，茶具偏於野客宜。敢以微誠將薄物，少資清興入新詩。言無俗韻精而勁，筆有神鋒老更奇。二寶收藏傳百（一作在）世，豈惟榮耀詫當時。

去思堂手植雙柳今已成陰因而有感

曲欄高柳拂層簷，却憶初栽映碧潭。人昔共遊今孰在，樹猶如此我何堪。壯心無復身從老，世事都銷酒半酣。後日更來知有幾，攀條莫惜駐征驂。

和陸子履再遊城西李園

京師花木類多奇常恨春歸人不歸車馬喧喧走塵土園林處處鎖芳菲殘紅已落香猶在羇客多傷涕自揮我亦悠然無事者約君聯騎訪郊圻

内直對月寄子華舍人持國廷評（一作呈原父）

禁署（一作省）沉沉玉漏傳月華雲表溢金盤纖埃不隔光初滿萬物無聲夜向闌蓮燭燒殘愁夢斷蕙爐薰歇覺衣單水精宮鎖

黃金闕故比人間分外寒

答子華舍人退朝小飲官舍一作和子華朝退寒甚陪諸公飲

玉階朝罷卷晨班官舍相留一笑間與世漸疎嗟已老一作緣老態得朋爲樂偶偷閑紅牋搦管吟紅藥綠酒盈罇舞綠鬟自是風情年少事多慙白鬢與蒼顏

內直晨出便赴奉慈齋宮一作宿一作馬上口占一本云呈子華子履

凌晨更直九門開驅馬悠悠望禁街霜後

樓臺明曉日，天寒煙霧著宮槐。山林未去猶貪寵，鐏酒何時共放懷。已覺蕭條悲晚歲，更憐衰病怯清齋。

景靈朝謁從駕還宮

琳館清晨藹瑞氛，玉旒朝罷奏韶鈞。緑槐夾路飛黃蓋，翠輦鳴鞘向（一作入）紫宸。金闕日高猶泫露，綵旗風細不驚塵。自慙白首追時彥，行近儲胥忝侍臣。

憶滁州幽谷

滁南（一作豐山）幽谷抱千峯，高下山花遠近紅。

當日辛勤皆手植，而今開落任春風。主人不覺悲華髮，野老猶能說醉翁。誰與援琴親寫取，夜泉聲在翠微中。

和韓學士襄州聞喜亭置酒（一作和欽聖學士聞喜置酒即事）

巀嶭高城漢水邊，登臨誰與共躋攀。清川萬古流不盡，白鳥雙飛意自閑。可笑沉碑憂岸谷，誰能把酒對江山。少年我亦曾遊目，風物今思一夢還。

寄題梅龍圖滑州溪園（一作西溪）

聞說溪園景漸佳遥知清興已無涯飲闌歸騎多（一作去）乘月雪後尋春自探花百囀黃鸝消永日雙飛白鳥避鳴笳平生喜接君酬（一作嗟予每許陪高）唱不得鐏前詠落霞

奉使道中五言長韻

初旭（一作日）瑞霞烘都門祖帳供親持使者節曉出大明宮城闕青煙起樓臺白霧中繡韉（一作鞍）驕躍躍貂袖紫蒙蒙朔野驚飆慘邊城畫角雄過橋分一水回首羨南鴻地里山川隔天文日月同兒童能走馬婦

女亦彎弓度險行愁失盤高路欲窮一作斗絕誇天險高盤畏路窮山深聞喚鹿林黑自生一作成風松壑寒逾響冰溪一作溪流咽復通望平愁驛迥野曠覺天穹駿足來山北輕禽出海東合圍飛走盡移帳水泉空講信鄰方睦尊賢禮亦隆斫一作研冰燒酒赤凍一作研膾縷霜紅白草經春在黃沙盡日濛新年風漸變歸路雪初融祇事須彊力嗟予乃病翁深慙漢蘇武歸國不論功

奉使契丹初至雄州一作過、塞

古關衰柳聚寒鵶駐馬城頭日欲斜一作駐馬關頭見落霞猶去西樓二千里行人到此莫思家

奉使契丹回出上京馬上作

紫貂裘暖朔風驚潢水冰光射日明笑語同來向公子馬頭今日向南行

送渭州王龍圖

漢軍一作兵十萬控山河玉帳優游暇日多夷狄從來懷信義廟堂今不用干戈吟餘畫角吹殘月醉裏紅燈炫綺羅此樂直須

年少壯嗟余心志已蹉跎

李留後家聞箏坐上作余少時嘗聞一鈞容老樂工箏聲與時人所彈絕異云是前朝教坊舊聲其後不復聞至此始復一聞也

不聽哀箏二十年忽逢纖指弄鳴絃緜蠻巧囀花間舌嗚咽交流冰下泉常謂此聲今已絕問渠從小自誰傳樽前笑我聞彈罷白鬚蕭然涕泫然

送鄆州李留後

北州遺頌藹嘉聲東土還遷聞政有成組甲

光寒圍夜帳綵旗風暖看春耕金釵墜鬢分行立玉麈高談四坐傾富貴常情誰不羨愛君風韻有餘清

子華學士儤直未滿遽出館伴病夫遂當輪宿輒成拙句奉呈

萬釘寶帶爛腰鐶賜一作錫宴新陪一笑歡金馬竝遊年最少玉堂初直夜猶寒自嗟零一作流落凋顏鬢晚得飛翔接羽翰今日遽聞催遞宿不容多病養衰殘

禮部貢院閱進士就試自此而下二十首皆禮部

貢院唱和一本云凡二十二首蓋二首見外集

紫案焚香暖吹輕，廣庭清曉席羣英。無譁戰士銜枚勇，下筆春蠶食葉聲。鄉里獻賢先德行，朝廷列爵待公卿。自慙衰病心神耗，賴有羣公鑒裁一作擇又作識精。

和梅聖俞元夕登東樓

遊豫恩同萬國懽，新年佳節候初還。華燈爍爍春風裏，黃傘亭亭瑞霧間。可愛清光澄夜色，遥知喜氣動天顔。自憐曾預一作與稱觴列，獨宿冰廳夢帝關。

再和

禁城車馬夜喧喧閑繞危欄樓一作去復還遥望觚稜煙靄外似聞天樂夢魂間豈無罇酒當佳節況有朋歡慰病顔待得歸時花在否春禽聲際已關關

又和

憑高寓目偶乘閑袨服遊人見往還明月正臨雙闕上行歌遥聽九衢間黄金絡一作束馬追朱幰紅燭籠紗照玉顔與世漸一作已疎嗟老矣佳辰樂事豈相關朱幰朱一作珠

憶鶴呈公儀（一作和公儀憶鶴）

一笑相驩（一作從）樂得朋，誦君雙鶴句尤清。高懷自喜凌雲格，俗耳誰思警露聲。所好與時雖異趣，累心於物豈非情。歸休約我携琴去，共看婆娑舞月明。

答王禹玉見贈（一作和禹玉書事）

昔時叨入武成宮，曾看揮毫氣吐虹。夢寐閒思十年舊（一作事），笑談今此一罇同。喜君新賜黃金帶，顧我宜爲白髮翁。自古薦賢爲報國，幸依精識士稱公。

答王内翰范舍人 一本云叙懷謝景仁禹玉

相從一笑歡無厭屢獲新篇喜可涯自昔居前誚糠秕幸容相倚媿蒹葭白麻詔令追三代一本注禹玉年前方入翰林青史文章自一家一本注景仁修撰文同書局我亦諫垣新忝命君恩未報髮先華禹玉新除學士景仁新兼修撰

戲答聖俞持燭之句

辱君贈我言雖厚聽我酬君意不同病眼自憎紅蠟燭何人肯伴白鬚翁花時浪過如春夢酒敵先甘伏下風惟有吟哦殊不

倦始知文字樂無窮

小桃（一作和公儀正月桃）

雪裏花開人未知摘來相顧共驚疑便當索酒花前醉初見今年第一枝

戲書

支離多病歎衰顏賴得（一作有）羣居一笑歡人老思家甚年少身閑泥酒過春寒來時御柳（一作水）天街凍歸去梨花禁籞殘縱使開門佳節晚未妨雙鶴舞霜翰（一作朝鎖漢臺空帳望欲將春恨託飛翰）

春雪一本上有和聖俞字

逗曉一作戶風聲惡寒簾雪勢斜應憐未歸客故勸欲開花病思寒添睡春愁夢在家誰能慰寂寞惟有酒如霞

和梅公儀嘗茶

溪山擊鼓助雷驚逗曉靈芽發翠莖摘處兩旗香可愛貢來雙鳳品尤精寒侵病骨惟思睡花落春愁未解酲喜共紫甌吟且酌羨君蕭洒有餘清

和較藝書事一作奉答禹玉再示之作

相隨懷詔下天閽一鎖南宮隔幾旬玉麈清談消永日金罇美酒惜餘春杯盤餳粥春風冷池館榆錢夜雨新猶是人間好時節歸休過我莫辭頻

和公儀贈白一本無白字鷴一作戲答

梅公憐我鬚如雪贈以雙禽鷴一作意有云但見尋常思白兔便疑不解醉紅裙吟齋雖喜留閑客野性寧忘在嶺雲我有銅臺方尺瓦𤁉非玉案欲酬君

再和用其韻一作依韻再答公儀白鷴

佳翫能令百事忘豈惟閑伴倒餘缸珍奇
來自海千里皎潔明如璧一雙日暖朝籠
青石砌春寒夜宿碧紗窻蠻煙瘴霧雖生
處何必區區憶陋邦

和聖俞春雨

簷瓦蕭蕭雨勢踈寂寥官舍與君俱身遭
鎖閉如鸚鵡病識陰晴似鵓鳩年少自愁
花爛熳春寒偏著老肌膚莫嫌來往傳詩
句不尒須當泥酒壺

出省有日書事

凌晨小雨壓塵輕閑憶登高望禁城樹色連雲春泱漭風光著草日晴明看榆吐莢驚將落見鵲移巢忽已成誰向兒童報歸日爲翁寒食少一作且留餳

和一本有禹玉字較藝將畢

槐柳來時綠未勻開門節物一番新踏青寒食追遊騎賜火清明忝侍臣拂面蜘蛛占喜事入簾蝴蝶報家人在李賀詩莫嗔年少思歸切白鬢衰翁尚惜春

喜定號和禹玉內翰用其韻一作和禹玉喜定號

衡鑒懃叨選英豪此所鍾古今參雅鄭善
惡雜皐共揮翰飄飄思懷奇落落胷披文
驚可畏奏下始開封但喜眞才得寧（一作何）
虞横議攻欲知儒學盛首善本三廱
和出省（國朝之制禮部考定卷子奏上字號差臺官一人拆封出）
（牓一作和公議上馬有作）
僮奴（一作奴僮）襆被莫相催待報霜臺御史來
晴陌使當聯騎去春風任放百花開文章
紙貴爭（一作看）馳譽朝野人言慶得才共向
丹墀待（一作侍）臨選莫驚鱗鬛化風雷

居士集卷第十二

熙寧五年秋七月男發等編定

紹熙二年三月郡人孫謙益校正

紀德陳情上致政太傅杜相公二首京本作某

啓謹吟成紀德陳情拙詩二章拜獻太傅公雖不足游揚大君子之盛美亦聊伸予

小子區區感遇之心干冒台嚴伏惟俯賜采覽

太傅杜相公索聚星堂詩謹成京本作某啓伏蒙太

公寵答佳篇仍索拙詩副本謹吟成四韻以叙鄙懷兼伸感慰

和太傅杜相公寵示之作京本作某啓伏蒙累賜嘉篇過形褒借在

於庸拙何以當之謹依元韻課成一首聊述媿佩之意

依韻答杜相公寵示之作京本作某啓伏蒙寵示佳篇以不赴東園

之會爲恨某亦經春多病羸無步暇誠有可嗟謹依元韻輙紓鄙素

依韻和杜相公喜雨之什京本作某啓伏蒙太傅相公寵示喜雨之

什過形獎誘感愧何勝謹依元韻奉和少伸鄙悰

謝太傅杜相公寵示嘉篇 京本作某啓伏蒙寵示嘉篇謹課成七言四韻以叙謝

答杜相公寵示去思堂詩 京本作某啓伏蒙寵示去思堂詩曲有褒揚形于雅韻有以見夫君子樂善之心而小子蒙幸之厚也謹課七言四韻叙謝

答太傅相公見贈長韻 京本作某啓伏蒙寵示長篇過褒後學其爲榮幸何可勝言輒述鄙懷聊叙感槩一隨高韻文不盡誠仰浼台慈實深媿懼

答杜相公惠詩 京本作某啓近以藥苗茶具爲獻伏蒙報以嘉篇而清韻孫高無容攀企牽強累日終不能成智力俱疲不知自止謹於別韻課成一首伏惟采覽

右詩序定本雖從簡然公舊語不可不存

酬張判官泛溪一作示泛溪之什

贈歐世英之才美一作才之美

手植雙柳從老一作徒

憶幽谷寫取一作去

和韓學士誰能一作惟當

題滑州溪園遙知一作羨君

奉使道中地里一作理

和出省聯騎一作連騎

居士集卷第十三　歐陽文忠公集十三

詩五十五首

送鄭華先輩賜第南歸（一本注華以累舉年老恩賜出身）

少年鄉譽歎才淹，六十猶隨貢士函。握手親朋驚白鬓，還家閭里看青衫。閣涵空翠連衡阜，門枕寒江落楚帆。試問塵埃勤斗祿，何如琴酒老雲巖。

和原父揚州六題（六一作五）

時會堂二首（造貢茶所也）

積雪猶封蒙頂樹驚雷未發建溪春中州地暖萌芽早入貢宜先百物新

憶昔甞修守臣職（余甞守揚州歲貢新茶）先春自探兩旗開誰知白首來辭禁得與金鑾賜一杯

自東門泛舟至竹西亭登崑丘入蒙谷戲題春貢亭

崑丘蒙谷接新亭畫舸悠悠春水生欲覓揚州使君處但隨風際管絃聲

竹西亭

十里樓臺歌吹繁揚州無復似當年古來
興廢皆如此徒使登臨一慨然

崑丘臺

訪古高臺半已傾春郊誰（一作隨）從綵旗行
喜聞車馬人同樂慣聽笙歌鳥不驚

蒙谷

一徑崎嶇入谷中翠條紅刺罥春叢花深
時有人相應竹密初疑路不通

內直奉寄聖俞博士

千門鑰（一作鎖）入斷人聲樓閣（一本作闕）沉沉夜

氣生獨直徧知宮漏永稍寒尤（一作猶）覺玉堂清霜雲映月鱗鱗色風葉飛空摵摵鳴犬馬力疲恩未報坐驚時節已崢嶸

送梅龍圖公儀知杭州

萬室東南富且（一作號富）繁羨君風力有餘閑漁樵人樂江湖外（一作上）談笑詩成罇俎間日暖梨花催美酒天寒桂子落空山郵筒不絕如飛翼（一作雖然不得爲佳賞）莫惜新篇屢往還（一作應有新篇慰病顔）

送沈學士知常州　康

舊館芸香鎖寂寥齋船東下入秋濤江晴風暖旌旗颺不落霜清鼓角高吟就綠牋賓巳醉舞飜紅袖飲方豪平生粗得爲州樂因羡君行首重搔

聖俞在南省監印進士試卷有兀然獨坐之歎因思去歲同在禮闈慨然有感兼簡子華景仁

南宮官舍苦蕭條常憶羣居接雋寮古屋醉吟燈豔豔畫廊愁聽雨蕭蕭殘春共約無虛擲一歲那知忽復銷顧我心情又非

昨秪思相伴老漁樵　相伴一作相逐

奉荅聖俞歲日書事

積雪照清晨東風冷著人年光向一作隨老速物意逐時新貰酒閑邀客披裘共一作自探春猶能自一作略勉彊顧衣莫辭頻

夜聞春風有感奉寄同院子華紫微長文景仁

閏後春深雪始消東風凌鑠勢方豪陽生草木黃泉動氷破江湖白浪高未報國恩嗟病骨可怜身事一漁舠少年自與芳菲

競莫笑衰翁擁弊袍

病告中懷子華原父

狂來有意與春爭老去心情漸不能世味惟存詩淡泊生涯半爲病侵陵花明曉日繁如錦酒撥浮醅緑似澠自是少年豪橫過而今癡鈍若寒蠅

奉酬長文舍人出城見示之句

春分臘雪未全銷凜冽春寒氣尚驕攝事初欣迎社鷰尋芳因得過溪橋清浮酒蟻醅初撥暖入鸎篁舌漸調興味愛君年尚

少莫嫌齋禁（一作齋館）暫無憀

唐崇徽公主手痕和韓內翰

故鄉飛鳥尚啁啾何況悲笳出塞愁青塚埋寃知不返翠崖遺迹爲誰留玉顏自古爲身累肉食何人與國謀行路至今空歎息巖花澗草自春秋

答和閤老劉舍人雨中見寄

花閒鳥語愁泥滑屋上鳩鳴厭雨多坐見殘（一作芳）春一如此可憐吾意已蹉跎蕭條兩鬢霜後草瀲灔十分金卷荷此物猶能

慰衰老（一作病）稍晴相約屢相過

寄閤老劉舍人

夢寐江西未得歸誰憐蕭颯鬢毛衰莓苔
生壁圖書室風雨閉門桃李時得酒雖能
陪笑語老年其實厭追隨明朝雨止花應
在又踏春泥向鳳池

詳定幕次呈同舍（嘉祐四年御試進士時詳定卷子幕次在崇政殿後）

來時宫柳緑初勻坐見紅芳幾番新蜂蜜
蒲房花結子還家何處覓殘春

禁中見鞓紅牡丹（洛中花之奇者也）

盛遊西洛方年少，晚落南譙號醉翁。白首歸來玉堂署（一作上），君王殿後見鞓紅。

和江鄰幾學士桃花（用其韻，時在崇政殿後詳定幕次）

草上紅多枝上稀，芳條（一作苞）綠蕚憶來時。見桃著子始歸後，誰道仙花開落遲。

送襄陵令李君

綠髮襄陵新長官，面顏雖老渥如丹。（君服何首烏，鬚髮皆黑，顏容如少時）折腰聊爲五斗屈，把酒猶能

一笑歡紅棗林繁欣歲熟紫檀皮軟禦春

寒民淳政簡居多樂無苦思歸欲掛冠

景靈宮致齋

攝事衰年力不彊誰憐岑寂卧齋坊一作房

青苔點點無人迹綠葉陰陰覆砌涼玉宇

清風來處遠仙家白日靜中長却視九衢

車馬客自然顏鬢易蒼蒼

夏享太廟攝事齋宮聞鸎寄原甫

四月田家麥穗稠桑枝生椹鳥啁啾鳳城

綠樹知多少何處飛來黃栗留田家謂麥熟時鳴者

爲黃粟留出詩義

送王平甫下第　安國

歸袂搖搖心浩然，曉船鳴鼓轉風灘。朝廷失士有司恥，貧賤不憂君子難。執手聊須爲醉（一作酒），别還家何以慰親懽。自慙知子不（一作未）能薦，白首胡爲侍從官。

對雪十韻

對雪無佳句，端居正杜門。人閑見初（一作初見）落，風定不勝繁。可喜輕明質，都無翦刻痕。鋪平失池沼，飄急響窻軒。惜不搖嘉樹，衝

宜走畫轅寒欺白酒嫩暖一作老愛紫貂温

遠靄銷如洗愁雲晚更屯兒吟鶵鳳語翁

坐凍鴟蹲病思驚殘歳朋歡賴酒一一作罇

稍晴春意動誰與探名園

和武平學士歳晚禁直書懷五言二

十韻用其韻

多病淹殘歳初寒卧直廬朝廷務清靜鈴

索少文書嚮學今為盛優賢古莫如靚深

嚴禁署一作闥閑宴樂羣居賜馬聯金絡清

塵侍玉輿討論三代盛獻納萬機餘號令

存寛大文章復古初笑談揮翰墨俄頃列瓊琚夜漏銷宮燭春暉上玉除謌詩唐李杜言語漢嚴徐自顧追時彦多慙不鄙予無鹽煩刻畫寒谷借吹嘘朋友飛雖鷺君臣在藻魚貪榮同衛鶴取笑類黔驢皎皎心雖在蕭蕭鬢已踈未知論報効安得遂樵漁雲破西山出江横畫閣虚餘生歎勞止搔首念歸歟引綬誇民吏椎牛會里閭一麾終得請此計豈躊躇

答西京王尚書寄牡丹

新花來遠喜開封呼酒看花興未窮年少曾爲洛陽客眼明重見魏家紅却思初赴青油幕自笑今爲白髮翁西望無由陪勝賞但吟嘉句想芳叢

應制賞花釣魚

絳闕晨霞一作光照霧開輕塵不動翠華來魚遊碧沼涵靈德花馥清香薦壽杯夢聽鈞天聲杳默日長化國景徘徊自慙擊壤音多野帝所賡歌亦許陪

清明賜新火

魚鑰侵晨放九門天街一騎走紅塵桐華
應候催佳節榆火推恩忝侍臣多病正愁
餳粥冷清香但愛蠟煙新自憐慣識金蓮
燭翰苑曾經七見春

明堂慶成

辰火天文次皐門路寢閎奉親昭孝德惟
帝饗精誠禮以三年講時因萬物成九筵
嚴太室六變導和聲象魏中天起風雷大
號行歡呼響山岳流澤浹根荄寶墨飛雲
動金文耀日晶從臣才力薄無以頌休明

羣玉殿賜宴 一本作謝上賜飛白書

至治臻無事，豐年樂有成。圖書開秘府，宴飫一作飲集羣英。論道皇墳奧，貽謀一作謨寶訓明。九重多暇豫，八體極研精。筆力千鈞勁，豪端萬象生。飛牋金灑落，拜賜玉鏘鳴。盛際崇儒學，愚臣濫寵榮。惟能同舞獸，聞樂識和聲。

永昭陵挽詞三首 仁宗

與子雖天意，知人昔帝難。一言謀早定，九鼎勢先安。大舜仁由性，成湯治以寬。孤臣

恩未報清血但汍瀾

干戈不用臻無事朝野多歡樂有年便坐看揮飛白筆侍臣新和柏梁篇衣冠忽見藏原廟簫一作笳鼓愁聞向洛川寂寞秋風羣玉殿還同恍惚夢鈞天

行殿沉沉畫翣重淒涼挽鐸出深宮攀號不悟龍胡遠侍從猶穿豹尾中日薄山川長起霧天寒松柏自生風斯民四十年涵煦耕鑿安知荷帝功

續作永昭陵挽詞五首

王者居尊本無外由來天下以爲家六龍
白日乘雲去何用金錢買道車
苦霧霏霏著彩旗猶排吉仗雜凶儀常時
鳳輦行遊處今日龍輴慟哭隨
都人擾擾塞康莊西送靈車過苑墻金鼎
藥成龍已去人間惟有鼠拖腸
素幕悠悠逗曉風行隨哀挽出深宮妃嬪
莫向蒼梧望雲覆昭陵洛水東
叨陪法從最多年慣聽梨園奏管絃從此
無因瞻黼坐惟應魂夢到鈞天

赴集禧宮祈雪追憶從先皇駕幸泫然有感

琳闕岧岧倚瑞煙憶陪遊豫入新年雲深曉日開宮殿水闊春風颺管絃千騎清塵回輦路萬家明月放燈天一朝人事淒涼改惟有靈光獨巋然

夜宿中書東閣

翰林平日接羣公文酒相歡慰病翁白首歸田徒（墨蹟作空）有約黃扉論道愧無功攀髯路斷三山遠憂國心危百箭攻今夜靜聽

丹禁漏尚疑身在玉堂中

送王學士赴兩浙轉運京本作送王勝之兩浙運使

漢家財利析秋毫暫屈清才豈足勞邑屋連雲盈萬井舳艫銜尾列千艘春寒欲盡黃梅雨海浪高飜白鷺濤平昔壯心今在否江山猶得助詩豪

早朝

閶闔初開瑞霧中丹霞曉日上蒼龍鳴鞭響徹廊千步佩玉聲趨戟百重雪後朝寒猶凜冽柳梢春意已丰茸少年自結芳菲

侶老病惟添睡思濃

下直

宮柳街槐緑未齊春陰不解宿雲低輕寒漠漠侵駞褐小雨班班作鷰泥報國無功嗟已老歸田有約一作計一何稽終當自駕柴車去獨結茅廬潁水西

齋宮尚有殘雪思作學士時攝事于此嘗有聞鸎詩寄原父因而有感四首

雪壓枯條脉未抽春寒慘慄作春愁却思

緑葉清陰下來此曾聞黄栗留

老來何與青春事閑處方知白日長自恨乞身今未得齒牙浮動鬢蒼浪

兩京平日接英髦不獨詩豪酒亦豪休把青銅照雙鬢君謨今巳白刁騷

詩篇自覺隨年老酒力猶能助氣豪豪興味不衰惟此尒其餘萬事一牛毛

攝事齋宫偶書（一作齋夕感事）

齋宫岑寂偶偷閑猶覺閑中興未闌美酒清香銷晝景冷風殘雪作春寒丹心未死

惟憂國白髮盈簪盡掛冠誰爲寄聲清潁客此生終不負漁竿

早朝感事

疎星牢落曉光微殘月蒼龍闕角西玉勒爭門隨仗入牙牌當殿報班齊羽儀雖接鴛兼鷺野性終存鹿與麛笑殺汝陰常處士（墨蹟作雲林高卧客）十年騎馬聽朝（音潮）雞

集禧謝雨

十里長街五鼓催泥深雨急馬行遲卧聽竹屋蕭蕭響却憶滁州睡足時

下直呈同行三公

午漏聲初轉歸鞍路偶同天清黃道日街闊緑槐風萬國舟車會中天象魏雄戢戈清四海論道屬三公自愧陪羣彦從來但樸忠時平容竊禄歲晚歎衰翁買地淮山北垂竿潁水東稻粱雖可戀吾志在冥鴻

東閤雨中

直閤時偷暇幽懷坐獨哦緑苔人迹少黃葉雨聲多雲結愁陰重風傳禁漏過瑶圖新嗣聖玉塞久包戈相府文書簡豐年氣

候和還將鳳池句，聊雜野人歌

四月十七日景靈宮奉迎仁宗皇帝御容有感

行殿峩峩出綠槐，琳房芝闕聳（一作竦）崔嵬。管絃飄落人間去，幢節疑從天上來。基業百年傳聖子，黔黎四紀樂春臺。孤臣不得同鍼虎，未死心先冷若灰。

居士集卷第十三

熙寧五年秋七月男發等編定

紹熙二年三月郡人孫謙益校正

和江鄰幾桃花歸後去一作

早朝感事 ⿸广弭石本作⿸广栗

續添

奉酬長文出城 鸎篁篁一作簧 莫嫶一作莫懷 無懰懰一作寥

寄劉舍人笑語一作語笑

景靈宮致齋 石本序云其啓景靈致齋書事奉懷審官糾察太學史院五君子伏惟采覽其上

和武平禁直書懷 躊躇一作踟蹰

居士集卷第十四　歐陽文忠公集十四

律詩六十五首

馬上默誦聖俞詩有感（一作偶題）

興來筆力千鈞勁（一作重）酒醒（一作醉後）人間萬事空蘇梅二子今亡矣索寞滁山一醉（一作惆悵滁陽一病）翁

定力院七葉木

伊洛多佳木娑羅舊得名常於佛家見宜在月宮生釦砌陰鋪靜虛堂子落聲夜風疑雨過朝露炫霞明車馬王都盛樓臺梵

守閣惟應靜者樂時聽野禽鳴

秋陰

秋陰積不散夜氣凜初清雨冷侵燈暈風愁送葉聲國恩慙未報歲晚念餘生却憶滁州睡村醪自解酲

秋懷

節物豈不好秋懷何黯然西風酒旗市細雨菊花天感事悲雙鬢包羞（一作貪榮）食萬錢鹿車終自駕歸去潁東田

初寒

多病淹殘歲初寒悄獨吟雲容乍濃淡秋色半晴陰籬菊催佳節山泉響夜琴自能知此樂何必戀腰金

寄渭州王仲儀龍圖 一作送王素之渭州

羨君三作臨邊守慣聽胡笳不慘然弓勁秋風鳴白角帳寒春雪壓青氈威行四境烽煙斷響入千山號令傳翠幕紅燈照羅綺心情何似十年前

崇政殿試賢良晚歸

槐柳依依禁籞長初寒人意自凄涼鳳城

斜日留殘照玉闕浮雲結夜霜老負漁竿貪國寵病須樽酒送年光歸來解帶西風冷衣袖猶霑玉案香

聞潁州通判國博與知郡學士唱和頗多因以奉寄 知郡陸經通判楊褒

一自蘇梅閉九泉始聞東潁播新篇金樽留客史（一作使）君醉玉麈高談別乘賢十里秋風紅菡萏一溪春水碧漪漣政成事簡何爲樂終日吟哦雜管絃

南郊慶成

祀教民昭孝天惟德是親太宮嚴大饗吉土兆精禋禮樂三王盛梯航萬國賓恩露羣動洽慶與一陽新奉冊尊長樂均釐及衆臣不須雲物瑞和氣浹人神

和昭文相公上巳宴

一雨初消九陌塵秉蘭修禊及芳辰恩深始錫龍池宴節正須（一作方）知鳳曆新（是歲始頒明天新曆三月三日丁巳）紅琥珀傳盃瀲灩碧琉璃瑩水濟淪上林未放花齊發留待鳴鞘出紫宸

三日赴宴口占

賜飲初逢禊節佳昆池新漲碧無涯九門寒食多遊騎三月春陰正養花共喜流觴修故事自憐雙鬢惜年華鳳城殘照歸鞍晚禁籞無風柳自斜

讀揚蟠章安集一本有詩字

蘇梅久作黄泉客我亦今爲白髮翁卧讀揚蟠一千首乞渠秋月與春風

蘇主簿挽歌洵

布衣馳譽入京都丹旐俄驚反舊閭一作閭

諸老誰能先賈誼君王猶未識相如三年
弟子行喪禮千兩鄉人會葬車我獨（一作獨我）
空齋掛塵榻遺編時閱子雲書

寄題沙溪寶錫（碑本作積）院

爲愛江西物物佳作詩嘗向北人誇青林
霜日換（一作染）楓葉白水秋風吹稻花釀酒烹雞
留醉客鳴機織（墨蹟作緝）苧徧山家野僧獨得
無生樂終日焚香坐結跏

宋司空（一作元憲公）挽辭

文章天下無雙譽伯仲人間第一流出入

兩朝推舊德周旋三事著嘉謀從容進退身名泰寵錫哀一作褒榮禮數優棠棣從來敦友愛九原相望接松楸

感事 治平丁未正月二十有六日

故園三徑久成荒賢路胡爲此坐妨病骨瘦便花蘂暖嘉祐八年于闐國王遣使來朝貢恩賜宰臣已下于闐所獻花蘂布柔明潔白如凝脂而傳風甚温不減駞褐也煩心渴喜鳳團香先朝舊例兩府輔臣歲賜龍茶一斤而已余在仁宗朝作學士兼史館修撰嘗以史院無國史乞降一本以備檢討遂命天章閣録本付院仁宗因幸天章見書吏方録國史思余上言亟命賜黃封酒一瓶果子一合鳳團茶一斤押賜中

使語余云上以學士校新寫國史不易遂有此賜然自後月一賜遂以爲常後余忝二府猶賜不絕號弓但灑孤臣血憂國空餘兩鬢霜何日君恩憫衰朽許從初服返耕桑

大行皇帝靈駕發引挽歌辭

享國年雖近斯民澤已深儉勤成禹聖仁孝本虞心方慶逢千載俄驚遏八音天愁嵩嶺外雲慘洛川潯仗動千官衛神行萬象陰孤臣恩未報清血但盈襟

其一

文景孜孜儉與恭慨然思就太平功興隆

學校皇家盛放斥嬪嬙永巷空威𢥞一作懾
黜羌方問罪丹成仙鼎忽遺弓霜清日薄
簫笳咽萬國悲號慘澹中

其二

千齡應運叶天人四海方欣政日新忽見
九門陳羽衛猶疑五載欲時廵觚稜月暗
翔金鳳輦道霜清卧石麟白首舊臣瞻晝
翣秋風淚灑屬車塵

其三

奉答子履學士見贈之作

誰言潁水似瀟湘一笑相逢樂未央歲晚君尤耐霜雪興闌吾欲返耕桑銅槽旋壓清樽美玉麈閑揮白日長豫約詩一作書筒屢來往兩州雞犬接封疆

送道州張職方

桂籍青衫憶共遊憐君華髮始爲州身行南鴈不到處山與北人相對愁莫爲高才輕遠俗當令遺老識賢侯三年解組來歸日吾已先耕潁水頭

再至汝陰三絕

黄栗留鳴桑葚美紫櫻桃熟麥風凉朱輪
昔愧無遺愛白首重來似故鄉
十載榮華貪國寵一生憂患損天眞潁人
莫恠歸來晚新向君前乞得身
水味甘於大明井魚肥恰似新開湖十四
五年勞夢寐此時才得少踟躕余時將赴亳社恩許
枉道過潁也
郡齋書事寄子履
使君居處似山中吏散焚香一室空雨過
紫苔惟鳥迹夜凉蒼檜起天風白醪酒嫩

迎秋熟紅棗林繁喜歲豐寄語瀛洲未歸
客醉翁今已作僊翁

答子履學士見寄

頻亳相望樂未央吾州仍得治仙鄉夢回
枕上黄粱熟身在壺中白日長每恨老年
才已盡怕逢詩敵力難當知君欲别西湖
去乞我橋南菡萏香

寄棗人行書贈子履學士

秋來紅棗壓枝繁堆向君家白玉盤甘辛
楚國赤萍實磊落韓嫣黄金丸聊効詩人

投木李敢期佳句報琅玕嗟予久苦相如
渴却憶冰梨熨齒寒

贈隱者

五岳嵩當天地中聞君仍在最高峯山藏
六月陰崖雪潭養千年蛻骨龍物外自應
多至樂人間何事忽相逢飲罷飄然不辭
決孤雲飛去杳無蹤

戲書示黎教授

古郡誰云亳陋邦我來仍值歲豐穰烏銜
棗實園林熟一本作密蜂採檜花村落香世治

人方安壠畝興闌吾欲反耕桑若無潁水肥魚蟹終老仙鄉（作醉鄉）

書懷（一作思潁寄常處士）

齒牙零落鬢毛疎潁水多年已結廬解組便爲閑處士新花莫笑病尚書青衫仕至千鍾禄白首歸乘一鹿車況（一作幸）有西鄰隱君子輕蓑短（一作披蓑帶）笠伴春鋤（常夷甫也）

渦河龍潭

碧潭風定影涵虛神物中藏岸不枯一夜四郊春雨足却來閑卧養明珠

遊太清宫出城馬上口占

擁旆西城一據鞍耕夫初識勸農官鶡鳴日出林光動野闊風揺麥浪寒漸暖緑楊纔弄色得晴丹杏不勝繁牛羊雞犬田家樂終日思歸盍掛冠

太清宫燒香

清晨琳闕聳巑岏彈節齋坊暫整冠玉案拜時香裊裊畫廊行處佩珊珊壇場夜雨蒼苔古樓殿春風碧瓦寒我是蓬萊宫學士朝眞便合列仙官

謝提刑張郎中寄筇竹柱杖

玉光瑩潤錦斕斑霜雪經多節愈堅珍重故人相贈意扶持衰病過殘年

七言二首答黎教授

撥甕浮醅新釀熟得霜寒菊始開齋養丹道士顔如玉愛酒山公醉似泥不惜藥從蜂採去尚餘香有蝶來棲莫嫌學舍官閑冷猶得芳樽此共携

共坐欄邊日欲斜更將金蘂泛流霞欲知却老延齡藥百草枯時始見花

又寄許道人

緑鬟方一作青瞳瘦骨輕飄然乘鶴去吹笙郡齋獨坐風生竹疑是孫登長嘯聲

扶溝知縣周職方録示白鶴宫蘇才翁子美贈黄道士詩并盛作三絶見索拙句輒爲四韻奉酬

能棊好飲一道士醉墨狂吟二謫仙道士不聞乘白鶴謫仙今已拚黄泉古來豪傑皆如此誰拂塵埃爲惘然華髮郎官才調美更將新句續遺篇

曉發齊州道中二首 後一首五言。

東州幾日倦征軒，千騎驂驔白草原。鴈入寒雲驚曉角，雞鳴蒼一作滄海浴朝暾。國恩未報身先老，客思無憀一作聊歲已昏。誰得平時爲郡樂，自憐痟渴馬文園。

歲晚勞征役一作晚歲倦征軒，三齊舊富閑。人行桑下路，日上一作出海邊山。軒冕非吾志，風霜犯客顏。惟應思穎夢，先過穆陵關。

表海亭

望海亭亭古堞間，獨憑危檻俯人寰。苦寒

冰合分一作雙流水南洋北洋河也一在州中一在城外欲雪雲垂四面山州城四面皆山東西二面山差遠唯此亭高盡見之髀肉已消嗟病骨凍醪猶可慰愁顏頼田二頃春蕪没安得紫車自駕還

歲晚書事

一麾新命古三齊白首滄洲願已違軒冕從來爲外物山川信美獨思歸長天極目無飛鳥積雪生光射落暉臘候已窮春欲動勸耕猶得覽郊圻

謁廟馬上有感

旌旆曉悠悠行驚歲已遒霜雲依日薄野水帶冰流冨庶齊三服山川禹九州自憐思潁意無異旅人愁

毬場看山

爲愛南山紫翠峯偶來仍值雪初融自嫌前引朱衣吏不稱閑行白髮翁向老光陰雙轉轂此身天地一飄蓬何時粗報君恩了去逐冥冥物外鴻

殘臘一作雪

臘雪初銷一作融上古臺桑郊向日綵旗開

山橫南陌城中見春逐東風海上來老去每驚新歲換病多能使壯心摧自嗟空有東陽瘦覽物慙無八詠才

歲暮書事

東州負海圻風物老依依歲熟鶏聲樂天寒鴈過稀跨鞍驚髀骨數帶減腰圍却羨常夫子終年獨掩扉

聞沂州盧侍郎致仕有感

少年相與探花開老病惟愁節物催蹉跎歸計荒三徑牢落生涯泥一杯頼上先生

招不起沂州太守亦歸來自媿國恩終莫報尚貪榮祿此徘徊

春晴書事

莫笑青州太守頑三齊人物舊安閑晴明風日家家柳高下樓臺處處山嘉客但當傾美酒青春終不換頹顔惟慙未報君恩了昨日盧公衣錦還

遊石子澗 冨相公劉亭

巀嶭高亭古澗隈偶携嘉客共一作此徘徊席間風起聞天籟雨後山光入酒杯一作朝廷

元老今華衮巖壁遺文已緑苔

泉落斷崖春壑響花藏深崦過春開一作新雨亂泉逢石響過春深谷尚花開麏麚一作林間禽鳥莫驚顧太守不將車騎來

讀易

莫嫌白髮擁朱輪恩許東州養病臣飲酒橫琴銷永日焚香讀易過殘春昔賢軒冕如遺屣世路風波偶脫身寄語西家隱君子柰何名姓已驚人

水磨亭子

多病山齋猒鬱蒸經時久不到東城新荷

出水雙飛鷺喬木成陰百囀鸎載酒未妨佳客醉憑高仍見老農耕史君自有林泉趣不用絲篁亂水聲

寄題相州榮歸堂一本此篇已下係酬答安陽韓侍中

五詠

白首三朝社稷臣壺漿夾道擁如雲金貂爭看眞丞相竹馬猶迎舊使君豈止軒裳誇故里已將鍾鼎勒元勲不須授簡樽前客好學平津自有文

晝錦堂

昔憩甘棠長舊圍重來城郭歎人非隨車仍是爲霖雨被衮何如衣錦歸（公前出自西樞以武康之節鎮相臺今罷鈞軸以司徒侍中再鎮）

觀魚軒

當年下澤驅羸馬今見犀兵擁碧油位望愈隆心愈靜每來臨水翫游鯈

狎鷗亭

險夷一節如金石勳德俱高映古今豈止忘機鷗鳥信陶鈞萬物本無心

休逸臺

清談終日對清樽不似崇高富貴身已有
山川資勝賞更將風月醉嘉賓

青州書事

年豐千里無夜警吏一作公退一室焚清香
青春固非老者事白日自爲閑人長禄厚
豈惟懃飽食俸餘仍足一作得買輕裝君恩
天地不違物歸去行歌潁水傍

留題南樓二絶一本前一首題作偶書

偷得青州一歲閑四時一作案頭終日面孱顔
須知我是愛山者無一詩中不説山

醉翁到處不曾醒問向青州作麽生公退
留賓誇酒美睡餘欹枕看山橫

答和王宣徽 一作答王宣徽見贈

相逢莫恠我皤然出處參差四紀間有道
方今萬物遂無能擬乞一身閑花前獨酌
罇前月淮上扁舟枕上山此樂想公應未
暇且持金盞醉紅顔

答和呂侍讀

昔日題輿媿屈賢今來還見擁朱轓笑談
二紀思如昨名望三朝老更尊野徑冷香

黃菊秀平湖斜照白鷗翻此中自有忘言趣病客猶堪奉一罇

奉答子履學士見寄之作

憶昨初爲亳守行暫休車騎汝陰城喜君再共罇俎樂憐我久懷丘壑情累牘已嘗陳素志新春應許遂歸耕老年雖不堪東作猶得酬歌詠太平

謝景平挽詞

憶見奇童鬢兩髦遽驚名譽衆推高東山子弟家風在西漢文章筆力豪方看凌雲

馳驟巳嗟埋玉向蓬蒿追思陽夏曾遊
處撫事傷心涕滿袍

答資政邵諫議見寄二首

豪横當年氣吐虹蕭條晚節鬢如蓬欲知
潁水新居士即是滁山舊醉翁所樂藩籬
追尺（一作斥）鷃敢言寥廓逐冥鴻期公歸輔
巖廊上顧我無忘畎畝中

欲知歸計久遷延三十篇詩二十年受寵
不思身報効乞骸惟冀上哀憐相如舊苦
中痟渴陶令猶能一醉眠村薄力殫難勉

彊豈同髙士愛林泉

居士集卷第十四

熙寧五年秋七月男發等編定

紹熙二年三月郡人孫謙益校正

寄題沙溪寶積院寶積去沙溪十五里詩刻猶在而諸本皆作寶錫今兩存之

永厚陵挽歌辭前有引狀（朝佐）致公家定本如謝賜飛白詩引狀皆載别卷今編入外集第五卷此不重出

潁州唱和 東潁（一作西潁） 何爲樂（一作多暇） 還

靈駕發引挽歌辭 黠羌（一作戎羌）

表海亭 亭亭（一作高亭）

續添

郡齋書事秋熟一作秋色

書懷春鋤一作春鋤

居士集卷第十五　歐陽文忠公集十五

賦五首　雜文五首附

黄楊樹子賦并序

夷陵山谷間多黄楊樹子江行過絶險處時時從舟中望見之鬱鬱山際有可愛之色獨念此樹生窮僻不得依君子封殖備愛賞而樵夫野老又（一無又字）不知甚惜作小賦以歌之

若夫漢武之宫叢生五柞景陽之井對植雙桐高秋羽獵之騎半夜嚴粧之鍾鳳蓋

朝拂銀牀暮空固已葳蕤近日的皪一作灼爍含風婆娑萬户之側生長深宮之中豈知綠蘚青苔蒼崖翠壁枝蓊鬱以含霧一作露根屈盤而帶石落落非松亭亭似栢上臨千仞之盤薄下有驚湍之濆激澗斷無路林高暝色偏依最險之處獨立無人之跡江已一作有轉而猶見峯漸回而稍隔嗟乎日薄雲昏煙霏一作飛露滴負勁節以誰賞抱孤心而誰識徒以竇穴風吹陰崖雪積哢山鳥之嘲哳裊驚猿之寂歷無遊女兮

長攀有行人兮暫息節既晚而愈茂歲已寒而不易乃知張騫一見須移海上之根陸凱如逢堪寄隴頭之客

鳴蟬賦 并序

嘉祐元年夏大雨水奉詔祈晴于醴泉宮聞鳴蟬有感而賦云

肅祠庭以祗事兮瞻玉宇之崢嶸收視聽以清慮兮齋予心以薦誠因（一作默）以靜而求（一作覩）動兮見乎萬物之情於時朝雨驟止微風不興四無雲以青天雷曳曳（一作隱隱）

其餘聲乃席芳葯臨華軒古木數株空一作荒庭草間爰有一物鳴于樹顛引清風以長嘯抱纖柯而永歎嘒嘒非管泠泠若絃裂方號而復咽淒欲斷而還連吐孤韻以難律含五音之自然吾不知其何物其名曰蟬豈非因物造形能變化者邪岀自糞壤慕清虛者邪凌風高飛知所止者邪嘉木茂樹喜清陰者邪呼吸風露能尸解者邪綽約雙鬢修嬋娟者邪其爲聲也不樂不哀非宮非徵胡然而鳴亦胡然而止吾

嘗悲夫萬物莫不好鳴若乃四時代謝百鳥嚶兮一氣候至百蟲驚兮嬌兒姹女語鸝庚兮鳴機絡緯響蟋蟀兮轉喉哢舌誠可愛兮引腹動股豈勉彊而爲之兮至於汚池濁水得雨而聒兮飲泉食土長（無長字）夜而歌兮彼蝦蟇固若有欲而蚯蚓又何求兮其餘大小萬狀不可悉名各有氣類隨其物形（一有而字）不知自止有若爭能忽時變以物改咸漠然而無聲嗚呼達士所齊萬物一類人於其間所以爲貴蓋巳巧其

語言又能傳於文字是以窮彼思慮耗其血氣或吟哦其窮愁或發揚其志意雖共盡於萬物乃長鳴於百世子亦安知其然哉聊爲樂以自喜方將（一作吾方）考得失較同異俄而陰雲復興雷電俱擊大雨既作蟬聲遂息（一本賦後有跋云子因學書起作賦草他兒一視而過獨小子棐守之不去此兒他日必能爲吾此賦也因以予之）

秋聲賦

歐陽子方（一無方字墨蹟止作余無上四字）夜讀書聞有聲自西南來者悚然而聽之曰異哉初淅

瀝以蕭颯忽奔騰而砰湃如波濤夜驚風雨驟（一作風驟雨而）至其觸於（一無於字）物也鏦鏦錚錚金鐵皆鳴又如赴敵之兵銜枚疾走不聞號令但聞人馬之行聲（墨蹟無聲字）余謂童子此何聲也汝出視之童子曰星月（一作月星）皎潔明河在天四無人聲聲在樹間余曰噫嘻悲哉（一作夫）此秋聲也胡爲而來哉蓋夫秋之爲狀也其色慘淡煙霏雲斂其容清明天高日晶其氣慄冽砭人肌骨其意蕭條山川寂寥故其爲聲也淒淒切切呼

號憤發豐草緑縟而爭茂佳木葱蘢而可
悦草拂之而色變木遭之而葉脱其所以
摧敗零落者墨蹟無者字乃其一一無一字氣之餘
烈夫秋刑官也於時爲陰又兵象也於行
用金是謂天地之義氣常以肅殺而爲心
墨蹟有大哉字天之於物春生秋實故其在樂也
商聲主西方之音夷則爲七月之律商傷
也物既老而悲傷夷戮也物過盛而當殺
嗟乎草木一有之字無情有時一有而字飄零人爲
動物惟物之靈一作人惟動物爲物之靈百憂感其心

萬事勞其形有動于中必摇其精而況思其力之所不（一有能字）及憂其智之所不能（一有行字）宜其渥然丹者爲槁木黝然（一本作黟墨蹟同）黑者爲星星奈何以（一無以字）非金石之質（一有而字）欲與草木而爭榮念誰爲之戕賊亦何恨乎秋聲童子莫對垂頭而睡但聞四壁蟲聲唧唧如（一作似）助余之歎息

病暑賦（和劉原父作）

吾將東走乎泰山兮履崔嵬之高峯蔭白雲之摇曳兮聽石溜之玲瓏松林（一作竹）仰

不見白日陰壂慘慘多悲風邈哉不可以坐致兮安得仙人之術解化如飛蓬吾將西登乎崑崙兮出於九州之外覽星辰之浮沒視日月之隱蔽披閶闔之清風飲黃流（一作河）之巨派羽翰不可以插余之兩腋兮畏舉身而下墜既欲泛乎南溟兮瘴毒流膏而鑠骨何異避喧之（一作而）趨市兮又如惡影之就日又欲臨乎北荒兮飛雪層冰之所聚鬼方窮髮（一作徼）無人迹兮乃龍虵之雜處四方上下皆不得以往兮顧此

大熱吾不知夫所逃萬物並生於天地豈余身之獨遭任寒暑之自然兮成歲功而不勞惟衰病之不堪兮譬燎枯而灼焦翎空廬之湫卑兮甚龜蝸之跼縮飛蚊幸余之露坐兮壁蝎伺余之入屋（一作蠅蚊幸余之虛坐兮壁蝎伺余於壁屋）賴有客之哀余兮贈端石與蘄竹得飽食以安（一作與晝）寢兮瑩枕冰而簟玉知其無可柰何而安之兮乃聖賢之高躅惟冥心以息慮兮庶可忘於煩酷

憎蒼蠅賦

蒼蠅蒼蠅吾嗟爾之爲生既無蜂蠆之毒尾又無蚊䖟之利觜幸不爲人之畏胡不爲人之喜爾形至眇爾欲易盈杯盂殘瀝砧几餘腥所希秒忽過則難勝苦何求而不足乃終日而營營逐氣尋香無處不到頃刻而集誰相告報其在物也雖微其爲害也至要若乃華榱廣廈珍簟方牀炎風之燠夏日之長神昏氣蹙流汗成漿委四支而莫舉眊兩目其茫洋惟高枕之一覺冀煩歊之暫忘念於爾而何負乃於吾而

見殃尋頭撲面入袖穿裳或集眉端或沿
眼眶目欲瞑而復警臂已痺而猶攘於此
之時孔子何由見周公於髣髴莊生安得
與蝴蝶而飛揚徒使蒼頭丫鬟巨扇揮颺
咸頭垂而腕脫每立寐而顛僵此其爲害
者一也又如峻宇高堂嘉賓上客沽酒市
脯鋪筵設席聊娛一日之餘閑奈爾衆多
之莫敵或集器皿或屯几格或醉醇酎因
之沒溺或投熱羹遂喪其魄諒雖死而不
悔亦可戒夫貪得尤忌赤頭號爲景迹一

有霑汙人皆不食柰何引類呼朋摇頭鼓翼聚散倏忽往來絡繹方其賓主獻酬衣冠儼飾使吾揮手頓足改容失色於此之時王衍何暇於清談賈誼堪爲之太息此其爲害者二也又如醯醢之品醬臡之制及時月而收藏謹缾罌之固濟乃衆力以攻鑽極百端而窺覬至於大胾肥牲嘉肴美味葢藏稍露於罅隙守者或時而假寐纔稍怠於防嚴已輙遺其種類莫不養息蕃滋淋漓敗壞使親朋卒至索爾以無歡

藏獲懷憂因之而得罪此其爲害者三也是皆大者餘悉難名嗚呼止棘之詩垂之六經於此見詩人之博物比興之爲精宜乎以爾刺讒人之亂國誠可嫉而可憎

雜文五首

醉翁吟（并序一作醉翁述）

余作醉翁亭于滁州（一作余於滁作醉翁亭有）太常博士沈遵（一有者字）好奇之士也聞而（一止作嘗）往遊焉愛其山水歸而以琴寫之作醉翁吟三疊去年秋（一無秋字）余奉使契丹沈君（一作子）會余（一作于一有於字）恩

冀之間夜闌酒半（一無此四字）援琴而作之有其聲而無其辭乃爲之辭以贈（一作遺）之其辭曰

始翁之來（一作翁之來兮）獸見而深伏鳥見而高飛翁醒而往兮醉而歸朝醒暮醉兮無有四時鳥鳴樂其林獸出遊其蹊咿嚶啁噍於翁前兮醉（一有而字）不知有心不能以無情兮有合必有離水潺潺兮翁忽去而不顧山岑岑兮翁復來而幾時風嫋嫋兮山木落春年年兮山草菲嗟我無德於其人兮有情於山禽與野麋賢哉沈子兮能寫我心而慰彼相思

山中之樂 并序一本題下云三章送慧勤上人

佛者慧勤餘杭人也少去父母長無妻子以衣食于佛之徒往來京師二十年其人聰明材智亦嘗學問于賢士大夫今其南歸遂將窮極吳越甌閩江湖海上之諸山以肆其所適予嘉其嘗有聞於吾人也於其行也一本無四字爲作山中之樂三章一本有以送之既極道山林間事以動蕩其心意而卒反之於正其辭曰

江上山兮海上峯藹青蒼兮杳巑叢霞飛

霧散兮邈乎青空天鑱鬼削兮壁立於鴻蒙崖懸磴絶兮險且窮穿雲渡水兮（一無兮字）忽得路而不知其深之幾里中有平田廣谷兮與世隔絶猶有太古之遺風泉甘土肥兮鳥獸雝雝其人麋鹿兮既壽而豐不知人間之幾時兮但見草木華落爲春冬嗟世之人兮曷不歸來乎山中山中之樂不可見兮子其往兮誰逢（一其）丹莖翠蔓兮巖壑玲瓏水聲聒聒兮花氣濛濛石巉巉兮横（一作當）路風颯颯兮吹松雲冥冥兮雨

霏霏白猿夜嘯兮青楓朝日出兮林間澗谷紛以青紅千林靜兮秋月百草香兮春風嗟世之人兮曷不歸來乎山中山中之樂不可得令子其往兮誰從（其二）梯崖搆險兮佛廟仙宮耀空山兮鬱穹隆彼之人兮固（一無固字）亦目明而耳聰寵辱不干其慮兮仁義不被其躬蔭長（一作喬）松之蓊蔚兮藉纖草之芊茸苟其中以自足兮志其服胡而顛童自古智能魁傑之士兮固亦絕世而逃蹤惜天材之甚良兮而（一無而字）自棄於

無庸嗟彼之人兮胡爲老乎山中山中之樂不可久遲子之返兮誰同（其三）

雜說三首（一有并序）

夏六月暑雨既止歐陽子坐於樹間仰視天與月星（一作日月星辰）行度見星有殞者夜既久露下間草間蚯蚓之聲益急其感于耳目者有動乎其中作雜說

蚓食土而飲泉其爲生也簡而易足然仰其穴而鳴若號若呼若嘯若歌（一作若歌若嘯）其亦有所求邪抑其求易足而自鳴其樂邪

苦（一作抑歎）其生之陋而自悲其不幸邪將自喜其聲而鳴其類邪豈其時至氣作不自知其所以然而不能自止者邪何其聒然而不止也吾於是乎有感（一本此屬次篇）

星殞于地腥礦頑醜化爲惡石其昭然在上而萬物仰之者精氣之聚爾及其斃也瓦礫之不若也人之死骨肉臭腐螻蟻之食爾其貴乎萬物者亦精氣也其精氣不奪于物則藴而爲思慮發而爲事業著而爲文章昭乎百世之上而仰乎百世之下

非如星之精氣隨其斃而滅也可不貴哉而生也利慾以昏耗之死也臭腐而弃之而（一無而字）惑者方曰足乎利慾所（一無所字）以厚吾身吾於是乎有感

天西行日月五星皆東行日一歲而一周月疾於日（一本無三字）一月而一周天又疾於月一日而一周星有遲有速有逆有順是四者各自行而若不相爲謀其動而不勞運而不已自古已來未嘗一刻息也是何爲哉夫四者所以相須而成晝夜四時寒

暑者也一刻而息則四時不得其平萬物不得其生蓋其所任者重矣人之有君子也其任亦重矣萬世之所治萬物之所利故曰自彊不息又曰死而後已者其知所任矣然則君子之學也其可一日而息乎吾於是乎有感一本此屬首篇

居士集卷第十五

熙寧五年秋七月男發等編定

紹熙二年三月郡人孫謙益校正

黄楊樹子賦 多黄楊樹子一無子字 漬激漬當作嘖

鳴蟬賦 崢嶸石本嶸作嵘

病暑賦 又如一作又同 空廬一作室廬

醉翁吟序 作醉翁吟一作一作爲

雜說第三 任美此下一有乎字 學也此上一有於字

續添

憎蒼蠅賦 丫髻一作了髮

（宋）歐陽修　撰

宋本歐陽文忠公集

第二册

國家圖書館出版社

第二册目録

居士集卷第三　　歐陽文忠公集三

古詩三十一首

啼鳥

窮山候至陽氣生百物如與時節爭官居荒凉草樹密撩亂紅(一作亂紅殷)紫開繁英花深葉暗耀朝日日(一作一)暖衆鳥皆嚶鳴鳥言我豈解爾意綿蠻但愛聲可聽南窻睡多春正美百舌未曉催天明黃鸝顏色已可愛舌端啞咤如嬌嬰竹林靜啼(一作啼盡)青竹笋深處不見惟聞聲陂田遶郭白水滿

戴勝穀穀催春耕誰謂鳴鳩拙無用雄雌各自知陰晴雨聲蕭蕭泥滑滑草深苔緑無人行獨有花上提葫蘆勸我沽酒花前傾其餘百種各嘲哳異鄉殊俗難知名我遭讒口身落此每聞巧舌宜可憎春到山城苦寂寞把盞常恨無娉婷花開鳥語輙自醉醉與花鳥爲交一作友朋花能嫣然顧我笑鳥勸我飲非無情身閑酒美惜光景惟恐鳥散花飄零可笑靈均楚澤畔離騷憔悴愁獨醒

遊瑯琊山

南山一尺雪雪盡山蒼然澗谷深自暖梅花應已繁使君厭騎從車馬留山前行歌招野叟共步青林間長松得高蔭盤石堪醉眠止樂聽山鳥攜琴寫幽泉愛之欲忘返但苦世俗牽歸時始覺遠明月高峯巔

讀徂徠集

徂徠魯東山石子居山阿魯人之所瞻子與山巖巖今子其死矣東山復誰過精魄已埋没文章豈能磨壽命雖不長所得固

已多舊藁偶自錄滄溟之一蠡其餘誰附與散失存幾何存之警後世古鑑照妖魔子生誠多難憂患靡不羅（音羅）宦學三十年六經老研摩問胡所專心仁義丘與軻揚雄韓愈氏此外豈知他尤勇攻佛老奮筆如揮戈不量敵衆寡膽大身么麽往年遭母喪泣血走岷峨垢面跣雙足鋤犂事田坡至今鄉里化孝悌勤蠶禾昨者來太學青衫踏朝靴陳詩頌聖德厥聲續猗那羔鴈聘黃晞晞驚走隣家施爲可怪駭世俗

安委蛇謗口由此起中之若飛梭上賴天子明不挂網者羅憶在太學年大雪如翻波生徒日盈門飢坐列鴈鶩絃誦聒鄰里唐虞賡詠歌常續最高第騫游各名科豈止學者師謂宜國之蟠夭壽反仁鄙誰尸此偏頗不知諏諏者又忍加詆訶聖賢要久遠毀譽暫諠譁生爲舉世疾死也一作者魯人嗟作詩遺魯社祠子以爲歌

大熱二首

四時成萬物寒暑迭鈞陶壯陽當用事大

夏蒸炎歊造化本無情怨咨徒爾勞身微
天地闊四顧無由逃九門閶闔開萬仞崑
崙高積雪寒凜凜清風吹寥寥嗟我雖欲
往而身無羽毛
陽暉爍四野萬里纖雲收羲和困路遠正
午當空留枝條不動影草木皆含愁深林
虎不嘯卧喘如吳牛蜩蟬一何微嗟爾徒
啾啾

幽谷泉

踏石弄泉流尋源入幽谷泉傍野人家四

面深篁竹溉稻滿春疇鳴渠遶茅屋生長
飲泉甘蔭泉栽美木瀉淺無春冬日夜響
山曲自言今白首未慣逢朱轂顧我應可
恠每来聽不足

百（一作栢）子坑賽龍

嗟龍之智誰可拘出入變化何須臾壇平
樹古潭底黑沉沉影響疑有無四山雲霧
忽晝合瞥起直上拏空虛龜魚帶去半空
落雷輷電走先後驅傾崖倒澗聊一戲頃
刻萬物皆涵濡青天却掃萬里靜但見綠

野如雲數明朝老農拜潭側鼓聲坎坎鳴山隅野巫醉飽廟門闔狼籍烏鳥爭殘餘

憎蚊

擾擾萬類殊可憎非一族甚哉蚊之微豈足汙簡牘乾坤量廣大善惡皆含育荒茫（一作荒）三五前民物交相黷禹鼎象神姦蛟龍遠潛伏周公驅猛獸人始居川陸爾来千百年天地得清肅大患已云除細微遺不錄蠅蚤虱蟣蜂蝎蚖蛇蝮惟爾於其閒有形纔一粟雖微無柰衆惟小難防毒

嘗聞高郵間猛虎死凌辱哀哉露筋女萬古讐不復水鄉自宜爾可怪窮邉俗晨飧下帷幬盛暑泥駒擯我来守窮山地氣尤卑溽官閑懶所便惟睡宜偏足雖堪爾類多枕席猒緣撲燻簷之一作苦煙埃燎壁疲照燭荒城繁草樹旱氣飛炎熇羲和驅日車當午不轉轂清風得夕凉如赦脫囚梏掃庭露青天坐月蔭嘉木汝寧無他時一作日忍此見一作見此迫促翾翾伺昏黑稍稍出壁屋填空来若翳聚隙多可掬叢身疑陷

圜聒耳如遭哭猛攘欲張拳暗中甚一作疑
飛鏃手足不自救其能營背腹盤飧勞扇
拂立寐僵僮僕端然窮百計還坐瞋雙目
於吾固不較在爾誠爲酷誰能推物理無
乃乖人欲騶虞鳳凰麟千載不一矚思之
不可見惡者無由逐

重讀徂徠集

我欲哭石子夜開徂徠編開編未及讀涕
泗已漣漣勉盡三四章收淚輒忻懽切切一作昭昭一作昭晰善惡戒丁寧仁義言如聞子談

論疑子立我前乃知長在世誰謂已（一作子）沉泉昔也人事乖相從常苦艱今而每思子開卷子在顔我欲貴子文刻以金玉聯金可爍而銷玉可碎非堅不若書（一作傳）以紙六經皆紙傳但當書百本（一作傳十以為百）傳百以爲千或落於四夷或藏在（一作於）深山待彼謗焰（一作艷）熄放此光芒懸人生一世中長短無百年無窮在其後萬世在其先得長多幾何得短未足憐惟彼不可朽名聲文行然讒誣不須辨亦止百年間百年

後來者憎愛不相緣公議然後出自然見
嫉妍孔孟困一生毀逐遭百端後世苟不
公至今無聖賢所以忠義士恃此死（一作輕死此）
不難當子病方革謗辭正騰喧衆人皆
欲殺聖主獨保全已埋猶不信僅免斲其
棺此事古未有每思輙長嘆我欲犯衆怒
爲子記此冤下紓冥冥忿仰叫昭昭天書
於蒼翠石立彼崔嵬巔詢求子世家恨子
兒女頑經歲不見報有辭未能銓（一作詮）忽
開子遺文使我心已寬子道自能久吾言

豈須鐫

汝瓔荅仲儀一作荅王素汝瓔

君嗟汝瓔多誰謂汝土惡汝瓔雖云苦汝民居自樂鄉閭同飲食男女相媒妁習俗不爲嫌譏嘲豈知怍汝山西南險平地猶磽确一作确犖一作磽礐一作确礐汝樹生擁一作癰腫根株浸溪壑山川固已然風氣宜其濁接境化襄鄧餘風被伊雒思予昔曾遊所見可驚愕喔喔聞語笑纍纍滿城郭傴婦懸甕盎嬌嬰包卵縠無由辨肩頸有類龜縮殼

噫人稟最靈，反不如鳧鶴駢枝雖形累，小小固（一作故）可略；癰瘍暫畜聚，決潰終當涸；贅疣附支體，幸或不為虐。未若此巍然，所生非所託；咽喉繫性命，鍼石難砭之（一作破）削。農皇古神聖，為世名百藥，豈不有方書，禎然莫銷爍（一作礫）。溫湯汝靈泉，亦不能湔淪。君官雖謫居，政可瘳（一作瘵）民瘼。奈何不哀憐，而反恣訶（一作嘲）譴；文辭騁新工，醜怪極名貌。汝士雖多奇，汝女少纖弱，翻思太守宴，誰與唱清角。乖離南北殊，魂夢山陂邈。

握手未知期寄詩一作書聊一噱

滄浪亭 一本上云寄題子美

子美寄我滄浪吟邀我共作一作賦滄浪篇滄浪有景不可到使我東望心悠然荒灣野水氣象古高林翠阜相回環新篁抽笋添夏影一作景老枿亂發爭春妍水禽閑暇事高格山鳥日夕相啾喧不知此地幾興廢仰視喬木皆蒼煙堪嗟人迹到不遠雖有來路曾無緣窮奇極恠誰似子搜索幽隱探神仙初尋一逕入蒙密豁目異境無

窮邊風高月白最宜夜一片瑩淨鋪瓊田
清光不辨水與月但見空碧涵漪漣一有姑蘇臺邊人響絶夜靜往往聞鳴船兩句清風明月本無價可惜
秖賣四萬錢又疑此境一作景天乞與壯士
憔悴天應憐鵾夷古亦有獨往江湖波濤
渺飜天崎嶇世路欲脫去反以身試蛟龍
淵豈如一作知扁舟任飄兀紅渠綠浪搖醉
眠丈夫身在豈長弃新詩美酒一作詩新酒美聊
窮年雖然不許俗客到莫惜佳句人間傳

寶劒

寶劍匣中藏暗室夜常(一作)明欲知天將雨錚爾劍有聲神龍本一物氣類感則鳴常恐躍匣去有時暫開鎬(疑止當作扃)煌煌七星文照耀三尺冰此劍在人間百妖夜收形姦兇與佞媚膽破骨亦驚試以向星月飛光射攙槍藏之武庫中可息天下兵奈何狂胡兒尚敢邀金繒

秋晚凝翠亭(探韻作)

黃葉落(一作落葉滿)空城青山遶官廨風雲淒已髙歲月驚何邁陂田寒未收野水淺生

泒晴林紫榴圻霜日紅梨曬蕭疎喜竹勁寂寞傷蘭敗叢菊如有情幽芳慰孤介嘉客日可携寒醅美新醡音債登臨無猒頻冰雪行即届

菱溪大一本無大字石

新霜夜落秋水淺有石露出寒溪垠苔昏土蝕禽鳥啄出没溪水秋復春溪邊老翁生長見疑我来視何殷勤愛之遠徙向幽谷曳以三犢載两輪行穿城中罷市看但驚可恠誰復珍荒煙野草埋没久洗以石

竇清泠泉朱欄緑竹相掩映選一作邀致佳
處當南軒南軒旁列千萬峯曾未有此奇
嶙峋乃知異物世所少萬金爭買傳幾人
山河百戰變陵谷何為落彼荒溪瀆山經
地誌不可究遂令異説爭紛紜皆云女媧
初鍛鍊融結一氣凝精純仰視蒼蒼補其
缺染此紺碧瑩且温或疑古者燧人氏鑽
以出火為炮燔茍非神聖親手迹不爾孔
竅一作穴誰雕剜又云漢使把漢節西北萬
里窮崑崙行經于闐得寶玉流入中國隨

河源沙磨水激自穿穴所以鐫鑿無瑕痕嗟予有口莫能辨歎息但以兩手捫盧仝韓愈不在世彈壓百怪無雄文爭奇鬭異各取勝遂至荒誕無根原天高地厚靡不有（一作有定）醜好萬狀奚足論惟當掃雪席其側日與嘉客陳清罇

送姜秀才遊蘇州

憶從太學諸生列我尚弱齡君秀發同時並薦幾存亡一夢十年如倏忽壯心君未減青春多難我今先白鬚山花撩亂鳥綿

甕更盡一罇明日別

送孫秀才

高門煌煌爀如赭勢利聲名爭借假一作假借

嗟哉子獨不顧之訪我千山一羸馬明珠

渡水覆舟失贈我璣貝猶滿把生携文數十篇見訪

渡江而失遅遅顧我不欲去問我無窮慚報寡

時之所弃子獨嚮無乃與世異取捨

新霜二首

天雲慘慘秋陰薄卧聽北風鳴屋角平明

䨥鳥四散飛一夜新霜群木落南山鬱鬱

舊可愛千仞巉巖如刻削林枯山瘦失顏色我意豈能無寂寞衰顏得酒猶彊發可醉豈須嫌酒濁泉傍菊花方爛漫短日寒輝相照灼無情木石尚須老有酒人生何不樂

荒城草樹多陰暗日夕霜雲意濃淡長淮漸落見洲渚野潦初清一作晴收瀲灩蘭枯蕙死誰復弔殘菊籬根爭豔豔青松守節見臨危正色凜凜不可犯芭蕉芰荷不足數狼籍徒能汙池檻時行收斂歲將窮冰

雪嚴凝從此漸咿呦兒女感時節愛惜朱顏屢窺鑑惟有壯士獨悲歌拂拭塵埃磨古劍

豐樂亭小飲

造化無情不擇物春色亦到深山中山桃溪杏少意思（一作有誰顧）自趣時節鬧春風看花遊女不知醜古粧野態爭花紅人生行樂在（一作當）勉彊有酒莫負瑠琉鍾主人勿笑花與女嗟爾自是花前翁

四月九日幽谷見緋桃盛開

經年種花滿幽谷花開不暇把一卮一作枝人生此事尚難必況欲功名書鼎彝深紅淺紫看雖好一作美顔色不奈東風吹緋桃一樹獨後發意若待我留芳菲清香嫩蘂含不吐日日恠我来何遲無情草木不解語向我有意偏依依群芳落盡始爛漫榮枯不與衆豔隨念花意厚何以報唯有醉倒花東西盛開比落猶數日清一作芳罇尚可三四携

秋懷二首寄聖俞一本擬孟郊體秋懷

孤管叫秋月清砧韻霜風天涯遠夢歸一作歸遠夢驚斷山千重群物動已息百憂感從中日月矢雙流四時環無窮隆陰夷老物摧折壯士胷壯士亦何為素絲悲青銅羣木落空原南山高巃嵸巉巖想詩老瘦骨寒愈聳詩老類秋蟲吟秋聲百種披霜一作芬掇孤英泣古弔荒冢琅玕叩金石清響聽生悚何由幸見之使我滌煩冗飛鳥下東南音書無日捧

希真堂東一本無東字手種菊花十月始開

當春種花唯恐遲我獨種菊君勿誚春枝滿園爛張錦風雨須臾落顛倒看多易猒情不專鬬紫誇紅隨俗好豁然高秋天地肅百（一作萬）物衰零誰暇弔君看金蘂正芬敷曉日浮霜相照耀（一本有後時寧與竹栢榮媚世不爭桃李笑兩句）煌煌正色秀可餐藹藹清香寒愈峭高人避喧守幽獨淑女靜（一作靚）容修（一作羞）窈窕方當搖落看轉佳慰我寂寥何以報時攜一罇相就飲如得貧交論久要我從多難壯心衰迹與世人殊靜躁種花勿（一作

不種兒女花老大安能逐年少

拒霜花

芳菲能幾時顏色如自愛鮮鮮弄霜曉裊裊含風態蕙蘭須秋香桃李媚（一作嬌）春醉時節雖不同盛衰終一致莫笑黃菊花籬根守憔悴

懷嵩樓晚飲示徐無黨無逸（一本作奉和徐生見示懷嵩樓晚飲一本無見示字）

滁山不通車滁水不載舟舟車路所窮嗟誰肯来遊念非吾在此二子来何求不見

忽三年見之忘百憂問其別後學初若繭
緒抽繹橫漸組織文章爛然浮引伸無窮
極卒歎以軻丘少進日如此老退誠可羞
弊邑亦何有青山遶城樓泠泠谷中泉吐
溜彼（一作被）山幽石醜駭溪恠天奇瞰龍湫
子初如可樂久乃歎以愀云此譬圖畫暫
看已宜妝荒涼（一作村）草樹間暮館城南陬
破屋仰見星窻風冷如鏤歸心中夜起輾
轉卧不周我為辦酒肴羅列蛤與蚌酒酣
微探之仰笑不頷頭曰予非此儂又不負

譴尤自非世不容安事此為因幸以主人故崎嶇幾摧輈一来勤已多而況欲久留我語頻遭屈顔慚汗交流川塗冰已壯霰一作霜雪行將稠羡子兄弟秀雙鴻翔高秋嗈嗈飛且鳴歲暮憶南州飲子今日歡重我明日愁来貺辱已厚贈言愧非酬

瑯瑯山六題一本作山中六題注云瑯瑯山中

歸雲洞

洞門常自一作似起煙霞洞穴傍穿透谿谷朝看石上片雲陰夜半山前春雨足

瑯琊谿

空山雪消谿水漲遊客渡谿橫古槎不知
谿源來遠近但見流出山中花

石屏路

石屏自倚浮雲外石路久無人跡行我來
携酒醉其下卧看千峰秋月明

班春亭

信馬尋春踏雪泥醉中山水弄清輝野僧
不用相迎送乘興閑來興盡歸

庶子泉

庶子遺蹤留此地寒嵓徙倚弄飛泉古人不見心可見一片清光長皎然

惠覺方丈

青松行盡到山（一作松）門亂峰深處開方丈已能宴坐老山中何用聲名傳海上

居士集卷第三

熙寧五年秋七月男發等編定

紹熙二年三月郡人孫謙益校正

汝癭詩平地猶确犖衢本作确犖吉本作磽犖建本作确犖蜀本羅氏本作磽确朝佐按字書磽通作墝确通作埆礐磬磽确不平也犖駁牛也犖石相扣聲确犖磽犖确犖字各不同今從蜀本羅氏本作磽确而以諸本注其下

語笑一作笑語

啼鳥花開（一作間）

讀徂徠集唐虞賡詠歌（歌一作謌）反仁（一作及仁）

幽谷泉日夜（石本作夜夜）

憎蚊出壁屋（出一作去）

汝癭有類（一作似）

滄浪亭到不遠（到一作去）紅渠（一作蕖）

寶劍照曜（曜一作燿）

菱溪大石初鍛（一作所鍛）歎息（一作惜）

送孫秀才爭借假（一作假借）（一作相）與世（一作時）

新霜風鳴（一作吹）歲將（一作歲物）

幽谷見緋桃人生此事尚難必（一作世間小事尚如此）

秋懷吟秋（一作鳴秋）琅玕（一作琅琅）下東南（下一作不）

懷嵩樓晚飲日（日一作旦）如此欲久留（久一作之）南州（州一作洲）

居士集卷第四　歐陽文忠公集四

古詩二十四首

贈無爲軍李道士二首 名景仙

無爲道士三尺琴中有萬古無窮音音如石上瀉流水瀉之不竭由源深彈雖在指聲在意聽不以耳而以心心意既得形骸忘不覺天地白日愁雲陰

李師琴紋一作形如卧蛇一彈使我三咨嗟五音商羽主肅殺颯颯坐上風吹沙忽然黃鍾回暖律當冬冬草木皆萌芽郡齋日午

公事退荒涼樹石相交加李師一彈鳳凰聲空山百鳥停嘔啞我怪李師年七十面目明秀光如霞問胡以然一作試問胡以然一作試問胡然笑語我慎勿辛苦求丹砂惟當養其根自然煒其華一本無上二句又云理身如理琴正聲不可干以邪我聽其言未云足野鶴何事還思家抱琴揖我出門去獵獵歸袖風中斜

拜赦一作敕

拜赦一作敕古州南山火明烈烈州人共喧

喧兩丱扶白髮丁寧天語深曠蕩皇恩闊
乃知天地施幽遠無間別欣欣草木意喜
氣消殘雪

彈琴效賈島體

古人不可見古人琴可彈彈為(一作琴聞)古曲
聲如與(一作聞)古人言琴聲雖可聽琴意誰
能論横琴置牀頭當午曝背眠夢見一丈
夫嚴嚴古衣冠登牀取之坐(一作我琴)調作南
風絃一奏風雨(一作南)来再鼓變雲烟鳥獸
盡嚶鳴草木亦滋蕃乃知太古時未遠可

追還方彼夢中樂心知口難（一作難口）傳既覺失其人起坐涕汍瀾

酬學詩僧惟晤

詩三百五篇作者非一人羇臣與弃（一作賤）妾桑濮乃淫奔其言苟（一作或）可取龎雜不全純子雖（一作之）為佛徒未易廢其言其言在合理但懼學不臻子佛（一作之）與吾儒異轍雖同輪（一作共論）子何獨吾慕自忘夷其身苟能知所歸固有路自新誘進或可至拒之誠不仁維詩於文章太山一浮塵又如

古衣裳組織一作繡爛成文拾其裁剪餘未
識窽朊尊嗟子學雖一作已勞徒自苦骸筋一作自遠涉江津勤勤袖卷軸一歲三及門惟一作
何求一言榮歸以耀一作輝其倫與夫榮其
膚不若啓一作豈若習其源韓子亦嘗謂收斂
加一作以冠巾

別後奉寄聖俞二十五兄一本作叙別寄聖俞燕酬進道堂夜話見寄之什

長河秋雨多夜插寒潮一作湖入歲暮孤舟
遲客心飛鳥急君老忘卑窮文字或綴緝

余生苦難阨（一作拙）世險蹈已習離合二十年乖睽多聚集常時飲酒别令别輙飲泣君曰吾老矣不覺两袖濕我年雖少君白髮已揖揖（即入反）憶初京北門送我馬暫立自茲遭檻穽一落誰引汲顛危偶脱死藏竄甘自縶（一作蟄）但令身尚在果得手重執聞来喜迎前貌改驚乍揖别離纔幾時舊學廢百十殘章（一作編）與斷藁草草各收拾空窻（一作堂）語青燈夜雨聽霵霵（一作濈濈）明朝解舟南歸冀縱莫戢還期明月飲幸此中

秋及酒酣弄篇章四坐困供給歡言正喧
譁別意忽於邑日暮北亭上濁醪聊一作猶
共挹輕一作歸橈動翩翩晚水明熠熠行心一作貪前
去雖迫訣語出猶澁歸來錄君詩卷
軸多纖纖誰一作雖云已老矣意氣何嶪岌
惜哉方壯時千里足常羈知之莫予深力
不足呼吸歎吁偶成篇聊用綴君什

紫石屏歌一本作月石硯屏歌寄蘇子美

月從海底來行上天東南正當天中時下
照千丈潭潭心無風月不動倒影射入紫

石巖月光水潔石瑩淨一作徹感此陰魄来中潛自從月入此石中天有兩曜分為三清光萬古不磨滅天地至寶難藏緘天公呼雷公夜持巨斧隳嶄巖墮此一片落千仞皎然寒鏡在玉匳蝦蟇白兔走天上空留桂影猶杉杉一作毿毿景山得之一作虢州刺史惜不得贈我意與一作比千金兼自云每到月滿時石在暗室光出簷大哉天地間萬怪難悉談嗟予不度量每事思窮探欲將兩耳目所及而與造化爭毫纖煌煌三辰行

日月尤尊嚴若令下與物為比(去声)擾擾萬類將誰贍不然此石竟何物有口欲說嗟如鉗吾奇(一作知)蘇子胷羅列萬象中包含不惟胷寬膽亦大屢出言語驚愚凡自吾得此石未見蘇子心懷慚不經老匠先指決有手誰敢施鐫鑱呼工畫石持寄似(一作此)幸子留意其無謙

聚星堂前紫薇花

亭亭紫薇花向我如有意高煙晚溟濛清露晨點綴豈無陽春月所得時節異靜女

不爭寵幽姿如自喜音戲將期誰顧眄獨伴我憔悴而我不彊飲繁英行亦墜相看兩寂寞孤詠聊自慰

獲麟贈姚闢先輩

世已無孔子獲麟意誰知我嘗為之說聞者未免非而子獨曰然有如塤應篪惟麟不為瑞其意乃可推春秋二百年文一作辭約義甚夷一從聖人沒學者自為師崢嶸衆家說平地生嶮巇相沿益迂怪各鬭出新奇爾來千餘歲一作千載餘一作千歲餘舉世不知

迷焯哉聖人經照耀萬世疑自從蒙衆說
日月遭蔽虧常患無氣力掃除浮雲披還
其自然光萬物皆見之子昔已好古此經
手常持超然出衆見不爲俗牽卑近又脫
賦（一作賤）格飛黄擺銜羈聖門開大道夷路
肆騰嬉便可勦衆說旁通（一作異端）塞多岐正
途趨（一作常）簡易愼勿事崎嶇著述須待老
積勤宜少時苟思垂後世大禹尚胼胝顧
我今老矣兩瞳（一作目一作眼）蝕昏眵大書雖久
視心在力已衰因思少自弃今縱悔可追

戒我以勉子臨文但吁嘻

喜雨

大雨雖霶霈隔轍分晴陰小雨散浸淫為潤廣且深浸淫苟不止利澤何窮已無言雨大小（一作言兩大小異）小雨農尤喜宿麥已登實新禾未抽秧（一作穗）及時一日雨終歲飽豐穰夜響流霢霂晨暉霽蒼京川原淨如洗草木自生光童稚喜瓜芋耕夫望陂塘誰云田家苦此樂殊未央

飛蓋橋翫月（一本題上有六月十四夜）

天形積輕清水德本虛靜雲收風波止始見天水性澄光與粹容上下相涵暎乃於其兩間皎皎掛寒鏡餘暉所照耀萬物皆鮮瑩矧夫人之靈豈不醒視聽而我於此時翛（一作倏）然發孤詠紛昏忻洗滌俯仰恣涵泳（一本無上二句）人心曠而閑月色高愈（一作逾）迥惟恐清夜闌時時瞻斗柄

竹間亭

啾啾竹間鳥日夕相嚶鳴悠悠水中魚出入藻與萍水竹魚鳥家伊誰作斯亭翁來

無車馬非與彈弋并潛者入深淵飛者散縱橫奈何翁屢来浪使飛走驚忘爾榮與利脫爾冠與纓還来尋魚鳥傍此水竹行鳥語弄蒼翠魚遊戲清澄而翁乃何為獨醉還自醒三者各自適要歸亦同情翁乎知此樂無猒日来登

荅呂公著見贈（一本作奉荅通判太傅為予不飲見贈之作）

晉人歌蟋蟀孔子錄於詩因知聖賢心豈不惜良時行樂不及早朱顏忽焉衰馳光如驟褭一去不可追今也不彊飲後雖悔

奚為三年謫永陽陷穽不知危種樹滿幽谷跡泉瀉清池新陽染山木撩亂發枯枝無人歌青春自釂白玉卮今者荷寬宥（一作恩）乞（一作得）州從爾宜西湖雖已聞既見又過之菡萏間紅綠鴛鴦浮渺瀰四時花與竹罇俎（一作酒）動可隨況與賢者同薰然襲（一作倚）蘭芝醁醅寒且醲清唱婉而遲（一作奇）四坐各已醉臨觴獨何疑昔人逢麴車流涎尚垂頤況此盃中趣久得樂無涯多憂衰病早心在良可噫（一作噫）譬若卧櫪馬聞

鞏[一作誠]尚鳴悲春膏已動脉[一作忽已動]百卉漸蕨䝿丹砂得新方舊疾瘢可治尚可執鞭弭周旋以忘疲

送滎陽魏主簿[一本廣作送魏廣]

卓犖東[一作魏]都子姓名聞十年窮冬雪塞空千里至我門子足未及閾我衣蘿倒顛僕童[一作童僕]相視疑寮吏或不然俛首鵠鶴喙進趨凫鴈聯青衫靴兩[一作兩靴]脚言色倩[一作情]以溫於公門豈少乃獨得公懽受知固不易知士誠尤難我思屈童吏欲辯難

以言觴豆及嘉節高堂列羣賢文章看落筆論議馳後先破石出至寶決髙瀉長川光暉相磨晻浩渺肆波瀾寮吏媿我歎僕童（一作童僕）恪生顔我顧寮吏嘻士豈以此觀此聊為戲耳以驚僕童（一作童僕）昏士欲見其守視其居賤貧欲知其所趨試以義利干我始識其面已窺其肺肝禮有来必往木瓜報琅玕十年思見之一日捨我還何用慰離居贈子以短篇

青松贈林子（國華一本作贈林國華秘校）

青松生而直，繩墨易為功（一作攻）。良玉有天質，少加（一作假）磨與礲。子誠懷美材（一作君實有美材），但未遭良工。養育既堅好，英華充厥中。於誰以成之，孟韓荀暨雄。

人日聚星堂宴集探韻得豐字

汙池以其下，衆流之所鍾。尺水無長瀾，蛟龍豈其容。顧子誠鄙薄，羣俊枉高蹤。得一不為少，雖多肯辭豐。譬如登圓壇，羅列璧與琮。又若饗鈞天，左右閒笙鏞。文章爛照耀，應和相撞舂。而予處其閒，眩晃不知從

退之亦嘗云青葛倚長松新陽發羣枯生意漸丰茸暮雪浩一作皓方積醁醽寒更濃毋言輕此樂此樂難屢逢

橄欖

五行居四時維火盛南訛炎焦陵木氣橄欖得之多酸苦不相入初爭久方和霜苞入中州萬里來江波幸登君子席得與衆果羅中州衆果佳珠圓玉光瑳媿茲微陋質以遠不見訶餳飴兒女甜遺味久則那良藥不苦口厥功見沉痾忠言初猷之事

至悔若何世已無採詩詩成為君哦

鸚鵡螺

大哉滄海何茫茫天地百寶皆中藏牙鬚（一作鬣）甲角爭光鋩腥風怪雨灑幽荒珊瑚玲瓏巧綴裝珠宮貝闕爛煌煌泥居殼屋細莫詳紅螺行沙夜生光（一本作珠宮貝闕爛煌煌泥居殼室細莫詳珊瑚玲瓏巧綴粧腥風怪雨灑幽荒紅螺行砂夜生光）負材自累遭刳腸匹夫懷璧古所傷濃沙剝蝕隱文章（一本注胡人謂硇砂為濃沙出本草）磨以玉粉緣（一作鉛）金黃清罇旨酒列華堂朧鳥回頭思故鄉

美人清歌蛾眉揚一醻凜冽回(一作為)春陽物雖微遠用則彰一螺千金價誰量豈若泥下追含漿

食糟民

田家種糯官釀酒榷利秋毫升與斗酒沽得錢糟弃物(一作不弃)大屋經年堆欲朽酒醅瀺灂如沸湯東風來吹酒甕香纍纍罌與瓶惟恐不得嘗官沽味醲村酒薄日飲官酒誠可樂不見田中種糯人釜無糜粥度冬〻春還來就官買糟食官吏散糟以為德

嗟彼官吏者，其職稱長民。衣食不蠶耕，所學義與仁。仁當養人義適（一作識）宜，言可聞達力可施。上不能寬國之利，下不能飽爾（一作民）之飢。我飲酒，爾食糟，爾雖不我責，我責何由逃。

送焦千之秀才

焦生獨立士，勢利不可恐。誰言一身窮，自待九鼎重。有能揭之行，可謂仁者勇。吕侯（一作倅）相家子，德義勝華寵。焦生得其隨，道合若膠鞏。始生及吾門，徐子喜驚踊。曰此難致寶一失何由踵自吾得二生（一作子）粲粲獲雙珙奈何奪其一使我意紛瓏吾嘗愛生材抽擢方欝翁（音委勇反 一作蓊）猶須老霜雪然後見森聳況從主人賢髙行可傾竦讀書趨簡要害説去雜冗新文時我寄庶可蠲煩壅

伏日贈徐焦二生（一本作徐焦二子伏日遊西湖余以病不能往因以贈之）

徐生純明白玉璞焦子皎潔寒泉冰清光瑩爾互輝映當暑自可消炎蒸平湖緑波

漲渺渺高榭(一作樹)古木陰層層嗟哉我豈不樂此心雖欲往身未能俸優食飽力不用官閑日永(一作心樂)睡莫興不思高飛慕鴻鵠反此愁卧償蚊蠅三年永陽子所見山林自放樂可勝清泉白石對斟酌巖花野鳥(一作草)為交朋崎嶇磵谷窮上下追逐猿狖爭超騰(一作陞)酒美賓佳足自負飲酣氣横猶驕矜奈何乖離纔幾日蒼顏非舊白髮增彊歡徒勞歌且舞勉飲寧及合與升行揩眼眵(一作睫)旋看物坐見樓閣先愁登

頭輕目明腳力健羨子志氣將飄凌只今心意已如此終竟事業知一作將何稱少壯及時宜努力老大無堪還可憎

寄生槐一本題上有答張推官庭檜

檜惟凌雲材槐實凡木賤奈何柔脆質累此孤高幹龍鱗老蒼蒼鼠耳光粲粲因緣初莫原感吒徒自歎偷生由附託得勢爭蔥蒨方其榮盛時曾莫見真贋欲知窮悴節宜試以霜霰萌牙起微蘖辨別乖先見剪除初非難長養遂成患雖然根性殊常

恐枝葉亂惟應植者深幸不習而變含容固有害勸絶須明斷惟當審斤斧去惡無傷善

韓公閱古堂（一本公作定州）

兵閑四十年士不識金革水旱數千里民流誰墾闢公初來視之嘻此乃予責將法多益辦萬千由十百整齊（一作容）談笑間進退有寸尺曰此易爲身在吾繩與墨天成而地出古所重民食貯儲非一朝人命在旦夕惟茲將奈何敢不竭吾力木牛尚可

運玉磬（一作磬）猶走羅因難乃見材不止將

有得公言初未信終歲考成績驕惰識恩

威謳吟起羸瘠貔貅著行伍倉廩飽堆積

文章娛閑暇（一作弄閑散）傳記尋（一作觀）往昔英

英文與武繁縈圖四壁酒令列諸將談鋒

摧辯客周旋顧視間是不為無益循吏一

州守將軍萬夫敵於公豈止然事業本夔

稷富壽及黎庶威名懾夷狄當歸廟堂上

有位久（一作況）虛席大匠不揮斧衆工隨指

畫從容任羣材文武各以職

永州萬石亭 寄知永州王顧 一本上有寄題注云柳子厚亭

天於生子厚稟予獨艱哉超淩驟拔擢過盛輒傷摧苦其危慮一作厲心常使鳴聲哀投以空曠地縱橫放天才山窮與水險下上極沿洄故其於文章出語多崔嵬人迹所罕到遺蹤久荒頹王君好奇士後二百年來剪雜發幽薈搜尋得瓊王瑰感物不自貴因人乃為材惟知古可慕豈免今所咍我亦奇子厚開編每徘徊作詩示同好為我銘山隈

居士集卷第四

答呂公著見贈百卉漸萎蕤按字書萎於危切草木枯皃既云春膏已動脉豈有萎枯之理當作葳蕤葳蕤草木華垂皃選詩文物共葳蕤東都賦望翠華之葳蕤今改作葳

贈李道士石本作贈宗教李尊師名景仙牙石本作芽惟當石本作但當燁石本作曄

別後寄聖俞夜捶一作[illegible]君老一作去難阸一作艱阸檻穽一作陷穽尚在一作幸在

紫石屏歌在玉匳（在一作生）

獲麟難久視（難一作雞）吁嘻（一作吁噫）

飛蓋橋翫月風波（一作浪）

答呂公著晉人（晉一作昔）

送魏主簿我歎（一作歎我）

人日聚星堂燕集探韻得豐字（豐一作松）

閱古堂周旋（一作摳衣）

萬石亭於文章（於一作爲）

居士集卷第五　歐陽文忠公集五

古詩一十八首

荅原父（一作答劉廷評）

炎歊鬱然蒸午景熾方燄子來清風興蕭蕭吹几簟又如沃瓊漿遽飲不知猒嗟予學苦晚白首困鉛槧危疑奚（一作何）所質孔孟久已窆羣儒窒自私惟子通且贍幸時丐羸餘屢得飽飢歉嚴嚴（一作落落）春秋經大法誰敢覘（一本有譬猶天之蒼乃欲學而染兩句）三才失綱紀（一作紀綱）五代極昏墊盜竊恣胠（一作發）篋英

雄爭奮劒興亡兩倉卒事迹多遺欠一作貶
纔能紀成敗豈暇誅姦僭聞見患孤寡一作陋
是非誰證驗嘗欣同好惡遂乞指瑕玷
反蒙華袞襃如譽嫫母豔救非當在早已
暴一作暴惡何由斂苟能哀癈痼其可惜針砭
風舲或許邀湖綠方灩灩

蟲鳴

葉落秋水冷衆鳥斂已停陰氣入墻壁百
蟲皆夜鳴蟲鳴催歲寒唧唧機杼聲時節
忽已換壯心空自驚平明起照鏡但畏白

髮生

奉答子華學士（一作答韓絳）安撫江南見寄之作（一本無下四字）

百姓病已久一言難遽陳良醫將治之必究病所因天下久無事人情貴因循優游以為高（一作政）寛縱以為仁今日廢其小皆謂不足論明日壞其大又云力難振旁窺各陰拱當職自逡巡歲月浸隳頹紀綱遂紛紜坦坦萬里疆蚩蚩九州民昔而安且富今也迫以貧疾小不加理浸淫將徧身

湯劑乃常藥未能去深根鍼艾有奇功暫痛勿吟呻痛定支體胖乃知鍼艾神猛寬相濟理古語六經存蠹弊華僥倖濫官絶貪昏牧羊而去狼未為不仁入俊乂沉下位惡去善乃伸賢愚各得職不治未之聞此說乃其要易知行每艱遲疑與果決利害反掌間捨此欲有為吾知力徒煩家至與戶到飽飢而衣寒三王所不能豈特今所一作獨今為雖我昔忝諫列日常趨紫宸聖君堯舜心閔閔獨憂勤子華當來時玉音

耳聋親上副明主意下寛斯人也江南彼一方巨細到可詢（一作論）諭以上恩德當冬反陽春吾言乃其槩（一作非）止一方云

送張洞推官赴永興經略司（一本云送張推官掌機宜）

自古天下事及時難必成為謀於未然聰者或莫聽患至而後圖智者有不能未遠前日悔可為来者銘熈熈彼西人老死織與耕狂羝（一作氐）一朝叛烽火四面驚用兵五六年首惡竟逃刑仰賴天子聖乾坤量

包并苗頑不率德舜羽舞于庭謂此雖異類有生亦含情藩籬被觸突譬若豨與羆馴擾以芻豢可呼隨指令彌藩效臣職冠帶復人形四海得休息瘡痍肉新生敢問前孰失恃安而弛兵酒肴為善將循默乃名鄉慮患謂生事高談笑難行一方兵遽起愚智共營營上煩天子仁旰食憂吾氓謀議及臺皁幽棲訪巖扃小利不足為消流動滄溟大功難速就倉卒始改更徒自益紛擾何由集功名乃知深遠畫施設在

安平今也實其時鑑前豈非明嚴嚴經略府罇俎集豪英千營飽而嬉萬馬牧在坰相公黄閣老與國為長城張子美而秀文章慱群經從軍古云樂知己士所榮感激報恩義當来請長纓

寄聖俞 一作因馬察院至云見聖俞於城東輒書長韻奉寄

凌晨有客至自西為問詩老来何稽京師車馬曜朝日何用擾擾隨輪蹄面顔憔悴暗壓土文字光彩垂虹霓空腸時如秋蚓叫苦調或作寒蟬嘶語言雖巧身事拙捷

徑恥蹈行非迷我今俸祿飽餘賸念子朝夕勤鹽虀舟行每欲載米送汴水六月乾無泥乃知此事尚難必何況仕路如天一作丹梯朝廷樂善得賢衆臺閣俊彥聯簪犀朝陽鳴鳳為時出一枝豈惜容其棲古來磊落材與知窮達有命理莫齊悠悠百年一瞬息俯仰天地身醯鷄其間得失何足校況與鳧鶩爭稗稊憶在洛陽年各一作各年少對花把酒傾玻瓈二十年間幾人在在者憂患多乖睽我今三載病不飲眼眵不

騂騧與驪壯心銷盡憶閑處生計易足纔

蔬畦優游琴酒逐漁釣上下林壑相攀躋

及身彊（一作壯）健始為樂莫待衰病須扶攜

行當買田清潁上與子相伴把鋤犁

有馬示徐無黨

吾有千里馬毛骨何蕭森疾馳如奔風白

日無留陰徐驅當大道步驟中五音馬雖

有四足遲速在吾心六轡應吾手調和如

瑟琴東西與南北高下山與林惟意所欲

適九州可周尋至哉人與馬兩樂不相侵

伯樂識其外徒知價千金王良得其性此術固已深良馬須善馭吾言可爲箴

天辰

天形如車輪晝夜常不息三辰隨出沒曾不差分刻（一本有其行一何勤乾健貴於易兩句）北辰居其所帝座嚴尊極衆星拱而環大小（一作小大）各有職不動以臨之任德不任力天辰主下土萬物由生殖一動與一靜同功而異域惟王知法此所以治萬國

再和聖俞見答

两幾相望東與西，書来三日猶為稽。短篇投子譬瓦礫，敢辱報之金裹蹄。文章至寶被埋没，氣象往往干雲霓。飛黄伯樂不世（一作竝）出，四顧驤首空長嘶。嗟哉我豈敢（一作能）知子，論詩（一作經）賴子初指迷。子言古淡有真味，大羹豈須調以虀。憐我區區欲躡學，跛鼈曾不離汙泥。問子初何得臻此，豈能直到無階梯。如其所得自勤苦，何憚入海求靈犀。周旋二紀陪唱和，九翼每竝鸞皇棲。有時爭勝不量力，何異弱魯攻彊齊。

念子京師苦憔悴經年陋巷聽朝（音潮一作晨）雞兒啼妻噤（一作嘻）午未飯得米寧擇秕與稊石上紫豪（一作毫）家故有剡藤瑩滑如玻瓈追惟平昔念少壯零落生死嗟分睽一揮累紙恣奔放駿（一作有）着駑駱仍騄驪腹雖捋虛氣豪橫猶勝諂笑病夏畦名聲不朽豈易得仕宦得路終當躋年來無物不可愛花發有酒誰同攜問我居留亦何事方春苦旱憂民犁

感春雜言（一本題下有和呂公著）

鳩鳴兮屋上雀噪兮簷間百鳥感春陽有
如動機關雄雌相呼和日夕聒聒不得閑
砌下兩株樹枯條有誰攀春風一夜來花
葉何班班乃知天巧奪人力能使枯木生
紅顏奈何人爲萬物靈不及草木與飛翻
自從春来何所覺但恠睡美不覺白日高
南山行逢百花不着眼豈念四氣如回環
却思年少憶一作念前事雖有騏駿難追還
奈何来日尚可樂曾不勉彊相牽挽渌酒
如春波黄金爲誰慳人生一世中一步一作

笑百險艱俟河之清不可得聊自歌此譏愚頑

廬山高贈同年劉中允歸南康

廬山高哉幾千仞兮根盤幾百里巀然屹立乎長江長江西来走其下是為揚瀾左里（一作蠡）兮洪濤巨浪日夕相舂撞雲消風止水鏡淨泊舟登岸而遠望兮上摩青蒼（一作雲霄）以晻靄下壓后土之鴻龐試往造乎其間兮攀緣石磴窺空硿千巖萬壑響松檜懸崖巨石飛流潨水聲聒聒亂人耳六

月飛雪灑石矼仙翁釋子亦往往而逢兮
吾嘗惡其學幻而言哤但見丹霞翠壁遠
近映樓閣晨鍾暮鼓杳靄羅幡幢幽花野
草不知其名兮風吹露濕香澗谷時有白
鶴飛來雙幽尋遠去不可極便欲絶世遺
紛厖羨君買田築室老其下揷秧盈疇兮
釀酒盈缸欲令浮嵐暖翠千萬狀坐卧常
對乎軒窻君懐磊砢有至寶世俗不辨珉
與玒策名為吏二十載青衫白首困一邦
寵榮聲利不可以苟屈兮自非青雲白石

有深趣其氣兀硉何由降丈夫壯節似君少嗟我欲說安得巨筆如長杠

送徐生一作徐無黨之澠池

河南地望雄西京相公好賢天下稱吹噓死灰生氣燄談笑暖律回嚴凝曾陪罇俎被顧盻羅列臺閣皆名卿一作才能徐生南國後來秀得官古縣依崤陵脚靴手板實卑賤賢儁未可吏事繩攜文百篇赴知己西望未到氣已增我昔初官便伊洛當時意氣尤驕矜主人樂士喜文學幕府最盛多

交朋園林相映花百種都邑四顧山千層朝行綠槐聽流水夜飲翠幙張紅燈爾來飄流二十載鬢髮蕭索垂霜冰同時竝遊在者幾舊事欲說無人應（一作膺）文章無用等畫虎名譽過耳如飛蠅榮華萬事不入眼憂患百慮来塡膺羨子年少（一作少年）正得路有如扶桑初日昇名高場屋已得儁世有龍門今復登出門相送親與友何異籬鷃瞻雲鵬嗟吾筆硯久已格感激短章（一作章句）因子興

葛氏鼎（一本有歌字）

大河昔決東南流蕭條東郡今遺湫我從故老問其由云古五鼎藏高丘地靈川秀草木稠鬱鬱佳氣蒸常浮惟物伏見數有周祕藏奇怪神所搜天昏地慘鬼哭幽至寶欲出風雲愁蕩搖山川失維陬九龍大戰驅蛟虬劃然岸裂轟雲騶滑入夜驚鳥嘲啁婦走抱兒扶白頭蒼生仰叫黃屋憂聚徒百萬如蚍蜉千金一掃隨浮漚天旋海沸動九州此鼎始出人間留滑人得之

不敢妝奇模古質非今作器大難用識者不以示世俗遭揶揄明堂會朝饗諸侯饔官百品供王羞調以五味烹全牛時有用捨吾無求二三子學雕琳球見之始驚中歎愀披荒斲古爭窮蒐苦語難出聲咿嚘馬圖出河龜（一作龍）負疇自古怪說何悠悠嗟吾老矣不能休勉彊作詩慙効尤

太白戲聖俞（一作讀李白集効其體）

開元無事（一作太平）二十年五兵不用太白閑太白之精下人間李白高歌蜀道難蜀道

之難難於上青天李白落筆生雲煙千奇萬險不可攀却視蜀道猶平川宮娃扶來白已醉醉裏詩成醒不記忽然（一作來）乘輿登名山龍咆虎嘯松風寒山頭婆娑弄明月九域塵土（一作下看塵世）悲人褱吹笙飲酒紫陽家紫陽真人駕雲車空山流水空流花飄然已去凌青霞下看（一作堪笑）區區郊與島螢飛露濕吟秋草

邊戶

家世爲邊戶年年常備胡兒僮習鞍馬婦

女能彎弧胡塵朝夕起虜騎蔑如無邂逅輒相射殺傷兩常俱自從澶州盟南北結歡娛雖云免戰鬬兩地供賦租將吏戒生事廟堂為遠圖身居界河上不敢界河漁

梅聖俞寄銀杏 一作和聖俞銀杏見寄代書之什

鵝毛贈千里所重以其人鴨脚雖百箇得之誠可珍問予得之誰詩老遠且貧霜野摘林實京師寄時新封包雖甚微採掇皆躬親物賤以人貴人賢棄而淪開緘重嗟惜詩以報慇懃

與子華原父小飲坐中寄同州江十

學士休復

歲晚忽不樂，相過偶乘閑。百年纔幾時，一笑得亦艱。有酒醉嘉客，無錢買嬌鬟。問子官何爲，侍從聯朝班。朝廷多賢材，何用蒯與菅。白髮垂兩鬢，黄金賚九環。奈何韋緌榮，飾此木石頑。於國略無補，有慙常在顔。幸爹二三友，相與文字閒。江子獨捨我一作是高鴻去難攀。秋風動沙苑，郡閤當南山。吟詠日多暇，詔條寬可頒。寒雲雪一作暮紛

糅幽鳥春緜蠻勝事日向好思君何時還

述懷

歲律忽其周陰風慘遼夐孤懷念時節朽質驚衰病憶始來京師街槐綠方映清霜一以零衆木少堅勁物理固如此人生寧久盛當時不樹立後世猶譏評顧我實孤生飢寒談孔孟壯年猶勇為剌口論時政中間豙選擢官實居諫諍豈知身愈危惟恐職不稱十年困風波九死出檻穽再生君父恩知報犬馬性歸來見親識握手相

弔慶丹心皎雖存白髮生一作日已迸慙無羽毛彩来與鸞皇竝鎩翮追群翔孤唳驚衆聽嚴嚴玉堂署清禁肅而靜職業愧論思文章慙誥命厚顔難久居歸計無荒逕偷閑就朋友笑語雜嘲詠歡情雖索寞得酒猶豪橫羣居固可樂寵祿尤難幸何日早收身江湖一漁艇

和劉原父澄心紙一作奉賦澄心堂紙

君不見曼卿子美真奇才久已零落埋黄埃子美生窮死愈貴殘章斷藁如瓊瑰曼

卿醉題紅粉壁壁粉已剥昏煙煤河傾崑崙勢曲折雪壓太華高崔嵬自從二子相繼没山川氣象皆低摧君家雖有澄心紙有敢下筆知誰哉宣州詩翁餓一作飢欲死黄鵠折翼鳴聲哀有時得飽好言語似聽高唱傾金罍二子雖死此翁在老手尚能工翦裁奈何不寄反示我如棄正論求徘詼嗟我今衰不復昔空能把卷闔且開百年干戈流戰血一國歌舞今荒臺當時百物盡精好往往遺弃淪蒿萊君從何處得

此紙純堅瑩賦卷百枚官曹職事喜一作樂
閑暇臺閣唱和相追陪文章自古世不乏
間出安知無後来

居士集卷第五

熈寧七年秋七月男發等編定

紹熈二年三月郡人孫謙益校正

答原父蕭蕭一作肅肅嘗欣一作常欣

答子華灆官一作庯下寛一作衮

寄聖俞俸禄一作禄俸

送徐生幕府一作下

葛氏曷轟雲驫雲一作雷

太白戲聖俞龍咆石本作跑九域石本作擾擾空山

石本作山中下看石本作視

澄心紙空能一作徒能

居士集卷第六　歐陽文忠公集六

古詩二十五首

奉使契丹道中答劉原父桑乾河見寄之作

憶昨初受命同下紫宸朝問君當何之笑指北斗杓共念到幾時春風約回鑣所持既異事前後忽相遼歲月坐易（一作若）失山川行知遙回頭三千里雙闕在紫霄我老倦鞍馬安能事吟嘲君才綽有餘新句益（一作亦）飄飄前日逢呂郭解鞍憩山驛僮僕

相問喜馬鳴亦蕭蕭出君桑乾詩寄我慰寂寥又喜前見君相期駐征軺雖知不久留一笑樂亦聊歸路踐冰雪還家脫狐貉君行我即至春酒待相邀

書素屏

我行三千里何物與我親念此尺素屏曾不離我身曠野多黃沙當午白日昏風力若牛弩飛砂還射人暮投山椒館休此車馬勤開屏置牀頭輾轉夜向晨卧聽穹廬外北風驅雪雲勿愁明日雪且擁狐貉溫

君命固有嚴羈旅誠苦辛但苟一夕安其餘非所云

馬齧雪

馬飢齧雪渴飲一作行踏冰北風卷地来一作寒崢嶸馬悲躑躅人不行日暮塗遠千山横我謂行人止歎嗷馬當勉力無悲鳴白溝南望如掌平十里五里長一作長亭與短亭臘雪銷盡春風輕火燒原頭青草生遠客還家紅袖迎樂哉人馬歸有程男兒雖有四方志無事何須一作煩勤遠征

風吹沙一本題上有北字

北風吹沙千里黃馬行确犖悲摧藏當一作窮冬萬物慘顏一作無色冰雪射日生一作爭光芒一年百日風塵道安得朱顏長美好攬鞍鞭一作起鞭歸馬行匆遲酒熟花開二月時

重贈劉原父一作憶昨呈劉原父

憶昨君當使北時我往别君飲君家愛君小鬟初買得如手未觸新開花醉中上馬不知夜但見九陌燈火人諠譁歸來不記

與君別酒醒起坐空咨嗟自言我亦隨往矣行即逢君何恨邪豈知前後不相及歲（一作日）月怱怱行無涯古北嶺口踏新雪馬盂山西看落霞風雲（一作雪）暮慘失道路磵谷夜靜聞麏麚行迷方嚮但看日度盡山險方逾（一作行）沙客心漸遠誠易感見君雖晚喜莫加我後君歸秖（一作纔）十日君先躍馬未足誇新年花發見回鴈歸路柳暗藏嬌鴉而今（一作今來）春物已爛漫念昔草木冰未芽人生每苦勞事役老去尚能憐物華

從今有暇即相過安得載酒長盈車

贈沈遵 一作贈沈博士歌并序

一本序云予昔於滁州作醉翁亭於瑯瑯山有記刻石往往傳人間太常博士沈遵好奇之士也聞而往遊焉愛其山水歸而以琴寫之作醉翁吟一調惜不以傳人者五六年矣去年冬予奉使契丹沈君會予恩冀之間夜闌酒半出琴而作之予既嘉君之好尚又愛其琴聲乃作歌以贈之

群動夜息浮雲陰沈夫子彈醉翁吟醉翁吟以我名我初聞之喜且驚宫㪉三疊何泠泠酒行暫止四坐傾一本有為君屏百慮各以兩耳聽兩句有如風輕日煖好鳥語夜靜山響春泉

嗚坐思千巖萬壑醉眠處寫君三尺膝上橫沈夫子恨君不為醉翁客不見翁醉一作醉翁山間亭翁歡不待絲與竹把酒終日聽泉穀有時醉倒枕谿石青山白雲為枕屏花間百鳥喚不覺日落山風吹自醒一本有沈夫子君過滁陽令幾時滁人皆喜醉翁醉至今人人能道之長記山間逢太守籃轝酩酊揷花歸六句我時四十猶彊力自號醉翁聊戲客爾来憂患十年間一本客字下作爾来纔十年遇酒飲不得軒裳外飾誠可榮鬢髮未老嗟先白滁人思我雖未忘見我今應不能識沈夫子愛君一

罇復一琴萬事不可干其心自非曾是醉翁客莫向俗耳求知音一本末兩句作高懷所得貴自適俗耳何用求知音可笑人生不飲酒惟知白首戀黃金

答聖俞一本題下有高車見過

人皆喜詩翁有酒誰肯一醉之嗟我獨無酒數往從一作就翁何所為翁居南方我北走世路離合安可期汴渠千艘日上下來及水門猶未知五年不見勞夢寐三日始往何其遲城東賺河有名字萬家棄水為汙池人居其上苟賢者我視此水猶漣漪

入門下馬解衣帶共坐習習清風吹溼薪
熒熒煮薄茗四顧壁立空無遺萬錢方丈
飽則止一瓢飲水樂可一作何涯況出新詩
數十首珠璣大小光陸離他人欲一不可
有一作得君家筐篋滿莫持才大一作多名高
乃富貴豈比金紫包愚癡貴賤同為一丘
土聖賢獨一作長如星日垂道德内樂不假
物猶一作所須朋友并良時蟬蛻漸已變秋
意得酒安問醇與醨玉堂官閑無事業親
舊章可從其私與翁老矣會有幾當棄百

事勤追隨

感興五首 齋於醴泉宮作

奉祠嚴祕館攝事罄精誠歲晏悲木落天寒聞鶴鳴念昔丘壑趣豈知朝市情弱齡嬰仕宦壯節慕功名多病懸厚祿早衰歎餘生未知犬馬報安得遂歸耕

懷祿不知懸人雖不吾責貧交重意氣握手猶感激煌煌腰間金兩鬢颯已白有生天地間壽考非金石古人報一飯君子不茍得憂來自悲歌涕淚下沾臆

清夜雖云長白日亦易晚循環百刻中勢
若九走坂盈虧自相補得失何足算餐霞
可延年飲酒誠自損未知辛苦長孰若適
意短二者一何偷百年皆不免顏回不著
述後世存愈遠聖賢非虛名惟善為可勉
仕宦希寸祿庶無飢寒迫讀書事一作為文
章本以代耕織學成頗自喜祿厚愈多責
挾山以超海事有非其力君子貴量能無
輕食人食

唧唧復唧唧夜歎曉未息蟲聲急愈尖病

耳聞若刺壯士易爲老良時難再得日月相隨東天行自西北三者不相謀萬古無窮極安知人間世歲月忽已易

吴學士石屏歌 一作和張生鵶樹屏一無和字

晨光入林衆鳥驚腷膊羣飛鵶亂鳴穿林四散投空去黄口巢中飢待哺雌者下啄雄高盤雄雌相呼飛復還空林無人鳥聲樂古木參天枝屈蟠下有怪石横樹 一作其 間煙埋草没苔蘚斑借問此景誰圖寫乃是吾家石屏者虢工剗山取山骨朝鑱暮

斵非一日萬象皆從石中出吾嗟人愚不見天地造化（一作造物）之初難乃云萬物生自然豈知鐫鑱刻畫醜與妍千狀萬態不可殫神愁鬼泣晝（一作日）夜不得閑不然安得巧工妙手憊精竭思不可到若無若有縹緲生雲煙鬼神功成天地惜藏在虢山深處石惟人有心無不獲（一作乃知人為天地賊）天地雖神（一作公有物）藏不得又疑鬼神好勝憎吾儕欲極奇怪窮吾才乃（一作故）傳張生自西來吳家學士見且咍醉點紫毫淋墨煤君

才自與鬼神鬬嗟我老矣安能陪

初食車螯（一本題上云京師）

纍纍盤中蛤来自海之涯坐客初未識食之先歎嗟五代昔乖隔九州如剖瓜東南限淮海邈不通夷華於（一作于）時北州人飲食陋莫加鷄豚爲異味貴賤無等差自從聖人出天下爲一家南産錯交廣西珍富邛巴水載每連舳陸輸動盈車谿潜細毛髮海恠雄鬚牙豈惟貴公侯閭巷飽魚鰕此蛤今始至其来何晚邪螯蛾聞二名（車螯）

一名車蛾久見南人誇璀璨殼如玉斑斕點生花含漿不肯吐得火遽已呀共食惟恐後爭先屢成譁但喜美無猒豈思来甚遐多懸海上翁辛苦斸泥沙

送裴如晦之吳江一本無下三字注云席上分得已字

雞鳴車馬馳夜半轂未已皇皇走轂利與日爭寸晷而我獨何為閑宴奉君子京師十二門四方来萬里顧吾坐中人暫聚浮雲爾念子一扁舟片帆如鳥起文章富千箱吏祿求斗米白玉有時沽青衫豈須恥

人生足憂患合散乃常理惟應當歡時飲酒如飲水

盤車圖 一本上題和聖俞下注呈楊直講

淺山嶙嶙亂石矗矗山石磽嶅車碌碌山勢盤斜隨澗谷側轍傾轅如欲覆出乎两崖之隘口忽見百里之平陸坡長坂峻牛力疲天寒日暮人心速楊寢 一作生 忍飢官太學得錢買此纔盈幅愛其樹老石硬山回路轉高下曲直横斜隱見妍媸嚮背各有態遠近分毫皆可辨自言昔 一作古 有數

家筆畫古（一作久）傳多名姓失後来見者知謂誰乞詩梅老聊稱述古畫畫意不畫形梅詩詠物無隱情忘形得意知者寡不若見詩如見畫乃知楊生真好奇此畫此詩兼有之樂能自足乃（一作即）為富豈必金玉名高貲朝看畫暮讀詩楊生得此可不飢

答梅（一作和無梅字）聖俞莫登樓（在禮部貢院鎖試進士上元夜作）

莫登樓樂哉都人方競遊樓闕夜氣春煙浮玉輪東来從海陬纖靄洗盡當空留燈

光月色爛不收火龍啣山祝千秋緣竿踏索雜幻優鼓喧管咽耳欲咻清風嫋嫋夜悠悠瑩蹄文一作輪蹄交角車如流婭姹扶欄車两頭髮髦垂鬟嬌未羞念昔年少追朋儔輕衫駿馬今則不中年病多昏两眸夜視曾不如鵂鶹足雖欲往意已休惟思睡眠擁衾裯人心利害两不謀春陽稍愆天子憂安得四野陰雲油其澤以時豐麥麰遊騎踏泥非我愁

答聖俞莫飲酒此已下皆貢院中作

子謂莫飲酒我謂莫作詩花開木落蟲鳥悲四時百物亂我思朝吟摇頭暮蹙眉雕肝琢腎聞退之此翁此語還自違豈如飲酒無所知自古不飲無不死惟有為善不可遲（一作遺）功施當世聖賢事不然文章千載垂其餘酩酊一罇酒萬事峥嶸皆可齊腐腸糟肉兩家説計較屑屑何其卑死生壽夭無足道百年長短纔幾時但飲酒莫作詩子其聽我言非癡

思白兔雜言戲答公儀憶鶴之作

君家白鶴白雪毛我家白兔白玉毫誰将贈兩翁謂此二物皎潔勝瓊瑶已憐野性易馴擾復愛仙格何孤高玉兔四蹄不解舞不如雙鶴能清唳低垂兩翅趂節拍（一作拍節）婆娑弄影誇嬌饒兩翁念此二物者久不見之心甚勞京師少年殊好尚意氣横出争雄豪清罇美酒不輒飲千金争買紅顏韶莫令少年聞我語笑我乖僻遭譏嘲或被偷開兩家籠縱此二物令逍遥免奔滄海却入明月窟鶴飛玉山千仞直上青

松巢索然兩衰翁何以慰慰無慘纖腰綠鬢既非老者事玉山滄海一去何由招

戲答聖俞

鶴行而啄青玉觜枯松脚兎蹲而壘尖兩耳攢四蹄往往於人家高堂淨屋一作曾室見之錦裝玉軸掛壁垂乍見拭目猶驚疑羽毛𧝓褷眼睛活若動不動如風吹主人矜誇百金買云此絶筆人間奇畫師畫生不畫死所得百分三二爾豈如戢物戢其真凡物可愛惟精神況此二物物之珍月

光臨靜夜雪色凌清晨二物於此時瑩無一點纖埃塵不惟可醒醉翁醉能使詩老詩思添清新醉翁謂詩老子勿誚我愚老弄兔兒憐鶴雛與子俱老其衰手奈何反捨我欲向一作去東家看舞妹須防舞妹見客笑白髮蒼顏君自照

和梅龍圖公儀謝鷴

有詩鶴勿喜無詩鷴勿悲人禽固異性所趣各有宜朝戲青竹林暮棲高樹枝咿呦山鹿鳴挌磔野鳥啼轂音不相通各以類

自隨使鶴居籠中垂頭以（一作似）聽詩鷄鴟享鍾鼓魚鳥見西施鸝鶴不宜爭所爭良可知蚍蜉與蟻子為物固已微當彼兩交鬬勇如聞鼓鼙有心皆好勝未免爭是非於我一何薄於彼一何私欄檻啄花卉叫號驚睡兒跳踉兩脚長落泊雙翅垂何足充翫好於何定妍媸鶴鸝口不能言夜夢以告之主人起謝鸝從我今幾時僮奴謹守護出入煩提攜逍遙遂棲息飲啄安雄雌花底弄日影風前理毛衣豈非主人恩報

効爾宜思主人令白髮把酒無翠眉養鶴
鷴又妬我言堪解頤

和聖俞感李花

昨日摘花初見桃今日摘花還見李晴風
暖日苦相催春物所餘知有幾中年多病
壯心衰對酒思歸未得歸不及牆根花與
草春來隨處自芳菲

折刑部海棠戲贈聖俞二首

搖搖牆頭花笑笑弄顔色荒涼衆草間露
此紅的皪草木本無情及時如自得青春

不可恃白日忽已昃繞之重吟哦歸坐成歎息人生浪自苦得酒且開釋不見宛陵翁作詩頭早白

搖搖牆頭花豔豔爭青娥朝見開尚少暮看繁已多不惜花開繁所惜時節過昨日枝上紅今日隨流波物理固如此去（一作古）來知奈何達人但飲酒壯士徒悲歌

刑部看竹効孟郊體

花妍兒女姿零落一何速竹色君子德猗猗寒更綠京師多名園車馬紛馳逐春風

紅紫時見此蒼翠玉凌亂迸青苔蕭踈拂華屋森森日影閑濯濯生意足幸此接清賞盌辭薦芳醪黃昏人去（一作黃昏寂寂　一作寂寂人去）鎖空廊枝上月明春（一作看）鳥宿

居士集卷第六

熙寧五年秋七月男發等編定

紹熙二年三月郡人孫謙益校正

答聖俞則止（一作即止）

石屏歌斲（一作琢）雄雌（一作雌雄）

食車螯但喜（一作知）

莫飲酒雕肝琢腎一作雕琢肝腎

思白兎白鶴白雪毛石本作雙鶴輕霜毛嬌饒一作妖饒

爭買石本作鬬買

感李花摘花還見李花一作桃

居士集卷第七　歐陽文忠公集七

古詩二十二首

贈沈博士歌遵一作醉翁吟

沈夫子胡爲醉翁吟醉翁豈能知爾琴滁山高絶滁水深空巖悲風夜吹林山一作泉溜白玉懸青岑一瀉萬仞源莫尋醉翁每來喜登臨醉倒石上遺其簪雲荒石老歲月侵子有三尺徽一作暉黃金寫我幽思窮崎嶔自言愛此萬仞水謂是太古之遺音泉淙石亂到不平指下嗚咽悲人心時時

弄餘聲言語軟滑如春禽嗟乎沈夫子爾琴誠工彈且止我昔被謫居滁山名雖一作雖名爲翁實少年坐中醉客誰最賢杜彬琵琶皮作絃自從彬死世莫傳玉練鎖東坡詩云新客從翻玉連鎖練疑當作連聲入黃泉死生聚散日零落耳冷心衰翁索莫國恩未報慙祿厚世事多虞嗟力薄顏摧鬢改眞一翁心以一作已憂醉安知樂沈夫子謂我翁言何苦悲人生百年間飲酒能幾時攬衣推琴起視夜仰見河漢西南移

和聖俞李侯家鴨脚子

鴨脚生江南，名實未相浮。絳囊因入貢，銀杏貴中州。致遠有餘力，好奇自賢侯。因令江上根，結實夷門秋。始摘纔三四，金奩獻凝旒。公卿不及識，天子百金酬。歲久子漸多，纍纍枝上稠。主人名好客，贈我比珠投。博望昔所徙，蒲萄安石榴。想其初來時，厥價與此侔。今也徧中國，籬根及牆頭。物性久雖在，人情逐時流。惟當記其始，後世知來由。是亦史官法，豈徒續君謳。京師無鴨脚樹，駙馬

都尉李和文自南方移植于其第

送吴生南歸（一作送吴孝宗字子京）

自我得曾子，於兹二十年。今又得吴生，既得喜且歎。古士不並出，百年猶比肩。區區彼江西，其産多材賢。吴生初自疑，所擬豈其倫。我始見曾子，文章初亦然。崑崙傾黄河，渺漫盈百川。決疏以道（一作導）之，漸斂收横瀾。東溟知所歸，識路到不難。吴生始見我，袖藏新文篇（一作編）。忽從布褐中，百寶寫（一作瀉）我前。明珠雜璣貝，磊砢或不圓。問生

久懷此奈何初無聞吴生不自隱欲吐羞
俛顔少也不自重不爲鄉人憐中雖知自
悔學問苦賤貧自謂久而信力行困彌堅
今來決疑惑幸冀蒙洗湔我笑謂吴生爾
其聽我言世所謂君子何異於衆人衆人
爲不善積微成滅身君子能自知改過不
逡巡惟於斯二者愚智遂以分顔回不貳
過後世稱其仁孔子過而更日月披浮雲
子路初來時雞冠佩豭豚斬蛟射白額後
卒爲名臣子旣悔其往人誰禦其新醜夫

祀上帝孟子豈不云臨行贈此言庶可以書紳

雞冠一作冠雞

樂哉襄陽人送劉太尉從廣一作景元赴襄陽一本無下三字景元蓋字

嗟爾樂哉襄陽人萬屋連甍清漢濱語言輕清微帶秦南通交廣西峨岷羅縠纖麗藥物珍枇杷甘橘薦清罇磊落金盤爛璘璘槎頭縮項昔所聞黃橙擣一作擣新橙齏香復辛春雷動地竹走根錦苞玉筍味爭新鳳林花發南山春掩映谷口藏山門樓臺

金碧瓦鱗鱗峴首高亭倚浮雲漢水如天瀉浤浤斜陽返照白鳥羣兩岸桑柘雜耕耘文王遺化已寂寞千載誰復思其仁荆州漢魏以來重古今相望多名臣嗟爾樂哉襄陽人道扶白髮抱幼孫遠迎劉侯朱兩（一作望朱）輪劉侯年少氣甚淳詩書學問若寒士罇俎談笑多嘉賓徃時邢洛（一作臺）有善政至今遺愛留其民誰能持我詩以徃爲我先賀襄陽人

奉酬楊州劉舍人見寄之作（原父一作酬）

劉原父見寄

別君今幾時歲月如揷羽悠悠寢與食忽
忽朝復暮紛紛竟何爲凜凜還自懼朝廷
無獻納倉廩徒耗蠹風霜苦見侵衰病日
增故江湖豈不思懇悃布已屢美哉廣陵
公風政傳道路優游侍從臣左右天子顧
君來一何遲我請亦有素何當兩還分尚
冀一相過把手或未能尺書幸時寓

西齋手植菊花過節始開偶書奉呈
聖俞

秋風吹浮雲寒雨灑清曉鮮鮮牆下菊顏色一何好好色豈能常得時仍不早文章損精神何用覷天巧四時悲代謝萬物惜凋槁豈知寒鑑中兩鬢甚秋草東城彼詩翁學問同少一作年小風塵世事多日月良會少我有一罇酒念君思共倒上浮黃金蘂送以清歌裊為君發朱顏可以却君老

於劉功曹家見楊直講褎女奴彈琵琶戲作呈聖俞

大絃聲遲小絃促十歲嬌兒彈啄木啄木不啄新生枝惟啄槎牙（一作牙槎）枯樹腹花蘩蔽日鎖空園樹老參天杳深谷不見啄木鳥但聞啄木聲春風和暖百鳥語山路磽确行人行啄木飛從何處來花間葉底時丁丁林空山靜啄愈響行人舉頭飛鳥驚嬌兒身小指撥硬功曹廳冷絃索鳴繁聲急節傾四坐爲爾飲盡黃金觥楊君好雅心不俗太學官卑飯脫粟嬌兒兩幅青布裙三脚木牀坐調曲奇書古畫不論價盛

以錦囊裝玉軸披圖掩卷有時倦卧聽琵琶仰看屋客來呼兒旋梳洗蒲額花鈿貼黄菊雖然可愛眉目秀無柰長飢頭頸縮宛陵詩翁勿誚渠人生自足乃爲娱此兒此曲翁家無

長句送陸子履學士通判宿州一本作亳州非

古人相馬不相皮瘦馬雖瘦骨法奇世無伯樂良可嗤千金市馬惟市一作共肥騏驥伏櫪兩耳垂夜聞秋風仰秣嘶一朝絡以

黃金羈旦刷一作發吳越暮燕陲丈夫可憐憔悴時世俗庸庸皆見遺子履自少聲名馳落筆文章天下知開懷吐胷不自疑世路迫窄多穽機鑽毛零落風霜摧十年江湖千首詩歸來京國舊遊非大笑相逢索酒卮酒酣猶能弄蛾眉山川搖落百草腓愛君不改青松枝念君明當整驂騑贈以瑤華期早歸豈惟朋友相追隨坐使臺閣生光輝

送公期得假歸絳

風吹積雪銷太行水暖河橋楊柳芳少年初仕即京國故里幾歸成鬢霜山行馬瘦春泥滑野飯天寒餳粥香留連芳一作物風佳節過東帶還來朝未央

送宋次道學士赴一作知太平州敏求

古堤老柳藏一作楊柳排春煙桃花水下清明前江南太守見之笑擊鼓揷旗催解船一作打鼓揷旗催發船侍中令德宜有後學士清才方少年文章秀粹得家法筆畫點綴多餘一作逾妍藏書萬卷復強記故事累朝能口傳

來居侍從乃其職遠置州郡誰謂（本多作爲）然交游一時盡英（一作豪）俊車馬兩岸來聯翩船頭朝轉暮千里有酒胡不爲（一作爲不）留連

謝觀文王尚書惠西京牡丹（舉正）

京師輕薄兒意氣多豪俠爭誇朱顏事年少肯慰白髮將花插尚書好事與俗殊憐我霜毛苦蕭颯贈以（一作寄贈）洛陽花滿盤鬭麗爭奇紅紫雜兩京相去五百里幾日馳來足何捷紫檀金粉香未吐緑蕚紅苞露猶浥謂我嘗爲洛陽客頗向此花曾涉獵

憶昔進士初登科始事相公沿吏牒河南官屬盡賢俊洛城池（一作苑）籞相連接我時年纔二十餘每到花開如蛺蝶姚黃魏紅腰帶鞓潑墨齊頭藏綠葉鶴翎添色又其次此外雖妍猶婢妾爾來不覺三十年歲月纔如熟羊胛無情草木不改色多難人生自摧拉見花了了雖舊識感物依依幾抆睫念昔逢花必沽酒起坐驩呼屢傾榼而今得酒復何爲愛花繞之空百匝心衰力懶難勉彊與昔一何殊勇怯感公意厚

不知報墨筆淋漓口徒囁

送朱職方提舉運鹽（一本云表臣）

齊人謹（一作建）鹽筴伯者之事爾計口收其餘登耗以生齒民充國亦富粲若有條理惟（一作雖）非三王法儒者猶爲恥後世益不然榷奪由漢始權量自持操屑屑已甚矣穴竈如蜂房熬波銷海水豈知戴白民食淡有至死物艱利愈厚令出姦隨起良民陷盜賊峻法難禁止問官得幾何月課煩笞箠公私兩皆然巧拙可知巳英英職方

郎文行辭而美連年宿與泗有政皆可紀忽來從辟書感激赴知己閔然哀遠人吐策獻天子治國如治身四民猶四體奈何窒其一無異釱厥趾工作而商行（一作商賈）與本末相表裏臣請通其流爲國掃泥滓金錢歸府藏滋味飽閭里利害難先言歲月可較比鹽官皆謂然丞相曰可喜適時乃爲才高論徒譎詭吾苟今（一作復）出未以彼易此隋堤樹毿毿汴水流瀰瀰子行其勉旃吾黨方傾耳

嘗新茶呈聖俞

建安三千里京師三月嘗新茶人情好先務取勝百物貴早相矜誇年窮臘盡春欲動蟄雷未起驅龍（一作龍未起驅蟲）蛇夜聞擊鼓蒲山谷千人助叫聲喊呀萬木寒癡睡不醒惟有此樹先萌芽乃知此爲最靈物宜（一作疑）其獨得天地之英華終朝採摘不盈掬通犀銙小圓復窊鄙哉穀雨槍與旗多不足貴如刈麻建安太守急寄我香蒻包褁封題斜泉甘器潔天色好坐中揀擇客

亦嘉（一作佳）新香嫩色如始造不似來遠從

天涯停匙側盞試水路拭目向空看乳花

可憐俗夫把金錠（一作挺一作鋌茶錄多用挺字爲古按集韻錠字去聲訓鐙鋌字上聲訓銅鐵樸）猛火炙背如蝦蟇由來

眞物有眞賞坐逢詩老頻咨嗟須臾共起

索酒飲何異奏雅終淫哇

次韻再作（一本云茶歌）

吾年向老世味薄所好未衰惟飲茶建谿

苦遠雖不到自少嘗見閩人誇每嗤江浙

凡茗草叢生狠藉惟藏虵（今江浙茶園俗言多虵）豈

如含膏入香作金餅蜿蜒兩龍戲以呀其餘品第亦奇絕愈小愈精皆露芽泛之白花如粉乳乍見紫面生光華手持心愛不欲碾有類弄印幾成窊論功可以療百疾輕身久服勝一作如胡麻我謂斯言頗過矣其實最能袪睡邪茶官貢餘偶分寄地遠物新來意嘉親烹屢酌不知厭自謂此樂眞一作誠無涯未言久食成手顫已覺疾飢一作病生眼花客遭水厄疲捧椀口吻無異蝕月蟇僮奴傍視疑復笑嗜好乖僻誠堪

嗟更蒙酬句恠可駭兒曹助噪聲哇哇

樂郊詩 爲劉原甫作一本注原父鄆州東園也

樂郊何所樂所樂從公遊三日公不出其民蹙然愁一聞車馬音從者如雲浮吾問鄆之人無乃失業不去惟安其業然後樂其休樂郊何所有胡不考公詩有山在其東有水出逶夷有臺以臨望有沼以游嬉俯仰迷上下朱欄映清池草木非一種青紅隨四時其餘雖瑣屑處置各有宜樂郊何以名吾爲本其意自古賢哲人所存非

一世當時偶然迹來者因不廢郵非公久留公去民孰賴此亭公所登此樹公所憇俾民百年思豈取一日醉

洗兒歌 爲聖俞作一本云前日送酒遂助洗兒輒成短歌更資一笑呈聖俞

月暈五色如虹蜺深山猛虎夜生兒虎兒可愛一作憐光陸離開眼已有百步威詩翁雖老神骨秀想見嬌嬰目與眉木星之精爲紫氣照山生玉水生犀兒一作此翁不比他兒翁三十年名天下知材高位下衆所惜

天與此兒聊慰之翁家洗兒衆人喜不一作莫惜金錢散閭一作鄰里宛陵他日見高門車馬煌煌梅氏子

鳴鳩 崇政殿後考試所作

天將陰鳴鳩逐婦鳴中林鳩婦怒啼無好音天雨止鳩呼婦歸鳴且喜婦不亟歸一作急還呼不已逐之其去恨不早呼不肯來固其理吾老病骨知陰晴每愁天陰聞此聲日長思睡不可得遭爾聒聒何時停衆鳥笑鳴鳩爾拙固無匹不能娶巧婦以共營

家室寄巢生子四散飛一身有婦長相失
夫婦之恩重太山背恩棄義須臾間心非
無情不得已物有至拙誠可憐君不見人
心百態巧且艱臨危利害兩相關朝爲親
戚暮仇敵自古常嗟交道難

代鳩婦言一本注閨士有欲弃妻者作

斑然錦翼花蔟蔟雄雌相隨樂不足抱雛
出卵翅羽成豈料一朝還反目人言嫁雞
逐雞飛安知嫁鳩被鳩逐古來有盛必有
衰富貴莫忘貧賤時女棄父母嫁一作婦曰

歸中道捨君何所之天生萬物各有類誰謂鳥獸爲無知雛無仁義有情愛苟聞此言寧不悲

看花呈一本有韓子華內翰崇政殿後考試作

老雖可憎還可嗟病眼眵昏愁看花不知花開桃與李但見紅白何交加春深雨露新洗濯日暖金碧相輝華浮香著物收不得含意欲吐情無涯可愛疎簾靜相對最宜落日初西斜時傾賜壺共斟酌及此蜂鳥方諠譁凡花易見不足數禁籞難到堪

歸誇老病對此不知猒年少何用苦思家

啼鳥 崇政殿後考試舉人卷子作

提葫蘆提葫蘆不用沽美酒宮一作官壺日賜新撥醅老病足以扶衰朽百舌子百舌子莫道泥滑滑宮花正好愁雨來暖日方催花亂發苑樹千重緑暗春珍禽綵羽自成羣花開祇慣迎黃屋鳥語初驚見外人千聲百囀忽飛去一作來枝上自落紅紛紛晝簾陰陰隔宮燭禁漏杳杳深千門可憐枕上五更聽不似滁州山裏聞

和聖俞一本二字作人唐書局後叢莽中得芸香一本之作用其韻

有芸黄其華在彼衆草中清香濯曉露秀色搖春風幸依華堂陰一顧曾不蒙大雅彼君子偶來從學宮文章高一世論議一作議論伏羣公多識由博學新篇匪雕蟲唱酬爛衆作光輝發幽叢在物苟有用得時寧久窮可嗟凡草木糞壤自青紅

答劉原父舍人見過後中夜酒定復追昨日所覽雜記并簡梅聖俞之作

君子忽我顧一作顧我貧家復何有虛堂來清風佳果薦濁酒簡編記遺逸論議相可否欲知所書人其骨多已朽前者旣已然後來寧得久所以昔人云杯行莫停手

居士集卷第七

熙寧五年秋七月男發等編定

紹熙二年三月郡人孫謙益校正

朝佐謂樂郊詩有水出逶夷夷平也傷也
與逶字不類按說文逶迤斜去皃集韻委
曲自得皃詩作委蛇漢書作逶蛇恐合作
逶迤而蜀本建本羅氏本誤作透夷
永嘉錢文子謂詩羔羊篇有委蛇字離騷
載雲旗之委蛇一本作逶迤一本作委移
劉向九歎遵江曲之逶移盖變委作逶變
蛇作迤移二字矣張衡西京賦女娥坐而
長歌聲清暢而蜲蛇又以委爲蜲孫綽天
台山賦既克濟於九折路威夷而脩通潘

安仁金谷集詩迴谿縈曲阻峻阪路威夷又盡變作威夷字皆委曲貌今作逶夷乃參古今之變必有所據其實則平夷也

右逶夷二字初不必辯著此以爲輕改字畫之戒

送吴生 我前（一作在前）顏回（一作顏子）祀上帝（祀一作事）

送公期歸絳 還來（一作歸來）

謝王尚書牡丹 力懶（一作力乏）

嘗新茶 三月（一作二月）此爲（一作草木）向空（一作向簷）

看花老病（一作老翁）年少（一作少年）

和聖俞芸香 光輝（一作光耀）

續添

楊直講女奴彈琵琶 行人舉頭飛鳥驚（一作衆鳥啁啾飛且驚）盛以錦囊（一作古錦裁囊）

謝王尚書牡丹 事年少（事一作競）復何爲（復一作亦）

次韻再作

豈如（一作豈知）亦奇絕（一作亦各）偶分寄偶（一作忽）疑復笑（復一作且）

答原甫見過

佳果（一作佳景）

居士集卷第八　歐陽文忠公集八

古詩二十一首

有贈余以端谿緑石枕與蘄州竹簟皆佳物也余既喜睡而得此二者不勝其樂奉呈原父舍人聖俞直講

端谿琢出缺月樣，蘄州織成雙水（一作錦）紋。呼兒置枕展方簟，赤日正午天無雲。黃琉璃光緑玉潤，瑩淨冷滑無埃（一作纖）塵。憶昨開封暫陳力，屢乞殘骸避煩劇。聖君哀憐大臣閔，察見衰病非虛飾。猶蒙不使如（一作加罪去特許遷官還舊職選材臨事不堪用見利無慙惟苟得一從僦舍（一作屋）居城南官不坐曹門（一作閑）少客自然唯與睡相宜以懶遭（一作投）閑何愜適從來羸苶苦疲困況此煩歊正炎赫少壯喘息人莫聽中年鼻鼾尤惡聲癡兒掩耳謂雷作竈婦驚窺疑釜鳴蒼蠅蠛蠓任緣撲蠹（一作詩）書懶架拋縱橫神昏氣濁一如此言語思慮何由清嘗聞李白好飲酒欲與鐺杓同生死（一作死生）我今好睡又過之身與二物爲三爾

江西得請在旦暮收拾歸裝從此始終當卷簟攜枕去築室買田清潁尾

夜聞風聲有感奉呈原父舍人聖俞直講

夜半羣動息有風生樹端颯然飄我衣起坐爲長歎苦暑君勿猒初涼君勿歡暑在物猶盛涼歸歲將寒清霜忽以飛零露亦漙漙霜露（一作四時）本無情豈肯私蕙蘭不獨草木爾君形安得宁櫛髮變新白鑑容銷（一作無）故丹風埃共侵迫心志亦摧殘萬古

一飛隼兩矅雙跳丸擾擾賢與愚流沙逐驚湍其來固如此獨久知誠難服食爲藥悞此言眞不刋但當飲美酒何必被輕紈

答梅聖俞大雨見寄

夕雲若頽山夜雨如决渠俄然見青天⿰谷炎⿰谷炎升蟾蜍倏忽陰氣生四面如吹嘘狂雷走昏黑驚電照夔魖搜尋起龍蟄下擊墓與墟雷聲每軒轟雨勢隨疾徐初若浩莫止俄收閴無餘但掛千丈虹紫翠横空虚頃刻百變態晦明誰卷舒豈知下土人水

潦没襟裾擾擾泥淖中無異鴨與豬嗟我
來京師庇身無弊廬閑坊僦古屋卑陋雜
里閭鄰注湧溝竇街流溢庭除出門愁浩
渺閉戶恐爲瀦牆壁豁四達幸家無貯儲
蝦蟇鳴竈下老婦但欷歔九門絕來薪朝
爨欲毀車壓溺委性命焉能顧圖書乃知
生堯時未免憂爲魚梅子猶念我寄聲憂
我居慰我以新篇琅琅比瓊琚官閑行能
薄補益愧空疎歲月行晚矣江湖盡歸歟
吾居傳郵爾此計豈躊躇

答聖俞白鸚鵡雜言

憶昨滁山之人贈我玉兔子粵明年春玉兔（一有子字）死日陽晝出月夜明世言兔子望月生謂此瑩然而白者譬夫水之爲雪而爲冰皆得一陰凝結之純精常恨處非大荒窮北極寒之曠野養違其性夭厥齡豈知火維地荒絶漲海連天沸天（一作火）（一作炎）熱黃冠黑距人語言有鳥玉衣尤皎潔乃知物生天地中萬殊難以一理通海中洲（一作州）島窮人迹來市廣州蠻八國其間注輦

來最稀（一作遠）此鳥何年隨海舶誰能徧歷
海上峯萬怪千奇安可極兔生明月月在
天玉兔不能久人間況爾來從炎瘴地豈
識中州霜雪寒渴雖有飲飢有啄羈紲終
知非爾樂天高海闊路（一作終）茫茫嗟爾身
微羽毛弱爾能識路知所歸吾欲開籠縱
爾飛俾爾歸誑宛陵詩此老詩名聞四夷

清明前一日韓子華以靖節斜川詩
見招遊李園既歸遂苦風雨三日不
能出窮坐一室家人輩倒殘壺得酒

數杯泥深道路無人行去市又遠索
於筐筥一作篋得枯魚乾鰕數種彊飲
疾醉昏然便寐既覺索然因書所見
奉呈聖俞 得酒一作得濁酒
少年喜追隨老大厭諠譁慙愧二三子邀
我行看花花開豈不好時節亦云嘉因病
既不飲衆歡獨成一作我嗟管絃暫過耳風
雨愁還家三日不出門堆豗類寒鴉妻兒
強我飲飣餖果與瓜濁酒傾殘壺枯魚雜
乾鰕小婢立我前赤脚兩髻丫軋軋鳴雙

絃正如觼嘔啞坐令江湖心浩蕩思無涯寵禄不知報鬢毛今已華有田清潁間尚可事桑麻安得一黃犢幅巾駕柴車

奉答原甫見過寵示之作

不作流水聲行將二十年吾生少賤足憂患憶昔有罪初南遷飛帆洞庭入白浪墮淚三峽聽流泉援琴寫得入此曲聊以自慰窮山閒中間永陽亦如此醉卧幽谷聽潺湲自從還朝戀榮（一作寵）禄不覺鬢鬚俱凋殘耳衰聽重手漸顫自惜指法將誰傳

偶欣日色曝書畫試拂塵埃張斷絃嬌兒癡女遶翁膝爭欲彊翁聊一彈紫微閣老適我過愛我指下聲泠然戲（一作語）君此是伯牙曲自古常歎知音難君雖不能琴能得琴（一作其）意斯爲賢自非樂道甘寂寞誰肯顧我相留連興闌束帶索馬去卻鎖塵匣包青氈

會飲聖俞家有作兼呈原父景仁聖從

憶昨九日訪君時正見堦前兩叢菊愛之

欲繞行百匝庭下不能容我足折花却坐時嗅之已醉還家手猶馥今朝我復到君家兩菊堦前猶對東枯莖槁葉苦風霜無復滿叢金間緑京師誰家不種花碧砌朱欄敞華屋奈何來對兩枯株共坐窮簷何竒促詩翁文字發天葩豈比青紅凡草木凡草開花數日間天葩無根長在目遂令我每飲君家不覺長鉼卧牆曲坐中年少皆賢豪莫怪我今雙鬢禿須知朱顏不可恃有酒當歡一作飲且相屬

依韻奉酬聖俞二十五兄見贈之作

與君結交遊我最先衆人我少既多難君家常苦貧今爲兩衰翁鬚白面亦皺念君懷中玉不及市上珉珉賤易爲價玉棄久埋塵惟能吐文章白虹射星辰幸同居京城遠不隔重闉朝罷二三公隨我如魚鱗君聞我來喜置酒留逡巡不待主人請自脫頭上巾歡情雖漸鮮老意益相親窮達何足道古來兹理均

小飲坐中贈別祖擇之赴陝府 無擇

明日君當千里行今朝始共一罇酒豈惟明日難重持試思此會何嘗有京師九衢十二門車馬煌煌事奔走花開誰得屢相過盞到莫辭頻舉手驩情落寞酒量減置我不須論老朽奈何公等氣方豪雲夢正當吞八九擇之名聲重當世少也多奇晚方偶西州政事藹風謠右掖文章煥星斗待君歸日我何爲手把鋤犂汝陰叟

奉答聖俞達頭魚之作

吾聞海之大物類無窮極蟲鰕淺水間羸

蜆如山積毛魚與鹿角一龠（一作拾）數千百收藏各有時嗜好無南北其微（一作小）既若斯其大有（一作其大固一作大者固）莫測波濤浩渺中島嶼生頃刻俄而沒不見始悟（一作久始）出背脊有時隨潮來暴死疑遭謫海人相呼集刀鋸爭剖（一作斫）析骨節駭專車驪芒（一作牙）侔劍戟腥聞數十里餘臭久乃息始知百川歸固有含容德潛奇與祕寶萬狀（一作物）不一識嗟彼達頭微誰傳到（一作偶傳到一作偶傳入）京國乾枯少滋味治（平聲）洗費炮炙聊茲知

異物豈足薦佳客一旦辱（一作得）君詩虛名從此得（京師人不識此魚滄州向防禦見寄以分聖俞辱以詩答）

送刁紡推官（一本無二字）歸潤州

翹翹名家子自少能慷慨嘗從幕府辟躍馬臨窮塞是時西邊兵屢戰輒（一作無功屢）奔潰歸來買良田俛首學秉耒家爲白酒醇門掩青山對優游可以老世利何足愛奈何從所知又欲向并代主人忽南遷此計亦（一作乃）中悔彼在吾往（一作乃）從彼去吾亦退與人交若此可以言節槩

夜坐彈琴有感二首呈聖俞

吾愛陶靖節有琴常自隨無絃人莫聽此
樂有誰知君子篤自信衆人喜隨時其中
苟有得外物竟何爲寄謝伯牙子何須鍾
子期

鍾子忽已死伯牙其已乎絕絃謝世人知
音從此無瓠巴魚自躍此事見於書師曠
嘗一鼓羣鶴舞空虛吾恐二三說其言皆
過歟不然古今人愚智邈已殊奈何人有
耳不及鳥與魚

二月雪

寧傷桃李花，無損杞與菊。杞菊吾所嗜，惟恐食不足。花開少年事，不入老夫目。老夫無遠慮，所急在口腹。風晴日暖雪初銷，踏泥自採籬邊綠。

歸田四時樂春夏二首（秋冬二首命聖俞分作）

春風二月三月時，農夫在田居者稀。新陽晴暖動膏脉，野水泛灩生光輝。鳴鳩聒聒屋上啄，布穀翩翩桑下飛。碧山遠映丹杏發，青草暖眠黃犢肥。田家此樂知者誰，吾

獨知之胡不歸吾已買田清頴上更欲臨流作釣磯

南風原頭吹百草草木叢深茅舍小麥穗初齊雉子嬌桑葉正肥蠶食飽老翁但喜歲年熟餉婦安知時節好野棠梨蜜啼晚鶯海石榴紅囀山鳥田家此樂知者誰我獨知之歸不早乞身當及彊健時顧我蹉跎已衰老

明妃曲和王介甫作

胡人以鞍馬爲家射獵爲俗泉甘草美無

常處鳥驚獸駭爭馳逐誰將漢女嫁胡兒風沙無情貌如玉身行不遇中國人馬上自作思歸曲推手爲琵却手琶胡人共聽亦咨嗟玉顏流落死天涯琵琶(一作此曲)却傳來漢家漢宮爭按新聲譜遺恨已深聲更苦纖纖女手生洞房學得琵琶不下堂不識黃雲出塞路豈知此聲能斷腸

盆池

西江之水何悠哉經歷灘石險且回餘波拗怒猶(一作獨)涵(去)澹奔濤擊浪常喧豗有

時夜上滕王閣月照淨練（一作緑）無纖埃楊
瀾左里在其北無風浪起傳古來老蛟深
處獸窟穴蛇身微行見者猜呼龍瀝酒未
及祝五色粲（一作照）爛高崔嵬忽然遠引千
丈去百里水面中分開收蹤滅跡莫知處
但有雨雹隨風雷千奇萬變聊一戲豈（一作肯）
顧溺死爲可哀輕人之命若螻螘不止
山嶽將傾頹此外魚鰕何足道獸餒但覺
腥盤杯壯哉豈不快耳目胡爲守此空牆
隈陶盆斗水仍下漏四岸久雨生莓苔遊

魚撥撥不盈寸泥潛日炙愁暴鰓魚誠不幸此跼促我能決去亙徘徊

再和明妃曲

漢宮有佳（一作美）人天子初未識一朝隨漢使遠嫁單于國絕色天下無一失難再得雖能殺畫工於事竟何益耳目所及尚如此萬里安能制夷狄漢計誠已拙女（一作美）色難自誇明妃去時淚灑向枝上花狂風日暮起飄泊落誰家紅顏勝人多薄命莫怨春風當自嗟

奉送原甫侍讀出守永興一作奉送永興安撫劉侍讀

酌君以荆州魚枕之蕉贈君以宣城鼠須之管酒如長虹飲滄海筆若駿馬馳平坂愛君尚一作年少力方豪嗟我久衰歡漸鮮文章驚世知一作聞名早意氣論交相得晚魚枕蕉一舉十分當覆盞鼠須管爲物雖微情不淺新詩醉墨時一揮別後寄我無辭遠

哭聖俞

昔逢詩老伊水頭青衫白馬渡伊流灘聲
八節響石樓坐中辭氣凌清一作高秋一飲
百盞不言休酒酣思逸語更遒河南丞相
稱賢侯後車日載枚與鄒我年最少力方
優明珠白璧相報投詩成希深擁鼻謳師
魯卷舌藏戈矛三十年間如轉眸屈指十
九歸山丘凋零所餘身百憂晚登玉墀侍
珠旒詩老虀鹽太學愁乖離會合謂無由
此會天幸非人謀頷鬚已白齒根浮子年
加我貌則不歡猶可彊閑屢偷不覺歲月

戍淹留文章落筆動九州釜甑過午無饘餾良時易失不早收籄櫝一作櫃瓦礫遺琳璆薦賢轉石古所尤此事有職非吾羞命也難知理莫求名聲赫赫掩諸幽翩然素旐歸一舟送子有涘流如溝

居士集卷第八

熙寧五年秋七月男發等編定

紹熙二年三月郡人孫謙益校正

夜聞風聲　以飛一作己飛　共侵迫共一作苦

贈别祖擇之　煌煌一作皇皇　落寞寞一作莫

達頭魚　剖析一作斫析

二月雪　寧傷一作損

明妃曲　漢宮一作漢家

續添

二月雪　無損一作無傷

歸田四時樂　晚鶯一作曉鶯

明妃曲　無常處石本作隨山川

盆池　楊闌左里一作揚瀾左蠡　輕人之命石本作柰何人命

魚誠石本作魚生幸此石本作幸遭能決去反石本作決去猶可

又續添

石枕蘄簟

哀憐一作矜憐臨事一作任事嘗聞一作昔時

好飲一作愛飲

夜坐彈琴見於書一作載諸書

居士集卷第九　歐陽文忠公集九

古詩三十首

寄題劉著作羲叟家園效聖俞體

嘉子治新園乃在太行谷山高地苦寒當樹所宜木羣花媚春陽開落一何速凜凜心節奇惟應松與竹毋栽當暑槿寧種深秋菊菊死抱枯枝槿豔隨昏旭黄楊雖可愛南土氣常燠未知經雪霜果自保其緑顏色茍不衰始知根性足此外衆草花徒能悦凡目千金買姚黄慎勿同流俗

西齋小飲贈別陝州沖卿學士分得黃字爲韻

今日胡不樂衆賓會高堂坐中瀛洲客新佩太守章豈無芳罇酒笑語共一觴亦有嘉一作佳菊叢新苞弄微黃所嗟時易晚節物已凄涼羣鷺方盛集離鴻獨高翔山川正搖落行李怯風霜君子樂爲政朝廷須儁良歸來紫微閣遺愛在甘棠

奉答原甫九月八日見過會飲之作

老大惜時節少年輕別離我歌君當和我

酌君勿辭豔豔庭下菊與君吟繞之擷其黃金蘂泛之此白玉卮君勿愛此花問君此何時秋風日益高霜露漸離披芳歲忽已晚朱顏從此衰念君將捨我車馬去有期君行一何樂我意獨不怡飛兔不戀羣奔風誰能追老驥但伏櫪壯心良可悲

予作歸鴈亭於滑州後十有五年梅公儀來守是邦因取余詩刻于石又以長韻見寄因以答之一作和滑州公儀龍圖歸鴈亭長句

風吹城頭秋草黃仰見鳴鴈初南翔秋草風吹春復緑南鴈北飛聲肅肅城下臺邊桃李蹊憶初披荒手植之雪消冰解草木動因記鴻（一作欲記南）鴈將歸時爾來十載空遺迹飛鴈年年自南北臺傾餘址草荒涼樹老無花春寂歷東州太守詩尤美組織文章爛如綺長篇大句琢方石一日都城傳百帋我思古人無不然慷慨（一作感槩）功名垂百年沉碑身後念陵谷把酒泣下悲山川一時留賞雖邂逅後世傳之因不朽

寄題洛陽致政張少卿靜居堂

洛人皆種花花發有時闌君家獨種玉種玉產琅玕子弟守家法名聲聳朝端歲時歸拜慶閭里亦相歡西臺有道氣自少服靈丸春酒養眉壽童顏如渥丹清談不倦客妙思喜揮翰壯也已吏隱興餘方掛冠臨風想高誼懷禄愧盤桓

鬼車

嘉祐六年秋九月二十有八日天愁無光月不出浮雲蔽天衆星没舉手嚮空如抹

漆天昬地黒有一物不見其形但聞其聲其初切切凄凄或髙或低乍似玉女調玉笙衆管參差而不齊旣而咿咿呦呦若軋若抽又如百兩江州車回輪轉軸聲啞嘔鳴機夜織錦江上羣鴈驚起蘆花洲吾謂此何聲初莫窮端由老婢撲燈呼兒曹云此怪鳥無足儔其名爲鬼車夜載百鬼凌空遊其聲雖小身甚大翅如車輪排十頭凡鳥有一口其鳴已啾啾此鳥十頭有十口口插一舌連一（一作十）喉一口出一聲千

聲百響更相酬昔時周公居東周猷聞此鳥憎若雠夜呼庭氏率其屬彎弧俾逐出九州射之三發不能中天遣天狗從空投自從狗嚙一頭落斷頸至今清血流爾來相距三千秋晝藏夜出如鵂鶹每逢陰黑天外過乍見火光驚輒墮有時餘血下點汚烏卧反所遭之家家必破我聞此語驚且疑反祝疾飛無我禍我思天地何茫茫百物巨細理莫詳吉凶在人不在物一蛇兩頭反爲祥却呼老婢炷燈火捲簾開戶清

華堂須臾雲散衆星出夜靜皎月流清光

感二子

黃河一千年一清岐山鳴鳳不再（一作載）鳴自從蘇梅二子死天地寂默收雷聲百蟲坏戶不啓蟄萬木逢春不發萌豈無百鳥解言語喧啾終日無人聽二子精思極搜抉天地鬼神無遁情及其放筆騁豪俊筆下萬物生光榮古人謂此覷天巧命短疑爲天公憎昔時李杜爭橫行麒麟鳳凰世所驚二物非能致太平須時太平然後生

開元天寶物盛極自此中原疲戰爭英雄白骨化黃土富貴何止浮雲輕唯有文章爛日星氣淩山岳常崢嶸賢愚自古皆共盡突兀空留後世名

讀書

吾生本寒儒老尚把書卷眼力雖已疲心意殊未倦正經首唐虞僞説起秦漢篇章異句讀解詁及箋傳是非自相攻去取在勇斷初如兩軍一作兵交乘勝方一作多酣戰當其旗鼓催不覺人馬汗至哉天下樂終

日在几（一作書）案念昔始從師力學希仕官
豈敢取聲名惟期脫貧賤忘食日已晡燃
薪夜侵旦謂言得志（一作意）後便可焚筆硯
少償辛苦時惟事寢與飯歲月不我留一
生今過半中間嘗忝竊內外職文翰官榮
日清近稟給亦豐羨人情慣所習酖毒比
安宴漸追時俗流稍稍學營辦盃盤窮水
陸賓客羅俊彥自從中年來人事攻百箭
非惟職有憂亦自老可歎形骸苦衰病心
志亦退懦前時可喜事閑眼不欲見惟尋

舊讀書簡編（一作編簡）多朽斷古人重温故官事幸有閒乃知讀書勤其樂固無限少而干禄利老用忘憂患又知物貴久至寶見百鍊紛華暫時好俯仰浮雲散淡泊味愈長始終殊不變何時乞殘骸萬一免罪譴買書載舟歸築室（一作屋）潁水岸平生頗論述銓次加點竄庶幾垂後世不默死芻豢信哉蠹書魚韓子語非訕

鵯鵊詞（効王建作）

龍樓鳳闕（一作閣）鬱崢嶸深宮不聞更漏聲

紅紗蠟燭愁夜短綠窻鵯鵊催天明一聲兩聲人漸起金井轆轤聞汲水三聲四聲促嚴粧紅靴玉帶奉君王萬年枝軟風露濕上下枝間聲轉急南衙促仗三衛列九門放鑰千官入重城禁籞鎻池臺此鳥飛從何處來君不見潁河東岸村一作春陂闊山禽野鳥常一作時嘲哳田家惟聽夏鷄聲鵯鵊京西村人謂之夏鷄夜夜壠頭耕曉月可憐此樂獨吾知眷戀君恩今白髮

初食鷄頭有感一本無有感字

六月京師暑雨多夜夜南風吹芡觜凝祥
池鎖會靈園僕射荒陂安可擬（京師賣五岳宮及鄭
州雞頭最爲佳）爭先園客採新苞剖蚌得珠從海
底都城百物貴新鮮厥價難酬與珠比金
盤磊落何所薦滑臺撥醅如玉醴自慙竊
食萬錢廚蒲口飄浮嗟病瘥却思年少在
江湖野艇高歌菱荇裏香新味全手自摘
玉潔沙磨軟還美一瓢固不羨五鼎萬事
適情爲可喜何時遂（一作益）買潁東田歸去
結茅臨野水

雙井茶

西江水清江石老石上生茶如鳳爪窮臘不寒春氣早雙井芽生先百草白毛囊以紅碧紗十斤茶養一兩芽長安富貴五侯家一啜猶須三日誇寶雲日注非不精爭新棄舊世人情豈知君子有常德至寶不隨時變易君不見建溪龍鳳團不改舊時香味色

贈李士寧

蜀狂士寧者不邪亦不正混世使人疑詭

譎非一行平生不把筆對酒時高詠初如不著意語出多奇勁傾財解人難去不道名姓（一無上六句）金（一作千一）錢買酒醉高樓明月空床（一作清風）眠不醒一身四海即爲家獨行萬里聊乘興既不採藥賣都市又不點石化黃金進不干公卿退不隱山林與之游者（一本四字作丗之人）但愛其人而莫（一作不）見其術安知其心吾聞有道之士游心太虛逍遥出入（一本二句止作逍遥太虛）常（一作動）與道俱故能入火不熱（一作爇）入水不濡甞聞其語（一作吾雖聞其）

語矣而未見其人也豈斯人之徒與不然言不純師行不純德（一作表）而（一本無而字）滑稽玩（一作傲）世其東方朔之流乎

明妃小引

漢宮諸女嚴粧罷，共送明妃溝水頭。溝上水聲來不斷，花隨水去不回流。上馬即知無返日，不須出塞始堪愁。

感事四首

老者覺時速，閑人知日長。日月本無情，人心有閑忙。努力取功名，斷碑埋路傍。逍遥

林下士丘壠亦相望長生既無藥濁酒且盈觴

空山一道士辛苦學延齡一旦隨物化反言仙已成開壙見空棺謂已超青冥尸一作或解如蛇蟬換骨蜕其形既云須變化何不任死生

仙境不可到誰知仙有無或乘九斑虬或駕五雲車朝倚扶桑枝暮遊崑崙墟往來幾萬里誰復遇諸塗富貴不還鄉安事富貴歟神仙人不見魑魅與爲徒人生不免

死魂魄入幽都仙者得長生又云超太虛等爲不在世與鬼亦何殊得仙猶若此何況不得乎寄謝山中人辛勤一何愚

莫笑學仙人山中苦岑寂試看青松鶴何似朱門客朱門炙手熱來者無時息何嘗問寒暑豈暇謀寢食彊顔悦憎怨擇語防仇敵衆欲苦無猒有求期必獲敢辭一身勞豈塞天下責風波卒然起禍患藏不測神仙雖杳茫富貴竟何得　苦無猒（苦一作貪）

新春有感寄常夷甫

余生本羈孤自少已非壯今而老且病何用苦惆悵誤蒙三聖知貪得過其量恩私未知報心志已凋喪軒裳德不稱徒自取譏謗豈若常夫子一瓢安陋巷身雖草莽間名在朝廷上惟余服德義久已慕恬曠矧亦有吾廬東西正相望不須駕柴車自可策藜杖坐驚顏鬢日摧頹及取新春歸去來共載一舟浮野水焦陂四面百花開

昇天檜

青牛西出關老聃始著五千言白鹿去昇

天爾來忽已三千年當時遺迹至今在隱
起蒼檜猶依然惟能乘變化所以爲神仙
驅鸞駕鶴須臾間飄忽不見如雲煙柰何
此鹿起平地更假草木相攀緣乃知神仙
事茫昧眞僞莫究徒自傳雪霜不改終古
色風雨有聲當夏寒境清物老自可愛何
必詭怪窮根源

憶焦陂 一本無憶字注汝陰作

焦陂荷花照水光未到十里聞花香焦陂
八月新酒熟秋水魚肥鱠如玉清河兩岸

柳鳴蟬直到焦陂不下船笑向漁翁酒家保金龜可解不須錢明日君恩許歸去白頭酣詠太平年

贈許道人

洛城三月亂鶯飛潁陽山中花發時往來車馬遊山客貪看山花踏山石紫雲仙洞鎖雲深洞中有人人不識飄飄許子旌陽後道骨仙風本仙胄多年洗耳避世宣獨卧寒巖聽山溜至人無心不筭心無心自得無窮壽忽來顧我何慇懃笑我白鬚老

紅塵子歸爲築巖前室待我明年乞得身

送龍茶與許道人

潁陽道士青霞客來似浮雲去無蹟夜朝北斗太清一作虛壇不道姓名人不識我有龍團古蒼璧九龍泉深一百尺憑君汲井試烹之不是人間香味色

馴鹿

朝渴飲清池暮飽眠深柵慙媿主人恩自非殺身難報德主人施恩不待報哀爾胡爲網羅獲南山藹藹動春陽吾欲縱爾山

之傍巖崖雪盡飛泉溜澗谷風吹百草香飲泉齧草當遠去山後山前射生户

留題齊州舜泉

岸有時而爲谷海有時而爲田虞舜已歿三千年耕田浚井雖鄙事至今遺迹存依然歷山之下有寒泉向此號泣于旻天無情草木亦改色山川慘淡生雲煙一朝垂衣正南面皋夔稷契來聯翩功高德大被萬世今人過此猶留連齊州太守政之暇鑿渠開沼疏清漣遊車擊轂惟恐後衆卉

亂發如爭先豈徒邪人知樂此行客亦爲
留征軒

山齋戲書絶句二首

蜜脾未滿蜂採花麥壠已深鳩喚叫一作雨
正是山齋睡足時不覺花間日亭午

經春老病不出門坐見羣芳爛如雪正當
年少惜花時日日春風吹石裂

嘲少年惜花

紛紛紅蘂落泥沙少年何用苦咨嗟春風
自是無情物肯爲汝惜無情花今年花落

明年好但見花開人自老人老不復少花開還更（一作復）新使花如解語應笑惜花人

出郊見田家蠶麥已成慨然有感

誰謂田家苦田家樂有時車（昌遮切）鳴繅白繭麥熟囀黃鸝田家此樂幾人知幸獨知之未許歸逢時得寵已逾分報國無能徒爾爲收取玉堂揮翰手却尋南畝把鋤犁

射生户（予初至州獵户有獻狼豹者）

射生户前日獻一豹今日獻一狼豹因傷我牛狼因食我羊狼豹誠爲害人物縣官

賞之縑五疋射生户持縑歸爲人除害固可賞貪功趨利爾勿爲弦弓毒矢無妄發恐爾不識麒麟兒

戲石唐山隱者

石唐仙室紫雲深潁陽眞人此筭心眞人巳去升寥廓歲歲巖花自開落我昔曾爲洛陽客偶向巖前坐盤石四字丹書萬仞崖神清之洞鎖樓臺雲深路絕無人到鸞鶴今應待我來

居士集卷第九

熙寧五年秋七月男發等編定

紹熙二年三月郡人孫謙益校正

西齋小飲 衆賓（一作賢）

歸鴈亭 仰見（一作看）

昇天檜 自傳（一作相傳）

續添

食雞頭都城（一作都人）

嘲少年惜花紅蘂（一作紅紫）

出郊有感鳴繅（繅一作繰）

（宋）歐陽修 撰

宋本歐陽文忠公集

第一五册

國家圖書館出版社

第一五册目録

内制集序

昔錢思公甞以謂朝廷之官雖宰相之重皆可雜以它才處之惟翰林學士非文章不可思公自言爲此語頗取怒於達官然亦自負以爲至論今學士所作文書多矣至於青詞齋文必用老子浮圖之說祈禳祕祝往往近於家人里巷之事而制詔取便於宣讀常拘以世俗所謂四六之文其類多如此然則果可謂之文章者歟余在翰林六年中間進拜二三大臣皆適不當

直而天下無事四夷和好兵革不用凡朝
廷之文所以指麾號令訓戒約束自非因
事無以發明矧余中年早衰意思零落以
非工之作又無所遇以發焉其屑屑應用
拘牽常格卑弱不振宜可羞也然今文士
尤以翰林爲榮遂余既罷職院吏取余直
草以日次之得四百篇因不忍棄况其上
自朝廷内及宫禁下暨蠻夷海外事無不
載而時政記日曆與起居郎舍人有所略
而不記未必不有取於斯焉嗚呼余且老

矣方買田淮潁之間若夫涼竹簟之暑風曝茅簷之冬日睡餘攴枕念昔平生仕宦出處顧瞻玉堂如在天上因覽遺藁見其所載職官名氏以較其人盛衰先後孰在孰亡足以知榮寵為虛名而資談笑之一噱也亦因以誇於田夫野老而已嘉祐六年秋八月二日廬陵歐陽脩序

内制集卷第一　歐陽文忠公集八十二

太祖皇帝忌辰道場齋文 九月八日

惟至和元年歲次甲午九月辛酉朔十九日己卯皇帝遣入内内侍省内侍殿頭勾當太平興國寺開先殿劉立言請僧三七人於太平興國寺開先殿開啓太祖皇帝忌辰道場一月日伏以受命開先肇基興運昭祖功而丕顯緜寶祚於無疆用深追遠之誠式奉明齋之薦載嚴凈秋刹以集善因伏願覺力常資威靈如在延鴻宗祏

集慶眇沖庶邦咸被於餘休品物共均於
慱施謹言

太祖皇帝忌辰道場功德疏右語

右伏以當天開運聿隆創始之功繼統承
休方罄奉先之孝爰戒徹音之日用資作
善之祥嚴法會於金園啓靈文於貝葉（一作牒）
伏願超登妙果高證真乘贍不動以常
存祐無疆而永固下均氓庶咸獲乂寧

賜宰臣陳執中生日禮物口宣（九月八日）

有勑卿爲時柱石秉國鈞衡爰逢慶育之

宸宜有便蕃之錫豈惟故事式示眷懷今
差卿男將作監丞世儒賜卿生日禮物想
宜知悉

班荊館賜契丹國信使副赴闕御
筵口宣九月八日

卿等載持信節方止都圻特申式宴之儀
以示勞勤之意用推寵數當體至懷

撫問梓州路臣寮口宣九月十七日

卿汝等並韞器能遠膺寄任式戒嚴秋之序
載懷勤事之勞宜示撫存以彰眷厚

班荆館賜契丹國信使副却回御

筵口宣九月十七日

卿等聘儀成禮歸馭戒塗念兹夙駕之勤

宜有祖行之寵式陳衎樂以示宴私

班荆館賜契丹國信使副却回酒

果口宣同日

卿等信節爰馳示隣懽之永固使軺云復

申飲餞以爲榮宜有匪頒以彰眷遇

勑書九月十四日

賜隴州團練使代州部署田辛等

勑田辛省所進奉謝恩賜公使月俸馬一
疋事具悉邊防有嚴寄任尤重嘉汝材武
董吾兵師軍聲俾壯於威容寵數宜優於
廩賜遽陳貢謝益認傾輸尚體眷懷勿忘
自效故兹示諭想宜知悉秋冷汝比好否
遣書指不多及

雄州白溝驛賜契丹人使却回御
筵兼傳宣撫問口宣 九月二十日
卿等言持信節式戒歸塗念兹衡涉之勤
宜有撫存之意仍頒宴餞以示眷懷

賜翰林學士尚書工部郎中知制
誥王洙奬諭詔 九月十四日

勅王洙省監護使劉沆劄子奏繳連到少府監修製法物所狀修製緼成皇后一行法物勘會例各鮮明及減省得物料功限甚多事少府領五署之衆工乃九卿之舊職卿以儒學參吾侍從兼涖其事能勤厥官俾夫功簡而速成物精而有法益彰材敏尤用歎嘉故茲奬諭想宜知悉

皇帝本命兖州會真宫等處開啓

道場青詞 九月二十日

維至和元年歲次甲午十月辛夘朔二十
日庚戌嗣天子臣某謹遣某人開啓本命
靈寶道場三晝夜罷散日設醮一座謹上
啓太上開天執符御歷含真體道玉皇大
天帝寶祚無疆蒼穹垂祐吉日式臨於元
命醮科爰舉於舊章薦誠愨以惟精延聖
真而並集仰希靈貺敷錫眇沖四時叶序
於和平品彙均休於康泰無任懇禱之至
謹詞

建隆觀開啓追薦温成皇后道場

青詞九月二十五日

伏以蒼圓降鑒列象緯以昭垂蠲潔備陳

薦馨香而上達載嚴仙宇恭按科儀眷内

則之遺芳蕲髙真之冥祐仰祈陰貺永助

靈遊

福康公主宅修築地基祭告太歲

已下祝文九月二十七日

維至和元年歲次甲午十月辛卯朔七日

丁酉皇帝遣宫苑使榮州防禦使内侍省

内侍右班副都知任守忠致祭于太歲土地諸神禮崇下嫁詩美宜家惟築館之有初方消辰而叶吉冀百靈之來護期不日以斯成尚饗

雄州白溝驛撫問契丹賀正人使

兼賜御筵口宣九月二十七日

卿等載馳一作持瑞節爰及疆亭顧惟夙駕之勤宜有示慈之宴用彰寵待當體眷懷

賜新除參知政事程戡讓恩命不允斷來章批答十月十二日

省表具之朕有欲治之心而甚勞思厎治
之方而未獲夙夜于此惟賢是求卿出入
宣勤材望蕙著誠明發於事業識慮可以
詢謀而召自外邦參于宰府朕志所定其
何可移夫任之重者夏憂實深遇之隆者報
亦厚讓而後受雖彰難進而可嘉知無不
爲其一乃心而圖效所讓宜不允仍斷來章

賜寧遠軍節度使張茂實進謝恩
馬一無四字詔十月二十日

勑茂實省所進奉謝恩賜公使并月俸及

牌印到任馬共八疋事具悉卿出守蕃宣
宜優禄給詔條方布受署有初印綬爲榮
古人所重載披貢謝深用歎嘉故兹詔示
想宜知悉

賜新授龍神衛四廂都指揮使英
州團練使郝質勑書十月二十日
勑郝質省所進奉謝恩授龍神衛四廂都
指揮使英州團練使并賜公使月俸馬共
二疋事具悉朕嘉汝有忠勇之材遂膺選
擢豐汝以廩賜之厚實示眷懷貢奉所陳

勤誠已著功名可勉後效其思故兹示諭想冝知悉

賜尚書工部侍郎余請詔十月二十日

蠢爾蠻蜒驚于海隅卿起自家居首宣勤力至於大兵之後撫彼凋殘餘孽未平推吾恩信寄任實深於委遇寵章冝有於便蕃遽聞貢輸良增嘉歎

撫問江南東西路臣寮口宣十月二十三日

卿汝等並以材賢一作賢材出分寄任荐更歲月備著勞能冝示撫存以彰眷遇

撫問鄜延路臣寮口宣 十月二十六日

卿汝等並膺柬寄綽著才猷顧邊圉之肅然

嘉王事之勤止屬兹寒冱宜示撫存

雄州撫問契丹賀正旦兩番人使

口宣 十一月九日

卿等夙將瑞節方戒疆亭奉隣聘以申歡

慶歲端之資始載惟跋履宜示撫存

景福殿庫開啓冬節道場齋文 十一月十二日

伏以國財豐衍資民力以爲先禁宇深嚴

邇天居而甚邃式戒一陽之候俾修衆善

之因誦貝葉一作牒之遺文集金園之淨侶

庶延梵福用副精衷

軍器庫開啓冬節道場齋文十一月十三日

伏以儲戎器以戒不虞敢忘武備肇新陽

而集多福爰届令辰俾法侶之精虔修勝

因之妙善仰瞻毫相載繹真文冀昭鑒之

甫回契偃兵之盛際

舒州靈仙觀開啓上元節道場青

詞十一月廿五日

伏以萬物熙春肇新陽於首歲三元紀序

標令節於真經爰即靈場俾遵科式薦雖
陳於菲薄誠已達於精明伏願穹昊垂休
紫清降鑒邦家錫慶永叶於泰寧民物遂
生並臻於和樂

恩州賜契丹皇太后賀正旦人使

茶藥口宣同日

卿等載飭軺車方凝寒律乃顧道途之役
深嘉跋履之勞宜有頒宣式彰眷遇

恩州賜契丹皇帝賀正旦人使茶

藥口宣同日

卿等繼修邦好來及王春方凝凛之在辰
念勤劬而將事聊頒飲劑式助宣調

皇帝本命兖州會真宫等處開啓
道場青詞十一月二十一日
伏以荷三靈之乃眷獲奉寶圖隆萬壽於
無疆遐資道蔭爰薦精衷之禱及兹元命
之辰伏願誠潔上通真靈甫鑒如松之茂
永固於延長一物雖微並均於貺施

醴泉觀真君殿開啓年交道場青
詞十一月二十四日

伏以元氣均調運三正而並用歲功肇序
謹五始之惟初爰敞福庭（一作廬）恭陳淨醮
伏冀精衷上達靈鑑甫回却凝陰伏沴之
餘順和氣發生之造旁霑庶物並集多休
豈惟眇沖膺此純嘏

添修開先殿祭告土地祝文（十一月二十七日）

伏以神遊所格祕寢有嚴役事時興方勤
於締葺后（一作神）祇安靜頗懼於震驚菲薦
式陳明靈昭鑒

恩州賜契丹皇太后賀正旦大使

茶藥詔 十一月十五日

勑卿夙將信幣來慶王春載惟涉履之勤方示眷懷之意錫茲良物以輔至和今差入內內侍省內侍殿頭張昭化往恩州賜卿茶藥具如别録至可領也故茲詔示想宜知悉冬寒卿比平安好遣書指不多及

恩州賜契丹皇太后賀正旦副使

茶藥詔 十一月十五日

卿輶車載飭方講於隣歡歲序將回式凝於寒律載懷衝涉宜有頒宣

恩州賜契丹皇帝賀正旦大使茶

藥詔 十一月十五日

卿修南北之歡會期於首歲勤夙宵之役

方及於半塗彌切眷懷宜加寵錫

恩州賜契丹皇帝賀正旦副使茶

藥詔 十一月十五日

卿使介選才以達欣歡之意道塗將命宜

伸慰勞之恩式示頒宣俾兹調護

兖州會真宫等處開啓上元節青

詞 十二月十五日

伏以萬物資生肇新於陽月三元紀節式
按於仙經爰欵殊庭恭陳淨醮薦精誠而
交感企真馭以來臨冀集靈休下均羣品

二十四日就驛賜契丹賀正旦人使
銀鈔鑼唾盂盂子錦被褥口宣 十二月十五日

卿等繼講隣歡會期元日載嘉勤敏涉此
凝嚴用示頒宣俾彰眷待

正月一日入賀畢就驛賜酒果口宣 十二月二十五日

卿等方梲聘車即安賓館屬此春陽之煦
宜多宴衎之歡寵錫有加眷懷增厚

今月三十日賜契丹賀正旦人使

內中酒果口宣十二月二十五日

卿等式修邦聘來會春朝方休道路之勤

宜有宴私之惠聊頒甘實以侑清罇

正月三日就驛賜契丹賀正旦人

使內中酒果口宣十二月二十五日

卿等聘儀交舉欣入見於彤墀籩品有加

俾示慈於宴席用伸頒賚宜體便蕃

賜契丹人使春幡春盤法酒口宣十二月二十五日

卿等並驅使傳來及王正初陽式應於新

春令節俾修於故事宜加頒賚用示眷懷

內中福寧殿開啓三長月祝聖壽

道場青詞

伏以真遊飈欻祕殿邃嚴惟首月之正時叶十新陽而布慶俾陳法供仰薦明誠伏冀敷祐眇躬保千齡而永固躋民壽域均萬國以同休

萬壽觀齋殿內權奉安　真宗皇帝

御容祝文 十二月二十五日

伏以齋室潔嚴睟容清穆涓辰叶吉具禮

有儀冀真馭之妥安符孝心之虔奉

東太一宮開啓祝聖壽年交金籙

道場密詞十二月十日

伏以積陰窮候始變於三陽庶物更一作交新宜均於百福是陳法供載肅嚴祠延真馭以來臨冀明靈之洞鑒眇沖集佑期萬壽之無疆遐邇同休俾兆民之咸賴

班荆館賜契丹賀正旦人使到闕

酒果口宣

卿等夙戒軺軒荐修信好顧凝嚴之在候

宜宴錫以申恩頒以甘新彰予眷遇

班荆館賜契丹賀正旦兩番人使

到闕御筵口宣

卿等載馳隣聘來及歲元深惟道路之勤

方戒郊圻之近特頒宴勞以示眷懷

春帖子詞二十首十二月二十九日

皇帝閣六首

其一

萌牙資暖律養育本仁心顧彼蒼生意安

知帝力深

其二

陽進升君子，陰消退小人。聖君南面治，布政（一作教）法新春。

其三

氣候三陽始，勾萌萬物新。雷聲初發號，天下已知春。

其四

玉琯氣來灰已動，東郊風至曉先迎。乾坤有信如符契，草木無知但發生。

其五

朝雲藹藹弄春暉萬木欣欣暖尚微造化
未嘗私一物各隨妍醜自芳菲

其六

熙熙人物樂春臺風送春從天上來玉輦
經年不遊幸上林花好莫爭開

皇后閤五首

其一

御水冰銷緑宮梅雪壓香新年賀交一作康
泰白日漸舒長

其二

藹藹珠簾日溶溶碧瓦煙漪漣采荇水和暖浴蠶天

其三

初欣緌勝迎春早已覺雞人報漏遲風色結寒猶料峭天光煦物已融怡

其四

闘寒未報宮花發風暖還催臘雪銷欲識春來自何處先從天上斗回杓

其五

三辰明潤琁璣運四氣均調玉燭光共喜

新年獻椒酒惟將萬壽祝君王

温成皇后閤四首

其一

璅一作鏁窻珠戶暖生煙不覺新春換故年
衆卉爭妍競時態却尋遺跡獨依然

其二

寶奩香歇掩鉛華舊閤春歸老監嗟畫棟
重來當日鷰王闌猶發去年花

其三

椒壁輕寒轉曉暉珠簾不動暖風微可憐

春色來依舊惟有餘香散不歸

其四

內助從來上所嘉新春不忍見新花君王念舊憐遺族常使無權保厥家

夫人閤五首

其一

太史頒時令農家候土牛青林自花發黄屋爲民憂

其二

元會千官集新春萬物同測圭知日永占

歲喜時豐

其三

黃金未變千絲柳白日初遲百刻香聖主本無聲色惑宮花不用妬新粧

其四

微風池沼輕澌漾旭日樓臺瑞靄一作浮四海懽聲歌帝澤萬家春色滿皇州

其五

玉殿籤聲玉漏催綵花金勝巧先裁宿雲容與朝暉麗共喜春隨曙色來

萬壽觀告遷真宗皇帝御容祝文

伏以宗廟之禮是爲典彝衣冠以遊實有故事載嚴寶構以奉威靈涓吉日以有初虔真馭之斯格

萬壽觀造溫成皇后相儀祝文十二月二十九日

式營叢構俾侯靈遊顧落成之有初惟筮日而斯吉冀茲往宅虔以即安

皇帝回謝契丹皇帝書

九月日兄大宋皇帝致書于弟大契丹聰文聖武英略神功睿哲仁孝皇帝闕下使

軺去止惠問見貽且承累歲而來荐有西
師之舉討其不庭初煩剪伐之謀全以舊
恩終示含容之度慶武戈之遂息分軍獲
以爲儀言諭斯勤欣銘併集方凝寒律冀
保沖襟企詠之誠指陳奚旣續遣使人洛
謝次令忠正軍節度使檢校太尉同中書
門下平章事蕭德等回專奉書陳謝不宣白

皇帝回謝契丹皇太后書

九月日姪大宋皇帝謹致書于嬸大契丹
儀天體道至仁廣德慈順章聖皇太后闕

下隣邦，彰睦結信好以彌深使聘申歡承諭言而甚厚固壽齡之遐福欣帖泰之休期加侑幣以惟豐積感悰而增切秋商在候眚履惟和今忠正軍節度使檢校太尉同中書門下平章事蕭德等回專奉書陳謝不宣謹白

內制集卷第一

内制序取恏（恏一作怒）

至和元年九月皇帝本命青詞實祚（此上一有伏以二字）

温成閤春帖子故年（一作舊年）老監（一作阿監）

内制集卷第二　歐陽文忠公集八十三

景靈宮奉真殿看經堂開啓真宗皇

帝忌辰黄籙道場青詞　正月十一日

伏以崇妙道於清虚實惟先志感時思於

雨露式表孝心按金籙之真科即琳宮之

福地薦兹精潔庶以感通冀善應之無方

期永資於冲蔭

景靈宮廣孝殿看經堂開啓章懿皇

后忌辰黄籙道場青詞　正月十一日

伏以坤儀永閟昭厚德於無疆蘂館載嚴

奉真遊而如在式臨遠諱用感孝思薦旹
品之惟新啓齋場而增肅仰祈歆鑒永集
祥祺

慈孝寺開啟真宗皇帝忌辰資薦道
場齋文正月十一日

伏以僊馭乘雲式臨於遠日春陽濡露載
感於孝思爰即梵居俾延淨侶瞻玉毫之
妙相啓貝葉之真文集此勝因仰資冥祐

集英殿開啓真宗皇帝忌辰道場齋
文正月十一日

伏以神游斯遠方仰於軒威諱日玆臨載
深於舜慕虔依正覺俾集善因敞禁殿以
有嚴啓法筵而夙設仰祈冥助用慰孝思
內中福寧殿羅散三長月道場青詞
正月十七日
伏以首春紀序標令月以惟時善氣宣和
紛百祥而來集載嚴祕殿恭按眞科依妙
道之冲虛薦清精一作衷之蠲潔冀迎純祐
均被羣倫
撫問真定府定州等路臣寮口宣正

月二十二日

卿汝等並韞時才出分邉寄屬新陽之戒候

念宣力以惟勞特示撫存體茲春遇

撫問保州路臣寮口宣正月二十一日

卿汝等夙臨邉圉盡瘁公家當春序之方和

念朔陲之尚凜俾茲撫慰式示眷懷

撫問北京并恩州臣寮口宣正月二十二日

卿汝等並膺東寄方布教條惟夙夜之宣勤

在眷懷而彌切特加存撫宜體優隆

雄州撫問契丹賀乾元節人使口宣二月二十三日

卿等並持使節叶講隣歡飭車馭以載勞
及疆亭而兹喜（一作始）俾伸慰撫式示眷懷

贈保順軍節度使張惟吉祭文（堂祭）

二月二十六日

維至和二年歲次乙未三月己未朔皇帝
遣入内内侍省内西頭供奉官勾當延福
宮康爲政致祭于贈保順軍節度使張惟
吉之靈惟靈忠勤之節克保於有終存殁
之恩備隆於異數仍加祖奠式表哀榮尚享

贈保順軍節度使張惟吉祭文（墳所）

惟靈佑佑宣力始終不渝載嘉遺忠實用
追惻奠爾臨壙魂其有知 二月二十六日

賜契丹賀正旦人使却回班荆館
酒果口宣 十二月二十九日

卿等並持信節繼講隣歡既夙駕以言歸
俾及郊而留餞宜伸寵錫用示眷懷

賜鎮安軍節度使同中書門下平章
事判陳州程琳進奉乾元節詔 三月十五日

誕祥著節延祝中誠顧予同德之臣首列

充庭之貢式彰勤蓋深用歎嘉

賜外任臣寮進奉乾元節銀絹馬等詔 同勑書 三月十五日

夏時正候誕節戒辰惟事君之盡忠因效貢而申祝嘉乃勤意勿忘于懷

賜樞密使河陽三城節度使同中書門下平章事王德用生日禮物口宣 三月二十五日

卿勳閥名家樞機重任式因誕日用示優恩宜體眷懷膺茲蕃錫

廣聖宮開啓乾元節青詞（三月二十五日）

伏以月旅正陽當百嘉之茂盛祥標誕節期萬壽之穹隆式寀舊章載嚴祕殿延紫霄之飛馭誦玉笈之靈篇伏冀誠慤上通聖真垂佑錫之多福均動植之幽微永以無疆並乾坤而悠久

撫問河東路沿邊臣寮夏藥口宣（三月二十五日）

卿汝等並膺寄任深東器能顧隆暑之惟時念禦邊之宣力俾分珍劑式示眷懷

撫問麟府路（一無路字）臣寮及并代州

路臣寮口宣 三月十五日

卿汝等蔚有時才並分邊寄顧蘊隆之在候
嘉勤瘁以不忘式示撫存體茲東注
撫問宣徽南院使彰信軍節度使
判真定府李昭亮口宣 四月六日

卿宣勞邊鄙頗歷歲時因乃子之言行俾
過家而賜問式彰寵眷以耀私門
錫慶院賜宰臣已下罷乾元節道
場酒果口宣

卿等任國鈞軸爲予股肱因誕節之届辰

嚴梵宮丙申祝載嘉忠薰盂宜示寵頌

端午帖子詞 二十首 三月二十五日

皇帝閣六首

其一

天清槐露浥歲熟麥風涼五日標嘉節千齡獻壽觴

其二

午位星杓正人間令節同四時和玉燭萬物被薰風

其三

舜舞來遐俗堯仁浹九區五兵消以德何
用赤靈符

其四

楚國因讒逐屈原終身無復入君門顧因
角黍詢遺俗可鑒前王惑巧言

其五

嘉辰共喜沐蘭湯毒沴何須採艾禳但得
皐夔調鼎鼐自然災祲變休祥

其六

炎暉流爍蕙風薫草木蕃滋德澤均畜藥

蠲痾雖故事使民無疾乃深仁

皇后閣五首

其一

畫扇催迎暑靈符喜辟邪風光麗宫禁時節重仙家

其二

椒塗承茂渥嬪壼範柔儀更以親蠶繭紉爲續命絲

其三

罽檻午陰黄鳥囀烘簾曉日絳榴繁六宫

綵縷爭新巧共續千齡奉至尊

其四

紫蘭淅淅光風轉綠葉陰陰禁苑涼天子萬機多暇日喜逢嘉節奉瑤觴

其五

五色雙絲獻女功多因荆楚記遺風聖君照物同天鑒不用江心百鍊銅

温成皇后閤四首

其一

密葉花成子新巢鷰引鶵君心多感舊誰

獻辟兵符

其二

旭日映簾生流暉槿艷明　紅顏易零落何異此花榮

其三

綵縷誰云能續命玉奩空自鎖遺香白頭舊監悲時節珠閣無人夏日長

其四

依依節物舊年光人去花開益可傷聖　主聰明無色惑不須西國返魂香

夫人閣五首

其一

梅黄初過雨麥實巳登秋避暑多佳賞皇歡奉一作奏豫遊

其二

鳴蜩驚早夏鬬草及良辰共薦菖一作蒲華酒君王壽萬春

其三

楚俗傳筒黍江人喜競舡深宫亦行樂綵索續長年

其四

涼生玉宇來風細日永金徒報漏稀皎潔冰壺清水殿三千爭捧赭黃衣

其五

仙盤冷泛銀河露紈扇香揺緑蕙風禁掖自應無暑氣瑶臺金闕水精宫

賜右屯衛大將軍叔韶奬諭勑書四月十二日

勑叔韶省所進祝聖壽歌日月元樞論共二軸事具悉朕固嘉汝嚮學勵善蔚然而有文與夫習富貴之驕而樂狗馬之翫者

異矣然夫學者所以知君臣父子之禮出可以施於國入可以施於家汝其慎擇厥師講救其闕使言而無過以自遠於悔尤夫能異於衆人誠爲有立必至乎君子然後大成汝其勉之無或中止故茲奬諭想宜知悉

十九日契丹賀乾元節人使朝辭訖就驛賜酒果口宣 四月十二日

卿等夙持隣聘申慶誕辰嘉成禮之有儀在眷懷而增厚宜頒優賚式示寵章

集禧觀凝祥池崇禧殿就上清宮
功德前開啓保夏祝聖壽金籙道
場密詞 五月十八日
伏以道本無爲功施萬物福惟善應信若
四時當茂育之届辰薦精明而交感載嚴
珍館恭按仙科伏願飈欵來臨清真垂祐
保壽齡之永錫均動植以咸休
賜判大名府賈昌朝判陳州程琳
判成德軍李昭亮等進奉上壽金
酒器一副馬六疋詔 五月二十三日

載誕及辰萬邦咸慶顧乃蕃宣之重實惟
者哲之明休有物容來陳壽祝嘉乃誠意
不忘于懷

兖州會真宮等處開啓皇帝本命

道場青詞

伏以三辰昭運六甲馴行當薰風阜育之
時屬正命本元之日謹遵科式上薦誠明
誦琳蘂之真文延紫清之諸聖伏冀蒼靈
降鑒福嘏駢臻蒙休匪止於眇躬博施咸
均於庶品

除皇弟允初特授依前檢校尚書右僕射充感德軍節度使加食邑食實封餘如故制（五月二十八日）

門下爵賞當功則爲善之勸廣名器不假則至公之道存然而隆恩睦親所以厚乎風俗建侯作屏所以扞乎（一作捍我）王家非余敢私乃國舊典具官允初質性純茂禀乎天姿學問發明（一作聞）由於師訓維我叔父時爲賢王緬懷遺烈之存屬乃克家之善自被蕃宣之寄久參朝請之聯宜從留務

之繁進委臨戎之重節旄並建井賦兼增
僉謀克諧寵數惟渥於戲干戈衛社內有
宣勤夙夜之臣甲冑在躬外有奮力行伍
之將爾其念宴安之懷毒知富貴之難居
戒損於滿而罔敢自驕勞身以謙而克保
其位無忘朂勵往服恩榮可特授依前檢
校尚書右僕射使持節耀州諸軍事耀州
刺史兼御史大夫充感德軍節度　耀州
管內觀察處置等使仍加食邑七百户食
實封二百户散官勳封如故主者施行

賜鎮海軍節度使檢校太尉同中書
門下平章事判亳州陳執中讓恩命
第二表不允仍斷來章批答（至和二年六月十八日）
卿自再司鈞軸未幾歲時迺者數上封章
願還印綬朕惟委任之際古今所難知之
不盡如不知用之不終如不用所以悉格
羣議獨斷余衷非惟勉爾以胡恤人言亦
庶幾乎任賢勿貳之意也而卿（一無卿字）避讓
之節再三益堅事有重違理當俯徇夫進
退以禮豈惟優大臣堂陛俱隆蓋以尊人

主是用寵爾以節旄之寄兼之以槐鼎之

榮雖爲新恩實爾舊物出入中外載嘉夙

夜之勤待遇始終當盡君臣之分無煩封

執用體眷懷所讓宜不允仍斷來章

賜新除宰臣富弼赴闕茶藥口宣至和二年六月十八日

卿祗若新恩式趨近甸炎歊方鬱衝冒良

勤宜有頒宣用伸眷遇

賜新除宣徽北院使檢校太保判

并州王拱辰讓恩命不允仍斷來

章批答至和二年六月十八日

省表具之宣導徽猷號爲近職鎮撫方面
實惟難才余思其人於爾爲得至於儒學
雍容於顧問勤勞出入於劇繁考資望以孰
先在甄陞而惟允辭讓之節誠雖可嘉詢
謀旣同命則無易所讓宜不允仍斷來章
賜新除宣徽南院使檢校太保判
延州吴育讓恩命不允仍斷來章
批答至和二年七月十七日
省表具之卿學足以治人智足以謀事夙
有問望稱于搢紳惟時舊人常歷二府一

使二字一作宣徽之職夫復何讓若乃居則道古先之訓講朕以六經出則重朝廷之威撫余之遠俗才無不可用之文武而皆宜忠無不爲任以内外而何異余考於衆僉惟汝諧所讓宜不允仍斷來章

賜新除昭德軍節度使知鄆州龐籍赴闕生料口宣至和二年七月二十一日

卿言秉覲圭甫臨畿甸屬此新商之序載嘉執轡之勤宜有頒宣以彰寵待

賜新除昭德軍節度使知鄆州龐

籍赴闕茶藥詔 同日

勑龐籍擁節之蕃飭車來覲顧都圻之甫及嘉跋履之斯勞特頒飲劑之良以示眷懷之厚

醴泉觀本觀三門上梁文 至和二年七月二十一日

兒郎偉我國家膺三靈之眷命革五代之荒屯多壘剷平包干戈而偃武四夷面內解辮索以承風逮先聖之撫臨躋羣生於富壽乃欲追羲軒以並軌歘玄亭而勒成容典交修遂舉曠古難行之禮瑞應來集

有非人力可致之祥卿雲裔露之光紛綸
而雜委朱草靈芝之秀焜燿而叢生爰有
神泉湧兹福地甘如飲醴美可蠲痾湛靈
液以淵渟敞琳宫而崛起歲時遊豫順民
俗之樂康棟宇翼嚴表京師之壯麗近以
有司不謹飛熖延災皇上愛物推仁因民
所利顧遺基之巋爾回聖慮以惻然爰飭
良工載新有作損其土木之費所以寛民
適其奢儉之中俾之可久用涓吉日構此
脩梁盍効歡謳形于善祝

兒郎偉拋梁東危構岧嶤彩露中欲識聖
君仁及物靈源一勺本無窮
兒郎偉拋梁西金碧相輝俯仰迷萬瓦寒
光浮瑞靄層薝晩景掛晴蜺
兒郎偉拋梁南善利深功一作功深不可談但
喜斯民無疾癘誰知靈液有餘甘
兒郎偉拋梁北觀者如雲來九陌四方萬
國會京師有類衆星環斗極
兒郎偉拋梁上棟宇規摹摽大壯落成行
即慶良辰望幸何時來綵仗

兒郎偉抛梁下祈福爲民崇廣夏四時和
氣致休祥萬國多歡洽朝野
伏願上梁以後三辰順軌百穀豐登卉服
雕題咸被垂衣之化行歌戴白永爲擊壤之
氓皇帝萬歲皇帝萬歲皇帝萬萬歲

賜新除宰臣文彦博讓恩命第二
表不允仍斷來章批答（至和二年七月二十八日）
省表具之朕躬儉約以先人而生民未足勤
憂勞以勵政而百職多隳豈布德之不明
抑任人之弗至是以齋居正慮先志後占

鑒屢易以爲煩念難知之可愼永惟商周之所記至以夢卜而求賢孰若用搢紳之公言從中外之人望卿以舊哲比嘗相予惟宇量能寬以服人惟純誠故久而益信勳德兼著可以重朝廷忠信不回可以臨大事夫謀於其始而旣審則果於必用而不疑汝其欽哉朕命無易所讓宜不允仍斷來章

賜新除宰臣富弼讓恩命第二表不允仍斷來章批答 至和二年七月二十八日

省表具之卿有憂國愛君之心而忠以忘
其已有經邦濟時之學而用未究其能夫
畜久而積厚則施之不窮慮深而計熟則
謀無不獲兹朕所以虚心仄席有望於卿
也矧卿正直不回庸邪素忌小人所異君
子所同是以在外十年而左右之譽不及
履躬一德而搢紳之望愈隆朕内決於心
外詢于衆敢謂有得卿其可辭所讓宜不
允仍斷來章

南京鴻慶宫開啓皇帝本命道場

青詞八月一日

伏以紫清垂祐資道妙之沖虛甲乙馴行會天辰於元本欵别都之福地舉淨醮之真科薦以潔精通乎肸蠁伏願衆靈昭鑒百福來臻隆萬壽於無疆溥羣生而咸遂

撫問真定府高陽關河東等路臣寮口宣八月六日

卿汝等出分邊寄備罄材謀載嘉宣力之勞屬此爽秋之候宜加撫慰俾示眷懷

撫問邠寧環慶涇原鎮戎軍德順

軍路臣寮口宣八月八日

卿汝等各韞材猷並膺寄任屬商秋之在候

念障圍之爲勞宜有恩言用彰眷待

後苑華景亭開啓故秦晉國夫人

林氏追薦道場齋文

伏以淑懿之賢已賁追榮之典陰幽之助

仍資衆善之因爰即華林載陳法供冀慈

仁之廣被均勝利於無窮乗此妙緣超升

福果

後苑華景亭開啓安土地道場齋

文八月二十二日

伏以后皇安靜稟厚德以無疆靈貺冥符

惟至誠而有一作交感載嚴淨侶夙按梵儀

冀祓滌於百邪俾妥安於廣品

爲秦晉國永壽聖祐夫人林氏身

亡於壽星觀　修設九幽道場青詞

生而有盡是謂於物常道本無形實資於

冥助虔依仙宇載肅淨場追懿德之已遥

冀明靈之垂祐薦茲勤潔廣達精誠一無此八字

故秦晉國夫人祭文路祭八月二十二日

惟靈蔚有令儀著于茂則顧追褒之寵數已極恩榮念永閟於佳城載深惻怛列玆奠禮用慰營魂

故秦晉國夫人祭文（夜排勑祭八月二十三日）

惟靈懿德惟舊嘉聞克彰奄然淪逝惻爾追感侑以禮奠庶乎來歆

荆南府紫府觀并潭州南嶽真君觀開啓皇帝本命道場青詞（八月二十六日）

伏以道非常名無方而善應誠之所至有感而必通惟南服之奥區敞清真之靖館

因本元之吉日備科式之多儀延集衆靈
仰祈沖鑒冀咸臻於百福期永固於千齡

廣聖宫開啓祝聖壽道場青詞八月二十六日

伏以百工休力標禮典以順時衆善延祥
紀道家之吉月恭陳祕館式按常科瑶席
瓊罇夙陳於芳潔芝華羽葆紛集於真靈
伏願錫祉眇躬隆壽齡於無極遂生庶品
臻隱伏以咸均

內制集卷第二

論奬諭叔韶奏

臣伏凖中書劄子下本院爲右屯衛大將
軍叔韶進祝聖壽歌日月玄樞論奉
聖旨令學士院降勑書奬諭竊以叔韶宗
室之子好學修辭誠可嘉奬然臣伏見玄
字自來公私文字悉皆諱避其叔韶所進
日月玄樞論欲暫降付本院略更詳其文
理庶於詔辭襃勸之間因而得以訓勵今
取進止　四月　日學士臣歐陽某劄子

貼黄

所有奬諭勑書未敢修撰乞早降指揮

內批

其元樞論名以犯諱字因而諷諭使後來所

譔益精其文字更不付外只如此降詔施行

右至和二年四月奏審叔詔奬諭勑書奏

劄後有　內批三十四字今真本尚

存其勑書在內制第二卷而無此奏

按蘇文忠內制集如乞勿免文呂拜

禮乞許安樞密辭轉官之類皆以元奏

與詔書並載故用此例附卷末

唐聖曆視聖壽寺詔 恭 陳 一恭 臨作

曹泉觀上梁文 吞商露 森商作 嵩嶽商

賜吳天告月講國命不允批答 帝歷 帝作 嵩書

内制集卷第三　歐陽文忠公集八十四

河南府平陽洞河陽濟瀆北海水府投送龍簡青詞 八月二十六日

伏以九區至廣，萬物類居，惟川嶽之宅靈，繫真仙而總治。載稽道祕，實有舊章。粲然玉簡之清文，蜿若金鱗之瑞質。茲爲鎮信，輔以精誠。伏冀沖鑒昭臨，純祺錫羨，保邦家之永固，均動植以蒙休。

雄州開啓北朝皇帝盡七道場齋文 八月二十六日

伏爲以一作北朝皇帝世結隣歡歲交聘問

方睦彰隆之好遽聞訃告之音深極哀懷

用伸資薦廣梵筵而斯啓陳法供以惟嚴

冀仰助於仙遊庶永孚於冥祐

班荊館賜北朝告哀人使御筵口

宣八月二十六日

卿載馳使介來訃國哀當節物之凜秋嘉

道塗之良苦宜頒燕犒以示眷勤

班荊館賜契丹告哀人使酒果口

宣八月二十六日

卿載馳國計來及都城顧惟跋履之勞宜

有頒宣之寵俾推珍錫式示眷懷

故秦晉國夫人林氏祭文 堂祭八月二十六日

維靈歸全叶禮卜吉有期念將閟於幽扃

俾載陳於祖奠歆兹芳潔尚體追懷

故秦晉國夫人祭文 墳祭八月二十六日

維靈壽考有終勞能可録安兹宅兆備有

物容載申奠訣之恩式盡追榮之美

内中福寧殿罷散三長月祝聖壽

道場青詞 八月三十日

伏以清霜肅候資萬物以將成嘉月齋心
廷百祥而並集有嚴祕殿來格衆靈冀真
鑒之妙沖答精衷之蠲潔保鴻圖而緜固
均庶品以阜康

契丹告哀人使回至北京賜御筵
口宣九月四日

卿遠將國命來告訃音當使傳之言旋俾
宴需之加錫用申眷勞式示寵恩

契丹告哀人使回至雄州賜御筵
蕪傳宣撫問口宣九月四日

卿遠馳國計旋飭使軺載嘉復命之勤爰

錫示慈之宴式彰寵數宜體至懷

賜鎮海軍節度使檢校太尉同中

書門下平章事判亳州陳執中生

日禮物口宣九月四日

卿榮擁節旄出臨藩翰屬茲誕日宜有寵

頒當體眷懷克膺茂數

太平興國寺開先殿開啓太祖皇

帝忌辰道場齋文九月八日

伏以紹百王而開統昭著於祖功植衆善

之妙因爰憑於覺力循有邦之舊典稽諱
日以先期載肅齋場並延淨侶瞻玉毫之
具相誦貝葉（一作牒）之靈文仰依慈慧之仁
遐薦清真之馭庶資冥祐式廣孝思

太平興國寺開先殿開啓太祖皇
帝忌辰道場功德疏右語（九月八日）
伏以受命造邦耀無窮之丕烈以時薦福
資妙用於能仁爰及諱辰式遵彝憲即神
居之寶殿延法侶於祇園仰冀覺慈廣敷
勝利威靈如在冥助於真遊運祚克昌永

隆於卜世

賜西南番蠻人張漢頂等勑書 九月十二日

勑張漢頂省所附進馬并朱砂等事具悉汝世安邊徼遠效款誠涉道里以甚勤脩貢輸而自達載嘉忠順宜有寵頒今回賜汝紅中錦旋襴一領八兩渾鍍銀胷帶一條衣著二十疋至可領也故兹示諭想宜知悉秋冷汝比好否遣書指不多及

增修青帝朝日風師先蠶等壇祭告遂壇并當處土地祝文 九月十二日

壇壝之嚴神明所格以時修舊式叶彝儀
涓此吉辰用伸昭告

皇帝回契丹皇帝告哀書

九月日伯大宋皇帝致書于姪大契丹皇
帝闕下特枉使軺遽馳國訃不意凶變文
成皇帝上僊載念夂彰世好方睦隣歡聞
問震驚撫懷感惻姪皇帝始茲纘紹深極
哀摧冀節至情以遵典禮巳差人使專持
慰禮仌右宣徽使忠順軍節度使左金吾
衛上將軍耶律元亨回奉書陳謝不宣白

皇帝回契丹皇太后告哀書

九月日姪大宋皇帝謹致書于嬸大契丹仁慈聖善欽孝廣德安靜正淳懿和寬厚崇覺儀天皇太后闕下不意凶變文成皇帝上僊方軫隣睦遽及訃音載惟慈慕之懷必極哀傷之念冀從順變式副瞻言已差人使專持慰禮今右宣徽使忠順軍節度使左金吾衛上將軍耶律元亨回奉書陳謝不宣謹白

贈昭信軍節度使遂國公宗顏祭

文堂祭九月十三日夜

維爾幼而敏明長克有立胡謂爲善而不永年奠斝在茲營魂其慰

贈昭信軍節度使遂國公宗顏祭文横所九月十三日

維爾禀質甚秀享齡不遐日月有期厝安惟吉陳茲奠酌實悼余懷

賜右領軍衛將軍克冲奬諭勑書九月十五日

朕覽先帝之遺文愴然增慕嘉汝志之顓學期乃有成惟眷制之坦明合聖經之一作而

雅與傳寫之善茲謂藝能誦習不忘是爲

寶訓宜加褒昂以勉進脩

吴王院上梁祭告土地祝文九月十五日

本支之盛棟宇有嚴吉日旣涓脩梁始構

冀神之祐永壯厥居

南京鴻慶宫開啓皇帝本命道場

青詞九月二十五日

伏以帝運開先建别都而雄壯神遊欽奉

肅真館以邃嚴適臨元命之辰恭按仙科

之式薦兹嘉潔仰彼穹靈敢祈善應之祥

永固無疆之壽

賜鎮海軍節度使檢校太尉同中

書門下平章事判亳州陳執中詔十月二日

卿近辭宰柄出守藩宣方受署以云初効

右纛而來獻式彰誠藎深用歎嘉

賜知建昌軍張貴和勑書十月二日

彰本勸農惟汝之職因時任土脩貢有儀

載省勤誠用增獎歎

啓聖禪院修設故秦晉國肅恭賢

正夫人林氏盡七大會齋一中齋

文 十月二日

伏以覺慈廣被兼濟於含生冥福所資必憑於慧力惟懿柔之秉德享壽考而有終隆眷眷以不忘集勝緣而增備願乘妙果（一作道）超薦真乘

賜吏部尚書同中書門下平章事文彥博生日禮物口宣 十月二日

卿以名世之材當秉鈞之任乃顧具瞻之重適臨載誕之辰爰示頒宣用彰眷遇

西太一宮開啓皇帝本命道場青

詞 至和三年二月十五日

伏以真遊所集靈宇載嚴聿臨元命之辰

恭按仙科之式冀紫清之垂鑒感紭潔以

潛通百福來臻克彰於善應萬齡增固永

保於無疆

撫問麟府代州路臣寮口宣 三月五日

卿汝等各緼材猷出膺寄任綽著綏寧之績

克彰勤蓋之勞宜示撫存用推眷遇

皇帝回契丹太皇太后回謝書

三月日姪大宋皇帝謹致書于嬸大契丹

仁慈聖善欽孝廣德安靜正淳懿和寬厚
崇覺儀天太皇太后闕下繆以訃音來告
方深感愴之懷賵禮是將用繼講修之好
豈期懿念復枉使車且承春候之和克固
壽康之福其於感慰罔罄敷陳今順義軍
節度使左監門衛上将軍蕭信等回專奉
書陳謝不宣謹白

皇帝回契丹皇帝回謝書

三月日伯大宋皇帝致書于姪大契丹皇
帝闕下頃承哀訃嘗遣使軺惟乆睦於仁

隣俾往伸於賻襚復蒙恵問仍示賻儀方
此春和克支福履其爲慰浣奚既名言今
順義軍節度使左監門衛上將軍蕭佶等
回專奉書陳謝不宣白

建隆觀翊教院開啓皇帝本命道
場青詞閏三月四日

伏以道妙無方默運清真之氣日躔有次
式臨元本之辰恭按仙儀俾陳淨醮伏願
蒼靈昭鑒福嘏駢臻萬壽無疆永隆於鴻
筭羣生咸遂均被於餘休

賜侍衛親軍步軍副都指揮使涇州觀察使王凱赴闕茶藥口宣二十五日

卿遠戒戎車夙祗召節式及炎薰之候載惟道路之勤宜頒飲劑之良用示眷懷之厚

賜龍圖閣直學士給事中施昌言已下爲修河了畢御筵口宣四月四日

卿等分庀工徒繕修隄楗遽兹訖事嘉乃有成宜推宴犒之恩用奬勞能之効

賜鎮東軍節度觀察留後知潁州李端愿赴闕茶藥詔八日

卿出布詔條入祗召節屬此炎歊之候深惟道路之勤宜頒藥劑之良用示眷懷之厚

賜契丹賀乾元節國信使副生餼口宣八日

卿等式將聘幣來講隣歡載嘉道路之勤宜厚餼牽之品往膺寵錫用示眷懷

賜文武百官文彦博已下於大相國寺罷散乾元節道場香合口宣八日

卿等式因誕節祗率寀寮修梵供以惟精罄臣誠而申祝載嘉忠愛宜示頒宣

賜文武百官文彥博已下於錫慶
院罷散乾元節道場酒果兼教坊
樂口宣 八日
卿等叶德同寅愛君盡禮因誕彌之紀節
申祝頌之常儀宜示宴私用彰優寵
大慶殿行恭謝之禮御札 五月二日
勑內外文武臣寮等執珪璧以事神嚴祖
宗而配帝雖有國之常典亦因時而制宜
朕承三聖之丕基撫萬邦之有衆儉于已
思天下之民豐勞于心致天下之民佚罔

敢怠忽庶幾治治一作平而首春以來偶爽
調適賴三靈敷祐百福來臻順以節宣獲
茲康裕加以邊隅不聳風雨以時雖庶物
之咸和顧眇躬之而一作增惕是用稽先朝之成
憲詢故實於有司即廣殿之翼嚴擇靈辰
之良吉式伸昭謝以格純休宜示先期俾
茲誕告朕取今年九月內於大慶殿行恭
謝之禮其今年冬至親祀南郊即宜權罷
所有合行諸般恩賞並特就恭謝禮畢一
依南郊例施行至日朕親御宣德門宣制

仍令所司詳定儀注以聞務遵典禮勿俾
煩勞咨爾多方咸體予意故兹札示想宜
知悉

東太一宫開啓保夏祝聖壽金籙
道場密詞 四月二十七日

伏以風薰紀候阜庶物以蕃滋道妙無言
集百祥而善應即琳宫之福地考金籙之
秘文薦此令芳通乎肹蠁冀延純錫保乃
昌圖資壽考於無疆均蠢生而咸被

賜五臺山十寺僧正知今等勑書 五月七日

汝等並懷出俗之心而有愛君之志因王
正之肇序遵佛事以修嚴期申祝延來効
誠獻載嘉勤款宜有恩頒
賜天章閣待制知楊州許元詔 五月七日
汝以材敏班余詔條眷乃淮海之濱産茲
草木之美以時采掇來效貢輸嘉爾勤誠
良深歎獎
天貺節謝内中露香表 五月七日
伏以薰風應候滋阜於羣生嘉節紀時恭
承於景貺已嚴淨館虔奉祕詞仍假薰脩

附通精意蒼靈昭鑒純祉來臻

撫問廣南西路臣寮口宣五月十七日

卿等並以幹能出分寄任顧此藴隆之候載嘉宣布之勤宜示慰存用彰眷遇

除授陳執中行尚書左僕射充觀文殿大學士依舊判亳州加食邑食實封餘如故仍放朝謝制六月十日

門下爵禄之寵所以優老而崇賢退讓之風所以勵俗而敦化眷我元輔殿于近邦屢辭將相之榮備述君臣之遇雖重違懇

悃之請而豈無恩意之隆爰告外庭以旌
嘉尚具官陳執中質性剛直姿識敏明出
於名臣之家早有時材之用自更中外之
任實勤夙夜之勞出撫師徒宣威種落之
外入參機要竭忠帷幄之間至於兩踐台
司首當國論杜門絕請善避權勢以遠嫌
處事執心不爲毁譽而更守顧方深於倚
信乃祈解於鈞衡兼秉旄調鼎之榮資鎮
俗偃藩之重所以優逸者哲養頤精神而
數形奏封每以疾告察其誠至良爲惻然

若夫中臺之崇端揆是爲於師長秘殿之職詢訪實思於老成推此茂恩俾如爾志仍廣邑封之數即安屏翰之居於戲壹思慮以專心勤藥石以自輔人實求舊予惟不忘勉期壽康往服休命可特授行尚書左僕射充觀文殿大學士依舊判亳州加食邑七百戶食實封三百戶功臣散官勳封如故仍放朝謝主者施行

宣召曾公亮口宣　六月六日

有勑卿自辭職禁林班條近輔休有政績

播于民聲旣深柬於予衷俾召還其舊物

矧爾材望著于搢紳豈惟潤色之文方佇

論思之益

撫問河北路臣寮諸軍將校口宣七月三日

卿等任膺委寄職在綏寧當茲災沴之餘

備著勞能之効俾伸撫慰宜體眷懷

撫問樞密直學士施昌言爲患口

宣七月十日

卿方委政條遽聞疾告致爽調和之理豈

非夙夜之勞勉輔天真冀遵藥喜俾伸撫

慰式示眷懷

撫問澶州滑州衛州通利軍梅摯

等及存恤逐州軍爲水災及防護

堤岸口宣 七月七日

卿汝等列藩宣之重寄罹澍潦之時災顧乃

兵民載深隱惻尚頼班條之善克伸捍患

之勞往道予懷俾伸慰撫

萬壽觀延祥殿開啓中元節資薦

真宗皇帝道場青詞 七月七日

伏以道生萬物運元氣於無形節正三元

紀清商之令序洪惟先聖邈矣真遊貽眷
業以嗣承增孝思之時感式陳淨醮仰薦
精衷伏願靈馭在天愈資於冥祐寶圖綿
世永庇於羣生

内制集卷第三

內制集卷第四　歐陽文忠公集八十五

賜昭德軍節度使龐籍并武康軍節度使韓琦龍神衛四廂都指揮使英州團練使郝質各進奉端午馬詔勑　七月七日

卿外分寄任方切眷懷屬令節之紀時効駿足而來貢備彰勤蓋深所歎嘉

賜溪洞進奉乾元節并端午勑書

汝夙被朝恩克綏種落屬茲佳節來効貢儀省乃勤誠良深歎奬

賜外任臣寮進奉乾元節功德䟽

詔勑 七月七日

卿汝夙蘊材猷出分委寄屬茲誕節來効勤

誠載詳善禱之言彌見愛君之義良深歎

尚宜體眷懷

賜外任臣寮進奉助恭謝禮畢銀

絹等詔勑 七月二十五日

國有大事嚴祀以薦馨臣能盡忠因物而

脩禮卿汝分職居外乃心于朝載陳來助之

儀深歎勤誠之至

賜武康軍節度使韓琦到闕生料

口宣八月五日

卿德著耆明時膺材任祗趨召節方及國門宜示頒宣式彰眷遇

賜新授四方館使依舊英州刺史馬懷德進奉謝恩馬勑書八月十日

汝近以疇勞擢陞要職乃求良駿來備貢輸深惟報國之誠更俟奮身之効良深嘉獎當悉眷懷

賜知池州包拯進奉石菖蒲一銀

合勑書（八月十日）

汝識遠言忠身外心内乃因時物來効貢

儀深體誠勤益增歎尚

賜新授觀文殿大學士行尚書左

僕射陳執中詔（七月二十五日）

卿出守蕃垣自陳疾恙祕殿之職揆路之

崇所以褒優輔臣增重朝體而乃發於誠

懇來效貢輸載省悋（一作忠）勤但深嘉尚

賜新除資政殿大學士知青州孫

沔告勑并對衣鞍轡馬口宣（八月十六日）

卿蔚爲名臣乂撫方面俾加美職徙領要蕃仍推寵錫之優式示眷懷之厚

賜護國軍三軍將吏僧道百姓等爲護國軍節度使樞密使狄青罷政加平章事判陳州示諭勑書八月十六日

勑護國軍其人等朕以狄青夙兼忠勇之姿嘗著勤庸之効自參機務頗歷歲時載深乃眷之懷優以均勞之寵惟命崇於名器蓋體繫於朝廷是加鼎軸之司委以藩垣之任乃人臣之榮遇想輿論之僉諧

賜翰林學士尚書左司郎中知制

誥權知審刑院曾公亮詔八月十六日

國家致治之難惟刑是恤使民無犯嗟訓

導之未純執法必平顧重輕而宜允卿以

精識附傳一作之經術不恃明而克審旣能敏

而加勤期於無刑予敢不勉靡有留事爾

實爲材副乃憂勞良深歎獎

賜尚書刑部員外郎兼侍御史知

雜事權判大理寺郭申錫等勑書八月十六日

獄重事也余所慎焉五刑之難請比之文毛

舉四海之廣報決之書日繁汝以通敏之
姿濟之夙夜之力厝刑不用余實慕於前
猷俾獄無留汝則能於厥職副我欽恤良
增歎嘉
除劉沆特授行工部尚書充觀文
殿大學士知應天府加食邑實封
仍改賜功臣餘如故制嘉祐元年十一月五日
門下磬一節以事君中外之任無間處大
臣而有體進退之禮必優矧余輔弼之良
方賴股肱之寄屢形懇避嘉乃謙之弗移宜

峻寵章示眷懷之特異具官劉沆質性剛
鯁姿材敏毎明早以藝文策儁科於異等遂
追髦彦騰夷路以飛華入必侍於清閑出
屢更於事任翼異翼異是則有聲京邑之雄嚴
巖具膽遂參廊廟之用乃疇嘉績爰正台
司執毀譽不回之心篤於自信勤夙夜匪
懈之志久而益勞顧方厚於倚毗乃遽思
於退讓宴見之際有言而必誠封章之來
雖却而復至察其所守實亦重違惟兹祕
殿之嚴眷乃留都之重旣增美秩仍益真

封寵我邇臣斯爲異數雖如汝志尚柬予
衷於戲秉國之鈞居則坐而論道爲時舊
老往則殿于大邦是惟出處之榮勉服便
蕃之命可特授行工部尚書充觀文殿大
學士知應天府加食邑一千户食實封四
百户仍改賜推誠保德崇仁忠亮功臣散
官勳封如故主者施行　替錢明逸

賜新除同中書門下平章事判大
名府依前彰信軍節度使李昭亮
讓恩命不允詔　十二月五日

卿勳閥之門世承舊德忠勤之節効著厥
官惟别都管鑰之嚴兼方面鎮臨之重俾
提相印增寵將旄嘉辭讓之有儀在眷懷
而豈易爾毋固執往服新恩

賜溪洞進奉助恭謝賀冬賀正水
銀綿紬等勑書 十二月五日
汝世膺朝寵能撫其人時効乃誠善修其
貢載惟忠恪深用歎嘉

東太一宫開啓年交祝聖壽金籙
道場密詞 十二月十日

伏以三陽肇序始變於凝陰萬壽無疆宜
膺於茂祉俾延淨侶祗欵嚴祠按金籙之
仙科格紫清之真馭冀迎福應永固丕圖
下逮庶邦咸均純錫

賜夏國主一有賵賻二字詔十二月二十五日

詔夏國主喪葬之儀孝子之大節賵賻之
禮國家之至恩眷惟忠順之邦宜厚哀榮
之卹緬思荼毒深用惻傷俾遣使車勉膺
慰錫今差文思院使張惟志充弔慰使兼
賜安葬故母物色具如别録至可領也故

兹詔示想宜知悉冬寒比平安好否書指不多及

正月六日朝辭訖就驛賜契丹賀正旦人使御筵口宣十二月二十五日

卿等聘禮有成使軺云復嘉肅祗於將事宜宴飫以勞勤式示眷懷勉膺寵錫

班荆館賜契丹賀正旦人使却回酒果口宣

卿等載馳瑞節來會王正嘉成禮以言旋念戒塗之伊始式推寵眷勉服恩頒

賜樞密副使程戡生日詔嘉祐二年三月四日

卿久罄謀猷叶宣機政眷惟誕日屬此令時宜推寵賚之優式示顧懷之厚

賜諸道州府軍監及四京恤刑詔勅

朕欲使民知禮義以遠罪而患乎勸戒之未明蠢兹羣愚猶冒常憲顧此溽暑閔然拘纍卿汝夙以敏材外分憂寄惟刑之恤當體於朕心舉政以時勉思於汝職務從欽慎庸副哀矜

契丹國信使副回入四月沿路賜

夏藥扇子甘蔗等口宣 三月十九日

卿等載驅使傳言復歸塗顧茲溽暑之辰宜有優恩之賚俾頒品劑當體眷懷

瀛州賜契丹國信使副却回御筵口宣 三月十九日

卿等將命達辭回轅屆道方涉川塗之邈宜申宴犒之私式示優延體茲眷厚

北京賜契丹國信使副却回御筵口宣 二月二十九日

卿等入將信聘言復使軺方就館於別都

宜示恩於錫宴式彰優渥當體眷懷

就驛賜契丹賀乾元節人使內中

酒果口宣

卿等將乃聘儀及茲壽節宜示燕私之恵用彰眷寵之懐推以甘珍體予嘉錫

賜河北東西路邊臣夏藥及傳宣

撫問口宣

卿汝等各以敏材任茲邊寄屬此炎歊之候深惟勤悴之勞俾頒藥劑之良式示眷懷之厚

東太一宮開啓保夏祝聖金籙道場密詞 四月二十六日

伏以道妙無言惟一資生於萬物歲功有序以時均播於五行當火德之盛明順南訛而阜育式稽金簡祗即琳宮祈降集於上靈冀迎來於衆福伏願齊天永筭益保於鴻休觸類賦形皆均於純錫

賜昭德軍節度使檢校太傅知并州龐籍撫諭戒飭詔 五月二十三日

勑龐籍省所上表麟州申管勾麟府州軍

馬司郭恩領兵過屈野河陷没待罪事具悉卿以文武之才更將相之任入籌帷幄早資決勝之謀出撫邊隅方重臨戎之寄載惟同德可諒宣勤而裨校貪功曾罔虞於蠆毒敗没銜辱致輕損於國威嘉封奏之上陳能列言而引咎雖勇夫僨於輕敵彼實自貽而智者慮於未形宜無不備已失難追於既往後圖猶倚於老成勉思節制之方用副眷懷之厚故兹詔示想宜知悉夏熱卿比平安好遣書指不多及

大相國寺開啓爲民祈福道場齋文

伏以薰風協序阜百物以蕃昌慧福均慈蒙萬生而廣被顧惟編俗屬此煩蒸庶依妙覺之仁護此含靈之衆祓除時沴迎集天祺凡載坤輿共臻壽域

醴泉觀感通殿開啓爲民祈福道場青詞

伏以瑞泉涵液湛一勺之靈源琳館凝華嚴衆真之福地眷茲炎欝閔彼蒸黔俾肅按於仙科冀導迎於善氣伏願紫清昭鑒

飈歘來臨旁均海寓之遐下逮翾蠕之細
並蒙道蔭咸被時禧

賜宰臣富弼上第三表乞退不允

斷來章批答

省表具之朕眷惟宰輔之司實繫（一作繄）朝
廷之重職或非稱勢因易搖比以連年肰
於屢易或用人之不審致厥位之靡安故
於圖任之初尤極精求之意而議者謂鄉
有天下之譽慶朕得非常之才豈惟斷不
惑於予心固以慰夂鬱之人望則朕之用

卿者至矣卿之自待者如何而方沃嘉猷
遽形退讓駭無因而及此曾莫諭於乃誠
豈廊廟之崇責重者其憂難任而富貴之
至位高則其慮易危邪朕甞歷考往昔之
人其於進退之際過計而圖全者未必無
患忘身而徇國者固多令名惟爾之明必
知所擇宜少安於職業用深體於倚毗所
乞宜不允仍斷來章

賜兖國公主陳譓恩命第三表不
允斷來章手詔 七月七日

省所三上表陳讓兖國公主事具悉古者周姬下嫁車服不繫於其夫漢女有封湯沐並開於新邑所以重國家之體隆親愛之恩稽累聖之舊章皆按圖而啓國汝以天姿之甚淑習姆教而已閑方及有行乃遵先制俾褒賢懿用錫土田而乃志在撝謙願還渥澤固辭以禮既深體於懇誠承命必恭宜勉祗於寵數所讓宜不允仍斷來章付兖國公主

賜賢妃苗氏陳讓恩命第三表不

允斷來章批答

省所三上表陳讓賢妃事具悉妃嬪之制秩叙著於王宮爵賞之行名數存乎國典舉必謀衆予其敢私眷柔閑淑慎之賢有輔佐憂勤之德更歲時而惟舊列號位以旣隆屬者因築館之將行示緣恩而推寵雖朕心之乃眷必廷論之曰然而能恪一作封執謙沖深形懇避然而讓宜有節禮不越於再三命出惟行告已申於中外往祗休渥毋或固辭所讓宜不允仍斷來章付賢

妃苗氏

賜知乾寧軍高遵約獎諭勑書七月七日

勑高遵約省河北安撫提刑司奏勘會乾寧軍去歲值大雨河水泛漲衝破護城堤岸浸城壁其河岸大段墊壞軍城危急汝乘此水災徑赴本任交割勾當尋計度功料多方用心躬親部役修築河堤及護城堤至今年三月内了當甚得堅固本軍久遠委不消遷廢伏乞特加旌賞事嚮以暑雨失節悍湍迅流水防廢官衝溢爲患汝

能奔走就職勤勞匪躬民泯無墊溺之虞
壁壘得繕宁之固厥效明著攸司以聞載
寬憂顧之懷宜示襃嘉之意故茲獎諭想
宜知悉秋熱汝比好否遣書指不多及

福寧公主宅開啓道場青詞七月十五日

伏以妙道無形宅真靈於杳默精衷有感
延福應之純厖眷外館之有嚴肅行車而
伊始俾遵科式祓以芬芳冀冥祐之敷垂
集休寧而永保

內中福寧殿開啓三長月祝聖壽

道場青詞八月二十六日

伏以凜秋肅物嘉歲序之成功吉月延祥按仙科之舊式瞻彼清眞之馭敞茲禁密之廷薦以芬芳通於杳默伏冀壽齡永固福應來臻隆寶歷以遐昌均庶邦而康靖

玉津園開啓保祐聖躬爲民祈福

道場青詞八月二十六日

伏以祇紹慶圖撫寧一作摩方夏仰荷百祥之時集思同庶品以均休乃即清郊載嚴淨侶誦藥宮之眞訓瞻琁極之高靈伏願

聖壽無疆永錫厖鴻之祐物生咸遂並臻
康泰之期

南京鴻慶宮開啓皇帝本命道場

青詞九月十三日

伏以寶圖興運茲惟受命之邦琳館凝祥
肅奉真遊之馭惟本元之令日薦精潔之
明誠按金籙之科儀瞻紫霄之杳默伏冀
衆靈敷祐百福來臻保遐筭於無疆均含
生之賴德

賜樞密副使田況生日禮物詔九月十三日

卿夙韞才猷贊吾機務屬涼秋之肅物嘉
誕日之屆一作戒期宜有寵頒以彰恩眷

班荆館賜契丹國信使副到闕酒
果口宣 九月十三日

卿等祗命使軺修歡隣聘式及都畿之近
宜推宴勞之恩錫以甘芳用彰眷遇

班荆館賜契丹國信使副到闕御
筵口宣

卿等肅持聘問協講隣歡涉川陸之甚遐
戒郊圻而兹始宜申宴犒用示眷優

王津園賜契丹國信使副弓箭御
筵口宣
卿等脊脩聘好方憩輶軒肅射圃以有儀
豐宴邁而加品膺茲寵錫式體眷懷
雄州白溝驛賜北朝契丹賀正旦
人使御筵兼傳宣撫問口宣
卿等言飭使軺時修聘好涉此沍寒之候
載惟行李之勤宜示宴慈用彰眷撫

內制集卷第四

此卷賜陳執中詔出守蕃垣孫沔詔徙領要蕃元本皆用蕃字校字書蕃屏也藩籬也亦藩屏也其義相通故公集互用之

賜富弼第三表乞退批答

或用人（或一作戒）謂卿（謂一作以）

内制集卷第五　歐陽文忠公集八十六

賜樞密使山南東道節度使同中書門下平章事賈昌朝生日禮物口宣九月五日

卿位峻樞庭望崇舊老屬誕期之斯及顧寵數以宜優體乃眷懷膺兹蕃錫

皇帝賀契丹皇帝正旦書

正月一日伯大宋皇帝致書于姪大契丹聖文神武睿孝皇帝闕下王曆正時布王春而兹始實隣郊契講信聘以交修方履

新陽益綏多福其於祝詠罔罄敷言今差
朝散大夫守太常少卿上騎都尉渤海縣
開國男食邑三百戶賜紫金魚袋吴中復
供備庫使銀青崇禄大夫檢校太子賓客
兼御史大夫騎都尉廣平縣開國男食邑
三百戶宋孟孫充正旦國信使副有少禮
物具諸别幅專奉書陳賀不宣白
　皇帝賀契丹太皇太后正旦書
正月一日姪大宋皇帝謹致書于嬸大契
丹仁慈聖善欽孝廣德安靜正淳懿和寬

厚崇覺儀天太皇太后闕下歲律更新春陽啓達因履端之叶吉欽永好以申歡載惟慈懿之和方集壽康之祉更希善攝用副遐悰今差朝散大夫守太常少卿直昭文館護軍廣陵縣開國子食邑五百戶賜紫金魚袋呂景初洛苑使兼閤門通事舍人銀青崇祿大夫檢校太子賓客兼御史大夫騎都尉清河郡開國侯食邑一千七百戶張利一充正旦國信使副有少禮物具諸別幅專奉書陳賀不宣謹白

賜知潁州徐宗況進奉賀兗國公

主出降銀絹馬等勑書

勑徐宗況省所進奉賀兗國公主出降絹五百疋事具悉詩稱王姬之下嫁國著嘉禮而有儀惟臣職之聿脩備物容而叙慶誠勤所至歎尚良深故茲示諭想宜知悉冬寒汝比好否遣書指不多及

賜知建昌軍沈造勑書

勑沈造省所進奉銀珠稻米一十石計一百黄絹袋事具悉汝職守軍符政兼民穡

樂此有秋之實擇其嘉穀之英式陳常貢
之儀彌體恪官之意故兹示諭想宜知悉
冬寒汝比好否遣書指不多及

集禧觀凝祥池崇禧殿開啓祝聖
壽年交金籙道場密詞 十二月十日
伏以琁霄默運推四序以循行玉曆更新
集萬靈而交會俾清琳宇延格高真薦兹
精一之誠祈乃純厖之祉蕫緜福祚均及
含生

班荆館賜契丹賀正旦人使到闕

酒果口宣 十二月十日

卿等歲律更端隣歡交聘載馳使傳方及

國郊宜推寵錫之恩式示眷懷之厚

瓊林苑開啓保祐聖躬祈福道場

青詞 十二月十二日

伏以四時成歲嘉庚彙之咸新百福自天

荷衆真之冥貺俾開靈囿恭講仙科恢實

祚之延長錫壽康之遐永是惟降鑒享乃

克誠

瓊林苑開啓保祐聖躬祈福道場

默表

伏以荷天地之鴻休席祖宗之丕業載惟
勵翼敢怠憂勤屬歲律之更端冀時禧之
茂集俾嚴禁籞祗率舊章虔通芬絜之誠
仰格清真之馭伏冀錫齡斯永降福孔多
保邦祚於無窮均物生而咸被

啓聖院齋殿内權奉明德元德章
穆皇后今告遷赴普安院重徽隆
福兩殿奉安祝文

嚮以雨水爲災殿塗增緝亦既新於叢構

庾來復於真遊爰揆靈辰冀兹安妥緬惟
慈佑丕鑒乃誠
皇帝親詣啓聖禪院告遷明德元
德章穆皇后赴普安院奉安祝文
嚮者因霖災之爲沴飭殿構以增新涓穀
旦之惟良奉神遊而還止載深感慕躬薦
芬馨式慰考思冀兹臨格
正月三日就驛賜契丹賀正旦人
使内中酒果口宣
卿等奉將隣好來會歲元載推（一作惟）寵賚

之私宜極珎豐之品俾頒嘉味式侑宴歡

瓊林苑交年禱祭太歲諸神祝文

天行有度運三統以環周歲德所臨從百

神而拱列載涓穀旦薦此令芳惟陰鑒之

享誠委時祥而昭佑

班荆館賜契丹賀正旦人使到闕

御筵口宣十二月十四日

卿等曆紀歲元聘交隣好載馳使傳方及

國門宜頒宴犒一作推寵錫之恩式示眷懷之厚

賜夏國主進奉賀正馬駞詔

詔夏國主省所差人進奉賀正馬駞共一百頭疋事具悉履端紀歲萬邦咸禀於王正效貢以時奕世克修於藩職載閱充庭之實深惟守土之勤遐體傾輸不忘歎奬今回賜銀絹茶等具如别録至可領也其差來人所賜物色亦具賜自故兹詔示想宜知悉春寒比平安好否書指不多及

賜夏國主贖大藏經詔十二月 日

詔夏國主省所奏伏爲新建精藍載請贖大藏經帙籤牌等其常例馬七十疋充印

造工直候來年冬賀嘉祐四年正旦使次附進至時乞給賜藏經事具悉封奏聿來祕文爲請惟覺雄之演說推善利於無窮嘉乃純誠果於篤信所冝開允當體眷懷所載請贖大藏經帙籤牌等巳令印造候嘉祐四年正旦進奉人到闕至時給付故茲詔示想冝知悉春寒比平安好否書指不多及

賜新除觀文殿學士禮部侍郎孫沔詔嘉祐三年正月十七日

勑孫沔省所上表伏蒙聖慈差使臣賫到
誥勑各一道授臣觀文殿學士禮部侍郎
并賜對衣金帶鞍轡馬錢五百貫文不敢
恭受伏乞特改差臣知一小郡或依例除
一官致仕陳乞事具悉卿蔚有敏材膺予
簡任外分邊寄嘗著於恩威入賛國機早
參於帷幄風猷甚美寵遇既優適當擇帥
之初方鑒用謀之失是惟慎舉實允僉諧
豈宜圖自便之私而罔體眷懷之意顧兹
重地難久曠官往祗成命之行當略好謙

之節所讓宜不允依前降指揮疾速發赴
本任故茲詔示想宜知悉

集禧觀奉神殿開啓謝雪道場青詞

近以溫陽干時雨雪愆候載惟寡薄敢罄
精純明靈孔昭嘉應斯獲兆豐年而有望
消癘氣於未形惟物蒙休以時申報冀清
真之來格期福貺之永依

自京至雄州已來撫問契丹告哀
人使口宣 正月十九日

卿祗戒軺軒載馳隣計顧道塗之甚邈惟

涉履之斯勤俾宣恩言式慰良苦

賜契丹國告哀人使茶藥口宣正月十九日

卿式將隣聘來告國哀屬春候之尚寒顧

驛途之攸邈俾頒品劑用示眷懷

沿路賜契丹國告哀人使赴闕茶

藥口宣正月十九日

勑蕭福延卿夙駕使軺遠傳國卹屬餘寒

之在候想馳驛之爲勞俾頒飲劑之良用

示眷懷之厚

景靈宫雅飾元天大聖后聖容并

侍從等開啓預告道場青詞正月二十日

伏以珍宇邃嚴奉真靈而有素玉容清穆
謹修祓以惟時爰按仙科俾伸虔告載瞻
道蔭冝鑒沖誠

皇帝回契丹皇帝告哀書

二月日伯大宋皇帝致書于姪大契丹聖
文神武睿孝皇帝闕下承遣使車特貽緘
翰不意凶變太皇太后上僊載惟契好𠑽
睦仁鄰聞此訃音但增感愴姪皇帝負荷
至重追慕所深冀節哀情用遵禮制已差

人使專持慰禮今林牙懷德軍節度使蕭
福延回奉書陳謝不宣白
雄州撫問契丹賀乾元節人使口
宣二月二十四日
卿等夙持信聘來講隣歡及彊候以惟初
屬暄和之方盛宜加撫慰式示眷懷
賜給事中参知政事曾公亮生日
詔二月二十五日
卿蔚有時望參于柄臣惟倚注之所深在
眷顧之尤異屬茲誕日宜爾壽期膺此寵

頒體子至意

賜翰林學士兼侍讀學士尚書戶部郎中知制誥知審刑院胡宿詔三月三日

勑胡宿省所奏據大理寺日奏司申二月二十一日已前下寺公案並已斷奏了畢無見在事具悉朕欲斯民足衣食知禮讓而竊攘爭鬬之獄猶滋欲吾吏慎刑罰盡情僞而傅予輕重之文不一卿以儒學之職總評讞之繁克勤其官曾不留事實副予意惟時可嘉若乃使天下囹圄空虛而

風流篤厚是亦論思獻納者之志其勉助
我以共臻焉仍依奏宣付史館故兹獎諭
想宜知悉

賜判大理寺陳太素并權少卿楊
開及審刑院詳議官大理寺詳斷
官等勑書三月三日

勑陳太素省知審刑院胡宿奏據大理寺
日奏司申二月二十一日已前下寺公案
並已斷奏了畢無見在事刑獄之重一成
而不遷比類之微可疑者甚衆汝好學而

敵涖官以勤夫俾天下之無冤幾刑錯而
不用此朕翼翼希慕之所未及而爾孜孜
厥職之所不忘者也故茲獎諭想宜知悉
恩州賜契丹遺留使副茶藥口宣三月二十八日
卿等夙馳使傳來達信函載惟涉履之勤
當此暄和之候宜加頒賚式示眷懷
瀛州賜契丹賀乾元節人使却回
御筵口宣四月七日
卿等既成聘好方即歸塗再惟將命之勞
宜有犒勤之錫俾伸宴飫用示眷私

班荆館賜契丹賀乾元節人使却

回酒果口宣 四月七日

卿等使軺復命郊館餞行惟兹良潔之英

薦以甘馨之實用伸恩錫當體眷懷

十六日就驛賜契丹賀乾元節人

使内中酒果口宣 四月十七日

卿等夙奉信函方休賓館惟此醇甘之品

用推寵賚之恩聊侑宴歡以伸優遇

賜知舒州齊廓進新茶并知廣德

軍浦延煕進先春茶勑書

勑齊廓省所進奉新茶一銀合合重五十
兩緋羅夾複全事具悉百物茂生取新為
貴羣方修職効貢以時汝守土有方事上
惟恪閱茲來獻用體勤誠故茲示諭想宜
知悉

賜外任臣寮進奉乾元節銀絹馬
勑書

勑高易簡省所進奉乾元節絹五百疋事
具悉汝夙以敏材膺于柬寄及此奉觴之
節載陳任土之儀能因物以達誠見事君

之甚恪省閱于再歎嘉不忘故茲示諭想宜知悉

班荆館賜契丹告哀人使内中酒果口宣

卿夙將隣訃方届國門載惟衡涉之勤宜有宴休之錫俾伸頒賚用示眷優（一作懷）

開寶寺福勝院開啓道場於乾元節日支散袈裟并設大會齋一中齋文

伏以正陽旅月方及於嘉時萬壽齊天式

標於令節啓真乘之祕藏集淨侶於法筵

仰惟慈妙之仁茂委純厖之祉永隆丕筭

均福羣倫

東太一宫開啓保夏祝聖壽金籙

道場密詞 四月二十四日

伏以寂然妙道推善應以無方瞻彼高靈

薦精誠而必達届此長嬴之候是惟茂育

之時爰稽玉笈之真文載潔雲壇之淨醮

兾敷昭鑒來集純禧固壽曆之延昌溥蒼

黔而均祐

賜彰信軍節度使檢校太保同中
書門下平章事判大名府李昭亮
乞知西京不允詔
勑昭亮省所上表乞移判河南府事具悉
朕惟巍洛之重皆爲别都將率所居難於
屢易卿以中外勤勞之績有撫綏扞禦之
材自膺寄任之雄方厚倚毗之意遽兹列
奏嘉乃好謙宜體眷懷請安爾位所乞宜
不允故兹詔示想宜知悉夏熱卿比平安
好遣書指不多及

賜宣徽南院使淮康軍節度使張

堯佐乞知西京不允詔 五月二日

勑堯佐省所奏臣皇祐三年內授宣徽南院使判河陽軍州事未滿任蒙詔赴闕供職至今六載自量尸素深不遑寧近知西京闕人未有除授伏望特賜差委事具悉宣導徽猷任親而事簡居留京邑地要而務繁惟予眷遇之臣方處清閑之職載披來牘深識乃誠雖奮其聰明尚足以臨涖而待我耆艾宜有以優游實嘉盡瘁之心

難徇撝謙之意所乞宜不允故兹詔示想
宜知悉

賜宰臣文彦博上第一表乞解重
任不允批答 五月十八日

省表具之夫知其人之爲賢任則勿貳事
其君而有道去不可輕此古之臣主之明
舉措必慎所以收功於一時而垂法於後
世也卿夙有時望爲予柄臣自復秉於國
鈞僅三周於歳序若乃進退賢否誅賞罪
功每於聽納之間敢忘虚己顧彼搢紳之

諭曽靡異辭方期有成以副予意而乃過
形謙損思避台衡豈寡德弗明於用才而
不盡將多言害正致厥位之難安茍異於
斯夫何引讓矧卿忠信之節足以叶予之
一心材謀之優可以斷予之大事茲所稟
注寧煩諭言所請宜不允

就驛賜契丹遺留使副銀鈔鑼嗺

盂盂子錦被褥口宣 五月十八日

卿等馳軺來止將命有儀顧茲館舍之初
宜具燕私之用俾伸優錫式示眷懷

通商茶法詔 嘉祐四年二月四日

勑古者山澤之利與民共之故民足於下而君裕於上國家無事刑罰以清自唐末流始有茶禁上下規利垂二百年如聞比來爲患益甚民被誅求之困日惟咨嗟官受濫惡之入歲以陳積私藏盜販犯者實繁（一作寔）嚴刑重誅情所不忍使田閭不安其業商賈不通于行嗚呼若兹是於江湖之間幅員數千里爲陷穽以害吾民也朕心惻然念此久矣間遣使者往就問之而

皆歡然頗弛摧法歲入之課以時上官一
二近臣件枏其狀朕嘉覽于再猶若憮然
又於歲輸裁減其數使得饒阜以相爲生
剗去禁條俾通商賈歷世之弊一旦以除
著爲經常弗復更制損上益下以休吾民
尚慮喜於立異之人緣而爲姦之黨妄陳
奏議以惑官司必寘明刑用戒狂謬布告
遐邇體朕意焉

内制集卷第五

賜夏國贖藏經詔 大藏經帙（帙字上一有及經二字）

通商茶法詔 重誅（一作峻誅）

内制集卷第六　歐陽文忠公集八十七

恩州賜契丹皇太后賀乾元節大

使茶藥詔嘉祐四年二月二十四日

卿夙將信聘方止中塗惟茲藥籙之良加之一作于茗品之美特伸頒一作賚恩式示眷懷

恩州賜契丹皇太后賀乾元節副

使茶藥詔同日

卿肅將聘幣來及壽觴載嘉道路之勤宜有頒宣之寵仍伸撫勞當體眷優

恩州賜契丹皇帝賀乾元節大使

茶藥詔 同日

卿將命實隣講歡壽節屬此暄和之候載惟涉履之勤宜頒品劑之良式示眷懷之意

恩州賜契丹皇帝賀乾元節副使

茶藥詔 同日

卿夙副聘軺來陳壽祝顧川塗之攸邈屬氣節之方和俾頒飲餌之精式助宣調之理

端午帖子

皇帝閤六首

其一

天容清永晝風色秀含薰五日逢佳節千
齡奉聖君

其二

綵索盤中結楊梅粽裹紅宫闈九重樂風
俗萬方同

其三

寶典標靈日明離正午方五行當火德萬
壽續天長

其四

歲時令節多休宴風俗靈辰重祓禳肅穆

皇居百神衛滌邪寧待浴蘭湯

其五

香菰黏米著佳名古俗相傳豈足矜天子
明堂遵月令含桃初薦黍新登

其六

聖主憂勤致治平仁風惠澤被羣生自然
四海歸文德何用靈符號辟兵

皇后閣五首

其一

繭館覆柔桑新絲引更長紉爲五色縷續

壽獻君王

其二

槐緑陰初合榴繁艶欲然翠筒傳角黍嘉節慶年年

其三

煙含玉樹風生細日永宮花漏出遲深殿未嘗知暑氣水精簾拂砌琉璃

其四

玉壺冰彩瑩寒光避暑宸遊樂未央采艾不須禳毒沴塗椒自已馥清香

其五

蘭茁擢秀迎風紫槿艷繁開照日紅嘉節相望傳有舊深宫行樂自無窮

温成閣四首

其一

香黍筒爲䊀靈苗艾作人芳音邈已遠節物自常新

其二

珠箔涼颸入金壺晝刻長鸞臺塵不動銷盡故時香

其三

聞說仙家事杳微世傳真僞豈能知遥思海上三山樂寧記人間五日時

其四

雲散風流歲月遷君恩曾不減當年非因掩面留遺愛自爲難忘窈窕賢

夫人閤五首

其一

冰壺凝皓彩水殿漾輕漣繡繭誇新巧縈絲喜續年

其二

黃金仙杏粉赤玉海榴房共鬬今朝勝盈襜百草香

其三

光風細細飄香轉綠葉陰陰覆檻涼雲物鮮明時節麗水精宮殿侍君王

其四

蓬萊仙闕彩雲中端日午一作欣逢歲歲同皎潔霜紈空詠扇深沉玉宇自生風

其五

古今風俗記佳辰樂事深宫日日新巧女
金盤絲五色皇家玉曆壽千春
皇帝回契丹皇帝賀乾元節書
四月日伯大宋皇帝致書于姪大契丹聖
文神武睿孝皇帝闕下乾陽正月紀兹載
誕之辰隣聘修歡貺以千齡之祝書言既
縟禮幣兼豐感著之私敷陳罔罄今彰聖
軍節度使蕭供等回専奉書陳謝不宣白
皇帝回契丹皇帝達皇太后賀乾
元節書

四月日伯大宋皇帝致書于姪大契丹聖
文神武睿孝皇帝闕下壽節届期隣歡愽
契仍導柔慈之旨過申延祝之言兼厚物
容用增刻著顒希侍次達此悰誠今左監
門衛上將軍耶律偘等回專奉書陳謝不
宣白

恩州賜契丹皇太后賀乾元節人
使茶藥口宣

卿等夙奉信函及兹誕節載勤馳傳方止
中塗冝有寵頒用伸撫慰

恩州賜契丹皇帝賀乾元節人使

茶藥口宣

卿等甫臨誕日來講隣歡載惟將命之嚴宜有勞勤之錫俾伸寵賚式示眷嘉

天齊仁聖帝廟開啓祈祥迎福催生金籙道場密詞 三月二十日

伏以高穹降慶方垂佑於邦家彌月告期用薦誠於科籙冀衆真之昭鑒臻百順以儲休

廣聖宮開啓催生道場黙表 三月二十日

伏以帶靄迎祥慶祺祠之叶應潔壇修薦致精懇以冥祈俾因鱗瑞以通誠仰冀靈真之報福

内中福寧殿開啓天祺節道場青詞三月二十日

伏以候臨初燠節紀嘉名肅嚴祕殿之居降集清真之馭薦之馨苾報以善祥豈惟敷佑於眇躬兼冀均休於庶品

内中福寧殿罷散天祺節道場青詞同日

伏以薰風應候瑞節紀時按琳簡之真文
嚴紫庭之邃宇衆靈來格冥感交通嘉乃
羣生蒙茲百福載傾虔意鑒此明誠
後苑親稼殿開建鎮星祈福道場
青詞三月二十日
伏以祠祺叶應彌月告祥肅依科籙以薦
誠仰冀照臨之降鑒錫之祉福佑以休一作保
寧惟集慶於邦家永延鴻於基緒
萬壽觀開啓求嗣保安道場青詞
伏以廟社降祥宮庭叶慶載涓吉旦爰薦

明誠期仰格於清真俾敷延於祉福永昌
基祚遐企靈休
景靈宮天興殿開啓催生保慶道
場青詞
伏以誕彌叶慶蠲潔修誠嚴祕殿於靈宮
誦真文於蘂簡通此苾芬一作芬之薦祓其
菑害之虞仰冀昭回丕符鑒祐
護國顯應公廟開啓保安催生道
場青詞
伏以正陽旅月載育開祥式因靈宇之嚴

交薦精衷之潔仰冀衆真之貺敷昭百順

之休永祚皇圖實希道廕

賜新除行刑部尚書依前觀文殿

大學士知陳州劉沆讓恩命不允

詔 四月五日

卿嚮以宰弼之崇屢形懇避居留之任因

用均勞而休風藹然嘉問時至方深眷倚

遽閲奏封顧惟陪輔之邦俾遂便安之請

增之美秩優我舊臣豈祗循於故常蓋以

示夫褒寵膺受之際逡巡以辭雖言匪飾

文見於能讓而令行已出難矣復還其體
余懷往祗新命

雄州白溝驛賜契丹賀乾元節人

使却回御筵兼撫問口宣 四月十三日

卿等聘函時達使傳言旋冒兹炎燠之辰
涉此川塗之邈宜申宴錫式示眷懷

賜中書門下戒僣奢詔 五月四日

勑中書門下朕纘承丕基撫有方夏謂教
之不可以家至而行之每務於身先惟是
儉勤敢忘勉勵期與羣庶臻于富康而人

殆久安驕於佚欲物豐太盛耗以淫虛苟奉養以自私忘僭奢之爲戾士民交黷貴賤靡分惟其彊力之能無復等威之制考於著令雖有舊章顧在攸司鮮聞用法民遂安於常習弊罔革以滋深紀綱旣紊於度程風俗以至於流蕩俾朕有欲治之意不能副余之誠心而民多自陷之愚未免煩余之訓導夫令信由於貴始下化先於上行眷予一二之臣其率庶工而警職俾爾多方之衆勿踰常憲（一作法）以干刑庶漸

革於後風以共趨於治路凡居室之制器用之度冠服之章妾媵之數其令中外臣庶遵守前後條詔如有違犯仰御史臺及開封府糾察聞奏其諸路州軍即委轉運使提點刑獄臣寮及逐處長吏施行布告中外咸使聞知故茲詔示想宜知悉

西太一宮續催生道場密詞四月二十六日

伏以吉月迎祥靈祺叶應爰即清真之宇虔修科式之儀冀祓滌於害災俾敷昭於福應載昌儲慶永佑基圖

東太一宮開啓保夏祝聖壽金籙

道場密詞四月二十六日

伏以珍館邃嚴格真靈而來宅明誠蠲潔

薦馨苾以交修導迎百順之祥及此長嬴

之序伏願寶圖綿固壽曆延長永敷佑於

邦家溥均休於品庶

爲將來祫享禮畢奏謝内中福寧

殿并景靈宮等處諸神表六月二十五日

伏以清廟有嚴仲冬正序乃先時祭躬講

禮文賴真靈之集休俾容典之咸舉仰膺

佳貺彌勵丹衷

爲將來祫享禮畢奏謝諸寺院表同日

伏以宗廟之嚴祭祀惟重矧兹合食之義尤爲盛禮之文乃顧眇躬克成大饗實繄貺祐用薦菲誠

内中爲將來祫享禮畢奏謝露香表同日

伏以月正仲冬禮成大饗所以序昭穆之位格祖宗之靈荷清穹之降休俾盛典之獲舉敢伸昭謝冀達精衷

爲將來祫享禮畢奏謝諸寺院神

御表 同日

伏以茲者祗率孝心躬修合祭潔精誠而

是薦蒙顧享之來臨惟慈聖之降休俾眇

沖之成禮敢忘勵翼永荷基圖

爲將來祫享禮畢奏謝永安陵等

處表 同日

伏以恭承先烈獲守慶基式因冬物之有

成載肅廟容而合食上緊丕貺克展孝思

是惟感慕之誠益勵祗寅之志

爲將來祫享禮畢奏謝泰山廟等

處表同日

伏以兹者因歲物之冬成講祭容而時舉

豆籩有序禮樂交脩顧惟眇躬克遵盛典

實賴明靈之佑敢忘報貺之誠

賜步軍副都指揮使涇州觀察使

秦鳳路副都部署王凱赴闕茶藥

口宣六月二十五日

卿祗膺召節方届都畿載惟道路之勤屬

此炎薰之候宜頒良劑式示眷懷

賜步軍副都指揮使涇州觀察使

秦鳳路副都部署王凱赴闕生料

口宣同日

卿出膺邊寄入恪覲容顧就館以玄初方

奉圭而來見宜頒餼勞式示眷懷

除宋庠制加恩進封

門下盡其志以饗親因而餕惠爵于朝而

示衆所以褒功考祭典而可稽著國章而

有舊矧乃樞機之任惟余鼎鼐之臣飭事

齊莊宣力左右方此慶行之始宜推寵數

之隆推忠協謀同德佐理功臣樞密使開
府儀同三司檢校太尉行兵部尚書同中
書門下平章事兼羣牧制置使上柱國廣
平郡開國公食邑七千八百戶食實封二千
九百戶宋庠履行清純器識深茂夙有佳
譽蔚爲名臣文足以爲國華學足以謀王
體入則登于三事備罄謨猷出則殿于大
邦藹存風績自還機務頗歷歲時秉一德
以協恭出處不更其守展四體而盡瘁夙
夜匪懈其勞屬盛禮之有成廣推恩而自

近接夫輿地特啓於新封加以寵名蓋遵於故事惟是便蕃之錫式伸眷倚之懷於戲君子者邦之基大臣者民之表搢紳之望所屬老成德業之隆豈煩多訓服我休命往惟欽哉可特授依前檢校太尉行兵部尚書同中書門下平章事兼璽牧制置使充樞密使特封莒國公仍賜推忠協謀同德守正佐理功臣散官勳食實封如故主者施行

除李昭亮制 加恩

門下朕卜吉孟冬躬薦清廟祖考來格貺以百福之多慶賜遂行均于四海之廣惟予將相之任是謂股肱之良宜擇剛辰誕揚休命忠果守正佐運翊戴功臣彰信軍節度曹州管內觀察處置等使開府儀同三司檢校太保同中書門下平章事持節曹州諸軍事行曹州刺史上柱國隴西郡開國公食邑一萬一千五百户食實封三千四百户李昭亮志尚純懿資識敏明世蒙舊德之餘早遘重熙之盛備于器使舊

厥材猷好學詩書知將率之爲體兼推威信撫士卒以克和入則有宿衛之勤出則著扞城之効寄之方面屢守於要藩班乃政條頗（一作頻）聞於佳譽乃眷別都之重實司留鑰之嚴擁節秉鈞並享崇高之貴治戎撫俗兼資鎮靜之材兹惟圖任之艱方屬倚毗之意是用因霈恩之浹洽推異數之便蕃廣乃疏封增其真户仍疇美績褒以嘉名於戲秉德不回所以見始終之操好謙自守乃能居寵禄之榮汝其欽哉膺

此優渥可特授依前檢校太保同中書門
下平章事使持節曹州諸軍事行曹州刺
史充彰信軍節度曹州管内觀察處置等
使加食邑七百户食實封四百户仍賜推
誠保德守正佐運翊戴功臣散官勲封如
故主者施行

除梁適制　特授特進加恩

門下王者嚴其宗廟饗必及其時盡其誠
心祭則受其福朕躬執圭瓚率諸臣工因
百物之成冬格列聖而合食嘉與有位之

衆均茲錫祉之蘩矧惟槐鼎之舊臣實繫
國家之大體宜優新命以告外庭推誠保
德忠亮翊戴功臣定國軍節度同州管内
觀察處置等使光禄大夫檢校太傅使持
節同州諸軍事同州刺史兼御史大夫上
柱國安定郡開國公食邑四千七百户食
實封一千五百户梁適世胄之華早躋仕
路藝文自奮繼踐辭科進階顯榮亟被獎
擢優游侍從之列嘗奉於清閒出入中外
之勤實勞於夙夜既贊樞府遂登宰司啓

沃之謀話言猶在進退之際禮遇兼隆自
歷藩垣頗更歲月近惟大鹵實宿勁兵俾
分節制之權以爲方面之重撫兹雅俗藉
爾敵材屬熙事之有成均慶恩而方洽是
用叙陟崇階之貴兼增食戶之多推兹寵
章蓋率舊典於戲執忠信之一節所以事
君守富貴而不驕乃能終吉是惟素學寧
假訓辭往服茂恩當體予意可特授特進
依前檢校太傅使持節同州諸軍事行同
州刺史兼御史大夫充定國軍節度同州

管内觀察處置等使加食邑七百户功臣

勲封食實封如故主者施行

除許懷德制　加恩

門下賞以懋功俾有能之知勸祭之爲澤

思在位以咸均嘉盛禮之斯成務推恩而

惟廣矧乃耆明之哲是爲心膂之臣宜示

優隆式揚誕告衛聖忠果雄勇翊戴功臣

殿前都指揮使保寧軍節度婺州管内觀

察處置等使特進檢校尚書左僕射使持

節婺州諸軍事行婺州刺史兼御史大夫

上柱國潁川郡開國公食邑五千戶食實
封一千二百戶許懷德勁勇之質蓋稟天
姿忠厚之良自爲國器少有四方之志出
逢千載之辰蘊其材謀能自奮勵訓我士
卒號令之信甚明爲予爪牙介胄之色難
犯爰採軍中之譽俾分閫（一作閩）外之權遂
膺旄節之榮專董貔貅之旅宿衛宫禁周
旋歲時宣力甚勤有知無不爲之節盡瘁
後已加老而益壯之心識未耗於精明豈
但矜於矍鑠屬受釐之均慶方浹宇以蒙

休載推圖舊之懷式叙疇勞之典益其封
食録乃功庸於戲亨爵禄之崇髙荷寵靈
之優渥挺金石不渝之操兹惟事上之誠
知富貴克守之難用保有終之吉勉矣來
効往其欽哉可特授依前檢校尚書左僕
射使持節婺州諸軍事行婺州刺史兼御
史大夫充殿前都指揮使保寧軍節度婺
州管内觀察處置等使加食邑七百户食
實封三百户仍賜衛聖忠果雄勇宣力翊
戴功臣散官勳封如故主者施行

翼祖皇帝冊文

維嘉祐四年歲次己亥十月壬戌朔十二日癸酉孝曾孫嗣皇帝臣某敢昭告于高祖翼祖簡恭睿德皇帝伏以皇天眷命輿德造邦始基之功實自積累獲嗣丕烈敢忘翼勵孟冬吉月歲事既成合祭以時舉茲禮典惟是備物將以誠慤之心神其歆之錫以多福謹以一元大武柔毛剛鬣粢盛薌合薌萁嘉蔬嘉薦醴齊嚴恭備物式薦虔心高祖妣簡穆皇后劉氏配尚饗

真宗皇帝冊文

維嘉祐四年歲次己亥十月壬戌朔十二
日癸酉孝子嗣皇帝臣某敢昭告于皇考
真宗膺符稽古成功讓德文明武定章聖
元孝皇帝伏以古之以孝而饗親者氣節
既至感其思心礿禘嘗烝禮以時舉然猶
未猒其志也則又大合祖宗而享焉顧惟
小子克守成業治民事神動有丕訓是用
躬執圭瓚薦其苾芳僾（一作愾又作慨）然如聞來格來
旣謹以一元大武柔毛剛鬛亂粢盛薌合薌

其嘉蔬嘉薦醴齊嚴恭備物式薦虔心皇
妣章穆皇后郭氏皇妣章獻明肅皇后劉
氏皇妣章懿皇后李氏配尚饗

淑德皇后冊文

維嘉祐四年歲次己亥十月壬戌朔十二
日癸酉孝孫嗣皇帝臣某敢昭告于皇祖
妣淑德皇后尹氏伏以彤管有煒內德茂
焉清廟載嚴合食爲重卜月惟吉備物有
容威靈來臨昭穆序配薦以誠潔神其顧
思謹以一元大武柔毛剛鬛粢盛薌合薌

其嘉蔬嘉薦醴齊嚴恭備物式薦虔心尚饗

賜樞密使宋庠讓恩命第一表不

允批答

省表具之朕以因時致享克展於孝思已祭受釐大均於慶澤乃眷耆明之哲實予體貌之臣肅臨事之有容旣交神而蒙貺宜推異數以示眷懷雖嘉好謙曷止成命所讓宜不允

賜樞密使宋庠讓恩命第二表不

允斷來章批答

省表具之卿藴純和端慤之誠冨敵贍通
明之學惟時舊德實我柄臣當祀事之有
成廣慶恩而方洽疇其封爵錫以號名兹
爲寵章蓋舉常典無煩避讓其往欽承所
讓宜不允仍斷來章
賜樞密使宋庠讓恩命第一表批
答口宣
㷀事旣成方大均於祭澤寵章所異宜首
及於樞臣當即往膺勿煩沖讓
賜樞密使宋庠并河陽三城節度

使判河南府文彦博加恩告勑口宣
朕以饗親致孝饎惠均恩宜有寵章以褒
舊德往欽新命當體眷懷
閤門賜華原郡王允良感德軍節
度使允初告勑口宣
蔚爲賢王陪我祀事旣膺福貺宜被寵靈
往體予懷祗服新命
賜皇弟奉寧軍節度使華原郡王
允良讓恩命第一表不允批答
朕合食祖考以昭孝推恩宗族以展親所

以厚人倫明教愛卿以近屬肅然在庭能盡
志以修容不違禮而終事方慶典之均洽
宜寵章之所先好謙之懷雖可嘉尚已出
之命其往欽承

賜皇弟奉寧軍節度使華原郡王
允良讓恩命第二表不允斷來章

批答

卿擢秀宗英作屏王室從我祠事罄其齊
明因餕惠之均恩示推仁而睦族避讓之
節固已識於沖懷敦諭既勤宜往祗於成命

賜皇弟感德軍節度使允初讓恩命

第一表不允批答

朕因時孟冬薦嘗清廟蒙祖考之來既均慶賜以推行乃眷宗藩宜優寵數蓋克遵於舊典何過自於撝謙其欽訓言往服休命

賜皇弟感德軍節度使允初讓恩命第二表不允斷來章批答

朕親款太宮致饗列聖蒙神貺其百福思慶及於多方乃眷宗藩宜優寵數惟是便蕃之錫式推彰睦之仁嘉乃沖懷形于懇避

禮有常節無爲過恭命之已行難或中止

賜皇弟華原郡王允良感德軍節

度使允初讓恩命第一表不允批

答口宣

卿以宗藩之近參閟祀之嚴爰疇乃勞優

以異數宜思祇受勿復固辭

賜皇弟華原郡王允良感德軍節

度使允初讓恩命第二表不允斷

來章批答口宣

卿以宗支之賢陪廟祀之重均兹慶典遽

述讓誠命出已行理難中止所宜祇受以

副予懷

內制集卷第六

（宋）歐陽修 撰

宋本歐陽文忠公集

第三〇册

國家圖書館出版社

第三〇册目録

附録卷第二

墓誌銘　神道碑

墓誌銘并序

宋故推誠保德崇仁翊戴功臣觀文殿學士特進太子少師致仕上柱國樂安郡開國公食邑四千三百戶食實封一千二百戶贈太子太師文忠歐陽公墓誌銘并序

淮南節度觀察處置等使開府儀同三司守司徒檢校太師兼侍中判相州軍州事上柱國魏國公韓琦撰

朝散大夫右諫議大夫充集賢院學士
史館修撰權判尚書都省判祕閣提舉
醴泉觀公事上護軍賜紫金魚袋宋敏
求書
翰林侍讀學士龍圖閣學士朝散大夫
尚書吏部郎中知河陽軍州事兼管内
勸農使上護軍賜紫金魚袋韓維題蓋
熙寧五年閏七月二十三日觀文殿學士
太子少師致仕歐陽公薨于汝陰之私第
年六十六上聞震悼不視朝贈公太子太

師太常謚曰文忠卹後加賻不與常比天
下正人節士知公之亡罔不駭然相弔痛
失依仰其孤寺丞君乃以樞密副使吳公
所次功緒并致治命以墓銘爲請竊惟當
世能文之士比比出公門下不屬于彼而
獨以見屬豈公素諒其愚謂能直筆足信
後世邪此其敢辭公諱脩字永叔唐太子
率更令詢四世孫琮嘗爲吉州刺史又八
世生萬復爲吉之安福令子孫因家焉曾
祖諱郴安福六世孫也孝悌之行鄉里師

服仕南唐爲武昌令累贈太師中書令曾祖妣劉氏追封楚國太夫人祖諱偓彊學善屬文南唐時獻所爲文十餘萬言召試補南京街院判官累贈太師中書令兼尚書令祖妣李氏追封吳國太夫人父諱觀性至孝力學咸平中擢進士第當官明而尚恕每決重辟尤加審慎苟理有可脫必平反之終泰州軍事判官累贈太師中書令兼尚書令追封鄭國公自公祖始徙居吉水後吉水析爲永豐今爲永豐人公四

歲而孤母韓國太夫人鄭氏守志不奪家
雖貧力自營贍教公爲學公亦天資警絶
經目一覽則能誦記爲文下筆出人意表
及冠聲聞卓然天聖中舉進士凡兩試國
子監一試禮部皆爲第一逮崇政試雖中甲
科人猶以不魁多士爲恨初補西京留守
推官洛尹文康王公知非常才歸薦于朝
景祐初召試遷鎮南軍節度掌書記館閣
校勘時文正范公權尹京邑以直道自進
每因奏事必陳時政得失大忤宰相意斥

守饒州諫官不敢言公貽書責之坐貶峽州夷陵令余安道尹師魯繼上書直范公復被逐當時天下以四賢稱之俄徙光化軍乾德令改武成軍節度判官康定初召還復館閣校勘遷太子中允預修崇文總目成改集賢校理同知太常禮院請外補通判滑州事慶曆初 仁宗御天下久周悉時弊重以西師未解思欲整齊衆治以宇太平登進輔臣必取人望收用端鯁以增諫員公首被其選擢太常丞知諫院事賜

五品服未幾同修起居注公素禀忠義遭時遇主自任言責無所顧忌横身正路風節凛然時正獻杜公文正范公令司空富公皆在二府公每勸上乘閒延見推誠諮訪上後開天章閣屢召諸公詢究治本長策大議稍稍施用（一作行）紀綱日舉僥倖頓絶小人始大不喜相與巧詆必期破壞公常極力左右之俄拜右正言知制誥賜三品服大臣有建白請廢麟州徙其治於合河津以省餽餉者命公親往相視使回奏

曰麟州天險正據要害不可廢第減其兵駐並河諸堡有警呼集數舍之近爾兵既減糧自不乏詔從之又奏忻代州岢嵐火山軍並邊民田始潘美爲帥患虜時入寇徙其民以空之遂號禁地自景德通好我雖循舊而虜人盜耕不已請募民計頃出丁爲兵量入租粟以耕之歲可得數百萬斛邊用給矣不然他日必盡爲虜人所有時并帥耻謀不自己沮撓久之其後卒如公請凡賦斂過重民所不堪者又奏罷十

數事疲俗以安四年秋北虜盛兵雲州聲言西討朝廷疑其有謀議選文武材臣密爲經畫二府請輟公以往即以公爲龍圖閣直學士河北都轉運使公至則區別（一作分）官吏使能者盡力均徙財用而邊計有餘奏廣御河漕運造鏁栰船以絶侵盜置都作院于磁相州一道兵械悉仰給焉方條列北方利病欲大爲措置會文正范公與同時入輔者終爲讒説所勝相繼罷去一時進用者皆指之爲黨公復慨然上書極

言論救執政與其朋益怒協力擠之初公有妹適張龜正龜正亡無子妹挈前室所生孤女以歸及笄公為選宗人晟以嫁之會張氏以失行繫獄言者乘此欲并中公復摭張氏貲產事遂興詔獄窮治上為命内臣監劾卒辨其誣猶降授知制誥知滁州事執政意不快擿勘官與監劾内臣細故皆被責八年春就改起居舍人知揚州事踰年徙知潁州事皇祐初復龍圖閣直學士二年秋移知應天府兼南京留守司

事歷尚書禮部吏部郎中丁太夫人憂去職服除入見上怪公須髮盡白惻然存撫恩意甚厚命判吏部流内銓素忌公者恐將大用乃僞爲公疏請汰内臣以激衆怒有選人胡宗堯者當引對改官前任本州嘗以官舟假人已而經赦去官止得循資公與判南曹官對曰取旨上欣然令改官官者楊永德密奏曰宗堯翰林學士宿之子有司援赦之私也遂出公知同州事物論議一作不平上亟開悟留公刋修唐書俄

入翰林爲學士史館修撰勾當三班院至和二年夏請郡改侍讀學士知蔡州事留不行復除翰林學士判太常寺兼禮儀事遷右諫議大夫嘉祐三年夏兼龍圖閣學士權知開封府事前尹孝肅包公（一作包孝肅公）以威嚴得名都下震恐而公動必循理不求赫赫之譽或以少風采爲言公曰人材性各有短長吾之長止于此惡可勉其所短以徇人邪既而京師亦治四年春請罷府事改給事中充羣牧使唐書成拜禮部

侍郎儀兼翰林侍讀學士五年冬以本官爲樞密副使明年秋參知政事　英宗登極遷户部侍郎治平初特轉吏部侍郎　今上嗣位改尚書左丞公自處二府益思報稱毅然守正不爲富貴易節凡大謀議大利害與同官論辨或在上前必區判別一作是否未嘗少有回屈文武之士陳請百端公常委曲開諭曰某事可行某事不可行用是人多怨誹至于臺諫官論事有不中理者往往正色折之其徒尤切齒日欲求疵

合攻公自視無他不恤也始（一無此字）英廟（一作宗）踐祚按祖宗舊典皇族尊屬之亡者皆贈官改封濮安懿王 英廟所生父也中書以本朝未有故事請付有司詳處（一作審）其當上謙恭愼重命過 仁廟大祥下禮院與兩制官同議如期詔下衆乃言王當稱伯改封大國中書以所生父稱伯疑無經據方再下三省議上遽令權罷俾有司徐求典故事久不行臺官挾憤不已遂持此斥公爲主議上章歷詆必請議定又以朝廷未

嘗議及之事肆爲誣説欲惑衆聽又相率
納告身以示必去上數敦諭知不可留各
以本官補外後來者以風憲不勝爲耻竊
伺愈急 今上即位初御史蔣之奇者乃造
無根之言一作語欲以汙公中丞彭思永乗
虛助之公退伏私居力請公辨上照其誣
罔連詔詰問二人者辭窮皆坐貶公遂懇
辭柄任上不得巳除公觀文殿學士刑部
尚書知亳州事熈寧元年秋遷兵部尚書
知青州事充京東東路安撫使時散青苗

錢法初行衆議皆言不便朝廷既申告誡
公猶請除去二分之息令民止納本錢明
不取利又請先罷提舉管勾官然後可以
責州縣不得抑配不報三年夏除檢校太
保宣徽南院使判太原府河東路經略安
撫使公累上章辭丐易蔡州大略以久疾昏
耗不任重寄復曰時多喜新奇而臣思守
拙衆方興功利而臣欲循常執政知終不
附己俄詔聽以舊官知蔡州事公在亳已
六上章請致政上眷惜之不允至蔡踰年

復中前請志益堅確上察其誠命優改官致仕年方六十有五天下士大夫聞公勇退無不驚歎云近古所無也公天資剛勁見義敢爲襟懷洞然無有城府常以平心爲難故未嘗挾私以爲喜怒獎進人物樂善不倦一長之得力爲稱薦故賞識之下率爲聞人惟視姦邪嫉若仇敵直前奮擊不問權貴後雖陰被讒逐公以道自處怡怡如也平生篤于朋友如尹師魯梅聖俞孫明復既卒其家貧甚公力經營之使皆

得以自給又表其孤于朝悉録以官自唐室之衰文體隨而不振陵夷至于五代氣益卑弱國初柳公仲塗一時大儒以古道興起之學者卒不從景祐初公與尹師魯専以古文相尚而公得之自然非學所至超然獨騖衆莫能及譬夫天地之妙造化萬物動者植者無細與大不見痕跡自極其（一作於）工於是文風一變時人競爲模範自漢司馬遷没幾千年而唐韓愈出愈之後又數百年而公始繼之氣燄相薄莫較

高下何其盛哉所治經術務究大本嘗以先儒於經所得多矣而不能無失惟其說或有未通公始爲辨正不過求聖人之意以立異論嘉祐初權知貢舉時舉者務爲險怪之語號太學體公一切黜去取其平澹造理者即預奏名初雖怨讟紛紜而文格終以復古者公之力也筆翰遒勁自成一家人有得其片幅必實藏之歷典大郡以鎮靜爲本明不至及一作察寬不至縱吏民受賜既去追思不已滁揚二州皆立生

祠嘗奉使契丹其主必遣貴臣押宴出于
常例且謂公曰以公名重故爾其爲外夷
欽服如此至和中陳恭公爲相欲塞商胡
決河使歸橫壠故道公言橫壠地已高仰
功大不可爲未幾陳罷去有李仲昌者乃
議道商胡水入六塔河公復上言六塔素隘
狹不能容大河若爲之必潰決害愈甚時
執政是仲昌議又不用公言後六塔隄果
壞不成自博以下數州皆被水患衆服公
先識在侍從八年竭誠補益前後上言百

餘事 仁宗嘗曰如歐陽某者何處得來故其言多所聽納因嘉祐水災凡兩上疏請選立皇子以固根本及在政府遂與諸公參定大議方 英廟過自謙退未即承命事久未決衆悉危之公協心開助忠力爲多及即位之初感疾未能聽覽一作斷 慈壽預政事出權宜公與諸公往來兩宮鎮安内外卒復明辟人無閒言嘗被詔撰唐書紀十卷志五十卷表十五卷又自撰五代史七十四卷易童子問三卷詩本義十四卷

居士集五十卷歸榮集一卷外制集三卷内制集八卷奏議十八卷四六集七卷集古録跋尾十卷雜著十九卷公於物無他玩好獨好收古文圖書集三代以來金石銘刻爲一千卷用以校正傳記訛繆人得不疑晚年自號六一居士曰吾集古録一千卷藏書一萬卷有琴一張有碁一局常置酒一壺吾老于其間是爲六一因自爲傳以志之初娶胥氏翰林學士偃之女繼室楊氏集賢院學士諫議大夫大雅之女

令夫人薛氏資政殿學士戶部侍郎簡肅公奎之女累封仁壽郡夫人男八人長發次奕光祿寺丞次䮚大理評事次辯光祿寺丞餘皆早卒女三人皆早卒孫男四人曰遜曰憲曰恕曰愬皆以公恩試祕書省校書郎孫女六人皆幼熙寧八年九月庚申朔二十六日乙酉諸孤奉公之喪葬于開封府新鄭縣旌賢鄉之原銘曰

噫公之節　其剛烈烈　弼違斥姦

義不可折　噫公之文　天資不群

光輝古今　左右典墳　直道而行
屢以讒蹶　卒寤而知　惟帝之哲
升贊機務　方隅以寧　參議宰政
社稷是經　成此王功　大忠以効
德高毀及　退不吾較　公之來歸
旣安且怡　宜報以壽　戾也胡爲
公文在人　公迹在史　兹惟不窮
亘千萬祀

神道碑　蘇文定公轍

熙寧五年秋七月觀文殿學士太子少師致

仕一無此十一字歐陽文忠公薨于汝陰八年秋九月諸子奉公之喪葬于新鄭旌賢鄉自葬至崇寧五年凡三十有二年矣公子棐以墓隧之碑來請轍方以罪廢于家且病不能執筆辭不獲命乃曰病苟不死當如君志既而病已謹按歐陽氏自唐率更令之四世孫琮爲吉州刺史後世因家于吉曾祖諱郴南唐武昌令贈太師中書令妣劉氏追封楚國太夫人祖諱偃南唐南京街院判官贈太師中書令兼尚書令妣李氏追

封吳國太夫人考諱觀泰州軍事推官贈
太師中書令兼尚書令封鄭國公妣鄭氏
追封韓國太夫人公諱脩字永叔生四歲
而孤韓國守節自誓親教公讀書家貧至
以荻畫地學書公敏悟過人所覽輒能誦
比成人將舉進士爲一時偶儷之文已絶
出倫輩翰林學士胥公時在漢陽見而奇
之曰子必有名於世館之門下公從之京
師兩試國子監一試禮部皆第一人遂中
甲科補西京留守推官始從尹師魯遊爲

古文議論當世事迭相師友與梅聖俞遊為歌詩相倡和遂以文章名冠天下留守王文康公知其賢還朝薦之景祐初召試遷鎮南軍節度掌書記館閣校勘時范文正公知開封府每進見輒論時政得失宰相惡之斥守饒州公見諫官高若訥若訥詆誚范公以為當黜公為書責之坐貶峽州夷陵令明年移乾德令復為武成軍節度判官康定初范公起為陝西經略招討安撫使辟公掌書記公笑曰吾論范公豈以

爲利哉同其退不同其進可也辭不就召
還復校勘遷太子中允與修崇文總目慶
曆初遷集賢校理同知太常禮院求補外
通判滑州事時西師未解契丹初復舊約
京東西盜賊蜂起國用不給 仁宗知朝臣
不任事始登進范公及杜正獻公富文忠
公韓忠獻公分列二府增諫員取敢言士
公首被選以太常丞知諫院賜五品服未
幾修起居注公每勸上延見諸公訪以政
事上再出手詔使諸公條天下事又開天

章閣召對賜坐給紙筆使具疏于前諸公惶恐退而上時所宜先者十數事於是有詔勸農桑興學校革磨勘任子等弊中外悚然而小人不便相與騰口謗之公知其必爲害常爲上分别邪正勸力行諸公之言初范公之貶饒州公與尹師魯余安道皆以直范公見逐目之黨人自是朋黨之論起久而益熾公乃爲朋黨論以進言君子以同道爲朋小人以同利爲朋人君但當退小人之僞朋用君子之真朋其言懇惻詳

盡其後諸公卒以黨議不得久留於朝公性
疾惡論事無所回避小人視之如仇讎而
公愈奮厲不顧上獨深知其忠改右正言
知制誥賜三品服仍知諫院故事知制誥
必試上知公之文有旨不試與近世楊文
公陳文惠公比逮公三人而已嘗因奏事
論及人物上目公曰如歐陽脩何處得來
蓋欲大用而未果也四年大臣有言河東
芻粮不足請廢麟州徙治合河津或請廢
其五寨命公往視利害公曰麟州天嶮不

可廢也麟州廢則五寨不可守五寨不守則府州遂爲孤壘今五寨存故虜在二三百里外若五寨廢則夾河皆虜巢穴河内州縣皆不安居矣不若分其兵駐並河清塞堡緩急不失應副而平時可省轉輸由是麟州得不廢又言忻代州岢嵐火山軍並邊民田廢不得耕號爲禁地吾雖不耕而虜常盜耕之若募民計口出丁爲兵量入租粟以耕歲可得數百萬斛不然他日且盡爲虜有議下太原帥臣以爲不便持之久

之乃從凡河東賦歛過重民所不堪奏罷者十數事自河東還會保州兵亂又以公爲龍圖閣直學士河北都轉運使陛辭上面諭無爲久留計有所欲言言之公曰諫官得風聞言事外官越職而言罪也上曰第以聞勿以中外爲意河北諸軍怙亂驕恣小不如意輒脅持州郡公奏乞優假將帥以鎮壓士心軍中乃定初保州亂兵皆招以不死既而悉誅之脅從二千人亦分隸諸州富公爲宣撫使恐後生變與公相遇

於內黃夜半屏人謀欲使諸州同日誅之公曰禍莫大於殺已降況脅從乎既非朝命州郡有一不從為變不細富公悟乃止公奏罷御河催綱司以督粮餉邊州賴之又罷磁相州都作院以繕一路戎器河北方小治而二府諸公相繼以黨議罷去公慨然上書論之用事者益怒會公之外甥女張嫁公族人晟以失行繫獄言事者乘此欲并中公遂起詔獄窮治張貲産上使中官監劾之卒辨其誣猶降官知滁州

事居二年徙揚州又徙潁州遷禮部郎中復龍圖閣直學士留守南京遷吏部郎中丁韓國太夫人憂至和初服除入見鬚髮盡白上恠之問勞惻然恩意甚厚命判吏部流内銓小人畏公且大用僞爲公奏乞澄汰官官官聞之果怒會選人胡宗堯當改官坐嘗以官舟假人經赦去官法當循資公引對取旨上特令改官官有密奏者曰宗堯翰林學士宿之子有司右之私也遂出公知同州言者多謂公無罪上

悟留刊修唐書俄入翰林爲學士自滁州之貶至是十二年矣上臨御既久遍閱天下士羣臣未有以大稱上意上思富公韓公之賢復召寘二府時慶曆舊人惟二公與公三人皆在朝廷士大夫知上有致治之意翕然相慶公以學士判三班院二年奉使契丹契丹使其貴臣宗愿宗熙蕭知足蕭孝友四人押燕曰此非常例以卿名重故爾嘉祐初判太常寺二年權知貢舉是時進士爲文以詭異相高文體大壞公

患之所取率以詞義近古爲貴凡以嶮怪知名者黜去殆盡牓出怨謗紛然久之乃服然文章自是變而復古三年加龍圖閣學士權知開封府事所代包孝肅公以威嚴御下名震都邑公簡易循理不求赫赫之譽有以包公之政勵公者公曰凡人材性不一用其所長事無不舉強其所短勢必不逮吾亦任吾所長耳聞者稱善四年求罷遷給事中充羣牧使唐書成拜禮部侍郎俄兼翰林侍讀學士公在翰林凡八年

知無不言所言多聽河決商胡賈魏公留
守北京欲開横壠故道回河使東有李仲
昌者欲道商胡入六塔河詔兩省臺諫集
議公故奉使河北知河決根本以爲河水
重濁理無不淤淤從下起下流既淤上流
必決水性避高決必趨下以近事驗之決
河非不能力塞故道非不能力復但勢不
能久必決於上流耳横壠功大難成雖成必
有復決之患六塔狹小不能容受大河以全
河注之濱棣德博必被其害不若因水所

趨增治隄防疏其下流浚之入海則河無決溢散漫之憂數十年之利也陳恭公當國主横壠之議恭公罷去而宰相復以仲昌之言爲然行之而敗河北被害者凡數千里狄武襄公爲樞密使奮自軍伍多戰功軍中服其威名上不豫諸軍訛言籍籍公言武臣掌機密而得軍情不惟於國不便鮮不以爲身害請出之外藩以保其終始遂罷知陳州公嘗因水災上言陛下臨御三十餘年而儲宫未建此久闕之典

也漢文帝即位羣臣請立太子羣臣不自疑而敢請文帝亦不疑其臣有二心後唐明宗尤惡人言太子事然漢文帝立太子之後享國長久爲漢太宗明宗儲嗣不早定而秦王以窺覦陷于大禍後唐遂亂陛下何疑而久不定乎公言事不擇劇易類如此五年以本官爲樞密副使明年爲參知政事公在兵府與曾魯公考天下兵數及三路屯戍多少地里遠近更爲圖籍凡邊防久闕屯戍者必加蒐補其在政府凡

兵民官吏財利之要中書所當知者集爲總目遇事不復求之有司時富公以母憂去位公與韓公同心輔政每議事心所未可必力爭韓公亦開懷不疑故嘉祐之政世多以爲得時東宮猶未定臣僚間有言者然皆不克行最後諫官司馬光知江州呂誨言之中書將因（一作因將）二疏以請幸上有可意相與力賛之一日奏事垂拱讀二疏未及有言上曰朕有意久矣顧未得其人耳宗室中誰可者韓公對曰宗室不接外

人臣等無由知之抑此事非臣下所敢議當出自聖斷 上乃稱 英宗舊名曰宮中嘗養此人今三十許歲矣惟此人可耳是日君臣定議於殿上將退公奏曰此事至大臣等未敢即行陛下今夕更思之來日取旨明日請之崇政上曰決無疑矣諸公皆曰事當有漸容臣等議所除官時 英宗方居濮王憂遂議起復除泰州防禦使判宗正寺來日復對上大喜諸公奏曰此事既行不可中止乞陛下斷之於心內批付

臣等行之可也上曰此豈可使婦人知之中書行之足矣時六年十月也及命下英宗力辭上聽候服除七年二月　英宗既免喪稱疾不出至七月韓公議曰宗正之命既出外人皆知必爲皇子矣今不若遂正其名使知愈退而愈進示朝廷不可回之意衆稱善乃以其累表上之上曰今當如何韓公未對公進曰宗室舊不領職事今有此命天下皆知陛下意矣然誥勑付閤門得以不受今若以爲皇子詔書一出而

事定矣上以爲然遂下詔及宫車晏駕　皇
子嗣位海内泰然有磐石之固然後天下
皆詠歌　仁宗之聖以及諸公之賢而向之
黨議消釋無餘至於小人亦磨滅不見矣
英宗即位之初以疾未親政　慈聖光獻太
后臨朝公與諸公往來二宫彌縫其間卒
復明辟樞密使富鄭公當次補韓公曾
公議將進擬不以告公公覺其意謂二公
曰今天子諒陰母后垂簾而二三大臣自
相位置何以示天下二公大服而止其後

張康節公去位　英宗復將用公公又力辭
不拜公再辭重位諸公不喻其意而服其
難八年遷户部侍郎治平初特遷吏部
神宗即位遷尚書左丞公性剛直平生與人
盡言無所隱及在二府士大夫有所干請
輒面諭可否雖臺諫論事亦必以是非詰
之以此得怨而公不卹也朝廷議加濮王
典禮詔下禮官與從官定議衆欲改封大
國稱伯父議未下臺官意公主此議遂專
以詆公言者旣以不勝補外而來者持公

愈急御史蔣之奇并以飛語汙公公杜門求辨其事　神宗察其誣連詔詰問詞窮逐去公亦堅求退上知不可奪除觀文殿學士知亳州事熙寧初遷兵部尚書知青州事充京東東路安撫使時諸路散青苗錢公乞令民止納本錢以示不爲利罷提舉管勾官聽民以願請不報三年除檢校太保宣徽南院使判太原府河東路經略安撫使公辭求知蔡州從之公在亳已六請致仕比至蔡逾年復請四年以觀文殿學

士太子少師致仕公年未及謝事天下益以高公公昔守潁上樂其風土因卜居焉及歸而居室未完處之怡然不以爲意公之在滁也自號醉翁作亭琅邪山以醉翁名之晚年又自號六一居士曰吾集古録一千卷藏書一萬卷有琴一張有棊一局而常置酒一壺吾老於其間是爲六一自爲傳刻石亦名其文曰居士集居潁一年而薨享年六十有六贈太子太師謚文忠天下學士聞之皆出涕相弔後以諸子贈

太師追封兖國公公之於文天材有餘豐約中度雍容俯仰不大聲色而義理自勝短章大論施無不可有欲效之不詭則俗不淫則陋終不可及是以獨步當世求之古人亦不可多得公於六經長於易詩春秋其所發明多古人所未見嘗奉詔撰唐本紀表志撰五代史二書本紀法嚴而詞約多取春秋遺意其表傳志考與遷固相上下凡爲易童子問三卷詩本義十四卷唐本紀表志七十五卷五代史七十四卷

居士集五十卷外集若干卷歸榮集一卷外制集三卷内制集八卷奏議集十八卷四六集七卷集古録跋尾十卷雜著述十九卷昔孔子生於衰周而識文武之道其稱曰文王既没文不在兹乎雖一時諸侯不能用功業不見於天下而其文卒不可揜孔子既没諸弟子如子貢子夏皆以文名於世數傳之後子思孟子孫卿並爲諸侯師秦人雖以塗炭遇之不能廢也及漢祖以干戈定亂紛紜未已而叔孫通陸賈之

徒以詩書禮樂彌縫其闕矣其後賈誼董仲舒相繼而起則西漢之文後世莫能髣髴蓋孔氏之遺烈其所及者如此自漢以來更魏晉歷南北文弊極矣雖唐正觀開元之盛而文氣衰弱燕許之流倔强其間卒不能振惟韓退之一變復古闢其頹波東注之海遂復西漢之舊自退之以來五代相承天下不知所以爲文祖宗之治禮文法度追迹漢唐而文章之士楊劉而已及公之文行於天下乃復無愧於古於乎

自孔子至今千數百年文章廢而復興惟得二人焉夫豈偶然也哉公篤於朋友不以貴賤生死易意尹師魯石守道孫明復梅聖俞旣没皆經理其家或言之朝廷官其子弟尤奬進文士一有所長必極口稱道惟恐人不知也公前後歷七郡守其政察而不苛寬而不弛吏民安之滁揚之人至爲立生祠鄭公嘗有遺訓戒慎用死刑韓國以語公公終身行之以謂漢法惟殺人者死今法多雜犯死罪故死罪非殺人

者多所平反蓋鄭公意也一本自公篤於朋友至鄭公意也一段在昔孔子生於衰周之前公初娶胥氏即翰林學士偃之女再娶楊氏集賢院學士大雅之女後娶薛氏資政殿學士簡肅公奎之女追封岐國太夫人男八人發故承議郎奕故光祿寺丞棐朝奉大夫辯故承議郎餘早亡孫男六人懋故臨邑縣尉憲通仕郎愨奉議郎恕故宣義郎愿懋皆將仕郎孫女七人皆適士族公之在翰林也先君文安先生以布衣隱居鄉閭天子復用正人

喜以書遺公公一見其文曰此孫卿子之書也及公考試禮部亡兄子瞻以進士試稠人中公與梅聖俞得其程文以爲異人是歲轍亦中下第公亦以謂不忝其家先君不幸捐館舍亡兄與轍皆流落不偶元祐初會於京師公家以公碑諉子瞻子瞻許焉既又至於大故轍之不敏以父兄故不敢復辭銘曰

於穆仁宗　有臣文忠　自嶮而夷

保其初終　惟古君臣　終之實難

匪不用賢　有孽其閒　公奮自南
聲被四方　允文且忠　有煒其光
上實開之　下實柅之　三起三僨
誰實使之　僨而復全　惟天子明
克明克忠　乃卒有成　逮歲嘉祐
君臣一德　左右天造　民用飲食
舜禹相授　不改舊臣　白髮蒼顏
翼然在廷　功成而歸　維公本心
彼其何知　言恐不深　潁水之濱
甲第朱門　新鄭之墟　茂木高墳

野人指之　文忠之遺　忠臣不危

仁祖之思

附録卷第二

神道碑諸路散青苗錢（諸路一作諸縣）彼其何知（其一作亦）

附録卷第三

傳

神宗實録本傳 墨本

歐陽脩字永叔唐太子率更令詢之後詢一無此三字四世孫琮爲吉州刺史又八世生萬爲吉州安福令其子孫或居安福或居廬陵萬之八世孫觀脩父也徙居永豐四字一作自觀父徙居吉水至和中析吉水爲永豐今爲永豐人脩四歲而孤母鄭氏有女節以荻畫地教脩書字稍長從鄰里借書讀或手抄之抄未竟而成

誦舉進士有聲補西京留守推官召試學士院遷鎮南軍節度掌書記館閣校勘脩爲人質直閎廓見義敢爲機穽在前直行不顧每放逐困躓輙數年及復振起終不改其操范仲淹貶知饒州論救者衆諫官高若訥獨不言脩以書責若訥言其不復知人間有羞恥事（三十六字一本只作坐以書責諫官高若訥不論救范仲淹言若訥不復知人間有羞恥事）若訥以聞謫峽州夷陵令徙光化軍乾德（一有令字）改武成軍節度判官遷太子中允館閣校勘修崇文總

目（一有同修字）禮書總目成改集賢校理知太常禮院數論天下事陝西用師上三策以揣敵情及指陳利害甚衆詔百官上封事又上疏言三弊五事力陳當時之所宜憂者以貧求補外得通判滑州仁宗增諫官負用天下名士召脩知諫院是時西師久京東西群盜起中外騷然仁宗既進退大臣欲遂改更諸事范仲淹杜衍韓琦富弼皆輔政脩屢請召對咨訪責以所爲（一有而字）仁宗降手詔出六條（一有虛心以待四字）後遂下詔

勸農桑興學校多所更革用脩同修起居注閲月拜右正言知制誥初呂夷簡罷相夏竦爲樞密使復奪之代以杜衍同時進用富弼韓琦范仲淹等一無此三十一字石介作慶曆聖德詩言退姦不易進賢之難而終篇意在夏竦竦尤不悅因與其黨造爲黨論二十九字一作詩云云其被指名者皆不悅仲淹衍等柄用欲盡去之因造爲黨論目仲淹衍及脩一有以字爲黨人脩乃上朋黨論其大略言小人無朋惟君子則有之蓋小人所好者利祿所貪者財貨當其同

利之時暫相黨引以爲朋及其見利而爭先或利盡而交疏則反相賊害雖其兄弟親戚不能相保故曰小人無朋君子則不然所守者道義所行者忠信所惜者名節以之修身則同道而相益以之事國則同心而共濟終始如一故君子有（一有多字）朋也

又上疏言杜衍韓琦范仲淹富弼相繼罷去天下皆知其有可用之賢而不聞其有可罷之罪自古小人讒害忠賢（一作良）其說不遠欲廣陷良善不過指爲朋黨欲動搖

大臣必須誣以專權其故何也去一善人而衆善人尚在則未爲小人之利欲盡去之則善人少過難爲（一無此字）一一求瑕唯是指以爲朋則可一時盡逐至如自古大臣已被主知而蒙信任則難以他事動揺惟有專權是上之所惡必須此語方可傾之正士在朝群邪所忌謀臣不用敵國之福也（一無此字）今此四人一旦罷去而使群邪相賀於内四夷相賀於外臣所以爲陛下惜之也爲黨論者尤惡脩異己又善言其情

狀至使内侍藍元震上疏言范仲淹歐陽脩尹洙余靖前日蔡襄謂之四賢斥去未幾復陞天衢四賢得時遂引蔡襄以爲同列下則以國家爵禄爲己私惠上則朋黨膠漆皆聚本朝設使逐人私黨不過十數同心醜正已爲五六十人相依爲重將柰紀綱九重至深萬機至重（一有陛下二字）何由察知賴仁宗（一有耆聖二字）終不之信（一作終察其姦）脩之使河東以陝西用兵久河東芻粮不足言者請廢麟州或請移治合河津或請廢五

寨脩爲四議以較麟州利害請移兵就食於濱河一作河賓清塞堡緩急不失應援平時可省餽運麟州得不廢又建言忻代岢嵐火山四郡有禁地棄而不耕民私糴虜中以應軍須今悉耕之歲可得數百萬石以實邊又言河東民故貧軍興以來賦斂尤重行路嗟怨條上可罷者數十事以寬民力脩自河東還會保州兵叛出脩爲龍圖閣直學士河北都轉運使保州平大將李昭亮私納婦女通判馮博文等竊効之脩

捕博文繫獄昭亮皇恐立出之自保州之變河北兵驕小不可意則思亂人情務在姑息脩乞假將帥權（一有事從鎮三字）重以消未萌保塞之脅從者二千餘人分隸河北夏竦爲宣撫使（事迹神道碑並以爲富鄭公）曰是去禍而遺根也欲以便宜誅之脩權知成德軍遇之於内黄竦夜半屏人以告脩脩曰禍莫大於殺降昨保州叛卒朝廷許以不死今戮之矣此曹本以脅從故得脫奈何一旦殺無辜二千人既非朝旨諸郡且不肯從

緩■籍籍必生變是趣之爲亂也（一有且脩）至鎮州必不從命九字）遂止河決澶淵陳執中欲塞商胡決橫隴故道脩言功大必（一作恐）不可成徒勞人（一有未幾二字）執中罷（一有去字）文彥博復用李仲昌議欲開六塔河脩言六塔河不能吞伏且復決再爭之不得既而濵棣德博數千里皆被（一有水字）害初脩出河北仁宗面諭曰勿爲乆居計有事言來脩對曰諫官乃得風聞今在外使事有指越職罪也仁宗曰有事但以聞勿以中外爲詞爲黨論

者愈益惡之（一有務為奇巧以中六字）脩妹適張龜正龜正無子而死有龜正（一無二字）前妻之女才四歲無所歸以俱來及笄脩以嫁族兄之子晟張氏後在晟所與奴姦事（一無此字）下開封府（一作獄）獄吏附致其言以（三字一作曖昧之言）及脩乃以户部判官蘇安世内侍王昭明雜治之卒無秋毫乃（三字一本只作狀）坐用張氏匳中物買田立歐陽氏券左遷知制誥知滁州（一本有用事者猶不快意坐安世昭明以移三司取録問吏不先聞皆奪官二十六字）久之遷起居舍人知揚州徙潁州復龍圖閣直

學士知應天府以母憂去既免喪入見仁宗惻然怪脩髮白問在外幾年今年幾何恩意甚至命判流内銓小人恐脩復用僞爲脩奏乞澄汰内侍兩省挾感令爲姦利者書騰都下宦者人人切齒楊永德者陰以言中脩出知同州外議不平論救者衆遂留刊修唐書爲翰林學士加史館修撰句當三班院改侍讀學士知蔡州未行復爲翰林學士判太常寺脩在朝以奬進天下士爲己任延譽慰薦極其力而後已

於經術治其大旨不爲章句不求異於諸儒景祐中與尹洙皆爲古學已而有詔戒天下學者爲文使近古學者盡爲古文而脩之文章遂爲天下宗匠蜀人蘇洵嘗論脩文章詞令雍容似李翺切近適當似陸贄而脩之才亦似一作自過此二人至脩作唐書志一無此字五代史敘事不愧劉向班固也權知貢舉文士以新奇相尚文體大壞脩深革其弊前以怪僻在高第者黜之幾盡務求平淡典要士人初怨怒罵譏中稍信服

巳而文格變而復正拜右諫議大夫判尚書禮部又判秘閣秘書省加兼侍讀辭不受同修玉牒兼龍圖閣學士權知開封府承包拯威嚴之後一切循理不事風采或以爲言脩曰人材性各有短長實不能舍所長彊其所短以給事中罷同提舉諸司庫務改群牧使唐書成拜禮部侍郎（一有遂字）爲樞密副使與曾公亮同力振舉紀綱革去宿弊考天下兵數及三路屯戍幾何地里近遠皆爲圖籍未幾參知政事預定策

立英宗爲皇子事見韓琦傳十四字一作仁宗失褒豫

鄂三王後遂無皇子至和三年正月疾暴作數十日不能朝中外憂恐久乃康復自是言者常以立皇子固天下根本爲急包拯范鎮所言尤激切其餘不爲外人所知者不可勝數富弼韓琦亦屢進說倘因水災亦再上疏每輒留中不下如此五六年言者亦已稍怠嘉祐六年内出諫官司馬光知江州呂誨言立皇嗣事倘與韓琦曾公亮奏事垂拱殿讀二章畢未及有所啓仁宗遽曰朕意亦决矣但未得其人左右顧曰宗室中誰可者琦皇恐對曰此事非臣下敢議當已簡在聖心 仁宗即道英宗藩邸名且曰今三十許歲矣琦等乃議定又奏曰此事至大陛下今夕更思之明日奏事崇政殿又啓之 仁宗曰决無疑矣於是琦等言事當有漸乃以 英宗判宗正寺而 英宗猶在濮王喪辭讓再三有旨聽終喪七年二月服除 英宗稱

疾堅卧不起至七月琦議曰宗正之命初出則外人皆知必爲皇子也不若遂正其名使知愈讓而愈進示朝廷有不可回之意公亮脩皆以爲然琦乃以 英宗累表進仁宗問如何琦未對脩進曰宗室不領職事忽有此除天下皆知陛下將立爲皇子也不若遂正其名且判宗正寺誥敕付閤門得以不受今立爲皇子止用一詔書告天下事即定矣仁宗湛思久之顧韓琦曰如此莫亦好不琦力贊之仁宗曰如此則明堂前了當遂降詔書而中外晏然嘉祐之事脩自序云爾

英宗初年未親政事慈聖光獻太后垂簾脩與二三大臣佐佑兩宮鎮撫四海執政聚議事有未可脩未嘗不力爭臺諫官至政事堂論事往往面折其短英宗嘗面稱脩曰

性直不避衆怨脩亦嘗稱誦故相王曾之言曰恩欲歸己怨使誰當自嘉祐以後朝廷務惜名器而進人之路稍隘脩屢建言館閣育材之地人材既難得而又難知則當博采而多畜之時冀一得於其間則傑然出爲名臣矣餘亦不失爲佳士也遂詔韓琦曾公亮趙槩及脩各舉五人其後中選者多在清近朝廷亦稍收其用矣京師百司所行兵民官吏財用皆無總數中書一有行移則下有司考會脩因暇日盡以

中書所當知者集爲總目上有所問宰相以總目對脩以奉祠假（一無此字）家居上遣内侍就中書閣取而閱之蔣之奇言脩帷箔事事連其長子婦脩杜門請付有司案治詔詰問之奇語所從來之奇言得之彭思永思永言出於風聞曖昧無實嘗戒之奇勿言天子爲其辭窮降思永知黄州之奇監道州酒遣中使手詔慰安脩脩遂稱疾力解機務以觀文殿學士刑部尚書知亳州年六十矣乞致仕者六不從遷兵部

尚書知青州除檢校太保宣徽南院使判太原府三辭不受徙知蔡州以老病乞骸骨章數上乃爲觀文殿學士太子少師致仕卒年六十有六贈太子太師一有謚文忠三字太常初謚曰文四字一作初請謚文常秩曰脩有定策之功請謚一有曰字文忠乃用之方 英宗亮陰而脩以治平元年五月建議 濮安懿王德盛位隆宜有尊禮詔須大祥後議之一作定二年四月乃詔禮官與待制以上詳議而有司以爲宜凖先朝封贈期親尊屬故事

尊以高官大國朝廷以典禮未稱下尚書
省集三省御史臺官議奏一無官奏二字而 皇太后
手書以議事詰責執政於是手詔罷議令
有司博求典故以聞御史呂誨等彈奏脩
首開邪議琦公亮槩附會不正請如有司
所議而脩論本生之親改稱皇伯歷考前
世並無典據進封大國則又禮無加爵之
道已而 皇太后出手書濮安懿王及譙國
太夫人王氏襄國太夫人韓氏仙游縣君
任氏可令 皇帝稱親仍尊 濮安懿王爲皇

三夫人（三字一作王氏韓氏任氏）並稱后是日手詔欲遵慈訓稱親而不敢當追崇之典誨及范純仁傅堯俞趙瞻趙鼎論列不已 英宗問執政當如何脩對曰御史以爲理難並立臣等有罪即留御史若以臣等爲無罪則取聖旨 英宗猶豫良久乃令出御史而曰不冝責之太重蔣之奇者私論濮園事與脩合脩薦之時已用王珪等所薦御史孫昌齡郭源明黄照又特批以之奇爲御史論者以此短脩脩議濮園事雖不叶群議觀

脩結髮立朝讜直不回身任衆怨至於白首而謗訕不已卒以不汚年六十以（一有大臣二字）論政不合固求去位可謂有君子之勇而言者指脩既爲執政行私以專寵禄亦過矣脩博極群書好學不倦集三代以來金石刻爲一千卷校正史氏百家譌謬之説爲多所著易童子問三卷詩本義十四卷居士集五十卷内外制奏議四六集又四十餘卷子發奕棐辯

重修實録本傳 朱本 葉濤

脩字永叔唐太子率更令詢之後詢裔孫萬爲吉州安福令其子孫因家焉至脩父觀始徙居永豐脩四歲而孤母鄭氏力教以讀書爲文及冠舉進士翕然有聲補西京留守推官召試學士院遷鎮南軍節度掌書記館閣校勘時范仲淹以陳時政得失不顧避忤宰相意貶知饒州論救者甚衆而諫官高若訥獨含胡不言脩以書質責若訥至以爲不知人間有羞恥事若訥大憤連其書以聞坐貶峽州夷陵令徙光

化軍乾德令改武成軍節度判官遷太子中允館閣校勘預修崇文總目書成改集賢校理知太常禮院出通判滑州慶曆初呂夷簡以老病在相位主斷既久天下事積成抗弊不思所以振治而最後元昊盜邊陝右師老兵頓天子憂之未知所出一日夷簡罷相夏竦爲樞密使既除復罷而更用杜衍又范仲淹富弼韓琦同時擢執政收攬一時名士增諫官員而脩首在選中擢太常丞知諫院脩極力左右時事屢請

召對執政責以時所可爲於是　仁宗開天
章閣給二府筆札令具所以施行條上其
後下詔勸農桑興學校於僥倖多所裁革
脩之發明居多是時執政皆脩素所厚善
而脩所言事一意徑行略不以形迹嫌疑
顧避亦卒無懷利附會之實天下之士知
其立朝有本末質行正直（一有亦字）頗推許之於
是小人自此側目而黨人之論作矣初石
介作慶曆聖德詩言進賢退姦之不易其
指以美杜衍等進而諫見黜也諫既懷不

滿因與其黨造爲黨論目仲淹衍及脩爲黨人脩乃上朋黨論其大略言小人無朋惟君子則有之如書曰受有臣億萬惟億萬心周有臣三千惟一心紂億萬人各異心可謂無朋矣而紂用以亡武王之臣三千人可謂大朋矣而周用以興蓋君子之朋雖多而不厭故也俄擢同修起居注閏月拜右正言知制誥於是爲黨論者惡脩擿語其情狀至使內侍藍元震密上疏言范仲淹歐陽脩尹洙余靖前日蔡襄謂之四

賢斥去未幾復還京師四賢得時遂引蔡襄以爲同列以國家爵禄爲私恵膠固朋黨苟以報謝當時歌詠之德今一人私黨止作十數合五六人門下黨與已無慮五六十人使此五六十人遞相提挈不過三二年布滿要路則誤朝迷國誰敢有言挾恨報讎何施不可九重至深萬機至重何由察知然仁宗終不之信也會被旨使河東河東自陝西兵興芻糧久不繼言者屢請廢麟州脩請移兵就食（一有於字）濱河諸堡使

緩急不失應援平時可省餽運（一有而字）麟州以故不廢又建言忻代州岢嵐火山軍故時並邊皆民田潘美患虜入寇乃使民內徙空其地號禁地自後虜人歲盜耕不已請益募民賦田入租歲可得穀數百萬斛給邊仍計頃出丁爲兵不者他日盡爲虜所有矣朝廷從之會保州兵叛出脩爲龍圖閣直學士河北都轉運使　仁宗面諭曰勿爲乆居計有事第言之脩對以諫官乃得風聞今在外使事有指越職罪也　仁宗曰

事苟宜聞豈可以中外爲辭耶嘗上疏言今杜衍韓琦范仲淹富弼相繼罷去天下皆知其有可用之賢而不聞其有可罷之罪自古小人敗事其說不遠欲廣陷良善不過指爲朋黨欲動搖大臣必須誣以專權者蓋去一善人而衆善人尚在則未爲小人之利欲盡去之則善人少過難以一一求瑕唯是指以爲朋則可一時盡逐至如自古大臣已被主知而蒙信任則難以他事動搖惟有專權是上之所惡方可傾之夫

正士在朝群邪所忌謀臣不用敵國之福令此四人一旦罷去而使群邪相賀於内四夷相賀於外此臣所以爲陛下惜之也於是爲黨論者愈益忌之初脩妹適張龜正龜正卒無子而有女女實前妻所生甫四歲以無所歸其母攜養於外氏及笄脩以嫁族兄之子晟會張氏在晟所與奴姦事下開封獄獄吏因附致其言以及脩詔以户部判官蘇安世内侍王昭明雜治之卒無狀乃坐用張氏奩中物買田立歐陽氏券

左遷知制誥知滁州久之遷起居舍人知揚州徙潁州復龍圖閣直學士知應天府以母憂去既免喪入見仁宗惻然怪脩髮白問在外幾年今年幾何恩意甚至命判一有吏部二字流內銓小人恐脩復用乃僞爲脩奏乞汰內侍挾威令爲姦利者一有於是二字宦者人人忿怨楊永德者陰以言中脩出知同州外議不平仁宗復悟留刋修唐書爲翰林學士加史館修撰勾當三班院改侍讀學士知蔡州未行復爲翰林學士判太常寺時文士以

磔裂怪僻相尚文體大壞及是脩知貢舉深革其弊前在高第者盡黜之務求平淡典要士人初怨怒罵譏已而文格卒變拜右諫議大夫判尚書禮部又判祕閣祕書省加兼侍讀辭不受同修玉牒兼龍圖閣學士權知開封府以給事中罷同提舉諸司庫務改群牧使唐書成拜禮部侍郎爲樞密副使嘗因水災凡再上疏請立皇子言甚激切未幾參知政事與韓琦等協定大議立 英宗已而 英宗力辭宗正之命脩

進曰宗室不領職事今忽有此除天下皆知陛下將以爲嗣也則不若遂正其名且宗正誥勑付閤門故得不受若立爲皇子則止降一詔書大事定矣不可辭也 仁宗以爲然遂下詔及 英宗以疾未親政事 慈聖光獻太后垂簾脩與二三大臣主國論每簾前奏事或執政聚議事有未可脩未嘗不抗是非力爭臺諫官至政事堂論事事雖非己出同列未及啓口而脩已直前折其短以至士大夫建明利害及所祈請

前此執政多媕阿不明白是非至脩必一一數之曰某事可行某事不可行用是怨誹者益多　英宗嘗面稱脩曰性直不避衆怨脩亦嘗稱誦故相王曽之言曰恩欲歸己怨使誰當及上即位御史蔣之竒言脩帷箔事事連其長子婦吳氏脩杜門請付有司案治先是脩妻之從弟薛宗孺坐舉官被劾內冀會赦免而脩乃言不可以臣故徼幸乞特不原以故宗孺坐免官而怨脩切齒因構爲無根之言茍欲以汙辱脩

會劉瑾亦素仇家乃騰其謗以語中丞彭思永思永聞以語之奇之奇始以私議濮王事與脩合而脩特薦爲御史時方患衆論指目爲姦邪及得此因亟持以自解於是詔詰語所從來之奇言得之思永思永以與瑾同鄉里且相習熟故力抵以爲風聞　天子爲（三字一作上以）其辭窮降思永知黃州之奇監道州酒遣中使手詔慰安脩脩遂稱疾力乞解機務以觀文殿學士刑部尚書知亳州時脩年六十乃連六表乞致仕不從遷兵部

尚書知青州以擅止散青苗錢詔特放罪
除檢校太保宣徽南院使判太原府三辭不
受徙知蔡州以老病乞骸骨章數上乃爲
觀文殿學士太子少師致仕卒年六十六
贈太子太師太常初謚曰文常秩曰脩有
定策之功請加以忠乃謚曰文忠初 英宗
即位按 祖宗故事追贈宗室尊屬至 濮安
懿王中書以本朝未有故事請付有司詳
議 英宗謙恭重其事詔須大祥後議之後
乃詔禮官與待制以上詳議而有司以爲

王當稱伯改封大國朝廷以典禮未正再下
尚書省集議而（一作會） 皇太后手書以議事詰
責執政於是手詔權罷議令有司博求典
故以聞御史呂誨等彈奏脩首開邪議琦
公亮槩附會不正請如有司所議脩論本
生之親改稱皇伯歷考前世皆無典據進
封大國則又禮無加爵之道已而 皇太后
出手書曰 濮安懿王及譙國太夫人王氏
襄國太夫人韓氏仙游縣君任氏可令 皇
帝稱親仍尊 濮安懿王為皇三夫人並稱

后是日手詔欲遵 太后手書稱親而不敢當追崇之典誨及范純仁傅堯俞趙瞻趙鼎論列不已 英宗問執政當如何脩對曰御史以爲理難並立若以臣等有罪即留御史若無罪則惟聖旨是聽 英宗猶豫良久乃令出御史其後脩著濮議引喪服記曰爲人後者爲其父母報報者齊衰期也謂之降服親不可降降者降其外物爾喪服是也其必降者示有所屈也以其承大宗之重尊祖而爲之屈爾屈於此以伸於

彼也生莫重於父母而爲之屈者以見承大宗者亦重也此以義制者也父子之道天性也臨之以大義有可以降其外物而本之於（以一作）至仁則不可絶其天性絶人道而滅天理此不仁者之或不爲也故聖人制服爲降三年爲朞而不没其父母之名以見服可降而名不可没也此以仁存心者也又曰今議者欲以爲人後之故使一旦反視父母若未嘗生我者其絶之已甚矣使其真絶之歟是非人情也迫於義而僞絶之

歟是仁義者教人爲僞者也所議大略如此國朝接唐五代末流文章專以聲病對偶爲工剽剝故事雕刻破碎甚者若俳優之辭如楊億劉筠輩其學博矣然其文亦不能自拔於流俗反吹波揚瀾助其氣勢一時慕効謂其文爲崑體時韓愈文人尚未知讀也脩始年十五六於鄰家壁角破簏中得本學之後獨（一作卒）能擺棄時俗故步（一有獨字）與司馬遷賈誼揚雄劉向班固韓愈柳宗元爭馳逐侵尋乎其相及矣是時尹

洙與脩（一無二字）亦皆（一無此字）以古文倡率學者然洙材下人莫之與至脩文一出天下（一有之字）士皆嚮慕爲之唯恐不及一時文字大變從古庶幾乎西漢之盛者由脩發之然至論易則以繫辭非孔子之言論周禮則疑非周公所作是以君子之愛其文者猶嘆息於斯焉脩性剛直處善惡黑白分明於當路有權勢者雖知其設機穽見待必直前觸發之不顧其放逐流離至數年者屢矣而復振起志氣故自若也脩雖以文雄一

時然無忌前好勝之氣喜推轂賢士而身下之一時聞人多出其門嘉祐間朝廷進人之路陿脩建言以館閣多蓄人材後詔韓琦曾公亮各舉六人歐陽脩趙槩各五人一時得士爲多脩集三代以來金石刻爲一千卷頗是正譌謬所著易童子問三卷詩本義十四卷居士集五十卷内外制奏議四六集又四十餘卷子發奕棐辯

附録卷第三

附録卷第四

傳

神宗舊史本傳

歐陽脩字永叔吉州永豐人四歲孤母鄭教讀書爲文中進士第補西京留守推官召試學士院遷鎮南軍節度掌書記館閣校勘時范仲淹以言事忤宰相貶知饒州論救者甚衆而諫官高若訥獨不言脩以書責之以爲不知耻若訥怒連其書以聞坐貶峽州夷陵令徙光化軍乾德令改武

成軍節度判官遷太子中允館閣校勘預修崇文總目書成改集賢校理知太常禮院出通判滑州慶曆初吕夷簡老病在相位天下事積成抗弊元昊盜邊陝右師老兵頓天子憂之一日夷簡罷相夏竦爲樞密使既除復罷而更用杜衍又范仲淹富弼韓琦同時擢執政收攬一時名士增諫官貟脩首在選中擢太常丞知諫院脩力■時事屢請責執政以時所可爲者於是仁宗開天章閣給二府筆札令具所以施

行條上其後下詔勸農桑興學校抑僥倖脩之發明居多是時執政皆脩素所厚善而脩所言事一意徑行不以形迹嫌疑顧避天下之士知其立朝有本末質行正直衆頗推許小人自此側目而黨人之論興矣初石介作慶曆聖德詩言進賢退姦之難其指以美杜衍等進而竦見黜也竦既懷不滿因與其黨造爲黨論目仲淹衍及脩爲黨人脩乃上朋黨論其大略言小人無朋惟君子則有之如書曰受有臣億萬惟億萬

心周有臣三千惟一心紂億萬人各異心可謂無朋矣而紂因以亡武王之臣三千人可謂大朋矣而周用以興蓋君子之朋雖多而不厭故也擢同修起居注閱月拜右正言知制誥於是爲黨論者惡脩擿語其情狀使内侍藍元震密上疏言范仲淹歐陽脩尹洙余靖前日蔡襄謂之四賢斥去未幾復還四人得志遂引襄爲同列以爵禄爲私惠膠固朋黨轉相汲引不過三二年布滿要路則誤朝迷國誰敢有言

仁宗不聽會被旨使河東自陜西兵興芻糧
久不繼言者屢請廢麟州脩請移兵就食
於濱河諸堡使緩急不失應援平時可省
餽運麟州以故不廢又建言忻代州岢嵐
火山軍故時並邊皆民田潘美患虜入寇
乃使民内徙空其地自後虜人盜耕不已
請益募民賦田入租歲可得穀數百萬斛
給邊仍計頃出丁爲兵不者他日盡爲虜
所有美從之會保州兵叛出脩爲龍圖閣
直學士河北都轉運使 仁宗面諭曰勿爲

久計有事第言之脩對以諫官乃得風聞今在外使事有指越職罪也仁宗曰事苟宜聞豈可以中外爲辭脩上疏言今杜衍韓琦范仲淹富弼相繼罷去天下皆知其有可用之賢而不聞其有可罷之罪自古小人敗事其説不遠欲廣陷良善則指爲朋黨欲動搖大臣則誣以專權蓋去一善人而衆善人尚在則未爲小人之利欲盡去之則善人少過難一一求瑕唯是指以爲朋則可盡逐至如自古大臣被主知而蒙信

任則難以他事動搖惟有專權是上之所惡方可傾之夫正士在朝群邪所忌謀臣不用敵國之福今此四人一旦罷去而使群邪相賀於内四夷相賀於外臣所以爲陛下惜之也於是爲黨論者愈益忌之初脩妹適張龜正卒無子而有女女實前妻所生甫四歲以無所歸其母携養於外氏及笄脩以嫁族兄之子晟會張氏與奴姦事下開封獄獄吏因附致其言以及脩詔以戸部判官蘇安世内侍王昭明雜治之

卒無狀乃坐用張氏匳中物買田立歐陽
氏券左遷知制誥知滁州久之遷起居舍
人知揚州徙潁州復龍圖閣直學士知應
天府以母憂去旣免喪入見脩老矣髮白
仁宗惻然問在外幾年今年幾何恩意甚渥
命判流内銓小人恐脩復用乃僞爲脩奏
乞汰内侍挾威令爲姦利者宦者人人忿
怨楊永德者陰以言中脩出知同州　仁宗
悟留判修唐書爲翰林學士加史館脩撰
勾當三班院改侍讀學士知蔡州未行復

爲翰林學士判太常寺時文士以磔裂怪僻相尚脩知貢舉深革其敝前在高第者盡黜之務求平淡典要舉子皆造言謗之已而文亦卒變拜右諫議大夫判尚書禮部又判祕閣祕書省加兼侍讀辭不受同修玉牒兼龍圖閣學士權知開封府以給事中罷同提舉諸司庫務改群牧使唐書成拜禮部侍郎爲樞密副使嘗因水災凡再上疏請立皇子言甚激切未幾參知政事與韓琦等協定大議立　英宗已而　英宗

力辭宗正之命脩進曰宗室不領職事今
忽有此除天下皆知陛下將以爲嗣也不
若遂正其名且宗正誥勑付閤門故得不
受若立爲皇子則止降一詔書大事定矣
不可辭也　仁宗以爲然遂下詔及　英宗以
疾未親政事　慈聖光獻太后垂簾脩與二
三大臣主國論每簾前奏事或執政聚議
有未可脩未嘗不抗是非力爭臺諫官至
政事堂論事事雖非己出同列未及啓口
而脩已直折其短以至士大夫建明利害

及所祈請前此執政多婾阿不明白是非至脩必一二數之曰某事可行某事不可行用是怨誹者益多 英宗嘗面稱脩曰性直不避衆怨脩亦嘗稱誦故相王曾之言曰恩欲歸己怨使誰當及上即位御史蔣之奇言脩帷箔事連其長子婦吴氏脩杜門請付有司按治先是脩妻之從弟薛宗孺坐舉官被劾内冀會赦免而脩乃言不可以臣故徼幸乞特不原以故宗孺坐免官怨脩因構爲無根之言欲以汙辱之會

劉瑾亦素仇家乃騰其謗以語中丞彭思永思永以語之奇之奇始以私議濮王事與脩合而脩特薦爲御史時方患衆論指目爲姦邪及得此因亟持以自解於是詔詰語所從來之奇言得之思永以與瑾同鄉故力抵以爲風聞上爲其辭窮降思永知黄州之奇監道州酒遣中使手詔慰安脩脩遂稱疾力乞解機務以觀文殿學士刑部尚書知亳州時脩年六十乃連六表乞致仕不從遷兵部尚書知青州脩嘗薦王安石

於朝及安石執政助　神宗有爲脩不悅常平法下乃以擅止散青苗錢詔釋其罪除檢校太保宣徽南院使判太原府三辭不受徙知蔡州以老病乞骸骨章數上乃爲觀文殿學士太子少師致仕卒年六十六贈太子太師太常初謚曰文常秩曰脩有定策之功請加以忠乃謚曰文忠初　英宗即位追贈宗室尊屬至濮安懿王中書以本朝未有故事請付有司詳議　英宗謙恭重其事詔須大祥後議之後乃詔禮官與

待制以上詳議而有司以爲王當稱伯攺
封大國朝廷以典禮未正再下尚書省集
議而 皇太后手書以議事詰責執政於是
手詔權罷議令有司博求典故以聞御史
呂誨等彈奏脩首開邪議琦公亮槩附會
不正請如有司議脩論本生之親攺稱皇
伯歷考前世皆無典據進封大國則又禮
無加爵之理已而 皇太后出手書曰濮安
懿王及譙國太夫人王氏襄國太夫人韓
氏仙游縣君任氏可令 皇帝稱親仍尊濮

安懿王爲皇三夫人並稱后是日手詔欲
遵太后手書稱親而不敢當追崇之典誨
及范純仁傅堯俞趙瞻趙鼎論列不已
英宗問執政當如何脩對曰御史以爲理難
並立若以臣等有罪即留御史若非罪則
惟聖旨是聽　英宗乃令出御史其後脩著
濮議引喪服記曰爲人後者爲其父母報
報者齊衰期也謂之降服親不可降降者
降其外物爾喪服是也其必降者示有所
屈也以其承大宗之重尊祖而爲之屈爾

屈於此以伸於彼也生莫重於父母而爲之屈者以見承大宗者亦重此以義制者也父子之道天性也臨之以大義有可以降其外物而本之於至仁則不可絶其天性絶人道而滅天理此不仁者之或不爲也故聖人制服爲降三年爲朞而不没其父母之名以見服可降而名不可没也此以仁存心者也又曰今議者欲以爲人後之故使一旦反視父母若未甞生我者其絶之已甚矣使其眞絶之歟是非人情也迫

於義而僞絶之歟是仁義者教人爲僞也所議大略如此國朝接唐五代末流文章專以聲病對偶爲工剽剥故事彫刻破碎甚者若俳優之辭如楊億劉筠輩其學博矣然其文亦不能自拔於流俗反吹波揚瀾助其氣勢一時慕効謂其文爲崑體時韓愈文人尚未知讀也脩始年十五六於鄰家壁角破簏中得本學之後獨能擺弃時俗故步與劉向班固韓愈柳宗元爭馳逐是時尹洙與脩亦皆以古文倡率學者然

洙材下人莫之與至脩文一出天下士皆嚮慕爲之唯恐不及一時文章大變庶幾乎西漢之盛者由脩發之然至論易則以繫辭非孔子之言論周禮則疑非周公所作是以君子之愛其文者猶嘆息於斯焉脩性剛直處善惡黑白明遇事直前不避機穽其放逐流離者屢矣而復振起志氣猶自若也嘗集三代以來金石刻爲一千卷頗是正譌謬所著易童子問三卷詩本義十四卷居士集五十卷内外制奏議四六

集又四十餘卷子發奕棐辯

史臣曰法言變而有離騷自是而降相望千百年其間雖有名世者而馬遷韓愈莫能過也宋興承平百年士生斯時多矣然接五代琱琢之習風聲氣俗尚在也歐陽脩奮然躡二子之後無愧焉至其以繫辭爲非孔子所作此道隱於小成言隱於浮華者歟

四朝國史本傳　淳熙間進

歐陽脩字永叔吉州永豐人四歲而孤母

鄭氏親誨之學及冠嶷然有聲宋興且百
年而文章體裁猶仍五季餘習鏤刻駢偶
淟涊弗振士因陋守舊論卑氣弱蘇舜元
舜欽柳開穆脩輩咸有意作而張之而力
不足韓愈遺稾闕於世學者不復道脩游
隨得於廢書簏中讀而心慕焉晝停飡夜
忘寐苦志探賾必欲并轡絶馳而追與之
並舉進士試南宮第一擢甲科調西京推
官留守錢惟演器其材不攖以吏事脩以
故益得盡力於學入朝爲館閣校勘范仲

淹以言時事貶在廷多論救司諫高若訥獨以爲當黜脩詒書責之謂不知世間有羞耻事若訥上其書坐貶夷陵令稍徙乾德令武成節度判官仲淹使陝西辟掌書記脩笑而辭曰昔者之舉豈以爲利哉同其退不同其進可也久之復校勘進集賢校理慶曆三年知諫院時 仁宗更用大臣杜衍富弼韓琦仲淹皆在位增諫官員脩首在選中每進見勸帝延問執政咨所宜行既多所張施小人翕翕不便脩慮善人

必不勝數爲帝分別言之又上朋黨論其略以謂小人無朋惟君子則有之小人所好者利禄所貪者財貨當同利之時暫相黨引及見利而爭先則反相賊害雖兄弟親戚不能相保故曰小人無朋君子則不然所守者道義所行者忠信所惜者名節以之脩身則同道而相益以之事國則同心而共濟終始如一故曰君子有朋紂有臣億萬惟億萬心可謂無朋矣而紂用以亡武王有臣三千惟一心可謂大朋矣而

周用以興蓋君子之朋雖多而不厭故也脩天性疾惡論事無所回隱人視之如仇而愈奮厲不顧帝獨獎其敢言面賜五品服顧侍臣曰如歐陽脩者何處得來同脩起居注遂知制誥故事必試而後命詔特除之奉使河東自西方用兵議者欲廢麟州以省餽餉脩曰麟州天險不可廢廢之則河內郡縣民皆不安居矣不若分其兵駐並河諸堡緩急得以應援而平時可省轉輸於策為便由是州得存又言忻代岢

嵐多禁地廢田願令民得耕之不然將爲虜有朝廷下其議久乃行歲得粟數百萬斛使還會保州兵亂以爲龍圖閣直學士河北都轉運使陛辭帝曰勿爲久留計有所欲言言之對曰臣在諫職得論事今越職而言罪也帝曰但言之毋以中外爲間賊平大將李昭亮通判馮博文私納婦女脩捕博文繫獄昭亮懼立出之兵之始亂也招以不死既而皆殺之脅從二千人分隸諸郡富弼爲宣撫使恐後生變將使同日

誅之與脩遇於内黄夜半屏人告之故脩曰禍莫大於殺已降況脅從乎既非朝命脱一郡不從爲變不細猶悟而止杜衍等相繼罷去脩上疏曰此四人者天下皆知其有可用之賢而不聞其有可罷之罪小人欲廣陷良善必指爲朋黨欲動揺大臣必誣以顓權蓋善人少過唯指以爲黨則可一時盡逐今四人一旦罷去臣爲朝廷惜之於是邪黨益忌脩因其孤甥張氏獄傅致以罪左遷知制誥知滁州居二年徙

揚州潁州復學士召判流内銓時在外十
一年矣帝見其髮白問勞甚至又有詐爲
脩奏乞汰内侍爲姦利者其羣皆怨怒譖
之出知同州帝納吴充言而止遷翰林學
士於是富弼韓琦復用慶曆故臣稍集士
大夫知天子有致治之意相賀於朝脩乞
蔡州去帝復納劉敞趙抃之言而止奉使
契丹其主命貴臣四人押燕曰此非常制
以卿名重故爾知嘉祐二年貢舉時士子
尚爲險怪奇澀之文號太學體脩痛排抑

之凡如是者輒黜畢事向之囂薄者伺脩
出聚譟於馬首街邏不能制然場屋之習
從是遂變加龍圖閣學士知開封府承包
拯威嚴之後簡易循理不求赫赫名京師亦
治旬月改羣牧使在翰林八年知無不言
河決商胡北京留守賈昌朝欲閉橫壠故
道回河使東有李仲昌者欲導入六塔河
議者莫知所從脩以爲河水重濁理無不
淤下流既淤上流必決以近事驗之決河
非不能力塞故道非不能力復但勢不能

久耳横壠功大難成雖成將復決六塔狹小而以全河注之濵棣德博必被其害不若因水所趨增隄峻防疏其下流縱使入海此數十年之利也宰相陳執中主昌朝文彦博主仲昌竟爲河北患狄青爲樞密使有威名帝不豫訛言籍籍脩請出之於外以保其終嘉祐元年水災（書嘉祐二年知舉於前而記元年水災於後當時史院進本差誤）脩上疏曰陛下臨御三紀而儲宮未建昔漢文帝初即位以羣臣之言即立太子而享國長久爲漢太宗

唐明宗惡人言儲嗣事不肯早定致秦王之亂宗社遂覆陛下何疑而久不定乎其後建立 英宗蓋原於此五年拜樞密副使六年參知政事 英宗未親政 皇太后御簾大臣奏事閒有未可脩必力抗是非臺諫官至政事堂所論或矯異它執政未及言已面折其短朝士建白利害及凡所求請必明告之曰某事可行某事不可行以是怨誹益衆 帝將追崇 濮王命有司訂議皆謂當稱皇伯改封大國脩引喪服記以爲

爲人後者爲其父母報降三年爲期而不沒其父母之名以見服可降而名不可沒也若本生之親改稱皇伯歷考前世皆無典據進封大國則又禮無加爵之道故中書之議不與衆同太后出手書許帝稱親尊王爲皇三夫人爲后帝不敢當於是御史吕誨等六人爭論不已指脩爲主議皆被逐惟蔣之奇之説合脩意脩薦爲御史衆目爲姦邪之奇患之則思所以自解脩婦弟薛宗孺有憾於脩造帷薄不根之謗摧

辱之展轉達於中丞彭思永思永以告之奇之奇即上章劾脩 神宗初即位欲深譴脩訪於故宮臣孫思恭思恭爲辨釋脩杜門請推治帝使詰思永之奇問所從來辭窮皆坐黜脩亦罷爲觀文殿學士知亳州明年移青州改宣徽南院使判太原府辭不拜徙蔡州脩本以風節自持旣數困汙衊年六十即連乞謝事帝輒優詔弗許及守青又以擅止散青苗錢爲王安石所詆故求歸愈切熙寧四年以太子少師致

仕五年薨年六十六贈太子太師謚曰文忠脩始在滁州號醉翁晚更號六一居士天資剛勁見義勇爲雖機穽在前觸發之不顧放逐流離至于再三志氣自若不悔也爲文天材自然豐約中度其學推韓愈孟軻以達於孔氏著禮樂仁義之實以合於大道其言簡而明信而通引物連類折之於至理以服人心超然獨騖衆莫能及故天下翕然師尊之奬引後進如恐不及賞識之下率爲聞人曾鞏王安石蘇洵洵

子軾轍布衣屛處未爲人知脩即游其聲譽謂必顯於世篤於朋友生則振掖之死則調護其家好古耆學凡周漢以降金石遺文斷篇殘簡一切掇拾研稽異同立說於左的的可表證謂之集古録奉詔脩唐書紀志表自撰五代史記法嚴詞約多取春秋遺旨殆與史漢相上下蘇軾敘其文曰論大道似韓愈論事似陸贄記事似司馬遷詩賦似李白識者以爲名言中子棐棐字叔弼廣覽彊記能文詞年十三時見

脩著鳴蟬賦侍於側不去脩撫之曰兒異
時必能爲此因書以遺之用蔭爲祕書省
正字登進士乙科念父老不肯仕强之乃
調陳州判官終不行脩所爲文須人代者
多出其手脩薨代草遺表神宗讀而愛之
意脩自作也免喪始爲審官主簿官制局
檢詳官太常博士主客考功員外郎議者
患選人貪多請令二十五歲而試於銓又
守選三年而後仕進士特奏名者予之官
而不使調選棐曰是非朝廷所以立議本

意也且所爲議冗官者欲利士人耳今加年而使守選是反害之也所謂特奏名者非它儒人老於場屋者也閔其無成而老故予之微官使霑禄而後歸今乃授之虚名是終窮之也遂得不變元祐初以集賢校理爲著作郎判登聞鼓院復徙職方禮部員外郎知襄州曾布執政其婦兄魏泰倚聲勢來居襄規占公私田園強市買與民爭利郡縣莫敢誰何至是指州門東偏官邸廢址爲天荒而請之吏具成牘至棐

曰孰謂州門之東偏而有天荒乎郤之衆
共白曰泰横於漢南幺今求地而緩與之
且不可而又可郤邪棐竟持不與泰怒譖
於布從之潞州旋又罷去奪校理元符末
還朝歷吏部右司二郎中以直祕閣知蔡
州蔡地薄賦重轉運使又爲覆折之令多
取於民民不堪命會有詔禁止而佐吏憚
使者不敢以詔旨從事棐曰州郡之於民
詔令苟有未便猶將建請今天子德意深
厚知覆折之病民手詔止之若有憚而不

行何以爲長吏命即日行之未幾坐黨籍
廢十餘年卒年六十七
史臣曰由三代以降薄乎秦漢文章雖與
時盛衰而藹如其言曄如其光皦如其音
蓋均有先王之遺烈涉晉魏而弊至唐韓
愈氏乃復起唐之文涉五季而弊至脩復
起闗百川之頹波導之東注斯文正傳追
步前古匹夫而爲百世師一言而爲天下
法此兩人足以當之愈不極於用脩用矣
而不極其至然國朝文風彬彬至今脩之

功學士大夫相與尸而祝之可也

附録卷第四

附録卷第五

事迹

發等述

先公爲人天性剛勁而器度恢廓宏大中心坦然未甞有所屑屑於事事不輕發而義有可爲則雖禍患在前直往不顧以此或至困逐及復振起終莫能掩而公亦正身特立不少屈奪四五十年之閒氣象偉然蓋天下而以文章道德爲一世學者宗師故歷事三聖常被眷倚遂託以天下安危之計而公亦以身許國進退出處士人

以爲輕重至於接人待物樂易明白無有
機慮與所疑忌與人言抗聲極談徑直明
辨人人以爲開口可見心腑至於貴顯終
始如一不見大官貴人事位貌之體一切
出於誠心直道無所矜飾見者莫不愛服
而天資勁正高遠無纖毫世俗之氣常人
亦自不能與之合也平生學之所得以至
文章事業皆明識所及性所自得不勞而
至無所勉強而衆人學之者終莫能及其
於經術務明其大本而本於情性其所發

明簡易明白其論詩曰察其美刺知其善惡以爲勸戒所謂聖人之志者本也因其失傳而妄自爲之說者經師之末也今夫學者得其本而通其末斯盡善矣得其本而不通其末闕其所疑可也又云今夫學者知前事之善惡知詩人之美刺知聖人之勸戒是謂知學之本而得其要其學足矣又何求焉公於經術去取如此以至先儒注疏有所不通務在勇斷不惑平生所辨明十數事皆前世人不以爲非未有說

者如五帝不必皆出於黃帝春秋趙盾弒君非趙穿許世子非不嘗藥武王之十有一年非受命之年數及力破漢儒災異五行之說正統論破以秦爲僞閏或以功德或以國地不相臣屬則必推一姓以爲主之說以爲正者正天下之不正統者統一天下之不一至于各據地而稱帝正朔不相加則爲絕統惟合天下於一者爲正統統或絕或續而正統之說遂定焉然亦不茍務立異於諸儒嘗曰先儒於經不能無失而所得已多矣正其失可也力詆之不可也盡其說而理有不通然後得以論正予非好爲異論也其於詩易多所發明爲詩本義所改正百餘篇其餘則曰毛鄭之說是矣復何云乎

其公心通論如此

先公四歲而孤，家貧無資，太夫人以荻畫地，教以書字，多誦古人篇章，使學爲詩。及其稍長，而家無書讀，就閭里士人家借而讀之，或因而抄録，抄録未畢而已能誦其書。以至晝夜忘寢食，惟讀書是務。自幼所作詩賦文字，下筆已如成人。兵部府君閱之，謂韓國太夫人曰：「嫂無以家貧子幼爲念，此奇兒也！不惟起家以大吾門，他日必名重當世。」及舉進士時，學者方爲四六，號時文公已獨步其間天聖七年補國子監生是秋取解明年南省試皆爲第一人由是名重當世及景祐中在西京與尹公洙偕爲古文已而有詔戒天下學者盡爲古文獨公古文既行遂擅天下四十年間天下以爲模範一言之出學者競相傳道不日之間流布遠近外至夷狄莫不仰服後進之士爭爲門生求受教誨當世皆以爲自兩漢後五六百年有韓退之退之之後又數百年而公繼出自李翺柳宗元之徒

皆不足比然公之文備盡衆體變化開闔因物命意各極其工或過退之如醉翁亭記真州東園記創意立法前世未有其體作尹公洙誌文以爲尹公文簡而有法取其意而爲之即得其體石先生介墓誌不多假事迹但述其平生志意所存與其大節氣槩讀之如見其人作集古録叙令王丞相以謂讀之可辟瘧鬼

先公既奉勑撰唐書紀志表又自撰五代史七十四卷其作本紀用春秋之法雖司

馬遷班固皆不及也其於唐書禮樂志發明禮樂之本言前世治出於一而後世禮樂爲空名五行志不書事應悉破漢儒災異附會之說皆出前人之所未至其於五代史尤所留心襃貶善惡爲法精密發論必以嗚呼曰此亂世之書也其論曰昔孔子作春秋因亂世而立治法余述本紀以治法而正亂君此其志也書成減舊史之半而事迹添數倍文省而事備其所辨正前史之失甚多嘉祐中今致政侍郎范公

等列言于朝請取以備正史公辭以未成熙寧中有旨取以進御（按神宗實録熙寧五年八月丁亥詔潁州令歐陽棐家上棐所撰五代史）

先公筆札精勁雄偉自爲一家當世士大夫有得數十字皆藏以爲寳而未嘗爲人書石

先公平生以奬進賢材爲己任一時賢士大夫雖潛晦不爲人知者知之無不稱譽薦舉極力而後已既爲當世宗師凡後進之士公嘗所稱者遂爲名人時士（一作人）皆

以得公一言爲重而公推揚誘進不倦至於有一長者識與不識皆隨其所長而稱之至今當世顯貴知名者公所稱薦爲多今湖州孫正言覺爲合淝主簿未與公相識郡守怒之欲据拾以罪時胡侍講在太學以屬公公爲作手書與其寮佐令保全之遂獲免福州處士陳烈素不與公相識公聞其名知其行義屢薦於朝乞賜召用

朝廷即召烈爲國子監直講

先公嘗言平生爲學所得惟平心無怨惡

爲難故於事未嘗挾私喜怒以爲意雖仇讎之人嘗出死力擠陷公者它日遇之中心蕩然無纖芥不足之意嘗曰孔子言以直報怨夫直者是之爲是非之爲非是非付之至公則是亦不報也

先公初貶滁州蓋錢明逸輩爲之自外還朝遇明逸於京師屢同飲宴不以爲嫌其後公在中書明逸罷秦州歸復用爲翰林學士近日小人蔣之奇妄興大謗及公移青州其兄之儀知臨淄縣爲二司所不喜

力欲壞之亦以託公公察其實無它力保
全之
先公平生文章擅天下未嘗以矜人而樂
成人之美不掩其所長詩筆不下梅聖俞
而嘗推之自謂不及然識者或謂過之初
奉勅撰唐書專成紀志表而列傳則宋公
祁所撰朝廷恐其體不一詔公看詳令删
爲一體公雖受命退而曰宋公於我爲前
輩且人所見不同豈可悉如己意於是一
無所易書成奏御舊制惟列官最高者一

人公官高當書公曰宋公於傳功深而日
久豈可掩其名奪其功於是紀志表書公
名而列傳書宋公宋丞相庠聞之歎曰自
古文人好相凌掩此事前所未有也
先公篤於交友恤人之孤梅聖俞家素貧
既卒公醵於諸公得錢數百千置義田以
恤其家且乞録其子增尹龍圖洙巳卒公
乞録其子構孫先生復有尊王發微十五
卷有旨進内未畢而卒公乞令其家録進
而推恩其子大年尹構孫大年梅增皆蒙

録用以官

天聖初胥公在漢陽先公時年二十餘以所爲文謁之胥公一見奇之曰子當有名於天下因館于門下與公偕入京師及公登第乃以女妻之

王文康公知西京先公爲留守推官一日當都廳勘事有一兵士自役所逃歸文康問公曰勘兵士何謂未斷公曰合送本處行遣文康曰似此某作官處斷過甚多推官新作官不須疑公曰若相公直斷雖斬

亦可有司則不敢奉行一夜文康夜召問軍人未斷否公曰未文康曰幾至誤事明日遂送所屬處

先公在河南以文學負當世之名前後留守皆名公好賢莫不傾身禮接王文康自西京召歸謂公曰今來有例合舉館職當奉舉遂用王文康公薦自西京留守推官召試

范文正公以言事忤大臣貶知饒州先公一日遇司諫高若訥於余襄公家若訥非

短范公以爲宜貶公歸遂爲書與之辯且責若訥二字一作其不能論列若訥繳進其書遂坐貶爲夷陵令既而余襄公尹公洙亦連坐被貶蔡公爲四賢詩述其事天下傳之先公既坐范公遠貶數年復得滑州職官會范公復起經略陝西辟公掌牋奏朝廷從之時天下久無事一旦西邊用兵士之負材能者皆欲因時有所施爲而范公以天下重名好賢下士故士之樂從者衆公獨歎曰吾初論范公事豈以爲己利哉同

其退不同其進可也遂辭不往其於進退
不苟如此以至致位二府惟以忠義自得
主知未嘗有所因緣憑藉

先公在館中遇西邊用兵天下多事詣闕
上書爲三策以料賊情及指陳天下利害
甚衆既而有詔百官許上封章言事公上
疏言三弊五事力陳當時之患

仁宗增諫官爲四員先公與蔡公襄余襄
公靖令致政王尚書素同時選用是時陝
西用兵已久京東西盜賊群起内外多事

仁宗既進退大臣遂欲改更闕失方急於求治公遇事感激知無不言范文正公杜正獻公今司徒韓魏公富鄭公四人同時登用公屢請召對訪問責以所爲既而 仁宗降手詔出六條以責諸公各亦有所陳述公言諸公所陳宜力主張勿爲羣言所奪而王文安公爲三司使有爲無名詩中之者公請嚴禁止之以絶小人流言揺動朝政之漸勑出官爵購捕其人時上欲改更朝政小人不便故造作語言動揺及勑牓

出自此遂絶是後上遂下詔勸農桑興學
校改更庶事之弊
自范文正公之貶先公與余襄公等坐黨
人被逐朋黨之說遂起久而不能解一時
名士皆被目爲黨人公在諫院爲朋黨論
以獻羣言遂息大救當時之弊
時天下久安上下失於因循一旦陝西用
兵而羣賊王倫張海等所在皆起先公請
遣使者按察州縣朝廷命諸路轉運使皆
兼按察公言轉運使苟非其人則按察遂

爲空名復條陳按察六事於是兩府聚議盡破常例不次用人後來别因一劄子中備言此事其後州縣多所升降内外百職振舉及杜待制杞爲京西轉運使與御史蔡禀同治賊事公言杞可獨任無用禀杞果遂平諸盜京西無事

時張温成方有寵人莫敢言因生皇女染綾羅八千疋先公上言乞裁損其恩寵及其親戚恩澤太頻可以減罷極陳女寵驕恣以至禍敗之戒

皇叔燕王薨議者以國用不足請待豐年而葬先公乞減費而葬以爲不肯薄葬留之以待後葬徒成王之惡名使四夷聞天子皇叔薨無錢出葬遂輕中國有旨減節浮費而葬

澧州柿木成文有太平之道四字先公上言今四海騷然未見太平之象又曰太平之道者其意可推自古帝王致太平皆有道得道則太平失道則危亂今見其失未見其得願陛下憂勤萬務漸期致理其瑞

未乞不宣示于外

慶曆三年御試進士以應天以實不以文爲賦題公爲擬試賦一道以進指陳當世闕失言甚切至

淮南轉運使呂紹寧到任便進羨餘錢十萬公乞拒而不受以彰朝廷均恤外方禦刻剝

前後所上章疏百餘其間斥去姦邪抑絕僥倖以謂任人不可疑節制不可不一當推恩信以懷不服其事往往施行

先公以諫官除知制誥故事知制誥當先試有旨更不召試有國以來不試而受者惟楊文公陳文惠公與公三人公既典制誥尤務敦大體初作勸農勑既出天下翕然人人傳誦王言之體遠復前古

陝西兵役之後河東困弊粮草闕少又有言者請廢麟州或請移於合河津或請廢五寨朝廷命先公視其利害及察訪一路官吏能否擘劃經久利害及計置粮草公爲四議以較麟州利害請移兵就食於河

濵（一作次）清塞堡緩急不失應援而平時可省餽運麟州遂不廢又建言忻代岢嵐火山四州軍沿邊有禁地棄而不耕人户私糴北界斛斗入中以爲邊儲今若耕之每年可得三二百萬石以實邊朝廷從之此兩事至今大爲河東之利

自西事後河東賦斂重而民貧道路嗟怨先公奏罷十事以寬民力（文字見河東奏事謂乞罷和糴米三司銀之類）

先公自河東還會保州兵叛遂出爲河北都轉運使别得不下司劄子云河北宜選

有文武材識轉運使二員密授經略之任使其熟圖利害豫爲禦備保州既降總管李昭亮私取叛兵妻女通判馮博文等亦往往効之先公發博文罪置獄推劾昭亮恐懼立令送出自保州事後河北兵驕少不如意即謀結集處處有之上下務在姑息先公屢乞主張將帥每事鎮重以遏士心河北卒無事保州叛兵既降其脅從者二千餘人分隸河北諸州富鄭公爲宣撫使恐其復生變

欲委諸州同日誅之方作文書會先公權知鎮府遇富公於内黄富公夜半屏人密以告公公曰禍莫大於殺降昨保州叛卒朝廷許以不死招之今已戮之矣此二千人本以脅從故得不死奈何一旦無辜就戮且無朝旨若諸郡不肯從命事既參差則必生事是趣其爲亂也且某至鎮州必不從命富鄭公遂止

先公在河北既被朝廷委任之重悉力經營凡一路官吏能否山川地里財産所出

兵粮器械教閱陣法一一别爲圖籍盡四路之事如在目前或問公曰公以文章儒學名天下而治此俗吏之事乎公曰吏之不職吾所愧也繫民休戚其敢忽乎奏置御河催綱司通致糧運以省入中之數置都作院於磁相二州以省諸州兵器之費既究見河北利害本末（一無此二字）乃一一條列遍貽書於執政將大爲經畫未盡行而公罷去

慶曆初　仁宗既復四諫之職（一有舉二字）而拔英

俊賢能材德之士並進于朝公負天下之望而居其職　仁宗寵異之意獨絕衆人嘗因奏事論及當世人材　仁宗不覺謂公曰如歐陽其何處得來公乃盡心悉力思所補報遇事不避以至犯忤權貴排擊姦佞怨怒隨至常欲大用而未果是時中外多事　仁宗意以謂艱難之際非公不足以辦事故自諫官奉使河東委以一路之利害及保州事作河北轉運使張昷之得罪公自河東還未數月復出爲河北轉運使及

陛辭之日　仁宗面諭曰不久當還無爲久居計有事但言來無以中外爲限公對曰在京師所言尚以風聞或恐失實況於在（一作在於）外　仁宗曰有所聞但言來行與不行則在此及至河北百事振舉小人忌公恐大用而又杜范韓富同時罷黜小人黨進公上疏極言四人忠實可用而無過辨明小人誣罔之言請加任用於是群小益懼相與造爲謗辭及詔獄之起窮究無狀　仁宗亦悟止奪職知滁州

南京素號要會賓客往來無虛日一失迎候則議論鋒一作群起先公在南京雖貴臣權要過者待之如一由是造爲語言達於朝廷時陳丞相升之安撫京東因令審察是非陳公陰訪之民閒得俚語謂公爲照天蠟燭還而奏之上方欲召用而公丁太夫人憂

先公初服除還朝惟除本官龍圖閣直學士而無主判入見日　仁宗惻然怪公鬢髮之白問公在外幾年今年幾何恩意甚至

公求補外　仁宗曰此中見人多矣爲小官時則有肯盡言名位已高則多顧藉如卿且未要去明日以責大臣即以公判流内銓是時小人忌公且見進用僞爲公乞澄汰内臣劄子傳布中外内臣人人切齒判銓六日楊永德以差船及引見胡宗堯事中公出知同州而外議紛紜論救者衆上亦開悟適會劉公流有劄子乞催宋公祁結絶唐書上曰莫不須宋祁否劉公曰别未有人上曰歐陽某知同州臣寮已有文

字請留劉公曰乞自陛下宣諭明日朝辭
上殿上曰休去同州且修唐書旣而曾魯
公自翰林學士換侍讀學士知鄭州劉公
奏歐陽某見未有主判處乞替曾某判三
班院上曰翰林學士有人未劉公曰見商
量上曰歐陽某不止一好差遣亦好一翰
林學士便可替曾某遂入翰林爲史官判
三班院上嘗面問公以唐學士院鈴索故
事將議臨幸其於眷待之意甚厚
先公在侍從八年知無不言屢建議多見

施行自初還朝唐公介與諸公方居言職所言久之未見聽納公上疏言人君拒諫之失請採聽言者其後上遂用諫官言進退宰相（用唐介等疏罷陳執中）

時議者方以河患爲意陳恭公在相位欲塞商胡開横壠回大河於故道先公上疏言其不可未幾恭公罷去新宰相復用李仲昌議欲開六塔全回河流公兩上疏爭之不聽河纔成而決濵棣德博數千里大被其害仲昌等議者流竄遠方卒如公議

至和二年先公奉使契丹契丹使其貴臣
陳留郡王宗愿惕隱大王宗熙北宰相蕭
知足尚父中書令晉王蕭孝友來押宴曰
此非常例以卿名重宗愿宗熙並契丹皇叔
北宰相蕃官中最高者尚父中書令晉王
是太皇太后弟送伴使耶律元寧言自來
不曾如此一併差近上親貴大臣押宴
嘉祐初狄武襄公爲樞密使狄自破蠻賊
之後方振威名而是時仁宗不豫久之初
康復而狄得士心京師訛言詾詾先公因

水災言武臣典機密得士心而訛言可畏非國之便請且出之於外以保全之未乆狄終以流言不已罷知陳州

嘉祐中復用賈魏公爲樞密使先公言其爲人奸爲陰謀陷害良士小人朋附樂爲其用前任相位累害善人所以聞其再來望風畏恐乞早罷還之舊鎮其命遂止

先公在翰林嘗草春帖子詞一日 仁宗因閱行舉首見御閤帖子讀而愛之問何人作左右以公對即悉取皇后夫人諸閤中

者閱之見其篇篇有意歎曰舉筆不忘規諫真侍從之臣也自是每學士院進入文書必問何人當直若公所作必索文書自覽先公每述仁宗恩遇多言此事云内官梁寔爲先公說春帖子詞有云陽進升君子陰消退小人聖君南面治布政法新春至今士大夫盡能誦之及温成皇后閣帖子云聖君念舊憐遺族常使無權保厥家

仁宗嘉祐中先公在翰林富鄭公在中書胡侍講在太學包孝肅公爲中丞士大夫相語曰富公真宰相呼先公字曰真翰林學士胡先生真先生包公真中丞時人謂

四真

嘉祐二年先公知貢舉時學者爲文以新奇相尚文體大壞（僻澀如狼子豹孫林林逐逐之語怪誕如周公伻圖禹操畚鍤傅說負版築來築太平之基之說）公深革其弊一時以怪僻知名在高等者黜落幾盡二蘇出於西川人無知者一旦拔在高等牓出士人紛然驚怒怨謗其後稍稍信服而五六年間文格遂變而復古公之力也

先公知開封府承包孝肅公之後包公以威嚴爲治名震京師而公爲治循理不事

風采或謂公曰前政威名震動都下真得古京兆尹之風采公未有動人者柰何公曰人材性各有短長豈可捨己所長勉強其所短以徇俗求譽但當盡我所爲不能則止既而都下事無不治

開封府既多近戚寵貴干令犯禁而復求以内降苟免先公既授命屢有其事即上奏論列乞今後求内降以免罪者更加本罪二等内臣梁舉直私役官兵付開封府取勘既而内降放罪凡三次内降公終執

而不行

嘉祐三年閏十二月京師大雪民凍餒而死者十七八明年上元有司以常例張燈

先公奏請罷之

故事國史皆在史院近制皆進入内自是每日曆成亦入内而有司惟守空司先公請録本付外遂如公言今史院之有國史自（一作由）公請也

先公在密院與令侍中曾公悉力振舉紀綱革去宿弊大考天下兵數及三路屯

戎多少地里遠近更爲圖籍之法邊防久
闕屯守者大加蒐補數月之間機務浸理
臺諫官唐公介王公陶范公師道呂公景
初皆以言事被逐先公言四人剛正敢言
蹤跡有本末宜早賜牽復其後四人遂復
進用
先公在侍從因嘉祐水災凡再上疏請選
立皇子以固天下根本言甚激切及在政
府遂與諸公協定大議而　英宗力辭宗正
之命堅卧久之諸公同議不若遂正皇子

之名奏事 仁宗前顧問之際公獨進曰宗室自來不領職事令外人忽見有此除授皆知陛下将以爲子不若遂正其名蓋判宗正寺降誥勑得以不授令立爲皇子只煩陛下命學士作一詔書告天下事即定矣 仁宗以爲然大計遂定及 英宗初年未親政事 慈聖垂簾危疑之際公與諸公往來兩宮鎮撫内外而公之危言密議忠力爲多以至 英宗親御萬機内外睦然

先公天性勁正不顧仇怨雖以此屢被讒謗

至於貶逐及居大位毅然不少顧惜尤務直道而行橫身當事不恤浮議是時令司徒韓魏公當國每諸公聚議事有未可公未嘗不力爭而韓公亦欣然忘懷以此與公相知益深或奏事上前衆議未合公亦往返折難無所顧避嘗一日獨對　英宗面諭公曰參政（英宗於先朝大臣多不以名呼而以官稱）性直不避衆怨每見奏事與二相公有所異同便相折難其語更無回避亦聞臺諫論事往往面折其短若似奏事時語可知人皆不

喜也宜少戒此而公又務抑絶僥倖有以
事干公者或不可行而為其人分别可否
曰此事必不可行以此人多怨謗而公安
然未嘗少卹嘗稱故相王沂公之言曰恩
欲歸己怨使誰當每亦曰貧賤常思富貴
富貴必履危機此古人之所歎也惟不思
而得既得不患失之者其庶幾乎及濮園
議起非公所獨專朝廷亦未有定議而言
者妄以非禮之説指公為主議公亦不與
之較其後小人彭思永蔣之奇等造為無

根之飛語欲以危公自人主而下朝廷名臣巨公天下有識之士皆知因公亮直不隱得怨於小人故上連降手詔詰問思永之奇二人引服誣罔悉皆竄逐

自嘉祐以後朝廷務惜名器而進人之路稍狹先公屢建言館閣育材之地宜盛其選以廣賢路遂令兩府人各舉五人其後中選者十人

嘗因僧官闕人內臣陳承禮以寶相院僧慶輔為請內降從之舊有著令僧官必試

而補諸公相與執奏其事先公進言曰補一僧官至爲小事但内降衝改著令内臣干撓朝政不可啓其端且宦女近習前世常患難於防制乞絶之於漸 英宗即欣然嘉納

契丹降人韓皐謨者自言太叔使來言太叔謀取其國乞中國出兵爲應二府會議其事時有意主之者將議從之先公爭曰中國待夷狄宜以信義爲本柰何欲助其叛亂使事不成得以爲辭主議者大笑曰

迂儒迂儒公力爭之不已遂止旣而虜中
太叔舉事不成而死
初樞密使闕人先公以次當拜時　英宗未
親政事二府密議不以告公一日待漏院
中公見二相耳語知其所爲問曰得非密
院闕人而某當次補乎二公曰然公曰此
大不可今天子不親政而母后垂簾事之
得失人皆謂吾輩爲之耳今如此則是大
臣二三人相補置耳何以鎭服天下二公
大然公言遂止及今致政張太師罷樞密

使　英宗復用公公力辭不拜
京師百司所行兵民官吏財用之類皆無總數中書一有行移則下有司纂集先公因暇日盡以中書所當知者集爲總目一日上有所問宰相以總目爲對公以祀假家居上遣中貴人就中書閤子取而閱之
先公平生連典大郡務以鎮靜爲本不求聲譽治存大體而施設各有條理綱目不亂非盜賊大獄不過終（一作數）日吏人不得留滯爲姦如揚州南京青州皆大郡多事

公至數日事十減五六既久官宇閒然嘗曰以縱爲寛以略爲簡則事弛廢而民受弊吾所謂寛者不爲苛急簡者去其繁碎爾故所至不見治迹而民安其不擾既去至今追思不已今滁揚二州皆有生祠而公天性仁恕斷獄常務從寛嘗云漢法惟殺人者死後世死刑多矣故凡死罪非已殺人而法可出入者皆全活之曰此吾先君之志也其在河北一議活二千人之命及晚年在京東奏寛沙門島刑名設法減

其人數賴以獲全者甚衆沙門島罪人塞主舊敢專殺故數不多而易制馬默知登州務全人命舉察甚嚴稍優卹罪人罪人既多而又不食本寨漸恣橫難制京東議者大患之有司之意多欲許令依舊一面處置公以爲朝廷既貸其命豈可非理殺之奏請將編勑州所一作名合配沙門島而情稍輕者只配遠惡州軍見在島多年情輕者放還遂以無事而人亦獲全

先公初有太原之命令赴闕朝見中外之望皆謂朝廷方虛相位以待公公六上章堅辭不拜而請知蔡州天下莫不歎公之高節

先公在亳年纔六十一已六上章乞致仕

而上方眷留未聽及在蔡勤請益堅遂如素志公既氣貌康強而年未及禮制一旦勇退近古數百年所未嘗有天下士大夫仰望驚嘆公雖退居于家士論猶望以爲輕重

先公平生以直道見忌於羣小再被貶逐而未嘗以介意初在峽州作至喜亭及自河北以小人無名之謗降知滁州治州南山泉爲幽谷泉作亭於瑯琊山自號醉翁及晚年又自號六一居士曰吾集古録一

千卷藏書一萬卷有琴一張有棊一局而常置酒一壺吾老於其間是爲六一自爲傳以刻石

先公平生於物少所嗜好雖異物奇玩不甚愛惜獨好收蓄古文圖書集三代以來金石銘刻爲一千卷以校正史傳百家訛繆之説爲多藏書一萬卷雖至晚年暇日惟讀書未嘗釋卷

先公平生著述易童子問三卷詩本義十四卷五代史七十四卷居士集五十卷歸

榮集一卷外制集三卷内制集八卷奏議集十八卷四六集七卷集古録跋尾十卷雜著述十九卷諸子集以爲家書總目八卷其遺逸不録者尚數百篇别爲編集而未及成又奉勑撰唐書紀十卷志五十卷表十五卷在館職日與同時諸公共撰崇文總目祖宗故事

附録卷第五

記神清洞

遊嵩山寄梅殿丞書明道元年九月　謝舍人絳

聖俞足下近有使者東來付僕詔書并御祝封香遣告嵩嶽太常移文合用讀祝捧幣二員府以歐陽永叔楊子聰分攝會尹師魯王幾道至自緱氏因思早時約聖俞有太室中峯之行聖俞中春時遂往僕爲人間事所窘未皇也今幸其便又二三子可以爲山水游侶然亟與之議皆喜見顔色不戒而赴十二日晝漏未盡十刻出建

春門宿十八里河翌日過緱氏閱遊嵩詩碑碑甚大字而未鐫上緱嶺尋子晉祠陟轘轅道入登封出北門齋于廟中是夕寢旣興夾白五鼓有司請朝服行事事巳謁新治宫拜真宗御容稍即山麓至峻極中院始改冠服卻車徒從者不過十數人輕齎遂行是時秋清日陰天未甚寒晩花幽草虧蔽巖壁正當人力清壯之際加有朋簪談讌之適升高躡險氣豪心果遇盤石過大樹必休其上下酌酒飲茗傲然者久之

道徑差平則胥輿以行巉崪斗甚則芒蹻以進窺玉女窓搗衣石石誠異窓則亡有迤邐至八仙壇憩三醉石徧視墨迹不復存矣考乎三君所賦亦名過其實午昃方抵峻極上院師魯體最溢最先到永叔最少最疲於是浣漱食飲從容間躋封禪壇下瞰羣峰乃向所跂而望之謂非插翼不可到者皆培塿焉邑居樓觀人物之夥視若蟻壤世所謂仙人者僕未知其有無果有則人世不得不爲其輕蔑矣武后封祀

碑故存自號大周當時名賢皆姓名于碑陰不虞後代之譏其不典也碑之空無字處覩聖俞記樂理國而下四人同遊鑱刻尤精僕意古帝王祀天神紀功德于此當時尊美甚盛後之君子不必廢之壞之也又尋韓文公所謂石室者因詣盡東峰頂既而與諸君議欲見誦法華經汪僧永叔進以爲不可且言聖俞往時嘗云斯人之鄙恐不足損大雅一顧僕強諸君往焉自峻極東南緣險而徑下三四里法華者栖石室中

形貌土木也飲食猿鳥也叩厥真旨則軟語善答神色睟正法道諦實至論多矣不可具道所切當云古之人念念在定慧何由雜今之人念念在散亂何由定師魯永叔扶道貶異最爲辯士不覺心醉色怍欽歎忘返共恨聖俞聞繆而喪真甚矣是夕宿頂上會幾望天無纖翳萬里在目子聰疑去月差近令人浩然絶世間慮盤桓三清露下直覺冷透骨髮羸體將不堪可方即舍張燭具豐饌醇醴五人者相與岸幘

褫帶環坐滿引賦詩談道間以謔劇然不知形骸之累利欲之萌爲何物也夜分少就枕以息明日訪歸路步履無苦昔聽鼠窮伎能上而不能下豈近此乎午間至中院邑大夫來逆其禮益謹申刻出登封西門道穎陽宿金店十六日晨發據鞍縱望太室猶在後雖曲南西則但見少室若夫觀少室之美非緜茲路則不能盡諸邑人謂之冠子山正得其狀自是行七十里出穎陽北門訪石堂山紫雲洞即邢和璞著

書之所山徑極嶮捫蘿而上者七八里上有大洞蔭數畝水泉出焉久爲道士所占爨煙熏燎又塗塓其内甚瀆靈真之境已戒邑宰稍營草屋於側徙而出之此間峰勢危絕大抵相向如巧者爲之又峭壁有若四字云神清之洞體法雄妙蓋薛老峰之比諸君疑古苔蘚自成文又意造化者筆焉莫得究其本末問道士及近居之民皆曰向無此異不知也少留數十刻會將雨而去猶冒夜行二十五里宿呂氏店焉

上粗若疲厭則有師魯語怪永叔子聰歌
俚調幾道吹洞簫往往一笑絕倒豈知道
路之短長也十七日宿彭婆鎮遂緣伊流
陟香山上上方飲于八節灘上始自峻極
中院末及此凡題名于壁于石于樹間者
蓋十有四處大凡出東門極東而南之自
長夏門入繞嵩轘一匝四百里可謂窮極
勝覽切切未滿志者聖俞不與焉今既還
府恐相次便有塵事侵汩故急寫此奉報
歷代一昔之談不宣絳頓首

希深惠書言與師魯永叔子聰幾

道遊嵩因誦而韻之　梅堯臣

聞君奉宸詔瑞祝款靈岫山水聊得游志願庶可就豈無朋從俱況此一二秀方嶄建春陌十刻殘晝漏初經緱氏嶺古栢尚鬱茂却過轘轅關巨石相撑鬭夕齋禮神祠法袞被藻繡畢事登山椒常服更短後從者十數人輕齎不爲陋是時天清陰力氣勇奔驟雲巖杳虧蔽花草藏澗竇傍林有珍禽鶩聒若避彀盤石暫憩休泓泉助

吞漱上窺玉女窻嶄絶非可構下玩搗衣
碪焜燿金紋透尹子體雄愜攀緣逾習狃
歐陽稱壯齡疲軟屢顛踣競歡相扶持芒
屩資踐蹂八仙存故壇三醉孰云謬鄙哉
封祀碑數子昔鐫鏤偶誌一時事昌虞來
者詬絶頂瞰諸峯隘然輕宇宙遙思謝塵
煩欲知羣鳥獸韓公傳石室聞之固已舊
當時興稍衰不暇苦尋究東崖暗壑中釋
子持經呪于今二十年飲食同猿狖君子
聆法音充爾濫膚腠嘗期躡屐過吾儕色

先愀叶韻遂乘真諦言茲亦甘自咎中頂會
幾望涼蟾皓如畫紛紛坐談譆草草具觴
豆清露濕巾裳誰人苦羸瘦便即忘形骸胡
爲戀纓綬或疑桂宮近斯語豈狂瞽歸來
遊少室嶠崒殊引脰石室迢遞過探訪仍
邂逅捫蘿上岑邃仙屋何廣袤乳水出其
間淯淯自成溜凡骨此熏蒸靈真安可覯
霞壁幾千尋四字倂篆籀咸意莟蘚文誠
爲造化授標之神清洞民俗未嘗遣忽覺
風雨冥無能久瞻扣忽忽遂宵征勝事皆

可復俚歌繼喧譁怪說多駭糅凌晨闕塞陽追賞顏匪厚窮極四百里寧憚疲左右昨朝書報子聞甚醉醇酎所嗟滯遠方心焉倍如疚

又答梅聖俞書　前人

絳白前自嵩嶺回即致書左右本爲與足下不得同此勝事諸君所共歎恨自入山至還府凡一登臨一談話一食飲間必廣記而備言之欲使足下覽見本末與夫方駕連轡之不若閒可以助發一笑勤勤在

此爾及辱報反謂詫茲行而陋中春之遊
疑足下遽答使者視前書之未詳也雖諷
閱鄭重然祕不示外何則非諸君本意恐
傳之而惑方欲道此以干聰明而未敢也
忽得五百言詩自始及末誦次遊觀之美
如指諸掌而又語重韻險亡有一字近浮
靡而涉繆異則知足下於雅頌爲深劉賓
客有言人之神妙其在於詩以明詩之難能
於文筆百倍矣今足下以文示人爲略以
詩曉人爲精吾徒將不足游其藩況敢與

與阼也歎感歎感不宣絳頓首

謝公諱絳字希深莳任尚書祠部員外郎直集賢院通判河南府

小説多載神清洞事公詩亦有鏁樓臺之句信無疑矣其詳則具謝希深與梅聖俞書中昔公自跋集古録目序謂希深善評文章尹師魯辨論精博余每有所作伸紙疾讀便得余深意以示他人亦或有所稱皆非余所自得此敘之作惜無謝尹之知音然則公重希深豈減師魯又嘗銘其墓云制誥得西漢體又

云以文知名今其集罕傳而二書偶得
之英辭類稾附載於此粗見希深之筆
力抑公文集旣備而使知音者偕傳焉
是亦公之志也

編定校正

紹熙二年

郡人孫謙益字彥撝

紹熙三年

承直郎前桂陽軍軍學教授丁朝佐字懷忠

紹熙四年

郡人鄉貢進士曾三異字無疑

紹熙五年

郡人登仕郎胡柯字伯信

覆校　慶元元年

州縣學職事葛 溹字德源

王 伯芻字駒甫

朱 岑字山父

胡 柄字謙甫

慶元二年

郡人迪功郎新臨江軍清江縣主簿曾 煥字文卿

郡人鄉貢進士胡 渙字季亨

郡人鄉貢進士劉 霣字棠仲

郡人羅 泌字長源

歐陽文忠公集自汴京江浙閩蜀皆有之前輩嘗言公作文揭之壁間朝夕改定今觀手寫秋聲賦凡數本劉原父手帖亦至再三而用字往往不同故別本尤多後世傳録既廣又或以意輕改殆至訛謬不可讀廬陵所刋抑又甚焉卷帙叢脞略無統紀私竊病之久欲訂正而患寡陋未能也會郡人孫謙益老於儒學刻意斯文承直郎丁朝佐博覽群書尤長考證於是徧搜舊本傍采先賢

文集與鄉貢進士曾三異等互加編校起紹熙辛亥春迄慶元丙辰夏成一百五十三卷別爲附録五卷可繕寫模印惟居士集經公決擇篇目素定而參校衆本有增損其辭至百字者有移易後章爲前章者皆已附注其下如正統論吉州學記瀧岡阡表又迥然不同則收寘外集自餘去取因革粗有據依或不必存而存之各爲之說列於卷末以釋後人之惑第首尾浩博隨得隨刻歲月

差互標注抵捂所不能免其視舊本則有間矣既以補鄉邦之闕亦使學者據舊鑒新思公所以增損移易則雖與公生不同時殆將如升堂避席親承指授或因是稍悟爲文之法此區區本意也

六月己巳前進士周必大謹書

（宋）歐陽修 撰

宋本歐陽文忠公集

第二二册

國家圖書館出版社

第二三册目録

河北奉使奏草卷上　歐陽文忠公集一百十七

乞許同商量保州事劄子

臣准勑差充河北轉運按察使伏見河北驕兵作過見據保州招之未肯開門擊之未能速破諸將集於城下而進退攻取未有定計臣今偶被獎擢俾當繁使至於應副糧草軍須之類皆有司之常事臣雖竭力供職未足以稱陛下用臣之意臣今欲乞每遇軍馬攻討招撫應干保州事宜許臣與田況李昭亮等同共商量施行庶幾

愚慮有裨萬一如允臣所奏乞特降聖旨

劄子付臣及乞劄與田況等令取進旨

舉官劄子

臣近蒙聖恩擢備任使臣勘會本路州縣至多甲馬甚衆比於三路最號繁難況今兵據保州河決德博虜人對境未測事宜當此之時以臣非才驟當重責茍一敗職所繫非輕須藉衆能庶可共濟臣今有奏舉下項官吏五人伏乞朝廷特賜勘會本路州縣闕員及有成資滿任闕處各與差除

以備緩急勹當庶幾職務辦集不至敗悞

今具姓名畫一如後

一前知長垣縣著作佐郎黄贇臣前任

滑州通判日與贇縣境相隣熟聞其

政治之迹本人近準勑移知大寧監

竊知長垣縣係祗應北朝人使有例

免得遠官臣今欲乞下審官院及開

封府會問保明本官實曾祗應人使

及合免遠官體例特除一河北路通

判差遣

一權兗州掌書記龔鼎臣有詞學明於吏術歷官六考有舉主磨勘循資今又成一考見有舉主臣今欲乞檢會本人考第舉主特改轉一京官除注河北路簽判知縣差遣

一新授舒州團練判官徐王爲性明敏有吏幹曉民政其人新授官未赴任臣今欲乞特除一河北職官或知縣差遣

一太廟齋郎姜潛有文行通曉民閒利

病熟知河北事宜臣今欲乞特除一
河北路縣令或主簿差遣

一試國子四門助教李邊有膽勇材武
本因白身効用捉賊得功臣今欲乞
特除一河北縣尉差遣

右謹具如前臣所奏舉黃贄等五人如蒙
朝廷擢用後犯正入己贓及不如舉狀臣
並甘同罪謹具狀奏聞伏候勅旨

乞不親教閱劄子

臣近準中書劄子節文河北宜選轉運使

二員密授經略之任使其熟圖利害陰爲預備仰不住遍行巡歷所到據城壁并烽火臺防城動使家事衣甲器械一一覷步仍躬親於教閱處試驗兵士鞍馬次第者臣偶以不才被此責任若乃詢究軍民之利害相度山川之險要斡運芻粟建易城寨以至按察將吏廉其否臧營辦工材督治器甲如此等事乃是朝廷密授臣經略之職敢不盡心至如躬親教閱此則主兵之官日行常事兼臣本司自有職事凡於

軍政既不精專而又所至州軍一歲不過一兩次暫時按視難盡精詳縱欲處置改更未必皆當況主兵之權貴於統一侵官失職於理非便臣今欲乞除點檢城壁器甲並依中書劄子内聖旨指揮外所有轉運使提點刑獄司等躬親教閱一事乞更不施行如允臣所奏乞明降朝旨

乞許轉運司差兵士捉賊

當司準樞密院劄子節文奉聖旨令真定

府路定州路高陽關部署司各行移文字
與合行本路管轄軍馬州軍今後每遇勺
抽係路分管轄軍馬候見本屬部署司文
字即得起發并劄付河北都轉運司亦仰
依此指揮
右謹具如前當司近因巡歷至邢州據趙
州寧晉縣鄉兵都頭管用德狀及口稱緝
得昨來北京走却壯城兵士強賊一十一
人見在趙州贊皇縣窩藏乞差使臣兵士
指引前去掩捕臣尋爲本州及側近地分

巡檢縣尉並在磁洺州會合見捉打刼武
安縣賊人次側近應急別無巡檢使臣可
差又緣近準上件樞密院劄子轉運司差
撥兵士不得偶值宣撫使富弼到邢州遂
具狀乞就差使臣兵士已差殿直高惟正
帶兵甲前去掩捕次臣看詳近降樞密院
劄子蓋爲大段起發兵馬須候部署司勹
抽不欲令他司侵主兵之權事要統一敢
不遵行臣欲乞今後遇有強惡賊人之處
巡檢縣尉地分遙遠未能救應之間許令

轉運司於就近州軍勺撥兵士一二百人以來應急掩捕所貴不致透漏強惡賊人其餘大段起移兵馬即依近降樞密院劄子指揮如允臣所奏乞降付本司及部署司施行

奏洺州盜賊事

今月十日準樞密院劄子邢州駐泊都監胡承澤奏近準樞密院劄子監逐大名府磁相邢洺州巡檢等捉殺賊盜者今有賊人徒伴殺併到軍賊頭劉貴首級并前後

捉殺獲共七人外只有三兩人見已殺併散相度更不消臣監逐收捉欲乞却歸邢州管勺本職公事候旨奏聖旨令河北都轉運司相度指揮訖奏

右臣昨自到任累據北京邢洺磁等州節次申報軍賊或十人十五人至二十人在西路數州之内驚劫人戶掠奪遞馬并鄉村生馬騎乘倏忽往來不辨頭首姓名及每火人數尋根問得元有投巡檢縣尉軍賊劉貴一火及近日大名府走却壯城兵士

九人共兩火略知姓名雖曾捉殺得數人
然其餘黨倡熾愈甚或旋合火伴或脅逐
村人到處一二十人動成羣隊臣今月九
日巡歷到洺州南準本州巡檢走報稱有
軍賊十四人打奪臨洺界馬遞鋪同時又
據磁州申武安縣軍賊二十人入縣衙鬬
敵傷着兵士及燒劫草市當日又據權巡
檢殿直高惟正申邢州沙河縣九月一日
有賊一火打劫村民史秀至十一日已離
洺州至故城馬鋪又聞前面馬鋪有賊四

人白日騎馬帶甲羣行過往向東雞澤縣
賊勢如此交橫其巡檢縣尉等並各未見
向前捉捕臣雖已一面催促巡檢縣尉等
及牒逐處併力掩捕及體量巡檢縣尉內
有畏懦不能捉賊者續乞替換行遣次不
委胡承澤妄有申奏只有三兩人未獲意
欲速罷捉賊差使兼臣曾召承澤問當口
稱奉宣監捉本不令躬親捉殺兼宣撫使
富弼已權差供奉官武永孚內殿承制魏
辛等充邢洺五州軍捉賊方今盜賊勢雖

未衰其胡承澤臣已牒令却歸本任去訖

乞一面罷差兵士拽磨

右臣準中書劄子訪聞昨來石待舉擘畫酒務内令兵士拽磨所貴省得草料轉運司尋依此遍下諸州軍施行訖令仰立便指揮只依舊用驢子拽磨仍具因依聞奏臣今檢取到元初一宗行遣公案勘會得慶曆三年十一月九日轉運使張沔因巡歷到保州本州通判石待舉擘畫申請乞更不差磨憔驢子只以廂軍兵士推磨所

有轉運使張沔尋依所申行下令來朝廷指揮仰疾速止絶本司相度即目已是秋深磨焦踏麴罷多日兼又保塞亂兵纔息若非時急行出上件指揮深慮扇惑小人別致引惹欲乞直候來年將及踏麴之時只作本司一面行遣依舊却差驢子所貴不至張皇引惹謹具狀奏聞

奏李昭亮私取叛兵子女

右臣近巡歷至保州訪聞得部署李昭亮昨因保州開門後入城將雲翼第九兵士

妻女分配與諸州軍軍員等本爲是作亂
兵士妻女配與軍營要行戒勵却於其中
揀選軍人女子先自將入昭亮本家及手
下兵士使臣通判官等遞相倣傚亦各私
取歸家軍民傳聞道路喧沸其李昭亮等
知臣覺察舉行遂却轉遞出外即目未知
去處尋據定州通判馮博文狀陳首稱收
得長行許秀女一人臣等勾到許秀女子
小姐及元傳送兵士楊遂王在共三人已
牒送真定府通判王鵬於本府置院推勘

去訖謹具狀奏聞

乞不詰問劉渙斬人

臣近知吉州刺史劉渙新到保州因點檢軍資庫有虞候張吉無禮及擅開金銀籠子不伏知州指揮已行處斬訖竊聞前轉運使張沔曾具奏聞深意朝廷別致疑惑況保州新經兵亂河北士卒素驕處置權宜難依常法伏乞朝廷更不詰問所貴不致引惹今取進旨

訪問逐州利害牒

當司勘會轄下州軍縣鎮地里闊遠戶口財賦兵甲甚多逐處官吏所見公私利病竊慮當司巡歷未到之間無由一一詢訪須議專行公文者牒具如前事須牒某州候到仰遍牒在州及外縣鎮官員內有見得本路及本職務不便事件及民間弊病可以興利除害者並密具文字子細條列直赴當司投下以憑看詳可否

乞不令提刑司點檢賞給

臣近準樞密院劄子節文河北諸州軍將

來所支廂禁軍賞給折支奉聖旨劄與轉運提點刑獄司疾速分頭遍行點檢續準宣頭節文令下河北轉運使副提點刑獄朝臣使臣候到逐處將賞給物色若是估價尚高便仰重行估計其劄子宣頭並不得下司者臣伏詳朝旨本爲賞給之物不可虧損軍人又緣士卒素驕亦須鎮靜故每干賞給文字多令不得下司者蓋慮張皇却生引惹今若只令轉運司點檢即可以因巡歷名目每到州軍自合點檢倉庫

因便於軍資庫內點檢如此方可不至張
皇其提刑司自來不管錢穀忽至州軍却
入軍資庫點檢即兵士皆知朝廷畏懼軍
人特令點檢如此却成引惹又慮諸州軍
見自來提刑不管錢穀忽要入軍資庫不
肯應副則須明言有朝旨點檢賞物又全
違不下司之意有此事體不便伏乞朝廷
專責轉運使一面點檢準備況臣累準朝
旨指揮丁寧嚴切已各行下諸州軍及見
巡歷因便點檢亦恐州軍數多南郊漸近

遍到不得即乞密委本州通判等就點檢所貴不至張皇如允臣所奏乞明降聖旨指揮更不令提刑司點檢所貴别不張皇引惹取進止

保舉王果

右臣等伏見前知定州皇城使王果移知密州或聞朝議罪果昨攻保州之日傷中兵士數多及縱兵掠奪南關人户財物所以降移差遣臣等體量得昨來保州兵士作亂之初便欲自南門突出賴果領兵力拒守

得南關賊既不能奔突遂閉城門兼初閉門之時尚可斬關而入爲諸將心不齊一致果不能獨進其兵士傷中人多蓋是果能得士死力奮勇爭先雖有中傷尋各宁復其後累降招牓賊衆撩城投降亦因外兵攻圍示以必取賊知窮蹙方肯聽命果之力戰不爲無助其南關人户財物乃是招收兩指揮初作亂之時先自南關刼掠然後入城果到南關只令兵士於招收叛卒營內就其糧水兵士或得些小物色多是

叛卒遺棄之物然東關人户亦不免刼掠昨來保州城開之後兩關人户皆有狀稱刼掠財物不少足明因亂被刼不獨南關蓋緣王果爲性剛勇奮不顧身但務盡忠不恤毁譽若朝廷當用兵伐叛之初罪先登効命之將使冒矢石中傷者被責而避賊不戰偶無傷中者得遷竊慮賞罰失中無以勸戒兼臣昨因巡歷至沿邊州軍訪聞軍民嗟憤皆以果當被賞而不意被責累經本司及宣撫司陳訴舉留伏望朝廷審

察愛憎之言保全忠勇之士其王果伏乞
特與清雪復一河北沿邊重地差遣所貴
下叶軍民之議激勸將吏之心謹具狀奏聞

保明張景伯

準宣頭節文磁州奏據武安知縣張景伯
申今月六日有軍賊約二十餘人入縣圍
却縣城有守把兵士三十餘人於縣門樓
上相射賊人中箭後便惣出往城西草市
打劫劉簡家財物乞指揮收捉去訖奏聞
事宜令河北都轉運司疾速體量詣實如

是上件賊人曾打劫縣城裏面人户財物所有本縣官員仰依近降指揮取勘施行并下提刑司火急指揮應干繫地分都同巡檢使臣及捕盜官等仰立便部領兵甲弓手等會合捉殺須管敗獲所乞權差兵士百十人防護縣城即仰轉運司疾速相度差撥訖奏聞者

右謹具如前當司勘會先據磁州狀申今月六日有軍賊二十餘人入武安縣内打劫被知縣張景伯部領守把兵士於縣門

樓上相射賊人中箭出往城西草市內打劫
劉簡家財物粘逐前去值夜捉賊不獲乞
差巡檢縣尉會合捉殺及乞於諸縣添差
守把兵士及權差義勇防托當司尋遍牒
都大捉賊徐虁及地分巡檢縣尉等分頭
捉殺及牒磁州差兵士義勇量支器甲防
守縣城相次據徐虁及沙河縣令申所到
賊頭一箇及胡承澤申永年縣百姓殺頭
二箇又據磁州申活捉到軍賊張㝡一人
斫到徐木大趙二頭二箇其餘並是元被

賊人驅虜去遮鋪兵士及百姓等並各詣
逐處首身訖外即目磁洺之間別無賊盗
當司體量得上件賊人元初於武安縣打
刼被知縣張景伯與兵士三十餘人用命
射中賊人致其潰散因此徐夔等接勢收
捉斫殺方得盡靜其武安縣吏難議更行
取勘謹具狀奏聞

乞罷郭承祐知邢州

臣近日伏覩差郭承祐知邢州臣自蒙朝
廷差充轉運按察使已來前後累準密降

不下司宣頭劄子令常用心體量轄下官吏臣細詳朝旨本爲河北於天下諸路最爲用武之地曩因北虜通和之後弛備多年一旦恐有事宜百事隳廢朝廷悔鑒前弊故先慎擇官吏務欲脩整頹綱昨準宣頭節文一十九州軍擇人久任外其餘州軍長吏令中書門下樞密院選差并下轉運司體量大小文武官不堪其任者不得容庇不才因循不切糾舉却致臨事闕悮朝廷留意河北丁寧切至如此加以近自

保州兵亂之後至今民尚虛驚軍情未帖相次順安軍瀛州安肅軍衛州通利軍等諸處不住驕兵扇揺結構當此之際臣實不意選差郭承祐爲河北長吏承祐頃知澶州引惹修城兵士幾至作鬧去年差來河北將兵臣在諫院曾極論列尋罷知相州貪穢之狀狼籍多端又爲按察使張昷之奏論罷爲北京部署今者移陜西遷延不去又以邢臺委之當河朔多事朝廷丁寧留意之時承祐累任不離河北不審其

人果以何能當此慎選承祐庸劣貪穢奴廝之材若以曾効僕使之勞不忍廢弃豈無閑處可畜養之況邢州北連鎮定控扼西山軍馬所屯人民繁富禦戎鎮俗尤須擇吏萬一乏人選差止得中常之材尚勝承祐伏望朝廷顧惜河朔名藩重地不使庸劣小人壞之其郭承祐伏乞特賜指揮罷去邢州別選差人取進止

再奏郭承祐

臣昨覩朝廷差郭承祐知邢州已曾具劄子

奏論乞別選差人至今未奉朝旨臣昨因
準中書劄子權知成德自邢州經過見其
城壁嚴整居人繁富不惟為朝廷惜此名
藩重地兼痛惜一城軍民將罹其毒仍採
問得邢州之民自聞朝廷差下郭承祐其
上等人户各訴免行户及欲逃移他郡緣
承祐久在河北其贓穢之狀人盡知之竊
恐朝廷未知民情不悦如此謹再具奏聞
取進止

五保牒

當司檢會轄下諸州軍近年不住申報盜賊羣火極多蓋縁盜賊必先湏鄉村各有宿食窩藏之處及所得贓物常有轉賣寄附之家然後方能作賊所以自來每有群盜驚刼及至官司捕捉又却分散不見蹤跡卒難尋覓蓋爲鄉村不相覺察致得姦盜之人到處便可容隱兼檢會準户令諸户皆以鄰聚相保以相檢察勿造非違如有遠客來過止宿及保内之人有所行詣並語同保知雖然有此令文州縣多不舉

行昨因巡歷到通利軍問得舊來常有盜賊逃軍爲患近歲黎陽衛縣各將鄉村之人五家結爲一保自結保後來絕無逃軍賊盜公私簡靜其利甚博湏議專有施行右具如前當司相度隣聚相保之法是國家見行勑令於公私甚利然今既舉行若縣令非才不能制馭公人胥吏則勾追搔擾未見其利先爲民害以此當司未欲一槩遍行指揮今且於轄下諸縣柬選知縣縣令公明材幹可以差委者先次施行數內

某官見知某縣事須實封專牒某官候到
請詳前項事理施行當司所録去合保次
第只是大綱若更有合從彼處民便別加
增損事件亦請一面增損施行仍請先具
如何施行次第公文供報無至張皇鹵莽者

乞推究李昭亮

準中書劄子節文奉聖旨馮博文爲陳首
特放更不置院推勘如更有官員使臣等
將帶却保州作過兵士人口往本家者並
許陳首亦與放罪仰本處依前來體例配

與軍員收養者

右謹具如前當司昨爲真定府定州等路部署李昭亮身爲大將不能統轄致得保州兵士作亂及朝廷累降勑牓屈法招誘叛卒方肯歸降既城開之後其李昭亮轉帖號令諸軍不得私取人口并財物却先將叛卒女口私入本家當司爲見李昭亮忝爲大將不恤國家憂患幸此亂兵利其妻女當司職在按察理合舉行遂當面詢問李昭亮其人妄稱不曾收得及通判馮

博文處亦有一人知臣覺察遂急送保州陳首當司爲要見得李昭亮處私取叛兵士女口歸着遂勾追馮博文處許秀女一人及轉送兵士等於真定府差官置院根勘本爲要李昭亮私取手下叛兵妻女歸着今準中書劄子内上項聖旨指揮欲乞除馮博文特放更不推勘及其餘官員使臣等未發覺者並許陳首外其李昭亮身爲大將不憂國家幸此亂兵私取妻女其情理不輕況已發覺無容自首伏乞許臣

根勘見歸着奏取勑裁兼本司已牒推勘院令疎放馮博文處許小姐及催促根究李昭亮私取人等早行結絶未得斷遣繳送當司以憑看詳聞奏去訖伏縁當司職在按察今來若舉察轄下官吏未容根究便行疎放即按察之司是爲虛設今後官吏作過者無由糾舉伏乞朝廷特賜詳察謹具狀奏聞

乞將誤降配廂軍依舊升爲禁軍

當司近牒真定府定州等路部署司取索

昨來保州分配作過兵士人數尋準部署司公文分析到一宗分配兵士人數内二千一百六十五人配諸州軍禁軍一百九十八人配諸州軍廂軍臣昨因巡歷到通利軍勘會本軍分配係保州分配來兵士共九十人内八十人配禁軍武衛指揮十人配廂軍威邊保節指揮尋體問所配禁軍兵士八十人並是城中作過殺戮吏民刼奪財物汚辱良善靡所不爲其人等並各配禁軍指揮仍幷得軍分其十人配廂

軍者元在保州城外巡警聞城中兵亂遂投定州別不曾作過當分配之時却責以擅離地分降配諸處充廂軍仍體問其人等爲見城中作過兵士却升得軍分亦累曾經知軍出頭有狀聲寃稱無過降作廂軍本軍不敢接狀然亦以其人等怨忿不敢差使功役只與閑慢處窠坐羈縻當司看詳部署司分配保州兵士之時升降之間顯是倒置今來通利軍威邊等兵士被作過之人升得軍分事相形比不得無言

今若先其無事之時便與措置尚全大體若萬一漸形怨忿別起事端至時難爲鎮靜不免改更則轉更引惹驕兵生事者

右具如前當司雖子細體問得上件降充威邊保節等廂軍事節蓋慮引惹又不敢親喚本人取問分配因依今録白部署司元牒分析到廂軍人數頭連在前欲乞特降指揮下真定府定州等路部署司分析元降配諸處兵士元係是何指揮及坐何等過犯降配若會問得與當司體問得事

理不別即乞將降配廂軍人數只作因南郊該恩赦却與升爲禁軍所貴於事稍允伏乞早降指揮

乞一面除放欠負

臣竊見自來每遇南郊赦勅除放天下欠負朝廷雖示恩卹而有司未嘗奉行是致天下常有積年欠負累經赦宥除放不得使破敗逃亡之人傳子至孫攤在親戚干繫人等追擾陪塡不勝其苦臣究其弊蓋爲先降天聖編勅内欠負官物該恩除放者

須得諸州軍及轉運司節次保明申奏送三司并理欠司定奪經歷官司既多則往復問難拖延日月故每一次赦恩除放則未能了當者蓋由關防太密經歷處多使赦宥之恩擁隔不能及下而官司胥吏反爲搔擾之資臣伏覩今年赦書節文內所該欠負官物特與除放者若干項內若干項並特與除放內一項即令本屬及轉運司保明聞奏切緣雖申奏下三司理欠司即不免往復問難拖延日月使除放赦恩不

時及下臣今欲乞除赦文内一項元指定令保明申奏者依赦施行外若干項條赦恩特與除放者並許轉運司子細勘會先行除放訖一面申三司及理欠司乞行點檢如敢夾帶不合除放之人誤行除放者其轉運司官吏並科違制之罪況三司轉運司俱是掌錢穀之司其轉運司尤以聚斂爲功只患刻剥太過雖不經三司覆驗必不敢濫行除放如允臣所請乞特降指揮下諸路申明赦文内令保明者並須申

奏其餘特與除放者許轉運司除放訖申
三司今具畫一如後
一應乹興年已前諸州軍帳内有樁管
諸色欠負年深及累經界分簽帶不
見年代名件見無家業抵當及正身
亡没配流不在攤在妻男及干繫人
處理索自來催納不行者不以有無
侵欺盜用並特與除放此一項臣今
欲乞先行除放訖申三司
一今日已前諸色欠負官物并於干繫

十保人處攤理元不顯侵欺盜用者
或雖是侵欺盜用本家并干繫十保
人内有委實見無抵當者並仰本屬
及轉運司保明聞奏當議特與除放
此一項臣今欲乞依赦文保明申奏
一應陝西河東諸般綱運般送衣甲器
械等緣路死損却官驢騾并磨擦損
折漬汚及去失疋帛係剝納虧官錢
元不是侵欺盜用者並與除放此一
項臣今欲乞先行除放訖申三司

一應天下州府軍監縣等應干繫節級手分自來有失行遣催納官物并誤行支遣委不是啓倖侵欺見行攤納者並與除放此一項臣今欲乞先行除放訖申三司

一應慶曆三年終已前諸道州府軍監人戶先因災傷支借過貸糧草斛㪷除納外見在欠數目並特與除放此一項臣今欲乞先行除放訖申三司

一應慶曆三年已前諸處夏秋因災傷

倚閣稅數並特與除放此一項臣今
欲乞先行除放訖申三司

一應今日已前幕職州縣官在任及未
到任亡沒者如曾借過月俸並特與
除放此一項臣今欲乞先行除放訖
申三司

一應諸般啓倖隱陷稅租今日已前已
根磨出累年積欠數目見行理納者
並特與除放此一項臣今欲乞先行
除放訖申三司

一應羊綱死損虧折斤兩別無欺弊者
並特與除放此一項臣今欲乞先行
除放訖申三司

一應江淮兩浙荆湖福建川峽等州軍
監并黃河在京肆排岸梢工兵士牽駕
綱船般運物色內有少欠元無欺弊
見尅折請受者並特與除放此一項
臣今欲乞先行除放訖申三司

一應諸處有水火損敗官物及綱船遭
風水拋失不虛及賊偷盜勘會分明

别無欺弊者並特與除放此一項臣

今欲乞先行除放訖申三司

乞真定府分驍武兵士别作指揮

臣勘會昨準河北宣撫使司指揮真定府驍武雲翼共五指揮各以五百人爲一指揮外共併出九百三十七人别爲兩指揮本司已依近降樞密院劄子未敢分擘先具分擘團併人數聞奏聽候朝廷指揮去訖臣檢會昨準宣撫司劄子下河北諸路分併指揮兼令轉運司應副木植人工

修蓋營房其諸處各爲少闕材木未曾修
蓋營房仍未及分併指揮之間已準樞密
院劄子令奏候朝旨以此諸州兵士指揮
各未曾分擘營房亦未敢脩蓋惟有真定
府一處爲有見在木植甚多於未降到劄
子已前尋便依準宣撫司指揮逐到
營房地支撥一色新好材木脩蓋到營一
座即今將欲了手元指定作驍武兵士各
爲住營內人多屋少多是兩三家共住一
間經夏暑雨存住不得爲見官中脩營分

擘指揮人各忻然遂其私便各自用功脩
蓋全不曾催督只及月餘已相次了手竊
慮朝廷元降劄子指揮內有七百人已上
處方許分擘今來驍武三指揮各只是六
百四五十人已上以此不令分擘又慮朝
廷不見得本府驍武兵士已共力興工蓋
成好屋今若却不令分擘即恐兵士已指
望上件營房屋住頓然失望於軍情不便
伏乞朝廷特賜詳察其諸州軍即須候奏
得朝旨分定指揮方得興蓋營房其真定

府一處已蓋了營屋者伏乞早降指揮許令將驍武兵士分擘爲一指揮於新蓋成營內居住所貴下順軍情別不生事仍乞檢會部署司前奏人數早賜施行取進止

乞放行牛皮膠鰾

臣累據轄下州軍狀申爲捌造添修兵器乞牛皮筋角膠鰾物勘會本路見在常是全然闕絶民閒雖有禁法合逐旋納官及點檢帳曆亦全無人户納到數目亦曾聞奏及申三司乞自京師支撥又爲京師諸

庫各稱亦是數少或累申奏不曾支得縱
或支下亦數目不多應副使用不足其諸
州軍又爲上下催促造作甚嚴每於難得
之中或時支得些小不暇柬擇好弱兼更
使用不足須至減料那融只且備數修扨
僅能成器全不堪用今河北一路兵器萬
數雖然不少而精好堪用之器十無一二
臣究其弊蓋爲皮角筋膠難得之故臣因
勘會自來國家明有禁法民間筋角須盡
納官河南膠鰾又不許過河北既有此禁

便合民間更無兵器今河北見管義勇十七萬有餘人人自有私弓弩此是官司明知其數者更有不係義勇之家例有弓弩不少其筋角膠鰾從何而得能致弓弩如此之多以此見國家禁法未便只是禁得官中絕無民間不能禁止臣今有起請擘畫事件伏乞朝廷特賜詳度如允臣所請乞賜施行庶得今後更不專仰朝廷輟那支撥而物料漸有兵器可精今具畫一如後

一未兵興以前舊制民間自死牛皮筋

角並中賣入官量爲三等支價錢其不及等者退還百姓及許客旅販賣官中置場收買當時公私却不闕少自兵興後來改法甚嚴人戶自死牛馬皮筋角限半月赴官送納許人陳告隱藏者支賞自有此指揮後來人戶絶更不曾經官送納亦無人告首隱藏者豈可二年之內舉河北牛馬全然不倒死以此足見改法之弊蓋其拋死牛馬已是下民之苦更不支得

價錢令人户自納及更令陪錢於官
司使用了納又令盡底納官絕却民
間使用以此民不爲便緣此等物各
是民間要用之物陳告又支賞錢不
多所以各相蔽蓋無由發露今年雖
亦許破官錢收買緣已有上項盡底
納官之條民若不納官而中賣即
是違禁之物以此收買不得臣今欲
乞却依天聖編勑及前後舊條許人
户自死牛馬皮筋角中賣入官分爲

三等支錢不及等者退還本主及置
場收買客旅興販者如有及等皮角
不中官責即許人陳告如此所貴却
似舊日公私各獲濟用

一臣體量得河北私置弓弩並無河南
過者膠鰾只是河北自有蓋滄州大
海出魚不異南方及塘泊之中魚亦
不少河北人民並能煎鰾出處只百
十文一斤自來民間公行官司只是
黃河不放過南膠外本土膠鰾州縣

無人點檢禁絶民間取足使用但官中自禁耳臣今欲乞滄州及瀛保等州相度置場收買必然大段易得竊慮議者猶恐官既收買則民間公行因此北界爲不便況今官雖不買民間亦不曾禁北人從來不藉南界販鰾豈聞無弓使用以此言之不足疑也

右謹具如前所有牛皮筋角等臣只見得本路利害仍乞更下諸路轉運司相度利害取進止

乞展便糴斛㪷限

當司近準三司牒爲便糴斛㪷仰依編勑至三月終住便更不展限者當司勘會沿邊軍儲事大累年斛斗入便不敷慶曆元年只便到八十五萬二年只便到四十五萬三年只便到一百四萬今年方遇豐熟正是好行入便之時價例比去年大段低減兼每年客人雖有斛斗不肯便行入中須待體探年歲豐儉及伺候官中價例高低常至三四月閒方始猛來入中今若只

於三月盡頓然中止即邊儲大段闕悮況元拋四百餘萬斛斗即今全未糴得莫州元拋二十萬方糴便到一萬二千有餘信安三十萬方便到四千有餘霸州一十九萬方便到三千有餘其餘大約似此全未及數只指望四五月間趂逐入便若便及省司元拋數目只及四百萬石不得一年約支之數若頓然住却必見大段誤事者

右謹具如前伏乞朝廷特賜詳酌體認河北軍馬糧儲事大兼累年便糴不前趂此

年豐價賤之時且乞依常年便糴至五六月已來只便及省司元拋數目即止兼自有便糴已來年年展限客人以習慣其事皆廣爲計置直候依常年四五月方來入中今若只於三月止住即不惟全無入中致闕乏悮事兼恐賺悮客人向後無由入中伏乞特下三司許令且依常年體例候糴及元數別聽朝旨仍乞速降指揮

乞置御河催綱

臣伏見沿邊鎮定等十六州軍每年入中

斛㪷並支在京一色見錢自來不止全仰沿邊入中亦於近裏州軍計置斛斗從御河漕運輸邊所以軍儲不闕近年廢却御河運船不曾般運只藉沿邊入中加又京師近歲難得見錢客旅交鈔無價雖於沿邊多添價例終亦入中不前近裏州軍却合相兼計置然須先修運路俟漕運路既行方敢近裏儲積今有擘畫事件一乞復置御河催綱二員一乞將見行三說新法地分與沿邊見錢糴州軍分爲兩番更互

入中所貴漕運通流邊儲易備在京亦省費見錢之半今具利害畫一如後

一點檢本司帳曆係管御河堪好糧船一千八百隻見在只有三百餘隻内一千五百隻不知所在自來不曾點檢見差官二員根磨尋覔至今未見歸着其見在三百餘隻每年亦全不曾般運斛㪷只是雜般虛名占使蓋由御河催綱廢罷後來綱運無人提轄致得綱梢偷減拌和濕爛損惡却

饋邊之粟因此轉運司漸廢漕運之利殊不思若只仰沿邊入中則在京廣費見錢在京錢少則沿邊亦難入中兼昨本司近據廣信軍通判蔣貴擘畫求得江南配來船匠打造鏁栰船比舊船減省得物料人工又可以封鏁不令偷拌巳打成一隻甚見利便見令廣謀打造次臣令欲乞朝廷却復催綱二貟一貟依舊於大名府一貟於乹寧軍漸用新船興行漕運

之利

一勘會沿邊十六州軍元係見錢便糴外近裏大名府等七州軍近年已許客人三說入中然二法不可並行若兩處抄價苦相爭即客人只就近裏入中（蓋沿邊全少土居斛斗皆籍近裏客人販去中官）若沿邊價高有利即近裏少人肯入以此二法並行未便臣今欲乞將見錢三說二法分爲兩番一年於沿邊見錢入中則近裏權住三說次年於近裏行三說

即沿邊權住見錢若近裏入中而權住沿邊斛斗無所往官中便糴必多若沿邊隔年一入則京師減費見錢之半不至滯却客抄則沿邊入中亦必多矣若明立二法分番示信於客人則久遠不勞朝廷改法自可省得見錢邊備亦易計置然近裏沿御河州軍用三說本要輸邊則須先修運路故先乞復催綱二貟也

右謹具如前臣所乞復置催綱及糴便利

害伏乞朝廷特賜裁度如允臣所請即更
有約束條件候朝旨別具奏聞
乞催納放外稅物
臣等近覩赦書節文應今年係災傷處已
經體量見欠稅物未得催理奏取指揮當
司勘會本路一十二州軍各係水災人户
已委官體量到合放稅數具帳申奏其放
外稅物並是見在苗畝上合納稅數若更
行減放則姦倖之人枉有拖陷省稅及元
計度軍儲失備已具狀奏聞乞將第四等

已下人户依赦取奏朝旨外第三等已上人户放外合納税物乞許依例催納至今未蒙指揮當司今再將合納合放税數勘會合放税數已及七十四萬餘石束貫外合納尚有四十餘萬若更行減放即恐無名虛放數多軍儲大段失備況今年河北大豐熟三二十年未有如此豐歲其係災傷地分已盡數檢放外合納税數若於豐歲更行除放即恐軍儲失備將來歲不常豐或小遇不熟及緩急闕乏不免却煩科

歛臣等今欲乞朝廷檢會本司前奏特降
指揮其第三等已上人户除已放外合納
稅數乞依例催納外第四等已下人户放
外合納稅數仍乞與免支移折變只令納
本色或見錢則優倖已多所貴赦恩下及
貧民上户不至僥倖兼即今輸納是時如
允臣所請乞速降指揮令取進止

乞置弓弩都作院

當司勘會近曾擘畫乞於磁相州置都作
院打造兵器已蒙朝廷依奏及差到監官

等見催促磁相州蓋造營房作院及抽柬
工匠打造一色精好器械次切緣磁相二
州只是鐵作院所有弓弩元未曾別有擘
畫當司今相度得西山一帶所產弓弩良
材甚多自來係相州盤陽務採斫應副諸
處使用今欲乞就近於邢州置都作院一
所專打造一色好弓弩久遠甚爲利便蓋
緣弓弩二物於兵器之中最難打造尤要
精專至於煎膠披筋各有法度燥濕寒暑
有日時製造遲速之間若一事不精遂不

堪用兼亦不久易損壞見今諸州軍弓弩
造作之時既皆草草造成不久尋復損壞
又須從頭修換一番修換未了一番已却
損壞即目諸州並不暇打造新弓弩只是
終年修換舊者積壓無由了絶有打造成
後不曾經使已修三五次者修換既頻轉
不堪用虛費人功物料久遠悞事不細其
弊如此蓋由散在諸州打造工匠及監官
皆不齊一本司亦難爲點檢故也若蒙朝
廷許置都作院即選得專一監官柬擇精

好工匠製定工料法式明立賞罰可以責
成兼亦易爲點檢者

右謹具如前所有磁相州鐵作院并今來起
請弓弩都作院刱置事初合立規法欲候
朝旨許置弓弩作院刱置事一就條列續
奏乞賜指揮遵守施行次伏乞早降指揮
謹具狀奏聞

乞再定奪減放應役人數

臣勘會轄下州軍使州院節級前後行并
通引官客司書表司等並各於元定勑額

人數外有影占上等人戶前轉運使張昷之等遂令諸州軍據元額合留人數外剩占之人並減放歸農雖減得人數不少其如當時逐州行遣不一或不問戶等高下從下名減放者或有於下名之中柬上等人戶影占之人減放者或有不問節級前後行只柬上等人戶減放者遂致減放之後不絕詞訟近累據減放公人等過狀却乞收叙又緣諸州減放事體不一若盡據減放之人却行收叙則顯違先降勑條額

定之數若全不收敘則又有前行節級繫
名多年者難盡不收亦有州軍經減放往
往輙已行收叙者臣等兼檢會日近雖有
條貫前行不免里正然額外人多終是不
便若額外手分無賄賂乞覔之倖則不可
使其更當兩役若有賄賂乞覔之倖則不
當額外剩置人數以此而言只合依勑額
爲當竊以事既干衆必欲州縣久遠遵行
則須乞自朝廷明降指揮廣爲定令臣等
今欲乞特降朝旨申明元定人數許本司

遍取轄下州軍見管人數及已減放之人衮同依入事年月上名下次排連從上據勑額元定人數存留外截下額外之人不問戶第高下一時減放如此則年深上名却得收敘額外盡減又不違勑條內有州軍元定人數全少後來戶口增盈及公事委實繁多之處乞許本司差官定奪量與添人具數聞奏立定爲額庶絕詞訟兼可永久遵行取進止

乞不免兩地供輸人役

近又準中書劄子節文知保州劉渙奏欲
乞朝廷相度沿邊州軍應係兩地供輸人
戶比附一州軍內人戶量與減免州縣色
役奉聖旨宜令轉運司勘會聞奏本司方
行勘會相度次續再準三司牒伏乞朝廷
指揮內有界河北兩地供輸衙前兩地人
戶全放歸農只令輸納稅賦奉聖旨依所
奏施行臣勘會沿邊界河以北百姓雖有
兩地供輸虛名其稅賦已經　太宗皇帝朝
全放即今只於北界納稅唯有差役則兩

地共之今若全放界河北人户差役即是稅賦差傜全不屬中國所管既不能賦役其民即久遠其地亦非中國之有此事所繫利害不輕又緣放免界河以北人户歸農指揮元不曾降下本司相度只是朝廷下三司直降下沿邊施行已行之事雖失難追然昨來所放只是衙前客司第一等人户差役所有以次户第等等諸般差遣竊慮人户援例別有詞説及邊臣更有奏請乞不與施行其劉渙起請亦乞更不施行取進止

再乞不放兩地供輸人色役

臣勘會本司近準三司牒爲臣寮起請沿邊乞減放兩地供輸衙前及係自京支下官物並令三司差軍大將管押前去及係外州軍支撥者即令支下州軍差衙前人管押赴逐處奉聖旨依奏施行臣看詳臣寮所起請上項三節事理內減放兩地供輸牙前及般運官物令支下州軍差衙前管押此二事甚爲不便其兩地供輸人減役一節本司累曾具不便利害奏聞近因

程琳有奏已蒙朝廷行下卻且依舊差役外有般運官物令支下州軍差衙前管押此一事蓋是元起請臣寮不見得本司逐時支移官物次第所以不詳利害切緣河北一路沿邊州軍每年所用絲綿紬絹見錢等數目不少並只出在濵棣德博四州每遇邊上州軍少闕即本司於此四州支撥無有虛月若一一並令此四州衙前盡應副沿邊諸州軍即衙前人數有限官物般運長無虛月其四州本處亦各自有重

難差遣要人差使若如此施行不待久遠只年歲間立見四州衙前破蕩盡及逃亡避役有悞緩急沿邊闕絶要用之物般運不前况自去年河水決溢德博二州人户災傷貧困及係災傷地分破敗場務甚多正是衙前人等困乏不易之時尤宜存恤臣今相度若令沿邊州軍各自般運則每年轉數不多若一切令此四州應副沿邊州軍則大爲繁併臣今欲除自京支與沿邊綱運不多乞令自京差軍大將外所有

本路支般官物並令沿邊且依久來體例
般運所貴各得均濟令取進止

乞重定進納常平倉恩澤

臣等勘會本司近爲諸州軍有人户進納
常平倉斛斗檢會到元降敕命内定到等
第恩澤太優比省倉進納軍儲數目全然
數少竊以募民入粟鬻以官爵蓋是國家
權宜不得已之事苟遇軍須闕乏不欲科
率人民權許兼并之家進納誘以官爵蓋
備一時緩急之用其常平倉乃餘力惠民

之所及豈容兼并之家緣此僥倖恩澤兼
慮豪民見常平倉納物不多見得恩澤一
向只就常平倉進納更無進納軍儲之人
失權宜鬻爵之本意本司爲見有此不便
曾具狀申奏乞增起常平倉進納物數與
省倉進納一般所貴杜絶僥倖兼不妨招
誘進納軍儲其狀申奏多日至今未蒙降
下指揮後來累準提刑司牒諸處漸有人
户進納常平斛斗蓋爲恩澤僥倖所以人
户各來進納本司爲已有申奏起請乞增

數目見聽候朝旨已各牒逐處且令未得受納伺候朝廷降下指揮令再具畫一常平倉并省倉進納軍儲數目酬奬次第伏乞朝廷比類裁酌體認本司見止住人户進納伺候勑旨次乞早降勑命指揮

乞條制催綱司

當司近準朝旨已差太子中舍賈熊充潮御河等催綱伏緣御河運路不修催綱職事久廢是致催綱兵梢因緣作過偷減官物遲滯行程所過州軍任意截撥舟船所

經地分隨處拆拽釘板因此於一千八百隻綱船内失却一千五百隻至今根究不見蹤由蓋因自來全闕關防不嚴條制而致玆積弊也今已蒙朝廷却置催綱所有合行起請事件今具畫一如後伏乞朝廷特賜裁酌降下本司及提轄催綱司等處遵守施行所貴革絶自來綱運積弊

一自來綱船利於雜般多將未及年限糧船故意損壞及虚有申報退作雜般船既充雜般之後多是妄稱不堪

行運便行毀拆或於沿河孤迥村落
地分故意損壞靠閣便於本處拆拽
堆垛枉破兵梢看守有至三四年者
兵梢恣於村坊作過及偷賣釘板提
轄催綱司元無拘轄無由點檢欲乞
起今年已後打造到三百料糧舩每
二十隻爲一綱同用一字爲號并造
年月刻於舩梁額上用官火印記訖
給與綱官梢工主管團成一綱後不
得輙更分破所貴見得年限遠近不

敢故意損壞及妄行毀坼

一糧舡每隻以三百料爲　逐舡所用釘板小大名件既巳一般欲乞令催綱司將三百料舡所用釘板名件一一開坐雕爲印板每差梢工給帖之時頭連一本旋鑿釘板大小數目給與令據數交割主掌如遇損壞合行坼拽即却據元數釘板名件送納或有少數並勒梢工陪填如遇行運之次損壞不堪即仰申報本地分官司檢

覆亦據元數拆收立報催綱司指揮因便舟船附帶令元主掌梢工於造船場依數交納出給收附仍令造船場納訖據數關報催綱司照會施行所有合退作雜般船者亦須依刻記造成年月先後資次撥充雜般不得隔驀將新好船揀退仍每綱據少數却以新船撥填足數

一自來提轄司支撥綱船般載官物至逐處下卸了其空船便被沿路州軍

取意截撥諸般不急使用因此積弊散失數多不能拘轄點檢今欲乞指揮沿河諸州軍不得專擅截撥遇有合般載官物並申提轄催綱官梢工候見提轄催綱等司文字支撥方得裝載行運如違各乞重行勘罪官貟奏罰

一御河等水並無風波走射險阻其地里行程可以制定自來上下水空重舩亦有程限但無關防點檢之法今

欲乞委轉運司將通利軍下至潮河西盡順安軍地里遠近所至沿河州軍立爲程限牒與提轄催綱司每遇轉運司有合般運斛㪷拋撥下數目裝發糧船即令提轄司具裝發去處至下卸州軍除裝卸各給十日限外沿路地里指定行程帖與綱官梢工等及一面牒催綱司依程催促仍令提轄司預先將簿照會行程約度合到下卸地頭月日續便支撥或令囤載

官物或令轉載向下行運亦便牒與
催綱司依程催促如是下卸後並無
官物般載即仰乾寧大名兩處就近
赴催綱司岸下繫泊祗候差撥所貴
綱運無由散失住滯作弊
一所有帳籍文簿今欲乞令提轄催轄
等司各置簿三道一置綱船都曆一
道抄上都大舟船數目逐綱依字號
隻數造成年月主捉梢工姓名開坐
如有退撥充雜般及損壞坼拽及新

收充填數目亦一一開坐轉計每半年一度造帳供申轉運司一置裝發勾朱簿一扇具逐綱隻數綱官姓名裝卸官物數目月日依程限抄上催促候下卸了勾鑿了畢逐旋關報照會一置修坼簿一扇每遇合修舟船即上簿拘管取索造船務修補日限上簿催促候修了勾鑿如合毀拆變轉即先具合坼數目上簿候拆了赴造船場納畢取到收附於催綱司呈

驗開落勾銷仍於都曆上照會開落

每遇轉運使巡歷並須子細點檢

右謹具如前當司起請催綱司條件只是規矩大綱更有合行事件乞令催綱司續次申舉其催促行程點檢官物拘轄新舊舟船及拆修除破等事並委催綱司專切管勾所有支撥舟船應副般運即申提轄司揔領仍令本路轉運司逐時點檢如有違慢並乞嚴行斷決其情理重者仍乞奏取

勑裁所貴上下遵行久遠漕運通流不至

悞事

河北奉使奏草卷上

紹熙五年十月郡人王伯芻校正

乞放行牛皮膠鰾因此北界爲不便（疑有脫字）

乞置弓弩都作院切緣（切疑是竊）

再乞不放兩地供輸人色役牙前（牙疑作衙）

河北奉使奏草卷下　歐陽文忠公集一百十八

乞免差人往岢嵐軍築城

臣近準朝旨令於河北差兵士二千人往岢嵐軍修城本司尋曾奏乞於闕慢路分抽差令奉樞密院劄子奉聖旨如委實人數不足即仰抽差一千人者雖蒙朝廷許減一千人伏緣本路除祁瀛定雄霸等州見闕修城兵士外近又節次據滄博州狀申為河水汎漲向着緊急乞差人夫兵士應副功役本司為轄下例各闕人已牒滄

州如河水大段汎漲令應急量差人夫功役博州即見於諸州軍剗刷例各無可抽差方欲奏聞乞朝廷於隣路抽差應副次令準朝旨令依前降指揮於近便州軍應急抽那臣非不知河北河東俱係邊防路分若本路實有兵數不少臣亦豈敢自私一路妄有占留只緣本路實為闕人處多令若朝廷須令差撥即將轄下見役處罷役那往嵐嵐縱河北事有闕悞緣臣已有奏請朝廷必未深罪其如於事有闕在臣

之職不敢不言況今年黃河水勢不類常
年即今五月已汎漲如此將來夏末秋初
必大段漲溢本司方別具奏乞於京東西
路差人次兼本路役兵多惟河上及修城
西山採木等處各有人數河上既不可抽
那若抽河北修城兵士與河東修城又兩
處事體不異而西山採木蓋為即今諸處
分擘七百已上人禁軍別立指揮各要營
房及敎棚樓子防城器用並是緊切不可
闕用之物若不於逐處功役內抽人即轄

下例各別無閑占之人可差伏乞朝廷更
賜體卹且乞令河東路一面應副岢嵐功
役謹具再奏聞

再奏

臣近準朝旨令本路差兵士一千人往岢
嵐軍修城臣已再具劄子奏乞占留其本
路黃河及修城採木縻功功役浩大及闕
人次第已具前奏劄子臣伏詳朝廷指揮
令於近便州軍應副劄刷勘會本路與河
東近便惟有成德軍最近其路出土門經

天威軍平定軍至并州又出天門關經憲
州飛鳶軍入洪谷方至岢嵐約一千五百
餘里據明鎬元奏稱向去二十二箇月方
了今縱河北差一千人往彼遠涉一千五
百里山險到彼卒未了當將來冬月岢嵐
苦寒役兵各須歸營歇泊令一千人往來
三千里苦寒山路必致大段逃亡作賊況
北虜縱有事宜必先河北河北重地莫如
定州今定州所修城池將元計工料及見
役人數亦須五六年方了今若更抽減人

往河東即河北字緝禦備全然弛廢況除
定州外瀛雄祁霸等州修城處亦須向秋
兼用强壯一二年內期可了當本司非不
能張皇事體煩黷朝廷乞人蓋以北虜即
今別無事宜一二年間幸可漸次了當今
肯嵗修城功限比定州全小路分事宜緊
慢又與河北不同亦未銷得遠涉三千里
於緊切處抽人所有德博黄河今年水勢
甚大於去年今春朝廷差到河上兵士全
少如去嵗若旦夕遂州更有申報須至煩

朝廷乞人外所有諸處修城功役雖見闕人本司亦當斟量事體緊慢只於本路漸次修葺惟乞朝廷體卹更不抽撥往別路庶免本路闕悞其抽差一千人劄子臣亦未敢施行取進止

乞選差文臣知定州

臣等伏見知定州李昭亮已抽赴闕見闕知州定州控扼西山險要於河北三路最為重地軍民政事邊鄙機宜須藉通才方能辦集況即今北界見於界首興建寨柵

及於銀坊口侵占疆封處置之間或須應變鎮撫之術尤要得人況河北比於陝西四路事體甚重今秦渭延慶並用文臣伏乞朝廷特於文臣兩制已上選差一員知定州或使兼部署或別差武臣充部署所貴委任得人邊事有備取進止

乞預聞邊事

臣昨蒙朝廷選擢差充河北都轉運使之日授到付身不下司劄子云河北宜選有文武才識轉運使二員密授經略之任使

其熟圖利害陰為預備以臣非才臣不當文武才識之目其如朝廷責任之意然而必欲密為經略熟圖利害則須外詳邊鄙之事内不為朝廷所疑竭慮盡心猶恐不副委寄檢會去年定州軍城寨為北虜於石臼子口侵入内界卓立鋪屋本寨為地分不屬沿邊安撫司遂依例申報轉運司無何安撫司並不勘會不係地分便發怒妄奏軍城官吏不合申轉運司乞行取勘又蒙朝廷更不照會便下轉運司詰問軍

城官吏賴本寨引執元降勑條分明臣與本寨主等偶免罪譴其不屬安撫地分合申轉運司者尚如此其他沿邊係安撫司地分固不得與聞矣昨求北虜於安肅軍北欲移界標南侵邊臣既承例不以事報轉運司臣心不能安因以手書問知軍侍其濬濬亦不敢答又昨臣察有起請復支保州沿邊廵檢兵士口食者是臣本路本司職事竊聞本為小人上書言不識事體乞不下轉運司朝廷因此只下程琳一面

相度臣竟不得與聞臣既親蒙密授經略之任使其圖利害為預備而外則邊防之事了不聞知內則不足為朝廷取信而本司職事亦不得與議平日無事之時尸祿而居尚當憂愧況聞近日邊鄙頻有事端飛狐界上興立城柵漸貯甲兵又於銀坊冶谷以来壘石為城包侵南界大役人夫卓立堡寨竊慮嚮去沿邊別有事宜臣既授上件劄子內委任之意凡事不可不知兼臣體問得舊日邊上州軍事宜並申轉

運司只自同通和後漸廢臣今欲乞應係
沿邊事宜自來申報安撫部署司者亦乞
令逐州軍申報轉運司所貴稍得與聞邊
事至於儲畜糧草修城池器械亦量酌事
體緊慢不至乖方其間愚慮或有所長更
冀裨助萬一而少副委任之意如允臣所
請乞明降指揮取進止

再奏

臣近曾奏為先擾朝廷密旨令熟圖河北
利害陰為預備然邊防事意元不與聞乞

令後沿邊事宜並令申報轉運司至今未
奉朝旨者伏以轉運使雖合專掌錢穀不
與兵戎然河北事體不同他路故授之密
旨常使經營況今沿邊知州武臣不過諸
司使副已下其通判即是常參初入京師
朝官等臣被朝廷責任比沿邊知州通判
故不為輕下至機宜司手分亦是轉運司
所差並得盡聞機宜事臣之本司獨不得
與且臣愚慮非欲侵邊臣之權攬事多管
以招罪累蓋臣所職糧草錢帛蓄積之備

其賦斂緩急須量邊事緊慢以至按察沿邊將吏能否亦要知其處事如何伏望朝廷細詳元降不下司劄子內事意及比類沿邊通判初入京朝官等許本司今後與聞邊事所有沿邊申到事宜即不得直便行遣文字苟有所見須令密具奏陳不得下司漏洩如此則本司得知邊事緩急凡於計置準備不至緊慢乖方而又愚見苟有所思亦得少裨萬一取進止

乞令邊臣辨明地界

臣伏見近日北虜於四望口起立寨柵及於銀坊冶谷以來侵過南界壘石為城寨等事竊以北虜剏立寨柵已違誓書然猶在彼界內可以佯為不知不須緊問無萬一中國却合有興修去處可以引彼為詞以塞問難雖然如此亦當早為預備便合於界首分明界防彼亦必更南侵事既造形理須杜漸其如朝廷選任非人從來以定州一路付與李昭亮其人昏懦而不曉事機雖有勾當事人並不能先詗探得起

寨事端及已立了寨栅又不能預防侵界之患直至因捉了巡邊指揮使湯則侵了銀坊以南邊地大興人夫壘立城寨至今終亦不能辨理疆界拒絶侵凌竊以北虜號為犬戎自古畏強欺弱今若便示以怯不爭於初則必更引其貪心別有侵擾養成事體漸大而不與之爭則為患不細爭之則必起事端惟在即今遂為處置據今事體不煩朝廷只委邊臣自可了當湯則被囚之後亦不聞別有擘畫至今侵界立

寨等事但聞婉順止約彼既不聽亦別無謀臣近體問得往來年雄州西北亦曾為北戎侵界立數處鋪屋當時邊臣葛懷敏力以公牒往來爭辨拆卻鋪屋北人竟不敢爭況今來所侵南界百姓見耕種田中地界分明易為理會今來已蒙朝廷差王德基知定州其久人在雄州頗諳邊事伏乞早降朝旨下邊臣速令止絕辨理地界早見分明無軍城西北山路險絕銀坊等口皆可出兵我於此口扼其險要是中國

必爭之地彼於今日侵得此一二十里則險固在彼而他日行兵是彼可以来我不可往之勢以此言之尤不比河東陽武天池等處侵地便因循不爭伏乞朝廷早賜指揮王德基如婉順止約不得即須力與論辨仍乞令檢會雄州安撫司等處往来曾折却鋪屋行遣令依此相度施行所貴邊防不生他患取進止

乞差武衛人員

臣昨權成德軍日為屯駐淄州武衛第六

十六指揮兵士高林等乞替曾有劄子奏
聞尋蒙朝旨以京東一路所管武衛不少
例各差在别路屯駐奉聖旨劄與臣詳此
照會者臣尋作本府行遣備録聖旨告示
本營知委訖臣今勘會上件武衛兵士共
六百三十一人並無正轄官員只有權管
副都頭四人並是往年曾在信安軍作過之
人及本營雖有正軍頭十將等八人亦並
是曾在信安軍作過之人部轄此六百人
思歸之卒久遠深不為便伏乞朝廷檢會

早賜自京選差有心力能部轄正副指揮使及逐都正都頭所貴可以部轄久遠别不生事臣亦密體問得權管人負姓名因依今具如後

一人軍頭劉緒　三人右十將孫榮田榮蔡斌

已上四人元係本州武衛第九指揮内軍頭及右十將昨於慶曆三年十一月内準州帖準步軍司牒權充第六十六指揮副都頭勹當並未曾正授宣其人等各係曾在信安軍作過之人

一人軍頭韓筠　七人左右十將四人左徐吉賀進谷興段千三人右王清丁用楚興

已上八人亦元係本州武衛第九指揮將虞候承局昨於慶曆三年正月内授州帖差到於慶曆四年四月授步軍司帖正充六十六指揮勹當亦係曾在信安軍作過人數

右具如前所有上件武衛兵士高林等當京東武衛剌面排定軍分之時獨此一指揮累次糺合陳詞今來準密院劄子告示

後雖不敢別有詞說然此一軍兵士已是
累日扇搖人數既多又無正管人員只令曾
作過人權管深爲不便伏乞朝廷特賜允
臣所奏早與差補有心力正副指揮使及
軍頭等部轄

乞住買羊

勘會河北自前不曾配買羊畜自西事已
來分配於河北收買竊見京師羊畜有備
準三司指揮截住権場上供羊綱於西
路州軍牧放一萬六千餘口至冬深死却

五千餘口所有今年人户配買羊巳上京
送納訖却償下榷場羊綱在邢洺等州牧
養竊慮冬深枉有死損臣等相度剩數羊
綱見在河北州軍牧養只以盡數上京自
可供用得足乞今後河北特住配買羊數
委得公私俱利仍乞今後京師羊少却於
陝西依舊配買取進止

乞條制都作院

當司檢會近蒙朝廷依奏差到磁相二州
都鐵作院監當使臣二員各巳赴任訖所

有作院工匠營房蓋造亦已了畢當司見
揀選轄下州軍內打造得兵器精好處取
樣及於本路軍器庫內揀選往時經使舊
兵器內試驗精利者取爲樣及申三司於
南北作坊檢會工課料例及於轄下抽揀
工匠令都作院依樣打造次伏緣本路鐵
炭出自磁相二州自來諸州軍不以遠近
並於磁相般請生鐵差占衙前枉費脚乘
般於不出炭州軍廣破官錢買炭變煉及
散在逐州軍打造監官多不得人加又當

司巡歷地分闊遠每年内不過各到得一次往往有不及到處難爲點檢不惟虚破人工物料不少兼更造成不精器械久遠有悮使用今來已蒙朝旨許置都作院若制置得久遠不廢本路兵器必皆精好其利甚博伏緣刱置事初合有諸般規式今具畫一如後伏乞朝廷特賜勑命指揮所貴久遠官吏遵守施行

一都作院所造兵器其閑雜不急名件欲乞並不得打造只令打造一色切

要使用之物箭頭甲葉槍劍手刀等
候打造成於本州軍内送納仍令別
作一項封椿專準備緩急支與合要
州軍除許轉運司支撥本州不得專
擅使用所有其餘閑雜之物及修補
舊器械並令諸州軍量留工匠自造
一本路轉運提刑共四員欲乞每次季
輪一員專至都作院點檢將前季工
課文字磨算造到兵器候見數即依
數點檢試驗内手刀及劍每一百口

内抽揀三二十口用甲葉或墮錢斫試鋼刃箭頭亦於每一百箇内揀三二十箇安入箭榦用鐵甲硬弓弩試射槍亦試驗鋼刃如是槍刃劒刃軟卷缺及箭頭尖卷鐂折甲葉長闊厚薄不依斤重者並勒專工匠等陪填打造及等第區分

一都作院逐作工課欲乞依本州作院起置工課文曆監官與本州知州通判都監依例簽押及旬呈如是一任

内造到兵器經轉運提刑點檢並無
揀退各得精好即乞據造成萬數批
上曆子理爲勞績内本監官將見監
一任理合入差遣得替優與先次點
差如任内更有知州提刑轉運三人
保舉即乞與轉官酬奬如逐季點檢
揀退三分已上並盡時取勘奏乞重
行朝典如知州通判都監候一年終
如揀退三分已上亦乞等第責罰如
揀退二分本監官乞許本司量罪勘

罰如揀退不及分數即工匠干繫人等許點檢官員酌量勘斷

一河北一路諸州軍作院欲乞且令依舊內合行造作及合減罷者乞許當司相度施行候年歲間都作院打造兵器各及萬數可以應副諸處使用即將諸州軍作院工作及舊有監官處漸次減省

右謹具如前所有上件晝一事理更乞朝廷特賜詳酌如得允當乞降勑命指揮下

本司及磁相州都作院及提點刑獄司等
處遵守施行

再乞放行皮角

臣近爲兵興以來改法禁絶民間牛皮筋
角等令人户盡底直納入官因此却致官
中闕絶使用後來雖亦許破官錢收買緣
已有上項盡底納官禁法民若不納入官
却於官場中賣即是違禁之物致人户不
敢赴場中賣乞却依天聖編勑及前後舊
條許人户自死牛馬皮筋角中賣入官分

爲三等支錢其不及等者退還本主及
置場收買客旅興販者所貴却似舊日
公私各獲濟用曾具利害劄子奏聞至今
未奉朝旨臣近體問得河東路亦爲禁止
牛皮筋角已來闕絶使用近已却依舊放
行即今河東大段有牛皮筋角等使用甚
爲利便勘會本路合修兵器萬數不少自
來累據諸州乞支物料本司只是牒逐處
拘攔使用及申奏乞自京支撥檢會只自
今年正月後諸州所少牛皮筋角等七萬

一千餘事件累次申省乞支撥及令逐處
拘攔自死者使用據諸州軍所申即云無
可拘攔乞行支撥及申奏乞支撥即準省
牒又却令逐處拘攔空煩行遣文字繁多
積壓下未修軍器萬數終是無由了當況
令見行之法其弊易見禁民令盡納則絶
無納者置場收買則民礙法不敢中賣兼
河東近巳放行甚見其利欲乞朝廷檢會
臣前奏劄子特賜詳酌明降指揮許依舊
法令人户將三等牛皮筋角入官中賣支

與價錢及許收買客旅興販者其不中等者退還本主所貴公私各獲濟用不至時時紊煩朝省乞行支撥及不空費文移令逐處拘攔虛積壓下未修軍器久遠深爲不便今取進止

奏北界爭地界

準密院劄子節文北界於銀坊城創修寨壘侵占南界奉聖旨令程琳河北都轉運司提點刑獄司擘畫如何理占折去者

右謹具如前當司勘會昨據定州軍城寨

申銀坊城南冶谷口有北界兵馬創起寨子當司尋具聞奏乞下沿邊安撫司施行自後雖知安撫司曾與北界公文往來至今未曾拆去寨子又緣自來安撫司邊機文字不曾關報當司不見得安撫司逐度說何事意如何占理及不知北界却以何詞爲答今來已立寨子貯畜器甲及防戍之人不少事勢已成竊恐難爲追理蓋是邊臣從初失於違慢當其建寨未成之時不早爭占及建寨雖成未貯甲兵之際又

不能拆去今已縱成其計卻欲理會必須
費力兼當司全不知北界與沿邊往復意
度見行體問候見次第或有管見別具奏
聞次謹具狀奏

論契丹侵地界狀

右臣伏見北虜近於界首添建城寨及拘
因定州巡兵湯則侵過銀坊冶谷地界等
事竊聞朝廷至今未有分明嚴切指揮令
邊臣以理爭辨竊料朝廷之意必謂爭之
恐有引惹之虞此乃慮之過而計之失也

夫虜性貪很號為犬戎欺弱畏彊雖示以怯令杜之於早而力為拒絶猶恐不能若縱之不爭而誘其來侵乃是引惹況西山道路有三十餘處皆可行兵其險要所扼在於軍城銀坊等路為彼奪據而不爭則北寨王柳等口漸更來侵豈能爭矣是則西山險要盡為彼奪一日使虜以大兵渡易水由為虜之西平陸而來以奇兵自飛狐出西山諸口而下則我腹背受敵之患不知何以禦之此蓋兵法必爭之地也且

與人爲隣敵而自棄險要任彼奪據而不爭雖使我弱彼彊尚須勉彊何況勢鈞力敵又違誓約而彼曲我直乎臣謂朝廷所以然者蓋由未察虜中彊弱之形而不得其情僞之實也臣又見朝廷常有懼虜之色而無憂虜之心夫憂之與懼名近而意殊憂者深思極慮而不敢暫忘懼者臨事惶惑而莫知所措今邊防之事措置多失其機者懼虜之意過深也若能察其彊弱之形得其情僞之實則今日之事誠不足

懼而將來之患深有可憂奈何不憂其深可憂而反懼其不足懼且戎虜雖以戰射爲國而耶律氏自幼承其父祖與中國通和之後未嘗躬戰陣遭勍敵謀臣舊將又皆老死今其臣下如貫寧者無三兩人寧才不及中人已是彼之傑者所以君臣計事動多不臧當初對梁適遣使河西使與中國通好及議和垂就不能小忍以邀中國厚利乃與元昊爭夾山小族遂至交兵而累戰累敗亡人失馬國內瘡痍誅斂山

前漢人怨怒往時虜殺漢人者罰漢人殺
虜者死近聞反此二法欲悦漢人漢人未
能收其心而虜人亦巳怨矣又聞今春女
真渤海之類所在離叛攻刼近邊稍定方
且招輯敗亡修完器甲内恐國中之復叛
外有西夏之爲虞心自懷疑憂我乘虛而
北襲故於界上勉彊虛張囚我廵兵侵我
地界蓋其實弱而示彊者用兵之詭計故
臣謂苟能察其彊弱知其情僞則無不爭
之理何必懼其不足懼哉自國家困於西

鄙用兵常慮北戎合謀乘隙而動及見二虜相失而交攻議者皆云中國之福夫幸其相攻爲我之福則不幸使其解仇而復合豈不爲我禍乎臣謂北虜昨所以敗於元昊者亦其乆不用兵驟戰而逢勍敵耳聞其自敗屻以來君臣恐懼日夜謀議通招丁口柬募甲兵處處開教閱之場家家括糧馬之數以其天姿驍勁之俗加以日夜訓練之勤則其彊難敵矣今虜國雖未有人然大抵爲國者乆無事則人難見因

用兵則將自出使其交戰既頻而諜臣猛將爭能並出則是夾山一敗警其四十年因循之弊變驕心而爲憤志化墮卒而爲勁兵因屢戰而得驍將此乃北虜之福非中國之福也此臣所謂將來之患者也然二虜勢非久相攻者也一二年間不能相并則必復合使北虜驅新勵之彊兵無西人之後害而南向以窺河北則又將來之患大者也臣雖不知朝廷顧河北爲如何但於本路之事以今年較去年則亦可見

去年以前河北官吏無大小皆得舉材而擇能急於用人如不及者惟恐一事之失計故也自今春已來差除漸循舊弊凡幹敵之吏熟於北方事者舉留奏乞百不一從不惟使材臣能吏不勸而殆亦足見朝廷不憂河北之事辦否也至如廢緣邊久任之制而從劉貽孫以王世文當冀州李中吉當廣信王中庸當保州劉忠順當邢州如此數人於閑慢州軍尚憂敗政況於邊要之任乎臣愚以朝廷不以北事爲憂

則又怯懼如此既曰懼矣則於用人之際又若忽而不憂此臣之所未諭也臣聞虜人侵我冶谷雖立寨屋三十餘間然尚遲延未敢便貯兵甲更伺我意緊慢若不及早毀拆而少緩縱之使其以兵守之則尤難爭矣此旦夕之間不可失也至於湯則亦聞因而未敢殺此亦不可不爭臣願陛下但以將來之患爲憂不忘此事用人之際革去舊例而惟材是擇勿聽小人之繆謀勿於忠良而疑貳使得上下畢力庶幾漸

成禦備至於目今小事未銷過自怯懼夫事之利害激切而言則議者以爲太過言不激切則聽者或未動心此自古以爲難也況未形之事雖曰必然而敢冀盡信乎伏望陛下留意聽納不以人廢言則庶竭愚瞽少裨萬一謹具狀奏聞謹奏

論河北財產上時相書

某頓首啓仲春漸暄伏惟相公尊體動止萬福某不佞少以文章言語自任而頃備諫諍之臣得與朝廷論議當中外多事天

子急於聽納之不以為愚而屢加奬擢及得寵太過受恩太深則自視區區素所任者不足以報（一作稱）萬一故方欲勉彊不能以圖自（五字一作以申報）效而蒙相公不以為不才而擇天下諸路中最重之地以授之而責其所為（一作報效）當此之時自宜如何可以塞責及臨職以來迨（一作近）將半歲齷齪自守未知所措（一作為）非敢怠也誠有說也（一作焉）至於山川險易城塞屯防邊隆守備等事是皆河朔之大者朝廷已委樞密富公

經畫之矣，而本司之事自不為少。凡自河以北州軍縣寨（一作州府軍縣）一百八十有七城，主客之民七十萬五千有七百户，官吏在職者一千二百餘員，廂禁軍馬義勇民兵四十七萬七千人騎，歲支糧草錢帛二千四百四十五萬，而非常之用不與焉。其間事之節，利害之源，非詳求而審察之，不能得其要。前張昷之等急於舉職，公家之利知無不為，其興利除害便於事者極多，而時有失於不審，更改過繁，而涉（一作失）於苛碎者故自繼職以来遵其所長戒其所短凡事關利害者慎之重之未敢輕議今半歲矣官吏之能否公私之弊病粗已得其十七八而又取（一作先求）其事涉苛碎紛繁而下切患之有司自可改復不煩朝廷處分者先以次第行之乃暇及於其它然其事繫利害有司不敢自決必當（一作而必）上聞者其類甚多而久之（一作初則）未敢干（一作以煩）朝聽者不惟自疑於不審誠慮朝廷鑒昷之等前失不能盡信其說而必（一無必字）從之今慎

之久矣得之詳矣苟有所請實有望於見信而從之也凡河北大事富公經營之外其要不過五六其（一作凡）不可為者一其可為者四五耳雖皆有司之事然朝廷主張之則能行不主張之則亦不能為也自古邦國財產之利必出山澤故傳曰山海天地之藏也自兩漢以來摘山煮海之利必歸公上而今天下諸路山澤悉已榷之無遺利矣獨河北一方兵民所聚最為重地而東負大海西有高山出財利之產天地

之藏而主計之吏皆不得取焉祖宗時衰閔河北之民歲為夷狄所困盡以海鹽之利乞與疲民此國家恩德在人已深而不可奪者也西山之長數百里其產金銀銅鐵丹砂之類無所不有至寶久伏于下而光氣苗礦往往溢發而出地官禁之不許取故捨此惟有平地耳河北之地四方不及千里而緣邊廣信安肅順安雄霸之間盡為塘水民不得耕者十八九澶衛德博濱通利大名之界東與南歲歲河災民不

得耕者十五六今年大豐秋税尚放一百萬石滄瀛深冀邢洺大名之界西與北鹹鹵大小塩池民不得耕者十三四又有泊淀不毛監馬棚牧與夫貧乏之逃而棄荒者不可勝數大山大海之利既不可取而平地堪出財賦者又有限而不取一作又不多其助者不過酒税之入取其入有數而用度無常也故雖斫桑之心計捨山澤與平地不能為之此所謂不可為者一也一本無此九字及其用有不足不過上干朝廷乞銀

絹而酡一作下狹疲民號為變轉爾此近年之
弊也此六字一作所謂不可為者二也然若能擇官吏以
辦職事裁僥倖以減浮費謹良材精器械
以助武備因貴賤通漕運而移有無如此
之類苟能為之尚可使邊防粗足而京師
省費用此冀此三字一作尚足以裨萬一而皆有弊
病理須更改事目委曲非書可殫敢具其
大綱列于別紙伏望特加省覽察其利害
或其所說不至大乖庶望少信而從之俾
畢其所為若夫盡其所為而卒無成焉則

不待朝廷之責而自當劾去若其有以裨
萬一則何幸如之伏惟聰明少賜裁擇不
宣某頓首再拜

自劾乞罷轉運使

右臣檢會轉運司近為相度順安軍塘泊
水口子與楊懷敏等所奏頗有異同議方
未決近準樞密院劄子節文臣寮奏乞今
後近塘泊州軍人戸地内蘆葦等並不得
採取及自順安軍以西漸近西山水難瀦
聚令即不住開治及乞今後摽占却人戸

田土即將官地給還人户或估計價錢給付等第奉聖旨依奏仍令本路提刑田京專切管勾者臣伏見國朝之制河北轉運使皆領都大制置屯田使之名兼臣赴職之初被朝旨審授經略之任以此見朝廷差選之際其任非輕於臣職分之間所責尤重至於塘泊邊防利害之事皆其職也職隳其守咎將安歸豈有親蒙審授經略之旨身領都大制置之名而煩朝廷別委他官專切管勾則臣之不才不能任事不

待彈劾可以自知況臣將及朞年絕無績効考其常課已合黜幽又有以不才失其本職且都大制置豈是假人之虛名苟非其人自當易去豈可容不才之人尸位移本職於他司使臣偷安實難自處伏望聖慈據臣不才失職之狀降授一小郡差遣庶以警勸在位之人臣無任祈天望聖激切屏營之至謹具狀自劾奏聞伏候勅旨

河北奉使奏草卷下

初元昊擾邉北虜自以勸和為功慶曆四年昊既納款虜復與之交兵且遣泛使来止昊封冊仁宗答書云若以其於北朝失事大之禮自宜問罪若以彼於本朝稽效順之故不煩出師況昊已遣使齎誓文入界何辭沮却方遣余靖報聘會八月甲午保州軍亂盜邇北境朝廷以為慮癸卯命田況為真定府定州路安撫使而公自右正言知制誥知諫院除龍圖閣直學士為河北諸州水陸

計度都轉運使兼四路營田都大制置屯田本路勸農使替張昷之時方歸自河東諫官蔡襄孫甫請留公不許上面諭公勿為久居計有事第言之公曰諫官乃得風聞今在外使事有指越職罪也上曰事苟宜聞不可以中外為辭明年八月坐張氏事降知制誥守滁陽凡河北奏陳皆聚此書云

奏議集載契丹侵地界第三狀論憂懼不同極為詳明與前兩狀相應此卷乃

闕而不錄莫曉其故今合附入
上時相書一首乃慶曆五年二月時杜
衍方罷相賈昌朝代之公已失助首相
實章得象而參政則宋庠也此書舊入
奏議尤無謂今移附此卷末庶成全書
所云大綱具別紙不可得而見矣
臣下奏劄例云取進止葉夢得石林燕
語嘗論之今奏事第一篇作取進旨者
按唐陸贄奏議亦嘗互用如云中使具
乙奉宣進旨或云奉宣進止或云奉宣

聖旨至國初尚多如此慮後人妄塗改略及之

紹熙五年十月日郡人王伯芻校正

乞條制都作院墮錢（墮字疑）並勒專工匠（疑脱字）

論契丹侵地界狀

蓋其實弱而示彊（彊字下長編有爾實弱而示彊六字）而殆（疑當作怠）況於邊要之任乎（乎字下長編有然臣謂為國計者若以北虜為憂深思極慮而不敢暫忘則其選材任將皆若是乎三十二字）臣愚以（以字下長編有謂字）則又（長編無則字）尚遲（長編作遷）

論河北財產上時相書仲春至萬福十四字一作新春氣候漸和不審尊候何如

備諫諍此上一有忝字次第行之此下一有矣字凡河北大事富公經營之外其要一作凡河北之事其大者朝廷已委富公矣其外大要故捨此一無故字

奏事録　　歐陽文忠公集一百十九

自治平二年六月十一日已後其日追書者乃已前事忘其月日矣

論孫長卿爲臺諫所劾事

孫侍郎長卿罷環慶路總管拜集賢院學士爲河東都轉運使臺諫交章論列長卿守邊無狀宜加降黜中書以長卿無敗事昨因朝廷起孫沔於致仕欲委以西事而長卿以歲滿得代無過可黜而臺諫論奏不已最後賈中丞二章六月十一日進呈上厲聲曰已行之事何可改易臣脩奏曰

臣等不爲已行難改若朝廷果是除授不當能用臺諫之言改正足以上彰陛下從諫之聖至於臣等能不遂非而服義改過不恡聖賢所難亦是臣等好事但以長卿除授不爲過當若曲從臺官之言使彼銜寃受黜於理豈安故難行也韓公曰自陛下親政已來臺諫所言施行者少外人之議謂致人主有拒諫之名者是臣等之過若其言有可行者臣等豈敢不行直以長卿無過難徇言者濫行黜罰耳上皆然之上

又曰人言臺諫奪權臣脩奏曰此則爲陛下言者過也朝廷置臺諫官專爲言事若使默然却是失職茍以言事爲奪權則臺諫無職可供矣

辨蔡襄異議

蔡侍郎襄自給事中三司使除禮部侍郎端明殿學士知杭州初上入爲皇子中外相慶知大計已定矣既而稍稍傳云有異議者指蔡公爲一人及上即位始親政每語及三司事便有忿然不樂之色蔡公終

以此疑懼請出既有除命韓曾二公因爲上言蔡襄事出於流言難以必信前世人主以疑似之嫌害及忠良者可以爲鑒也臣脩亦啓曰或聞蔡襄文字尚在禁中陛下曾親見之乎上曰文字即不曾見無則不可知其必無臣脩奏曰若無文字則事未可知就使陛下曾見文字猶須更辨真僞往時夏竦欲陷富弼乃先令婢子學石介書字歲餘學成乃僞作介與弼書謀廢立事書未及上爲言者廉知而發之賴仁

宗聖明彌得免禍至如臣自丁母憂服闋初還朝時有嫉臣者乃僞撰臣一劄子言乞沙汰内官欲以激怒羣閹是時家家有本中外諠傳亦賴仁宗保全得至今日由是而言陛下曾見文字猶須更辨真僞何況止是傳聞疑似之言何可爲信上曰官家若信傳聞蔡襄豈有此命

獨對語 八月十四日

是日昭文與西廳趙侍郎皆在告集賢私忌臣脩獨對崇政殿進呈文字畢斂笏將

退上有所問（所問不録）臣脩因奏曰近聞臺諫累有文字彈奏臣不合專主濮王之議上荷陛下保全知此議非臣所得獨主臺諫文字既悉留中言者於是稍息上曰參政性直不避衆怨每見奏事時或與二相公有所異同便相折難其語更無回避亦聞臺諫論事往往面折其短若似奏事時語可知人皆不喜也今後宜少戒此臣脩對曰臣以愚拙敢不如聖訓上曰水災以來（是月三日）言事者多云不進賢臣脩曰近年以來

進賢之路太狹此誠當今之患臣每與韓琦等論議未合上曰何謂進賢路狹中書常所進擬者其人皆如何臣脩對曰自富弼韓琦當國以來十數年間外自提刑轉運内則省府之類選擢甚精時亦得人比於往年絕不同也然皆錢穀刑名強幹之吏此所謂用材也如臣所言進賢之路謂館職也上曰如何臣脩曰朝廷用人之法自兩制選居兩府（今學士舍人待制通謂之兩制）自三館選居兩制是則三館者輔相養材之地也往

時入三館有三路今塞其二矣此臣所云太狹也上曰何謂三路臣脩曰進士高科一路也大臣薦舉一路也因差遣例除一路也往時進士五人已上及第者皆入館職第一人有及第纔十年而至輔相者今第一人及第者兩任近十年方得試館職而第二人已下無復得試是高科一路塞矣往時大臣薦舉隨即召試今但令上簿候館閣闕人與試而館閣人無員數無有闕時則上簿者永無試期是薦舉一路又塞

矣唯有因差遣例除者半是年勞老病之人也此臣所謂進賢之路太狹也後數日上因中書奏事遂處分令擇人試館職

御藥陳承禮監造袞冕事 八月

先是三司奏造作諸物舊屬少府監文思院後苑作紫雲樓下近年多別置局以內臣監作各爭占工匠乞一切依舊歸于有司遂依奏既而少府監申造袞冕內批令御藥院陳承禮監造中書覆奏上以南郊日近須內臣庶可辦集韓曾二公奏以衝

改近降指揮不若令承禮就少府監作上意未決臣脩奏曰此是陛下新降指揮從來所患朝令夕改今若依前用承禮監作只是移御藥院置局就少府監中耳如此何害集事上遂曰可

內降補僧官九月十九日

先朝僧官有闕多因權要請謁內降補人當時諫官御史累有論列先帝深悟其事因著令僧職有闕命兩街各選一人較藝而補至是鑒義有闕中書已下兩街選一

人未上而内臣陳承禮以寶相院僧慶輔爲請内降令與鑒義中書執奏以爲不可韓曾二公極陳其事臣脩亦奏曰補一僧官當與不當至爲小事何繫利害但中書事已施行而用内降衝改先朝著令則是内臣干撓朝政此事何可啓其漸又奏曰宦女近習自前世常患難於防制今小事若蒙聽許後有大事陛下必以害政不從是初欲姑息而返成怨望不若絶之於漸此一小事陛下不以爲意而從之彼必自

張於外以謂爲上親信朝政可廻在陛下目前似一閑事外邊威勢不小矣上遽可中書所奏令只依條例選試臣脩又奏（一有曰字）事既不行彼必有言萬事只由中書官家豈得自由行一事陛下試思從私請與從公議孰爲得失而韓曾二公亦所陳甚多上皆嘉納也

歐陽文忠公在政府時手録奏對語此前（一本無前字）五事得之林子中家文忠手録皆家語筆札精楷蓋欲傳示

後人而子職不謹身没未幾已流落於他人家其曰追書者皆不見又未知其何在耶後三事亦子中録以相示去得之於史院曾布子宣題

又三事

三司使給事中蔡襄除端明殿學士尚書禮部侍郎知杭州初上自濮邸立爲皇子中外欣然無間言既即位以服藥故慈壽垂簾聽政嘗爲中書言仁宗既立皇子因追思鄂王等悲傷涕泣官宮妾爭相熒

惑而近臣亦有異議者可惟者一二知名人也因言執政數人不顧家族以定社稷之計而小人幾壞大事又云近臣文字只在先帝卧床頭近日已於燒錢爐内焚之矣然莫知爲誰也中書不敢問其姓名但唯唯而退已而外人亦稍稍言蔡襄嘗有論議而莫知虚實旣而上疾愈親政數問襄如何人一日因其請朝假上變色謂中書曰三司掌天下錢穀事務繁多而襄十日之中在假者四五何不別用人韓公已

下共奏曰三司事無關失罷之無名今更
求一人材識名望過襄者亦未有脩奏曰
襄母年八十餘多病況其只是請朝假不
赴起居耳日高後便却入省亦不廢事然
每奏事語及三司未嘗不變色襄亦自云
每見上必厲色詰責其職事其後諒祚攻
刼涇原西邊曰有事宜上遂督中書以邊
事將興軍須未備三司當早選人韓公等
初尚揮解上意不回因奏待其陳乞可以
除移初傳者多端或云上在慶寧已聞蔡

異議或云上入宫後親見奏牘尚在至是因蔡乞罷劄子韓公遂質於上上曰内中不見文字然在慶寧即已聞之韓公曰事出譖昧若虛實未明乞更審察茍令襄以飛語獲罪則今後小人可以構害一作陷字善人人難立矣曾公曰京師從來善造謗議一人造虛而衆人傳之便以爲實前世以疑似之言陷害忠良者非惟臣下被禍兼與國家爲患脩曰陛下以爲此事果有果無上曰雖不見其文字亦不能保其必無

脩曰疑似之謗不唯無迹可尋就令迹狀分明猶須更辨真偽只如先朝夏竦欲害富弼令其婢子學石介字體久之學成乃偽作介爲弼撰廢立詔草賴仁宗聖明弼得保全又如臣至和末丁母憂服闋初至闕下小人中有嫉忌臣者偽撰臣乞沙汰內官奏藁傳布中外家家有之內臣無不切齒只判銓得六日爲內臣楊永德以差船事罷知同州亦賴仁宗保全未久知其無罪遂却留住至今以此而言就令有文

字猶須更辨真僞况此無迹狀陛下幸不致疑韓曾又各進說上曰數家各有骨肉意謂異議若行則執政被禍又曰造謗者因甚不及他人據此似聖意未解也

仁宗既連失褒豫鄂三王遂更無皇子自至和三年正月得疾踰時不能御殿中外憂恐既而康復自是言者常以根本爲急交章論述每輒留中故樞密副使包公拯今翰林學士范景仁所言尤激切其餘不爲外人所知者不可勝數今樞密富相與昭

文韓相亦屢進説雖余亦嘗因大水言之然初無采納之意如此五六年言者亦已稍怠嘉祐六年秋余自樞庭過東府忽見内降一封乃諫官司馬光言立皇子事既而知江州吕誨亦有疏論述昭文與集賢曾公及余晚議來日當將上相顧以爲如何韓公曰若上稍有意即當力賛成之曽公與余偕曰此吾儕素所願也既而明日奏事垂拱殿二章讀畢未及有所啓仁宗遽曰朕有意多時矣但未得其人余自爲校

勘及在諫垣忝兩制迨此二十年每進對
常極從容至此始聞仁宗自稱朕既而又
左右顧曰宗室中孰爲可韓公惶恐對曰
不惟宗室不接外人臣等不知此事豈臣
下敢議當出自聖擇仁宗曰宫中嘗養二
子小者甚純然近不惠大者可也遂啓曰
其名謂何仁宗即道今上舊名曰名某今
三十歲矣余等遂力贊之議乃定余等將
下殿又奏曰此事至大臣等未敢施行請
陛下今夕更思之臣等來日取旨明日奏

事崇政殿因又啓之仁宗曰決無疑也余等遂奏言事當有漸容臣等商量所除官來日再奏既退遂議且判宗正時令上猶在濮王喪乃議起復自大將軍遥郡團練使除泰州防禦使來日將上仁宗大喜曰如此甚好二公與余又奏曰此事若行不可中止乞陛下斷在不疑仍乞自内中批出臣等奉行仁宗曰此事豈可使婦人知只中書行可也余等喜躍稱賀時六年十月也命既出令上再三辭避有旨候服除

取旨至七年二月一日服除今上堅卧稱疾前後十餘讓至七月韓公議曰宗正之命始出則外人皆知必爲皇子也不若遂正其名使其知愈讓而愈進示朝廷有不可回之意庶幾肯受曾公與余皆以爲然及將上今上累讓表仁宗問如何韓公未對余即前奏曰宗室自來不領職事今外人忽見不次擢此子又判宗正則天下皆知陛下將立爲皇太子也今不若遂正其名命立爲皇子緣防禦使判宗正降誥勑

御名得以堅卧不受若立爲皇子只煩陛下命學士作一詔書告報天下事即定矣不由御名受不受也仁宗沈思久之顧韓公曰如此此莫亦好否韓公力賛之仁宗曰如此則須於明堂前速了當遂降詔書立爲皇子仍更今名自議皇子事凡所奏請皆余與西廳趙侍郎自書其改名劄子余所書也初擇日旁十字請仁宗點之其最下一字乃今名也是仁宗親點今封在中書今上自在濮邸即有賢名及遷入内良賤

不及三十口行李蕭然無異寒士有書數
厨而已中外聞者相賀
嘉祐八年上元京師張燈如常歲歲常以
十四日上晨出遊幸諸宮寺賜從臣飲酒
留連至暮而歸遂御宣德門與從臣看燈
酒五行而罷是歲自正初上覺體中不佳
十四日遂不晨出至晚略幸慈孝相國兩
寺御端門賜從臣酒三行止自是之後雖
日視朝前後殿而寢若不佳既而韓蟲兒
事稍稍傳於外去歲臘月上閑居見一

宮婢汲井有小龍纏其汲綆而出以問左右皆云不見上獨見之以爲異遂召宮婢視之乃宮正柳瑤真之私身韓蟲兒也其後柳夫人宿直閤中明日下直遣蟲兒取夜直坐墪上獨處閤中召而幸之遂有娠蟲兒自云上已幸我取我臂上金鋌子一隻云爾當爲我生子以此爲驗外人所傳如此而蟲兒於宮中亦自道云上幸我有娠又言金鋌子上與黎伯使藏之矣黎伯者上所愛扶侍内臣黎永德也是月二十

七八間春寒微雨上不御崇政殿秪坐延和見羣臣奏事而殿中熾爐火云聖體畏風寒蓋自上臨御四十年盛暑未嘗揮扇極寒未嘗御火至是始見御前設爐火也自是之後上益不豫至于大漸今上即位於柩前中外帖然無一言之異唯韓蟲兒事籍籍不已云大行嘗有遺腹子誕彌當在八九月也九月十七日余以服藥請一日假家居晚傳内出宫女三人送内侍省勘并召醫官産科十餘人坐婆三人入矣十

九日入對內東門小殿簾前奏事將退太
后呼黄門索韓蟲兒案示中書余等於簾
前讀之見蟲兒具招虛僞事甚詳云自正
月至今月水行未嘗止今方行也醫官坐
婆軍令狀皆云去歲臘月黎永德奉使成
都未還不在閤中而錠子埋在柳夫人佛
堂前閣下太后使人監蟲兒至埋所自掘
之深尺餘得金錠子一隻折爲三段矣合
之以比臂上者同秤之各重一兩半兩錠
重輕又同信爲是矣因以金錠俾余等傳

看之太后言問蟲兒何爲作此僞事云以免養孃笞捶瘢曰得好食耳蓋自蟲兒言有娠太后遣宮人善護之日給緡錢二千以市可食物如此至其月滿無娠始加窮詰耳佘等遂前奏曰蟲兒事外已暴聞今其僞迹盡露可以釋中外之疑然蟲兒當勿留瘢外人必信也太后曰固當如是旣而樞密院奏事簾前示之如前明日福寧上大行謚冊罷見入內都知任守忠於廷中云蟲兒決臀杖二十送承天寺充長髮

奏事録卷終

第一事 令其婢子 婢一作妾

第二事 近不惠 集韻慧字注去亦作惠

第三事 未嘗止 未一作亦

濮議序

觀文殿學士行刑部尚書知亳州軍州事臣歐陽脩撰進

臣某頓首死罪言臣聞事固有難明於一時而有待於後世者伯夷叔齊是已夫君臣之義父子之道至矣臣不得伐其君子不得絶其父此甚易知之事也方武王之作也人皆以爲君可伐濮議之興也人皆以爲父可絶是大可怪駭者也盟津之會諸侯不召而至者蓋八百國是舉世之人皆以爲君可伐矣彼夷齊者眇然孤竹之

二羇臣也以其至寡之力欲抗舉世之人而力不能勝言不見察二子以謂吾言廢則君臣之義廢而後世之亂無時而止也乃相與務爲高絶之行以警世於是不食周粟而餓死首陽之下然世亦未之知也後五百餘年得孔子而稱其仁然後二子之道顯使孱王弱主得立於後世而臣不敢伐其君者二子之力也夫以甚易知之事二子爲之至艱如此猶須五百年得聖人而後明然則濮園之議其可與庸人以

口舌一日爭耶此臣不得不述其事以示後世也方濮議之興也儒學奮筆而論臺諫廷立而爭閭巷族談而議是舉國之人皆以爲父可絶矣世又無夷齊以抗之雖然賴天子聖明仁孝不惑羣議據經約禮置園立廟不絶父子之恩以爲萬世法是先帝之明也今士大夫達於禮義者渙然釋其疑蓋十八九（一本作三四）矣固不待夷齊餓死孔子復生而後明也然有不可不記者小人之誣罔也蓋自漢以來議事者何

嘗不立同異而濮園之議皆當世儒臣學士之賢者特以爲人後之禮世俗廢久卒然不暇深究其精微而一議之失出於無情未足害其賢惟三數任言職之臣挾以他事發於憤恨厚誣朝廷而歸惡人主借爲奇貨以買（一作賣）名而世之人不原其心迹不辨其誣罔翕然稱以爲忠使先帝之志鬱鬱不明於後世此臣子之罪也臣得與其事而知其詳者故不得已而述焉臣某謹序

濮議卷第一　歐陽文忠公集一百二十

英宗皇帝初即位既覃大慶於天下羣臣並進爵秩恩澤遍及存亡而宗室故諸王亦已加封贈惟濮安懿王上所生父也中書以爲不可與諸王一例乃奏請下有司議合行典禮（奏狀具別卷）有旨宜俟服除其議遂格（音閣）治平二年四月上既釋服乃下其奏兩制雜學士待制禮官詳議翰林學士王珪等議濮安懿王高官大國極其尊榮而已（其議狀具別卷）中書以爲贈官及改封大

國當降制行冊命而制冊有式制則當曰
某親具官某可贈某官追封某國王某冊
則當曰皇帝若曰咨爾某親某官某今冊
命爾爲某官某王而濮王於上父子也未
審制冊稱爲何親及名與不名乃再下其
議而珪等請稱皇伯而不名其議狀具別卷中書
據儀禮喪服記云爲人後者爲其父母報
又據開元開寶禮皆云爲人後者爲其所
生父齊衰不杖期爲所後父斬衰三年是
所後所生皆稱父母而古今典禮皆無改

稱皇伯之文又歷檢前世以藩侯入繼大統之君不幸多當衰亂之世不可以爲法惟漢宣帝及光武盛德之君也皆稱其父爲皇考而皇伯之稱既非典禮出於無稽故未敢施行乃略具古今典禮及漢孝宣光武故事并録皇伯之議別下三省集官與臺官共加詳議未及集議而皇太后以手書責中書不當（一有議字）稱皇考中書具對所以然（其對劄子具別卷）而上見皇太后手書驚駭遽降手詔罷議而追崇之禮亦寢後數日

禮官范鎮等堅請必行皇伯之議其奏留中已而臺官亦各有論列上旣以皇太后之故決意罷議故凡（一有有字）言者一切留中上聖性聰睿英果燭理至明待遇臣下禮極謙恭然而不爲姑息臺官所論濮園事旣悉已留中其言他事不可從者又多寢而不行臺官由此積忿出怨言并怒中書不爲施行中書亦嘗奏云近日臺官忿朝廷不用其言謂臣等壅塞言路致陛下爲拒諫之主乞略與施行一二事上曰朝廷當

以至公待天下若臺官所言可行當即盡理施行何止略行一二若所言難行豈當應副人情以不可行之事勉強行之豈不害事耶中書以上語切中事理不敢更有所請（一作言）上仍問曰所言莫有可行而未行者否韓琦已下相顧曰實無之因（一有奏字）曰如此則未有是時雜端御史數人皆新被擢用銳於進取務求速譽見事輒言不復更思職分故事多乖繆不可施行是時京師大雨水官私屋宇倒塌無數而軍營

尤甚上以軍士暴露聖心焦勞而兩府之
臣相與憂畏夙夜勞心竭慮部分處置各
有條目矣是時范純仁新除御史初上殿
中外諫聽所言何事而第一劄子催修營
房責中書何不速了因請每一營差監官
一員中書勘會在京倒塌軍營五百二十
坐如純仁所請當差監官五百二十員每
員當直兵士四人是於國家倉卒多事闕
人之際虛破役兵二千人當直五百員監
官而未有瓦木芭箔一併興修未得其狂

率疏繆如此故於中書聚議時臣脩不覺笑之而臺中亦自覺其非後數日呂大防再言乞兩營共差一官其所言煩碎不識事體不可施行多類此而臺官不自知其言不可施（一無此字）行但謂朝廷沮而不行故呂大防又言今後臺官言事不行者乞令中書具因何不行報臺其忿戾如此而怨怒之言（一作語）漸傳於士大夫間臺官親舊有戲而激（一作咲）之（一有者字）曰近日臺官言事中書盡批進呈訖外人謂御史臺爲進呈

院矣此語甚著朝士相傳以爲戲笑而臺官益怏怏慙憤遂爲決去就之計以謂因言得罪猶足取美名是時人主聖德恭儉舉動無差失兩府大臣亦各無大過未有事可決去就者惟濮議未定乃曰此好題目所謂奇貨不可失也於是相與力言然是時手詔既已罷議皇伯皇考之說俱未有適從其他追崇禮數又未嘗議及朝廷於濮議未有過失故言事者但乞早行皇伯之議而已中書以謂前世議禮連年不

洩者甚多此事體大況久主議抑已罷不議有何過舉可以論列於是置而不問臺官羣至中書揚言曰相公宜早了此事無使（一作與）他人作奇貨上亦已決意罷議故言者雖多一切不聽由是臺官愈益愧耻既勢不能止又其本欲以言得罪而買名故其言惟務激怒朝廷無所忌憚而肆爲誣罔多引董宏朱博等事借指臣某爲首議之人恣其醜詆初兩制以朝廷不用其議意已有不平（一有者字）及臺憲有言遂翕然

相與爲表裏而庸俗中下之人不識禮義者不知聖人重絕人嗣凡無子者明許立後是大公之道但習見閭閻俚俗養過房子及異姓乞養義男之類畏人知者皆諱其所生父母以爲當然遂以皇伯之議爲是臺官既挾兩制之助而外論又如此因以言惑衆云朝廷背棄仁宗恩德崇獎濮王而庸俗俚巷之人至相語云待將濮王入太廟換了仁宗木主中外洶洶莫可曉諭而有識之士知皇伯之議爲非者微有

一言佑朝廷便指爲姦邪太常博士孫固
嘗有議請稱親議未及上而臺官交章彈
之由是有識之士皆鉗口畏禍矣久之中
書商量欲共定一酌中禮數行之以息羣
論乃略草一事目進呈乞依此降詔云濮安
懿王是朕本生親也羣臣咸請封崇而子
無爵父之義宜令中書門下以塋爲園即
園立廟令王子孫歲時奉祠其禮止於如
此而已乃是歲九月也忘其日矣上覽之略無
難色曰只如此極好然須白過太后乃可

行且少待之是時漸近南郊朝廷事多臺議亦稍中息上又未暇白太后中書亦更不議及郊禋既罷明年正月臺議復作中書再將前所草事目進呈乞降詔上曰待三兩日間白過太后便可施行矣不期是夕忽遣高居簡就曾公亮宅降出皇太后手書云濮王許皇帝稱親又云濮王宜稱皇三夫人宜稱后與中書所進詔草中事絕異而稱皇稱后二事上亦不曾先有宣諭從初中書進呈詔草時但乞上直降詔施

行初無一語及慈壽宮而上但云欲白過太后然後施行亦不云請太后降手書此數事皆非上本意亦非中書本意（一作議）是曰韓琦以祠祭致齋惟曾公亮趙槩與臣脩在垂拱殿門閤子內相顧愕然以事出不意莫知所爲因請就致齋處召韓琦同取旨少頃琦至不及交言遂同上殿琦前奏曰臣有一愚見未知可否上曰如何琦曰今太后手書三事其稱親一事可以奉行而稱皇稱后乞陛下辭免別降手詔止

稱親而却以臣等前日進呈詔草以塋爲園即園立廟令王子孫奉祠等事便載於手詔施行上欣然曰甚好遂依此降手詔施行手詔具別卷初中外之人爲臺官眩惑云朝廷尊崇濮王欲奪仁宗正統故人情洶洶及見手詔所行禮數止於如此皆以爲朝廷處置合宜遂更無異論惟建一作是皇伯之議者猶一作猶以稱親爲不然而呂誨等已納告勑杜門不出其勢亦難中止遂專指稱親爲非益肆其誣罔言韓琦交結

中官蘇利涉高居簡惑亂皇太后致降手書又專指臣脩爲首議之人乞行誅戮以謝祖宗其奏章正本進入副本便與進奏官令傳布誨等既欲得罪以去故每對見所言悖慢惟恐上不怒也上亦數諭中書云誨等遇人主無復君臣之禮然上聖性仁厚不欲因濮王事遂言事官故屈意含容久之至此知其必不可留猶數遣中使還其告勑就家宣召既決不出遂各止以本官除外任蓋濮園之議自中書始初建一作啓

請以至稱親立廟上未嘗有一言欲如何追崇但虛懷恭己一付大臣與有司而惟典禮是從爾其不稱皇伯欲稱皇考自是中書執議上亦無所偏執及誨等累論久而不決者蓋以上性嚴重不可輕回謂已降手詔罷議故稱伯稱考一切置而不議爾非意有所偏執也上嘗諭韓琦等云昔漢宣帝即位八年始議追尊皇考昨中書所議何太速也以此見上意慎重不敢輕議耳豈欲過當追崇也至於中書惟稱號

不敢用皇伯無稽之説欲一遵典故耳其他追崇禮數皆未嘗議及者蓋皇伯皇考稱呼猶未決而遽罷議故未暇及追崇之禮也其後所議止於即園立廟而已如誨等廣引哀桓之事爲厚誣者皆未嘗議及也初誨等既決必去之意上屈意留之不可得趙瞻者在數人中尤爲庸下殊不識事體遂揚言於人云昨來官家但不曾下拜留我耳以此自誇有得色而呂誨亦謂人曰縱若朝廷於臺官所言事十行得三

四使我輩遮羞亦不至決去由是言之朝廷於濮議豈有過舉逐臺官豈是上本意而誨等決去豈專爲濮議耶士大夫但見誨等所誣之言而不知濮事本末不究誨等用心者但謂以言被黜便是忠臣而爭爲之譽果如誨等所料誨等既果以此得虛名而薦誨等者又欲因以取名夫揚君之惡而彰己善猶不可況誣君以惡而買（一作賣）虛名哉嗚呼使誨等心迹不露而誣罔不明先帝之志不諭於後世臣等之罪

也故直書其實以備史官之采

濮議卷第一

淮詩一　十

（宋）歐陽修　撰

宋本歐陽文忠公集

第二一册

國家圖書館出版社

第二一册目録

奏議卷第十六　歐陽文忠公集一百十六

翰苑

乞與尹構一官狀　嘉祐四年

右臣等伏見故起居舍人直龍圖閣尹洙文學議論爲當世所稱忠義剛正有古人之節初蒙朝廷擢在館閣而能不畏權臣力排衆黨以論范仲淹事遂坐貶黜其後元昊僭叛用兵一方當國家有西顧之憂思得材謀之臣以濟多事而洙自初出師至於元昊納款始終常在兵間比一時之

人最爲宣力而群邪醜正誣構百端卒陷罪辜流竄以死嚮蒙陛下仁聖恩憐哀其寃枉特賜清雪俾復官資足以感動群心勸勵忠義今洙孤幼並在西京家道屢空衣食不給洙止一男構年方十餘歲惸然無依實可嗟惻伏見將來祫享大禮在近群臣皆得奏蔭子孫伏望聖慈録洙遺忠憫洙不幸特賜其子一官庶霑寸禄以免飢寒則天地之仁幽顯蒙德臣等忝列侍從愧無獻納苟有所見不敢不言謹具狀奏

聞伏候勑旨

舉丁寶臣狀 同前

右臣竊見太常丞湖州監酒務一作税丁寶臣前任知端州日因遭儂智高事停官叙理監當方智高攻劫嶺南州縣例以素無備禦官吏各至犇逃如一作無聞當時獨寶臣曾捉得智高探事人便行斬決及曾鬬敵朝廷以其如此故他人皆奪兩官獨寶臣只奪一官以此見其比衆人情理之輕臣伏見寶臣履行清純頗有官業惟海賊遽

至力屈致敗出於不幸今者伏遇袷享恩
赦欲望聖慈特與不候監當滿任牽復官
資就移一親民差遣如後犯入己贓臣甘
當同罪謹具奏聞伏候勑旨

乞免舉臺官劄子 嘉祐四年

臣近準勑爲見闕臺官下學士院令臣與
孫抃等同共保舉兩人聞奏者伏以學士
之職置自有唐初以文辭供奉人主其後
漸見親信至於朝廷機密及大除拜每被
詢訪皆與參決當時居是職者選擇既精

信任亦重下至五代莫不皆然國朝遵用唐制尤重其任自比年以來選用之際時容繆濫職以人廢官以人輕往時臺官闕人只命學士一員獨舉今乃令三人共舉若以爲俱可信則一員足以公舉若以爲俱不可信則雖衆舉亦豈爲得人若以爲有可信有不可信者則自宜捨不可信者專委可信者其不可信者既不稱職罷黜之可也以臣思之朝廷所以遽改舊制而學士不足取信皆由用非其人如臣是也

今在院學士三員孫抃胡宿各曾獨舉臺官朝廷嘗所取信惟臣未曾舉人伏念臣材識庸暗不能知人使臣隨衆署名則臣實爲耻欲三人所見皆一則理必不能欲望聖慈免臣共舉却依舊制只命學士一員專舉況孫抃胡宿嘗曾舉官可以不疑如以臣爲不可獨任乞候將來續有臺官員闕更不差臣專舉非敢避事直以任非其才不足取信致煩朝廷改更舊制以此不敢不言今取進止

論許懷德狀 嘉祐五年

右臣今月初四日當直準内降許懷德讓恩命表一道撰批答臣勘會昨來許懷德袷享加恩自合兩表陳讓只曾投進一表批答後更不曾進第二表稽停至今四十餘日制書留在閤門既不受命又不陳讓直至今來移鎮方於讓表内因帶引叙前來袷享加恩乞併寢二命蓋懷德以袷享例加恩命爲輕所以更無表讓却於今來表内因帶叙陳其前來恩制久已稽留不

讓不受顯是輕侮朝廷違慢君命閤門無所申舉臺司風憲亦無彈糾況懷德身是將臣職典禁衛敢此違廢國家典制罪大不恭其批答臣未敢撰辭乞下所司勘劾懷德正以典刑庶肅朝綱以戒不恪謹具狀奏聞伏候勑旨

再論許懷德狀 同前

臣竊以謂治天下在明號令正朝廷在修紀綱號令所行紀綱所振由人主有賞罰之柄也若號令出而不從紀綱弛而不整

又不以賞罰臨之而欲正朝廷治天下臣不知其可也今者陛下親祀宗廟不敢獨受其福推恩群臣徧及中外此聖德之至深厚也而臣下輒敢有所輕重以謂例恩泛及視以爲輕而慢之原其情理其可恕乎方祫享始畢恩典推行命出之日宰相押班百官在列宣揚制誥布告天下而將臣偃蹇不肯受命稽停制書四十餘日有司無所申舉恬然不以爲恠是陛下號令不能行於朝廷而紀綱弛壞於武士凡士之知

治體者皆爲陛下惜也臣謂方今國家全盛天下無虞非有彊臣悍將難制之患而握兵之帥輒敢如此不畏朝廷者蓋由從前不惜事體因循寬弛有以馴致也今若又不正其罪罰而公爲縱弛則恐朝廷失刑自此而始武臣驕慢亦自此而始號令不行於下紀綱遂壞於上亦自此而始夫古人所謂見於未萌者智之明也若事有萌而能杜其漸者又其次也若見其漸而興之浸成後患者深可戒也臣前日爲許

懷德事曾有奏論略陳大槩蓋以方今賞罰之行只據簿書法令以從事而罕思治體況如懷德在法非輕於事體又重故臣復罄愚瞽伏乞聖慈裁擇而行之

論茶法奏狀 嘉祐五年

右臣伏見朝廷近改茶法本欲救其弊失而爲國謀計者不能深思遠慮究其本末惟知圖利而不圖其害方一二大臣鋭於改作之時樂其合意倉卒輕信遂決而行之令下之日猶恐天下有以爲非者遂直

詆好言之士指爲立異之人峻設刑名禁
其論議事既施行而人知其不便者十蓋
八九然君子知時方厭言而意殆一無二字不
肯言小人畏法懼罪而不敢言今行之踰
年公私不便爲害既多而一二大臣以前
者行之太果令之太峻勢既難回不能遽
改而士大夫能知其事者但騰口於道路
而未敢顯言於朝廷幽遠之民日被其患
者徒怨嗟於閭里而無由得聞于天聽陛
下聰明仁聖開廣言路從前容納補益尤

多今一旦下令改事　先爲峻法禁絶人言中外聞之莫不嗟駭語曰防民之口甚於防川川壅而潰傷人必多今壅民之口已踰年矣民之被害（一作患）者亦已衆矣古不虛語於今見焉臣亦聞方（一作初）改法之時商議已定猶選差官數人分出諸路訪求利害然則一二（一作二三）大臣不惟初無害民之意實亦未有自信之心但所遣（一作使）之人旣（一無此字）見朝廷必欲更改不敢沮議又志在希合以求功賞傳聞所至州縣不容

（一作用）吏民有所陳述直云朝廷意在必行但來（一無此字）要一審狀爾果如所傳則誤事者在此數人而已（一無二字）蓋初以輕信於人施行太果今若明見其害救失何遲患莫大於遂非過莫深乎不改臣於茶法本不詳知但外論旣喧聞聽漸熟古之爲國者庶人得謗於道商旅得議於市而士得傳言於朝正爲此也臣竊聞議者謂茶之新法旣行而民無私販之罪歲省刑人甚多此一利也然而爲害者五焉江南荊湖兩浙

數路之民舊納茶稅今變租錢使民破産亡家怨嗟愁苦不可堪忍或舉族而逃或自經而死此其爲害一也自新法旣用小商所販至少大商絶不通行前世爲法以抑豪商不使過侵國利與爲僭侈而已至於通流貨財雖三代至治猶分四民以相利養今乃斷絶商旅此其爲害二也自新法之行稅茶路分猶有舊茶之稅而新茶之稅絶少年歲之間舊茶稅盡新稅不登則頓虧國用此其爲害三也往時官茶容民

入雜故茶多而賤徧行天下今民自買賣須要真茶真茶不多其價遂貴小商不能多販又不暇遠行故近茶之處頓食貴茶遠茶之方向去更無茶食此其爲害四也近年河北軍糧用見錢之法民入米於州縣以鈔筭茶於京師三司爲於諸場務中擇近上場分特留八處專應副河北入米之人翻鈔筭請今場務盡廢然猶有舊茶可筭所以河北和糴日下未妨竊聞自明年以後舊茶當盡無可筭請則河北和糴實

要見錢不惟客旅得錢變轉不動兼亦自京師歲歲輦錢於河北和糴理必不能此其爲害五也一利不足以補五害今雖欲減放租錢以救其弊此得寬民之一端爾然未盡公私之利害也伏望聖慈特詔主議之臣不護前失深思今害黜其遂非之心無襲弭謗之迹除去前令許人獻說亟加詳定精求其當庶幾不失祖宗之舊制臣冒禁有言伏待罪責謹具狀奏聞伏候

勅旨李燾長編說五害處止是節文仍改變轉不動一句爲艱於移用

論監牧劄子 嘉祐五年

臣所領羣牧司近準宣差吳中復王安石王陶等同共相度監牧利害事竊以國馬之制置自祖宗歲月既深官司失守積習成弊匪止一時前後因循重於改作今者幸蒙朝廷因言事之官有所陳述選差臣寮相度更改臣以謂監牧之設法制具存條目既繁弊病亦衆若秪坐案文籍就加增損恐不足以深革弊源如欲大爲更張刱立制度則凡於利害難以遥度必須目見

心曉熟於其事然後可以審詳裁制果決不疑蓋謀於始也不精則行於後也難久況此是臣本職豈敢辭勞欲乞權暫差臣仍於吴中復等三人内更差一人與臣同詣左右廂監牧地頭躬親按視至於土地廣狹水草善惡歲時孳牧吏卒勤惰以至牝牡種類各隨所宜棚井溫涼亦有便否嚮何以致馬之耗減今何以得馬之蕃滋既詳究其根源兼旁采於衆議如此不三數月間可以周遍然後更將前後臣僚起請

與衆官參詳審處與其坐而遥度倉卒改更其爲得失不可同日而論也臣又竊思今之馬政（一有者字）皆因唐制而今馬多少與唐不同者其利病甚多不可悉（一作緐）舉至於唐世牧地皆與馬性相宜西起隴右金城平涼天水外暨河曲之野内則岐豳涇寧東接銀夏又東至於樓煩皆（一作此）唐養馬之地也以今考之或陷没夷狄或已爲民田皆不可復得惟聞今（一作惟今之）河東（一有路字）嵐石之間山荒甚多及汾河之側草地亦

廣其間草軟水甘最宜牧養往時河東軍馬常在此處牧放今馬數全少閑地極多此乃唐樓煩監地也可以興置一監臣以謂推迹而求之則天池元池三監之地尚冀可得又臣往年因奉使河東嘗行威勝以東及遼州平定軍見其不耕之地甚多而河東一路山川深峻水草甚佳其地高寒必宜馬性及京西唐汝之間久荒之地其數甚廣欲乞更下河東京西轉運司差官就近於轄下訪求草地有可以興置監

牧處如稍見次第即乞朝廷差官與羣牧司官員同共往彼踏行擘畫若可以興置新監則河北諸監內有地不宜馬處却可議行廢罷惟估馬一司利害最爲易見若國家廣捐金帛則券馬利厚來者必多於其多中時得好馬若有司惜費則蕃部利薄馬來漸少兼亦好馬不來然而招誘之方事非一體亦須知其委曲欲乞特差羣牧司或禮賓院官一員直至秦州以來體問蕃部券馬利害凡此三者雖暫差官比

及吴中復等檢閱本司文字講求商議未就之間已各來復可以參酌相度庶不倉卒輕爲改更如允臣所請乞賜施行今取進止一作國馬之制置自祖宗歲月既深官失其守積習成弊匪止一時伏覩詔書命奎等商度利害將有更革臣以謂監牧之設法制具存條目既繁其弊亦衆若止坐案文籍就加增損恐不足以深革弊源如欲大爲更張棚立制度則凡於利害難以遥度蓋謀於始也不精則行於後也難久請詔相度官一人同臣躬按左右廂監牧凡土地廣狹水草善惡歲時孳牧吏卒勤墮以至牝牡種類各隨所宜棚井温涼亦有便否嚮何以致馬之耗減今何以得馬之蕃滋討究根源旁采衆議然後以比日臣寮奏請參詳審處與其坐而遥度倉卒改更其爲得失不可同日而論也臣又竊思今之馬政皆因唐制而今馬多少與唐不同者其利病甚多不可槩舉至於唐世牧地皆與馬性相宜西起隴右金城平涼天水外暨河曲之野内則岐豳涇寧東接銀夏又東至於樓煩此唐養馬之地也

以今考之或陷沒夷狄或已爲民田皆不可復得惟聞今河東路嵐石之間山荒甚多及汾河之側草地亦廣其間草軟水甘最宜養牧此乃唐樓煩監地也可以興置一監臣以謂推迹而求之則樓煩元地天池三監之地尚冀可得又臣往年奉使河東嘗行威勝以東及遼州平定軍見其不耕之地甚多而河東一路山川深峻水草甚佳其地高寒必宜馬性及京西路唐汝之間久荒之地其數甚廣請下河東京西轉運司遣官訪草地有可以興置監牧則河北諸監有地不宜馬可行廢罷至於估馬一司利害易見若國家廣捐金帛則券馬利厚來者必多若有司惜費則蕃部利薄馬來寖少然而招誘之方事非一體請遣群牧司或禮賓院官一人至邊訪蕃部券馬利害以此三者參酌商議庶不倉卒輕爲改更

以上乃通鑑長編所載與集本頗異

舉章望之曾鞏王回等充館職狀 同前

右臣猥以庸虛過蒙獎任竊惟古人報國之效無先薦賢雖知人之難愧於不廣而

高材實行亦莫多得苟有所見其敢默然臣竊見祕書省校書郎章望之學問通博文辭敏麗不急仕進行義自修東南士子以爲師範太平州司法參軍曾鞏自爲進士已有時名其所爲文章流布遠邇志節高爽自守不回前亳州衛真縣主簿王回學行純固論議精明尤通史傳姓氏之書可備顧問此三人者皆一時之秀宜被朝廷樂育之仁而或廢處江湖或沉淪州縣不獲聞達議者惜之其章望之曾鞏王回

臣今保舉堪充館閣職任欲望聖慈特賜
甄擢如後不如舉狀臣甘當同罪謹具狀
奏聞伏候勅旨

舉蘇軾應制科狀 嘉祐五年

右臣伏以國家開設科目以待儁賢又詔
兩省之臣舉其所知各以聞達所以廣得
人之路副仄席之求臣雖庸暗其敢不勉
臣伏見新授河南府福昌縣主簿蘇軾學
問通博資識明敏（一作姿識敏明）文采爛然論議蓋
出其行業脩飭名聲甚遠臣今保舉堪應

材識兼茂明於體用科欲望聖慈召付有司試其所對如有繆舉臣甘伏朝典謹具狀奏聞伏候勑旨

免進五代史狀 同前

右臣準中書劄子爲知制誥范鎮等奏乞取臣五代史草付唐書局繕寫上進事伏念臣本以孤拙初無他能少急養親遂學干禄勉作舉業以應所司自忝竊於科名不忍忘其素習時有妄作皆應用文字至於筆削舊史褒貶前世著爲成法臣豈敢

當往者曾任夷陵縣令及知滁州以負罪謫官閑僻無事因將五代史試加補緝而外方難得文字檢閱所以銓次未成昨自還朝便蒙差在唐書局因之無暇更及私書是致全然未成次第欲候得外任差遣庶因公事之暇漸次整緝成書仍復精加考定方敢投進冀於文治之朝不爲多士所誚謹具狀奏聞伏候勅旨

論刪去九經正義中讖緯劄子

臣伏見國家近年以來更定貢舉之科以

爲取士之法建立學校而勤養士之方然士子文章未純節行未篤不稱朝廷勵賢興善之意所以化民成俗之風臣愚以謂士之所本在乎六經而自暴秦焚書聖道中絶漢興收拾亡逸所存無幾或殘編斷簡出於屋壁而餘齡昬眊得其口傳去聖既遠莫可考證偏學異說因自名家然而授受相傳尚有師法曁晉宋而下師道漸亡章句之篇家藏私畜其後各爲箋傳附著經文其說存亡以時好惡學者茫昧莫

知所歸至唐太宗時始詔名儒撰定九經之疏號爲正義凡數百篇自爾以來著爲定論凡不本正義者謂之異端則學者之宗師百世之取信也然其所載既博所擇不精多引讖緯之書以相雜亂恠奇詭僻所謂非聖之書異乎正義之名也臣欲乞特詔名儒學官悉取九經之疏刪去讖緯之文使學者不爲恠異之言惑亂然後經義純一無所駁雜其用功至少其爲益則多臣愚以謂欲使士子學古勵行而不本六經欲學六經

而不去其詭異駮雜欲望功化之成不可得也伏望聖慈下臣之言付外詳議今取進止

議（一有新字）學狀（嘉祐元年）

右臣等伏見近日言事之臣爲陛下言建學取士之法者衆矣或欲立三舍以養生徒或欲復五經而置博士或欲但舉舊制而修廢墜或欲特創新學而立科條其言雖殊其意則一陛下慎重其事下其議於群臣而議者遂欲創新學立三舍因以辨士之能否而命之以官其始也則教以經

藝文辭其終也則取以材識德行聽其言則甚備考於事則難行夫建學校以養賢論材德而取士此皆有國之本務而帝王之極致也而臣等謂之難行者何哉蓋以古今之體不同而施設之方皆異也古之建學取士之制非如今之法也蓋古之所謂爲政與設教者遲速異宜也夫立時日以趨事考其功過而督以賞罰者爲政之法也故政可速成若夫設教則以勸善興化尚賢勵俗爲事其被於人者漸則入於

人也深收其效者遲則推其功也遠故常緩而不迫古者家有塾黨有庠遂有序國有學自天子諸侯之子下至國之俊選莫不入學自成童而學至年四十而仕其習乎禮樂之容講乎仁義之訓敦乎孝悌之行以養父兄事長上信朋友而臨財廉處衆讓其修於身行於家達于隣里聞于鄉黨然後詢於衆庶又定於長老之可信者而薦之始謂之秀士久之又取其甚秀者爲選士久之又取其甚秀者爲俊士久之

又取其甚秀者爲進士然後辨其論隨其材而官之夫生七八十歲而死者人之常壽也古乃以四十而仕蓋用其半生爲學考行又廣察以隣里鄉黨而後其人可知然則積德累善如此勤而久求賢審官如此愼而有次第然後矯僞干利之士不容於其閒而風俗不陷於媮薄也古之建學取士其施設之方如此也方今之制以貢舉取人往者四歲一詔貢舉而議者患於太遲更趣之爲閒歲而應舉之士來學於

京師者類皆去其鄉里遠其父母妻子而爲旦暮干禄之計非如古人自成童至于四十就學於其庠序而鄰里鄉黨得以衆察徐考其行實也蓋古之養士本於舒遲而今之取人患於急迫此施設不同之大槩也臣請詳言方今之弊既以文學取士又欲以德行官人且速取之歟則眞僞之情未辨是朝廷本欲以學勸人脩德行（一有而字）反以利誘人爲矯僞此其不可一也若遲取之歟待其衆察徐考而漸進則文辭之

士先已中於甲科而德行之人尚未登於
內舍此其不可二也且今入學之人皆四
方之游士齋其一身而來烏合群處非如
古人在家在學自少至長親戚朋友隣里
鄉黨衆察徐考其行實也不過取於同舍
一時之毀譽而決於學官數人之品藻爾
然則同學之人蹈利爭進愛憎之論必分
朋黨昔東漢之俗尚名節而黨人之禍及
天下其始起於處士之橫議而相訾也此
其不可三也夫人之材行若不因臨事而

見則守常循理無異衆人苟欲異衆則必爲迂僻奇怪以取德行之名而高談虛論以求材識之譽前日慶曆之學其弊是也此其不可四也今若外方專以文學貢士而京師獨以德行取人則實行素履著於鄉曲而守道丘園之士皆反見遺此其不可五也近者朝廷患四方之士寓（一有籍字）京師者多而不知其士行遂嚴其法使各歸於鄉里今又反使來聚於京師云欲考其德行若不用四方之士（一作人）止取京師之

士則又示人以不廣此其不可六也夫儒者所謂能通古今者在知其意達其理而酌時之宜爾大抵古者教學之意緩而不迫所以勸善興化養賢勵俗在於遲久而不求近效急功也臣謂宜於今而可行者立爲三舍可也復五經博士可也特創新學雖不若即舊而脩廢然未有甚害創之亦可也教學之意在乎躬本（一作在於躬本教學之意）而修其實事給以糇糧多陳經籍選士之良者以通經有道之士爲之師而舉（一作謹）

察其有過無行者黜去之則在學之人皆善士也然後取以貢舉之法待其居官爲吏已接於人事可以考其賢善優劣而時取其尤出類者旌異之則士知修身力行（一作士修其行）非爲一時之利而可伸於終身則矯僞之行不作而婾薄之風歸厚矣此所謂實事之可行於今者也臣等伏見論學者四人其說各異而朝廷又下臣等俾之詳定是欲盡衆人之見而採其長者爾故臣等敢陳其所有以助衆議之一非敢好爲

異論也伏望聖慈特賜裁擇

奏議卷第十六

議學狀 賢善 善字疑

此卷薦蘇軾應制科云行業脩飾案說文以修爲飾以脩爲脯篇韻脩兼訓長故公字永叔今文集多以修爲脩不敢輕改者蓋當時集古録千卷皆有公之名印視其篆文乃從攸從彡未嘗從月

而漢武帝策董仲舒亦云何脩何飾古字簡少殆可通用公亦嘗全用此句非如後人之拘也

監牧考異

仁宗實録嘉祐四年公以翰林學士兼群牧使明年七月言者謂馬政不舉當有更革壬子命吴奎吴中復王安石王陶同相度利害八月奎等乞以監牧市馬就委陜西漕臣薛向措置而不及公之姓名考公奏劄云臣所領群牧司準宣差中復安石陶等同共相度利害又明年公入樞府復奏云昨差中復等與臣共議並不及壬子命奎之旨公以兼職固當與三人同議無

待降旨然何爲獨不及奎今李燾長編載奎等請如公奏而實録有奎奏無公奏長編雖有公奏而比集中所載更改至四百餘字其閒有玄伏覩詔書命奎等商度利害而集本元無此語姑以長編所改附注其下當考

奏議卷第十七　歐陽文忠公集一百十三

樞府

論均稅劄子 嘉祐五年

臣爲諫官時嘗首言均稅事乞差郭諮孫琳蒙朝廷依臣所言起自蔡州一縣以方田法均稅事方施行而議者多言不便尋即罷之近者伏見朝廷特置均稅一司差官分往河北　陝西均稅始聞河北傳言人户虛驚斫伐桑棗尚不爲信次見陝西州郡有上言歲儉民饑乞罷均稅者稍

已疑此一事果爲難行而朝廷之意決在必行言者遂不能入近者又見河北人户凡千百人聚訴於三司然則道路傳言與州郡上言雖爲不足信其如聚集千人於京師此事不可掩蔽則民情可知矣蓋均稅非以規利而本以便民如此民果便乎竊知朝廷本只（一作則）以見在稅數量輕重均之初不令其别生額外之數也近聞衛州通利軍括出民冒佃田土不於見在管催數内均減重者攤與冒佃户却别（一無此字）生

立稅數配之此非朝廷本（一作之）意而民所以喧訴也又聞澶州諸縣（一有於字）見今實額管催數外將帳頭自來樁坐有名無納及（一有失字）開閣將行（一無二字）兩項遠年稅數並係祥符景德已前以至五代長興年樁管虛數並攤與見今人户又聞以地肥瘠定爲四等其下等田有白鹻帶鹹地并鹹鹵沙薄可殖地死沙不可（一無此字）殖地並一例均攤與稅數謂此雖不可耕種尚可煎鹽且河北之民自祖宗以來蒙賜恩卹放行鹽不

（一無此字）禁只令據鹽斤兩納稅令煎鹽者已納鹽稅又令更納田稅豈祖宗所以惠河北之民意又聞河南不殖之地係禁鹽地分者亦均攤與稅又不知使（一無此字）民何以納也澶衛去京師近偶可聞知者如此其餘遠方（一作地）謂所均稅悉便於民其可得乎以此見朝廷行事至難小人希意承旨者言利而不言害俗吏貪功希賞見小利忘大害爲國斂怨於民朝廷不知則已苟已知之其可不爲救其失哉欲望聖慈特賜

指揮令均稅所只如朝廷本議將實催見在稅數量輕重均之其餘生立稅數及遠年虛數却與放免及未均地分並且罷均且均稅一事本是臣先建言聞今事有不便臣固不敢緘默今取進止

乞差檢討官校國史箚子 嘉祐六年

臣前爲學士日兼充史館脩撰竊見本院國史自進本入內後官守空司因具奏陳乞降付院收藏以備檢討尋準朝旨於龍圖閣寫本闕送本院令修撰官躬親對讀

修改其國史尋已寫了竊緣本院元有修撰官三員後來孫抃及臣相次别蒙差任今止有胡宿一員其未經對讀一有國史二字卷數尚多竊慮寫下多日闕官校對久不了當漸至因循欲乞添差檢討官三兩員同共對讀早令了當况檢討官檢閲本朝故事亦是本職仍乞不令漏泄今取進止

論牧馬草地劄子嘉祐六年

臣爲學士日兼充群牧使朝廷以馬政久弊差吴中復等與臣共議利害欲有改一有更字

爲未見得牧地善惡多少難爲廢置欲乞差官先且打量牧馬草地次臣遽蒙恩擢在樞府所有牧馬利害商量未了事件臣有愚見方欲條陳今聞諸監所差官各將前去竊緣監牧帳舊管一作管舊地甚多自來界至不明官私作弊積久爲民閒侵占耕種年歲已深昨已曾差高訪等根括打量人户多稱父祖世業失却契書無憑照驗但追呼搔擾而已今若更行根究必亦難明徒爲追擾未見其利民先被害臣今欲乞

令差去官只據見在草地逐段先打量的實頃畝明立封標界至因便相度其地肥瘠宜與不宜牧馬其廢置攺更候逐官回日令相度牧馬所據利害擘畫申奏其已爲民間侵耕地土更不根究蓋以本議欲以見在牧地給與民耕豈可却根究已耕之地重爲搔擾至於民間養馬等事利害甚多臣當續具奏聞其不根究侵耕地土一事伏乞先賜指揮令取進止

論臺諫官唐介等宜早牽復劄子 嘉祐六年

臣材識庸暗碌碌於衆人中蒙陛下不次拔擢置在樞府其於報效自宜如何而自居職以來已逾半歲凡事關大體必須衆議之協同其餘日逐進呈皆是有司之常務至於謀猷啓沃蔑爾無聞上辜聖恩下愧清議人雖未責臣豈一作豈敢自安所以夙夜思惟願竭愚慮茍有可採冀裨萬一臣近見諫官唐介臺官范師道等因言陳旭事得罪或與小郡或竄遠方陛下自臨御已來擢用諍臣開廣言路雖言者時有中

否而聖慈每賜優容一旦臺諫聯翩被逐四出命下之日中外驚疑臣雖不知臺諫所言是非但見唐介范師道皆久在言職其人立朝各有本末前後（一有言事二字）補益甚多豈於此時頓然改節故爲欺罔上昧聖聰在於人情不宜有此臣竊以謂自古人臣之進諫於其君者有難有易各因其時而已若剛暴猜忌之君不欲自聞其過而樂聞臣下之過人主好察多疑於上大臣側足畏罪於下於此之時諫人主者難而言

大臣者易若寬仁恭儉之主動遵禮法自聞其失則從諫如流聞臣下之過則務爲優容以保全之而爲大臣者外秉國權内有左右之助言事者未及見聽而怨仇已結於其身故於此（一有之字）時諫人主者易言大臣者難此不可不察也自古人主之聽言也亦有難有易在知其術而已夫忠邪並進於前而公論與私言交入于耳此所以聽之難也若知其人之忠邪辨其言之公私則聽之易也凡言拙而直逆耳違意

初聞若可惡者此忠臣之言也言婉而順希旨合意初聞若可喜者邪臣之言也至於言事之官各舉其職或當朝正色顯言于廷或連章列署共論其事言一出則萬口爭傳衆目共視雖欲爲私其勢不可故凡明言于外不畏人知者皆公言也若非其言職又不敢顯言或密奏乞留中或面言乞出自聖斷不欲人知言有主名者蓋其言涉傾邪懼遭彈劾故凡陰有奏一有陳字而畏人知者皆挾私之説也自古人主能以

此術知臣下之情則聽言易也伏惟陛下
仁聖寬慈躬履勤儉樂聞諫諍容納直言
其於大臣尤所優禮常欲保全終始思與
臣下愛惜名節尤慎重於進退故臣謂方今
言事者規切人主則易欲言大臣則難臣自
立朝耳目所記景祐中范仲淹言宰相呂夷
簡貶知饒州皇祐中唐介言宰相文彥博
貶春州別駕至和初吳中復呂景初馬遵
言宰相梁適並罷職出外其後趙抃范師
道言宰相劉沆亦罷職出外前年韓絳言

冨弼貶知蔡州今又唐介等五人言陳旭得罪自范仲淹貶饒州後至今凡二十年閒居臺諫者多矣未聞有規諫人主而得罪者臣故謂方今諫人主則易言大臣則難陛下若推此以察介等所言則可知其用心矣昨所罷黜臺諫五人惟是從（二字一作呂）誨（一有新進二字）入臺未久其他四人出處本末迹狀甚明可以歷數也唐介前因言文彥博遠竄廣西煙瘴之地賴陛下仁恕哀憐移置湖南得存性命范師道趙抃並因言

忤劉沆罷臺職守外郡連延數年然後一有來字
復令三人者又以言樞臣罷黜然則介不
以前蹈必死之地爲懼師道與抃不以中
滯進用數年爲戒遇事必言得罪不悔蓋
所謂進退一節終始不變之士也至如王
陶者本出孤寒只因韓絳薦舉始得臺官
及絳爲中丞陶不敢内顧私恩與之爭議
絳終得罪夫牽顧私恩人之常情爾斷恩
以義非知義之士不能也以此言之陶可
謂徇公滅私之臣矣此四人者出處本末

之迹如此可以知其爲人也就使言雖不
中亦其情必無他議者或謂言事之臣好
相朋黨動揺大臣以作威勢臣竊以謂不
然至於去歲一無十一字韓絳言富弼之時介與
師道不與絳爲黨乃與諸臺諫共論絳爲
非然則非相朋黨非欲動揺大臣可明矣
臣固謂未可以此疑言事之臣也況介等
此者雖爲謫官幸蒙陛下寛恩各得爲郡
未至失所其可惜者斥逐諫臣非朝廷美
事阻塞言路不爲國家之利而介等盡忠

守節未蒙憐察也欲望聖慈特賜召還介等置之朝廷以勸守節敢言之士則天下幸甚今取進止

政府

舉劉攽呂惠卿充館職劄子 嘉祐六年

臣伏見前廬州觀察推官劉攽辭學優贍履行修一作清謹記問該博可以備朝廷詢訪前真州軍事推官呂惠卿材識明敏文藝優通好古飭躬可謂端雅之士並宜置之館閣以副聖朝養育賢材之選臣以庸

繆參聞政論無能報國敢舉所知其劉攽呂惠卿欲望聖慈俾充館閣之職如後不如舉狀臣甘同罪取進止

論祠祭行事劄子 嘉祐八年

臣近準勑差祭神州地祇於北郊竊見有司行事不合典禮據開寶通禮當先引行事官於東壝門外道南北向立次引入壝門就壇東南位西向行事蓋即事有漸自外而入於禮爲宜今却先引行事官於壇下卯階之側北向立次引東行向外就行

事位由内而外乖背禮文臣遂於本院檢詳蓋是往年撰祀儀之時誤此一節今據祀儀四時及三（一作土）王五帝上辛祈穀春分祀九宫朝日高禖孟夏雩秋分夕月仲秋祀九宫貴神季秋大享明堂冬至祀昊天臘蜡夏至祀皇地祇及孟冬祭神州地祇凡一十七祭並係大祀一例錯誤並合改正依開寶通禮兼禮生贊唱生踈多不依禮文臣伏見朝廷近年新製祭祀器服修飭壇壝務極精嚴而有司失傳行事之際

於禮繆誤伏乞下禮院詳定依開寶通禮改正祀儀及教習禮生使依典禮以上副聖朝精嚴祀事之意今取進止

論逐路取人劄子 治平元年

臣伏見近有臣寮上言乞將南省考試舉人各以路分糊名於逐路每十人解一人等事雖已奉聖旨送兩制詳定臣亦有愚見合具敷陳竊以國家取士之制比於前世最號至公蓋累聖留心講求曲盡以謂王者無外天下一家故不問東西南北之

人盡聚諸路貢士混合爲一而惟材是擇
又糊名謄録而考之使主司莫知爲何方
之人誰氏之子不得有所憎愛薄厚於其
間故議者謂國家科場之制雖未復古法
而便於今世其無情如造化至公如權衡
祖宗以來不可易之制也傳曰無作聰明
亂舊章又曰利不百者不變法今言事
之臣偶見一端即議更改此臣所謂區區欲
爲陛下守祖宗之法也臣所謂偶見一端
者蓋言事之人但見每次科場東南進士

得多而西北進士得少故欲改法使多取西北進士爾殊不知天下至廣四方風俗異宜而人性各有利鈍東南之俗好文故進士多而經學少西北之人尚質故進士少而經學多所以科場取士東南多取進士西北多取經學者各因其材性一無二字所長而各隨其多少取之今以進士經學合而較之則其數均若必論進士則多少不等此臣所謂偏見之一端其不可者一也

國家方以官濫爲患取士數必難增若欲

多取西北之人則却須多減東南之數今東南州軍進士取解者二三千人處只解二三十人是百人取一人蓋已痛裁抑之矣西北州軍取解至多處不過百人而所解至十餘人是十人取一人比之東南十倍假借之矣若至南省又減東南而增西北則（一無此字）是已裁抑者又裁抑之已假借者又假借之此其不可者二也東南之士於千人中解十人其初選已精矣故至南省所試合格者多西北之士學業不及東

南當發解時又十倍優假之蓋其初選已濫矣故至南省所試不合格者多今若一例以十人取一人則東南之人合格而落者多矣西北之人不合格而得者多矣至於他路理不可齊偶有一路合格人多亦限以十一落之偶有一路合格人少亦須充足十一之數使合落者得合得者落取捨顛倒能否混淆其不可者三也且朝廷專以較藝取人而使有藝者屈落無藝者濫得不問繆濫只要諸路數停此其不可

者四也且言事者本欲多取諸路士著之人若此法一行則寄應者爭趨而往今開封府寄應之弊可驗矣此所謂法出而姦生其不可者五也今廣南東西路進士例各絶無舉業諸州但據數解發其人亦自知無藝只來一就省試而歸冀作攝官爾朝廷以嶺外煙瘴北人不便須藉攝官亦許其如此今若一例與諸路一（一無二字）十人取一人此爲繆濫又非西北之比此其不可者六也凡此六者乃大槩爾若舊法一壞新

議必行則弊濫隨生何可勝數故臣以謂且遵舊制但務擇人推朝廷至公待四方如一惟能是選人自無言此乃當今可行之法爾若謂士習浮華當先考行就如新議亦須只考程試安能必取行實之人議者又謂西北近虜士要牢籠此甚不然之論也使不逞之人不能爲患則已苟可爲患則何方無之前世賊亂之臣起於東南者甚衆其大者如項羽蕭銑之徒是已至如黄巢王仙芝之輩又皆起亂中州者爾

不逞之人豈專西北矧貢舉所設本待材賢（一作能）牢籠不逞當别有術不在科場也惟事久不能無弊有當留意者然不須更改法制止在振舉綱條爾近年以來舉人盛行懷挾排門大譟免冠突入虧損士風傷敗善類此由舉人旣多而君子小人雜聚所司力不能制雖朝廷素有禁約條制甚嚴而上下因循不復申舉惟此一事爲科場大患而言事者獨不及之願下有司議革其弊此當今科場之患也臣忝貳宰

司預聞國論茍不能爲陛下守祖宗之法而言又不足取信於人主則厚顔尸禄豈敢偷安而久處乎故猶此彊言乞賜裁擇

乞獎用孫沔劄子治平二年

臣伏見諒祚猖狂漸違誓約僭叛之迹彰露已多年歲之閒必爲邊患國家禦備之計先在擇人而自慶曆罷兵以來至今二十餘年當時經用舊人零落無幾惟尚書户部侍郎孫沔尚在西事時沔守環慶一路其人磊落有智勇但以未嘗出兵又不

遇敵故未有臨陣破賊之功然其養練士卒招撫蕃夷恩信著於一方至今邊人思之雖世不乏材朝廷方務推擇若求曾經西事可用之人則臣謂無如沔者沔今年雖七十聞其心力不衰飛鷹走馬尚如平日況所用者取其智謀藉其威信前世老將彊起成功者多沔雖中間曾以罪廢棄瑕使過正是用人之術臣今欲乞朝廷更加察訪如沔實未衰羸伏望聖慈特賜獎用廢於擇（一作人）材難得之時可備一方之

寄取進止

英宗實録所載乃節文但於孫沔姓名之上添致仕二字又國家禦備作朝廷禦備

奏議卷第十七

論均稅劄子 河北之民意疑是民之意

論逐路取人劄子 臣所區區所字下脫以字

此卷凡言一作者乃善本而正文反可

疑如論臺諫宜牽復劉子正文云從誨
入臺未久一作以爲呂誨新進又正文
先云前年韓絳言富弼後却以爲去歲
故一作無後段十一字論祠祭行事劉
子正文云四時及三王五帝一作以三
王爲土王去聲之類皆當以一作爲正已
刻板難盡易書示後人使知所擇焉

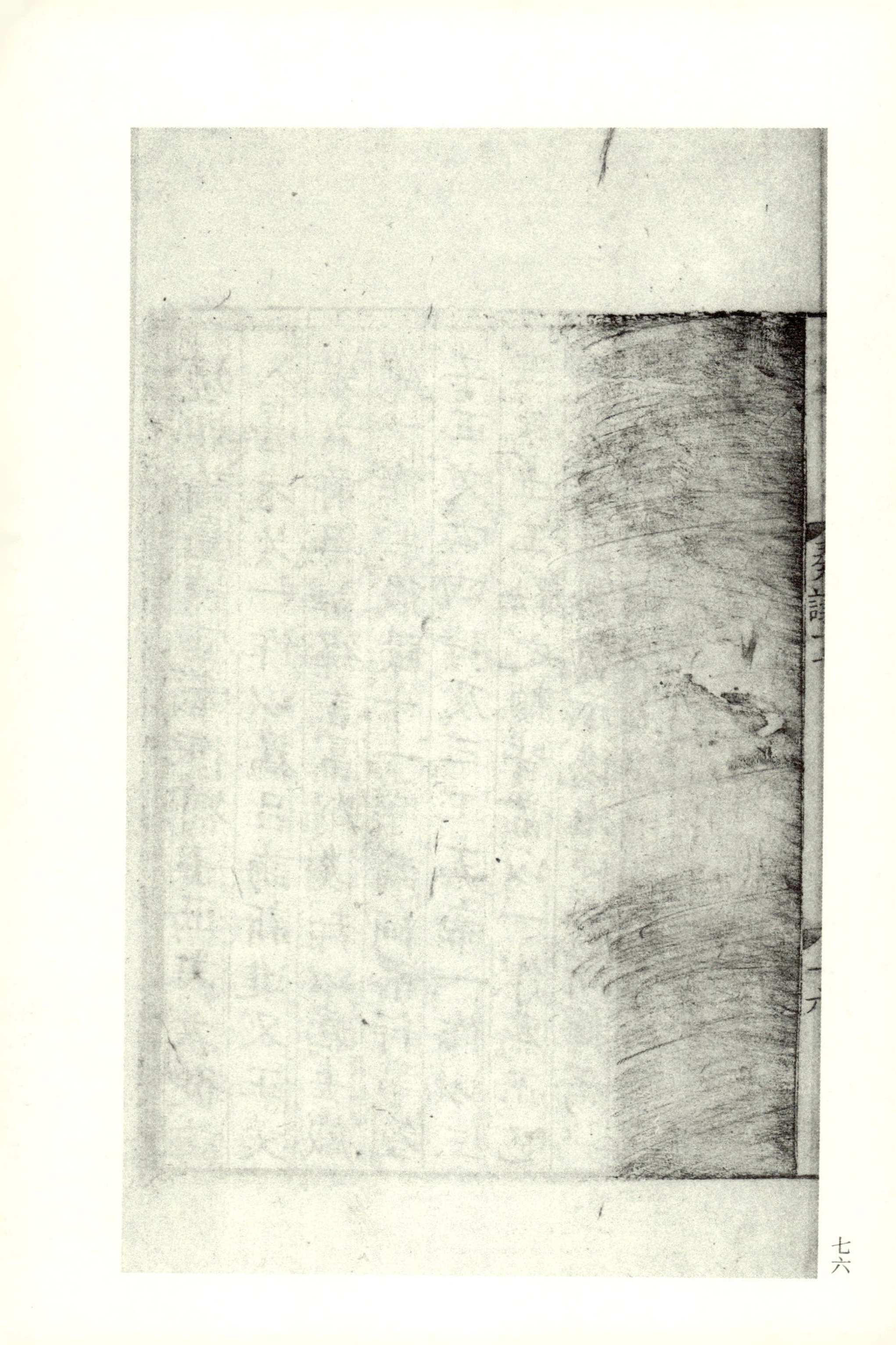

奏議卷第十八　歐陽文忠公集一百十四

政府

言西邊事宜第一狀　治平二年

右臣伏見諒祚狂僭釁隙已多不越歲年（一無此字）必爲邊患臣本庸暗不達時機輒以外料敵情内量事勢鑒往年已驗之失思今日可用之謀雖兵不先言俟見形而應變然坐而制勝亦大計之可圖謹具條陳庶裨萬一臣所謂外料敵情者諒祚世有夏州自彝興克叡以前止於一鎮五州而

巳太宗皇帝時繼捧繼遷始爲邊患其後遂陷靈鹽盡有朔方之地蓋自淳化咸平用兵十五餘年既不能剪滅遂務招懷適會繼遷爲潘羅支所殺其子德明乃議歸欵而我惟以恩信復其王封歲時俸賜極於優厚德明既無南顧之憂而其子元昊亦壯遂併力西攻回紇拓地千餘里德明既死地大兵彊元昊遂復背叛國家自寶元慶曆以後一方用兵天下騷動國虚民弊如此數年元昊知我有厭兵之患遂復

議和而國家待之恩禮又異於前矣號爲
國主僅得其稱臣歲予之物百倍德明之
時半於契丹之數今者諒祚雖曰狂童然
而習見其家世所爲蓋繼遷一叛而復王
封元昊再叛而爲國主今若又叛其志可
知是其欲自比契丹抗衡中國以爲鼎峙
之勢爾此臣竊料敵情在於如（一無此字）此也
夫所謂內量事勢者蓋以慶曆用兵之時
視方今禦　邊之備較彼我之虛實彊
弱以見勝敗之形也自真宗皇帝（一無二字）景

德二年盟北虜於澶淵明年始納西夏之欵遂務休兵至寳元初元昊復叛蓋三十餘年矣天下　安於無事武備廢而不修廟堂無謀臣邊鄙無勇將將愚不識干戈兵驕不識一作知戰陣器械朽腐城郭隳頽而元昊勇驁桀黠之虜也其包畜姦謀欲窺中國者累年矣而我方恬然不以爲慮待其謀成兵具一旦一作日反書來上然後茫然不知所措中外震駭舉動蒼惶所以用兵之初有敗而無勝也既而朝廷用韓

琦范仲淹等付以西事極力經營而勇夫銳將亦因戰陣稍稍而出數年之間人謀漸得武備漸漸修似可枝梧矣然而天下已困也（一無此字）所以屈意忍耻復與之和此慶曆之事爾今則不然方今甲兵雖未精利不若往年之腐朽也城壘粗嘗完緝不若往年之隳頹也土兵蕃落增添訓練不若往年寡弱之驕軍也大小將校曽經戰陣者往往尚在不若往年魏昭炳夏隨之徒綺紈子弟也一二執政之臣皆當時宣力

者其留心西事孰矣不若往時大臣茫然不知所措者也蓋往年以不知邊事之謀臣馭不識干戈之將用驕兵執朽器以當桀黠新興之虜此所以敗也方今謀臣武將城壁器械不類往年而諒祚狂童不及元昊遠甚往年忽而不思今又已先覺可以早爲之備茍其不叛則已若其果叛未必不爲中國利也臣謂可因此時雪前耻收後功但顧人謀如何爾若上憑陛下神威眷筭係纍諒祚君臣獻於廟社此其上

也其次逐狂虜於黄河之北以復朔方故地最下盡取山界奪其險而我守之以永絶邊患此臣竊一作内量事勢謂或如此臣所謂鑒往年已驗之失者其小失非一不可悉數臣請言其大者夫夷狄變詐兵交陣合彼佯敗以爲誘我貪利而追之或不虞横出而爲其所邀或進陷死地而困于束手此前日屢敗之戒今明習兵戰者亦能知之此雖小事也亦不可忽所謂大計之繆者攻守之策皆失爾臣視慶曆禦邊

之備東起麟府西盡秦隴地長二千餘里分爲路者五而路分爲州軍者又二十有四而州軍分爲寨爲堡爲城者又幾二百皆須列兵而守之故吾兵雖衆不得不分所分既多不得不寡而賊之出也常舉其國衆合聚爲一而來是吾兵雖多分而爲寡彼衆雖寡聚之爲多以彼之多擊吾之寡不得不敗也此城寨之法既不足自守矣而五路大將所謂戰（一無此字）兵者分在二十四州軍欲合而出則懼後空而無備欲

各留守備而合其餘則數少不足以出攻此當時所以用兵累年終不能一出者以此也夫進不能出攻退不足(一作能)自守是謂攻守皆無策者往年已驗之失也臣所謂今日可用之謀者在定出攻之計爾必用先起制人之術乃可以取勝也蓋列兵分地而守敵得時出而撓於其間使我處處爲備常如敵至師老糧匱我勞彼逸昔周世宗以此策困李景於淮南昨元昊亦用此策以困我之西鄙夫兵分備寡兵家之

大害也其害常在我以逸待勞兵家之大利也其利常在彼所以往年賊常得志也今誠能反其事而移我所害者予敵奪敵所利者在我則我當先爲出攻之計使彼疲於守禦則我亦得志矣（一無此字）凡出攻之兵勿爲大舉我每一出彼必呼集而來拒彼集於東則別出其西我歸彼散則我復出而彼又集我以五路之兵番休出入使其一國之衆聚散犇走無時暫停則無不困之虜矣此臣所謂方今可用之謀也蓋往年

之失在守方今之利在攻昔至道中亦嘗五路出攻矣當時將相爲謀不重（一作審）蓋欲攻黠虜方彊之國不先以謀困之而直爲一戰必取之計大舉深入所以不能成功也夫用兵至難事也故謀既審矣則其發也必果故能動而有成功也若其山川之險易道里之迂直蕃漢兵馬之彊弱騎軍步卒長兵短兵之所利與夫左右前後一出一入開闔變化有正有奇（一無四十八字）凡用兵之形勢有可先知者有不可先言者臣

願陛下遣一重臣出而巡撫徧見諸將與
熟圖之以先（一無此字）定大計凡山川道里蕃
漢步騎出入之（一無此字）所宜可先知者悉圖
上方略其餘不可先言付之將率使其見
形應變因敵制勝至於諒詐之所爲宜少
屈意含容而曲就之既以驕其心亦少緩
其事以待吾之爲備而且嚴戒五路訓兵
選將利器甲畜資糧常具軍行之計待其
反書朝奏則王師暮出以駭其心而奪其
氣使其枝梧不暇則勝勢在我矣往年議

者亦欲招輯橫山蕃部謀取山界之地然臣謂必欲招之亦須先藉勝捷之威使（一有其字）知中國之彊則方肯來附也由是言之亦以出攻爲利矣凡臣之所言者大略如此爾（一無此字）然臣足未嘗踐邊陲目未嘗識戰陣以一儒生偏見之言誠知未可必用直以方當陛下勞心西事廣詢衆議之時思竭愚慮備芻蕘之一説爾

言西邊事宜第二劄子（同前）

臣近曾上言諒祚爲邊患朝廷宜早圖禦

備及乞遣一重臣親與邊將議定攻守大
計等事至今多日未蒙降出施行臣竊見
慶曆中元昊作過時朝廷輕敵翫寇無素
定之謀每遇邊奏急來則上下惶恐倉卒
指揮既多不中事機所以落賊姦便敗軍
殺將可爲痛心今者諒祚以萬騎寇秦渭
兩路焚燒數百里閒掃蕩俱盡而兩路將
帥不敢出一人一騎則國威固已挫矣諒
祚負恩背德如此陛下未能發兵誅討但
遣使者齎詔書賜之又拒而不納使者羞

媿俛首懷詔而回則大國不勝其辱矣當
陛下臨御之初遭此狂童戚沮國辱此臣
等之罪也臣謂陛下宜赫然發憤以邊事
切責大臣至於山川形勢有利有不利士
卒勇怯孰可用孰不可用何處宜攻何處
宜守何兵宜屯某地何將可付某兵如此
等事甚多皆陛下聖慮所宜及者臣謂陛
下宜因閑時御便殿召當職之臣使按圖
指畫各陳所見陛下可以不下席而盡在
目前然後制以神機眷略責將相以成功

而陛下以萬機之繁既未及此兩府之臣如臣（一無二字）等日所進呈又皆常程公事亦未嘗聚首合謀講定大計外則四路邊臣自賊馬過後亦不聞别有擘畫臣恐上下因循又如慶曆之初矣近者韓琦曾將慶曆中議山界文字進呈此邊事百端中一端爾蓋琦亦患事未講求假此文字爲題目以牽合衆人之論爾自進呈後尋送密院至今多日亦未曾擬議臣以非才陛下任之政府便是國之謀臣若其謀慮淺近

所言狂妄自可黜去不疑臣亦昨因目疾懇求解職曲蒙聖恩未許其去既使在其位又棄其言而不問使臣尸禄厚顔何以自處所有臣前來所上奏狀欲望聖慈一無二字降付中書密院與韓琦山界文字一處商量若其言果不足取棄之未晚今取進止

乞補館職劄子 治平三年

臣竊以治天下者用人非止一端故取士不以一路若夫知錢穀曉刑獄熟民事精吏幹勤勞夙夜以辦集爲功者謂之材能

之士明於仁義禮樂通於古今治亂其文章論議與之謀慮天下之事可以決疑定策論道經邦者謂之儒學之臣善用人者必使有材者竭其力有識者竭其謀故以材能之士布列中外分治百職使各辨其事以儒學之臣置之左右與之日夕謀議講求其要而行之而又於儒學之中擇其尤者置之廊廟而付以大政使總治羣材衆職進退而賞罰之此用人之大略也由是言之儒學之士可謂貴矣豈在材臣之

後也是以前世英主明君未有不以崇儒嚮學爲先而名臣賢輔出於儒學者十常八九也臣竊見方今取士之失患在先材能而後儒學貴吏事而賤文章自近年以來朝廷患百職不修務一作而獎材臣故錢穀刑獄之吏稍有寸長片善爲人所稱者皆已擢用之矣夫材能之士固當擢用然專以材能爲急而遂忽儒學爲不足用使下有遺賢之嗟上有乏材之患此甚不可也臣謂方今材能之士不患有遺固不足

上煩聖慮惟儒學之臣難進而多棄滯此不可不思也臣以庸繆過蒙任使俾陪宰輔之後然平日論議不能無異同雖日奉天威又不得從容曲盡拙訥今臣有館閣取士愚見具陳（一作列）如别奏（一作劄）欲望聖慈因宴閒之餘一迂睿覽或有可采乞常賜留（一有聖字）意今取進止

又論館閣取士劄子（同前）

臣竊以館閣之職號爲育材之地今兩府闕人則必取於兩制（翰林學士謂之内制中書舍人知制誥謂之外制今并雜

（學士待制通謂之兩制）兩制闕人則必取於館閣然則館閣輔相養材之地也材既難得而又難知故當博採廣求而多畜之時冀一得於其間則傑然而出爲名臣矣其餘中人以上優游養育以獎成之亦不失爲佳士也自祖宗以來所用兩府大臣多矣其間名臣賢相出於館閣者十常八九也祖宗用人初若不精然所采既廣故所得亦多也是以有文章有學問有材有行或精於一藝或長於一事者莫不畜之館閣而獎養

之其傑然而出者皆爲賢輔相矣其餘不至輔相而爲一時之名臣者亦不可勝數也先朝循用祖宗舊制收拾養育得人尤多自陛下即位以來所用兩府之臣一十三人而八人出於館閣此其驗也只自近年議者患館職之濫遂行釐革而改更之初矯失太過立法既峻取人遂艱使下多遺賢之嗟國有乏材之患今先朝收拾養育之人或已被遷擢或老病死亡見在館者無幾而新法艱阻近年全無選進臣今

略具館閣取人舊制并新格則可見取人
之法如何所得之人多少也
一舊制館閣取人以三路進士高科一
路也大臣薦舉一路也歲月疇勞一
路也進士第三人以上及第者并制
科及第者不問等第並只一任替回
便試館職進士第四第五人經兩任
亦得試此一路也兩府臣寮初拜命
各舉三兩人即時召試此一路也其
餘歷任繁難久次或寄任重處著特

令帶職此一路也今三路塞其二矣
自科場改爲閤歲後第一人及第者
須兩任回方得試自第二人至第五
人更永不試制科入第三者亦須兩
任回方得試（凡五七次科場未有一人中第三等者）其餘等
第並永不試則進士高科一路已塞
矣兩府大臣所薦之人並只上簿候
館職有闕則於簿內點名召試其如
館閣本無員數無有闕時故自置簿
來至今九年不曾點試一人則大臣

薦舉一路又塞矣惟有疇勞帶職一路尚在爾

一新制館閣共置編校八員本爲館中書籍久不齊整而館職多別有差遣不能專一校正乃別置此八員故選新進資淺人令久任而專一校讀所以先令作編校二年然後升爲校勘（未是正館職）爲校勘四年後升爲校理（始是正館職）爲校理又一年方罷編校別任差遣然自置編校後適值館閣取人之路

漸廢今議者遂只以編校爲取士新格往時直館直院直閣校理皆無定員惟材是用不限人數今編校限以八員爲定以此待天下之多士宜其遺材於下矣八員之内仍每七年方遇一員（一有之字）闕而補一人以此知天下滯材者衆矣

右以臣愚見編校八員自可仍舊每有員闕令中書擇人進擬陛下必欲牢籠天下英俊之士則宜脱去常格而奬拔之今員

文學懷器識磊落奇偉之士知名於世而未爲時用者不少惟陛下博訪審察悉召而且置之館職養育三數年間徐察其實擇其尤者而擢用之知人自古聖王所難然不以其難而遂廢但拔十而得一二亦不爲無益矣況中人上下養育獎成之不止十得一二也

薦司馬光劄子 治平四年

臣伏見龍圖閣直學士司馬光德性淳正學術通明自列侍從久司諫諍讜言嘉話

著在兩朝自仁宗至和服藥之後羣臣便
以皇嗣爲言五六年間言者雖多而未有
定議最後光以諫官極論其事敷陳激切
感動主聽仁宗豁然開悟遂決不疑由是
先帝選自宗藩入爲皇子曾未踰年仁宗
奄棄萬國先帝入承大統蓋以人心先定
故得天下帖然今以聖繼聖遂傳陛下由
是言之光於國有功爲不淺矣可謂社稷
之臣也而其識慮深遠性尤慎密光旣不
自言故人亦無知者臣以忝在政府因得

備聞其事臣而不言是謂蔽賢掩善詩云無言不酬無德不報光今雖在侍從日承眷待而其忠國大節隱而未彰臣既詳知不敢不奏

青州

言青苗錢第一劄子 熙寧三年

臣伏見朝廷新制俵散青苗錢以來中外之議皆稱不便多乞寢罷至今未蒙省察臣以老病昏忘雖不能究述利害苟有所見其敢不言臣今有起請事件謹具畫一

如後

一臣竊見　議者言青苗錢取利於民爲非而朝廷深惡其説　至煩聖慈（一作聽）命有司具述本末委曲申諭中外以朝廷本爲惠民之意然告諭之後搢紳之士論議益多至於田野之民蠢然固不知周官泉府爲何物但見官中放債每錢一百文要二十文利爾　是以申告雖煩而莫能諭也臣亦以謂等是取利不許取三

分而許取二分此孟子所謂以五十步笑百步者以臣愚見必欲使天下曉然知取利非朝廷本意則乞除去二分之息但令只納元數本錢如此始是不取利矣蓋二分之息以爲所得多耶固不可多取於民所得不多耶則小利又何足顧何必以此上累

聖政

一臣檢詳元降指揮如災傷及五分已上則夏料青苗錢令於秋料送

納秋料於次年夏料送納臣竊謂年歲豐凶固不可定其間豐年常少而凶歲常多今所降 指揮蓋只言偶然一料災傷爾若連遇三兩料水旱則青苗錢積壓拖欠數多 若纔遇豐熟却須一併催納則農民永無豐歲矣至於中小熟之年不該得災傷分數合於本料送納者或人戶無力或頑猾拖延本料尚未送納了當若令又請次料合俵錢一作散數則

積壓（一作欠）轉多必難催索臣今欲乞人户遇災傷本料未曾送納者及人户無力或頑猾拖延不納者並更不支俵與次料錢如此則人户免積壓拖欠州縣免鞭扑催驅官錢免積久（一作欠）失陷

一臣竊聞議者多以抑配人户爲患所以朝廷屢降指揮丁寧約束州縣官吏不得抑配百姓然諸路各有提舉管勾等官往來催促必須盡錢

俵散而後止由是言之朝廷雖指揮
州縣不得抑逼百姓請錢而提舉等
官又却催促盡數散俵故提舉等官
以不能催促盡數散俵爲失職州縣
之吏亦以俵錢不盡爲弛慢不才上
下不得不遞相督責者勢使之然各
不獲已也由是言之理難　獨責
州縣抑配矣以臣愚見欲乞先罷提
舉管勾等官不令催督然後可以責
州縣不得抑配其所俵錢取民情願

專委州縣隨多少散之不得一作必須
要盡數亦不必須要闔縣之民戶戶
盡請如此則自然無抑配之患矣
右謹具如前　臣以衰年昏病　不能
深識遠慮所見目前止於如此然而青苗
之議久已喧然中外羣臣乞行寢罷者不
可勝數其所陳久遠利害必已詳盡而無遺
矣一日陛下赫然開悟悉採羣議追還新
制一切罷之以便公私天下之幸也若中
外所言雖多猶未能感動天聽則見行不

便法中有此三事尤繫目下利害如臣畫
一所陳、伏望聖慈　特賜裁擇令
取進止

言青苗第二劄子 同前

臣近曾奏爲起請俵散青苗錢不便事數
内一件乞遇災傷夏料未納及不係災傷
人户頑猾拖欠者並更不俵散秋料錢數
至今未奉指揮臣　勘會今年二麥纔
方成熟尚未收割已係五月又合俵散秋
料錢數竊緣夏料已散錢尚未有一户送

納若又俵散秋料錢竊慮積壓拖欠枉有失陷官錢臣已指揮本路諸州軍並令未得俵散秋料錢別候朝廷指揮去後（一作訖）臣伏思除臣近所起請災傷未納及人戶拖欠不納者乞且不俵次料一事外臣今更有愚見不敢緘默臣竊見自俵青苗錢已來議者皆以取利爲非朝廷深惡其說遂命所司條陳申諭其言雖煩而終不免於取利然猶有一說者意在惠民也以臣愚見若夏料錢於春中俵散猶是青黃不相

接之時雖不户户闕乏然其間容有不濟者以爲惠政（一作濟）尚有説焉（一作可説）若秋料錢於五月俵散正是蠶麥成熟人户不乏之時何名濟闕直是放債取利爾若二麥不熟則夏料尚欠豈宜更俵秋料錢使人户積壓拖欠以此而言秋料錢可以罷而不散欲望聖慈特賜詳擇伏乞（一無八字）早降指揮令取進止

奏議卷第十八

舉宋敏求同知太常禮院劄子 嘉祐二年

臣等勘會同知太常禮院張師中近被朝命差充兩浙提點刑獄伏見太常丞集賢校理宋敏求文學該贍多識故事家藏古今書史禮樂制度記傳尤多禮官博士每有所疑多就之質證其人見是知州差遣資望不淺臣等今保舉欲乞就差充同知太常禮院一次如後不如舉狀臣等甘當朝典令取進止六月日

右公在翰苑時薦宋敏求奏劄得之汪逵既去臣等則非獨薦或公自草或止預名不可知也

論館取士劄子先朝（一作先帝）

言青苗錢第一劄子若纔（一作若纔又）

公奏議十八卷揔一百六十三篇

仁宗實録李燾長編因事而書者八十有八其閒論唃厮囉者一論陳洎王倫水洛城者再論修河者三以挍集本類多增損蓋自古史官往往於制誥奏疏時有修潤長編則又本之實録故其語欲簡其事欲首尾相貫此其所以異同比公元文殊不敷暢當以集爲正

奏議雖以年月編次閒有論事在前降旨在後尚或疑混未能盡正覽者詳之

衢州刻公奏議十八卷如辭免遷轉丐去乞休致之類皆在焉已移入表奏四六中韶州從諫集八卷諫院奏疏也公家書目無此名合併入奏議二者揔十八卷仍以公歷官先後爲序凡兩州印本頗經後人輕改今悉爲考證讀者審之可也

河東奉使奏草卷上 歐陽文忠公集一百十五

畫一起請劄子

臣準勑差往河東擘畫粮草合有起請事件今具畫一如後

一臣伏詳勑旨本爲河東民力困乏差臣擘畫利害竊慮州縣未體朝廷之意因而搔擾臣今欲乞特降聖旨指揮下河東路候臣到彼不得令官吏及諸色人出城迎送及不得作樂筵席

一臣準勑計置擘畫河東一路經久利

害竊緣河東地分闊遠山川險絶竊
慮僻遠之處不能徧至又緣本路文
武官吏不少内有𠆤諳彼處民情事
體者或在不當驛路守官致臣無由
見得臣今欲乞許臣採問官吏就近
召與相見所貴詢訪兵民利病仍慮
有合行事件亦乞於本路選擇幹事
官員暫差勾當
一臣所授勑只是與轉運司計置壁畫
邊上粮草竊緣一路州縣賦租户口

兵馬錢帛及公私財用利害要見本末文字竊慮所在不畫時應副仍乞指揮一路州軍凡有取索文字並令畫時應副

一臣伏見國家自兵興以來言事之人多陳利害竊慮有前後上文字人內有陳河東一路事宜所言大體利害詳明朝廷未暇施行者乞於中書樞密院檢尋所上文字付臣看詳到彼參驗利害可否回日聞奏

一臣準勑除擘畫粮草外竊慮更有可
以因便勹當事件伏乞令中書樞密
院畫一條目付臣施行取進止

辟郭固隨行劄子

臣準勑差往河東路計置經久利害伏見
新授寧州軍事推官郭固熟知沿邊兵民
利害曾隨韓琦奉使陝西近差充涇原路
參謀見未赴任臣今欲乞暫將帶本人隨
行候臣回日令一面發赴本任如允臣所
請乞降朝旨指揮取進止

免晉絳等州人户遠請蠶鹽牒

當所訪聞晉絳慈隰四州百姓每年所請蠶鹽並於解池請領近聞省司指揮文移往三門鹽倉請領道路遥遠竊知百姓多不願往彼般請須議專行公文者右具如前今欲牒州候牒到日請不移時疾速詳前項事理如委實省司有此指揮及百姓情願依舊送納鹽錢不請三門官鹽仰立便差人前路曉示百姓各令逐便不得勒抑監催須令前去免使麥蠶農忙之際虚

勞百姓遠路艱辛兼當所已具一面施行
奏聞仍請具已施行公文疾速入馬遞回
報當所不管遲延住滯者

同前

當所訪聞晉絳慈隰四州百姓每年所請
蠶鹽並於解池請領近聞省司指揮支移
往三門鹽倉請領道路遥遠竊知百姓多
不願往彼般請須議專行公文者右具如
前當所雖已牒晉絳慈隰等四州請詳前
項事理如委實省司有此指揮及百姓情

願依舊送納鹽錢不請三門官鹽仰立便差人前路曉示百姓各令遂便不得抑勒監催須令前去竊慮百姓已到解池及前去未遠令欲牒解州安邑知縣請詳前項事理如是請鹽百姓見在彼處請就近告示逐人如依舊送納鹽錢情願不往三門請鹽者各令歸本縣仍希已施行公文回報當所者

相度併縣牒

當所體量得潞州八縣内屯留黎城壺關

三縣地居僻遠戶口凋零全少詞訟盜賊
逐縣虛占令佐及諸色公人色役今欲擘
畫將三縣併省分割入隣近縣分可以寛
減民役兼省吏負須議差官相度利害者
右具如前今欲牒上黨縣鄶主簿請詳上
項事理躬親遍往屯留等縣相度地里遠
近接連疆畔就近可以分割併省利害務
令人戶穩便仍具可以分併地里畫成紙
圖及取索逐縣見在戶口賦稅見役諸色
公人數目畫一開坐連申無致鹵莽者

同前奏狀

右臣近自威勝軍至遼州體量得遼州州界東西二百五十里南北一百五十九里所管戶口主客二千七百餘戶地里人戶不及一中下小縣而分建一州四縣內榆社縣主客一千七十二戶其餘遼山縣主客五百六十九戶平城縣主客六百一十八戶和順縣主客四百五十九戶各不及一鎮人煙及潞州管內八縣亦有似此地里絕近人戶全少處虛立縣名枉占官吏每

縣曹司弓手手力解子之類各近伯人外
別有供應本州廳子客司承符散從及本
村里正户長耆長壯丁色役人户凋零差
役繁重以臣相度可以將帶就近分割併省
庶使減省官吏寬紓民役緣臣時暫經過
竊慮不盡民間利害已密牒知遼州國子
博士蓋平上黨縣主簿鄶唐等審細相度
可與不可分併利害臣今前去所過州縣
除邊防要切縣分外其餘地里迫窄人户
凋零絶然小縣有可以分割併省者並欲

隨近選差幹敏之官密切先行相度可與不可分割利害候臣奉使回日別具條陳敷奏次

倚閣忻代州和糴米奏狀

右臣準中書劄子節文臣寮上言勘會忻代二州裏外分配博糴斛斗共玖萬餘碩即令催納方及二分今來已是五月粒食踴貴之際民間斛斗甚是難得欲乞朝廷特賜■愍許將已支絹帛及大鐵錢合納米粟特與倚閣候將來秋成一併送納奉聖

旨令臣與河東轉運司同共相度施行者
臣尋至忻代二州取索逐州元分配錢絹
次第及見納見欠白米一宗文字看詳元
是富弼起請爲去年河東秋大熟乞朝廷
輟那錢銀絹廣謀粮草三司遂支雜州絹
二十萬疋與河東內代州分配到伍萬疋
並是在京及并晉等州比及旋旋般來往
復拖延直至冬末春初方行俵散至今年
五月分配纔畢巳是麥熟夏稅起納民閒
豈復更有白米輸官其絹五萬疋并本州

舊有綃三千餘疋共博糴白米九萬五千二百餘碩州縣從春至夏枷棒催驅只納到四萬餘碩見欠五萬四千餘石本州爲催納不前遂申轉運司乞令將隔年陳米減價折納雖有此擘畫亦並無人送納蓋爲過時無可收糴其忻州差配名目尤多去年一年内除税賦和糴沿邊送納外配銀送納見錢收買肉羊羊皮數目不少又有酒務十五年積壓損爛酒糟白酵分配人戸令納清醋價錢又有轉運司先配綃

蔡懋

三千疋博糴諸色斛米除此多般科配已催納了足外方到一項大鐵錢絹博糴白米是今來臣寮起請乞行倚閣者其鐵錢絹元拋配博糴白米肆萬餘石因轉運司自見人民不易先減一半外尚有二萬八千四百餘碩後爲送納不前運司又已與倚閣一半候秋熟併納外有一萬餘碩係見行催納臣遂取索本倉受納日曆點檢逐日全無人户送納亦爲過時無可收糴兼兩州百姓累經臣陳狀臣上稟朝旨親

見民間疾苦又緣轉運使二人並在潞州相去絕遠不及計會商量兼勘會二州人粮見在忻州約支二年有餘代州亦約支一年半不至闕備又前去秋熟日月不遠臣已一面出牓及牒本州令倚閣候至秋熟一併送納施行訖謹具狀奏聞

義勇指揮使代貧民差役奏狀

右臣準中書批送下二狀河東都轉運司準康定元年九月十四日勑節文河東路強壯應見充正副指揮使內雖係第一至

第三等戶者州縣更不得輪次別差色役竊緣義勇指揮使各是鄉村第一第二等力及有家活産業人戶今來一年之內只是一季上番多在本家管勾農業兼當司體量得正副指揮使等俱是上等人戶揀充最屬僥倖其餘等第人戶丁數稍多亦是一般點充義勇祗應仍更不免州縣差役所有軍員已是優便仍更依條免放州縣色役頗見影庇却鄉縣重難差役却差下等義勇人戶充州縣重難里正衙前

等差役計其勞逸深爲不便欲乞朝廷早
賜特降指揮下諸處義勇正副指揮使乞
依其餘義勇體例各依等第戶例輪次差
定州縣色役庶得均濟臣勘會河東一路
鄉兵除係籍強壯不勾追教閱外所有刺
手背義勇見管七萬二千八百七十二人
每年秋冬上番教閱州縣因而諸雜役使
常於秋冬邊地支移稅賦和糴遠納之時
復有上番之役凡一家三兩丁者一人上
州教閱一人供送一人或在州縣執役或

遠地輸納税租所存但有裹老或有全無倚托者廢業忘家不勝其苦其間惟有正副指揮使並是州縣中最有物力上等人戶却獨得免差役是下等人戶常有勞役最豪富者獨得寬優兼自兵事已來州縣差役頻併素來力及之戶累世勤儉積畜只於三五年重疊差役例各減耗貧虛逃亡破敗而州郡事多差役難減往往將第三第四等人差充第一等色役亦有主戶小處差稍有家活客戶充役勾當如此上下

窘乏之際惟義勇正副指揮使豈容獨免兼自差管轄義勇以來已避免卻數年色役當衆人苦於勞耗之際獨獲寬優之幸已多兼臣累過州軍體問得逐處義勇指揮使等家業例皆物力不滅人丁又多若令一例差役可以貧富均濟稍寬已困之民其都轉運司起請伏乞朝廷特賜允許施行今具狀奏聞伏候勑旨

舉米光濬狀

右臣伏自準勑計置河東沿邊粮草所過

州軍遍見文武官吏不少其間臨民治軍可稱邊任者絶難得人伏見西頭供奉官閤門祗候岢嵐軍使米光濬年四十餘世家代州熟知本路邊事出於將種練習兵機兼有膽勇會弓馬自到岢嵐二年處置皆合事宜昨代州寧化各爲守將非才引惹北人爭侵疆界惟岢嵐草城川正當北界要害之地去年北人來侵疆界光濬應機拒守故獨岢嵐得不侵却地土亦不張

皇臣自過本軍體問軍民備得其實伏覩

近降宣命指揮差李偉替令赴闕切以邊鄙常患難材苟得其人豈宜屢易兼自有移替宣命軍民並各衆狀舉留其米光濬臣今同罪保舉再任嵓嵐如再任後犯入已贓及邊防軍政但有一事敗悞並甘連坐今欲具狀奏聞伏候勅旨

米光濬斬決逃軍乞免勘狀

右臣訪聞嵓嵐軍昨於四月中捉獲逃走萬勝長行張貴虎翼張貴李德等三人並係禁兵本軍勘正法司檢用編勑禁軍料

錢滿五百文逃走捕捉獲者處斬訖奏其張貴等並依法處斬訖本路轉運司檢會先降令勑春夏不行斬刑合決重杖處死糺駮本軍不合斬斷見差嵐州團練判官劉述取勘岢嵐軍使米元濬等竊緣岢嵐軍地接西北二虜正是秋冬大屯軍馬之處若管軍將率斬一逃軍却遭勘罰則無由統衆漸啓兵驕況重杖與處斬俱是死刑無所失入運司守令勑糺桉雖執常科兵官以軍令斬人亦是常事況米光濬等

勘成公案亦不過得違制失刑名論情定
罪所犯至輕沮將率以長兵驕其損不細
伏乞朝廷只作訪聞此事特降聖旨與免
勘劾所貴沿邊將率知朝廷委遇之恩盡
心効用兵戎畏肅不致驕恣生事謹具狀奏

乞減配賣銀五萬兩狀

右臣伏見河東路轉運司近準三司從京
支撥得銀十萬兩於本路州軍配賣見錢
臣體問得此銀本非運司因闕乏陳乞忽
自省司特行支撥蓋是朝廷優恤三路軍

須不足特此輟賜助濟用度以舒疲民又慮朝廷訪聞今年河東二麥大熟欲使將此銀十萬兩乘時收糴軍儲有以見聖心憂念邊防寬卹民力臣昨因至寧化軍有百姓衆狀經臣馬前陳訴爲配銀數多臣遂取索本軍人戶物力次第及前後配斂數目看詳本軍人戶全少城郭主客十等共三十四戶內五等已上只十五戶其餘六等已下貧弱之家共有一十九戶去年共配銀三百兩數月枷棒催驅方能了納

今年所配一千兩比常年三倍是致百姓
送納不前衆狀詞訴又緣寧化軍屯兵不
多本軍自有納便鹽錢及諸雜課利見錢
不致闕用本軍地寒民不種麥又無夏糴
倉當其軍用未闕民間難得錢時可借虛
困民力臣已牒本軍且令配賣五百兩其
餘別候朝旨尚慮河東一路州軍極有見
今未至闕錢及地高不種二麥無可收糴
去處不宜一例急歛橫困疲民臣今欲乞
聖慈特下本路轉運司令將已分銀十萬

兩除見今闕錢州軍及二麥大熟合行收糴處依數配賣其餘見不闕錢及不糴夏麥處且只配一半候闕錢不得已即漸漸分配所貴少紓民力上副陛下憂民念邊之意謹具狀奏聞伏候勅旨

相度銅利牒

當所據澤州進士閻玠司法叅軍萬頤等狀並爲河東鼓鑄鐵錢盜鑄者不少竊見絳州稷山垣曲縣三處皆有銅鑛欲乞遍往有銅鑛處審切詢訪採取烹煉鼓鑄錢幣

者當所撿尋古跡翼城縣有唐錢坊一在縣東十五里翔皐山下又有唐王城冶在縣北平城三十六里又有曹公冶在縣東南七十五里又有廢銅窟在縣西三十里稷山縣甘祚鄉有銅冶村絳縣有唐古銅冶在縣南五十里含山谷内垣曲縣有錢坊在縣西北九十二里程子村銅源監内自唐以來絳州舊曾鼓鑄銅錢鑪冶古跡見在其廢已久山澤銅鑛產育必多兼訪知絳州人戶多私採鑄貨賣銅器近年錢

幣闕乏以來亦曾有人獻言乞尋銅鑛烹鑄前後差官尋訪多是不曉事體張皇驚擾私鑄之家避犯禁之罪不肯指引採取又鑛銅側近民居懼見官中興置爐冶各相蔽固並稱無銅所差官員又不盡心多方求訪遂使銅寶不能興發須議專委通幹之官密切求訪者右具如前欲牒絳州管界巡檢孫借職仰細詳前項事理只作界内巡警名目遍至四縣多設方略先且誘購得民間私賣銅器一兩件然後詢求

出鑛之家及細問烹煉之法須使姦民不能隱蔽或須要私鑄之人指引烹煉即設權宜許其免罪或別加酬奬務要求出銅寶不爲民間藏閉候見次第密具公文回申無至張皇悞事者

再乞減配銀狀

右臣近爲三司抛降銀一十萬兩與河東諸州軍配賣臣尋體量得河東諸州軍錢糧各有準備見今不至闕乏民間即目難得見錢遂曾具狀論奏且欲配賣一半乞

朝廷特降指揮與都轉運司後來聞有朝
旨只與減得些小價錢其諸州軍百姓累
經臣告訴並稱銀價雖然不高各爲見錢
難以變轉伏緣河東州軍昨來只是澤潞
兩州二麥大熟晉絳并汾石隰等處係種
麥地分並只熟及三五分其秋稼尋遭夏
旱垂欲焦死近方得雨只可救得四五分
見今物價甚高民間窘急無異凶歲況配
賣銀絹乃是緩急不得已之事今諸州軍
幸各錢糧不闕不必非時抑配重擾人民

只可留之以備緩急若巳知縣官實爲闕乏則勵力供納自不怨嗟以理論之其銀盡可罷配又緣都轉運司巳俵與州軍故臣且乞只配一半日近臣不住見百姓以配銀爲苦巳牒諸州軍且令先配一半其餘聽候朝旨比欲候臣到闕更自論請竊慮臣離河東後轉運司依舊催促盡令俵配伏望聖慈特賜矜恤仍乞檢會臣前後奏狀早降朝旨

再舉米光濬狀

右臣近曽同罪奏舉西頭供奉官閤門祗候米光濬再任岢嵐軍使竊知朝廷爲光濬病患曽加體量臣昨往岢嵐親見光濬絶無病狀體問得去年偶因飲酒暫曽不安竊緣本人有心力會弓馬諳熟邊事善撫軍民況岢嵐當草城川一路地形平坦與北虜止隔界壕不比代州尚有險固捍禦控扼尤藉得人臣甞見朝廷選擇邊將比及於武臣中求得一人常患難得而任使候其知次第亦須年歲之間其米光濬

於武臣之中不易多得李嵩既久又已知次第其人既不病患又無過犯料其替去别得差遣必與今任輕重一般與其移易往來不若責之久任況知光濬亦累曾乞替臣今所舉非徇光濬之私蓋爲邊防之計其米光濬伏望聖慈特加奬擢與優轉一官且令再任以防緩急可以使喚如朝廷遷官及再任後犯入已贓及邊事有所敗悞臣並甘同罪

論礬務利害狀

臣昨準三司牒繳連録到晉州博賣生熟礬始末一宗事理及備録中書批狀牒臣候到河東與施昌言等同共相度經久利害聞奏臣未到河東間施昌言等已一面先具相度申奏訖尋又準中書劄子送下施昌言等奏狀付臣奉聖旨更切相度具經久利害聞奏者臣看詳都運司狀内元牒晉州通判殿中丞榮諲相度事節似有未便遂牒并州通判祕書丞張日用就晉州計會榮諲取索一宗文字子細議定經

久利害尋據張日用狀果與榮諲始初相
度利害不同今具畫一如後
一晉州折博務元定年額錢一十六萬
餘貫自來許客人入中紬絹絲綿見
錢茶貨筭請生櫱上京重别煎煉後
取便賣與通商路分客人後至景祐
四年三司爲客旅並不入銀絹見錢
只將茶貨入納遂額定令客人每年
於晉州折博務入納茶一十萬斤在京
榷貨務入納見錢五萬貫文自此杜

昇李慶等六户管認上件年額錢茶
等請生礬於京師重煎貨賣
一慶曆元年河東都轉運司始於晉州
官置鍋鑊自煎熟礬一面勒杜昇等
六户依舊管認年額錢茶博筭生礬
一面将新煎熟礬别招客旅出賣是
致杜昇等六户稱積壓礬貨出賣不
行累年拖欠課利有煩官司催督及
引惹六户詞訴不絶
一據滎陘元狀内聲說晉州起立煉礬

重煎作明白熟礬貨賣慶曆元年入到絲綿見錢伍萬七千八百餘貫并收在京入納見錢及晉州入到茶錢一十一萬六千八百餘貫都收一十七萬四千六百餘貫慶曆二年收絲綃綿錢四萬二千餘貫并錢茶都收一十九萬五百餘貫慶曆三年收絲綿錢四萬七千餘貫并錢茶都收二十萬五阡餘貫自晉州置煉礬務後来比祖額各有增剩況自六家撲斷

後來景祐四年只賣過生礬五十五萬七千餘斤寶元元年賣過生礬七十二萬二千餘斤寶元二年賣過生礬三十五萬一千餘斤康定元年賣過生礬三十六萬五千餘斤自慶曆元年起置煉礬務重煎後來當年支賣生熟礬八十四萬九千餘斤慶曆二年支賣生熟礬八十五萬五千餘斤慶曆三年支賣生熟礬一百四萬六千餘斤比附未煎已前逐年大有

增剩今相度欲乞依已前體例指揮
在京榷貨務及本州折博務出牓告
示招召諸色客旅投狀在京入納見
錢及取便於晉潞等州入納茶貨金
銀錢帛絲布斛㪷更不限定人數姓
名斤兩多少取便依則例入■博筭請
晉州重煉熟礬兼聞得晉慈州生礬
染麄色亦可以生使並許依則例筭
射興販更不拘定杜昇等六戶認納
年額錢茶仍乞指揮逐戶將煎礬鍋

鑊家事納官今後更不衷私重煎只令晉州煉礬務一面重煎收辦課利

一據張日用狀與晉州通判榮殿丞將慶曆元年置煎礬務後收到課利比對本州煎礬務止賣到折撲見錢五萬七千八百二十三貫八百三十文在京六戸納折到錢一十一萬六千八百三十八貫八百五十文慶曆二年本務止賣到四萬二千一十八貫一百一十文在京六戸收到一十四

萬八千四百八十六貫五十文慶曆
三年本務收到四萬七千二百三十
三貫七百五十五文在京六户收到
一十五萬八千三百四十五貫三百
五十文是煉礬務出賣得錢常少六
户入納數目常多遂將三年置到煎
礬務通比皆不過五萬貫及四萬貫
今年自正月一日至六月終收到入
絲課利錢一千九百五十九貫有零
課利不敷惟是六户逐年納數常多

若遂放令六户逐便必致大段虧少課利況今用兵之際若行寬法客人有利必歲額遂增今將三年止於五萬數目遂便止令官賣必恐大虧年計今乞廢罷晉州煉礬務一就令在京六户管認年額錢茶所貴經久通行逐年入得茶貨充備河東路并汾等十餘州軍支折和糴有備不致悮闕

右謹具如前臣今將三司録到一宗始末文字子細看詳蓋由河東都轉運司改法

官自煉礬出賣見一時之小利致經久之難行從初本爲課額不敷遂定爲錢茶十五萬數許六戶管認即不當更自官賣與其爭利若云官賣有利則六戶便合除免年額臣今看詳滎諲張日用等二人狀內開說自官置煉礬務後來逐年所賣生熟礬折撲到見錢數目蓋是滎諲從初將生熟兩色礬博賣到錢數裒合比筭便謂自起立煉礬務後來年額課利增盈遂欲罷六戶筭請生礬舊額及滎諲再與張日用

等子細將生熟兩色礬課利遞年比類其熟礬自慶曆元年只賣及五萬二年三年已只及四萬貫有零今年自正月一日至六月終半年只賣及一千貫若將生礬貨利與熟礬衮合筭數則似有增盈若各別比較則熟礬賣錢全少又一年虧於一年今若依榮諲罷賣生熟礬即據近年課利虧減次第必慮向去無客筭請虧陷官中年額錢茶臣今相度欲乞官罷自煎熟礬出賣只令杜昇等六戶依舊管認年額入

納錢茶十五萬數將見今晉州已煎下熟礬并生礬相兼其六〻戶本爲官賣熟礬侵爭其利致其積壓貨賣不行今若官罷自賣則六〻戶更難詞說如此則官中雖歲失三五萬貫自賣之利而於錢茶十五萬舊額却有準的不至虧陷必若不欲抑勒六戶認額即乞未立定年額但選差清強官吏㧞新一面博賣熟礬候三二年取一年爲定額蓋緣熟礬見已課利大虧若自新官賣必不能數及遞年與生礬俱賣時常

額免使監臨官吏枉遭決罰年計用度虛爲指準於此二說伏乞朝廷裁擇施行

論西北事宜劄子

臣昨在河東聞北虜事宜說著多端而少實其役兵動衆修城堀壕凢所興爲則有蹤跡昨三月四月之間於北界地名大柳谷銀甕口與蕃族相殺契丹累敗折却主將數人見今抄點中軍秋冬必大交戰此亦說者多同而不虛惟云夾山部落叛歸元昊契丹與西賊相攻又云西賊見在河

灣會劉寨兵馬尤多或云二虜詐謀欲合而攻我此一事則説者雖多而以人情料之皆不可信自西賊叛我以來更事契丹甚謹蓋已與中國交爭則屈己事鄰乃其常理二虜自來未聞釁隙而忽納夾山小族反與契丹立爲大敵但恐元昊黠羌不爲此事以此言之不可信也契丹若寇邊鄙當先自河北不應便出河東若云出吾不意則兵釁未成必未突然入吾險地是北虜必不攻河東矣西賊二年之間累次

遣人通好國家過當許物已多今盟約垂成而忽借契丹數百里之路崎嶇勞師入吾險固以此而言是西賊必不攻河東此其不可信者也然北戎抄㸃人馬聲張已久今漸向秋必已聚集邊臣但見虜兵聚在界上不得不至驚疑唯在朝廷料敵制謀養威持重不爲輕發使虜不可窺則得計矣其密爲禦備次第臣今具管見畫一如後

一據今事宜不問北虜攻夾城與元昊

但不過夷狄自相攻耳然虜兵在我境上不可不爲支準惟當持重以待未宜便若寇至而大集窮邊虛成自擾但訓兵練卒於并忻嵐憲屯結以俟太原去忻州一日半可至忻州去代州一日半可至嵐州去岢嵐一日中可至憲州亦然今以兵屯忻并而應援代州屯嵐憲而應援岢嵐賊至則使代州岢嵐堅壁清野待其師老徐以忻嵐等兵擊之此用兵之法也如

此則虜來不失應敵不來不至虛驚其代州岢嵐但用去年防秋兵數可矣惟治器械擇將帥此非倉卒可辨宜急爲之具

一河東沿邊州軍器械全然不堪臣昨到彼見逐處弓弩無十數枝可施用者問其何故云爲省司惜筋膠支請不得縱支得即角短筋碎不堪使用久無物料修治是致廢壞臣亦知京中筋膠角絶少然若遍支與諸州軍即

恐不及欲乞且只支與沿邊州軍仍乞選差幹事官逐州自遣一員上京支請便令自監脩補其諸州木羽箭臣曾逐色用草人被甲去三十步以硬弩射之或箭幹飛掉不至或箭頭卷折不入甲此乃臨陣悮事之物十無一二堪者惟舊竹箭雖翎損鏃生秀然射之亦能入甲又數目不多亦乞委官揀點脩換

一代州知州康德輿老懦不濟事臣方

欲到京奏乞替却近知已差張亢然
德興却充并代鈐轄只此職亦非德
興所堪乞與一近裏小處知州鈐轄
別選差人

一代州諸寨主監押三十餘員內無三
四人　幹而曉事者伏乞早行替換
仍乞於近日臣寮準密院劄子舉到
堪充將領人內差充寨主監押

一岢嵐軍地接草城川口無險可恃而
城小壕淺須令增城浚壕乞降指揮

下河東那打白草廂軍及本軍係役
兵士早併力脩葺臣曾兩狀奏乞米
光濬且令知軍蓋光濬已知彼中次
第當事宜之際若李緯乍到恐處事
未盡合宜又緯必非岢嵐久住之人
其米光濬伏乞檢會臣前奏施行取
進止

論宣毅萬勝等兵劄子

臣昨準勑差往河東續準樞密院劄子奉
聖旨所到州軍體量諸軍指揮自來習學

武藝并教閱戰陣次第精與未精緩急堪
與不堪陣敵使喚者臣尋至諸州軍令主
兵官吏依常式教閱觀其精粗所用陣法
除四官陣舊法外亦有自爲新陣者大抵
只是齊得進退不亂行伍而已諸處所較
不多其陣法則皆未可用惟有踏硬射親
最爲實藝見今經略司分差主將諸州巡
教以三等弓弩掐試漸次亦當精熟然而
主將不一器械不精此二事須更別爲制
置其諸軍禁兵共九萬五千餘人內駐泊

兵三萬餘人惟萬勝最多最不精本路就
糧禁兵六萬餘人惟宣毅最多最不精　臣
今欲乞定主將精器械此二事條目甚多
容臣續具畫一其宣毅萬勝等兵臣今先
具起請如後
一臣勘會河東駐泊禁兵六十八指揮
共三萬二千餘人內萬勝二十指揮
一萬壹千一百餘人當初招募倉卒
不能精擇此中外共知自到河東已
及三年其射親踏硬弩比初到則漸

慣熟但其人大小強怯不等又不耐辛苦其事藝勉力不及河東最下清邊而料錢請受與最上神衛等見今多差在河外五寨緣請受旣大於他軍則重難倫次須至差撥其使喚乃不及下軍緩急常憂敗悮臣今欲乞於河東見在廂軍三萬人數内揀少壯有勇力者增置清邊及於京師差撥三百料錢禁軍充足一萬人數抵替萬勝抽回兼其人到河東已二年

餘人各有辛苦思歸之意

一臣勘會河東本路就糧禁兵共一百四十九指揮六萬二千七百餘人內宣毅四十四指揮二萬二百餘人宣毅招揀不精無異萬勝惟河東稍勝諸路蓋土人天性勁勇耐辛苦然終是不及自投軍者其農夫生梗難以教訓至今全未堪使喚臣到澤州有一指揮只揀出九十餘人呈教尚亦生疎威勝軍兩指揮內一指揮絕然

不成次第間之云差出近方歸本營蓋河東多將宣毅差在巡檢下及諸處便不教閱臣今欲乞將見在宣毅委河東都轉運使親至諸州將短小怯弱者先揀退充廂軍其餘堪教者不得差往巡檢下及防河寨柵不教閱處專令逐州軍教一二年必漸可用

論麟州事宜劄子

臣昨奉聖旨至河東與明鎬商量麟州事緣臣未到間鎬已一面與施昌言等先次

奏議尋再準樞密院劄子備録鎬等所奏
令臣更切同共從長相度臣遂親至河外
相度利害與明鎬等再行商議乞那減兵
馬人數可以粗減兵費已具連署奏聞此
外臣别有短見合盡條陳其利害措置之
説列爲四議一曰辨衆説二曰較存廢三
曰減寨卒四曰委土豪如此則經久之謀
庶近禦邊之策謹具畫一如後

一曰辨衆説者臣竊詳前後臣寮起請

其説有四或欲廢爲寨名或欲移近

河次或欲抽兵馬以減省饋運或欲添城堡以招輯蕃漢然廢爲寨而不能減兵則不若不廢苟能減兵而省費則何害爲州其城壁堅完地形高峻乃是天設之險可守而不可攻其至黃河與府州各纔百餘里若徙之河次不過移得五七十里之近而弃易守難攻之天險以此而言移廢二說未見其可至如抽減兵馬誠是邊議之一端然兵冗不獨麟州大弊乃

在五寨若只減麟州而不減五寨與不減同凡招輯蕃漢之民最爲實邊之本然非朝廷一力可自爲必須委付邊臣許其久任漸推恩信不限歲年使得失不繫於朝廷之急而營緝如其家事之專方可収其遠効非二年一替之吏所能爲也臣謂減兵添堡之説近之而未得其要

二曰較存廢者今河外之兵除分休外尚及二萬大抵盡河東二十州軍以

贍二州五寨爲河外數百邊户而竭數百萬民財賊雖不來吾已自困使賊得不戰疲人之策而我有殘民歛怨之勞以此而思則似可廢然未知可存之利今二州五寨雖云空守無人之境然賊亦未敢據吾地是尚能斥賊於二三百里外若麟州一議移廢則五寨勢亦難存兀爾府州便爲孤壘而自守不暇是賊可以入據我城堡耕牧我土田夾河對岸爲其巢

况今賊在數百里外泝河尚費於防
秋若使夾岸相望則泛舟踐冰終歲
常憂寇至泝河内郡盡爲邊戍以此
而慮則不可不存然須得存之之術
三曰減寨卒者　臣勘會慶曆三年一
年用度麟州用糧七萬餘石草二十
一萬餘束五寨用糧一十四萬餘石草
四十萬餘束其費倍於麟州於一百
二十五里之地列此五寨除分兵歇
泊外尚有七千五百人别用二千五

百人負糧又有并忻等十州軍百姓輸納外及商旅入中往來其冗長勞費不可勝言逐寨不過三五十騎巡綽伏路其餘坐無所爲蓋初建五寨之時本不如此寨兵各有定數建寧置一千五百人其餘四寨各止三百至五百今之冗數並是後來增添臣謂令事宜稍緩不比建寨之初然且約舊數尚不至冗費臣請只於建寧留一千人置一都巡檢其鎮川中堠

百勝三寨各留五百其餘寨兵所減者屯於清塞堡以一都巡檢領之緣此堡最在近東隔河便是保德軍屯兵可以就保德軍請糧則不煩輸運過河供饋若平日路人宿食諸寨五百之卒巡綽有餘或些小賊馬則建寧之兵可以禦捍若賊數稍多則清塞之兵不失應援蓋都不去百里之內非是減兵但那移就食而已如此則河外省費民力可紓

四曰委土豪者今議麟州者存之則困河東弃之則失河外若欲兩全而不失莫若擇一土豪委之自守麟州堅險與兵二千其守足矣況所謂土豪者乃其材勇獨出一方威名既著敵所畏服又能諳敵情僞凡於戰守不至乖謀若委以一州則其當自視州如家繫已休戚其戰自勇其守自堅又其既是土人與其風俗情接人賴其勇亦喜附之則蕃漢之民可使漸自

招集是外能捍賊而戰守內可輯民以實邊省費減兵無所不便比於命吏而往凡事仰給於朝廷利害百倍也必用土豪非王吉不可吉見在建寧寨蕃漢依吉而耕於寨側者已三百家其材勇則素已知名況其官序自可知州一二年間視其後効茍能善守則可世任之使長爲捍邊之守

右臣所陳乃是大計伏望聖慈特賜裁擇若可以施行則紓民減費之事容臣續具

條列取進止

乞罷鐵錢劄子

臣準中書劄子備録臣寮四狀並為上言河東大小鐵錢事奉聖旨相度利害聞奏者臣尋至河東取索晉澤二州鑄錢監及諸州軍見使鐵錢數又將都轉運司供到慶曆三年一年都收支錢數約度用度多少及探問軍民用鐵錢便與不便今具利害畫一如後

一見在大小鐵錢數大鐵錢自起鑄至

目下共鑄到四萬四千八百餘貫小
鐵錢自起鑄至目下共鑄到二十一
萬七千七百餘貫是大小鐵錢未及
六十萬貫銅錢數見在官私行用
一大小鐵錢官本及淨利數目晉州大
錢計用一萬七千八百餘貫省陌銅
錢官本鑄成大錢二萬八千八百餘
貫當二十八萬八千餘貫銅錢凡用
一萬七千餘貫本得二十七萬餘貫
利其利約一十五倍有餘晉州小錢

計用四萬六千貫足陌銅錢官本鑄成一十一萬四千五百餘貫凡用四萬六千貫本得六萬八千餘貫淨利其利一倍有餘澤州大錢計用六千四百餘貫省陌銅錢官本鑄成大錢一萬六千餘貫省當一十六萬餘貫銅錢凡用六千四百餘貫本得一十五萬三千八百餘貫利其利二十三倍有餘澤州小錢計用九百八十貫省陌銅錢官本鑄成四千餘貫凡用

九百餘貫本得三千餘貫利其利兩倍

一都轉運司一年支收錢數實收諸雜課利客便賣鹽礬斗秤夏秋秘出糶斛斗賣疋帛絲綿銀進納雜收等錢二百一十七萬二千二百三十貫實支係隨衣添支特支料錢旬設公使國忌獄空祭神地里脚錢買羊馬糧草客便招軍人户和糴礬本雜支等錢一百九十九萬八千四百一十四貫

右謹具如前臣今相度大小鐵錢其可廢

者有五據都轉運司慶曆三年一年支收實數比筭實收二百一十七萬二千餘貫實支一百九十九萬八千餘貫是每歲只將河東一路實收錢支遣自足外尚有一十七萬四千餘貫剩數其大小鐵錢可以罷鑄一也小鐵錢將本利計筭其利甚薄不過一倍略將鑄造工課約筭兩監逐日共鑄不過四百貫文一歲不過鑄得十六萬貫內除約六萬貫爲官本外只獲淨利十萬貫若罷大錢而只用小錢是一歲爲十

萬貫錢而壞銅錢舊法陷民刑戮者不絕其大
錢利既博至二十餘倍議者皆謂其利厚於
黄白術雖有死刑不能禁止臣昨在河東於提
刑司取索得犯私錢人數已五火自臣出界後
又續供到新捉獲二火是小錢利薄不足鑄大
錢犯法者日漸多皆可以罷鑄二也今開厚
利之門而致人死法則誘愚民以趍死若貸其
死則犯者愈多急於捕察則良民一例擾擾縱
而緩禁則民不勝姦是深法不可緩法又不可
捕察又不可縱之又不可以此而言其可罷三

世用之既久幣輕物貴惟姦民盜鑄者獲利而良民與官中常以高價市貴物是官私久遠害深其可罷四也臣勘會河東十九州軍九四十九處刱新開沽酒務據轉運司供到每月約收二萬貫有餘計一歲合得二十四五萬貫又麟州元許入中七萬石斛㪷昨來爲入中數多無處收貯見移於府州入中日近明鎬又減放馬軍歸京是利入之數漸多用物之兵日減此其可罷五也今見在官私鐵錢共不過六十萬數既未多罷之甚易況河東一路二十二州軍贍

廂禁兵共十二三萬略計所闕不多不比陝西事體其大小鐵錢伏乞特罷鑄造行用取進止

麟州五寨兵糧地里

河外糧草共一百一十九萬三千七百石束

糧三十四萬一千三百石

草八十五萬二千四百束

已上六月中旬見在馬料不在數

河外馬步禁軍一万八千三百一十一人

馬軍二千一百三十六人 馬一千四百五十三疋

步軍一萬六千一百七十五人

麟州

糧一十四萬四千七百石 支本州三年

草二十三萬四千九百束 支本州一年

四千六十一人

臣今欲乞留二千人

至麟州三十三里

鎮川堡

糧一萬六百石 支本堡一年

草一萬五千一百束 支本堡三箇月

一千二百人

臣今欲乞留五百人

至鎮川三十八里

建寧寨

寧十三里

糧一萬九千四百石 支鎮川一年十一箇月

草五萬二千三十四束 支鎮川十一箇月

二千七百八十八人

臣今欲乞留一千人置寨同巡檢一員領之

南

粮二十萬一千七百石

草七萬六千三百束

中堠寨 至建

糧一萬三千八百石

支建寧六箇月

草一萬六千束

支建寧三箇月

七百二十七人

臣今欲乞留五百人

至中堠三十里

百勝寨

粮七千五百石

支中堠一年兩箇月

草二萬四千五百束

支中堠三年十一箇月

一千二十六人

臣今欲乞留五百人

至百勝二十里

黄河東西流

清塞堡

糧八千三百石

支百勝十箇月

草七千六百束

支百勝六箇月

一千七百七十七人

臣今欲乞將麟州并四寨所減五千三百人於此寨及保德軍駐劄緩急應副四寨及麟州其兵并清塞本兵共七千人仍乞置五寨都司巡檢二員分領之

至清塞三十里

府州

糧一十三萬七千石

支一年一箇月

草五十萬二千束

支一年六箇月

六千七百三十二人

臣已與明鎬等共奏乞減一千人過河屯嵓嵐軍。

本州并清塞兵見過河於保德軍請此糧草不曾支動

乞免諸州一年支移劄子

臣昨至河東體訪一路百姓貧弊勞擾本爲河外麟府二州闕少軍糧遂於近裏二十州軍遍相支配今來麟州見在兵馬糧可支三年府州見有一十三萬石不支糧米諸寨各有糧不少兼臣將慶曆三年轉運司拋配秋稅支移數目勘筭得今年博糴斛斗可以減放和糴可以不支過河如此則少紓民困大息怨嗟其科配減放次第今具晝一如後

一河外麟州見有三年糧府州兵士見於河南保德軍請給府州見有不支糧一十三萬石

一去年并忻嵐憲石州岢嵐火山寧化保德等軍凡九處和糴斛斗共十四萬二千餘石支往河外麟府二州送納今來河外糧斛已多上件九州軍和糴只乞於保德軍送納

一去年并忻汾遼潞晉絳澤石隰慈等州威勝平定軍凡十三處博糴斛斗

共一十七萬六千餘石往保德軍送
納令來河外既不支移那得并忻等
九州軍和糴十四萬石於保德軍納
則此十三處博糴可以減放

乞不配賣醋糟與人户劄子

臣昨至忻州見百姓人户經臣出頭怨嗟
告訴爲轉運司將十五年積壓損爛酒糟
俵配與人户要清醋價錢緣已配納了當
臣方欲奏乞今後不得抑配續據石州狀
申本務見管醋糟六千餘石本州見取索

在州及諸縣坊郭鄉村酒戶等第及州縣色役公人姓名欲行俵配次其糟每𣁽價錢二十五文足陌緣臣已離河東只曾行移文字且令未得俵配別候指揮臣欲乞特降朝旨下轉運司今後醋糟只許官務造醋沽買及令百姓取便買糟醖醋不得抑配人戶其糟所得之利不多但虛爲擾擾以歛怨嗟伏望聖慈特賜矜免其石州醋糟尚慮本州已行俵配即乞特與減落一半價錢令漸次送納

河東奉使奏草卷上

紹熙五年十月郡人王伯芻校正

義勇指揮使代貧民差役奏狀

小處（小疑作少）客户充役（此下空處疑是勾字）

乞減配賣銀五萬兩狀 將巳分銀（銀字上脫配字）

論礬務利害狀 都運司（都字下疑脫轉字）今後更不（此下脫許字）煉礬出賣（此下一有徒字）罷賣生熟礬（一作罷生礬只賣熟礬）

論麟州事宜劄子 合盡條陳（一本以盡字爲畫一）巡綽（長編作皷下同）坐無所爲（坐一作別）

乞罷鐵錢劄子 出糴斛斗（糴疑作糶）

乞不配賣醋糟劄子 沽買（買疑作賣）

河東奉使奏草卷下　　歐陽文忠公集一百十六

乞減放逃戶和糴劄子

臣伏見河東百姓科配最重者額定和糴糧草五百萬石往時所糴之物官支價直不虧百姓盡得茶絲見錢自兵興數年糧草之價數倍踴貴而官支價直十分無二三百姓每於邊上納米壹斗用錢叁伯文而官支價錢三十內二十折得朽惡下色茶草價大約類此遂致百姓貧困逃移而州縣例不申舉其本戶二稅和糴不與開閣稅則戶

長陪納和糴則村户均攤已逃者旣破其家而未逃者科配日重臣至代州崞縣累據百姓陳狀其一村有逃及一半人户者尚納全村和糴舊額均配與見在人臣兼曾差大理寺丞史譚檢得嵐州平夷一縣已逃未檢人户共四十一户諸州似此者甚衆臣今欲乞下轉運司差清幹官三兩人於并代等十五州軍係有和糴處檢括已逃人户其逐户下二稅和糴額定數目並與倚閣候招輯得人户歸業各令依舊均配仍許諸縣人户見均攤

着和糴及户長陪納逃稅者列狀自陳所

貴重困之民免此重疊科配

請耕禁地劄子

臣昨奉使河東相度沿邊經久利害臣竊見河東之患患在盡禁沿邊之地不許人耕而私糴北界斛斗以爲邊儲其大害有四以臣相度今若募人耕植禁地則去四大害而有四大利河東地形山險輦運不通邊地既禁則沿邊乏食每歲仰河東一路稅賦和糴入中和博斛㪷支往沿邊人

户既阻險遠不能輦運遂賫金銀綃銅錢等物就沿邊貴價私糴北界斛㪷北界禁民以粟馬南入我境其法至死今邊民冒禁私相交易時引爭鬬輙相斫射萬一興訟遂構事端其引惹之患一也今吾有地不自耕植而偷糴隣界之物以仰給若敵常歲豐及緩法不察而米過吾界則尚有可望萬一虜歲不豐或其與我有隙頓嚴邊界禁約而閉糴不通則我軍遂至乏食是我師飢飽繫在敵人其患二也代州背

嵐寧化火山四州軍沿邊地既不耕荒無定主虜人得以侵占往時代州陽武寨爲蘇直等爭界訟久不决卒侵却二三十里見今寧化軍天池之側杜思榮等又來爭侵經年未決岢嵐軍爭掘界壕賴米光濬多方力拒而定是自空其地引惹北人歲歲爭界其害三也禁膏腴之地不耕而困民之力以遠輸其害四也臣謂禁地若耕則一二歲間北界斛斗可以不糴則邊民無爭糴引惹之害我軍無飢飽在敵之害

沿邊地有定主無爭界之害邊州自有粟則內地之民無遠輸之害是謂去四大害而有四大利今四州軍地可二三萬頃若盡耕之則其利歲可得三五百萬石伏望

聖慈特下兩府商議如可施行則召募耕種稅入之法各有事目容臣續具條陳取

進止

乞減樂平縣課額劄子

臣昨至河東據平定軍知樂平縣孫直方狀爲本縣酒稅課利錢舊額四千一百餘

貫本縣不當驛路舊有兵士四指揮軍營在縣自慶曆三年三月内移起軍營往并州在縣只有居民百餘户人煙旣少客旅不來酒稅課利無由趁辦本軍亦曾申奏乞行減額省司下轉運司保明尋蒙轉運司令將起移軍營後一年比較重立祖額只及二千八百餘貫亦曾差遼州知州孟濟定奪及轉運司保明申省省司指揮勒本縣收趁課利不得減額臣勘會平定軍樂平縣最處孤僻若無軍營人户絶少實

難趂辦課利見令專副等逐月逐季逐年各有比較決責未嘗虛日及虛令監官殿降考第臣今欲乞特降勑旨下轉運司令自起却樂平縣軍營後來一年内所収課利立爲祖額與免舊額虛數所貴專副不至重疊被刑監官虛負殿罰取進止

乞放麟州百姓沽酒劄子

臣伏見麟州元是百姓沽酒自經事宜後來轉運司擘畫官自開沽臣昨令本州勘會一年自去年十二月開沽至今年六月

用米麴本錢三千五百貫所收淨利只及
一千八百貫然官私勞費不少自并嵐等
州造麴千里般運又配百姓造酒黄米遠
行輸納麟州自經賊馬後來人户纔有三
二百家又榷其沽酒之利市肆頓無營運
居者各欲逃移今來麟州既不移廢則凡
事却須葺理其沽酒之利官中所得不多
而勞費甚大臣今欲乞令百姓依舊開沽
所貴存養一州人户漸成生業今取進止

舉孫直方奏狀

右臣伏見平定軍知樂平縣事著作佐郎孫直方進士及第爲性明敏有吏材臣昨至河東備見直方治縣事善狀臣今保舉堪充大藩通判無臣勘會代州通判李舜元到任已及二年三箇月有餘見今北面事宜代州最爲要地尤藉得人伏乞就差孫直方充代州通判如後犯正入己贓及職事敗闕並甘同罪謹具狀奏聞

條列文武官材能劄子

臣昨奉勑差往河東體量得一路官吏才

能善惡其間文武官共二十五人各有所
長堪備任使今具姓名條列如後
一戰將八人緩急可以使喚
如京使孟元知兵書踈財善撫士然
未經戰陣
内殿承制郝質沉厚有勇善用兵累
經戰陣
北作坊使田朏有勇累戰有功
崇儀副使王吉臣已有論薦
禮賓副使張岊河西人有武勇智謀

善戰

百勝寨主折繼長有勇好戰曾立功

權鎮川堡陳懷順府州人有勇好戰

麟州兵馬都監田嶼有勇好戰

一武臣中材幹者三人

岢嵐軍使米光濬已曾薦舉

知保德軍劉承嗣

建寧寨主陳昭蕭有勇好戰未曾經

行陣

岢嵐軍五谷巡檢夏侯合

一通判中五人可以升陟差使

并州通判祕書丞張日用通曉民事

嵐州通判殿中丞董沔清潔勤於吏事

寧化軍通判大理寺丞武陶勤幹

屯田員外郎麟州通判孫預清勤

保德軍通判賛善大夫吴中廣幹

一知縣令州縣職官中材幹可用者九人

著作佐郎知平定軍樂平縣事孫直方

代州崞縣令王旭

府州簽署判官公事史譚

絳州稷山縣令劉處中

潞州屯田縣令張曜縣尉王荀龍

大理寺丞知并州陽曲縣事張景儉

知并州大谷縣張伯玉

大理寺丞知榆次縣吳天常

岢嵐軍嵐谷縣尉安吉

右謹具如前伏乞聖旨送中書樞密院記録姓名差使令取進止

舉劉羲叟劄子

臣昨奉勑差往河東伏見澤州進士劉羲

叟有純朴之行爲鄉里所稱博涉經史明
於治亂其學通天人禍福之際可與漢之歆
向張衡郎顗之徒爲比致之朝廷可備顧
問伏乞特賜召試或不如所舉臣甘當朝
典今取進止

繳進劉羲叟春秋災異奏狀

右臣近曾薦舉澤州進士劉羲叟學通天
人禍福之際如漢歆向張衡郎顗之比乞
賜召試升之朝廷可備顧問臣今有收得
劉羲叟所撰春秋災異集一冊其辭章精

博學識該明論議有出於古人文字可行於當世然止是羲叟所學之一端其學業通博詰之不可窮屈其文字一冊臣今謹具進呈伏望聖慈下兩制看詳如有可採乞早賜召試謹具狀奏聞

論代州開壕事宜劄子

臣昨到代州見其城壁甚堅壕雖三重而地高無水惟一面有城中弃水停聚其壕不足恃以爲固然尚爲三重高下相連猶可以隔奔突近年有臣寮擘畫欲掘出重

岸通爲一壕以臣相度若壕無水而通爲一則坦爲平地不異無壕又工料極大去年大役鄉兵所開未及三二分又治險爲平非自固之計兼工大猝難了當虚勞人力欲乞特賜止絶取進止

舉張旨代王凱劄子

臣昨至河東伏見西京作坊使王凱見在麟府路勾當軍馬司公事此一職乃是河外將領其任非輕凱雖將家姿性柔謹雖閫前後累經戰鬬而詢訪彼中衆議皆云得

功非實冒賞最多見今勾當軍馬一司雖無大過而軍民將校不得其情衆口紛然莫能服衆臣亦累詢其緼畜絶無所長緩急邊防事宜必不能指揮諸將奮勇立功況其在彼將及二年伏見河東提點刑獄職方員外郎張旨爲人有心力膽勇材幹可稱先在府州經第一次圍閉倉卒之際應變有謀至今府人思之不已兼諳知邊事曉達軍情臣今保舉堪充邊將任使欲乞特出聖恩與超换一近上使名令代

王凱庶幾緩急可捍邊防如蒙朝廷擢用後犯正入己贓及邊事敗悞臣並甘同罪今取進旨

論不才官吏狀

臣昨往河東一路所見官吏內有全然不任其職須至替移者今具姓名如後

一知澤州度支郎中直史館鮑亞之年老昏昧視聽不明行步艱澁本州職事全然不治昨轉運使劉京至澤州決遣公人手分六十餘人兼信縱手

分折諸縣村學要蓋州學及斂掠人户錢一千餘貫充蓋造州學使用等事件甚多其人西京廣有家活而昬病之年貪禄不止伏乞轉與一致仕官

一知汾州虞部郎中范尹年老昬昧不能檢束子弟在州販賣攙擾人民伏乞特與一致仕官

一憲州通判國子博士劉與年及七十行步艱難精神昬昧雖已得替伏乞特與一致仕官

一平定軍樂平縣監酒借職石貴本是軍中出職因捉賊不獲降充監當其人不識字又是獨負[illegible]如允臣所奏乞下樞密院三班著爲定令

右謹具如前今取進止

乞罷刈白草劄子

臣昨至河東問得去年轉運司擘畫於諸州軍差兵士收刈白草數目雖多然其害不淺臣所過州軍皆稱白草爲患蓋河東山嶮地土平闊處少高山峻坂並爲人戶

耕種惟荒閑草地去人絶遠兼又不多兵士收刈般擔地里闊遠工課不辦其兵士往往逃亡州縣遂差鄉兵及村民配數般擔百姓避見遠般辛苦褁費又多遂只將稈草送納非次更成一重科配其納下真白草者支與軍人餵馬不及稈草又皆不樂及草場中不耐停留專副有損爛陪填之患兼虛占却雜役兵士諸處脩補城壁諸般工役處處闕人不便事多臣今略舉數事如後

一據遼州狀分析勘會在州及外縣寨專副楊聶等下山白草共肆萬柒阡伍伯陸拾肆束内在州每月約支叁伯壹拾叁束及外縣寨每月約支壹伯肆拾餘束約得向去捌年零柒箇月支遣其上件山白草自去年八月已後至年終本州及外縣鎮差兵士并散從官步奏官承符手力諸色公人等入山收刈到逐旋般運赴場送納積疊收管其上件山白草若經令夏

雨水必是大段損爛不堪經久存留
委是詣實
一臣昨六月中旬内至保德軍聞得本
處白草差百姓公人般擔至今尚未
了疑其白草是去年秋間刈下積露
田野必須損爛因採問得村外白草
已並無其差配着擔草人户却於請
白草兵士處旋買納官每一馱子三
百文省
一據岢嵐軍狀白八月二日起首至十

月三日住止元差兵士一千三十八人至放散日逃亡一百三十六人只有九百餘人入役收刈到草玖萬二千九百餘束將軍人請受諸般錢物計七千三百七十二貫文若比筭買草價錢每束及七十九文省

一平定軍元差宣毅兵士刈草本軍爲兵士辛苦逃亡及自縊者一月中四五十人遂放散兵士差兩縣村民往往只將稈草送納忻州亦爲刈下無

人般擔配與百姓人戶亦多將稈草
送納
右具如前其諸州軍各稱白草不便不能
一一條列伏乞特降朝旨速令止絶緣臣
昨七月初離汾州見轉運司已抽晉絳兵
士稱於沿邊刈草竊恐即今已下手收刈
乞早降指揮放散況勘會本路一年秋稅
和糴等草共五百餘萬束慶曆三年一年
只支四百餘萬今年馬軍抽減歸京後馬
數少於去年其稈草等數必不至闕少今

取進止

乞免浮客及下等人户差科劄子

臣昨見河東人民疲弊道路怨嗟蓋自兵

革一興調斂繁重今兵未能減用未能節

但當卹其貧困稍得均平則民力粗寬怨

嗟可息往時因爲臣寮起請將天下州縣

城郭人户分爲十等差科當定户之時槩

其官吏能否有只將堪任差配人户定爲

十等者有將城邑之民不問貧窮孤老盡

充十等者有只將主户爲十等者有并客

户亦定十等者州縣大小貧富既各不同而等第差科之間又由官吏臨時均配就中僻小州縣官吏多非其人是小處貧民常苦重斂河東諸州并州最大遼州最小并州客户不入等第遼州盡入等第臣昨至遼州人户累有詞狀遂牒本州據州狀稱檢估得第七等一户高榮家業共直十四貫文省其人賣松明爲活第五等一户韓嗣家業二十七貫文第八等一户韓祕家業九貫文第四等一户開餅店爲活日

掠房錢六文其餘嵐憲等州岢嵐寧化等軍並係僻小凋殘之處其十等人戶內有賣水賣柴及孤老婦人不能自存者並一例科配臣勘會慶曆三年一年諸州軍科配惟并遼州火山軍三處第九第十兩等人戶免得配率若并州免得則他處豈可不免蓋由官吏臨時均配是致不均臣今欲乞特降朝旨下河東路一縣將貧民下戶減放差配今具畫一如後

一并州最大在城浮客不入等第遼州

最小縣郭浮客盡充等第臣今欲乞
将遼州客戶比類并州特與放免等
第其岢嵐保德軍嵐忻等州亦有浮客
充等第者縁彼處浮客當屯兵之地
經營物力過於主戶尚堪差配遼州
荒僻與近邊州郡不同乞特與放免
一臣體問得河北陝西二路州縣科配
止於第六第七等今河東除并遼火
山三處外並差配下及十等臣今欲
相度并晉絳潞汾澤等六州在河東

物力比他州富實其第九第十兩等人户乞與免差配其餘州軍第八第九第十三等人户並乞特與放免差配取進止

乞免蒿頭酒户課利劄子

臣竊見河東買撲酒户自兵興數年不計遠近並將月納課利支往邊上折納米粟近又轉運司擘畫將課利稍多者四十九處並已官自開沽其餘衙前百姓買撲者皆是利薄之處其衙前公人差遣重難百

倍往日而酬奬場務有利處官已奪之其見今利薄場務又更有邊遠折納陪填之費兇欠課額破家業被鞭扑不堪其苦其百姓買撲者自兵興以來苦於支移輸納並無人肯承替有開沽五七年十年已上者家業已破酒務不開而空納課利民間謂之萬頭供輸臣昨至忻州據百姓陳明狀稱元有盖順天禧四年買撲酒務至乾興元年身死家破什保人陳明等萬頭代納至今二十五年臣遂差崞縣令王旭於忻

代二州一一點檢酒户見今開沽及即目
正名身死人户蒿頭代納者尋據王旭狀
列一十八户係正名身死什保人開沽送
納十二户係並無人開沽只是什保及干
繫公人里正等陪納及什保人家破後來
承買什保人産業户下蒿頭代納臣略行
勘會二州已有三十户則諸州其數極多
臣今欲乞下轉運司差官遍詣諸州點檢
應有蒿頭供納者並與開閣放免係代保
人開沽并正名買撲見開沽人並乞特與

榷免支移邊上三二年所貴利薄酒户稍
獲寬舒況今沿邊粮儲不至闕少

舉陸詢武劄子

臣昨奉使河東得西頭供奉官并代州駐
泊都監米光濬西京作坊使并代州鈐轄
王凱四方館使并代州鈐轄張亢内殿承
制并代州都監鄜貲供備庫使并代州都
監田朏崇儀副使麟府路都監王吉等六
狀各爲進士陸詢武有材勇久在邊上累
曾隨諸將戰闘乞朝廷録用臣亦曾召詢

武詢問其人曾應進士舉熟知邊事通習兵書善弓馬有膽勇伏乞朝廷特賜收録與一借奉職或縣尉名目安排令於邊防或内地多賊縣分展効如後本人犯入己贓及不如舉狀臣並甘同罪今取進止

論舉官未行劄子

臣近曾有劄子奏舉河東路提點刑獄張旨乞超换一近上使額替王凱勾當麟府路軍馬公事兼奏舉平定軍知樂平縣孫直方堪充代州通判替李舜元各未蒙朝

廷擢用臣伏見近日保州兵士作過與國家生一大患只爲知州通判非人不能早察軍情制於未亂朝廷以此可爲鑒戒王凱在河外不得軍民之情及李舜元不曉邊郡事體臣所舉張旨孫直方　無僥倖但以臣忝在兩制奉朝命巡行邊郡所見官吏能否合有陳列兼臣並是同罪保舉伏望朝廷特加信納其張旨孫直方早與升擢移換

論永寧軍捉獲作過兵士劄子

臣近據永寧軍捉獲作過兵士已曾具結
集作過因依聞奏訖蓋以河北屯聚兵馬
雖多自來未有威名將帥鎮撫而卒士驕
很相習爲常昨自保州變亂之後安肅軍
衛州通利軍等處相繼結集不已只如今
來趙牧等本亦別無酷虐情狀只是偶然
東試不當況自有部署轉運提點刑獄司
等處自可依公論訴豈得小不如意便謀
結集以此見雖是官吏乖方亦由驕兵好
亂臣伏見有唐驕兵逐帥之禍起自河北

始務姑息養成大患況今河北爲國家重地事之利害所繫不輕尤宜遠慮周思防微杜漸今官吏敗事偶寬責罰未至失刑若驕兵過示姑息一啓其端則他時有不可制之患昨保州之事知州通判並遭殺害其餘官吏各重行責降至今保兵自爲得志動皆引以爲言而即目統兵之官亦自始以爲戒軍威日削士氣益驕今永寧之事亦因茲而馴致也其趙牧等雖爲可罪若便重行黜責則河北驕兵結集竊恐自

此漸多開啓其端養成後患以此而言趙牧等可罪之人誠不足惜所可惜者朝廷事體也其趙牧等欲乞候斷訖作過兵士且與移一河北隣近依舊資序差遣不使驕兵得志而後患轉滋必欲更行移降事朝旨定逾時亦未爲晚

河東奉使奏草卷下

右河東奉使奏草一卷按
仁宗實録慶曆四年四月己亥
上謂輔臣上封者數請廢麟州以其饋糧勞民利害如何章得象曰麟州四面蕃漢户皆爲元昊所掠今野無耕民一路困於饋運欲更爲寨徙其州少近府州以省邊民之役
上曰州不可廢但徙屯軍馬近府州别置一城亦可紓患乃命右正言知制誥知諫院事歐陽脩往河東與轉運司同計置沿

邊糧草初本路轉運使張奎鑄鐵錢於晉州民多盜鑄而知并州楊偕請從麟州於合河津又晉州礬課歲虧併下脩計度之此卷乃當時奏報也按公乞罷刈白草劄子云七月初離汾州又水谷夜行詩我來夏云初素節今已屆殆以是月末至闕八月復出爲河北都轉運使當時行狀墓碑不云有河東河北奏草惟摘取其要切數篇入奏議集今既備載二書則奏議不必重出止就逐卷存其事目使來者有考焉

又　仁宗實録及李燾長編所收間與此小異蓋經史氏筆削詳具奏議第十六十八卷後

舉米光濬狀末云今欲具狀奏聞相度銅利欲牒孫廻檢或者除去欲字是未知古今具槀吏文如此既云奏草自不須去

條列文武官材能劄子可幹者九人雖是九項而有十人姓名見本文

論永寧軍捉獲作過兵士劄子此是河北事而元本載之河東奏草未詳

始以爲戒始字恐誤

（宋）歐陽修 撰

宋本歐陽文忠公集

第一八册

國家圖書館出版社

第一八册目録

表奏書啓四六集卷第七　歐陽文忠公集九十六

與晏相公殊書　皇祐元年知潁州日

春暄伏惟相公閤下動止萬福脩伏念曩者相公始掌貢舉脩以進士而被選掄及當鈞衡又以諫官而蒙奬擢出門館不爲不舊受恩知不謂不深然而足迹不及於賓階書問不通於執事豈非飄流之質愈遠而彌踈孤拙之心易危而多畏動常得咎舉輒累人故於退藏非止自便今者偶因天幸得請郡符問遺老之所思流風未

遠瞻大邦之為殿接壤相交因得自伸懇悃之誠庶幾少贖曠怠之責伏惟相公朝廷元老學者宗師尚屈蓄宣行膺圖任伏惟上為邦國倍保寢興企望旌麾無任激切

答胡秀才啓 當是從官在朝時

脩啓竊以考行選賢故人得脩而自厚論才較藝則下或銜巳而忘廉誠誘養之道殊致進趨之勢異寖久之俗益薄惡而可嗟習見為常遂安恬而不恠伏以秀才學優墳史詞富文章能力行以自強方韞藏

而待價豈期誤舉遂爾遺材惟賢食之不
家顧良時之難得譬夫餓者雖恥嗟來因
而無言亦將不及既一慭之莫恐遂兩訟
以交興逮乎究窮果自明白矧朝廷之選
士惟寒俊之是先雖爾初屯理將後得必
也涖官學古為政臨民當獄訟而平心視
斯為戒利公家而忘己効此必爭苟終身
之不回雖（一作維）一眚之何患如此則圭璧
之玷猶或可磨日月之更其將皆仰至於
較定能否明辨是非形長者豈度之私貌

妍者非鑒之惠但慚淺識惟竭至公漁者
讓泉思古人而莫見私門受謝亦鄙志之
不為

辭副樞密與兩府書 嘉祐五年十一月

右脩啓伏奉制命特授依前官充樞密副
使者聞命若驚撫躬無措伏念脩稟生孤
苦賦性拙踈才不足以適時少本無於遠
志早迫逮親之祿學為應用之文而自叨
塵侍從之聯荏苒歲月之積初無實効少
補明時中被謗讒固多憂而速老素非強

力加困病以成衰白首禁林厚顏時彥方

歘自請江湖之上漸謀田畝之歸屢瀝危

誠未蒙恩許敢希聖選登貳樞庭夙夕內

循俯仰惟懼已形懇奏期必寢停伏望昭

文相公借以閔憐察其悃迫幸因對見特

為開陳俾遂牢辭庶安常分謹奉狀披聞

又謝兩府書 同前

比者叨膺聖選俾貳樞庭渙命已行循涯

匪稱伏念脩學非臻輿才不逮中仰屬昌

期猥塵膴仕抱孤忠而自許顧獨立之易

危竊比古人每常嗟其選懦有志當世徒
自愧於衰遲雖策厲之愈勤信技能之奚
取久尸厚祿進無補於高明屢乞方州冀
漸謀於退縮敢期誤寵繆及匪才葢此伏
遇昭文相公叶贊大猷翊宣元化為時柱
石持物權衡急於甄才過及庸品第堅一節
力勉不能上禀聰睿之知次荅陶鎔之賜

謝參政與兩府書嘉祐六年閏八月

寵兼憂而並至恩與責以俱深叩讓靡從
撫循無措伏念脩稟生孤懦賦識迂愚力

微非致遠之才學陋無適時之用徒緣士類早借稱揚幸會聖時過加奬擢既叨塵於侍從遂竊與於謀謨待罪樞庭顧無分（一作功）而可錄備員政府用累日以叙升豈惟致寇之虞奚逭曠官之誚此蓋某官心存體國道廣濟時謂庶政之交修必群材之慱取誤加品目俾玷光靈雖冥拙之無知豈忘感勵茍疲駑之可策尚冀消塵鄙訥之誠敷陳罔罄

回池州呂侍讀溱謝到任書

伏承祇奉明恩已臨善治雖未充於士望
聊有漸於後亨深慮危心君子固嘗多難
處窮與否昔賢因以知人矧遠器之莫量
佇華塗之歸踐過承謙挹曲損諭言感愧
之誠敷宣罔既春和在候福履增休

英宗覃恩轉官回前兩府賀書

叨膺渙渥敘進官聯祇荷恩榮豈任戰懼
伏念某識非周物學不逮人蒙先帝之誤
知自諸生而奬擢久塵侍從蔑著毅猷不
圖衰病之齡進備政機之貳幸久安於無

事容充位以素餐未知報國之方遽結遺
弓之恨屬皇明之繼照均慶萬邦發大號
以惟新推恩一切致兹濫及莫獲懇辭内
省庸虛實虞顛覆此蓋某官爲時元老協
德一心言成華袞之文志樂菁莪之育加
品目遂至叨踰方懷感勵之私遽辱誨存
之枉佩銘悚愧交集襟靈

回文相公辭起復使相判河南書

伏承光奉制書起從哀次秉皇馳賀特辱
貽函伏惟留守太師相公望重縉紳道高

巖廟出處之際繫中外之重輕弛張有宜兼將相之文武蔚為元老東在先朝雖孝性之隆專守經而執禮而權時之制或以義而斷恩副聖君仄席之思見忠臣許國之急諒難遵於固避幸勉屈於至情修方與蒼生同茲引領邊遽頻誨諭但極感悰

回富相公書

衞 辭樞密使書 嘉祐八年五月

此者伏審光膺制命登贊國機渙號始行群情胥悅伏惟樞密相公縉紳舊德社稷元勳維石巖然朝廷以為輕重長城隱若

中外繫其安危嚮向執禮以居憂重於至性之難奪聖君反席而勞想樞庭虛位以待賢自聞召節之來歸故雖行路而相慶矧惟庸昧早辱知憐幸陪副貳之聯得企光塵之末賴庇冀逃於罪戾望賜有過於蒼黔敢謂謙撝例貽誨翰罔知承命但極感悰

又回富相公謝書 同前

伏承顯奉制書茂膺寵數伏惟歡慶伏惟樞密太師相公學優孔孟道協皐夔屏于

萬邦申伯之兼文武秉手一德仲山之不剛柔嘉謀早著於先朝時望久隆於巖石屬嗣聖繼明之始乃宵衣講治之初首速元臣來還宰席三接之際群心以安出納樞機雖爲於要任調和鼎鼐當正於鴻鈞始塞輿談實非私論敢期讜眷曲示誨函既深抃躍之誠復積悚銘之抱

回鄭獬錢公輔二舍人謝新除書

伏承顯奉制恩陞華禁掖允膺聖選式協輿談朝廷之體尊嚴王者之居淵默德澤

宣布必使入人心之深號令發揮而能鼓
天下之動惟是代言之任實資博古之英
伏惟某官履行敦方材猷敏茂藹一鄉之
佳譽掩衆俊以名科通達古今固已優游
於儒學出入侍從是宜顧問於清閒果被
僉俞並司典訓諫萬方之視聽追三代之
文章遂陞榮塗益奮賢業共慶得人之盛
方深竊抃之私遽辱謙撝特貽誨翰感銘
之素敷敘奚殫

回皇子 神宗 辭使相封淮陽郡王

書　嘉祐八年九月

伏承光奉制書峻膺寵數伏惟驩慶竊以
命官有秩正上下之等威制禮緣情以親
踈而隆殺惟是國家之舊典蓋推天下之
至公郡王相公識禀誠明學窮原本篤於
樂善因天性之自然舉必有儀秉君子之
常德地崇冢嗣望著宗英薫陞將相之榮
顯被山川之錫有光典册允叶朝僉豈謂
仁私曲貽誨翰感銘之素敷述奚殫一一

與安撫密學啓

伏自安撫密學顯奉寵靈出分寄任邊旷
被德蔚興襦袴之謡宸眷倚材隱若金湯
之固實藉威名之重即疇勳績之華入踐
廊廟之崇以副搢紳之望祁寒在候福履
凝休瞻頌傾虔罔殫庸鄙

賀延州程太尉戩加節度使再任

啓 治平元年

伏審賜節中宸建侯鉅屏伏惟慶慰恭惟太
尉閤下剛明稟哲純一端誠嘉猷夙著於本
朝韙望尤先於舊德久鬱巖廊之用屢淹藩

翰之居惟關陝之一方苦干戈而累一作屢歲
用兵之後疲傷尤急於撫綏難信之盟醜
黠宜先於經制是膺帝眷寔允朝僉大纛
高牙雖暫煩於節度鴻鈞元鼎行即俟於登
庸乃公議之夂然匪私情之獨禱春陽式
序幕府肇開伏惟上爲邦家精調寢膳

轉吏部侍郎回謝親王書治平元年五月

祗膺渙渥交積兢懃伏念某學問不強顓
蒙自守流離當世而寡合幸會先朝之誤
知拔自衆人俾參國論而屬承祧嗣慶布

治惟新以聖主而責愚臣方懷惕懼假小人而秉大器豈不隮顛故當成命之初行屢竭愚誠而必請而君恩至篤天聽莫回此蓋某官借以餘光致兹冒寵仍貽誨翰曲賜褒揚感佩之私敷陳罔既

回潁王書 治平元年六月

右脩啓伏承顯膺帝制榮啓國封伏惟歡慶某官宇量閎深機神敏悟王質非由於追琢天姿自發於純明德盛地尊乃王家之屏衛色温言厲爲宗籍之表儀顧惟爵

秩之崇實繫朝廷之體真王錫號蓋遵有
國之彝章寵命始行方愜至公之輿議豈
期謙挹曲示誨函感戢之私欣瞻併集

賀潁王書 同前

右某啓伏承顯頒帝制榮啓國封伏惟歡
慶某官純茂凝姿溫仁秉哲濟之學問而
以廣其業履夫崇高而能守以謙蔚然德
譽之隆式是宗藩之列遂膺典冊進位真
王胙之土以建邦實資親㞕爵于朝而示
衆蓋匪私恩方寵命之初行聽僉言而惟

允莫遑伸慶徒積忻瞻

回宋相公庠謝除司空致仕書治平元年十二月

右脩啓伏承顯奉制書入膺召節一作節召遂詣歸政之請兼陞論道之崇伏惟慶慰司空相公道覺天民學臻聖域兩朝碩望文武兼資四海具瞻搢紳取法雖欲優游於進退實繫輕重於朝廷矧初政之日新方任人而圖舊所以奏封累上眷遇彌隆終於雅志之重違難徇輿情之所惜聳高風以勵媮俗介眉壽而膺百祥若賢若愚以榮以

祝況惟庸懦早荷知憐方深欣頌之私遽
辱誨存之厚感銘之至敷敘奚周

回文相公謝服闋入覲書 治平二年■月

右某啓伏承榮奉制恩顯膺寵典伏惟慶慰
恭惟相公道兼文武功著鼎彝言行搢紳之
表儀出入朝廷之輕重自執至情而不奪勉
從制禮之難逾爰被徽章遂趨召節介圭
來覲方優體貌之隆前席嘉謀即正弼諧
之任實繫士夫之素論豈惟朽拙之焉依
敢謂謙撝特貽誨翰感銘之至忻抃交深

又回文相公服除遷侍中移判永

興書 治平二年四月

右脩啓竊承顯奉制恩薦膺寵拜伏惟歡慶恭惟太師侍中器深宏達業茂經綸弛張文武之才出入將相之任而日者來覲冕旒之邃喜聞履舄之聲從容話言固多仁者之利體貌耆哲是惟先帝之臣宜加異數之優以爲一面之重雖方勞於憂顧藉有素之威名然而患輕四支不足爬搔於蟣虱坐制萬里理當根本於朝廷即期

廊廟之來歸始慰士夫之素望過蒙謙挹曲示誨言趨賓戺以無由積感悰而徒切

又回文相公辭避樞密使啓 同前

右脩啓此者伏承顯膺制命首贊樞庭伏惟某官業茂兩朝望崇百辟嚮自入親法座欣體貌於元勲出撫西師藉威名於獷俗肰而籌謀當出於帷幄根本固在於朝廷果茲煖席之未遑已被追鋒之迅召揚庭誕告方喜動於朝紳仄席來儀固渴聞於嘉話竊承謙挹尚欲逡巡敢謂不遺亦

貽善誨即期前賀促切感銘

回杭州蔡端明讓謝到任書（治平二年十月）

右脩啓伏承出領要藩已諧禮上伏惟歡慶某官剛毅體仁粹明迪哲直道信於中外高風凜乎搢紳頃煩持槖之清資蓋賴富民之餘術經綸之業蓄素藴以未施偃息于藩邈沖懷而自遠雖重違於誠請實深鬱於輿情諒煖席之未遑即追鋒而迅召遂登大用顧匪私言寒律向嚴神襟善嗇瞻凝感著交集悰靈

回吴侍郎奎辭副樞書治平四年二月

右脩伏承顯奉制恩寵陞樞近伏惟某官材兼文武業茂臯夔左右帷幄之謀謨出入朝廷之輕重自丁一至戚暫解繁機執喪禮以過哀雖君命而難奪祥琴甫御召節甚嚴尚少鬱於登庸姑復還於舊物光輔一人之新政式副四海之具瞻敢謂譾㩦曲貽誨翰方屬卧漳之告莫伸賀厦之誠感抃之私敷陳罔既

回諫院傅龍圖卞攀違書治平四年三月

脩猥以非才久竊重任報効初無於毫髮怨仇已積於丘山近蒙睿恩曲徇誠請與之近郡俾養衰年荷聖主之保全賴公朝之議論俾獲奉身而退方懷去德之思諫院龍圖舍人深閔孫危特迂誨翰意愛勤甚有踰平時風義凜然可激薄俗仰止門仞莫遑敘違銘之肌膚永以佩賜瞻依之懇敷道奚周

亳州到任謝兩府書治平四年

脩此者祇荷朝恩出分郡寄退循忝冒徒

積兢慚伏念脩學知行已而智不周身才
匪適時而任參大政用過其量危而必顛
乃物理之宜然偶天幸而獲免昨以怨仇
並作讒謗交興蓋逢堯舜之聰明方與夔
龍而左右講新至治銷伏狂邪而市虎之
言雖驚於衆聽投豺之惡遽屏於遠方得
逃九死於非辜實荷更生之大賜今者特
蒙眷眷深察孤忠樂土近藩已曲從於私
欲清資顯秩仍過竊於寵靈捨衰疲勉強
之勞就空曠逍遥之適然而坐思補報歎

心存而顧違却視風波猶寢驚而夢噩顧
獲全身而至此豈非宰物之深功仰佩恩
私但銘肌骨載念脩以至愚之朴陋蹈可
畏之危機徇物從時旣昧自容之計拂衣
遠去又無先見之明惟貪得於暮年致以
身而取辱而識雖不早悔尚可追至於緝
風雨之敝廬治松菊之三逕少假歲年之
頃即爲田畝之人固將追野老而行歌永
陶聖化恃仁人之在上必保餘生尚有斯
誠猶煩再造炎歊方盛機務至繁上爲廟

朝精調寢膳瞻依之懇敷述奚周

回潁州通判楊虞部書

脩啓兹者赴郡假塗夂留賔次過承眷與日接宴言遽此睽違實增感戀但以梍車之始視職方初雖云陋邦粗有人事加以大暑遂成病軀旦夕之間方思布款急遽之至先以惠音且承别來福履清勝脩以衰朽得此退藏如夙昔之所聞皆少過於其實惟寂寞之爲樂須漸夂而益佳餘非悉談更冀多愛

回西京留守韓侍郎贄書（治平四年六月）

右脩啓此者祇荷朝恩出分郡寄顧惟庸妄早乏聲猷才非經濟之謀位玷光華之寵進陪國論無補於休明動觸禍機可嗤於朴戇賴聖神之燭理獲終始以保全許解要權俾逃重責仍分善地以養衰齡留守龍圖侍郎清德鎮浮純誠接物曲軫故舊不我鄙遺遠形誨獎之言以慰孤危之迹嗟時久薄孰為金石之交因歲大寒方見松筠之色凜然高誼可激媮風永佩恩

私但銘肌骨晤言未遂溽暑方隆更冀珍調以符瞻詠

回賓文呂内翰　溱書　治平四年九月

右脩啓茲者伏承賓文内翰被召禁林升華内閣仰惟道德名望之老久淹言語侍從之流以望之之忠誠兼孔光之慎密豈止典謨潤色朝廷遂變於斯文固已朝夕論思天下獲受其陰賜雖未正秉鈞之任而姑副仄席之求凡在搢紳皆同慶抃況於庸鄙最荷知憐而多病早衰思乞骸而

巳久因閑成懶顧與世而益踈豈無嚮慕之私殊闕寢興之問敢期惠眷先辱誨言世路多虞方歎風波之惡歲寒巳甚始知松柏之心感慰之深敷陳奚旣清霜戒候内直方嚴惟冀珎調以符瞻詠

賀樞密使呂太傅公弼書 治平四年

右僻啓伏承顯膺寵典登進樞庭成命始行輿言僉允伏惟某官存誠直諒蹈道中和學臻三代之英世濟八人之美論思獻納巳多補益之勤謨明弼諧久蘊經綸之

業三朝眷遇一德老成尚虛黃閣之居姑
正紫樞之位坐籌帷幄方資制勝之謀正
席鈞台始慰具瞻之望顧惟衰朽早辱知
憐惟與蒼黔同深慶抃

賀韓相公琦罷相轉司徒兩鎮節
度使判相州書 治平四年冬

右脩啓伏審榮被恩俞勉從懇請極便蕃
之寵命均休逸於名邦伏惟司徒侍中誠
明發揮德業久大三朝顧遇百辟表儀挺
金石之純誠當國家之大事上所取信有

疑決於元龜民之具瞻爲望重於九鼎屬
聖神之嗣統方毗倚於老成而功高不居
志確難奪爰併推於異數用顯答於元勳
孰不秉旄鉞有兼持於雙節昔嘗衣錦今
而盛服於九章極古今儒者之至榮保進
退君子之全德顧惟庸懦久辱知憐聆誕
告之頒行極私誠之竊抃隆寒戒候大旆
啓行伏惟上爲廟朝精調寢膳（一作寤）傾依
瞻頌筆舌奚殫

回青州吳資政奎書　治平四年冬

右脩啓伏承光被制恩出臨藩服斯民之
幸將蒙豈弟之仁有識所嗟共惜忠賢之
去伏惟資政侍郎智周物表性自誠明學
窮仁義之本原識達古今之治亂匪躬之
操出入三朝秉心不回進退一德方聖神
之嗣統賴耆哲以倚衡迭往事居其勤亦
至沃心造膝爲益已多毅然君子之剛卓
爾大臣之節信於中外明若丹青雖就逸
均勞暫倚殿邦之重而用人圖舊諒難煖
席之安顧惟衰退之蹤終託光輝之末降

寒戒候大旆啓行上爲廟朝精調寢膳

回陳州王密學　陶　賀冬書　治平四年

右脩啓天心來復七日之亨有初陽氣潜萌萬物之生以此玆謂履長之慶冝膺多福之祥伏惟某官性禀純誠識窮至韞講明道德是惟舊學之臣啓沃謀猷蔚有嘉言之話暫遂偃藩之便巳勞側席之思即膺圖任之求庸慰具瞻之望顧慙衰朽方卜退藏自期田畒一作里之獲安惟幸仁人之在上傾依祝詠交集悰靈

回諫院吴舍人充書 熈寧元年二月

右脩啓伏承光奉制恩入司書命得人爲一作之盛輿頌同欣伏惟其官器稟純明道探淵藴清名峻望獨映於一時碩學高文素推於群彦果被上心之柬進膺寵命之華紅藥飜階直禁垣之清切紫荷持槖陪法從以雍容文章追三代之風號令警四方之聽允歸鴻筆增重本朝顧惟衰朽之退藏方與搢紳而竊忭豈期謙眷特枉誨函感服之私敷言罔既

與開封知府呂內翰公著啓 熙寧元年四月

伏自某官輒從邇列暫領陪藩竊顧愚矇獲茲庇賴載惟孤拙每荷優容積於佩德之誠無異遺民之愛恭惟入趨宸扆榮署天織仰匪日以政成即疇賢而柄用始茲歆溽宜乃高明伏惟上爲邦家精調寢膳

回王先輩安國謝賜及第書 熙寧元年

某啓伏審先輩顯承嚴召明試雄文立若堵墻駭筆端之灑落程之衡石留帝覽以稱嗟遂膺賜第之榮式副求賢之意講明

仁義之奥乆以充中發揮德業之光實從

茲始凡居交舊孰不欣愉雅眷不忘惠音

斯及其爲銘佩難罄敷宣

謝判大名府韓侍中惠書啓熙寧三年夏

右脩啓伏念東秦僻處在海一涯全魏相

望遡風千里特枉惠音之問實惟眷與之

私兼承鎮撫之餘克集休祥之祐伏惟某

官道優文武業茂皐夔爲百辟之表儀首

三朝之勳德從容進退雖不有於成功出

入勤勞實未忘於憂國頃遂便藩之請豈

遑煖席之安屬北州大震之災加仍歲荐饑之後流亡殍踣民未復於故居招輯綏來上方倚於元老豈不少煩於思慮夫何暇頋於衰殘乃知才大經綸固多餘裕契敦道義夐出常情辱知己之既深輒忘言於敘慼紞臨寄重炎燠時繁更祈上爲邦家精調寢餗即還大用均福群黎蕞爾孤生但同輿頌

回官教丘寺丞書 熈寧二年六月

右脩啓不聆嘉話忽已再朞晚節無堪久

思歸於南畝上恩未忍猶復委於東州但
謀屏迹以深藏敢冀時髦之枉顧遠貽誨
問寔慰病衷示之進退之方勵以始終之
節愛人不苟知君子之用心服義甚高俾
懦夫之有立仰銜眷與徒極佩銘載嗟疾
恙之攻兼以年齡之迫雖請纓自効豈不
竊慕於功名而伏櫪已疲第恐難勝於鞭
策未期披款徒以傾馳暑伏方炎襟靈善
嗇區區之懇敷布奚殫
回李舍人壽朋書熙寧三年冬

右脩啓此者伏承顯膺寵命入直禁垣臺
閣登賢搢紳共慶舍人器涵閎遠德藴純
深講仁義之淵源極天人之精祲備言語
侍從之列承清問顧問之榮時望蔚然輿
談久屬果被上心之柬進司書命之嚴惟
帝制之垣明必訓辭之深厚金相玉振煥
三代之文章雷動風行警四方之耳目遂
歸鴻筆增重本朝顧惟衰病之餘敢辱眷
勤之貺遼先恵問益認撝謙感服欣愉敷
陳罔旣

賀王相公 安石 拜相啓 熙寧四年春

伏審榮膺帝制顯正台司伏惟慶慰伏以史館相公誠明稟粹精祲窮微高步儒林著三朝甚重之望晚登文陛當萬乘非常之知論道黃扉沃心黼扆果被往諧之命遂膺爰立之求左右謀謨方切倚衡之任搢紳中外益崇巖石之瞻竊顧病衰恪居官守莫陪班謁徒用馳誠春序布和政機惟密伏惟上爲邦國精調寢興欣抃之誠敘陳罔既

致仕謝兩府書 熙寧四年六月

某啓此者獲解郡章許歸田畝荷聖君之念舊越常典以推恩内自省循惟知感涕伏念某猥以一介之賤幸會千齡之期學業素荒早接俊游之末謀謨無取晚陪國論之餘訖於報効之蔑聞徒蹈危機之可畏而年齡遲暮疾病侵攻乃以難強之筋骸坐尸踰分之榮禄自陳懇悃頗歷歲時猶蒙上之哀憐久乃賜其閒可奉身而去悵負國之已多受寵至優但捫心而自愧此

蓋伏遇其官權衡萬物佐佑三朝思輔治
於和平務覲行於仁厚不遺故舊期俗華
於媮風過借寵光俾民知於愛老致茲渙
渥併及衰殘已自屏於明時惟永藏於大賜

表奏書啓四六集卷第七

按公行狀墓碑並云四六集七卷近歲浙
西嘗刋行然甚無倫理大抵表奏書啓古

皆散文後世始騈儷如公謝章服謝知制誥河北謝獎諭謝歷日表皆古文也不應以四六名集疑非當時定本又如謝致仕表及寘集外其他散在諸卷尤錯亂今用蘇文忠手編東坡前集法（後集其子過編亦同）凡表狀悉以遷拜爲序其丐外乞休致之類則取之奏議以類相從各繫歲月于下所遞者河北都轉運使謝上表耳熙寧三年五月庚戌擅止散青苗錢放罪旨揮雖在四月移判太原之後七月改知蔡州之前然公尚留京東本任故繫謝表

於夏然後公履歷出處昭然矣至於同是四六而或曰書或曰啓皆從其舊仍略考先後而推其姓氏之可知者合爲七卷題曰表奏書啓四六集不敢失元目也紹興間從官與人雙緘皆題曰書上前賢初除館職初拜兩制初入政府往往致謝在外之先進公答啓可考近世無此風矣詩藹藹王多吉士楚詞讒夫藹藹而曼著皆取茂盛之意公表章用藹昧蓋古字多假借俗本改作曖昧今存一二以警來者

拾遺

代辭胥學士啓

某聞駑蹇之材雖謝終戀於故軒頡頏之羽方歸尚懷於廣厦何則物由時制質以願違瞻後來以不遑豈卑飛而自適矧在最靈之品優叨再造之仁拘文憲以難踰捨藩墻而輕去翩如秋蔕臨一水以將歸羃若晨霞與孤舟而遂往恩渥山積感緒絲棼竊念某材實懦庸識惟黯浅謬偷生於人壤獲遘幸於王塗弓治傳家耒耜遵

業嘗畏圈牢之誚樂聞詩禮之言逮過弱
齡粗堅苦節且親闈就養宦路隨方西走
巴賨南浮江瀊登稽山而訪古學謝前良
歷劒阪以刋銘文慙往哲何嘗不跂清徽
於朝闥詠鴻藻於聖門丈席是依寸晷惟
競僅偕童刻之技終無老成之風性旣愚
而不移齒及壯而自愓幸遘當陽求士上
哲持衡勉趨翰墨之場濫齒孝廉之舉袍
紛紛而若雪志凛凛以懷霜鑒本無私敢
逃於蚩鄙科非有備遽荷於甄收玷妙簡

以惟精撫徽生而何幸洎春闈之較藝叨雲陛以策名山本呈材自選掄而爲器冶金効用荷鎔造以成功進匪時來幸由恩假自此從風宦牒授任選臺俾外掌於司刑尋參榮於軍幕幸涖熙熙之壤姑隨冉冉之趨若乃民命所矜在一成而致慎憲條具設知五聽之惟難允非幹明曷副欽恤而其身專吏局世匪法家象斗之制斯嚴肇闡甲令磔鼠之能素寡舉之片言剟乎人有刻木之嫌口擅鑠金之利或行如

黠虜或巧過騰猿居多納履之防願奉酌
泉之戒事機匪一識局難周惟曠弛之是
憂在憲章而可懼弱羽未沈於泥滓福星
聚列於珠躔幸遇其官京輔移轅軍牙涖
政金鼇龜虛署幺稽上笏之榮銀兎分符寔
重專車之任撫治綱之大振使訟牒以寢
銷茂草鞠扉甘棠蔽坐不謂斗筲之役載
依旌棨之門棨立府庭恪奉條敎鄉雲之
蔭雖廣潤及於纖荊冬日之愛至高惠先於
一物降包荒之大體示含垢之深仁賜以

雍容優其顔色嘗與言於麈柄許獻技於
鈴齋曲矜蹇蹇之軀過損循循之誘重念
其襟靈不爽道藝非優自竊吹於秀科頗
空食於官舍嘗欲温故於案几之暇勵力
於歲月之餘冀少益於顓愚庚上裨於亭
遇而寡聞自任扞格奚勝學圃遂荒整一經
而不治文緒難繹懼彌日而無成露狂狷
以居多黷聰明而爲甚斷無他技動乏所
長徒秖事於麾旄固無施於塵露豈謂伏
蒙其官恢山藪之量納菲葑之言回掩疵

瑕荐加題品褒采一介靡遺五管之微甄
拔下流有過衆人之遇舉空踈之器爰定
品於優長飾闇弱之姿將類能於闒蕪矜
其拙効嘉乃妄庸上辱哲明曲形表薦且
俾預官聯於轂下參器使於民間苟檢操
之有渝引簡書而共守所念名編桂籍已
塵玷於大猷迹厠金臺復叨居於始賞恩
踰素望理邁常均永懷肉骨之私寧止捐
軀之報方幸輝光末運使節少留顧旅覊
之有依適諧棲集何飛蓬之易轉遽至飄

離俄及戍期倏辭藩岳結課蔑聞於最賦
省躬幸免於常刑初履有光優慈是賴而
自解曹符而退處終歲律以寓居荷眷待
以特殊沐霑濡之至澤越後筵之禮分接
右席之賓儀置酒梁園幾逢於美景觀容
相圃屢奉於清歡給舳艫以備行假輿臺
而補乏士林增耀民巷改觀今則已揆良
辰將還舊輦建樂郊而去德戀大幕以銷
魂行當聞優詔於塗中候歸艎於日下瀛
洲祕局式瞻侍從之班溫樹近司永託陶

鎔之造顧趨槐府獲效蓬心攬涕敘誠隕
首誓報畢情無任

代人辭官狀

温辭甫及渥命駢臻竊用退思匪遑祗受
伏念某本以孤官託於盛時專室之性甚
愚外廷之游粗足寅緣聖奬寵濫朝禁屬
潛邸之署官首膺表擢陪學黌之講道無
所發明旋預政機益承恩紀欽纘圖而布
慶亞司會以名官濫薄奚勝深懼覆於公餗
毫分未報自愧食於土毛而乃曲被宸慈

驟隆禮秩既褒異於邦爵復登貳於天官
震悸來并覥墨無措已陳車府之奏冀息
鄉校之譏方聽俞音尚希舊貫伏望某官
軫念庸識鑒諒危衷享其所宜勿使其進
冒誠有所訴特示於保全獲追寢於恩章
實有依於德蔭

上李學士啓二首

某猥策草茅之愚近膺寒素之目泚官牒
而便道許以過家入里門而下趨遂兹秕
鞅想孤生之弱植早自困於無津竊希上

國之並游偶以諸生而著録夂彈鐔於外
舍託推轂於名卿然而泰機後門最嗟於
晚出蘭臺雅聚本格於清流其官躐履起
迎一顧增價借以左右之譽視如子姓之
親辱謝公之齒牙憐其未立經平子之題
目時不敢更一作不敢更非遂憑外奬之華獲致榮
階之漸仰銜殊遇陰誓銘藏至於當便坐
而執經對諸公而隸筆聞麈尾之餘論入
於耳而不忘得師門之一言書諸紳而故
在越流離於下國悵洵遠於崇閣在陰鮮

歡歲崢嶸而倏盡一作忽逃虛既久音聲咳而不聞逖仰墮鱣之庭豈勝疲馬之戀

同前

其啓伏自學士被渥帝宸躋榮史局嘗貢躍螽之懇諒塵隱几之觀然而偃宣父之風草蔕一作帶何勝於餘煖望長安之日葵心愈屬於愛輝計六氣之順調降百祥而穰簡恭以學士星奎禀粹玉鎮凝華敵學兼該復一變而歸乎道美文鼓動導元氣而洩其和自丁千載以親逢出協五靈而瑞聖

當天下之第一層大名而久居爰屬國家
盛紀無疆之休愼求良史之實仰惟俊望
允彼僉諧入聚石渠之書坐擅鴻都之筆
畢聖人之能事曲暢大猷約春秋而謹元
修明舊法乙其處者三月上覽以忘疲勤
成書於一家官藏而永祕益注帝心之柬
行閒柄用之求推相如之文章坐朝而當
大冊取公孫之儒雅作相以繩羣臣豈伊
紬繹之勤可滯久賢之業竊揆妄庸之質
永懷棲庇之心緹律己窮凝寒方凜冀異保

鯀俔之妙益迎福履之綏遯跂門墻卑情不任

右四六四篇散在諸本之中胥學士啓專敘獄官非公甚明今加以代字辭官啓初似爲晏元獻作徐考官職則又不然或是他人之文李學士二篇據蔡康祖跋云王銍性之搜求文忠公遺文已多朞復於家

藏李邯鄲録遺中得此啓狀按公天聖八年登科淑已爲史館檢討尋遷直集賢院於公爲先進逮景祐三年公貶夷陵淑在翰林以書附遞問五代史公巽辭荅之則初第或曾投啓但公後來奏疏極口詆淑令第一啓乃有沿牒過家并子姓師門等語與公出處交際殊不相應吉綿本既已收入姑存之

回潁州呂侍讀遠迎狀 熙寧三年

右某啓某此者誤恩擢任嗟癃病之不堪

危懇力辭蒙睿慈之垂閔許從易地俾養
衰齡方趨便道之行適遂過家之樂敢期
雅眷遠辱惠音雖瞻款之尚遥若話言之
已接傾馳之素欣感交深謹奉狀謝

與潁州吕侍讀賀冬狀 同前

右某啓伏以七日告期候天陽之來復百
祥佑德宜君子之承休知府侍讀侍郎經
濟嘉謨論思碩望宣風撫俗一方式藉於
鎮臨獻可告猷三接佇升於近密屬迎長
之届旦當受祉於無疆頌詠傾勤敷宣罔

旣謹奉狀賀伏惟照察謹狀

右公熙寧三年改知蔡州與呂正獻公二狀今載呂公五州録公嘗典數郡凡應用之文如頌曆恤刑賀正賀冬歲歲皆當上表而集中纔見一二至於監司鄰郡往復書啓亦僅有之按蘇丞相跋公帖（在書簡第二卷）謂南京幕府二年府事外章奏書疏悉以見託然則公委人代作者固多此二狀未知出公手與否姑存之

又續添

謝張先輩啓 明道前 吉綿本及文海皆有之

早者公步至伏蒙以七言雅什一篇爲贈者承命之辱拜賜甚嘉亟淪心而玩辭殆驚魂之去體伏以秀才即先輩象輿禀異廟璉凝姿服懿行以瑚中騰藉華而冒遠遊聖門而入其閾洞際天人之交塞藝圃而漱其芳獵取菁英之妙自吻一日之雅巳服百人之豪方育賢而在阿夂俟時而踠足第一鄉之品推月旦之美評游諸公

之門有名卿之躧屣而乃過存庸妄之品曲借交游之光采箕斗之虛名靡責其實謂糠粃之無用偶置于前特迂夢草之餘妍摛寫陽春之雅曲加華衮之一字寵示榮褒鸞鷟珍髦於九戎委之非所矧復警辭猋駭峭格鋒生挫萬物以揮毫入無閒而抽祕蕩蕩默默而滿坑滿谷雅韻迭揚郁郁紛紛而非霧非煙文華炳發屬苦中於清聖方卧歎於酸痟倏駭無因而至前不醉爲之而彊起病酲都釋颼若清風之襲

人紬繹並輝永訂至珎之藏衍顧迫持於歸鞅慚弗獲於披風恭佩之私談非終悉

回發運主客啓 見文海及仕塗必用

伏審顯膺寵命縈總使權伏惟慶慰恭以其官才猷經世閎望光朝資敏議以通微竭精誠而濟務自居漕職克邁官能九年之一作厚儲巳豐於茂最三載考績遽被於陟明重膺東注之求奚側亨騰之勢幸依使部致辱誨函銘佩欣祈併交悰悃

與辛郎中啓 慶曆二年冬倅滑州見緘啓新範

右其此者得請便親署官近郡始臨舊府
邈想清風依聽訟之甘棠餘音[疑]可愛步飛
觴之月榭遺址尚存其如邊鄙多虞公私
並乏簿書期會常苦紛紜罇俎笑談豈如
疇昔方茲感誠[疑]遽辱誨存顧冬律之嚴凝
喜天和之保嗇佇膺茂渥以副企翹

與呂轉運啓 見緘啓新範

伏審顯奉宸恩入趨天闕方欣庇賴遽失
於焉依仍沐撝謙特貽於嘉問其人珪玉
茂德棟幹上材藹清望於朝端秉乃心於

帝眷列城按俗諠美政於民謡會課及期
走旌賢之召節鬱去思而雖甚諒峻陟以
非遥冬序方凝神襟善壽傾祈禱戀交集
感悰

答運使啓 見紱啓新範

伏審榮膺帝渥出領漕權方懷竊抃之誠
遽辱誨存之恵某人廟璉重器國棟上才
茂績藹於朝端嘉猷均於宸衷果被僉諧
之命實資富庶之謨攬轡有初已風行於
列郡追鋒訊[illegible]召即柄用於本朝矧託公庥

但深夊禱

賀新發運啓 見緘啓新範

伏審榮抱使權巳諧禮上猥居屬郡竊庇

公麻方深欣幸之私遽辱誨存之厚伏惟

某人才優學古業茂經時夊妙柬於上心

屢委分於劇任果疇懿績亟被陟明投刃

皆虛豈足煩於餘地朞年入報行別迓於

寵靈屬此春和冀綏福履欣依禱頌倍萬

常情

與李吉州寛啓 慶曆五年冬初到滁州 見緘啓新範

伏念待罪山城絶迹人事敢期音誨屢以
顧存欽疑風義以甚高若話言之方晤坐麾
千里矧茂最之已成入覲四門佇寵光之
休被冬凝在候福履惟寧瞻詠感銘倍爲
誠素

別紙　附

人至辱書爲誨承臨郡之暇體況甚休鄉
郡多幸得賢侯爲立學舍蒙索鄙文竊喜
載名廡下遂不敢辭筆語麤惡幸望與伯
鎮學士評改而刻石也冬冷千萬加愛

與許發運啓 慶曆■年滁州 見緘啓新範

伏念僻守郡封殆不通於轍迹邈詹風采缺馳問於興居恭惟按省之餘克保粹和之妙治朝急士方渴佇於宏材漕最淹賢況已升於美績即期迅用以奮遠圖企頌之私縷言非罄

又 慶曆六年春滁州 見緘啓新範

伏念睽異風徽屢更年律河壖阻邈常厚鄣音淮郡僻荒亦蒙誨問荷顧存之至厚慰艱拙以茲多此者伏審某人榮被恩俞

近移使節望行舟而非遠伸良覯以未涯惟賢業之素彰謁勳勤而夙著佇從公議別霈寵光豈此漕輸可淹傑俊春陽方盛福履惟休感詠詹依交集誠悃

上李端明狀 見緘啓新範

伏審遠驅旌斾已及郊圻和氣所充與民謳而先浹餘塵可望欣馬首之獲詹即遂攀迎交深祝詠其不任激切依歸之至

回知郡賀冬狀 見緘啓新範

天序欲周物生伊始惟君子福綏之吉順

陽和來復之時即迓寵光以符善禱敢祈
隆顧先辱惠音荷慰誨之尤多積感銘而
但切

與楊太傅狀　見緘啓新範

右某伏念畫圻雖邇遘德未由幸時接於
誨音良若披於徽采夫何定瑣辱此記憐
春序已暄神襟善嗇佇膺茂渥以副傾祈

答李寺丞狀　見緘啓新範

早欽秀望忽枉縈緘以州部之相望加門
闌之最舊過形來問但切中藏

答王供奉狀 見緘啓新範

乍聞清徽兩蒙芳訊審韶愈車之伊始欣妙
齒以惟和即奉渥恩以符瞻禱

與鄰郡官狀 見緘啓新範

伏念封圻甚密官守有常雖傾企德之勤
尚阻披風之便承屢形於謙顧常曲示於
誨言冬序方凝陽和將動伏惟爲國自重
以副詹祈

答賀赴闕狀 見緘啓新範

近蒙朝旨召赴闕庭方瀝懇以致辭敢辱

書而爲賀仰承詔[疑]眷但切悚惶

謝真州知郡 見緘啓新範

伏念幸守陋邦獲鄰善壤側聽下車之始已喧載路之聲方渴仰於風徽遽先貽於誨問某人材雄通敏器藴宏深撫俗班條綽聞於餘裕陟明陞最行被於殊恩方此春陽冀綏福履禱祈感詠言述非周

謝劉真州 見緘啓新範

幸鄰善壤日執政聲雖談笑之靡親辱誨言之屢及少浣詹翹之貇奚勝感愧之私

行因溢路之謡入被中臺之召清和始届
寢寐增休縷縷之誠一一奚旣

右張先輩啓公所作無疑四六集偶失
編入餘得之仕塗必用緘啓新範者皆
京師舊本也或出公手或人代作其説
與蘇丞相跋語同

賀程太尉啓 藩翰（一作藩屏）

亳州到任謝兩府書 至治（一作治理）寢驚（一作寐驚）

上爲（此上一有伏惟二字）

與呂內翰啓 恭惟（一作恭審）榮署（榮一作受）

代辭胥學士啓 司刑（一作刑司）福星聚列（聚一作驟）

輝光末運（一作奎躔末運）

國史公列傳未去中子棐字叔弼登進士第乙科脩所爲文須人代者多出其手脩薨代草遺表 神宗讀而愛之意脩自作也

奏議卷第一　　　　歐陽文忠公集九十七

諫院

論按察官吏劄子 慶曆三年

臣伏見天下官吏員數極多朝廷無由徧
知其賢愚善惡審官三班吏一作二部等處
又只主具一作差除月日人之能否都不可
知諸路轉運使等除有贓吏自敗者臨時
舉行外亦別無按察官吏之術致使年老
病患者或懦弱不材者或貪殘害物者此
等之人布在州縣並無黜陟因循積弊冗

一作官濫者多使天下州縣不治者十有八九今兵戎未息賦役方煩百姓嗷嗷瘡痍未復抹其疾苦擇吏爲先臣今欲乞特立按察之法於内外朝官中自三丞以上至郎官中選强幹廉明者爲諸路按察使自來雖差安撫使緣管他事不專按察今請令進奏院各録一州官吏姓名爲空行簿以授之使至州縣遍見官吏其公廉才幹明著實狀及老病不才顯有不治之迹者皆以朱書於姓名之下其中才之人别無

奇効亦不至曠敗者則以墨書之又有雖是常材能專長於一事亦以朱書別之使還人奏則朝廷可以坐見天下官吏賢愚善惡不遺一人然後別議黜陟之法如此足以澄清天下年歲之間可望致治只勞朝廷精選二十許人充使別無難行之事取進止

論乞詔諭陝西將官臣一作劄子同前

臣風聞昊賊令次人來辭意極不遜順所請之事必難盡從事既不成則元昊必須

作過朝廷須合先爲禦備竊慮沿邊將帥見西人入朝惟一作準望通好便生懈怠萬一西賊驟出必兵擊吾弛惰則立見敗事乞速詔邊臣密諭與西賊辭未遜順必不通和之意各使先知絕其顧望早爲準備庶不敗事仍慮邊將謂一作料朝廷此時議雖未合若後次更來必須和好因此便無討賊之志仍乞便因詔諭示以激厲之言云朝廷以昊賊罪大意在討除今不許其和好者蓋以外有爾輩在邊必望破賊成

功之意使其不生退心臣見唐武宗英武之主所任宰相李德裕最號有材當時用兵征伐指揮將帥處置事宜動以詔書約束勸厲故終成功業國家用兵以來未聞以賞罰號令激動人心使其竭力者此最宜留意取進止

論元昊來人請不賜御筵劄子 同前

臣竊知昊賊所遣來人將欲到闕風聞管勾使臣須索排備（一作比）次第甚廣及聞纔至欲賜御筵管領臣知昊賊此來意極不

遜臣料朝廷必欲要其臣服方許通和若欲如此則便須有以挫之方能抑其驕慢廢可商量今若便於禮數之間過加優厚則彼必以（一作謂）我爲怯知我可欺議論之間何由屈折若果能得其臣順（一作能得其心）則待議定之後稍加禮數（一作待）亦未爲遲仍須杜漸防微常爲挫抑之計豈可一事未成失虧國體其元昊一行來人伏乞凡事減勒無令曲加優厚若因此得其抑挫而臣伏則吾計無失如其必不臣伏則免至虛

虧事分取進止

論楊察請終喪制乞不奪情劄子慶曆三年

臣近見丁憂人茹孝標居父之喪來入京邑奔走權貴營求起復已爲御史所彈又聞新及第進士南宮覲聞母之喪匿不行服得官娶婦然後徐歸見在法寺議罪孝標官爲太常博士覲在塲屋粗有名稱此二人猶如此則愚俗無知違禮犯義者何可勝數矣蓋由朝廷素不以名教獎勵天下而禮法一隳風俗大壞竊以風化之本

由上而下伏見起復龍圖閣待制楊察累
有章奏乞終母喪而朝旨未允夫臣子之
行惟孝與忠察以文中高科官列近侍而
能率勵頽俗以身爲先陛下宜曲賜褒嘉
遂成其志使遷善化俗自察而始豈可不
通人情膠執舊弊推禄利之小惠廢人臣
之大節臣謂近侍奪情本非一作以軍國之
急不過循舊例示推恩而已今察以節行
自高志在忠孝知貪冒禄利爲可恥若朝
廷抑奪其情使其於身不得成美行而於

毋有罔極之恨豈足謂之推恩乎方今愚
俗無知違犯禮義至使繫獄訟嚴刑罰而
不能禁止脫有一人欲守名教而全忠孝
以勵天下者又爲朝廷不許則風俗之弊
其咎安在伏乞早降恩旨許其終喪不獨
成察之志亦以爲朝廷之美取進止

論韓琦范仲淹乞賜召對事劄子同前

臣伏見自西鄙用兵以來陛下聖心憂念
每有臣寮言及西事必皆傾心聽納今韓
琦范仲淹久在陝西備諳邊事是朝廷親

信委任之人況二臣才識不類常人其所見
所言之事不同常式言事者陛下最宜加意
訪問自二人到闕以來只是逐日與兩府
隨例上殿呈奏尋常公事外有機宜大處
置事並未聞有所建明陛下亦未曾特賜
召對從容訪問況今西事未和邊陲必有
警急兼風聞北虜見在涼甸與大臣議事
外邊人心憂恐伏望陛下因無事之時出
御便殿特召琦等從容訪問使其盡陳西
邊事宜合如何處置今琦等數年在外一

旦歸朝必有所陳但陛下未賜召問此二人亦不敢自請獨見至如兩府大臣每有邊防急事或令非時召見聚議或各令互述所見或只召一兩人對見商量此乃帝王常事祖宗之朝並亦如此不必拘守常例也取進旨

論罷鄭戩四路都部署劄子同前

臣伏覩勑除鄭戩知永興軍仍兼陝西都部署自聞此命外人議論皆以爲非在臣思之實亦未便竊以兵之勝負全由處置

如何臣見用兵以來累次更改或四路都
置部署或分而各領一方乍合乍離各有
利害惟夏竦往年所任鄭戩今日之權失
策最多請試條列臣聞古之善用將者先
間能將幾何今而不復問戩能將幾何直
以關中數十州之廣蕃漢十萬之兵沿邊
二三千里之事盡以委之此其失者一也
或曰戩雖名都部署而諸路自各有將又
其大事不令專制而必稟朝廷假如邊將
有大事先稟於戩又稟於朝廷朝廷議定

下戳戳始下於沿邊只此一端自可敗事
其失二也今大事戳既不專若小事又不
由戳則部署一職止是虛名若小事一一
關戳則四路去永興皆數百里其寨柵遠
者千餘里使戳一一處分合宜尚有遲緩
之失萬一耳目不及處置失宜則爲害不
細其失三也若大小事都不由戳而但使
帶其權豈有數十州之廣數十萬之兵二
三千里之邊事作一虛名使爲無權之大
將若知戳可用則推心用之若知不可用

則善罷之豈可盡關中之大設爲虛名而以不誠待人其失四也今都部署名統四路而諸將事無大小不稟可行則四路偏裨各見其將不由都帥則上下相効皆欲自專其失五也今都部署是大將反不得節制四路而逐路是都帥部將却得專制一方則委任之意大小乖殊軍法難行名體不順其失六也若知戳果不可大用但不敢直罷其職則是大臣顧人情避已怨如此作事何以弭息人言其失七也料朝

廷忽有此命必因韓琦等近自西来有此擘畫琦等身在邉陲曾為將帥豈可如此失計臣今欲乞令兩府之臣明議四路不當置都部署利害其鄭戩既不可内居永興而遥制四路則乞落其虚名只令坐鎮長安撫民臨政以為關中之重其任所繫亦大而使四路各責其將則事一作名體皆順處置合宜令取進止

論凌景陽三人不宜與館職奏狀慶曆五年

右臣今日竊聞凌景陽召試館職外議皆

以為非臣聞聖主之以風化勵天下不能家至戶到但進一善人則天下勸退一不肖則天下懼用功至簡其益極多苟賞罰之過差繫朝廷之得失伏況國家自祖宗以來崇建館閣本以優待賢材至於侍從之臣宰輔之器皆從此其選非輕如淩景陽者粗親文學本實凡庸近又聞與在京酒店戶孫氏結婚推此一節其他可知物論喧然共以為醜此豈足以當國家優待賢材之選又聞夏有章魏廷堅等亦皆得

旨將試館職此二人者皆有贓汚著在刑書此尤不可玷辱朝化其凌景陽今巳就試乞不與館職有章廷堅乞更不召試竊以累年以來風教廢壞士無廉恥之官節多冒濫之稱當其積習因循則不以爲恠如欲澄清治化則宜革此風臣謂黜此三人則天下士人當脩名節臣職在諫諍忝司耳目採是非之公論合具密陳見選任之非人皆當論列謹具狀奏聞伏候勑旨

景陽轉一官知和州有章廷堅罷試景陽集賢晏公舉有章故相陳公舉廷堅兩制連狀舉

論按察官吏第二狀同前

右臣近曾上言為天下官吏冗濫者多乞遣使分行按察昨日竊覩降勑下諸路轉運使司令兼按察使竊以轉運使自合察舉本部官吏今若特置使名更加約束則於常行之制頗為得宜必欲救弊於時則未盡善且臣初乞差按察使者蓋欲朝廷精選強明之士竊聞朝議一作廷以所選非人故不遣使令所委轉運使豈盡得人乎其間昏老病患者有之懦弱不材者有之

貪贓失職者有之此等之人自當被劾豈可
更令按察其閒縱有材能之吏又以幹運財
賦有米鹽之繁供給軍須有星火之急既不
暇遍走州縣專心察視則稽遲鹵莽不得無
之故臣謂轉運使兼按察使不材者既不能
舉職材者又不暇盡心徒見空文恐無實効
在於事體不若專遣使人伏自兵興累年天
下困弊飢荒疲瘵既無力以賑救調斂科
率又無由而減省徒有愛民之意絶無施
惠之方若但能逐去冗官不令貪暴選用

良吏各使撫綏惟此一事及民最切苟可
爲人之利何憚選使之勞況自近年累遣
安撫豈於今日頓以爲難今必恐三丞至
郎中内難得其人即乞且依前後安撫於
侍從臣寮及臺官館職中選差十數人小
處路分兼察兩路其侍從臣寮仍各令自
辟判官分行採訪用臣前來起請事件施
行其轉運兼按察使若能精選其人亦乞
著令爲令後常行之制臣伏思從來臣寮
非不言事朝廷非不施行患在但著空文

不責實効故改更雖數號令雖煩上下因循了無所益今必欲日新求治革弊救時則須在力行方能濟務臣所言者生民之急一有務字也天下之利也不徒略行一二分以塞言責而已伏望留意詳擇謹具狀奏

聞伏候勑旨

再論按察官吏狀 同前

右臣自初忝諫官於第一次上殿日首曾建言方今天下凋殘公私困急全由官吏冗濫者多乞朝廷選差按察使糺舉年老

病患贓污不材四色之人以行澄汰仍具
陳按察之法條目甚詳如臣之議蓋欲使
使者四出而天下悚然知朝廷有賞善罰
惡之意然後按文責實甚惡者黜有善者
升中材之人盡使警勵凡臣所言者乃所
以救民急病革數一作十年蠹弊之事若
非遭逢聖主鋭意求治之時上下力行之
不可也奈何議者憚於作事惟樂因循秪
命諸路轉運使就兼其職命出之日外論
皆謂諸路之中貪贓如魏兼老病如陳杲

穢惡如錢延年庸常齷齪如袁抗張可久之輩盡爲轉運使皆自是可黜之人必不能舉職臣亦再具論奏其議格而不行按察空名令遂寢廢生民𧫴病日益可哀伏見陛下聖德日新憂心庶政近發手詔督勵宰輔然天下之事積弊已多如治亂絲未知頭緒欲事事更改則力未能周而煩擾難行欲漸漸整頓則困弊已極而未見速効臣謂如欲用功少爲利博及民速於事切則莫若精選明幹朝臣十許人分行天下

盡籍官吏能否而升黜之如臣前所陳者
而後可臣聞治天下者如農夫之治田不
可一槩也蒿萊蕪穢久荒之地必先力加
墾闢芟除待其成田然後以時耘耨冗濫
之官蕪穢天下久矣必先力行澄汰待其
百職粗治然後精選有司常令糾舉令特
遣之使如久荒而芟闢也轉運兼按察乃
以時之耘耨者耳寛猛疾徐各有所宜也
漢時刺舉唐世黜陟使考課使之類歲歲
遣出祖宗朝亦有考課院蓋按察升黜古

今常法非是難行之異事也方今言事者多以高論見棄或以有害難行如臣所言只是選十餘人明幹朝臣察視官吏善惡灼然有迹易見者著之簿籍朝廷詳之黜其甚者耳臣自謂於論不爲甚高爲甚高三字一作汪行之有利無害然尚慮議者未以爲然謹條陳冗官利害六事以明利博効速而可行不疑伏望聖慈特賜裁擇如有可採乞早施行

一曰去冗官則民之科率十分減九

臣伏見兵興以來公私困弊者不惟賦歛繁重全由官吏爲姦每或科率一物則貪殘之吏先於百姓而刻剥老繆之吏恣其群下之誅求朝廷得其一分姦吏取其十倍民之重困其害在斯今若去此四色冗官代以循良之吏事隨便宜絶去搔擾使民專供朝廷實數科率免却州縣分外誅求故臣謂於民力十分減九也比於別圖減省細碎無益者其利博矣

二曰不材之人爲害深於贓吏

國家之法除贓吏因民告發者乃行之其他不材之人大者壞州小者壞縣皆明知而不問臣謂凡贓吏多是強黠之人所取在於豪富或不及貧弱不材之人不能馭下雖其一身不能乞取而恣其群下（下字一作不逞）共行誅剝更無貧富皆被其殃爲害至深縱而不問故臣尤欲盡取老病繆懦者與贓吏一例黜之

三曰內外一體若外官不遴則朝廷無
由致治
今朝廷雖有號令之善者降出外方
若落四色冗官之手則或施設乖方
不如朝廷本意反爲民害或稽滯廢
失全不施行而又無糺舉弃（一作多）作
空文若外邊去却冗官盡得良吏則
朝廷所下之令雖有乖錯彼亦自能
回改或執奏更易終不至爲大害是
民之得失不獨上賴朝廷全繫官吏

善惡以此而言冗官豈可不去

四曰去冗官則吏員清簡差遣通流

今天下官有定員而入仕之人無定數既不黜陟冒濫者多差遣不行賢愚同滯每有一闕衆人爭之（一作競爭）爭得者無廉耻之風不得者騰怨嗟之口濫官之弊近古無之今若擇四色冗官去之則待闕之人可無怨滯

五曰去冗官則中材之人可使勸懼

今天下官吏豈必盡是不材蓋爲朝

廷本無黜陟善惡不分今若見國家
責實求治逐一求治逐一四字一作是求人人精别則
中材之人皆自勉強不敢因循雖有
貪殘亦湏歛手
六曰去冗官則不過朞月民受其賜
方今朝廷雖有愛一作憂念疲民之意
然上下困乏必未有餘力廣惠及民
若但去冗官則民受速賜蓋臣常見
外處州縣每一繆官替去一能者代
之不過數日民巳歌謡今若盡去冗

濫之吏而以能吏代之不過朞月民

即（一作必）受賜此臣所謂及民速於事

切者也

論禁止無名子傷毀近臣狀（同前）

右臣竊見前年宋庠等出外之時京師先有無名子詩一首傳於中外尋而庠罷政事近又風聞外有小人欲中傷三司使王堯臣者復作無名子詩一篇略聞其一兩句臣自聞此詩日夕疑駭深思事理不可不言伏以陛下視聽聰明外邊事無小大無

不知者竊恐此詩流傳漸廣須達聖聰臣
忝爲陛下耳目之官不欲小人浮謗之言
上惑天聽合先論列以杜姦讒況自兵興
累年繼以災旱民財困竭國帑空虛天下
安危繫於財用虛實三司之職其任非輕
近自姚仲孫罷去之後朝廷以積年蠹弊
貧虛窘乏之三司付與堯臣仰其辦事乃
是陛下委信責成之日堯臣多方展効之
時臣備見從前任人率多顧惜祿位寧可
敗事於國不肯當怨於身如堯臣者領職以

來未及一月自副使以下不才者悉請換
易足見其不避嫌怨不徇人情竭力救時
以身當事今若下容讒間上不主張則不
惟材智之臣無由展効亦恐忠義之士自
茲解體臣思作詩者者字一作之人雖不知其姓名
竊慮在朝之臣有名位與堯臣相類者嫉
其任用故欲中傷只知爭進於一時不思
沮國之大計伏自陛下罷去吕夷簡夏竦
之後進用韓琦范仲淹以來天下欣然皆
賀聖德君子既蒙進用小人自恐道消故

共只一作喧然務騰讒口欲惑君聽欲沮好
人不早絶之恐終敗事況今三司蠹弊已
深四方匱乏已極堯臣必須大有更張方
能集事未容展効已被謗言臣近日已聞
浮議紛然云堯臣更易官吏專權侵政今
又造此詩語揺惑群情若不止之則今後
陛下無以使人忠臣無由事主讒言罔極
自古所患若一啓其漸則扇惑群小動揺
大臣貽患朝廷何所不至伏望特降詔書
戒勵臣下敢有造作言語誣搆陰私者一

切禁之及有轉相傳誦則必推究其所來

重行朝典所貴禁止讒巧保全善人謹具

狀奏聞伏候勑旨（勑出賞錢官爵購捉是時上欲更改朝政小人不便造作言語動搖及勑榜出自此遂絶）

奏議卷第一

論按察官吏劄子 進奏院（一作官）才幹（一作勤幹）

論元昊來人請不賜御筵劄子 及聞（一作又聞）

庶可（一作乃可）

論按察官吏第二狀　更令按察（四字一作劾人）不

徒畧行（徒一作但　行一作言）

再論按察官吏狀　蓋欲（一作本欲）甚惡（一作其惡）有

善（一作其善）華數（華字上一有澄字）空名（一作空文）稽滯（一作留滯）

替去（此下一有得字）數目（一作數用）

續添

乞詔諭陝西將官劄子　乞速詔（此上一有臣欲二字）

論韓琦范仲淹乞賜召對劄子　並亦如此（亦字下一有許字）

論罷鄭戩四路都部署劄子　止是虛名（一作虛名可廢）

千餘里（一作及千里）

論淩景陽三人不宜與館職奏狀 玷辱（此上一有以字）

論案察官吏第二狀 材者又（一作有材者又）

再論按察官吏狀 代以循（此上一有而字）豪富（此下一有之家）

猶三（一作受其賜）四色（此上一有此字）即受賜（一作受其賜）字

慶曆二年公爲校理嘗上書引李希烈事乞免富弼使虜見蘇文忠公所作富公神道碑而書逸

奏議卷第二　　歐陽文忠公集九十八

諫院

論沂州軍賊王倫事宜劄子 慶曆三年

臣近聞沂州軍賊王倫等殺却忠佐朱進打劫沂密海揚泗楚等州邀呼官吏公取器甲横行淮海如履無人比至高郵軍已及二三百人皆面刺天降聖捷指揮字號其王倫仍衣黃衫據其所爲豈是常賊驟聞可駭深思可憂臣竊見自古國家禍亂皆因兵革先興而盜賊繼起遂至横流後

漢隋唐之事可以爲鑒國家自初兵興必知須有盜賊便合先事爲備而謀國之臣昧於先見致近年盜賊縱横不能撲滅未形之事雖或有所不及已兆之患豈可因循不爲臣遍思天下州軍無一處有備假令王倫等周遊江海之上驅集罪人徒衆漸多南越閩廣而斷大嶺西走巴峽以窺兩蜀所在空然誰能禦之一作制禦若不多爲方略竊恐未可剪除而朝廷之臣尚若常事不過差一兩人使臣領兵捕捉此外更無處

置竊以去患宜速防禍在微伏望陛下深

懼禍端督責宰輔早爲擘畫速務剪除臣

亦有短見數事謹具條列以裨萬一

一乞訪尋被殺朱進或有兒男便與一

官令其捕賊以復父讎仍許令乘驛

隨逐一作處指射兵士隨行

一竊知王倫在沂密間只有四五十人

及至高郵已二三百人皆是平民被

其驅脅欲乞除軍賊不赦外特赦驅

脅之人先與安慰其家各令家人以

書招諭有能殺軍賊脱身自歸者等
第重與酬賞可使自相疑貳壞散党徒
一竊慮江淮諸處先有賊盗漸與王倫
合勢則党徒轉熾卒難剪滅欲乞指
揮募諸處未獲盗賊有能謀殺軍賊
者亦等第重行酬奬可使賊心自疑
徒黨難集
一乞出榜招募諸處下第舉人及山林
隱士負犯流落之人有能以身入賊
筭殺首領及設計誤賊陷於可敗之

地者重與酬獎所貴兇黨懷疑不肯
招延無賴之人以爲謀主
一竊見朝廷雖差使臣領兵追捕而兇
賊已遍劫江淮深慮趕趁一作追趕不及
徒黨漸多欲乞特差中使馳騎先計
會沿江淮諸路州軍會合廵檢縣尉
預先等截續發禁兵隨後追逐所貴
不至走透
右臣所陳五事伏乞詳擇施行外有先被
王倫脅從人等首身者百餘人其中有當

與酬賞及合行分配者乞早賜施行用安反側謹具狀奏聞

論王舉正范仲淹等劄子慶曆三年

臣伏見朝廷擢用韓琦范仲淹爲樞密副使萬口懽呼皆謂陛下得人矣然韓琦禀性忠鯁遇事不避若在樞府必能舉職不須更藉仲淹如仲淹者素有大材天下之人皆許其有宰輔之業外議皆謂在朝之臣忌仲淹材名者甚衆陛下既能不惑衆說出於獨斷而用之是深知其可用矣可

惜不令（一有居字）大用蓋樞府只掌兵戎中書
乃是天下根本萬事無不惣治伏望陛下
且令韓琦佐樞府移仲淹於中書使得參
預大政況令參知政事王舉正最號不才
久居柄用柔懦不能曉事緘默無所建明
且可罷之以避賢路或未欲罷亦可且令
與仲淹對換當今四方多事二虜交侵正
是急於用人之際凡不堪大用者去之乃
叶天下公論不必待其作過亦不須俟其
自退也況若令與仲淹對換則於舉正不

離兩府全無所損伏望陛下思國家安危大計不必顧惜不材之人使妨占賢路如允臣所請即乞留中特出聖斷指揮或尚未欲施行即乞降付中書令舉正自量材業優劣何如仲淹若實不如即須自求引避以副中外公議取進止

論趙振不可將兵劄子 同前

臣風聞河東近日累奏事宜探得昊賊點集兵馬伏緣昨來張延壽議和之際尚有朝廷未許事節深慮狂賊因忿出兵即三

路邊防皆合設備伏見河東都部署明鎬雖是材臣未諳戰陣副部署趙振人品庸劣全不知兵只是好交結沽買聲譽所以不因功業擢至將帥前在延州遂致敗誤雖行責降不及朞年却授兵權全無報効其人少壯尚不堪用今又年老病患全然不堪戰鬭一旦臨事必誤國家臣聞將者國之司命今陛下安危之機繫於將帥而河東一路無一戰將只有趙振老病一人而已細思此事大可寒心苟有誤事憂在

朝廷其趙振伏乞速下本路體量如或實
老病不任即乞罷歸散秩別委將臣竊以
河東一路兵馬極多豈是蓄養病將之處
西北二虜爲患如此亦非趙振可當若使
臨事敗誤悔恐不及伏望聖慈深思大計
無惜一老病敗事之人取進止

再論王倫事宜劄子同前

臣竊見近日四方盜賊漸多晁鋒漸熾撲滅
漸難皆由國家素無禦備官吏不畏賞罰
臣謂夷狄者皮膚之患尚可治盜賊者腹

心之疾深可憂而朝廷弛緩終未留意每遇有一火賊則臨事驚駭倉皇旋發兵馬終不思經久禦賊之計只如王倫者今若幸而剪撲則其殺害人民爲患已廣如更未能剪撲使其據城邑則患禍不細矣臣數日前已有奏論只是條列招捉王倫一火事宜至如池州解州南京鄧州諸處強賊甚多今後亦須禁絶其端不可更令頻有臣欲乞陛下特勑兩府大臣議定經制臣亦有短見數事備列如後

一臣竊見（一作知）王倫所過楚泰等州知
縣縣尉巡檢等並不鬬敵却赴王倫
茶酒致被奪却衣甲蓋由法令不峻
無所畏禀官吏見（一作知）朝廷寬仁必不深
罪而賊黨兇虐時下可懼寧是畏賊
不畏朝法臣今欲乞凡王倫所過州
縣奪却衣甲處官吏並與追官勒停
其巡檢仍先除名令白身從軍自効
候賊破日却議叙用仍今後用此爲例
一外處知州本號郡將都監監押只管

在城巡檢若賊入城不能擒捕則設之何用臣欲乞應有不能禦備致賊人入城打劫不尋時鬬敵致全火走透者知州亦特勒停都監監押除名白身從軍自効能獲賊則議敘用

一臣見諸處有賊多是自京師別差使臣兵馬捉殺則本地分元置都監巡檢縣尉等設之何用每有些小賊盜不獲又無深責稍似強賊則別差人捉殺如此可以推避因循臣欲乞若

朝廷別差人捉獲則本地分巡檢縣尉仍
坐全不獲賊之罪及從初不切收補致
走透他處及潰散後別地分巡檢縣
尉捉獲者元出賊處官吏不得與破
全火批書

一竊見諸處縣尉多是新及第少年儒
生怯懦往往不能捉賊虛令陷罪臣
今欲乞下銓司詳議選擇縣尉之格
以武勇人材堪充者充仍重定賞罰
之法其則一作見今有新及第少年怯

懦者委諸路按察使先次舉奏替換

一臣竊見自來所差巡檢兵士多不能
捕賊反與州縣爲患臣今欲乞自朝
廷選募使臣令使臣自選募兵卒不
拘廂禁軍令所在州軍指名抽射仍
重立賞罰之法

論蘇紳姦邪不宜侍從劄子同前

臣昨日竊聞勅除太常博士馬端爲監察
御史中外聞之莫不驚駭端爲性險巧本
非正人往年常發其母陰事毋坐杖脊端

爲人子不能以禮法防其家陷其母於過惡又不能容隱使母被刑理合蒙羞負恨終身不齒官聯豈可更爲天子法官臣不知朝廷何故如此用人縱使天下全無好人亦當虛此一位不可使端居之況剛明方正之士不少臣求其故蓋是從初不合令蘇紳舉人紳之姦邪天下共惡視正人端士（一作端人正士）如仇讎惟與小人氣類相合宜其所舉如此也端之醜惡人誰不知而紳（一作輒）敢欺罔朝廷者獨謂陛下不知耳此一

事尚敢欺罔（一作惑）人主其餘讒毀忠良以是爲非之説其可信乎其馬端伏乞追寢成命蘇紳受詔舉此醜惡之人罔上欺下亦乞坐此黜外任不可更令爲人主侍從取進止

論乞令百官議事劄子（同前）

臣伏見祖宗時猶用漢唐之法凡有軍國大事及大（一作不決）刑獄皆集百官參議蓋聖人慎於臨事不敢專任獨見欲採天下公論擇其所長以助不逮之意也方今朝廷

議事之體與祖宗之意相背每有大事祕不使人知之惟小事可以自決者却送兩制定議兩制知非急務故忽略拖延動經年歲其中時有一兩事體大者亦與小事一例忽之至於大事祕而不宣此尤不便當處事之始雖侍從之列（一作例）皆不與聞已行之後事須彰布縱有乖誤却欲論列則追之不及況外廷百官踈遠者雖欲有言陛下豈得而用哉所以兵興數年西北二方累有事宜處置多繆者皆由大臣自

無謀慮而杜塞衆見也臣今欲乞凡有軍國大事度外廷須知而不可秘密者如北虜去年有請合從與不合從西戎今歲求和當許與不當許凡如此事之類皆下百官廷議隨其所見同異各令署狀而陛下擇其長者而行之不惟慎重大事廣採衆見兼又於庶官寒賤疏遠人中時因議論可見其高材敏識者國家得以用之若百官都無所長則自用廟堂之議至於小事並乞只令兩府自定其錢穀合要見本末

則召三司官吏至兩府討尋供析而使大臣自擇至於禮法亦可召禮官法官詢問如此則事之大小各得其體如允臣所請且乞將西戎請和一事先集百官廷議取進止

論諫院宜知外事劄子 同前

臣竊聞近日爲軍賊王倫事江淮州軍頻有奏報朝廷不欲人知召進奏官等於樞密院責狀不令漏泄指揮甚嚴不知此事出於聖旨或只是兩府大臣意欲如此以

臣料之爲近日言賊事者多朝廷欲人不知以塞言路耳臣謂方今多事之際雖有獨見之明尚須博採善謀以求衆助豈可聾瞽羣聽杜塞人口況朝廷處事未必盡能合宜臣下獻忠未必全無可採至如王倫驅殺士民攻劫州縣江淮之上千里驚擾事已若斯何由掩蓋當今列辟之士極有憂國之人欲爲人主獻言常患聞事不的況臺諫之官尤(一作元)是本職凡有論列貴在事初善則開端惡則杜漸言於未發

廢易回改令事無大小常患後時或號令
已行或事迹已布縱欲論救多不能及若
更祕密不使聞知則言事之臣何由獻說
臣今欲乞指揮進奏院凡有事非實封者
不須祕密臣因此更有起請事件畫一如後
一竊見御史臺見有進奏官逐日專供
報狀欲乞依御史臺例選差進奏官
一人凡有外方奏事及朝廷詔令除
改並限當日内報諫院
一竊見唐制諫臣爲供奉之官常在天

子仗内朝廷密議皆得聞之今雖未曾恢復舊制欲乞凡遇朝廷有大處置四方奏報事非常程及諫官風聞事未得實者並許諸兩府請問庶知審實得以論列

右件二事如允臣所請乞降指揮施行取進止

論河北守備事宜劄子同前

臣伏見朝廷方遣使與西賊議通和之約近日竊聞邊臣頻得北界文字來問西夏

約和了與未了苟實如此事深可憂臣以謂天下之患不在西戎而在北虜縱使無此文字終須貽患朝廷契丹通好僅四十年無有纖介之隙而輒萌姦計妄有請求竊以戎狄貪惏性同犬彘遇強則伏見弱便欺見我無謀動皆屈就謂我爲弱知我可（一作易）欺故添以金繒未滿其志更邀名分抑使必從無事而來尚猶如此若更因西事攬以爲功別有過求將何塞請此天下之人無愚與智共爲朝廷寒心者也今若果

有文字來督通和之事則臣謂醜虜狂計其迹已萌不和則詰我違言既和則論功責報不出年歲恐須動作苟難曲就必至交兵至於選將練師既難卒辦禦戎制勝當在機先（一有然字）臣竊惟在朝之臣尚偷安靜自河以北絕無處置因循弛慢誰復挂心豈可待虜使在廷寇兵壓境然後計無所出空務張皇而已哉今國家必謂兩意雖乖尚牽盟誓邊防處置未敢張皇以臣思之莫若精選材臣付與邊郡使其各圖

禦備密務修宁此最爲得也况今邊防處
置百事乖方惟有擇人最爲首務今北邊
要害州軍不過十有餘處於文武臣寮中
選擇十餘人不爲難得各以一州付之使
其各得便冝如理家事宁城壘訓兵戎習
山川蓄粮食凡百自辦不煩朝廷經度以
茲預備尚可枝梧至如鎮定一路最爲要
害張存昔在延州以不了事罷去今乃委
以鎮府王克基凡庸輕巧非將臣之材而
任定州其餘州郡多匪其人臣欲乞陛下

特詔兩府大臣取見在邊郡守臣可以禦敵捍城訓兵待戰者留之其餘中常之材不堪邊任者悉行換易若（一有使字）秋風漸勁虜（一作隊）釁有端陛下試思邊鄙之臣誰堪力戰朝廷之將誰可出師當臣初授諫職之時見朝廷進退大臣陛下鋭意求治必謂群臣自此震慴百事自此脩舉西北二事最爲大者自當處置不待人言及就職以來已數十日而政令之出漸循舊弊惟言事之臣拾遺補闕者勉強施行其一二至如講大

利害正大紀綱外制四夷内紓百姓凡廟堂帷幄之謀未有一事施行於外者臣忝司諫諍豈敢不言伏望陛下不忘社稷之深耻無使夷狄之交侵駿發天威督勵臣下仍（一作伏）乞詢問兩府大臣西鄙和與不和能保契丹別無辭說否苟有所說能以廟謀奇筭沮止之否苟無謀以止之則練兵選將備邊待寇賊至而後圖能不敗事否臣願陛下勿謂去歲六符之來可以賄解今而有請則事難從矣勿謂累年西賊

爲患習以爲常若此事一動則天下揺矣

臣所言者社稷之大計也願陛下留意而

行之取進止

論軍中選將劄子同前

臣伏見國家自西鄙用兵累經敗失京師

勁卒多在征行禁衛諸軍全然寡少又無

將帥以備爪牙方今爲國計者但務外憂

夷狄專意邊陲殊不思根本内虚朝廷勢

弱萬一有事一作事有萬一無以枝梧今軍帥暗懦

非其人禁兵驕惰不可用此朝廷自以爲

患不待臣言而可知也臣亦歷考前世有
國之君多於無事之際恃安忘危備患不
謹使禍起倉卒而至敗亡者有矣然未有
於用兵之時而反忘武備如今日者兵法
曰將者民之司命國家安危之主也今外
以李昭亮王克基輩當契丹内以曹琮李
用和等衛天子如當今之事勢而以民之
司命國之安危繫此數人安得不取笑四
夷遭其輕侮臣謂去歲北虜忽興狂悖今
年元昊妄有請求若使朝廷有一二人中

材之將叩頭効死奮身請戰誓雪君耻少
增國威則戎狄未敢侵陵朝廷未至屈辱
奈何自中及外都無一人旣無可恃以力
爭遂至甘心於自弱夫天下至廣遂無一
人者非真無人也但求之不勤不至耳臣
伏思自用兵以來朝廷求將之法不過命
近臣舉朝士換武官及選試班行方略等
人而已近臣所舉不過俗吏材幹之士班
行所選乃是弓馬一夫之勇至於方略之
人尤爲乖濫試中者僅堪借職縣尉參軍

齋挽而已於此求將而欲捍當今之患此所以困天下而敗於一作取侮夷狄者也臣不知朝廷以此數事爲求將之術果是乎果非乎以爲是則所得何人知其非則盍思改革又不知朝廷以將爲易得乎爲難得乎爲易得則數歲未見一人知其難得則當多方用意早思求擇俟其臨患何可得乎伏望陛下特詔兩府大臣别議求將之法盡去循常之格以求非常之人茍非不次以用人難弭當今之大患臣亦嘗有愚

見久欲條陳若必講求庶可參用臣伏見唐及五代至乎國朝征伐四方立功行陣其間名將多出軍卒只如西鄙用兵以來武將稍可稱者往往出於軍中臣故謂只於軍中自可求將試略言求將之法謹條如左

凡求將之法先取近下禁軍至厢軍中年少有力者不拘等級仗一作因其伎同者每百人團爲一隊而教之較其伎精而最勇者百人之中必有一

人矣得之以爲隊將此一人伎勇實能服其百人矣以爲百人之將可也合十隊將而又教之較其伎精而最勇者十人之中必有一人矣得之以爲裨將此一人之伎勇實能服其千人矣以爲千人之將可也合十裨將而又教之夫伎勇出千人之上而難爲勝矣則當擇一作較其有識見知變通者十人之中必有一人矣得之以爲大將此一人之伎勇乃萬人之選而

又粗知變通因擇智謀之佐以輔之以爲萬人之將可也幸而有伎勇不足而材識出乎萬人之外者此不世之奇將非常格之所求也臣所謂只於軍中自可求將者此也誠能如此得五七萬兵隨而又得萬人之將五七人下至千人百人之將皆自足然後別立軍名而爲階級之制每萬人爲一軍以備宿衛有事則行師出征無事則坐威天下比夫以豐衣厚禄養

驕惰無用之卒而遞遷次補至于校帥皆是凡愚暗懦之人得失相萬矣若臣之説果可施行俟成一軍則代舊禁兵萬人散出之使就食于外新置之兵便制其始稍增舊給不（一作勿）使太優常役其力不令驕惰比及新兵成立舊兵出盡則京師減冗費得精兵此之爲利又遠矣

右臣所陳只是選勇將訓衛兵之一法耳如捍邊破賊奇才異略之人不可謂無伏乞

早賜留意精求謹具奏聞伏候勑旨

奏議卷第二

再論王倫事宜劄子　仍先（先一作乞）

論諫院宜知外事劄子　雖未曾（曾一作能）

論河北守備事宜劄子　約和（此下一有之事二字）若更

因（一作若使更因）駿發（一作峻發）

論軍中選將劄子　爲易得（爲字上疑脫一字）

奏議卷第三　歐陽文忠公集九十九

諫院

論郭承祐不可將兵狀慶曆三年

右臣伏聞朝旨用郭承祐爲鎮定部署臣自聞此除改夙夜思惟一作竊見朝廷以郭承祐爲鎮定路總管事關利害臣職當言國家用兵已五六年未有纖毫所得挫盡朝廷威勢困却天下生靈細一作深思厥由其失安在患在朝廷拘守常例不肯越次擇材心知小一作非人付以重一作要任後雖敗事亦終不悔今每有除擬一作差不當

人或問於大臣則曰雖知非材捨此別無人(一有矣字)甚者欲塞人言則必曰爾試別思更有誰可用乎(一作者)臣亦常聞此言每退而歎息夫所謂別無人者豈是天下真無人乎蓋不力(一作肯)求之耳今不肯勞心(一無二字)選擇(一作揀)越(一作不)次而用(一有而字)但守常循例輕用小人寧誤大計一誤不(一作)悔後又復然至如葛懷敏頃在西邊天下皆知其不可當時議者但曰捨懷敏(一有則字)別未有人難爲換易(一無此四字)及其戰敗身亡橫屍

原野懷敏既不復生亦須別求（一作別須有）人用
臣謂（二字一作且）今日任（一作用）承祐亦猶當時用
懷敏也況如（一無如字）承祐者凡庸（一無三字）奴隸
之才不及懷敏遠甚頃在澶州只令（一有營字）
築（一有州字）城幾至生變豈可當此一路（一作道）
臣謂朝廷（一作天下）非不知承祐非才議者不
過曰例當敘進別更無人此乃因循之說
爾方今黠（一作醜）虜狂謀禍端已兆中外之
士（一無二字）見國家輕忽戎患弛武比方人皆
獻言願早爲備忽見如此除改誰不驚憂

前者劉六符之(一作暫)來(一有使二字)朝廷忍耻
就議蓋爲河朔無可自(一作無可)恃(一作素)難與速(一作力)
爭須至屈意苟和以寛禍患今幸得
此自紓之計所冝多方汲汲(一無汲汲二字)精意(一作選)
將臣先爲禦(一作預)備猶恐不及豈是因循守
例輕任(一作用)小人之日也(一無也字)其郭承祐
欲乞早移與一不用兵處知州或召還别
與一閑慢職秩若欲録其勤(一作勳)舊優其
戚里之恩閑官厚禄足可養之不必須令
居此要任伏願陛下深思大計不憚改爲

則天下幸甚取進止

論元昊來人不可令朝臣管伴劄子 同前

臣風 一作竊 聞朝旨 一作廷 欲以殿中丞任顓管領元昊遣來一行人等 一本此十字只作管待西人 臣竊知元昊此來全無好意 一無此四字 不 一作未 肯稱臣 一有又字 索物太多其志不小 一作少 乃是欲以強相迫脅爾 一無此九字 朝廷既 一作必 不能從則待其來人凡事不可過分至於禮數厚薄賜與多少雖去小事不足較量然於事體之間所繫者大凡兵交之使來入 一無入字

大國必須窺伺將相勇怯覘察國家強弱若(一作如)見朝廷威怒未息(一作回)事勢(一作意)未削則必內憂斬戮次恐拘留(一本此十二字只作莫測)(必有斬使出兵之懼拘囚在館之憂)使其偶得生歸自爲大幸則我弱形未露壯論可持今若便損國威過加厚禮先爲自弱長彼驕心使其知我可欺則議論愈(一作論事恐益)難合矣必若成就其事尤須鎮重爲先況其議必不成可惜空損事體前次元昊來人至少朝廷只差(一作以)一班行(一有人字)待之今來漸多遂差朝

士若其後次（一無次字）來者漸（一作更）盛則必須差

近侍矣是彼（一本彼字作令賊）轉自強我轉自弱（一有矣字）

況聞邵良佐昨來往彼僅免屈辱而還則

彼雖戎（一作夷）狄不謂無謀今其來人必須

極驕強辭以圖相勝若能（一無能字）先薄其禮

以折之亦挫賊（一作廟謀）之一端也其元昊來

人欲乞更不差官管領送置驛中不須急

問（一本其字下卅一字止作宜罷館待而比於前次更可減損）至於監視饋犒

（一作館待）傳道語言一了（一作幹）事班行足（一作可）

矣臣料今國家若不能曲從其意即（一本無此十字）

雖尊寵（一無寵字）來人厚加禮遇（一本人字下四字作而不從其請則）元昊不免出兵（一無此二字）攻寇（一有邊鄙字）逞（一作肆）彼忿心等是不和何必自虧事（一作國）體不若急脩（一作速嚴）邊備以圖勝筭（一作廟勝）取進止

（三字一作惟陛下留意）

論元昊不可稱吾祖劄子（同前）

臣伏見如定等來西賊欲稱吾祖嚮闌朝議已不許之今日風聞議却未定不知虛的深切驚憂且吾祖兩字是何等語便當拒絶理在不疑安有未定之説哉夫吾者

我也祖者俗所謂翁也今匹夫臣庶尚不肯妄呼人爲父若欲許其稱此號則今後詔書須呼吾祖是欲使朝廷呼蕃賊爲我翁矣不知何人敢開此口且蕃賊撰此名號之時故欲侮翫中國而已今若得其稱臣則此二字尤須論辨今自元昊已下名稱官號皆用夷狄若蕃語兀卒華言吾祖則今賊中每事自用夷禮安得惟於此號獨用華言而不稱兀卒且彼於我稱臣而使我呼爲祖於禮非便故當以此折之可

也朝廷自有西事以來處置乖方取笑於人者多矣未有如此一事最可笑也竊慮小人妄有議論伏乞拒而不聽取進止

論乞廷議元昊通和事狀同前

右臣近有奏論今後軍國大事不須祕密請集百官廷議近聞以上一作伏見元昊再遣使人將至闕下一無下字和之與否決在此行竊計廟謀合思成筭臣謂此最大事也天下安危繫之今公卿士大夫愛君憂國者人人各爲陛下深思極一作遠慮惟恐廟堂之

失策遂落夷狄之姦謀衆口云云（一作紛紛）各有論議一曰天下困矣不和則力不能支少屈就之可以紓患一曰羌夷險詐雖和而不敢罷兵則與不和無異是空包（一作抱）屈就之羞全無紓患之實一曰自屈志（一無此三字）講和之後（一有不過欲字）退而休息練兵訓卒（一作訓兵選將）以爲後圖然此亦必不能者只以河朔（一有料字）之事可知蓋慮纔和之後便忘發憤因循弛廢（一作廢弛）爲患轉深一曰縱使元昊復（一作稱）臣（一有而字）西邊減費不弛武備不忘後圖然

猶有大可憂者比戎將（一作必）攬通和之事以爲已功過有邀求遂興兵革是暫息小患於關西復生大患於河北臣忝爲耳目之官見國有大事旁採外（一作衆）論所聞如此異同然大抵皆謂就和則難不和則易不和則害少和則害多然臣又不知朝廷之意其議云何臣見漢唐故事（一有祖宗舊制）大事必須廷（一作集）議蓋以朝廷示廣大不欲自狹謀臣思公共不敢自強故舉事多臧衆心皆服伏思國家自兵興以來常祕大事

初欲隱藏護惜不使人知及其處置乖違
豈能掩蔽臣謂莫若採大公之議收衆善
之謀待其都無所長（四字一作所言無可採）自用廟謨
（一有固亦）未晚其元昊請和一事伏乞（二字一作請）於
使人未至之前（一有先字）集百官廷議臣只自
朝夕以來諸處詢訪已聞衆說如此若使
並集於廷各陳所見必有長策以裨萬一
（一有惟陛下裁幸無下九字）謹具狀奏聞伏候勑旨

論西賊議和利害狀（同前）

右臣伏自（一作見）如定等到京以來竊聞朝議不

許賊稱吾祖必欲令其稱臣然後許和此
乃國家大計廟堂得策蓋由陛下至聖至
明不苟目前之事能慮竭去之憂斷自宸
衷決定大議然數日來風聞頗有無識之
人妄陳愚見不思遠患欲急就和臣雖知
必不能上惑聖聰然亦慮萬一少生疑沮
則必壞已成之計臣職在言責理合辨明
伏自西賊請和以來衆議頗有異同多謂
朝廷若許賊不稱臣則慮北戎別索中國
名分此誠大患然臣猶謂縱使賊肯稱臣

則北戎尚有邀功責報之患是臣與不臣皆有後害如不得已則臣而通好猶勝不臣然於後患不免也此有識之士憂國之人所以不顧急和者也今若不許通和不過懼賊來寇耳且數年西兵遭賊而敗非是賊能善戰蓋由我自繆謀今如遣范仲淹處置邊防稍不失所（一有則字）賊之勝負尚未可知以彼驕兵當吾整旅使我因而獲勝則善不可加但得兩不相傷亦已（一作足）挫賊銳氣縱仲淹不幸小敗亦所失不至如前後之

繆謀一作戰是比於通和之後別有大患則
所損猶少此善筭之士見遠之人所以知
不和害小而不懼未和也臣謂方今不羞
屈志急欲就和者其人有五一曰不忠於
陛下者欲急和二曰無識之人欲急和三
曰姦邪之人欲急和四曰疲兵懦將欲急
和五曰陝西之民欲急和自用兵以來居
廟堂者勞於斡運在邊鄙者勞於戎事若
有避此勤勞苟欲陛下屈節就和而自偷
目下安逸他時後患任陛下獨當此臣所

謂不忠之臣欲急和者也和而偷安利在目下和後大患伏而未發此臣所謂無識之人欲急和者也自兵興以來陛下憂勤庶政今小人但欲苟和之後寬陛下以太平無事而望聖心怠於庶政（一作事）因欲進其邪佞惑亂聰明大抵古今人主憂勤小人所不願也此臣所謂姦邪之人欲急和也屢敗之軍不知得人則勝但謂賊來常敗此臣所謂懦將疲兵欲急和也此四者皆不足聽也惟西民困乏意必望和請因宣撫

使告以朝廷非不欲和而賊未遜順之意
然後深戒有司寬其力役可也其餘一切
小人無識之論伏望聖慈絶而不聽使大
議不沮而善筭有成則社稷之福也謹具
狀奏聞伏候勑旨

論乞不遣張子奭使元昊劄子同前

臣竊聞昊賊來人議論數日全無遜順之
意朝廷又欲遣張子奭復往賊中仍聞且
只一有令字在延州伺候賊意待其來迎方敢前進
不知果有如此議否若實有之大爲不便

臣謂方今兩議未決正是各爭名分之時尤不可自虧事體元昊既見朝廷議論不合必料邊防須爲準備其僞以好辭來迎子奭使我望和而少弛然後不意以出一作出不意以攻子奭或被拘留或遭虐害以爲中國萬世之辱則悔何及焉雖不如此使子奭端坐延州不來省問欲歸則又慮來迎久待則寂然無報進退不得何耻如之蓋元昊已與中國三次商量必知難合子奭之往又別無議論未盡之事彼一有必字不急求相見則於

臣二說慮有一焉臣不知朝廷以昊賊爲
可臣乎不可乎若有可臣則自當以重兵
壓境仍選忠厚知謀之士直入賊中說令
臣伏如其不可則何必遣人或但欲遷延
歲月不拒絶之則只當因如定之回賜以
甘言許其厚賂諭以若能遜順則使通意
邊臣俟得其實然後定議乃是未絶其來
之意也不可令天子使臣待賊命而進退萬
一遭其拒絶或被拘執則於事無益空損
國威爲今計者不若速遣范仲淹嚴備邊

境徐放如定等還當自爲謀以求勝算取進止

論乞不受呂紹寧所進羨餘錢劄子同前

臣風聞轉運使呂紹寧纔至淮南便進見錢十萬貫不知是一作果否臣見兵興以來天下困弊者非獨備邊之費半由官吏壞之今三司自爲闕錢累於東南刻刷及以穀帛回易則南方庫藏豈有剩錢閭里編民必無藏鏹故淮甸近歲號爲錢荒不知

紹寧纔至淮南用何術於何處得此錢以
進若將官庫錢上進則逐州合使錢處甚
多必致闕乏若於民間科率則人力豈任
且十萬緡錢國家得之所益至微外處取
之爲害不細往年李定王逵（一作達）輩皆刻剥
疲民進奉至今南方嗟怨況今年江淮王
倫大（三字一作諸路自）驚劫後繼以蝗旱爲孽民間困
窘尤要撫存而紹寧欺罔朝廷妄有進獻
伏乞特降指揮下別路選差一精強官將
淮南一路見管錢帛磨勘大數取見紹寧

所進何處得來苟涉欺妄乞賜重行朝典其所進錢伏乞聖慈拒而不受以彰朝廷均邺外方防禦姦吏刻剥之意取進止

論孫抃不可使契丹劄子慶曆三年

臣伏見差孫抃等充契丹人使臣謂朝廷新遭契丹侮慢陵辱之後必能發憤每事挂心凡在機宜合慎措置及見抃等被選乃知忘忽慮患依舊因循今西賊議和事連北虜中間屢牒邊郡來問西事了與未了今專使到彼必先問及應對之際動關

利害一言苟失爲患非輕豈可四人之中
令扑先往扑本蜀人語音訛謬又其爲性
靜默自安軍國之謀未嘗與議凡關機事
多不諳詳臣聞古者遣使最號難才不受
以辭許其專對蓋取其臨事而敵應卒一作變無
窮今扑既不可預教以言則將何以應卒
苟一踈脫取笑四夷其孫扑欲乞不令出
使或恐中書不能逆扑人情尚執一作守前
議即乞别令一人言語分明稍知朝廷事
者先往貴不誤事且醜虜君臣頗爲強黠

中國常落其計不可不知今欲雪前耻雖
知未能其如後患豈可不慮伏望聖慈早
令兩府別議取進止

論范仲淹宣慰陝西劄子 同前

臣風聞如定等不久放還竊緣此來議論
必未諧和須慮驕賊猖狂忿兵攻寇凡關
邊備正要枝梧伏覩朝旨已差范仲淹田
況等為宣撫使今日風聞韓琦以仲淹已
作參政欲自請行不知是否以臣愚見不
若且遣仲淹速去琦與仲淹皆是國家委

任之臣材識俱堪信用然仲淹於陜西軍民恩信尤爲衆所推伏今若仲淹外捍寇兵而琦居中應副必能共濟大事庶免後艱若陛下以新用仲淹責其展効則且令了此一事俟邊防稍定不兩三月自可還朝旣先弭於外虞可漸修於闕政今邊事是目下之急不可遲緩以失事機伏望斷自宸衷輟仲淹速去以備不虞取進止

奏議卷第三

論廷議元昊通和事狀 所聞如此異同一作雖有異有同置一作措置續添將至至一作到

論孫抃劄子 際一作間

續添

論乞不受呂紹寧所進羨餘劄子 紹寧所進此下一有自字

（宋）歐陽修 撰

宋本歐陽文忠公集

第二〇册

國家圖書館出版社

第二〇冊目錄

奏議卷第十　歐陽文忠公集一百六

諫院

論大臣不可親小事劄子 慶曆三年

臣伏見兵興累年天下多故樞密之職事任非輕雖典兵戎體均一作同宰輔至於大小機務其繁文倍於中書所以國家舊制都副承旨皆用士人位比屬僚事參謀議祖宗之制一作世尤慎擇材或取其歷職詳練者以爲副使自承平以來綱紀隳廢惟用人吏備員而已當四方無事之時兩府檢例

行事上下尸曠恬然不恠自兵戎既動中
外事繁猶務因循致多敗誤今承旨不親
職事惟署文書凡百行遣皆委諸房小吏
使副大臣不免親臨細事既不得精心思
慮専意廟謨至於碎務繁多又不能躬自
檢察遂使邊防急奏多苦滯留軍國密謀
動成漏洩凡關事體不便處多皆由樞臣
難自躬親而承旨不能舉職也臣今欲乞
依祖宗舊制承旨特用士人如武臣中難
得其人即請於文官中精選材能換與合

入官資責其舉職仍令樞密使副條列常
行事目有可以分職責成者悉以委之使
大臣專意廟謀屬吏分行職事時參國論一作論議庶有裨補一作助既復朝廷之舊制又於
事體而合宜伏望聖慈特賜裁擇取進止

論中書增官屬主文書劄子 同前

臣伏見近來朝廷號令煩數更改又頻降
出四方多不遵禀而朝廷之臣無專主者
亦不勾校稽違考責實効以不銳之意行
不信之言宜乎空文雖多而下不畏聽今

百職廢壞弊實由斯臣竊見漢丞相官屬甚多欲乞精選材臣采漢名號增置兩府屬官一二員使專掌政令之出者置簿拘管俟天下施行報應校其稽違舉行朝典即不得以承受回申便爲報應須是施行實迹具以條闡旋行勾銷以見能否臣謂苟設此官則天下知朝廷有責實之意令後可使令出必行官無曠職如允臣所請一作奏乞下兩府重議施行取進止

論班行未有舉薦之法劄子同前

臣伏見朝廷選任百官文武參用文官在選者各以舉主遷京朝官其間雖容時有濫冒然孤寒有才行之人亦往往獲進惟有武官中近下班行並無賢愚分別一例以年歲遞遷自借職得至供奉官須是三十餘年使賢愚同滯而國家緩急要人使用無由知其能否或要人使則臨時只看脚色點差多是不副所選臣謂班行入仕之人雖多端然其中亦極有才能可任用者但國家舉選之法全未精博臣欲乞將

近下班行比類選人別立舉官之法凡無
人舉者官有所止更不例遷有舉主者一作
舉主足者方與遷轉或且令無舉主者依舊年
限遷轉將有舉主者別作任使仍乞嚴爲
約束重其連坐之法使舉者不容冒濫則
才與不才漸可分別而用人不濫況今四
方多事天下都監巡檢監當之類盡要得
人方能一作可集事不必邊任并閤職方用
舉薦其他要切使喚處多如允臣所請乞
付樞密院商量立定法制頒行取進止

論乞放還蕃官胡繼諤劄子同前

臣竊見朝廷前歲以延州蕃官胡繼諤因爲邊臣所疑移入内地見任亳州都監以子守清悉領父之諸部風聞近爲不服一作安亳州水土死一無死字亡却家族身又疾病曾有奏陳乞移一京西地涼之處臣謂方今西鄙用兵之際朝廷宜廣推恩信撫御蕃夷既欲守清盡死於邊疆當厚遇繼諤保全其家族豈有既任其子又疑其父繼諤求一作來遷内地其實異鄉雖曰居官乃是囚繫

致其失所身病家亡況彼初心又無顯過
在繼諤之身已有幽囚冤枉之嘆於守清
之分又失駕馭豪傑之方萬一繼諤疾病
死而不歸守清父子之心豈得無恨反覩
中國乃爲世讎必與邊陲别生患害其餘
部族亦必離心國家自用兵以來凡有計
謀未聞勝筭尤於招撫蕃夷之術常失恩
威致使離叛者多皆願附賊在於繼諤處
置特乖臣欲乞因其有請召至京師與雪
前疑厚加禮遇放還本族示以推誠守清

得父子復㝉必思盡節繼諤感國家之遇必有所施若朝廷猶以爲疑即乞先以此意詔閤守清計其必無弃父之理若彼自不欲其歸則他日可無後患取進止

繳進王伯起上書狀 同前

右臣今月二十五日出外至夜歸家有相州進士王伯起看臣不見後留下長書一封中言爲檢匣抑塞言事者責臣不能規諫人主開益聰明及自言有策可以弱北虜使十年不爲害又言有上皇帝書爲有

司所抑不得上達仍於長書後卷却奏狀
一封意欲令臣繳奏臣竊詳王伯起所與
臣書詞理極有可採但未知奏狀內所言
何事緣臣本不識其人又無處尋訪只據
所與臣書內言有策可使北虜十年不爲
害此一事是朝廷當令急務其奏狀臣不
敢滯留謹并元與臣書繳連上進伏望聖
慈特賜省覽或有可採乞下開封府尋訪
本人更加詢問謹具狀奏聞

論大理寺斷冤獄不當劄子同前

臣風聞大理寺近奏斷德州公案一道爲一班行王守度謀殺妻事止斷杖六十私罪其守度所犯情理極惡本因踰濫欲誘一求食婦人爲妻自持刃杖恐逼正妻阿馬令其誣以姦事髠截頭髮又自以將（一作）繩索付與阿馬守度持刀在旁逼令自縊其命垂盡只爲未有棺器却且解下其後又與繩索令自縊阿馬偶得生逃臣略聞此大槩其他守度兇惡之狀備於案牘人不忍聞阿馬幽苦寃枉（一作之寃）如此而法吏止斷誣姦降以

杖罪竊以刑在禁惡法本原情今阿馬之
寃於情可憫守度所犯其惡難容若以法
家斷罪舉重而論則守度誣姦不實之罪
輕迫人以死之情重原其用意合從謀殺
凡謀殺之罪其類甚多或有兩相爭恨理
直之人因發忿心殺害理曲之人者死與
未死須被謀殺之刑豈比守度曲在自身
阿馬本無所爭備極陵辱迫以自裁（一作殘）虐害
之情深於謀殺遠矣臣嘗伏讀真宗皇帝
賜諫臣之詔曰寃枉未申賞刑踰度者皆

許論列令之寃婦臣職當言者也豈有聖主在上國法方行而令強暴之男而敢逼人以死臣恐守度不誅則自令強者陵弱蹂者害親國法遂隳人倫敗矣其王守度一宗公案伏望聖慈特令中書細詳情理果如臣之所聞即乞行刑法以止姦凶取進止

論内臣馮承用與外任事劄子同前

臣伏見内官馮承用近因過失爲臣寮論奏一作奏劾陛下親發睿斷不私小人聽納群

言逐去左右中外之士莫不相慶然初聞朝議將與外任至今多日未見指揮近日外面虚傳云却得教坊勾當留在京師竊以方今内外臣寮若有罪犯便須勘劾依法行遣今承用本因有過超轉官資只與外任尚爲僥幸若更遲留不遣則使今後伏事陛下左右者恣爲過惡無以戒勸承用從來過犯甚衆人皆畏懼不敢明言自其罷却入内已來舊跡漸一作甚多彰露内廷之事臣不細知外邊作過頗有實狀今若未行

遠黜則言事臣寮不免再有論奏勾連獄
訟生事轉多其馮承用伏乞早與一外任
閑慢差遣便令出京可以戒勵後人外弭
物論取進止

奏議卷第十

奏議卷第十一　歐陽文忠公集一百七

河北轉運

論臺官上言按察使狀慶曆四年八月新除河北轉運按察使未行

右臣伏覩近降朝旨約束諸路按察使備載臺官所上之言意謂按察使等所奏之人多不實或因迎送文移之間有所闕失挾其私怒枉奏平人朝廷都不深思輕信其說臣自聞降此約束日夕憂嗟竊思國家方此多事難了之時正是責人展効之際奬之猶恐不竭力疑之誰肯盡其心昨

大選諸路按察之際兩府聚廳數日盡破常例不次用人中外翕然皆謂一時之極選凡一有彼字被選之者皆亦各負才業久無人知常患無所施爲一旦忽蒙擢用各思宣力爭奮所長不惟欲報朝廷豈一作寧不更希進用豈可頓爲欺罔便徇私情料其心必未至此苟或如臺官所說則是兩府聚廳數日選得不公之人其或不至如斯何必更加約束竊以任人之術自古所難常能力主張猶或有沮者何況更一作過生疑異使其各

自心闌如此用人安能集事況按察之任人所難能或大臣薦引之人或權勢僥倖之子彼按察使者下當怨怒上忤權勢而不敢避者只賴朝廷主張而已今按察者所奏則未能施一作與行沮毀者一言則便加輕信皆由朝廷未知官吏為州縣大患而按察可以利民委任之意不堅故毀謗之言易入也所可惜者自差諸路按察今雖未有大効而老病昏昧之人望風知懼近日致仕者漸一作甚多州縣方欲澄清而朝廷自沮其

事臣欲乞聖慈令兩府召臺官上言者至中書問其何路按察之（一作何）人因挾私怒茍有迹狀乞下所司辨明若實無人乃是妄説其近降劄子乞賜抽還不使四方見朝廷自沮按察之權而爲貪贓老繆之吏所快謹具狀奏聞伏候勑旨

論兩制以上罷舉轉運使副省府推判官等狀（慶曆五年誤寘于此）

右臣近準御史臺牒爲臣寮上言待制以上舉省府推判官轉運使副等事奉聖旨

去年勑命更不行用令臣知委者臣竊詳
臣寮上言悉涉虛妄蓋因近日陛下進退
大臣改更庶事小人希合欺罔天聰臣試
請辨之據上言者云若令兩制以上保舉
則下長犇競之路方今上自朝廷下至州
縣保舉之法多矣只如臺官亦是兩制以
上舉以至大理詳斷審刑詳議刑部詳覆
等官三路知州知縣通判選人改京官學
官入國學班行遷閤職武臣充將領選人
入縣令下至天下茶鹽場務榷場及課利

多處酒務凡要切差遣無大小盡用保舉之法皆不聞以犇競而廢之豈可獨於省府等官獨（一作偏）長犇競而可廢此其欺妄可知也上言者又云遂令端士並起馳騖且馳騖盡係（一作自是）小人豈名端士至如自來舉官之法多矣豈能盡絶小人干求況自頒新勑以來何人舊是端士頓然改節馳騖於何門而得舉乞賜推究姓名若果無之則見其欺妄可知也上言者又云不因請託人莫肯言此又厚誣之甚也今内

外臣寮無大小曾受人舉者十八九豈可
盡因請託而得自兩府大臣而下至外處
通判以上人人各曾舉官豈可盡因請託
而舉若云其它舉官不請託只此勑舉官
須請託即非臣所知也令兩制之中好人
不少繁難（一作重）要害之地皆已委信任用（二字一作而任之）
豈可不如外郡通判等不堪委任
舉官況兩制之臣除此勑外亦更別許舉
官豈可舉他官則盡公惟此勑則頓（一作徒）
徇私請此其欺妄可知也又云每歲舉一

百五十人致人多而爭差遣臣筭一人有三人舉主方敢望差遣一百五十人湏一歲内有四百五十貟兩制爲舉主令兩制不及五十人使人人歲舉三人即纔各是一人舉主豈敢便爭差遣況有不曾舉人者或舉不及三人者乞賜檢會去年終兩制以上舉到人數便可知其恣情欺妄也近日改更政令甚多惟此一事尤易辨明故臣不避煩言而辨者伏冀陛下因此深悟小人希合而欺妄也緣自去年陛下用

范仲淹富弼在兩府值累年盜賊頻起天下官吏多不得力因此屢建舉官之議然亦不是自出意見皆先檢祖宗故事請陛下擇而行之所以元降勑文首引國書爲言是也當時臣寮並不論議近因仲淹等出外與朝廷經畫邊事讒嫉之人幸其不在左右百端攻擊只此事朝廷不暇審察便與施行臣昨見富弼自至河北緣山傍海經畫勤勞河北人皆云自來未有大臣如此其經畫所得事亦不少歸至國門臨

入而黜使河北官吏軍民見其盡忠而不知其罪狀小人貪務希合又不爲朝廷惜事體凡事攻擊至今未已況朝廷用人屢有進退豈有一人纔出便不問是非盡改所行之事若大臣一度進退政令一度改更如此紛紜豈有定制伏望陛下重（一作審）察愛憎之私辨其虛實之說凡於政令更慎改張臣檢詳元降舉官勑意亦（一作本）是於國書檢用祖宗所行之法今上言者却云因諫官論列致差遣不定而有更張事

涉臣身不敢自辨然臣在諫署日言事無
狀致令來臣寮指以爲辭豈可尚冒寵榮
不能自劾請從黜罰以弭人言臣伏見陛
下聖德仁慈保全忠正之士進退之際各
有恩意此所以能使忠臣義士忘身報國
至死而不已也其今後臣寮希附上言攻
擊前兩府所行之事乞賜辨明擇其實有
不便者方與改更庶全大體則天下幸甚
也臣伏觀去年八月二日元降勑命節文
云比於國書擇（一作撮）諸治要見其官人之

際尤慎外臺之選又云然其進任必屬近
臣又命告示賞罰之命皆三朝之攸行此
是元議舉官因依乞賜詳酌臣無任激切
祈天待罪之至

論劉三嘏事狀 慶曆四年

臣伏見契丹宣徽使劉三嘏挈其愛妾兒
女等七口向化南歸見在廣信軍聽候朝
旨竊慮朝廷只依常式投來人等依例約
回不納國家大患無如契丹自四五十年
來智士謀臣晝思夜筭未能爲朝廷出一

奇策坐而制之今天與吾時使其上下乖離而親貴臣忽來歸我此乃陛下威德所加祖宗社稷之福竊慮憂國之臣過有思慮以謂納之別恐引惹臣請略陳納之却之二端利害伏望聖慈裁擇其可往年山遇捨元昊而歸明邊臣為國家存信拒而遣之元昊甘心山遇盡誅其族由是河西之人皆怒朝廷不納而痛山遇以忠而赤族吾既自絕西人歸化之路堅其事賊之心然本欲存信以懷元昊而終至叛逆幾

困天下是拒而不納未足存信而反與賊堅人心此已驗之効也其後朝廷悟其失計歸罪郭勸悔已難追矣此事不遠可爲鑒戒伏望陛下思之此不可拒而可納一也三蝦是契丹貴臣秉節鉞兼宣徽可謂至親且貴矣一旦君臣離心走而歸我是彼國中大醜之事必須掩諱不欲人聞必不敢明言求之於我此其可納二也況彼來投又無追者相繼既絶蹤跡别無明驗雖欲索之於我難以爲辭此其可納三也

三瑕既彼之貴臣彼國之事無不與知今
既南來則彼之動靜虛實我盡知之可使
契丹日夕懼我攻取之不暇安敢求索於
我自起兵端若使契丹疑三瑕果在中國
則三四十年之間卒無南向之患此又納
之大利其可納四也彼既窮來歸我若拒
而遣之使其受山遇之禍則幽燕之間四
五十年來心欲南向之人盡絶其歸路而
堅其事狄之心思爲三瑕報仇於中國又
終不能固契丹之信此爲誤計其失尤多

且三㬋在中國則契丹必盡疑幽燕之人
是其半國離心常恐向背凡契丹南寇常
藉幽燕使其盡疑幽燕之人則可無南寇
之患此又可納大利五也古語曰天與不
取反受其咎此不可失之幾也其劉三㬋
伏望速降密旨與富弼令就近安存津遣
赴闕惟乞決於睿斷不惑群言取進止

論杜衍范仲淹等罷政事狀一作上皇帝辨

杜韓范富書

慶曆五年

臣聞士不忘身不爲忠言不逆耳不爲諫

故臣不避群邪切齒之禍敢干（一作冒）一人
難犯之顔惟賴聖明（一作慈）幸加省察臣伏
見杜衍韓琦范仲淹富弼等皆是陛下素
所委任之臣一旦相繼罷黜（一作罷而）天下之
士皆素知其可用之賢而不聞其可罷之
罪臣雖供職（一作臣職雖）在外事不盡（一作審）知
然臣竊見自古小人讒害忠賢其說（一作識）
不遠欲廣陷良善則不過指爲朋黨欲動
搖大臣則必須誣以專權其故何也夫去
一善人而衆善人尚在則未爲小人之利

欲盡去之則善人少過難爲一二求瑕惟
有指以爲朋（一作惟指以爲朋黨）則可一時盡逐至
如大臣已被知遇而蒙信任（一有者字）則難（難字）
（一作不可）以他事動搖惟有專權是上（一作人主）之
所惡故須此說方可傾之臣料衍等四人
各無大過而一時盡逐弼與仲淹委任尤
深而忽遭離間必有以朋黨專權之說上
惑聖聰（一有者字）臣請試辨（一作辨字一作詳言）之昔年仲淹
初以忠言讜論聞於中外天下賢士爭相
稱慕當時姦臣誣作朋黨猶難辨明自近

日陛下擢此數人並在兩府察其臨事可以辨　也蓋衍爲人清愼而謹守規矩仲淹則恢廓自信而不疑琦則純正而質直弼則明敏而果銳四人爲性旣各不同雖皆歸於盡忠而其所見各異故於議事多不相從至如杜衍欲深罪滕宗諒仲淹則力爭而寬之仲淹謂契丹必攻河東請急脩邊備富弼料以九事力言契丹必不來至如尹洙亦號仲淹之黨及爭水洛城事韓琦則是尹洙而非劉滬仲淹則是劉

滬而非尹洙此數事尤彰著陛下素已知者此四人者可謂天下至公（四字一作公正）之賢也平日閑居則相稱美之不暇爲國議事則公言廷諍而不（一作無）私以此而言臣見衍等真得漢史所謂忠臣有不和之節而小人讒爲朋黨可謂誣矣臣聞有國之權誠非臣下之得專也然（一無然字）臣竊思仲淹等自入兩府以來不見其專權之迹而但見其善避權也夫權得名位則可行故好權之臣必貪名位自陛下召琦與仲淹於陝西

琦等讓至五六陛下亦五六召之至如富弼三命學士兩命樞密副使每一命未嘗不懇讓懇讓之（一無之字）者愈切而陛下用之愈堅此天下之人所共知臣但見其避讓太繁不見其好（一作專）權貪位也及陛下堅不許辭方敢受命然猶未敢別有所爲陛下見其皆未行（行字一作作）事乃開天章召而賜坐授以紙筆使其條事然衆人避讓不敢下筆弼等亦不敢獨有所述因此又煩聖慈特出手詔指定姓名專責其條列大事而行之

弼等遲回近及一月方敢略條數事仲淹老練世事必知凡事難濩（三字一作凡百難猛）更張故其所陳志在遠大而多若迂緩但欲漸而行之以久冀皆有效弼性雖銳然不敢自出意見但舉祖宗故事請陛下擇而行之自古君臣相得一言道合遇事便（一作而）行更無推避臣方怔（一無此三字）弼等蒙陛下如此（一無此二字）堅意委任督責丁寧而猶遲緩自疑作事不果然小人巧譖已（一作而）曰專權者豈不誣哉至如兩路宣撫國朝常（一作累）遣

大臣況自中國之威近年不振故元昊叛逆一方而勞困及於天下北虜乗釁違盟而動其書辭侮慢至有貴國（二字一作責）祖宗之言陛下憤耻雖深但以邊防無備未可與爭屈意（一作志）買和莫大之辱弼等見中國累年侵陵之患感陛下不次進用之恩故各自請行力思雪耻緣山傍海不憚勤勞欲使武備再修國威復振臣見弼等用心本欲尊陛下威權以禦四夷未見其侵權而作過也伏惟陛下睿哲聰明有知人之

聖臣下能否洞見不遺故於千官百辟之中親選得此數人驟加擢用夫正士在朝群邪所忌謀臣不用敵國之福也今此數人一旦罷去而使群邪相賀于內四夷相賀于外此臣所以爲陛下惜之也伏惟陛下聖德仁慈保全忠善退去之際恩禮各優今仲淹四路之任亦不輕矣一有惟字願陛下拒絶群謗委信不疑使盡其所爲猶有裨補方今西北二虜交爭未已正是天與陛下經營之時如弼與琦豈可置之閑處伏

望早辨讒巧特加圖任則不勝幸甚臣自前歲召入諫院十月之內七受聖恩而致身兩制常思榮寵至深未知報效之所今群邪爭進讒巧而正士繼去朝廷乃臣忘身報國之秋時一作豈可緘言而避罪敢竭愚瞽惟陛下擇之一有臣脩昧死再拜

奏議卷第十一

薦劉羲叟劄子已見河東奏草全書中

進劉羲叟春秋災異狀同前

論契丹侵地界狀已見河北奏草全書中

右三篇此卷更不重出存其目以告來者

論臺官上言按察使狀 被選之者（人一作）皆

亦（一無皆字）常能（一無常字）

論杜衍等罷政事狀 尤彰著（尤字下一有爲字）之

得專（之一作所）好權（好一作行）懇讓之者（一無者字）見其

皆未行事（六字一作欲其作事）條事（一作條列）然不敢（然字下一有亦字）

惜之也（一無之字）

奏議卷第十二　歐陽文忠公集一百八

銓部

論權貴子弟衝移選人劄子（至和元年六月判流内銓）

臣勘會銓司近年選人倍多員闕常少待闕者多是孤寒貧乏之人得替住京動經年歲遇有合入闕次多被權貴之家將子弟親戚陳乞便行衝改或已注授者且（一無者字且字一作却）令待闕或纔到任者即被對移只就權貴勾當家私不問孤寒便與不便兼臣所見臣寮陳乞多非急切事故或云近

便鄉里或云看覷墳塋僥倖希求妄託名
目孤寒阻滯徒益怨嗟臣欲乞今後臣寮
須有急切事故如委任邊寄不許般家及
致仕分司丁憂病患之類方許陳乞子弟
差遣其一有餘字雖無事故自將恩澤陳乞者
許銓司勘會如已注人者更不改注已到
任者更不衝移並令別具陳乞仍不許連
併陳乞兩任如允臣所請乞下銓司遵守
施行今取進止依奏并下三班審官並依此

翰苑

論臣寮奏帶指使差遣劄子至和元年九月兼三班院

臣等勘會本班見管使臣至八千餘員其入仕之源既已冗濫及差遣之際又多有因緣附權貴者僥倖多門致孤寒者怨嗟不已伏見近年文武臣寮出外任者多帶指使隨行不久便奏乞監押巡檢差遣仍多指定去處陳乞亦有元只是諸司職掌人奏帶隨行後來改轉班行並不曾歷短使監當差遣便入監押巡檢親民亦無合入遠近路分取便指射有職田處朝廷以

重違臣寮奏請更不勘會差遣資序路分遠近合與不合入得便行差除相繼成例近日漸多合行釐革臣今欲乞今後臣寮奏帶隨行指使之人及三年已上並只與理爲一任候歸班依例差遣外更不得陳乞差遣所貴止絶僥倖今取進止

論史館日曆狀嘉祐四年誤寘于此

右臣伏以史者國家之典法也自君臣善惡功過與其百事之廢置可以垂勸戒示後世者皆得直書而不隱故自前世有國

者莫不以史職爲重伏見國朝之史以宰相監修學士修撰又以兩府之臣撰時政記選三館之士當升擢者乃命修起居注如此不爲不重矣然近年以來員具而職廢其所撰述簡略遺漏百不存一至於事關大體者皆没而不書此實史官之罪而臣之責也然其弊在於修撰之官惟據諸司供報而不敢書所見聞故也今時政記雖是兩府臣寮修纂然聖君言動有所宣諭臣下奏議事關得失者皆不紀（記一作録）

惟書除目辭見之類至於起居注亦然與諸司供報公文（一作文字）無異修撰官只據此銓次繫（一作排）以月日（一作日月）謂之日曆而已是以朝廷之事史官雖欲書而不得書也自古人君皆不自閲史今撰述既成必録本進呈則事有諱避史官雖欲書而又不可得（一作敢書）也加以日曆時政記起居注例皆承前積滯相因故纂録者常務追修累年前事而歲月既遠遺失莫存至於事在目今可以詳於見聞者又以追修積滯不暇及之若

不革其弊則前後相因史官永無舉職之時使聖朝典法遂成(一有於字)廢墜矣(一無此字)臣竊聞(一作見)趙元昊自初僭叛至復稱臣始終一宗事節皆不曾書亦聞修撰官甚欲紀述以修纂後時追求莫得故也其於他事又可知焉臣今欲乞特詔修時政記起居注之臣並以德音宣諭臣下奏對之語書之其修撰官不得依前只據諸司供報編次除目辭見並須考驗事實其除某官者以某功如狄青等破儂智高文彦博等破王則之

類其貶其職者坐其罪如昨來麟州守將
及并州龐籍緣白草平事近日孫沔所坐
之類事有文據及迹狀明白一作分明者皆備
書之所以使聖朝賞罰之典可以勸善懲
惡昭示後世若大臣用情朝廷賞罰不當
者亦得以書爲警戒此國家置史之本意
也至於其他大事並許史院據所聞見書
之如聞見未詳者直牒諸處會問及臣寮
奏議異同朝廷裁置處分並書之已上事
節並令修撰官逐時旋據所得録爲草卷

標題月分於史院躬親入櫃封鎖候諸司供報齊足修爲日曆仍乞每至歲終命監修宰相親至史院點檢修撰官紀（一作記）録事迹内有不勤其事隳（一作惰）官失職者奏行責罰其時政記起居注日曆等除今日以前積滯者不住追修外截自今後並令次月供報如稍遲滯許修撰官自至中書樞密院催請其諸司供報拖延及史院有所會問諸處不畫時報應致妨修纂者其當行手分並許史院牒開封府勾追嚴斷其日

曆時政記起居注並乞更不進本所貴少修史職上存聖朝典法此乃臣之職事不敢不言謹具狀奏聞伏候勑旨

請駕不幸溫成廟劄子 至和二年

臣伏見今月八日聖旨疎決禁囚特行減降及軍士各有特支陛下聖慈本以興國寺奉安真宗皇帝御容有此恩旨而中外之議紛然不一皆云正月八日是溫成皇后周年故有此特支疎決又見聖駕朝謁萬壽宫又云溫成畫像在彼所以聖駕親

臨蓋爲自去年追冊溫成皇后之後朝廷
每於典禮過極優崇遂致議者動皆疑惑
今又聞來日聖駕幸奉先寺酌獻宣祖皇
帝外議喧然又云溫成皇后祠廟在彼伏
以陛下聖德仁孝本爲祖宗神御以時酌
獻不可使中外議者言陛下意在追念後
宮寵愛託名以謁祖宗虧損聖德其事不
細臣欲乞明日幸奉先寺酌獻畢更不臨
幸溫成祠廟以解中外之疑以止議者之
說臣職忝侍從無所裨補聞外人議論不

敢不言不惟臣有愛君之心合具陳述陛下舉動爲萬世法亦不可不慎取進止

論臺諫官言事未蒙聽允書 至和二年

月日具官臣歐陽某謹昧死再拜上書于

體天法道欽文聰武聖神孝德皇帝闕下

臣聞自古有天下者莫不欲爲治君而常至於亂莫不欲爲明主而常至於昏者其故何哉患於好疑而自用也夫疑心動於中則視聽惑於外視聽惑則忠邪不分而是非錯亂是非錯亂則舉國之臣皆可疑

盡疑其臣則必自用其所見夫以疑惑錯
亂之意而自用則多失〔一有多字〕失則其國之
忠臣必以理而爭之爭之不切則人主之
意難回爭之切則激其君之怒心而堅其
自用之意然后君臣爭勝於是邪倿之臣
得以因隙而入希旨順意以是爲非以非
爲是惟人主之所欲者從而助之夫爲人
主者方與其臣爭勝而得順意之人樂其
助己而忘其邪倿也乃與之并力以拒忠
臣夫爲人主者拒忠臣而信邪倿天下無

不亂人主無不昬也自古人主之用心非惡忠臣而喜邪佞也非惡治而好亂也非惡明而欲昬也以其好疑自用而與下爭勝也使爲人主者豁然去其疑心而回其自用之意則邪佞遠而忠言入忠言入則聰明不惑而萬事得其宜使天下尊爲明主萬世仰爲治君豈不臣主俱榮而樂哉與其區區自執而與臣下爭勝用心益勞而事益惑者相去遠矣臣聞書載仲虺稱湯之德曰改過不悋又戒湯曰自用則小成

湯古之聖人也不能無過而能改過此其所以爲聖也以湯之聰明其所爲不至於繆戾矣然仲虺猶戒其自用則自古人主惟能改過而不敢自用然後得爲治君明主也臣伏見宰臣陳執中自執政以來不叶人望累有過惡招致人言而執中遷延尚玷宰府陛下憂勤恭儉仁愛寛慈堯舜之用心也推陛下之用心天下宜至於治者久矣而紀綱日壞政令日乖國日益貧民日益困流民滿野濫官滿朝其亦何爲

而致此（一作皆）由陛下用相不得其人也近
年宰相多以過失因言者罷去陛下不悟
宰相非其人反疑言事者好逐宰相疑心
一生視聽既惑遂成自用之意以謂宰相
當由人主自去不可因言者而罷之故宰
相雖有大惡顯過而屈意以容之彼雖惶
恐自欲求去而屈意以留之雖天災水旱
饑民流離死亡道路皆不暇顧而屈意以
用之其故非他直欲沮言事者爾言事者
何負於陛下哉使陛下上不顧天災下不

恤人言以天下之事委一不學無識諂邪很愎之執中而甘心焉言事者本欲益於陛下而反損聖德者多矣然而言事者之用心本不圖至於此也由陛下好疑自用而自損也今陛下用執中之意益堅言事者攻之愈切陛下方思有以取勝於言事者而邪佞之臣得以因隙而入必有希合陛下之意者將曰執中宰相不可以小事逐不可使小臣動揺甚者則誣言事者欲逐執中而引用他人陛下方患言事者上

忤聖聰樂聞斯言之順意不復察其邪佞
而信之所以拒言事者益峻用執中益堅
夫以萬乘之尊與三數言事小臣角必勝
之力萬一聖意必不可回則言事者亦當
知難而止矣然天下之人與後世之議者
謂陛下拒忠言庇愚相以陛下爲何如主
也前日御史論梁適罪惡陛下赫怒空臺
而逐之而今日御史又復敢論宰相不避
雷霆之威不畏權臣之禍此乃至忠之臣
也能忘其身而愛陛下者也陛下嫉之惡

之拒之絶之執中爲相使天下水旱流亡公私困竭而又不學無識憎愛挾情除改差繆取笑中外家私穢惡流聞道路阿意順旨專事逢君此乃謟上傲下愎戾之臣也陛下愛之重之不忍去之陛下睿智聰明羣臣善惡無不照見不應倒置如此直由言事者太切而激成陛下之疑惑爾執中不知廉耻復出視事此不足論陛下豈忍因執中上累聖德而使忠臣直士卷舌於明時也臣願陛下廓然回心釋去疑慮

察言事者之忠知執中之過惡悟用人之非法成湯改過之聖遵仲虺自用之戒盡以御史前後章疏出付外廷議正執中之過惡罷其政事别用賢材以康時務以拯斯民以全聖德則天下幸甚臣以身叨恩遇職在論思意切言狂罪當萬死臣昧死再拜

論修河第一狀 同前

右臣竊見朝廷近因臣寮建議欲塞商胡開横壠回大河於故道已下三司候今秋

興役見令京東計度物料次臣伏以國家
興大役動大衆必先順天時量人力謀於
其始而審然後必行計其所利者多乃能
無悔伏見比年以來興役動（一作動）衆勞民
費財不精謀慮於厥初輕信利害之偏說
舉事之始（一作初）既已蒼惶羣議一摇尋復
悔罷臣不敢遠引他事上煩聖聰只如往
年河決商胡是時執政之臣不慎計慮遽
謀修塞科配一千八百萬梢芟搔動六路
一百有餘州（一有軍字）官吏催驅急若星火民庶

愁苦盈於道塗或物已輸官或人方在路
未及興役遽已罷修虛費民財爲國斂怨
舉事輕脫爲害若斯雖既往之失難追而
可鑒之蹤未遠今者又聞復有修河之役
聚三十萬人之衆開一千餘里之長河計
其所用物力數倍往年當此天災歲旱之
時民困國貧之際不量人力不順天時臣
知其有大不可者五蓋自去秋以及今春
半天下苦旱而京東尤甚河北次之國家
常務安靜振卹之猶恐飢民起而爲盜何

況於此兩路聚大衆興大役此其必不可者一也河北自恩州用兵之後繼以凶年人户流亡十失八九數年以來人稍（一作稍稍）歸復然死亡之餘所存無（一作者）幾瘡痍未斂物力未亨（一作充）今又遭此旱歳京東自去冬無雨雪麥不生苗已及莫春粟未布種不惟目下乏食兼亦向去無望而欲於此兩路興三十萬人之役若别路差夫則遠處難爲赴役就河便近則此兩路力所不任此其必不可者二也臣伏見往年河

決滑州曾議修塞當時公私事力未如今日貧虛然猶收聚物料誘率民財數年之間方能興役況今國用方乏民力方疲且合商胡塞大決之洪流此自是一大役也鑿橫壟開久廢之故道此又一大役也自橫壟至海一千餘里埽岸久已廢壞頓須修緝此又一大役也往年公私有力之時興一大役尚須數年今併三大役倉卒興爲（一無爲字）於災旱（一作於旱歲）貧虛之際此其必不可者三也就今商胡可塞故道可回猶宜

重（一作審）察天時人力之難爲何況商胡未
必可塞故道未必可回者哉臣聞鯀障（一作湮）
洪水九年無功禹得洪範五行之書知水
趨（一作潤）下之性乃因水之流疏决就下而水
患乃息然則以大禹之神功不能障塞其
流但能因而疏决爾今欲逆水之性障而
塞之奪洪河之正流斡以人力而回注此
大禹之所不能此其必不可者四也橫隴
湮塞已二十年商胡決流（一作流決）又亦數歲
故道已塞（一作平）而難鑿安流已久而難回

昨聞朝廷曾遣故樞密直學士張奎計度功料極大近者再行檢計減得功料全少功料少則所開淺狹淺狹則水勢難回此其必不可者五也臣伏見國家累歲災譴甚多其於京東變異尤大地貴安靜動而有聲巨嵎山摧海水搖蕩如此不止僅乎十年天地警戒必不虛發臣謂變異所起之方尤宜加意防懼今乃欲於凶旱之年聚三十萬之大衆於變異最大之方臣恐地動山搖災禍自此而始一作自茲而發也方今京東赤地

千里饑饉之民正苦天災又聞河役將動往往伐桑拆（一作毀）屋無復生計流亡盜賊之患不可不虞欲望聖慈特降德音速罷其事當此凶（一作荒）歲務安人心除詔有司審詳利害縱令河道可復乞候（一作俟）豐年餘力漸次興爲臣實庸愚本無遠見得於外論不敢不言謹具狀奏聞

論雕印文字劄子（至和二年）

臣伏見朝廷累有指揮禁止雕印文字非不嚴切而近日雕板尤多蓋爲不曾條約

書鋪販賣之人臣竊見京城近有雕印文
集二十卷名爲宋文者多是當今論議時
政之言其首篇是富弼往年讓官表其間
陳北虜事宜甚多詳其語言不可流布而
雕印之人不知事體竊恐流布漸廣傳入
虜中大於朝廷不便及更有其餘文字非
後學所須或不足爲人師法者並在編集
有誤學徒臣今欲乞明降指揮下開封府
訪求板本焚毁及止絶書鋪今後如有不
經官司詳定妄行雕印文集並不得貨賣

許書鋪及諸色人陳告支與賞錢貳伯貫文以犯事人家財充其雕板及貨賣之人並行嚴斷所貴可以止絶者今取進止

奏議卷第十三

論臺諫官言事書 是非錯亂則舉國之臣皆可疑是字上脫去忠邪不分而五字盡疑盡字上一有既字與下爭勝與字下一有臣字沮言事者沮一作拒

論修河第一狀 乃能一作可已及一作將踰遠處一作遠者就河便近一作出諸近一收聚一作儲積因而疏決因字下一有勢字

續添

論史館日曆狀 亦得以書一作亦得書以

奏議卷第十三　歐陽文忠公集一百九

翰苑

論使臣差遣劄子 至和二年兼判三班院

臣勘會本班見管使臣八千一百一十二員自古濫官未有如此之多也臣遂將簿籍根磨增添數目只自皇祐二年終至今實四年半之内自借職以上增添二千八十五員於中近日增添併多只自皇祐五年終至今年六月一年半之内增四百九員殿侍猶不在數蓋由曲恩濫賞臨時無節

以日計月所積遂多率計一歲常增四百五十員若不塞其濫源則更三五年後不勝其弊矣於今裁損已爲太晚若更增添則四海之廣不能容濫官天下物力不能給俸禄矣臣今略舉入仕僥倖者二事乞先賜指揮釐革其餘見在者旣不可減損惟其入仕之源欲乞令當政大臣早賜擘畫所貴不爲將來之患所有臣擘畫二事今具畫一如後

一自來諸皇親宅前勹當人除郡王宫

殿侍年深有例送三班院差使外其
餘宮院殿侍及客司書表宅案等別
無恩例只自慶曆八年㧊立年限上
自郡王下至觀察使以下應緣皇親
宅前殿侍客司書表宅案等並只勹
當五年便送三班差使等第年限轉
充借奉職此入仕之源最爲僥倖者
臣今欲乞應郡王已下宅前殿侍客
司書表宅案勹當及五年者更不送
三班只令在宅依舊勹當所有合轉

殿侍至借職年限並依慶曆八年容
院劄子指揮如此則皇親勹當人不
妨恩澤只是免得諸宫院送納三班
後續補人數兼諸宫院若得依舊勹
當並是諳熟委使之人又三班減得
人數甚爲利便
一百司人吏舊來出職皆有職名年限
近年多倏轉及職名及年限未滿多
乞情願就近下恩澤或僥求因人奏
帶及抽差勹當叙勞酬奬及合作選

人者情願就班行之類臣今乞一切

止絶

右臣所起請只是因述濫官略陳此二事

如允臣所請乞下三班院與勺當臣寮同共

鋪陳條貫立定新制奏乞朝廷降下施行

取進止

論罷修奉先寺等狀 至和二年

右臣近曾上言爲京師土木興作處多乞

行減罷尋準敕差臣與三司同共相度減

定續具奏聞次今又聞聖旨下三司重修

慶基殿及奉先寺屋宇臣伏見近年政令
乖錯紀綱隳頹上下因循未能整緝惟務
崇修祠廟廣興土木百役俱作無一日暫
停方今民力困貧國用窘急小人不識大
計不思愛君但欲廣耗國財務爲己利恣
侵欺於官物圖酬奬之功勞託名祖宗張
大事體況諸處神御殿當蓋造之初務極
崇奉棟宇堅壯莫不精嚴雖數百年未必損
動近年以來不住修換昨開先殿只因兩
柱損遂換一十三柱前後差官檢計朝廷

並不取信只憑最後之言遂至廣張物料（一作功）蓋緣廣張得物料即多圖酬奬恩澤（一作廣得功料大即圖酬奬恩澤多）竊以崇奉祖宗禮貴清淨今乃頻有遷徙輕黷威靈要其所歸止爲小人圖利臣見自古人君好興土木者自春秋史記歷代以來並皆書爲過失以示萬世今小人圖一旦之利黷祖宗之威靈置（一作致）人主於有過之地誰忍爲之臣實痛惜臣因準勑減定於三司略見大槩開先殿初因兩條柱損今所用材植物料共一萬七千五百有零

睦親宅神御殿所用物料又八十四萬七
千又有醴泉福勝等處物料不可悉數此
外軍營庫務合行脩造者又有百餘處使
厚地不生他物惟產木材亦不能供此廣
費自古王者尊祖事神各有典禮不必廣
興土木㸔后爲能臣竊見累年火災自玉
清昭應洞真上清鴻慶壽寧祥源會靈七
宮開寶興國兩寺塔殿並皆焚燒蕩盡足以
見天意厭土木之華侈爲陛下惜國力民財
譴戒丁寧前後非一陛下與其廣興土木

以事神不若畏懼天戒而脩省其已興作者旣不可及（及字一作止外）其未脩者宜速寢停況睦親神御殿於禮不宜作其事甚明別無禮典講求乞更不下太常便行寢罷其慶基殿如的有損漏只令三司差官整補不得理爲勞績其奉先寺乞勒寺家自修今垂拱殿是陛下常坐之處近聞爲無（一作未有）梁木且止未修諸皇親自火燒居宅後至今寄寓它所陛下尊爲天子無梁木修一殿冨有四海而皇族無屋可居蓋爲將良材美木脩

徇小人並於不急處枉費遂致合行修造處却至乏材伏願陛下追思累次大火常發於土木最盛處凡國家極力興修者火必盡焚（一作必盡焚除）且天厭土木而焚之又欲興崇土木以奉之此所以福應未臻而災譴屢降也伏乞上思天戒下察人言人言雖狂而實忠天戒甚明而不遠伏惟陛下聖德恭儉不樂遊畋凡所興修皆非嗜好但以難違小人一時之請自取青史萬世之譏實爲陛下惜之伏望聖慈（一作聰）廣賜裁擇謹具狀

奏聞伏候勅旨

論修河第二狀 至和二年

臣伏見學士院集兩省臺諫官議修河事未有一定之論蓋由賈昌朝欲復故道李仲昌請開六塔互執一說莫知孰是以臣愚見皆謂不然言故道者未詳利害之原一作源述六塔者近乎欺罔之繆何以言之今謂故道可復者但見河北水患而欲還之京東然不思天禧以來河水屢決之因所以未知故道有不可復之勢此臣故謂未

詳利害之原也若言六塔之利者則不攻而自破矣且開六塔旣云減得大河水勢然今恩冀之患何縁尚告危急此則減水之利虛妄可知開六塔者又云可以全回大河使復横壠故道見今六塔只是分減之水下流無歸已爲濵棣德博之患若全回大河以入六塔則其害如何此臣故謂近乎欺罔之繆也臣聞河本泥沙無不淤之理淤澱之勢常先下流下流淤高水行不快乃自上流低下處決此其常勢

也然避高就下水之本性故河流已棄之道自是難復臣不敢遠引書史廣述河源只以今所欲復之故道言天禧以來屢決之因初天禧中河出京東水行於今所謂故道者水既（一作流乎）淤澁乃於滑州天臺埽決尋而修塞水復故道未幾又於滑州南鐵狗廟決（今所謂龍門埽者也）其後數年又議修塞水令復故道已而又於王楚埽決所決差小與故道分流然而故道之水終以壅淤故又於橫壠大決是則決河非不能力塞

故道非不能力復不久終必決於上流者
由故道淤高水不能行故也及橫壠既決
水流就下所以十餘年間河未爲患至慶
曆三四年橫隴之水又自下流先淤是時
臣爲河北轉運使海口已淤一百四十餘
里其後遊金赤三河相次又淤下流既梗
乃又於上流商胡口復一作決然則京東橫
壠兩河故道無一二字皆是下流淤塞河水已
棄之高地京東故道屢復屢決理不
可復其驗甚明則六塔所開故道之不可

復不待言而易知臣聞議者計度京東故道功料止云銅城已上地高不知大抵東去皆高而銅城已上乃特高耳其東比銅城已上則似低比商胡已上則實高也若云銅城已東地勢斗下則當日水流（一作決）宜決銅城已上何緣而頓淤橫壠之口亦何緣而大決也然則兩河故道既皆不可爲則河北水患何爲而可去臣聞智者之於事有（一有所字）不能必則（一作則必）較其利害之輕重擇其害少者而爲之猶勝害多而利

少何況有害而無利此三者可較而擇也
臣見往年商胡初決之時議欲修塞計用
一千八百萬稍芟科配六路一百有餘州
軍今欲塞者乃往年之商胡必須用往年
之物數至於開鑿故道張奎元計功料極
大後來李參等減得全少猶用三十萬人
然（一有而字）欲以五十步之狹容大河之水此
可笑也又欲增一夫所開三赤之方倍爲
六尺且闊厚三尺而長六尺已是一倍之
功在於人力已爲勞苦若云六尺之方以

開方法筭之乃八倍之功此豈人力之所勝是則前功浩大而難興後功雖小而不實大抵塞商胡開故道凡二大役皆困國而勞人所舉如此而欲開難復屢決已驗之故道使其虛費而商胡不可塞故道不可復此所謂有害而無利者也就使幸而暫塞暫復以紓目前之患而終於上流必決如龍門橫壠之比重以困國勞人此所謂利少而害多（一有者字）也若六塔者於大河有減水之名而無減水之實今下流所散爲

患已多若全回大河以注之則濱棣德博河北所仰之州不勝其患而又故道淤澁上流必有他決之虞此直有害而無利耳是（一有則字）智者之不爲也今若因水所在（一作注）增治堤防疏其下流浚以入海則可無決溢散漫之虞今河所（一作北）歷數州之地誠爲患矣堤防歲用之夫誠爲勞矣與其虛費天下之財虛舉大衆之役而不能成功終不免爲數州之患勞歲用之夫則此所謂害少者乃智者之所擇也大抵今河之

勢負三決之虞復故道上流必決開六塔上流亦決今河下流若不浚使入海則上流亦決臣請選知水利之臣就其下流求其入海之路而浚之不然下流梗澁則終虞上決爲患無涯臣非知水者但以今事目可驗者而較之耳言狂計愚不足以備聖君博訪之求此大事也伏乞下臣之議廣謀於衆而裁擇之謹具狀奏聞伏候勑旨

論修河第三狀 一作論修六塔河至和三年

右臣伏見朝廷定議開修六塔河口回水

入横壠故道此大事也中外之臣皆知不
便而未有肯爲國家極言其利害者何哉
蓋其説有三一曰畏大臣二曰畏小人三曰
無奇策今執政之臣用心於河事亦勞矣
初欲試十萬人之役以開故道既又捨故
道而修六塔未及興役遽又罷之已而終
爲言利者所勝今又復修然則其勢難於
復止也夫以執政大臣鋭意主其事而又
有不可復止之勢固非一人口舌可回此
所以雖知不便而罕肯言也李仲昌小人

利口僞言衆所共惡今執政之臣既用其議必主其人且自古未有無患之河今河浸恩冀目下之患雖小然其患已形回入六塔將來之害必一作雖大而其害未至一作止夫以利口小人爲大臣所主欲與之爭未形之害勢必難奪就使能奪其議則言者猶須獨任恩冀爲患之責使仲昌得以爲辭大臣得以歸罪此所以雖知不便而罕敢言也今執政之臣用心太過不思自古無不一作無患之河直欲使河不爲患若得河不爲患

雖竭人力猶當爲之況聞仲昌利口詭辯
謂費物少而用功不多不得不信爲奇策
於是決意用之今言者謂故道既不可復
六塔又不可修詰其如何則又無奇策以
取勝此所以雖知不便而罕肯言也衆人
所不敢言而臣今獨敢言者臣謂大臣非
有私仲昌之心也直欲興利除害爾若果
知其爲患（一作害）愈大則豈有不回者哉至於顧
小人之後患則非臣之所慮也且事欲（一作貴）知
利害權重輕有不得已則擇其害少而患

輕者爲之此非明智之士不能也况治水
本無奇策相地勢謹隄防順水性之所趨
爾雖大禹不過此也夫所謂奇策者不大
利則大害若循常之計雖無大利亦不至
大害此明智之士善擇利者之所爲也今
言修六塔者奇策也然終不可成而爲害
愈大言順水治堤者常談也然無大利亦
無大害不知爲國計者欲何所擇哉若謂
利害不可必但聚大衆興大役勞民困國
以試奇策而僥倖於有成者臣謂雖執政

之臣亦未必肯爲也臣前已具言河利害甚詳而未蒙採聽今復略陳其大要惟陛下詔計議之臣擇之臣謂河水未始不爲患今順已決之流治堤防於恩冀者其患一而遲塞商胡復故道者其患二而速閉六塔以回今河者其患三而爲害無涯自河決橫壠以來大名金堤埽歲歲增治及商胡再決而金堤益又加功獨恩冀之間自商胡決後議者貪建塞河之策未嘗留意於堤防是以今河水勢一無勢字浸溢今若

專意併力於恩冀之間謹治隄防則河患可禦不至於（一作爲）大害所謂其患一者十數年間今河下流淤塞則上流必有決處此一患而遲者也今欲塞商胡口使水歸故道治堤修埽功料浩大勞人費物困弊公私此一患也幸而商胡可塞故道復歸高淤難行不過一二年間上流必決此二患而速者也今六塔河口雖云已有上下約然全塞大河正流爲功不小又開六塔河道治二千餘里堤防移一縣兩鎮計其功

費又大於塞商胡數倍其爲困弊公私不可勝計此一患也幸而可塞水入六塔而東横流散溢濵棣德博與齊州之界咸被其害此五州者素號富饒河北一路財用所仰今引水注之不惟五州之民破壞田産河北一路坐見貧虛此二患也三五年間五州凋弊河流注溢久又淤高流行梗澁（一作艱）則上流必決此三患也所謂爲害而無涯者也今爲國誤計者本欲除一患而反就三患此臣所不諭也至如六塔不

能容大河横壠故道本以高淤難行而商
胡決令復驅而注之必横流而散溢自澶
至海二千餘里堤埽不可卒修修之雖成
又（一作必）不能捍水如此等事甚多士無愚智皆
所共知不待臣言而後悉也臣前未奉使
契丹時已甞具言故道六塔皆不可爲惟
治堤順水爲得計及奉使往來河北詢於
知水者其說皆然雖恩冀之人今被水患
者亦知六塔不便皆願且治恩冀隄防爲
是下情如此誰爲上通臣旣知其詳豈敢

自默伏乞聖慈特諭宰臣使更審利害速罷六塔之役差替李仲昌等不用選一二精幹之臣與河北轉運使副及恩冀州官吏相度隄防併力修治則今河之水必不至爲大患且河水天災非人力可回惟當順導防捍之而已不必求奇策立難必之功以爲小人僥冀恩賞之資也況功必不成後悔無及者乎臣言狂計愚惟陛下裁擇

論狄青劄子 至和三年

臣聞人臣之能盡忠者不敢避難言之事

人主之善馭下者常欲聞難言之言然后下無隱情上無（一作不）壅聽（一作姦）宄不作禍亂不生自古固有伏藏之禍未發之機天下之人皆未知而有一人能獨（一作獨能）言之人主又能聽而用之則銷患於未萌轉禍而爲福者有矣若夫天下之人共知而獨（一作獨其）人主之不知者此莫大之患也今臣之所言者乃天下之人皆知而惟陛下未知也今士大夫無貴賤相與語于親戚朋友下至庶民無愚智相與語于閭巷道路而獨不以告陛下也

其故何哉蓋其事伏而未發言者難於指
陳也臣竊伏一作見樞密使狄青出自行伍
號爲武勇自用兵陜右已著名聲及捕賊
廣西又薄立勞效自其初掌機密進列大
臣當時言事者已爲不便今三四年間雖
未見其顯過然而不幸有得軍情之名推
其所因蓋由軍士本是小人面有黥文樂
其同類見其進用自言我輩之内出得此
人旣以爲榮遂相悅慕加又青之事藝實
過於人比其輩流又粗有見識是以軍士

心共服其材能國家從前難得將帥經畧
招討常用文臣或不知軍情或不閑訓練
自青爲將領旣能自以勇力服人又知訓
練之方頗以恩信撫士以臣愚見如青所
爲尚未得古之名將一二但今之士卒不
慣見如此等事便謂須是我同類中人乃
能知我軍情而以恩信撫我青之恩信亦
豈能徧及於人但小人易爲扇誘所謂一
犬吠形百犬吠聲遂皆翕然喜共稱說且
武臣掌機密而得軍情不唯於國家不便

亦於其身未必不爲害然則青之流言軍士所喜亦其不得已而勢使之然也臣謂青不得已而爲人所喜亦將不得已而爲人所禍者矣爲青計者宜自（一作自宜）退避事權以止浮議而青本武人不知進退近日以來訛言益甚或言其身應圖讖或言其宅有火光道路傳說以爲常談矣而惟陛下猶未聞也且唐之朱泚本非反者倉卒之際爲軍士所迫爾大抵小人不能成事而能爲患者多矣泚雖自取族滅然爲德宗之

患亦豈小哉夫小人陷於大惡未必皆其本心所爲直由漸積以至蹉跌而時君不能制患於未萌爾故臣敢昧死而言人之所難言者惟願陛下早聞而省察之耳如臣愚見則青一常才未有顯過但爲浮議所喧勢不能容爾若如外人衆論則謂青之用心有不可知者此臣之所不能決也但武臣掌機密而爲軍士所喜自於事體不便不計青之用心如何也伏望聖慈深思遠慮戒前世（後一作）禍亂之迹制於未萌

密訪大臣早決宸斷罷青機務與一外藩以此觀青去就之際心迹如何徐察流言可以臨事制變且二府均勞逸而出入亦是常事若青之忠孝出處如一事權既去流議漸消（一作息）則其誠節可明可以永保終始夫言未萌之患者常難於必信若俟患之已萌則又言無及矣臣官為學士職號論思聞外議喧沸而事繫安危言狂計愚不敢自默取進止（月餘青罷樞密知陳州）

奏議卷第十三

論罷修奉先寺狀

堅壯（一作堅固）

論修河第二狀

未知（此下一有始字）不攻（不字下一有待字）不快（一作漸壅）此其常勢（一作此勢之常）自是（一作古）力復（此下一有所復二字）水不能行（水字上一有而字）又．自下流先淤（下流一作海口）又淤下流（一再有下流二字）計用一千八百萬梢芟（一作計用梢芟一千八百萬）減得（一作損）已是（一作自是）浩大（一作既大）大抵（一作約）

論修河第三狀

畏小人（畏一作任）口舌（一作之說）之臣（一作大臣）目下（一作即日）若得（一作若能使）非有私仲昌之心（一作本非私中昌）功料（一作功費）費物（一作賈物）之

界竟一作

續添

論修河第二狀 則此所謂一作此則所謂今河今字下一有日字

論狄青劄子 流議漸消此上一有而字

奏議卷第十四　歐陽文忠公集一百十

翰苑

論水災疏　至和三年

七月六日翰林學士朝散大夫尚書吏部郎中知制誥充史館修撰判太常寺兼禮儀事輕車都尉賜紫金魚袋臣歐陽某謹昧死再拜上疏于體天法道欽文聰武聖神孝德皇帝陛下臣伏覩近降詔書以雨水爲災許中外臣寮上封言事有以見陛下畏天愛人恐懼脩省之意也竊以雨水爲患

自古有之然未有水入國門大臣犇走渰
浸社稷破壞都城者此蓋天地之變也至
於王城京邑浩如陂湖衝溺犇逃號呼晝
夜人畜死者不知其數其幸而免者屋宇
摧塌無以容身縛栰露居上雨下水纍纍
老幼狼籍于天街之中又聞城外墳冢亦
被浸注棺槨浮出骸骨漂流此皆聞之可
傷見之可憫生者既不安其室死者又不
得其藏此亦近世水災未有若斯之甚者
此外四方奏報無日不來或云閉塞城門

或玄衝破市邑或玄河口決千百步闊或玄水頭高三四丈餘道路隔絶田苗蕩盡是則大川小水皆出爲災遠方近畿無不被害此陛下所以警（一作驚）懼莫大之變隱惻至仁之心廣爲諮詢冀以消復竊以天人之際影響不差未有不召而自至之災亦未有已出而無應之變其變既大則其憂亦深臣愚謂非小小有爲可以塞此大異也必當思宗廟社稷之重察安危禍福之機追已往之闕失防未萌之患害如此等

事不過一二而已自古人君必有儲副（一作嗣下同）所以承宗社之重而不可闕者也陛下臨御三十餘年而儲嗣未立此久闕之典也近聞臣寮多以此事爲言大臣亦嘗進議陛下聖意久而未決而庸臣愚士知小忠而不知大體者因以爲異事遂生嫌疑之論此不思之甚也且自古帝王有子至三二十人者甚多材高年長羅列於朝者亦衆然爲其君父者莫不皆享無窮之安豈有所嫌而斥其子耶若陛下鄂王豫王皆在

至今則儲宮之建久矣世之庸人偶見陛
下久無皇子忽聞此議遂以玄玄爾且禮
曰一有元良萬國以正蓋謂定天下之根
本上承宗廟之重亦所以絶臣下之邪謀
自古儲嗣所以安人主也若果如庸人嫌
疑之論則是常無儲嗣則人主安有儲嗣
則人主危此臣所謂不思之甚也臣又見
自古帝王建立儲嗣既以承宗廟之重又
以爲國家美慶之事故每立太子則不敢
專享其美必大赦天下凡爲人父後者皆

被恩澤所以與天下同其慶喜然則非惡事也漢文帝初即位之明年羣臣再三請立太子文帝再三謙讓而後從之當時羣臣不自疑而敢請漢文帝亦不疑其臣有二心者臣主之情通故也五代之主或出武人或出夷狄如後唐明宗尤惡人言太子事羣臣莫敢正言有何澤者嘗上書乞立太子明宗大怒謂其子從榮曰羣臣欲以汝爲太子我將歸老於河東由是臣下更不敢言然而（一有漢字）文帝立太子之後享國

長久爲漢太宗是則何害其爲明主也後唐
明宗儲嗣不早定而秦王從榮後以舉兵
窺覬陷于大禍後唐遂亂此前世之事也
況聞臣寮所請但欲擇宗室爲皇子爾未
即以爲儲貳也伏惟陛下仁聖聰明洞鑒
今古必謂此事國家大計當重慎而不可
輕發所以遲之耳非惡人言而不欲爲也
然朝廷大議中外已聞不宜久而不決昨
自春首以來陛下服藥于內一無二字大臣早夜不
敢歸家飲食醫藥一無十字侍于左右如人子之侍

父自古君臣未有若此之親者也下至羣
臣士庶婦女嬰孩晝夜禱祈塡咽道路發
於至誠不可禁止以此見臣民盡忠蒙陛
下之德厚愛陛下之意深故爲陛下之慮
遠也今之所請天下臣民所以爲愛君計
也陛下何疑而不從乎中外之臣旣喜陛
下聖躬康復又欲見皇子出入宮中朝夕
問安侍膳于左右然後文武羣臣奉表章
爲陛下賀辭人墨客稱述本支之盛爲陛
下歌之頌之豈不美哉伏願（一作望）陛下出於聖

斷擇宗室之賢者依古禮文且以爲子未
用立爲儲副也旣可以徐察其賢否亦可以
俟皇子之生臣又見樞密使狄青出自行
伍遂掌樞密始初議者已爲不可今三四
年間外雖未見過失而不幸有得軍情之名
且武臣掌國機密而得軍情豈是國家之
利臣前有封奏其說甚詳具述青未是奇
材但於今世將率中稍可稱耳雖其心不
爲惡不幸爲軍士所喜深恐因此陷青以
禍而爲國家生事欲乞且罷青樞務任以

一州既以保全青亦爲國家消未萌之患
蓋緣軍中士卒及閭巷人民以至士大夫
聞未有不以此事爲言者惟陛下未知之爾
臣之前奏乞留中而出自聖斷若陛下猶
以臣言爲疑乞出臣前奏使執政大臣公
議此二者當今之急務也凡所謂五行災
異之學臣雖不深知然其大意可推而見
也五行傳曰簡宗廟則水爲災陛下嚴奉
祭祀可謂至矣惟未立儲貳易曰主器莫
若長子殆此之警戒乎至於水者陰也兵亦

陰也武臣亦陰也此推類而易見者天之譴告苟不虛發惟陛下深思而早決庶幾可以消弭災患而轉爲福應也臣伏覩詔一作讀書曰悉心以陳無有所諱故臣敢及之若其他時政之失必有群臣應詔爲陛下言者臣言狂計愚惟陛下裁擇臣昧死再拜

再論水災狀 同前

右臣伏覩近降手詔以水災爲變上軫聖憂既一人形罪己之言宜百辟無遑安之意而應詔言事者猶少亦未聞有所施行

豈言者不足採歟將遂無人言也豈有言
不能用歟然則上有詔而下不言下有言
而上不用皆空言也臣聞語曰應天以實
不以文動民以行不以言臣近有實封應
詔竊謂水入國門大臣犇走淪浸社稷破
壞都城此天地之大變也恐非小有所爲
可以消弭因爲陛下陳一二大計而言狂
計愚不足以感動聽覽臣日夜思惟方今
之弊紀綱之壞非一日政事之失非一端
水災至大天譴至深亦非一事之所致災

譴如此而禍患所應于後者又非一言而可測是則已往而當救之弊甚衆未來而可憂之患無涯亦非獨責二三大臣所能取濟况自古天下之治必與衆賢共之也詩曰濟濟多士文王以寧書載堯舜之朝一時同列者夔龍稷契之徒二十餘人此特其大者爾其百工在位莫不皆賢也今欲救大弊弭大患如臣前所陳一二大計既未果爲而又不思衆賢以濟庶務則天變何以塞人事何以修故臣復敢進用賢

之謗也臣材識愚暗不能知人然衆人所
知者臣亦知之伏見龍圖閣直學士知池
州包拯清節美行著自貧賤讜言正論聞
于朝廷自列侍從良多補益方今天災人
事非賢罔乂之時拯以小故棄之遐遠此
議者之所惜也祠部員外郎直史館知襄
州張瓌靜默端直外柔内剛學問通達似
不能言者至其見義必爲可謂仁者之勇
此朝廷之臣非州郡之才也祠部員外郎
崇文院檢討呂公著故相夷簡之子清靜

寡欲生長富貴而淡於榮利識慮深遠文
學優長皆可過人而喜自晦默此左右顧
問之臣也太常博士群牧判官王安石學
問文章知名當世守道不苟自重其身論
議通明兼有時才之用所謂無施不可者
凡此四臣者難得之士也拯以小過棄之
其三人者進退與衆人無異此皆爲世所
知者猶如此臣故知天下之廣賢材淪没
於無聞者不少也此四臣者名迹已著伏
乞更廣詢採亟加進擢置之左右必有裨

補凡臣所言者乃願陛下聽其言用其才
以濟時艱爾非爲其人私計也若量霑恩
澤稍陞差遣之類適足以爲其人累耳亦
非臣薦賢報國之本心也臣伏見近年變
異非止水災譴告丁寧無所不有董仲舒
曰國家將有失道之敗而天乃先出災害
以譴告之不知自省又出恠異以警懼之尚
不知變而傷敗乃至斯言極矣伏惟陛下
切詔大臣深圖治亂廣引賢俊與共謀議
未有衆賢並進而天下不治者此亦救災

弭患一端之大者臣又竊見京東京西皆有大水並當存卹而獨河北遣使安撫兩路遂不差人或云就委轉運使此則但虛爲行遣爾兩路運司只見河北遣使便認朝廷之意有所重輕以謂不遣使路分非朝廷憂恤之急者兼又放稅賑救皆耗運司錢一作用物於彼不便兼又運使未必皆得人其才未必能救災卹患又其一司自有常行職事亦豈能專意撫綏故臣以爲虛作行遣爾伏乞各差一使於此兩路安

撫雖未能大段有物賑濟至於興利除害臨時措置更易官吏詢求疾苦事既專一必有所得與就委運司其利百倍也又聞兩浙大旱赤地千里國家運米仰在東南今年災傷若不賑濟則來年不惟民飢國家之物亦自闕供此不可不留心也竊聞三司今歲京師糧米已有二年備準外猶有三百五十萬餘未漕之物今年東南既旱則來年少納上供此未漕之米誠不可不惜然少輟以濟急時亦未有所闕欲下

三司勘會若實如臣所聞則乞量輟五七十萬石物與兩浙一路令及時賑救一十三州只作借貸他時米熟不妨還官然所利甚博也此非弭災之術亦救災之一端也臣愚狂妄伏望聖慈特賜裁擇謹具狀奏聞伏候勑旨

論水入太社劄子同前

臣所領太常寺累得郊社勾當人狀申爲雨水渰浸太社太稷壇四面及屋宇墻壁摧塌乞行修整尋一無尋字曾具狀申奏及累

牒三司至今未見有人興功整緝但聞行
路之人咨嗟傳說言國家社稷之壇損壞
如此臣遂躬親往詣太社及齋宮裏外覷
當見二壇浸在水中四神門及闕庭齋宮屋
宇並各倒側摧圮并自來所植樹木亦有
僵仆與瓦石土木縱横狼籍於水中四面
並無壖垣行路之人往來皆見竊以宗廟
社稷禮貴尊嚴今四面並無遮映使巷陌
人馬往來褻瀆如此而又積水園浸瓦木
土石狼籍其中臣初到彼旁側居民見臣

來覷當亦有對臣咨嗟者又見有數人兵
士在彼戽水問得只有二十三人仍是今
日纔方差到既無家事戽水又無官員監
督社稷之重豈宜如此竊以水入社稷咎
罰豈輕陛下仁聖寛慈未有過失天之譴
告必有所因伏乞特諭執政之臣退省已
失之事各思警懼速務修亨仍較量事體
輕重後先以社稷爲國家大事不與軍營倉
卒一例行遣乞專差大臣一員充修太社
太稷使并差幹事諸司使及使臣一兩員

監役及差兵匠併力先且決洩岸出積水築起四面垣墻不使路人車馬往來褻瀆然後整緝諸屋舍等以稱陛下尊嚴社稷上畏天戒之意臣以職事不敢不言取進止差知禮院王起三司判官王繹監修提舉

乞添上殿班劄子 嘉祐元年■月

臣伏見陛下自今春服藥已來羣臣無得進見今聖體康裕日御前後殿視朝決事中外臣庶無不感悅然侍從臺諫省府臣寮皆未曾一作能得上殿奏事今雖邊鄙寧

靜時歲豐稔民無疾癘盜賊不作天下康
務粗循常規皆不足上煩聖慮陛下可以
游心清閑頤養聖體然侍從臺諫省府臣
寮皆是陛下朝夕左右論思獻納委任之
臣豈可曠隔時月不得進見於前不惟亦
有天下大務理當論述者至於臣子之於
君父動經年一作半歲不得進對豈能自安
一有臣字今欲望聖慈每遇前後殿坐日中書
樞密院退後如審官三班銓司不引人則
許臣寮一班上殿假以頃刻進瞻天威不

勝臣子區區之願也如允臣所請乞下閤門施行仍約束上殿臣寮不得將干求恩澤訴理功過及細碎閑慢等事上煩聖聰或乞約定上殿時刻所貴不煩久坐伏候勑旨（其後上殿添一班）

論賈昌朝除樞密使劄子（一作論其人交）

（結官官狀　嘉祐元年十一月）

臣伏見（一作觀）近降制書除賈昌朝爲樞密使旬日以來中外人情莫不疑懼縉紳公議（一作論）漸以沸騰蓋緣（一作由）昌朝禀性回邪執心傾險

頗知經術能文（一作緣）飾姦言好（一作善）爲陰謀以陷害良士小人朋附者衆皆樂爲其用前在相位（一作政事）累害善人所以聞其再來望風恐畏（一作畏恐）陛下聰明仁聖勤儉憂勞每於用人尤所審慎然而自古毀譽之言未嘗不並進於前而聽察（一作納）之際人主之所難也臣以謂能知聽察之要則不失之矣何謂其要在先察毀譽之人（一作臣）若所譽者君子所毀者小人則不害其進用矣若君子非之小人譽之則可知其人不可用矣（一作

小人譽之君子非之則其人可知其不可用矣今有毅然立於朝危言讜

一作正論不阿人主不附權臣其直節忠誠爲

中外素所稱信者君子也如此等人一無四字皆

以昌朝爲非矣宦官宮女左右使令之人

往往小人也如此等人一無四字皆以昌朝爲是

矣陛下察此則昌朝爲人可知矣今陛下

之用昌朝與執政大臣謀而用之乎與立

朝忠正之士一作臣謀而用之乎與左右近習

之臣一作與宦官宮官左右之人謀而用之乎或不謀於臣下

斷自聖心而用之乎昨聞昌朝陰結宦竪

搆造事端謀動大臣以圖進用若陛下與
執政大臣謀之則大臣勢在（一作自處）嫌疑必
難啓口若立朝忠正之士則無不以爲非
矣其稱譽昌朝（一作其所稱信）以爲可用者不過
官官左右之人爾陛下用昌朝爲天下而
用之乎爲左右之人而用之乎臣伏思（一作料）
陛下必不爲左右之人而用之也然左右
之人謂之近習朝夕出入進見無時其所
讒諛能使人主不覺其漸昌朝善結官官
人人喜爲稱譽朝一人進一言暮一人進

一説無不稱昌朝之善者(一有使字)陛下視聽漸熟遂簡在于聖心及將用之時則不必與謀(一有議字)也蓋稱薦有漸久已熟于聖聰(三字一作於聽)矣是則陛下雖斷自聖心不謀臣下(一作於人)而用之亦左右之人積漸稱譽之力也陛下常患近歲以來(一無二字)大臣體輕連爲言事者彈擊蓋由用非其人不叶物議而然也今昌朝身爲大臣見事不能公論乃結交中貴因内降以起獄(一有訟字)以此規圖進用竊(一作今)聞臺諫方欲論列其過惡而忽有此

命（命字一作差除）是以中外疑懼物論喧（一作沸）騰也
今昌朝未來議論（一作外議）已如此則使其在
位（一作若使居其位）必不免言事者上煩聖聽若不
爾則昌朝得遂（一作遂得）其志傾害善人壞亂
朝政（一作事體）必爲國家生事臣愚欲望聖慈
（一作臣願聖聰）抑左右陰薦之言採縉紳公正（一作議）之論
（一作說）早（一作速）罷昌朝還其舊鎮（一作任）則天下
幸甚臣官爲學士職號論思見聖心求治
甚勞而一旦用人偶失而外廷物議如此
既有見聞合思裨補取進止

舉留胡瑗管勾太學狀 同前

右臣伏見新除國子監直講胡瑗充天章閣侍講有以見聖恩奬崇儒學襃勸經術之臣也然臣等竊見國家自置太學十數年間生徒日盛常至三四百人自瑗管勾太學以來諸生服其德行遵守規矩日聞講誦進德修業昨來國學開封府并鏁廳進士得解人中（四字一作內）三百餘人是瑗（一作皆是胡瑗所）教然則學業有成非止生徒之幸庠序之盛亦自（一無自字）是朝廷（一有之字）美事今瑗既升

講筵遂去太學竊竊恐生徒無依漸以分散竊以學校之制自昔難興惟唐太宗時生員最多史冊書之以爲盛美其後庠序廢壞至于今日始復興起若一旦分散誠爲可惜也一作誠可惜矣臣等欲望聖慈特令胡瑗同勾當國子監或專一作兼管勾太學所貴生徒不至分散伏候勑旨

薦布衣蘇洵狀嘉祐五年

右臣猥以庸虛叨塵侍從無所裨補常愧心顔竊慕古人薦賢推善之意以謂爲時

得士亦報國之一端往時自國家下詔書戒時文諷勵學者以近古蓋自天聖迄今二十餘年通經學古履忠守道之士所得不可勝數而四海之廣不能無山巖草野之遺其自重者既伏而不出故朝廷亦莫得而聞此乃如臣等輩所宜求而上達也伏見眉州布衣蘇洵履行淳一作純固性識明達亦嘗一舉有司不中遂退而力學其論議精於物理而善識變權文章不爲空言而期於有用其所撰權書衡論機策二十篇辭

辯閎偉博於古而宜於今實有用之言非特能文之士也其人文行久爲鄉閭所稱而守道安貧不營仕進苟無薦引則遂棄於聖時其所撰書二十篇臣謹隨狀上進伏望聖慈下兩制看詳如有可採乞賜甄録謹具狀奏聞伏候勑旨

舉梅堯臣充直講狀 嘉祐元年

右臣等忝列通班無裨聖治知士不薦咎在蔽賢伏見太常博士梅堯臣性純（一作淳）行方樂道守節辭學優贍經術通明長於歌詩

得風雅之正雖知名當時而不能自達竊見國學直講見闕二員堯臣年資皆應選格欲望依孫復例以補直講之員必能論述經言教導學者使與國子諸生歌詠聖化于庠序以副朝廷育材之美如後不如舉狀臣等並甘同罪

舉布衣陳烈充學官劄子 嘉祐元年

臣伏見國家崇建學校近年以來太學生徒常至三四百人此朝廷盛美之事數百年來未嘗有也然而教導之方必慎其選

其進德修業必有篤行君子可以不言而
化者使居其間以爲學者師法庶幾內修
其實不止聚徒之多爲虛名之美也伏見
福州處士陳烈清節茂行著自少時晚而
益勤久而愈信非惟一方學者之所師蓋
天下之士皆推尊其道德謂宜以禮致之
朝廷必有裨補近聞命以官秩使教學於
鄉里其禮甚薄未足以稱勵賢旌德之舉
臣今乞以博士之職召致太學雖未能盡
其材亦足以副天下學者之所欲而成一作爲

朝廷崇賢勸學之實取進止

再乞召陳烈劄子 嘉祐二年

臣嘗奏舉福州處士陳烈有道德可爲博士處之太學竊聞朝廷命以官秩俾之講說而烈辭讓不起臣亦嘗知烈之爲人其學行高古然非矯激之士（一有也字）其所藴蓄亦欲有所施爲況聖恩優異褒貴所及足以勸天下之爲善者在烈不宜辭避然其進退之際亦有所難蓋朝廷前命以本州教授彼方辭讓而遽有國學之召義不得不辭

然自古國家樂賢好士未始不如此在下
者逡巡而避讓在上者勤勤而不已以勵
難進之節而天下靡然識上有好賢不倦
之心上下相成以勸風俗臣謂朝廷宜再
加優命致烈必來則於其（一作其於）進退之際
已足以勉勵媮薄臣今欲乞未命以官但
且召至京師彼必無名辭避俟其既至徐
可推恩況今胡瑗疾病方乞致仕學校之
職不可闕人能繼瑗者非烈不可欲乞早
賜指揮取進止

薦王安石呂公著劄子 至和中

臣伏見陛下仁聖聰明優容諫諍雖有狂直之士犯顔色而觸忌諱者未嘗不終始保全往往亟加擢用此自古明君賢主一作聖王之所難也然而用言既難獻言者亦不爲易論小事者既可鄙而不足爲陳大計者又似迂而無速效欲微諷則未能感動將直陳則先忤貴權而旁有群言奪於衆力所陳多未施設其人遽已改遷致陛下有聽言之勤而未見用言之效頗疑言事

之職但爲速進之階蓋緣臺諫之官資望已峻少加進擢便履清華而臣下有厭人言者因此亦得進説直云此輩務要官職所以多言使後來者其言益輕而人主無由取信辜陛下納諫之意違陛下賞諫之心臣以謂欲救其失惟宜擇沉默端正守節難進之臣置之諫署則既無干進之疑庶或其言可信伏見殿中丞王安石德行文學爲衆所推守道安貧剛而不屈司封員外郎呂公著是夷簡之子器識深遠沉

靜寡言冨貴不染其心利害不移其守安石久更吏事兼有時才曾召試館職固辭不就公著性樂閑退淡於世事然所謂夫人不言言必有中者也往年陛下上遵先帝之制增置臺諫官四員已而中廢復止兩員今諫官尚有虛位伏乞用此兩人補足四員之數必能規正朝廷之得失裨益陛下之聰明臣叨被恩榮未知報效苟有所見不敢不言取進止乞留中遂不出

薦張立之狀

臣伏見朝廷之議常患方今士人名節不立民俗禮義不修所以取士多濫而浮僞難明愚民無知而冒犯者衆蓋由設教不篤而奬善無方也伏見徐州進士同三禮出身見守選人張立之能事父母有至孝之行著聞鄉里本州百姓僧道列狀稱薦前後長吏累次保明安撫臣寮亦曾論奏至今未蒙朝廷甄擢其人母年八十無禄以養銓司近制於選人秪許入邊遠官立之家居則患禄不逮親欲就遠官則難於

扶侍有至孝之行而進退失所有累薦之
美而褒勸不及於立之養親之志所希至
少於朝廷奬善之道所施至多伏望聖慈
特下銓司採閱本人行止及前後論薦迹
狀與一本州合入官所貴旌一士之行勸
一鄉之人伏以古今致理先於孝子勸賞
最勤今孝悌之科久廢不舉旌表之禮久
闕不行欲乞今後應有孝行著聞累被薦
舉者與一本州官令自化其鄉里仍乞著
爲永式其張立之如允臣所奏乞送銓司

施行

奏議卷第十四

論水災疏不幸不字上一有丙字

奏議卷第十五　歐陽文忠公集一百十一

翰苑

條約舉人懷挾文字劄子（嘉祐二年正月知貢舉）

臣伏見國家自興建學校以來天下學者日盛務通經術多作古文其辭藝可稱屨行修飭者不可勝數然累次科場人數倍多於往歲事既太盛弊亦隨生竊聞近年舉人公然懷挾文字皆是小紙細書抄節甚備每寫一本筆工獲錢三二十千亦有十數人共斂錢一（一作三）二百千雇倩一人

虛作舉人名目依例下家狀入科場只令懷挾文字入至試院其程試則他人代作事不敗則賴其懷挾共一作互相傳授事敗則不過扶出一人既本非應舉之人雖敗別無刑責而坐獲厚利竊以國家取士務得實材今若浮僞之人容其濫進則使負辛勤蘊實學者無以自別且自來科場務存事體所以優加禮遇用待賢能今浮薄之徒不知朝廷崇獎之意自爲姦僞以至於此甚可歎也謂一作惟宜峻立科條明加

約束使浮薄姦僞之徒不容於其閒則實
有學行之人得被選進然後士子無濫舉
朝廷得實才臣今欲乞增定貢院新制寬
監門之責重巡鋪之賞蓋以入門之時一
一搜檢則慮成擁滯故臣乞自舉人入院
後嚴加巡察多差內臣及清幹京朝官巡
鋪每獲懷挾者許與理爲勞績或免遠官
或指射差遣其監門官與免透漏之責若
搜檢覺察得人數多者令知舉官聞奏取
旨重加酬獎其巡鋪官除只得巡察懷挾

及傳授文義外不得非理侮慢舉人庶存事體且朝廷待士甚厚而小人自爲浮薄不可不行禁止以革弊源一作厚弊如允臣所奏乞立定巡鋪官賞格及懷挾人責罰刑名添入貢院新定條制仍牓南省門及下進奏院頒告天下所貴先明條約然後必行取進止

論保明一無明字舉人行實一作止劄子同前

臣伏覩近降勑命更定科場條制內一節令本縣令佐知州通判保明舉人行實委

無玷缺若因事彰露只罪令佐知州通判
所斷刑名並用舊制雖去官經恩不得原
減者伏緣舊制刑名甚重今來去官經恩
不得原減則官吏所責不輕而玷缺之累
中人所不能免小過微累皆爲玷缺難以
必用深刑責官吏保其所不能盡知者若
謂止坐大事則又無明文竊慮後有犯者
難用必行之法臣今欲乞指定舉人玷缺
事狀如事親不孝行止踰濫冒哀匿服曾
犯刑責及雖有蔭贖而情理重者以上事

節苟犯其一並不得收試如違必並一作用

舊制刑名所貴事簡而易遵法嚴而必用

如允臣所請乞下禮部貢院施行令取進止

論契丹求御容劄子嘉祐二年

臣伏見契丹所遣汎使專爲御容而來中外之議皆謂前歲旣已許之於理不可中止失於不早踐言至彼非時遣使及朝夕以來傳聞頗異或云大臣共議欲遂拒而不與若然則臣恐釁隙之端自此而始禍患之起未易遽言大凡爲國謀事者必先

明信義重曲直酌人情量事勢四者皆得然後可以不疑苟一有未然尚恐敗事況四者俱失豈可不思契丹與中國通盟乆矣而嚮來宗真特於信好自表慇懃別有家書繼以畫像聖朝納其來意許以報之而乃遷延至今遂欲食言而中輟是則彼以推誠結我我以不信待之失信傷義甚非中國待夷狄之術而又其曲在我使彼易以爲辭自南北通和以來信問往復之際每於報答常從優厚假借既乆其心已

驕況此畫像之來特表慇懃之意是則於
平常之禮厚報以驕之慇懃之來則不報
以沮一作阻下同之沮之彼必怒不報彼必恥懷
恥畜怒何所不爲此人之常情也許其父
不許其子厚薄之際此亦人情之難處也
臣竊見契丹來書初無寒温候問之言直
以踐言孤約爲說其意在於必得若此時
被沮勢必更來事既再三豈能堅執若待
其失於遜順已成釁隙然後與之則重爲
中國之辱又使夷狄謂中國難以恩意交

惟可以勢力脅因之引惹別有它求則爲後患何可涯哉今虜主雖弱而中國邊備未宁廟謨未勝未可生事而欲執我曲彼直之議以起戎而結禍夫察彼事勢必不能中止量我事勢又未能必沮之臣故曰四者俱失也臣又聞虜使入境之日地震星殞變異非常先事深防猶恐不及失計招禍豈可自爲臣願聖慈出於獨斷勿沮其善意無失我信言臣今欲乞回諭虜中告以如約直候今冬因遣常使時與之則

於事體稍便伏乞速下兩府商議上繫國家利害臣不敢不言今取進止

論選皇子疏（一作書）嘉祐二年

八月日翰林學士朝散大夫右諫議大夫知制誥充史館修撰刋修唐書判太常寺兼禮儀事上輕車都尉賜紫金魚袋臣歐陽某謹昧死再拜上書于體天法道欽文聰武聖神孝德皇帝陛下臣聞言天下之難言者不敢冀必然之聽知未必聽而不可不言者所以盡爲忠之心況臣遭遇聖

明容納諫諍言之未必不聽其可黙而不
言臣伏見自去歳以來羣臣多言皇嗣之
事臣亦甞因災異竊有奏陳雖聖度包容
不加誅戮而愚誠懇至天聽未回臣實不
勝愛君之心日夜區區未甞忘此思欲再
陳狂瞽而未知所以爲言今者伏見兖國
公主近已出降臣因竊思人之常道莫親
於父子之親人之常情亦莫樂於父子之
樂雖在聖哲異於凡倫其爲天性於理則
一陛下嚮雖未有皇嗣而尚有公主之愛

上慰聖顔今旣出降漸疎左右則陛下萬
機之暇處深宮之中誰可與語言誰可承
顔色臣愚以謂宜因此時出自聖意於宗
室之中選材賢可喜者録以爲皇子使其
出入左右問安侍膳亦足以慰悅聖情臣
考於書史竊見自古帝王雖曰至尊未嘗
獨處也其出而居外也不止百司公見奏
事而已必有儒臣學士講論於閑宴又有
左右侍從顧問語言其入而居内也不止
宦官宫妾在於左右而已其平居燕寢也

則有太子問安侍膳於朝夕其優游宴樂
也多與宗室子弟懽然相接如家人計其
一日之中未嘗一時獨處也今陛下日御
前後殿百司奏事者往往仰瞻天顔而退
其甚幸者得承一二言之德音君臣之情
不通上下之意不接其餘在廷之臣儒學
侍從之列未聞一人從容親近於左右入
而居内則至於問安侍膳亦闕於朝夕是
則陛下富有四海之廣躬享萬乘之尊居
外則無一人可親居内則無一人得親此

臣所以區區而欲言也伏況陛下荷祖宗之業承宗廟社稷之重皇子未降儲位久虛羣臣屢言大議未決臣前所奏陳以謂未必立爲儲貳而且養爲子既可以徐察其賢否亦可以待皇子之降生於今爲之亦其時也臣言狂計愚伏俟斧鉞臣昧死再拜

乞寫祕閣書令館職校讎劄子

嘉祐二年九月兼判祕閣祕書省

臣近準勑兼判祕閣檢會先準皇祐元年

七月十一日中書劄子節文奉聖旨祕閣有闕者書名件用崇文總目逐旋補寫依倒酬校了以黄綃裝䌙正副二本收附準備御覽内中取索（一作借）本閣尋具畫一合行事件聞奏蒙依所奏施行當時雖有此行遣尋值抄寫觀文殿書權住至今伏見館閣校讎之官員數甚多除係省府南曹外其餘主判閣局及别無主判者並各無書校對既無職事因此多不入館伏以館閣國家優養賢材之地自祖宗以來號爲

清職令館宇闃然塵埃滿席有同廢局甚
可嘆嗟臣今欲乞檢會先準皇祐元年七
月十一日所降指揮及一宗行遣次第許
從本閣選請在院館職官員先將祕閣書
目與崇文總目點對内有見闕書籍即於
三館取索先校定然後抄寫成書仍差初
校覆校官刊正裝褫其合行事件已有畫
一起請依奏指揮亦乞檢會施行惟元乞
公用錢乞更不支破其抄寫楷書候見得
闕書數目將見在楷書人數酌量多少如

闕人即別具擘畫聞奏今取進止（一作照）

乞定兩制員數劄子 嘉祐三年

臣竊以學士待制號爲侍從之臣所以承宴閒備顧問以論思獻納爲職自祖宗以來尤精其擇（一作尤所精擇）苟非清德美行藹然衆譽高文博學獨出一時則不得與其選是以選用至艱員數至少官以難得爲貴人以得職爲榮搢紳之望旣隆則朝廷之體增重其後用人頗易員數漸多往時學士待制至六七十員近年以來稍慎除拜即

今猶及四十餘員臣以謂愛惜名器不輕授人朝廷既已知之矣而爲國家（一無矣而家三字）計者宜於此時（一作亦宜及今）創立經制今惟翰林學士中書舍人知制誥各有定員其餘學士待制未有定（一作員）數臣今欲乞檢詳前史及國朝故事自觀文殿大學士至待制並各立定員數遇有員闕則精擇賢材以充其選苟無其人尚可虛位以待如允臣所請乞賜詳議施行取進止

論編學士院制詔劄子 嘉祐三年

臣伏見國家承五代之餘建萬世之業誅滅僭亂懷來四夷封祀天地制作禮樂至於大臣進退政令改更學士所作文書皆繫朝廷大事示於後世則爲王者之訓謨藏之有司乃是本朝之故實自明道以前文書草稾尚有編録景祐以後漸成散失臣曾試令類聚收拾補綴十巳失其五六使聖宋之盛文章詔令廢失湮淪緩急事有質疑有司無所檢證蓋由從前雖有編録亦無類例卷第只是本院書吏私自抄

寫所以易爲廢失臣今欲乞將國朝以來
學士所撰文書各以門類依其年次編成
卷秩號爲學士院草録有不足者更加求
訪補足之仍乞差本院學士從下兩員專切
管勾自今巳後接續編聯如本行人吏不
畫時編録致有漏落許令本院舉察理爲
過犯此臣本院常事也所以上煩聖聽者
蓋以近歲以來百司綱紀相承廢壞事有
曾經奏聞及有聖旨指揮者僅能遵守若
只是本司臨時處置其主判之官纔罷去

則其事尋亦廢停所以臣欲乞朝廷特降
指揮所貴久遠遵行不敢廢失今取進止
請今後乞内降人加本罪二等劄
子嘉祐三年
臣伏見諫官陳旭起請僥求内降之人委
二府劾奏干請者之罪蒙朝廷依奏施行尋
聞李璋因内降責罰自後罕聞敢求内降
以希恩賞者以此見至公之朝必信之法
可以令行而禁止也然旭所請只為恩賞
之一端而小人僥求無所不至臣自權知

開封府未及兩月之間十次承準内降或爲府司後行或爲宫院婕媼或爲内官及干繫人吏等本府每具執奏至于再三而干求者（一無三字）内降不已至於婢妾賤人犯姦濫等事亦敢上煩聖聽以求私庇官堅小臣自圖免過反彰聖君曲法之私雖有司執奏終許公行然小人干求未有約束止絶臣今（一無此字）欲乞今後應有因事敢干求内降者依舊許本府執奏外更乞根究因縁干求之人奏攝下府勘劾重行責罰

如本人自行干請者亦乞一就勘鞫加元犯本罪二等斷遣其情理稍深及干求不巳者亦許本府一面牒報御史臺彈糾勘劾施行所貴止絶小人干亂公朝敗紊綱紀令取進止

論梁舉直事封回内降劄子 嘉祐二年

臣勘會本府見勘内臣梁舉直公事兩曾執奏三準内降特與放罪臣伏見近年權倖之臣多是公然作過不畏憲法恃干求内降紊亂紀綱所以前後臣寮累具論述

陛下特降明詔許承受官司執奏不得施行布告天下著爲信令今梁舉直累煩着聽干求不已本府遵依前後詔勑再具執奏未許公行伏以曲庇小臣撓屈國法自前世帝王苟有如此等事史冊書之以著人君之過失今梁舉直不欲受過於其身寧彰陛下之過於中外舉直此罪重於元犯之罪今縱未能法外重行以戒小人干求内降者其元犯本罪豈可曲恕舉直苟爲愛身之計不思愛君之心乃是小人全

無知識爾如臣忝被恩寵列於侍御職在
獻納合思裨補豈可阿意順旨爲陛下曲
法庇縱小臣以彰聖君之失其内降臣更
不敢下司謹具狀繳連進納今取進止

論郭皇后影殿劄子 嘉祐三年

臣所領太常禮院得御藥院公文稱奉聖
旨送畫到景靈宫廣孝殿後修蓋郭皇后
影殿圖子一本赴太常禮院詳定者其圖
子已别具狀繳奏訖臣伏見近年京師土
木之功糜耗國用其弊特深原其本因只

爲差内臣監修利於偷竊官物及訖功之
後僥求恩賞以故多起事端務廣興作其
甚則託以祖宗神御張皇事勢近年以來
如此興造略無虛歲伏以景靈宮建自先
朝以尊奉聖祖陛下又建真宗皇帝章懿
太后神御殿於其間天下之人皆知陛下
奉先廣孝之意然則此宮乃陛下奉天奉
親之所今乃欲以後宮已廢未（一作追）復之后
建殿與先帝太后並列瀆神違禮莫此之
甚臣竊謂此事必不出於聖意皆小人私

於興作有所僥求爾蓋自前世帝王於宗廟之外别爲廟享以追奉祖宗者則有之未聞有自追奉其妃后者也蓋小人不識事體但苟一時之利不思虧損聖德伏乞特賜寢罷以全典禮今取進止

論孟陽河開掘墳墓劄子 嘉祐四年春

臣勘會府界捌開孟陽新河相次據祥符縣人户經府披訴稱被人夫開掘墳墓斫伐桑棗拆拽舍屋等事尋差兵曹參軍張稚圭往彼檢視得巳開河道六里有餘計三

料開掘却村民墳墓八十二所大墓園三所草瓦屋七十七間其未開三料猶有墳墓二十五所舍屋四十七間桑五百餘株田土八十段臣因體問得村民所掘墳墓屍首骨殖布在新河兩岸子孫骨肉環坐守之仰天號慟屍骨暴露並無所歸其甚貧（一作貧甚）者用火燒焚向空撒棄其莊宅屋宇累世安居旦夕毀拆全家露坐寃痛之聲聞於遠近方此春月朝廷務行仁政之時橫屍暴骨殃及幽明可爲憫傷可爲驚

駭兼體問得所開新河有害無利其萬勝斗門及陽武橋斗門兩處減水盡入白溝河所以年年決溢今又擗開新河亦入白溝是則三道減水盡聚一河將來決溢可知兼今所開新河深六尺至七尺白溝河只深四尺至五尺下源高仰水勢難行臣今欲乞權住夫役三兩月差朝臣一員計會都水監開封府各差官一員同行相度苟如臣所說不虛未開三料乞更不開掘却移夫役修整舊河其元獻利見開河之

人本爲自圖功賞及從初檢計壕寨官吏
蒙昧朝廷不言有墳墓宅舍桑棗在所開
地内情理難恕欲乞下開封府取勘一作會
其獻利之人與壕寨等並行決配官員悉
與停廢所貴少謝枯骨兼慰生人今取進止

乞罷上元放燈劄子嘉祐四年

臣伏以三元放燈不出典禮蓋自前世習
俗所傳陛下二字一作皆以俯徇衆心欲同民樂勉
出臨幸非爲嬉游若乃時歲豐和一作時豐歲和
人物康富以爲樂事亦是人情今自立春

以來陰寒雨雪小民失業坊市寂寥寒凍
之人死損不少薪炭食物其價增倍民憂
凍餓何暇遨遊臣本府日閱公事內有投
井投河不死之人皆稱因爲貧寒自求死
所今日有一婦人凍死其夫尋亦自縊竊
惟里巷之中失所之人何可勝數昨日聖
恩差官俵錢正爲如此目下陰雪未解假
使便得晴明坊市不免泥淖聖駕所歷衝
冒風寒況方以日蝕之災（一無二字）避殿減膳
聖心憂畏中外所知欲乞特罷放燈所有

常年酌獻之禮若至日未得晴明一作和亦乞差大臣攝事所是見今供擬遊幸及修道路寒凍兵士並乞放罷庶幾上副陛下畏天憂民之心今取進止

論包拯除三司使上書嘉祐四年三月

臣聞治天下者在知用人之一作在用人知先後而已用人之法各有所宜軍旅之士先材能朝廷之士先名節軍旅主成功惟恐其不趨賞而爭利其先材能而後名節者亦勢使之然也朝廷主教化風俗之薄厚治道

之汙隆在乎用人而教化之於下也不能家至而諄諄諭之故常務尊名節之士以風動天下而聳勵其婾薄夫所謂名節之士者知廉耻脩禮讓不利於苟得不牽於苟隨而惟義之所處白刃之威有所不避折枝之易有所不爲而惟義之所守其立於朝廷進退舉止皆可以爲天下法也其人至難得也至可重也故其（一無二字）爲士者常（一作當下同）貴名節以自（一無此字）重其身而君人者亦常全名節以養成善士伏見陛下近

除前御史中丞包拯爲三司使命下之日中外外一作議喧然以謂朝廷貪拯之材而不爲拯惜名節然猶冀拯能執節守義堅讓以避嫌疑而爲朝廷惜事體數日之間遽聞拯已受命是可惜也亦可嗟也拯性好剛天姿峭直然素少學問朝廷事體或有不思至如逐其人而代其位雖初無是心然見得不能思義此皆不足恠若乃嫌疑之迹常人皆知可避而拯豈獨不思哉昨聞拯在臺日常自至中書詬責宰相指陳

前三司使張方平過失怒宰相不早罷之既而臺中寮屬相繼論列方平由此罷去而以宋祁代之又聞拯亦曾彈奏宋祁過失自其命出臺中寮屬又交章力言而祁亦因此而罷而拯遂代其任此所謂蹊田奪牛豈得無過而整冠納履當避可疑者也如拯材能資望雖別加進用人豈爲嫌（一作間言）其不可爲者惟三司使爾非惟自涉嫌疑其於朝廷所損不細臣請原其本末而言之國家自數十年來士君子務以恭

謹靜愼爲賢及其弊也循默苟且頽（一作媮）惰寬弛習成風俗不以爲非至於百職不修紀綱廢壞時方無事固未覺其害也一旦黠虜犯邊兵出無功而財用空虛公私困弊盗賊並起天下騷然陛下奮然（四字一作天子）感悟思革其弊進用三數大臣鋭意於更張矣於此之時始增置諫官之員以寵用言事之臣俾之舉職由是修紀綱而繩廢壞遂欲分別賢不肖進退材不材而久弊之俗驟見而駭因共指言事者而非之或

以謂好訐陰私或以爲公相傾陷或謂沽
激名譽或謂自圖進取羣言百端幾惑上
聽上賴陛下至聖（一無二字）至明察見諸臣本
以（一無此字）忘身徇國非爲己利讒間不入遂
荷保全而中外之人久而亦漸爲信自是
以來二十年間臺諫之選屢得讜言之士
中間斥去姦邪屛絕權倖拾遺救失不可
勝數是則納諫之善（一作臣）從古所難自陛
下臨御以來實爲盛德於朝廷補助之效
不爲無功今中外習安上下已信纖邪之

人凡所舉動每畏言事之臣時政無巨細亦惟言事官是聽原其自始開發言路至於今日之成效豈易致哉可不惜哉夫言人之過似於（一無此字下同）激訐逐人之位似於傾陷而言事之臣得以自明者惟無所利於其間爾而天下之人所以爲信者亦以其無所利焉今拯併逐二臣自居其位使將來姦佞者（者字一作之人）得以爲說而惑亂主聽今後言事者不爲人信而無以自明是則聖明（一作朝）用諫之功一旦由拯而壞夫有所不

取之謂廉有所不爲之謂耻近臣舉動人所儀法使拯於此時有所不取而不爲可以風天下以廉耻之節而拯取其所不宜取爲其所不宜爲豈惟自薄其身亦所以開誘他時言事之臣傾人以覬得相習而成風此之爲患豈謂小哉然拯所恃者惟以本無一作無本心耳夫心者藏於中而人所不見迹者示於外而天下所瞻今拯欲自信其不見之心而外掩天下之迹是猶手探其物口云不欲雖欲自信人信之此

臣所謂嫌疑之不可不避也况如拯者少有孝行聞於鄉里晚有直節著在朝廷但其學問不深思慮不熟而處之乖當其人亦可惜也伏望陛下别選材臣爲三司使而處拯他職置之京師使拯得避嫌之迹以解天下之惑而全拯之名節不勝幸甚臣叨塵侍從職號論思昔嘗親見朝廷致諫之初甚難今又復見陛下用諫之効已著實不欲因拯而壞之者爲朝廷惜也臣言狂計愚伏俟誅戮

（宋）歐陽修 撰

宋本歐陽文忠公集

第一九册

國家圖書館出版社

第一九册目録

奏議卷第四　歐陽文忠公集一百

諫院

論京西賊事劄子 慶曆三年

臣竊聞近日張海郭貌山與范三等賊勢相合轉更猖狂諸處奏報日夕不絕伏惟聖慮必極憂勞不聞廟謀有何處置臣竊見朝廷作事常有後時之失又無慮遠之謀患到目前方始倉忙而失措事纔過後已却弛慢而因循昨王倫暴起京東轉攻淮甸橫行千里旁若無人既於外處無兵須

自京師發卒孫惟忠等未離都下而王倫已至和州矣賴其天幸偶自敗亡然而驅殺軍民焚燒城市瘡痍塗炭毒遍生靈此州郡素無守備而旋發追兵誤事後時之（之字一作皆有）明驗臣謂朝廷因此必悔前非須有改更以防後患而自王倫敗後居兩府者了無擘畫有上言者又不施行上下拖延日過一日遂致張海郭貌山等又起京西攻劫州縣橫行肆毒更甚王倫依前外處無兵又自京師發卒臣聞張海是李宗火

内惡賊郭貌山在商山已及十年其驍勇
兇姦不比王倫偶起之賊縱使官兵追及
亦其勝負未知天下之憂恐自此始臣亦
知近日臣寮上言賊事者甚衆竊慮兩府
進呈文字之時必須奏言已差使臣選兵
追捕將此拙計便爲廟謀上寬聖懷茍自
塞責張海等二百餘人盡有甲馬日行一
二百里馬力困乏則弃別奪民間生馬乘
騎竊料官兵必難追逐縱使追兵能及生
靈已受其殃此度賊雖能平後患豈可不

慮以今四方盜起所在各要隄防則臣前所言禦賊四事之中州縣置兵最爲急務伏望陛下憫此生民見受屠戮之苦不聽迂儒遲緩誤事之言其州縣置兵事件𠥓弼已有起請伏乞決於宸意速與施行取進止

再論置兵禦賊劄子 同前

臣近爲張海等賊勢猖狂曾上言禦賊四事內一件州郡置兵爲備風聞朝議已依𠥓弼起請施行其餘三事一乞選捕盜官

二乞定賞罰新法三乞按察老病貪贓之官此三事至今未聞擬議臣伏見去年朝廷於諸道州府招宣毅兵士及添置鄉兵弓手當時搔擾次第不小本要爲州縣禦賊之備及一旦王倫張海等相繼而起京東淮南江南陝西京西五六路二三十州軍數千里内殺人放火肆意横行入州入縣如入無人之境則去年所置宣毅兵鄉兵弓手等盡皆何在無一處州縣得力者蓋由官吏不得其人賞罰無法而所置宣

毅鄉兵弓手皆不（一作無）堪使用者（一作所）所以張皇搔
擾空有爲備之名而無爲備之用今朝廷雖
依區𥡴起請令州郡置兵若不先擇官吏
嚴立法令則依前置得不堪使用之兵空
有其名終不濟事故臣謂必欲州郡置得
精兵則須採臣所陳三事一一施行方可
集事其州縣官吏誤事臣請試言京西一兩
處則其他可知鄆州知州王昌運老病腰
脚行動不得每日令二人扶出坐衙三年
之内州政大壞臨替得一比部員外郎劉

依交代其劉依亦是七十餘歲昏昧不堪
昨在滑州寄居臣爲通判三四度來看臣
每度問臣去中書有一个王參政名甚如
此不知人事陛下試思如此等人能爲國
家置兵禦賊乎今汝州知州鮑亞之是三
司以不才東退者鄧州知州朱文郁是轉
運使中不材選退者二人老懦不才如此
等人能爲國家置兵禦賊乎陛下欲知全
盛之世盜賊便敢如此者蓋爲處處官吏
非人故臣前後累言乞按察冗濫之官者

蓋爲恐有此事也兩府之議不肯於無事之時先爲禦備直待打破一州方議換知州打破一縣方議換縣令其餘未經打破州縣一任老病貪繆之官壞之臣謂是大臣不欲以身當怨之過也今天下生民獲安樂則皆須上感陛下聖德若其父子殺戮離散不安則亦必歸怨陛下今大臣不肯澄汰蓋避百十人官吏怨其身寧使百萬蒼生塗炭而怨國家今盜賊一年多如一年一火強如一火天下禍患豈可不憂伏望

聖明（一作慈）特出睿斷如必行州郡置兵之
法則先須慎擇官吏免致虛爲搔擾反更
害民臣前後三次乞按官吏況國家自來每
有災傷路分累曾遣使安撫豈於今日視
民如此塗炭頓以遣使爲難願陛下力主
而行之則天下幸甚取進止

論盜賊事宜劄子 同前

臣近因軍賊王倫等事累有論奏爲見天
下空虛全無武備指陳後漢隋唐亡國之
鑒皆因兵革先興而盜賊繼起不能撲滅

遂至横流又見國家綱紀隳頽法（一作政）令寛弛
賞罰不立善惡不分體弱勢危可憂可懼
欲乞朝廷講求禦盜之術峻行責下之法
兼聞搢紳之内憂國者多日有封章皆論
賊事臣但謂朝廷見已形之患聞衆多之
言必動於心略知恐懼及聞樞密院戒勵
進奏官不使外人知事方認兩府猒苦獻
言之人又見自和州奏破王倫之後更不
講求禦賊之策又認上下已有偷安之意
殊不知前賊雖滅後賊更多今建昌軍一

火四百人桂陽監一火七十人草賊一火
百人其餘池州解州鄧州南京等處各有
強賊不少皆建旗鳴鼓白日入城官吏逢
迎飲食宴樂其敢如此者蓋爲朝廷無賞
罰都不足畏盜賊有生殺時下須從臣恐
上下因循日過一日國家政令轉弱盜賊
威勢轉強使畏賊者多向國者少天下之
勢從茲去矣臣竊聞京西提點刑獄張師錫
爲部内使臣與賊同坐喫酒及巡檢縣尉
不肯用心曾有論奏其言甚切臣舊識師

錫其人恬靜長者遲緩優柔不肯生事今
尚有此奏則臣謂天下無賢愚皆爲國家
憂之獨不憂者朝廷爾嗟夫古之智士能
慮未形之機今之謀臣不識已形之禍以
患爲樂以危爲安見盜賊雖多而時有敗
者遂生翫寇之意見言事者衆而聽之巳
熟遂有忽人之心臣近曾求對便殿伏蒙
陛下語及賊事憂形于色及退見宰輔閒
暇從容天下之事深可憂矣今建昌桂陽一有軍字
賊數不少想其爲害尤甚王倫在於遠處

更合留意今自京發兵則道遠不及外處就
撥則處處無兵欲乞嚴勑大臣鑒此已成
難救之患速講定禦盜之法須行天下使
四方漸爲備禦及（一作仍）早擘畫剪撲諸處見在
賊數自有賊已來群臣上言者皆爲自來
寛法致得不肯用心捉賊皆乞峻行法令
近見池州官吏各只罰銅五斤乃知言者
皆不蒙聽納臣謂大臣爲國計者寧猒忠
言之多不猒盜賊之多乃如此行事爾臣
前後上言賊事文字不少仍乞類聚揀擇其

長者講定法制陛下欲知大臣不肯峻國法以繩官吏蓋由陛下不以威刑責大臣此乃社稷安危所繫陛下之事也伏望留意而行之取進止

論學士不可令中書差除劄子慶曆三年

臣近見翰林學士蘇紳葉清臣等相繼解職風聞侍從之臣內有姦憸小人頗急經營爭先進用至有喧忿之語傳聞中外者既虧廉讓之風又損朝廷之體臣伏思翰林之職重於唐世乃是天子親信朝夕謀

一作謀夕議內助之臣當時號爲內相故其進用尤極精選只用一作取材識不限資品往往自州縣官一有擢字而拜者國朝近歲於此一職頗非其人既見其材識愚下不足以備訪問一本有之事二字人主因之薄一本作薄之其待遇迹漸踈外同於冗官遂容小人得以濫進臣思其弊蓋由不合令中書依資差除且學士之職本要內助天子講論外朝闕失今若却令中書除人致於內一作置之內制則是恩出中書之人雖在天子左右與無無字一作外官同也伏乞自今

後翰林學士不必足貧用人不限資品但擇有才望正人堪充者出自上意一作聖明擢用以杜小人爭進之端而天子左右更無姦邪之人廢請侍臣之列取進止

論呂夷簡劄子同前

臣昨日伏覩外廷宣制呂夷簡守太尉致仕以夷簡爲陛下宰相而致四夷外侵百姓内困賢愚失序一作倒置紀綱大隳二十四年一作十四年間壞了天下人臣大富貴夷簡享之而去天下大憂患留與陛下當之夷

簡罪惡滿盈事迹彰著然而偶不敗亡者蓋其在位之日專奪國權脅制中外人皆畏之莫（一作不）敢指（一作發）擿及其疾病天下共喜姦邪難去之人且得已爲天廢又見陛下自夷簡去後進用賢才憂勤庶政聖明之德日新（一作日）又新故識者皆謂但得大姦已廢不害陛下聖政則更不復言所以使夷簡平生罪惡偶不發揚上（一作正）賴陛下終始保全未汚斧鑕是陛下不負夷簡夷簡上負朝廷今雖陛下推廣仁恩厚其禮數然臣料

夷簡必不敢當理須陳讓臣乞因其來讓便與寢罷別檢自來宰相致仕祖宗舊例與一合受官名然臣猶恐夷簡不識廉耻便一作更受國家過分之恩仍慮更乞子弟恩澤緣夷簡子弟因父僥倖恩典已極今邊鄙多事外面臣寮辛苦者未嘗非次轉官豈可使姦邪巨蠹之家貪贓愚騃子弟不住加恩竊恐朝廷貽濫賞之譏未弭物論其子弟伏乞更不議恩典取進止

論吕夷簡僕人受官劄子同前

臣伏見國家每出詔令常患官吏不能遵行不知患在朝廷自先壞法朝廷不能自信則誰肯信而行之然多因小人僥倖而不加抑絶所與之恩雖少所損之體則多臣聞去年十月中曾有臣寮上言乞今後大臣厮僕不得奏薦班行勅旨頒下纔三四月已却用吕夷簡僕人袁宗等二人爲奉職夷簡身爲大臣壞亂陛下朝政多矣苟有利於其私雖敗天下事尚無所顧况肯爲陛下惜法但朝廷自宜如何今一法

纔出而爲大臣先壞之則其次臣寮僕人豈可不與不與則是行法有二與之則近降勑旨今後又廢有司爲陛下守法者不思國體但徇人情或云二僕得旨與官在降勑前奈何授官在降勑後凡出命令本爲釐革前弊法家以後勑衝前勑今袁宗等雖曾得旨而未授命之間已該新制自合釐革吏簡不能止絕而恣其僥求朝廷又不舉行近勑而自隳典法今後詔令何以遵行其袁宗等伏乞特追奉職之命別

與一軍將之類閑慢名目足示優恩不可爲無功之臣私寵僕奴而亂國法取進止

論止絶吕夷簡暗入文字劄子 同前

臣風聞吕夷簡近日頻有密奏仍聞自乞於御藥院暗入文字不知實有此事否但外人相傳上下疑懼臣謂夷簡身爲大臣久在相位尚不能爲陛下外平四夷内安百姓致一作使得二虜交構中國憂危兵民疲勞上下困乏賢愚失序賞罰不中凡百紀綱幾至大壞筋力康徤之日尚且如此

乖繆況已罷政府久病家居筋力已衰神識昏耗豈能更與國家圖事據夷簡當此病廢即合杜門自守不交人事縱有未忘報國之意凡事即合公言令外廷見當國政之臣共議（一作擬）可否豈可暗入文書眩惑天聽況夷簡患攤風手足不能舉動凡有奏聞（一作疏）必難自寫其子弟輩又不少（一作肖）須防作僞或恐漏泄於體尤爲不便雖陛下至聖至明於夷簡姦謀邪説必不聽納但外人見夷簡密入文書恐非公論若誤國計

爲患不輕夷簡所入文字伏乞明賜止絶

臣聞任賢勿貳去邪勿疑見令中外群臣各有職事苟有闕失自可任責不可更令無功已退之臣轉相惑亂取進止

薦姚光弼狀　同前

右臣等伏覩慶曆元年南郊赦書節文委史院檢閲國朝將帥有威名勳業者尋訪子孫録用風聞史院已具檢勘姓名聞奏至今未見施行伏以赦令之文國家大信度必難行之事則不當輕言若已布告天

下則不可失信況此一節自是當今合行
之事必慮將家子孫例多不肖則宜於尋
訪之時便責州郡察其行止無大過惡者乃
得以聞今舊將名在史官能應赦書所求
者有幾若更去一作擇其不肖者不用則推恩所
及不過一二十人耳不至濫行恩賞所可
惜者因此一二十人而失國家大信臣等
伏見故慶州刺史姚內斌有孫光弼好學有
行止能記前世兵法及史籍所載名將用
兵取勝之術比於累年所試方略濫進之

人不可同類若蒙擢用必有所爲伏乞舉
行赦書特賜召試仍下所居州縣鄰里考
其行實參驗而行其餘將家亦乞遍行（一作加）尋
訪臣等職在諫諍當補闕遺見國家赦令
已行而自失大信及士有豪俊沉棄而未
用者皆當論列臣等又覩赦書節文云本
房子孫與班行安排如實有膽勇謀略者
仍與邊上任使詳此雖無材藝者亦預推
恩也今光弼據其學識況有可採臣等所
陳只乞比近年方略之人特與一試上以

全國家大信下可收遺逸之人伏望聖慈
特賜施行取進止

論李淑姦邪劄子 同前

臣昨日因奏事於延和殿已曾面論李淑鄉在開封府猶爲疎外今拜學士是禁中親近之職竊緣此人不宜在侍從之列其姦邪陰險之迹陛下素已知之今外邊臣寮骨肉同坐者不敢道李淑姓名蓋其穢惡醜不可當據外人如此惡之豈合却在人主左右淑自來朋附夷簡在三尸五鬼

之數蓋夷簡要爲肘腋所以援引至此不知今日朝廷如此清明更要此人何用若欲藉其詞業則臣謂才行者人臣之本文章者乃其外飾耳況今文章之士爲學士者得一兩人足矣假如全無文士朝廷詔勑之詞直書王言以示天下尤足以彰復古朴之美不必雕刻之華自古有文無行之人多爲明主所弃只如徐鉉胡旦皆是先朝以文章著名於天下二人皆以過惡廢弃終身不齒當時朝廷亦不至乏人淑

居開封過失極多然止是一府之害今在
朝廷若有所爲少肆其志則害及忠良沮
壞政治是爲天下之害故臣不可不言今
雖陛下主張正人不信讒巧然淑之爲惡
出於天性恐不能悛改竊慮依舊譖毀好
人伏望聖慈一切不納早與一外任差遣使
正人端士安心作事無讒毀之避取進止

再論李淑劄子同前

臣近日竊聞李淑已有聖旨令與壽州却知
中書不肯便行須得淑自上章求乞一作出方敢

差除臣謂李淑姦邪之迹陛下既已盡知
若得斷自宸衷則使天下之人皆知陛下
聰明神聖辨別忠邪黜去小人自出聖斷
如此則今後姦邪險惡之人可使知懼而
不敢爲害今若如中書之意須待其自求
退則是賞罰之柄不由明主自行去住之謀
一任臣下取便如此則今後小人皆知雖
爲姦邪險惡天子欲力去而中書必未（一作未必）肯
行若不自退則（一作別）無人敢差臣恐自此
小人轉爲得計不肯悛心進賢退不肖者

宰相之職也今大臣既自避怨不肯爲陛下除去姦邪賴陛下聖明洞分邪正又不能便依聖旨直與差除更須曲收人情優假群小三四日來外邊聞陛下欲除李淑壽州人人皷舞皆賀聖德蓋淑二三十年出入朝廷姦險傾邪害人不少一旦見人主斥去左右莫不欣忭却聞中書如此迂迴自相顧避可惜聖明之斷不盡施行臣欲望更不須候其請郡因兩府奏事之時特出聖旨處分直除一外郡使天下皆知此

姦邪穢惡之人是人主力自除去以彰聖明之德取進止

論慎出詔令劄子 同前

臣伏以朝廷每出詔令必須合於物議下恱民情真宗皇帝初置諫官詔書内條列六事首言詔令不便者許諫官論列蓋朝廷慎於出令之意也近見詔書褒美陝西轉運使下咸風聞咸在陝西爲買百姓青苗及轉般大麥此兩事大與西人爲（一作大爲西人）患逃移却人戸（一無此三字）極多至今西人

怨謗不已賴吴遵路減得轉般一事人獲稍寧今所降詔書兩人一時（一作例）襃美善惡不分無所激勸使陝西人見者必謂朝廷咫尺絶不卹念西人不知西事誤下詔書美此與民爲害之人必轉生怨謗臣竊料朝廷必因邊臣奏舉咸等能積糧儲故賜（一作此）奬諭蓋失於採訪不知咸處置乖方之事致西民流移怨謗之因欲乞今後戒此失誤慎出詔令及戒勵羣臣今後薦舉人不得妄有稱美其已出之詔既不可追臣又恐

朝廷因此遂待下咸爲材能一作吏別有任用却致敗事臣職在諫諍不可不言

奏議卷第四

論盜賊事宜劄子　戒勵（勵一作勤）外處無兵（外處誤作處處）

論呂夷簡劄子　二十四年（四一作餘）國權（一作主權）

論李淑劄子　穢惡（穢字下有德字）一人主力自除

去（人主一作陛下）

續添

論京西賊事劄子　嘗有後時（嘗疑作常）

再論置兵禦賊劄子　鄉兵弓手（此下一有等字）前後三

次（此下一有言字）

論學士不可令中書差除劄子　上意（一作聖意）

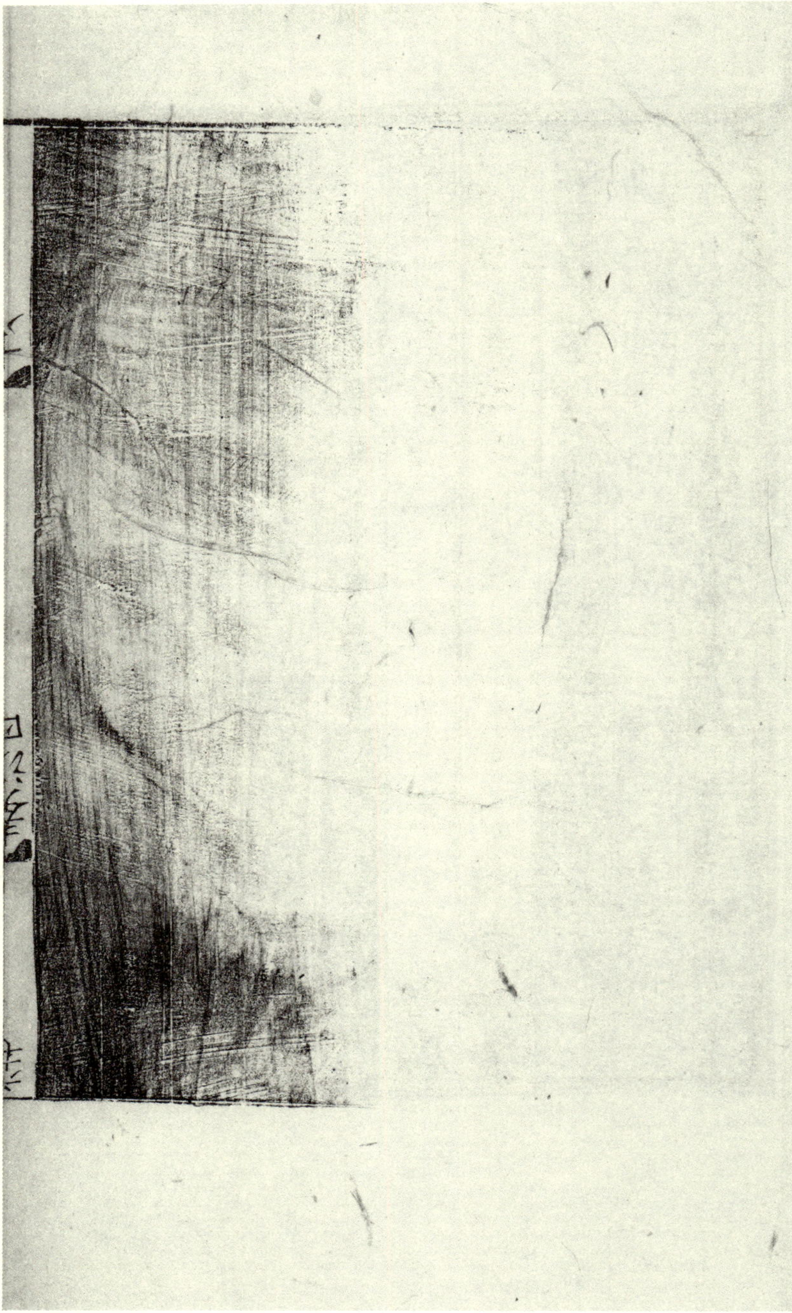

奏議卷第五　歐陽文忠公集一百一

諫院

論李昭亮不可將兵劄子 慶曆三年

臣伏見朝廷近自河東移李昭亮爲鎮定高陽三路都部署竊以北戎險詐必與國家爲患北面之事常須有備此一事陛下聖心久自憂之執政大臣非不知而憂之天下之人共爲朝廷憂之李昭亮不才不堪爲將帥不可委兵柄此一人陛下聖心久自知之執政大臣非不知之天下之人

亦共知之不審因何遽有此命大凡朝廷
行事不當者或爲小事而忽略容有不知
致誤施行而至乖錯者有矣未有以天下
大可憂患而上下共知之事公然乖繆任
以非人如此者臣料兩府之議必因施昌
言等近奏三路闕都部署而目下無人以
昭亮塞請而欲徐別選擇不過如此而已
然臣竊見朝廷作事常患因循應急則草
草且行纔過便不復留意只如今秋用郭承
祐於鎮定尋以非才罷之當時應急且以常

一作康德輿爲銓轄闕卻部署一職本待徐
擇其人臣初喜朝廷必能自此精於選任
經今數月何曾用意求人一旦昌言奏來
又遣昭亮且去今平時無事之際尚如此
不能選人任用若一旦倉皇事動更於何
處求人故臣謂朝議欲徐擇人而代昭亮
者乃虛語爾方今天下至廣不可謂之無
人但朝廷無術以得之耳寧用不材以敗
事不肯勞心而擇材事至憂危可爲慟哭
臣思朝廷所以乏人任用之弊蓋爲依常

守例須用依資歷級之人不肯非次拔擢所
以無人可用古人謂勞於擇賢而逸於任
使今人既難得求之又不勤待其自來何
復可得臣累曾上言練兵選將之法未賜
施行又曾言乞於沿邊十數州且選州將
亦不蒙聽納寧可公選不材之人委以大
兵之柄一旦誤事悔何及之伏望聖慈出
於眷斷其李昭亮早令兩府擇人替換仍
早講求選將之法若大將難卒然而得即
乞於沿邊州軍選擇州將近下資淺人中

庶乎易得昨北使姓名稍遲數日中外之士已共憂疑幸其未動之間宜作先時之備兵法曰無恃其不來恃吾有以待之惟陛下爲社稷之計深思而行之則天下幸甚取進止

論禦賊四事劄子 同前

臣昨自軍賊王倫敗後尋曾極言論列恐相次盜賊漸多乞朝廷早爲禦備凡爲國家憂盜賊者非獨臣一人前後獻言者甚衆皆爲大臣忽弃都不施行而爲大臣者

又無擘畫果致近日諸處盜賊縱橫自淮
海已南新遭王倫之後今自京已西州縣
又遭張海郭貌山等劫掠焚燒桂陽監昨
奏蠻賊數百人夔峽荆湖各奏蠻賊皆數
百人解州又奏見有未獲賊十餘火滑州
又聞強賊三十餘人燒劫（一作劫）沙彌鎮許州又
聞有賊三四十人劫却椹㵎鎮此臣所聞
目下盜起之處如此縱橫也此外京東今
歲自秋不雨至今麥種未得江淮倫賊之
後繼以飢蝗陝西災旱道路流亡日夜不

絶似此等處將來盜賊必起是見在者未

滅續來者愈（一作更）多而乾象變差譴告不一於

古占法多云天下大兵並起今兵端已動

於下天象又告于上而朝廷安恬舒緩無

異常時此臣前狀所謂古之智者能慮未

形之機今之謀臣不識已形之禍者也臣

聞兩漢之法凡盜賊並起人民流亡天文

災異如此等事皆責三公或被誅戮或行

黜放今幸陛下仁聖寬慈大臣偶免重責

而猶忘忽禍患偷習因循此臣所謂大臣

不肯峻國法以繩官吏蓋由陛下不以威
刑責大臣者也今見在賊已如此後來賊
必更多若不早圖恐難後悔臣計方今禦
盜者不過四事一曰州郡置兵爲備二曰
選捕盜之官三曰明賞罰之法四曰去冗
官用良吏以撫疲民使不起爲盜此四者
大臣所忽以爲常談者也然臣視今朝廷
於此四者未有一事合宜伏望聖慈嚴勑
兩府大臣問其捨此四事別有何術可爲
苟無他術則此四事宜早施行臣竊聞州

郡置兵富弼已有條奏其餘三事前後言
事者論議甚多伏乞合聚群議擇其善者
而行其禦盗四事方今措置乖失極多容
臣續具一二（一作）條奏取進止

論乞主張范仲淹富弼等行事劄
子　同前

臣伏聞范仲淹富弼等自被手詔之後已
有條陳事件必須裁擇施行臣聞自古帝
王致治須待同心叶力之人（二字一作者）而君臣相
得（五字一作相與維持）謂之千載一遇之難今仲淹等

遇陛下聖明可謂難逢之會陛下有仲淹等亦可謂難得之臣陛下旣已傾心待之仲淹等亦又各盡心思報上下如此臣謂事無不濟但顧行之如何伏況仲淹弼是陛下特出聖意自選之人初用之時天下已皆相賀然猶竊謂陛下旣能選之未知用之如何耳及見近日特開天章從容訪問親寫手詔督責丁寧然後中外喧然旣驚且喜此二盛事固已一作以朝報京師暮傳四海皆謂自來未曾如此責任大臣天下之

人延首拭目以看陛下欲作何事一作用此二人果有何能此二人所報陛下果有何能一作欲何事是陛下得失在此一舉生民休戚繫此一時以此而言則仲淹等不可不盡心展効陛下不宜不力主而行使上不玷知人之明下不失四海之望臣非不知陛下專心銳志必不自怠而中外大臣且憂國同心必不相忌而沮難然臣所慮者仲淹等所言必須先絕僥倖因循姑息之事方能救數一作世之今積弊如此等事皆外招小人之怨怒不免

浮議之紛紜而姦邪未去之人亦須時有
讒沮若稍聽之則事不成矣臣謂當此事
初尤須上下叶力凡小人怨怒仲淹等自
以身當浮議姦讒陛下亦須力拒待其久
而漸定自可日見成功伏望聖慈留意終
始成之則社稷之福天下之幸也取進止

論臺官不當限資考劄子同前

臣伏見御史臺闕官近制令兩制并中丞
輪次舉人遂致所舉多非其才罕能稱職
如昨來蘇紳舉馬端却煩朝廷别有行遣

臣謂今兩制之中姦邪者未能盡去若不更近制則輪次所及須令舉人近聞梁適舉王礪燕度充臺官其人以適在姦邪之目各懷愧醜懼其汚染風聞皆欲不就以此言之舉官當先擇舉主臣欲乞今後只令中丞舉人或特選舉主仍見官一作朝班中雖有好人多以資考未及遂致所舉非人者皆爲且就資例可入仍乞不限資考惟擇材堪者爲之况臺中自有裏行之職以待資淺之人仍乞重定舉官之法有不

稱職（一有者字）連坐舉主重爲約束以防僞濫庶幾稱職可振綱紀取進止

再論臺官不可限資考劄子（同前）

臣近曾上言爲臺官闕人乞不依資限選舉仍乞添置裏行所貴得材可以稱職竊聞近詔宋祁舉人依前只用資（一作舊）例又未見議復裏行臣竊嘆方今（一有大臣二字）事無大小皆知其弊不肯更改凡臺官舉人須得三丞已上成資通判此例起自近年然近年臺官無一人可稱者近日臺官至有彈教坊

倭（一作弟）子鄭州來者朝中傳以爲笑其臺
憲非才近歲尤甚是此例不可用明矣然
而寧用不材以曠職不肯變例以求人今
限以資例則取人之路狹不限資例則取
人之路廣廣之（一作廣其路）猶恐無人何况專守
其狹若使資例及者入三院未及者爲裏
行又於差除都不妨礙况今四方多事之
際揚威出使正要得人臣今欲乞特降指
揮令舉官自京官已上不問差遣次第惟
材是舉使資淺者爲裏行資深者入三院

臣見前後舉臺官者多徇親戚一作舊舉旣非材人或問之則曰朝廷用資限致別無人可舉今若革此繆例責其惟材是舉則不敢不舉好人所冀漸振臺綱免取非笑取進止

論京西官吏非人乞黜按察使陳洎等劄子同前

臣竊見去年五月詔勑節文諸路轉運並兼按察使或貪殘老昧委是不治者逐處具狀聞奏若因循不切按察致官吏貪殘

刑獄枉濫民庶無告朝廷察訪得知並當
勘罪重（一作嚴）行黜降竊見近日賊人張海等入
金州劫卻軍資甲仗庫蓋爲知州王茂先
年老昏昧所以放賊入城及張海等到鄧
州順陽縣令李正己用鼓樂迎賊入縣飲
宴留賊宿于縣廳（一作廨）恣其劫掠其李正
己亦是年老昏昧之人京西按察使陳洎
張昪自五月受卻朝廷詔書後半年內並
不按察一人如王茂先李正己並顯然容
芘不早移換致得一旦賊至不能捍禦及

光化軍韓綱在任殘酷致兵士作亂亦不
能早行覺察其陳洎等故違詔書致與盜
賊並合依元降詔勑重行黜降中書又不
舉行使國家號令弃作空文天下禍亂貽憂
君父蓋由上下互相蒙庇之罪也其陳洎
張昪伏乞依詔勑施行重與黜降若明降
詔勑顯有違者並不舉行則今後朝廷號
令徒煩虛出伏望出於聖斷以警後來取
進止

再論陳洎等劄子同前

臣近曾上言爲京西轉運使陳洎張昪違
廢詔書並不按察部下官吏致使盜賊縱
橫貽憂君父其陳洎等合坐此罪名重行
黜降此事非是臣自生狂見敢有妄言乃
是朝廷元降詔書内指揮自合行遣令諸
路轉運使不按察官吏者甚衆然别不至
大段生事及部内官吏不甚昏老者亦可
且示優容如陳洎等部内顯然官吏昏老
貪殘並不舉劾致得盜賊並起事勢可憂
此若不行則國家詔勑乃是空文今後號

令有誰肯聽臣伏見近日頻易諸路轉運
方思改作欲除舊弊朝廷此後政令須要
必行今若自廢詔書示人無信則新轉運
見朝廷先自弛廢言不足聽（一作信）則更無禀畏
必効因循虛煩更張必不濟事古人於作
事之初尚或借人行法況洎等首自違犯
理合舉行宜於革弊之初先行勵衆之事
或謂洎等於少人之際且要任使即乞各
與降官依舊差遣以責後効徐議復資亦
使過之術也尚慮議者謂淮南王倫賊後

不曾行遣轉運蓋淮南新授詔書未及按察而賊已卒至又部内官吏如晁仲約等本非昏老不比京西慢賊經年不能剪滅直至養成兇勢又其一作泊等部内官吏顯是昏老誤事之人授詔半年故違不舉較其事體與淮南不同今若以淮南不曾行遣便捨泊等不問則今後犯者又指泊等以爲例是則朝廷命令永廢不行伏惟陛下聰明眷斷惟是則從尚恐大臣務收私恩不顧國體若能不惜暫降泊等一兩資一作貟

官存取朝廷綱紀以勵中外則庶幾國威復振患難可平取進止

論舉館閣之職劄子慶曆三年

臣伏見國家近降詔書條制館閣職事有以見陛下慎於名器漸振紀綱然而積弊之源其來已久僥倖之路非止一端今於澄革之初尚有未盡其甚者臣竊見近年外任發運轉運使大藩知州等多以館職授之不擇人材不由文學但依例以爲恩典朝廷本意以其當要劇之任欲假此清

職以爲重然而授者既多不免冒濫本欲
取重人反輕之加又比來館閣之中太半
膏粱之子材臣幹吏着與比肩亦有得之
以爲耻者假之既不足爲重得者又不足
爲榮授受之閒徒成兩失臣欲乞今後任
發運轉運知州等更不依例帖職若其果
有材能必欲重其職任則當升拜美官優
其秩禄況設官之法本貴量材隨其器能
自可升擢豈必盡由儒館方以爲榮
一臣竊見近年風俗澆（一作媮）薄士子奔競者

多至有偷竊他人文字干謁權貴以
求薦舉如丘良孫者又有廣費資財
多寫文冊所業又非絕出而惟務干
求勢門日夜奔馳無一處不到如林
槩者此二人並是兩制臣寮奏乞召
試內丘良孫近雖押出而林槩已有
召得一作試指揮舊來本無兩省以上
舉館職明文尚猶如此奔競今若明
許薦人則今後薦者無數矣臣欲於
近降詔書內兩省舉館職一節添入

遇館閣闕人即朝廷先擇舉主方得
薦人仍乞別定館閣合存員數以革
冗濫
一臣竊見近降詔書不許權貴奏廕子
弟入館閣此蓋朝廷爲見近年貴家
子弟濫在館閣者多如呂公綽錢延
年之類尤爲荒濫所以立此新規革
其甚弊臣謂今後膏粱子弟既不濫
居清職則前已在館閣者雖未能沙
汰尚須裁損欲乞應貴家子弟入館

閣見在人中若無行業文詞爲衆所
知則不得以年深遷補龍圖昭文館
并待制修撰之類所貴侍從清班不
至冗濫

奏議卷第五

論李昭亮劄子 北面（一作北鄙）纔過便不復

留意（便字下一有休字）令秋用（三字一作差）悔何及之

（一作悔之何及）

論乞主張范仲淹富弼劄子 亦又（一無又字）

伏（一作彌）力主（此字下一有張字）必不自怠（一作不自懈怠）而

沮難（一無此三字）

論臺官劄子 資限選舉（限一作考）起自（一作蓋自）

用資限（一作限以資考）

論京西官吏非人劄子 逐處（一作逐旋）並當

（一作當為）並合（一作自合）

論舉館閣之職劄子

轉運（一有使字）所業（一作事業）館閣闕人（閣一作職）

奏議卷第六　歐陽文忠公集一百二

諫院

論乞令宣撫使韓琦等經略陜西劄子　慶曆三年

臣竊聞巳降中書劄子抽回韓琦田況等歸闕昨來琦等奉命廵邊本爲西賊議和未決防其攻寇要爲禦備今西人再來方有邀請在於事體必難便從邊上機宜正須處置仍聞韓琦田況各有奏狀言邊防有備請朝廷不須怯畏每事曲從竊以勝

敗之間安危所繫料琦等如此奏來則邊事可知自有枝梧不至敗誤臣謂且令琦等在彼撫遏則朝廷與賊商議自可以持重不須屈就今議方未決中道召還則是使賊知朝廷意在必和自先弛備況事無急切何必召歸其召韓琦劉子伏乞速賜指揮抽回且令琦等在彼經略以俟西賊和議如何取進止

論西賊議和請以五問詰大臣狀同前

右臣伏見張子奭奉使賊中近已以一作到

闕風聞賊意雖肯稱臣（一有受冊字）而尚有數事邀求未審朝廷如何處置臣聞善料敵者必揣其情僞之實能知彼者乃可制勝負之謀今賊非難料難知但患爲國（一有誤字）計者昧於遠見落彼姦謀苟一時之暫安召無涯之後患自爲削弱助賊姦謀此左傳所謂疾首痛心賈誼所以太息慟哭者也今議賊肯和之意不過兩端而已欺罔天下者必曰賊困窘而求和稍能曉事者皆知賊權詐而[illegible]懼若賊實困窘則正宜持

重以裁之若知其詐謀則豈可厚以金繒助成姦計昨如定等回但聞許與之數不過十萬今子奭所許乃二十萬仍聞賊意未已更有過求先朝與契丹通和只用三十萬一旦劉六符輩來又添二十萬今昊賊一口（一有已字）許二十萬到（一作則）他日更來又須一二十萬使四夷窺見中國廟謀勝（一作神）筭惟以金帛告人則邈川首領豈不動心一旦興兵又須三二十萬生民膏血有盡四夷禽獸無猒引之轉來何有限極今已許之

失既不可追分外過求尚可抑絶見今北
虜往來尚在沿邊市易豈可西蕃絶遠須
要直至京師只用以一作此詞自可拒止至如青
鹽弛禁尤不可從於我雖所損非多在賊
則爲利甚博況鹽者民間急用既開其禁
則公私往來姦細不分若使賊捎捎一作百萬之
鹽以啗邊民則數年之後皆爲盜用矣凡
此三事皆難允許今若只爲目下苟安之
計則何必愛惜盡可曲從若爲社稷久遠
之謀則不止目前須思後患臣願陛下試

發五問詢於議事之臣一問西賊不因敗
衄忽肯通和之意或用計困之使就和乎
或其與北虜連謀而僞和乎二問既和之
後邊備果可徹而寬國用乎三問北使一
來與二十萬西人一去又二十萬從今更
索又更與之凡廟謀爲國計者止有此策
而已乎四問既和之後能使北虜不邀功
責報乎虜或一動能使天下無事乎五問
元昊一議許二十萬他日保不更有邀求乎
他日有求能不更添乎陛下赫然以此五

事間之萬一能有說焉非臣所及若其無
說則天下之憂從此始矣方今急和謬議
既不可追許物已多必不能減然臣竊料
元昊不出三五年必須更別猖獗以邀增
添而將相大臣只如（一有中國二字）今日之謀定須
更與添物若今日一頓盡與則他時何以添
之故臣願惜今日所求其如西賊雖和所
利極鮮若和而復動（五字一作北戎若動）其患無涯此
臣前後非不切言今無及矣伏望陛下留
意而思之且可不與彼若實欲就和雖不

許此亦可若實無和意與之適有後虞謹
具狀奏聞伏候勑旨

論葛宗古等不當減法劄子同前

臣伏見近日贓吏葛宗古王克庸滕宗諒
等相繼贓汚事發内葛宗古情理尤惡臣
伏覩去年朝廷命賈昌朝等減省天下冗
費上自陛下供御之物至於皇后宮嬪飲
食已來盡皆減節蓋謂調度至多公私已
乏之故陛下以身先天下自行減刻一作要省
供軍費凡爲邊將者所得一錢一帛宜思

此物自生民困苦之中取其膏血陛下憂勞之際減自聖躬如此得之宜作如何使用今乃盗朝廷賞勞蕃夷之物贍養求食婦人全家骨肉及供自己家口并營造工作私家冗用之類量其如此用心豈是愛君憂國忘身破賊之人何足愛惜若律文已重即乞盡行更不減法若舊法尚輕仍望特加重斷其滕宗諒王克庸若事狀分明亦望早賜勘鞫正行國典竊慮議者為宗古等方任邊陲宜從寬貸臣非不知駕

馭英雄難拘常法如太祖委用李漢超等
蓋漢超能捍寇戎不爲邊患功大過小理
可優容諸將守邊未有尺寸之効而先巳
踰違不(一無踰違不二字)法外恃敵在而欲望朝廷屈
法姑息今朝廷未曾行寛假之患(一作惠)而此三
人不法(一作巳各)如此若更寛之則今後邊臣不復
可以法制矣臣思邊上公使必欲使將臣
不拘常法者若用之陰養死士招延布衣
利啗敵人賞勞將校如此之數皆不必問
其出入可恣所爲或其性本闊略偶不點

檢誤用於私家原其本情亦可輕恕若宗
古等故意偷謾減刻㝺犒蕃夷軍士之物
入已者有何可恕之理特減從輕有何可
贖之功得以屈法若此三人不行重斷則
邊臣知元昊常在則（一無則字）可以常爲不法
臣恐翫寇弄兵事無了日今取進止

論燕度勘滕宗諒事張皇太過劄

子（同前）

臣昨日風聞張子奭未有歸期消息賊昊
又別遣人來必恐子奭被賊拘留西人之

來其意未測邊鄙之事不可不憂正是要
藉將帥効力之際旦夕來（三字一作近者）傳聞燕度
勘鞫滕宗諒事枝蔓勾追直得使盡邠州
諸縣枷杻所行栲掠皆是無罪之人因繫
滿獄邊上軍民將吏見其如此張皇人人
嗟怨自狄青种世衡等並皆解體不肯用
心朝廷本爲臺官上言滕宗諒支用錢多
未明虛實遂差燕度勘鞫不期如此作事
摇動人心若不早止絶則恐元昊因此邊
上動摇將臣憂恐解體之際突出兵馬誰

肯爲朝廷用死命向前臣忝爲陛下耳目之官外事常合採訪三五日來都下喧傳邊將不安之事亦聞田況在慶州日見滕宗諒別無大段罪過并燕度生事張皇累具奏狀並不蒙朝廷報答況又遍作書告在朝大臣意欲傳達於聖聽大臣各避嫌疑必不敢進呈況書臣伏慮陛下但知宗諒用錢之過不知邊將憂嗟搔動之事只如臣初聞滕宗諒事發之時獨有論奏乞早勘鞫行遣臣若堅執前奏一向遂非則

惟願勘得宗諒罪深方表臣前來所言者是然臣終不敢如此用心寧可因前來不合妄言得罪於身不可令日遂非致誤事於國臣竊思朝廷於宗諒必無愛憎但聞其有罪則不可不問若果無大過則必不須要求瑕疵只恐勘官希望朝廷意旨過當張皇搔動邊鄙其滕宗諒伏望速令結絶仍乞特降詔旨告諭邊臣以不枝蔓勾追之意兼令今後用錢但不入己外任從便宜不須畏避廣使安心放意用命立功

其田況累次一作度奏狀并與大臣等書伏望聖慈盡取詳覽田況是陛下侍從之臣素非姦佞其言可信又其身在邊上事皆目見必不虛言今取進止

再論燕度鞫獄枝蔓劄子同前

臣昨日風聞燕度勘滕宗諒事枝蔓張皇邊陲搔動曾有論奏乞降詔旨安慰邊臣今日又聞度輒行文牒劾問樞密副使韓琦議邊事因依不知燕度實敢如此否若實有之深可驚駭竊以韓琦是陛下一有左右二字大臣

繫國家事體輕重今燕度敢茲無故意外侵陵乃是輕慢朝廷舞文弄法一作舞弄文法臣每見前後險薄小人多爲此態得一刑獄勘鞫踴躍以爲奇貨務爲深刻之事以邀强幹之名自謂陷人若多則進身必速所以虛張聲勢肆意羅織今燕度本令只勘滕宗諒使過公用錢因何劾問大臣議邊事顯是節外生事正違推勘勑條況樞密使是輔弼之任宣撫使將君命而行本藉重臣特行鎭撫今若無故遭一獄吏侵欺而陛

下不與主張則今後奉君命而出使者皆爲邊鄙所輕爲大臣而作事者反畏小人所制故燕度論於國體便合坐以深刑責其俗吏亦自違於條制罪須行遣情不可容今樞密副使尚被侵陵則以下將帥無辜遭其枝蔓者不少據其如此作事此獄必無平允其滕宗諒一宗刑獄狀一作伏乞別選差官取勘結絶其燕度亦乞別付所司勘罪行遣取進止

論乞不勘狄青侵公用錢劄子同前

臣風聞邊臣張亢近爲使過公用錢見在陜西置院根勘其勘官所取干連人甚衆亦聞狄青曾隨張亢入界見已勾追照對臣伏見國家兵興以來五六年所得邊將惟狄青种世衡二人而已其忠勇材武不可與張亢滕宗諒一例待之臣料青本武人不知法律縱有使過公用錢必不似葛宗古故意偷謾不過失於點檢致誤侵使而已方今議和之使正在賊中茍一言不合則忿兵爲患必至侵邊謹備過防正藉

勇將況如青者無三兩人（一作三兩人而已）可惜因
豈小公用錢於此要人之際自將青等爲
賊拘囚使賊鬭之以爲得計伏望特降指
揮元勘官只將張亢一宗事節依公根勘
不得枝蔓勾追其狄青縱有干連仍乞特
與免勘臣於邊臣本無干涉豈有愛憎但
慮勘官只希朝廷意旨不顧邊上事機將
國家難得之人與常人一例推鞫一旦乏
人誤事則悔不可追伏乞朝廷特賜寬貸
邊臣知無功之將犯法必誅（一作行）要藉之人

以能贖過則人人自勵將見成功取進止

論體量官吏酷虐劄子 同前

臣等風聞朝廷近降指揮與諸路轉運使
令體量州縣官吏酷虐軍民者臣料朝旨
如此必是因韓綱酷虐近致光化兵士亂
作一作亂一作故有此指揮竊以昨來光化兵變雖因
韓綱自致其如兵亦素驕處置之間須合
中道韓綱自當行法驕兵亦合討除如此
兩行方始得體今若明行號令徧約官吏
則驕兵增氣轉更生心長吏畏避無由行

事其所降與轉運司文字竊慮朝夕之間傳播中外扇動羣小引惹事端然已失之令既不可追伏乞速降旨揮與諸路轉運使令密切禀行不得漏洩所貴别不生事取進止

論募人入賊以壞其黨劄子 同前

臣竊聞京西賊盜日近轉多在處縱横不知火數所患者素無禦備不易枝梧然獨幸賊雖猖狂未有謀畫若使其得一曉事之人教以計策不掠婦女不殺人民開官

庫之物以振貧窮招愁怨之人而爲黨與况今大臣不肯行國法州縣不復畏朝廷官吏尚皆公然迎奉疲民易悦豈有不從若凶徒漸多而不暴虐則難以常賊待之可爲國家憂矣以此思之賊衆雖多尚可力破使有一人謀主卒未可圖臣前因王倫賊時曾有起請十餘事内一件乞出牓招募諸處下第舉人及山林隱士負犯流落之人有能以身入賊筭殺首領及設計誤賊陷於可敗之地者優一作重與酬獎所貴凶黨

懷疑不納無賴之人以爲謀主當時議者頗以爲然伏乞採臣此意速降指揮與杜杞令所在張牓使賊聞知所貴投賊之人懷疑不納但無謀主尚可剪除取進止

論宜專責杜杞捕賊劄子 同前

臣伏見昨張海等賊勢初盛之時（一有言字）京西未有得力官吏遂自朝廷差臺官蔡禀催督（一作監催）捉殺後來已別選杜杞充京西轉運使委以一路之事兼近日差出兵馬甚多分爲頭項不少部分（一作内）進退須要統一指蹤（一作縱）號令

不可二三竊慮杜杞蔡禀不相叶同各出
異見凡指揮諸事使諸將難從一失事機
反成敗誤自兵士差出今已多時然未聞
奏報與賊鬭敵及殺獲次第竊慮官兵互
相廻避空作往來或恐進退之間號令不
一致兹逗遛未見成功今雖賊奏稍稀然
亦未見殺獲之數困獸猶鬭不可不虞寇
死命窮（一作寇賊死命）恐未易敵合早除剪仍（一作切）須（一作須由）
督責況蔡禀是應急差出杜杞乃選材用
之責任之間宜專在杞兼聞蔡禀自到京

西處置多未合宜近聞欲枷一巡檢致得兵士喧譟幾至生變苟或如此張皇竊恐别致生事其蔡稟伏乞早賜指揮抽回只委杜杞一面催捉庶得（一作使）專一早能（一作得）了當取進止

論江淮官吏劄子 同前

臣聞江淮官吏等各爲王倫事奏案已到多時而尚未聞斷遣仍聞議者猶欲（一作爲）寬貸臣聞昨來江淮官吏或斂物獻送或望賊奔迎或獻 兵甲或同飲宴臣謂倫一叛

卒偶肆猖狂而官吏敢如此者蓋知賊可畏而朝廷不足畏一有故字也今若更行寛貸則紀綱𨻶壞盜賊縱横天下大亂從此始矣何以知之昨王倫事起江淮官吏未行遣之間京西官吏又已弃城而走望賊而迎若江淮官吏不重行遣則京西官吏亦須輕恕京西官吏見江淮官吏已如此則天下諸路亦指此兩路爲法在處官吏皆迎賊弃城獻兵納物矣則天下何由不大亂也臣伏思祖宗艱難創造基圖陛下憂勤嗣

守先業而一旦四夷外叛盜賊內攻其壞之者誰哉皆由前後迂繆之臣因循寬弛使朝威不振綱紀遂隳今已壞之至此而猶不革前非以寬濟寬何以救弊如晁仲約等情法至重俱合深行議者無由曲解或聞以謂自是朝廷素不爲備不可全罪外官假如有殺父與兄者豈可只言自是朝廷素無教化而不罪殺親之人又如有人掠奪生人男女金帛不可只言自是朝廷素無禮讓而不罪劫人之賊迂儒不可

用可笑如此李庾古豈獨是朝廷素有備
之州傳永吉豈獨是朝廷素練之兵蓋用
命則破賊矣今朝廷素無禦備爲大臣者
又不責之守州縣者合有罪又寬之天下
之事何人任責竊縁韓綱是大臣之家父
子兄弟並一作盡在朝廷權要之臣皆是相識多
方營救故先於江淮官吏寬之只要韓綱
行遣不重今大臣不思國體但樹私恩惟
陛下以天下安危爲計出於聖斷以勵群
下則庶幾國威粗振賞罰有倫其晁仲約

等乞重行朝典乞不寬恕取進止

奏議卷第六

論乞令韓琦經略陝西劄子 如何（一作之決）

論西賊議和狀 彼者（一作彼已） 一旦（二字一作及） 一忽

肯（一作而肯） 一議（此字下有和字）

論勘滕宗諒事劄子 支用錢多（一作用錢過多）

戛嗟（一作驚嗟） 續添 在慶州日（日一作目） 獨有論奏（獨一作猶）

論乞不勘狄青劄子 必不似葛宗古故意

（八字一作必非故意）

論江淮官吏劄子 情法（一作情理）

續添

再論燕度鞫獄枝蔓劄子 虛張（虛一作廣）

奏議卷第七　歐陽文忠公集一百三

諫院

論捕賊賞罰劄子 慶曆三年

臣伏見方今天下盜賊縱横王倫張海等所過州縣縣尉廵檢有迎賊飲宴者有獻其器甲者有畏懦走避者有被其驅役者朝廷於此憂賊之時正患乏人之際或於廵檢縣尉之内得一捕賊可使之人則必須特示旌酬以行激勵苟或未能者猶須懸賞以待之何況有而失賞伏見吏部選

人區法自出身以來兩任縣尉初任臨江軍新淦縣三年之内大小賊盜獲四十餘火内雖小盜數多其如強刼群賊亦不爲少據於賞格合改京官而有司守纖細之文執尋常之例謂其所獲雖爲全火而不同時因不與理爲勞績臣料（一作謂）天下州縣盜賊之多無如新淦天下縣尉能捉賊之多亦無如區法又聞法次任吉水縣尉使其縣民結爲伍保至今吉水一縣全無盜賊民甚便之法爲縣尉官至卑賤所至之處皆

有可稱臣思朝廷非不欲賞善罰惡以行勸戒而患於有司法弊拘守常文致抑才能失於旌賞其區法偶與臣相識因得知之然人所不知抑而不申者何可勝數竊以盜賊是方今急患縣尉方今切要之人皆朝廷常合留意之事臣輒有起請事件具畫一如後

一選人區法捕賊之効甚多但爲有司拘守細碎之文不理勞績其人已升得職官伏乞追取本人歷子別加考

驗如實有勞能即乞不拘常格特與

酬奬以勸後來

一臣謂天下群盜縱橫皆由小盜合聚

今但患其大而不防其微故必欲止

盜先從其小能絶小盜者廵檢縣尉

也然而賞罰之法其弊極多只如捕

盜去惡但要淨盡豈必須是一日之内

同時捕獲假如有全火强賊縣尉廵

檢以死命鬬敵若於兩日内捉盡巳

不理爲勞績其守文之弊如此極多

欲乞下銓司重定捕賊賞格施行一作頒

一臣伏見自天下有盜賊以來議者多陳禦盜之策皆欲使民結爲伍保則姦惡不容今區法於吉水縣立伍保之法三年之内刼賊不敢入其縣界

臣欲乞特降指揮下江南西路體量吉水縣自區法創立伍保之法以來如實全無刼賊又一作及民間以爲便利即乞頒行伍保之法於天下

右謹具如前取進止

論光化軍叛兵家口不可赦劄子同前

臣竊見近日盜賊縱橫張海等二三百人未能敗滅光化軍宣毅又二三百人作亂臣謂朝廷致得盜賊如是者不惟中外無備蓋由威令不行昨王倫賊殺主將自置官稱着黃衣改年號事狀如此乃是反賊使其不敗爲患如何既敗之後不誅家族凡小人作事亦須先計成敗今使其事成則獲大利不成則無大禍有利無害誰不欲反只如淮南一帶官吏與王倫飲宴率民

金帛獻送開門納賊道左參迎苟有國法
豈敢如此而往來取勘一作會已及半年未
能斷遣古者稱罰不踰時所以威激士衆
今遲緩如此誰有懼心遂致張海等官吏
依前迎奉順陽縣令李正己延賊飲宴宿
于縣廳恣其劫掠皷樂送出城外其人敢
如此者蓋爲不奉賊則死不奉朝廷則不
死所以畏賊過如畏國法臣恐朝廷威令
從此遂弱盜賊競勢從此轉強臣聞刑期
無刑殺以止殺寬猛相濟用各有時伏望

陛下勿採迂儒所説婦人女子之仁尚行
小惠以誤大事其宣毅兵士必有家族伏
乞盡戮於光化市中使遠近聞之悚畏以
止續起之賊其李正已仍聞已有臺憲上
言亦乞斬於鄧州使京西一路官吏聞之
畏恐知國法尚存不敢奉賊從來只被迂
懦之人因循不斷誤陛下事壞得天下事
勢已如此不可更循舊弊有失威斷惟陛
下力行之取進止

薦李允知光化軍劄子同前

臣近爲光化軍遭韓綱酷虐致得兵士作亂曾薦國子博士李允前知光化軍日軍民畏愛乞却令依舊知軍不蒙朝廷施行近聞光化軍兵民官吏列狀奏乞李允知軍正與臣等所言符合臣等職在諫諍事無大小只要上益朝廷下叶物議今來所薦李允臣皆不識其面但採訪得此人實有吏才在光化日甚有惠政當此軍城燒（一作賊）劫之後此人必可撫綏今朝廷只見臣等薦論未賜深信既是本軍陳乞可以不疑

朝廷前來失選良吏致因韓綱屠虐軍城
今又不能別選良吏撫綏殘破致使軍民
自乞一舊知軍若又不與則臣恐軍民怨
怒變亂復生其李允伏乞依光化軍民所
請却令知軍取進止

論韓綱棄城乞依法劄子同前

臣伏見前知光化軍韓綱近爲酷虐兵士
致兵士等作亂攻刼州縣驚動朝廷上貽
君父之憂下致生民之患而又不畏法棄
城逋走其罪狀顯著便合誅夷朝廷慎於

用刑尚令勘鞫至今多日未見施行竊以
斷獄之議不過兩端而已有正法則依法
無正法則原情今韓綱所犯法有明文情
無可恕謹按律文主將守城爲賊所攻不
固守而棄者斬此韓綱於法當斬有明文
也綱不能撫綏士卒致其叛亂但其棄城
而走情最難容當初亂兵未有器械韓綱
手下自有六十餘人不亂兵士又有官庫
器甲既不能盡力禦捍又不能閉城堅守
公然將手下兵士津送全家上船便弃牌

印城池而去致兵之亂起自綱身臨難逃身而不死國方今盜賊可憂之際若使天下州縣皆効韓綱見賊便走則在處城池皆爲賊有陛下州縣誰肯守之此韓綱之情又無可恕也綱之一死理在不疑一有然字外人但見拖延多日未行斷決皆謂朝廷好行姑息漸有恩貸之意又緣綱是大臣家子作如此大過生如此大患犯如此大刑名若曲法不行即不知一作令後孤寒有罪者何以行法其韓綱伏望聖慈出於睿斷早賜依法施

行取進止

論乞賑救飢民劄子 慶曆三年

臣伏見近降大雪雖是將來豐熟之兆然即日一作目陝西飢民流亡者衆同華河中尤甚往往道路遺弃小兒不少只聞朝旨令那移近邊兵馬及於有官米處出糶此外未聞别行賑救此急在旦夕不可遲回其遺弃小兒亦乞早降指揮令長吏收䘏仍聞京西東大雪不止毁折桑柘不少竊慮向去絲蠶税賦無所出致貧民起爲盜

賊亦乞特降指揮體量臣竊見國史書祖
宗朝每奏一兩州軍小有災傷亦隨多少
賑卹或蠲免税租蓋以所放者少不損國
用又察民疾苦微細不遺所以國恩流布
民不怨嗟不必須待災傷廣闊方行賑救
也方今人貧下怨之際不厭頻推恩惠伏
望聖慈特賜矜憫取進止

論救賑雪後饑民劄子同前

臣風聞京城大雪之後民間饑寒之人甚
多至有子母數口一時凍死者雖豪貴之

家往往亦無薪炭則貧弱之民可知矣蓋京師小民例無蓄積只是朝夕旋營口食一日不營求則頓至乏絶今大雪巳及十日使市井之民十日不營求雖中人亦乏絶矣況小民哉雪於農民雖爲利澤然農畝之利遠及春夏細民所苦急在目前日夕巳來民之凍死者漸多未聞官司有所賑救欲乞特降聖旨下開封府或分遣使臣遍録民間貧凍不能自存者量散口食并各於有官場柴炭草處就近支散救其

將死之命至於諸營出軍家口亦宜量加存卹以示聖恩所散不多所利者衆仍令兩府條件應有軍士在外辛苦及民人支移稅賦殘零輸送艱辛等處並與擘畫早加存卹若使戍兵愁苦道路怨嗟飢凍之尸列于京邑則大雪之澤其利未見而數事之失所損已多伏乞聖慈特賜留意取進止

論澧州瑞木乞不宣示外廷劄子同前

臣近聞澧州進柿木成文有太平之道四

字其知州馮載本是武人不識事體便爲祥瑞以媚朝廷臣謂前世號稱太平者須是四海晏然萬物得所方今西羌叛逆未平之患在前北虜驕悖藏伏之禍在後一患未滅一患已萌加以西則瀘戎南則湖嶺凡與四夷連接無一處無事而又内則百姓困弊盜賊縱横昨京西陝西出兵八九千人捕數百之盜不能一時剪滅只是僅能潰散然却於别處結集今張海雖死而達州軍賊已却百人又殺使臣其勢不

小興州又奏八九十人州縣皇皇何以存濟以臣視之乃是四海騷然萬物失所實未見太平之象臣聞天道貴信示人不欺臣不敢遠引他事只以今年内事驗之昨夏秋之間太白經天累月不滅金木相掩近在端門考於星占皆是天下大兵將起之象豈有纔出大兵之象又出太平之道一無道字一歲之内前後頓殊豈非星象麗天異不虛出凡一作宜於戒懼常合脩省而草木萬類變化無常不可信憑便生懈怠臣又

思若使木文不僞實是天生則亦有深意
蓋其文止曰太平之道者其意可推也夫
自古帝王致太平皆自有道得其道則太
平失其道則危亂臣視方今但見其失未
見其得也願陛下憂勤萬務舉賢納善常
如近日不生逸豫則三二歲閒漸期脩理
若以前賊張海等小衰便謂後賊不足憂
以近京得雪便謂天下大豐熟見北虜未
來便謂必無事見西賊通使便謂可罷兵
指望太平漸生安逸則此瑞木乃誤事之

妖木耳臣見今年一作頃見太平州曾進芝草者今又進瑞木竊慮四方相効爭造妖妄其所進瑞木伏乞更不宣示臣寮仍乞速詔天下州軍告以興兵累年四海困弊方當責己憂勞之際凡有奇禽異獸草木之類並不得進獻所以彰示聖一作明德感勵臣民取進止

論美人張氏恩寵宜加裁損劄子同前

臣近風聞禁中因皇女降生於左藏庫取綾羅八千疋染院工匠當此大雪苦寒之

際敲冰取水染練供應頗甚艱辛臣伏思
陛下恭儉勤勞愛民憂國以此勞人枉費
之事必不肯爲然外議相傳皆云見今染
練未絶臣又見近日内降美人張氏親戚
恩澤太頻臣忝爲諫官每聞小有虧損聖
德之事須合力言難避天譴臣竊見自古
帝王所寵嬪御若能謙儉柔善不求恩澤
則可長保君恩或恣意驕奢多求恩澤則皆
速致禍敗臣不敢遠引古事只以今宮禁近
事言之陛下近年所寵尚氏楊氏余氏苗氏

之類當其被寵之時驕奢自恣不早裁損及至滿盈今皆何在況聞張氏本良家子昨自脩媛退爲美人中外皆聞以謂與楊尚等不同故能保寵最久今一旦宫中取索頓多恩澤日廣漸爲奢侈之事以招外人之言臣不知陛下欲愛惜保全張氏或欲縱恣而敗之若欲保全則須常令謙儉不至驕盈臣料八千疋綾羅豈是（一作必非）張氏一人獨用不過支散與衆人而已乃是枉費財物盡爲衆人至於中外譏議則陛下

自受以此而言廣散何益昨正月一日曹氏封縣君至初五日又封郡君四五日間兩度封拜又聞別有內降應是疎遠親戚盡求恩澤父母因子而貴可矣然名分亦不可太過其他疎遠皆可減罷臣謂張氏未入宮之前疎遠親戚各皆何在今日富貴何必廣爲閑人自招謗議以累聖德若陛下只爲張氏計亦宜如此況此事不獨爲張氏大凡後宮恩澤太多宮中用度奢侈皆是虧損聖德之事繫於國體臣合力

言伏望聖慈防微杜漸早爲裁損取進止

論乞止絶河北伐民桑柘劄子同前

臣風聞河北京東諸州軍見修防城器具民間配率甚多澶州濮州地少林木即今澶州之民爲無木植遂納盡伐桑柘納官臣謂農桑是生民衣食之源租調繫國家用度之急不惟絶其根本使民無以爲生至於供出賦租將來何以取足臣伏思兵興以來天下公私匱乏者殆非夷狄爲患全由官吏壞之其誅剥疲民爲國斂怨蓋

由郡縣之吏不得其人故臣前後累乞澄汰天下官吏者蓋備見其弊如此也今澶州之民驟罹此苦豈非長吏非才處事乖繆所致兼聞澶州民桑已伐及三四十萬株竊慮他郡盡皆效此伏乞早賜旨揮禁絕其合用材木仍乞下轉運司令相度漸次那容準備其澶州人户經伐桑者乞差官檢覆量多少與權免將來絲綿紬絹之稅竊以軍國所須出自民力必欲外禦契丹之患常須優養河朔之民若使道路怨

嗟人心離叛則內外之患何以枝梧伏望
聖慈特賜留意取進止

論方田均稅劄子 同前

臣竊見近有臣寮上言均天下稅賦已送三司商量施行臣嘗聞自前諸處亦曾有均稅者多是不知均定（一作稅）之術或嚴行刑法或引惹詞訟或姦民欺隱或官吏誅求稅未及均民已大擾臣前任通判滑州日有秘書丞孫琳與臣同官其人言先差往洺州肥鄉縣與郭諮均稅捌立千步方田

法括定民田並無欺隱亦不行刑罰民又絕無詞訟其時均定稅後逃戶歸業者五百餘家復得稅數不少公私皆利簡當易行其千步均田法自有制度二十餘條臣在滑州時因聞此事遂略行體問隣近州軍大率稅賦失陷一半方欲陳述乞行琳等均田之法今來已有臣寮上言均稅事竊慮未得千步方田簡當之法其孫琳見任滑州職官郭咨爲崇儀副使在外欲乞召此二人送三司令一處商量（一有取進止字）

奏議卷第七

論澧州瑞木劄子　来來二字一作不舉兵

論方田均稅劄子　郭咨一作諮

續添

薦李允知光化軍劄子　允臣此下少一等字　失選一作不能選

論韓綱棄城劄子　其棄城一作棄其城　在處城在一作到

論乞救賑饑民劄子　京西東一作京東京西　免稅租一作免租稅

論美人張氏恩寵劄子　以此勞人以一作似

奏議卷第八　歐陽文忠公集一百四

諫院

論張子奭恩賞太頻劄子　慶曆四年

臣風聞知汝州范祥爲相度陝西青白鹽勑差張子奭權知汝州子奭自選人二年內遷至員外郎朝廷之意雖曰賞勞而天下物議皆云僥倖蓋以子奭宣勞絕少止兩次而遷官恩賜已數重自古賞功不過一次賞一作賞之不已故難弭人言初自選人改京官曰賞勞未及二歲改祕書丞又

曰賞勞賜以章服又曰賞勞祕書丞不久
又轉官又曰賞勞合得太常博士超遷員
外郎又曰賞勞後行祠部爲名曹又曰賞
勞作京官合作知縣而作簽判又曰賞勞
一任未滿合更有一任知縣又超通判差
遣又曰賞勞此所以外人之議不允也況
范祥暫出勾當只合交割以次官員或轉
運司自差人權令朝廷差人巳是失體又
於子奭爲此僥倖今朝臣待闕在京者甚
衆豈無一人堪權知州者朝廷每用一人

必當使天下人服今每一差遣則物議沸
騰累日不息昔五代桑維翰爲晉相一夕
除節度使十五人爲將而人皆服其精今
中書差一權知州而不能免人譏議者蓋
事無大小當與不當而已其張子奭伏乞
追寢權差之命仍乞今後外處差出知州
只委本路轉運使差官權至於賞罰之柄
貴在至公今莫大之罪不過一刑而止豈
有勞者終身行賞而不已亦乞今後有勞
効之人量其大小一賞而止若其別著能

効則拔擢自可不次人亦自然無言伏以朝廷用人惟患守例而不能不次選任但不涉於僥倖實有材藝之人誰敢有言子䫀作使西鄙不謂無勞但恩典已優於賞已足可惜令天下指爲僥倖之人而掩其前効況又上虧朝政不可不思取進止

論救賑江淮飢民劄子 同前

臣伏見近出内庫金帛賜陝西以救飢民風聞江淮以南今春大旱至有井泉枯竭牛畜瘴死雞犬不存之處九一作春農失業

民庶嗷嗷然未聞朝廷有所存卹陛下至仁至聖憂民愛物之心無所不至但患遠方疾苦未達天聰苟有所聞必須留意下民疾苦臣職當言昨江淮之間去年王倫蹂踐之後人户不安生業倫賊纔滅瘡痍未復而繼以飛蝗自秋至春三時亢旱今東作已動而雨澤未霑此月不雨則終年無望加又近年已來省司屢於南方斂率錢貨而轉運使等多方刻剥以貢羨餘江淮之民上被天災下苦賊盜内應省司之

重歛外遭運使之誅求比於他方被苦尤甚今若不加存卹將來繼以凶荒則飢民之與疲怨者相呼而起其患(一有害字)不比王倫等偶然狂叛之賊也臣以為(一作謂)民怨已久民疲可哀因其甚困(一作困時)宜速賜(一作施)惠不惟消弭盜賊之患兼可以悅其疲怨之心伏望聖慈特遣一二使臣分詣江淮名山祈禱雨澤仍下轉運并州縣各令具逐處亢旱次第奏聞及一面多方擘畫賑濟窮民無至失時以生後患取進止

論内出手詔六條劄子 同前

臣伏聞近出手詔條六事以賜兩府大臣有以見陛下憂勤責任之意然而天下紀綱隳壞皆由上下因循一旦陛下奮然維有責成之心而大臣尚習因循之弊不能力行改作以副聖懷自去年范仲淹韓琦等特被選擢陛下尋開天章閣召見而大臣遞互相推並不建明一事以救天下之弊洎至内出手詔范仲淹富弼等方始各條數事至今半年有餘或寢而不行或行而不

盡或雖行而未有明効令陛下又以六事
責之臣恐兩府大臣依前無以上副憂勤
之意下救當今之急臣願陛下不因常例
奏事之時特御便殿召兩府大臣賜坐先
戒以不得推避緘默後以當今大務問之
須令有所陳述所問之急不過三四大事
而已二虜交侵一也三路禦備之術何者
可以易行而速効二也百姓困匱國用不
足何以使公私俱濟三也若兩府大臣於
此三事能其一者便委其專管示以責成

可也若其不然臣恐手詔屢出聖意雖勞而大臣相推終未濟事陛下必欲速救時弊非專任而切責之不可也取進止

論葬荊王劄子同前

臣伏覩朝旨雖差宋祁監護故荊王葬事然未見降下葬日及一行事件或聞以歲月不利未可葬或聞有司以財用不足乞且未葬夫陰陽拘忌之説陛下聰明睿聖必不信此巫卜之言而違禮典但慮議者堅執方今財用不足不可辦葬陛下聞有

勞民枉費之説則不得不慮因以遲疑臣謂前後勑葬大臣浮費枉用之物至多豈是朝廷本意皆爲主司措置之失致人因緣以爲姦爾今若盡節（一作減仍有其字）浮費及絶其侵蠹而使用物不廣（一作多）則將復以何辭而去不葬臣不知所（一作有）司曾將一行用度計定大數否内若干是浮費若干是實用若實用之物數猶至多而力不可辦則緩之可也若實用之物少只是舊例浮費多則可削去浮費而已今都不（一作未）計度而但云無物可葬則

不可也未見實用之數多少不量力能及
否而曰必須遵禮而曰必須葬亦未可也
如臣愚見酌此兩端葬則爲便然須先乞
令王堯臣宋祁等將一行合用之物列其
名件内浮費不急者一一減去之若只留實
用之物數必不多假如稍多更加節減雖
至儉薄理亦無害如此則葬得及時物亦
不費夫儉葬古人之美節侈葬古人之惡
名今避儉葬不肯節費留喪而待有物之
年以就侈葬則非臣所知也若曰儉葬亦

未能辨則乃過言之甚也然外之輿議爲
國家論事體者皆云葬則爲便今朝廷議
者分而爲二顧物力者則不顧典禮國體
論典禮國體者則不思財用辨否各執偏
見議久不決以惑陛下之聰明今便葬之
害一不葬之害五便葬之害不過費物然
力有可爲不葬之害所失則大不肯薄葬
而留之以待後葬成王之惡名一也信巫
卜之說而違典禮二也目下減節力所易
爲他時豐足理或難待使皇叔之柩五七

年間不得安宅而神靈無歸三也使四夷聞天子皇叔薨而無錢出葬遂輕中國而動心四也今天下物力雖乏然凡百用度不能節費處多獨於皇叔之身有所裁損傷陛下孝治之美五也此臣所謂葬則為便者也荆王於國屬最尊名位最重伏乞早令定議無使後時取進止

論葬荆王後贈燕王一行事劄子同前

臣風聞已有聖旨荆王葬事令三司與太常禮院及監葬官等同議減節浮費此足

見陛下厚於皇叔之恩念民惜費之意一舉而兩得也然臣每見朝廷作事欲愛民節用而常枉費勞人蓋爲議事之初不得其要或失於不精審者有四民間不科配一也州縣供應物有定數二也送葬之人在路禁其呼索三也州縣官吏不得過外供須以邀名譽四也苟絶此四者則無大患矣昨京西一路遭張海驚劫之後不可更有誅求臣今欲乞指揮三司應是合要之物並須官給不得民間科買仍乞先將一

行儀仗人馬并送葬人等一人以上先定
人數然後劄與京西令依數供頓則可無
廣費自荆王以下諸喪非至親者不必令
其盡往仍乞限定人數及每人將帶隨行
人數亦乞限定凡皇親及一行官吏除宿
頓合供飲食外不得數外呼索州縣官吏
亦不得於官供飲食外别以諸物獻送權
要其受獻送并呼索並以入己贓論仍乞一有選字
御史裏行一人隨行糺察其數外帶人及
州縣隨順呼索獻送物等官吏物出於己

亦從違制若託以供應爲名於民間賤買及率掠者皆以枉法贓論如此防禦方可杜絕浮費以稱陛下厚親節用之心

論燕王子允良乞未加恩劄子 同前

臣伏見昨燕王初薨其子允良於苫塊中便答書題仍不稱孤子不落官銜令閭巷民家猶能檢按書儀粗知喪禮而允良爲國宗屬全然不曉人事京師士流間傳說爲笑有玷聖朝又聞燕王諸子皆失教訓自其父病多不躬侍湯藥纔至父死便乞

家財管勾居喪之禮亦無哀慼臣伏見近降
詔勑約束補蔭子弟須是一作令習一無習字試經業蓋
謂訓誘臣寮子弟欲爲臣下立家至於宗
室之親號爲藩屏全不訓誨使其不知禮
義不及民間之子而不孝之聲流聞中外
其允良等過失伏慮陛下仁慈以睦宗族
未欲別行責罰只乞不緣燕王薨謝別加
恩典且與裁抑令其知過俟其向後改悔
遷善方與加恩仍乞明以此意戒諭近一作所貴
其餘宗室聞之各思嚮善不使外人非笑

玷辱皇風取進止

論乞與元昊約不攻唃厮囉劄子同前

臣風聞魚周詢余靖孫抃等奉使北虜皆有事宜爲一無爲字北虜中詰問元昊通和之意將來必須因此別與朝廷生患又聞虜人已欲議移界至漸示相侵禍亂之萌其端可見臣自去年春始蒙聖恩擢在諫列便值朝廷與西賊初議和好臣當時首建不可通和之議前後具奏狀劄子十餘次論列皆言不和則害少和則害多利害甚

詳懇切亦至然天下之士無一人助臣言
朝廷之臣無一人採臣説今和議垂就禍
胎已(一作以)成而韓琦自西來方言和有不
便之狀余靖自北至始知虜利急和之謀
見事何遲雖悔無及當臣建議之際衆人
方欲急和以臣一人誠難力奪衆議今韓
琦余靖親見二虜事宜中外之人亦漸知
通和爲患臣之前説稍似可採但願大臣
不執前議早肯回心則於後悔之中尚有
可爲之理昨來許賊之物數(一作誠)已太多然尚

有禁青鹽還侵地等事非賊所利幸其因
此自絶不遣人來朝廷深戒前非愼自持
重因而罷議不落賊計則轉禍爲福後策
可爲若賊志愈驕貪心未滿復遣人
一作馳
使更有須求則假此爲名亦可拒絶今通
和之事爲中國之患大爲二虜之利深萬
一西賊貪深利而不惜侵地更無他求急
來就和則此時取舍便繫安危陛下宜詔
執
一作報
議之臣定果決之計認賊肯和之
意知我害彼利之謀尤須多方以事拒絶

臣計西賊無故而請和者不止與北虜通謀共困中國兼欲詐謀款我併力以吞噉廝囉摩旃瞎旃之類諸族地大力盛然後東向以攻中國耳今若未有他計拒其來和則當賜以詔書言噉廝囉等皆受朝廷官爵父子爲國蕃臣今若講和則不得攻此數族且攻此數族是賊本心所貪聞我此言必難聽約用此爲說亦可解和臣所以區區惟願未和者蓋臣愚慮知不和患輕易爲處置和後患大不可枝梧臣前後

奏章論列已備此乃天下安危大計聖心日夜所憂臣爲言事之官見利害甚明若不極言罪當誅戮伏望聖慈特賜省覽取進止

論更改貢舉事件劄子同前

臣竊聞近有臣寮上言請改更貢舉進士所試詩賦策論先後事已下兩制詳議伏以貢舉之法用之已久則弊一有理字當變更然臣謂必先知致弊之因方可言變法之利今貢舉之失者患在有司取人先詩賦而後

策論使學者不根經術不本道理但能誦詩賦節抄六帖初學記之類者便可剽盜偶儷以應試格而童年新學全不曉事之人往往幸而中選此舉子之弊也今爲考官者非不欲精較能否務得賢材而常恨不能如意太半容於繆濫者患在詩賦策論通同雜考人數既衆而文卷又多使考者心識勞而愈昏是非紛而益惑故於取捨往往失之者此有司之弊也故臣謂先宜知此二弊之源方可言變法之利今之

可變者知先詩賦爲舉子之弊則當重策論知通考紛多爲有司之弊則當隨場去留而後可使學者不能濫選（一作進）考者不至疲勞（一作濫選）今若不改通考之法而但更其試日之先後則於革弊未盡其方凡臣所請者若漫然泛言之恐不能盡其利害請借二千人爲率以明變法之便謹條如左

凡貢舉舊法若二千人就試常額不過選五百人（每年到省就試及取人之數大約不過此）是於詩賦策論六千卷中（每一人三卷）選五百人而

日限又迫使考試之官迫廢寢食疲心竭慮因勞致昏故雖有公心而所選多濫此舊法之弊也今臣所請者寬其日限而先試以策而考之擇其文辭鄙惡者文意顛倒重雜者不識題者不知故實略而不對所問者（限以事件若干以上）誤引事迹者（亦限件數）雖能成文而理識乖誕者雜犯舊格不考式者凡此七等之人先去之計於二千人可去五六百以其留者次試以論又如

前法而考之又可去其二三百其留而試詩賦者不過千人矣於千人而選五百則少而易考不至勞昏考而精當則盡善矣縱使考之不精亦選者不至大濫蓋其節抄剽盜之人皆以先經策論去之矣（策論逐場旋考則卷子不多考官不至勞昏去留必不誤）比及詩賦皆是已經策論粗有學問理識不至乖誕之人縱使詩賦不工亦足以中選矣如此可使童年新學全不曉事之人無由而進此

臣所謂變法必須隨場去留然後能革舊弊者也其外州解送到且當博採（紙可盡令試策）要在南省精選若省牓奏人至精則殿試易爲考矣故臣但言南省之法此其大槩也其高下之等仍乞細加詳定大率當以策論爲先

右臣所陳伏乞特加詳覽苟有可採即乞降付有司與前所上言參同詳議著于令式謹具狀奏聞

論臣寮不和劄子（同前）

臣伏覩方今夷狄外彊公私內困盜賊並
起蝗旱相仍陛下軫念生民深思禍患憂
勤之意夙夜焦勞而中外臣寮未能爲國
家慮遠謀建長策以濟時事以寬聖懷近
日以來風俗尤薄搢紳之列不務和同或
徇私意以相傾或因小事而肆忿紛然毀
訾傳布道塗飾已短以遂非各期必勝進
偏辭而互說上惑聖聰當陛下思念遠圖
之時致陛下日厭紛紜之議至於朝廷得
失邦國安危孰視恬然各思緘默陛下仁

慈睿聖務存大體未欲明行責罰以戒澆浮伏望聖慈特降詔書戒勵中外革茲時弊各使同心憂國捨小謀大然後陛下不爲小事紛紜煩於聽覽則可以坐運宸筭以康時難取進止

論三司判官擇人之利劄子慶曆四年

臣伏見近差薛紳爲轉運使紳是三司判官資例合作轉運使然外人議論未允者若以一作似昔日差人更有不如紳者亦不足恠蓋見朝廷近更新制不次用人凡舊轉運

使稍不材者悉令換易忽見却用薛紳所
以人言未允昨來京東用沈邈替却一無却字
是宗簡今用薛紳又更不及宗簡此臣之
所未喻也平時無事公私上下從容吏無
大小奉法守常而已所以齪齪一作齷齪廉謹
不爲大過雖庸暗繆懦者皆可苟祿偷安
而朝廷可以不擇賢愚一例差撥官雖漸
濫猶未敗誤今天下事勢豈比曏時盜賊
縱横而州郡無備公私困乏而用度轉多
賦役繁興而人户凋耗雖有出人之才尚

恐不能了事豈可尚循舊例依次用人(一作撥入)然
臣竊思方今中外差除未肯脫去舊例如
紳之輩謂其已作省判須且依例除轉運
以此思之若省判須令(一作合)作轉運則弊
在差省判之時不早慎擇也夫前已濫者
不能驟去後來者又不擇之永無澄清之
時矣臣今欲乞詳定差省判之法每遇闕
人或令本省使副自舉或朝廷先擇舉主
令舉主擇人但重其保任同罪之法而不
必限其資序如此則省判得人省判得人

則將來有好轉運使有好轉運使則逐路澄清民紓用足以此而言擇得一省判爲數十州民之福其利甚大夫得人爲利甚大則失人爲害亦大矣伏望聖慈留意裁擇取進止

詳定貢舉條狀

一作議科場奏狀　慶曆四年

初范仲淹等欲復古勸學詔近臣議於是翰林學士宋祁御史中丞王拱辰知制誥張方平歐陽脩殿中侍御史梅摯天章閣侍講曾公亮王洙右正言孫甫監察御史劉湜九人同上此奏其文則出公手元在外制集今移入此卷

臣等準勑差詳定貢舉條制者伏以取士

之方必求（一作責）其實用人之術當盡其材今教不本於學校士不察於鄉里則不能覈名實有司束（一作求）以聲病學者專於記誦則不足盡人材此獻議者所共以爲言也臣等參考衆說擇其便於今者莫若使士（一作人）皆土著而教之於學校然後州縣察其履行則學者修飭矣故爲學制（一作立學）合保薦送之法夫上之所好（一作設法）下之所趨也今先（一有舉字）策論則文辭者留心於治亂矣簡其（一無此字）程式（一作試）則閎博者得以

馳騁矣問以大義則執經者不專於記誦矣（一本其詩賦之未能自肆者至此所謂盡人之材者也在此下）故爲先策論過落簡詩賦考式問諸科大義之法此數者（一有皆字）其大要也其詩賦之未能自肆（一作新）者雜用今體經術之未能亟通者尚依舊科則中常之人皆可勉及矣此所謂（一作爲）盡人之材者（一無此字）也其（一有它字）通禮一有司之所習及（一無此九字）州郡封彌謄錄進士諸科帖經（一作填帖）之類皆細碎而無益者一切罷之凡其所爲（二字一作爲法者）皆申之以賞罰而勸

焉如此則養士有素（一作業）取材不遺（一有爲治之本也五字）苟可施行望賜裁擇

奏議卷第八

論乞不攻啗嘶囉劄子　具奏狀劄子（五字一作凡）

續添

論張子奭恩賞劄子　材藝之人（之一作出）

論救賑江淮饑民劄子　敖敖（口一从）外遭運使（一作外遭轉運）

論夏殷貢賦事件剳子 而後可使 作而 然一

奏議卷第九　歐陽文忠公集一百五

諫院

論討蠻賊任人不一劄子 慶曆四年

臣嘗患朝廷慮事不早及其臨事草草便行應急倉皇常多失誤昨湖南蠻賊初起一作動自昇州差劉沆知潭州授龍圖閣學士令專了蠻事沆未到湖南又差楊畋作提刑又令專了蠻事畋未到續後又差周陵爲轉運使令專了蠻事周陵差敕未到又自朝廷遣王絲安撫令專了蠻事王絲方在

路又自淮南遣徐的往彼令專了蠻事不惟任人不一難責成功兼此數人一時到彼不相統制凡於事體見各不同使彼一方從誰則可若所遣皆是才者則用才不在人一作必多若遣不才雖多適足爲害此臣所謂臨事倉皇應急草草之失也今劉沆自守方面不可動楊畋周陵自是本路不可動徐的於數人中最才又是朝廷最後差去可以專委責成其閒惟有王絲一人在彼無用可先抽回近聞一作觀絲有奏請欲盡驅

荆南土丁往彼捉殺臣曾謫官荆楚備知
土丁子細若果如此則必與國家生患朝
廷已不從之然緣處事可見矣若緣到彼
默然端坐並無所爲一任徐的等擘畫則
緣在彼何用自可召還若以其身是臺官
出禀朝命恥以不才默坐於中強有施爲
竊慮的等不能制緣又州縣畏緣是朝廷差
去從其所見誤事必多一有臣字尚恐大臣有主張
緣者遂非偏執曲庇於緣不欲中道召回
彰已知人之失護其不才之恥未肯抽回

即乞諭徐的專了賊事只令緣至一路州
軍遍行安慰訖即速還庻不敗事取進止

論湖南蠻賊可招不可殺劄子同前

臣風聞楊畋近與蠻賊鬬敵殺得七八十
人首級仍聞入彼巢穴奪其糧儲挫賊之
鋒增我士氣畋之勇略固亦可嘉然朝廷
謀慮事機宜思久遠竊恐上下之心急於
平賊聞此小捷便形虛喜不能鎮靜外示
輕脫其間二事尤合深思一曰不待成功
便行厚賞二曰謂其可殺更不肯招苟或

如此則計之大失而事之深害也今湖南捕賊者殺一人頭賞錢十千官軍利賞見平人盡殺平人驚懼盡起爲盜除鄧和尚李花腳等數十（一作大）頭項外其餘隨大小成火者不可勝數今敗所擊只一洞所聚巳二千餘人於二千人中殺七八十人是二十分之一其餘時暫鳥散必須復集臣見自古蠻蜑爲害者不聞盡殺須是招降昨緣邵飾等失信於黃捉鬼遂恐更難招誘今若因敗小勝示以恩威正是天與招服之有一

(時字)機不可失也若令畋自作意度招取大頭項者因此小勝傳布捷聲其餘諸處結集者分行招誘藉此聲勢必可盡降旬日之間湖南定矣若失此時漸向夏熱以我所病(一作病暑)之兵當彼慣習水土之賊小有敗衄則彼勢復堅不惟爲害湖南必慮自此貽朝廷憂患今於未了之間便行厚賞則諸處巡檢捕賊官等見畋獲賞爭殺平人而畋等自恃因戰得功堅執不招之議朝廷亦恃畋小勝更無招輯之心上下失

謀必成大患其楊畋等伏乞且降勑書奬
諭授與事宜俟彼招安便行厚賞令湖南
賊數雖多然首惡與本賊絶少其餘盡是
枉遭殺戮逼脅爲盜之徒在於人情豈忍
盡殺惟能全活人命多者則其功更大仍
乞明說此意諭與楊畋其賞典乞少遲留
庶合事體取進止

再論湖南蠻賊宜早招降劄子同前

臣風聞湖南蠻賊近日漸熾殺戮官吏鋒
不可當新差楊畋銳於討擊與郭輔之異

議不肯招降又王絲去時朝廷亦别無處
分慮絲到彼與畋同謀蓋蠻賊止可招携
卒難剪撲而畋等急於展効恐失事機今
深入而攻則山林險惡巢穴深遠議者皆
知其不可若以兵外守待其出而擊之則
又未見其利也蓋以蠻所依山在衡州永
州道州桂陽監之間四面皆可出寇若官
兵守於東則彼出於西官兵守於南則彼
出於北四面盡守則用兵太多分兵而邀
之則兵寡易敗此進退未有可擊之便也

今盤氏正蠻已爲鄧和尚黄捉鬼兄弟所誘其餘山民莫傜之類亦皆自起而爲盜竊聞常寧一縣殆無平民大小之盜一二百火推其致此之因云莫傜之俗衣服言語一類正蠻黄鄧初起之時捕盜官吏急於討擊逢蠻便殺屢殺平人遂致莫傜驚惶至此以此而言則本無爲盜之心固有可招之理然欲諸盜肯降必須先得黄鄧昨邵飾等初招黄捉鬼之時失於恩信致彼驚逃尋捕獲之斷其脚筋因而致死今鄧和

尚等若指前事爲戒計其必未輕降如云
且招終恐難得必須示以可信之事推以
感動之恩若得黄鄧先降其餘指麾可定
今深入而攻既不可待其出而擊之又不可
且殺且招又不可以臣思之莫若罷兵曲
赦示信推恩廣幾招之可使聽命臣亦廣
詢南方來者云我若推信彼不難招鄧和
尚等大則希一班行其次不過殿侍足矣
正蠻叛者得一團主之名亦足矣莫傜之
類使安耕織而歲輸皮粟得爲平民乃彼

大幸不徒足志而已今若擊之不已則其
爲害愈深況漸近夏暑南方燀濕士卒不
習水土須慮死傷仍恐迫之太急則潭郴
全邵諸寨向化之蠻皆誘脅而起則湖南
一路可爲國家之憂臣欲乞速令兩府大
臣深究招殺之利害共思長策決定廟謀
若遷延後時致彼猖熾不幸官吏頻遭殺
害則朝廷之體難爲屈法而招彼以其罪
既多必恐不能自信則兵久不解害未有
涯伏望聖明斷之在早取進止

論水洛城事宜乞保全劉滬等劄子 慶曆四年

臣近風聞狄青與劉滬爭水洛城事枷禁滬等奏來竊以邊將不和用兵大患况狄青劉滬皆是可惜之人事體須要兩全利害最難處置臣聞水洛城自曹瑋以來心知其利患於難得未暇經營今滬能得之則於滬之功不小於秦州之利極多昨韓琦等自西來聞有論奏非以水洛爲不便但慮難得而難成今滬能得之又有成之

之志正宜專委此事責其必成而狄青所見不同遂成疊隙其間利害臣請詳言國家近年邊兵屢敗常患大將無權今若更沮狄青釋放劉滬則不惟於狄青之意不足兼沿邊諸將皆挫其威此其不便一也臣聞劉滬經營水洛城之初奮身展効不少先以力戰取勝然後誘而服從乃是党留諸族畏滬之威信今忽見滬先得罪帶枷入獄則新降生户豈不驚疑若使翻然復叛則今後邊臣以威信招誘諸族誰肯

聽從不惟（一作特）水洛城更無可成之期兼沿邊
生户永無可招之理此其不便二也自用
兵以來諸將爲國立事者少此水洛城不
惟自曹瑋以來未能得之亦聞韓琦近在
秦州嘗欲經營而未暇今滬奮然力取其
功垂就而中道獲罪遂無所成則今後邊
將誰肯爲國家立事此其不便三也臣又
聞水洛之戍雖能救援秦州而須藉渭州
應副今劉滬既與狄青異議縱使水洛築
就他時萬一緩急狄青怒滬異已又欲遂

其偏見稍不應副則水洛必須復失其不便四也緣此之故遂移青於別路則是因一小將移一部署此其不便五也此臣所謂利害甚多最難處置者也臣謂今宜遣一中使處分魚周詢等速令和解務要兩全必先密諭狄青曰滬城水洛本有所稟非是擅爲役衆築城不比行師之際滬見利堅執意在成功不可以違節制加罪滬宜釋放朝廷不欲直放恐挫卿之威卿自釋之使感卿恵若他時出師臨陣有違造

退之命者任卿自行軍法然後密諭滬曰汝違大將指揮自合有罪朝廷以汝於水洛展効望汝成功故諭青使赦汝責爾卒一作辦事以自贖俟水洛功就則又戒青不可因前曾異議堅執不修惟幸失之遂已偏見今後水洛緩急尤須極力應副萬一小有蹉失則是汝挾情故陷之必有重責如此則水洛之利可成蕃户之恩信不失邊將立事者不懈大將之威不挫苟不如此未見其可蓋罪滬既不可罷水洛城又不

可沮狄青又不可事關利害伏望聖慮深思取進止

再論水洛城事乞保全劉滬劄子同前

臣伏見朝廷近爲修水洛城事雖已差魚周詢等就彼相度風聞周詢近有奏來爲水洛蕃族見狄青枷取劉滬等因致驚擾周詢却乞將帶滬等往彼以此足驗劉滬能以恩信服彼一方朝廷必知水洛爲利而不欲廢之非滬守之不可然滬與狄青尹洙已立同異難使共了此事臣謂必不

得已寧移尹洙不可移滬尚慮議者必謂不可因小將而動大將今若但移洙而不動狄青即不是特移大將矣若却移路分更升差遣或召拜他官苟不類前後因事移替之人即不是因滬被移矣如此則於洙無損於滬獲全其功於邊防利便三者皆獲其利若曲為尹洙狄青却將立功將校輕沮則其害有三大凡文武官常以類分武官常疑朝廷偏厚文臣假有二人相爭實是武人理曲然武人亦不肯服但謂

執政盡是文臣遞相黨護輕沮武士況今滬與洙爭而滬實有功効其理不曲若曲罪劉滬則沿邊武臣盡皷怨怒其害一也自有西事以來朝廷擢用邊將極多能立功効者絶少惟范仲淹築大順城种世衡築青澗城滬築水洛耳臣亦聞三者惟滬尤爲艱辛是功不在二人之下今若曲加輕沮則今後武臣不肯爲朝廷作事其害二也滬若不在水洛則蕃族（一作部）恐他人不能綏撫（一有蕃部二字）別致生事則今後邊防永不能

招緝蕃部一無此二字其害三也今三利三害其
理甚明但得大臣公心不於尹洙曲有黨
庇則不與邊防生患此繫國家利害甚大
伏望聖意斷而行之取進止

論陳留橋事乞黜御史王礪劄子同前

臣伏覩朝廷近爲王堯臣吴育等爭陳留
橋事互說是非陛下欲盡至公特差臺官
定奪而王礪小人不能上副聖意挾公徇
私一作内挾私徇妄將小事張皇稱王堯臣與豪民
有情弊誣奏慎鉞令竞吏潛行殺害及妄

稱真宗皇帝朝移橋不便致民切齒等事
及勘出事狀王堯臣元不曾受豪民請囑
愼鉞亦不曾令小吏潛行殺害及據先朝
日曆内真宗皇帝親諭王旦爲陳留橋損
害舟船特令修換證驗得王礪所言悉是
虛妄上惑聖聽賴陛下聖明愼於聽斷不
便輕信其言别令吕覺根勘令旣勘出事
狀方明王礪不公伏以臺憲之職本要糺
正紀綱而礪但務挾私欺罔天聽合行黜
責其罪有四一曰謗黷先朝聖政謹按日

曆書真宗皇帝親諭王旦移橋一事乃是
先帝知民間利病移得此橋爲便故史官
書之以彰聖政爲後世法今王礪却稱是
真宗朝權臣受豪民獻賂移得此橋不便
民間至今切齒若如王礪所說即是真宗
誤信權臣移橋致民怨怒乃是當時闕政
今國史書橋便利彰先帝一作朝聖政王礪言移
橋不便是先朝闕政臣不知國朝舊史可
信爲復王礪之言可憑其虛妄謗讟之罪
可誅一也二曰中傷平人使今後勞臣不

勸臣見向前三司使不能擘畫錢穀至有

強借豪民錢二十萬貫買天下官私物貨

至稅果菜之類細碎刻剥自堯臣在三司

不聞過外誅求而即今財用不至大闕亦

聞南郊漸近諸事亦稍有備當此窘迫乏

用人一作之時而能使民不加賦而國用粗足

亦可謂勞能之臣方當責其辦事今因移

一橋小事而王礪誣其與豪民有情致興

大獄及至勘出並無情弊是王礪不卹朝

廷事體當此乏用人一作之際將能幹事之

臣因小事妄加傷害其罪二也三曰誣奏
平人爲殺人賊凡臺官言事許風聞者謂
耳目不及之事即許風聞今王礪目見慎
鉞所遣小吏别無武勇又無器仗而稱其
有殺害之心及至勘出並無迹狀其罪三
也四曰挾私希旨初朝廷本爲省府互爭
别選不干礙官定奪王礪既是吴育舉主
即合自陳乞别差官豈可謗黷先朝希合
舉主且礪言慎鉞是堯臣所舉感恵必深
今礪是吴育舉豈不懷感且吴育與王堯

臣本無怨恨各爲論列本司公事所見異同乃是常事但王礪小人妄思迎合張皇欺誑其罪四也且王礪謗黷先朝聖政之罪若不重責則無以彰陛下孝治之明中傷堯臣若不重責則使勞能之臣不能安心展効其誣奏慎鉞遣吏殺害及挾私迎合舉主之罪若不重責則今後小人一作臣恣情妄作獄訟必多事繫朝廷之體臣忝諫諍不可不言其王礪伏乞重行貶黜取進止

論王礪中傷善人乞行黜責劄子同前

臣近有劄子并曾面奏爲臺官王礪特被差委輒敢徇私妄言王堯臣因移橋别有情弊等事欺誑朝廷上賴陛下聖明再令推究勘得堯臣並無私曲已蒙聖恩釋放自王礪妄形彈奏羅織無事之人欲借國威以報私忿立朝之列人各自危及聞堯臣不陷枉刑更蒙陛下恩釋中外之士稍復安心然小人在朝非國之利如礪善惡未辨尚可含容今既試之以事見其傾險之迹則豈可更令濫處臺憲中傷善人伏

望聖慈早行黜責以戒在位傾邪之輩一作者

兼亦使今後選用之人不敢尚辜委任別

造過僭若礪不黜竊慮今後被差委者動

皆作過則陛下無由使人此事所繫不細

取進止四月庚戌王礪罷御史授太常博士通判鄧州

論任人之體不可疑劄子同前

臣近見淮南按察使邵餗奏爲體量知潤

州席平爲政不治及不教閱兵士等朝廷

以餗爲未足信又下提刑司再行體量臣

竊以轉運提刑俱領按察然朝廷寄任重

者爲轉運其次乃提刑爾今寄任重者言事反不信又質於其次者而决疑臣不知邵飾果是才與不才可信與不可信（三字一作否）如不才不可信則一路數十州事豈宜委之若果才而可信又何疑焉又不知爲提刑者其才與飾優劣如何若才過於飾尚可取信萬一不才於飾見事相背却言席平爲才邵飾合有罔上之罪矣若反以罪飾臣料朝廷必不肯行若捨飾與席平俱不問則善惡不辨是非不分況席平曾作

臺官立朝無狀，只令制勘亦不能了，尋爲御史中丞以不才奏罷。朝廷兩府而下，誰不識平？其才與不才，人人盡知，何必更令(一作待)提刑體量，然後爲定。今外議皆言執政大臣託以審慎爲名，其實不肯主事，而當怨須待言事者再三陳述，使被黜者知大臣迫於言者，不得已而行，只圖怨不歸已。苟誠如此，豈有念民疾苦、澄清官吏之意哉？若無此意(一有只字)，是好疑不決，則尤是朝廷任人之失。自去年以爲轉運使不察官吏特出詔書加以使名責其按察令按察使依禀詔書舉其本職又却疑而不聽令後朝廷命令誰肯信之凡任人之道要在不疑寧可艱於擇人不可輕任而不信若無賢不肖一例疑之則人各心闌誰肯辨事令邵餙言一不才顯者所貴朝廷肯行然後部下振竦官吏畏服今反爲朝廷不信却委別人則餙之使威誰肯信服餙亦慙見其下令後見事不若不爲不獨邵餙一人臣竊聞諸處多有按察官吏皆爲朝廷

不行人各嗟慙以謂任以事權反加沮惑朝廷之意不可諭也伏望聖慈特勑其三字一作取邵飾所奏特與施行又令今後按察使奏人如不才老病灼然不疑者不必更委別官示以不信所貴不失任人之道而令臣下盡心取進止

論與西賊大斤茶劄子同前

臣伏覩昨者西賊來議通和朝廷許物數目不少內茶一色元計五萬斤緣中國茶法大斤小斤不同當初擬議之時朝廷謀慮

不審不曾明有指定斤數竊慮西賊通和
之後須要大斤若五萬斤大斤是三十萬
小斤之數如此則金帛二十萬茶三十萬
乃是五十萬物真宗時契丹大舉至澶州
只用三十萬物三十年後乘國家用兵之
際兩國交爭方添及五十萬今元昊一隅
之敵一口便與五十萬物臣請略言爲國
家大患一兩事不知爲國計者何以處之
三十萬斤之茶自南方水陸二三千里方
至西界當今民力困乏陛下不耻屈志就

和本爲休民息力若歲般輦不絶只此一物可使中國公私俱困此大患一也計元昊境土人民歲得三十萬茶其用已足然則兩榷場搶茶之外須至別將好物博易賊中無用之物其大患二也契丹常與中國爲敵國指元昊爲小邦若見元昊得物之數與彼同則須更要增添何以應副不過云茶不比銀絹本是麤物則彼必須亦要十數萬大斤中國大貨利止於茶鹽而已今西賊一歲三十萬斤比虜更一作又要三二

十萬中國豈得不困此其大患三也昨與西賊議和之初大臣急欲事就不顧國家利害惟恐許物不多及和議將成契丹語洩兩府方有悔和之色然許物已多不可追改今天幸有此一事尚可罷和臣乞陛下特召兩府大臣共議保得久遠供給四夷中國不困則雖大斤不惜若其爲患如臣所說不至妄言即乞早議定計取進止

論西賊占延州侵地劄子慶曆四年

臣竊聞元昊近於延州界上修築城壘強

占侵地欲先得地然後議和故楊守素未來而占地之謀先發又聞邊將不肯力爭此事所繫利害甚大臣料賊意見朝廷累年用兵有敗無勝一旦計無所出厚以金帛買和知我將相無人便欲輕視中國一面邀求賂遺一面侵占邊疆不惟驕賊之心難從實亦爲國之害不細今若縱賊於侵地立起堡寨則延州四面更無捍蔽便爲孤壘其（一作而）賊盡據要害之地他時有事延州不可保守若失延州則關中遂爲賊有

以此而言則所侵之地不可不爭伏況西賊議和事連北虜今人無愚智皆知和爲不便但患國家許物已多難爲中悔若得別因他事猶可絕和何況此侵地是中國合爭之事豈可不爭臣謂今欲急和而不顧利害者不過邊臣外憚於禦賊而内欲邀議和之功以希進用耳故不肯擊逐羌人力爭侵地蓋小人無識只苟目前榮進之利不思國家久遠之害是國家屈就通和只與邊臣爲一時進身之利而使社稷受無

涯之患陛下爲社稷計豈不深思大臣爲社稷謀豈不極慮伏望聖慈遣一使往延州令龐籍力爭取昊賊先侵之地不令築城堡寨若緣此一事得絕和議則社稷之福也臣仍慮西賊來人尚有青鹽之說此事人人皆知不可許亦慮小人無識急於就和者尚陳鹽利以惑聖聰伏望聖慈不納浮議取進止

奏議卷第九

論麟州事宜劄子已見河東奏草全書中

乞罷鐵錢劄子同前

論耕禁地劄子同前

論礬務利害狀同前

相度銅利狀同前

右五篇此卷更不重出存其目以從來者

（宋）歐陽修　撰

宋本歐陽文忠公集

第一七册

國家圖書館出版社

第一七册目録

表奏書啓四六集卷第四　歐陽文忠公集九十三

乞根究蔣之奇彈疏劄子（治平四年二月）

臣近因誤於布衣下服紫襖爲御史所彈臣即時於私第待罪蒙聖恩差中使傳宣召入中書供職今竊聞蔣之奇再有文字誣臣以家私事臣忝荷國恩備員政府横被汙辱情實難堪雖聖明洞照察臣非辜而中外傳聞不可家至而户曉欲望聖慈解臣重任以之奇所奏出付外庭公行推究以辨虚實顯示多方取進止

再乞根究蔣之奇彈疏劄子

臣昨日曾有奏陳爲臺官蔣之奇誣奏臣以家私事乞以之奇所奏出付外庭公行推究以辨虛實未蒙降出施行臣夙夕思惟之奇誣罔臣者乃是禽獸不爲之醜行天地不容之大惡臣若有之萬死不足以塞責臣若無之豈得含胡隱忍不乞一作與辨明伏況陛下聖政惟新萬方幽遠咸仰朝廷至公不疑爲辨曲直而臣身爲近臣忝列政府令之奇所誣臣之事苟有之是犯

天下之大惡無之是負天下之至寃犯大惡而不誅負至寃而不雪則上累聖政其體不細由是言之則朝廷亦不可含胡不爲臣辨明也大抵小人欲中傷人者必以曖昧之事貴於難明易爲誣汙然而若以無根之謗絕無形迹便可加人則人誰不可誣人人誰能自保欲望聖慈特選公正之臣爲臣辨理先賜詰問之竒所言是臣閨門内事之竒所得必有從來因何彰敗必有蹤跡據其所指便可推尋盡理根窮

必見虛實若實則臣甘從斧鉞若虛則朝廷典法必有所歸如允臣所請乞以臣劉子并蔣之奇所奏降出施行

乞罷政事第一表

臣某言臣聞事君之節雖盡瘁以爲期量力而行有不能而則止敢黷蓋高之聽瀝陳至悃之誠臣某中謝伏念臣本出羇單粗知業履逢右文崇學之代竊並群英之遊當好問納諫之朝獲從諸老之後遂蒙奬用叨貳機衡幸四海之無虞得容尸素

荷三聖之殊遇特察孤忠坐貪寵祿之榮不覺歲時之久而餘齡嚮晚百疾交侵四體癯羸甚已衰之蒲柳雙瞳眊瞀幾不辨於騧驪頃自去秋累陳愚款先皇帝惻然垂閔慰以恩言許至新年俾解重任萬乘之仙遊忽遠孤臣之素願莫從方今聖統嗣興皇明繼照人神胥悅中外晏安顧無避事之嫌敢遂乞身之請伏望皇帝陛下特回眷眷俯察懦衷念孤根之易危哀小器之難用置之閑處賜以保全如此則天地

之仁曲從於物性犬馬之報尚識於主恩

又乞罷任根究蔣之竒言事劄子

臣爲臺官蔣之竒誣奏陰私事已具劄子乞差官根究明辨虚實伏緣臣見任政府在於事體理合避嫌欲望聖慈先罷臣參知政事除一外任差遣臣既解去事權庶使所差之官無所畏避得以盡公根究臣竊慮朝廷未明虚實不欲直以此事罷臣職任臣已别具表章伏乞早賜施行

神宗御札治平四年二月二十四日差中使朱可道賜

春寒安否前事朕已累次親批出詰問因

依從來要卿知

付歐陽脩

謝賜手詔劄子

臣伏蒙聖慈差内臣朱可道傳宣撫問仍

賜臣手詔委曲慰安臣孤危之迹撗爲言

事者誣以莫大之罪自非遭遇聖明特爲

窮究則當爲寃死之鬼然事出曖昧上煩

天造累行詰問必見蹤由臣仰恃聖君在

上内省于心必冀終獲辨雪臣無任捧詔

涕泗感天荷聖激切屏營之至謹奏

乞詰問蔣之奇言事劄子

臣近爲蔣之奇誣奏臣以陰私事前日再具劄子乞詰問之奇自何所得因何蹤跡彰敗乞差官據其所指推究虛實伏縁之奇所誣臣者乃是非人所爲之大惡人神共怒必殺無赦之罪傳聞中外駭聽四方四方之人以謂朝廷執政之臣犯十惡死罪乃曠世所無之事皆延首傾耳聽朝廷如何處置惟至公以服天下之心若實有

之則必明著事迹暴揚其惡顯戮都市以
快天下之怒若其虛妄使的然明白亦必
明著其事彰示四方以釋天下之疑至如
臣者若實有之則當萬死若實無之合窮
究本末辨理明白亦不容苟生若托以曖
昧出於風聞臣雖前有鼎鑊後有鈇鉞必
不能中止也以此言之繫天下之瞻望繫
朝廷之得失繫臣命之死生其可忽乎其
得巳乎伏乞以臣所奏詰問蔣之奇得於
何人其人所說有何事更不得徒說虛辭

直具所說人姓名及所聞事狀據實聞奏
臣所瀝血懇必望朝廷理辨虛實乞不留中

再乞詰問蔣之奇言事劄子

臣近累陳血懇煩黷天聽爲彭思永蔣之
奇誣奏臣陰私事乞辨明虛實伏蒙聖恩
累賜詰問至今未聞有所指陳竊以臺憲
之司雖許風聞言事然所謂風聞者謂事
不親見而有聞於他人耳然其說必有其
人其人必有姓名若所聞小事則有不足
論若所聞大事繫人命之死生則必須審

問所説之人事狀虛實然後可以上言況之奇明列章疏伏地頓首堅請必行若不明見事狀審知虛實豈敢果決如此及朝廷窮究又却不指定所聞之人姓名亦不明言有何事迹但飾遊辭無所的確蓋之奇初以大惡誣臣期朝廷更不推究便有行遣及累加詰問遂至辭窮也不然思永之奇懼見指説出所説人姓名後朝廷推鞫必見其虛妄所以諱而不言也臣忝列政府動繫國體不幸枉遭誣陷惟賴朝廷

至公推究別證虛實使罪有所歸則臣雖
死之日猶生之年也臣竊慮朝廷須所說
人姓名思永之竒無事指說必以朝廷拒
諫爲言此乃辭窮理屈而妄說也臣謂若
朝廷聞言事不行則是拒絕言者今以所
言事體不可直行須當根究虛實乃是用
臺官之言即須行遣爾豈足爲拒諫也

封進批出蔣之竒文字劄子

臣以拙直受恩兩朝惟以至公之心爲報
國之効凡於親舊不敢有纎介阿私是致

怨怒臣深者造爲飛語誣臣以家私陰事
是人倫之大惡所以語駭人聽易於傳布
竊以言事之臣謂之天子耳目之官本期
裨益聰明若聞外有怨家仇人造作飛語
中傷執政之臣正當奮然嫉惡爲臣根窮
起謗之人辨别虛實明其誣罔使後凶人
不敢陷害良善以彰朝廷之明此乃言事
之職今思永心知事無實狀而不能爲臣
辨明反碌碌隨衆騰口摇舌蔣之竒専用
怨仇人飛語便以虛爲實上惑聖聰及至

朝廷再三詰問須要事實則各不能明指
一人之言明陳一事之據恩永既云無實
狀則是虛妄可知之竒則飾游辭謂風聞
於衆且臺官雖許風聞而朝廷行事豈可
不辨虛實大凡可駭之語易於傳布假如
怨仇之人有誣大臣以叛逆不道者飛語
一出則必騰口相傳豈可便以傳聞之衆
致大臣族誅如此則爲大臣者終日恐懼
彌縫不暇何敢盡公行事以身當怨而一
夫之怒飛語騰出可以摇動朝廷則正人

端士不立足矣以此言之則思永之奇專用風聞惑亂聖聰爲耳目之官罔上欺君其害豈細今閭巷小民有罪猶須證驗分明案節圓備方可行刑之奇言臣死罪未明虛實豈可含胡伏乞朝廷以至公之明必爲分別令事理窮盡止於兩端不過虛與實而已實則臣當死虛則之奇安得無罪使事實而臣不死不足以顯之奇之言使事虛不罪之奇不足以雪臣之寃枉臣非敢固惜名位不自引去但以寃若不得

雪則身是罪人朝廷自當行法豈容臣自引退若虛則幸望朝廷辯别分明使中外之人知臣無罪然後可以容臣自陳引去臣初乞朝廷差官根究虛實故當乞解權任以避嫌今既蒙朝廷直行詰問故臣合杜門俟命（乞不留中降出施行）

乞辨明蔣之奇言事劄子

臣先於慶曆中擢任諫官臣感激仁宗恩遇不敢顧身力排姦邪不避仇怨舉朝之人側目切齒惡臣如讎適會臣有一妹夫

張龜正前妻女嫁臣一踈族不同居姪晟於守官處(一作所)與人犯姦是時錢明逸爲諫官遂言臣侵欺本人財物與之有私旣蒙朝廷置獄窮勘並無實狀事得辯明而當時執政之臣惡臣者衆其陰私事雖已辯明猶用財物不明降臣知滁州今惟趙槩知此事甚詳若非仁宗至聖至明察臣無辜爲臣窮究則臣豈復更有今日仁宗豈有用臣至此今臺官方舉前事彈錢明逸陷害良善不意蔣之奇自又効尤欲望

朝廷特加裁察若以蔣之奇所對語無事實
知其虛妄乞早賜明告中外以辯臣冤若
猶疑於虛實之間則乞更加盡理推窮辯正

再乞辯明蔣之奇言事劄子

臣近以蔣之奇誣奏臣家私事乞賜辯正
杜門俟命今已多日雖蒙朝廷累賜詰問
之奇則但云得自彭思永而思永又云事
無實狀是曖一作昧之言若此便欲加臣譪
十惡大罪雖州郡小民犯罪官司斷獄必
未敢便斷其死臣孤拙無黨特被兩朝眷

遇忝列政府横被小人誣以禽獸不爲之惡本因臣以至公報國以身當怨不徇親黨阿私至多積仇怨造作飛語中傷而以忠取禍之奇乃以虚爲實欺天罔上及至朝廷詰問則辭窮理屈並無實狀指陳至於彭思永亦自言曖（一作譪）昧無實各自乞罷去若臣果有實狀何故惜而不言何故自言無實狀而自乞罷去以此見思永之奇專欲以曖（一作譪）昧之事惑亂聖聰使臣不能自辯冀望朝廷更不辯明便以風聞行

法況聖君在上公道方行臣必不能枉受
大惡之名當舉族碎首叫天號寃仰訴于
闕庭必不能含胡而自止當陛下聖政惟
新之日使執政之臣守闕號寃固知非朝
廷美事然臣以惡名不可虛受將不得已
而爲之期於以死必辯而後止臣無任懇
血哀號激切之至取進止

神宗御札三月四日差中使朱可道賜

春暖久不相見安否數日來以言者汚卿
以大惡朕曉夕在懷未嘗舒釋故累次批

出再三詰問其從來事狀訖無以報前日見卿文字力要辨明遂自引過今日已令降黜仍出牓朝堂使中外知其虚妄事理既明人疑亦釋卿宜起視事如初無恤前言

賜歐陽脩

謝賜手詔劄子同日

臣今日伏蒙聖慈差中使朱可道傳宣撫問賜臣手詔爲言者汚臣以大惡已令降黜仍出牓朝堂令中外知其虚妄勑臣宜起視事如初無恤前言者臣捧讀感咽不

知涑泗之横流竊伏自念天地父毋能生
臣身不能免臣於憂患陛下神聖聰明無
幽不燭察臣孤危辨臣寃枉使臣不陷大
惡得爲完人至德大恩過於天地父毋萬
倍則臣餘生之命是陛下所延之命今日
之身是陛下再造之身雖盡此命捐此身
亦不能上報至德大恩之萬一而臣又有
大罪者蒙國寵榮忝居重位處危機之地而
自任拙直不防禍患怨仇所積謗怒交興
當陛下即位之初外有機政之繁内有孝

恩感慕之戚於此之時致言事者以陰私之惡醜穢之言上黷聖聽煩陛下曉夕在懷爲臣親加詰問特賜辨明臣之此罪何以自贖捫心内省何以自安臣無任感天荷聖慙懼涕泗激切屏營之至臣已依詔旨來日詣閤門祗候入見冀面天顏别陳血懇次

乞罷政事第二表

臣某言臣近貢封章乞解職任伏奉批答未賜允俞者臣聞高而必危蓋處易傾之勢

滿則招損實存至戒之言敢再瀝於懇私輒自干於斧鉞臣某中謝伏念臣本以庸妄出於遭逢誤被國恩俾參政論材非適用而當重任之難智不周身而履危機之地既不能於阿徇故多積於怨仇謗怒之興紛紜靡一所恃者聖君在上公道方行雖構造中傷人言可畏而聰明聽察天鑒孔昭既悉辨於罔誣遂判分於枉直俾臣不陷大惡得爲完人令亂國之讒已蒙於遠屏立朝之士皆保於自安則臣仰銜再

造之鴻慈正合捐軀而自效然念臣病羸之質年迫已衰寵禄之盈理難久處頃事先帝之日屢貢乞骸之言閒奉德音亦蒙恩許一麾之請素志甚勤伏望皇帝陛下推天地之仁回日月之照閔其孤拙曲賜矜從予之一州俾自退處亦有民社可宣教條苟知盡瘁之方未失事君之節

第三表

臣某言臣近再上表乞解政事除一外郡差遣奉今月八日批答所乞宜不允者臣

聞士之行已所慎者始終之不渝臣之事君
所難者進退而合理茍無大過善退其身
昔之爲臣全此者少臣頃侍先帝屢陳斯
言今之懇誠蓋迫於此臣某中謝伏念臣
識不足以通今古材不足以語經綸幸逢
盛際之休明早自諸生而拔擢方其與儒
學文章之選居言語侍從之流每蒙過奬
於群公嘗媿虛名之浮實暨晚叨於重任
益可謂於得時何嘗敢傷一士之賢豈不
樂得天下之譽而動皆臣忌毁必臣歸人

之愛憎不應遽異臣之本末亦豈頓殊蓋
以處非所宜用過其量惟是要權之地不
勝指目之多周防所以履危而簡踈自任
委曲所以從衆而拙直難移宜其舉足則
蹈禍之機以身爲斂怨之府復盤桓而不
去遂謗議以交興讒說震驚輿情共憤皇
明洞照聖斷不疑孤臣獲雪於至寃四海
共忻於新政至於賴天地保全之力脫風
波險陷之危使臣散髮林丘幅巾衡巷以
此没地猶爲幸民況乎擁蓋垂襜其榮可

喜撫民求瘼所寄非輕苟可效於勤勞亦
寧分於內外伏望皇帝陛下曲回天造俯
察愚衷許解劇繁處之閑僻物還其分庶
獲遂於安全心匪無知豈敢忘於報效

又乞外郡第一劄子

臣前日獲對便坐已具血懇披陳爲臺官
（一作臣寮）誣臣以陰醜之事臣聞詩曰中冓之
言不可道也所可道也言之醜也蓋陰醜
之事君子之所深惡猶不可自道於口而
況上達君父之聽汚黷朝廷驚駭中外事

雖起於誣罔然本臣而發此臣所以夙夜
慙懼而無地自容也伏況當陛下即政之
初日有軍國萬機之繁乃以人口不道之
事上煩聖慮蒙陛下曉夕在懷親批詰問
再三窮究得其虛妄之狀特賜行遣曉告
中外使臣大寃獲雪人疑盡釋夫辯枉直
雪幽寃以釋天下之疑以快輿情之憤此
固陛下神聖聰明自是新政之一事然亦
因臣致勞聖慮此亦臣所以夙夜慙懼而
無地自容也秪此二事臣自循省已不能

安然而上賴陛下至寛至仁必以此事是
臣寮中傷臣非臣自作以紊煩朝廷以此
必賜矜恕然臣有不得已而必不能處者
蓋臣所以致此大謗者本出怨仇之口由
臣拙直多忤於物而在位已久積怨已多
若使臣頓然變節勉學牢籠小人以弭怨
謗非惟臣所不能亦非陛下所以任臣之
意若使臣復居于位秖如前日所爲則臣
恐怨家仇人以臣不去必須更爲朝廷生
事臣亦終不能安況臣一二年來累爲言

者攻擊心志摧沮加以衰病所侵兩目昏
暗四支骨立顧身已如此而人情又如此
亦復何心貪冒榮寵伏望聖慈憫臣之志
誠可哀矣察臣之迹實難安矣特許臣解
罷除一外郡則天地保全之恩何以論報
臣今已上第三表伏乞早賜降出施行

第二劄子

臣近者虔露懇誠乞解政事已三上表殆
今累日夙夕俟命跼蹐靡遑臣竊伏自思
理宜罷退者其事非一臣聞所謂大臣者

必能宣布上德叶和中外使人心悅豫朝
政肅清此乃輔弼之任也臣性既簡拙耻
爲阿徇又復愚暗不識禍機多積怨仇動
遭指目謗怒毁辱不可勝言一二年來屢
爲言事者攻擊以臣一人無日不煩君父
不惟朝廷未嘗少静而臣亦未嘗少安則
臣之小（一作不）材不堪大用從可知矣臣又
思朝廷每用柄臣必取人望者以其爲衆
人所服故使處衆人之上也今如臣者舉
必爲衆人所怒動必爲衆人所怨讒謗忌

嫉叢集于一身以此而居要任者八年矣其未陷於禍咎者臣竊自怪以爲晚也所賴者聖君在上朝廷至公察臣孤危辨正誣罔使臣不罹枉横得爲完人臣於此時不自引去是不知進退矣臣竊見前世元勳舊德社稷之臣一有間隙尚或罹於禍咎而臣能薄材劣竊位已久語其勤則勞一作功効未著於毫髮詢于衆則怨毀已積於丘山所謂衆怒難犯孤根易危豈敢與人自結仇敵昨緣思永等誣臣以大惡之

名於義不可虛受若不辨於今時則無以自明於後世故臣屢乞辨理者蓋事不獲已而爲之非敢與言事者爭勝負也而自思永等得罪以來言事者固已恥於不勝若臣復處事權遷延不去彼必自疑而不安是臣下有衆人之怨嫉旁爲言事者切齒他人視之猶爲臣寒心顧臣何以自處伏望聖慈哀臣言之至懇察臣勢已難安予之一州俾自藏縮如此則臣大寬已雪既彰新政之清明孤迹獲安又荷聖恩之

優假言事者但得臣去亦稍釋其忿乂無疑而安處別不爲朝廷生事則臣之一去所利甚多惟乞出自一作於春斷早賜允俞

第三劄子

臣今月二十日伏蒙聖恩以臣所上第三表乞解政事特降批答不允仍斷來章者聞命以還憂惶殞越懇誠所迫欲止不能臣以非才誤膺委用歲月已乂不知引避而寵禄盈滿福過災生仇怨既多謗讒一作讒謗大作衆情不與孤迹已危陛下既已深

察一有臣字而哀憐之矣臣之憂危迫切披肝
瀝血之誠亦已屢瀆於天聰而陛下固已
諒臣至誠至懇察臣事勢當去而無疑矣
然而聖恩未忍遽許臣解罷者必以不欲
今臣因言者而罷爾蓋自思永等遠竄嶺
朝堂告示以來中外皆知臣事已辨雪陛
下至聖至明言事者不能動揺朝廷矣今
臣自以懇請與言事者不復相關若賜允
俞是陛下出臣於萬死之中保全其終始
而使之善退也如此則臣之大冤已蒙辨

雪危迹又保安全陛下天地父母之恩自非殞骨靡軀何以論報臣自上三表後已兩具劄子披陳必已蒙省覽臣之血誠竭於是矣今更不敢煩言上黷春聽惟乞聖慈哀憫早賜施行

謝傳宣撫問劄子 治平四年三月壬申

臣今日伏蒙聖慈差中使傳宣撫問以臣累表乞解政事之職已除觀文殿學士刑部尚書知亳州仍問臣幾日朝參者臣近以迫切之誠累形章表上煩天聽合被罪

誅乃蒙睿恩曲賜矜許旣特加美職又超
轉官資仍假善邦俾從私便臣孤危之迹
已荷保全衰晚之年猶貪榮寵但以未受
新命無由入謝又蒙聖造曲賜記録丁寧
慰諭趣其入見恩數優異舉族歡呼伏縁
自二十六日後前後殿不坐臣欲乞候御
殿日叅假冀面天顔別披血懇次

辭刑部尚書劄子治平四年三月二十六日

臣今月二十六日伏蒙聖恩賜臣告勑各
一道授臣刑部尚書充觀文殿學士知亳

州臣猥以庸材久竊重任雖策勵駑蹇訖無補報而荏苒歲月漸迫衰殘所以屢陳危懇之誠上干宸造者正以願避寵榮冀全衰朽而天私曲被恩命過優既加以美職又超轉官資臣竊尋前例參貳之職出處非一而推恩之數罕有若臣之優者況臣近遇覃慶已叨遷秩未逾兩月恩典頻仍無功之賞度越常格非惟臣自循省莫知所措而名器所假人言謂何欲望聖慈閔臣孤拙察臣畏避寵榮之懇特許臣只

以本官兼職或止轉一官庶俾少安常分臣誓竭晚節上報鴻恩今取進止

謝觀文殿學士刑部尚書表

職清書殿寔爲儒者之榮望峻天臺仍忝刑官之重內循譾薄仰玷光華臣某中謝伏念臣禀質迂愚粗知業履因時幸會遂竊寵靈無拾遺補闕之勤常陪法從非大冊高文之手久厠翰林晚綴宰寮俾聞國論荷三朝之眷遇每察懦衷幸四海之清平得容尸禄居滿盈而不戒積災釁以自

貽屬聖統之嗣興赫皇明而繼照誣言詰
服已大釋於羣疑危跡保全俾不虧於素
守犬馬合思於報效桑榆奈迫於衰遲屢
貢懇私上干聰眷遂蒙開允俾解縶機然
而晚節餘生本期避寵清資顯秩益更貪
榮被優渥之非常但凌兢而失措此蓋伏
遇皇帝陛下聖神御極亭育推仁閔孤拙
之勢危無容自立謂疲駑之力竭難責遠
圖曲軫至慈俯從誠請仍憐舊物特示殊
恩顧非木石之頑宜識乾坤之造颯然素

領雖難強於筋骸皎若丹心猶自期於塵露

進永厚陵挽歌辭三首引狀治平四年閏三月

右臣伏蒙聖恩差臣知亳州軍州事見發赴本任次伏見大行皇帝將來八月遷坐于永厚陵中外群臣咸進挽歌辭臣以非才久竊重任遭遇先帝蒙被聖知恩極昊天未知論報痛深喪考徒切攀號臣今謹撰成大行皇帝靈駕發引日挽歌辭三首謹隨狀上進伏候勑旨

亳州謝上表治平四年六月

臣某言伏蒙聖恩授臣觀文殿學士刑部
尚書知亳州軍州事巳於今月二日赴上
訖者貳政非才雖獲奉身而退分符善地
猶懷竊禄之慙祇荷寵靈惟知戰懼臣某
中謝伏念臣章句腐儒之學也豈足經邦
斗筲小器之量也寧堪大用而叨塵二府
首尾八年荷三朝之誤知罄一心而盡瘁
若乃樞機宜慎而見事輒言陷穽當前而
横身不避竊尋前載未有能全一昨怨出
仇家構爲死禍造謗于下者初若含沙之

射影但期陰以中人宣言于廷者遂肆鳴
梟之惡音孰不聞而掩耳賴聖神之在上
廓日月之至明悉究調誣遂投讒賊再念
臣性實甚愚而踈於接物事多輕信者蓋
以至誠如彼匪人失於泛愛平居握手惟
期道義之交延譽當朝常丐齒牙之論而
未乾薦禰之墨已彎射羿之弓知士其難
世必以臣爲戒常情共惡人將不食其餘
而臣與遊旣昧於擇賢在滿不思於將覆
自貽禍釁幾至顛隮上煩眷聖之保全得

宁名節於終始洎懇辭於重任尤深惻於
皇慈雖避寵辭隆僅能去位而清資顯秩
愈更叨榮莫逃僥倖之譏實負心顔之靦
斯蓋伏遇皇帝陛下乾坤大度堯舜至仁
察臣自取於怨仇本由孤直憫臣力難於
勉強蓋迫衰殘既獲免於非辜仍曲從於
私欲遂同萬物俾無失所之嗟未盡餘生
敢忘必報之效

謝賜仁宗御集表 治平四年 月

臣某言伏準御藥院告報伏蒙聖慈賜臣

仁宗御集一部一百卷者倬彼雲章方聯
於寶軸刻之玉版忽被於恩頒臣某中謝
恭惟仁宗皇帝睿哲聰明寬仁恭儉每虛
心而訪道務嚮學以崇儒天縱生知臻作
者之謂聖功高德盛由煥乎其有文伏惟皇
帝陛下纂紹丕圖善繼先志惟仁祖發揮
於衆製乃英考序述而成編昭如三光並
照萬物法彼後世同符六經方副本之頒
行非近輔而莫獲敢期舂眷尚及愚臣寵
異群邦光生蔀室戴念臣出身寒營自少遭

逢晚蒙奬任之殊嘗與賡歌之後捐軀論報餘生已負於素心拜賜爲榮撫事但零於清血

亳州乞致仕第一表 熙寧元年春

臣某言臣聞難進易退者禮經之格言知足不辱者道家之明戒苟貪榮而不止宜招損以自貽況災疾之所纏顧筋力之難強輙披悃愊自冒誅夷臣某中謝伏念臣生也多屯少雖有志而識不明於大體用不適於當時徒以荷三朝之誤知屬四方

之無事遂容章句之學竊與機政之司逮

更二府之縻蓋亦八年之久既不能遇事

發憤慨然有所建明又不能與世浮沉黙

爾以爲阿徇每多言而取怨積衆怒以難

當繼逢時事之方艱思欲乞身而未獲不

虞暗禍陷臣於風波必死之淵上賴至仁

脫臣於鮫鰐垂涎之口以至平生所守之

名節曉暮未盡之年齡豈臣能於自全皆

陛下之所賜既懇辭於重任仍假守於善

邦固已坦無危疑幸此優逸而風霜所迫

鬢髮凋殘憂患已多精神耗盡加之肺肝
渴涸眼目眊昏去秋以來所患增劇兩脛
惟骨拜履俱艱雙瞳雖存黑白纔辨顧形
骸之若此尸寵祿以何安伏望皇帝陛下
特軫眷慈俯從人欲許還官政俾返田廬
白首明時幸遘垂衣之治酣歌聖化願追
擊壤之民雖居畎畝之間永荷乾坤之造

第一劄子

臣輒瀝一作有血懇上干宸慈臣本以庸虛
誤蒙奬擢一作擢用濫塵二府獲事三朝無德

一作一事可稱無言一作一詐可採既不能報國又
不善謀身怨嫉謗讒喧騰衆口風波陷穽
一作檻阱僅脱餘生憂患既多形神俱瘁齒髮
凋落疾病侵陵故自數年以來竊有退休
之志而臣猥以非才久叨重任連值國家
多事所以未敢遽言頃自去春伏蒙陛下
矜憫孤危保全晚節許解政事得從外補
臣於此時遂乞守亳一作乞守亳社蓋以去潁最
近便於私營及入辭之日亦具奏陳乞枉
道至潁修葺故居幸蒙聖恩皆賜允許臣

自到亳以來殆將朞歲（一作歲暮）舊苦痟渴蓋
已三年晉脚細瘦惟存皮骨行步拜起乘
騎鞍馬俱覺艱難而眼目昏花氣暈侵蝕
視一成兩僅分黑白職事至簡猶多妨廢
坐尸厚禄益所難安然臣嚮者不敢啓言
而今乃輒兹有請者蓋以方今朝廷無事
中外晏然臣亦幸無任責之重其進退之
際既無所嫌避又不繫重輕故敢直以臣
子之私誠自乞君父之憐憫臣以守官在
外不得親伏旒扆之前縷陳悃愊臣今已

具表章欲乞一致仕名目就近於潁州居止以養殘年伏望聖慈特賜開許臣無任祈天俟命

第二表

臣某言臣近貢封章乞還官政伏奉詔答未賜允俞退自省循奚勝殞越臣聞神功不宰而萬物得以曲成者惟各從其欲天鑒孔昭而一言可以感動者在能致其誠敢傾虔至之心再瀆高明之聽臣某中謝伏念臣本以一介之賤叨塵二府之聯知

直道以事君每師心而自信然而旣乏捐
軀之效又無先覺之明用之巳過其分而
曾不自量毀者不堪其辱而莫知引去幸
賴乾坤之再造得逃陷穽之危機仍許避
於要權俾退安於晩節今乃苦於衰病莫
自支持顧難冒於寵榮始欲收於骸骨敢
期聖念過軫天慈謂雖迫於桑榆未忍弃
於草莽竊以古今之制沿襲不同蓋由兩
漢而來雖處三公之貴每上還於印綬多
自駕於車轅朝去朝廷暮歸田里一辭高

爵遂列編民豈如至治之朝深篤愛賢之意每示隆恩之典以勸知止之人故雖有還政之名而仍享終身之禄固已不類昔時之士無殊居位之榮然則在臣素心雖切退休之志迹臣所乞尚虞僥倖之譏伏望皇帝陛下惻以深仁矜其至懇俾解方州之任遂歸環堵之居固將優游垂盡之年涵泳太平之樂惟辛勤白首迄無一善之稱孤負明時莫報三朝之德此爲慙恨何可勝陳

第二劄子

臣近以疾病衰遲再上表一作封章瀝陳血懇乞一致仕名目以養殘年聖恩憐憫不忍遽棄特降詔諭未賜允俞承命之際惟知感泣臣竊以七十之制雖著禮經而歷代以來人臣進退多不拘此有年已過而不得去者有年未及而可以去者蓋以人有賢愚理難一槩一作致其或上智高才元勳舊德用捨去就繫朝廷得失輕重者故雖年已過之理不得去而人皆不以爲非也

若中常之人碌碌備位存之旣無所益去之亦無可思其用捨不爲得失去就不繫輕重其人苟能量分知止奉身而退朝廷則必嘉其趣尚而成就其志故雖年未及而特許其去而人亦不以爲非也彼中常之人者居常則無足可稱及能識分自量不待年及而知止則尚有一節可取故人君推樂賢養士之心務欲奬成其名節所以不待年及而亦方一作許其去也如臣愚陋不敢過自陳其不肖輙竊自比於中常

之人所謂碌碌備位存之無所益去之無可思而用捨去就不繫朝廷得失輕重者臣某是也然臣比於中常之人猶有不及者貪冒榮寵過其涯分荷三朝之恩德而無所報効被小人之摧辱而不能遠去固非有識分知止之明而直以疾病侵陵心神昏耗力不能勉然後不得已而自陳耳此臣自媿於心者也雖然臣以犬馬之賤蒙陛下天地養育之恩始終保全以至今日惟晚暮一節尚賴君父之仁獎成其志

臣今巳具第二表陳乞伏望聖慈特賜開

許（一作允）今取進止

第三表

臣某言臣近者再貢封章乞從致仕伏奉

詔書宜不允者竊稽典禮退止一辭上黷

眷慈臣今三請雖未忍弃捐之意曲煩再

諭以丁寧而不勝迫切之誠尚冀終蒙於

開可臣某中謝伏念臣禀生至陋力學不

強徒以略誦仁義之言粗知廉耻之節早

緣一藝擢自諸生智非先見之明材無適

用之敵但知報國不敢謀身惟枉尋直尺之不爲故圓鑿方枘而難合以至被侵凌於羣小遭詆毀之百端而臣忍辱強顏踰時歷歲蓋思責任之方重顧於去就而難輕今者幸蒙寬恩獲保孤拙脫於死地優以便藩既無效於勤勞徒坐尸於寵禄加以艱危備歷憂患已多老將疾以偕來形與神而俱瘁昔而少健黔驢之伎已殫今也病衰駑馬之疲難強始露肺肝之懇乞收骸骨而歸迹臣前後之心可見遲徊之

久不敢爲於妄舉蓋幸冀於必從伏望皇
帝陛下推天地之仁垂日月之照察臣旣
非猶憤以肆一朝之忿又非矯激而希高
世之名本由多難之餘誠以不能而止矜
其朽憊賜以哀憐許上印章退居田里使
病樗擁腫盡爾天年斥鷃逍遥遂其物性
幸克成於素志惟仰賴於鴻私

第三劄子

臣輙有血懇上干天慈意迫言煩合從誅
戮臣近以衰年疾病三上表章乞一致仕

名目伏蒙聖恩一作慈累降詔諭未賜允俞祗服訓辭惟知感涕臣聞陳力就列不能者止此臣子之常分也臣以庸繆遭遇三朝誤被奬擢叨塵二府論其報効初無取一作補於毫分積爲怨仇則不勝於詆訾雖忠邪善惡上則難逃聖鑒之明毀譽是非下則一付至公之論可以撫心省己自信不疑其如蹇拙孤危亦已甚矣而猶貪冒榮寵不知進退以至横遭誣陷幾至顛擠上賴陛下推天地父母之恩以保全之察其

誠心許解重任假以善地從其私便偷安
苟禄優幸已多而臣量盈器極福過災生
衰疾所嬰積年滋甚中虚渴涸若注漏卮
腰脚伶俜僅存皮骨舊患兩目氣暈侵蝕
日加昏暗簽書文字轉覺艱難一郡之間
事多曠廢是敢直露肺肝願還印綬而皇
慈垂惻未忍遽弃三賜詔諭慰以恩言中
外之人皆知聖君恩禮之數過厚於臣者
至矣而臣之懇悃迫切不能自止之誠亦
已至矣伏望聖慈憫臣衰殘哀臣懇迫特

賜允臣累表所乞俾以本官致仕（一作政）歸老田閭（一作廬）則臣雖死之年猶生之日今取進止

第四表

臣某言臣累貢封章乞從致政伏奉詔書所乞宜不允者未忍遽捐幸曲憐於舊物尚茲再黷蓋中迫於危誠進冒誅夷俯深殞越臣某中謝伏念臣以一介無能之賤荷三朝特達之知仁宗擢自諸生俾參二府先帝力排羣議深察孤忠暨逢神聖之

纂臨竊幸風雲之感會至於辨正誣枉保全始終雖天地之施無私恩非責報而犬馬之微自效力不逮心繼之衰疾之纏綿加以年齡之晚暮寵榮既過小器盈而必顛筋力已疲飛鳥倦而思止輒露乞身之請願諧解組之歸而皇慈惻然明詔屢下示廓含容之大度慰安憔悴之餘生祗服訓辭惟知感涕然而忠信所以事上理無弗踐之空言進退各有其宜力或不能而當止雖禮著引年之制必待及時而身有負薪

之憂亦容辭仕是敢再殫悃愊仰冀哀矜伏望皇帝陛下軫堯舜之深仁推乾坤之曲造憫其確至賜以允俞俾還穎尾之居遂養漳濱之病再念臣早從壯歲粗學文辭久冒榮階常豐禄賜尚能遇樵夫而談道宣上德以諭愚民與故老而揮金均君恩而榮里巷此聯一作談王道揮賜金似衍二字以終晚節永荷鴻私

第四劄子

臣近者累具表章劄子披述懇誠上干宸造乞一致仕名目歸老田廬伏蒙五降詔

書未賜俞允訓諭丁寧恩意深至捧讀之
際惟知感泣而臣情迫於中不能自止者
蓋以疾病侵攻心志衰盡欲於未塡溝壑
之間自爲苟且朝暮之計是敢更瀝肝膈
一作瞻冀蒙哀憐臣自治平二年已來遽得
痟渴四肢瘦削脚膝尤甚行步拜起乘騎
鞍馬近益艱難而兩目昏暗多年舊疾氣
暈侵蝕積日轉深視瞻恍惚一作恍恍數步之
外不辨人物至於公家文字看讀簽書動
成妨廢臣本庸常之人非有深識遠慮每

見比來臣寮多因疾病致仕其人既遂閑
退往往稍復康安一作寧臣伏自念無才無
能叨竊榮寵滿盈之罰福過災生亦欲量
分知止辭去官禄庶於晚暮之年少免災
疾之苦又臣所患眼目一作疾自今年春夏
以來日更增加其勢未止惟恐年歲之間
遂成廢疾若幸於未廢之前獲遂退休之
請與其病廢尚竊美名臣之愚慮所希實
止於此臣遭遇明聖過蒙知奬其孤危蹇
拙之迹荷保全終始之恩可謂至矣而未

知報効遽迫病衰天心仁憫必垂矜惻臣
不敢避煩言屢黷之罪今已再具表陳乞
伏望聖慈特賜開許令取進止

第五表

臣某言臣近者累具陳乞願還官政伏蒙
聖慈五降詔書未賜俞允上恩曲諭已至
矣而丁寧下愚弗移但頑然而迷執論罪
合當於誅戮原情尚冀於矜從臣某中謝
伏念臣以空言少實之文守泥古不通之
學遭逢亨會玷竊寵靈禄利已豐乃辭陳

力恩私未報輒欲便身推是以言固難逃責若乃艱危險陷僅存將盡之餘齡沮辱摧傷無復平生之壯氣加以形骸衰颯疾病侵凌顧難戀於軒裳遂退甘於畎畝語其此志又若可哀自伸五請之勤已涉三時之頃天慈惻隱聖度優容謂駑馬雖疲念服轅之已久而蓍簪至賤閔舊物而不忘固當上體至仁勉安厥位而夏秋交際痾疹日增弱脛零丁惟存骨立昏瞳眊瞀常若寘行既未知痊損之期終當廢去而

苟遂退休之懇尚竊美名是敢更殫悃愊之私冀動高明之聽伏望皇帝陛下推乾坤亭育之施回日月照臨之光少寬屢黷之刑俯徇至誠之請庶使戒滿盈而知止免災疾以全生老安治世之和永荷終身之賜

第五乞守舊任劄子熙寧元年■月

臣今月六日準樞密院遞到詔書一道以臣上第五表乞致仕伏蒙聖恩未賜俞允者伏念臣以庸虛淺末之學遭遇三朝荷

非常不次之恩寵未知報効之方而遽迫
衰病自懼盈滿思慕古人知止之節願於
聖世獲遂退休陛下仁聖寬慈俯哀誠悃
既恕其屢黷之罪未加誅戮而又推天地
父母之恩不忍遽令退去六降詔書丁寧
訓諭感極惟泣不知所容再念臣昨蒙恩
許守此便郡以養衰殘今到任巳及一年蓋
爲脚膝乘騎鞍馬艱難憂慮非時别有移
替欲望聖慈許臣且更於此將理一二年
間若稍獲安痊則不敢上煩聖聽臣以孤

危蹇難之迹荷陛下始終保全之恩以至今日猶以衰殘疾病之懇煩君父含容養育之私臣無任

表奏書啓四六集卷第四

紹熙三年十月承直郎丁朝佐編次

郡人孫謙益校正

乞詰問蔣之奇言事劄子 天下之心 之一作爲

封進批出蔣之奇文字劄子 使事虛 此下一有而字

乞罷政事第三表 動皆臣忌 忌一作過

亳州謝上表 于廷 一作于朝 知士其難 其一作爲 懇辭 懇一作懇還 必報之効 一作爲効之報

亳州乞致仕第三劄子 累表 一作累奏

第四劄子 明聖 一作聖朝

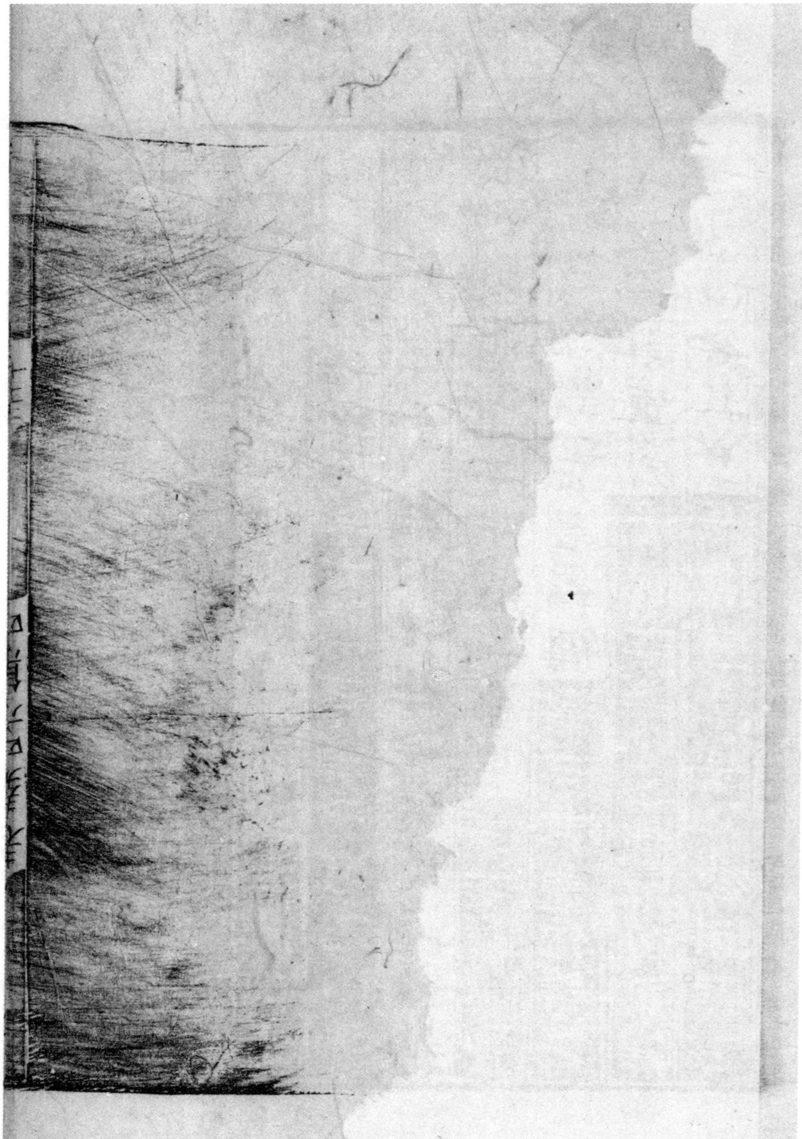

表奏書啓四六集卷第五　歐陽文忠公集九十四

辭免青州第一劄子 熙寧元年[illegible]月九日

臣今月八日準樞密院遞到誥勑各一道蒙恩授臣兵部尚書依前觀文殿學士知青州者伏念臣近以疾病衰殘累上表章陳乞致仕天慈憫惻六降詔書未賜俞允臣以訓諭丁寧不敢更煩眷聽然臣久患脚膝乘騎鞍馬艱難又到任已踰一年深慮非時別有移替已具劄子奏陳乞且於亳州將理一二年間若稍獲痊安兾可陳

力敢謂聖恩優異命出非常超轉官資移
委大郡再念臣累年痟渴衆所具知肌體
瘦削精神昏耗本以衰羸懼難勉勵遂乞
休致今青州所管一路寄任至重實藉幹
才以臣居之必至曠敗兼臣所患脚膝道
路乘騎鞍馬艱難欲望聖慈特賜矜察許
臣且守舊任兾得將理衰殘所有誥勅臣
未敢祗受已送軍資庫寄納令取進止

第二劄子熙寧元年八月二十八日

臣今月二十七日準樞密院遞到詔書一

道以臣辭免青州恩命所乞宜不允者臣竊惟表海名邦青爲重地聖恩優借以寵衰殘豈合固辭上煩宸聽伏念臣情有迫切不能自已者蓋臣近以疾病侵陵心志昏耗方瀝血懇乞從退休陛下曲賜矜憐不忍廢弃丁寧訓諭未賜允俞今則忽被新恩有此遷擢乃是臣乞退休而得進秩方稱疾而領要任則臣嚮所陳請矯激欺詐以要恩寵之罪何以自逃雖天度寬仁未以此責臣而臣之心顔何以自處使臣

筋力可以勉彊猶當陳述義理必兾獲辭
以免清議之責况臣衰病羸悴實如累表
所陳陛下推天地父母之恩未忍廢退且
令苟禄養疾於便郡臣已不勝僥倖之懇
豈敢更望遷進况亳州於近邦之中尤爲
善地前後曾任兩府臣寮如陳執中宋庠
皆得養疾於此者甚多伏望聖慈憫臣衰
病哀臣誠悃俾臣且守舊任更將理一二年
間苟其筋力稍宁則臣盡瘁薄効豈無犬
馬識恩知報之心所有降到詔勑臣不敢

祗受見在本州軍資庫寄納伏乞早賜許

臣繳納臣無任

第三劄子 熙寧元年九月

臣今月十四日準樞密院遞到詔書一道以臣辭免青州恩命所辭宜不允及準中書劄子奉聖旨令臣便受勑告疾速發赴青州本任者伏念臣自去春蒙恩許解重任俾守便郡以養衰殘方及一年忽被恩渥超轉官資移委藩鎮聖恩眷異便當祗受豈合固辭上煩眷聽臣罪當萬死然念

臣義迫情切不能自止者緣臣久患眼目
脚膝心志昏耗自懼盈滿乞從休退六蒙
詔諭丁寧深至臣上體聖眷殊常未敢固
辭再黷方且乞更將理一二年冀少痊安
庶可勉彊而不圖遽被遷擢之命臣竊思
聖恩本以憫臣憔悴加以寵榮以慰臣之
衰暮而臣蹇薄覊危不能上副恩眷今進
退皆觸於罪戾蓋臣若進而祗受則有連
章累懇矯激欺詐以邀恩寵之罪而其罪
大若退而懇辭則有稽違君命煩言屢黷

之罪然比於矯詐邀恩則其罪似輕在臣
愚計自擇則固當逃大罪而就輕罪臣又
竊惟陛下所以保全愛惜臣者至深至厚
矣亦必不使臣至於大罪也故臣披瀝肝
血不敢避煩言屢黷之誅臣所患眼目
脚前奏已具陳述不敢虛矯欲望聖慈於
未許臣休致間且令臣守舊任便於將理
所有勑告見寄納本州軍資庫稽留君命
多日臣曉夕憂惶如履冰炭伏乞早賜許
臣繳納臣無任

辭轉兵部尚書劄子 熙寧元年九月

臣近蒙恩除臣兵部尚書移知青州臣巳三具劄子辭免伏奉今月二十五日詔書所辭宜不允者聖恩優異訓諭丁寧便當祗命而行豈合上煩睿聽罪宜誅戮無以自逃然臣懇血之誠猶有不能自巳者伏念臣本以衰羸疾病方乞退休遽兹遷擢義迫難安所以懇祈辭免至於恩典超優遷轉頻數使臣不因疾病乞退亦合懇辭蓋臣近自去春由尚書吏部侍郎轉左丞

未逾兩月又超轉三資除刑部尚書今纔逾歲又超轉兩資尚書六曹一歲之間超轉其五無功之賞公議豈容此臣所以不避煩言屢瀆之罪而上干宸造也然臣已三被詔書慰諭深切進退惶惑不知所措敢不力勉衰殘上副恩眷臣今更不敢辭免青州差遣若得秖守舊官而往庶幾可免矯激邀求之責伏望聖慈察臣悃愊（一作迫）特許免臣轉官恩命繳納近降誥勑所有青州差勑臣見別候指揮今取進止

青州謝上表 熙寧元年十月

臣某言伏蒙聖慈特授臣兵部尚書依前觀文殿學士知青州軍州事充京東東路安撫使臣已於今月二十七日赴上訖掌國五兵叨進中臺之秩宣風一面俾綏東土之人祗荷寵靈徒知殞越臣某中謝伏念臣學非通敏村實空踈幸逢千載之休明誤被三朝之奬擢久陪法從嘗與政機國恩未報而身已先衰世塗可畏而命亦多蹇頃縁災疾遂決退休敢期上惻於

皇慈未忍遽捐於舊物而復過推優渥以

慰癃殘惟孤拙之無堪蹈艱危一作虞而已

甚世之所榮者臣之所懼人以爲寵者臣

以爲憂是敢輒殫悃愊之誠累黷高明之

聽迫於危慮罔避煩辭而聖度并容寬其

罪戾恩言屢降譬以丁寧知成命之難回

勉靦顔而祗受而況全齊舊壤負海奥區

民俗富庶而鑿井耕田各安其業詔條寬

大而奉法守職足以脩官内省庸虚奚勝

忝幸此蓋伏遇皇帝陛下日新求治天覆

推仁謂簪履雖爲於賤微尚堪收録而犬
馬苟豐於豢養猶可使令臣敢不策勵疲
羸勤思夙夜庶期盡瘁少答鴻私

謝南郊加食邑五百戸表熙寧元年十一月

紫壇高峙式薦於精禋皇澤霶流推行於
大慶祗膺寵數伏切兢營臣某中謝伏惟
皇帝陛下出震膺期繼文興治百度講明
於新政群生涵泳於至和乃考舊章聿思
報本謂三歲一郊之禮必舉以時俾四海
九州之人並受其福遂因景至躬款陽丘

萬國充庭其誰敢後六卿聯事各以其官
而臣職忝須條位拘守土執豆籩而祗役
罔獲施勞逮輝翟之餕餘遽蒙均惠無功
受賞莫遑俯傴之辭盡瘁事君惟誓糜捐
之効

謝傳宣撫問賜香藥銀合表熙寧二年三月

臣某言今月二十五日伏蒙聖慈差入内
内侍省西頭供奉官王延慶傳宣撫問仍
賜臣香藥一銀合者祗命有嚴瞻天威而
不遠撫躬增惕拜君賜以爲榮臣某中謝

伏念臣本以妄庸幸緣遭際進陪國論莫贊萬機之微出布政條未聞五月之報屬北州之災鏟隣東土之封疆皇帝陛下子育黔黎仁深覆載閔扶携而轉徙軫宵旰之焦勞而臣職在撫綏任叨寄委曲煩訓諭備極丁寧仍因使傳之馳特示恩頒之寵臣敢不恪官自警祗事以時惟善是從勉企前人之迹俾民受賜上寛明主之憂

謝賜漢書表熙寧二年三月

臣某言臣伏蒙聖恩賜臣新校定前漢書

一部已於今月日據進奏院遞到臣已祗
受訖著俯躬承命拭目生輝臣某中謝竊
以右文興化乃致治之所先著録藏書須
太平而大備惟漢室上繼三代之統而班
史自成一家之書文或舛訛蓋其傳之已
久詔加刊定俾後學之無疑一新方册之
文增煥祕書之府而奏篇之始方經衡石
之程賜本之榮惟及鈞樞之近敢期孤外
特與恩頒此蓋伏遇皇帝陛下曲軫眷慈
俯矜舊物謂其嘗與臣隣之列不忍遽遺

憐其自喜文字之間俾之娱老然臣兩目皆眊雖嗟執卷之巳艱十襲珎藏但誓傳家而永寳

乞壽州第一劄子熙寧二年冬

臣輒瀝誠懇上干天聦一作聽臣本以妄庸逢時竊禄寵榮踰分報効無聞頃在亳州嘗以疾病乞從休退聖恩憐憫未忍遽捐累降詔諭丁寧備至適會東秦闕守誤被選差超轉兩官委以一路臣亦屢陳朽僨既不獲辭便當策勵尫疲上副憂寄而臣迫

以年齒晚暮近日以來心力俱耗事多徒忘（一作廢）腰脚舊苦拜起艱難兩目氣暈尤更昏然僅分黑白雖勉力支持日虞曠敗兼臣到任已及一年有餘欲乞就移淮潁間一差遣以便私計伏望聖慈特賜憐憫許差臣知壽州一次冀（一作庶）就閑僻苟養衰殘今取進止

第二劄子

臣近以疾病乞就移知壽州一次伏奉今月九日詔書宜不允者聖恩優假訓諭丁

寧迫以危誠不能自默再煩眷聽罪合誅
夷伏念臣舊患眼目已十餘年又苦渴淋
亦五六歲年日加老病日加深睛瞳氣暈
侵蝕幾盡脚膝瘦細行步艱難自入今歲
以來心神又更昏耗事多健忘動輙差失
九州一路寄任匪輕勉彊尫殘日虞曠敗
況臣貪冒榮寵過分已多年齒衰遲又復
如此理宜量力知止早自退休蓋臣昨在
亳州累陳此懇伏蒙陛下至仁至慈憐憫
舊物不忍遽弃屢頒恩詔委曲慰安欲令

且更勉勵故臣今者未敢別有陳請秖欲求淮潁之間一便郡苟竊俸禄以盡餘生庶幾上副聖君天地父母含容養育之恩伏望睿慈特賜矜許今取進止

謝擅止散青苗錢放罪表熙寧三年夏

臣某言今月二十九日準中書劄子以臣奏乞不俵秋料青苗錢事奉聖旨不合不聽候朝廷指揮擅行止散之罪特與放免者有罪必誅是爲彝典原情以恕特出深仁聞命驚慚省躬涕泗臣某誠惶誠感伏

念臣以一介之微賤荷三聖之奬知寵禄
旣豐初無報效筋骸已憊尚此遲徊曲蒙
大度之并容誤委一方之寄任職當撫俗
責在分憂方兹旰昃之勞心豈敢因循而
避事昨遇國家新建官司而主計大商財
利以均通分命出使之車交馳於郡縣悉
發舊藏之鏹取息於民泯而臣方久苦於
昏衰初莫詳其利害既已大諠於物議始
知不便於人情亦嘗略陳衆弊之三冀補
萬分之一屬再當於班給顧已逼於會期

雖具奏陳乃先擅止據茲專輙合被譴呵豈謂伏蒙皇帝陛下深軫眷慈俯矜朴拙免從吏議特貸刑章夫何草木之微曲被乾坤之施臣敢不益思祗畏更勵操脩戒小人之飾遂（一作）非希君子之改過冀圖薄效少答鴻私

辭宣徽使判太原府劄子（熈寧三年四月）

臣準今月二十九日入內東頭供奉官馮宗道到州傳宣撫問賜臣告勑各一道伏蒙聖慈除臣宣徽南院使判太原府事伏

念臣久苦老疾自今春眼目疼痛及渴淋
舊疾作脚膝細瘦行步艱難自三月已來
交割却本州公事見今在假將理所有今
來恩命優異寄任非輕以臣非才固不敢
當兼以久嬰疾病未得痊安見別具奏章
陳乞一小郡差遣次所有賜到勑告臣未
敢祗受已於青州軍資庫寄納別聽指揮
次令取進止

同前

臣前月二十九日伏蒙聖恩差中使賫

賜臣告勑除臣宣徽南院使判太原府
事臣尋已具奏陳未敢祗受今輙再瀝危
懇上干天聰意迫言煩敢避誅戮伏念臣
自至青州忽已踰歲適值年時豐稔盜訟
稀少足以偷安竊祿而臣自以年齒日加
衰殘日甚心識昏耗難於勉彊以謂一路
九州不可常幸於無事每憂緩急有誤寄
委所以去冬累陳衰病乞移一淮潁間小
郡未賜允俞之間遂接春陽戒候爲風氣
上攻眼目驟加昏痛因此服藥過度發動

渴淋舊患甚於初得疾時腰脚枯瘦行履
艱難自三月後來不免兩次交割却本州
公事在假將理百方治療終未痊損敢期
於疾病一作告中忽被睿恩有此差遣一作選
不惟寵命優異非臣敢當兼以久病淹延
筋力難彊欲望聖慈曲賜哀憫特許檢會
臣前所陳乞於淮潁間移一小郡俾養殘
年所有太原重任必難久闕人伏乞別選
用人上副憂寄今取進止
同前五月一日

臣近蒙聖恩除臣宣徽南院使判太原府事續準中書劄子奉聖旨令臣依前降指揮疾速起發仍赴闕朝見訖發赴本任者伏念臣以老疾經春方在病假中忽被此恩命自揣才力難當寄任不敢祗受尋已具辭免仍乞一滙潁閒小郡見別聽候朝旨次今取進止

同前 附馮供奉入奏

臣此者伏蒙聖旨除臣宣徽南院使判太原府事特差入內供奉官馮宗道賜臣告

勑各一道兼傳宣撫問續準中書劄子奉
聖旨令臣疾速起發仍赴闕朝見訖赴任
者伏縁臣以非才久病心力衰耗難當擢
任之寵兼自春以來疾患久在假告已於
四月二十九日五月一日兩具劄子奏聞
辭免恩命至今一無至今二字祇候提點刑獄席汝
言到任交割公事別聽朝旨次欲望聖慈
矜察早賜允俞今取聖旨

同前

臣今月二十二日一作二十日準進奏院遞到詔

書一道伏蒙聖慈以臣辭免恩命未賜允
俞者訓諭丁寧理宜祗受懇誠迫切尚敢
煩言伏念臣本以妄庸誤叨器使寵榮踰
分福過災生五七年來纏綿疾病僭蒙聖
念許解政機仍與近藩俾從優便臣以高
秩一作爵厚禄非爲養病之資竊位素餐難
久偷安以處所以決謀休致累上封章陛
下尚以一作念簪履之微曲憐舊物不忍遽
弃屢賜安存既又從一作賜以東州兼委兵
民之任然而雖名一路不係邊防所管九

州苦無軍馬加以歲時稍稔盜訟頗稀臣得以偶免曠瘝蓋出天幸而臣常竊自念年齒日以衰暮筋力知不復宜與其臨事而后辭不若量分而先止故於（一作自）去冬再瀝懇私乞一小郡冀就（一作稍）遷於淮潁得漸近於田廬敢期病告之中忽被優殊之命超轉（一作遷時）貴職付以極邊使臣未至（一作遇）衰殘尚非所受而況實難勉彊敢不必辭再念臣自在亳州累乞致仕殆今三歲矣而口誦退休之言身貪榮進之寵既

自違於言行豈不愧於心顏雖聖度之兼
容必公議之難遏伏望眷慈曲加憫察特
賜追還新命許換近潁一州則天地父母
之恩敢忘犬馬之報今取進止

同前

臣今月十五日準樞密院遞到詔書一道
伏蒙聖恩以臣辭免宣徽南院使判太原
府事充河東四路經略安撫使恩命乞差
知蔡州一次所乞宜不允者聖訓丁寧已
煩再諭臣誠迫切難避嚴誅臣竊以朝廷

之用人臣子之事上蓋常察其進退不違於理則可以知其大節之所守而予之爵禄將以爲寵則必使不犯清議之所非授受之間可謂兩難矣故高秩厚禄人臣所願必也處之無媿然後得以爲榮或其義有不安所以容其自免今陛下寵臣者至矣任臣者優矣而臣不幸心懷自媿義有難安敢更竭此（一作敢不更竭）懇誠必期哀許伏念臣妄以迂儒遭逢三聖寵踰其分器小易盈爰自中年早苦多病臣因竊思前世爲

人臣者不待伏於床第然後稱疾不必廢
其支體然後辭官但其一作以心志已衰筋力
難彊則義當知止不可貪榮爾此臣所以
不待年及累乞退休而眷聖慈仁不忍遽
弃六賜詔諭備極恩憐而臣上體聖眷之
優殊不敢自决而引去然止當踐伏閑處
偷安竊禄譬諸已乏之馬牛俾盡餘生於
芻豢而已此乃粗爲合理其如事則不然
蓋臣前歲以老告便超兵部尚書今春以
疾辭又轉宣徽南一無南字院使辭淮南一州

則領淄青九州兖京東一路則總并代四路是每求退則得進每辭少則獲多使其一出偶然人情猶或少恕若其每舉必爾則公議豈復可容雖幸人之未言顧臣何以自處此臣（一無此字）所謂心懷自媿義有難安者也使臣筋力猶彊尚合懇辭恩寵況臣疾病積有歲年已具奏陳累（一作屢）干聽覽臣亦竊聞議者以臣脚膝（一作腰脚）未至着床枕（一作第）眼目猶可分人物便謂尚堪驅策致此誤蒙選任殊不知臣心志已衰精

神並耗雖未伏枕實一行尸再念臣本出書生老於文字賦才非敏以學自愚故歷官以來多觸罪辜屢罹憂患蓋以不通時務不習人情加以晚年繼之衰疾識慮昏眊（一作耗）舉事乖違大抵時多喜於新奇則獨思守拙衆方興於功利則苟欲循常至於軍旅之間機宜之務則又非其所學素不經心蓋以病悴已衰之軀持昏眊乖違之見任素非所學之事一有敗闕雖戮臣身不足以塞責而誤國之計如後患何使

臣粗有愛君憂國之心豈敢不思及此而貪榮苟得臣一作蓋己所宜必辭者三義所難安一也精力已衰二也用非所學三也然於三者之中其二尤急若其義所難安者幸蒙聖恩獲免俾臣不取非於清議而無媿於晚節則陛下之賜臣者榮於高秩厚禄之賜遠矣至於用非所學致誤國家之計貽朝廷之憂則當君父旰昃憂勞求治之時聖慮所宜留意也伏望聖慈哀臣誠至之言察非矯僞之飾特賜允臣屢請追

還新命（一作授）換一小州則臣雖死之日猶生之年令取進止

蔡州謝上表（熙寧三年）

臣某言臣伏奉勑命就差知蔡州軍州事巳於九月二十七日赴上訖者負薪嬰疾獲辭四貴之遷剖竹分符尚忝一麾之守荷寬恩之優假撫朽質以兢慚臣某（中謝）伏念臣本出孤平（一作貧）粗親文藝遭逢亨會叨竊寵榮方犬馬之壯時早無施於尺寸況桑榆之晚景嗟巳迫於衰遲一昨誤

被選掄擢升要近付以一方之民政委之四路之兵機惟寄任之匪輕揣庸虛而內懼輙陳懇悃屢黷高明敢冀天慈不違人欲還其舊職易以近藩惟古豫之名邦控長淮之右壤土風深厚物産豐饒雖宣化班條慚無異術而守官循法足以偷安此蓋伏遇皇帝陛下惻以至仁包之大度既不責其避事又曲從其便私哀爾尩殘容其僥倖仰被乾坤之造顧非木石之頑臣敢不勉自勵其筋骸更殫盡瘁之節茍未

填於溝壑尚知圖報之方

蔡州再乞致仕第一表熙寧四年四月

臣某言臣聞士之致政而傳家雖著禮經之常制昔有乞骸而稱疾不待年及者固多況臣久苦於病衰早歲已陳於悃愊敢茲再黷仰冀哀憐臣某中謝伏念臣以一介之妄庸荷三朝之眷奬因時竊位嘗俾贊於萬機積日累年訖無稱於一善徒緣朴戇動觸機危每煩君父之保全不殞終身一作始終之名節嚮由災疾顧謝軒裳披瀝肺

肝累奏封而五上留連寵禄復歲序之三
遷閒被誤恩驟加擢任顧巳難於策勵遂
復力於懇辭上賴慈仁曲加憫惻既不責
其避事又曲從其便私得善地之寬閑俾
殘軀之養息而臣年日加老病益交攻新
春以來舊苦增劇中痟渴涸注若漏巵弱
脛零丁兀如槁木加以睛瞳氣暈幾廢視
瞻心識耗昏動多徤忘雖聖君之念舊廓
大度以兼容而曠職曠官實爲可畏貪榮
竊食難久自安伏望皇帝陛下日月照臨

乾坤亭育察其情實賜以矜從許解郡章
歸榮里閈俾其酣詠樂時之盛化優游爲
世之幸民以畢餘生永繫鴻造

又劄子

臣輒瀝懇私上干宸造愚誠所迫罪戾難
逃臣自頃蒙恩許解政事即曾乞一近潁
州差遣庶得漸謀歸老上荷至仁憫臣衰
病允其所乞差知亳州到任之明年遂乞
致仕聖念惻然憐其舊物不忍廢置凡五
上表章四具奏劄皆蒙詔答未賜允俞臣

以不敢更爲煩黷遂且中止尋又蒙恩超
轉臣兵部尚書安撫淄青一路旣不獲懇
辭遂勉力就任而臣迫以昏衰事多曠廢
甫及一年則又陳乞壽州亦以近潁冀便
於歸老未得請閒尋又蒙恩除臣宣徽使
移守并門付以河東一路官益榮任益重
而臣身益老病益加不勝憂懼之情所以
累瀝血懇上煩天聽伏蒙眷慈察其誠實
養疾便私悉如其請臣自到今任忽已半
年幸值歲物豐成民盜一作訟稀少坐尸厚

禄足以偷安臣上戴陛下天地父母之恩未知論報之所而心與願違蓋自冬春以來舊苦愈增上渴下淋晝夜不止脚膝細瘦僅存皮骨行履拜跪艱難加以眼目昬暗視物睛痛有妨簽書看讀公家文字載念臣昬衰疾病既已累年量分知止亦非一日寵禄之榮無容久竊臣今輒具表章再伸舊請乞一致仕名目欲望聖慈特賜開許令取進止

第二表 熙寧四年三月

臣某言臣近上表章乞從致仕伏奉詔書
所乞宜不允者眷訓丁寧曲加慰諭愚衷
懇迫尚敢黷煩將再干於冕旒宜先伏於
砧鑕臣某中謝伏念臣世惟寒陋少苦奇
屯識不達於古今學僅知於章句名浮於
實用之始見於無能器小易盈過則不勝
於幾覆徒以早叨千齡之盛會誤蒙三聖
之獎知寵榮既溢其涯憂患亦隨而至稟
生素弱顧身未老而先衰大道甚夷嗟力
不前而難強每念恩私之莫報兼之疾病

以交攻爰於守亳之初遂決寵漳之計逮此三遷於歲律又更兩易於州符而犬馬已疲理無復壯田廬甚邇今也其時是敢更殫螻蟻之誠仰冀乾坤之造況今時不乏士物咸遂生凫鴈去來固不爲於多少鳶魚上下皆自適於飛潛苟遂乞於殘骸庶少償其夙志伏望皇帝陛下哀憐舊物隱惻至仁察其有素非僞之誠成其識分知止之節曲從其欲賜報曰俞俾其解組官庭還車故里披衮散髮逍遥垂盡之年

鑿井耕田歌詠太平之樂其爲榮幸曷可勝陳

又劄子

臣此者伏奉詔書以臣再乞致仕未賜允俞恩旨稠重伏讀感涕臣自熙寧元年初有陳乞迨今四年之間凡八上表章五具劄子其懇悃迫切言意重複干冒天慈煩黷聖聽固已可厭而可責矣而蒙陛下未加誅譴曲爲優容八被詔音（一作答）丁寧慰譬此天地父母之仁可謂至矣然臣猶有

不得已者臣前嘗奏述古之爲臣不必伏於床枕然後稱疾不待廢其支體然後辭官但其心力已衰不能勉彊則自宜知止而不可貪榮此臣前次陳乞之時所志止於如此爾蓋自守亳迨今又已四年身比前日加老則氣血比前日益衰而疾病比前日益不支持但未伏床枕廢支體爾此臣不能自已者也臣竊伏思聖君久已察臣區區而未允其請者必以臣歷事三朝最爲舊物聖恩眷眷未忍廢弃而年又未

及去之太早耳然臣前又甞奏述今之致
仕與古之人不同恩禮優幸不爲廢弃至
於年未及而早去亦今昔人臣常事臣竊
見實録所載太宗時有太常少卿孔承恭
者年纔六十一便乞致仕太宗皇帝欣然
許之仍特降詔書褒奬以勸人倫蓋當
時議者不以朝廷許承恭早去爲非而但
稱承恭之善又以有臣如此可以勸勵風
俗自爲朝廷美事也欲望聖慈少紆聽覽
果若致仕優幸不爲廢弃雖年未及又議

者不以爲非而反爲朝廷美事則理無可疑而臣若蒙哀憐得遂其請則上不損朝廷之體下不失優倖之恩而又竊知止之名爲一時之佳事則臣之受賜者多矣臣不勝意迫言煩惶懼激切俯伏待罪之至今取進止

第三表 同前

臣某言今月二十一日準樞密院遞到詔書一道伏蒙聖慈以臣再乞致仕未賜允俞者恩深眗嫗感極涕洟雖情有迫於危

心不知自止而辭已窮於累牘幾至無言
惟以至誠期於必達自乞憐於君父不復
訐於蓍龜臣其中謝伏念臣家世單平性
姿中下少從官學本免飢寒不自意於遭
逢遂進階於華顯然而群材方茂蒲柳未
秋而早衰衆駿並馳駑駘中道而先乏而
況荷難勝之任用竊逾分之寵榮風波憂
畏而慮已深疾病侵凌而老亦至故自辭
於機政即顧謝於軒裳蒙上聖之至仁念
三朝之舊物每曲煩於訓諭久未忍於弃

揹竊惟臣之事君必本忠信言不顧行是爲罔欺而臣口日誦於田閭身坐貪於禄利可畏至公之議何施有靦之顏每自省循莫遑啓處是敢罔避再三之煩黷猶希萬一之矜從伏望皇帝陛下特軫天慈俯回睿聽察前言之可復蓋屢請者有年哀下愚之不移俾卒成於素志徇其所欲乞以殘骸臣若得上還印綬於有司自駕柴車而即路晚節知無於大過沒身永荷於鴻私

謝致仕表 熙寧四年六月

臣某言今月十七日進奏院遞到勑告伏蒙聖恩除臣太子少師依前觀文殿學士致仕者愚誠懇至曲軫於皇慈寵命優殊特加於常品本期得謝更此叨榮臣某中謝伏念臣猥以庸近之材早遘休明之運不通之學既泥古以難施無用之文復虛言而少實是以三朝被遇四紀服勞蒙德重於丘山論報亡於毫髮而年齡晩暮疾病尫殘輙希知止於前人不待及期而後

請自陳悃愊屢至瀆煩旣久歷於歲時始曲蒙於閑可仍超加於異數非止賜於殘骸道愧師儒乃忝春宮之峻秩身居畎畝而兼書殿之清名至於頭垂兩鬢之霜毛腰束九環之金帶雖異負薪之里（一作重）何殊衣錦之歸使閭巷咨嗟共識聖君之念舊搢紳感悦皆希後福之有終豈惟愚臣獨受大賜此蓋伏遇皇帝陛下無私覆物博愛推仁以其夙幸遭逢密契風雲之感會曾經服御不忘簪屨之賤微致此便蕃萃于

衰朽雖伏櫪之馬悲鳴難戀於君軒而曳尾之龜涵養未離於靈沼餘生易畢鴻造難酬

乞免明堂陪位劄子熙寧四年八月

臣伏準今月二日詔書以明堂大禮特令臣赴闕陪位者臣竊惟大饗之禮國家盛典千官分職以奉事萬國駿奔而在庭方以老病衰殘退伏閭里尚蒙天慈曲加記録特賜詔召俾與侍祠之列此臣子之至榮至幸豈臣克堪而臣不幸早嬰災疾瀝

懇累年近蒙聖恩許以歸老而自春涉秋
舊苦增劇脚膝細瘦行履拜跪艱難伏況
祠事恭虔出於彊力而臣迫此疾苦不獲
祗赴召命無以上副君父記録愛憐之恩
臣不勝皇恐

謝免明堂陪位表

合宫大啓爰講於上儀明詔忽頒俾祗於
嚴召被恩言之優渥撫病質以兢營臣某
中謝伏惟皇帝陛下仁聖聰明憂勤慈儉
遂羣生而涵育臻至治於和平乃因萬物

之成秋爰即九筵而展禮陟降薦獻百官
以職而各供膺受福釐一人有慶而咸賴
而臣近辭印紱方伏田廬當與庶民並蒙
餘澤敢期眷眷尚録孤孱俾陪在外之臣
來預侍祠之列載念臣自緣災疾幸獲退
休殆未踰時尚嬰舊苦雖朝廷禮樂之盛
得與者爲榮而犬馬筋力之衰告疲而已
久既不能於策勵姑自信於奇屯大史滯
於周南惟知歎命子牟瞻於魏闕但極馳心

謝明堂禮畢宣賜表 熙寧四年九月

臣其言臣今月十七日伏蒙聖恩特差右
班殿直王昌賜臣衣一襲金𨱎帶一條銀
器一百五十兩絹一百五十疋米麵羊酒
等者太室精禋方集神明之貺篳門增耀
亦霑慶賜之優祗受以還兢營失措臣其
中謝伏惟皇帝陛下垂衣致治盡志奉先
率循三歲之舊章時舉季秋之大饗四方
萬國執玉帛以盈庭羣卿百司潔豆籩而
恭事而臣以衰殘之病質荷寬假之深仁
方居畎畝以偷安莫覩朝廷之盛禮璽書

表奏書啟四六集卷第五

報乾坤之大施

之向慕俾其餘生惟嗟大馬之已疲莫

至愚念舊履之雖微猶爲求舊物闕祭偷

之寵此蓋伏遇皇帝陛下容之大度推以

賜召不遑祇命而趨使指就臨特被匪頒

代作三首

代進奉承天節絹狀

右臣伏以重熙纂歷載誕啓辰正宁陳儀允昭於嘉會庶邦修貢咸効於駿奔前件絹三壤所宜九賦收出備諸宰旅實纖篚以非工竊比野人得美芹而是獻虔誠斯至欣頌咸同

代進奉土貢狀

右臣伏以百嘉咸茂允賴聖功九貢所儀備存方志前件物出於繭稅載厥仙經疏

密有程甘馨可采以時述職庶六尚之攸資向日傾誠保億齡而是祝干浼宸造臣無任

代薛仲孺乞御篆神道碑狀

右臣輒瀝哀懇上干眷聽人子之志蓋急於顯親天心至仁仰冀於從欲伏念臣先臣奎早以孤直遭逢盛明自結主知衆預國政讜言忠節著在朝廷遺德餘芳宜刻金石伏見兩府舊臣之家所立神道碑多蒙聖恩賜以御書名額臣今欲於先臣墓

隧刻立碑名欲望聖慈特賜御篆神道碑額所冀神翰之光照臨幽壤不獨榮其後嗣實以勸於事君謹具狀陳乞以聞

辭免青州第三劄子 緣臣（此上一有蓋字）

謝賜漢書表 皆眊（一作昏眊）

乞壽州第一劄子 憐憫（一作矜憫）

第二劄子 恩詔（一作明詔）欲求（一作欲乞）

謝擅止散青苗錢放罪表 三聖（一作三朝）

辭宣徽使第二劄子 衰病（一作衰疾）

蔡州乞致仕第一表 常制 一作常典 悃愊 一作懇悃

嚮由 一作曩由 永繫 一作永依

第二表 曲加 一作曲煩 砧鑕 鑕一作質

第三劄子 言意重複 一作言重意複

謝免明堂陪位表 在外 一作在位

代薛仲孺乞御篆神道碑狀 碑名 名一作銘

表奏書啓四六集卷第六　歐陽文忠公集九十五

上胥學士偃啓　天聖六年

某聞在昔築黃金之館首北路以爭趨附青雲之名使西山而起價誠以汞千里之迹者先其市骨得一字之寵者榮於袞章而況天下之風采聳聞口吻之雌黃並出以末塗之佁儗說定鑒於妍媸目論所加能令童於九齔髦端或倚可使逸於太霄是宜殫重趼宿舂之勞懷漫剌署里之字鋪論有素題品攸歸伏惟某官稟粹天英

抽華道秘虹蜺遠映拂霄塄而垂光黼黻
摛文絢雲河而發藻遊士鄉而著品入聖
域以踐優奕奕之聲軼前良而通美琅琅
其璞瑞昭世以稱珍爰自覽輝下翔階禾
特起掎袂於羣英之彀項弁手千齡之辰
列坐棘以聯曹署法庭而奏讞若君懷綬
宛轉於一綸翅翅聘車雍容於半刺陳仲
舉以題輿而擅美何恭祖以纔幘而馳稱
垂腰佩刀見賞三公之罷追絳給傳終膺
雙武之皮第連最以推高貴初儀而上獲

公車以兩令而持牘綴几以十篇而奏文
禪衣曲裾暮召大士之對尚方給札霈瀌
鴻都之毫雖西崑者冊書之藏是開乎仙
室而東壁者文章之府載郁於時風居為
顯化之階式是育材之地爰膺麗正之選
首被集仙之名白蟫芸蔺以生香茲焉辟
惡紫袷荷囊而備閤最近清光固已丹轂
解嘲天祿草經而擬聖金刀博學太一秉
藜而下觀項緣泛駕之求亟發違行之訟
恥從吏對出檢猶商謂軒冕之儻來視同

於寄物儼名都之中樂坦照乎清襟旋閑
掌於郡條久從容於別乘一麾出守固雅
尚之所存千里佩清乃上心之攸注距楗
江之清郡摽軍壁之上游犬牙之警無譁
賈室之繁甚富足以坐棠聽訟閑閣凝神
秀野頒春過蘅皋而倦目清言捉麈臨雅
俗以鎮浮然而未央居半夜而生思安石
以蒼生而待持一作起望之補吏意雅在於
本朝主父出遊帝之嗟於見晚行奉一封
之傳入隨三節之趨見堂堂之姿送之造

目對顒顒之表威不違顏登涉乎赤墀之
塗進重於高門之尤卓然遠韻度越諸公
露芳潤者漱其清芬仰龍光者思其（一作於）
末照英風有煥物議攸歸矧乃妄庸盍希
品目伏念某社樗樠槁棗鈍昏抱器質以
何堪賦天機而甚淺晞髮華旦徒跂於清
流措足英驪終慙於遠到自遭家之不造
畀遂（一作逢）生於百憂茹歎之音悲存乎手
澤動明之韻遠失於先時西華以孤露而
見裒庾信以流離而多感矧復齊氣多緩

𥡴筋甚駑之朽木之先容無一錢而為地
旁魄而論都邑則被傖父之訶禎鈍以取
世資但聽斲輪之曉終非令甤第困窮塗
一昨竊萬家之應書隨重車而上計方策
條對廑至猥并雅拜匪儀失於盤辟甘觸
闐而引去但飲墨以豢羞臥漳濱而養痾
竄身茲久予湘纍而感賦步語逑招當樹
之於無何宜匠者之不顧而或竊先生之
餘論企諸公之末𡰥聞伯夷之名憎其懦
氣伏海濱之下久以望風乍敢強飾固陋

之容庶伸伏拜之謁絳宮恣之汗簡奏蕪
累之庸音竊覘崇阿將歷隱几登太山者
小天下在培塿以宜慚奏咸池而張洞庭
非蛙咬（一作蛙蚊）之可度然（一作伏）遇其官量陂
無際宇蔭甚穠（一作濃）推轂成猷嘘枯振德
裏陽秋於皮裏不言備乎四時吞雲夢於
胷中無容盡於一介幸望許承音旨少貽
光塵曲垂褒采之私俾獲題平之目如是
則六轡在手驥足何滯於蟻封五色成文
樂節或資於牛鐸荷恩有素累牘奚陳

胥學士答啓

伏蒙眷私以盛製文筆二編先之長牋為贄者恭以具人象輿異稟龍輔至珍奉奕世之貽謀克隆堂室傾群言之妙旨深達淵源伏（一作覜）膺聖域以惟勤策足後躔而逈異敏學該乎變貫英識極於覃研秉節高奇發清吟於渠甫締交名勝綴雅聚於蘭臺飄飄之逸思無窮藉藉之芳塵自遠偶勔一飛之翼行齊多士之魁何誤采於虛聲辱遠垂於後顧[illegible]遽捧雄篇

恣探賞以忘劳信窺側[illegible]幽意絢於
道德髙義薄於雲天飛染適麗以盈箱彫
績紛華而滿眼賞孫詩之零雨何止一章
贊沈賦之礎星豈惟數句固將備西崑之
玉府奚獨易東堂之桂枝允矣難能誠哉
可畏雖蕞爾自至靡資左右之先容而名
路共成敢惜齒牙之餘論

謝胥學士啟

近贄蕪音仰塵紬几載形咨復深極褒稱
奬帚無庸愧自藏家而自蕞重言外奬于

尺牘以必珍始繩窮而匣開爛然在目旋
骨驚而心折至矣聞音退揆頹蹤陰加震
壘竊以昔者魯衮垂乎一字寵極於華章
汝月更乎坐評自成於往法得河南之口
占多藏去矣以為榮獲江左之筆蹤則神
明之來復至有不喜人事常堆案而弗訓
靡答私書或矜才而格物未若翠緌鳴玉
之彥蘭臺金馬之英品風流坐正物之源
交士林忘公侯之貴俯存寒素之目毋竊
謦咳之音兔墨流英灑[illegible]郵[illegible]金之筆犀

談對客發荊州一日之[illegible][illegible][illegible]私藏因爲
殊遇其倥傯惟舊[illegible]檢弃支之沃若之軒
髭有尾兮之長醜顧右臂而爲彈早歎荼
疲雖左肘之生楊徒能彈化爰以自童髮
之交剪浴聖日之光華勉紹箕裘懼黎門
素冠爭枝未莫踐化人之瑒鈍若神槌爰
對囊錐之穎一昨與偕外計續食縣官之
郵召諸中臺果玷浮華之目州閭貶於素
論篋衍棄於祭芻委末路而弗振與清涂
而自隅然或鼓舞至化呻吟變儒効騷人

之鬱伊慕漳濱之模楷品之上下曾弗齒
於鍾評擲中宮商宜遠慚於孫賦奚辨麄
而可紀徒骩骳以興譏何弗避於詆訶輙
外彰於嗤鄙踸踔短韻迨無取於擊轅盧
胡見貽乃自珍於乾璞所期用覆醬瓿甓
十年之練都投置皮箱資一笑於相樂伏
蒙具官憫菴愚之無似加品目之惟優醜
以愛忘音緣賞奏許上修名之謁獲伸拜
德之恭後堂執經鋏陪一向之賜西齋坐
宴客親三雅之歡執如[illegible]譚務車轂

而推引噴咳珠玉大小[illegible]珍指顧飛
沈眄睞於馬起色出乎堂衣溢乃情涯而
復俾十陪而增榮示一嘸而為美當黷閣
之多暇枉虞筆以摛文縟旨星稠蘖殘雲
落布帛之言甚暖暴以秋陽齒牙之論所
加重於大吕璧以明月闇投於人不意此
音猥來入耳謹當納藏行褚歸糴當閣襲
以十縑為天下之至寶脫復一讀解體中
之不安貴洛紙而爭傳與吳刀而共布隱
恩所及頂踵奚勝

謝學士解元啓　天聖七年

右脩啓伏覩解文濫膺名薦肆三合雅方列於冑筵旅百在庭遽陪於方貢惟遴柬之殊衆叨首舉以爲榮飾謙無從循涯有溢竊以姬庭講治務多之思皇漢席遲作一優賢以得人而爲盛然皆謹能書而上獻如揚進造之名隨計吏而與偕乃署秀廉之等一適謂之有德九變選乎知言所以樂育群材並賛郁乎之化潤色鴻業協暢炳然之風用登至平皆□□□而況成均

講藝昭五帝之遺文辟[illegible][illegible]聳三宮而對峙自京師而首善俾天下之向風卓爾丕變垂之來葉皇上握褒文而統理坐法宮以垂精並舉豐規丕揚先烈恢迸衡之至治擘入彀之群雄躬孝武招徠之勤紹永嘉翦樸之舉取之數路並用文武以兼通託之百朋思講天人之相與並申辨論之法持為孝秀之門責土著以占名謹一作詳鄉評之清議一郡國之衆咸一作或使得以應書百孝廉之群皆勸令其趨駕固以厚

一馬乘軺之聘光束帛賁園之招張羅桂
雲盡取於逸翮傾崑取琰無復於遺珍超
振古以無前契千齡而猶是而復詔大胥
之掌版登遊倅於上庠從謹事以新書先
考言而明試才可嘉於辨麗擇之研詞言
析理以精詳求於閎論當山三道使無諱
以著于篇對有百人盡擇毫款善其事自
非行能高妙業優殊閱覽乎九家之流
含漱乎六藝之潤講乎高誼而已久識必
研幾施之當世而可行[illegible]理則何以

當重圍之樹棘並列於[illegible]後席之容
刀得趣於臺試如作者天撰甚淺俗韻素
冥嚮未徹於一臯器不貫於當世瑣尾成
乎長醜寒素本乎後門撫頑鈍以無庸常
拙艱而茹歎首戴蒲而服業早失先疇書
剖蠡而發亟僅存手澤毀尾居慚於志(一作求)
食不黽安可以得封勉為佔畢以呻吟
動取戲儒之詬病晞髮光華之旦徒慶於
逢辰策足英雄之躔奚能於遠到嘗因續
食於縣次獲陪侍詔於公車對策無為終

以空言而罷雅拜非禮幾坐舉者之人辱
皮相以堪羞耗心氣而都盡諦窮極於反
袂鎩羽嗟其觸隅學揣摩而不成反嗤於
丘嫂旁離騷而發詠幾吊於湘纍志銷落
以堙沈迹零丁而孤苦項自脫身僑籍著
錄師黌學狗曲以見譏肄鱣堂而卒業入
梁茲久敢期英俊之並遊論都未成殆以
傖荒而見隅對合鰭而記食蹏訛履以倦
遊會深詔之急賢俾命鄉而論士靡慚銜
鸞之枝上克跻跪之求[illegible]以來勉茲再

鼓當翰場之斯闢接儁[illegible]以馳禿千兔
之毫筆不停而爭綴舉連惟之袂袍何白
以分曾是鯫生最當前列躑躅爍吻舌不
下以喬然彫琢曼詞思孫枯而乃若率有
牧生之累句僅同雎苑（一作范）之後成日佇
報闈陰圖引去夫何濫吹之曲誤中程文
之規用冠譽髦越陛上級屏閒誤墨本無
望於成蠅竈下焦桐豈有思於為器玷茲
褒采實駮群倫顧揚秕以增羞在冠鼇而
曷稱再循竊據實用靦顏此蓋伏遇其官

表燭群倫丹青上化雌黃在口捉麈尾而
不休剪拂長鳴託旌(一作旍)端而可逝因輿
民於三物務推轂於諸生致此安庸及於
甄采敢不仰銜提奬益勵進脩磨鉛鈍以
為銛策蹇步而睎驥哆兮箕舌已歎糠而
在前沛乎鴻毛使培風而直上用於知己
答乃初心過此以還未知所措

謝進士及第啓 天聖八年

楓宸蠖濩方贊趨而在庭棨幄靚深遽臚
傳而唱第竊顧無庸(一作用)仍躋異等

之科祗服寵靈實增震[illegible]思皇之詠
多士雅頌播於姬庭間出之有異人文章
炳乎漢德選知言於九變東都下深詔之
舜開孝秀之一門唐家有得賢之盛皆所
以招徠時彥樂育人材講求精祲之原潤
色帝王一作皇之美卓為往範垂照來今丕
哉文物之華屬我神靈之運國家右賢興
治若古敷猷伏覩塞乎淵泉至德湧於烽
火彌文上化既璧水以環流儲精太寧坐
蒿萊而講道爛乎舜日之宴宴煥乎堯章

之巍巍而且優游巖廊夢想豪俊下賢書
而旁午諭上意之丁寧復詔策於廉科謹
鄉能於歲舉馳封一馬使者在道而相望
翹首群英天下嚮風而咸靡遠計車之偕
上首方貢以前陳委密侍之鉅賢先春闈
而覆較籩筆署乎重棘奏可而後行錦几
坐乎中楹親臨而明試森陳奏牘逮兩令
之不勝精閱書衡幾百斤而未止自匪該
明治具佩服儒規行實譪乎徽猷識宇包
乎賢業寢明寢昌之畢[illegible]乎天人之

交至纖至悉而不遺言之[illegible]於[illegible]家之體則
何以上當乙覽榮中甲科聯俊乂以服官
陪英雄而入彀如某者風猷靡立操植素
淪樹稃甚乎液樠膏棗嗟乎昏鈍戴枝冠
而竦誚切愧命儒問天一作尺咫以不知終
然憯學加以素鍾舛運生遘百罹自翦髮
以交垂已不髦而茹歎逐耕夫而衣褐早
去先疇署生版以上占轉隨僑籍流離未
路佁儗後塵借譽群公之遊本無題目接
足諸生之後多見排根嗟盛際之親逢恐

窮途而自竄陪貢廉於百郡每與計偕飲試墨之一升嘗從羅去退憖踸踔數山隻奇撫骨嗟乎淪鋪卷耳甘於藏窊然而良裘學治惜先芬而懼隳毋髮垂星感親闈之思養未及衰於駒齒勉自奮於駑筋乘下澤以去鄉棄裂繻而為詟車騎之甚都之雅風麈有化俗之勞上國連衡仰攀於俊軌橋門掎一作倚袂獲覘於邪光會泛駕之求才輒應書而充賦以孝廉而射策本無百六之能自衒鬻之[illegible]書盂逾千數之

衆逮漢庭之籍奏咸以名聞同矍圃之去
賓僅有存者顧一作故惟庸妄首玷甄陞獲
召於公車之庭給試手上方之札致狂言
之誤擇吻署第以開榮若若飛華交垂究
轉之縷譐譐其誨載聆郁穆之言浸雲澤
以芬流沐天光之下燭竊懃鈆鈍嘗厠翰
場屢以下中之才當手第一之選宜不失
於舊物期仰荅於知人然其戰屢勝而後
驕鼓至三而乃竭綆短褚小嗟遠用以奚
勝弓撥矢鉤惜前功之皆廢誠以九閽坐

狄百戟森庭就列瞻天顏威臨於咫尺爭
覩落筆紛立若於堵墻悅訝鈞庭之夢遊
驟覺斡寬之驚去僅成章課靡中科程瀆
眷覽之至精宜報聞於獨羅尚賴鞋旒之
過聽兼求箕斗之虛名謂歎揚之在前常
先於羣彥以薦藉之良厚重逮於大臣猥
自下流參聯上列省逢辰之至幸實叨恩
之有因此蓋某官闡繹帝猷雍容朝首紛
澤光華之治表燭薦脩之倫膺上心之東
求主斯文之盟會言皆有味務推轂以彌

勤先為之容俾朽株之[illegible]用致茲孱瑣及
此抽揚敢不慎服官箴遵修士則鞭後策
足更希遠致之塗鎔金鈞泥尚依陶者之
力誓殫用拙之効少酬再造之恩過此以
還未知所措

代王狀元拱辰謝及第啓天聖八年

右某啟云云坐狄啓扉並集千人之後賜
袍在笥驟紆一采之綸矧惟猥爾之軀仍
玷褒然之首仰膺渥渙伏積震惶竊以周
陳三物以賓賢必慎乎命鄉之選漢開數

路而求士乃盛乎得人之稱能暢郁乎之
文一變而至道飾炳然之化二代以同風
闡是齊明之猷允屬神靈之旦國家景炎
興運赤伏膺圖數四葉以重光式九圍而
用乂銷鋒偃革外憺乎靈威卷領垂衣坐
朝乎夷慓上方穆然無事監于太清崇庠
序以興文飾考旌而招俊革歆式宴咸預
於計偕溶棘樹圜載麗於籍奏敞中楹而
親試署異等以精求所宜得命世之偉才
為一時之清選夫何么一作陋前玷寵光

如其者業履空踈才猷背戾門緒本乎寒素入品幾乎下中竊逢待旦之盛期寢被石文之上化激昂稚節策發蒙襟溲鷄白以樹碑偶䏻於童戲炙簡青而嗜學常訪於師嚴徒有志於雕蟲僅不成於刻鵠陸機閱史尚靡誠於撑犁枚皐屬文徒率成於骫骳早緣妄動竊企英游貢版齋行常從於末薦佩刀脱去尋觸於報聞何天幸之聿臻遘賢書之薦降濫乎事舉猥以名聞洪惟聖治之光華蔚有俊才而還集並

進乎千篇之牘精覽於百斤之衡曾是孤
生絶企殊級豈期庸鄙偶中科程掭乎一
日之長冠乃諸生之列旣行能之無取加
世胄以非高跙踔後塵迹靡參於俊軌雌
黄餘論名不齒於人評騄從底下之才擢
居第一之選顧擒裳之在列揚誠粃以貽
譏明命已行固無容於反汗多言可畏諒
彌甚於鑠金豈非思致異才揖怒蛙而兹
始將招駿足假死骨以爲先則何以靡遺
譾薄之姿偶首清明之舉再省循而是懼

實獎擢（一作拔）之有因斯至伏遇某官黼黻斯文丹青至化嘉猷屢進務推轂以爲先賢路一開使騰夷而有始敢不仰銜恩遇進勵操脩循士則以爲勤佩官箴而有守在鈞以播既由陶者之爲摩頂無忘誓答知人之賜過此以來未知所圖

代謝唐夔判俞啓（天聖八年第一甲）

伏自某人飛策上第就辟初筵千里奮乎鴻軒方訝雀知之晚一本爲乎大厦豈無燕賀之私屬被責於吏訶方羅歸於士伍

翟公之門有大署意欲謝交嵇康之性不便書寢而成懶屏居田里遂隔音徽豈謂其官俯示存臨過郮禮意洒金洒玉堅乎久而不渝如璧如珪問以音而厚賜朋劳謙而自牧若飲醇而醉人恭佩恩勤敢忘寢寐伏况以英英之善譽丁宴宴之休辰德行中乎妙科諮謀叅乎大府運籌帷幄豈足盡於上才垂光虹蜺固莫量於逸致內惟衰退但積欣愉

答李秀才啟

脩再拜天錫友兄足下此月八日叔父自
貴郡回轅首得所賜書教一筒開闔數四
歡喜無量逃虛既久驟聞足音以跫然迷
竟若拾頃歸常幹而來此惜乎一失交臂
之舊(一作樂)再見回星之周薰歇燼銷壤斷
土絕昔人以三月不見尚或嗟於生鄙羣
居久離則弗能於無過況孤豢之有素邈
師友以斯跡研皮畏骨而益凝獨學面牆
而奚嚮薰濡弗及寡(一作孤)陋已增豈意此
音猥來入耳美乎(此四字一作人且羨美)溢雲紙以

摛思揆春華而發藻厚乎養鳥誤奏咸池之和谿若覩天驟發醢鷄之覆茲焉匠（一作五）者之規矩誓訂漳濱之模楷承平居之無俚方枕塊以罹憂不見齒而三年合乎禮制加於人之一等時以孝聞頓思肯構之不忘無使過衰而至毀而况天錫標（一作振）絶俗之雋軌包大賢之茂器學無九變辯雕（一作智刻）萬物竊伏一鄉之評宜首幽人之聘而屈試方策見枉有司薦紳寃嗟道路譁鑠且夫好惡之異古今所均仲尼至

賢乃取侮於盗跖帝堃大樂猶見非於墨
子撫絃在手流水鄭矣賞音珍髭鸞於九
戎誰其識寶使懷道而委莽動直士之盱
衡然而泰先否而後傾禍為福之所伏鷙
鳥將擊先畢而飛流川久壅其決孰禦一作
心在頤養高而全道密中藏而竢時捲手十
仞以韜光去則萬里而不息良工晚成者
器必大寧以朴而示人逐水一作策又作未先至
者驥之能豈與駑而爭路斯皆雅量之素
蘊誠非兩好之濫言其之安庸本無似肖

誤蒙甄擢遂見收齒衆珉入寶至璞使之見遺我輩登科前賢所以媿讓循涯已溢靦目無容江関復重音問睽阻時既昏而將暮人在陰而鮮歡逖懷英俊之並遊悵無羽翮而飛肉冀綏吉履之福以迎來譽之光紙盡筆窮辭不逮意

與西京留府交代推官啓（仲簡　天聖九年三月）

其啟此者竊吹（一作玷）下科濫巾（一作升）大府懷教之嘉（一作喜）容外見迫感於逮親負薪之足力不彊靡遑於媿讓在業官之資始

懼傷錦以貽譏況上邦英俊之躔大相熒
煌之座幕中諸彥泛泛蓮池之賓門下並
遊一一蘭臺之衆一作聚勉策駑筋之緩仰
陪席聘之珍問祈招而不知因懃諮訪奉
南陽之坐咲昌有籌謀頼乎天幸之然續
於賢者之躅睨伐柯而取則獲企前規告
舊政以乞靈得師餘殘已積想風之暮彌
增竊抃之懷侯燋墨以戒辰即齋行而首
路傾依一作系之至談悉非終

謝人投贄啟

伏豢其人寵貽妙製兼枉長牋欽玩懿辭

懮銘丹臆恭以其人機神邃茂識理淹和

徽名籍布於士鄉晬表挺生於王國言章

絢美搴六藝之英蕤（一作精奇）思緒蘊華漱五

河之芳潤揆兹逸軌冠乃蒸髦今國家崇

東駿珍甯求孝秀下細文於方國騰貢帛

於丘園而其人夙蘊瓌材褏膺温詔占磐

鴻而啟繇俟華鹿以送賓顧以其體質禎

跦轂猷隘薄誤中涅文之選猥參巔俊之

求承版謁以見臨袖瑶華而伸既仰銜清

眷荷褒袞以奚勝載挾豪襟念英瓊而曷
報欽降至極數染奚周所示盛編輙敢留
借

謝石秀才啓

某啓累日前伏承惠然見過仍以嘉什一
简寵示者獵纓拜賜刮目披文紙弊墨渝
不能捨手伏以某人英蹕逸軌天驥上才
好學屢空浸潤淵源之奥知言九變窺見
天人之交久已擅一鄉之評早亦應萬家
之令然而奏磬俚耳難矣賞音抱石荆山

終為至寶而自慕幅巾於衡巻秉下澤於
鄉閭晦丘園之養高輕鴈纁而堅卧冥飛
已遠笑弋者之何求齷齪坐談嗟律罤之
獨棄而以錦帶居士白蓮社人交菩薩之
坐家去塵自遠掃維摩之一室敢入者稀
是宜邈焉方外之遊隔乃一作此俗中之軌
而乃過存庸妄曲借獎題因隱居几之閑
居抽吮毫之餘思灑乃藻麗用飾愚曚為
鼷鼠而抉禨僅成輕發養鷄鶡而奏曲徒
使眩悲矧夫峭格峻高春華挾羨暢來雲

依月之句擅落花映草之評内惟稟鈍之
姿奚穪褎褒之寵去天尺五已服於清標
和者數人蔑聞一作階於絶調未遑賡歌徒
用靦慙

上隨州錢相公惟演初啓明道二年初惟演以使相判河南府後落平章事以崇信軍節度使歸本鎮

此者及期被代授版言歸宿官早愧於迷
方書課廛能於自脱徒以無庸之迹曾希
一盼之榮當懷擻以云初屬擁旄之方始
相公坐於雅俗鎮以無為民豐四輔之年

市息三九之盜行郊憩樹絶無兩造之辭託乘載賓惟奉百金之寘而況西河幕府最盛於文章南國蘭臺莫非乎英俊豈伊末迹首玷初筵至於慵嵇懶之無能容禰狂而不辱告休漳浦許淹臥以彌旬偶造胥家或忘歸而終日但覺從軍之樂豈知爲吏之勞芘德已深遊藩未幾既而持山國之瑞節旼戎乘而啓行荆州遽失於所依周南遂留於滯迹稍以引去無復並遊之人歸然自存時有思歸之歎每臨風而

結想徒零涕以懷恩相公以彝鼎之勳極
公台之重獨立不倚群言互興中山之篋
雖盈南海之車終辨繁辭有云崇高莫大
乎富貴古人歎曰富貴必履於危機伏惟
推盈虛消長之言究動靜吉凶之理秉珪
璋之德何郵瑕疵挺松筠之心不變霜雪
雖流路之謗未免三年以居東而在廷之
臣豈無一言之悞主侯聞來復以慶終亨
願無以理而自明當要既久而復見區區
之志實在於斯徒有戀軒之心未知報恩

之所

謝校勘啓景祐元年用王文康公薦入館

仰賜恩榮實增震慄竊以校讐之職是一作辨正為難委方冊於程文折群疑於獨見一作斷脫絢組之三寸簡編多前後之乖并盤庚之一篇文章有合離之異以仲尼之博學猶存郭公以示疑非元凱之勤經孰知門王五一作而為閏況乃西崑冊府備帝者之来臨蓬莱道山非人間之所見自匪識窮元本學漸淵源究百世之放紛總群

言而博達則何以效官天祿對青黎而屬書抱簡羽陵拂白蟫而辨蠹如脩者器惟庸安族本羈單雖出逢千載之期而生有百罹之苦入橋門而著錄最後諸生闈月旦之坐評敢希一目徒以浸潤殽明之代憂柔教育之仁過時之年已捍堅而難入少作可悔終雕刻以無功早濫吹以決科旋釋巾而補吏逮親而得斗祿雖慰於子心欽版以揖上官遂成於俗狀學久矣而將落思乏然而欲枯進無取當塗之資退

已失故時之步歲月其忽徒有志於分陰
英俊並遊方問途而孤進内顧拙艱之若
此敢懷榮遇以爲心豈期天幸之来特被
柄臣之薦敢身知人之美蓋因連茹而陞
蒙曲造之并容俾考言而善擇顧無庸之
末學已屢試於有司碩鼠之有五能盡於
是矣鉛刀之堪一割其可再乎固無可喜
之文過身太優之等俾從賓席入預書林
一進階而可榮何勝於眷渥三下拜而聞
命深服於訓辭天闕乍趨迷目睛而眩轉

芸臺深敞近星象以昭回悠窺金匱之書
坐費太官之膳内值忝據有溢情涯此蓋
伏遇昭文相公獎物均私樂材推美圓方
有範大陶冶以埏鎔高下不欺正權衡而
輕重閔此庸懦曲以甄收誓堅頂踵之誠
永荷丘山之賜

謝襄州燕龍圖肅惠詩啓 景祐二年秋時公自館閣謁告視妹家

昨日伏蒙知府龍圖即席寵示五言詩一
章者脩聞古者賓主之間獻酬已接將見

其志必有賦詩託於咏嘆之音以通歡欣
之意然工一作正歌二夏使者再辭及於皇
華然後拜貺是則施於貴賤各有所當脩
賤士也何足當之伏惟其某官以侍從之
臣當藩屏之任德爵之重與齒俱尊學通
天人識洞今古綽有餘裕多為長言談笑
樽俎之間舒卷風雲之際成於俄頃蓋其
咳唾之餘得而祕藏已如金玉之寶豈伊
孱陋敢辱褒稱形於短篇以為大賜伏讀
三四且喜且慙譬夫四向之宮鏗鏘之奏

愚者驟聽駭然震蕩及夫心平慱定然後知於至和在於禎豢獲此開警然睨之厚者不敢報之以薄禮所尊者不敢敵之以平顧惟愚庸豈得賡繼但佩黄金之賜無忘長者之言

夷陵上運使啓 景祐三年

俯近以狂言當豢大譴荷乾坤之厚施全螻蟻之微生得一邑以庇身使之思過竊三鍾而就養猶足為榮獲在公庥是為天幸伏以運使郎中懿猶經遠茂業康時當

一面之利權竦百成之威譽凡居屬部皆仰餘輝顧此孤生最為沉迹時蒙眄睞曲賜拊存安其惶懼之心慰乃危疑之慮敢不銘之肌骨佩恩紀以無忘策其筋骸盡疲駑而為報將謀就道即遂公趍瞻企門閎忻愉罔旣

謝朱推官啓

某啓伏念某出自寒鄉本非茂器束髮州里絕無一日之評彯纓王畿竊階羣俊之後加以識非遠到才不及中惟至治之方

隆顧上官之並恪蘋蘩之不失職咸盡其
能庖祝之各有司悉共爾位豈伊下列遂
敢奸官因忿躁之使然奮狂愚而不顧惡
訐爲直仲尼之所深譏盡言招人武子之
猶不免在於庸妄宜抵譴訶尚賴至仁特
加寬議投之遐僻使自省思猶寸祿以事
親守一同而庇邑有民與社足爲政以効
勤退食自公敢忘心於補過是惟天幸徒
自靦顏伏遇其官式佐郡符屈臨賓席烜
赫天下方想於風猶從容幕中暫爲於府

望是惟孱昧得庇光華然而從事有便宜
之權縣吏本徒勞之迹買弩而隨伍伯當
備前驅折腰以揖上官敢羞斂板況茲選
懦素本孤危犯忌於時寘身無所棄舄道
上過者踐之搖尾穽中人誰憐爾豈謂其
官哀其戇朴賜以存憐削去常儀自郭高
議猥因介使先辱長緘過形溢美之辭曲
盡至勤之意片言之辱榮於儀父之褒一
顧所臨增其大呂之律徒益撝謙之盛美
豈宜鄙陋之敢當歲律已殘寒威方肅更

祈珍攝以副傾依

回王舍人 克巳 啟 景祐四年

伏審某官光膺寵擢入掌命書竊以三代之興两漢之治蔚敭名之為盛何前後之相望蓋以高文大冊之所傳遺風餘烈之盡在是以代言之任難乎命世之才至於雷動風行金相玉振至意難諭必盡于丁寧盛德有容兼資於粉澤適當休運允屬鉅賢伏惟某官識際天人學通今古而自親膺聖擇第中甲科聞乎風采而天下悚

一作聳然論之人物而時無先者若乃從容
禁署潤色皇猷使德澤之流下淪於民髓
文章之盛交映於國華遂階榮塗以致公
輔斯皆雅度之素藴考於群議而猶稽豈
惟愚賤私獨稱賛其跡居遐邑名在罪人
忽以踰時未能補過省孤危之已甚惟藏
縮以為宜豈望龍光之末輝希咳唾之餘
潤匪期齒論猶錄踈頑先以珍函越於常
禮遺簪已棄尚以舊物而見憐窮谷久寒
忽如温律之来煦幽憂併釋榮感兼深瞻

望門閣無任飛越

謝李秀才贄見啓　寶元二年一在乾德日

某啓自某獲罪於時竄身南楚楚之為邑既陋且窮詩稱荊蠻以比戎狄覊遊宦學之不至風俗言語之不通頑然拘誰與為偶孤陋之誚古人所憂令者上豪寬仁徙之善地始得與士君子揖讓進退周旋方將沐而薰之自與人齒秀才首迂玉趾贄以長牋升自賓階肅有儀矩開函啓紙粲然詞章蓋夫逃於虛空聞足音而尚喜

友於賢者况邦士之所推領斥薄領沈迷之勞以從閭燕仁義之樂區區之意言豈足殫

畾穀城狄令啓

某啓此者縣徒云至書牘見貽載道鄙文曲加榮奬伏以某官以文飾吏學古任官講事勸功脩舊起廢示之典一作曲禮固已警於愚民刻以銘文又將貽於來者足見仁人之意非惟吏最之優顧爾訥辭刻非善叙已然之諾將止以奚能既出之言雖

追而莫及豈敢逃於衆誚但慮玷於清猷慙愧之誠敷陳罔罄

上執政謝館職啓 康定二年十二月因崇文總目成書 自館閣校勘遷集賢校理

俯啟今月日蒙恩以本官充前件職者受命之始榮懼交并伏以國家悉聚天下之書上自文籍之初六經傳記百家之說翰林子墨之文章下至醫卜（一作醫卜）禁呪神仙黄老浮圖異域之言靡所不有號為書林又擇聰明俊乂之臣以遊其間因其校讎

得以考閱使知天地事物古今治亂九州四海幽荒隱恠之説無所不通名曰學士一日天子闢左右之人思宏閣一作博之彦出贊明命入承顧問遂登宰輔以釐百工一有取焉多從此出所以平居優游崇奬育人材曷飫之養賢者凡在茲選得非茂歟然而廩重職閑則未勉尸禄官無吏責則可容幸人若備者以寒陋之資被文藝之舉日初營職已與書筵於時上有鴻

一作素服 其業館以禁署食於太官詩著義之

儒待從之才下多群賢論撰之衆而脩方
被罪譴竄之荆蠻流離五年赦宥三徙山
川跋履風波霧毒凡萬四千里而後至于
京師其奔走之役憂思之勞形意俱衰豈
暇舊學比其來復書已垂成遂因衆功豈
有微効奏御之日鳧鴈而前例蒙褒嘉止
以職秩雖因時而幸會實有靦於面顏此
蓋伏遇某官柱石之功佐佑明主鈞衡之
任進退百官方疇衆勞不忍獨棄遂令忝
冒出自生成在於顓愚何以論報雖未能

著見德業以稱君子教育之仁猶可以作
為歌詩頌聖朝功化之美過此以往未知
所裁

回滑州知郡啓慶曆三年三月自滑倅召知諫院四月荅

伏審其官顯膺美詔移領陪藩彫弊之民
方仰思於惠昫撫綏之術况舊著於政謡
猥以下僚獲陳大府近膺朝命俾擢諫垣
實自揣於非才豈敢同於飾讓日祈聰眘
哀此孤豪庶所請之曲從即依仁而有幸

凡去詹企但切忻愉初暑方隆就塗甚適

伏惟上為邦國倍保興居

回賀環慶帥天章滕待制 宗諒 謝賜

龜紫啓 慶曆三年

伏以龜紫之重唐制所難武元衡牛僧孺

為宰相裴度為中丞李宗閔為學士方有

是賜聖朝推恩庶位半乎朱藍然被之則

貿器藝兼名實者惟一人所貴恭惟知府

待制歷諫局以蹇正聞領守以惠養及臨

邉鎮靜訓士精研歲功遽成時議頗欝果

褎三品之麤特煥五府之光在欣慰增倍
衆多展慶未皇僶俛為贈戴仰明庭之命
如聽君子之容

謝知制誥啓慶曆三年十二月

此者蒙恩授前件官并職者祗荷寵靈不
任戰懼伏念某學非逮古材匪適時勵孤
進以立朝偶四方之多事雖聖聰廣納獲
盡狂夫之言而闇空勞未聞愚者之得方
虞官謗敢冀主知擢自周行塵于華選代
言禁掖已愧才難兼職諫垣猶當責重補

報不可以淺則憂愧不得不深此蓋某官過採庸虗嘗形奬飾致茲忝冒驟此寵榮敢不勉拙以勤誓身許國上酬天造次答已知懇愊之誠敷宣曷罄

上提刑司封啓慶曆五年冬此後皆滁州作

伏念自臨貶所屢辱誨音霜雪方嚴見不彫之雅操蕙蘭其意佩可服之清芬慰此孤危奚勝感佩某人學通治亂識達古今奮經遠之才謨慰甚高之議論六條頒政早欽善最之奇列郡按刑行迓陟明之典

隆冬式序保嗇惟和瞻企禱祈交于誠素

回校理邵學士 必啓 慶曆五年冬

伏審召試榮庭升華儒舘方思馳賀遽辱

飛牋伏惟某人性稟生知材惟秀出學通

古今究明人事之始終辭富典謨煥發文

章之雅頌 一作爾雅 蔚然茂器藹著休聲惟上

相之知人務薦賢而報國况山圖書之府

素為俊彥之遊峻乃清資豈止文翰之樂

茲焉養士以取公輔之材豪英既登朝野

共慶顧茲淪謫敢謂記存已懷欣抃之誠

又積感銘之懇患於溢訥匪可殫陳

回河北安撫王騏驥書

右脩啓此者伏承顯奉朝恩峻遷使職寵光甚渥輿論僉和卓然髙世之才久蘊經時之略山川指畫千里如在於目前帷幄坐籌百勝無窮於術内是宜聽之前滕副乃沃心遂寛北顧之憂行中正權之任敢期眷與尚顧衰残辱誨問以彌勤積感銘之徒切傾瞻企詠兼集悰靈

回賈狀元　黯啓　慶曆六年

伏以狀元廷評行久著於鄉書聲素馳於文園果先群彥榮中甲科英雄入於彀中衆稱妙選風采傾（一作駭）乎天下爭仰餘光蓋以擢才之難近世為重趨好尚而成俗則文章坐變其風繁利害於斯民則公輔常由此出一賢既進拔茅皆可以彙征一士以（一作已）旌勸善不勞於家至得人之要其利若斯鴻惟治朝臻此盛事方深竊抃遷辱惠音顧惟棄置之餘宜此退藏之密久稽裁序但切（一作積）悚惶

回賀楊翰林啓 蔡 同前

伏審其人荣奉宸恩入陞禁署伏惟慶慰恭以其人敷猷峻立德宇宏深學洞淵源煥發六經之藴文含純粹邈追三代之風雍容侍從之華東注顒昂之眷亟由星掖入践鑾坡天邑之榷雖暫煩於尹正國鈞之重行即俟於疇庸事業炳於丹青勲德光於鼎鼐實繫縉紳之望非惟祷頌之私某幸守陋邦遥聞美拜迹宜藏密非敢怠於致誠恩厚記存特辱垂於荣問忻愉感

愧交集難陳

上都運待制啓　慶曆六年夏

昨者解官河外竄迹淮壖顧乃孤危便於藏縮雖瞻依之甚久在訊候以闕脩某人天稟中和材惟周洽凜然風操早肅於朝倫蔚若謀猷實裨於聖治自輟從於侍從暫臨總於劇繁足食彊兵雖並資於經畫先機別事誠有繫於安危况成積之已彰佇褒功之不次時奕煥若天宇泰然更冀珍調以符傾禱

回賀李待制東之啓慶曆七年九月

伏審肅奉寵靈峻升侍從得賢之慶固宜
發於歡愉待罪之人方自思於藏密遂稽
馳賀敢謂不遺先辱榮函可勝愧色伏惟
某官懿文經國敏識造微學探姬孔之淵
源世濟皐夔之德業立朝正色凜風憲以
載嚴造膝沃心賴仁言之甚博遂膺簡注
升著清華上寬乃顧之憂聊假有餘之刃
作時霖雨當均及於疲民秉國大鈞實久
顒於群望涼秋之謝嚴律將凝冀爲邦朝

善綏福履

賀文參政彥博啓慶曆七年九月

伏以光膺制命參秉國鈞爰擇令辰已諧禮上伏惟慶慰恭以某人學通繫表識照幾先懿文為大國之光華偉望乃一時之柱石上心所柬適符賚弼之祥輿頌載喧久渴為霖之望果膺寵數式副具瞻進退群材運誠衡之輕重調和元氣登至治於升平然後正台衮以代天工列功勳而銘廟器符為元志一作德以重熙朝某幸在陶

鎔惟知慶抃裔秋式序歲物方成伏請上

爲邦家精調寢膳

回賀集賢韓學士絳啓慶曆七年十月

伏承被召試文升華儒館伏惟歡慶伏以其人天麟異稟廟璉至珍學通古今之淵源言合質文之體要英躔高步羣俊聳一作戢以望風雅彀籠材妙選稱爲得士果膺帝東入耀書林給札揮毫聳如墻而駭目奏篇稱善喧貴紙以傳都惟祕府之育賢乃熙朝之盛美優游歲課豈鉛槧之是專

選取國材實揀梁之山出蔚然茂業奚測
遠塗方懷抃躍之私遽辱置郵之問仰銜
隆眷徒切愧誠冬序云初天和善保傾瞻
感頌交集悰靈

上致政王太保啓

某啓昨者太保還政王朝榮歸故里暫留
齋舫云止陋邦竊省孤危方嬰罪讁（一作譴）
逃虛易喜蓋人迹之罕逢道舊為歡矧平
生之有素特荷眷私之厚不為位貌之嚴
金玉之堅弗渝於彌久松筠之操獨見於

大寒感慰所一作攸深幽憂如釋捨舟趨陸
去險騰夷懷組鄉閭雖暫伸於夙尚追鋒
疾置將入副於精求惟期善衛襟靈以迎
休寵

回泗州通判句龍都官書

右侑啓此者特蒙惠顧遠辱誨言副以雄
編俾之拭目通判都官識窮淵藴學探本
原一作元講於仁義之餘深得風騷之旨雜
然衆體各極其精時無鍾期誰識高山之
意人非季札豈知治世之音矧惟朽拙之

無堪方幸退藏而自屏敢期時彥不我鄙
遺論之累幅之勤貺以百篇之富四面之
宮並奏驟聽於鏗鍠三歎之音有餘豈窮
於杳默但駭夜光之投闇徒令海鳥之驚
魂媿之重言以起連城價用為永好惟
期十襲之藏感幸之誠敷陳罔既

回和州通判啓

自睽風表曠有歲時邈絕奉於謦欬蓋率
奔於事役幸茲鄰郡首辱誨言綿縟旨之
勤隆若清徽之晤挹政條閑決難久滯於

材猷臺彥飛英即入承於光寵更希珍攝

以副禱祈

謝黃巖李主簿啓

伏念為邦誠樂懷舊則勞風月佳時久辜

燕集文酒勝處動渴清狂亦惟愛忘未棄

跡外猥蒙流問但喜拜嘉其官力學多文

射策得儁枳棘甚賤非翔鳳之所棲杞梓

惟材宜大厦之可用窮冬不雪多溫少寒

勾稽之餘畜神為最盍期勤懋庸迓升揚

回陳殿丞啓

伏念睽闊英猷貿遷時籥竄身窮僻方便
於自蔵惠問周隆遽承於曲顧欽雅材之
高妙播華譽以芬揚貳政藩宣諒難於滯
俊飛綏臺閣行被於寵遷歳律斯回陽和
將布善綏嘉履以副顒言

賀文相公拜相啓慶曆八年正月

伏審就降命書入持宰柄伏惟慶慰恭以
某官際天藴識名世標才以文章甲賢科
以忠義挺臣節華安之選翺翔逺周素藴
內充所臨必最化行右蜀政貳中樞屬邉

寇之肆狂伏使威而殄滅暫形籌略已取蕩平還居廟堂則聖主仰成之意坐調鼎鼐洽群生咸遂之和凡被陶鎔皆知抃頌矧居庶列寶倍常情

表奏書啓四六集卷第六

上胥學士啓蛙咬(蛙一作哇)

胥學士荅啓稚篇(一作雄編)亭衢自至(至一作致)

謝胥學士啓兎墨(一作墨兎)犀談(一作談犀)操檢(一作檢操)

謝國學解元啓對有(疑是對者)彫琢(琢一作琢)

謝進士及第啓(緘啓新範首云伏蒙聖恩賜進士及第仍當日釋褐)

者實增新範作伏增蒿萊新範作蒿宮明堂也見大戴禮爛手

舜日之晏晏新範作爛兮舜日之旦旦見書大傳卷耳新範作卷

迹化俗新範作化素而後驕新範作而則驕無求新範作無

妝此蓋其官此下頌德新範云潤色丕猷述宣上德當物鈞而獨播式

繫陶者之為執鼎上以變和謂成天下之化招來衆善官使群才樂在阿而育賢助

尊天而呼俊遠致新範作遠到尚依陶者之力新範作尚

假良工此謝宰執者前本乃謝試之化官其全篇當以新範為正

代王狀元及第啓世胄世一作地以播以一作巳

代謝唐檢判啓飛策策疑是英

答李秀才啓取侮於盜跖取侮一作低頭筆窮一作

墨窮

謝校勘啓盤庚之一 之一作於 碩鼠 碩疑是鼫

謝燕龍圖惠詩啓不敢敵 一作不可敵

回滑州知郡啓獲陳 陳一作塵 彫弊 彫當作凋

上提刑司封啓不彫 彫當作凋

回王騏驥書之徒切 之一作而

回賈狀元啓廷評 新範作監丞為是

回賀楊翰林啓恩學 一作意學 特辱 一作辱特

賀集賢韓學士啓悰靈 一作襟靈

（宋）歐陽修 撰

宋本歐陽文忠公集

第一六册

國家圖書館出版社

第一六册目録

内制集卷第七　歐陽文忠公集八十八

賜河陽三城節度使同中書門下平章事判河南府文彦博加恩告

勑詔

朕因孟冬之吉辰饗太宫而合食膺受神貺推行慶恩眷惟同德之臣方處居留之任宜優異數少示眷懷旣敷告於外庭其往祇於休命

內中福寧殿開啓祫享預告道場青詞十月十九日

伏以宗廟之嚴祫祭爲重乃卜孟冬之吉
躬脩合食之儀仰企上靈冥孚陰佑俾克成
於盛禮冀永錫於純禧式展孝思用膺神貺

在外五嶽四瀆四海并諸神廟等

處謝祫享禮畢祝文 十月十九日

屬者卜吉孟冬致饗清廟聖靈來格福祉
咨臻荷神貺之不違俾縟儀之克舉敢忘
神報達此明誠

泗州塔下并峨嵋山開啓謝祫享

禮畢道場齋文

玆者冬物告成因饗親而達孝神鑾來貺旣均慶之以時惟盛一作成禮之弗違荷巨慈之旁祐即靈場而申報冀冥鑒之孔昭薦此誠明期於福應

太平興國寺開先殿開啓孝明皇后忌辰道場齋文 十一月一日

伏以柔明之範瞻厚德而已遐感慕之思託洪慈而申薦載嚴寶殿恭啓貝函惟淨福之是資冀靈游之永祐

太平興國寺開先殿開啓孝明皇

后忌辰道場功德疏右語

右伏以真覺之慈應物溥示於能仁孝思之感以時式臨於諱日俾延淨侶交奏梵功冀承勝利之因永獲冥深之祐

賜西南蕃蠻人張光現等勑書十一月三日

汝世守邊疆遠輸忠順時脩職貢附達欵誠載嘉勤恪之心宜示襃優之錫

賜宰臣富弼乞退不允批答

省表具之夫知人之明可謂難矣而任賢之術茲豈易哉若乃聽之不聰信之不篤

施設之方未盡弗極其材遲速之効有時莫能少待則被其任者實亦艱歟卿以純一忠亮之誠蘊宏深遠大之業朕虛已以聽推心仰成至於一二之臣是惟同德下逮衆多之論曾靡間然方將甄敘賢愚修明法度務究本根而更治不求歲月之近功期於有成茲乃予意奈何中道而將止夫亦奚託以爲辭矧上下既交寧有不通之志而君臣相遇豈爲易得之時當體余懷勉安厥位所乞宜不允

賜外任臣寮進奉助祫享銀絹等

勑書

朕卜吉孟冬合食清廟禮樂交舉臣工畢從嘉守土之修官咸以時而來助各以其物粲然在庭載省勤誠良深歎尚

賜觀文殿學士禮部尚書王舉正乞致仕不允詔十一月十四日

夫朝廷之廣大賢儁之衆多必有皤然耆壽之臣以當上所優禮之異或事思所訪則有老成俾時之式瞻以爲人望故禮雖

七十猶有不得謝者焉卿懿文高行有君
子之風清節令問爲當世所重閱書祕殿
日侍清閑進讀經筵坐論道德固非有官
司之責筋力之勞宜思少安副我眷待

鎮潼軍華陰縣雲臺觀修整真宗
皇帝御容等殿今已了當扶請御
容入本殿奉安祝文十一月十四日

屹爾名山斯爲福地翼然寳構式奉威靈
繕宇既新考卜惟吉鑒兹懇至永以妥安

鎮潼軍華陰縣雲臺觀修整聖祖

及真宗御容等殿令巳了當乞請
御容入本殿奉安青詞 十一月十四日
伏以靈峯甚峻仙宇載嚴爰考吉辰奉寧
真聖式伸祗告昭鑒乃誠
賜相州觀察使劉從廣進奉乾元
節馬詔
卿蔚有敏材膺于寄任遠瞻壽節効乃誠
勤在庭之獻肅陳事上之忠可見省閱之
際嘉歎不忘
賜觀文殿大學士尚書戶部侍郎

知定州龐籍乞退不允詔

勑龐籍省所劄子奏以年齒衰殘自去年七月後累奉表及劄子輸瀝懇誠尋蒙差知定州亦曾面告祇乞一年許賜請老歸第伏望早賜差人承替得遂前懇事具悉夫難進易退雖士節之甚美而尚賢優老亦朝家之所先故禮稱引年而有不得謝卿以雋德爲時舊臣柬於予衷任以方面材猷甚壯視聽方彊矧夫邊候無虞民事尤簡固可以偃息藩屏養頤精神而遠慕

昔賢顧還官政雖止足之意誠可尚於高懷而眷遇之深難遽從於來請所乞宜不允故茲詔示想宜知悉冬寒卿比平安好遣書指不多及

賜河陽三城節度使同中書門下平章事判河南府文彥博辭加恩不允詔十一月十七日

勑彥博省所上表陳讓袷享禮畢加恩事具悉朕屬者潔齋精誠薦見宗廟蒙神之貺受福孔多推慶賜以大行均中外而咸

及矧我同德乃時舊臣惟體貌之隆宜加於異數而襃優之意未稱於予衷嘉讓節之甚勤顧成命之難止所讓宜不允故兹詔示想宜知悉冬寒卿比平安好遣書指不多及

賜樞密使檢校太尉同中書門下平章事宋庠讓恩命第二表不允斷來章批答口宣

卿陪祀疇勞啓封加命再形懇讓深識沖懷顧定志之弗移宜承命而毋忽

西太一宫開啓祝聖壽年交金籙

道場青詞 十一月二十三日

伏以萬物堅成樂歲功之斯就四時迭運

荷乾施之無窮爰即靈場載啓科式薦以

芬芳之潔通於杳默之神伏願威鑒昭臨

福禧穰集固穹隆之壽歷延緜永之皇圖

下逮羣生咸均餘祐

萬壽觀寧華殿開啓温成皇后忌

辰道場青詞 十一月二十九日

伏以妙道無方推乎善應清真昭格通以

明誠追內則之有儀譪餘芳而未遠式臨
諱日俾按醮科爰即琳宫肅延羽士冀資
冥福永助仙游
闕門賜許懷德張茂實告勅口宣
卿素稱忠勇備著勞能俾更旄節之榮仍
董貔貅之旅往膺寵命其體眷懷
賜觀文殿學士禮部尚書王舉正
乞致仕不允詔十一月二十九日
卿精深之學足以待問清懿之望足以鎮
浮嚮從守藩念遠賢之在外來侍經席冀

聞予於未聞惟道德之所資非耆舊而誰處雖引年之制禮固有常而愛老之心予寧敢怠所宜勉近醫藥輔安精神期臻壽康以副虛佇所乞宜不允

賜馬步軍副都指揮使張茂實赴闕生料口宣 十二月六日

卿遠趨召節方届都城惟茲饍品之豐式舉彝章之舊往祗寵錫式體眷懷

班荊館賜契丹賀正旦人使到闕御筵口宣 十二月九日

卿等歲元茲始隣好時修載馳使傳之勞

方次都門之近宜伸頒錫式示眷懷

正月五日賜賀正旦人使內中酒

果口宣

卿等夙將信聘來結隣歡方伸宴飫一作飲

之豐式示眷懷之意芳醪嘉實宜厚寵頒

賜侍衛親軍馬軍副都指揮使張

茂實讓恩命不允詔十二月十五日

卿蔚有材武稱於周行早罄忠力膺子寄

任自分齊鉞屢易名邦俾更節制之權入

總禁嚴之旅扞城宿衛皆汝職焉載閱來章雖嘉讓節趨祗成命宜體眷懷所讓宜不允

內中福寧殿開啓天慶節道場青詞

伏以新陽叶律肇正於歲端嘉節紀時蓋遵於國典載嚴祕殿遐企上真薦茲蠲潔之誠杳達清冥之應冀承靈貺永祐皇圖

內中福寧殿罷散天慶節道場青詞

伏以元符肇貺先聖是膺紀爲令節之名著乃仙科之式用嚴禁密恭薦苾芬冀真

馭之昭臨既嘉祥而茂集基圖永固動植均休

賜新除建雄軍節度使依舊殿前都指揮使許懷德讓恩命第二表不允斷來章批答 十二月五日

省表具之卿拔從行伍之微董我師徒之衆嘉爾勞舊優之寵榮乃思功効之未彰能形避讓之沖懇已行之命其往欽承事上之忠無或怠忽所讓宜不允仍斷來章

内中御侍已下賀皇帝年節詞語

妾等言伏以堯官謹曆萬物惟新夏數得
天四時以正恭惟尊號皇帝陛下睿明稟
哲慈儉保邦正朔頒行極舟車之所至仁
恩（一作慈）溥及順天地以發生妾等忝備掖
庭獲瞻黼座順三微之首月祝萬壽於
無疆

賜夏國主進奉賀正旦馬駞詔

王正首歲玉曆頒春眷惟繼世之忠克効
守藩之職勤修時貢來旅明庭言念傾輸
良深歎奬

皇帝回契丹皇帝賀正旦書

正月日伯大宋皇帝致書于姪大契丹聖文神武睿孝皇帝闕下歲端更始順陽律以布和信聘時修講隣歡而增固閲書言之勤好加篚幣之腆豐感戢所深述宣罔既令懷化軍節度使耶律瑕等回專奉書陳謝不宣白

皇帝回契丹皇帝達皇太后賀正旦書

正月日伯大宋皇帝致書于姪大契丹聖

文神武睿孝皇帝闕下玉曆頒時寶隣交
聘兼馳使騆别枉信函載傳慈懿之言益
固講修之好顓希侍次達此悰誠今歸德
軍節度使耶律思寧等回專奉書陳謝不
宣白

賜起居舍人知制誥劉敞等奬諭
詔十二月九日

勑劉敞省所進祫享詩事具悉祫大祭也
禮久闕焉朕因時孟冬躬薦圭鬯永惟祖
考之烈格于天地禮一作樂之盛昭乎于一作物

容宜有儒學之臣形爲頌歎之美卿議論閎博辭章爛然敷訓告以代予言是惟其職發揄揚而稱上德聊見餘才省閱已還嘉尚良切故兹獎諭想宜知悉

賜刑部郎中充天章閣待制錢象先等獎諭詔 十二月九日

勑象先省所進祫享詩事具悉祫大祭也禮久闕焉朕因時孟冬躬薦圭瓚永惟祖考之烈格于天地禮樂之盛昭乎一作于物容宜有儒學之臣形爲頌歎之美覽奏篇

之來上慶熙事之有成文采可觀歎嘉于再故茲奬諭想宜知悉

賜屯田負外郎國子監直講梅堯臣奬諭勑書十二月九日

勑梅堯臣省所進祫享詩事具悉汝行懿而粹學優而純以詩自名爲衆所服矧乃詠祖宗之功德述禮樂之聲容宜被朱絃以薦清廟載披來獻深用歎嘉故茲奬諭想宜知悉

賜西京作坊使知麟州王慶民奬

諭敕書十二月十七日

敕王慶民省所奏淮寧院劄子節文以臣撰成麟府二州䌸圖一面并序目二冊詣闕上進事具悉古之用兵者必因地形制方略然後可以策勝敗之筭運奇正之謀爾以材武之資有敵明之識自膺柬寄出守邊封而能周知山川險易之形歷覽亭障屯防之要列爲凡目粲爾一作可條陳不惟指掌於披圖足以因時而制變遠兹來上深體乃忠省閲以還歎嘉曷已故兹獎

諭想宜知悉

集英殿告遷宣祖皇帝昭憲皇后

御容赴奉先禪院慶基殿奉安祝文

伏以祖烈昭宣威神緬邈顧祠庭之夙敞

崇寶構以載新冀即妥安永伸一作申嚴奉

奉先禪院法堂上告遷宣祖皇帝

昭憲皇后御容赴內中奉安祝文

伏以早嚴寶殿以佇神游今奉威靈即安

清禁仰惟鑒格歆此精衷

景靈宮奉真殿開啓真宗皇帝忌

辰道場看佛經都功德疏語

伏以威神在天奉真遊而時格覺慈宣化

敷慧福以無窮追諱日之甫臨演祕言而

申薦永繄仁佑式慰孝衷

景靈宮奉真殿真宗皇帝忌辰道

場看道經都功德疏語

伏以琳宫嚴敞奉真馭以來臨實笈飛華

演靈篇而甚祕式届遏音之日載深濡露

之懷遐薦福因永資道蔭

景靈宫廣孝殿章懿皇后忌辰道

場看佛經都功德疏語

伏以諱日斯臨孝心增感永慕至慈之德

載瞻大覺之雄既集善因遐資福果

景靈宫廣孝殿章懿皇后忌辰道

場看道經都功德疏語

伏以春露既濡孝思罔極即仙庭之祕邃

誦金簡之精微仰冀清真永資遐福

賜新除建雄軍節度使殿前都指

揮使許懷德讓恩命第一表不允

批答口宣

卿以宿衛之勤勞能備著俾移使節式示
眷懷宜體優恩勿持堅讓
賜新除建雄軍節度使殿前都指
揮使許懷德讓恩命第二表不允
斷來章批答口宣
卿夙推材武久擁節旄俾易名藩用伸優
遇無煩固避往服新恩
賜觀文殿學士尚書右丞田況乞
致仕不允批答嘉祐五年正月八日
省表具之卿德量足以容衆材識足以濟

時蔚然君子之風綽有大臣之體自嬰疾

恙求解樞機朕心惻然深以爲惜乃帷書

殿之清職自非耆哲而弗居俾從優游以

便頤養所期福善之理當蒙勿藥之休還

來輔予以盡賢業遽形引謝良異眷懷所

乞宜不允

皇第九女封福安公主制正月二十四日

門下朕稽有國之彝章著皇女之稱謂取

其主以同姓所以見王體之尊必也錫之

美名所以彰禮命之寵載涓吉日敷告在

庭皇第九女岐嶷之姿有生知之異禀柔
順之質得天性之自然方嚴保傳之規以
養肅雍之德俾遵舊典寢以徽章嘉乃妙
齡盛哉儀服考僉言而惟允非予意之敢
私於戲隆仁恩以厚親兹惟教愛習圖史
而循法繫乃夙成祗若訓言往膺渙渥一作命
可封福安公主仍令所司擇日備禮冊命
主者施行

皇第十女封慶壽公主制同日

門下詩紀王姬之盛車服之制甚嚴漢優

帝女之儀湯沐之封並列蓋彰國體匪曰親私惟始被於寵章常推擇於嘉號載稽成憲誕告外庭皇第十女賓婺分暉仙源襲慶天姿異禀溫而有儀姆教不煩生而知善方居妙歲蔚有令猷朕仰承燕翼之謀茲膺（一作膺茲）蕃衍之祉俾新禮命式示褒榮於戲寵秩既崇在乎有德名稱甚美享乃多休祗服茂恩勿忘明訓可封慶壽公主仍令所司擇日備禮冊命主者施行

內中御侍已下賀皇帝乾元節詞

語 正月二十六日

妾等言正陽旅月式符誕聖之期令節稱觴共獻無疆之壽伏惟尊號皇帝陛下法堯聰眷躬禹儉勤厚德浸於黎元至仁同於覆載舟車所及聲教咸均罄茲率土之濱共効南山之祝妾等欣逢嘉會獲侍嚴宸敢望清光恭陳善頌無任歌時樂聖歡呼激切之至

内制集卷第七

在外嶽瀆等謝祫享禮畢祝文 神報 疑是伸報

内制集卷第八　歐陽文忠公集八十九

乾元節謝内中露香表 嘉祐五年正月二十六日

伏以清穹眷佑皇緒丕隆方陽月之正時屬誕辰而著節仰瞻霄極薦此芬馨冀膺敷錫之祥永保延鴻之慶

乾元節謝内中真宗皇帝表 同日

伏以佳名著節載誕紀辰永惟涼眇之躬獲荷顯休之業動遵聖訓期保慶基怵惕之懷孝思罔極

乾元節謝内中章獻明肅皇太后

章懿皇太后 章惠皇太后表 同日

伏以天陽正候壽節紀時深惟載育之恩緬慕至慈之德敢忘翼勵期保延鴻

賜樞密副使右諫議大夫張昪乞

解罷第一表不允批答 正月二十九日

省表具之朕惟一二左右之臣出納樞機之命必有同德爲時老成鄉質厚器閎材優識敏風力甚勁晩而不衰議論有稽言而必中朕所體貌民之具瞻豈宜退徇謙沖自厭繁務盡瘁事國夙惟素懷推心仰

成當體予意所乞宜不允

除文彥博易鎮判大名府制二月十五日

門下朕惟將相之崇資是爲文武之極選隆其名器所以重朝廷列于藩宣所以屏王室矧乃居留之任必屬老成之人晏擇剛辰敷告有位具官文彥博器閎而厚識粹而明學得其方通古今而知要才周於物適大小以惟宜自奮發於聲猷早更揚於中外居則參裨乎國論出則宣暢乎皇威兩踐台司首當柄用賢愚式序舉百職

以咸修綱紀甚明贊萬機而至悉自（一無此字）
懇避鈞衡之任出司管鑰之嚴逮此逾時
蔚然休問眷言邦哲實簡予衷是用更其
擁節之榮委以別京之重勁兵所宿實資
總制之權雅俗惟淳兼賴撫綏之政於戲
與國同體是謂股肱之良惟民具瞻方隆
師尹之望顧我舊德豈煩訓辭往其欽哉
祗服休命可特授依前檢校太師同中書
門下平章事潞國公行陜州大都督府長
史充保平軍節度使判大名府兼北京留

守司事充大名府路安撫使加食邑七百戶食實封五百戶功臣散官勳封如故仍放謝辭發赴本任主者施行

除李昭亮檢校太保判定州制（二月十五日）

門下嚴師律以宣威是爲將率之事謀王體而坐論必屬廊廟之臣惟二柄之是兼蓋一時之首選顧於寄任宜副倚毗爰告外庭式揚休命具官李昭亮資質純厚器識通明世有勳庸蔚爲舊德家傳韜略濟以美材爰自壯齡早膺獎擢訓齊士伍號

令信於恩威宿衛朝廷勤勞著於夙夜屢
被蕃宣之寄實資鎮撫之才惟留鑰之
别都乃宿兵之重地歲時滋久譽望益嘉
眷言中山還爾舊治是用易以將旄之寵
增其帝傅之崇於戲宣國威靈用綏寧於
邊鄙求民疾苦以班布於教條俾無北顧
之憂惟我老成之倚往踐厥位時惟欽哉
可特授檢校太傅依前同中書門下平章
事行兖州大都督府長史充泰寧軍節度
使充定州路都部署兼安撫使判定州加

食邑七百户食實封三百户功臣散官勳封如故仍放謝辭發赴本任主者施行

除李端懿寧遠軍節度使知澶州制同日

門下至治之時常不忘於武備用兵之要在先擇於將臣禮樂詩書必資於學智信嚴勇又兼以仁是惟難才豈不慎選用諏一作剛日敷告外庭具官李端懿器質宏擇深資識敏茂地聯近戚無富貴之驕世濟美材躬儒素之行粤從壯歲綽有令名學問足以與謀忠信可以事上而能克勵名

節靡皇宴安每思報國以有爲嘗請治民而自効北州之政稱最東土之人甚思惟留務之是居顧歷時而頗久俾加褒進爰考僉同是用寵以節旄委之蕃翰於戲爲政而先無擾所以靖民除戎以戒不虞是宜有素緊乃通明之略副予東任之懷往惟欽哉膺此休渥可特授依前檢校刑部尚書充寧遠軍節度使知澶州加食邑七百户食實封二百户散官勳封如故主者施行

賜禮部侍郎叅知政事曾公亮乞

罷不允詔 二月十八日

卿以敏識精學叅賛萬務儁徳茂行表儀百僚而思慮之勞偶膺疢恙藥石之効聞比康平嘉謀話言日以虛佇封章屢上引避甚堅豈未體於眷懷而每煩於開諭宜專輔養以副倚毗所乞宜不允

賜新除寧遠軍節度使李端懿讓

恩命第二表不允斷來章批答口宣 同日

卿聯國懿戚惟時美材久居留使之權俾

委將旄之任載嘉沖挹思避寵榮宜體眷
懷無煩牢讓
閤門賜新除寧遠軍節度使知澶
州李端懿告勑口宣同日
卿地胄聯華資材甚茂早膺器使頗著聲
猷俾進總於中權式增榮於戚里所宜祗
服以體眷懷
賜新除工部尚書知秦州張方平
陳讓不允詔三月十六日
卿識茂器閎智優學博施於有用謂靡不

宜乃眷西陲最爲重地惟撫綏備禦之任必通明敏給之才予難其人於爾爲得委遇之意則惟其勤避讓之誠夫何于再勉祗其往當體朕懷

賜樞密副使尚書禮部侍郎程戡乞退休第三表不允批答 三月十六日

省表具之朕惟朝廷之體廣大材賢（一作賢材）之士衆多必有耆哲之臣以爲時望之重卿早被奬擢讜然聲猷參聯鈞輔之崇協贊樞機之要履躬之懿乆見於純誠事上

之忠志期於盡瘁顧方深於毗賴而懇避
於寵榮封章繼來敦諭亦至引年以禮雖
嘉止足之賢優老虛懷未忘眷遇之意往
安厥位宜體予衷所乞宜不允

大相國寺大殿上開啓爲民祈福
道場齋文五月三日

伏以南薰被物方茲長育之明西覺稱雄
允賴慈仁之濟俾延淨侶虔啓法筵冀迎
百善之祥普洽萬生之衆

賜宰臣富弼第二表乞退不允批

答五月十五日

省表具之卿事君一心憂國百慮簡拔寒俊而多得遺才愼重賞刑而惟恐過舉蔚然德業方厚倚毗而綱憲之司異同輿論或事非大體或言涉難明因其捃摭於至微益見始終之無過雖開廣言路務在兼容而進退大臣豈當緣此所冝篤卿自信之志成朕不惑之明渙然無疑來復厥位所乞冝不允

賜宰臣富弼乞退第四表不允斷

來章手詔 五月二十四日

省四上表乞解機務事具悉朕力排讒構之言兼採搢紳之望委卿以重任待之以不疑惟致治之至難方同心而共濟勉以無怠庶幾有成而執法之臣以言爲職議旣不一理難必從遂其好勝之私因於積忿而發事緣譖（一作曖）昧語涉中傷遽罷憲司以釋羣惑雖朕之不明不敏旣能爲卿而辨之而卿亦何嫌何疑遂將去朕而不顧避辭巳確彰諭亦勤莫體予懷復安爾位

使天下曉然知朕任賢而勿貳也所乞宜
不允仍斷來章付富弼
賜樞密副使張昪生日詔一作口宣 五月十九日
卿以業履之清優任樞機之密勿余所禮
遇時之具瞻爰屆誕辰俾加慶賜
賜荊湖北路救濟飢民知州獎諭
勑書 五月二十七日
夫修人事所以禦天災安吾民豈不在良
吏爾學優從政職任治人因凶歲之疫飢
體詔書之隱惻既免罹於殍殣仍不夭於

札瘥再惟敏事之材深得䘏荒之禮第課
來上予心所嘉宜有襃章以旌善績
賜河陽三城節度使同中書門下
平章事文彦博進奉謝祫享加恩
詔六月十七日
詩云君子邦之基記曰大臣民之表予所
寵異禮宜優隆乃因祭福之均恩首效駿
良而來獻載惟誠恪深用歎嘉
賜定國軍節度使知并州梁適進
奉謝恩馬詔六月十七日

大鹵之雄中權爲重時有舊老柬于予裒寵之旄鉞之榮委以蕃宣之寄效駿良而來獻將誠愨之甚勤省覽已還歎嘉曷已

賜觀文殿大學士知定州龐籍進奉謝恩馬詔 六月十七日

書殿之職號爲清優舊德之臣所宜寵異乃來駿足以副勤誠曾非貴物之心實體事君之節省閱于再歎獎不忘

賜虔州觀察使定州路副都部署劉渙進奉謝恩馬詔 同日

國家慎選材武委之事權優其寵榮所以
責效厚其頒予所以養廉乃因物以達誠
見事上之惟恪省閲于再歎嘉不忘
賜定國軍節度使梁適進奉謝恩
馬詔
卿惟時舊德爲國將臣推恩典以旣優俾
家庭之增寵乃輸良貢以効誠勤省閲以
還歎嘉彌切
賜外任臣寮進奉賀袷享禮畢勑
書六月十七日

朕以孟冬卜吉大祭伸虔惟熙事之旣成實賡邦之共慶載披來貢深見輸忠省閱以還歎嘉良切

賜翰林學士尚書兵部員外郎知制誥吴奎乞知青州不允詔（七月二十一日）

卿強學博覽足以通古今嘉謀讜言足以承顧問朝夕獻納余有望焉矧方委之劇煩嬰以事任懋乃賢業宜有施於朝廷奮乎壯猷豈暇便於鄉里其安爾職深體眷懷

賜新除宣徽南院使檢校太保鄜

延路馬步軍都部署經略安撫使判延州程戡讓恩命第一表不允斷來章批答 八月八日

省表具之廼者卿數上封章懇辭樞要兼引年而爲請思還政以自頤眷惟耆舊之英誠久劚繁之任俾增書殿之職仍參講席之聯是曰清優豈忘顧遇而進見之際聰明未衰廼遷使領之華往重邊陲之寄予意所屬僉言允諧雖沖尚之可嘉惟成命之難止所讓宜不允仍斷來章

賜知建昌軍楊儀進奉銀珠稻米

勑書八月十六日

勸力農而務本惟汝之官登嘉穀以告豐乃時之瑞粲然良實來効貢囊載惟修職之勤式緩憂民之意省閱于再歎尚不忘

賜右諫議大夫知梓州吕居簡進奉乾元節無量壽佛一幀勑書同日

壽觴紀節罄率土以均歡妙像有儀獻無疆之善祝嘉乃愛君之意見於事上之恭省閱以還歎嘉良切

賜新除翰林學士依前禮部郎中
知制誥權知開封府蔡襄上表乞
依舊知泉州不允詔八月十五日
卿學通古今足以備獻納政適寬猛足以
臨劇煩而得材之難顧常勞於選任矧居
外茲久寧自逸於便安是宜勉旃來服新
命綽有餘力夫何微疾之辭居然寵名固
爲榮養之樂其毋必讓當體至懷
賜屯田員外郎王公袞奬諭勅書
卿者長人之官備盜不謹害我命吏鷙茲

遠民汝於斯時能奮厥效督捕甚急饋餉
有方致兹亮徒卒就擒戮第功來上覆實
不虛載嘉勤勞深用襃歎

東太一宫立冬祝文九月二十四日

四時適序萬物堅藏嘉歲事之有成繄神
休之是賴承兹靈貺報以吉蠲惟冀享誠
益敷多祐

延福宫性智殿開啓皇后生辰道

場齋文同日

伏以坤德流徽式臨於誕日貝文宣妙恭

仰於巨慈載嚴祕邃之庭駢集清修之侶
冀資壽福時啓靈場伏願毫相分光法雲
假蔭憑兹勝利永保遐齡

延福宫性智殿開啓皇后生辰道
場密詞 九月二十六日

伏以寒律正時適臨於良月曾沙誕慶爰
紀於嘉辰夙清祕殿之嚴並集祇園之侶
冀因勝利延錫禧 一作休 祥永輔坤儀益隆
壽祝

故贈濮王允讓十月九日忻檟

祭文 同日

日月惟吉山川既佳啓兹櫕塗往即襄事

顧歆薄奠冟體哀悰

故贈濮王允讓十月十八日起靈

祭文 同日

儀物既備川塗甚夷往即佳城卜兹吉日

靈其顧享副此哀懷

故贈濮王允讓十月三十日下事

祭文 同日

惟靈稟德甚茂享年不遐余心所哀䘏典

斯備往即安宅享茲克誠

撫問護葬使向傳式詔 同日

葬之爲禮古所重焉方將事以在塗顧勞

心於祗役眷賴之意不忘于懷

撫問西京并汝州路祔葬隨護宗

懿已下勑書 同日

日月惟吉川塗匪遐顧襄事之有期嘉送

終之盡禮勞勤備至眷矚良深

撫問尚宮沈氏勑書 同日

輀旌就道霜露戒時載惟將護之勞無怠

祗勤之意

撫問西京并汝州路管勾脩墳并
沿路巡檢道路及管勾一行靈轝
程頓排辦等朝臣使臣内臣等勑書
卜吉趍時送終備物顧風霜之方厲念事
役之爲勞

賜宰臣富弼上第一表乞解罷機
務不允批答

省表具之夫宰相之事非可以歲月考而
一二數也其在朝廷選賢任能而各得其

職下俾民俗遷善遠罪而不知其然至於
法度修紀綱正然後相與慎守而安行之
以臻于治此朕所以虛心一意日有望於
卿者也今事有緒而卿辭焉豈朕德之不
明將顧時之不可中道而止夫何謂哉俾
予獲用材不盡之譏而卿涉苟安自便之
計予所不取卿其勉焉所乞宜不允

賜宰臣富弼上第三表乞解罷機

務不允斷來章批答

省表具之卿博通古今之學深達治亂之

原德業之隆名稱甚盛朕方虛己而任不
愧知人之明而自秉鈞衡宣勞夙夜惟是
小大之政損益施設惟卿之爲罰罪賞功
進退能否惟卿之聽時有異論豈無多言
一切屏之惟卿之信若乃恭巳南面庶幾
輔予享其成功登于至治亦惟卿之圖其
三者人君之所難予罔敢忽其一者在卿
之不止庶克有成而無名屢辭實所難諭
卿其體茲至意究乃素懷所乞宜不允仍
斷來章

内制集卷第八

除文彦博判大名府制 自懇避 一作而自懇避

表奏書啓四六集卷第一　　歐陽文忠公集九十

諫院謝賜章服表　同王素　慶曆三年九月

臣某等今月日準閤門告報奉聖旨來日改賜章服者臣等尋以列狀具言供職以來未有能効不敢即受乞賜停寢明日朝于垂拱退立廡下俟命不報方共徬徨未知進退而閤門吏已迫臣等入對及見于延和有司賛使俯伏受命臣等不勝惶恐趨出以辭伏蒙遣中使宣諭云出自宸衷並不因臣僚薦舉不得辭讓臣等知君

命甚寵不可必讓因退而拜受俯伏之際
竦動羣臣伏惟陛下聖德仁慈優容臣下
凡有上殿者多因事陳述自乞章服故陛
下不因臣等奏事之時特召賜見又宣明
命告以出自宸衷蓋不欲使臣等雷同徼
幸之流而為外人譏議乃知陛下愛惜臣
等至於如此臣等愛君憂國之勤自宜如
何伏惟天地之恩無物可稱欲伸報謝惟
有至誠令陛下以一章服賜臣等尚不欲
令外人所非伏況陛下上承社稷之重下

制元元休戚之命舉動得失所繫者大則臣等固當事無大小一一規正致陛下纖過小失不見于外然後可以稱臣等報君之心始陛下所以愛惜臣等之意臣等無任

辭召試知制誥劄子 慶曆三年十二月

臣今早準中書傳指揮令臣到聚廳處尋問得有聖旨令臣就試伏念臣自忝諫垣言事無狀日月未久恩渥已頻凡朝廷任用非人僥倖干進在於臣職皆所當言豈

有自為僥倖以冒榮寵其召試指揮伏乞

特賜追寢取進止

辭召試知制誥狀 同前

臣今日準中書召臣聞有聖語令臣就試

已曾略具劄子辭免退而循省未止憂驚

伏念臣本之才能豈堪任用誤蒙聖獎擢

在諫垣竊自思惟無以論報但竭愚慮知

無不為凡姦邪在朝僥倖求進多以激訐

沽名未察臣心紛然議誚臣亦自省忠國

之節特惟陛下知之而可畏之言何由悉

辯但誓不敢干進庶幾久乃自明今若驟
覔寵榮越次升用則是譏議者謂臣向之
所為果是沽激本非為國而去惡但務傾
人而進身不惟使今後朝廷擢用忠言之
臣不以自明而取信兼恐小人見言者得
進既速則各務奔趍一長其風遂成媮弊
蓋上干於國體非止徇於臣私況臣供職
未久言効無聞方今百度未脩四夷多事
言者正當以失職坐黜豈可以亡狀遽遷
其召試之命必望特賜追寢縁臣早來為

中書催召倉卒之際論述未詳謹再具狀
奏聞

辭直除知制誥狀 同前

今月六日準中書召臣試尋曾具劄子并
奏狀辭免今日忽聞已有聖旨更不召試
直除知制誥者伏以聖恩優異至寵至榮
臣所以敢兹懇請者蓋以上繫朝廷任人
之體非專臣子飾讓之私唯冀聖明察臣
悃愊竊以朝廷進用臣下患忠邪不分欲
辨忠邪須覈情僞今一言事之臣得速進

則小人好進紛然爭以口舌為事至其甚
弊理難抑絶則後來有讜言之士必雷同
以干進見疑使君子小人情偽何别故臣
以謂任人之體惟言事者不可以速冒寵
榮臣累得對便殿奏事之際常陳此說伏
況臣供職已來日月未久幸值陛下切於
求理優容直言然而夷狄未賓盜賊未息
官吏未汰黎民未蘇以事考言其効安在
而數月之内恩典頻仍當黜而升宜罰而
賞繫於國體則如前所陳揣於臣私則自

知若此且夫設官賦禄本以勸善擢臣一
人好進者得以奔趍無勞者皆容忝冒所
損已多伏望聖慈憫臣愚訥直降恩命特
賜寢停

辭免第二狀 同前

昨以準中書劄子爲臣累辭恩命奉聖旨
不得辭讓者伏以臣之事君有誠無飾若
理必當受則豈敢虗辭上煩聖聰自陷矯
詐蓋臣所陳述者上繫朝廷事体非獨專
徇臣私如臣之愚本以言事者速進則僞

言者誘以爭超今若辭讓而不獲則僞讓者終於得進損之又損不如不辭臣猥以非材已在言責若陛下欲擢臣以責効則今所居之職自足展効但患無能若以寵典爲賞勞又無可賞伏況此来恩命特出聖心臣子至榮人所願得苟非深思熟慮理須避讓豈敢固自稽遲以干典憲伏望聖慈察臣至誠至懇所除誥勑早賜追還

舉吕溱自代狀同前

準先降勑節文應兩省臺官尚書六品已

上諸司四品已上授官訖具表讓一人自代於閤門投下方得入謝者右臣伏見著作郎直集賢院知蘇州呂溱首登辭科素有文學不肯碌碌以希例進請補外郡躬勤政事今蘇州治狀為兩浙第一臣嘗與溱同在館閣聞其論議服其度量材美甚衆非臣所如擢以代臣庶允公議謹具狀奏舉以聞

謝知制誥表 同前

臣某言伏奉制命蒙恩特授臣右正言知

制誥者伏以王者尊居萬民之上而誠意能與下通奄有四海之大而惠澤得以徧及者得非號令告詔發揮而已哉然其為言也質而不文則不足以行遠而昭聖謨(一作謀)麗而不典則不足以示後而為世法居是職者古難其人乃以愚臣而當此選臣某(中謝)伏惟尊號皇帝陛下茂仁聖之姿荷祖宗之業日慎一日曾未少懈而自羌夷負固邊鄙用師勤儉率先於聖躬焦勞常見於玉色雖有憂民之志而億姓未

蘇雖有欲治之心而群臣未副故每進一
善則未嘗不欲勸天下之能每官一賢則
未始不欲盡人材之用雖以爵祿而砥礪
尚須訓誡之丁寧尤假能言以諭至意可
稱是者不又（一作大）艱歟伏念臣雖以儒術
進身本無辭藝可取徒值嚮者時文之弊
偶能獨守好古之勤志欲去於雕華文反
成於樸鄙本懼不適當世之用敢期自結
聖主之知陛下奬之特深用之太過此臣
所以懇讓三四至於辭窮而天意不回寵

命難止尚慮頑然之未諭更加使者以臨
門恩出非常理難屢瀆及俯而受命伏讀
訓辭則有必能復古之言然後益知所責
之重夙夜惶惑未知所措伏況文字之職
厠于侍從之班在於周行是為超擢不徒
揮翰以為効自當死節以報恩惟所使之
期於盡瘁

龍圖閣直學士河北都轉運使謝上

表　闕　慶曆四年八月

謝獎諭編次三朝故事表　慶曆四年九月

臣脩言今月二十八日進奏院遞到詔書一道以臣前奉詔編次三朝故事成上進訖特賜奬諭者聖后當天孝循先志嘉與左右奉為大法成編上聞懼不稱旨蒙詔温諭以榮以悸臣其中謝 臣聞藝祖造邦翕受駿命文綏武服震讋萬方十七年間大業以定神宗享御睿謀獨斷照姦以察固賢以誠政清法明夷夏安樂章聖紹衣上下錯國既安玉帛走於庭犀革槖於庫刑賞有典禮樂有經草木人靈丕懋歡喜

恭惟皇帝陛下以甚盛之德位乆大之業

日旰坐朝昧爽思道置器安處納民大中

尚惟一祖二宗之遠謨有百世無疆之丕

訓君臣所以固附天人所以調諧法令所

以必行邦國所以從乂天垂日皎布在方

册爰詔近侍採摭要實祕在大府用裨聖

政蓋守成念夫至艱孝者先乎善繼眘心

遠紹振古與偕臣親被上音適終論次慮

失煩簡隕越待罪聖度兼貸錫以褒言誓

捐微軀仰荷鴻覆瞻望宸扆無任激切

謝賜慶曆五年曆日表

伏以聖人在上天地節陰陽和一日十二辰五星二十八舍皆安次而行四時八風六律二十四氣各應時而至臣愚幸同萬物俱被長育而得與草木自别使知寒暑之期臣某中謝伏惟尊號皇帝陛下聰明睿智天縱多能向因萬機之餘親考上元之曆以授百職以同萬方而臣官任轉輸兼司按察若乃加正朔於四海頒政教於明堂陛下摠其要而舉其大端至於經時

節勸農桑候豐凶勤畜積順時令察姦非
則臣敢不守其職而行其小者庶無失業
以答洪恩

滁州謝上表 慶曆五年十月

臣某言臣伏蒙聖恩授臣依前右正言知
制誥知滁州軍州事已於今月二十二日
赴上訖者謗讒始作大喧群口而可驚誣
罔終明幸賴聖君之在上列職尚叨於清
近爲邦仍竊於安閑祇荷恩榮惟知感涕
臣某中謝伏念臣生而孤苦少則賤貧同

母之親惟存一妹喪厥夫而無託携孤女
以來歸張氏此時生纔七歲臣愧無蓍龜
前知之識不能逆料其長大所爲在人情
難棄於路隅緣臣妹遂養於私室方今公
私嫁娶皆行姑舅婚姻況晟於臣宗已隔再
從而張非已出因謂無嫌乃一作仍未及笄遽
令出適然其旣嫁五六年後相去數千里
間不幸其人自爲醜穢臣之耳目不能接
思慮不能知而言者及臣誠爲非意以至
究窮於資產固已吹析於毫毛若以攻臣

之人惡臣之甚苟羅織過奚追深文蓋荷
聖明之主張得免羅織之冤枉然臣自忝
眷奬嘗列諫垣論議多及於貴權指目不
勝於怨怒若臣身不黜則攻者不休苟令
讒巧之愈多是速孤危於不保必欲為臣
明辯莫若付於獄官必欲措臣少安莫若
置之閑處使其脫風波而遠去避陷穽之
危機雖臣善自為謀所欲不過如此斯蓋
尊號皇帝陛下推天地之賜廓日月之明
知臣幸逢主聖而敢危言憫臣不顧身微

而當衆怨始終愛惜委曲保全臣雖木石之心禎實知君父之恩厚敢不虔遵明訓上體寬仁永堅不轉之心更勵匪躬之節

賀章獻明肅章懿二皇后祔廟表

慶曆五年十月

臣脩言伏覩十月九日敕書章獻明肅皇后章懿皇后祔廟禮畢者大孝發於宸衷刑于四海休氣蒸乎美澤賚及萬方華夏歡呼人神（一作祇）咸（一作感）悦臣某（中賀）恭惟尊號皇帝陛下自天生德繼聖垂衣率勤

儉以在躬推仁恩而浹物動稽先訓謙弗自專奉二后之慈靈永懷罔極詢百執之公議所據有經然後肅清廟以戴嚴由閟宮而升祔上儀交舉大慶咸均孝思永奉於烝嘗懿範有光於典策臣守藩地近一作遠受國恩深欣盛事之親逢與蒼生而共樂

賀祔廟禮畢進奉銀五百兩狀

右臣伏以廟容祔室一人式奉於孝思方物充庭萬國率從於奔走前件物堅剛挺質粹美稱珍勉脩邦貢之儀用罄臣忠之節

謝賜慶曆六年曆日表

祇膺寵錫伏積榮榮臣某伏惟尊號皇帝

陛下愛人育物精意奉天日用而百姓不

知聖德與四時合序是以星辰順軌日月

清明陰陽和風雨節恭己南面授人以時

屬此歲端大頒玉曆臣職在守土愧無他

能謹守詔條其敢失墜

謝賜慶曆七年曆日表

臣脩言本州進奏院遞到詔書一道賜臣

慶曆七年曆日一本者天序方周王正肇

建凡爾守邦之吏皆蒙頒曆之恩匪以為
私蓋遵彝典臣某中謝伏惟尊號皇帝陛
下乾坤覆載日月照臨不言而四時行有
作而萬物覩而乃考覽氣象精窮天人著
為玉曆之文以叶明堂之政舟車所至正
朔咸加雖被譴以窮居亦以時而受賜臣
敢不虔遵聖訓順布民時上副欲治之心
少逃曠官之責一作咎

慰申王薨表慶曆七年五月

臣某言臣得進奏院狀報五月二十三日

以皇叔申王德文薨皇帝幸後苑舉哀挂
服者伏以申王德文位崇王爵地重宗藩
遽背明時奄然殂謝伏惟尊號皇帝陛下
仁親九族孝治萬方成服發哀恩隆禮備
臣忝居侍從遠守詔條不獲恭詣闕庭以
伸奠慰臣無任哀感之至

賀鴻慶宮成奉安三聖御容表慶曆七年七月

臣脩言伏覩南京鴻慶宮成奉安三聖御
容者一人致孝式表於奉先三后在天並
垂於鴻祐人靈交感華夏歡呼臣某中賀

伏惟尊號皇帝陛下以上聖之姿撫重熈之運親執玉幣禮天地之神祇時奉烝嘗報祖宗之功德乃眷別京之重載崇原廟之儀衣冠出遊仰稽於故事郡國嘗幸俾得以奉祠實隆廣孝之風以著不刊之典臣猥叨辭職方守郡條瞻盛禮以阻陪效歡聲而徒切

謝加上騎都尉進封開國伯加食邑三百戶表 慶曆七年十二月

訓辭深厚恩典優隆祗服以還戰兢無錯

臣某中謝伏念臣材非世用行與時違過蒙奬擢之私忝居侍從之列坐尸厚祿安處善邦當見帝以親郊莫陪嚴祀洎受釐而均慶亦被寵光進爵賜勳即封加户併兹榮數及𠕋無功敢不退自省循益思砥礪上答乾坤之造更堅犬馬之誠

賀平貝州表慶曆八年閏正月

伏聞閏月一日攻下貝州殺到妖賊王則者盜孽竊興人神一作祇共忿果憑睿筭悉殄兇徒臣某中賀伏惟尊號皇帝陛下推仁

育物浸澤在人常服（一作克）儉以躬行惟足兵而在念至於多捐金幣講好戎夷務休戰爭蓋惜士卒德至深而莫報恩既厚則生驕敢肆妖狂自干斧鉞驅脅（一作脅驅）士衆閉守城闉既遠天而逆人宜不攻而自破而況聖神運略將相協忠不遺一人咸即大戮悖慢者警而肅恪（一作恪肅）昬愚者知有誅夷銷沮姦萌震揚威令臣幸忝郡寄欣聞德音

揚州謝上表（慶曆八年二月）

臣脩言準樞密院遞到誥勑一道伏蒙聖

恩授臣起居舍人依前知制誥知揚州軍州事已於今月二十二日赴任訖者貶所脫身遽叨臨於督府歲成無狀仍叙進於官聯被渥以優撫心增懼臣某中謝伏念臣材非適用行輙違時徒知好古之勤自勵匪躬之節誤蒙獎拔驟玷寵榮小器易盈固已宜於顛覆盡言取禍仍多結於怨仇仰恃公朝臣雖自信在於物理豈有不危矧利口之中人譬含沙之射影謂時之衆嫉者易爲力謂事之陰昧者易爲誣上

一作幸繫天聽之聰終辨獄辭之濫苟此冤之獲雪雖永棄以猶甘而況得善地以長人享及親之厚祿坐安優逸未久歲時亟就易於方州仍陟遷於秩序有以見聖君之意未嘗忘言事之臣孤拙獲全忠善者皆當感勵姦讒不効傾邪者可使息心非惟愚臣獨以為幸此蓋伏遇尊號皇帝陛下乾坤覆載日月照臨察人常務於究情行賞必思於有勸致茲恩典施乃懦庸誓堅終始之心少答生成之造

潁州謝上表皇祐元年三月十三日

臣脩言伏蒙聖恩就差臣知潁州軍州事巳於三月十三日赴上訖者規求安閑坐享榮祿雖大君之德曲示含容而為臣之心豈自遑處臣某中謝伏念臣材能淺薄性識昏蒙偶自弱齡粗知學古謂忠義可以事國名節可以榮身自蒙不次之恩亦冀非常之效然而進未有纖毫之益已不容於怨仇退未知補報之方遽先罹於衰病神與明而並耗風乘氣以交攻睛瞳雖

存白黑纔辨蓋積憂而自損信處世之多

危伏蒙尊號皇帝陛下造化陶鈞高明覆

載閔其孤拙未即弃捐付以善郡俾從私

便所冀療治有驗瞻視復亨則及物之仁

荷更生之大賜使身不廢猶後效之可圖

謝轉禮部郎中表 皇祐元年四月

臣某言蒙恩授臣禮部郎中知制誥依舊

知潁州者恩出非常榮逾始望人以臣爲

寵臣以喜爲憂伏念臣自小無能惟知嗜

學常慕古人而篤行不思今世之難行而

自遭遇聖明驟蒙奬拔急於報國遂欲忘
軀結怨仇者皆可畏之人所違忤者悉當
權之士旣將行巳又欲進身惟二者之難
兼雖至愚而必達況臣粗知用捨頗識廉
隅故其自被讒誣迨於降黜當舉朝沸議
未甞以寸牘而自明及累歲謫居不敢以
半辭而自理其後再經寬赦移鎭要藩曾
未逾年遽求小郡蓋臣知難當之衆怒尚
未甘心思苟免之善謀惟宜退迹則臣於
榮進豈敢僥求此蓋皇帝陛下日月照臨

乾坤覆載不忘舊物曲軫眷慈謂臣貶職之人悉皆牽復憫臣無名之罪久未雪除故推敘進之文特示甄收之意然臣近於去歲早已改官逮此便蕃豈宜叨竊欲固讓則有嫌疑之避欲遽受則懷忝冒之慚進退之間凌兢失措惟當盡節上報深恩

謝復龍圖閣直學士表 皇祐元年八月

臣脩言今月十八日樞密院遞到誥勑各一道伏蒙聖恩授臣依前禮部郎中充龍圖閣直學士仍舊知潁州者恩還舊職事

雪前誣感極心驚涕隨言出臣某中謝臣伏見前世材賢（一作賢材）之士身結主知勳德之臣功施王室然尚或一遭謗毀欲辨無由少忤要權其禍不測顧如臣者何足道哉臣材不逮於中人功無益於當世用之未見其効去之無足可愍矧罔極之讒交興而並進易危之迹何恃而不顛而聖心不忘恩意特至辨罔欺於曖昧沮仇嫉於衆多雖暫居譴謫之中而屢被陞遷之渥今又特蒙馭録牽復寵名以臣之愚豈比前

人而獨異推其所幸蓋由聖主之親逢謂宜如何可以論報再念臣禀生孤拙本之藝能徒因學古之勤粗識事君之節苟臨危效命尚當不顧以奮身況爲善無傷何憚竭忠而報國誓期盡瘁少答高明

南京謝上表 皇祐二年七月

臣某言伏蒙聖恩就差臣知應天府兼南京留守司事臣已於今月二十四日赴上訖者守宮鑰之謹嚴敢忘夙夜布政條之纖悉上副憂勤寄任非堪藐營並集臣某

中謝伏念臣賦才庸薄稟數奇屯毀譽交
興兩曾過實寵榮踰分動輙招尤念報效
之未伸敢不竭忠而盡瘁困風波之可畏
則思遠去以深藏迨此六年外更三守學
偷安而杜口負素志以媿心朽質易衰已
凋零於齒髮良時難得尚希慕於功名豈
謂皇慈未捐舊物擢從支郡委以名都惟
此別京舊當孔道簿領少勤於職事廚傳
取悅於路人苟循俗吏之所為雖能免過
非有古人之大節未足報君

謝明堂覃恩轉官加勲表 皇祐二年十月

臣某言今月十三日進奏院遞到誥勅各一道伏蒙聖恩授臣尚書吏部郎中加輕車都尉依前龍圖閣直學士仍舊知應天府兼南京留守司事及放朝謝者天地號令風雷皷行一氣所均萬物咸被遂容僥倖亦與褒升臣某中謝伏念臣材不逮人識非慮遠徒有事君之節未知報國之方冒寵貪榮已踰其量見利臨得曾不知慚此者伏遇尊號皇帝陛下堯舜聰明禹湯

勤儉脩前王之曠典述先志以繼成昭致
精禋躬臨路寢膺受上天之多福推與萬
方而不私臣於此時限以官守講儀制禮
不預議郎博士之流助祭陪祠不在諸侯
方物之列旣乏一言之獻又無執事之勞
徒隨翟闔共享餘賜普天率土難異衆以
獨辭蹐厚跼高但撫躬而無措

表奏書啓四六集卷第一

紹熙三年十月承直郎丁朝佐編次

郡人孫謙益校正

辭召試知制誥劄子干進一作而進

辭召試知制誥狀不以自明不字疑

辭免第二狀所陳一作所陳累獨專一作專獨

謝知制誥表未少一作不少玉色一作顏色聖主一作明主

滁州謝上表乃未及笄一作乃當未笄尊號此上一有伏遇二字

賀鴻慶宮成奉安表玉幣一作圭幣

賀平貝州表王則此一下有等字

揚州謝上表以優一作已優自勵一作每勵忘言一作靡言

孤拙獲全至為幸二十九字一作危拙獲全為善者皆當感激罔欺不効好讒者由是沮消豈恃臣愚獨蒙其幸

潁州謝上表昏蒙一作昏愚

謝轉禮部郎中表一作臣某言樞密院遞到勅告伏蒙聖恩授臣尚書禮部郎中依前知制誥知潁州者自小一作自少篤行一作篤信

不敢以以一作有謂臣貶職謂字下一有後字惘臣此上一有而字

謝復龍圖閣直學士表曖昧曖元作藹尚當一作尚恩

南京謝上表困風波困一作因

表奏書啓四六集卷第一　歐陽文忠公集九十一

謝賜對衣狀　至和元年六月

右臣伏以粹然玉色方覲於清光賁以身章遽蒙於寵賜授受之際兢懼交相伏念臣材靡及中器非周用遘光華之在旦荷榮禄以逾涯非惟罪謗之多懼實亦禍罰之並至苟存遺體僅續餘生敢謂伏蒙尊號皇帝陛下覆焘之恩幽微必及召從廬次復以官聯當陛見之云初陳笥衣而有煥飾躬增耀愈彰不稱之譏處物雖愚猶

識謝生之所臣無任

辭翰林學士奏 至和元年九月

臣今日準閤門告報蒙恩除臣翰林學士所降勑告臣未敢祗受竊以内制之職選用非輕臣以庸虚繆塵侍從歲月雖久能効無聞居外任不歷煩難在朝廷未有補益見居學士之職已甚㞒顔豈敢更希榮進况臣屯蹇之迹憂患所侵齒髮凋殘心志衰耗矕侍老母久纏疾恙尋丁憂制僅有餘生累歲以來學業荒廢詔誥之任尤

非所當欲望聖慈察臣衰拙所有恩命特

賜寢停臣無任

謝宣召入翰林狀

使車入里君命在門閭巷鷸傳豈識朝廷之故事搢紳竦歎以為儒者之至榮在臣之愚何以堪此竊以文章一作詞之任自古非輕侍遇寵榮至有私入之目詢謀獻納因加内相之名恩既異於常倫人愈難於稱職伏念臣齪非宏遠識匪該明學不通古今之宜材不識方圓之用久叨塵於侍從

曾莫著於勞能而自出守外藩近遭家禍苟存餘喘復齒周行風波流落者十年天日再瞻於雙闕進對之際已蕭颯於霜毛慰勞有加賜憫憐於玉色形神若此志意可知身已分於早衰心敢萌於希進加以羇危之迹仇嫉交攻進退動繫於群言論議多頻於睿聽雖覆載之造每賜保全而孤蹇偷安常思引去敢謂伏蒙尊號皇帝陛下俯憐舊物曲軫宸慈因內署之闕員俾備官而承乏臣敢不勉尋舊學益勵前

脩感遺簪未弃之仁竭駑馬已疲之力庻
伸薄効少荅鴻恩

謝對衣金帶鞍轡馬狀同前

右臣伏蒙聖慈以臣入院特賜衣一對金
帶一條金鍍銀鞍轡馬一疋者禁林促召
彌峻於近班慈澤逾涯復叨於蕃錫退循
昧陋曷稱暉榮伏念臣素乏藝文久塵清
近神都繁浩常懼於曠官内署凝嚴遽叨
於厠職便蕃曲被兢慄方深豈謂載厚宸
慈式垂寵賚薫金錫帶榮踰廓落之名在

笥須衣媿甚曳婁之刺輟以内閑之駿飾精實校之光俯耀微軀仰慚殊渥庸何疇補但誓靡捐臣無任

乞洪州劄子 嘉祐二年

臣去冬曾有奏陳乞差知洪州一次尋以差入貢院無由再述懇私伏念臣本以庸愚叨塵恩寵一入禁署迨今三年進無補於朝廷退自迫於衰病眼目昏暗脚膝行步頗艱右臂疼痛舉動費力雖翰苑事無繁劇聖恩曲賜優容然非養病尸居之地

兼臣鄉里在吉州昨於丁憂持服時歸葬亡母荒迷之中庶事未備本期服闋還朝上告聖慈乞一近鄉州郡貴得俸禄因便營緝而自叨禁職荏苒歲時貪寵忘親此又人子之責也所以夙夜彷徨不能自止欲望聖慈憫臣衰朽察臣懇迫特許差知洪州一次取進止

辭侍讀學士劄子 嘉祐三年三月

臣準閤門告報伏蒙聖恩授臣兼侍讀學士臣伏見侍讀之職最爲清近自祖宗以

來尤所慎選居其職者常不過一兩人今經筵之臣一十四人而侍讀十人可謂多矣臣以愚繆忝厠翰林又充史職太常禮儀祕閣祕書省尚書禮部刋修唐書然則在臣不謂無兼職而經筵又不闕人忽沐聖慈特此除授蓋以近年學士相承多兼此職朝廷以爲成例不惜推恩比來外人議者皆云講筵侍從人多無坐處矣每見有除此職者則云學士俸薄朝廷與添請俸官以人輕一至於此欲乞罷臣此命不使

聖朝慎選之清職遂同例授之冗貧況臣
材識淺薄自少以來粗習辭章過蒙進擢
俾塵禁署中年衰病常憂廢職至於講說
經義博聞彊記矧復非臣所長今耆舊之
臣經術之士並侍講讀者足以備顧問承
清光欲望聖慈矜臣不材自知俾免冒榮
之誚所有告勑不敢祗受取進止

再辭侍讀學士狀 嘉祐三年三月

右臣準中書劄子以臣辭免侍讀學士恩
命奉聖旨不許辭讓者伏念臣猥以庸虛

過蒙獎擢禁署爲一時清選既已忝竊經
筵況近例多兼何必辭讓蓋以臣身見兼
八職侍讀已有十人爲朝廷惜清職遂爲
冗員況講席不添人未至闕事所以敢陳
瞽說乞免冒榮臣伏見國家近年以來恩
濫官冗議者但知冗官之弊不思致弊之
因蓋由凡所推恩便爲成例在上者稍欲
裁減則恐人心之不足在下者既皆習慣
因謂所得爲當然積少成多有加無損遂
至不勝其弊莫知所以裁之中外之臣無

有賢愚共知患比而臣為陛下學士職號論思豈有目覩時弊心知可患無所獻納而又自身蹈之今既已陳述若又不自踐言則貪榮冒寵不止尋常之責而虛辭飾讓又為矯偽之人此臣所以恐迫惶惑不自知止也伏望聖慈矜臣至懇察臣狂言許寢新恩俾安常分謹具狀奏聞伏候勑旨

辭開封府劄子 嘉祐三年六月

臣伏聞內出誥勑各一道付閤門除臣兼龍圖閣學士權知開封府臣以庸拙久塵

侍從初無勞效以伸補報日夕循省常愧心顔今者曲蒙聖慈俛加選用豈可苟避繁劇輙希辭免蓋臣有不得已者須至縷陳臣自前歲已來累有奏列（一作狀）乞一外任差遣蓋以臣久患目疾年齒漸衰昏暗愈甚又自今年春末忽得風眩昨於韓絳入學士院勅設日衆坐之中遽然昏踣自後往往發動緣臣所修唐書已見次第所以盤桓欲俟書成便乞補外豈期聖造委以治煩臣素以文辭專學治民臨政既非

所長加以早衰多病精力不疆竊慮僚官

敗事上誤聖知兼所修唐書不過三五月

可以畢手置局多年官吏拘留糜耗供給

今已垂成若别差人轉成稽滯只委臣了

畢則恐無暇及之欲望聖慈矜臣衰病才

非所長欲乞别選材能許臣且仍舊職候

唐書成日乞一外任差遣以養衰殘令取

進止

乞洪州第二劄子 嘉祐四年正月

臣輙有愚懇上干聖聰出於至誠不敢緣

飾臣本以愚懦別無材能過蒙恩私列在侍從初無補報之效每以尸素為慚昨者忽被選差俾權京尹臣雖知材力淺薄衰病侵陵當此浩穰實難辦濟直以忝廁翰苑迨今數年所職清閑過享優逸一旦遽蒙煩使不可再辭亦欲勉彊年歲之間少陳筋力之效苟無曠敗乞一外州不意眼目舊疾遽然發動蓋自供職以來旦旦常於燈燭下看讀文字及簽書發遣自早至夜率以為常全藉眼力而臣舊患已及十

年兩目眊然中外具見近一兩月来暗昬
疼痛屢在假告不無廢事人雖未責臣豈
自安臣自前累曾陳乞江西差遣一任欲
乞檢會臣前後陳乞依蔡襄例除臣洪州
一次俾解繁劇以養衰殘伏望聖慈特賜
矜允今取進止

乞洪州第三狀

右臣近罄懇私自陳衰病願罷權尹乞一
外州伏蒙聖恩降詔不允臣以庸繆過叨
奬擢不能陳力輙欲辭勞當被刑誅敢期

詔諭理宜祗惕明訓勉勵疲駑而敢再干
天聽固自愚執者蓋臣有不得已也臣舊
患兩目於今十年近日以来發作（一作動）尤
甚眵淚浸溢睛瞳眊昏視物稍多其痛如
割欲頻請假告則浩穰之地豈自遑安欲
竭力枝梧則疾患内攻有難勉彊夙夜憂
畏不知所爲欲望聖慈憫臣衰殘察臣愚
拙許解繁劇假一遠外之州俾之待罪臣
無任瞻天祈恩激切之至謹具狀陳乞伏
候勑旨

乞洪州第四劄子

臣近兩曾陳乞差知洪州一任未蒙恩許蓋以臣衰病不支難當任使素心所切苟欲便私非敢自圖外州以就優逸臣年雖五十三歲鬢鬚皓然兩目昏暗自丁憂服闋便患脚膝近又風氣攻注左臂疼痛舉動艱難一身四肢不病者有幾以此貪冒榮祿無處劇繁實知難濟矧自權行府事以來三致臺諫上言兩煩朝廷起獄其它碌碌常事亦無分寸可稱蓋其資材本自

庸虛加以精神日漸耗竭處之清職則論議謀猷無一可取擢以煩使又心力疲憊自訢不能上賴聖慈憐憫雖未欲遽棄于外而臣自處實所難安伏見侍從之班交相出入昨呂溱劉敞並請補外不三數歲今悉召歸況如臣者留之無所補去之無所惜者哉欲望聖慈矜臣此志乞一外任差遣得以養理衰殘誓於餘年少圖報效今取進止

辭轉給事中劄子 嘉祐四年二月

臣近曾陳乞外任差遣伏蒙聖慈許臣解

罷府事兼授臣給事中臣本以庸虛誤蒙
奬任不能陳力況未及朞遽以衰病自求
罷去理當黜責以勵不才豈宜非時濫被
恩賞況臣權府之初已蒙加以兼職到今
才及半年有餘不因朝廷別有差使只是
自以疾病求罷豈可又轉一官雖聖恩優
厚過寵衰殘而臣自揣量無容濫受所有
恩命乞賜停寢只許令臣歸院供職所貴
少安疲病令取進止

再辭轉給事中劄子 同前

臣近準閤門告報蒙恩授臣給事中臣尋
曾瀝懇乞賜寢停今準中書劄子奉聖旨
不許辭讓便令授告勑者臣本庸材蒙陛
下擢在翰苑言語侍從旣無所納以伸報
效任以煩使又自陳疲病訴以不能然則
如臣久冒寵榮果堪何用上賴聖君優容
未加黜責豈可授命之日巳蒙加職不久
罷去又復轉官此臣所以慙懼徊徨不敢
即授也臣竊見前知府呂公弼差知益州
授樞密直學士及公弼辭免不行徒領羣

牧遂却只依舊充龍圖閣直學士王素蔡襄並因方面之寄乃遷職是則罷府供職京師者不當别有遷轉此近例也臣非敢飾僞上煩聖聰直以恩寵頻併理當辭避欲望聖慈察臣無所堪用矜臣能自揣量俾寢新恩免貽群議今取進止

舉吕公著自代狀 同前

臣伏見司封員外郎崇文院檢討吕公著出自相門躬履儒行學贍文富器深識遠而静默寡欲有古君子之風用之朝廷可

抑浮俗置在左右必爲名臣非惟臣所不如實當今難得之士臣今舉以自代

進新修唐書表 嘉祐五年七月戊戌爲提舉編脩曾公亮作

臣公亮言竊惟唐有天下幾三百年其君臣行事之始終所以治亂興衰之迹與其典章制度之英宜其粲然著在簡册而紀次無法詳略失中文采不明事實零落蓋百有五十年然後得以發揮幽昧補緝闕亡黜正僞謬克備一家之史以爲萬代之傳成之至難理若有待臣某中謝伏惟尊號

皇帝陛下有虞舜之智而好問躬大禹之
聖而克勤天下平和民物安樂而猶垂心
積精以求治要日與鴻生舊學講誦六經
考覽前古以謂商周以來爲國長久惟漢
與唐不幸接乎五代衰世之士氣力卑弱言
淺意陋不足以起其文而使明君賢臣儁
功偉烈與夫昏虐賊亂禍根罪首皆不足
暴其善惡以動人耳目誠不可以垂勸戒
示久遠甚可歎也乃因邇臣之有言適契
上心之所閔於是刊脩官翰林學士臣歐

陽脩端明殿學士臣宋祁與編脩官知制
誥臣范鎮臣王疇集賢校理臣宋敏求祕
書丞臣呂夏卿著作佐郎臣劉羲叟等並
膺儒學之選悉發祕府之藏俾之討論共
加刪定凡十有七年成二百二十五卷其
事則增於前其文則省於舊至於名篇著
目有華有因立傳紀實或增或損義類凡
例皆有據依纖悉綱條具載别録臣公亮
典司事領徒費日月誠不足以成大典稱
明詔無任慙懼戰汗屏營之至

辭轉禮部侍郎劄子 嘉祐五年七月廖

臣準閤門告報蒙恩除臣禮部侍郎令臣授告敕者臣伏思聖恩所及必以臣近進唐書了畢凡與脩書官並均沓澤竊緣臣與他脩書官不同檢會宋祁范鎮到局各及一十七年王疇一十五年宋敏求呂夏卿劉羲叟並各十年已上內列傳一百五十卷並是宋祁一面刊修一部書中三分居二范鎮王疇呂夏卿劉羲叟並從初置局便編纂故事分成卷草用功最多如臣

者蓋自置局已十年後書欲有成始差入局接續殘零刋撰紀志六十卷是臣到局月日不多用功最少今來一例受賞臣實愧心兼臣自嘉祐二年蒙恩轉諫議大夫三年蒙恩加龍圖閣學士四年蒙恩轉給事中到今方及一年豈可又一作加以無功濫賞臣不敢虛飾辭讓煩黷朝廷理有不安實難自默欲望聖慈特寢新命令取進止

再辭轉禮部侍郎狀

右臣今月二十三日奉被詔書一道以臣

乞寢新除禮部侍郎恩命不允事伏念臣
出自孤寒累蒙奬擢職忝學士官至給事
中前後所授恩命不少豈敢頓於此際過
飾僞辭取好謙之虛名爲有識之所誚實
以臣撫心内愧不敢自欺蓋以唐書置局
已十餘年纂録垂就臣最後至接續分撰
卷數不多用功最少不敢與從初置局及
在局年深用功勤勞人一例受賞所陳情
實皆有據依不敢過言兾爲可信敢謂特
煩詔諭前例所無上體聖恩便合秖受而

臣迫於懇悃實所難安夙夜徊徨莫知所
措若以臣雖無功效不欲獨遺欲望聖慈
稍加裁損或於階勳食邑一有所霑俾臣
得不過分足以爲榮臣若自欺不言則冒
寵雖多爲愧愈甚臣不勝激切戰懼屛營
之至謹具狀陳乞以聞伏候勑旨

賀壽星表 至和三年二月誤雕在此

臣某等言天雖不言事以象見保祐聖德
其祉無疆臣某等中賀伏惟尊號皇帝陛
下以憂勞勤儉之志躬自發憤而以仁慈

寬厚之惠愛養元元下洎萬邦小大諸物咸欲各正性命而畢安其生上天降監宜有以報庚寅之夕星見南方占考天文福在人主惟天去人不遠如此災祥在德可不戒哉臣等忝備詞臣無所裨補惟願清心屏欲以隆南山之固而享（一有夫字）無疆之休

乞洪州第五劄子　嘉祐五年七月

臣猥以庸虛過蒙獎擢久列侍從訖無補報年齒老大疾病侵陵聽重目昏聰明並耗髮白手顫精力俱衰兼以父母墳塋遠

在江外未有得力子弟照管誠心迫切臣
自三四年來累曾陳乞一外任差遣中間
緣奉勅刋修唐書未見次第所以盤桓歲
月不敢再三堅請今來唐書已得了當欲
望聖慈差臣知洪州一次所冀退養衰一作踈
拙兼便私塋取進止

乞洪州第六狀 嘉祐五年■月

右臣近瀝懇私上干春聽以臣年衰多病
父母墳墓在遠無人照管乞一次江西差
遣至今未蒙恩旨臣以病攻于外一作內事迫

于中外一作既不自安實難緘默將期得請不避煩言重念臣不幸少孤先父遠葬鄉里在吉州之吉水昨臣丁母憂日又扶護歸葬然臣方在憂禍故事力有所不周臣但仰天長號撫心自誓秪期服闋便乞一江西差遣庶幾近便營緝至於種植松栢置田招客蓋造屋宇刻熏碑碣之類事雖倉卒冀於一二年間勉力可就當是時鄉人父老親族故舊環列墓次並聞臣言自臣除服還朝皆引領望臣歸踐前約而臣遷

延荏苒一住七年是臣欺罔幽明貪戀一作其
榮祿食言不信罪莫大焉兼臣稟賦奇薄
衰羸多病兩目昏暗已踰十年近又兩耳
重聽如物閉塞前患左臂疼痛舉動無力
今年以來又患右手指節拘攣至於鬚鬢
蕭颯一作條久已皤然臣自視形容如此不
惟不宜濫厠賢材英儁之士出入朝廷以
取笑於搢紳之列實慮早衰易殞恐遂不
得一償素志以爲終身之恨臣自數年以
來雖累曾陳乞而懇誠不至天聽未回亦

嚮欲伺候唐書了畢今者幸已成書上奏其餘所領並是尋常職務別無朝廷差委勹當未了事件臣是敢罄述愚衷備盡微瑣伏念臣本乏材能初無階援特蒙眷奬拔自常流置在侍從殆今十有七年矣訖無補報孤負恩榮伏望聖慈察臣心志凋零形骸朽悴閔臣昔當少壯鋭意立朝今而衰退一至於此哀臣情實迫切乞賜檢會數年以來前後陳乞特許與除知洪州一次臣雖疲憊猶能遵奉詔條修舉常職

誓殫犬馬之力上酬天地之仁臣無任徊
徨激切謹具狀奏聞伏候勑旨

乞洪州第七狀同前

右臣奉被今月二十一日詔書一道以臣
陳乞江西差遣宜不允者伏念臣早以孤
賤誤玷恩榮而生禀拙艱動罹謗咎往自
河北斥守滁陽在外十年遂至白首頃除
憂制還奉内朝幸蒙聖恩收以桑榆置之
翰苑凡今仕宦光寵孰不樂在朝廷職任
清優顧亦無出禁近臣豈不思嚮之流落

引領欲（一作顒）還而乃却蹈風波自投遠外此之愚計豈近人情蓋以臣事迫心危有不得已凡諸懇悃嘗具剖陳不敢煩言況已罄盡再念臣遭遇明聖過被恩私犬馬無知猶能報效而臣性旣踈簡識非敏明少以專學而自愚不能趨世以濟務效當求實而安事虛名才貴適時而一無可用至於上所詢訪時有論議亦碌碌隨衆人未嘗有所建言縱令有之亦不足采惟有文字粗爲流俗過稱而自供職禁庭殆今

七載屬中外無事文書甚簡不過月赴四
五直飽食甘寢止撰青詞齋文一兩通只
此爲臣所能是臣事業去之亦何關於事
存之又奚補於時將何以上煩眷慈曲示
恩意特頒詔諭前例所無捧讀驚懸繼以
感涕臣亦竊聞近日兩制臣寮多求外任
彼皆材業有素年齒方彊又無事於外方
可以且留供職惟臣材無可用年又漸衰
外有私營冀償夙素欲望聖慈畀之一郡
使其志畢願從若天幸餘齡未塡溝壑則

遺簪舊物尚或冀於見收而疲馬君軒豈不知於有戀臣無任祈恩激切之至謹具狀陳乞以聞伏候勅旨

辭侍讀學士狀 嘉祐五年九月

右臣準閤門告報蒙恩除臣兼侍讀學士者竊以學士不宜兼侍讀臣於前歲已具陳論當時蒙恩遂許辭免在於今日豈宜復授得非以方今經筵闕人而臣在學士中適當次補聖恩優異不忍獨遺臣以衰殘久塵禁署已兼龍圖閣學士而在院學

士多未有兼職況臣前已有言理宜自踐欲乞許臣只兼舊職其經筵關侍讀別賜除人所有誥勑臣不敢祗受令取進止

辭樞密副使表 嘉祐五年十一月

臣某言伏奉制命蒙恩特授臣依前禮部侍郎充樞密副使仍加食邑實封散官勳賜如故者成命始行驟驚於衆聽撫心增懼曾莫以自容臣某中謝竊以樞要之司朝廷慎選出納惟允實賛於萬機禮遇均隆號稱於二府顧任人之得失常繫國體（一作體）

之重輕苟非其材所損不一伏念臣器能甚薄風力不強少喜文辭殆浮華而少實晚勤古學終迂闊以自愚而自遭逢盛明擢在侍從間甞論天下之事言出而衆怨已歸思欲報人主之知智短而萬分無補徒厝危躬於禍咎每煩聖造之保全既不適於時宜惟可置之閑處故自叨還禁署逮此七年屢乞方州幾于十請瀝愚誠而懇至被明詔之丁寧雖大度并包猥荷優容之賜而羣賢在列敢懷希進之心豈謂

伏遇尊號皇帝陛下急於求人思以濟治
因柄臣之並選憐舊物以不遺然而致遠
之難力不勝者必速其覆量材不可能自
知者猶得爲明敢冀眷慈察其迫切俾回
渙渥更選儁良如此則器不假人各適賢
愚之分物皆知報何勝犬馬之心

謝樞密副使表

臣某言伏奉制命蒙恩特授臣依前官充
樞密副使尋具表陳免蒙降批答不允斷
來章者右樞虛府充位宜求於儁賢多士

盈庭誤選乃先於庸妄既牢辭之靡獲徒以寵而爲憂臣某中謝伏念臣少本賤愚初無志慮爲小人之事力不勝於負薪程有司之文學止期於干祿過被仁恩之樂育早從英俊之並遊遂叨侍從之流久玷論思之地方時求治殆無補於毫分一作分毫顧質早衰況漸凋於齒髮但思藏縮敢望甄陞矧惟贊萬事之機必也極一時之選豈容濫得猥以備員當命令之始行方惶惑以自失而眷恩至渥召旨甚嚴莫諧懇

避之誠徒負貪榮之媿此蓋伏遇尊號皇帝陛下廓天地之量垂日月之光憐樸直之無他謂疲駑之可勉俾承闕乏以効拙勤臣敢不奮勵無能之姿感激難逢之會職思其位庶免於曠官謀不以身少期於報國

辭參知政事表 嘉祐六年八月

職參論道宜極選於一時授匪其人實駭聞於衆聽恩榮所被跼蹐難安臣某中謝伏念臣本乏材能徒緣幸會列于侍從白

首無聞置在樞機素餐已甚雖聖主之恩
天地曲示含容而朝廷之事毫釐動關利
害豈止曠官之誚每懷誤國之憂矧惟政
事之臣實代天工之任俾之贊貳宜擇材
賢伏望尊號皇帝陛下収誤奬之恩廣僉
諧之訪憫疲駑之已試備見無庸求俊乂
於在廷擢之不次俾獲安於舊職冀免速
於罪辜報効之誠殞糜後已

謝參知政事表

贊貳國鈞參聞廟論謂宜不次而選冀得

非常之材遝以叙遷俾之承乏誤恩過被

訴讓靡從臣某中謝伏念臣少迫賤貧偶

勤學問儒者博而寡要況匪多聞文章世

之空言豈能適用徒以早遘亨嘉之會驟

蒙獎拔（一作擢）之私叨言語侍從之流逮今

踰紀玷出納樞機之任初乏可稱幸先彈

理之未加每欲逡巡而引去敢期眷眷俾

與政機優以寵章進其爵秩望非意及榮

與憂并此蓋伏遇尊號皇帝陛下堯德聰

明禹躬勤儉博求俊乂以濟治康謂臣既

朴且愚必能循於忠謹雖庸而懦尚可策其疲駑猥以備員遂兹冒寵臣敢不益堅素守自勉不強惟殫犬馬之勞上答乾坤之造

辭明堂加恩表 嘉祐七年九月

癸之爲惠雖澤貴乎均而賞不因功則士無以勸既難安於兢愧敢自避於黷煩臣某中謝伏念臣性本顓愚學無師法才不適當世之用識不通治古之原誤蒙聖知擢自平進俾參國論幸有藴而得施坐耗歲

時詎無稱而取誚方懼素餐之責敢懷濫得之心屬宗祀之有嚴奉精禋之致孝陪一二大臣之後既竊窺於盛儀獻千萬歲壽之觴獲共慶於成禮然而賜之胙餕蒙福已多加以寵榮在臣豈稱伏望尊號皇帝陛下回高明之聽察懇至之誠推一人有慶之恩務先於幽遠憫小器易盈之量俾免於覆顛特收渙汗之行仰冀曲全之造

謝賜飛白并賜宴詩狀 嘉祐八年正月

右臣去月二十七日伏蒙聖慈召赴天章

閣觀　太宗　真宗御集次赴寶文閣觀御飛
白書賜以金花牋字遂錫宴於群玉殿臣
本出寒儒遭逢盛旦誤被奬擢參賛鈞衡
陛下憂勤萬機德被四海邊鄙不聳年穀
順成民物熙閑聖心怡豫臣於此際旣得
以尸素偷安而又獲親侍清光便蕃恩錫
一時之盛事千載之難遇臣不勝至榮至
幸謹課成召赴天章閣寶文閣觀祖宗御
集賜飛白羣玉殿賜宴五言八韻詩一首
隨狀上進干瀆宸嚴無任惶恐戰汗屛營

之至

謝覃恩轉戶部侍郎表 嘉祐八年英宗登極四月上

皇明繼照如日之昇睿澤霶流溥天咸被時惟朽懦亦玷光華臣某中謝伏念臣本以庸虛僅知學問識不周於往行一作時用材莫逮於中人方其壯年喜論時事名聲濫得招謗咎以偕來榮寵踰涯蹈憂危而亦至晚被先朝之誤獎俾陪二府之後塵居無補於休明方自期於引避遽號弓而結恨雖殞體以何追伏遇皇帝陛下奮發乾

剛嗣承天統當茂業繼文之始乃歡謳歸

啓之初宗社獲安人神洽（一作合）慶矧惟新

之號令方無間於幽遐顧於茲時其敢獨

異俯從祗受但益凌兢敢不勉勵衰殘感

遇今昔更竭疲駑之效賡伸塵露之微

謝皇太后表

嗣聖當天法重離而正位鴻恩浹物均萬

國以同休遂容尸素之臣猥被優隆之渥

臣某中謝伏念臣名雖學古性實迂儒徒

誦習於典墳靡該通於今古爰從束髮遭

會明時蒙先帝之誤知與羣英而並進紫樞黄閣叨陪論道之司白首丹心徒有報君之志屬綴衣之揚命奉主鬯以承祧方推慶賜之行遽荷便蕃之寵伏遇皇太后殿下坤元厚載母道居尊惟兹聽覽之初務霈汪洋之澤臣敢不勉脩職業上副憂勤送往事居忘身盡節庶展涓埃之效少酬覆燾之私

表奏書啓四六集卷第二

此卷謝賜衣帶鞍馬狀乃初入翰苑時其
云神都繁浩者謂前任南都留守也或疑
解開封府之後誤矣

紹熙三年十月承直郎丁朝佐編次

郡人孫謙益校正

謝對衣金帶鞍馬狀 促召一作祗召

辭侍讀學士劄子 朝廷與添請俸朝廷二字一作恩

進新修唐書表 百有五十此上一有又字萬代一作萬世

平和一作和平不幸此上一有而字不足暴其足一作得

辭轉禮部侍郎劄子 六十卷此上一有纔字

賀壽星表 英辭類稾題作中書賀壽星表故其後云忝備宰臣案中書公用表章例是知制誥撰

乞洪州第六狀 刻稟一作刻立事雖雖疑是難字

乞洪州第七狀 隨衆人一無衆字

辭樞密副使表 殆浮華殆一作弟晚勤古學

晚（一作志）禍咎（一作悔咎）優容之賜（賜一作德）

謝樞密副使表

雋賢（一作雋良）以寵而爲憂（一作冒寵以爲憂）早從（從一作參）極一（極一作副）樸直（一作忠直）少期（一作少圖）

謝參知政事表

俾之（一作任之）

此卷謝賜對衣狀云授受之際廣韻受字上聲納也承也盛也得也繼也授字去聲付也公之它文或以授爲受以受爲授蓋一時互用不可輕改

廣韻以謬爲差誤繆爲紕繆皆非美意

此卷辤翰林學士奏云繆塵侍從乞洪

州弟三狀云臣以庸繆修唐書表云黜正

僞謬并集古跋真蹟凡言訛謬盡用繆

字可見玄用之意元文不可輕改

按兩朝國史至和三年二月辛卯壽星

見此卷賀表云庚寅之夕蓋陰陽家分

亥子爲兩日又太史例以次日奏故史

書辛卯正應表文吉本作臣等忝備詞

臣乃與翰苑同僚共上表也英辭類稾

題云中書賀表改詞臣爲宰臣雖故事
舍人當作詳注纂誤然慶曆四年春公
知制誥時初無此祥當以吉本爲正

表奏書啓四六集卷第三　歐陽文忠公集九十二

辭特轉吏部侍郎表治平元年閏五月

受寵若驚況被非常之命事君無隱敢傾至懇之誠仰黷高明唯知跼蹐臣某中謝伏念臣性姿庸近識局昏冥學古自愚非有適時之用論材甚薄豈堪任重之難徒以荷先帝之誤知自孤生而拔擢犬馬未報但虞填壑之有時弓劒忽遺遽歎攀髯之莫及而屬皇明繼照聖治惟新送往事居雖策疲駑而自勵進思退補未知罪戾

之所逃至於貪踰分之寵榮冀無功之爵
賞非惟愚慮所不敢及顧有公議其將謂
何而甫茲彌年再以增秩方命書之始下
駭羣聽以生疑此臣所以剖瀝肺肝不能
自止彷徨夙夜莫獲偷安伏望皇帝陛下
回日月之餘光廓乾坤之大度察其悃愊
（一作迫）假以矜寬雖成命已行國體當嚴於
出令而從人之欲天高幸或於聽卑特收
渙汗之恩以息諠譁之論庶安常業誓畢
愚衷

再辭轉官第一劄子

臣此者伏蒙聖恩特除臣吏部侍郎依舊居職臣早來獲對天顏雖略具陳述退而循省未盡懇誠伏念臣本以常材誤蒙任使閲其所職則皆朝廷之大事較其成効則無尺寸之可稱外惟碌碌以隨人内則區區而自守當陛下聖政惟新之始勵精求治之時雖天度包容未加斥罷而臣心自揣常負驚憂豈謂宜黜而外當責而賞非惟臣自知不可顧於物論其謂如何況

自去年陛下即位之初均慶之典臣已首

叨遷秩今來恩命實出非常在臣之愚難

以自處欲望聖慈矜察特賜寢停今取進止

第二劄子

臣今日伏蒙聖慈差中使傳宣令於後殿

告謝臣與趙槩等遂詣垂拱殿門請對欲

再具敷陳續奉聖旨須管便受告勑臣以

聖駕已起君命甚嚴惶惑之間不知所措

雖已受告勑尋於延和殿得對已曾瀝懇

備述聖恩非次義實難安蓋以無功受賞

者衆以爲非若竊事爲功則罪又大矣伏
以陛下承先帝已定之命入繼大統此天人
之意也而即位之始偶因過哀致違和裕既
而勿藥有喜聖躬清寧蓋由宗社神靈顯
此異事欲彰皇天眷祐陛下使不由人力
而致康復而臣今乃貪以爲功坐獲厚賞
此臣所謂於義難安者也至於陛下未親
庶政之間中外幸得無事此有宋百年四
聖相繼威德在人顧臣等輩有何施設過
蒙眷獎以此疇勞况臣猥以庸材參聞國

政上所賞罰臣職奉行若羣臣之間有功狀不明迹涉僥倖尚當裁抑以絶濫恩而臣乃自貪寵榮以速議論此臣所以區區不能自已也故聖恩雖極優異而臣不免屢瀆天聽（一作聰）伏乞早回聖斷追寢成命俾臣獲安常分以息羣言今取進止

第三劄子

臣今日伏蒙聖慈差入內高品陳日新至中書傳宣令臣繫新除官臣尋與曾公亮等具劄子奏乞候來日覆奏伏緣此來恩

命出於非常臣與韓琦等進退惶懼夙夜
思惟雖君恩至優違則有咎然事體所繫
義有難安所恃者睿聖聰明必察臣等懇
誠之至聖心寬恕不以臣等屢黷爲煩欲
望天慈省閱臣等前後所陳事理曲加裁
擇特賜寢停免於此四方旱災百姓嗷嗷
之際是臣等合被責之時濫受非次之賞
則臣不勝幸甚臣誠迫意切言不成文干
冒冕旒伏俟誅戮今取進止

謝特轉吏部侍郎表

驟膺渙渥備瀝愚誠雖至辭窮罔避煩言之爲黷重乎令出莫回成命於巳行祗受以還驚一作兢惶失節臣某中謝伏念臣學不通於元本材不足以經綸但知守拙以爲忠每務師心而自信徒以遭逢先帝拔自衆人久參侍從之聯遂玷機衡之貳而屬大横啓兆嗣統膺期方初政之清明思百度之脩理内量譾薄實憂以聖而責愚矧迫衰殘方念乞身而告病不謂皇慈曲被寵數屢加當覃大慶之初巳無功而冒

賞曾未踰年之久復進秩以叨榮此蓋伏
遇皇帝陛下聖政惟新用人務廣謂才難
於求備恩恍使以忘勞憫其勤劬錫以優
洽雖榮踰於望表亦寵與其憂并誓殫犬
馬之微少答乾坤之造

乞外任第一表 治平二年正月一十三日上二十五日批答不允

臣某言臣聞事君以忠本期盡瘁不能者
止亦貴自知敢傾悃愊之誠仰瀆高明之
聽臣某中謝伏念臣本由寒素偶踐科場
秪希干禄以養親敢冀逢時而見用蓋以

腐儒章句之學豈堪王佐之材童子雕篆
之文固異賢人之事而誤蒙眷奬俾貳宰
司訖無豪髮之可稱常懼滿盈之必覆加
以年齡迫於衰晚氣血損於憂傷惟兩目
之舊昏自去秋而漸劇精明晻藹瞻視茫
洋冬春以來職業多廢當聖君求治之始
是群臣宣力之時自嗟犬馬之微生遽先
疲乏惟恃乾坤之大度曲賜含容雖未責
於曠官亦難安於尸禄與其坐待於彈劾
豈如自乞於哀憐伏望推天地之恩回日

月之照察其愚直不敢矯誣許辭政事之
名假以州符之寄則臣不止偷安而養拙
亦將自療以求痊尚冀昏瞳之復明會圖
後效而論報

第一劄子

臣所有誠懇昨日獲對便坐已具敷述蓋
臣自去年八月喪一女子凡庶常情不免
悲苦因此發動十年來久患眼疾又爲老
年全服涼藥不得自深冬已來氣暈昏澁
視物艱難接此春旱陽氣上攻遂至大段

妨事然臣愚心秪欲俟壽聖節隨班上壽
一展臣子之誠以爲榮幸然後懇求罷去
所以勉彊遷延至今緣此是臣私故瑣屑
雖臣子之於君父理當無隱然難委曲盡
載表章所以先具奏陳冀蒙省察臣以非
才過蒙任用使其聰明彊健猶懼不能稱
職況此衰病何以堪處昨日雖面奉聖旨
令且未要入文字蓋臣迫於情懇退不自
安今已具表陳乞伏望聖慈哀許令取進止

第二表（正月二十六日上二十九日批答不允）

臣某言臣近貢封章乞解政事伏奉批答
不允者天甚仁而溥愛人有欲而必從苟
眷聽之未回由懇誠之不至敢干斧鉞再
瀝肺肝臣某中謝伏念臣學不通經材非
適用徒以遭逢亨會進冒寵榮一玷機衡
五遷歲律伏遇皇帝陛下握圖撫運嗣統
當天覽決萬事則堯舜之聰明愛養群生
則禹湯之勤儉賢材並進聖治惟新臣於
此時得與大政何脩何飾而可以稱職旅
進旅退而莫知所爲已慚廊廟之訏謨既

無遠略惟有簿書之瑣屑尚可宣勞而苦
此雙瞳莫能久視眊然終日兀爾尸居上
無以副人主之憂勤下無以伸臣子之報
效久而不去罪則奚逃此臣所以夙夕彷
徨難安自默者也伏望皇帝陛下曲回天
聽少軫皇慈念臣日侍冕旒察臣心非木
石禄位者人情之所顧惜孰肯妄辭筋骸
者物理之有盛衰不能無乏哀其可憫寬
以不誅俾諧得請之恩當識謝生之所

第二劄子

臣受國厚恩叨與機政材識庸下不能有
所補報上頼聖君含垢未即斥去而又不
恩勉彊竭力以修職業輙以衰疾白陳欲
圖安便重煩聖念特降中使傳宣賜以訓
誨丁寧切至而又頑然未即聽從在臣之
罪可誅者非一臣以方具表陳乞理當闔
門俟命不得進見闕庭面陳悃愊臣聞自
古君臣去就之際與今不同蓋昔之公卿
解職便歸田里其朝居君側暮已絶於朝
廷所以臣重去其君君亦難其臣之去然

猶去者相繼今則不然凡辭職任者皆不
去禄仕或優游侍從之班或出守藩要之地
豈爲避寵辭榮乃是免勞就逸實人臣之
僥倖也況如臣者尸禄終日無勞可均實
以兩目俱昏是十年舊疾自去秋發動日
益昏澁看讀文字艱難憂慮職事曠廢有
悮國家所以敢布懇誠乞憐君父冀一閑
僻處將養三二年或目復清明却乞一邊
遠繁難處展効乃是臣自爲僥倖之計與
辭榮避寵者不同欲望聖慈不以爲難早

賜恩許令取進止

第三表（正月二十九日上二月二日批答不允）

臣其言近上表章乞解政事伏蒙聖慈再降批答不允者臣聞事君以忠信爲本立朝以進退爲難惟不自疑乃能取信於上苟無大過庶幾善退其身昔之爲臣全此者少令臣遇聰明之聖主固不自疑苟保庇之寬仁幸無大過是以敢因疾病直露情誠而封章屢陳俞旨未賜臣竊謂日月之明無不照豈不諒臣之乃心得非天地

之恩有所憐未忍許臣之遽去在臣自揣
何以克堪豈合更此多言上煩宸聽所難
遂默蓋切懇私臣某中謝伏念臣以中下
之才被非常之任曰諧進見則蒙眷待之
優隆退接同寮則絶纖毫之間隙自可安
然樂職亦復何所憂危況千載一遇者盛
時之難逢高秩厚禄者常情之貪得苟非
迫於衰病豈敢固自欺誣伏望皇帝陛下
曲軫眷慈俯哀愚款念其蒲柳質易朽而
先衰譬若馬牛力已疲而則止賜其如請

恕以苟安則臣刮膜袪昏尚兾清明之來復捐軀殞命終圖報效於餘生

爲雨水爲災待罪乞避位第一表治平二年八月

臣某言臣聞任非其人則官必曠職時多闕政則天爲降災惟譴咎之有歸難僥倖於獨免臣某中謝伏念臣本以庸妄遭逢盛明擢貳宰司與聞國論不能叶宣上德輔導至和頻年已來害氣交作春飢已甚饉疫相望秋潦暴興覆溺無數下致生民之愁苦上貽聖主之焦勞臣獨何心安於

厥位舉朝廷之典法便合黜幽頼覆燾之
寛仁尚容自効伏望皇帝陛下特回天造
俯察愚忠俾解政機推行憲罰以塞上穹
之降責以警庰位之脩官然後别選儁賢
俾居參輔益圖更化之術上副求治之心
自然人神以和災異咸弭不惟臣適其分
亦俾國無屈刑

第二表

臣某言近以雨水之變上表待罪蒙降批
答不允者上天告戒比屋罹災虔思消異

之方願避進賢之路特迂聖訓未諒愚誠
退自省循豈遑安處臣某中謝伏以天人
之相去不遠見於事者若響之應聲賞罰
之至要易知舉其大則以一而警百是以
政有得而有失則災祥以類而來官若成
而若虧則黜陟以時而舉伏念臣猥由愚
陋進冒寵榮一貳政機五更歲律相府之
事無不揔既皆得以與聞斯人之居不聊
生欲於何而歸咎辜朝廷之委任貽君父
之憂勞此而不誅何以勵衆伏望皇帝陛

下奮然眘斷赫以皇明理其曠敗之愆正
厥經常之法置之散地全以寬恩誓堅犬
馬之心終效涓埃之報

第三表

臣某言近以雨水之災再上表待罪蒙降
批答不允仍斷來章者陰沴干時聖心軫
慮明詔一下群臣震惶況居任責之司敢
爲幸免之計臣某中謝伏惟皇帝陛下自
膺眷命光紹丕圖揔覽萬機之繁講求三
代之治旰不遑食勵文王之小心行之以

勤躬伯禹之盛德固已生民受賜品彙蒙休宜召至和以來嘉應而善氣未效時災荐臻惟天聰明異不虛出示人警戒咎必有歸所以三事之臣連章瀝懇况臣最爲濫竊尤玷寵榮方平日以尸居不知引分及敗官而宜罰其敢逃刑伏望皇帝陛下俯抑至慈深思大譴退其不肖以爲脩政之先不以空文庶得應天之實

再乞外任第一表 治平三年三月廿四日上二十七日批答不允

臣聞忠以事上雖見義而必爲力有不能

則知難而當止是惟臣子進退之分寔繫國
家利害之機則其居也敢懷竊位之安其
去也豈止全身之計輒殫拙訥上黷高明
臣某中謝伏念臣本以庸妄出於孤平一作單
學不通方識非處遠徒以遭逢先帝誤被
聖知擢自諸生俾參大政伏遇皇帝陛下
膺期出震繼統當天方聖政之惟新思群
材而並濟臣以衰遲之朽質久當機要以
妨賢有守經泥古之愚無應變適時之用
考於外論早合黜幽伏蒙皇帝陛下廓大

度以兼容謂衆惡者一作之必察特加庇覆
俾獲保全固當勉勵疲駑誓圖報效而臣
量盈器極福過災生兩目眊昏積年舊苦
中消渴涸新歲所加精液銷澌志與神而
並耗華膚朘削氣將力以俱殫臣若猶强
殘骸竊貪厚祿坐取敗官之責上累知人
之明苟以此致興於人言則乃是可畏之
公議異夫誣謗難復主張此臣所以深自
揣思敢陳悃迫一作愊伏望皇帝陛下曲回
眷眷俯察愚忠念其獲親日月之光頗歷

歲時之久居常碌碌曾莫異於片言一有
紛紛遂獨當於衆怒尚乏周身之智豈堪
爲國之謀因其自訴於病衰幸俾獲逃於
罪戾退之散地得盡餘齡則臣永荷天地
之恩敢忘犬馬之報

乞出第一劄子

臣昨日獲對便坐輙述懇私乞解政事之
任緣臣疾患累日氣血虛乏頭目昬眩不
能久立不得久侍天顔悉陳悃愊伏自濮
園之議旣興言事之臣荒唐不學妄執違

經非禮無稽之説耻於不用不勝其忿遂
厚誣朝廷借以（一作臣）爲名因乃（一作以）肆言
訕上指臣爲姦邪首議之人陛下至聖至
明洞見中書與兩制所議本末察臣無罪
曲賜保全而呂誨等附下罔上語言悖慢
無復君臣之禮以至斥黷母后非毀詔書等
事陛下皆屈意含容不加顯戮止於退罷
而已及詔定濮王典禮不如誨等所誣既
又詔牓朝堂諭以本末由是中外釋然凡
素爲誨等誣誑衒惑之人皆識朝廷本意

但恨曉諭之晚今則是非已正曲直已分臣所被誣亦已獲雪然則更何所辨豈合有言而臣義有不得已者蓋以執政之臣天下之所瞻望朝廷以爲重輕若其名譽烜赫非止一人之榮乃是朝廷之光也其或身名毀辱非止一人之辱乃是朝廷之辱也昔唐文宗甘露事後小人用事宰相李石爲其所惡乃遣盜殺之不中而斷石馬尾石遂求罷文宗雖知石賢相可惜亦不得已而罷石爲荊南節度使蓋顧國體當

爾也今臣固無李石可惜之賢而其所被毀辱者何止斷馬尾而已呂誨等連章累疏惡言醜詆陛下爲臣愛惜留中而不出誨等自寫章疏宣布中外今閭巷之人皆能傳誦雖誨等急於賣直取名肆其誣罔不暇惜國體而自爲傳播如臣者豈合彊顔忍耻猶安厥位使天下何所瞻望凡臣所貪以爲榮者乃朝廷之辱也由是言之臣豈得已哉使臣無疾病猶當懇自（一作白）引去況臣不幸適值自春來痟渴不止昨日面奉

德音陛下悉已知臣所苦聖恩憫恤爲之惻然伏望陛下特賜除臣近京一郡俾養衰殘則臣未死之間誓當別圖報効今取進止

第二表 三月二十八日上四月三日批答不允

臣近貢封章願還政事伏蒙聖慈特降批荅不允者臣聞愚誠雖微而苟至可以動天大仁博愛而無私未嘗違物敢殫懇悃再冒誅夷臣某中謝伏念臣智識非精器能甚淺禀生奇薄自少嘗履於艱虞雖處困窮所守粗知於名節而自早蒙擢用思

奮猷爲不善自謀遂致怨仇之積罔知避
禍屢觸陷穽之機先皇帝深察孤忠悉排
群議甄收奬進終始保全以至晚年致之
二府念初無於報効徒久玷於恩榮逮逢
神聖之嗣興顧已歲時之三易問其職業
曽無補於毫分聽於諠譁則不勝於詆辱
猶強尫殘之質坐懷寵禄之貪昔一作古云
高位之疾顛何況千人之所指繼以恙痾
之苦苶然氣血之衰藥石之功既難求於
速効機政之地豈宜久於曠官伏望皇帝

陛下曲軫眷慈俯哀危懇謂獻納訏謨之
任已無益於明時而沮傷憔悴之餘寔難
安於久處許其引避寛以優容儻後來因
此以得賢則臣去猶爲於有補苟未塡於
溝壑誓終竭於涓埃

第二劄子

臣近再述懇誠上干天聽乞解重任伏蒙
聖慈特降批答丁寧訓誨未賜允俞臣本
庸材不堪大用遭逢聖主誤被奬知陛下
急於求治取信輔弼言無不從臣於此時

不謂不得君不謂不得位而智識駑下初無補報既不能建明大義鎮遏羣言又不能和會衆心叶于一德遂致浮詞異論中外諠譁惟務含胡無一言以辨正但欲因循苟於無事以此養成羣小誣謗聖朝上則煩黷眷聰下則自取身辱雖陛下閔臣拙直衆怒獨當察臣暗愚不識陷穽然臣拙於謀身不堪任用已驗如此可黜不疑陛下聖度寬仁曲加保庇以爲簪屨舊物不忍一旦棄捐然臣夙夜彷徨不能安於

自處者蓋以朝廷輕重繫在大臣若大臣望重則朝廷尊大臣望輕則朝廷不重大臣望輕猶爲不可何況惡言醜詆毀辱百端今豺狼當路姦邪在朝之語下傳閭巷外播四夷以是而言何止望輕而已陛下有臣如此豈不爲朝廷之辱哉雖陛下至聖至明察臣無過臣能自信無愧於心而中外之人不可家至而戶曉百辟之瞻望衆人之譏誚臣亦何顔以處之與其負慙俛首以見縉紳孰若乞身遠去少避指目

是則聖恩許臣解罷俾臣稍獲便安乃是
臣居位也以榮爲辱其去也以黜爲升惟
望天慈曲從人欲令臣已上第二表伏望
聖慈曲從人欲除臣蔡亳一州差遣

第三表（四月初四日上　初七日批答不允斷來章）

臣近以疾患自陳乞解重任伏蒙聖慈再
降批答不允者坐貪國寵旣以難安仰叫
帝閽期於必達臣某中謝伏念臣早緣幸
會親遘休辰以一經之腐儒參萬機之密
論違時背俗速謗招尤雖無獨立弗懼之

明粗懷可殺不辱之節所以強顏忍耻不
知軒冕之榮加之多病久衰難勝筋力之
任近從去歲益以中乾渴如鼴鼠之飲河
喘若吳牛之見月多言外噪衆疾内攻心
已自危豈足當於謀慮力雖欲強幾或一作不
至於踣顛方奮銳於壯時猶無可道追摧
傷於晚節亦復何堪雖幸聖君容覆之恩
豈逭神理滿盈之罰苟不知退其將殞生
伏望皇帝陛下推天地之私回日月之照
察臣粗識廉耻閔臣遽此衰疲丐以一州

俾從素志如此則力排群議已荷於保全遂養殘生更繫於亭育雖同草木之賤尚識造化之仁

第三劄子

臣近以疾病乞解重任除一蔡亳州差遣已三上表及兩具劄子陳述伏蒙聖慈累降批答不允斷來章者臣竊伏思惟臣之披瀝肝血祈天請命之懇其說甚詳而其誠至矣陛下每降答諭丁寧獎勵所以過賜優待臣之恩禮亦已至矣而臣不能仰

遵聖訓力疾就職而猶更哀鳴上煩天聽
者蓋臣義不獲已與近日韓琦曾公亮胡
宿等從容於進退者事體不同也臣以非
才被任違時忤衆自招謗怒不容其身今
上自朝廷下至閭閻巷陌遠洎四海外及
夷狄皆能傳呂誨等章疏矣其罔誣醜詆
之語莫不能道之矣而臣以顧惜國體既
不當更與誨等辯正便合引避去位而以
是非曲直付之公議乃為合理昔漢世大
臣有被誣以罪者例不對理陳寃蓋其人

或遂廢黜或被刑誅所以更不自辨可矣
未有論議喧沸不自辯明而頑然自安其
位者也今朝廷處臣者何位任臣者何事
所繫事體者如何而誨等詆臣者何語臣
其可安處此位者乎昨濮園之議自手詔
告示中外後凡中書論議本末邪正及誨
等加誣詆訕等事皆已幸蒙辨正矣惟臣
所被邪謀首議姦諛徼寵之惡名既不能
自辨若又不識廉耻頑如木石遂安其位
陛下謂有臣如此其可當國家大任乎此臣

所以夙夜思惟誨等詆臣者諛佞希榮寵耳故惟有懇辭重任遠避寵榮乃可以塞小人之口然則陛下聖恩一許臣罷去是爲臣辨誣謗全名節其賜臣者多矣厚於賜以高秩重禄萬萬也臣幸蒙陛下知獎久矣臣之心迹聖鑒昭然洞見表裏此臣不當復言臣所謂辨誣謗全名節者爲中外之人不可家至户曉者爾蓋非早自引去無以塞誣謗臣者之口也夫爵禄朝廷所以寵臣下也使身心安泰名譽光顯者

居之則不勝其榮也若毀辱媿耻憤悶憂

欝者居之適足爲苦耳伏望聖慈察臣哀

切懇迫之誠不以臣比從容於進退者特

許臣解罷政事除臣一外任差遣則臣雖

死之日猶生之年今取進止

第四劄子

臣近以疾病乞解重任已具劄子罄述懇

私更不敢重疊叙陳上煩天聽臣以非才

誤膺獎任存之既無所惜去之何足可恩

然而不早罷去此乃陛下至仁至慈憐臣

衰殘不忍遽（一作遂）便棄捐務欲退人以禮
今臣表章劄子各已三上伏蒙三降批答
丁寧訓暠未即允俞中外之人皆知陛下
曲意留連恩禮已足伏乞出自宸斷早賜
恩許除臣一外任差遣

第五劄子

臣昨日獲對威顏備陳懇迫而言意拙訥
不能感動愚誠雖切天聽未回夙夜省循
莫遑安處臣本庸材不足比數然而職所
任者國政身所繫者國體而遭罹誣枉毀

辱百端既不自辨明便當引去加以年齒
凋耗疾病侵凌豈可勉彊衰殘不知廉耻
此臣所以披肝瀝血干冒誅夷不能自止
者也再念臣材識駑下過蒙陛下奬用固
當奮發事業粗立功名上報君恩次雪身
辱然臣出入二府已七八年迄無一言建
明一事可採以前日之碌碌如此可知後
日之無所爲也若終於尸禄偷安苟貪榮
寵不惟上辜委遇實亦自負初心蓋材力
短長固有不能勉彊若進退名節尚可自

擇前世人主之待其臣也事非一體或高其行義不奪其志或許其閑退俾自安全不必悉以高秩厚禄但曲從所欲便是君恩伏望聖慈察臣悃愊特許臣所乞則臣未盡之年尚知論報今取進止

辭覃恩轉左丞表 治平四年正月神宗登極二月上

臣某言伏奉制命蒙恩特授臣行尚書左丞依前參知政事加階食邑食實封及賜功臣者澤施無外雖務極於汪洋寵至若驚實難安於啓處敢傾拙訥上黷高明臣

其中謝伏念臣本以妄庸早由平進一經之學乃自守之迂儒十駕其駑終不堪於遠用徒以旦暮千載遭逢兩朝擢貳鈞衡坐淹歲月國恩未報但虞填壑以遺羞金鼎巳成豈謂攀胡之莫及幸遇皇帝陛下重離繼照正統當天萬物覩而咸忻大號渙其均慶致茲孱朽亦玷光華然夫位高而疾顛者是亦其勢然器滿而必覆者蓋由於量過敢忘戒懼誠迫懇私伏望皇帝陛下特軫眷慈俯矜愚守當萬機之新政

收厚賞於無功則臣雖蒲柳之易一作已衰
尚冀涓埃於後效

謝覃恩轉左丞表

臣某言云云大慶均行霶流而甚渥鴻恩曲
被俯僂以無容臣某中謝伏念臣性質迂
愚器能淺陋言不足以備典謨之奧學不
足以通治亂之原徒以早荷兩朝之誤知
拔自孤生而獎用疲駑雖一作難勉訖無補
於毫分歲月屢遷猶坐貪於寵禄方懼黜
幽之典敢希冒進之榮此蓋伏遇皇帝陛

下光紹寳圖惟新聖政繼離明而大照推
乾施以無偏致此妄庸首露渙汗臣敢不
退思警懼益勵衰疲感風雲際會之難依
日月光華之末少圖後効冀盡夙心

表奏書啓四六集卷第三

紹熙三年十月承直郎丁朝佐編次

郡人孫謙益校正

辭吏部侍郎表 幸或（一作或幸）

第三劄子 夙夜（一作夙夕） 眷聖（一作眷聽）

（宋）歐陽修 撰

宋本歐陽文忠公集

第二三册

國家圖書館出版社

第一二三册目録

濮議卷第二　　歐陽文忠公集一百二十一

或問罷議之詔有權罷之文議者謂權罷者有待之言也蓋朝廷迫於皇太后不得已而罷故云權罷者欲俟皇太后千秋萬歲後復議追崇耳朝廷之意果如是乎答曰此厚誣之一事也使朝廷果有此意手詔雖無權字他日別議追崇何施不可何必先露此意示人是時臺諫方吹毛求疵以指爲朝廷過失若君臣果有此意亦當深謀密計豈肯明著詔令以資言者之口

問者曰然則何故云權罷答曰事體自當
如此爾追崇以彰聖君之孝而示天下也
本無中罷之理令不得已而罷當為遮邏
之辭故云權罷集議更令禮官徐求典禮
者乃體當如此一有耳字此事人所易知而呂
誨等欲恐迫人主故厚誣以有待之說也
先帝每語及此事則不勝其憤仰天而歎
曰天鑒在上豈有此心或問皇太后既已
責中書不當議稱皇考而手書復有稱皇
稱后等事議者謂韓琦交結高居簡惑亂

皇太后請降手書其稱親稱皇稱后皆非
皇太后本意果若是乎答曰手書非皇太
后本意事出禁中非外人所得知也若云
因韓琦使高居簡請降手書則又厚誣也
何以明之若手書是韓琦所請既降出便
合奉行豈敢卻有沮難又請上別降手詔
也以此而言但見韓琦沮止手書稱皇稱
后二事不見琦請降手書（一作詔）也問者又
曰然則出於上意乎答曰亦非也若出於
上意亦（一作則）當先諭中書商議安得絕無一言

及之又若上意果有所主而中書雖欲不
奉行猶須再三論列方可回聖意豈有韓
琦一言上即從之略無難色以此知上意
不主也問者又曰然則稱皇稱后是哀桓
之事中書以爲非而不奉行者也而呂誨
表乃一作反云致主之謀不恥哀桓之亂制
者何謂也答曰此所以爲厚誣也且稱親
置園寢及稱皇考皆是漢宣光故事呂誨
等指以爲哀桓之亂制乃是指鹿爲馬爾
以此見其誣罔何所不至也據漢書師丹

上疏玄定陶恭皇謚號既已前定義不可復改據此則恭王稱皇乃師丹許以爲是者故玄不可復改爾昨國家於濮王固自不議稱皇就使稱皇亦是師丹所許者也問者曰若此則師丹當時與漢爭論何事答曰董宏欲去定陶國號而止稱恭皇及欲立廟京師爾此二事是師丹所爭也蓋恭皇之號常繫於定陶則自是於諸侯國稱皇爾與漢不相干也若止稱恭皇而不繫以國則有進干漢統之漸又立廟京師

則亂漢宗廟此師丹不得不爭也昨濮王
既不稱皇而立廟止在濮園事無差僭而
呂誨等動以師丹自比不知朝廷有何過
舉誨等果爭論何事也問者曰誨等所論
者稱親也稱親果是乎答曰稱親是矣此
乃漢宣故事也謹按宣帝之父曰史皇孫
初丞相蔡義議稱親謚曰悼裁置奉邑而
已其後魏相始改親稱皇考而立廟京師
至哀帝時議毀漢廟不合禮經者於是毀
悼皇考廟在京師者是時丞相平晏等百

餘人議曰親謚曰悼裁置奉邑皆應經義由是言之立廟京師則當毀稱親置奉邑則自合經義也所謂應經義者即儀禮云爲人後者爲其父母報是也親者父母之稱也問者曰京師廟既毀而又毀奉明園者何也答曰漢制宗室諸侯王皆有園悼皇考自合置園初名奉明園置奉邑三百家可矣其後增爲一千六百家而改奉明園爲縣則僭天子之制矣故議毀之也今國家追崇濮王其禮數三而已稱親一也

置園二也立廟三也稱親則漢儒所謂應經義者也置園則漢宗室諸侯王之制也立廟則一品家廟之制也如漢諸王廟當在本國今濮國（一有爲字）虛名無立廟處故即園而立廟爾其依經合古可以爲萬世法也問者曰漢儒既以稱親爲應經義又以兩統貳父爲非（一有禮字）者何謂也豈其議自相矛楯乎答曰兩議皆是不相矛楯也其初稱親而置邑也止在下國與漢朝不相干故不違經義也及其後立廟於京師與

漢祖宗並立至元帝時議毀親盡之廟時
昭帝既以親未盡不毀悼皇考亦以親未
盡不毀是則悼皇考與漢祖宗並爲世數此
爲一作所謂兩統貳父也元帝既上承昭宣而
又承悼皇考爲世所謂違離祖統者其議皆
是也使悼皇考廟在奉明園而不與漢朝宗
廟相干豈有兩統貳父之説乎問者曰父有
貳乎答曰何止貳也父之別有五母之別有
八皆見於經與禮而父之別曰父也所生父
也所後父也同居繼父也不同居繼父也不

同居繼父者父死而母再適人子從而暫寓其家後去而異居矣猶以暫寓其家之恩終身謂其人爲父而所生父者天性之親也反不得謂之父是可謂不知輕重者也問者曰父母之名果不可改乎對曰能深嫉爲後者尊其父母莫如魏明帝也明帝之詔曰有謂考爲皇稱妣爲后者大臣共誅之然則稱皇與后是其所禁而考妣之名雖明帝不能易也明帝之不能易是不可改也問者曰所生所後父之名徒見

於禮文而今世未嘗用也今公卿士大夫至于庶人之家養子爲後者皆以[一有其字]所生父爲伯叔父矣一旦欲用古禮而違世異俗其能使衆論不諠乎答曰禮之廢失久矣始於閭閻鄙俚之人不知義禮者壞之而士族之家因相習見遂以成風然國家之典禮則具存也今士大夫戴冠束帶立於朝廷號爲儒學之臣爲天子議禮乃欲不遵祖宗之典禮[謂開寶通禮五服年月等書]而徇閭閻鄙俚之弊事此非臣某之所敢知也使

臣以此得罪臣固無慙而不悔也況所謂
以養子所生爲伯叔父者今但行於私家
爾有司之議禮議律則未嘗不遵典禮也
方禮官議以濮王爲皇伯也是時王子融
卒初故相王曾之無子也以其兄子融之
子繹爲後及子融之死也禮官議繹服所
生父齊衰朞而心喪三年夫以子融爲所
生父是典禮也以濮王爲伯是閭閻之所
稱也兩議竝發於一時而爲臣下議則用
典禮爲天子議則用閭閻其任情顛倒有

如此而人莫與之辨也問者曰或謂所生父之名出於喪服記止可爲議服而言其他不可稱也果若是乎答曰律言所養父殺其所生父聽其子告者又豈因議服而言乎問者曰禮有明文（一作禮存父名）而世不用者何也答曰聖人以立後爲公不畏人知故不諱不諱則其子必有所生父母也小人不知義禮以養子爲私畏人知之故諱其自有父母欲一心以爲我生之子故惟恐諱之不密也嘗試論之曰（一本無此五字）古之不

幸無子而以其同宗之子爲後者聖人許之著之禮經而不諱也而後世閭閻鄙俚之人則諱之諱之則不勝其欺與僞也故其苟偷竊取嬰孩襁褓之子諱其父母而自欺以爲我生之子曰不如此則不得其一志盡愛於我而其心必二也而爲其子者亦自諱其所生而絶其天性之親反視以爲叔伯父以此欺其九族而亂其人鬼親踈之序凡物生而有知未有不愛其父母者使是子也能忍（一有而字）真絶其天性歟

曾禽獸之不若也使其不忍而外陽絕之是大僞也夫閭閻鄙俚之人之（一作其）慮於事者亦已深矣然而茍竊欺僞不可以爲法者小人之事也惟聖人則不然以爲人道莫大於繼絕此萬世之通制而天下之至公也何必諱哉所謂子者未有不由父母而生者也故爲人後者必有所生之父此理之自然也其簡易明白不茍不竊不欺不僞可以爲通制而公行者聖人之法也又以謂爲人後者所承重故加其服以

斬而所生之親恩有屈於義故降其服以
朞服可降父母之名不可諱故著於經曰
爲人後者爲其父母報自三代以來有天
下國家者莫不用之問者曰以濮王稱親
則於仁宗之意如何答曰大哉仁宗皇帝
之至聖至明也知立後爲公不畏人知而
不諱也故明詔天下曰是濮安懿王之子
也然則濮安懿王者爲所生父可知矣此
仁宗先告于天下矣所謂簡易明白不苟
不竊不欺不僞者聖人之法也問者曰議

者以謂恭愛之心分施於彼則不得專一於此也此兩制議稱皇伯議狀之文也如是則恭愛可專施於一而不分施於二也使上之待濮王也既不施恭又不施愛是以行路之人待其所生也不亦過乎答曰行路之人遇其鄉閭之長者與有德者則必竦然有肅恭之容遇其交遊故舊久不相見者則必忻然有驩愛之語今遇其所生而既不施恭又不施愛是不如行路之人也忍爲斯言者誰乎君子之爲言也度可行於己然後可

責於人今斯人也偶不爲人後耳使其自度爲人後而能以不恭不愛待其父母則能忍而爲此言也問者曰爲人後而不絶其所生之恩者施於臣民可矣施於國家而有宗廟社稷之重則將干乎正統奈何

答曰濮園之稱親立廟今二歲矣而與宗廟朝廷了不相關也其於正統有何所干乎於此足以見言者之誣罔也復何疑乎

濮議卷第二

濮議卷第三　　歐陽文忠公集一百二十二

中書請議濮王典禮奏狀

韓琦等狀奏伏以出於天性之謂親緣於人情之謂禮雖以義制事因時適宜而親必主於恩禮不忘其本此古今不易之常道也伏惟皇帝陛下奮乾之健乘離之明擁天地神靈之休荷宗廟社稷之重即位以來仁施澤浹九族既睦萬國交歡而濮安懿王德盛位隆宜有尊禮陛下受命先帝躬承聖統顧以大義後其私恩慎之重

之事不輕發臣等忝備宰弼實聞國論謂
當考古約禮因宜稱情使有以隆恩而廣
愛庶幾上以彰孝治下以厚民風臣等伏
請（一本臣等四字却作願字）下有司議濮安懿王及譙
國太夫人王氏襄國太夫人韓氏仙遊縣
君任氏合行典禮詳處其當以時施行

兩制禮官議狀

臣等謹按儀禮喪服爲人後者傳曰何以
三年也受重者必以尊服服之爲所後者
之祖父母妻妻之父母昆弟昆弟之子若

子若子者言皆如親子也又爲人後者爲
其父母報傳曰何以期也不貳斬也何以
不貳斬也持重於大宗者降其小宗也又
爲人後者爲其昆弟傳曰何以大功也爲
人後者降其昆弟也以此觀之爲人後者
爲之子不敢復顧私親聖人制禮尊無二
上若恭愛之心分施於彼則不得專一於
此故也是以秦漢以來帝王有自旁支入
承大統者或推尊父母以爲帝后皆見非
當時取譏後世臣等不敢引以爲聖朝法

況前代入繼者多宮車晏駕之後援立之策或出母后或出臣下非如仁宗皇帝年齡未衰深惟宗廟之重祗承天地之意於宗室衆多之中簡拔聖明授以大業陛下親爲先帝之子然後繼體承祧光有天下濮安懿王雖於陛下有天性之親顧復之恩然陛下所以負扆端冕富有四海子子孫孫萬世相承者皆先帝之德也臣等愚淺不達古今竊以爲今日所以崇奉濮安懿王典禮宜一準先朝封贈期親尊屬故

事高官大國極其尊榮譙國太夫人襄國
太夫人仙遊縣君亦改封大國太夫人考
之古今實爲宜稱

中書進呈劄子

準内降翰林學士王珪等奏崇奉濮安懿
王典禮宜一準先朝封贈期親尊屬故事
高官大國極其尊榮譙國太夫人襄國太
夫人仙遊縣君亦改封大國太夫人考之
古今實爲宜稱者伏詳王珪等所奏未見
詳定濮安懿王當稱何親名與不名欲乞

再下王珪等詳定聞奏

兩制禮官再議稱皇伯狀

臣等參詳真宗大中祥符八年楚王元佐
以皇兄詔書不名仁宗即位涇王元儼以
皇叔贊拜不名天聖五年加詔書不名此
國朝崇奉尊屬故事今濮安懿王於仁宗
皇帝其屬爲兄於皇帝合稱皇伯而不名
謹具狀聞奏伏候敕旨

中書請集官再議進呈劄子

準内降翰林學士王珪等狀稱臣等參詳

真宗大中祥符八年楚王元佐以皇兄詔
書不名仁宗即位涇王元儼以皇叔賛拜
不名天聖五年加詔書不名此國朝崇奉
尊屬故事今濮安懿王於仁宗皇帝其屬
爲兄於皇帝合稱皇伯而不名者臣等謹
按儀禮爲人後者爲其父母報及按令文
與五服年月勑並云爲人後者爲其所後
父斬衰三年爲人後者爲其父母齊衰期
即出繼之子於所繼所生皆稱父母又漢
宣帝光武皆稱其父爲皇考今來王珪等

議稱皇伯於典禮未見明有引據伏請下
尚書省集三省御史臺官定議聞奏
奏慈壽宫劄子
二十三日中使韓和齋到皇太后實封劄
子一封付中書爲尚書省集議濮王典禮
事中書檢勘自皇帝登極後應皇親尊屬
並各追封加贈惟有濮王并夫人爲是皇
帝本生父母合下有司檢尋典禮并前代
故事遂具奏請尋奉聖旨候過諒闇别取
旨近自皇帝釋服從吉遂再奏乞下兩制

以上及太常禮院詳定尋據王珪等奏稱崇奉濮安懿王典禮宜一準先朝封贈期親尊屬故事高官大國極其尊榮中書爲未見議定合稱何親再下詳議續據王珪等議稱皇伯中書檢詳儀禮爲人後者爲其父母報及令文與五服年月勑並云爲人後者爲所後父斬衰三年係義服爲人後者爲其父母齊衰期係正服即出繼之子於所繼所生皆稱父母是古今禮律明文其王珪等議稱皇伯即前代並無典故須

合奏乞下尚書省集官再議只是令議合
稱呼何親所有合行尊崇典禮未曾議及
今來忽蒙皇太后降出指揮臣等竊恐是
間諜之人故要衒惑聖聽離間兩宫將前
代已行典禮隱而不言但進呈一無呈字皇伯
無稽之説欲撓公議臣等各是先朝舊臣
若於仁宗承繼大統有礙事體豈敢妄爲
自取衆人之罪况今來已奉皇帝手詔令
權罷集議臣等若不具述前後理道慮皇
太后不知始末兼外廷凡百公一作傳議若

皇太后却欲親見兩府并百官理會竊恐
有虧聖德蕙臣等限以朝廷規制亦必不
敢對見謹具奏聞謹奏

稱親手詔

朕面奉皇太后慈旨爲議濮安懿王典禮
久未施行已降手書付中書濮安懿王譙
國太夫人王氏襄國太夫人韓氏仙遊縣
君任氏令朕稱親仍尊濮安懿王爲濮安
懿皇王氏韓氏任氏並稱后朕以方承大
統懼德不勝稱親之禮謹遵慈訓追崇之

典豈易克當且欲以塋爲園增置吏卒守
衛即園立廟俾王子孫主奉祠事皇太后
諒兹誠懇即賜允從冝令中書門下依此
施行

膀朝堂手詔

朕近奉皇太后慈旨濮安懿王令朕稱親
仍有追崇之命朕惟漢一有史字宣帝本生父
稱曰親又謚曰悼裁置奉邑皆應經義
既有典故遂遵慈訓而不敢當追崇之典
朕又以上承仁考宗廟社稷之重義不得

蕪奉其私親故但即園立廟俾王子孫世
襲濮國自主祭祀遠嫌有別蓋欲爲萬世
法豈皆權宜之舉哉而臺官呂誨等始者
專執合稱皇伯進（一作追）封大國之議朕以本生
之親改稱皇伯歷考前世並無典據進（一作追）封
大國則又禮無加爵之道向自罷議之後
誨等奏促不已忿其未行乃引漢哀帝去
恭皇定陶之號立廟京師干亂正統之事
皆朝廷未嘗議及者歷加誣詆自比師丹
意欲搖動人情衒惑衆聽以至封還告敕

擅不赴臺明繳留中之奏於中書録傳訕
上之文於都下曁手詔之出誨等則以稱
親立廟皆爲不當朕覽誨等前疏亦云生
育之恩禮宜追厚俟祥禫既畢然後講求
典禮褒崇本親今反以稱親爲非前後之
言自相抵捂繼以堯俞等不顧義理更相
唱和既撓權而恃衆復歸過以取名朕姑
務含容屈於明憲止命各以本官補外尚
慮搢紳之間士民之衆不詳本末但惑傳
聞欲釋羣疑理宜申諭宜令中書門下俾

御史臺出牓朝堂及進奏院遍牒告示庶

知朕意

濮議卷第三

濮議三

濮議卷第四　歐陽文忠公集一百二十三

劄子一首　是歲十月撰不曾進呈

臣伏見朝廷議濮安懿王典禮兩制禮官請稱皇伯中書之議以謂事體至大理宜慎重必合典故方可施行而皇伯之稱考於經史皆無所據方欲下三省百官博訪羣議以求其當陛下屈意手詔中罷而衆論紛然至今不已臣以謂衆論雖多其說不過有三其一曰宜稱皇伯者是無稽之臆說也其二曰簡宗廟致水災者是厚誣天

人之言也其三曰不當用漢宣哀爲法以干亂統紀者是不原本末之論也臣請爲陛下條列而辨之謹按儀禮喪服記曰爲人後者爲其父母報報者齊衰期也謂之降服以明服可降父母之名不可改也又按開元開寶禮國朝五服年月喪服令皆云爲人後者爲其所生父齊衰不杖期蓋以恩莫重於所生故父母之名不可改義莫重於所繼故寧抑而降其服此聖人所制之禮著之六經以爲萬世法者是中書

之議所據依也若所謂稱皇伯者考於六經無之方今國朝見行典禮及律令皆無之自三代之後秦漢以來諸帝由藩邸入繼大統者亦皆無之可謂無稽之臆說矣夫儀禮者聖人六經之文開元禮者有唐三百年所用之禮開寶通禮者聖宋百年所用之禮五服年月及喪服令亦皆祖宗累朝所定方今天下共行之制今議者皆棄而不用直欲自用無稽之臆說此所以不可施行也其二曰簡宗廟致水災者臣

伏以上天降災皆主人事故自古聖王逢
災恐懼多求闕政而修之或自知過失而
改悔之庶幾以塞天譴然皆須人事已著
於下則天譴爲形於上今者濮王之議本
因兩制禮官違經棄禮用其無稽之臆說
欲定皇伯之稱中書疑其未可施行乃考
古今典禮雖有明據亦未敢自信而自專
方更求下外廷博議而陛下遽詔中罷欲
使有司徐求典禮是則臣下慎重如此人
君謙畏如此君臣不敢輕議妄舉而天遽

譴怒殺人害物此臣所謂厚誣天也議猶未決仍罷不議而便謂兩統二父以致天災者厚誣人也其三引漢宣哀之事者臣謹按漢書宣帝父曰悼皇考初稱親謚曰悼置奉邑寢園而已其後改親稱皇考而立廟京師皇考者親之異名爾皆子稱其父之名也漢儒初不以爲非也自元帝以後貢禹韋元成等始建毀廟之議數十年閒毀立不一至哀帝時大司徒平晏等百四十七人奏議云親謚曰悼裁置奉邑皆應

經義是不非宣帝稱史皇孫爲親也所謂
應經義者即儀禮云爲人後者爲其父母
報是也惟其立廟京師亂漢祖宗昭穆故
晏等以謂兩統二父非禮宜毀也定陶恭
王初但號共皇立廟本國師丹亦無所議
至其後立廟京師欲去定陶不繫以國有
進干漢統之漸丹遂大非之故丹議云定
陶恭皇謚號已前定議不得復改而但論
立廟京師爲不可爾然則稱親置園皆漢
儒所許以爲應經義者惟去其國號立廟

京師則不可爾今言事者不究朝廷本議
何事不尋漢臣所非者何事此臣故謂不
原本末也中書之議本謂稱皇伯無稽而
禮經有不改父名之義方議名號猶未定
故尊崇之禮皆未及議而言事者便引漢
去定陶國號立廟京師之事厚誣朝廷以
爲干亂大統何其過論也夫去國號而立
廟京師以亂祖宗昭穆此誠可非之事若
果爲此議宜乎指臣等爲姦邪之臣而人
主有過舉之失矣其如陛下之意未甞及

此而中書亦初無此議而言事者不原本
末過引漢世可非之事以爲說而外庭之
臣又不審知朝廷本議如何但見言事者
云云遂以爲欲加非禮干亂統紀信爲然
矣是以衆口一辭紛然不止而言事者欲
必遂其皇伯無稽之說牽引天災恐迫人主
而中書守經執禮之議反指以爲姦邪之言
朝廷以言事之臣禮當優容不欲與之爭
辯而外庭羣論又不可家至而戶曉是非
之理不辯上下之情不通此所以呶呶而

不止也夫爲人後者旣以所後爲父矣而聖人又存其所生父名者非曲爲之意也蓋自有天地以來未有無父而生之子也旣有父而生則不可諱其所生矣夫無子者得以宗子爲後是禮之所許也然安得無父而生之子以爲後乎此聖人所以不諱無子者立人之子以爲後亦不諱爲人後者有父而生蓋不欺天不誣人也故爲人後者承其宗之重任其子之事而不得復歸於本宗其所生父母亦不得往與其

事至於喪服降而抑之一切可以義斷惟其父母之名不易者理不可易也易之則欺天而誣人矣子爲父母服謂之正服出爲人後者爲本生父母齊衰期謂之降服又爲所後父斬衰三年謂之義服今若以本生父爲皇伯則濮安懿王爲從祖父反爲小功而濮王夫人是本生嫡母也反爲義服自宗懿巳下本生兄弟於禮雖降猶爲大功是禮之齊衰期今反爲小功禮之正服今反爲義服上於濮王父也反服小

功於宗懿等兄弟也反服大功此自古所
以不稱所生父爲伯父叔父者稱之則禮
制乖違人倫錯亂如此也伏惟陛下聰明
睿聖理無不燭今衆人之議如彼中書之
議如此必將從衆乎則衆議不見其可欲
違衆乎則自古爲國未有違衆而能舉事
者臣願陛下霈然下詔明告中外以皇伯
無稽決不可稱而今所欲定者正名號爾
至於立廟京師干亂統紀之事皆非朝廷
本議庶幾羣疑可釋若知如此而猶以謂

必稱皇伯則雖孔孟復生不能復爲之辨矣

爲後或問上

或問爲人後者不絶其所生之親可乎曰
可矣古之人不絶也而降之何以知之曰
於經見之何謂降而不絶曰降者所以不
絶也若絶則不待降也所謂降而不絶者
禮爲人後者降其所生父母三年之服以
爲朞而不改其父母之名者是也問者曰
今之議者以謂爲人後者必使視其所生
若未嘗生己者一以所後父爲尊卑疎戚

若於所後父爲兄則以爲伯父爲弟則以爲叔父如此則如之何余曰吾不知其何所稽也茍如其説没其父母之名而一以所後父爲尊卑踈戚則宗從世數各隨其遠近輕重自有服矣聖人何必特爲制（一有爲字）降服乎此余所謂若絶則不待降者也稽之聖人則不然昔者聖人之制禮也爲人後者於其父母不以所後之父尊卑踈戚爲別也直自於其父子之閒爲降殺爾親不可降降者降其外物爾喪服是也其必

降者示有所屈也以其承大宗之重尊祖
而爲之屈爾屈於此以伸於彼也生莫重
於父母而爲之屈者以見承大宗者亦重
也所以勉爲人後者知所承之重以專任
人之事也此以義制者也父子之道天性
也臨之以大義有可以降其外物而本之
於至仁則不可絶其天性絶人道而滅天
理此不仁者之或不爲也故聖人之於制
服也爲降三年以爲朞而不没其父母之
名以著於六經曰爲人後者爲其父母報

以見服可降而父母之名不可沒也此所謂降而不絶者以仁存也夫事有不能兩得勢有不能兩遂爲子於此則不得爲子於彼矣此俚巷之人（一作人人之）所共知也故其言曰爲人後者爲之子此一切之論非聖人之言也是漢儒之説也及（一作乃）衆人之所能道也質諸禮則不然方子夏之傳喪服也茍如衆人一切之論則不待多言也直爲一言曰爲人後者爲之子則自然視其父母絶若未嘗生已者矣自然一以所

後父爲尊卑踈戚矣柰何彼子夏者獨不
然也其於傳經也委曲而詳言之曰視所
後之某親某親則若子若子者若所後父
之眞子以自處而視其族親一以所後父
爲尊卑踈戚也故曰爲所後者之祖父母
妻妻之父母昆弟昆弟之子若子猶嫌其
未備也又曰爲所後者之兄弟之子若子
其言詳矣獨於其所生父母不然而別自
爲服曰爲其父母報蓋於其所生父母不
使若爲所後者之眞子者以謂遂若所後

者之真子以自處則視其所生如未嘗生已者矣其絶之不已甚乎此人情之所不忍者聖人亦所不爲也今議者以其所生於所後爲兄者遂以爲伯父則是若所後者之真子以自處矣爲伯父則自有服不得爲齊衰期矣亦不得去爲其父母報矣凡見於經而子夏之所區區分别者皆不取而又忍爲人情之所不忍者吾不知其何所稽也此大義也不用禮經而用無稽之説可乎不可也問者曰古之人皆不絶

其所生而今人何以不然曰是何言歟今之人亦皆然也而又有加於古焉今開寶禮及五服圖乃國家之典禮也皆曰爲人後者爲其所生父母齊衰朞服雖降矣必爲正服者示父母之道在也爲所後父斬衰三年服雖重矣必爲義服者示以義制也而律令之文亦同五服者皆不改其父母之名質於禮經皆合無少異而五服之圖又加以心喪三年以謂三年者父母之喪也雖以爲人後之故降其服於身猶使

行其父母之喪於其心示於所生之恩不得絶於心也則今人之爲禮比於古人又有加焉何謂今人之不然也

爲後或問下

問者曰子不能絶其所生見於經見於通禮見於五服之圖見於律見於令其文則明矣其所以不絶之意如之何曰聖人以人情而制禮者也問者曰事有不能兩得勢有不能兩遂爲子於此則不得爲子於彼此豈非人情乎曰是衆人之論也是不

知仁義者也聖人之於人情也一本於仁義故能兩得而兩遂此所以異乎衆人而爲聖人也所以貴乎聖人而爲衆人法也父子之道正也所謂天性之至者仁之道也爲人後者權也權而適宜者義之制也恩莫重於所生義莫重於所後仁與義二者常相爲用而未嘗相害也故人情莫厚於其親抑而降其外物者迫於大義也降而不絶於其心者存乎至仁也抑而降則仁不害乎義降而不絶則義不害乎仁此

聖人能以仁義而相爲用也彼衆人者不
然也其爲言曰不兩得者是仁則不義義
則不仁矣夫所謂仁義者果若是乎故曰
不知仁義者衆人也嗚呼聖人之以人情
而制禮也順適其性而爲之節文爾有所
強焉不爲也有所拂焉不爲也況欲反而
易之其可得乎今謂爲人後者必絕其所
生之愛豈止強其所難而拂其欲也是直
欲反其天性而易之曰爾所厚者爲我絕
之易爾之厚於彼者一以厚於此是其可

以強乎夫父母猶天地其大恩至愛無以
加者以其生我也今苟以爲人後之故一
旦反視若未嘗生我者其絶之固已甚矣
使其真絶之歟是非人情也迫於義而有一
僞字絶之歟則是仁義者教人爲僞也是故
聖人知其無一可也以謂進承人之重而
不害於仁退得伸其恩而不害於義又全
其天性而使不陷於爲僞惟降而不絶則
無一不可矣可謂曲盡矣夫惟仁義能曲
盡人情而善養人之天性以濟於人事無

所不可也故知義可以爲人後而不知仁
不絶其親者衆人之偏見也知仁義相爲
用以曲盡人情而善養人之天性使不入於
僞惟達於禮者可以得聖人之深意也問
者曰爲人後而有天下者不絶其所生則
將干乎大統柰何曰降則不能干矣自漢
以來爲人後而有天下者尊其所生多矣
何嘗干於大統使漢宣哀不立廟一有於字京
師以亂昭穆則其於大統亦何所干乎

漢魏五君論

治平二年秋八月京師大雨水壞官私廬
舍而民被壓溺者千餘人或謂是時方議
濮王典禮議者以謂天災之應信乎曰議
猶未決而天已降災殺人害物此厚誣天
人之言也余已論之詳矣問者曰前世已
驗之事如之何曰自漢以來由諸侯入繼
大統之君多矣不可遍舉今略舉入繼大
統之君追尊所生父母者二人不追尊父母
者三人而試推以禍福之驗可以知之矣
其追尊所生者二人曰漢宣帝也光武也宣

帝初稱其父曰親置園邑而奉之漢儒以
爲應經義者也光武稱其父爲皇考立廟
南陽而祭之後世無非者是皆進不干大
統退不絶本親最爲得禮而宣帝爲前漢
中興之主光武爲後漢世祖其德業隆盛天
下富安享國長久此二人者追尊所生者
也天不降以禍而降之以福生爲明帝歿
享榮名爲萬世所尊者也其不追崇所生
者三人曰魏廢帝也高貴鄉公也常道鄉
公也魏自明帝無子養齊王芳以爲子乃

下詔後世有入繼之主敢追尊父母者大
臣共誅之故終魏之世謹遵其約然自明
帝下詔後連三世皆以宗子入繼皆不敢
追尊其父母其一曰齊王芳立十六年而
被廢謂之廢帝其次曰高貴鄉公立七年
爲司馬文王所弑其次曰常道鄉公立七
年爲晉所篡魏遂以滅亡此三人者能不
追尊其所生者也天不降以福而降之以
禍一被廢一被弑一被篡喪身亡國爲萬
世所悲者也彼漢魏五君者其享國盛衰

長短雖自有歷數繫於天命不繫於其一作

追尊所生與不追尊也然就以禍福推之

追尊者未必不享福不追尊者未必不得

禍也

晉問

或謂爲人後者改其所生父母之名考於

六經與古今典禮固無之矣而前世有天

下之君多矣果無之乎曰有而不足法也

蓋自漢以來由藩侯入繼大統其爲人後

合禮而得正之君皆無之也惟五代晉出

帝嘗以其所生父爲皇伯矣此何足道也
彼出帝者立不以正非爲後繼統之君也
蓋其不當立而立必絶其所生則得立不
絶則不得立故不得已而絶之也出帝父
曰敬儒高祖之兄也敬儒早卒高祖憐出
帝孤而養以爲己子而高祖自有子五人
高祖疾病以其子重睿託於大臣及高祖
崩晉大臣背約欲得長君故捨重睿而立
出帝其義不當立惟欺天下以爲高祖真
子故得立則其勢豈敢復顧其所生父也

哉其以爲皇伯者不得已也蓋立不以正之君又不得已而至此其可爲後世法哉嗚呼五代之際禮樂崩壞三綱五常之道絶先王之制度文章於是掃地矣蓋篡逆賊亂之始（一作世）也而晉氏尤甚自高祖與契丹爲父子出帝以耶律德光則爲祖以其所生父則臣而名之是其可以人理責乎是其可以爲世法乎出帝既立不旋踵而契丹滅晉遷其族于北荒幽之黄龍府舉族餓死永爲夷狄之鬼其滅亡禍敗自

古未有若斯之酷也議者謂漢哀桓亂世不足爲法可矣若晉出帝者果可爲法乎

濮議卷第四

禮家聚訟自古固然濮議是非諸儒互有去取今不必論惟公此書力辨英廟本無固必寧以一身而當衆怒深得善則稱君過則稱已之義且公晚年所著

故筆力尤高或者乃謂可以無傳不已過
乎近歲吴仁傑作瀵議墨守二十篇志在
助公然公何待助也
紹熙五年十月郡人孫謙益王伯芻校正

崇文總目叙釋一卷　歐陽文忠公集一百二十四

易類

前史謂秦焚三代之書易以卜筮而得不焚及漢募羣書類多散逸而易以故最完及學者傳之遂分爲三一曰田何之易始自子夏傳之孔子卦象爻彖與文言説卦等離爲十二篇而説者自爲章句易之本經也二曰焦贛之易無所師授自言得之隱者第述陰陽災異之言不類聖人之經三曰費直之易亦無師授專以彖象文言

等參解卦（一作易）爻凡以彖象文言雜入卦
中者自費氏始田何之學施孟梁丘之徒
最盛費氏初微止傳民間至後漢時陳元
鄭衆康成之徒皆學費氏費氏興而田學
遂息古十二篇之易遂亡其本及王弼爲
注亦用卦（一作彖）象相雜之經自晉已後弼
學獨行遂傳至今然易比五經其來最遠
自伏羲畫卦下更三代別爲三易其變卦
五十有六命名皆（一作甚）殊至於七八九六
筮占之法亦異周之末世夏商之易已亡

漢初雖有歸藏已非古經今書三篇莫可
究矣獨周易時更三聖世歷三古雖說者
各自名家而聖人法天地之緼則具存焉

書類

書原於號令而本之史官孔子删爲百篇
斷堯訖一作迄秦序其作意遭秦之故孔子
末孫惠與濟南伏勝各藏其本于家楚漢
之際勝失其所藏但口以傳授勝既耄昏
乃繆合三十四篇爲二十九歐陽夏侯之
徒皆學之寫以漢世文字號今文尚書至

武帝時孔惠之書始出屋壁百篇皆在而半已磨滅又皆科斗文字惠孫安國以隸古定之得五十八篇爲之作傳號古文尚書至陳隋之間伏生之學廢絶而孔傳獨行先是時一作孔傳亡其舜典東晉梅頤一作賾乃以王肅所注伏生舜典足其篇至唐孝明不喜隸古始更以今文行于一作於世

詩類

昔孔子删古詩三千餘篇取其三百一十一篇著于經秦楚之際亡其六漢興詩分

爲四一曰魯人申公作訓詁號魯詩二曰齊人轅固生作傳號齊詩三曰燕人韓嬰作内外傳號韓詩四曰河閒人毛公作故一作詁訓傳號毛詩三家並立學官而毛以後出至平一作章帝時始列于學其後馬融賈逵鄭衆康成之徒皆發明毛氏其學遂盛魏晉之閒齊魯之詩廢絶韓詩雖在而益微故毛氏獨行遂傳至今韓嬰之書至唐猶在今其存者十篇而已漢志嬰書五十篇今但存其外傳非嬰傳詩之詳者而

其遺說時見於他書與毛之義絕異而人亦不信去聖既遠誦習各殊至於考風雅之變正以知王政之興衰其善惡美刺不可不察焉

禮類

禮樂之制盛于三代而大備於周三代之興皆數百年而周最久始武王周公修太平之業畫天下以爲九服上自天子至于一作於庶人皆有法度方其郊祀天地開明堂以會諸侯其車旗服器文章爛然何其

盛哉（一作也）及幽厲之亂周室衰微其後諸
侯漸大然齊桓賜胙而拜晉文不敢必請
隧以禮維持又二百餘年禮之功亦大矣
下更戰國禮樂殆絶漢興禮出淹中后戴
諸儒共爲補綴得百餘篇三鄭王肅之徒
皆精其學而說或不同夫禮極天地朝廷
宗廟凡人之大倫可謂廣矣雖二（一作百）家
殊說豈不博哉自漢以來沿革之制有司
之傳著于書者可以覽焉

樂類

三代禮樂自周之末其失亡一作已多又經秦世滅學之暴然書及論語孝經得藏孔氏子一作之家易以卜筮不禁而詩本諷誦不專在於竹帛人得口以傳之故獨禮之於六經其亡最甚而樂又有聲器尤易爲壞失及漢興考求典籍而樂最缺闕一作絶學者不能自立遂并其說於禮家書爲五經流別爲六藝夫樂所以達天地之和而飭化萬物要之感格人神象見功德記曰五帝殊時不相沿樂所以王者有因時制

作之盛何必區區求古遺鉄一作闕至於律呂鍾石聖人之法雖更萬世可以考也自漢以來樂之沿革惟見史官之志其書不備隋唐所録今著其存者云

春秋類

昔周法壞而諸侯亂平王以後不復雅而下同列國吳楚徐夷並僭稱王天下之人不禀周命久矣孔子生其一作於末世欲推明王道以扶一作捄周乃聘諸侯極陳君臣之理一作禮諸侯無能用者退而歸魯即其

舊史考諸行事加以王法正其是非凡其
所書一用周禮爲春秋十二篇以示後世
後世學者傳習旣久其說遂殊公羊高穀
梁赤左丘明鄒氏夾氏分爲五家鄒夾最
微自漢世已廢而三家盛行當漢之時易
與論語分爲三詩分爲四禮分爲二及學
者散亡僅存其一而餘家皆廢獨春秋三
傳並行至今初孔子大修六經之文獨於
春秋欲以禮法繩諸侯故其辭尤謹約而
義微隱學者不能極其說故三家之傳於

聖人之旨各有得焉太史公曰爲人君者不可不知春秋豈非王者之法具在乎

論語類

論語者蓋孔子相與弟子時人講問應答之言也孔子卒羣弟子論次其言而撰之漢興傳者三家魯人傳之謂之魯論齊人傳之謂之齊論而齊論增問王知道二篇今文無之出於孔子壁中者則曰古論有兩子張是三家者篇第先後皆所不同考今之次即所謂魯論者也

小學類

古者教學之法八歲而入小學以習六甲四方書數之藝至於成童而後授經儒者究極天地人神事物之理無所不通故其學有次第而後大成焉爾雅出於漢世正名命物講說者資之於是有訓詁之學文字之興隨世轉易務趨便省久後乃或亡其本（七字一作省或去其本）三蒼之說始志字法而許慎作說文於是有偏傍之學五聲異律清濁相生而孫炎始作字音於是有音韻

之學篆隷古文爲體各異秦漢以來學者務極其能於是有字書之學先儒之立學其初爲法未始不詳而明而後世猶或訛失（二字一作失之）故雖小學不可闕焉

正史類

昔孔子刪書上斷堯典下訖秦誓著爲百篇觀其堯舜之際君臣相與吁俞和諧於朝而天下治三代已下約束賞罰而民莫敢違考其典誥誓命之文純深簡質丁寧委曲爲體不同周衰史廢春秋所書尤謹

密矣非惟史有詳略抑由時君功德薄厚異世而殊文哉自司馬氏上採黃帝迄于漢武始成史記之一家由漢以來千有餘歲其君臣善惡之迹史氏詳焉雖其文質不同要其治亂興廢之本可以考焉

編年類

昔春秋之後繼以戰國諸侯交（皆一作）亂而史官廢失策書所載紀次不完司馬遷始爲紀傳表志之體網羅千載馳騁其文其後史官悉用其法春秋之義書元最謹一

時無事猶空書其首月以謂四時不具則不足成年所以上尊天紀下（二字一作時紀）正人事自晉荀悦爲漢紀始復編年之體學徒稱之後世作者皆與正史並行云

實録類

實録起於唐世自高祖至于（一作於）武宗其後兵盜相交史不暇録而賈緯始作補録十或得其二三五代之際尤多故矣天下乖隔號令並出傳記之士（一作事）訛謬尤多幸而中國之君實録粗備其盛衰善惡

之迹較然而著者不可泯矣

雜史類

周禮天子諸侯皆有史官晉之乗楚之檮杌考其紀事爲法不同至于周衰七國交侵各尊其主是非多異尋亦磨（一作摩）滅其存無幾若乃史官失職畏怯回隱則游談處士亦必各記其說以伸所懷然自司馬遷之多聞當其作史記必上採帝繫世本旁及戰國荀卿所録以成其書則諸家之說可不備存乎

僞史類

周室之季吴楚可謂彊矣而仲尼脩春秋書荆以狄之雖其屢進不過子爵所以抑黜僭亂而使後世知懼三代之弊也亂極于七雄並王漢之弊也亂極于三國魏晉之弊也亂極于永嘉以來隋唐之弊也亂極于五代（一又有五代字）之際天下分爲十三四而私竊名號者七國及大宋受命王師四征其係纍負質請死不暇九服遂歸于有德歷考前世僭竊之邦雖（一有其字）因時茍偷

自彊一方然卒歸于(二字一作於)禍敗故錄于(一作於)篇以爲賊亂之戒云

職官類

堯舜三代建官名數不同而周之六官備矣然漢唐之興皆因秦隋官號而損益之足以致治興化由此而言在(一作存)乎舉職勤(一無此字)事代天治物(二字一作工)而已至於車服印綬爵秩俸廩因時爲制著于有司(有一焉字)書曰無曠庶官又曰允釐百工夫百官象物奉職恭位此虞舜(一有之字)所以端拱無

爲而化成天下可不重哉

儀注類

昔漢諸儒得古禮十七篇以爲儀禮而大射之篇獨曰儀蓋射主於容升降揖讓不可以失記曰禮之末節有司掌之凡爲天下國家者莫不講乎三代之制其采章文物邦國之典存乎禮官秦漢以來世有損益至於于一作車旗服器有司所記遺文故事凡可録者皆附于於一作史官云

刑法類

刑者聖人所以愛民之具也其禁暴止殺之意必本乎至仁然而執挺刃刑人而不疑者審得其當也故法家之說務原人情極其真僞必使有司不得銖寸輕重出入則其爲書不得不備歷世之治因時制法緣民之情損益不常故凡法令之要皆著于篇

地理類

昔禹去水害定民居而别九州之名記之禹貢及周之興畫爲九畿而宅其中内建五等之封外撫四荒之表職方之述備矣及

其衰也諸侯並爭（二字一作兼并并一作爭）吞削奪秦漢以來郡國州縣（一作郡國郡縣）廢興治亂割裂分屬更易不常至於日月所照要荒附叛山川風俗五方不同行師用兵順民施政考於圖諜可以覽焉

氏族類

昔黃帝之子二十五人得姓命氏由其德之薄厚自堯舜夏商周之先皆同出於黃帝而姓氏不同其後世封爲諸侯者或以國爲姓至於（一作于）公子公孫官邑謚族遂

因而命氏其源流次序帝繫世本言之甚詳秦漢以來官邑謚族不自別而爲姓又無賜族之禮至于近世遷徙不常則其得姓之因與夫祖宗世次人倫之記尤不可以不考焉

歲時類

詩曰民生在勤勤則不匱故堯舜南面而治考星之中以授人時秋成春作教民無失周禮六官亦因天地四時分其典職然則天時者聖人之所重也自夏有小正周

公始作時訓日星氣節七十二候凡國家之政生民之業皆取則焉孔子曰吾不如老圃至於山翁野夫耕桑樹藝四時之説其可遺哉

傳記類

古者史官其書有法大事書之策小事載之簡牘至於風俗之舊耆老所傳遺言逸行一作迹史不及書則傳記之説或有取焉然自六經之文諸家異學説或不同況乎幽人處士聞見各異或詳一時之所得或

發史官之所諱參求考質可以備多聞焉

儒家類

仲尼之業垂之六經其道閎博君人治物百王之用微是無以爲法故自孟軻揚雄荀況（一作卿）之徒又駕其說扶而大（一作本）之歷世諸子轉相祖述自名一家異端其言或破碎於大道然訂其作者之意要之孔氏不有殊焉

道家類

道家者流本清虛去健羨泊然自守故曰

我無爲而民自化我好靜而民自正雖聖人南面之術治（一作）不可易也至或不究其本棄去仁義而歸之自然以因循爲用則儒者病之（一有云字）

法家類

法家者流以法繩天下使一本於其術商君申韓之徒乃推而大之挾其說以干世主收取功名至其尊君抑臣辨職分輔禮制於王治不爲無益然或狃細苛持刻深（一作深刻）不可不察者也

名家類

名家者流所以辨覈名實流別（一作源流）等威使上下之分不相踰也仲尼有云必也正名乎言爲政之大本不可不正者也

墨家類

墨家者流其言貴儉兼愛尊賢右鬼非命上（一作尚）同此墨家之所行也孟子之時墨與楊其道塞路軻以墨子之術儉而難遵兼愛而不知親疏故辭而闢之然其彊本啬用之說有足取焉

縱橫家類

春秋之際王政不明而諸侯交亂談説之士出於其閒各挾其術以干時君其因時適（一作遇）變當權事而制宜有足取焉

雜家類

雜家者流取儒墨名法合而兼之其言貫穿衆説無所不通然亦有補於治理（一作道）不可廢焉（一作也）

農家類

農家者流衣食之本（一作大）原也四民之業

其次曰農稷播百穀勤勞天下功炳後世著見書史孟子聘列國陳王道未始不究論一作耕桑之勤漢興劭農勉人爲之著令今集其樹藝之說庶取法焉

小說類

書曰狂夫之言聖人擇焉又曰詢于蒭蕘是小說之不可廢也古者懼下情之壅於上聞故每歲孟春以木鐸徇于路採其風謡而觀之至於俚言巷語亦足取也今特列而存之

兵家類

周禮夏官司馬掌軍戎以九伐之法正邦國書之洪範八曰師易之繫辭取諸睽此兵之所由始也湯武之時勝以仁義春秋戰國出奇狃變其術無窮自田齊始著司馬之法漢興張韓之徒序次其書武帝之世楊僕又捃摭之謂之紀奏孝成命任宏乃以權謀形勢陰陽技巧析爲四種繇是兵家之文既修列矣然而司馬之法本之禮讓後世莫行焉惟孫武之書法術大詳

考今之列非特四種又雜以卜筮刑政之説存諸篇云

崇文總目叙釋卷終

易類聖人法一作聖人之法

書類梅頤當作梅賾

春秋類以後一作巳後

實録類得其二三一作得其一二

歲時類詩曰詩字疑

于役志　歐陽文忠公集一百二十五

景祐三年丙子歲五月九日丙戌希文出

知饒州

戊子送希文飲于祥源之東園

壬辰安道貶筠州

甲午師魯貶郢州

乙未安道東行不及送余與君貺追之一夕

克還過君謨家遂召移之公期道滋景

純夜飲

丁酉與損之送師魯于固子橋西興教寺

余留宿明日道卿揁之公期君貺君謨
武平源叔仲輝皆來會飲晚乃歸余貺
夷陵
己亥夜過邃卿家話別邃卿病也
庚子夜飲君貺家會者公期君謨武平秀
才范鎮道滋飲婦家不來
辛丑舟次宋門夜至公期家飲會者君謨
君貺景純穆之道滋飲婦家不來
壬寅出東水門泊舟不得岸水激舟橫于
河幾敗家人驚走登岸而避遂泊亭子

下損之來奕棊飲酒暮乃歸
癸夘君旣公期道滋先來登祥源東園之
亭公期烹茶道滋鼓琴余與君旣奕巳
而君謨來景純移之武平源叔仲輝損
之壽昌天休道卿皆來會飲君謨景純
穆之壽昌遂留宿明日子野始來君旣
公期道滋復來子野還家餘皆留宿君
謨作詩道滋擊方響穆之彈琴秀才韓
傑居河上亦來會宿
乙巳晨興與宿者别舟旣行武平來追及

至下鏁見之少頃乃去午次陳留登庾廟
丙午在陳留
丁未次南京明日留守推官石介應天推
官謝郛右軍巡判官趙衮曹州觀察推
官蔣安石來小飲于河亭余疾不飲客
皆醉以歸
六月己酉次柳子
庚戌過宿州與張參約泊靈壁鎮遊損之
園會余有客住宿州參先發檥靈壁待
余不至乃行晚次靈壁獨遊損之園舟

失水道敗桅

辛亥次青陽

壬子至于泗州晚與國器小飲州廨中

癸丑始見春卿

甲寅乙夘丙辰獨在泗州始食淮魚

丁巳次洪澤與劉春卿同年黃孝恭相遇

始識大理寺丞李惇裕洪澤巡檢顏懷

玉者錢思公在洛時故吏遂與四人者

夜飲五鼓罷明日食畢解舟與飲者别

春卿復相送以前晚入沙河乘月夜行

嚮山陽與春卿聯句二鼓宿閘下黎明

元均來遂至楚州泊舟西倉始見安道

于舟中安道會飲于倉亭始食瓜出倉

北門看雨與安道弈

庚申小飲舟中會者元均春卿安道余始

飲酒移舟檥城西門門閉泛月以歸

辛酉安道解舟不果别與春卿奕于倉亭

晚别春卿

壬戌與元均小飲倉北門舟中夜宿倉亭

癸亥夕與元均坐水次納涼已而大風雨

震雹暴至
乙丑與隱甫及高繼隆焦宗慶小飲水陸院東亭看雨始見荷花
丙寅與元均隱甫飲于西倉
丁卯隱甫來會登倉北偃上亭納涼遲客至遂及元均小飲舟中巳而大風震雹遂宿舟中
戊辰余生日具酒爲壽于舟中
己巳與元均泛舟北辰會隱甫小飲宿倉亭
庚午同年朱公綽來自京師

辛未子聰來自壽州夜飲倉亭留宿

壬申泛舟飲于北辰

癸酉隱甫來飲別夜與元均小飲宿倉亭

甲戌知州陳亞小飲魏公亭看荷花與者

隱甫朱公綽晚移舟楚望亭陳從益來

自京師見余於舟中始聞君謨動靜秀

才陳策來自京師夜見余於楚望亭作

常州書自泊西倉至于楚望凡十有七日

乙亥次寶應

丙子至于高郵

七月丁丑復見子聰會飲弭節亭
戊寅遂與子聰同舟以前次邵伯
己夘至于揚州遇秀才廖倚夜與倚及子
聰飲觀風亭明日子聰之潤州廖倚之
楚州伯起來宿觀風亭
辛巳與伯起飲迦諸亭會者集賢校理王
君玉大理寺丞許元太常寺太祝唐詔
祠部員外郎蘇儀甫
壬午儀甫來小飲觀風亭會者許元唐詔
君玉伯起先歸

癸未與許元小飲邇渚亭會者如壬午伯起不來

甲申與君玉飲壽寧寺寺本徐知誥故第李氏建國以爲孝先寺太平興國改今名寺甚宏壯畫壁尤妙問老僧云周世宗入揚州時以爲行宫盡朽漫之惟經藏院畫玄奘取經一壁獨在尤爲絶筆嘆息久之

乙酉小飲秀才吕有家會者如壬午伯起不來余遂留宿

丙戌至于真州大熱無水

辛卯飲僧于資福寺移舟溶溶亭處士謝

去華援琴待涼以入客舟

戊戌入客舟泊涵虛亭

庚子次江口

辛丑次長蘆

壬寅夜乘風次清涼寺

癸卯晨至江寧府

八月丙午猶在江寧

丁未小飲君績家

己酉小飲于水閣

庚戌次采石

辛亥阻風與侍禁陳宗顔飲

壬子過太平州夜乘風宿帶星口

癸丑過蕪湖繁昌宿慈母磯

甲寅乘風晝夜行

丙辰禱小姑山神至江州

丁巳在江州約陳侍禁遊廬山余病呼醫者不果往遂行次郭家洲

己未阻風郭家洲與澧陽縣令趙師道飲

村市就村人市羊供膳不得余疾謀還
江州召廬山僧以醫不果
庚申次盤唐港
辛酉至于蘄陽
壬戌小飲瞿珣家會冊稜知縣著作佐郎
范佑蘄春主簿郭公美
癸亥次新冶禱江神得大魚
甲子至于磁湖
乙丑猶在磁湖自丁巳余體不佳至是小閒
丙寅至于黃州

丁夘與知州夏屯田飲于竹樓興國寺火
約余明日爲社飲不果夜登江澳次漆磁
戊辰次雙柳夾
己巳次白楊夾
庚午至于鄂州始與令狐修巳相識
辛未遣人之黄陂召家兄大風雨不克渡
江而還
壬申小飲修巳家遂留宿明日家兄來見
余於修巳家始中酒睡兄家
甲戌飲于兄家

乙亥飲令狐家夜過兄家會宿
九月丙子次沌口
丁丑次昭化港夜大風舟不得泊禱江神
戊寅次穿石磯夜大風擊舟不得寢
己卯至岳州夷陵縣吏來接泊城外
庚辰假舟于邵暖
辛巳壬午入官舟
癸未入荊江次李家洲
甲申次烏沙
乙酉次魯洑

丙戌次塔子口觀魚望五鴉塵角望夫諸山
丁亥次石首夜大風
戊子阻風
壬辰次公安渡

右于役志一卷雖非著述流傳至今則不
可略按夷陵抵京師一千六百里公與尹
師魯書云臨行臺吏催苛百端始謀陸行
以大暑又無馬乃沿汴絕淮泛大江凡五

千里用一百一十程纔至荆南與此志合

自公安後闕而不録既以十月二十六日

到官則留荆約旬餘正庭參轉運時也

于役志卷終

六月丁卯 偃上亭（偃字疑）

七月甲申 朽漫（合是朽漫） 玄奘（疑是玄奘）

辛卯 飲僧（飲字疑）

歸田錄序

歸田錄者朝廷之遺事史官之所不記與夫士大夫笑談之餘而可錄者錄之以備閒居之覽也有聞而誚余者曰何其迂哉子之所學者修仁義以為業誦六經以為言其自待者宜如何而幸蒙人主之知備位朝廷與聞國論者蓋八年于茲矣旣不能因時奮身遇事發憤有所建明以為補益又不能依阿取容以徇世俗使怨嫉謗怒叢于一身以受侮于群小當其驚風駭浪

卒然起於不測之淵而蛟鱷黿鼉之怪方駢首而闖伺乃措身其間以蹈必死之禍賴天子仁聖惻然哀憐脫於垂涎之口而活之以賜其餘生之命曾不聞吐珠銜環效蚍雀之報蓋方其壯也猶無所爲今既老且病矣是終負人主之恩而徒久費大農之錢爲太倉之鼠也爲子計者謂宜乞身于朝退避榮寵而優游田畝盡其天年猶足竊知止之賢名而乃裴回俯仰久之不決此而不思尚何歸田之録乎余起而

謝曰凡子之責我者皆是也吾其歸哉子姑待治平四年九月乙未廬陵歐陽脩序

歸田録卷第一　歐陽文忠公集一百二十六

太祖皇帝初幸相國寺至佛像前燒香問當拜與不拜僧録賛寧奏曰不拜問其何故對曰見在佛不拜過去佛賛寧者頗知書有口辯其語雖類俳優然適會上意故微笑而頷之遂以爲定制至今行幸焚香皆不拜也議者以爲得禮

開寶寺塔在京師諸塔中最高而制度甚精都料匠預浩所造也塔初成望之不正而勢傾西北人怪而問之浩曰京師地平

無山而多西北風吹之不百年當正也其用心之精蓋如此國朝以來木工一人而已至今木工皆以預都料爲法有木經三卷行於世世傳浩惟一女年十餘歲每卧則交手於胷爲結構狀如此踰年撰成木經三卷今行於世者是也

國朝之制知制誥必先試而後命有國以來百年不試而命者纔三人陳堯佐楊億及脩忝與其一爾

仁宗在東宮魯肅簡公宗道爲諭德其居

在宋門外俗謂之浴堂巷有酒肆在其側號仁和酒有名於京師公往往易服（一作衣）微行飲于其中一日真宗急召公將有所問使者及門而公不在移時乃自仁和肆中飲歸中使遽先入白乃與公約曰上若怪公來遲當託何事以對幸先見教冀不異同公曰但以實告中使曰然則當得罪公曰飲酒人之常情欺君臣子之大罪（一作罪大）也中使嗟歎而去真宗果問使者具如公對真宗問曰（一作公）何故私入酒家公謝曰

臣家貧無器皿酒肆百物具一作俱備賓至如歸適有鄉里親客自遠來遂與之飲然臣既易服市人亦無識臣者真宗笑曰卿爲宫臣恐爲御史所彈然自此奇公以爲忠實可大用晚年每爲章獻明肅太后言羣臣可大用者數人公其一也其後章獻皆用之

太宗時親試進士每以先進卷子者賜第一人及第孫何與李庶幾同在科場皆有時名庶幾文思敏速何尤苦思遲會言事者上言舉子輕薄爲文不求義理惟以敏

速相誇因言庱幾與舉子於餅肆中作賦以一餅熟成一韻者爲勝太宗聞之大怒是歲殿試庱幾最先進卷子遽叱出之由是何爲第一

故參知政事丁公度晁公宗慤往時同在館中喜相諧謔晁因遷職以啓謝丁時丁方爲羣牧判官乃戲晁曰啓事更不奉答當以糞墼一車爲報晁答曰得墼勝於得啓聞者以爲善對

石資政中立好諧謔士大夫能道其語者

甚多嘗因入朝遇荆王迎授東華門不得入遂自左掖門入有一朝士好事語言問石云何爲自左（去聲）掖門入石方趂班且走且答曰秪爲大（音柂）王迎授闈者無不大笑

楊大年方與客棊石自外至坐於一隅大年因誦賈誼鵩賦以戲之云止於坐隅貌甚閑暇石遽答曰口不能言請對以臆

故老能言五代時事者云馮相道和相凝同在中書一日和問馮曰公靴新買其直幾何馮舉左足示和曰九百和性褊急遽

回顧小吏云吾靴何得用一千八百因詬責久之馮徐舉其右足曰此亦九百於是烘堂大笑時謂宰相如此何以鎮服百僚

錢副樞若水嘗遇異人傳相法其事甚怪錢公後傳楊大年故世稱此二人有知人之鑒仲簡揚州人也少習明經以貧傭書大年門下大年一見奇之曰子當進士及第官至清顯乃教以詩賦簡天禧中舉進士第一甲及第官至正郎天章閣待制以卒謝希深爲奉禮郎大年尤喜其文每見

則欣然延接既去則歎息不已鄭天休在
公門下見其如此怪而問之大年曰此子
官亦清要但年不及中壽爾希深官至兵
部員外郎知制誥卒年四十六皆如其言
希深初以奉禮郎鎖廳應進士舉以啓事
謁見大年有云曳鈴其空上念無君子者
解組不顧公其爲蒼生何大年自書此四
句于扇曰此文中虎也由是知名

太祖時郭進爲西山巡檢有告其陰通河
東劉繼元將有異志者太祖大怒以其誣

害忠臣命縳其人子進使自處置進得而不殺謂曰爾能爲我取繼元一城一寨不止贖爾死當請賞爾一官歲餘其人誘其一城來降進具其事送之于朝請賞以官太祖曰爾誣害我忠良此纔可贖死爾賞不可得也命以其人還進進復請曰使臣失信則不能用人矣太祖於是賞以一官君臣之間蓋如此

魯肅簡公立朝剛正嫉惡少容小人惡之私目爲魚頭當章獻垂簾時屢有補益讜

言正論士大夫多能道之公既卒太常謚
曰剛簡議者不知爲美謚以爲因謚譏之
竟改曰肅簡公與張文節公知白當垂簾
之際同在中書二公皆以清節直道爲一
時名臣而魯尤簡易若曰剛簡尤得其實也
宋尚書祁爲布衣時未爲人知孫宣公奭
一見奇之遂爲知己後宋舉進士驟有時
名故世稱宣公知人公嘗語其一無此字門下
客曰近世謚用兩字而文臣必謚爲文皆
非古也吾死得謚曰宣若戴足矣及公之

辛宋方爲禮官遂謚曰宣成其志也
嘉祐二年樞密使田公況罷爲尚書右丞觀文殿學士兼翰林侍讀學士罷樞密使當降麻而止以制除蓋往時高若訥罷樞密使所除官職正與田公同亦不降麻遂以爲故事真宗時丁晉公謂自平江軍節度使除兵部尚書參知政事節度使當降麻而朝議惜之遂止以制除近者陳相執中罷使相除僕射乃降麻龐籍罷節度使除觀文殿大學士又不降麻蓋無定制也

實元康定之間余自貶所還過京師見王君貺初作舍人自契丹使歸余時在坐見都知押班殿前馬步軍聯騎立門外呈牓子稱不敢求見舍人遣人謝之而去至（一無此字）慶曆三年余作舍人此禮已廢然三衙管軍臣僚於道路相逢望見舍人呵引者即斂馬駐立前呵者傳聲太尉立馬急遣人謝之比舍人馬過然後敢行後予官于外十年而還遂入翰林爲學士見三衙呵引甚雄不復如當時與學士相逢分道而過更

無歛避之禮蓋兩制漸輕而三衙漸重舊制侍衛親軍與殿前分爲兩司自侍衛司不置馬步軍都指揮使止置馬軍指揮使步軍指揮使（一止作馬步軍指揮使）以來侍衛一司自分爲二故與殿前司列爲三衙也五代軍制已無典法而今又非其舊制者多矣

國家開寶中所鑄錢文曰宋通元寶至寶元中則曰皇宋通寶近世錢文皆著年號惟此二錢不然者以年號有寶字文不可重故也

太祖建隆六年将議改元語宰相勿用前世舊號於是改元乾德其後因於禁中見内人鏡背有乾德之號以問學士陶穀穀曰此僞蜀時年號也因問内人乃是故蜀王時人太祖由是益重儒士而歎宰相有一之字寡聞也

仁宗即位改元天聖時章獻明肅太后臨朝稱制議者謂撰號者取天字於文爲二人以爲二人聖者悦太后爾至九年改元明道又以爲明字於文日月竝也與二人

旨同無何以犯契丹諱明年遽（一作遂）改曰景祐是時連歲天下大旱改元詔意蓋以迎和氣也五年因郊又改元曰寶元自景祐初羣臣慕唐玄宗以開元加尊號遂請加景祐於尊號之上至寶元亦然是歲趙元昊以河西叛改姓元氏朝廷惡之遽改元曰康定而不復加於尊號而好事者又曰康定乃謚爾明年又改曰慶曆至九年大旱河北尤甚民死者十八九於是又改元曰皇祐猶景祐也六年日蝕四月朔以

謂正陽之月自古所忌又改元曰至和三年仁宗不豫久之康復又改元曰嘉祐自天聖至此凡九年號九皆有謂也

寇忠愍公準之貶也初以列卿知安州既而又貶衡州副使又貶道州別駕遂貶雷州司戶時丁晉公與馮相拯在中書丁當秉筆初欲貶崖州而丁忽自疑語馮曰崖州再涉鯨波如何馮唯唯而已丁乃徐擬雷州及丁之貶也馮遂擬崖州當時好事者相語曰若見雷州寇司戶人生何處不相

逢比丁之南也寇復移道州寇聞丁當來
遣人以蒸羊逆於一作迎于境上而收其僮僕
杜門不放出聞者多以一作公為得體
楊文公億以文章擅天下然性特剛勁寡
合有惡之者以事譖之大年在學士院忽
夜召見於一小閤深在禁中既見賜茶從
容顧問久之出文稾數篋以示大年云卿
識朕書蹟乎皆朕自起草未嘗命臣下代
作也大年惶恐不知所對頓首再拜而出
乃知必為人所譖矣由是佯狂奔于陽翟

真宗好文初待大年眷顧無比晩年恩禮漸衰亦由此也

王文正公曾爲人方正持重在中書最爲賢相嘗謂大臣執政不當收恩避怨公嘗語尹師魯曰恩欲歸己怨使誰當聞者歎服以爲名言

李文靖公沆爲相沈正厚重有大臣體嘗曰吾爲相無他能唯不改朝廷法制用此以報國士大夫初聞此言以謂不切於事及其後當國者或不思事體或收恩取譽

屢更祖宗舊制遂至官兵冗濫不可勝紀而用度無節財用(一作力)匱乏公私困弊推迹其事皆因執政不能遵守舊規妄有更改(一作改更)所致至此始知公言簡而得其要由是服其識慮之精

陶尚書(穀)為學士嘗晚召對太祖御便殿陶至望見上將前而復卻者數四左右催宣甚急穀終彷徨不進太祖笑曰此措大索事分顧左右取袍帶來上已束帶穀遽趨入

薛簡肅公知開封府時明參政鎬爲府曹官簡肅待之甚厚直以公輔期之其後公守秦益常辟以自隨優禮特異有問於公何以知其必貴者公曰其爲人端肅其言簡而理盡凡人簡重則尊嚴此貴臣相也其後果至參知政事以卒時皆服公知人

臘茶出一作盛於劍建草茶盛於兩浙兩浙之品日注爲第一自景祐已後洪州雙井白芽漸盛近歲製作尤精囊以紅紗不過一二兩以常茶十數斤養之用辟暑濕之

氣其品遠出日注上遂爲草茶第一

仁宗退朝嘗命侍臣講讀於邇英閣賈侍

中昌朝時爲侍講講春秋左氏傳每至諸

侯淫亂事則略而不說上問其故賈以實

對上曰六經載此所以爲後王鑒一作監戒

何必諱

丁晉公自保信軍節度使知江寧府召爲

參知政事中書以丁節度使召學士草麻

時盛文肅爲學士以爲參知政事合用舍

人草制遂以制除丁甚恨之

冦忠愍之貶所素厚者九人二字一作之自盛文肅已下皆坐斥逐而楊大年與冦公尤善丁晉公憐其才曲保全之議者謂丁所貶朝士甚多獨於大年能全之大臣愛才一節可稱也

太祖時以李漢超爲關南廵檢使捍北虜與兵三千而已然其齊州賦稅最多乃以爲齊州防禦使悉與一州之賦俾之養士而漢超武人所爲多不法久之關南百姓詣闕訟漢超貸民錢不還及掠其女以爲

妾太祖召百姓入見便殿賜以酒食慰勞之徐問曰自漢超在關南契丹入寇者幾百姓（二字一作對）曰無也太祖曰往時契丹入寇邊將不能禦河北之民歲遭劫虜汝於此時能保全其貲財婦女乎今漢超所取孰與契丹之多又問訟女者曰汝家幾女所嫁何人百姓具以對太祖曰然則所嫁皆村夫也若漢超者吾之貴臣也以愛汝女則取之得之必不使失所與其嫁村夫孰若處漢超家富貴於是百姓皆感悅而去

太祖使人語漢超曰汝須錢何不告我而取於民乎乃賜以銀數百兩曰汝自還之使其感汝也漢超感泣誓以死報

仁宗萬機之暇無所翫好惟親翰墨而飛白尤爲神妙凡飛白以點畫象物形而點最難工至和中有書待詔李唐卿撰飛白三百點以進自謂窮盡物象上亦頗佳之乃特爲清淨二字以賜之其六點尤爲竒絶又出三百點外

仁宗聖性恭儉至和二年春不豫兩府大臣

曰至寢閤問聖體見上器服簡質用素漆唾壺盂子素甆盞進藥御榻上衾褥皆黃絁色已故暗宮人遽取新衾覆其上亦黃絁也然外人無知者惟兩府侍疾因（一作因侍疾）見之爾

陳康肅公堯咨善射當世無雙公亦以此自矜嘗射於家圃有賣油翁釋擔而立睨之久而不去見其發矢十中八九但微頷之康肅問曰汝亦知射乎吾射不亦精乎翁曰無他但手熟爾康肅忿然曰爾安敢

輕吾射翁曰以我酌油知之乃取一葫蘆置於地以錢覆其口徐以杓酌油瀝之自錢孔入而（一作而入）錢不濕因曰我亦無他惟手熟爾康肅笑而遣之此與莊生所謂解牛斲輪者何異

至和初陳恭公罷相而並用文富二公（彥博弼）正衙宣麻之際上遣小黄門（一有三輩二字）密於百官班中聽其論議而二公久有人望一旦復用朝士往往相賀黄門具奏上大悅余時爲學士後數日奏事垂拱殿上問新

除彥博等外議如何余以朝士相賀爲對
上曰自古（二字一作古者）人君用人或以夢卜苟不
知人當從人望夢卜豈足憑邪故余作文公
批答云永惟商周之所記至以夢卜而求
賢孰若用搢紳之公言從中外之人望者
具述上語也

王元之在翰林嘗草夏州李繼遷制繼遷
送潤筆物數倍於常然用啓頭書送（一作遂）
拒而不納蓋惜事體也近時舍人院草制
有送潤筆物稍後時者必遣院子詣門催

索而當送者往往不送相承既久今索者
送者皆恬然不以爲怪也
内中舊有玉石三清真像初在真遊殿既
而大内火遂遷於玉清昭應宫已而玉清又
大火又遷於洞真洞真又火又遷於上清上清
又火皆焚蕩無孑遺遂（一有又字）遷於景靈而宫
司道官相與惶恐上言真像所至輒火景
靈必不免願遷（二字一作乞移）他所遂遷於集禧
宫迎祥池水心殿而都人謂之行火真君也
丁文簡公度罷參知政事爲紫宸殿學士

即文明殿學士也文明本有大學士爲宰相兼職又有學士爲諸學士之首後以文明者真宗謚號也遂更曰紫宸近世學士皆以殿名爲官稱如端明資政是也丁旣受命遂稱曰丁紫宸議者又謂紫宸之號非人臣之所宜稱遽更曰觀文觀文是隋煬帝殿名理宜避之蓋當時不知然則朝廷之事士一作不可以不學也

王冀公欽若罷參知政事而真宗眷遇之意未衰特置資政殿學士以寵之時寇萊

公在中書定其班位依雜學士在翰林學士下冀公因訴于上曰臣自學士拜參知政事今無罪而罷班反在下是貶也真宗爲特加置一作大學士班在翰林學士上其寵遇如此

景祐中有郎官皮仲容者偶出街衢爲一輕薄子所戲遽前賀云聞君有臺憲之命仲容立馬媿謝久之徐問其何以知之對曰今新制臺官必用稀姓者故以君姓知之爾蓋是時三院御史乃仲簡論程掌禹

錫也聞者傳以爲笑

太宗時宋白賈黃中李至呂蒙正蘇易簡五人同時拜翰林學士承旨扈蒙贈之以詩云五鳳齊飛入翰林其後呂蒙正爲（一作至）宰相賈黃中李至蘇易簡皆至參知政事宋白官至尚書老於承旨皆爲名臣

御史臺故事三院御史言事必先白中丞自（一有中山二字）劉子儀爲中丞始牓臺中今後御史有所言不須先白中丞雜端至今如此

丁晉公之南遷也行過潭州自作齋僧疏

（一有文字）云補仲山之衮雖曲盡於巧心和傅說之羹實難調於衆口其少以文稱晚年詩筆尤精在海南篇詠尤多如草解忘憂憂底事花名含笑笑何人（一有之句二字）尤爲人所傳誦。

張僕射（齊賢）體質豐大飲食過人尤嗜肥豬肉每食數斤天壽院風藥黑神丸常人所服不過一彈丸公常以五七兩爲一大劑夾以胡餅而頓食之淳化中罷相知安州安陸山郡未嘗識達官見公飲啗不類常

人舉郡驚駭嘗與賓客會食廚吏置一金漆大桶於廳側窺（一作竊）視公所食如其物投桶中至暮酒漿浸漬漲溢滿桶郡人嗟愕以謂享富貴者必有異於人也然而晏元獻公清瘦如削其飲食甚微每析半餅以筯卷之抽去其筯內撚頭一莖而食（一有之字）此亦異於常（一無此字）人也

宋宣獻公（綬）夏英公（竦）同試童行誦經有一行者誦法華經不過問其習業幾年矣曰十年也二公笑且閔之因各取法華經

一部誦之宋公十（一作五）日夏公七日不復
遺一字人性之相遠（一有也字）如此
樞密曹侍中利用澶淵之役以殿直使於
契丹議定盟好由是進用當莊獻明肅太
后時以勲舊自處權傾中外雖太后亦嚴
憚之但呼侍中而不名凡內降恩澤皆執
不行然以其所執既多故有三執而又降
出者（一無此字）則不得已而行之久之爲小人
（一有之字）所測凡有求而三降不行者必又請
之太后曰侍中已不行矣請者徐啓曰臣

已告得侍中宅妳婆或其親信爲言之許
矣於是又降出曹莫知其然也但以三執
不能已僶俛 行之 於是太后大怒自此切
齒遂及曹芮之禍乃知大臣功高而權盛
禍患之來非智慮所能防也
曹侍中在樞府務華僥幸而中官尤被裁
抑羅崇勳時爲供奉官監後苑作歲滿敘
勞過求恩賞內中唐突不已莊獻太后怒
之簾前諭曹使召而戒勵曹歸院坐廳事
召崇勳立庭中去其巾帶困辱久之乃取

狀以聞崇勳不勝其耻其後曹芮事作鎮州急奏言芮反狀仁宗太后大驚崇勳適在側因自請行旣受命喜見顏色晝夜疾馳鍛成其獄芮旣被誅曹初貶隨州再貶房州行至襄陽渡北津監送內臣楊懷敏指江水謂曹曰侍中好一江水蓋欲其自投也再三言之曹不諭至襄陽驛遂逼其自縊

宋鄭公庠初名郊字伯庠與其弟祁自布衣時名動天下號爲二宋其爲知制誥仁

宗驟加奬眷便欲大用有惎其先進者譖之謂其姓符國號名應郊天又曰郊音交也交者替代之名也宋交其言不祥仁宗遽命改之公怏怏不獲已乃改爲庠字公序公後更踐二府二十餘年以司空致仕兼享福壽而（一作以）終而譖者竟不見用以卒可以爲小人之戒也

曹武惠王（彬）國朝名將勳業之盛無與爲比嘗曰自吾爲將殺人多矣然未嘗以私喜怒輒戮一人其所居堂室弊壞子弟請

加脩葺公曰時方大冬牆壁瓦石之間百
蟲所蟄不可傷其生其仁心愛物蓋如此
既平江南回詣閤門入見牓子稱奉勅江
南勾當公事回其謙恭不伐又如此
真宗好文雖以文辭取士然必視其器識
每御崇政賜進士及第必召其高第三四
人並列於庭更察其形神磊落者始賜第
一人及第或取其所試文辭有理趣者徐
奭鑄鼎象物賦云足惟下正詎聞公餗之
𣬉傾鉉乃上居實取王臣之威重遂以爲

第一蔡齊置器賦云安天下於覆盂其功可大遂以爲第一人

錢思公生長富貴而性儉約閨門用度爲法甚謹子弟輩非時不能輒取一錢公有一珊瑚筆格平生尤所珍惜常置之几案子弟有欲錢者輒竊而藏之公即悵然自失乃牓于家庭以錢十千贖（一作購）之居一二日子弟佯爲求得以獻公欣然以十千賜之他日有欲錢者又竊去一歲中率五七如此公終不悟也余官西都在公幕親

見之每與同僚歎公之純德也
國朝雅樂即用王朴所製周樂太祖時和峴以爲聲高遂下其一律然至今言樂者猶以爲高云今黄鍾乃古夾鍾也景祐中李照作新（二字一作所作）樂又下其聲太常歌工以其（一作爲）太濁歌不成聲當鑄鍾時乃私賂鑄匠使減其銅齊而聲稍清歌乃叶而成聲而照竟不知以此知審音作樂之難也照每謂人曰聲高則急促下則舒緩吾樂之作久而可使人心感之皆舒和而人

物之生亦當豐大王侍讀洙身尤短小常

戲之曰君樂之成能使我長（一有大字）乎聞者

以爲笑而樂成竟不用

鄧州花蠟燭名著天下雖京師不能造相

傳云（一作亦）是寇萊公燭法公嘗知鄧州而

自少年富貴不點油燈尤好夜宴劇飲雖

寢室亦燃燭達旦每罷官去後人至官舍

見厠溷間燭淚在地往往成堆杜祁公爲

人清儉在官未嘗燃官燭油燈一炷熒然

欲滅與客相對清談而已二公皆爲名臣

而奢儉不同如此然祁公壽考終吉萊公晚有南遷之禍遂殁不返雖其不幸亦可以爲戒也

故事學士在内中院吏朱衣雙引太祖朝李昉爲學士太宗在南衙朱衣一人前引而已昉(一有因字)亦去其一人至今如此往時學士入劉子不著姓但云學士臣某先朝盛度丁度並爲學士遂著姓以别之其後遂皆著姓

晏元獻公以文章名譽少年居富貴性豪

俊所至延賓客一時名士多出其門罷樞密副使爲南京留守時年三十八幕下王琪張亢最爲上客亢體肥大琪目爲牛琪瘦骨立亢目爲猴二人以此自相譏誚琪嘗嘲亢曰張亢觸牆成八字亢應聲曰王琪望月叫三聲一坐爲之大笑

楊文公常戒其門人爲文宜避俗語既而公因作表云伏惟陛下德邁九皇門人鄭戩遽請於公曰未審何時得賣生菜於是公爲之大笑而易之

夏英公竦父官於河北景德中契丹犯河北遂殁于陣後公爲舍人丁母憂起復奉使契丹公辭不行其表云父殁王事身丁母憂義不戴天難下穹廬之拜禮當枕塊忍聞夷樂之聲當時以爲（一作謂）四六偶對最爲精絶

孫何孫僅俱以能文馳名一時僅爲陝西轉運使作驪山詩二篇其後篇有云秦帝墓成陳勝起明皇宮就禄山來時方建玉清昭應宮有惡僅者欲中傷之因録其詩

以進真宗讀前篇云朱衣吏引上驪山遠曰僅小器也此何足誇遂棄不讀而陳勝祿山之語卒得不（一作不得）聞人以爲幸也

楊大年每欲（一作遇）作文則與門人賓客飲博投壺奕棊（二字一作乃至）語笑諠譁而不妨構思以小方紙細書揮翰如飛文不加點每盈一幅則命門人傳録門人疲於應命頃刻之際成數千言真一代之文豪也

楊大年爲學士時草荅契丹書云鄰壤交歡進草既入真宗自注其側云朽壤鼠壤

糞壤大年遽改爲鄰境明旦引唐故事學士作文書有所改爲不稱職當罷因亟求解職真宗語宰相曰楊億不通商量真有氣性（性一作氣）

太常所用王朴樂編鍾皆不圓而側垂自李照胡瑗之徒皆以爲非及照作新樂將鑄編鍾給銅（一有於字）鑄瀉務得古編鍾一枚工人不敢銷毀遂藏於太常鍾不知何代所作其銘曰（一作云）粤朕皇祖寶龢鍾粤斯萬年子子孫孫永寶用叩其聲與王朴夾

則清聲合而其形不圓（一有而字）側垂正與朴鍾同然後知朴博古好學不爲無據也其後胡瑗改鑄編鍾遂圓其形而下垂叩之掩鬱而不揚其鎛鍾又長甬而震掉其聲不和著作佐郎劉羲叟竊謂人曰此與周景王無射鍾無異必有眩惑之疾未幾仁宗得疾人以羲叟之言驗矣其樂亦尋廢（一有不用二字）

自太宗崇獎儒學驟擢高科至輔弼者多矣蓋自（一作）太平興國二年至天聖八年二

十三牓由呂文穆公蒙正而下大用者二十七一作五人而三人並登兩府惟天聖五年一牓而已是歲王文安公堯臣第一今昭文相公韓僕射琦西廳參政趙侍郎槩第二第三人也余忝與二公同府每見語此以爲科塲盛事自景祐元年已後至今治平三年三十餘年十二牓五人已上未有一人登兩府者亦可怪也

歸田録卷第一

歸田録序　退避寵榮（四字一作遠引疾去以深戒前日之禍）

第九段　稱此二人（二一作兩）

第十三段　嘉祐二年（按實録及百官公卿表田況以嘉祐四年五月罷）

第十六段　建隆六年（四年十一月改元乾德六字疑）

第十九段　漸衰（一作頓衰）

第三十七段　今新制（一作朝廷新制）

第四十三段　使於契丹（於一作于）莊獻（初謚莊獻後謚章獻下同）

第四十五段　不獲已（獲一作得）

第四十七段　列於庭（一作列于廷）

第四十八段　在公幕（一作在公幕下）

第四十九段 常戲之 常疑作嘗

第五十五段 殁于陣 于一作於

第五十六段 讀前篇 一作讀其前篇

第五十九段 鑄瀉 一作鑄鐫 藏於 一作藏于 拚鬱 一作弇鬱

第六十段 一人登 一無人字

歸田録卷第二　歐陽文忠公集一百二十七

真宗朝歲歲賞花釣魚羣臣應制甞一歲臨池久之而御釣不食時丁晉公謂應制詩云鶯驚鳳輦穿花去魚畏龍顔上釣遲真宗稱賞羣臣皆自以爲不及也

趙元昊二子長曰佞令受次曰諒祚諒祚之母尼也有色而寵佞令受母子怨望而諒祚母之兄曰没藏訛哤者亦黠虜也因教佞令受以弑逆之謀元昊已見殺訛哤遂以弑逆之罪誅佞令受子母而諒祚乃

得立兩年甚幼訛咾遂專夏國之政其後諒祚稍長卒殺訛咾滅其族元昊爲西鄙患者十餘年國家困天下之力有事於一方而敗軍殺將不可勝數然未嘗少挫其鋒及其困於女色禍生父子之間以亡其身此自古賢智之君或不能免況夷狄乎訛咾教人之子殺其父以爲己利而卒亦滅族皆理之然也

晏元獻公喜評詩嘗曰老覺腰金重慵便枕玉涼未是富貴語不如笙歌歸院落燈

火下樓臺此善言富貴者也人皆以爲知言

契丹阿保機當唐末五代時最盛開平中屢遣使聘梁梁亦遣人報聘今世傳（一有學士二字）李琪金門集有賜契丹詔乃爲阿布機當時書詔不應有誤而自五代以來見於他書者皆爲阿保機雖今契丹之人自謂之阿保機亦不應有失又有趙志忠者本華人也自幼陷虜爲人明敏在虜中舉進士至顯官既而脫身歸國能述虜中君臣世次山川風物甚詳又云阿保機虜人實謂

之阿保謹未一作莫知孰是一有也字此聖人所

以慎於傳疑也

真宗尤重儒學今科場條制皆當時所定

至今每親試進士已放及第自十人已上

御試卷子並録本於真宗影殿前焚燒制

舉登科者亦然

近時名畫李成巨然山水包鼎虎趙昌花

果成官至尚書郎其山水寒林往往人家

有之巨然之筆惟學士院玉堂北壁獨存

人間不復見也包氏宣州人世以畫虎名

家而鼎最爲妙今子孫猶以畫虎爲業而曾不得其髣髴也昌花寫生逼真而筆法輭俗（一作劣）殊無古人格致然時亦未有其比（一作未有過此者）

寇萊公在中書與同列戲云水底日爲天上日未有對而會楊大年適來白事因請其對大年應聲曰眼中人是面前人一坐稱爲的對

朝廷之制有因偶出一時而遂爲故事者契丹人使見辭賜宴雜學士員雖多皆赴

坐惟翰林學士祇召當直一員一作人餘皆不赴諸王宮教授入謝祖宗時偶因便殿不御袍帶見之至今教授入謝必俟上入内解袍帶復出見之有司皆以爲定制也

處士林逋居於杭州西湖之孤山逋工筆畫善爲詩如草泥行郭索雲木叫鈎輈頗爲士大夫所稱又梅花詩云踈影横斜水清淺暗香浮動月黄昏評一作能詩者謂前世詠梅者多矣未有此句也又其臨終爲句云茂陵他日求遺稾猶喜曾無封禪書

尤爲人稱（一作傳）誦自適之卒湖山寂寥（一作寞）

未有繼者

俚諺云趙老送燈臺一去更不來不知是何等語雖士大夫（一作君子）亦往往道之天聖中有尚書郎趙世長者常以滑稽自負其老也求爲西京留臺御史有輕薄子送以詩云此回真是送燈臺世長深惡之亦以不能酬酢爲恨其後竟卒於留臺也

官制（一作稱）廢久矣今其名稱訛繆者多雖士大夫皆從俗不以爲怪皇女爲公主其

夫必拜駙馬都尉故謂之駙馬宗室女封郡主者謂其夫爲郡馬縣主者爲縣馬不知何義也

唐制三衛官有司階司戈執干執戟謂之四色官今三衛廢無官屬惟金吾有一人每日於正衙放朝喝不坐直謂之四色官尤可笑也

京師諸司庫務皆由三司舉官監當而權貴之家子弟親戚因緣請託不可勝數爲三司使者常以爲患田元均爲人寛厚長

者其在三司深厭干請者雖不能從然不欲峻拒之每温顔强笑以遣之嘗謂人曰作三司使數年强笑多矣直笑得面似靴皮士大夫聞者傳以爲笑然皆服其德量也

茶之品莫貴於龍鳳謂之團茶凡八餅重一斤慶曆中蔡君謨爲福建路轉運使始造小片龍茶以進其品絶精（一作精絶）謂之小團凡二十餅重一斤其價直金二兩然金可有而茶不可得每因南郊致齋中書樞密院各賜一餅四人分之宮人往往縷（一作鏤）

金花於其上蓋其貴重如此
太宗時有待詔賈玄以棊供奉號爲國手
邇來數十年未有繼者近時有李憨子者
頗爲人所稱云舉世無敵手然其人狀貌
昏濁垢穢不可近蓋里巷庸人也不足置
之罇俎間故胡旦嘗語人曰以棊爲易解
則如旦聰明尚或不能以爲難解則愚下
小人往往造於精絕信如其言也
王副樞疇之夫人梅鼎臣之女也景彝初
除樞密副使梅夫人入謝慈壽宮太后問

夫人誰家子對曰梅鼎臣女也太后笑曰是梅聖俞家乎由是始知聖俞名聞於宫禁也聖俞在時家甚貧余或至其家飲酒甚醇非常人家所有問其所得云皇親有好學者宛轉致之余又聞皇親有以錢數千購梅詩一篇者其名重於時如此

錢思公雖生長富貴而少所嗜好在西洛時嘗語寮屬言平生惟好讀書坐則讀經史卧則讀小說上厠則閱小辭蓋未嘗頃刻釋卷也謝希深亦言宋公垂同在史院

每走廁必挾書以往諷誦之聲琅然聞於遠近其篤學如此余因謂希深曰余平生所作文章多在三上乃馬上枕上廁上也蓋惟此尤可以屬思爾

國朝宰相最少年者惟王溥罷相時父母皆在人以爲榮今富丞相弼入中書時年五十二太夫人在堂康強後三年太夫人薨有司議贈卹之典云無見任宰相丁憂例是歲三月十七日春宴百司已具前一夕有旨富某母喪在殯特罷宴此事亦前

世未有
皇祐二年嘉祐七年季秋大享皆以大慶
殿爲明堂蓋明堂者路寢也方於寓祭圜
丘斯爲近禮明堂額御篆以金塡字門牌
亦御飛白皆皇祐中所書神翰雄偉勢若
飛動余詩云寶墨飛雲動金文耀日晶者
謂二牌也
錢思公官兼將相階勲品皆第一自云平
生不足者不得於黃紙書名每以爲恨也
三班院所領使臣八千餘人涖事于外其

罷而在院者常數百人每歲乾元節醵錢
飯僧進香合以祝聖壽謂之香錢判院官
常利其餘以爲餐錢羣牧司領内外坊監
使副判官比佗司俸入最優又歲收糞墼
錢頗多以充公用故京師爲之語曰三班
喫香羣牧喫糞也
咸平五年南省試進士有教無類賦王沂
公爲第一賦盛行於世其警句有云神龍
異禀猶嗜欲之可求纖草何知尚薰蕕而
相假時有輕薄子擬作四句云相國寺前

熊翻筋斗望春門外驢舞柘枝議者以謂言雖鄙俚亦著題也

國朝之制自學士已上賜金帶者例不佩魚若奉使契丹及館伴北使則佩事已復去之惟兩府之臣則賜佩謂之重金初太宗甞曰玉不離石犀不離角可貴者惟金也乃創爲金銙之制以賜羣臣方團毬路以賜兩府御仙花以賜學士以上今俗謂毬路爲笏頭御仙花爲荔枝皆失其本號也

宋丞相庠早以文行負重名於時晚年尤

精字學嘗手挍郭忠恕佩觿三篇寶翫之其在中書堂吏書牒尾以俗體書宋爲宋公見之不肯下筆責堂吏曰吾雖不才尚能見姓書名此不是我姓堂吏惶懼改之乃肯書名

京師食店賣酸饌者皆大出一作書牌牓於通衢而俚俗昧於字法轉酸從食饌從畓有滑稽子謂人曰彼家所賣餕餡音俊啗不知爲何物也飲食四方異宜而名號亦隨時俗言語不同至或傳者轉失其本湯餅

唐人謂之不托今俗謂之餺飥矣晉束晳餅賦有饅頭薄持起溲牢九之號惟饅頭至今名存而起溲牢九皆莫曉爲何物薄持荀氏又謂之薄夜亦莫知何物也

嘉祐八年上元夜賜中書樞密院御筵于相國寺羅漢院國朝之制歲時賜宴多矣自兩制已上皆與惟上元一夕秪賜中書樞密院雖前兩府見任使相皆不得與也是歲昭文韓相公一作集賢曾公樞密張太尉皆在假不赴惟余與西廳趙侍郎槩副

樞胡諫議宿吴諫議奎四人在席酒半相
顧四人者皆同時翰林學士相繼登二府
前此未有也因相與道玉堂舊事爲笑樂
遂皆引滿劇飲亦一時之盛事也
國朝之制大宴樞密使副不坐侍立殿上
既而退就御廚賜食與閤門引進四方館
使列坐廡下親王一人伴食每春秋賜衣
門謝則與内諸司使副班于垂拱殿外廷
中而中書則别班謝于門上故朝中爲之
語曰廚中賜食階下謝衣蓋樞密使唐制

以内臣爲之故常與内諸司使副爲伍自後唐莊宗用郭崇韜與宰相分秉朝政文事出中書武事出樞密自此之後其權漸盛至今本一作朝遂號爲兩府事權進用禄賜禮遇與宰相均惟日趨内朝侍宴賜衣等事尚循唐舊其任隆輔弼之崇而雜用内諸司故事使朝廷制度輕重失序蓋沿革異時因循不能釐正也

蔡君謨既爲余書集古録目序刻石其字尤精勁爲世所珎余以鼠鬚栗尾筆銅緑

筆格大小龍茶惠山泉等物爲潤筆君謨大笑以爲太清而不俗後月餘有人遺余以清泉香餅一篋者君謨聞之歎曰香餅來遲使我潤筆獨（一作猶）無此一種佳（一無此字）物茲又可笑也清泉地名香餅石炭也用以焚香一餅之火可終日不滅

梅聖俞以詩知名三十年終不得一館職晚年與修唐書書成未奏而卒士大夫莫不歎惜其初受勑修唐書語其妻刁氏曰吾之修書可謂猢猻入布袋矣刁氏對曰

君於仕宦亦何異鮎魚上竹竿耶聞者皆以爲善對一作昔梅聖俞以詩名當世然終不得館職晚年在唐書局充修書官尚冀書成𥧌勞得一貼職以償素願書垂就而卒時人莫不歎其奇薄其初修唐書也常竊歎曰吾今可謂猢猻入布袋

仁宗初立今上爲皇子令中書召學士草詔學士王珪當直召至中書諭之王曰此大事也必須面奉聖旨於是求對明日面禀得旨乃草詔羣一作諸公皆以王爲真得學士體也

盛文肅公豐肌一作肥大腹而眉目清秀丁

晉公踈瘦如削二公皆兩浙人也並以文辭知名於時梅學士詢在真宗時已爲名臣至慶曆中爲翰林侍讀以卒性喜焚香其在官所每晨起將視事必焚香兩鑪以公服罩之撮其袖以出坐定撒開兩袖郁然滿室濃香有竇元賓者五代漢宰相正固之孫也以名家子有文行爲館職而不喜修飾經時未嘗沐浴故時人爲之語曰盛肥丁瘦梅香竇臭也

寶元中趙元昊叛命朝廷命將討伐以鄜

延環慶涇原秦鳳四路各置經略安撫招討使余以爲謂一作四路皆內地也當如故事置靈夏四面行營招討使令自於境內何所招討余因竊料王師必不能出境其後用兵五六年劉平任福葛懷敏三大將皆自戰其地而大敗由是至於罷兵竟不能出師

呂文穆公蒙正以寬厚爲宰相太宗尤所眷遇有一朝士家藏古鑑自言能照二百里欲因公弟獻以求知其弟伺間從容言

之公笑曰吾面不過楪鏡一作子大安用照

二百里其弟遂不復敢言聞者歎服以謂

賢於李衛公遠矣蓋寡好而不爲物累者

昔賢之所難也

國朝百有餘年年號無過九年者開寶九

年改爲太平興國太平興國九年改爲雍

熙大中祥符九年改爲天禧慶曆九年改

爲皇祐嘉祐九年改爲治平惟天聖盡九

年而十年改爲明道

唐人奏事非表非狀者謂之牓子亦謂之

録子今謂之劄子凡羣臣百司上殿奏事兩制以上非時有所奏陳皆用劄子中書樞密院事有不降宣勑者亦用劄子與兩府自相往來亦然若百司申中書皆用狀惟學士院用咨報其實如劄子亦不書一作出名但當直學士一人押字而已謂之咨報今俗謂草書名爲押字也此唐學士舊規也唐世學士院故事近時隳廢殆盡惟此一事在爾

燕王元儼太宗幼子也太宗子八人真宗朝六人一無此字已亡歿至仁宗即位獨燕王

在以皇叔之親特見尊禮契丹亦畏其名其疾亟時仁宗幸其宮親爲調藥平生未嘗語朝政遺言一二事皆切於理余時知制誥所作贈官制所載皆其實事也

華原郡王允良燕王子也性好晝睡每自旦酣寢至暮始興盥類一作濯櫛漱衣冠而出燃燈燭治家事飲食宴樂達旦而罷則復寢以終日無日不如此由是一宮之人皆晝睡夕興允良不甚喜聲色亦不爲佗驕恣惟以夜爲晝亦其性之異前世所未有也

故觀察使劉從廣燕王壻也嘗語余燕王好坐木馬子坐則不下或飢則便就其上飲食往往乘興奏樂於前酣飲終日亦其性之異也

皇子顥封東陽郡王除婺州節度使檢校太傅翰林賈學士黯上言太傅天子師臣也子爲父師於體不順中書檢勘自唐以來親王無兼師傅官者蓋自國朝命官秖以差遣爲職事自三師三公以降皆是虛名故失於因循爾議者皆以賈言爲當也

端明殿學士五代後唐時置國朝尤以爲貴多以翰林學士兼之其不以翰苑兼職及換職者百年間纔兩人特拜程戡王素是也

慶曆八年正月十八日夜崇政殿宿衛士作亂於殿前殺傷四人取準備救火長梯登屋入禁中逢一宮人問寢閤在何處宮人不對殺之既而宿直都知聞變領宿衛士入搜索已復逃竄後三日於內城西北角樓中獲一人殺之時內臣楊懷敏受旨

獲賊勿殺而倉卒殺之由是竟莫究其事

葉子格者自唐中世以後有之說者云因人有姓葉號葉子青（一作清或作晉）者撰此格因以爲名此說非也唐人藏書皆作卷軸其後有葉子其制似今策子凡文字有備檢用者卷軸難數卷舒故以葉子寫之如吳彩鸞唐韻李郃彩選之類是也骰子格本備檢用故亦以葉子寫之因以爲名爾唐世士人宴聚盛行葉子格五代國初猶然後漸廢不傳今其格世或有之而人無知者

惟昔楊大年好之仲待制簡大年門下客也故亦能之大年又取葉子彩（一作歌）名紅鶴皁鶴者別演爲鶴格鄭宣徽戩章郇公得象皆大年門下客也故皆能之余少時亦有此二格後失其本今絕無知者

國朝自下湖南始置諸州通判既非副貳又非屬官故常與知州爭權每云我是監郡朝廷使我監汝舉動爲其所制太祖聞而患之下詔書戒勵使與長吏協和（二字一作同押）凡文書非與長吏同簽書者所在不得承受

施行自此遂稍稍▇然至今州郡往往與通判不和往時有錢昆少卿者家世餘杭人也杭人嗜蟹昆嘗求補外郡人問其所欲何州昆曰但得有螃蟹無通判處則可矣至今士人以爲口實

嘉祐二年余與端明韓子華翰長王禹玉侍讀范景仁龍圖梅公儀同知禮部貢舉辟梅聖俞爲小試官凡鎖院（一有經字）五十日六人者相與唱和爲古律歌詩一百七十餘篇集爲三卷禹玉余爲校理時武成王

廟所解進士也至此新入翰林與余同院
又同知貢舉故禹玉贈余云十五年前出
門下最榮今日預東堂余答云昔時叨入
武成宮曾看揮毫氣吐虹夢寐閑思十年
事笑談今此一作日一罇同喜君新賜黃金
帶顧我宜爲白髮翁也天聖中余舉進士
國學南省皆忝第一人薦名其後景仁相
繼亦然故景仁贈余云澹墨題名第一人
孤生何幸繼前塵也聖俞自天聖中與余
爲詩友余嘗贈以蟠桃詩有韓孟之戲故

至此梅贈余云猶喜共量天下士亦勝東野亦勝韓而子華筆力豪贍公儀文思溫雅而敏捷皆勍敵也前此爲南省試官者多窘束條制不少放懷余六人者懽然相得羣居終日長篇險韻衆製交作筆吏疲於寫録僮史（一作隸）奔走往來間以滑稽嘲謔形（一作加）於風刺更相酬酢往往烘堂絶倒自謂一時盛事前此未之有也

往時學士循唐故事見宰相不具靴笏繫鞋坐玉堂上遣院吏計會堂頭直省官學

士將至宰相出迎近時學士始具靴笏至中書與常參官雜坐於客位有移時不得見者學士日益自卑丞相禮亦漸薄蓋一作泣習見已久恬然不復爲怪也

張亮封者南京進士也累舉不第家甚貧有善相者謂曰視子之相不過一幕職然君骨貴必享王封人初莫曉其旨其後亮封舉進士及第終於幕職亮封溫成皇后父也后既貴亮封累贈太師中書令兼尚書令封清河郡王由是始悟相者之言

治平二年八月三日大雨一夕都城水深數尺上降詔責躬求直言學士草詔有大臣惕思天變之語上夜批出云淫雨爲災專戒不德遽令除去大臣思變之言上之恭己畏天自勵如此

章郇公得象與石資政中立素相友善而石喜談（一作談）諧嘗戲章云昔時名畫有戴松牛韓幹馬而今有章得象也世言閩人多短小而長大者必爲貴人郇公身旣長大而語聲如鍾豈出其類者是爲異人乎

其爲相務以厚重鎭止浮競時人稱其德量

金橘產於江西以遠難致都人初不識明道景祐初（一作中）始與竹子俱至京師竹子味酸人不甚喜後遂不至而金橘香清味美置之罇爼閒光彩灼爍（一作的皪）如金彈丸誠珎果也都人初亦不甚貴其後因温成皇后尤好食之由是價重京師余世家江西見吉州人甚惜此果其欲久留者則於菉豆中藏之可經時不變云橘性熱而豆性涼故能久也

凡物有相感者出於自然非人智慮所及皆因其舊俗而習知之今唐鄧間多大柹其初生澀堅實如石凡百十柹以一榠樝置其中（榅桲亦可）則紅熟爛如泥而可食土人謂之烘柹者非用火乃用此爾淮南人藏鹽酒蟹凡一器數十蟹以皁莢半挺置其中則可藏經歲不沙（一作損）至於薄荷醉猫死猫引竹之類皆世俗常知而翡翠屑金人氣粉犀此二物則世人未知者余家有一玉罌形製甚古而精巧始得之梅聖俞

以爲碧玉在潁州時嘗以示僚屬坐有兵馬鈐轄鄧保吉者真宗朝老内臣也識之曰此寶器也謂之翡翠云禁中寶物皆藏宜聖庫庫中有翡翠盞一隻所以識也其後予偶以金環於𥁕腹信手磨之金屑紛紛而落如硯中磨墨始知翡翠之能屑金也諸藥中犀最難擣必先鎊屑乃入衆藥中擣之衆藥篩羅已盡而犀屑獨存（四字一作犀獨在）余偶見一醫僧元達者解犀爲小塊子方一寸半許（四字一作半寸許）以極薄紙裹置於（一無此字）

懷中（一有使字）近肉以人氣蒸之候氣薰蒸浹
洽乗熱投臼中急擣應手如粉因知人氣
之能粉犀也然今醫工皆莫有知者
石曼卿磊落竒才知名當世氣貌雄偉飲
酒過人有劉潛者亦志義之士也常與曼
卿爲酒敵聞京師沙行王氏新開酒樓遂
往造焉對飲終日不交一言王氏怪其所
飲過多非常人之量以爲異人稍獻肴果
益取好酒奉之甚謹二人飲啗自若傲然
不顧至夕殊無酒色相揖而去明日都下

喧傳王氏酒樓有二酒仙來飲久之乃知劉石也

燕龍圖肅有巧思初爲永興推官知府寇萊公好舞柘枝有一鼓甚惜之其鐶忽脫公悵然以問諸匠皆莫知所爲燕請以鐶脚爲鐷簧内之則不脫矣萊公大喜燕爲人寬厚長者博學多聞其漏刻法最精今州郡往往有之

劉岳書儀婚禮有女坐壻之馬鞍父母爲之合髻之禮不知用何經義據岳自叙云

以時之所尚者益之則是當時流俗之所
爲爾岳當五代干戈之際禮樂廢壞之時
不暇講求三王之制度苟取一時世俗所
用吉凶儀式略整齊之固不足爲後世法
矣然而後世猶不能行之今岳書儀十已
廢其七八其一二僅行於世者悉一作皆苟
簡粗略不如本書就中轉失乖繆可爲大
笑者坐鞍一事爾今之士族當婚之夕以
兩倚相背置一馬鞍反令壻坐其上飲以
三爵女家遣人三請而後下乃成婚禮謂

之上高坐凡婚家舉族內外姻親與其男女賓客堂上堂下竦立而視者惟壻上高坐爲盛禮爾或有偶不及設者則相與悵然咨嗟以爲闕禮其轉失乖繆至於如此今雖名儒巨公衣冠舊族莫不皆然嗚呼士大夫不知禮義而與閭閻鄙俚同其習一作所見而不知爲非者多矣前日濮園皇伯之議是已豈止坐鞍之繆哉

世俗傳訛惟祠廟之名爲甚今都城西崇化坊顯聖寺者本名蒲池寺周氏顯德中

譜廣之更名顯聖而俚俗多道其舊名今轉爲菩提寺矣江南有大小孤山在江水中嶷然獨立而世一作俚俗轉孤爲姑江側有一石磯謂之澎浪磯遂轉爲彭郎磯云彭郎者小姑壻也余嘗過小孤山廟像乃一婦人而勑額爲聖母廟豈止俚俗之繆哉西京龍門山夾伊水上自端門望之如雙闕故謂之闕塞而山口有廟曰闕口廟余嘗見其廟像甚勇手持一屠刀尖銳按膝而坐問之云此乃豁口大王也此尤可

笑者爾

今世俗言語之訛而舉世君子小人皆同其繆者惟打字爾（打丁雅反）其義本謂考擊故人相毆以物相擊皆謂之打而工造金銀器亦謂之打可矣蓋有槌（一作撾）擊之義也至於造舟車者曰打船打車網魚曰打魚汲水曰打水役夫餉飯曰打飯兵士給衣糧曰打衣糧從者執傘曰打傘以糊黏紙曰打黏以丈尺量地曰打量舉手試眼之昏明曰打試至於名儒碩學語皆如此觸

事皆謂之打而徧撿字書了無此字（丁雅反者）其義主考擊之打自音謫（疑當作滴）耿以字學言之打字從手從丁丁又擊物之聲故音謫耿爲是不知因何轉爲丁雅也

用錢之法自五代以來以七十七爲百謂之省陌今市井交易又尅其五謂之依除

咸平五年陳恕知貢舉選士最精所解七十二人王沂公曾爲第一御試又落其半而及第者三十八人沂公又爲第一故京師爲語曰南省解一百依除殿前放五十

省陌也是歲取人雖少得士最多宰相三人乃沂公與王公隨章公得象參知政事一人韓公億侍讀學士一人李仲容御史中丞一人王臻知制誥一人陳知微而汪白青陽楷二人雖不達而皆以文學知名當世

唐李肇國史補序云言報應敘鬼神述夢卜近帷箔悉去之紀事實探物理辨疑惑示勸戒採風俗助談笑則書之余之所録大抵以肇爲法六字一作亦然而小異於

輦者不書人之過惡以謂職非史官而

掩惡揚善者君子之志也覽者詳之

歸田録卷第二

第一段 魚畏一作魚怯

第九段 臨終爲句爲一作遺

第十段 真是送燈臺燈一作登

第二十段 不得於黃紙書名 不字上一有惟字

第二十四段 惶懼 一作遑遽

第二十六段 酒半相顧 半一作行

第二十九段 上竹竿耶 耶一作也

第五十段 薄荷 一作葧荷

第五十四段 余嘗過至繆哉 二十六字 一作余嘗過小孤山廟下見廟像乃一婦人而俚俗之繆至於如此

第五十五段 打衣糧 一作打衣打糧

（宋）歐陽修　撰

宋本歐陽文忠公集

第二四册

國家圖書館出版社

第二四册目録

詩話一卷　　歐陽文忠公集一百二十八

居士退居汝陰而集以資閑談也（話一作談）

李文正公進永昌陵挽歌辭云奠玉五回朝上帝御樓三度納降王當時羣臣皆進而公詩最爲首出所謂三降王者廣南劉鋹西蜀孟昶及江南李後主是也若五朝上帝則誤矣太祖建隆盡四年明年初郊改元乾德至六年再郊改元開寶開寶五年又郊而不改元九年巳平江南四月大雩告謝于西京蓋執玉祀天者實四也李

公當時人必不繆乃傳者誤云五（二字一作之）耳

仁宗朝有數達官以詩知名常慕白樂天體故其語多得於容易嘗有一聯云有祿肥妻子無恩及吏民有戲之者云昨日通衢遇一輜軿車載極重而羸牛甚苦豈非足下肥妻子乎聞者傳以爲笑

京師輦轂之下風物繁富而士大夫牽於事役良辰美景罕或（一作獲）宴遊之樂其詩至有賣花擔上看桃李拍酒樓（一作樓）頭（一作前）聽管絃之句西京應天禪院有祖宗神御殿

蓋（一作寺）在水北去河南府十餘里歲時朝
拜官吏常苦晨興而留守達官簡貴每朝
罷公酒三行不交一言而退故其詩曰正
夢寐中行十里不言語處喫（一作飲）三杯其
語雖淺近皆兩京之實事也
梅聖俞嘗於范希文席上賦河豚魚詩云
春洲生荻芽春岸飛楊花河豚當是（二字一作於此）
時貴不數魚鰕（一有其狀已可怪其毒亦莫加忿腹若封豕怒目猶
吳蛙庖煎苟失所入喉為鏌鋣若此喪軀
體何須資齒牙持問南方人黨護復矜誇
皆言美無度誰謂死如麻我語不能屈自
思空咄嗟退之來潮陽始憚餐籠蛇子厚

居柳州而甘食蝦蟇二物雖可憎性命無外差斯一作味曾不比中藏禍無涯甚美惡
亦稱此言誠可嘉河豚常出於春暮羣遊水上食
絮而肥南人多與荻芽一作筍為羹云最美
故知詩者謂秖破題兩句已道盡河豚好
處聖俞平生苦於吟詠以閑遠古淡為意
故其構思極艱此詩作於罇俎之間筆力
雄贍頃刻而成遂為絕唱
蘇子瞻學士蜀人也嘗於淯井監得西南
夷人所賣蠻布弓衣其文織成梅聖俞春
雪詩一有朔風三日暗吹沙蛟龍卷起噴成花花飛萬里奪曉月白石爛誰愁

女媧大明廣庭踏朝賀雉屋不掃，粘宮靴宮中才人承聖顔捧觴稱壽呼南山三公免責百姓喜斗酒十千誰復慳此詩在聖俞集中未爲絶唱蓋其名重天下一篇一詠傳落夷狄而異域之人貴重之如此耳子瞻以余尤知聖俞者得之因以見遺余家舊畜琴一張乃寶曆三年雷會所斲距今二百五十年矣其聲清越如擊金石遂以此布更爲琴囊二物眞余家之寶玩也

吴僧贊寧國初爲僧録頗讀儒書博覽強記亦自能撰述而辭辯縱横人莫能屈時有

安鴻漸者文詞雋敏尤好嘲詠嘗街行遇
賛寧與數僧相隨鴻漸指而嘲曰鄭都官
不愛之徒時時作隊賛寧應聲答曰秦始
皇未坑之輩往往成羣時皆善其捷對鴻
漸所道乃鄭谷詩云愛僧不愛紫衣僧也
鄭谷詩名盛於唐末號雲臺編而世俗但
稱其官爲鄭都官詩其詩極有意思亦多
佳句但其格不甚高以其易曉人家多以
教小兒余爲兒時猶誦之今其集不行於
世矣梅聖俞晚年官亦至都官一日會飲

余家劉原父戲之曰聖俞官必止於此坐客皆驚原父曰昔有鄭都官今有梅都官也聖俞頗不樂未幾聖俞病卒余爲序其詩爲宛陵集而今人但謂之梅都官詩一言之謔後遂果然斯可歎也

陳舍人從易當時文方盛之際獨以醇儒古學見稱其詩多類白樂天蓋自楊劉唱和西崑集行後進學者爭效之風雅一變一作之謂之崑體繇是唐賢諸詩集幾廢而不行陳公時偶得杜集舊本文多脫誤至送

蔡都尉詩云身輕一鳥其下脫一字陳公因與數客各用一字補之或云疾或云落或云起或云下莫能定其後得一善本乃是身輕一鳥過陳公嘆服以爲雖一字諸君亦不能到也

國朝浮圖以詩名于世者九人故時有集號九僧詩今不復傳矣余少時聞人多稱其一曰惠崇餘八人者忘其名字也余亦略記其詩有云馬放降來地鵰盤戰後雲又云春生桂嶺外人在海門西其佳句多

類此其集已一作既亡今人多不知有所謂九僧者矣是可嘆也當時有進士許洞者善爲辭章俊逸之士也因會一作命諸詩僧分題出一紙約曰不得犯此一字其字乃山水風雲竹石花草雪霜星月一作日禽鳥之類於是諸僧皆閣筆洞咸平三年進士及第時無名子嘲曰張康渾裹馬許洞鬧裝妻者是也

孟郊賈島皆以詩窮至死而平生尤自喜爲窮苦之句一作辭孟有移居詩云借車載

家具家具少於車乃是都無一物耳又謝人惠炭云暖得曲身成直身人謂非其身備嘗之不能道此句也賈云鬢邊雖有絲不堪織寒衣就令織得（二字一作堪織）能（一作所）得幾何又其朝飢詩云坐聞西牀琴凍折兩三絃人謂其不止忍飢而已其寒亦何可忍也

唐之晚年詩人無復李杜豪放之格然亦務以精意相高如周朴者構思尤艱每有所得必極其雕琢故時人稱朴詩月鍛季

煉未及成篇已播人口其名重當時如此
而今不復傳矣余少時猶見其集其句有
云風暖鳥聲碎日高花影重又云曉（一作晚）來
山鳥鬧雨過杏花稀誠佳句也
聖俞常語予曰詩家雖率（一作主）意而造語
亦難若意新語工得前人所未道者斯爲
善也必能狀難寫之景如在目前含不盡
之意見於言外然後爲至矣賈島云竹籠
拾山果瓦缾擔石泉姚合云馬隨山鹿放
雞逐野禽棲等是山邑荒僻官況蕭條不

如縣古槐根出官清馬骨高爲工也余曰語之工者固如是狀難寫之景含不盡之意何詩爲然聖俞曰作者得於心覽者會以意殆難指陳以言也雖然亦可略道其髣髴若嚴維柳塘春水慢花塢夕陽遲則天容時（一作物）態融和駘蕩豈不如在目前乎又若溫庭筠雞聲茅店月人迹板橋霜賈島怪禽啼曠野落日恐行人則道路辛苦羇愁旅思豈不見於言外乎

聖俞子美齊名於一時而二家詩體特異

子美筆力豪雋以超邁橫絕爲奇聖俞覃思精微以深遠閑淡爲意各極其長雖善論者不能優劣也余嘗於水谷夜行詩略道其一二云子美氣尤雄萬竅號一噫有時肆顛狂醉墨灑滂霈譬如千里馬已發不可殺盈前盡珠璣一一難柬汰梅翁事清切一作句石齒漱寒瀨作詩三十年視我猶後輩文辭愈精一作清新心意雖老大有如妖韶女老自有餘態近詩尤古硬一作苦咀嚼苦一作且難嘬又如食橄欖真味久愈

在蘇豪以氣轢舉世徒驚駭梅窮獨我知古貨今難賣語雖非工謂粗得其髣髴然不能優劣之也

呂文穆公未第時薄（或作嘗）遊一縣（忘其縣名）胡大監旦方隨其父宰是邑遇呂甚薄客有譽呂（二字一作喻胡）曰呂君工於詩宜少加禮胡問詩之警句客舉一篇其卒章云挑盡寒燈夢不成胡笑曰乃是一渴（俗語轉音溘）睡漢爾呂聞之甚恨而去明年首中甲科使人寄聲語胡曰渴睡漢狀元及第矣胡答曰

待我明年第二人及第輸君一籌既而次
牓亦中首選

聖俞嘗云詩句義理雖通語涉淺俗而可笑者亦其病也如有贈漁父一聯云眼前不見市朝事耳畔惟聞風水聲説者云患肝腎風（四字一作此漁父肝藏熱而腎藏虛也）又有詠詩者云（一無此六字）盡日覓不得有時還自來本謂詩之好句難得爾而説者云此是人家失却猫兒詩人皆以爲笑也

王建宮詞一百首多言唐宮禁中事皆

史傳小說所不載者往往見於其詩如內
一作雨中數日無呼喚傳得滕王蛺蝶圖滕
王元嬰高祖子新舊唐書皆不著其所能
惟名畫録略言其善畫亦不云其工蛺蝶
也又畫斷云工於蛺蝶及見於建詩爾或
聞今人家亦有得其圖者唐世一藝之善
如公孫大娘舞劒曹剛彈琵琶米嘉榮
歌皆見於唐賢詩句遂知名於後世當時
山林田畝潛德隱行君子不聞於世者多
矣而賤工末藝得託附託乃垂於不朽蓋

其各有幸不幸也

李白戲杜甫云借問別來太瘦生總為從前(來一作)作詩苦太瘦生唐人語也至今猶以生為語助如作麼生何似生之類是也

陶尚書(穀)嘗曰尖簷帽子卑凡廝短鞦靴兒末厥兵末厥亦當時語余天聖景祐間已聞此句時去陶公尚未遠人皆莫曉其義王原叔博學多聞見稱於世最為多識前言者亦云不知為何說也第記之必有知者耳

詩人貪求好句而理有不通亦語病也如袖中諫草朝天去頭上宮花侍燕歸誠爲佳句矣但進諫必以章疏無直用稾草之理唐人有云姑蘇臺下寒山寺半夜鍾聲到客船說者亦云句則佳矣其如三更不是打（一作撞）鍾時如賈島哭僧云寫留行道影焚却坐禪身時謂燒殺活和尚此尤可笑也若步隨青山影坐學白塔骨又獨行潭底影數息樹邊身皆島詩何精麤頓（一無此字）異也

松江新作長橋制度宏麗前世所未有蘇子美新橋對月詩所謂雲頭灩灩開金餅水面沈沈臥彩一作綵虹者是也時謂此橋非此句雄偉不能稱也子美兄舜元字才翁詩亦遒勁多佳句而世獨罕傳其與子美紫閣寺聯句無媿韓孟也恨不得盡見之耳

晏元獻公文章擅天下尤善一作喜爲詩而多稱引後進一時名士往往出其門聖俞平生所作詩多矣然公獨愛其兩聯云寒魚猶著底白鷺已飛前又絮暖鮆魚繁豉

添蕁菜（一作線）紫余嘗於聖俞家見公自書手簡再三稱賞此二（一作兩）聯余疑而問之聖俞曰此非我之極致豈公偶自得意於其間乎乃知自古文士不獨知己難得而知人亦難也

楊大年與錢劉數公唱和自西崑集出時人爭效之詩體一變而先生老（一作老先生）輩患其多用故事至於語僻難曉殊不知自是學者之弊如子儀（一作大年）新蟬云風來玉宇烏先轉（一作覺）露下金莖鶴未知雖用故

事何害爲佳句也又如（一有大年二字）山峭帆橫渡
官橋柳疊鼓驚飛海岸鷗其不用故事又
豈不佳乎蓋其雄文博學筆力有餘故無
施而不可非如前世號詩人者區區於風
雲（一作雪）草木之類爲許洞所困者也
西洛故都荒臺廢沼遺迹依然見於詩者
多矣惟錢文僖公一聯最爲警絕云日上
故陵煙漠漠春歸空苑水潺潺裴晉公綠
野堂在午橋南往時嘗屬張僕射（齊賢）家
僕射罷相歸洛（一作終）日與賓客吟宴於其

間惟鄭工部文寶一聯最爲警絶云水暖鳧鷖行哺子溪深桃李卧開花人謂不減王維杜甫也錢詩好句尤多而鄭句不惟當時人莫及雖其集中自及此者亦少閩人有謝伯初者字景山當天聖景祐之間以詩知名余謫夷陵時景山方爲許州法曹以長韻見寄頗多佳句有云長官衫色江波緑學士文華蜀錦張余答云參軍春思亂如雲白髮題詩愁送春蓋景山詩有多情未老已（一作先）白髮（三字一作頭先白）野思到

春如亂雲之句故余以此戲之也景山詩頗多如自種黄花添野景旋移高竹聽秋聲園林換葉梅初熟池館無人燕學飛之類皆無媿於唐賢而仕宦不偶終以（一作於）困窮而卒其詩今已不見於世其家亦流落不知所在其寄余詩殆今三十五年矣余猶能誦之蓋其人不幸既可哀其詩淪棄亦可惜因録於此詩曰江流無險似瞿唐灔峽猿聲斷旅（一作盡）腸萬里可堪人謫宦經年應合鬢成霜長官衫色江波緑學

士文華蜀錦張異域化爲儒雅俗遠民爭
識校讎郎才如夢得多爲累情似安仁久
悼亡下國難留金馬客新詩傳與竹枝娘
典辭懸待修青史諫草當來集皁囊莫爲
明時暫遷謫便將纓足濯滄浪

石曼卿自少以詩酒豪放自得其氣貌偉
然詩格奇峭又工於書筆畫遒勁體兼顔
柳爲世所珍好一作余家嘗得南唐後主澄
心堂紙曼卿爲余以此紙書其籌筆驛詩
詩曼卿平生所自愛者至今藏之號爲三

絶真余家寶也曼卿卒後其故人有見之者云恍惚如夢中言我今爲鬼仙也所主芙蓉城欲呼故人往遊不得忿然騎一素一作青騾去如飛其後又云降於亳州一舉子家又呼一有其字舉子去不得因留詩一篇與之余亦略記其一聯云鶯聲不逐春光老花影長隨日脚流神一作鬼仙事怪不可知其詩頗類曼卿平生語舉子不能道也

王建霓裳詞云弟子部一作歌中留一色聽風聽水作霓裳霓裳一有羽衣二字曲今教坊尚能

作其聲其舞則廢而不傳矣人間又有望
瀛府獻仙音二曲云此其遺聲也霓裳曲
前世傳記論說頗詳不知聽風聽水爲何
事也白樂天有霓裳歌甚詳亦無風水之
說第記之或有遺亡（四字一作必有知）者爾
龍圖趙學士（師民）以醇儒碩學名重當時
爲人沈厚端黙羣居終日似不能言而於
文章之外詩思尤精如麥天晨氣潤槐夏
午陰清前世名流皆所未到也又如曉鶯
林外千聲囀芳草堦前一尺長殆不類其

爲人矣

退之筆力無施不可而嘗以詩爲文章末事故其詩曰多情懷酒伴餘事作詩人也然其資（一作發）談笑助諧謔敘人情狀物態一寓於詩而曲盡其妙此在雄文大手固不足論而予獨愛其工於用韻也蓋其得韻寬則波瀾橫溢泛入傍韻（一作）乍還乍離（一作）（一作去一作還）出入回合殆不可拘以常格如此日足可惜之類是也得韻窄則不復傍出而因難見巧愈險愈奇如病中贈張十八之類

是也余嘗與聖俞論此以謂譬如善（一作夫）
馭良馬者通衢廣陌縱橫馳逐惟意所之
至於水曲蟻封疾徐（一有彌字）中節而不少蹉
跌乃天下之至工也聖俞戲曰前史言退
之爲人木強若寬韻可自足而輙傍出窄
韻難獨用而反不出豈非其拗強而然歟
坐客皆爲之笑也
自科場用賦取人進士不復留意於詩故
絶無可稱者惟天聖二年省試采侯詩宋
尚書祁最擅場其句有色映堋雲爛聲迎

羽月遲（一作馳）尤爲京師傳誦當時舉子目公爲宋采侯

詩話卷終

第四段 食絮（絮上脫柳字）

第二十段 手簡（一作手簡）

第二十四段 論說（一作諸說）

筆說一卷　歐陽文忠公集一百二十九

老氏說

前後之相隨長短之相形推而廣之萬物之理皆然也不必更言其餘然老子爲書比其餘諸子以爲簡要也其於𥚃見人情尤爲精爾非莊周慎到之倫可擬其言雖若虛無而於治人之術至矣

富貴貧賤說

貧賤常思富貴富貴必履危機此古人之所嘆也惟不思而得既得而不患失之者

其庶幾乎富貴易安而患於難守貧賤難處而患於易奪居富貴而能守者周公也在貧賤而能久者顏回也然為顏回者易為周公者難也君子小人之用心常異趣於此見之小人莫不欲富貴而不知所以守是趣禍罪而惟恐不及也君子莫不安於貧賤為(一無此字)小人者不閔則笑是閔笑人之不捨其所樂而趨於禍罪也其為大趣相反如此(四字一作如此之反)則其所為不得不事事異也故與小人共事者難於和同凡

事不和同則不濟古之君子有用權以合正者為至難也若其（一作有）事君之忠至於誠信有欲濟其事顧不害其正亦有用權之助者此可以理得難以言傳孔子所以置而不論也推誠以接物有害其身者仁人不悔也所謂殺身以成仁然其所濟者遠矣非常情之可企至也

鍾蓮說

甲問於乙曰鑄銅為鍾削木為蓮以蓮叩鍾則鏗然而鳴然則聲在木乎在銅乎乙

曰以莛叩垣墻則不鳴叩鍾則鳴是聲在銅甲曰以莛叩錢積則不鳴聲果在銅乎乙曰錢積實鍾（一有則字）虛中是聲在虛器之中甲曰以木若泥為鍾則無聲聲果在虛器之中乎

駟不及舌說

俗云一言出口駟馬難追論語所謂駟不及舌也若較其理即俗諺為是然則泥古之士學者患之也

學書靜中至樂說

有暇即學書非以求藝之精直勝勞心於他事爾以此知不寓心於物者真所謂至人也寓於有益者君子也寓於伐性汩情而為害者愚惑之人也學書不能不勞獨不害情性耳要得靜中之樂者惟此耳

夏日學書說

夏日之長飽食難過不自知愧但思所以寓心而銷晝暑者惟據案作字殊不為勞當其揮翰若飛手不能止雖驚雷疾霆雨雹交下有不暇顧也古人流愛信有之矣

字未至於工尚已如此使其樂之不厭未有不至於工者使其遂至於工可以樂而不厭不必取悅當時之人垂名於後世要於自適而已嘉祐七年正月九日補室

學書自成家說

學書當自成一家之體（六字一作自家成一體）其模倣他人謂之奴書安昌侯張禹曰書必博見然後識其直為余實見書之未博者廬陵歐陽脩嘉祐一年十一月冬至日

李白杜甫詩優劣說

落日欲没峴山西倒着接䍠花下迷襄陽
小兒齊拍手大家爭唱白銅鞮此常言也
至於清風明月不用一錢買玉山自倒非
人推然後見其横放其所以警動千古者
固不在此也杜甫於白得其一節而精强
過之至於天才自放非甫可到也

薛道衡王維詩說

空梁落鷰泥未爲絶警而揚廣不與薛道
衡解仇於泉下豈荒煬所趣止於此耶大
風飛雲信是英雄之語也若漠漠水田飛

白鷺陰陰夏木囀黄鸝終非已有又何必區區於竊攘哉

峽州詩說

春風疑不到天涯二月山城未見花若無下句則上句何堪既見下句則上句頗工文意難評蓋如此也

辨甘菊說

本草所載菊花者世所謂甘菊俗又謂之家菊其苗澤美味甘香可食今市人所賣菊苗其味苦烈迺是野菊其實蒿艾之類

強名爲菊爾家菊性涼野菊性熱食者宜辨之余近來求得家菊植於西齋之前遂作詩云明年食菊知誰在自向欄邊種數叢余有思去之心久矣不覺發於斯

博物說

蟪蛄是何棄物草木蟲魚詩家自爲一學博物尤難然非學者本務以其多不專意所通者少苟有一焉遂以名世當漢晉武帝有東方朔張華皆博物

道無常名說

道無常名所以尊於萬物君有常道所以尊於四海然則無常以應物爲功有常以執道爲本達有無之至理適用捨之深機詰之難以言窮推之不以迹見

物有常理說

凡物有常理而推之不可知者聖人之所不言也磁石引針蝍蛆甘帶松化虎魄

世人作肥字說

世之人有喜作肥字者正如厚皮饅頭食之未必不佳而視其爲狀已可知其俗物

字法中絕將五十年近日稍稍知以字書爲貴而追跡前賢未有三數人古之人皆能書獨其人之賢者傳遂遠然後世不推此但務於書不知前日工書隨與紙墨泯棄者不可勝數也使顏公書雖不佳後世見者必寶也楊凝式以直言諫其父其節見於艱危李建中清慎温雅愛其書者兼取其爲人也豈有其實然後存之久耶非自古賢哲必能書也惟賢者能存爾其餘泯泯不復見爾

轉筆在熟說

昨日王請言轉筆誠是難事其如□對以熟豈不爲名理之言哉往時陳堯咨以射藝自高嘗射於家圃有一賣油里翁釋擔而看射多中陳問爾知射乎吾射精乎翁對曰無他能但手熟耳陳忿然曰汝何敢輕吾射翁曰不然以吾酌油可知也乃取一胡盧設於地上置一錢以杓酌油瀝錢眼中入胡盧錢不濕曰此無他亦熟耳陳笑而釋之

李㝡筆說

余書惟用李㝡筆雖諸葛高許頌皆不如意㝡非金石安知其不先朝露以塡溝壑然則遂當絕筆此理之不然也夫人性易習當使無所偏係乃爲通理適得聖俞所和試筆詩尤爲精當余嘗爲原甫說聖俞壓韻不似和詩原甫大以爲知言然此無它惟熟而已蔡君謨性喜書多學是以難精古人各自爲書用法同而爲字異然後能名於後世若夫求悅俗以取媚茲豈復

有天真耶唐所謂歐虞褚陸[疑]至於顔柳皆
自名家蓋各因其性則爲之亦不爲難矣
嘉祐四年夏納涼於庭中學書盈紙以付發

峽州河中紙說

夷陵紙不甚精然最柰久余爲縣令時有
孫文德者本三司人吏也嘗勸余多藏峽
紙云其在省中見天下帳籍惟峽州不朽
損信爲然也今河中府紙惟供公家及館
閣寫官書爾

誨學說

玉不琢不成器人不學不知道然玉之爲物有不變之常德雖不琢以爲器而猶不害爲玉也人之性因物則遷不學則捨君子而爲小人可不念哉付奕

筆說卷終

試筆一卷　歐陽文忠公集一百三十

南唐硯

某此一硯用之二十年矣當南唐有國時於歙州置硯務選工之善者命以九品之服月有俸廪之給號硯務官歲爲官造硯有數其硯四方而平淺者南唐官硯也其石尤精製作亦不類今工之侈窳此硯得自今王舍人原叔原叔家不識爲佳硯也兒子輩棄置之予始得之亦不知爲南唐物也有江南人年老者見之悽悽一作然曰

此故國之物也因具道其所以然遂始寶惜之其貶夷陵也折其一角

宣筆

宣筆初不可用往時聖俞屢以爲恵尋復爲人乞去今得此甚可用遂深藏之

琴枕説

介甫嘗言夏月晝睡方枕爲佳問其何理云睡久氣蒸枕熱則轉一方冷處然則真知睡者耶余謂夜彈琴唯石暉爲佳蓋金蚌瑟瑟之類皆有光色燈燭照之則炫燿

非老翁夜視所宜白石照之無光唯目昏者爲便介甫知睡真嬾者余知琴羼直以老而目暗耳是皆可咲余家石暉琴得之二十年昨因患兩手中指拘攣醫者言唯數運動以導其氣之滯者謂唯彈琴爲可亦尋理得十餘年已忘諸曲物理損益相因固不能窮至於如此老莊之徒多寓物以盡人情信有以也哉

鑒畫

蕭條淡泊此難畫之意畫者得之覽者未

必識也故飛走遲速意淺之物易見而閑和嚴靜趣遠之心難形若乃高下嚮背遠近重複此畫工之藝爾非精鑒者之事也不知此論爲是不余非知畫者強爲之說但恐未必然也然世謂好畫者亦未必能知此也此字不乃傷俗耶二十字一作然自謂好畫者未必能知此也

學書爲樂

蘇子美嘗言明窗淨几筆硯紙墨皆極精良亦自是人生一樂然能得此樂者甚稀

其不爲外物移其好者又特稀也余晚知此趣恨字體不工不能到古人佳處若以爲樂則自足有餘

學書消日

自少所喜事多矣中年已來漸以廢去或厭而不爲或好之未厭力有不能而止者其愈久益深而尤不厭者書也至於學字爲於不倦時往往可以消日乃知昔賢留意于此不爲無意也

學書作故事

學書勿浪書事有可記者㝎時便爲故事

學真草書

自此已後隻日學草書雙日學真書真書兼行草書兼楷十年不勸當得書名然虚名已得而真氣耗矣萬事物一作莫不皆然有以寓其意不知身之爲勞也有以樂其心不知物之爲累也然則自古無不累心之物而有爲物所樂之心

學書費紙

學書費紙猶勝飲酒費錢曩時嘗見王文

康公戒其子弟云吾平生不以全幅紙作封皮文康太原人世以晉人喜嗇資談笑信有是哉吾年向老亦不欲多耗用物誠未足以有益於人然衰年志思不壯於事少能快然亦其理耳

學書工拙

每書字嘗自嫌其不佳而見者或稱其可取嘗有初不自喜隔數日視之頗若稍可愛者然此初欲寓其心以銷日何用較其工拙而區區於此遂成一役之勞豈非人

心蔽於好勝耶

作字要熟

作字要熟熟則神氣完實而有餘於靜坐中自是一樂事然患少暇豈其於樂處常不足耶

用筆之法

蘇子美嘗言用筆之法此乃柳公權之法也亦嘗較之斜正之間便分工拙能知此及虛腕則羲獻之書可以意得也因知萬事皆有法楊子云斷木爲棋刓革爲鞠亦

皆有法豈疋得此也

蘇子美論書

蘇子美喜論用筆而書字不迨其所論豈其力不副其心邪然萬事以心爲本未有心至而力不能者余獨以爲不然此所謂非知之難而行之難者也古之人不虛勞其心力故其學精而無不至蓋方其幼也未有所爲時專其力於學書及其漸長則其所一無此字學漸近於用今人不然多學書於晚年所以與古不同也

秋霖不止文書頗稀叢竹蕭蕭似聽愁滴顧見案上故紙數幅信筆學書樞密院東廳

蘇子美蔡君謨書

自蘇子美死後遂覺筆法中絕近年君謨獨步當世然謙讓不肯主盟往年予嘗戲謂君謨學書如泝急流用盡氣力不離故處君謨頗笑以爲能取譬今思此語已二十餘年竟如何哉一無比字

李邕書

余始得李邕書不甚好之然疑邕以書自名必有深趣及看之久遂謂他書少及者得之最晚好之尤篤譬猶結交其始也難則其合也必久余雖因邕書得筆法然爲字絶不相類豈得其意而忘其形者邪因見邕書追求鍾王以來字法皆可以通然邕書未必獨然凡學書者得其一可以通其餘余偶從邕書而得之耳嘉祐五年春分日雪中西窻齋一作信筆

風法華

往時有風法華者偶然至人家見筆便書初無倫理久而禍福或應豈非好怪之士爲之遷就其事耶余每見筆輒書故江鄰幾比余爲風法華

九僧詩

近世一作時有九僧詩極有好句然今人家多不傳如馬放降來地鵰盤戰後雲春生桂嶺外人在海門西今之文士未能有此句也詳載詩話

弔僧詩

謝希深嘗誦哭僧詩云燒痕詩（一作碑）入集海角寺留真謂此人作詩不求好句只求好意余以謂意好句亦好矣賈島有哭僧詩云寫留行道影焚却坐禪身唐人謂燒却活和尚此句之大病也（與詩話所載略同）

郊島詩窮

唐之詩人類多窮士孟郊賈島之徒尤能刻篆（一作琢）窮苦之言以自喜或問二子其窮孰甚曰閬仙甚也何以知之曰以其詩見之郊曰種稻耕白水負薪斫青山島云市

中有樵山我舍朝無煙井底有甘泉釜中乃空然蓋孟氏薪米自足而島家柴水俱無此誠可嘆一作笑然二子名稱高於當世其餘林翁處士用意精到者往往有之若雞聲茅店月人迹板橋霜則羇孤行旅流離辛苦之態見於數字之中至於野塘春水慢花塢夕陽遲則春物融怡人情和暢又有言不能盡之意茲亦精意刻琢之所得者耶

謝希深論詩

往在洛時嘗見謝希深誦一有曰字或作云縣古槐根出官清馬骨高又見晏丞相常愛笙歌歸院落燈火下樓臺希深曰清苦之意在言外而見於言中晏公曰世傳寇萊公詩云老覺腰金重慵便枕玉涼以爲富貴此特窮相者爾能道富貴之盛則莫如前言亦與希深所評者類爾二公皆有情味而善一作喜爲篇詠者其論如此歸田録亦及此

温庭筠嚴維詩

余嘗愛唐人詩云鷄聲茅店月人迹板橋

霜則天寒歲暮風淒木落羈旅之愁如身履之至其曰野塘春水慢花塢夕陽遲則風酣日煦萬物駘一作佚蕩天人之意相與融怡讀之便覺欣然感發謂此四句可以坐變寒暑詩之爲巧猶畫工小筆爾以此知文章與造化爭巧可也詳載詩話

作詩須多誦古今詩

作詩須多誦古今人詩不獨詩爾其他一作餘文字皆一作盡然

漢人善以文言道時事

漢之文士善以文言道時事質而不俚茲所以爲難

蘇氏四六

往時作四六者多用古人語及廣引故事以衒（二字一作以爲）博學而不思述事不暢近時文章變體如蘇氏父子以四六述敘委曲精盡不減古人（一作文）自學者變格爲文迨（一作迄）今三十年始得斯人不惟遲久而後獲實恐此後未有能繼者爾自古異人間出前後參差不相待余老矣乃及見之

豈不爲幸哉

王濟譏張齊賢

張齊賢形體魁肥飲食兼數人然其爲相嘗有邊功國朝宰相惟宋琪與齊賢知邊事然其常與王濟不相能濟剛峭之士也其後齊賢罷相歸洛陽買得午橋裴晉公緑野堂營爲别墅一日濟自洛至京師公卿間有問及齊賢午橋别墅者濟忿然曰昔爲緑野堂今作屠兒墓園矣聞者皆笑

晦明説

藏精於晦則明養神以一作於靜則安晦所以畜用靜所以應動善畜者不竭善應者無窮此君子修身治人之術然性近者得之易也付棐

廉耻說

廉耻士君子之大節罕能自守者利欲勝之耳物有爲其所勝雖善守者或牽一作牽而去故孟子謂勇過賁育者誠一作信有旨哉君子之道闇然而日彰而今人求速譽遂得速毀以自損者理之當然一有也字

繫辭說

書不盡言言不盡意然自古聖賢之意萬古得以推而求之者豈非言之傳歟聖人之意所以存者得非書乎然則一無此字書不盡言之煩而盡其要言不盡意之委曲而盡其理謂書不盡言言不盡意者非深明之論也予謂繫辭非聖人之作初若可駭余爲此論迨今二十五年矣稍稍以余言爲然也六經之傳天地之久其爲二十五年者將無窮而不可以數計也子之言久當

見信於人矣何必汲汲較是非於一世哉

論樂說

清濁二聲（一作音）爲樂之本而今自以爲知樂者猶未能達此安得言其細微之旨

六經簡要說

妙論精言不以多爲貴而人非聰明不能達其義余嘗聽人讀佛書其数十萬言謂可數談（一作言）而盡而溺其説者以謂欲曉愚下人故如此爾然則六經簡要愚下（一有人字）獨不得曉耶

余家多文忠公書然比其沒余於篋
中得十數帖耳今劉君乃能致此非
篤好之不能也元豐三年正月初吉
蘇轍子由題
此數十紙皆文忠公衝口而得信手
而成初不加意者也其文采字畫皆
有自然絕人之姿信天下之奇蹟也
元祐四年九月十九日蘇軾書

試筆卷終

近體樂府卷第一　歐陽文忠公集一百三十一

樂語　長短句

聖節五方老人、祝壽文

東方老人

但其太山老叟東海真仙一有一字溜穿石而曾究初終一有五字松避雨而備知歲月羲氏定三百六日嘗守寅賓之官吏吾紀七十二君盡覩登封之事遇安期而遺棗笑方朔之偷桃風入律而來自巖前斗指春而光臨洞口昔漢武帝嘗懷三島之勝遊有

羨門生欲謁巨公於昭代今則紫庭降聖
華渚開祥遠離朝日之方來展望雲之悃
千八百國咸歸至治之風億萬斯年共禱
無疆之壽遙望天庭敢進祝聖之頌
東海蓬萊第一仙遙瞻西北祝堯天願皇
長似東君壽與物爲春億萬年

西方老人

但其秦川故老華岳幽人詢仙掌之遺蹤
咸知始末戀蓮峯之絕頂不記歲時漱流
玉乳之泉枕石雲陽之洞逍遙物外笑傲

林閶奉王母之蟠桃嘗延漢帝指老聃之
仙李永佑唐基掌中五色之九世上千年
之壽欣逢聖代來至塵寰當洪河澄九曲
之時是甲觀誕一人之日祥麟遊於泰畤
天馬來於大宛景星見而朱草生瑞露降
而赤烏集既遇無爲之化宜歌有道之君
是以駕青牛而度函關指丹鳳而趨魏闕
唯願慶源流遠齊河海以無窮眷筭縣長
等乾坤而不老遥望天庭敢進祝聖之頌
華岳峯頭萬葉蓮開花今古世相傳願皇

長似蓮峯久結實盤根不記年

中央老人

但其棲心嵩極振迹伊川年高而可等松椿氣粹而嘗飧芝术洞裏之煙霞不老壺中之日月偏長當聖主之盛時居天心之奥壤但見璿璣運而寒暑正土圭測而陰陽和冠帶被於百蠻玉帛來於萬國龍在沼而麟在藪河出圖而洛出書民躋壽域之中俗樂春臺之上今則堯眉誕秀舜目開祥遠離王屋之間來入帝畿之内仰瞻

天表莫非嶽降之神上祝皇圖豈止山呼
之歲遥望天庭敢進祝聖之頌
嵩高維嶽鎮中天王氣盤基降壽仙惟願
吾皇等嵩嶽三靈齊祝（一作壽）萬斯年

南方老人

但箕託迹炎洲游神衡嶽非海濵之野叟
洒星極之老人當火德爲治之朝是離明
繼照之日里社鳴而聖人出泰階正而王
道平百蠻向風重譯來貢屢覩豐年之上
瑞故知百姓之懽心鼓腹而歌治世之音

安以樂曲肱而枕化國之日舒以長斯可
謂唐虞之民又豈止成康之俗今則流虹
誕聖遶電開祥來趨北闕之前上祝南山
之永雲翔霧集旣羅仙籍之班地久天長
以禱皇家之祚遥望天庭敢進祝聖之頌
南極星中一老人南山爲壽祝吾君願君
永奏南薰曲當使淳音萬國聞

北方老人

但其修真北嶽常傾葵藿之心混俗幽都
不避草茅之迹潛神自得味道爲娛易水

歌風曾識荊軻於往歲燕山勒石親逢竇憲於當年仙家之景物常春人世之光陰易老華表之鶴未久還來蓮葉之龜於時屢見但處積陰之境每輸就日之誠望干呂之青雲慶流虹於華渚當萬域來王之際是千齡誕聖之初是以歷沙漠而朝宗叩天閽而祝頌惟願慶基不朽永齊金石之堅寶祚無疆更等山河之固遥望天庭敢進祝聖之頌

比嶽神仙九轉丹持來北闕獻君前願將

北極齊君壽萬國陶陶共戴天

會老堂致語熙寧壬子趙康靖公自南京訪公於潁時呂正獻公爲守

綦聞安車以適四方禮典雖存於往制命駕而之千里交情罕見於今人伏惟致政少師一德元臣三朝宿望挺立始終之節從容進退之宜謂青衫早並於俊遊白首各諧於歸老已釋軒裳之累卻尋鷄黍之期遠無憚於川塗信不渝於風雨幸會北堂之學士方爲東道之主人遂令潁水之濱復見德星之聚里閭拭目覺陋巷以生

光風義聳聞爲一時之盛事敢陳口號上

贊清歡

欲知盛集繼荀陳請看當筵主與賓金馬

玉堂三學士清風明月兩閑人紅芳已盡

鶯猶囀青杏初嘗酒正醇美景難并良會

少乘歡舉白莫辭頻

西湖念語

昔者王子猷之愛竹造門不問於主人陶

淵明之卧輿遇酒便留於道士況西湖之

勝槩擅東潁之佳名雖美景良辰固多於

高會而清風明月幸屬於閑人並遊或結
於良朋乘興有時而獨往鳴蛙暫聽安問
屬官而屬私曲水臨流自可一觴而一詠
至歡然而會意亦傍若於無人乃知偶來
常勝於特來前言可信所有雖非於己有
其得已多因翻舊闋之辭寫以新聲之調
敢陳薄伎聊佐清歡

採桑子

一

輕舟短棹西湖好綠水逶迤芳草長隄隱

隱笙歌處處隨　無風水面琉璃滑不覺船移微動漣漪驚起沙禽掠岸飛

二

春深雨過西湖好百卉爭妍蝶亂蜂喧晴日催花暖欲然　蘭橈畫舸悠悠去疑是神仙返照波間水闊風高颺管絃

三

畫船載酒西湖好急管繁絃玉盞催傳穩泛平波任醉眠　行雲却在行舟下空水澄鮮俯仰留連疑是湖中別有天

四

群芳過後西湖好狼籍殘紅飛絮濛濛垂柳欄干盡日風　笙歌散盡遊人去始覺春空垂下簾櫳雙燕歸來細雨中

五

何人解賞西湖好佳景無時飛蓋相追貪向花間醉玉卮　誰知閑凭欄干處芳草斜暉水遠煙微一點滄洲白鷺飛

六

清明上巳西湖好滿目繁華爭道誰家綠

柳朱輪走鈿車　遊人日暮相將去　醒醒諠譁路轉堤斜直到城頭總是花

七

荷花開後西湖好　載酒來時不用旌旗　前後紅幢綠蓋隨　畫船撐入花深處　香泛金卮　煙雨微微　一片笙歌醉裏歸

八

天容水色西湖好　雲物俱鮮　鷗鷺閑眠　應慣尋常聽管絃　風清月白偏宜夜　一片瓊田　誰羨驂鸞　人在舟中便是仙

九

殘霞夕照西湖好花塢蘋汀十頃波平野岸無人舟自横　西南月上浮雲散軒檻涼生蓮芰香清水面風來酒面醒

十

平生爲愛西湖好來擁朱輪富貴浮雲俯仰流年二十春　歸來恰似遼東鶴城郭人民觸目皆新誰識當年舊主人

十一

畫樓鍾動君休唱往事無蹤聚散忽忽今

日歡娛幾客同　去年緑鬢今年白不覺衰容明月清風把酒何人憶謝公

十二

十年一别流光速白首相逢莫話衰翁但鬬樽前語笑同　勸君蒲酌君須醉盡日從容畫鷁牽風即去朝天沃舜聰

十三

十年前是樽前客月白風清憂患凋零老去光陰速可驚　鬢華雖改心無改試把金觥舊曲重聽猶似當年醉裏聲

朝中措

平山欄檻倚晴空山色有無中手種堂前垂柳别來幾度春風　文章太守揮毫萬字一飲千鍾行樂直須年少樽前看取衰翁

歸自謡

一

何處笛深夜夢回情脉脉竹風簷雨寒牕隔　離人幾歲無消息今頭白不眠特地重相憶

二

春豔豔江上晚山三四點柳絲如剪花如
染香閨寂寂門半掩愁眉斂淚珠滴破
烟脂臉

三

寒水碧水上何人吹玉笛扁舟遠送瀟湘
客蘆花千里霜月白傷行色來朝便是
關山隔

長相思

一

蘋蒲溪柳遶堤相送行人溪水西回時隴

月低　煙霏霏風淒淒重倚朱門聽馬嘶
寒鷗相對飛

二

深畫眉淺畫眉蟬鬢鬅鬙雲滿衣陽臺行
雨回　巫山高巫山低暮雨蕭蕭郎不歸
空房獨守時

三

花似伊柳似伊花柳青春人別離低頭雙
淚垂　長江東長江西兩岸鴛鴦兩處飛
相逢知幾時

四

深花枝淺花枝深淺花枝相並時花枝難似伊　玉如肌柳如眉愛著鵝黃金縷衣啼粧更爲誰

訴衷情　眉意

清晨簾幕卷輕霜呵手試梅粧都緣自有離恨故畫作遠山長　思往事惜流芳易成傷擬歌先斂欲笑還顰最斷人腸

一

踏莎行

候館梅殘溪橋柳細草薰一作芳風暖搖征

轡離愁漸遠漸無窮迢迢不斷如春水

寸寸柔腸盈盈粉泪樓高莫近危欄倚平

蕪盡處是春山行人更在春山外

二

雨霽風光春分天氣千花百卉爭明媚畫

梁新燕一雙雙玉籠鸚鵡愁孤睡　薜荔

依墻莓苔滿地青樓幾處歌聲麗驀然舊

事上心來無言斂皺眉山翠

望江南

江南蝶斜日一雙雙身似何郎全傅粉心如韓壽愛偷香天賦與輕狂　微雨後薄翅膩煙光纔伴遊蜂來小院又隨飛絮過東墻長是爲花忙

減字木蘭花

一

留春不住燕老鶯慵無覓處說似殘春一老應無却少人　風和月好辦得黄金須買笑愛惜芳時莫待無花空折枝

二

傷懷離抱天若有情天亦老此意如何細似輕絲渺似波　扁舟岸側楓葉荻花秋索索細想前歡須着人間比夢間

三

樓臺向曉淡月低雲天氣好翠幕風微宛轉梁州入破時　香生舞袂楚女腰肢天與細汗粉重勻酒後輕寒不着人

四

畫堂雅宴一抹朱絃初入遍慢撚輕籠玉指纖纖嫩剝葱　撥頭憁利怨月愁花無

限意紅粉輕盈，倚暖香檀曲未成

五

歌檀斂袂，繚繞雕梁塵暗起。柔潤清圓，百琲明珠一綫穿。　櫻脣玉齒，天上仙音心下事。留住行雲，滿坐迷魂酒半醺。

生查子

一

去年元夜時，花市燈如晝。月到柳梢頭，人約黃昏後。　今年元夜時，月與燈依舊。不見去年人，淚滿春衫袖。

二

含羞整翠鬟得意頻相顧鴈柱十三絃一一春鶯語　嬌雲容易飛夢斷知何處深院鎖黄昏陣陣芭蕉雨

瑞鷓鴣

楚王臺上一神仙眼色相看意已傳見了又休還似夢坐來雖近遠如天　隴禽有恨猶能說江月無情也解圓更被春風送惆悵落花飛絮兩翩翩

清商怨

闌河愁思望處滿漸素秋向晚鴈過南雲

行人回淚眼　雙鸞衾裯悔展夜又永枕

孤人遠夢未成歸梅花聞塞管

阮郎歸

一

東風臨水日銜山春來長是閑落花狼籍

酒闌珊笙歌醉夢間　春睡覺晚粧殘無

人整翠鬟留連光景惜朱顏黄昏獨倚欄

二

南園春早踏青時風和聞馬嘶青梅如豆

柳如眉日長蝴蝶飛　花露重草煙低人

家簾幕垂鞦韆慵困解羅衣畫梁雙燕棲

三

角聲吹斷隴梅枝孤窗月影低塞鴻無限

欲驚飛城烏休夜啼　尋斷夢掩深閨行

人去路迷門前楊柳綠陰齊何時聞馬嘶

四

劉郎何日是來時無心雲勝伊行雲猶解

傷山扉郎行去不歸　強匀畫又芳菲春

深輕薄衣桃花無語伴相思陰陰月上時

五

落花浮水樹臨池年前心眼期見來無事

去還思而今花又飛　淺螺黛淡燕脂閑

粧取次宜隔簾風雨閉門時此情風月知

近體樂府卷第一

歸自謡三篇

並載馮延巳陽春録名歸國遥

第三篇　夢回一作夢魂來朝一作明朝

長相思第二篇尊前集作唐無名氏詞　空房獨守時一作低頭雙淚垂

生查子第一篇　月到一作月在月與燈依舊一作燈月仍依舊

瑞鷓鴣　相看一作相勾遠如一作宛如翩翩一作茫然

阮郎歸三篇並載陽春録名醉桃源

第一篇　臨水一作吹水睡覺一作睡起

第二篇　春早一作春半

續添朝中措　垂柳一作楊柳

近體樂府卷第二　歐陽文忠公集一百三十二

長短句

蝶戀花　一名鳳棲梧　又名鵲踏枝

一

簾幕東風寒料峭雪裏香梅先報春來早紅蠟枝頭雙燕小金刀剪綵呈纖巧　旋暖金爐薰蕙藻酒入橫波困不禁煩惱繡被五更春睡好羅幃不覺紗窗曉

二

南雁依稀回側陣雪霽墻陰遍覺蘭芽嫩

中夜夢餘消酒困鑪香卷穗燈生暈　急

景流年都一瞬往事前懽未免縈方寸臘

後花期知漸近東風已作寒梅信

三

臈雪初銷梅蘂綻梅雪相和喜鵲穿花轉

睡起夕陽迷醉眼新愁長向東風亂　瘦

覺玉肌羅帶緩紅杏梢頭二月春猶淺望

極不來芳信斷音書縱有爭如見

四

海鷰雙來歸畫棟簾影無風花影頻移動

半醉騰騰春睡重綠鬟堆枕香雲擁　翠被雙盤金縷鳳憶得前春有箇人人共花裏黃鶯時一弄日斜驚起相思夢

五

回旋落花風蕩漾柳重煙深雪絮飛來往　雨後輕寒猶未放春愁酒病成惆悵　枕畔屏山圍碧浪翠被華燈夜夜空相向寂寞起來褰繡幌月明正在梨花上

六

六曲欄干偎碧樹楊柳風輕展盡黃金縷

誰抱鈿箏移玉柱穿簾海燕雙飛去　滿
眼遊絲兼落絮紅杏開時一霎清明雨濃
醉覺來鶯亂語驚殘好夢無尋處

七

遙夜亭皋閑信步乍過清明漸覺傷春暮
數點雨聲風約住朦朧淡月雲來去　桃
杏(一作李)依俙香暗度誰上(一作在)鞦韆笑裏輕
輕語一寸相思千萬緒人間沒箇安排處

八

簾幕風輕雙語燕午後醒來柳絮飛撩亂

心事一春猶未見紅英落盡青苔院 百尺朱樓閒倚遍薄雨濃雲抵死遮人面羌管不須吹別怨無腸更爲新聲斷

九

庭院深深深幾許楊柳堆煙簾幕無重數玉勒雕鞍遊冶處樓高不見章臺路 雨橫風狂三月暮門掩黃昏無計留春住淚眼問花花不語亂紅飛過鞦韆去

十

永日環隄乘綵舫煙草蕭疎恰似晴江上

水浸碧天風皺浪菱花菂蔓隨雙槳 紅粉佳人翻麗唱驚起鴛鴦兩兩飛相向且把金樽傾美釀休思往事成惆悵

十一

越女採蓮秋水畔窄袖輕羅暗露雙金釧照影摘花花似面芳心只共絲爭亂 鸂鶒灘頭風浪晚霧重煙輕不見來時伴隱隱歌聲歸棹遠離愁引着江南岸

十二

水浸秋天風皺浪縹緲仙舟只似秋天上

和露採蓮愁一餉看花却是啼粧樣　折得蓮莖絲未放蓮斷絲牽特地成惆悵歸棹莫隨花蕩漾江頭有箇人相望

十三

梨葉初紅蟬韻歇銀漢風高玉管聲淒切枕簟乍涼銅漏徹誰教社燕輕離別　草際蟲吟秋露結宿酒醒來不記歸時節多少衷腸猶未說珠簾夜夜朦朧月

十四

獨倚危樓風細細望極離愁黯黯生天際

草色山光殘照裏無人會得凭欄意　也擬疏狂圖一醉對酒當歌強飲還無味衣帶漸寬都不悔況伊銷得人憔悴

十五

簾下清歌簾外宴雖愛新聲不見如花面　牙板數敲珠一串梁塵暗落琉璃盞　桐樹花深孤鳳怨漸遏遙天不放行雲散坐上少年聽未慣玉山將倒腸先斷

十六

誰道閑情抛弃久每到春來惆悵還依舊

日日花前常病酒不辭鏡裏朱顏瘦 河
畔青蕪堤上柳爲問新愁何事年年有獨
立小橋風滿袖平林新月人歸後

十七

翠苑紅芳晴滿目綺席流鶯上下長相逐
紫陌閑隨金轣轆馬蹄踏遍春郊綠 一
覺年華春夢促往事悠悠百種尋思足煙
雨滿樓山斷續人閑倚遍欄干曲

十八

小院深深門掩亞寂寞珠簾畫閣重重下

欲近禁煙微雨罷緑楊深處鞦韆掛傅粉狂遊猶未捨不念芳時眉黛無人畫薄倖未歸春去也杏花零落香紅謝

十九

幾日行雲何處去忘了歸來不道春將暮百草千花寒食路香車繫在誰家樹淚眼倚樓頻獨語雙燕來時陌上相逢否撩亂春愁如柳絮依依夢裏無尋處

二十

欲過清明煙雨細小檻臨窻點點殘花墜

梁燕語多驚曉睡銀屏一半堆香被　新歲風光如舊歲所恨征輪漸漸程迢遞縱有遠情難寫寄何妨解有相思泪

二十一

畫閣歸來春又晚燕子雙飛柳軟桃花淺細雨滿天風滿院愁眉斂盡無人見　獨倚欄干心緒亂芳草芊綿尚憶江南岸風月無情人暗換舊遊如夢空腸斷

二十二

嘗愛西湖春色早臘雪方銷已見桃開小

頃刻光陰都過了如今緑暗紅英少　且趂餘花謀一笑况有笙歌艷態相縈繞老去風情應不到憑君剩把芳罇倒

漁家傲

一

一派潺湲流碧漲新亭四面山相向翠竹嶺頭明月上迷俯仰月輪正在泉中漾更待高秋天氣爽菊花香裏開新釀酒美賓嘉真勝賞紅粉唱山深分外歌聲響

二

十月小春梅蘂綻紅爐畫閣新裝遍錦帳
美人貪睡暖羞起晚玉壺一夜冰澌滿
樓上四垂簾不卷天寒山色偏宜遠風急
鴈行吹字斷紅日短江天雪意雲撩亂

三 與趙康靖公

四紀才名天下重三朝構廈爲梁棟定冊
功成身退勇辭榮寵歸來白首笙歌擁
顧我薄才無可用君恩近許歸田壠今日
一觴難得共聊對捧官奴爲我高歌送

四

暖日遲遲花裊裊人將紅粉爭花好花不
能言惟解笑金壺倒花開未老人年少
車馬九門來擾擾行人莫羨長安道丹禁
漏聲衢鼓報催昏曉長安城裏人先老

五

紅粉牆頭花幾樹落花片片和驚絮牆外
有樓花有主尋花去隔牆遙見秋千侶
綠索紅旗雙綵柱行人只得偷回顧腸斷
樓南金鎖戶天欲暮流鶯飛到秋千處

六

妾本錢塘蘇小妹　芙蓉花共門相對昨日
爲逢青傘蓋慵不採今朝斗覺凋零䁲
愁倚畫樓無計柰亂紅飄過秋塘外料得
明年秋色在香可愛其如鏡裏花顏改

七

花底忽聞敲兩槳逡巡女伴來尋一作相訪酒
盞旋將荷葉當蓮舟蕩時時盞裏生紅浪
花氣酒香清廝釀花腮酒面紅相向醉
倚綠陰眠一餉驚起望船頭閣在沙灘上

八

葉有清風花有露葉籠花罩鴛鴦侶白錦
頂絲紅錦羽蓮女妬驚飛不許長相聚
日脚沉紅天色暮青涼傘上微微雨早是
水寒無宿處須回步枉教雨裏分飛去

九

荷葉田田青照水孤舟挽在花陰底昨夜
蕭蕭疎雨墜愁不寐朝來又覺西風起
雨擺風搖金蘂碎合歡枝上香房翠蓮子
與人長厮類無好意年年苦在中心裏

十

葉重如將青玉亞花輕疑是紅綃掛顔色
清新香脱洒堪長價牡丹怎得稱王者
雨筆露牋勾彩畫日爐風炭薰蘭麝天與
多情絲一把誰厮惹千條萬縷縈心下

十一

粉蘂丹青描不得金針線線功難敵誰傍
暗香輕採摘風淅淅船頭觸散雙鸂鶒
夜雨染成天水碧朝陽借出烟脂色欲落
又開人共惜秋氣逼盤中已見新荷的

十二

幽鷺謾來窺品格雙魚豈解傳消息綠柄

嫩香頻採摘心似織條條不斷誰牽役

珠淚暗和清露滴羅衣染盡秋江色對面

不言情脉脉煙水隔無人說似長相憶

十三

楚國細腰元自瘦文君膩臉誰描就日夜

鼓聲催箭漏昏復晝紅顏豈得長如舊

醉折嫩房紅蘂嗅天絲不斷清香透却傍

小欄凝望久風蒲袖西池月上人歸後

十四 七夕

喜鵲填河仙浪淺雲軿早在星橋畔街皷
黄昏霞尾暗炎光斂金鈎側倒天西面
一別經年今始見新歡往恨知何限天上
佳期貪眷戀良宵短人間不合催銀箭

十五

乞巧樓頭雲幔卷浮花催洗嚴粧面花上
蛛絲尋得遍顰笑淺雙眸望月牽紅線
奕奕天河光不斷有人正在長生殿暗付
金釵清夜半千秋願年年此會長相見

十六

别恨長長歡計短踈鍾促漏真堪怨此會
此情都未半星初轉鸞琴鳳樂怱怱卷
河鼓無言西北盼香蛾有恨東南遠脉脉
横波珠泪滿歸心亂離腸便逐星橋斷

十七

九日歡遊何處好黄花萬蘂雕欄遶通體
清香無俗調天氣好煙滋露結功多少
日脚清寒高下照寶釘密綴圓斜小落葉
西園風嫋嫋催秋老叢邊莫厭金樽倒

十八

青女霜前催得綻金鈿亂散枝頭徧落帽
臺高開雅宴芳罇蒲挼花吹在流霞面
桃李三春雖可羡鶯來蝶去芳心亂爭似
仙潭秋水岸香不斷年年自作茱萸伴

十九

露裛嬌黃風擺翠人間晚秀非無意仙格
淡粧天與麗誰可比女真裝束真相似
筵上佳人牽翠袂纖纖玉手挼新蘂美酒
一杯花影膩邀客醉紅瓊共作熏熏媚

二十

對酒當歌勞客勸惜花只惜年華晚寒豔
冷香秋不管情眷眷凭欄盡日愁無限
思抱芳期隨塞鴈悔無深意傳雙燕悵望
一枝難寄遠人不見樓頭望斷相思眼

玉樓春 題上林後亭 一名木蘭花令

一

風遲日媚煙光好綠樹依依芳意早年華
容易即凋零春色只宜長恨少　池塘隱
隱驚雷曉柳眼未開梅蕚小樽前貪愛物
華新不道物新人漸老

二

西亭飲散清歌闋花外遲遲宮漏發塗金燭引紫騮嘶柳曲西頭歸路別　佳辰只恐幽期闊密贈殷勤衣上結翠屏魂夢莫相尋禁斷六街清夜月

三

春山斂黛低歌扇暫解吴鈎登祖宴畫樓鍾動已魂銷何況馬嘶芳草岸　青門柳色隨人遠望欲斷時腸已斷洛城春色待君來莫到落花飛似霰

四

樽前擬把歸期說，未語春容先慘咽。人生自是有情癡，此恨不關風與月。離歌且莫翻新闋，一曲能教腸寸結。直須看盡洛城花，始共春風容易別。

五

洛陽正值芳菲節，穠艷清香相間發。游絲有意苦相縈，垂柳無端爭贈別。杏花紅處青山缺，山畔行人山下歇。今宵誰肯遠相隨，惟有寂寥孤館月。

六

殘春一夜狂風雨斷送紅飛花落樹人心花意待留春春色無情容易去　高樓把酒愁獨語借問春歸何處所暮雲空闊不知音惟有緑楊芳草路

七

常憶洛陽風景媚煙暖風和添酒味鶯啼宴席似留人花出墻頭如有意・别來已隔千山翠望斷危樓斜日墜關心只爲牡丹紅一片春愁來夢裏

八

池塘水綠春微暖記得玉真初見面從頭
歌韻響錚鏦入破舞腰紅亂旋　玉鉤簾
下香堦畔醉後不知紅日晚當時共我賞
花人點撿如今無一半

九

兩翁相遇逢佳節正值柳綿飛似雪便須
豪飲敵青春莫對新花羞白髮　人生聚
散如弦筈老去風情尤惜别大家金盞倒
垂蓮一任西樓低曉月

西湖南北煙波闊風裏絲簧聲韻咽舞餘裙帶綠雙垂酒入香腮紅一抹 杯深不覺瑠璃滑貪看六么花十八明朝車馬各西東惆悵畫橋風與月

十一

燕鴻過後春歸去細算浮生千萬緒來如春夢幾多時去似朝雲無覓處 聞琴解珮神仙侶挽斷羅衣留不住勸君莫作獨醒人爛醉花間應有數

十二

蝶飛芳草花飛路把酒已嗟春色暮當時枝上落殘花今日水流何處去　樓前獨遶鳴蟬樹憶把芳條吹暖絮紅蓮綠芰亦芳菲不柰金風兼玉露

十三

别後不知君遠近觸目淒涼多少悶漸行漸遠漸無書水闊魚沉何處問　夜深風竹敲秋韻萬葉千聲皆是恨故欹單枕夢中尋夢又不成燈又燼

十四

紅絛約束瓊肌穩拍碎香檀催急袞隴頭

鳴咽水聲繁葉下間關鶯語近　美人才

子傳芳信明月清風傷別恨未知何處有

知音常爲此情留此恨

十五

檀槽碎響金絲撥露濕潯陽江上月不知

商婦爲誰愁一曲行人留夜發　畫堂花

月新聲別紅蘂調長彈未徹暗將深意祝

膠絃唯願絃絃無斷絕

十六

春葱指甲輕攏撚五彩垂條雙袖卷雪香濃透紫檀槽胡語急隨紅玉腕　當頭一曲情何限入破錚鏦金鳳戰百分芳酒祝長春再拜歛容擡粉面

十七

金花盞面紅煙透舞急香茵隨步皺青春才子有新詞紅粉佳人重勸酒　也知自爲傷春瘦歸騎休交銀燭候擬將沉醉爲清歡無柰醒來還感舊

十八

雪雲乍變春雲簇漸覺年華堪送目北枝梅蘂犯寒開南浦波紋如酒緑　芳菲次第還相續不柰情多無處足樽前百計得春歸莫爲傷春歌黛蹙

十九　柳

黄金弄色輕於粉濯濯春條如水嫩爲緣力薄未禁風不柰多嬌長似困　腰柔乍怯人相近眉小未知春有恨勸君着意惜芳菲莫待行人攀折盡

二十

珠簾半下香銷印二月東風催柳信琵琶傍畔且尋思鸚鵡前頭休借問　驚鴻過後生離恨紅日長時添酒困未知心在阿誰邊滿眼淚珠言不盡

二十一

沉沉庭院鶯吟弄日暖煙和春氣重綠楊嬌眼爲誰回芳草深心空自動　倚欄無語傷離鳳一片風情無處用尋思還有舊家心蝴蝶時時來役夢

二十二

去時梅蕚初凝粉不覺小桃風力損梨花最晚又凋零何事歸期無定準　欄干倚遍重來凭淚粉偷將紅袖印蜘蛛喜鵲誤人多似此無憑安足信

二十三

酒美春濃花世界得意人人千萬態莫教辜負艷陽天過了堆金何處買　已去少年無計奈且願芳心長恁在閑愁一點上心來筭得東風吹不解

二十四

湖邊柳外樓高處望斷雲山多少路闌干倚遍使人愁又是天涯初日暮　輕無管繫狂無數水畔花飛風裏絮筭伊渾似薄情郎去便不來來便去

二十五

南園粉蝶能無數度翠穿紅來復去倡條冶葉恣留連飄蕩輕於花上絮　朱欄夜夜風兼露宿粉棲香無定所多情翻却似無情羸得百花無限妬

二十六　子規

江南三月春光老　月落禽啼天未曉　露和啼血染花紅　恨過千家煙樹杪　雲垂玉枕屏山小　夢欲成時驚覺了　人心應不似伊心　若解思歸歸合早

二十七

東風本是開花信　及至花時風更緊　吹開吹謝苦悤悤　春意到頭無處問　把酒臨風千萬恨　欲掃殘紅猶未忍　夜來風雨轉離披　滿眼淒涼愁不盡

二十八

陰陰樹色籠晴晝清淡園林春過後杏腮輕粉日催紅池面綠羅風卷皺　佳人向晚新粧就圓膩歌喉珠欲溜當筵莫放酒杯遲樂事良辰難入手

二十九

芙蓉鬪暈燕支淺留着晚花開小宴畫船紅日晚風清柳色溪光晴照暖　美人爭勸梨花盞舞困玉腰裙縷慢莫交銀燭促歸期已祝斜陽休更晚

近體樂府卷第二

蝶戀花第六篇 載陽春録

誰抱一作誰把雙飛一作驚飛濃醉一作濃睡鶯亂語一作慵不語

第七篇 尊前集作李王詞

乍過一作過了傷春暮一作春將暮依俙一作無言誰一作人輕輕一作低低相思一作芳心

第九篇 亦載陽春録易安李氏稱是六一詞

第十四十五篇 並載柳三變樂章集

第十六篇 亦載陽春録 拋弃一作拋擲 小橋一作小樓

第十九篇 亦載陽春録

漁家傲第十四篇 霞尾暗一作亂

玉樓春第十篇 舞餘文海作舞餘

第十一篇 幾多一作不多

第十八篇 此篇尊前集作馮延巳而陽春録不載 送目一作縱目

還相一作長相 不柰一作自是

續添

漁家傲第二篇 羞起晚晚一作懶 紅日短短一作晚

又續添

漁家傲

正月斗杓初轉勢金刀剪綵功夫異稱慶
高堂歡幼稚看柳意偏從東面春風至
十四新蟾圓尚未樓前乍看紅燈試冰散
緑池泉細細魚欲戲園林已是花天氣

同前

二月春耕昌杏密百花次第爭先出惟有
海棠梨第一深淺拂天生紅粉真無匹
畫棟歸來巢未失雙雙款語怜飛乙留客
醉花迎曉日金盞溢却憂風雨飄零疾

同前

三月清明天婉娩晴川祓禊歸來晚況是
踏青來處遠猶不倦秋千別閉深庭院
更值牡丹開欲遍酴醾壓架清香散
誰解勸增眷戀東風回晚無情絆

同前

四月園林春去後深深密幄陰初茂折得
花枝猶在手香滿袖葉間梅子青如豆
風雨時時添氣候成行新筍霜筠厚題就
送春詩幾首聊對酒櫻桃色照銀盤溜

同前

五月榴花妖艷烘綠楊帶雨垂垂重五色
新絲纏角粽金盤送生綃畫扇盤雙鳳
正是浴蘭時節動菖蒲酒美清尊共葉裏
黄鸝時一弄猶鬆等閑驚破紗窗夢

同前

六月炎天時霎雨行雲涌出奇峯露沼上
嫩蓮腰束素風兼露梁王宫闕無煩暑
畏日亭亭殘蕙炷傍簾乳燕雙飛去碧盌
敲冰傾玉處朝與莫故人風快涼輕度

同前

七月新秋風露早渚蓮尚拆庭梧老是處
瓜華時節好金樽倒人間綵縷爭祈巧
萬葉敲聲涼乍到百蟲啼晚煙如掃箭漏
初長天杳杳人語悄那堪夜雨催清曉

同前

八月秋高風歷亂衰蘭敗芷紅蓮岸皓月
十分光正滿清光畔年年常願瓊筵看
社近愁看歸去燕江天空闊雲容漫宋玉
當時情不淺成幽怨鄉關千里危腸斷

同前

九月霜秋秋已盡烘林敗葉紅相映惟有東籬黄菊盛遺金粉人家簾幕重陽近曉日陰陰晴未定授衣時節輕寒嫩新鴈一聲風又勁雲欲凝鴈來應有吾鄉信

同前 此篇已載本卷但數字不同

十月小春梅蘂綻紅爐畫閣新裝遍鴛帳美人貪睡暖梳洗嬾玉壺一夜輕澌滿樓上四垂簾不卷天寒山色偏宜遠風急鴈行吹字斷紅日晚江天雪意雲撩亂

同前

十一月新陽排壽宴黄鍾應管添宫線獵獵寒威雲不卷風頭轉時看雪霰吹人面南至迎長知漏箭書雲紀候冰生研臘近探春春尚遠閑庭院梅花落盡千千片

同前

十二月嚴凝天地閉莫嫌臺榭無花卉惟有酒能欺雪意增豪氣直教耳熱笙歌沸隴上雕鞍惟（敏）數騎獵圍半合新霜重重霜鼓聲寒不起千人指馬前一鴈寒空墜

荆公嘗對客誦永叔小闋云五綵新絲纏角粽金盤送生綃畫扇盤雙鳳曰三十年前見其全篇今才記三句乃永叔在李太尉端愿席上所作十二月鼓子詞數閗人求之不可得嗚呼荆公之没二紀余自永平幕召還過武陵始得於州將李君誼追恨荆公之不獲見也誼太尉猶子也[illegible]年中秋日金陵

[illegible]闕其名

政和丙申冬余還自京師過歙州太守

濠梁許君頌之席上見許君舉荆公所
記三句且云此詞才情■餘它人不能
道也後十二年建炎戊申偶得此本於
長樂同官方君後四年辛亥紹興二月
朔自尤溪避盜宿龍𢀖以待二弟適無
事謾録于此吏部員外郎朱松喬年

近體樂府卷第三　歐陽文忠公集一百三十三

長短句

南歌子

鳳髻金泥帶，龍紋玉掌梳。走來窗下笑相扶。愛道畫眉深淺入時無。　弄筆偎人久，描花試手初。等閑妨了繡功夫。笑問雙鴛鴦字怎生書。

御街行

夭非華艷輕非霧。來夜半天明去。來如春夢不多時，去似朝雲何處。乳鷄酒燕，落星

沉月紞紞城頭鼓　參差漸辨西池樹朱閣斜欹户緑苔深徑少人行苔上屐痕無數遺香餘粉剩衾閑枕天把多情賦

桃源憶故人 一名虞美人影

一

梅梢弄粉香猶嫩欲寄江南春一作芳信别後寸腸縈一作愁損説與伊争穩小爐獨守寒灰燼忍泪低頭二字一作無言畫盡眉上萬重新恨竟日無人問

二

鶯愁燕苦春歸去寂寂花飄紅雨碧草綠

楊岐路況是長亭暮　少年行客情難訴

泣對東風無語目斷兩三煙樹翠隔江淹浦

臨江仙

一

柳外輕雷池上雨雨聲滴碎荷聲小樓西

角斷虹明欄干倚處待得月華生　燕子

飛來窺畫棟玉鈎垂下簾旌涼波不動簟

紋平水精雙枕傍有墮釵橫

二

記得金鑾同唱第春風上國繁華如今薄宦老天涯十年歧路空負曲江花　聞說閬山通閬苑樓高不見君家孤城寒日等閑斜離愁難盡紅樹遠連霞

聖無憂

世路風波險十年一別須臾人生聚散長如此相見且懽娛　好酒能消光景春風不染髭鬚爲公一醉花前倒紅袖莫來扶

浪淘沙

一

把酒祝東風且共從容垂楊紫陌洛城東
總是當時携手處遊遍芳叢　聚散苦悤
悤此恨無窮今年花勝去年紅可惜明年
花更好知與誰同

二

花外倒金翹飲散無憀柔桑蔽日柳迷條
此地年時曾一醉還是春朝　今日舉輕
橈帆影飄飄長亭回首短亭遥過盡長亭
人更遠特地魂銷

三

五嶺麥秋殘荔子初丹絳紗囊裏水晶丸
可惜天教生處遠不近長安　往事憶開
元妃子偏怜一從魂散馬嵬關只有紅塵
無驛使滿眼驪山

四

萬恨苦綿綿舊約前懽桃花溪畔柳陰闇
幾度日高春睡重繡戶深關　樓外夕陽
閑獨自憑欄一重水隔一重山水闊山高
人不見有淚無言

五

今日北池遊漾漾輕舟波光瀲灩柳條柔
如此春來春又去白了人頭 好妓好歌
喉不醉難休勸君滿滿酌金甌縱使花時
常病酒也是風流

定風波

一

把酒花前欲問他對花何恡（一作惜）醉顔酡
春到幾人能爛賞何況無情風雨等閑多
艷樹香叢都幾許朝暮惜紅愁粉奈情何
好是金船浮玉浪相向十分深送一聲歌

二

把酒花前欲問伊忍嫌金盞負春時紅艶
不能旬日看宜筭須知開謝只相隨 蝶
去蝶來猶解戀難見回頭還是度年期莫
候飲闌花已盡方信無人堪與補殘枝

三

把酒花前欲問公對花何事訴金鍾爲問
去年春甚處虛度鶯聲撩亂一場空 今
歲春來須愛惜難得須知花面不長紅待
得酒醒君不見千片不隨流水即隨風

四

把酒花前欲問君世間何計可留春縱使青春留得住虛語無情花對有情人任是好花須落去自古紅顏能得幾時新暗想浮生何事好唯有清歌一曲倒金樽

五

過盡韶華一作光不可添小樓紅日下層簷春睡覺來情緒惡寂寞楊花繚亂拂珠簾早是閑愁依舊在無奈那堪更被宿醒兼把酒送春惆悵甚長恁年年三月病厭厭

六

對酒追歡莫負春春光歸去可饒人昨日紅芳今綠樹已暮殘花飛絮兩紛紛　粉面麗姝歌窈窕清妙樽前信任醉醺醺不是狂心貪燕樂自覺年來白髮滿頭新

驀山溪

新正初破三五銀蟾滿纖手染香羅剪紅蓮滿城開遍樓臺上下歌管咽春風駕香輪停寶馬只待金烏晚　帝城今夜羅綺誰爲伴應卜紫姑神問歸期相思望斷天

涯情緒對酒且開顏春宵短春寒淺莫待金杯暖

浣溪沙

一

雲曳香綿彩柱高絳旗風颭出花梢一梭紅帶往來拋　束素美人羞不打却嫌裙慢褪纖腰日斜深院影空搖

二

堤上遊人逐畫船拍堤春水四垂天緑楊樓外出鞦韆　白髮戴花君莫笑六么催

拍盞頻傳人生何處似樽前　樓外一作稍外

三

湖上朱橋響畫輪溶溶春水浸春雲碧瑠璃滑淨無塵　當路遊絲縈醉客隔花啼鳥喚行人日斜歸去柰何春

四

葉底青青杏子垂枝頭薄薄柳綿飛日高深院晚鶯啼　堪恨風流成薄倖斷無消息道歸期托腮無語翠眉低

五

青杏園林煮酒香佳人初着薄羅裳柳絲
摇曳燕飛忙　乍雨乍晴花自落閑愁閑
悶晝偏長爲誰消瘦損容光

六

紅粉佳人白玉杯木蘭船穩棹歌催緑荷
風裏笑聲來　細雨輕煙籠草樹斜橋曲
水遶樓臺夕陽髙處畫屏開

七

翠袖嬌鬟舞石州兩行紅粉一時羞新聲
難逐管絃愁　白髮主人年未老清時賢

相望偏優一樽風月爲公留

八

燈燼垂花月似霜薄簾映月兩交光酒醺紅粉自生香　雙手舞餘拖翠袖一聲歌已釂金觴休回嬌眼斷人腸

九

十載相逢酒一卮故人纔見便開眉老來遊舊更同誰　浮世歌歡真易失宦途離合信難期樽前莫惜醉如泥

御帶花

青春何處風光好帝里偏愛元夕萬重繒綵構一屏峯嶺半空金碧寶槳銀釭耀絳幕龍虎騰擲沙堤遠雕輪綉轂爭走五王宅　雍容熙熙作晝會樂府神姬海洞仙客拽香摇翠稱執手行歌錦街天陌月淡寒輕漸向曉漏聲寂寂當年少狂心未已不醉怎歸得

虞美人

爐香晝永龍煙白風動金鸞額畫屏寒掩小山川睡容初起枕痕圓墜花鈿　樓高

不及煙霄半望盡相思眼艷陽剛愛挫愁人故生芳草碧連雲怨王孫

鶴沖天

梅謝粉柳拖金香滿舊園林養花天氣半晴陰花好却愁深　花無數愁無數花好却愁春去戴花持酒祝東風千萬莫怱怱

夜行船

一

憶昔西都懽縱自別後有誰能共伊川山水洛川花細尋思舊遊如夢　今日相逢

情愈重愁聞唱晝樓鍾動白髮天涯逢此
景倒金樽殢誰相送

二

滿眼東風飛絮催行色短亭春暮落花流
水草連雲看看是斷腸南浦　檀板未終
人去去扁舟在綠楊深處手把金樽難爲
別更那聽亂鶯疎雨

洛陽春

紅紗未曉黄鸝語蕙爐銷蘭炷錦屏羅幕
護春寒昨夜三更雨　綉簾閑倚吹輕絮

斂眉山無緒看花拭泪向歸鴻問來處逢郎否

一叢花 此篇世傳張先子野詞

傷春懷遠幾時窮無物似情濃離愁正恁牽絲亂更南陌飛絮濛濛歸騎漸遥征塵不斷何處認郎蹤 雙鴛池沼水溶溶南北小橋通梯橫畫閣黄昏後又還是新月簾櫳沉恨細思不如桃李還解嫁春風

雨中花

千古都門行路能使離歌聲苦送盡行人

花殘春晚又到君東去　醉藉落花吹暖絮多少曲堤芳樹且携手留連良辰美景留作相思處

千秋歲

數聲鶗鴂又報芳菲歇惜春更把殘紅折雨輕風色暴梅子青時節永豐柳無人盡日花飛雪　莫把絲絃撥怨極絃能說天不老情難絕心似雙絲網終有千千結夜過也東窻未白殘燈滅

越溪春

三月十三寒食日春色遍天涯越溪閬苑繁華地傍禁垣珠翠煙霞紅粉墻頭鞦韆影裏臨水人家　歸來晚駐香車銀箭透窻紗有時三點兩點雨霽朱門柳細風斜沉麝不燒金鴨冷籠月照梨花

賀聖朝影

白雪梨花紅粉桃露華高枿楊慢舞綠絲條草如袍　風過小池輕浪起似江皐千金莫惜買香醪且陶陶

洞天春

鶯啼綠樹聲早檻外殘紅未掃露點真珠遍芳草正簾幃清曉　鞦韆宅院悄悄又是清明過了燕蝶輕狂柳絲撩亂春心多少

憶漢月

紅豔幾枝輕裊新被東風開了倚煙啼露爲誰嬌故惹蝶憐蜂惱　多情遊賞處留戀向綠叢千繞酒闌歡罷不成歸腸斷月斜春老

清平樂

一

雨晴煙晚緑水新池滿雙燕飛來垂柳院
小閣畫簾高捲　黄昏獨倚朱欄西南初
月眉彎砌下落花風起羅衣特地春寒

二

小庭春老碧砌紅萱草長憶小欄閑共遶
携手緑叢含笑　别來音信全乖舊期前
事堪猜門掩日斜人静落花愁點青苔

應天長

一

一彎初月臨鸞鏡雲鬟鳳釵慵不整珠簾

淨重樓迴惆悵落花風不定　緑煙低柳
徑何處轆轤金井昨夜更闌酒醒春愁勝
却病

二

石城山下桃花綻宿雨初晴雲未散南去
棹北飛鴈水闊山遥腸欲斷　倚樓情緒
懶惆悵春心無限燕度蒹葭風晚欲歸愁
滿面

三

緑槐陰裏黄鶯語深院無人日正午繡簾

垂金鳳舞寂寞小屏香一炷　碧雲凝合處空役夢魂來去昨夜緑窻風雨問君知也否

涼州令　東堂石榴

翠樹芳條颭的的裙腰初染佳人携手弄芳菲緑陰紅影共展雙紋簟插花照影窺鸞鑑只恐芳容減不堪零落春晚青苔雨後深紅點　一去門閑掩重來却尋朱檻離離秋實弄輕霜嬌紅脉脉似見燕脂臉人非事往眉空斂誰把佳期賺芳心只願

長依舊春風更放明年艷

南鄉子

一

翠密紅繁水國涼生未是寒雨打荷花珠不定輕翻冷潑鴛鴦錦翅斑　盡日凭欄弄蘂拈花子細看偷得㬹蹄新鑄様無端藏在紅房艷粉間

二

雨後斜陽細細風來細細香風定波平花映水休藏照出輕盈半面粧　路隔秋江

蓮子深深隱翠房意在蓮心無問處難忘
泪裛紅腮不記行

鵲橋仙

月波清霽煙容明淡靈漢舊期還至鵲迎
橋路接天津映夾岸星榆點綴　雲屏未
卷仙鷄催曉腸斷去年情味多應天意不
交長恁恐把歡娛容易

芳草渡

梧桐落蓼花秋煙初冷雨纔收蕭條風物
正堪愁人去後多少恨在心頭　燕鴻遠

羌笛怨渺渺澄波一片山如黛月如鈎笙歌散夢魂斷倚高樓

珠簾捲暮雲愁垂楊暗鎖青樓煙雨濛濛如畫輕風吹旋收　香斷錦屏新別人閑玉簟初秋多少舊懽新恨書杳杳夢悠悠

更漏子

風帶寒枝正好蘭蕙無端先老情悄悄夢依依離人殊未歸　褰羅幕凭朱閣不獨堪悲摇落月東出鴈南飛誰家夜擣衣

摸魚兒

卷繡簾梧桐秋院落一霎雨添新綠對小
池閒立殘粧淺向晚水紋如縠凝遠目恨
人去寂寂鳳枕孤難宿倚欄不足看燕拂
風簷蝶翻露草兩兩長相逐　雙眉促可
惜年華婉娩西風初弄庭菊況伊家年少
多情未已難拘束那堪更趂涼景追尋甚
處垂楊曲佳期過盡但不說歸來多應忘
了雲屏去時祝

少年遊

一

去年秋晚此園中携手翫芳叢拈花嗅蘂惱煙撩霧拚醉倚西風　今年重對芳叢處追往事又成空敲遍闌干向人無語惆悵滿枝紅

二

肉紅圓樣淺心黃枝上巧如裝雨輕煙重無憀天氣啼破曉來粧　寒輕貼體風頭冷忍拋棄向秋光不會深心爲誰惆悵回面恨斜陽

三

玉壺冰瑩■爐■人起繡簾開春叢一夜六花開盡不待剪刀催　洛陽城闕中天起高下遍樓臺絮亂風輕拂鞍霑袖歸路似章街

行香子

舞雪歌雲閑淡粧勻藍溪水染輕裙酒香醺臉粉色生春更雅談話好情性美精神　空江不斷淩波何處向越橋邊青柳朱門斷鍾殘角又送黃昏奈眼中淚心中事

意中人

鷓鴣天

學畫宮眉細細長芙蓉出水鬬新粧只知一笑能傾國不信相看有斷腸　雙黃鵠兩鴛鴦迢迢雲水恨難忘早知今日長相憶不及從初莫作雙

近體樂府卷第三

情動於中而形於言人之常也詩三百篇如俟城隅望復關摽梅實贈勺藥之類聖人未嘗刪焉陶淵明閑情一賦豈害其爲達而梁昭明以爲白玉微瑕何也公性至剛而與物有情蓋嘗致意於詩爲之本義温柔寬厚所得深矣吟詠之餘溢爲歌詞有平山集盛傳於世曾慥雅詞不盡收也今定爲三卷且載樂語于首其甚淺近者前輩多謂劉煇僞作故削之

元豐中崔公度跋馮延巳陽春録謂皆延

已親筆其間有誤入六一詞者近世桐汭志新安志亦記其事今觀延巳之詞往往自與唐花間集尊前集相混而柳三變詞亦雜平山集中則此三卷或甚浮豔者殆非公之少作疑以傳疑可也

郡人羅泌校正

浪淘沙第一篇

可惜一作料得

第三篇

囊裏一作囊褁 一從一作自從 闌一作前

驀山溪

歌管一作歌吹

浣溪沙第五篇

初着一作初試

清平樂第一篇 又載陽春録

應天長三篇 並載陽春録

第一篇 彎初 一作鈎新

第二篇 山遥 一作天遥 燕度 一作忍淚

第三篇 花間集作皇甫松詞 金奩集作溫飛卿詞 鶯語 二集並作梅雨

日正午 一作春晝午 問君知也否 諸集並作斷腸君信否

芳草渡 又載陽春録 澄波 一作清江

更漏子 又載陽春録 情悄悄 一作雲杳杳

續添浪淘沙第三篇 麥秋殘 殘一作寒

夜行船第二篇 人去去 一作人又去

（宋）歐陽修 撰

宋本歐陽文忠公集

第二九册

國家圖書館出版社

第二九册目録

書簡卷第七　歐陽文忠公集一百五十

與謝舍人　絳字希深　寶元元年

某頓首再拜兵部學士三丈久以多故少便不果拜狀春暄尊候萬福省牓至獨遺聖俞豈勝嗟惋任適呂澄可過人邪堪怪聖俞失此虛名雖不害爲才士柰何平昔並游之閒有以處下者今反得之覩此何由不痛恨欲作一書與胥親及李舍人宋學士論理之又恐自有失誤不欲輕發不爾何故見遺可駭可駭由是而較科場果

得士乎登進士第者果可貴乎日日與師
魯相對驚歎不已伏承殿試考校今必已
了某替人猶未至拜見未闇伏惟保重因
人謹附狀不宣

又 寶元二年

某頓首百拜知府舍人三丈三兩日毒暑
尤甚不審尊候何似某昨走鈐下夂溷賓
館旱暑交作晏陰方興當君子定心靜事
休息之時暑夕屢煩長者其如乗餘閑奉
罇爼泛覽水竹登臨高明歡然之適無異

京洛之舊其小別者聖俞差老而脩為窮
人主人腰雖金魚而鬢亦白矣其清興則
皆未減也臨別之際感戀何勝西禪竹林
又辱餞送自夜出南城凡再宿始至弊邑
私門老幼往往病暑正如所慮此所以眷
眷門下而不候久留者也自鄧至汝陰道
出田間由鉅欣橋而西秋稼甚盛時雨已足
閭之乃覽秀所望而脚正在陋邦然鄧州
界（二字一作則）莫及也豈騎立之神邪一作憎家
雞而愛野雉乎自還縣便苦繫一作俗事書

記未能詳悉謹拜此叙謝伏惟幸察不宣

從表姪歐陽脩頓首百拜

與王待制 質字子野 慶曆三年

某頓首再拜運使學士子野兄春暄伏惟尊候萬福自去年閏月來東郡以就禄養幸如所欲惟僻陋日益愚鄙爾在都下時子野兄舟行不克攀别其後送者還頗知留客甚歡而飲酒差多親族皆以素羸奉憂不知其後復飲否子野善自攝猶能絶葷血甘淡薄況於酒邪一别頓爾南北闕

於侯閤惟冀自重以慰區區不宣某頓首

與李賢良　覯字泰伯　嘉祐初

某啓冗事牽迫久踈奉長者之論不知兩辱過門甚媿甚媿某來日有少事須出即今幸家居可以拂席奉俟軒蓋顒企顒企不然當別拜聞貴不失約也某頓首賢良

先生

與曾舍人　鞏字子固　慶曆六年

某啓雖久不相見而屢辱書及示新文甚慰瞻企今歲科場偶滯遐舉畜德養志愈

期遠到此鄙劣之望也其此幸自如山州
少朋友之遊日逾昏塞加之老退於舊學
已爲廢失而韓子所謂終於小人之歸乎
因風不惜遠垂見教未良會間自重自重

又 治平四年夏

某啓奉别忽忽暑候已深不審動履何似
某昨假道于潁者本以歸休之計初未有
涯故須躬往及至則弊廬地勢喧靜得中
仍不至狹隘但易故而新稍增廣之可以
自足矣以是功可速就朞年掛冠之約必

不愆期也甚幸甚幸昨在潁無所營爲所以少留者蓋避五月上官未能免俗爾毫之佳處人所素稱者往往過實其餘不及陳潁遠甚然俯仰年歲間如傳郵爾初亦不以爲佳蓋自便其近潁爾至此便值酷暑未能多作書相知或有見問者幸略道此意惟慎夏自愛

與蘇編禮 洵字明允 嘉祐二年

某啓自足下西歸承有家問忽遽而行時一小子卧病方憂悶中不得相見中間得

還蜀後所惠書及今者賢郎人至得書承
尊履休康併以爲慰足下文行見推於時
豈夂窮居於遠方者未相會間千萬自愛

又 治平間

某啓承示表本甚佳前所借諡法三卷值
公私多事近方徧得披閱文字更不待愚
陋稱述第新法增損今別爲一書則無不
可矣成一家之言吾儕喜若己出爾諡録
卷秩既多秖欲借草本

又 治平三年

某啓多日不奉見承遷居不易初聞風氣不和謂小小爾昨日賢郎學士見過始知尚未康平旦夕來體中何似更冀調慎藥食無由馳候專奉此

又 治平三年

某啓自以拙疾數日闕於致問不審體中何如必遂平愈孫兆藥多涼古方難用於今更且參以他醫爲善也專此不宣

又 同前

某啓數日來尊候必更痊安單藥得效應

且專服千萬精審無求速功不欲頻去咨問恐煩勸也亦不煩答簡或賢郎批數字可矣

與費縣蘇殿丞 皇祐■年

某啓特承書問兼惠篆碑滁陽山泉誠爲勝絶而率然之作文鄙意近乃煩雋筆以傳于遠既喜斯亭之不朽又愧陋文莫掩感仰之抱寧復宣陳專人還謹此敘謝

又■

舊用龍尾硯一枚鳳茶一斤聊表意

其啓前者辱見顧屬苦多事不得少伸款曲比奉詞則承已歸縣矣但深怏怏也辱惠書竊審經春體氣清裕某衰病疲憊日自彊勉未知報効不敢言勞咫尺阻闊推多愛

與澠池徐宰無黨 皇祐五年

某啓久不得書自聞省試日望一信人至忽得所示大慰鄙懷兼喜春寒所履無恙程試賦詩極工矣策贍博而辯論偉然皆當在高等人力所可爲者止於如此耳其

他有命然俗言運亨者臨事不惑揮翰之
際能至此其亦奮發於茲時乎計此書至
巳在高第故不子細不次脩書白

又　至和元年

其啓真陽相别忽以及茲日月不居大祥
奄及攀號擗踊五内分崩不孝罪逆蒼天
莫訴哀苦哀苦久不得書日與無逸弟想
望忽捧來示承在道曾感疾喜今復常又
知淮水淺澁雖深欲相見但恐阻滯遂失
赴官之期若於事有妨則不若且就汴流

西上如淮水可行與汴不爭遠近即茲來爲善賢弟在此寂寞中相伴大幸某秋涼方卜離此南北未知何適五代史昨見曾子固議令却重頭改換未有了期仍作注有難傳之處蓋傳本固未可不傳本則下注尤難此須相見可論改服哀中忙迫偶奉接人行聊此

又

至和二年

某啓專人至辱書承官下無恙深慰示及誌文甚佳無逸弟又有煩惱可哀適值有

人在此誌文當附去又知且權河南澠池
本邑自可讀書爲政何必求來府中所云
冬末當至京師暫來甚善一作喜無欲弟居
監中時相見焦秀才亦在太學補監生恐
知其碌碌于此士大夫有所論當悉以見
告庶助其不及實有望也未相見多愛

又同前

某啓人至辱書承官下無恙深慰深慰所
云進取之道能具達其如此夫復何患諭
及富公言范文正公神道碑事當時在潁

已共詳定如此爲允述吕公事於范公見
德量包宇宙忠義先國家於吕公事各紀
實則萬世取信非如兩仇相訟各過其實
使後世不信以爲偏辭也大抵某之碑無
情之語平啚之誌嫉惡之心勝後世得此
二文雖不同以此推之亦不足怪也其官
序非差但略爾其後已自解去居官之次
第不書則後人不於此求官次也幸爲一
一白啚公如必要換則請他别命人作爾

又 嘉祐元年

某啓縣人來得書承寒凝公外體氣無恙
深慰深慰所寄近著尤佳論議正宜如此
然著撰苟多他日更自精擇少去其繁則
峻潔矣然不必勉強勉強簡節之則不流
暢須待自然之至其如常宜在心也代天
論既各有篇目不必謂之代天可也某近
權省得罷稍閑已有削乞洪井若果得則
私便尤多況非要任求之必可得也無欲
弟在太學見兒子云甚安某一向多事少
暇他亦疎及門恐知銓中新制破考之事

稍緩若在本州無妨亦可已新年多愛

又 嘉祐二年

某啓人至辱書承涖官進學無恙甚以爲慰所寄文字大佳然作文之體初欲奔馳久當收節使簡重嚴正或時肆放以自舒勿爲一體則盡善矣其此待罪誠碌碌然期必有爲而自効士大夫見責者深是待我厚而愛之過爾敢不佩服冬寒自愛在

致齋處草草

與焦殿丞 千之 皇祐五年

其啓自相别無日不奉思急足辱書深所
浣慰然聞不遂解名在於俗情豈不快快
若足下素所自待與其所以奉待者豈在
一得失之間但以科場文字不得專意經
術而某亦有人事令足下三數年間且可
棄去科場文字而僕亦端居無一事惟於
此時可以講訓素所聞未舉者過此恐彼
此難得工夫也足下爲人明果以此思之
亮可泱然北首深恨閑居無人既不能專
遣人去奉招當正初南歸亦不爲久别計

但仰首傾望也某於哀苦中奉思諸君子
此又不可言已寒多愛

又 至和二年

陰雨泥甚不欲頻奉邀蓋知請假甚艱也
某恐不久出疆欲且奉託與照管三數小
子某來日遂移過高橋宅中俟稍定疊便
去般出學恐先要知仍請具此白胡先生
知爲妙至時恐要人般挈請示及待令去

又 嘉祐元年

晩間可出即見過閑話某再拜

某啓知昨日已差試官廳事便當牽率稍
涼體中佳否近晚或能見過閑話少時恐
遂難得暇也麤細米各二斛聊飼僮僕輩
必不以輕鮮爲怪有無相通亦鄰里之常
事慙灰慙灰

又 同前

某啓以數日齋祠今早方歸知曾來取藥
體中佳否見解牓張壽秀才已獲薦不知
肯且來此過冬否秖恐他要冬課嫌小兒
喧聒不然蒙益則多矣某今日在家隨早

晚見過閑話少時

又　嘉祐元年

某啓今日見解牓尚疑脱漏姓名然初以得失委命而進則臨事自應不動于懷此孟子之勇也適歸家偶早幸略見過閑話某頓首

又　同前

某啓數日大熱不審意思如何適令發至羣牧司云已却歸西岡不審何謂此中西位頗寬涼多南風甚可居至於飲食亦可

取性固無形迹矣蕪時得閑話請更思之勿以爲疑也謹此咨啓候報某啓

又 同前

某啓見兒子言尊候違和豈非患腹臟邪秋後慎生冷爲佳以數日不相見甚思渴其一出參假便有人事區區加以兩日復熱恐彼中窄狹無事且來書院取涼無形迹也前時奉白鄉有策題彼中收得者幸爲録示或秖撿得本子此中亦有人寫蓋人事易因循也

又 嘉祐元年

某數日不承問不審體中如何當漸平和但怪不見過故此奉問凡疾病不欲滯鬱頗須消息有以散釋其效多於服藥若能出入幸相過要人馬來取至於藥物亦當商榷乃盡其理謹此咨啓某再拜

又 同前

某啓稍寒想益佳裕數日人事忙迫非常前夕至學舍中見狼籍可憎所以未敢便請他張秀才更俟一二日大太祝歸略令

灑掃兼廢事有所備緣某多故不能躬視也兩日欲去報此意亦無暇作簡衮衮度日公私不濟一事此京師之態也某奉白

又 嘉祐二年

某啓昨日以客多飢疲風眩發作卧不能起承示簡不及時答所言張先輩但怪其登第後絶不相過餘非所聞也亦欲旦夕召渠相見但以多事忽忽未暇爾今日知聞喜宴來日約其見過也

又 嘉祐六年

其啓有無相通蓋爲常理更不存形迹也船不必白省主自遣人問當亦可得蘇氏昆仲連名並中自前未有盛事盛事姚闢詩說請試看有長處簽出示及爲無工夫細看故也

又 嘉祐六年

承惠胡公銘茲人美德固樂爲之紀述第以文字傳遠須少儲思蓋尋常意思未及爲人強作多不佳也自來日已徃併無假故直至旬休如所諭行期甚迫當且前之

續可附致潤州諒不爲晩也人還謹此白知小兒不安且慎調護大熱難將息也

又 同前

某啓自相别後方欲作書遽承不疑學士有來歸之命自後更欲附書則思舟行必已在道無處可附亦以不乆相見不必爲書也適得信喜來甚速且承酷熱中體氣清安其他皆可盡於相見也某爲今夏病暑不可勝任又得喘疾遂且在告蓋衰老之態自然如此也略留來人附此草草

又 嘉祐六年

某啓自相别更不聞問近得邵學士書云已到家方喜知動静兼承所履安和實以爲慰某病衰如昨不惟任責愈難常至於勞苦亦筋骸不能支等爲可責惟早自知止猶勝彊顏以貪寵利自計非不熟但恐未得如志遂爲君子之棄而小人之歸爾南方宜多有聞見不惜垂諭猶勝不知也有望有望前者胡公墓表誤書陵州人當問其家爲改正歳晚寒凛以時自愛因人惠問

又 嘉祐末

遽尔大熱病軀殊不可當數日不相見體中佳否知已授樂清果如何來日見過家飧幸早枉步乘午前稍凉廡幾可坐也無它客姚祕校劉 真蹟至此止

又 治平▆年

朞啓范氏子書來并獲所寄書自承赴樂清後方拜此一書審此居官下安和稍釋傾想陋巷之士得以自高於王侯者以道自貴也一從吏事便爲禮法所繩若居人

下而欲有設施則世事難如人意更當屈
伸取捨要於濟務此非獨小官自古聖賢
尚以爲難所以前世一節之士以貧賤爲
易守也自臨縣治今將及朞諒深諳此態
也某嘗再爲縣令然遂得周達民事兼知
官情未必不爲益某愈覺衰殘齒牙搖動
飲食艱難食物十常忌八九情懷益蕭索
物外浮榮信乎不爲吾儕得失也有名即
去矣未相見間公餘慎愛因人時惠問不
宣某書白

與王主簿 回 字深甫

某啓嚮者深甫在京師則以俗冗不常得相見既去又不時爲信問視其外豈非踈且慢哉然求諸中則不然也人至惠問承奉太夫人萬福下情瞻慰某衰病日增殊無世間意趣近買田潁上思幅巾與二三君往來田閭閒其樂尚可終此餘年爾而其勢未能遽去非爲之不果猶須晚獲也深甫以謂如何賢弟昨西略見爾祁寒更乞自愛

又 ■

某啓累日以聖節諸事區區未得祗候大熱不審體氣如何來日見過家飧庶得接清論少時幸早垂訪也專此咨啓不宣某再拜深甫先輩

常君未及作書續得馳問因見爲伸意千萬千萬

又 ■

某啓人至辱示借書並領昨日少奉清論開沃無限嗽良減否師魯文略讀一二篇

令人感涕碑并集録皆納去某某又上

與姚編禮闢字子張 皇祐五年

某頓首閑居絶無人使又不欲頻煩郡中借人所以久不作書上杜公然哀苦中無限瞻依也因請見爲多道哀懇希文得美謚雖無墓誌亦可况是富公作必不泯昧脩亦續後爲他作神道碑中懷亦自有千萬端事待要舒寫極不憚作也只是劣性剛褊平生喫人一句言語不得居喪犯禮名教所重况更有纖毫譬如閑事亦常不

欲人擬議況此乎然而不失爲他紀述只
是遲着十五箇月爾此文出來任他訐
邪謗議近我不得也要得挺然自立徹頭
須步步作把道理事任人道過當方得恰
好杜公愛賢樂善急欲范公事迹彰著耳
因侍坐亦略道其所以但言所以遲作者
本要言語無屈準備仇家爭理爾如此須
先自執道理也餘事不必云云皆碑子極
奉煩多荷多荷因見杜贊善託問實録不
必封但只凴寄來此中程判官亦爲伸謝

將書來後信有書去某再拜

又

某啓專人辱書承守道爲學自如甚善見諭紹巖事止於如此則又何言君子之言必誠誠久必見凡有諸中未有不形于外者惟當以久見吾子之誠爾禮記雜亂之書能如此指擿其繆其功施後世無窮非止効俗儒著述求一時之名也然其中好語合於聖人者多但當去其泰甚者爾更宜慎重如坊記一篇難破請更思之然遇

所見但且論次不惜録示

與王幾道復 景祐元年

某頓首白幾道先輩足下叚氏家人至蒙示書及詩并子聰聖俞書與詩後於東山處又見詩何其勤而周也聖俞得詩大喜自謂黨助漸熾又得一豪者然微有饑態幾道未嘗爲此詩落意便爾清遠自古善吟者益精益窮何不戒也呵呵間别後事自彥國去後患一腫疽二十餘日不能步履甚苦之時惟聖俞一來相問臨清之歡

何可得邪師魯已有召不宜更俟嫁女幾

道與彥國宜督以來走明日就試恐要知

之恵詩未暇答以此也

答孔嗣宗 字伯紹 河南人 皇祐元年

某啓辱書甚善尹君誌文前所辨釋詳矣

某於師魯豈有所惜而待門生親友勤勤

然以書之邪幸無他疑也餘俟他時相見

可道不欲忉忉於筆墨加察加察某再拜

又 同前

東方學生皆自石守道誘倡此人專以教

學爲己任於東諸生有大功與師魯同時人也亦負謗而死若言師魯倡道則當舉天下言之石遂見掩於義可乎若分限方域而言之則不茍故此事難言之也察之

與尹材　慶曆八年

墓銘刻石時首尾更不要留官銜題目及撰人書人刻字人等姓名秪依此寫晉以前碑皆不著撰人姓名此古人有深意況久遠自知篆蓋秪著尹師魯墓四字

與蔡交　皇祐五年

某啓人至辱書感慰何已且承春序履況清休范公襄事脩以孤苦哀困中杜門郊外殊不知端息情禮都闕但得淮西寄到誌銘豈任感涕文正平生忠義道德之光見於誌謚爲信萬世亦足慰也神刻謹如所諭敢不盡心某忝以拙訥獲銘當世仁賢多矣如此文復何所讓但以禮制爲重亦不遲年歲中貴萬全無他議也悉察悉察述夢後序更當勘尋史傳續報然亦當慎文正所慮至深某亦疑其有意不用此

篇果如所料矣試期不遠佇奉賀加愛加愛其再拜

書簡卷第七

與王待制 子野兄舟行（一作承兄舟行）攀別（一作攀送）自攝（此下一有治字）

與焦殿丞第十一帖 不必白（白一作須）

與姚編禮第二帖 不惜錄示（此下一有容細看商議去留之耳爲來人督回書不容少頃當續有具白也二十五字）

與孔嗣宗第一帖 尹君（一作尹公）然以（一作然後）忉

忉一作刀刀

第二帖 若言此上一有令字不苟一作不可

續添

答曾舍人鞏字子固熙寧四年

某自歸里舍以杜門罕接人事少便奉書

中間嘗見運鹽王郎中得問動靜兼承傳

誨近又聞曾少違和急足至辱書喜遂已

康裕甚慰甚慰某秋冬來目足粗可勉強

弟渴淋不少減老年衰病常理不足恠也

餘在別紙某白

見諭乞額且止亦佳此時尤宜安靜爲得理也惠碑文皆佳多荷多荷常筆百救表信不罪不罪

又同前

辱示爲人後議筆力雄贍固不待稱賛而引經據古明白詳盡雖使聾盲者得之可以釋然矣父子三綱人道之大學者久廢而不講縉紳士大夫安於習見門閭俚巷過房養子乞丐異姓之類遂欲諱其父母方羣口諠譁之際雖有正論人不暇聽非

著之文章以要於久遠謂難以口舌一日爭也斯文所期者遠而所補者大固不當以示常人皆如來諭也其亦有一二論述未能若斯文之曲盡然亦非有識之士未嘗出也閑居乏人寫録須相見可揚榷而論也自去年至蔡遂絕不作詩中間惟有答韓邵二公應用之作不足采惟續思潁十餘篇是青州以前者并傳記皆石本今納上自歸潁它文字亦絕筆不作恐知恐知青州十餘篇乱道爲説道上石彼近必見矣

歐陽文忠公集一百五十一

書簡卷第八

與丁學士 寶臣字元珍 皇祐四年

某啓自聞南方寇梗思欲附問凶禍閑居難求的便雖在哀殯翹想之心不可道也元珍學行優深才當遠用遣一作罹此不幸古人多然在處之有道尒古之君子所以異於常人者能安常人之所不能安也所恨某居此際不能奔走耳某衰病無復生理今秋欲扶護歸鄉恐赴葬期不及則且權厝鄉寺俟它年耳忽偶黄莘先輩過云

賢兄在舒州因得附此草草不能盡鄙懷
當續馳訊也秋熱寛中自愛某再拜

又　嘉祐四年

元珍淹屈于外交游所冝出力旣默無所
爲而至於書問亦不能時致其勤其爲慚
罪不待言矣某自蒙恩歸院雖稍清閑而
忽忽度日公私無所益此處京師者汨汨
之常態也幸非甚愚頗知脱此而遠去然
事有不得遂去者古人所謂不如意十常
八九者殆此類也今歲廷試得人之盛中

外共慶況在佳婿此豈非幺滯中一可喜
事哉今因胡推官行謹奉狀相次陸君行
當別布懇

又 嘉祐四年

某向在府中困於煩冗久不奉狀徒用瞻
思專人遽來特辱嘉問承涉夏已來體氣
清福深所欣慰元珍才行並高而困蹇如
此吾徒之責也某昨被煩使初不敢辭然
几案之才素非所長加以早衰多病筋力
不支屢自陳乞蒙恩得解去實出天幸然

請外之志尚未獲素心又以殘史終篇有
期夏秋之交可泱南去相見未涯千萬鄙
懷臨紙不能悉布惟慎重自愛以順休復

答郭刑部 輔

某啓方欲因兒子行奉狀遞中忽辱書可
量欣慰兼審春寒動履清勝承諭以嵩少
之游豈勝跂羡此樂常爲山人處士得之
衣冠仕宦比其汲汲得如其志不老則病
矣雖有登臨之興勉彊而爲之已不勝其
勞也若神宇氣銳惟意所適如公之樂者

百無一二人也如某者目固不能遠望足亦不任登高矣可歎可歎相見未涯嚮暖加愛

與朱職方處約 嘉祐五年

某啓久不奉狀夏熱公外竊惟體履休勝陳詵寺丞佳士也曾在滁州同官今其南歸顧拜識幸希留念也屬唐史終篇忙迫作書不謹備恕之方暑慎愛

與蔡省副

某頓首公私忽忽久闕致誠辱教字承已

登舟遂不復一得敘別可勝瞻戀短景日暮還家客已盈室寢食殆廢習以爲常以此久不奉問慙悚罪慙悚罪汝陰君子久處疾少間當來歸未見惟寛中自愛審用藥餌不盡區區

與王發運鼎字寶臣　嘉祐二年

某啓中春嘗辱惠問不審涉夏暑毒體氣如何某自出貢院爲羣士諠詬尋而入夏京師旱疫家人類染時氣區區中復有病患憂煎以此久不附狀寶臣治漕南方雖

久淹于外然振綱革弊公私所賴者不細
比於碌碌于此無所云補者所得多矣某
再請洪井未得屢瀆所懷期於必得也未
相見間惟爲時自重謹於遞中奉此不宣
某再拜　中春（一作春中）

又　嘉祐二年

某啓衰病無悰難久於此加以私計日思
南去未可得者無他近時内外制請便例
不得從爾柰何柰何自之翰有事故人零
落所存者幾更復何心追後生於紛華其

將入貢院時之翰疾巳甚比出遂不見遽失斯人爲恨何勝與同年相知尤甚遂及之愁人愁人中間承惠金櫻煎近方開而服之其製煎一作得尤精多荷中年衰病太甚世情巳去但猶藉藥力且扶旦夕爾遽中不子細

與馬運判遵皇祐二年

某啓久别欣此瞻候陰寒道中尊候休勝河役動衆疲民利害繫公處置之耳他俟握手不能具述因人走此不宣某再拜運

判衮行執事十二月七日

答韓欽聖 宗彦 嘉祐二年

其啓昨使舟行日不及攀别深以爲恨人至辱書伏承署事以來當此祁寒體况清福實以爲慰也外補之樂得之有素伏讀佳作益以起予無用之質衰病颯然造物者畏浮議以見縻柰何柰何歲晚以時自重人還謹奉此爲謝不宣某再拜欽聖提刑學士十一月二日

辱寵惠佳篇欽誦不已旦夕和得遞中附

上新甘奇味珍荷也〻〻〻部頭事藝稍
進得賢者齒閒更增勉勵也呵呵劉守到
必還使司當復清淡也嘗説襄陽山水一
經真賞果如鄙言否

答李學士 嘉祐八年

其啓自遭罹國卹哀摧殆無以生伏惟感
慕攀號何以堪處伏承遠賜存慰豈勝感
咽孤拙遭遇昔與安道皆奉清光今茲衰
晚才薄責重未知死所何以論報嚮秋更
冀以時加愛 以時一作爲時

與王學士

某頓首京師區區自朝及夕無益於公私而思接賢者之論亦不時得近兩辱見顧皆不獲迎候豈勝爲恨寒陰不審氣體何似旦夕當卜至門未間先此爲謝冀有以亮之而已

又 熙寧三年 此帖又載第九卷却云與薛少卿

某啓急足至辱書喜承尊候萬福貴眷各安甚慰企想近入京衙校過頼捧手教尋於遞中奉狀必達視聽某到此以弊止未

宁固少留以葺然欲遂爲掛冠之請遠近
相知皆相督以蔡是自乞湏且勉赴到任
徐請歸休未遲今遂治行二十一二間上
道三四日至蔡别拜狀恐久滞急足忙中
作書不悉

答張學士 嘉祐▇年

某啓中間辱惠書未遑脩答又辱惠書意
愛勤勤重增感愧某以嘗患兩手中指攣
搐爲醫者俾服四生丸手指雖不搐而藥
毒爲孽攻注顋頷間結核咽喉腫塞盛暑

中殆不聊生近方銷釋衰朽百病交攻難
堪久處茲地漸欲謀爲退縮得免罪戾以
疾爲名而去猶是幸人使騎巡歷何時一
過都下少遂握手未間以時自愛仲儀喪
子應滯行期許事猶煩餘暇沖卿恐猶未
歸未及作書爲懇

又 嘉祐■年

某啓區區久不馳問豈勝瞻勤暑毒竊惟
體履清福兼承權留務都邑孔道諒少勞
神中間嘗辱惠問不時修報亦可知其冗

率也慚感慚感某唐史終篇遂當復尋江
西之請衰病無堪爲歸老之謀爾未由握
手莫罄鄙懷惟冀爲時自愛以副企詠

又

某啓前日專詣舟次值不在略見賢郎比
欲旦夕再祗候而大雨連緜無由出門兼
恐已行忽辱手教乃知即今方行不獲面
別惟以時自愛瞻企何已東南應亦有所
欲但倉卒不暇續當有信咨煩也蔣同年
千萬爲伸意近得書亦當作書也南郡近

有書去矣人立待草草

又

某啓衰病無堪叨竊過分方深愧懼遽辱誨存兼承惠寄佳篇豈勝珍誦湖園野趣近郡所無夢寐在焉何嘗忘也若得偶逃罪責歸老其間遂養慵拙何勝幸也歲晚寒凜款言未期惟冀以時自重

答陸學士經字子履　至和二年

某啓使北往返六千里早衰多病不勝其勞使者輩往凡七八獨疲劣者尤覺其苦

也還家人事日益區區區區浮生何處得少休
息承子履在洛甚安又知來鄭書碑咫尺
莫得奉見獨見勝之備知動止辱書益用
爲慰漸暄珍愛人還謹此

又 熙寧四年

某啓久闕奉問忽枉以書奚勝感慰兼審
經寒履況沖裕某衰病餘生得請歸老而
還官兼職皆出特恩榮幸之愧無以爲諭
第久疾累年頓難減損然得此閑適足以
安養又其幸也遂復田畝無期會見企仰

而已千萬加愛

又 治平四年

某啓早來辱枉使車重增媿感過午遂熱承動履清和方苦昏乏忽被手教兼惠以藥并方尤荷意愛之厚第藥性差熱當漸漸服之也竊承代歸有期依依之意愚當與潁民同也餘留面布人還少奉此

與刁學士 約

某啓前日承寵訪秋暑計尊候康和以居處狹陋欲卜定力約數君奉同閑話一日

既稍寬涼又佳水烹一兩盃茶幸告月初約一日恐爲會處多故先次此一作咨啓

答連職方庚字君錫　天聖中

某惶悚頓首上黨三哥良執少久一作別伏想體中佳好近者兄長行獲奉短札懇悃之素具之如昨洎任進來得三兄信伏知軒車猶未歸仙墅某自返黨閭邈然塊處目以賤事相逼魚鱗左右至於筆硯之具視同長物而已前承寵示佳句久欲爲答柰六情底滯不能叩課加之對雷門之前

非布皷之能過也但効曹生游揚季布之名日得傳播於漢東士流之間諷誦傳寫者追疑使中山兎悲而洛陽紙貴也令勉成一首以報來貺小生學非師授性且冥惷仰賴良交時賜教誘若不爲索其病疵而姑効司馬生言好字則三哥顧我之厚薄可由斯而見矣崢嶸歲且晏平居寡徒想望故人能不愴恨時因北風幸無忘德音之惠某頓首

又　嘉祐五年

某啓近嘗辱惠問不審寒來體履如何京師區區幸時與元禮相見然衰病鮮悰無復壯年游從之樂也殘史巳終篇南歸之思如欲飛爾君錫決然遂獲閑居之適應知此趣真老者之所便也況竊禄甚厚於國無補豈堪碌碌久此乎握手未期聊爲君錫道此盛寒多愛

又　熈寧■年

某啓令姪過郡辱書粗慰積年思企之勤兼得一詗起居康福外絕世欲內養天真

宜其極方外之樂享眉壽於無涯其寵祿
盈溢心志衰零尚此盤桓未償夙願然亦
不出新春歸計可決第思場屋之游四十
年之舊零落之餘所存者幾而吾二人者
邈焉各在一方未知握手之期用此不勝
區區爾歲律遒盡寒色嚮深惟以時加愛

又　熙寧四年二月

某啓守蔡忽已半歲老年百病交攻賴此
閑僻偷安然猶經春在告人事曠廢咫尺
相去闊於馳問使至辱書既慚且感喜承

尊候康裕某以衰殘未遂一丘之願勉彊
憂畏惟思高賢遠識早能超出塵累宜享
福壽於無涯也企慕企慕相見未期初暄
保愛

又　熙寧四年四月

某啓相去不遠惠然之顧出於秉興古賢
佳事有望於故人但不敢坐邀爾某入新
年陡更衰殘昨三月中欲遂伸前請決計
歸休封遞角次得關報陝兵爲孽遠近驚
懼朝廷方有西顧之憂遂且少止今巳寧

息非晚必期得請也若遂還潁則相去益遠至時或一就蔡枉顧可否千里命駕近世未聞亦是一時奇事有望有望亂道思潁詩一卷粗以見志閑中可資一噱

答連郎中庠字元禮

某啓才薄力劣任非其稱初無報効徒自爲勞人事都廢恃親舊見哀而不責小故湖外風土如何罨承體中亦小不佳令喜清康君錫兄亦久不承問多事忽忽不曾作得一書慙悚慙悚惠柑甚佳遠地難致

尤爲珍感鳳團數餅聊表信而已歲律遽窮新春多愛

又

某啓承賢郎小娘子見過故人有佳兒女朋友所當共慶也兼辱簡字惠以熊白并蹯鮓等皆飲酒具獨患累日苦目昏未能近盃杓也朝暮秉閑道話

答丘寺丞

某頓首今日食後就寢方覺擁被卧讀太白集忽辱惠佳篇豈勝感愧當亦牽強爲

報恐滯使人且此爲謝

答韓宗彦　嘉祐四年　本卷前有答韓欽聖三幅即宗彦也誤寘此

某啓專人辱書承此初暑體履清勝實慰瞻勤前在府中嘗辱惠問牽以俗冗不時布款昨以衰病屢自乞蒙恩俾解煩劇雖江西前請未獲素心而疲憊計不能久粗得休息亦不勝其幸方得復從諸公之遊而子華遽遷執憲然命出中外稱愜某既得閑適遂且盤桓過夏秋冬當遂前請相見未涯但聞風采行被嚴召未間暑熱以

時自愛因人還謹此爲謝〔疲僋訃不能人一作疲僋交攻不能自支〕

答黎宗孟 醇 熈寧二年

某啓近遣家兵至萬壽奉迎有書計達專人惠教乃承路中得疾問來人不能詳言即日必惟已獲痊安旅中有疾亮難久也厚諭尋醫細思皆小小外事不足動懷豈宜輕爲去就許昌避〔疑〕介至亳又陳曹爲梗今又復然足驗世人常態處處如此然則尋醫所至未必見容但當寬度包之尒富丞相奉知必不淺已教他舉留再任莫且

隱忍終之否其性自少容老年磨難多漸能忍事前後蒙見教者豈非欲其寬中以忍事耶却敢以此意奉規不恠不恠未敢奉邀必且徑還家也嚮暖加愛不宣某再拜

與裴如晦 煋 嘉祐五年

某啓酷暑阻奉見竊惟體氣佳和新事頗動人耳目惟靜處聽鬧益覺其喧也聖俞賻助遂獲幾何苟有所得幸且勿送其家也望略批示或約相見爲佳謹此咨啓某再拜如晦學士 廿四日

答杜植 嘉祐五年

某啓公私多故久闕馳誠然亦久不承問忽於遞中辱書喜慰無量兼審經寒動履清勝不相見數年間親舊零落所有無幾在者衰殘老病於理宜然其間不能量力決然早去而留連祿仕任過其分勉強祿祿迄無可稱以取責於一時而貽譏於後世則鄙人於數老叟中又獨負此若寵利紛華不惟非素心所溺就令心有所好大抵晚年實能享者於身所得幾何由是言

之得失不較可知自去夏迨今病恙交攻
尤苦齒牙飲食艱難則嚮所謂於身所得
者無復有尔可嘆可嘆不相見久因書及
此聊當一笑尔聖俞家賴諸故人力得不
失所漳州兒子輩更在教育他事應在雅
懷有以處之不待言也新歲千萬加愛因
風不惜惠問以慰瞻仰不宣某再拜

答陸伸

某啓人至辱示長書及古今雜文十軸其
研窮六經之旨究切當世之務與其辨論

文辭之際如決壅塞闢通衢以瀉浩渺之無窮御駔駿而馳騁然則吾子之所能與其所用心者不待相見而可知矣某衰病廢學多難於時常幸得空閑之處苟樂於自棄而吾子獨不棄之惠然見及何以當之欣慕感媿聊兹爲謝幸察其區區

書簡卷第八

與丁學士第一帖

不可道（一作二道不可）不能安（一作難安）歸鄉（此下一有以風波道遠五字）

第二帖

況在佳壻此豈非久滯中一可喜事哉（一十五字一作況在佳壻高與良增喜慰）

第三帖

深所（一作乃心）

續添

與丁學士（見英辭類稾）

元珍屈處冗務士夫所歎清議尚存自當奮滯惟通塞有時少須之耳某碌碌于此爲庸人出處之計前以屢陳矣

又

冗務誠非賢者所處然屈伸之際又非賢者
不能安也凡在交舊莫不以此爲慮而未
知所以爲之柰何自古賢達之士固嘗有
所屈伸其所以處之者乃其平生所學者
耳足下所存遠大故知必能及此敢道之

與蔡省副 ■■ 嘉祐■年
見名賢簡啓

某啓昨日無以爲禮深用慙靦宿來動履
想佳然中席遽起遂不可留變此新例他
時東齋之會敢不遵用故事也適得沖卿

簡言原父已送詩云其殊未有一句欲借一拭目以發衰鈍三日欲去出城送沖卿能往否此不敢強閑及之

又嘉祐■年

其啓昨日知與沖卿賞月必有餘樂其亦邀同輩二三人淡坐不飲殊亦鮮歡但飲冷過多又病真不能追逐少年矣前時鳥絲欄輒留欲書其後尚未有暇適因尋書別得少佳者且納上聊資揮灑章望之長言試爲一闋（疑）後日方得奉見謹此咨布

與裴學士名煜字如晦嘉祐八年以祕閣校理知潤州前有嘉祐五年一帖

某啓公私冗瑣人事多廢不獲奉問忽已逾時專人辱書承經寒氣體清安稍慰瞻想也某年齒日增心志日耗材薄任重憂責無涯故人在遠誰與教告誠未知稅駕之所也如晦代歸有期竊承私門多所憂撓顧知紛紛此世少無事人也惠甘誠爲佳物然不飮已朞年矣茶須嘗方敢致謝嚮春和更希愼愛專人還謹奉此不宣某頓首如晦學士足下二月三日

與趙學士 名彥若 字元考 熙寧[illegible]年

脩啓頃蒙軒騎少留忽忽殆踈款奉然每
親餘論獲益巳多少別方爾傾馳辱書感
愧旦夕亮且就道霜月㵎寒千万愛攝不
宣歐陽脩奉啓太常學士執事八月晦日
承示集古跋尾數事頓發蒙滯悵不
早拜呈也

歐陽文忠公集一百五十二

書簡卷第九

與薛少卿公期 景祐三年

某頓首再啓東園一別自夏涉秋今倏冬矣沂泝絶淮泛大江凡五千里一百一十程纔至荊南見家兄言出京時有公期書渴得一見要知别後事然數日尋之不見遂已某自南行所喜老幼皆無病恙風波不甚惡凡舟行人所懼處皆坦然而過今至此嚮夷陵江水極善亦不越三四日可到又聞好水土出粳米大魚梨栗甘橘茶

筍而縣民一二千户絶無事罪人得此爲
至幸矣秖是沿路多故舊相識所至牽率
又少便人作書入京公期始約今冬赴絳
州必非久行矣每憶君謨家會頗如夢中
未知相見何時惟自愛而已因人便附書
在君貺處乃可達今因遣白頭奴入京謹
附狀不宣

又 景祐四年

某頓首自公期東門之别忽已踰年南北
之殊相去萬里音信踈絶於理固然昨至

許州蒙訊問備審官下爲況甚佳邇來諒
惟自公之餘與閫内貴屬各得清休其居
此爲況皆如常親老幸甚安室中驟過僻
陋便能同休戚甘淡薄此吾徒之所難亦
鄙夫之幸也多荷多荷公期遊宦故鄉其
樂可量思昔月中琴奕樽酒之會何可得
邪某乆處窮僻習成枯淡頓無曩時情悰
惟覺病態漸侵爾弊性懶於作書區區思
慕之心非有怠也惟仁者察之讒謗未解
相見何由惟慎疾加愛因人至京頻示三

兩字爲禱其如方寸莫能盡也不宣

又 康定元年

某頓首再拜公期九哥足下此者伏審五丈人丈母相繼傾亡聞訃交至不勝悼怛苦事伏惟罹此酷毒摧痛哀慕奈何奈何孝子之志在於不滅更望節哀就禮以全大孝是於親友爲大願也自去秋賢夫有事顒俟公期替歸不意遭此凶變知扶護且歸絳州未審何時可至京邑一別數歲某走萬餘里艱險備嘗公期又有此患人

生若此可嗟可嗟八哥在京尚未有差遣
亦欲求一住京所貴照管君貺與其亦時
時到宅内外如常不慮中前君貺行曾有
書他爲有起請不肯附去今同封呈前後
累寫下書皆因循不附去得悚息悚息秋
寒哭泣扶護千萬寬節以副區區謹奉此
致慰

又　慶曆三年

某頓首啓自公期到京便欲拜見初期見
訪尋以某欲入都遷延至此近已定日必

行一夕小兒輒病遂阻行計然猶幸僅存
其生至今尚未安所賴有可醫理行既無
涯虛滯軒車乆阻歸計慚惕料某不徃公
期便行也企渴企渴他具夫人書記累辱
問小兒病無憀中未及奉書市藥甚煩挂
意春暖各希保愛瞻祝瞻祝不宣

又 皇祐二年

某啓到此已將百日𡬶率如初以此乆不
奉問遞中并人至兩辱書承寒來寢味多
福霈恩進秩不敢爲賀彼此然也某此區

區幸事漸少稍息肩奉告作鞍蓋爲郡人
哂其太陋爾相次專人附銀去式樣一依
官品可也冗事乃煩長者惶恐惶恐餘具
後信冬冷保重

又 嘉祐■年

其啓累日不相見承在軍器庫中必甚勞
神暄和體氣喜佳裕玉冊官便當遣去有
暇因出見過看漢碑今日私忌家居恐知

又 嘉祐■年

其啓昨日見妳子自宅中歸云公期猶患

胥疼不審旦夕來尊候如何今日欲於軍
器庫中奉問又恐不入爲前日所見偷竊
者驚家人欲於宅西添一鋪巡警不知有
例否夫人言公期宅前曾捌添一鋪不知
申報何處施行略希批示因出閑過少話
某再拜公期郎中　　二日

又　嘉祐■年

某啓昨夕承過顧經宿熱未解甚可苦也
體中安和數日有人將一馬來行亦快不
見驚蹶不知毛骨如何云要百千爲定價

直否試令牽呈昨夕忘却閒説及幸告批
示革觧丸方專令咨請不罪不罪

又 嘉祐治平間

某啓昨日作書未及發忽得來介所恵書
頓釋月餘憂想之懷家人尤以為慰也所
喜涉暑到官尊幼各安寧仍知頗以郡事
為意如此日月亦易銷遣某嚮在夷陵乾
德每以民事便為銷日之樂茍能如此殊無
謫官之意也某偶因用街市淋洗藥抜動
風氣左脚疼痛數日在告不意傳報特煩

軫念感愧感愧盛暑公外加愛家人亦自

有書此不多述不宣

又　嘉祐治平間

某啓近併捧三書具審至汝以來動靜甚慰企渴爾比日竊惟公外體履清福貴眷各安和今夏京師大熱疾疫尚未衰息頗聞許洛特盛幸喜汝獨無之雖然郡事久不治下車之始不無勞心今必稍簡則漸可樂矣崔庠桉已斷即報必見罪狀不若初聞之可駭然刑名亦重舉主多不免茲亦

奈何淄州近不得書應是煩惱其令歲病暑飲氷水多目生黒花多在告舉家幼小幸安最後將書來人戒渠來取書輒私去故於遞中致此暑伏方盛愼愛不宣

又　嘉祐治平間

某啓多事忽忽等閑不奉狀遂復逾月茲者楊氏子來辱書承秋來公外動履清康貴眷各安粗以爲慰郡事以太守養疾甚煩裁處然臨以餘刃莫不爲勞苦加之歲事豐成盜訟當漸稀簡也某以私門過夏

嚮秋幸且安帖秖是孤危之迹勢漸難安
羣口籍籍外亦應聞病目愈甚承惠藥方
便當精意服之也連日從駕歸遂卧病兼
亦筋力去不得也餘俟家人自有書殘暑
更兾以時自愛以副瞻企

又 治平二年

某啓近以雨水爲患舉家驚奔所幸人物
若無傷損寓居定力公私擾擾久不附問
急足忽來惠書承秋來公外體履清福貴
眷上下康安稍以爲慰報國無狀致此天

災皆由時政多闕上貽聖憂方共引咎遽
承見教丁寧切至蒙愛之厚愧感銘藏而
已知汝極豐郡政修舉盜訟遂稀應多閑
暇之樂也某忽忽無悰病目如在昏霧中
作書甚艱餘不遑及嚮寒保重因風時枉問

又 同前

某啓新陽納慶伏承動履多福人至辱書
感慰無量京師水後繼以陰雪甫近郊禮
次開晴青城宿齋雲日澄和人情舒暢遂
成大禮衰朽之質執事忘勞前此公私事

叢夕闕致問自是而後應且休息一晴鎮

渴無限浮議天幸天幸餘非筆墨可罄人

還僅布一二深寒多愛

又 治平三年

某啓自承受勑後日與家人望軒騎來歸

何夕而絕不聞問春夏之交氣候不常不

審體況何似想與貴眷各安某此内外如

常但自春來病渴淋不止在告多日乞一

近郡養疾已三削竊料旦夕當至都門故

専走兵迎候其他須面敘病中不悉

又　熙寧元年

其啓近法曹廳人回特惠書經節竊惟公外氣體安和某到官忽已兩月幸與諸幼如常但老病益衰民間興利趨公事目百端昏然並不能省若常時公事則絕簡過客亦稀苟祿偷安負愧而已公期臨郡已多時莫須別有差遣某以病苦難久尸居歸心有素何日遂如所願相見未涯窮冬盛寒惟加攝爲祝

又　熙寧三年　此帖又載第八卷却云與王學士

某啓急足至辱書喜承尊候萬福貴眷各安甚慰企想近入京衙校過穎捧手教尋於遞中奉狀必達視聽某到此以弊止未宁固少留以葺然欲遂爲挂冠之請遠近相知皆相督以蔡是自乞須且勉赴到任徐請歸休未遲令遂治行二十一二間上道三四日至蔡別拜狀恐久滯急足忙中作書不悉

又 熙寧四年

某啓專人辱書承秋暑體候康適貴眷安

寧甚慰甚慰某茲者告老得請恩典殊優出於萬幸頼蔡至近雖冒大熱信宿便至遂爲閑人廢事皆如素計惟當營舍久而僅了族大費廣生事未成倫理頗亦勞心然措置稍定不復更令入耳則是人間無事人爾知幸知幸承冬中當替歸可遂相見豈勝欣願但恐未間别有美命也某此老幼幸如宜聞相去秖四程必時得書問徃還殘暑公外多愛

又同前

某啓逕吏過州辱書承經寒體況清裕貴眷各安甚慰勤企某與諸幼幸各如宜自還田舍已百餘日廡可稍成倫理粗免勞心始覺漸有閑中趣味然目足之疾初未少損蓋累年舊苦勢難頓減又迫於年齒愈老而益衰其如坐享厚俸飲食無爲徼倖之愧感激而已承美替有期冬末行舟淮潁當得一會面但恐未間別有美命就移不然豈勝欣望也深寒未相見間多愛

多愛

又 熙寧五年

某啓自使舟過郡閑門廢事乏力又值雪寒難於舉動加之病齒妨飲遂不成主禮退居屏迹惟交親難相會每以爲恨幸一相見又事多艱滯如此信乎人事如意難得也然尚得靜話數日爾人至辱手教承宿來尊候萬福知詰旦遂行嚮和惟多愛

又 同前

某啓近辱書喜獲平安到京甚慰傾企乍至都下人事必多仍審已謁告歸絳州何

其速也不亦少勞乎即日春暄竊惟氣體
清適其自相别後令醫工脱去病齒遂免
痛苦然至今尚未敢放口喫酒情悰索然
但覺一歲衰如一歲爾集序已了秖俟更
了鐫刻一併納呈閑居難得人便附書比
此書至京計已西去故令八齋轉附至絳
故未及其他惟嚮暖保愛早還以副瞻思

與陳比部 力 嘉祐治平間

承有家訃賢姉有事竊惟悲痛老年親戚
間不免時有煩惱人生常理只如此時暑

千萬節哀寬中無由奉慰來日令兒子至
寺中也五妹且省煩惱時熱啚安也某再
拜作坊殿丞良親　廿七日

又　嘉祐治平間

某啓承昨日寺中舉掛時熱惟希寬中又
知喫食所傷更須慎護辱惠茶具甚精奇
多荷多荷藏之他時爲閑居之用尒今則
少暇也五妹喜安極熱未敢相邀歸家好
將息某再拜作坊國博之右　旬休日

又　同前

某辱惠答簡承臟腑已安和甚慰惠茶籠
所作極精至石屏大是奇物可珎可珎但
不得中間一片則不成器千萬爲早取之
此物他處未嘗見石屏世故多有未有若
此簡易而工妙也稍涼見過閑話某再拜
作坊虞部

六娘兩日患臟腑今却安也果子自此更
不令喫幸荷幸荷

又 同前

人至承惠簡喜酷暑中與貴眷各安數日

大熱恰值謝官人事紛紛疲朽遂不克支
若非昨夕一兩少解煩毒其將奈何頻勞
問念多感多感某再拜
住娘近日頗肯忌口亦漸向安謝念及也

又 嘉祐治平間

多日不相見天氣斗暖喜與五妹各安和惠
簡問及牙疼多感〻〻兩日稍可雖浮動醫
者云取未得須候根脫取之省力恐知〻〻
驢肉多荷〻〻某再拜作坊虞部良親 廿二日
兩日却較喫得些物

又 同前

某啓承惠蘇家藥多荷多荷亦嘗用之此
但治咽喉尒某所苦者齒牙熱痛兩日來
漸較葢稍節滋味等物遂可尒過承憂念
五妹歸家安否後日祠事畢便歸當得相
見人還專此爲謝某再拜

只前時兩般藥自好方待乆使也

又 熙寧元年

某啓乆不得信方深企想送劉司理兵士
至辱書承公外體佳安和四郎已下諸幼

各安甚慰但以亡妹忽已周祥舉家見書
信至重增悲惱尔某此老幼幸亦如常夂
欲作書只爲累表乞致政未允候見去住
後發書奉報尔今又忽有青州之命已兩
次辭免欲且乞守亳蓋去潁近便於歸計
也未知如何也知吾親每每多不安遠官
中有此煩惱誠難爲情更冝寬心求安爲
善也亡妹靈柩今冬先送歸晉最爲上策
嚮寒千萬保愛不宣某再拜知郡比部良
親 九月八日

與馬著作 嘉祐中

牡丹記荔支譜夂欲附呈以俟刻跋尾數十字以是稽遲不恠不恠病目固不能書然君謨不肯爲他人書而獨爲某書此朋友閒自是一事不可不記故勉自書取笑取笑

又 治平四年

某啓近縣人還奉狀新歲布和善人君子自宜享福惟餘齡晩暮益以病衰相見未涯徒積傾嚮鄙抱區區前書粗布政餘加

愛某手啓知縣著作足下 十二月十九日

寄惠花燭白蕈多荷多荷蕈豈非自種耶甚佳甚佳泉水未爲示必以冰凍賫致夫得也

又 熙寧元年

某啓專人辱書并以泉水爲貺豈勝珎荷兼審新春履味清安河夫之役尚煩神用然處置得宜公私俱濟則所利博矣亮不以爲勞也某再乞壽旦夕必見可否未間難爲期約也當續咨報尚寒慎愛不宣某

手啓知縣著作足下十九日

李集已領泉味皆佳然大抵東州水甘直

須於鹹水地飲之然后爲貴尒

又

某啓病悴之餘人事踈廢忽辱惠教方承

臨莅齊城經暑公餘清適誨諭稠重開發

蒙鄙感愧感愧咫尺未期會話欽渇欽渇

某再拜

又 熈寧三年

病目多書字不得不罪不罪

淮西支郡蕭條何敢奉屈然吾儕以道爲樂亦應不以閑要爲計某至潁且少盤桓俟如蔡卽當發削若遂所乞衰拙之幸多矣塗次餘未及詳

又 同前

最後一削甚懇意謂可以免并遂蔡何幸如之其餘區區未可卒布但不一會見尤爲恨尔保愛保愛

又

某啓官守相望咫尺未親言話惠書勤眷

蕪以嘉篇富麗之作老病無悰得以拭目
頓增鄙恩也欣感欣感高材尚滯一邑秋
冷多愛其奉白著作足下

與顏直講長道

某啓嚮傳例罷學職初聞可疑及辱書始
駭果然又承有淮陽之命君子出處不違
道而無媿則所居皆樂況淮陽近家之便
乎亮不動浩然之氣也交年積雪極寒體
況想佳計行李不久當東相去逾遠會見
何時千萬加愛

又　治平四年

某啓嚮在京師會吾子來人事怱怱不能以從容接高論及至亳聞還直學館出處相失誠可悵仰近惟經寒體況清適某退守僻州甚爲優幸而衰病侵凌心志昏耗諒難久竊榮寵也目疾爲苦臨紙艱於執筆鄙懷莫罄新歲惟冀加愛

又　熙寧元年

某啓董君來辱惠音竊承履況佳適感慰昌已學館誠岑寂然塵事不到足以專志

經籍則其所得與其所樂豈不多哉其今
春目疾愈甚東州民物可樂處多但自以
衰病少悰爾董君到必爲言也

又 同前

某啓衰病人事多廢久不奉書遞中辱問
承經寒體況清適學舍久淹然以道爲樂
必無倦也某兩目益昏難久勉強乞壽已
再旦夕冀得請西歸近頗爲便爾相見未
涯鄙誠莫道

又 熙寧二年

某以病昬廢學情禮亦多闕東州一任寄
委勉強常憂曠敗請壽冀未退休閒苟安
於藏縮爾久不聞道義之益與諸賢者迹
日漸踈但欽渴而已

又 熈寧三年

某啓近辱書承春寒爲道外無恙甚慰企
仰竊憶去秋將離青社曾一奉書未審得
達否某衰病如昨幸得閑暇偷安但苦病
目不能看書無以度日詩義未能精究筆
據所得聊且成書正恐眼目有妨不能卒

業蓋前人如此者多也今果目視昏花若不草草了之幾成後悔所以未敢多示人者更欲與二三君講評其可否爾但未知相見何時也執筆特艱莫布萬一漸暖加嗇

又 熙寧四年

某啓近辱書承涉暑講道外康和甚慰兼蒙以畠繹先生一有字集爲示某自少時嘗得傳誦數篇每恨不見全編不意茲時頓飫飢渴藏家著録以傳後世榮感榮感某以經春老病在告近巳復尋在亳之請方治

裝以俟命區區未遑悉布惟毒熱加愛

又同前

某茲者得請歸老恩出萬幸惟所苦渴淋自春發作經此暑毒尤甚蓋以累年之疾勢不易平然自此安閑冀漸調養爾兩目昏甚艱於執卷顧難銷晷景又親朋之會邈不可期恐遂不聞道義默默寖爲庸人爾殘暑加愛

又同前

某啓近小史吏一作許充行奉書方在道人

自都來又辱惠問豈勝感媿蕙承秋暑爲
況多佳其自蒙恩許其告老榮幸感激之
懇前書已粗布惟乍還里閈人事少勞而
舊苦目足之疾得秋增甚舊書編稾未經
一二君商榷今遂復田畝會見無期此爲
恨爾餘粗如宜幸不多恤鄉冷惟加愛

與梁直講

某啓衰病退藏自宜屏迹忽辱惠問雅眷
不忘其爲感著未易遽陳蕙喜春和氣體
清裕董直講來自學舍具道羣居之詳今

其還也亦備見郡齋之況燕譚之際諒可
及之病目愈眊然艱於執筆惟以時加愛

與直講都官 熙寧元年

某啓自離亳更闕奉問春氣尚寒體履清
勝某昨辭青不獲勉策病軀東來而東州
土俗深厚歲豐盜訟亦稀甚爲養拙之幸
而獨苦衰朽老疾日增尓歸計遷延更須
年歲也學舍久淹匪朝必有美命未間珎
愛某再拜直講都官足下 正月九日

與曾學士 熙寧三年

某啓近因人還得附拙記荐枉書尺其爲愧荷可勝道也兼審秋寒提按之暇動履清福某去蔡咫尺以病足爲梗少留于此忽復踰月匪晚向官所壽蔡相望時得拜問旅寓中草率爲謝

與王補之 熙寧三年

某啓近者行舟過界上特辱惠書喜承秋冷氣體安和以至郡道里差遥不敢曲邀車騎又失於上問全乏迎候豈勝愧恨某

蒙恩得請郡僻事簡衰年疲病苟禄偷安甚爲幸也欵見未涯以時自愛

與謝景初 皇祐元年

某拜啓久不作書蓋由無便即日爲政外奉親萬福某幸且安郡僻少事然漸老懶於爲學惟喜睡爾足下爲道方鋭著述必多此急足回無惜爲寄春寒保重

論衛嶠稱弟子帖

春首餘寒惟閣黎動止安隱弟子虛乏繆承榮寄蒙恩獎擢授以洺州一歲三

遷自南徂北既近都邑忝竊弥深便即
祗命未由項謁瞻望山門但增悽斷戰
懼之情慙惶失據顒弥重不宣弟子徐
嶠和南
其啓承惠佳篇豈勝欽服昨日見顧遂當
祗詣曾不爲言其如清宴佳實難復多得
若曰春秋爲義當得徐嶠筆法何用於闍
梨稱弟子自南朝起此弊事遂成風俗其
如近日士人佞佛者少宜於此時力與革
此弊事惟在賢者爲之禮曰君子動而爲

書簡卷第十　歐陽文忠公集一百五十三

與十四弟 煥字大明　皇祐二年

某啓仕官多故久不附書冬寒計與諸眷安和某爲太君年老多病未能一歸鄉里親拜墳墓祖墳更望與照管餘託鄭齋郎致意此外保愛不宣某書上十四弟秀才閏月六日

又 皇祐五年

某罪逆深重不自死滅禍罰上延太君以去年三月十七日有事攀號寃叫五内分

崩不孝深蒼天罪逆深蒼天見在潁州持
服昨者鄭齋郎自鄉中來得十四弟書知
與骨肉奉親各安其爲於潁州卜葬所以
未及歸得只候服闋南歸相見書言回陂
樹倒但勿令人斫伐爲幸諸大小墳域且
望更與掛意照管年歲間其歸相見餘不
多言今因嗣立人回奉此不具兄押書寄
十四弟秀才四月七日
兗墨宣筆表遠信
又同前

世法然則舉措其可不慎哉金氏世以財雄南方今乃出佳子弟甚可愛也雄漢瀛霸保州粉紙誰謂不可書請試察試察之下尚隱隱有字漫滅不可讀不知與何人帖也

書簡卷第九

與薛少卿第十一帖

莫不爲勞苦苦一作否

第十七帖

萬幸一作至幸

與曾學士

荐枉書尺一作急足荐至又枉以書向官所此上一有勉字

續添

與修史學士 ▆ 嘉祐▆年

某啓辱教開發蒙滯實寡陋者之幸也早來寧王憲只爲更名與鄆王嗣直數人同須再出封國其它更有易名者偶不從封爾就中此卷錯處多然捨此更無也某白

又 ▆

某啓前日承惠服屬圖寡陋蒙益何勝感愧欲見當年修真宗實録人官職姓名差官及書成年月告與撿示不罪相煩八日

某拜白晉叔學士

又

多日不奉見春暖康和中間承見惠臘雪散者或有更乞少許某再拜 外題簡呈修史學士

右三篇見秀峯隱居法帖或云與呂夏卿呂字縉叔嘗同修唐史晉字疑省文

辱留郡兩日偶客多不及款話惟望慎疾自愛俗子多是非難防勉強接納小疾不足過疑却恐過當服藥致生疾耳二者愚

慮情眷舊敢然悚惕悚惕公議難過耳復

匪遙他不足道也區區其又拜

右不知與何人

十四弟秀才前者嗣立人力回曾附書及筆墨等想得達邇來暑熱上下各安某今者扶護太君靈柩歸葬先遣嗣立歸凡有可幹事爲嗣立少心力吾弟且與同共勾當相見不遠秋熱好將息不次某書白十四弟七月十五日

又同前

十四弟昨自扶護南歸得相見廢事頗相牽率自別計安諸姪亦計無恙某初十日已至家一行如常但憂墳塋惟託勤爲照

管諸已回諭更不言也此外教諸姪爲學
各令謹慎爲佳時寒好將攝因人頻附書
來言墳頭子細是切不具兄某書送十四弟
又皇祐六年是歲三月改至和元年
十四弟別後計與諸眷各安自離吉水後
未曾得來書中間景歸曾有書必達八郎
近寄信來回陂門垣及水道並已改了不
知是否因書言及今因寒食遣人力去上
墳望與至少卿墳頭一轉爲地遠只附錢
去與買香紙酒等澆奠小叔西街小大郎

諸骨肉並與伸意前曾附書更不寫書也
更附錢五伯文與回陂墳頭張旺取伊一
領狀封來仍指揮伊修蓋墻垣看鎖門户
千萬千萬如有事書中細與言來春暄各
好將息不次兄押書送十四弟

又　至和二年

書寄十四弟秀才久别計安樂吴榮來得
書回陂墳所必與照管今因寒食令人力
蕭及去上墳將錢伍伯着請與買酒食去
澆奠回陂墳并與覷當垣墻門户錢一索

與看墳張旺仍指揮伊覷當樹木及取領
狀一紙來春暖好將息不具兄押書白十
四弟秀才二月四日外封題云書附吉州小市三院巷兄翰林學士知制誥史館修撰兼修唐書勾當三班院某今其玄孫名鈞鼇嘗請鄉舉尚居此卷仍藏公之眞蹟

又 嘉祐元年

人力來得書知骨肉並安深慰深慰爲令
春使契丹寒食不曾遣得人往墳所吾弟
並與到諸墳深感深感脩見乞洪州亦只
爲先墳也未得間恐吾弟因出入且爲照

管兄押書送十四弟四月十五日

與十二姪 通理 皇祐四年任象州司理

自南方多事以來日夕憂汝得昨日遞中書知與新婦諸孫等各安守官無事頓解遠想吾此哀苦如常歐陽氏自江南歸明累世蒙朝廷官祿吾今又被榮顯致汝等並列官裳當思報効偶此多事如有差使盡心向前不得避事至於臨難死節亦是汝榮事但存心盡公神明亦自祐汝慎不可思避事也昨書中言欲買朱砂來吾不

闕此物汝於官下宜守廉何得買官下物
吾在官所除飲食物外不曾買一物汝可
安此爲戒也已寒好將息不具吾書送通
理十二郎

又

承示近文秪如此作得也但古詩中時復
要一聯對屬尤見工夫并門當因書言去
昔選人有陳奇者舉主十六人仁宗見其
未甞歷選調特旨不改官以戒馳騖者初
官宜少安之

與十三姪奉職　皇祐五年

奉職自赴任不曾得書到官下想安樂汝孤寒曾受辛苦知道官職難得每事當思愛惜守廉守貧慎行刑保此寸禄而已十四郎今却令回此子自縣中來見其衣裝單薄汝只親兄弟兩人今食禄廝事宜均給更且戒約勿令出入無事令學書識取些字從來失教訓是事不會男子如此何以養身今遣人去知府舍人處求太君墓誌若此人將得來即更不言若未得來即

汝因事至府中面告言吾令汝請文字且與請取求的便附來春寒好將息不具吾押送十三奉職正月十四日

十四郎此中與綿襖子兩領并裹纏錢三索省只十七八程可到恐伊别亂破錢也

與大寺丞發治平四年

王澤與書未行間孫宗古來得汝書知與幼小各安甚寬憂想惟真所傳神改了甚善梅都官者必已畫了所是韓孟惟真既言自有本便可畫也須是四㲪頭面髮鬚

一般大小方好看且傳語催伊早畫了才
到亳便去取也押付發
宅圖且勿與看
梅須亦帶接籬不然帶褚冠子但取好畫
隱士帽亦好

又 同前

吾二十五日離潁二十八日一行平安至
亳初二日上事臨離潁時累有書去約汝
於遞中發書令先至亳及至此兩日杳不
得一字何故何故以此不無憂想不知你

來汝與諸幼各安樂否迎孫婆孫入夏來
長進否婆孫瘡疾較未不瘦否此吾日夕
所念也今專遣急脚子去勾當將來山陵
發引排祭一事汝宜用心速與聞當早令
回報蓋慮後時難辦也其餘事更三兩日
黃清去别有書也此外夏熱汝與諸幼各
好將息遮中頻發一書來不必須候專人
也五月二十九日至亳後第一書押付發
今令急脚子計會王昌及杜延禧聞當進
奏官及轉聞北京定州進奏官前次 仁宗

山陵發引時北京定州排祭用何儀式其
祭前排列盟器人物等用多少數目祭食
味數贈作錢馬數目並令一一問取令體
例來令別具畫一劄子汝速召王昌杜延
禧令體問早令此急足回來要作準備如
杜延禧短使即令王昌用心勾當不管悮事
此急脚子回時買明黄羅一疋附來

又 同前

初三日遣急脚子發到亳後第一書爲問
山陵致祭事書必巳到此中兩日内却併

得遞中來者兩書知汝與諸幼各安只是
聞得婆孫患臟府後甚煩惱蓋孩兒三好
兩惡巳多時且須用心調理及知道妳子
亂喫物道不得但向道候到亳州[illegible]你不
得迎子何不與青黛丸喫此是汝小時服
之得効者前時王澤附去者豆蔻丸亦是
汝輩患臟府時得効者可與婆孫喫醫人
藥中用黃連甘草者與兒喫此中日夕惟
是憂煩二孫過夏不易且喜汝今夏一成
安樂然更須慎食生冷吾自蔡河舟中大

熱食生冷不節所以到頴渴淋復作頴肉
誠不及京師乍從京師來誠不好及食之
日久亦不覺酒則絶佳於舊日巨魚鮮美
鰕蟹極多皆他郡所無以至水泉蔬菓皆
絶好諸物皆賤閑居之樂莫此若也吾此
只爲一歲計不候宅成只候買得材料便
決去躬親蓋造必更精潔也此郡閑僻未
去間足以頤養孃瘦及食少心頭氣滿與
其餘並如在京時汝可勿憂黃清李德今
並遣回餘事當續附書此外夏熱汝曹各

好將息稍無人便即於遞中附書千萬六
月七日第二書付發押
王昌令買明黃羅一疋白生羅二疋已指
揮與也要知要知
七郎得書知在京安樂且與頻照管
山陵致祭紙錢贈作馳馬等此中可造惟
是祭前排立人物此中做不得須令王昌
及早商量定令人家依數做下準備使用
不可悞事也
篙場近日如何般墮并出買如何也向後

可賺折欠此事常宜用心

王昌處米麥絹錢索足未今並在何處收

附所云趙祐請米又是何米後信子細說來

出京時舊曆上未請物數今王昌録一本

來仍開說後來已請見今未請

惟真處畫四本愡了便與附來

梨直講并彭州劉比部書並早與附達見

吴省副再三仲意續有書也近日羣議如

何謝上表到後莫有云云否因的書中略

說來不妨曾學士書汝去相看自送與

又 同前

十八日王昌等到得汝書并寄來生日信物依數並領知汝與諸幼各安此中上下並如常汝可勿憂只是聞得迎孫患痢甚憂得王昌來時書中只言稍減次日送黃清急脚回書中並不言增減以此不能無憂才得婆孫稍安又却大姐患痢料得煎迫可知醫人須着照管且頻與錢但於房錢内取及他事少錢使但於房錢内隨多少取使不須先來問也只是分明上曆記

數與隨手印押夏陸二人或請一月米各
與五石昨送香合來依常年例各與酒一
瓶侯感亦與一瓶汝昨寄文字比舊甚進
可惜中止已得塗轍可以力進也吾此公
事絶少渴已減但瘦少力及耳聽漸重然
未甚妨事皆可勿憂此後恐人便漸少但
過十日無人便發書即於遞中附一信來此
外夏熱各好將息六月二十三日押付發
潁酒二瓶且可喫亳酒更不及團茶新舊
三餅

紙請取一月九舅作捉箔場亦須照管

排祭事巳指揮王昌也只是祭文不知用

不用速與問如用時覔一箇本子寄來蓋

全不知體面也更是靈駕起時百官皆服

初喪恐代拜要孝衣更早擘畫

韓維龍圖昨因何出辟穎求襄何故不得

而得汝問沖卿便知書中報來待發書往

汝略要知尔

謝上表到多時因何不傳若傳人言謂何

及今諸事有何議論亦問沖卿便知子細

報來此中如井底
焦祕校所論如何且頻與見彼新自南來
必載紫米來如無時速報來
曾學士處國史送來足也未或未足早取
令足報來

又 熙寧四年

昨晚令此防送兵士將書去今早果是送
汝兵士回得汝書知到穎安樂頻解千萬
憂想自此三五日因人或縣遞頻附一信
來也他事若漸有次緒亦言來謝大伯花

園與漕口莊帳曾問當未花園目見如果
可買亦緩爲之莊難看勿憑説者切在子
細也吾今日已在假餘事續書言去二月
二十三日押
所云州官來則復謁恩之未便如倅幕縣
宰須一先謁常禮不可闕也寫書了又思
得此助役事方欲議行人户驚搔見説潁
亦如此旦夕得安撫文移陝西軍賊撲滅
已多其餘些小潰散更俟續報若一成定
撲則過聖節可陳乞亦恐知恐知二哥一向

不得書憂損憂損吾却且視事蓋不請假
亦自可下表在亳時如此也此中吴寺丞
久不安似虚勞恐知恐知

又 同前

近送配軍人行有書去必到尋而急足回
得汝書知在潁安樂甚慰甚慰數日無書
去爲等姚都官行然家中上下安樂別無
事可勿憂吾在告已十餘日二哥自京有
書來言自家求休退都下別無議論西事
亦不如傳聞別無警急但一二相愛者恐

時方惡人求退懼有不如意事尒若止如
此苦無可卹三五日欲遂入削尒恐知恐
知候入削了去報也韋保屋必已下手也
如前所說甚好只是郭天錫不可專委須
自掛心韋保屋了汝且謀歸要去時却去
此中近故也州官盡曾看否且與周旋續
思穎詩何爲却不刻石問得言來更數事
別有畫一向熱好將息類附書歸三月五
日押付大哥
襄州酒二瓶不甚好但少勝穎尒少喫發

風物酒亦少飲千萬千萬科場尚遠勿甚勞也

又同前

初六日姚都官行令急足隨去附書并酒計昨日已到也前日楊嬰入州得汝書并信物等並足知汝在彼安樂甚慰此中内外並如常吾在假已十七八日表并劄子寫下數日遷延未發今日待發凌晨忽聞邊事警急又却未敢發然素計蹉跌身心躁撓無地自容蓋悔恨者去就之計不能

自決若去秋在潁便陳乞安有今日之悔
到蔡又直遲疑至今是自家做得今欲歸
咎何人然昨爲黎教授云云遂陷惑至此
初八日決已發表封遞角次又得黎書切
怪在假仍戒勿輕發遂又遲疑信知是一
寃家寃家邊事未有涯自家退計杳未有
也汝書言待蓋草堂并庵此不急之務不
是汝去時議定且只修房錢緊急因何又
却及此吾此書到切更勿議蓋也那取人
工物料錢物等候葺保屋修了更修取此

房錢緊急處千萬千萬今此書只爲言此

一事切聽切聽此外好將息頻附書歸三

月十一日押付發

謝家園子前書已言去莊帳子不要今却

附去致莊之説且已候汝歸細議也有説

有説

又 同前

劉宗去後防送人回得汝書知汝在彼安

樂甚慰只是知二十三日方卓立韋家屋

子約須一月方了不知汝甚時歸得本望

聖節前到家尓兼漸向熱冝且歸也此中
上下並安可勿憂吾已出廳五六日本爲
西賊驚傳令得諸處關報皆云招捉潰散
無多也吾之進退自此以後自決於心如
事從容希恩禮悠悠之談相悞至此也劉
宗去時書中事甚詳此更不多言文論并
詩頻作甚好惟愈孰則工矣青州兩料職
租不久來當盡送去修房錢也恐知云遣
郭天錫日望其來此外好將息三月廿五
日押送大哥

二哥此中亦久不得書可怜可怜

又　同前

前日兩步關兵士防送行有書并掩子必到今日蔡州大風微雨斗寒思汝數日前盡將綿衣寄歸不知彼中陰晴與此同否憂汝驟寒都無綿衣吾與嬭憂心不能安今立走急足送綿衣去急足到立便令回或汝歸時帶來亦得未歸先遣回亦得餘事前書已說也好將息四月九日押送大哥

又　同前

近兩步　押賫樂人去有書續又專遣急
足送綿衣去有書計皆已到今日郭順來
得汝書知在彼安樂甚解憂想此中老幼
各安可勿過憂蔡人今歲絕不疾疫但寒
暑不常昨初九日大風寒所以專令送綿
衣去及問郭順乃云九日潁州大熱方解
憂心郭順云修造有次第汝欲二十頭可
歸然不知何故更令郭天錫先歸也累書
去問汝歸日皆不言孃甚恠然聿業了其
餘小者可委劉宗大者必下手未得也此

中亦自有事要汝歸面議此書到千萬且歸
它事前書已詳餘好將息四月十二日晚
押送大哥
二哥十頭出京三五日到家恐知恐知

又 同前

前日吴廷平來得汝書知安樂近郭天錫
來後便遣兵士作子等去望人到汝便離
潁至今已八九日並無息耗不免憂疑蓋
潁蔡深夏不免人多不安故也此中内外
甚安吾十九日巳入却致仕文字若近例

一削便允則旦暮間便有命尤要汝歸故更遣急足去如人到尚未起來即速且歸章業已了只是屋下生活可委劉宗其餘前書已言候汝歸商量也所是準備吾歸穎之計今更未暇汝但且歸此中旦夕專望路中好將息四月廿六日午時押付發

與二寺丞　奕　熙寧三年

自聞汝失意便遣郭順去接汝次日又遞中附書去方憂悶次今日劉玉自京來得汝八日書稍知動靜若至穎見了大哥便

先歸則今應已在路得失常事命有遲速
汝必會得應不甚勞心却是旅中不如意
漸熱難行故未免憂想若此書到尚在潁
則且先歸爲孃切要見汝蓋憂汝煩惱也
汝切寬心求安如過亳州只約黎曹二君
南臺相見勿入城千萬千萬此外路中好
將息此急脚子如路中逢見便帶取回一
路使喚二月二十六日押付二哥奕

書簡卷第十

與大寺丞第七帖 沓未有也（有字下疑脫字）修取此房錢（此疑是些字）

右書簡十卷命題以各人所至之官故於稱謂不必相應雖並注歲月而先後間有差互既已誤刋重於改易姑附注其下又不可知則闕之

吉綿本書簡有論文史問古事之類已移入外集第十六十七十八十九卷中

附録卷第一

祭文　行狀　謚誥

祭文

王荆文公安石

夫事有人力之可致猶不可期況乎天理之冥寞（冥一作溟漠）又安可得而推惟公生有聞于當時死有傳于後世苟能如此足矣而亦又何悲如公器質之深厚智識之高遠而輔以學術之精微故形於文章見於議論豪健俊偉怪巧瑰琦其積於中者浩如江河之停蓄其發於外者爛如日星之光輝

其清音幽韻凄如飄風急雨之驟至其雄辭閎辯快如輕車駿馬之奔馳世之學者無問乎識與不識而讀其文則其人可知嗚呼自公仕宦四十年上下往返一作復感世路之嶇崎雖屯邅困躓竄斥流離而終不可掩者以其有公議之是非既壓復起遂顯于世果敢之氣剛正之節至晚而不衰方仁宗皇帝臨朝之末年顧念後事謂如公者可寄以社稷之安危及夫發謀決策從容指顧立定大計謂千載而一時功名

成就不居而去其出處進退又庶乎英䰟靈氣不隨異物腐散而長在乎箕山之側與潁水之湄然天下之無賢不肖且猶爲涕泣而歔欷而况朝士大夫平昔游從又予心之所嚮慕而瞻依嗚呼盛衰興廢之理自古如此而臨風想望不能忘情者念公之不可復見而其誰與歸

同前　曾舍人鞏

維公學爲儒宗材不世出文章逸發醇深炳蔚體備韓馬思兼莊屈垂光簡編焯若

星日絶去刀尺渾然天質辭窮卷盡含意
未卒讀者心醒開蒙愈疾當代一人顧無
儔匹諫垣抗議氣震回遹鼓行無前跋疐
非恤世僞難勝孤堅竟窒紫微玉堂獨當
大筆二典三謨生明藏室頓挫彌厲誠純
志壹斟酌損益論思得失經體慮萌一作明沃心
造膝帝曰汝賢引登輔弼公在廟堂尊明
道術清淨簡易仁民愛物斂不煩苛令無
迫猝棲置本索里安户逸𧷤斂兵革天清
地謐日進昌言從容密勿開建國本情忠

力悉卯未之歲龍駕飆欻再拯大艱垂紳
秉笏乾坤正位上下有秩功被社稷等夷
召畢公在廟堂總持紀律一用公直兩忘
猜眠不挾朋比不虞訕嫉獨立不回其剛
仡仡愛養人材獎成誘掖甄拔寒素振興
滯屈以爲己任無有廢咈維公平生愷悌
忠實內外洞徹初終若一年始六十懇辭
冕黻連章累歲乃俞所乞放意丘樊脫遺
羈馽沉浸圖史左右琴瑟志氣浩然不陋
蓬蓽意謂百齡重休累吉還韓鼎軸賛微

計密云胡傾殂憖遺則弗聞訃失聲皆淚

橫溢鬱冥不敵早蒙振祓言縣公誨行縣

公率戴德不酬懷情獨鬱西望輀車莫持

紖綍維公犖犖德義譔述爲後世法終天

不沒託辭叙心曷能髣髴嗚呼哀哉尚饗

同前　　范蜀忠文公鎮

惟公平生諒直骨鯁文章在世煒煒炳炳

老釋之鬪膏肓之猛拒塞邪說尊崇元聖

天下四方學子甫定邇來此風勃焉而盛

如醒復醉如愈再病粤醒與病有幸不幸

幸不見排不幸不正嗟余空踈敢處季孟
公計之來淚下糜綆聞公卜宅許洛之境
余居在焉儻得同井異時往來或接光影
薄酒一樽菲肴數皿遠不得前寄此耿耿

同前　蘇文忠公軾通判杭州日

嗚呼哀哉公之生於世六十有六年民有
父母國有蓍龜斯文有傳學者有師君子
有所恃而不恐小人有所畏而不爲譬如
大川喬嶽雖一無此字不見其運動而功利之
及於物者蓋不可以數計而周知今公之

没也赤子無所仰訖(一有而字)朝廷無所稽疑
斯文化爲(一作於)異端(一有而字)學者至於用夷
君子以爲無與(一作爲)爲善而小人沛然自以爲
得時譬如深山(一作淵)大澤龍亡而虎逝則
變(緜)怪雜(一作百)出舞鰌鱓而號狐狸昔其(一作
公之)未用也天下以爲病而其既用也則又
以爲遲及其釋位而去也莫不冀其復用
至其請老而歸也莫不悵然(一作惆悵)失望而
猶庶幾於萬一者幸公之未衰孰謂公無
復有意於斯世(一作人)也奄一去而莫予追

豈厭世（一有之字）溷濁絜身而逝乎將民之無祿而天莫之遺昔我先君懷寶遁（一作避）世非公則莫能致而不肖無狀因（一作夤）緣出入受教於（一無此字）門下者十有六年於茲（一作斯）聞公之喪義當匍匐往救（一作乎）而懷祿不去愧古人以忸怩緘詞千里以寓一哀而已矣蓋上以爲天下慟而下以哭吾（一作其）私嗚呼哀哉

同前　知潁州日

維元祐六年歲次辛未九月丙戌朔從表

姪具位蘇軾謹以清酌肴果之奠昭告于
故太師兖國文忠公安康郡夫人之靈嗚
呼軾自齠齔以學爲嬉童子何知謂一作維公
我師晝誦其文夜夢見之十有五年乃克見
公公爲拊掌歡笑改容此我輩人餘子莫
羣我老將休付子斯文再拜稽首過矣公
言雖知其過不敢不勉契闊艱難見公汝
陰多士方讙而我獨南公曰子來實獲我
心我所謂文必與道俱見利而遷則非我
徒又拜稽首有死無易公雖云亡言如皎

日元祐之初起自南遷叔季在朝如見公
顏入拜夫人羅列諸孫敢以中子請婚叔
氏夫人曰然師友之義凡二十年再升公
堂深衣廟門垂涕失聲白髮蒼顏復見潁
人潁人思公曰此門生雖無以報不辱其
門清潁洋洋東注于淮我懷先生豈有涯
哉尚饗

同前　　　　蘇文定公轍

維年月日具官蘇轍謹以清酌庶羞之奠
致祭于故觀文少師贈太師九丈之靈嗚

呼嘉祐之初公在翰林維時先君處于西
南世所莫知隱居之深作書號公曰是知
予公應嗟然我明子心吾於天下交遊如
林有如斯文見所未曾先君來東實始識
公傾蓋之歡故舊莫隆遍出所爲歎息改
容歷告在位莫此蔽蒙報國以士古人之
忠公不妄言其重鼎鍾厥聲四馳靡然向
風嗟維此時文律頽毀奇邪譎怪不可告
止剽剥珠貝綴飾耳鼻調和椒薑毒病唇
齒咀嚼荆棘斥棄羙䧺號兹古文不自愧

耻公爲宗伯思復正始狂詞怪論見者投
棄踽踽亢昆與轍皆來皆試於庭羽翼病
摧有鑒在上無所事媒馳詞數千適當公
懷擢之衆中羣疑相逐公恬不驚衆惑徐
開滔滔狂瀾中道而回匪公之明化爲詼
俳公德日隆歷蹈二府轍方在艱撫視逾
素納銘幽宅德逮存故終喪而還公以勞
去公年未衰屢告遲暮自亳徂青迄蔡而
許來歸汝陰嘯傲環堵轍官在陳於潁則
鄰拜公門下笑言歡欣杯酒相屬圖史紛

紘辯論不衰志氣益振有如斯人而止斯
耶書來告衰情懷酸辛報不及至凶訃遄
臻嗚呼公之於文雲漢之光昭回洞達無
有采章學者所仰以克嚮方知者不惑昧
者不狂公之在朝以直自遂排斥姦回罔
有劇易後來相承敢隕故事雖庸無知亦
或勉勵此風之行逾三十年朝廷尊嚴庶
士多賢伊誰玄從公導其先自公之歸忽
焉變遷又誰使然要歸諸天天之生物各
維其時朝暘薰風春夏是宜凍雨急雪匪

寒不施時去不返雖彊莫違矧惟斯人而
不有時時既往矣公亦逝矣老成云亡邦
國瘁矣無爲爲善善者廢矣時實使然我
誰懟矣哭公於堂維其悲矣嗚呼哀哉尚饗

行狀　吳正憲公 充

故推誠保德崇仁翊戴功臣觀文殿學士
特進太子少師致仕上柱國樂安郡開國公
食邑四千三百戶食實封一千二百戶贈
太子太師歐陽公行狀

曾祖郴累贈金紫光禄大夫太師中書令

祖偃累贈金紫光禄大夫太師中書令
兼尚書令
父觀皇任泰州軍事判官累贈金紫光
禄大夫太師中書令兼尚書令追封鄭
國公
本貫吉州永豐縣明德鄉年六十六
歐陽氏之先本出於夏禹之苗裔少康封
其庶子于會稽以奉禹祀歷夏商周以世
相傳至越王勾踐傳五世至王無疆爲楚
威王所滅諸子皆受封于楚而無疆之子

蹄封於歐餘山之陽是爲歐陽亭侯子孫
遂以爲氏後稍北徙青之千乘冀之渤海
千乘之顯者曰生字和伯以經爲漢博士
所謂歐陽尚書者是也渤海之顯者曰建
字堅石所謂渤海赫赫歐陽堅石者是也
詢通父子顯于唐自通三世生琮爲吉州
刺史又八世生萬爲吉州安福令後世或
居安福或居廬陵安福之六世孫即公曾
祖也生八男曰儀者中南唐進士第父母
皆在鄉里榮之命其鄉曰儒林里曰歐桂

坊曰具慶皇祖而下始居吉水至和中析
吉水爲永豐今爲永豐人矣曾祖仕南唐
爲武昌令檢校右散騎常侍兼御史大夫
性孝友鄉里稱之累贈金紫光禄大夫太師
中書令曾祖妣劉氏追封楚國太夫人皇
祖少以文學稱獻所爲文南唐召試爲南
京街院判官累贈金紫光禄大夫太師中
書令兼尚書令祖妣李氏累封吴國太夫
人皇考少孤力學咸平中進士及第天性
仁孝居官決獄主於平恕哀矜終於泰州

軍事判官累贈金紫光禄大夫太師中書
令兼尚書令追封鄭國公妣鄭氏累封韓
國太夫人皇考之捐館舍公纔四歲太夫
人守節自誓而教公以讀書爲文及公成
人太夫人自力衣食不以家事累公使專
務爲學及見公之身名偕顯而夫人壽考
康寧爲善之報豈虛也哉公諱脩字永叔
天聖中進士甲科補西京留守推官用王
文康公薦召試遷鎮南軍節度掌書記館
閣校勘以書責諫官不論事諫官以聞謫

峽州夷陵縣令徙光化軍乾德令改武成
軍節度判官范文正公經略陝西辟掌書
記辭不就俄遷太子中允館閣校勘方修
禮書命權同知太常禮院辭不受預修崇
文總目成改集賢校理遂知太常禮院請
補外通判滑州召以爲太常丞知諫院賜
緋衣銀魚未幾同修起居注踰月拜右正
言知制誥賜三品服出使河東還改龍圖
閣直學士河北都轉運按察使左遷知制
誥知滁州改起居舍人知揚州徙知潁州

復龍圖閣直學士知應天府兼南京留守司歷尚書禮部吏部郎中丁韓國太夫人憂服除判吏部流内銓入翰林爲學士加史館修撰勾當三班院請郡改侍讀學士知蔡州留不行判太常寺兼禮儀事權知禮部貢舉拜右諫議大夫判尚書禮部又判祕閣祕書省加侍讀辭不受同修玉牒兼龍圖閣學士權知開封府以給事中罷同提舉在京諸司庫務改羣牧使唐書成拜禮部侍郎兼侍讀學士嘉祐五年以本

官爲樞密副使明年閏八月參知政事兼
譯經潤文歷戸部吏部二侍郎皆參大政
進拜左丞出爲觀文殿學士刑部尚書知
亳州熙寧初遷兵部尚書知青州京東東
路安撫使除檢校太保宣徽南院使判太
原府河東路經略安撫監牧使兼并代澤
潞麟府嵐石路兵馬都總管三辭不受徙
知蔡州熙寧四年六月以觀文殿學士太
子少師致仕階特進勲上柱國食邑四千
三百戸食實封一千二百戸明年閏七月

二十三日薨于汝陰之私第天子聞之震悼爲之一日不視乘拱朝贈太子太師邱孤法賻皆從加等公爲人剛正質直閎廓未嘗屑屑於事見義敢爲患害在前直徃不顧用是數至困逐及復振起終不改其操眞豪傑之士哉居三朝數十年間以文章道德爲一世學者宗師接人待物誠信樂易不爲表襮諸生進者與之抗聲極談簡直明辨至於貴顯終始如一見者莫不愛服而天資高遠常人自不能與之合公

待之一也有所稱薦姑取其一善後或毀
公於朝遇其人或其家厄且困必力振之
曰吾行己不以喜怒私也於經術務究大
本其所發明簡易明白其論詩曰察其美
刺知其善惡以爲勸戒所謂聖人之志者
本也因其失傳而妄自爲之說者經師之
末也今夫學者得其本而通其末斯善矣
得其本而不通其末闕其所疑可也不求
異於諸儒嘗曰先儒於經不能無失而所
得固多矣盡其說而理有不通然後得以

論正予非好爲異論也其於詩易多所發
明爲詩本義所改正百餘篇其餘則曰毛
鄭之說是矣復何云乎公幼孤家貧無資
太夫人以荻畫地教以字書稍長從閭里
借書讀或手抄之抄未畢而成誦公之舉
進士學者方爲時文號四六公就視之曰
此不足爲然切於養勉爲之而人亦不能
及故屢試有司皆第一名聲籍甚及景祐
中與尹師魯偕爲古學已而有詔戒天下
學者爲文使近古學者盡爲古文獨公古

文既行世以爲模範自兩漢後五六百年
有韓愈愈之後又數百年而公繼出李翺
皇甫湜柳宗元之徒不足多也蓋公之文
備衆體變化開闔因物命意各極其工其
得意處雖退之未能過筆札精勁自成一
家當世士大夫有得數十字皆藏以爲寶
生平以奬進人材爲己任一時賢士大夫
雖潛晦不爲人知者必延譽慰薦極其力
而後已後進之士一爲公所稱遂爲聞人
篤於朋友尹師魯曾梅聖俞孫明復皆貧甚

既卒公力爲經紀其家表其孤於朝悉録以官他嘗所與厚者未嘗遺也公既書責諫官以申范文正坐謫夷陵而尹洙余靖亦連貶蔡君謨爲四賢詩世傳之及范公之使陝西辟公偕往朝廷從之時天下久無事一旦西陲用兵士之負材能者皆欲因時有所施設而范公望臨一時好賢下士故士之樂從者衆公獨歎曰吾初論范公事豈以爲已利哉同其退不同其進可也卒辭焉慶曆初公方登朝數論天下事

爲策以揣敵情及指陳利害甚衆既而有
詔百官上封事公又上疏言三弊五事力
陳當時之所宜憂者　仁宗增諫官負首預
其選是時西師久京東西盜賊羣起中外
騷然仁宗既進退大臣欲遂改更諸事公
感激恩遇知無不言時范文正公杜正獻
公今司徒韓公司空富公皆輔政公屢請
召對咨訪責以所爲既而　仁宗降手詔出
六條虛心以待後遂下詔勸農桑興學校
多所更革小人不悅一時知名士見謂爲

黨人矣公爲朋黨議以進見集中溫成后
方有寵公言前世女寵之戒請加裁損燕
王薨議者以國用不足請待豐年以葬公
言士大夫家有所待而後不如及時薄葬
況天子叔邪且非所以示四方也卒從公
議澧州進柿木成文有太平之道字公言
今四海騷然未見太平之象又太平之道
其意可推自古帝王致之皆有道得道則
太平失道則危亂今見其失未見其得願
陛下憂勤萬務漸期致理其瑞木請不宣

示于外淮南轉運使呂紹寧到任進羨餘錢十萬貫公請拒而不受以防刻剥陝西用兵之後河東困弊芻糧不足言者請廢麟州或請移於合河津或請廢五寨公既使河外爲四議以較麟州利害請移兵就食於瀕河清塞堡緩急不失應援而平時可省餽運麟州得不廢又建言忻代岢嵐火山四州軍沿邊有禁地棄而不耕人户私糴北界斛斗入中以爲邊儲今若耕之每年可得數百萬石以實邊朝廷從之大爲

河東之利自西事後河東賦斂重而民貧道路嗟怨公奏（一作表）罷數十事以寬民力公自河東還會保州兵叛遂出爲河北都轉運使保州卒既降大將李昭亮私納婦女通判馮博文等竊傚之公發其姦下博文獄昭亮惶恐立出之自保州之變河北兵驕小不如意即謀爲亂人情務在姑息公乞假將帥權事從鎮重以銷未萌河北卒無事保塞之脅從者二千餘人分隸河北宣撫使恐復生變欲以便宜悉誅之公

權知成德軍遇之於內黃宣撫使夜半屏
人以告公公曰禍莫大於殺降昨保州叛
卒朝廷許以不死今戮之矣此曹本以脅
從故得脫柰何一旦殺無辜二千人且非
朝旨若諸郡不肯從緩之必生變是趣其
爲亂也且某至鎮州必不從命遂止公在
河北奏置御河催綱司通糧運邊州賴之
置都作院於磁相二州以繕戎器　仁宗遇
公厚嘗論及當世人材目公曰如歐陽某
者豈易得哉常欲大用而未果及使河北

陛辭日上面諭曰無爲久居計有事言來公對以諫官得風聞今在外使事有指越職罪也況不得其實邪上曰有事第以聞勿以中外爲辭及黨論大起公極言請加明辨勢益危初公妹適張龜正龜正無子有女非歐出也妹既發無所歸以孤女偕來及笄以嫁宗人晟張氏後以他事下獄小人欲并中公乃捃張氏貲產事窮治久之卒無有猶貶滁上公丁太夫人憂既免喪入見仁宗惻然怪公髮白問在外幾年今年幾

何恩意甚至命判流内銓小人恐公且復
用僞爲公奏乞汰内臣踈傳之中外官者
人人切齒内官楊永德陰以言中公出知
同州而外議不平論救者衆上尋開悟故
馮翊之命卒不行公在侍從八年多所闓
益初河決澶淵陳恭公爲相欲塞商胡開
橫壠故道公言功大恐不可成徒勞人未
幾陳罷去新宰相復用李仲昌議欲開六
塔河公言六塔不能吞伏且復決再爭之
不得既而果然濱棣德博數千里大被其

害仲昌等得罪流貶至和初公奉使契丹契丹使其貴臣惕隱及北宰相蕭知足等來押宴曰非常例也以公名重故爾其爲外夷所畏如此公在翰林仁宗一日乗閒見御閣春帖子讀而愛之左右曰學士歐陽某之辭也乃悉取宫中帖閱之見其篇篇有意歎曰舉筆不忘規諫真侍從之臣也每學士院進文字必曰何人當直至公之筆必以詳覽之每加歎賞嘉祐初公知貢舉時舉者爲文以新奇相尚文體大壞公

深革其弊前以怪僻在高第者黜之幾盡務求平澹典要士人初怨怒罵譏中稍信服已而文格遂變而復正者公之力也公之尹京承包孝肅公之後包以威嚴爲治公一切循理不事風采或以爲言公曰人材性各有短長令捨所長彊其所短以徇俗求譽我不能也至寵貴犯禁令又求苟免者必寘於法雖詔命有所不從且請加本罪二等至今行之由公奏請也公在樞密與令侍中曾魯公悉力振舉紀綱革去宿

弊考天下兵數及三路屯戍多少地理遠近更爲圖籍之法邊防久闕屯守者大加蒐補數月之間機務浸理嘗因嘉祐水災凡再上疏請選立皇子以固天下根本言甚激切及在政府遂與諸公協定大議而先帝力辭宗正之命公進曰宗室不領職事忽有此除天下皆知陛下將儲以爲嗣（一作以爲儲嗣）不若遂正其名且判宗正寺誥勑付閤門得以不受今立爲皇子止消一詔書事定矣仁宗以爲然遂下詔及先帝初年

未親政事慈壽垂簾公與諸公往來兩宫
鎮撫内外而危言密議忠力爲多至先帝
親御萬機内外肅然每諸公聚議事有未
可公未嘗不力諍臺諫官至政事堂論事
往往面折其短　英宗嘗面稱公曰性直不
避衆怨嘗稱故相王沂公之言曰恩欲歸
己怨使誰當且曰貧賤常思富貴富貴必
履危機此古人之所歎也惟不思而得旣
得而不患失之者其庶幾乎及彭思永蔣
之奇等以飛語汙公公杜門請付有司治

之上連詔詰問所從來二人辭窮悉遂之
上親遣中貴人手詔慰安公遂稱疾力解
機務自嘉祐以後朝廷務惜名器而進人
之路稍狹公屢建言館閣育材之地材既
難得而又難知則當博採而多畜之時冀
一得於其間則傑然出爲名臣矣餘亦不
失爲佳士也遂詔二府各舉五人其後中
選者往往在清近朝廷稍收其用矣京師
百司所行兵民官吏財用之類皆無總數
中書一有行移則下有司纂集公因暇日

盡以中書所當知者集爲總目上有所問
宰相以總目爲對公以祀假家居上遣中
貴人就中書閣取而閱之連典劇郡以鎮
静爲本不求赫赫名舉大體而已民便安
之滁揚二州生爲之立祠公在亳年甫六
十表致仕者六不從至蔡而請益堅卒不
能奪公志其勇退如此公平生於物少所
好獨好收畜古文圖書集三代以來金石
銘刻爲一千卷以校正史傳百家訛繆之
説爲多晚年自號六一居士曰吾集古録

一千卷藏書一萬卷有琴一張有棊一局
而常置酒一壺吾老於其閒是爲六一自
爲傳以刻石嘗被詔撰唐書紀十卷志五
十卷表十五卷又自撰五代史七十四卷
其爲紀一用春秋法於唐禮樂志明前世禮
樂之本出於一而後世禮樂爲空名五行志
不書事應盡破漢儒葘異附會之説其論
著類此五代史辭約而事備及正前史之
失爲多公之薨上命學士爲詔求書於其
家方繕寫進御嘗著易童子問三卷詩本

義十四卷居士集五十卷歸榮集一卷外
制集三卷内制集八卷奏議集十八卷四
六集七卷集古録跋尾十卷雜著述十九
卷諸子集以爲家書總目八卷其遺（一作餘）
逸不録者尚數百篇别爲編集而未及成
公初娶胥氏翰林學士贈吏部侍郎偃之
女繼室楊氏集賢院學士諫議大夫大雅之
女今夫人薛氏資政殿學士户部侍郎贈
太尉簡肅公奎之女累封仁壽郡夫人男
八人女三人長女師蚤卒次發光禄寺丞

次女蚤卒次奕光禄寺丞次棐大理評事
次某蚤卒次辯光禄寺丞次三男皆蚤卒
次女封樂壽縣君蚤卒孫男四人曰愻曰
憲曰恕曰憩皆以公恩試秘書省校書郎
孫女六人皆幼將以熙寧八年九月二十
六日葬公於開封府新鄭縣旌賢鄉之原
謹狀

熙寧六年七月　日樞密副使正奉大夫
行右諫議大夫上柱國賜紫金魚袋吳
兗狀

謚誥

省司準勑定謚據本家發到故推誠保德崇仁翊戴功臣觀文殿學士特進太子少師致仕上柱國樂安郡開國公食邑四千三百户食實封一千二百户贈太子太師歐陽某行狀依例牒太常禮院擬謚今準回牒連到議狀謚曰文忠

宣德郎守太常丞充集賢校理同知太常禮院李清臣

太子太師歐陽公歸老于其家以疾不

起將葬行狀上尚書省移太常請謚太
常合議曰公維聖宋賢臣一世學者之
所師法明于道德見于文章究覽六經
羣史諸子百氏馳騁貫穿述作數十百
萬言以傳先王之遺意其文卓然自成
一家比司馬遷揚雄韓愈無所不及而
有過之者方天下溺於末習爲章句聲
律之時聞公之風一變爲古文咸知趨
尚根本使朝廷文明不愧于三代漢唐
者太師之功于教化治道爲最多如太

師真可謂文矣博士李清臣得其議則
閱讀行狀考按謚法曰唐韓愈李翱權
德輿孫逖本朝楊億皆謚文太師固宜
以文謚吏持衆議白太常官長官長有
曰文則信然不復易也然公平生好諫
諍當加獻爲文獻無已則加忠爲文忠
衆相視曰其如何則又合言曰忠亦太
師之大節太師嘗參天下政事進言仁
宗乞早下詔立皇子使有明名定分以
安人心及 英宗繼體 今上即皇帝位兩

預定策翊戴有安社稷功和裕内外周旋兩宮間迄于　英宗之視政蓋太師天性正直心誠洞達明白無所欺隱不肯曲意順俗以自求便安好論列是非分别賢不肖不避人之怨誹狙嫉忘身履危以爲朝廷立事按謚法道德博聞曰文廉方公正曰忠今加忠以麗文宜爲當衆以狀授清臣爲謚議請臣曰不敢於文而傳之以忠議者之盡也清臣其敢不從遂謚文忠謹議

朝奉郎守尚書工部郎中充祕閣校理直
舍人院兼同修起居注權判吏部流內銓
騎都尉賜緋魚袋錢藻宣德郎守尚書刑
部員外郎充集賢校理兼同修起居注權
同判吏部流內銓騎都尉賜緋魚袋竇卞
伏準太常禮院謚議如前

天下文物繁盛之極學士大夫競夫鎪刻
組繪日益靡靡以汨没於倬詭魁殊之說
而不復知淳古之爲正也於是時天下曰
是太師曰非天下以爲韙太師以爲陋學

士大夫磨牙淬爪爭相出力以致之危害
太師不之顧曰我道堯舜也我言孔子孟
軻也而天下不我從將焉往然卒由太
師而一歸於醇正故仁義之言其華曄然
獨輝灼乎一代之盛遠出二京之上嗚虖
巇哉大丈夫束帶立夫人之朝所以大過
人者大節立焉不齪齪小節以求曲全
可也佛衆慮彊君以難是爲大節不徇
世俗之論而先識以制未形是爲大節
太師當嘉祐之間協議建儲正名孳天

下之疑而泮之萬世因而若維太山而
安不危斯之謂大節謚法道德博聞曰
文廉方公正曰忠生平論譔文章務明
堯舜孔孟之教於已壞之後可謂道德
博聞矣排左右持禄取容之慮特建萬
世無窮之策而自不以爲功可謂廉方
公正矣太常易名曰文忠庶乎天下有
以知公議之不能泯也
省司準例於都亭驛集合省官同參詳
皆協令式請有司準例施行謹詳定訖

遂具狀中書門下取裁奉宰臣判準申

謹具狀奏聞伏候勑旨

尚書都省

宋故推誠保德崇仁翊戴功臣觀文殿學士特進太子少師致仕上柱國樂安郡開國公食邑四千三百戶食實封一千二百戶贈太子太師歐陽脩謚曰文忠

附録卷第一

曾舍人祭文 甄拔寒素〔至〕維公平生〔五句〕本止作德信天資志氣 元豐類稾作氣志

行狀 而夫人壽考康寧 而字下一有太字

謚誥 則又合言曰 言字一作議其下又有文獻疊犯廟謚固不可九字

（宋）歐陽修　撰

宋本歐陽文忠公集

第二八册

國家圖書館出版社

第二八册目録

書簡卷第三　歐陽文忠公集一百四十六

與趙康靖公叔平　至和三年

某啓辱教并高郵二書不勝感刻足以仰見仁人之心惻物垂憫之深也方欲專馳人去請時暑重煩揮翰來旦併伸面謝人還姑此

又　至和三年七月

某啓累日阻拜見不審尊候何似某爲水所渰倉皇中般家來唐書局又爲皇城司所逐一家惶惶不知所之欲却且還舊居

白日屋下夜間上桄子露宿人生之窮一至于此人馬隨多少借般賤累幸不阻

又 嘉祐四年

某頓首啓初夏已熱不審動止何似鄆去京師不爲遠而叔平在外宜日走訊問候興居而動輒逾時雖云人事區區實亦可責也某昨衰病屢陳蒙恩許解府事雖江西之請未獲素心而疲憊得以少休豈勝感幸卜居城南粗亦自便自在府中數月以几案之勞傒損左臂積氣留滯疼痛不

可忍命醫理之迄今未愈天府孰不爲之
獨衰病者如此爾東平風物甚佳爲政之
暇想多清趣更冀爲朝自重以俟嚴召遽
中謹奉此有懇如別幅
焦千之秀才久相從篤行之士也昨來科
場偶不曾入其人專心學古不習治生妻
子寄食婦家遑遑無所之往時聞鄆學可
居所資差厚可以託食而焦君以郡守貴
俟難以屈迹今遇賢主人思欲往託竊計
高明必　聞此但恐鄆學難居今已有人爾

若見今無人則焦君不止自託其於教導必有補益亦資爲政之一端也更在高明詳擇可否俟有寵報決其去就也謹於遞中布此懇

又 同前

某啓久不奉狀乃以今夏暑毒非常歲之比壯者皆苦不堪況早衰多病者可知自盛暑中忽得喘疾在告數十日近方入趨而疾又作動輒伏枕情緒無悰深思外補以遂初心而唐書不久終篇用是更少盤

栢侍祠既畢當即決去形容心志皆難勉
強矣焦秀才事荷挂念方走淮南欲挈家
而其婦翁作省判遂被留連勢不能去然
渠感愧非一也某久欲作書屬病今猶居
告自叔平兄去後子華作憲遂鮮歡

又 同前

某啓近嘗奉狀秋雨早寒不審尊候何似
昨辱書言郡封不安勞慮醫藥數日前聞
果不起伏惟哀悼之懷何以堪處無由陳
慰徒用瞻仰叔平素喜浮圖之説死生之

際固已深達茲顧未能頓至無念諒用此可以少寛哀苦之情爾交游無以爲言聊以此塞悲奈何奈何更希爲國自重也謹於遞中附此

又 嘉祐五年

某頓首啓伏承榮被制書入司天憲中外欣愜以謂肅政綱以重朝廷於茲有望焉至於朋舊又喜來歸獨不得親款宴言以爲恨爾竊計旌旆已及郊畿無由瞻迎溽暑惟爲國自重

又 熙寧二年

某再拜自承榮遂挂冠之請日欲馳賀而病悴無堪事多稽廢其如不勝欣慕瞻仰之誠也即日隆暑伏惟台候動止康福竊惟宴閒之樂大愜雅懷回視塵瑣必深閔歎也某衰病日增尚此遷延爲愧不淺然亦不晚必能勉追高躅也瞻見未涯惟冀順時加重

又 熙寧三年

某衰病退藏人事曠廢理無足怪然亦不

承問不勝傾馳屢得君貺書及見唱和新篇粗審動靜喜承台候萬福嚮嘗辱許枉顧雖日企竚乃出於乘興不敢坐邀然又思顥之請決在此春若得自乘一鹿車造門求見亦未爲晚未間春暖惟冀以時衛重

又　熙寧四年

某啓自退居杜門人事幾絶養成踈慵稍闊拜問塗中忽辱書頓慰岑寂兼審經寒尊候萬福某衰病如昨目足尤苦殊不少損兹亦老年常態爾閑居之樂無待於外

而自足處多惟朋舊相從爲難得自安道得請南臺竊思二公物外得朋之樂不勝羨慕所承寵諭春首命駕見訪此自山陰訪戴之後數百年間未有此盛事一日公能發於乘興遂振高風使衰病翁因得附託垂名後世以繼前賢其幸其榮可勝道哉在公勉強而成之爾餘具別紙

與馮章靖公 當世 嘉祐三年

某頓首區區久闕致問中間辱書爲感何已冬寒伏惟台候萬福某以衰病期與恩 一作

得一小郡養拙三二年間謀一歸老之地此願未獲遽被責以吏事精力耗竭何止彊勉不出歲末春初當有江西之行矣薛親幹敵河東風土民間事緒可以詢問得佐幕府甚幸甚幸某爲目疾爲梗臨紙草率惟冀鎮撫外以時爲國自重

又　嘉祐四年

某啓自承移鎮合肥嘗一得奉狀其後區區更闕附問不審酷暑以來尊候何似廬在淮南爲劇郡竊惟下車布治之初當少

煩條教既而可樂之趣則有多於他邦也
伏惟視政之暇爲時自重佇俟來歸以慰
士大夫朋友之望

又　嘉祐五年

某啓伏自移鎮肥上嘗一奉書忽已踰歲
續雖乏馳問然瞻企之勤則未嘗懈也即
日春寒不審尊候何似某以衰病無堪自
解秩天府於今一朞正以唐史殘編爲累
今幸成書不久進御遂當南去世事老來
益有可厭者矣自當世治肥然大率諸相

知皆云不得書某亦以地僻少有來使得詢動止朝廷公議與交親私望皆願還歸未聞向暖惟冀爲國自重

又 同前

某啓昨自罷煩劇卜居城南少獲休息然猶此盤桓未遂決去正以唐史將遂終篇然亦不過秋末時事爾廬去京師不遠計可備聞難於紙筆具道也當世據名藩優游文史自足爲樂其餘一付公議但朝多賢士而獨在外與相知之私立欲公來歸

之速爾某衰病俱攻去心甚速諸公察其實然而未肯決然放去柰何柰何原父雖歸子華作憲朋友益蕭索當世尚壯及時讀書行樂此外稍隙時當得數奉問六熱更冀自重

又 同前

某啓白承移鎮金陵遂踈奉問經暑竊惟體履多福江山之勝實足以資清興而賢者久居于外豈朝廷之意哉朋友區區之私又可知也某衰病迫於歸計唐史奏御

遽陳危懇而未蒙聽允進無所補退不獲志負愧周行不知所措（一作處）相見益無涯惟爲時自愛以副瞻望

又（同前）

某啓自成書請外所陳哀切冀以危誠有以感動而二三公過爲顧慮曲以見留在意實厚於計則非便也柰何柰何本欲爲郡下客少溷主人復未可得然使少遷延終當必償夙志也濟叔窮居得當世在鎮必以慰意不久當應稍起此公議久所鬱

鬱也前承惠碑多佳者甚濟編録感幸感幸聞金陵有數片梁陳碑及蔣山題名甚多境内所有幸爲博采以爲惠實寡陋之益也病暑草率

又 同前

其啓承惠寄碑刻既博而精多所未見寡陋蒙益而私藏頓富矣中年早衰世好漸薄獨於茲物厥嗜尤篤而俗尚乖殊每患不獲同好凡如所惠僅得二三固已爲難而驟獲如是之多宜其如何爲喜幸也濟

叔公議猶屈乃吾徒之責未嘗少忘于懷而造物者第與衆人同爲嗟歎而已豈賢人君子亨否有命殆非人力能致邪雖然敢不竭力孚諭感愧感愧承專遣人至數召問其還期每云有故未歸遂且於郵中附此俟渠行別當奉狀也

又 嘉祐六年

某啓衰病碌碌無所稱徒負愧耻區區强顏人事廢曠久闕致問但深瞻企昨承進寵經筵而尚留居外未足以慰士大夫之

望實非交游之私論也辱惠書承經暑涉秋動履清安江山英勝聊助公餘之興未嚴召間希爲國自重

與王副樞 景彝 嘉祐五年

其啓自承軒騎歸止屬以多故未克祗謁暄和竊審氣體清安適辱簡誨兼示鄭州書信等偶在院中定題不時爲答深所感愧謹馳此爲謝幸加恕察不宣某再拜

景彝舍人 閤下 八日

與王懿敏公 仲儀 嘉祐■年

某啓數日之間併承寄惠蠏栗雖不得書亦喜尊候萬福某居此如魚鳥之池籠歲律忽已遒盡衰病日復侵攻交游多在外塊然處此情緒可知今日得蔡大書言久病近方就安人生聚散憂患百端相見何時況開年決求南去遂益爲胡越也惟以時自重臨紙區區

又 嘉祐三年

某啓稍不附問新春尚寒不審尊體何似歲月不覺又添一歲目日益昏聽日益重

其情悰則又可知嚮者公廨錢事知已息
就令不息徒喧噪人耳何足恤也邊州無
事誠爲可樂然俗吏亦不能也近來班著
蕭條羣賢在外皆當召歸而議者不及衰
病思去又亦未得守常不變其弊乃爾其
他時事不能悉具惟過年益區區但時與
韓三吴大相從爾燈夕却在李端愨家爲
會諸君皆奉思也數數附回州人書皆不
親付常意不違今偶此人取書適在家湖
柑閑寄數十箇去到彼得三四不損尚可

表意若遂無可入口亦無如之何也不罪
不罪因人幸時惠問

又 嘉祐二年

其啓昨日自貢院出得所寄書伏承春暄氣體清福兼知深樂北土之善爲郡處處皆佳況此帥府雄盛邊鄙無事固足以優游也某昨被差入省便知不靜緣累舉科場極弊既痛革之而上位不主權貴人家與浮薄子弟多一作爲在京師易爲摇動一旦喧然初不能遏然所得頗當實材既而

稍稍遂定去冬求洪井未得便差主文今旣喧噪漸息遂復理前請期於必得也中年衰病尤甚自出試院痛不能飲人生聚散安能區區於此進無所補退又不能自遂荏苒歲月有甚了期其他非筆墨可述惟爲國自重因人時枉問以慰無憀

又 嘉祐三年

某啓自承有益都之命必謂來朝當得相見不意遂爾西行實增怏怏又聞闕遠却於沿路盤桓深欲奉狀以莫知旌旆所止

不審即日春寒尊候如何計以仲春至鎮在路亦不久留成都風物非老者所宜仲儀雖爲同甲然心意壯鋭諒可爲樂難以病夫忖度也諸賢在外者爲復來歸獨公遠去相見何時某非久於此者然素志未遂心往形留因指使來辭得附書新春爲

國自重

又　嘉祐四年

某啓自去歲秋冬已來益多病加以目疾復左臂舉動不得三削請洪諸公畏物議

不敢放去意謂寧俾爾不便而無爲我累奈何奈何然且告他秖解府事必可得不過月十日且得作閑人爾少緩湯火煎熬有無限鄙懷不能具述薛婆老亦多病於錦繡無用秖是兒婦輩或恐有所要臨時奉煩爾土宜歸日惟好且當正如寬厚之說也呵呵酒絕喫不得聞仲儀日飲十數杯既徤羨又不能奉信蜀中碑文雖古碑斷鈌僅有字者皆打取來如今秖見此等物粗有心情餘皆不入眼也遮中續得來

書京師自立春泥雪至今凍屍横路遂罷放
燈經節不敢過諸人皆去寂寞恐知恐知
踈拙無佳物表意不恠不恠

又 同前

某啓昨在府中區區不時奉問理不爲怪
自罷去益怱怱度日不能爲一事公私俱
廢此所以日夢南歸視居此如桎梏之思
脱也自仲儀到蜀未甞承問但時見宅中
子弟問動静去起居甚安輿方下車必煩
條教計今人情習安粗可以爲樂矣因書

幸示其昨在府几案之勞氣血極滯左臂疼痛強不能舉罷居城南粗得安養迄今病目尚未復差厭苦人事實不能支秖候夏秋唐書了成褫却梅二遂決南去未間時得奉問夏熱爲國自重

又 同前

某啓區區多故久不附問不審尊體何似自春中曾一奉狀尋於遞中見答昨見公謹云得仲儀書怪某久無信蓋亦未嘗得仲儀書也但聞蜀人與自西歸者言善政

日新兩川蒙賜聞之竊喜大用之有期也

某益多病目昬手顫脚膝行履艱難衆疾

並攻唐書已了秖俟寫了進本遂決南昌

之請自此可圖一作壐處矣京師事體亦

迫促動有嫌忌無復縱適歲暮索然殊尠

懽意惟希公外多愛因暇時作數字以慰

瞻企

又 嘉祐五年

某啓久不奉狀亦久不辱書惟見諸賢姪

得聞動靜前日鄉中忽承惠問喜涉夏秋

體履休勝深以爲慰也其自罷府又一歲
有餘方得唐書了當遽申前請懇乞江西
前後累削辭極危苦而二三公若不聞近
年眼目尤昏又却送在經筵事與心違無
一是處未知何日遂得釋然一償素志於
江湖之上然後歸老汝陰爾昨蒙詔諭俾
請假既以地遠暫歸不能辦事又一請假
後難更請郡以此不敢但更少盤桓會當
有時得歸爾承見問所以略道一二終日
區區不曾勾當得公私一事人事殆廢以

此不時作書應不爲怪嚮寒爲國自重

又　嘉祐六年

某啓近嘗於遞中拜問辱書承春寒動履佳安兼蒙遠惠佳篇衰病之人豈敢萌心至於自顧惟知憂畏而衆論實可多懼獨見愛之深至於歌詠感愧感愧數十日來茫然未知所爲答問後遂如此其何以免於罪戾老退之心不敢望有所立以希名譽但厚恩當報爾仲儀何以見教實臣雖不久當發其如遠甚計須夏方得到闕鄙

懷千萬不能具述惟期握手爲一笑爾盛
作少暇當勉強爲答次因書略道區區餘
寒爲國自重

又 同前

某啓自春以來私門多故遂闕致問兼承
歸騎已東但日冀相見也碌碌於此忽焉
半歲思去之心雖切而未有以發近外處
相知多見問以求罷太速不知何以傳此
豈中外人情已欲其去邪不相見數年人
事百變前夕清卿之室已與擇之共牢而

食士夫聞之莫不竊歎富貴浮名何可久恃至於妻子亦不能保然盛衰之理固常如此奚足爲之悲也君謨已歸皤然一翁病勢自到京來頓減前日與余廣州在弊齋閑會坐中相顧歷道諫院中語笑但奉思爾衰病索然百事俱懶惟故人相見庶幾有少清況爾瞻近匪遐跋履之勞更宜避暑慎攝

又 同前

某啓人至辱惠以佳篇豈勝珍誦益見治

煩餘暇猶能及此弊齋有菊數叢去歲自
開便邀諸公比過重陽凡作數會今秋無
復一賞軒裳外物爲累於人細較其得失
何用區區自仲儀與數公自外歸甚思少
奉從容殊未有暇今有會亦不放曠可歎
可歎值夜且奉此爲謝

又 同前

某啓區區不得數奉言宴可勝瞻勤昨日
以疾病發動請告家居不知賢郎寵過今
日見二公言請許此實仲儀附就秉鈞者

當以爲漸爾然佳郡不遠且少盤桓聊爲偃
息也其衰病漸不能支更見楊樂道長姪同
甲勾落太半矣深思一作靈處未有去端爾
客多偷隙作此簡鄙懷欲述者多不覺忉忉

又 同前

某啓近以口齒淹延遂作孽兩頰俱腫飲
食言語皆不能呼四醫工並來未有纖効
聞仲儀有蜀中真山豆根乞一二兩病苦
加以饑損苶然疲卧不暇及他不罪不罪

又 嘉祐七年

某啓少别忽已更月秋氣漸清竊惟動履
勝常受署方初宜少煩條教吏民旣已蒙
惠則湖上清曠浩然放懷可以遺外世俗
區區可憎之態至於憂悲煩惱亦自以理
遣之某竊位於此不能明辨是非默默苟
且負抱愧耻何可勝言獨於朋友之間常
懷區區之願如此而已謹奉啓咨問

又 同前

某啓自别日欲致問而公私多故賢郎訪
及得聞動静則云甚安昨日公謹相過適

玄近少違和豈非追感悲戚使然邪此事實難遽遣其如無可奈何當推以至理不得不少自寬釋也竊計即日悉已平愈如常不勝瞻想之誠也其至今猶爲風毒所苦情緒蕭然不知名宦何處爲好合宮禮近日益牽忙不勝勉強也其他區區臨别亦嘗少道秖得如公西湖之樂一二歲比謀成歸計遂爲田畝之人矣難信之言不敢爲踈者道也相見未期但增引領因風枉問以慰勤企

又 治平元年

某啓公私忽忽久闕奉狀蓋以衰病交攻心力疲耗而憂責無涯日苟一日是以百事皆廢於因循然亦久不承惠問但屢見賢姪賢郎得聞動靜新歲晴和不審尊體何似湖園清曠春物繁榮然尚在遏音必未欲會聚其如閒適之趣幽靜尤佳每苦紛勞但深傾羨也老年相知無幾尺書相問略亦無嫌餘暇何惜數字少慰病翁然以自久無書不敢奉恠也繁暖千萬加愛

又同前

某啓久不蒙惠問方積瞻恩指使來忽辱書可勝欣慰兼審靜鎮安閑放懷取適自非嚮用全福何由及此固健羨之久矣某疲病不支憂責無際自匪獲罪譴困廢不能薄展微効捨是三者未有偷安之計自齒牙浮動飲食艱難切於身者惟此一事既已如此其他復何所得然則勉強於茲顧何戀也因仲儀有見憫之言乃略及此經春潤澤稍足相去不遠必同和暖更希

爲時自重

與王懿恪公 君貺 至和二年

某啓日思奉問別後人事益多端倪但見邸報知已禮上秋冷道塗貴眷各安某幸如常昨受命使北初欲辭免蓋以目疾畏風寒兼多著綿毳衣服不得其如受勑之日北人訃音已至由此更不敢辭因改爲賀使行期頗緩正在嚴凝與君貺行時無異也家中少人照管且移高橋去薛家稍近然公期管勾往來須及百餘日但得回

來耳靜便是幸也呵呵自大旆西行羣議遂息請無過慮也佳時美景臨觴之樂不可涯得失外物可置而勿問其餘達識以道消息故不待言也

又 嘉祐元年

某啓急足至辱書伏承履茲新正台候萬福少慰翹企之素也某尸竊于此思逃罪戾未知其所年齒日增心意日耗歸洛之興何可遏承示許以卜鄰亦一時盛事但須公功業成爾否泰常理亦難稽久豈止

交親之願也陽候鄉和惟冀以時自愛

又 嘉祐四年

某啓太祝來得詢動靜甚詳尋又辱惠書承經寒尊候萬福門内諸貴愛康安深浣瞻想居秦久議者皆謂當還不然遷鎮近甸應在朝夕浮議多端惟靜安可以銷弭修唐史已寫進本然卷秩多須數月方了南去有期心欲飛動過年衰病益侵見諭辯欲加收録此子庸駑詎可出明公門下不柰何爲誤聽但與家人大咍爾徐當議

未晚賢郎在都下殊乏祗迎悚愧悚愧漸暖爲時自重因賢郎行謹布區區

又 嘉祐五年

某啓近因急足還府略布謝懇即日春寒仰惟鎮撫外台候萬福某尚此遷延又見春花益盛第以目病眩晃不勝飲酒鮮悰爾不審大府花時如何憶曩在彼不甚盛也前承問及石研今且致三枚續當更求佳者咫尺瞻企惟以時自重

又 嘉祐六年

其以衰病碌碌無稱莫塞咎責徒自爲勞
區區幺不奉記屢見家人得書承夫人尊
候微有違和兼知來召夏醫方欲馳問太
祝遽至得聞子細喜已漸安兼見過客言
花時名園數有家會聞之益用爲慰某自
過年兒女多病小女子患目殆今未較日
頗憂煎前日太清賞花省自入館惟景祐
之會以選人獨不與殆今二十五年始遇
茲盛事是日兼承見寄絕品雖有已凋者
然所存不勝其麗見之病目開豁勉強飲

數酌以當佳惠閑恐知也見太祝言來擇壻兹事難於倉卒宜精慎也多日欲作書適聞有專人立草此其他諸懇俟太祝歸時致狀

又 同前

某頓首近於遽中嘗獻拙句急足遽至承賜手書兼惠新笋併增感愧竊審春和體況清福普明寺卅年前亂道宜爲削去以藏醜拙迺蒙刋著何以堪之春旱差遠京洛飢民亮煩賑卹計亦不廢行春也某忽

忽少貺（真蹟如此寫）第未能遂去餘無可言尔薛司勳過府下事有可詢當得其詳惟以時為朝自重不宣某手啓上留守尚書學士（清明日）

京醞二器聊表意但患人力難致偶薛君有卒擔之尔

又（同前）

某頓首啓自薛司勳行後更闕奉狀見家人得十四姨夫人書竊知近苦牙痛道家修養先於固下不宜有此疾然此患中年以後人皆有之患者醫方亦多難得效某

數年來頗以爲苦用藥多殊未有驗近於
張唐公處得一方他言親用有効然亦未
曾合今粗録呈可試用也春旱甚闊遠以
貽上心焦勞之慮近躬禱太一遂獲嘉澤
河洛間應已霑足民歳當有望不審邇日
爲政外尊體何如更希慎攝因附藥方遞
中謹此咨問

又 同前

某啓謝懇已具如右秋寒台候萬福某衰
病忝冒以寵爲憂自省蹇拙嘗敢萌此

望人亦曷嘗期此然事出意外猶竊叨據
君貺材望德業三十餘年一日歸副具瞻
以快士大夫之願老朽之人當在汝陰田
畝與農夫野叟相賀人事固常如此所示
排擯曾何足恤矧洛政善譽初無間言也
恐知之以新忝命人事紛紛致謝稽晚皇
恐皇恐

又 同前

某啓自叨竊非望嘗於鄆中致謝懇即日
冬候遂爾凝寒仰惟動履清福某勉強衰

病才薄寵益損必隨之親朋見愛何以爲
教有望有望見家人言十四姨夫人昨夕
違和喜已平愈公期由此專去省候鄙懷
區區因話一可詢問凡諸委瑣不復煩言
歲晚慘慄惟以時爲國自重

又 治平元年

某啓嚮自遭國卹公私事緒既多而衰病
之年憂哀並集餘生朽質殆弗能支顧於
人事曠闕交親冝以相寬自春不常拜問
然昆弟多在京師薛九與二夫人書信時

時獲聞動止即日秋暑猶盛不審寢味如何朝家方恃羣賢共此康濟邊寄雖重難恐淹留未俟見間惟以時爲國保重

又 治平二年

某啓專人至辱手書承履此春和台候萬福其衰病眊然思一藏拙之地未能遂心日夕勉強不勝其勞其餘幸悉如常承示諭請覲尚未見奏削安道特地以親爲辭必留滯旌車然辭官亦當俟報爾適以私家少故牽忙作書不周謹惟爲朝自重以

副區區

又 治平三年

某啓近併捧遞中專人所惠三書竊承經署台候萬福貴眷康寧粗慰瞻企諭以請洛之意甚詳自公留滯于外士大夫之論鬱然而當職者負慚與責久矣今茲所請在理何疑諸公諒不煩丁寧某又可知也有欲知者私門所便備問及爾亦已盡諭但奏削尚未至爾其瘠病苶然昨屢乞懇以經此詆辱於國體非便筭顧勢未得遽

去以此強顔成何情況事有所激實如來諭其諸多端匪遠可以面叙本末餘當續報惟酷暑爲時自愛

與執政 熙寧三年

某再拜啓仲夏炎毒伏惟台候萬福某以官守（一作守官）居外具瞻之地非時不敢通問今迫以懇悃不能自默其衰病累年中外具察不待煩言自去冬漸難勉強遂有壽陽之請而朝恩未許間以接奉春陽攻注眼目服藥過度渴淋復作遂不能支自三

月下旬在假亦兩曾奏知不期於病告中忽蒙此恩選事出意外莫不驚憂竊意朝廷必以居東逾歲別無大過遂以爲可委爾其如東州秪是尋常一大郡無兵馬無邊事又幸豐熟其如老病諸事曠廢處自知極多而過往不察其詳反以廢職爲少事此其可笑者也并晉一路外鄰二敵使某不病亦不敢當況尫悴不能策勵已具劄子細陳乞免此誤恩敢望台造察其誠實其餘區區常談難信之語更不復云惟

早賜允俞免再三煩瀆則大造也不宣

書簡卷第三

與馮章靖公第五帖 獲志一作獲心 無涯一作未涯

與王懿敏公第五帖 古碑斷鈌一作古而斷鈌 踈

拙二字上一有性字

第十帖 清況一作情況

與王懿敏公第九帖 致謝懇三字上一有略字

第十一帖 牽忙此下一有人還二字

第十二帖　自愛（一作愛重）

書簡卷第四　　歐陽文忠公集一百四十七

與余襄公安道　慶曆元年

某頓首再拜啓爲别五六歲未嘗一日不企而南望然某携老幼浮水奔陸風波霧毒周行萬三四千里侍母幸無恙其如頑然學不益進道不益加而年齒益長血氣益衰遂至碌碌隨世而無稱邪安道又不幸丁家艱窮居極（一有處字）起居安否不通於朋友況欲施於他邪嗚呼天果欲窮吾人乎承不久服除當早治裝以少解積歲區

區之思廣文曾生文識可駭云嘗學於君子略能道動静因其行聊書此爲問

與王文恪公 樂道 慶曆八年

某啓至節方欲拜狀遽辱惠問感愧感愧新陽納慶奮發賢藴以澤斯民不勝祝願也某近以上熱太盛有見教云水火未濟當行内視之術行未逾月雙眼注痛如割不惟書字艱難遇物亦不能正視但恐由此遂爲廢人所夏憂者少撰次文字未了爾恃相知敢布深寒保重

又　皇祐初

某頓首啓昨日州吏行嘗奉訊徐君來具道相見甚慰所懷某此幸郡小事稀苟見惡者稍息心此亦安然矣自到此公私未嘗發尺牘惟有書來即答餘外惟自藏於密但時有一二文字此事吾徒斷不得爾進取不可干大禍患當避自餘愛惡豈能周䘏也到此極無事所恨漸老益懶墮空過日月不曾成頭段著得些些文字五代史近方求得少許所闕書亦未能了人生多

因循已十三年矣足下幕中苟有著述無惜寄示李習之文字序附上冬冷保重

又 嘉祐四年

某啓區區久不附問人至辱書具承動靜康和姑以爲慰某衰病處此數月不爲住計遇事在目前者遣之以自免過其他如在鄜傳也自期以半歲求解復尋江西前請比可得亦須來春矣此外毀譽都不曾問十年不曾燈下看一字書自入府來夜夜燈下閱數十紙目疾大作一月之内已

在告如此安能久於此此乎承書果亦以此見憂眼稍開得纔兩日猶在告中惜目力又不可不自書草率保愛

又 熙寧元年

某啓自承大旆臨許更闕拜問蓋以衰病無悰人事多廢恃賴相知不以書信疏數爲意爾人至惠教益荷勤眷兼審經秋尊候康寧併增感慰氣節嚮寒未召用間惟冀爲時自愛以副區區

又 同前

某啓病目艱於書字咫尺闕奉狀蒲支使者過府下云得請見顏色尚覺清瘦辱書承手足遂已輕安其慰可量公之功在朝廷不淺所蘊未施萬一頼田謾置之爲他日計亦無害累嘗具此獻説爾某以決計止在來春亮可奉爲徐求也人事日新閑處尚有所聞然益覺靜勝爾日夕欲奉狀續當馳啓兹不具悉餘乞慎藥食以自輔也

又 同前

某拜啓近急足自府回辱書承此初涼動

履清福甚慰勤企兼審中間小疾為苦喜已平和仁政清簡歲豐民樂亮足頤神某衰病難名凡老患或耳或目不過一二諸老之疾併在一身所以歸心不得不速也蒙惠藥方蓋荷意愛已依方合和也咫尺未涯瞻款惟時自愛

又 熙寧三年

某啓某以闕僻養成懶慢久闕拜問專人辱書感慰曷已某此幸藏拙極遂優安其如衰病侵凌加以私門煩惱無復情悰亮

由福過災生致此爾所以量分知止切於思歸也咫尺莫奉宴言歲暮隆寒伏冀爲時自重

又 同前

某年齒日加衰殘日甚理所宜然不足多怪昨者蒙上哀憐信其實病免并得蔡恩出萬幸兼去額數程便於歸計再尋前請不遠朝夕承樂道亦有卜居許下之意柴車藜杖歲時往來此自一段■事古人難遂蓋公素蘊未施盛年方壯也若某則實難

策勵爾

又 熙寧四年

某啓昨蒙上恩閔其衰老許遂退休自杜門里巷人事幾廢以是久闕致誠而雅眷不忘惠然垂問誨諭稠重以慰寂寞於交情乃見之時以勵俗風義所及其利博矣非止病夫之荷德也感愧感愧蕪審經寒台候萬福閑中優幸實多但交親益難會見此爲區區歲晚凝冽惟宴居頤養以需復用

與滕待制 子京　慶曆五年

某頓首自夷陵之貶獲見於江寧逮今十年而執事謫守湖濱某亦再逐淮上音塵靡接會遇無期則人事之多端勞生之自困可爲歎息何所勝言急步忽來惠音見及伏承求卹民瘼宣布詔條去宿弊以便人興無窮之長利非獨見哲人明達之量不以進退爲心而竊喜遠方凋瘵之民獲被愷悌之化示及新堤之作俾之紀一作記次其事舊學荒蕪文思衰落既無曩昔少

壯之心氣而有患禍難測之憂虞是以言溢意窘不足盡載君子規模闊達之志而無以稱岳人所欲稱揚歌頌之勤勉強不能以副來意媿悚愧悚秋序方杪洞庭早寒嚴召未間千萬自重

與章伯鎮 慶曆五年

某頓首山郡僻絕不與人通每辱誨問何勝感愧某材薄寵過得禍甚輕獲此優安至爲天幸伯鎮尚淹江郡忽已踰年大亨有時先以小抑亦通否之理然也惟冀自

愛以副瞻禱

又　慶曆六年

某頓首州幹至蒙問以書承此新春福履休裕詩文新作金石交奏某處窮僻不接先生長者之論久矣忽然得之開發鄙滯況得見其人接其道其樂宜如何哉此志不諧惟用瞻企保重保重

又　同前

某頓首急足至郡辱誨以書承臨郡之暇寢味休適可勝瞻慰也示及傳記三本文

偉意嚴記詳語簡而賞罰善惡勸戒丁寧述作之功正爲此爾欽服欽服某幸閒僻甚可尋繹然獨懶於撰述爾嘉話未卜冬冷千萬保重偃虹隄記滕侯牽強不意敢煩餘暇特與揮翰荒惡之文假飾傳久感媿感媿

又　皇祐元年

某昨以目病爲梗求潁自便養慵藏拙深得其宜泛舟長淮倐然其樂急足遠至辱書爲别且承春暄寢味多福相去益遠瞻

望徒勞千萬保重

又 同前

某自聞子美之亡使人無復生意交朋淪落殆盡存者不老即病不然困於世路愁人愁人就中子美尤甚哀哉祭文讀之重增其悲爾盛作俟至西湖方快吟味淮陽苦區區到彼必少祛俗慮尚可勉強以攀作者惠茗正爲所少之物多荷多荷自病來絶不飲酒尤爲無聊正藉此物以增清興爾

與王郎中道損 慶曆八年

某啓向在河朔嘗辱書爲誨人事多故未暇復問尋而又聞子野之訃值某遷郡淮南扶挈老幼凡再登舟再出陸始至弊邑用此亦未暇與交游相弔子野之賢難得此天下公議共惜之若相知之難二字一作與相得則某私恨亦有萬萬不窮之意苦事苦事自古賢者無不死惟令名不朽則爲永存矣凡朋友爲子野痛惜者惟可以此一事自寬而已范公誌文詳悉而實録甚善甚善新歲伊一作甫始千萬保重以慰瞻詠

又 嘉祐三年

某啓專人至辱書承經寒爲政外福履清康實慰瞻企某衰病不支遽蒙以煩冗驅策不敢固辭其實非所能亦非所樂又非所堪也居華已逾年當別有美用承見諭敢不如教某病目十年遽爲几案所苦冬至後自當請麾南去矣嚮寒保攝

又 嘉祐五年

某啓辱見諭碑文及拙詩續當遞中奉寄蓋以唐書甫了初謂遂得休息而却送本

局寫印本一字之誤遂傳四方以此須自校對其勞苦牽迫甚於書未成時由是未遑及他事以屢失信於長者不避忉忉承首塗有日旦夕當詣謁人還且此不能盡所懷

與杜大夫　慶曆八年

某再拜久不聞問經夏涉秋榮侍外體履多福近爲澶魏河決淮南例令勸誘人户進納梢草淮人旣貧而道遠期促絶無應命者朝旨勸誘使人傳宣又令差定莫知

所從南京亦必須有指揮不知本府如何擘畫見勸到人戶多少如何誘之孰是差定其才薄能劣受恩厚甚聞朝廷以河事爲急正當竭力補報然若於事無益而爲國斂怨於淮人則重爲可罪也爲遠方不知事體急走此奉咨或有勸誘之術顧乞餘矩稍濟其急忙中不子細秋涼保重

又 皇祐四年

某啓閑居之人久不奉問得遞中書承榮侍多福又知有悼嬰之戚斯事無可柰何

惟當自寬上慰慈顔也臨政之始勞慮想多前曾託姚教授奉問實録蓋自居憂日苦閑坐無由度晷又近日有一閑人頗能裝裁諒彼視事閑決却少暇時以此欲於閑中銷日也不訝不訝及聞近有悲戚則猶不可以閑事干聒深悔前言之容易也悚惕悚惕方欲奉疏偶姚教授介聊述此冬深保重

與張職方　皇祐二年

某啓相聚逾年别來豈勝思戀道塗無阻

行已及陳時時得雨舟中不熱自過界溝地土卑薄桑柘蕭條始知潁真樂土益令人眷眷爾小兒輩望見萬壽塔尚指以爲臺頭聞其語不覺愴然爾過陳恐難附書秋暑多愛

又 皇祐三年

某啓自承遷秩嘗辱惠書迫以多故尋疎奉問近得康（一作唐下）屯田信方知已授蘄春且居潁上即日寒凜寢味多福某自至此以親疾厭厭無暇外事欲求一僻地以便

侍養而遠處不可迎侍側近又多爲清要所居不敢陳乞區區于此無復情悰非復湖上之時也未涯相見千萬自重因康屯田人回附此相次專馳狀也

又 皇祐六年

其啓久不聞問人至得書爲慰不已六月一日從吉得郡必南正值大熱應須秋初方可離潁簟真病與懶者所宜珍荷珍荷丁太博却有書一封幸爲致達斯人文章君子不幸遭此在憂患中難得信問往來

早爲達（送一作）之也縣境有好碑試爲訪之別後所收必多也閑中無物爲信慚悚慚悚

與劉學士（湜字子正　皇祐四年）

某叩頭言罪逆餘生護喪假道乃勞台旆枉顧孤窮感愧之誠何以云諭限茲凶斬無由詣見斯又重以爲恨也乍遠爲邦自重謹附手疏叙謝

又（同前）

某啓哀苦中幸得相見辱眷甚厚行計所迫不勝依戀嗣沐手誨併深感怍乍遠珍

重行次草草爲謝

與知縣寺丞 皇祐五年

某啓自相别後至王回秀才來始一得所惠書承居京師無恙某哀苦如昨近擇得葬地在潁西四十里土厚水深略依山水向背其餘陰陽家説皆莫能一一如法也卜用今秋恐知恐知亦及杜漳州有事令人感涕不已與之同甲内顧身世可爲凜凜此人有材能而氣雋宜其與監司違戾然怒者秖能言其率意行事是保無他過矣

某閑居無人又不知其所止無處附書信恐知其家屬所居因信切言及千萬千萬徐謝高科今必已決俟見春牓附書也因見伸意某以妻母病家人兒子輩入京相看因得附此不悉已暄多愛不次某再拜

與臨池院主 皇祐五年

某啓小姪人還曾附問迩來暑毒安和某今謀奉太君神柩南歸將遂相見因小姪先行奉此不次某書白 七月十六日

小師等各安建茶二角表信

與吳給事 名中復 皇祐末

某啓：罪逆餘生，遠屛郊外，特承顧訪，感咽何勝。仍沐寵惠雄編，俾遂榮覽。雖在哀迷，亦知開警。如嘉州滑井之作，有以見仁言之利博，而非文字之空言也。欽執一作仰材譽，固已有日，粗窺高藴，益用歎服。限以衣制，不能謁謝，聊叙此。不次。某再拜仲庶太博執事。 二月二十八日

又 嘉祐三年

某啓：思奉清論不可得，徒用企想。夏熱，承

體氣佳裕某此者忽有尹命殊出意外不惟才非所長加以他慮不淺昨巳懇辭庶可得免如其不獲恐難冀堅避辱命誌文鄙拙豈足當之弟以欣慕忠義樂於紀次因得附名于石末遂不敢辭爾惶悚一作恐下同惶悚鄙懷區區不能具道某頓首

諫院舍人執事

又同前

某啓新令雖許往還尚以職事牽冗未皇祗謁計寒凛體氣清康前承要墓碣久稽

應命近因病目在告始得牽強衰朽無意
思僅能成文不足以發揚令德慙恐慙恐
昏眩不能多書謹此

與李留後 公謹 至和元年

某啓昨自居潁服除乆俟外補旣而召見
尋乞蒲同出處倉皇諒聞于外也前日入
拜恩旨復留孤生多難鬢髮蕭然心形兩
衰豈有榮進之望但區區未能即去爾承
坐鎮餘閑甚有清趣然想非乆外留當被
嚴召老朽或未出都尚得一相見則爲幸

矣瞻仰瞻仰

又 嘉祐二年

某啓嚮以僑寄僧坊公私多故忽忽爲别豈勝馳情使至恵書竊承下車經寒動履清福粗慰瞻仰某一守經愚儒爾豈堪適時之用加以衰病勉強實難過禋慶得遂一麾爲幸矣公謹爲郡誠可樂然賢者遠外於今之時勢必難久目疾得静安息慮當益清明某昬花日甚書字如隔雲霧亦冀一閑處將養爾深寒惟望爲時自重

又 同前

某啓自旌旆之南數於他書中承見問中間寄惠八功德水又辱手書及今者人至又辱書感慰何已兼審經寒爲政外體履清康某自過年如陡頓一作添十數歲人但覺心意衰耗世味都無可樂百事強勉而已請外決在今春惟不知相見何時爾鄙懷千萬莫能具述惟以時爲國自愛瞻仰瞻仰

又 嘉祐三年

某再拜近因人還嘗得附狀茲者寄水人至又辱書審春寒體況清康兼惠清泉亟飲甚甘實如不疑所品物固有處於幽晦而發於賢哲者茲鄙夫欣慕樂於紀述也適值館伴契丹人使旦夕到闕頗區區須事畢當馳上也人還謹奉此

又 同前

某啓自春氣候不常伏惟攝理清康前承惠浮槎山水俾之作記又於遞中辱書久不爲報蓋牽強拙記未成爾某中年多病

文思衰落所記非工殊不堪應命文辭已如此不欲更自繆書亮不爲罪然得子履一揮尤幸蓋不敢煩公謹眞翰也皇恐皇恐

又 同前

某頓首急足至辱書（一有惠字）承此初暑尊候萬福浮槎拙記託賢弟附去多日疑其未至聞此急足發來也初深欲自書屢試書數本皆自嫌不過意遂已前書具道必可亮也向時竊見議科場奏甚佳然欲必行其言尤難也論外計刻剝此非守道守官

君子孰肯奮然發憤前纇人已受此賜矣
若使常人用心皆如君子生民豈有弊病
天下豈有不治哉鄆州還闕方一相見京
師幺雨近方晴乾不審江淮如何向熱以
時自重人還謹此不宣某再拜

又 同前

其啓自附浮槎拙記去後捧遞中所惠書
尋以修報茲者人至又辱賜教某昨承恩
俾侍經席輒以近歲貪多濫選官以人輕
遂至學士例爲兼職用此爲說得以懇辭

聖恩矜察特許寢停甚幸也承示啓更不修答也感愧感愧其苦風眩甚劇若遂不止當成大疾作書未竟已數眩轉屢停筆瞑目鄙懷區區不可盡惟爲國慎夏自重

又 同前

某啓承誨示至於勤勤所寄浮槎水味尤佳然豈減惠山之品久居京師絶難得佳山水頓食此如飲甘醴所患遠難多致不得猒飫爾此山前世粗有名然皆因僧居以爲勝令所記者特水爾故不及其他也

張又新水記與陸羽不同考於二家之書可見矣今更録往時所作大明井記奉呈庶可知其詳也因人入都小餅時爲致一兩器千里致水恐涉好奇之弊然若不勞煩則亦無害更裁之

與向觀察 嘉祐五年

某啓中間辱書承經暑德履清佳深浣遐想足下留遊河朔忽已數年保塞邊要朝廷寄任之重行第嘉績別膺峻用某衰病無堪待罪西府深愧碌碌秋涼珍愛

又 至和元年冬

某啓伏自使斾之西及此兩辱書承祁寒爲政外體履清福深慰企渴某居此區區近又領三班坐曹牽冗久闕拜狀仍思舊同局言笑之樂不可復得也請外開春決可去未知款奉何日新正以時自愛

書簡卷第四

續添

與余襄公安道

某頓首再拜啓爲別五六歲未嘗一日不思企而南望然某侍老親携孱幼浮江奔陸衝冒風波霧毒之間凡行萬三四千里其勞亦甚矣侍母幸粗無恙其如頑然學不益進道不益加而年齒益長血氣益衰遂至碌碌隨世俯仰而何足稱邪安道又不幸丁家艱窮居極南起居安否不通於朋友況欲施其他邪嗚呼天果欲窮吾人乎承不久服除當早治裝以少解積歲區區之思廣文曾生文識可駭玄嘗學於君

子因其行略以通動靜之間

此帖與本卷者大同而小異載閩本及京師名賢簡啓中疑有改定處與第五卷劉原甫書同說

與王郎中第二帖　爲几案所苦五字上一有此字

與杜大夫第二帖　開決正謂開決汴河閩本作闢決乃是常談

與張職方第二帖　寒凜一作寒凝

書簡卷第五　歐陽文忠公集一百四十八

與劉侍讀原父　嘉祐二年

某啓專介辱書承此嚴寒爲政外尊體休裕實慰企想某以衰病當此煩冗已三請江西要在正初必可得艤舟亭次寓目平山奉賢主人清論豈不豁然哉伏冀爲時自愛

又　嘉祐四年

某啓愚家所藏集古録嘗得故許子春爲余言集聚多且久無不散亡此物理也不

若舉取其要著爲一書謂可傳久余深以
其言爲然昨在汝陰居閑遂爲集古録目
方得八九十篇不徒如許之説又因得與
史傳相參驗證見史家闕失甚多其後來
京師遂不復作適因尋撿少書籍發篋得
其故本謹以奉呈庶知所謂黑鬼者雖老
鈍之人媚着然亦不爲無益也家無他本
幸看畢見付某再拜

又

某啓區區久疎謁奉辱誨承示千文甚佳

多感多感或云此是李靖字唐人集爲千文不知如何也

又 嘉祐二年

某啓前承示以蜀素俾寫孝經一章書之墨不能染尋將家所有者試之亦然遽命工匠治之終不堪用豈其未得其法耶幸令善工精治之使受墨可書當爲汙以惡書也糾察題名不罪以閙事聒耳皇恐皇恐

又 此帖綿吉本誤作與蘇子容

某啓暖甚果復作陰嘉節豈遂爲雨邪逮

寧物論益喧當制之人必被收理後日之遊且不欲往幸爲致意人事之難乃爾烏絲欄依前書不染墨今納還當以澄心紙試書一章塞命也金櫻煎謹送却乞真牛膝一二束爲聖俞處所得不多爾

又　此帖綿吉本誤作與蘇子容

某啓時色可愛不廢佳節之會謂當得同一笑而原父獨不往人事難得如意固常如此邪得介甫新詩數十篇皆奇絕喜此道不寂寞以相告詩軸俟看了馳上適因

悶睡起奉答不謹

又 此帖綿吉本誤作與蘇子容

某啓昨日辱寵和惡詩豈勝感服屬上馬赴西園不時爲答前偶拜聞家居未必不佳此語復何所疑蓋爲泥濘中遠赴官會未必若家居清淨然而郊外少車馬雖雨無泥甚不爲勞而物色晴妍深可愛雖病夫亦動念文思家居未必佳也昨日頗歡飲酒差多今日病適方睡起謹此咨報

又 嘉祐四年

其啓昨日奉見後遂之北李園池見木陰葱翠節物已移而原父獨不在但終席奉思加以風沙益可憎爾輒此奉報前承要介甫詩謹以咨呈其一二篇不當傳者特爲翦去之矣恐知

又同前

某啓數日不奉見餘暑頗甚伏惟起居佳勝昨日羣牧特會以熱中飲冷過多偶爲腹疾兼以少幹故遂且在告紙三兩日當即出參特煩問念感愧曷已乾燥非常何

時可飲未嘗如此寥落也人還謹啓爲謝

又 同前

某啓特辱問念感愧曷已某腹疾猶未平衰年已覺難支以不敢常食遂且在告熱藥不敢多服惟晨起一服爾蓋自家常服者已頑無效冀新功爾承教當節之也亦聞梅二不安方欲致問

又 同前

某啓承出城勞頓晚來喜佳裕拙疾特辱問念感愧曷已自夜來益注洩今旦苶然遂

召張康診云熱中傷冷當和陰陽偏用熱藥所以難効遂以黃連乾薑之類爲散服之近午差定亦戲家人云近日人脆事須過防昨日得聖俞簡云小小傷冷然用徐青乃俚巷庸工爾此公多鄭滯更當慎攝今須馳問之也精神稍復承見問不覺書多聊代面話

又 嘉祐五年

某啓辱問以嬰兒未安勞神然當更審慎藥食有張萬回太保者其術又精筭難呼

爾不憚慇懃召之也某今日不入正爲凌晨稍涼爲江氏作誌幸語其家勿相煎兹事安敢奉誤旦夕當得以方牽強不能悉

又 同前

某啓承見諭某爲之翰家遣僕坐門下要誌銘所以兩日不能至局大熱如此又家中小兒女多不安更爲人家驅逼作文字何時免此老業東齋雖狹若心無事可以坐致清涼健羨華事十六日定为當奉見併得敘盡所聞也人還謹此

又 嘉祐四年

其啓熇然炎燎中方不知所以逃生忽辱寵示佳作強起疾讀其爲清快難以言傳然賦無厲和之理但當卧誦以代飲冰咀雪尓某兩日爲伯庸趣了誌文葢其葬日實近恐悮他事然其爲苦不可勝言閑思宜爲劉乂所誚然自此當絶筆雖不能如俚俗斷指剌環邀於鬼神以自誓然當痛自懲艾茲時之勞也方執筆得少風稍清故能忉忉不宣某再拜

又 嘉祐五年

某啓適歸自外捧惠佳篇豈勝欣感偶然之會雖草率而縛於文字遂爲他時故事茲敢不勉也然西齋素患寂寞近方稍葺而原父去此稍遠此俗所謂事無恰好也

又 同前

某啓自原甫既西雖不爲官制所拘朋遊亦自寂寞況遂當憂責履畏塗其爲情況可知偶思春物將動故都多佳致爲樂豈復可涯汨沒聲利惟溺慼者不勝其勞而

但見其樂粗有識知兼以衰病此事難爲他人道獨不知原甫諒之否因風幸數垂問以慰瞻企

又　嘉祐六年

某啓自春首以來兒女輩疾病日益憂煎自顧無補於時而衰病日增咎責四至其何以堪之惟思春物爛然故都遺勝不可勝覽而公專有之猶恐猒飫所見不以難得爲惜也須知有不可得之者也賢弟亦稀相見蓋難得盡從容之適尒公自至鎮

一嘗辱問遂絶惠音不知何嫌遽尒見疎也西齋塵土無復人迹偶因連日假故試尋筆研略布此誠以此亦可見其爲既（真蹟用此既字）也其他俗事可憎不復多道但布瞻企之勤尒氣候猶未和暢不知西路如何惟爲國自愛某祗拜

初望西物甚衆今寸紙一字不可得況南山竹萌之類耶至於新詩醉墨並棄前約無乃太甚乎

又（與前帖相類疑是槀本今兩存之）

其啓自春以來苦兒女輩疾病憂煎百端
遂闕馳問然亦怪久不承惠音不審何嫌
遽見斥外始望西州之物甚衆今一言寸
紙猶不可得況於其他乎某老拙無堪自
顧恐終無所爲以補萬一而衰病日增咎
責四至其將柰何春物爛發故都遺蹟不
可勝覽但恐猒飫朝夕不以難得爲可惜
須知有羨而不可得者爾賢弟亦稀相見
蓋不能得如往日與諸賢忘形取適爾西
齋塵土無復人迹幸連日假故略得少布

區區然公方享清閒之樂不冝無暇於故人也其他俗事薄惡可不挂耳惟向暖多愛以慰傾企

得子華書言西去當於陜雍留連果能如此否手指拘攣又添左手兩目僅辨物其餘可知

又 同前

某頓首啓近寛卹王職方行嘗得附狀然亦久不承恵問春候猶寒不審動履何似但深瞻詠前日崇政賜進士第見賢郎在

高等伏惟喜慰其巳衰病三四小子未有能獲薦于有司者見之尤所羨慕賢郎程文甚工爲都人傳誦及第等雖高而人猶以爲未稱然少年微抑于此未必不爲遠大之本也謹專致此爲賀不宣某再拜原父安撫侍讀閤下三月十日

又同前

某啓久不奉狀蓋欲俟賢郎歸而賢郎未歸遂以稽緩然亦未嘗辱書不審經暑動履何如但西州人士之來者日載政聲盈

于都下使嫉善之言不勝公議聊俾下交
怏釋其餘存之遠大竊計高明必不校量
於屑屑也餘復何言盛熱爲時自重謹因
賢郎歸奉此咨問不宣某再拜 六月廿一日謹狀

又 同前

某區區於此忽復半歲思有所爲則方以
妄作紛紜爲戒循安常理又顧碌碌可羞
不知何以教之哀其不逮實有望於公爲
多也至於常檢拘攣野率之性尤以爲苦
然勢難輕動甫及年歲得去爲幸也蔡君

謨自南歸，皤然一叟，相見惟亟相驚歎而已。西齋自去冬逮今遂不復啓，其他可知也。故都多登臨之勝，新詩醉墨時以爲惠，以忘俗惡之態，於理似未爲害，不知何避而何嫌？鄙懷千萬，居常思欲鉅細布之，臨紙則復茫然。惟慎夏愛護。

又 同前

其承見教以用快大過，此誠中其病，然平日所常患，衆君子多以爲言者也。若任責至重，未知所爲，此有望於公者。初未蒙賜也至於簡事爲實爲政之大要此西人所以蒙惠也若曰外名迹自古聖賢所難莊生之名卓然見於後世若使無迹後世學者何從而師法之蓋莊生之名以彼周孔之名以此皆不能出名迹之外者第不當汲汲以求之爾不相見久聊此當握手一笑不罪不罪前日餞聖從與景仁介甫清坐終日奉思之外惟以鮮懽相顧屢歎而已恐知其近況故輒及之公來歸未期惟時得數字猶足以爲慰豈以無事爲煩邪

又 同前

某啓薛金部自西來辱惠以書承經寒體履清安兼得詳問動止併以爲慰今歲京師寒甚衰病之軀尤所不堪承諭閑閤無爲豈亦苦於寒耶春物將動竊思登臨之樂何有窮涯因人時枉問宜道一二偶薛人還聊奉此不宣某再拜十一月二十日

又 嘉祐七年

某啓春氣暄和伏惟鎮撫之餘履復況清適某以衰殘勉強有勞無益公職曠廢私事

不修不獨於書記爲閫也緬懷故都風物之佳當此陽春暢發之盛臨觴覽勝宜不爲猒蓋以賢人在外公議難安一日來歸遂不復得爾此外惟以時爲國自愛謹奉狀不宣某手狀上 二月十二日

又 同前

某啓自過年便欲奉狀只俟薛司勳歸薛既以事滯留遂成稽殆但時見賢弟詢問動静以慰懷尔薛君留此屢相見粗悉疲病區區所爲及其耳目所得歸必能具道更

不煩言惟的便無佳物表信蓋西州所闕惟南味得春多壞不堪寄遠當俟新茶馳獻尔春旱極闊知陜西尤甚柰何柰何保重保重某頓首

又 同前

某啓賈常行嘗附狀厚書承經暑動履康和兼蒙惠以韓城鼎銘及漢博山槃記二者實爲奇物某集録前古遺文往往得人之難得自三代以來莫不皆有然獨無前漢字每以爲恨今遽獲斯銘遂大償其素

願其爲感幸自宜如何屬患膝瘡家居絶
客無人爲識古文故弟於郵中粗報已受
二銘之賜篆畫當徐訪博識尋繹續得附
致其餘區區萬不述一大熱慎護以副瞻勤
清水安能久滯耶實負愧也

又 同前

某啓昨賢弟行嘗奉狀屬合宫大禮前後
事叢遂闕致問昨日進奏院送九月十五
日所寄書竊承動履清勝兼復惠以古器
銘文發書驚喜失聲羣兒曹走問逦翁夜

獲何物其喜若斯信吾二人好惡之異如此安得不爲世俗所憎邪其窮達有命爾求合世人以取悅則難矣自公之西集古屢獲異文并來書集入録中以爲子孫之藏也幸甚幸甚歲律漸寒惟爲時自重

又 同前

某啓近嘗兩奉狀專人至辱書竊審經寒體履安和兼沐寄惠穌梨新筍豈勝珍荷自去冬以來親舊私信一皆謝絶獨思公有所惠理可無嫌又聞近申貢餘之禁則

應少費宅庫如此屢寄益無疑也節中人事紛紛使還爲謝不謹不宣某再拜原甫經略侍讀執事十一月一日

與蔡忠惠公 君謨

某啓辱惠櫻寧翁墨多荷多荷佳物誠爲難得然比他人尚少其二幽齋隙暇時點弄筆硯殊賴於斯雖多無厭也煩聒計不爲嫌矣諸留面叙

又 嘉祐八年八月

某啓前夕承惠紅絲硯誠發墨若謂勝端

石則恐過論然其製作甚精真爲几格間佳物也昨日以有文書不敢致簡爲謝李駁還又承惠水清泉香餅數十枚聊報厚貺吾儕日以此等物爲事更老應當瀆死租庸遂更作一程無由頻面聊當一咲歐陽脩頓首白三司給事 廿九日謹狀

又

治平二年二月

某啓遂尓大暄不審氣體何似承巳對謝應巳漸治裝無由詣前日劇瞻企荔支圖巳令崔懿傳寫自是一段佳事碑文好者

前已倒篋今又於東退中得此數十本勒李駮送上因出過門爲幸不宣某頓首君謨端明侍郎 二十六日

與范忠文公 景仁 治平四年

某啓專人辱書伏承春暄體候清福某蒙恩許解重任得毫便私其爲優幸不可勝述其他諠諏中外所聞大略秖如此故不待煩言惟繫舟府下一見主人而過粗釋瞻思之懇爲足矣人還姑此布謝

與常侍制 夷甫 嘉祐治平間

其啓相别之久書問雖闊而思慕盛德未甞少忘于心不審即日體候何似向蒙寵示盛文一編究味意趣殊發蒙陋珍翫祕藏未曾暫釋續更有新作苟賜不鄙無外開示至幸至幸深冬爲道自愛

又

其相别累年書問雖闊而思慕盛德未甞一日而忘于心不審即日體履何似其禄禄于此國恩未報而衰病日侵進無少補於時退未得幅巾閭巷以從有道君子豈

勝區區深寒爲道外自愛因小姪行附此

又 治平四年

某前日承枉顧少接餘論殊不從容朝夕人事稍閒當獲款奉未間略布區區荼少許聊助待賓輕浼皇恐

又 同前

某啓嚮在潁區區僅得一二聞餘論雖未厭于心而仁人之言獲益已多矣自藏拙于此習成懶慢遂踈奉問亮湏幅巾閭巷杖屨往還始償夙素傾嚮之心爾未間以

時爲道自重因貟秉人行謹奉手狀

又　熙寧元年

某啓少便久踈致問經寒仰惟德履多福某衰病如昨已再請壽陽旦夕有命西歸漸謀休息必得幅巾衞巷以從長者之遊償其素願然後已也未間惟爲道自愛

又　同前

某啓到官忽忽已復窮冬老病踈慵闕於致問雪後清洌體況想佳某幸居僻事簡足以養拙歸心雖切尚少盤桓款晤未期

深寒加愛

又 熙寧二年

某啓近小史許充行奉狀粗布區區竊臘陰雪忽復新春竊惟養道燕居動履清福某此忽忽已數月開春遂尋前請竊謂理盡而無嫌至於幅巾閭巷以從先生長者之遊此實無窮難得之樂爾未間保重以副瞻勤因家兵還謹奉啓

又 同前

某啓守官東州僻在海溪久疎致問徒積

傾馳氣候巳寒不審燕居動履何如某勉強衰病遷延榮禄又將及朞歲物豐盛盗訟稀簡粗足偷安冬春之交得遂西首獲親長者之遊不勝至樂未間爲道愛重

又 熙寧三年

某啓多病踈懶稍闕致問近兒子自潁還云嘗侍杖屨喜承經暑寢興萬福兼審尚以足疾未副召命朝廷禮賢之意甚篤而士大夫延首之望亦勤然君子出處有道足以鎮止奔競敦厚時俗其功利亦多矣

某尚未得請未遂相從閭巷之間然亦不過一兩月之頃爾時暑爲道愛重

又 同前

某啓霜氣清冷不審燕居動履何似竊承朝旨尚復敦迫出處之際遂爲世法必有以果於自信者某累牘懇至而上恩未俞素願雖稽終當如志瞻仰盛德惟日增勞嚮寒珍重

與沈待制 邈字子山 慶曆■年

某啓數日不奉問苦暑非常歲之比少壯

者自不能當衰病之人不問可知焉辱教承體氣清安甚慰俗以立秋日卜秋暑多少據今日之勢猶當更猖狂爾然世言春寒秋熱老健爲此三者終是不久長之物也介甫詩甚佳和韻尤精看了却希示下

又 慶曆四年

某頓首啓自承拜命欣喜無量而不時馳問者誠以奔走塞下吏事叢委遲鈍不能迎解非敢有懈幸諒幸諒知二十四日出京計日必已受事某自保塞回及中山已

三日猶須并（一作併）旬方得拜見他悉面賦也冬寒千萬保育

與王龍圖 益柔字勝之 嘉祐元年

某啓中間辱書承冬凜外體氣清康深慰瞻渴益州張侍郎不久當至衰病區區猶須更旬浹始遂休息因欲請補江西爾前蒙示諭京東事備悉早出暮歸臨紙忙迫無暇及他惟新陽自愛前削殊不聞有議論奈何奈何

又 嘉祐□年

某啓急足至辱書承此初暑體氣清和差慰瞻想所云少朋儔宴處爲樂此乃在處皆然何獨濟也京師固多相識然人事區區病患憂煎亦無暇於從容料得常態秖如此也求移能少安之爲善會要深欲續送上爲付一書吏裝襪遂取不得京師吏人頑慢不言可知勿怪勿怪爲兒子久病羸弱非常人還且此爲謝

又　嘉祐□年

某啓專介辱書承涉夏秋體氣清適暑雨

爲孽古所未聞救災卹患事匪一端其言不足爲人信才不足爲時用徒秏廩祿每自咄嗟而已承見諭實當今之實患也其如言之不見信何他非相見莫盡所懷稍寒惟當以時保嗇

又 嘉祐二年

某啓人至辱書承尚留兖寒凝喜體況清佳杜公清節篤行每恨文字不稱不意勝之見愛如此近亦有一二家作誌裴少監家當自寄去明復當歸葬于故里亦可就

得之原叔誌續當録去會要爲此中書吏稽遲又且送五册去不憚頻來取也新詩因人乞數篇亂道亦當録呈深寒公外加愛人還草草

又 嘉祐五年

某再拜昨日已入省且喜尊候勝常脚瘡遂愈此正是治内之時亦猶寇賊過後講修武備雖非先見亦所以禦後來之患也吾儕相戒言難取信蓋各自須有少病痛爾呵呵然非此無以獻忠幸深思也無由

相見聊奉此咨問大熱遂如此衰病不能支入夏便患口齒昨日食數大杏今日腮頰腫痛針刺出血不能常食若此是將柰何奈何

又　嘉祐八年

某啓前日辱訪别但多愧荷以昭陵虞主未還在禮不當飲酒無由會話少時益以爲恨承已登舟節氣遂爾寒凝惟希加愛爲禱集古録序鄙文無足采第君謨筆法精妙近時石刻罕有也薄酒四器聊助待

實不罪輕浼皇恐皇恐

又 治平二年

某啓公私忽忽久闕致誠辱書感慰兼審經寒動履清勝京東物俗比二浙殊絶必稍爲便然久淹于外此在位者之責而朋友蔽善之罪其何敢逃某竊位于此已六七年白首碌碌初無補報而罪責無量謗咎獨歸自春首已來得淋渴疾癯瘠昏耗僅不自支他人視之若不堪處況以殘骸勉強情緒可知久不通問因書輒敢自道

勝之知我必見哀憐深寒事外惟冀以時

自愛

又

某啓辱示二詩誦讀數四意趣深遠所謂朋友講習之益正當佩服何謂迂邪然謂賢而能書爲不幸又似過之正宜謂不幸與工同其垂名可也因所示乃知平日論議猶有形迹愚拙所短固多幸當賜教可也苟有未然却當相難正如此然後爲友益矣姑話及此不罪切切

又熙寧四年

某承見諭詩義晚年迫以多病不能精意苟欲成其素志僅且了卻頗多踈謬若得一經商榷何幸如之閑居少人力俟録一二拜呈但慮方居禁職無暇及此也某目足爲苦秋深尤劇尚賴休閑足以安養餘生之幸

與宋龍圖敏求字次道

某啓漸暄竊承體履安和旬休日略邀枉顧家飡冀接清話少時必不以容易見罪

悚悚

又

某啓伏承遽有子婦之戚莫遑奉慰豈勝馳情暑鬱方熾更冀爲國自重少節悲悼區區瞻祝謹奉手啓咨問

又

某啓多日不奉見秋冷竊承體氣佳裕嘗託裴如晦致懇欲告借少書籍承不爲難今先欲借九國史或逐時得三兩國亦善庶不久滯也先假通録謹先歸納煩聒豈

勝惶悚

與梅龍圖摯字公儀　嘉祐二年

某啓累日瞻渴不審尊體何似唱和詩編次得成三卷共一百七十三首亦有三兩首不齊整者且刪去其存者皆子細看來衆作極精可以傳也盛哉盛哉然其中亦有一時乗興之作或未盡善處各白諸公修換也内刑部竹詩欲告公儀更修改今簡少爲幸緣五篇各不長故也拙序續呈乞改抹來日拜見

與石舍人 揚休字昌言

某頓首啓自到公私冗迫未得一詣門宇乃辱雅意先以顧臨猶未克叙謝其爲感愧何以勝顔手翰見貽副之古刻無限珍佩人還遽此餘當面盡

與祖龍學 無擇字擇之 嘉祐四年

某啓自擇之使還未嘗一得欵奉書局之會幸出偶爾遂成鄙句兼邀坐客同賦雖老拙非工而諸君盛作亦聊紀一時之事謹以附遞致誠當擇之西行猶在齋禁不

得瞻違實深爲恨暑熱道路不審尊候如何惟冀以時自愛

與沈内翰 文通 治平元年

某啓辱書承祁寒動履清休少慰瞻企餘杭德政民俗方期歸厚而遽此嚴召然去思遺惠亦足以在人亮須春水方可還朝會見尚遥更冀爲時珍嗇

答李内翰 疑

某皇恐頓首再拜啓孟冬漸寒伏惟尊候動止萬福進奏院遞角今日到州伏蒙十

八日所賜手書審奉聖恩暫臨近服雖朝
廷重違勤請不得已而驟闕左右資訪之
助其如凋弊之俗爲幸何多某以門下生
爲幕中吏私願以釋不勝榮輝惟慮車馬
未飾已被堅留暫此郡齋即膺召命使下
吏愚民徒有企躍依芘之心而不得終蒙
大惠爾伏承淯日有期限以職守一無此十七字
不獲躬詣界首候迎卑情瞻望激切之至

書簡卷第五

與劉侍讀第一帖 伏冀一作新春

第六帖 時色一作晴色

第十五帖 恰好也此下一有承置得懷州牛膝更有盡乞之衰病者遂得取濟於玆物深所望也漏舍冀得奉見以盡區區三十六字

續添

與劉原甫

某啓區區久欲附問日俟賢郎西歸歸甚緩而公私亦自多故然亦未嘗承惠教不審經暑起居如何其待罪于此忽以半歲欲有所爲則方以紛紛爲戒至於循守常

理則又碌碌可羞不知何爲而可也必將
有以教之雍人蒙福流譽東來聞之竊喜
此誠烏足以施爲而忌疾方深幸公議猶
在也蔡君謨自南歸皤然一叟終日相對
清坐無以爲樂但烹茶一柸病脾不飲反
贈旁人啜爾若此可知其情貺也餘事有
可竊歎者料世態自常如此無足道也酷
暑惟以時爲國自愛遂因賢郎行始奉狀
不宣某再拜原甫知府侍讀
此卷嘉祐六年與劉原甫二書大同小

異巳兩存之今此本又復相似仍併兩幅爲一幅案前輩手牘大率起草今吉州法帖所刻嘉祐末慰富彥國書稾是也况公於原甫尤致其詳或巳寫復換耶

與常侍制第一帖第二帖聖宋簡啓以第一帖向蒙寵示盛文至爲道自愛四十七字續第二帖豈勝區區之下而無深寒爲道外自愛因小姪行附此一十三字

第七帖清福一作康福

與統侍制第一帖爲此一作謂此

第二帖并旬一作中旬保育一作保愛

書簡卷第六　歐陽文忠公集一百四十九

與梅聖俞　明道元年

某再拜聖俞二哥昨日賢弟至辱寄書并前所寄二書及夢中詩又五百言詩頻於學士處見手迹每一覩之便如相對別後雖尹氏弟兄王三並至然幕中事比聖俞在此時差多蓋東都興造日有湏求倉卒供辦未嘗暫休息職此未始得從容聚首獨游嵩事一勝爾然而歷覽中春之遊山水之狀皆如故獨昔之青林翠壑今爲樵

葉又目前不見聖俞回憶當時之事未一歲間再至尋見前迹已若夢中又河陽咫尺顧足下若萬千里又曩日恨不得同者尹十二王三令反俱遊而聖俞獨不至人生不一歲參差遂如此因思百年中升沈生死離合異同不知後會復幾人得同不得同也自足下去後未甞作詩前枉製未及和尹十二去應能盡說此中事故略不論知與師魯相見少酒爲歡值無酒寄去柰何漸寒千萬自愛不宣某白

又　明道元年

某啓蘗簡再至兩承示諭八老之名誠一時美事然某本以寒鄉下流後進初學諸君子不知其駑下業已致之交遊一旦坐評賢否欲求純雅沉實之名終不可得而乃特以輕儁裁之是知善譽者不能美無鹽矣子[illegible]評人正如是矣夫大雅之稱老成人重於典刑而仲尼謂三十而立某年二十有六尚未能立敢當老耶又今日不在會中自可削也夫人之羨惡待其自然

之譽乃見其實今縱求而得之是諸君待我素淺可知也所以孜孜不能默受者諸君當世名流爲人所重一言之出取信將來使後世知諸君子以輕逸名我復自苦求方以美稱借之益重某之不可也削之益便某再拜七老

又 同前

某啓捧來簡釋所以名老之義甚詳某常仰希雋游所望正在規益豈敢求辯博文才之過美哉前承以逸名之自量素行少

岸檢直欲使當此稱然伏內思平日脫冠
散髮傲臥笑談乃是交情已照外遺形骸
而然爾諸君便以輕逸待我故不能無言
今若以才辯不窘爲逸又不足以當之也
師魯之辯亦仲尼孟子之功也子聰之俊
詩所謂譽髦之士乎公愷之慧亦大雅之
明哲幾道之循有顏子之中庸堯夫之晦
子野之默得易之君子晦明語默之道聖
俞之懿是尤爲全德之稱矣必欲不遺達
字敢不聞命然宜盡焚往來問答之簡使

後之人以諸君自以達名我而非苦求而得也

又 明道元年

某啓承惠詩并序開閫數四紙弊墨渝不能釋手縁文尋意益究益深清池茂林俯仰觴詠佗腸蘊此欲寫未能聖俞所得文出人外昔之山陽竹林以髙標自遇推今較古何下彼哉但恐荒淫不及而文雅過之也公操諸君詩未至今當以盛作遍呈因督之爾

又　明道二年

某頓首再拜初四日陳秀才來自河橋喜聆動靜歲暮慘慄履況清佳甚慰甚慰又知府公已發薦章聖俞在洛時常言親老南方思一歸侍今應獲素志亦朋友之共榮也然作宰江浙山水秀麗益爲康樂詩助誰與敵哉某自奉別以來未嘗作詩亦無文酒之會所謂三日不談道德則舌本强也初六日有少吏事至彭婆約子聰應之宿香山獨恨不得與聖俞同爾逢彥國

行聊寓此草草

又 同前

某頓首再拜聖俞足下去月王侍禁者送及所惠書販傘船至又得書并鮑魚及問傘客知動静備詳甚慰甚慰僕來京師已及歲矣未與足下别時每相見惟道無憀賴憶洛中時以爲慼况爾南北一異雖欝欝復誰道邪年來但不病爾往在臨清恨無舊歡今思臨清又不可得事事漸不如初人生秖爾大可歎也足下素善南方今

居之樂否比比得書甚略不能究所懷討
久不作詩亦疑清興頓損也京師侍親窘
衣食欲飲酒錢不可得悶甚時與師魯一
高論爾子漸在此每相見欲酤酒飲亦不
可得校勘者非好官但士子得之假以營
進爾余既與世踈闊人所能爲皆不能正
賴閑曠以自適若爾奚所適哉販傘者回
來索書聊寫區區捨足下欲語誰邪臨紙
徘徊不免忉忉

又 景祐五年

某頓首啓去歲西陵曾拜狀今春量移此邑得子聰書知已在京尋得所示書伏承榮攺京秩伏惟慶慰聖俞久滯州縣今而泰矣下交忻慰何可勝言脩昨在夷陵郡將故人幕席皆前名縣有江山之勝雖在天涯聊可自樂此邑雖便於飲食醫藥然官屬無雅士軍牧虞曹此况不言可知也所幸老幼無病恙而已不知聖俞美任何處因拘之迹相見未涯思渴思渴自拜别將五歲矣友益日疎俗狀日增篇詠之興

略無清思聖俞新作雖京師多事不惜録
示以開昏鈍而慰相思故人之恵莫越於
此也至禱至禱賢弟玄亡必深痛悲前得
謝丈書已知之不勝歎悼也因人行速聊
拜此冬寒希保愛不宣某頓首
有亂道一兩首在謝丈處爲無人寫録得
也聖俞略與臧否之某有少吏事告謝丈
望聖俞與洛啓之略語伊法官少爲庇隱
某自作令每日區區不敢似西都時放縱
此來事亦得正但爲上官見怒曲有駁議

然亦終無可駮縱有亦非大罰其如危辱之跡不欲使有小過也或聖俞間得謝丈一言乞批數字送與附書人也千萬千萬某

又上

又 寳元二年

某頓首啓前者見邸報有襄城之命乃知當與謝公偕行然竊料舊尹當從蜀聖俞即留領縣事襄城居孔道音信自此可日置是以慢然未能作書及縣走接太守還得手書乃知前至南陽南陽去邑其間一

驛爾某當請見直以公新下車方布條教
伸威信門生故人未宜往累於其間須其
旬浹少定爾又恐聖俞莫能久留或略命
駕見過此大幸也爲别五六歲貶從三年
水陸走一萬二千里乃於此處得見故人
所以不避百餘里勞君子而坐邀也顒俟
顒俟相見旦夕爾他不復道

又 同前

某啓承九月一日就道雖爲遲留然清風
白牛久雨泥淖尤須大晴然後不阻某自

解官觸事不快至今幾五十日未能脫去豈其屯蹇未極邪所幸親老漸安更三五日可以卜行南陽之居依賢主人實佳事但恨聖俞不在爾昨夏中雖喜會於清風然猶未盡區區之懷今茲寓居方欲悉屛他事爲聖俞極數日之歡而先後參差若相避然又見聖俞書中言有事欲相見以不克爲恨者益令人怏怏爾到官必有日南陽人便無惜寄音一作意相及秋寒自愛

又 同前

某頓首前遣公幹馳信迎候蓋初約然亦
頗疑酷暑如此非乘興之時人還得書果
爾及急足至又沐榮問承暑中起居無恙
甚慰甚慰前累求新作今者書尾有自猒
之說豈可疾滛哇而欲廢置律呂百花洲
唱和必多欲一讀以祛俗累之心何可得
也孫書注說日夕渴見已經奏御敢借示
否蒙索亂道恰來盡呵呵講席所說何書
因信乞示及晝寢之樂當輸閑者聖俞不
得獨擅也謝氏詩昨忘附去今又却尋不

見候見納去矣旱熱可畏千萬保重

又 同前

某頓首啓谷正來得所示書及見與謝家書甚詳云買洪氏莊與卜葬市屋業皆其所急者也又云減俸爲助此特聖俞患於力弱不能厚報知己而然爾恐於謝氏無益而於聖俞有損爾聖俞若此月減三五千如失萬錢謝氏族大費多得之未覺甚助謝家亦自有書必言幸思之也洪氏莊極佳爾不須聖俞竭囊橐此固親朋好事

然幸其可以自辦爾望聖俞力爲幹之其行必爲帶錢去葬地已就此營卜及市屋業差有緒然此不可倉卒爾他細故盡諭谷正可詢之鄧氏醵賻已止皆如雅意其年盡必到襄城祭文挽辭極佳冬冷保重

又 康定元年

某頓首再拜啓自八月一日至京師及今已兩辱書并在東都凡三辱詩皆未還答非惟恃聖俞不以書之疏數爲親疏又以將遣專人而多事未能便遣故也前知爲

水災所苦此常事不足置胷中親老求官南方此理當然安撫見辟不行非惟奉親避嫌而已從軍常事何害奉親朋黨蓋當世俗見指吾徒寧有黨耶直以見召掌牋奏遂不去矣文雅處家事方於薛氏求一屋爲貯之勿慮也其於此幸老幼無恙但尤貧不可住京師非久亦却求外補日（一作旦）夕相識多忙不暇作詩足下必不憚見寄閑吟者皆録示千萬冬冷保重

又 同前

某頓首啓前謝監簿行附書問差遣書去
後兩日知審官擬定湖州城中監稅不勝
喜慰然不即走書專報者意謂敕下自當
知及弓手至得書尚云云始怪何處稽留
至今未到然今必至矣不爾當爲督也俟
春入京尤便但不知何處少留某自還館
日夕怱怱筆研非答書簡寫門刺未嘗視
昨夕子履偶來會宿聯句數十韻奉寄且
以爲謔又有前奉答長句併錄附去可笑
可笑歲陽以來風日慘然土霧雜下氣候

不常萬萬自重

又 慶曆四年

某頓首累辱書爲慰何已然久不致問者勞逸不同於理宜然諒不爲罪經城揚宰來備詢動止承久困輦下何時可赴任所示盛編云已了甚於飢渴也此人回望一信容專令人去取使人致來恐縻費銘文不煩見督不久納上秪爲須索要好者恐來盡爾呵呵昨在真定有詩七八首今録去班門弄斧可笑可笑然相別久無以爲娛爾前

有水谷詩見祁公云子美祕不令人見畏時譏謗吾徒廓然以文義爲交豈避此輩子美豪邁何乃如此世塗萬態善惡由己所謂禍福有非人力而致者一一畏避怎生過日月也其它非面不盡近書見教審聽敢不佩服咫尺更有所聞不惜一一示及有酒少人致去柰何柰何夏熱千萬保重

又 慶曆六年

某頓首郡所僻遠特煩遣人至此并得陳留書新集詩見寄詩見和詩外雜詩一卷碑

文數本千字文等豈勝慰喜瑯琊泉石篆詩秖候子美詩來已招子美自來書而刻之遊山六詠等即欲更立一石不惜早見寄也詩序謹如命附去蓋述大手作者之美難爲言不知稱意否其他事谷正在此數日備見所爲可知居此之況不煩述也閑戶飽齏之句怎生諱得呵呵相次奉和見寄詩別拜狀次春暖千萬保重

又　慶曆七年

某又啓去年夏中因飲滁水甚甘問之有

一土泉在城東百步許遂往訪之乃一山谷中山勢一面高峯三面竹嶺回抱泉上舊有佳木一二十株乃天生一好景也遂引其泉爲石池甚清甘作亭其上號豐樂亭亦宏麗又於州東五里許菱溪上有二怪石乃馮延魯家舊物因移在亭前廣陵韓公聞之以細芍藥十株見遺亦植於其側其他花竹不可勝紀山下一徑穿入竹篠蒙密中豁然路盡遂得幽谷泉名幽谷已作一記未曾刻石亦有詩託王仲儀寄去不知達

否告乞一篇留亭中因便望示及千萬千萬

又 慶曆七年

某頓首谷僕來捧書得詢動靜又見詩中所道有相遊從唱和之樂備詳平日幕中所爲可勝慰也某此愈久愈樂不獨爲學之外有山水琴酒之適而已小邦爲政朞年粗有所成固知古人不忽小官有以也示及飲酒今春來頗覺風痺亦不能劇飲如往時然自作主人後從己便承見戒多荷多荷他事非獨不挂口亦不關心固無淺深可示

人也其母老多病而身纔過四十頓爾心闌出處君子大節有所未果不敢効俗夫妄言爾春暄千萬保重

又 慶曆六年

某頓首啓自谷正去後更不曾上狀蓋以經夏大暑秋來或聞移南京或云來與刁氏成親一向因循遂成踈懶然中間却得聖俞所寄六詠及桐花啼鳥等詩近又得刁十六所寄詩書即日必已還許冬冷尊候萬福某居此久日漸有趣郡齋靜如僧

舍讀書倦即飲射酒味甲於淮南而州僚亦雅親老一二年多病今歲夏秋以來安樂飲食充悦省自洛陽別後始有今日之樂詩頗多不能一一録去未相見間惟冀保愛多時欲作書無便今託提刑趙學士謹附此不宣

又 慶曆初

某啓爲親老久疾乍進乍退醫工不可用日夕憂迫不知所爲蓋京師近上醫官皆有職局不可請他兼亦傲然請他不得近

下者又不知誰可用親疾如此無醫人下藥爲人子何以爲心京師相知少不敢託他告吾兄與問當看有不繫官醫人或秀才處士之類善醫者得一人垂報待差人賫書帛去請他幸爲博訪之聖俞聞此必挂意更不奉禱也如有所得亦速遣此人回其他不暇忉忉

又

某啓近君謨學士行曾奉狀尋得邸報承有出身之命士大夫公議未厭皆爲聖俞

嗟惋獨某不然未知高明自以爲如何也聖俞卓卓於後世者不以名位爲輕重取重於今世者亦豈以此小得失哉苟以寵辱爲意則布衣之樂有優於華袞之憂畏也老兄應能自達不忉忉也巳寒保愛

又　皇祐五年

某啓見謝宣言新生小息不安甚撓懷然書中不言難以爲信聖俞居京師宜其不樂然業巳至此當少安之某哀苦殊無生理閑中靜思處世無有好處惟當識者自遣

之爾云欲來此深荷厚意然恐差遣理當難得遂止爲佳已熱慎疾寬中爲禱

又 皇祐五年

某啓徐先輩人至辱書果承有小嬰之念時暑益當自寬爾某孤苦中中外多事偷閑便思一得故人爲會其不可往聖俞不可來柰何柰何惟當一讀新篇若會面而聖俞惜不寄又將柰何柰何陳碑不可增矣斯人不曉文義有三兩處是行狀所無出米修路等意若果有當書何故而略切丁寧喻

之此輩不向道亦終不知近併作書此不
一一　某再拜　四月十九日

賜茶賜醫常事爾謚前面官銜中已有贈官亦然散侍郎作相不足爲榮但問人如何爾若材堪則自胥靡亦作相如不堪則乃是僥倖但如是向道無妨

又　同前

某啓謀葬事未得恐遂後時日極撓悶蓋以術者太精自家又全不會秖信他人道不好便疑惑不敢使非效俗流求吉地圖

官國山高也夏侍中卩父葬于虜契丹必不
與你擇官國山地葬也閑中不曾作文字
紙整頓了五代史成七十四卷不敢多令
人知深思吾兒一看如何可得極有義類
須要好人商量此書不可使俗人見不可
使好人不見柰何柰何失音可殺曾記得
一方紙用新好槐花尋常市中買來染物者於新瓦
上慢火炒令熟置懷袖中隨行隨坐臥譬
如閑送一二粒置口中咀嚼咽之使喉中
常有氣味久之聲自通病愈新篇幸多爲

寄此小簡立焚勿漏史成之語惟道意於
君謨同此也失音脚氣皆是下虚吾徒老
矣省些斟酌斟酌某此居哀獨宿然以憂
惱亦自多病恐知

又 皇祐五年

某頓首聖俞博士兄徐無黨人回奉狀陰
雪不止體氣若何某爲近得君貺家書報
薛家夫人不安老妻日夕憂撓尊年久患
誠亦可憂但薛宅書來止云無大段疾苦
奉煩吾兄因見公期爲與問一的信因便

相報吾兄書家人不見略要知其增減又爲妻子要去歸省其母亦欲過中祥遣他去貴先知彼中遠近爾其自要知謝氏有人還幸批數字逼節哀苦中立偶人行草此

又 皇祐五年

某啓近謝秀才人行嘗奉狀日來起居清勝某哀苦如昨私門日益多事又爲妻母近病須令家人一往省之前嘗奉託詢問夕候來報也近爲子美編成文集十五卷凡述作中人可及者已削去之留其警絕

者尚得數百篇後世視之爲如何人也朋友之間可以爲慰爾某益衰病廢事不耐煩惟常守書冊危坐爾聖俞數許新詩不見寄似近日頗以爲難何也因兒子輩行奉此春（一作巳）暄保重

又（同前）

某啓寄惠鴨脚子甚奇趙三書信已領聖俞詩屢見許甚渴見何必自寫小兒輩可録某亦厭書字因思學書各有分限殆天之禀賦有人力不可彊者往年學弓箭鋭

意三四年不成遂止後又見君謨言學書最樂又銳意爲之寫來寫去却轉不如舊日似逆風行船著盡氣力秖在舊處不能少進力竭心勸遂已身老矣安能自苦如此耶乃知古今好筆一作書蹟真可貴重也今後秖看他人書亦可爲樂不能生受得也數日陰悶昏然因作聖俞書頓覺豁然如有所釋若遂一握手可勝爲慰也謝景平文字下筆便佳他日當有立於世何止取一科第而已吾徒可爲希深喜也胥太

祝且爲伸意某卜葬地尚未買得相次決定當有書報他也忽忽不宣

又 皇祐五年

某啓前日謝氏人還辱書承尊候已復康佳新正必倍清勝某孤苦如昨爲有二小姪一在象州久不得信一在袁州欲乞渠來穎以辦葬令劉其官位姓名託與問一消息恐難得便但却因謝氏人見示可也吾兄清情一作懷不樂俗事某寡相識煩聒甚悚甚悚

又 皇祐五年

某啓忽忽度日無生意銜前行曾奉狀徐

生人至厚書承春寒尊體清勝爲慰無已

某哀苦中尋得葬地欲赴八月十月襄事

但庶事少人辦集小姪煩爲鬬當巳有削

必得請師魯文字俗本妄傳殊不知昨范

公巳爲作序李厚編次爲十卷甚有條理

厚約春末見過當與之議定別謀鏤本也

自春陰寒少晴明病體不勝疲勞勸於書

字不能周悉

又 嘉祐三年

某啓動輒旬浹不奉顏采雪寒如此無復清思區區可知亦怪聖俞未嘗見顧得簡示乃云不登權門若以此見格何望於老兄某每日晚多在家因出望見過幸甚如晦所欲已起奏難於更奏蔡州亦應須得簿書煩擁走此爲答殘雪可愛能見顧尤望

又 嘉祐二年

某啓大熱甚於湯火之烈兩日差涼粗若有生意然以家人病患飲食不能自給區

區煎迫殊亂情悰乆不承問不審尊體何似二十二日欲就浴室或定力餞介甫子固望聖俞見顧閑話恐別許人請故先拜聞禮部詩納上

又 嘉祐二年

某啓承惠答蘇軾書甚佳令却納上農具詩不曾見恐是忘却將來今再令去取讀軾書不覺汗出快哉快哉老夫當避路放他出一頭地也可喜可喜罰金未下何害不必居家俟命因出頻見過某居常在家

吾徒爲天下所慕如軾所言是也柰何動輒逾月不相見軾所言樂乃其所得深者爾不意後生達斯理也

又 同前

某啓以小兒子傷寒已較因勞復發今日錫慶齋會亦去不得愁坐忽得所示爲之豁然亙憂煎病患常以爲苦思効榴花之飲不可得也三兩日兒子安聖節過不惜頻相訪借馬若脩家又何厭也三十年前事信如前生亙憂樂不同可歎可歎亦約子固

子履當奉白也秖候兒子稍安爾人還謹此

又 嘉祐二年

其啓經節伏惟以時納祐昨日早至薛二家空心飲十數杯遂醉歸家却與諸薛飲承見過仍留刺何乃煩老兄如此既醒不遑無以自處也節下外處送酒頗多往時介甫在此每助他爲壽昨秖送王樂道及吾兄爾愚性踈簡人事不能周然意之所至寶發於誠心蒙惠簡云有所答則非也恐不知鄙懷故略自陳述二十二日欲同

子履和叔閑話少時先白恐他有所適也

又 同前

某啓陰雨累旬不審體氣如何北州人有致達頭魚者素未嘗聞其名蓋海魚也其味差可食謹送少許不足助盤飧聊知異物爾稍晴便當書局奉見

又 同前

某啓中前在范家坐中已覺不佳所以都無情緒數日勉強有事相役既歸遂倒卧以出汗頗多亦刹動臟腑頓覺體虛幸連

日不朝免得請告更三兩日不知可出未承問念感愧亦審中酒吾輩年高不獨他事至於飲酒亦不能如故時也更希慎愛

又 嘉祐二年

某啓谷正來承惠詩老重深粹不似頃刻間成何其敏妙至此也早來得筆絕佳不圖若此之精其精如此豈常有邪然久無稱手者乍得甚快意多感多感暑中絕近文字不得無以度日時因作書簡得一揮毫尚可銷憂爾人還遂姑此奉謝

又 同前

某啓兩日不出方爲杜公作銘承惠詩絕高恐不可繼且留歎曲試和待稍髣髴則將出雨久作柰何天災斯人豈惡之也其亦有以邪昨夜暫止頗緩奔走之計然遑遑何時得遂安居漸涼思奉言笑何可得人還姑此

又 同前

某啓自入夏閭巷相傳以謂今秋水當不減去年初以爲訛言今乃信然兩夜家人

皆犀水并廼翁達旦不寐街衢浩渺出入不得更三數日不止遂復謀逃避之處住京況味其實如此柰何柰何方以爲苦不意公家亦然且須少忍特承惠問存卹多慼多慼蔡君謨寄茶來否悶中喜見慰人還切切

又 嘉祐四年

某啓適至書局承自釋奠處方歸困倦不敢坐邀怱辱惠教兼得唐子方家行狀謹當牽課然少寬數日爲幸其如行狀中泛

言行己殊不列事迹或有記得者幸更得數件則甚善又云有尹師魯所作墓誌亦得一本尤幸也尋常人家送行狀來内有不備處再三去問蓋不避一時忉忉所以垂永久也乞以此意達之

又 嘉祐三年

某啓旦夕寒色尤盛衰病者殆不能勝矣不知吾兄尊候如何昨夜再讀和景仁雪詩甚妙兼以韻難如何可和且紙和得歲日書事一篇其元所示遂留之過節更送

他處告别寫去也手筆凍縮書字不得韓范二公詩看了示下印卷子何日了因出見過陰寒公事頗少甚閑恐知

又 嘉祐三年

某啓累日不奉見不審體氣如何兼以俗事無由奉詣理固當然聖俞遂以權門見薄無乃太僭也前承惠白兎詩偶尋不見欲别求一本兼爲諸君所作皆以常（一作蟾）娥月宫爲説頗願吾兄以他意别作一篇庶幾高出羣類然非老筆不可亦聞有與

如晦一篇甚佳皆乞取蘇大挽辭一首閑寫助一笑今日偶在家謹奉此

又 嘉祐四年

某啓前日承見過偶他客多不遂款曲快晴意體想佳梅公儀來要杭州一亭記述游覽景物非要務閑辭長説已是難工兼以目所不見勉彊而成幸未寄去試爲看過有甚俗惡幸不形迹也程碑當便下手秖如唐書亦須了爾

又 嘉祐■年

某啓雨不止情意沈鬱泥深不能至書㞐
體候想佳某以手指爲苦旦夕來書字甚
難恐遂廢其一支豈天苦其勞於筆研而
欲息之邪悶中謹白

又 嘉祐三年

某啓經節陰雨猶幸且晴不審尊候何似
閑作歸田樂四首秖作得二篇後遂無意
思欲告聖俞續成之亦一時盛事來日食
後早訪及爲望

又 同前

某啓承寵惠二篇欽誦感愧思之正如雜劇人上名下韻不來須勾副末接續爾呵呵家人見誚好時節將詩去人家厮攪不知吾輩用以爲樂爾後日絶早過喫不托適簡誤云食後這回不是廳子誤也

又 嘉祐四年

某啓自承在式告薰以假故多遂阻奉見秋氣稍涼喜承體候清安辱惠建茗此誠近所難得特爲珎貺也然莫妨待客否恐彼闕當却分納一半也原甫高論少抑亦

當不復較難來日朝中當面叙人還謹此

爲謝某再拜

書簡卷第六

與梅聖俞第一帖 事一勝爾一本作一事勝爾

第三帖 笑談一作談笑 諸君一作諸君疑

第六帖 販傘者者一作人

第十一帖 此固一作此乃

第十六帖 移在一作移至

第二十八帖 無巳一作何巳

第三十三帖 諸薛飲一作胥薛諸飲

第三十八帖 此帖合在第三十七帖之前

第四十三帖 天苦一作天惡

第四十五帖 後日一作來日

（宋）歐陽修 撰

宋本歐陽文忠公集

第二七册

國家圖書館出版社

第二七册目録

集古錄跋尾卷第八　歐陽文忠公集一百四十一

唐徐方回西墉記寶應年

右西墉記徐方回撰方回云寶應中為南陽令得崔子玉所得平子銘末二十一字陷于廳之西墉按今西鄂石本末句見在方回所得乃南陽半石之末也今又亡矣惜哉右集本

唐禹廟碑大曆二年段季展書

右巨文傳於今者絶少皆不及此碑季展他所書亦不傳於此治平二年上元日書

右真蹟

唐崇徽公主手痕詩 大曆四年

右崇徽公主手痕詩李山甫撰崇徽公主者僕固懷恩女也懷恩在肅宗時先以二女嫁回紇其一嫁毗伽可汗少子後號登里可汗者是也其一不知所嫁何人唐書懷恩傳及回紇傳皆不載惟懷恩所上書自陳六罪有云二女遠嫁為國和親以此知其又嘗嫁一女爾此所謂崇徽公主者懷恩幼女也懷恩既反引羌渾奴剌為邊

恩永泰中病死於靈武其從子名臣以千騎降唐大曆四年始以懷恩幼女為集本有崇徽二字公主又嫁回紇即此集本有公主二字也治平元年三月八日書右真蹟

唐僧懷素法帖大曆十二年

右懷素唐僧字藏真特以草書擅名當時而尤見珍於今世予嘗謂法帖者乃魏晉時人施於家人朋友其逸筆餘興初非用意而自然可喜後人乃棄百事而以學書為事業至終老而集本無比字窮年疲弊精神

而不以為苦者是真可笑也懷素之徒是

已治平元年八月八日書 右真蹟

唐重摹吳季子墓銘 大曆十四年

右吳季子墓銘自前世相傳以為孔子所書據張從紳疑記云舊石堙滅開元中玄宗命殷仲容模搨其書以傳然則開元之前已有本矣至大曆中蕭定又刋于石則轉相傳模失其真遠矣按孔子平生未嘗至吳以史記世家考之其歷聘諸侯南不踰楚推其歲月蹤跡未嘗過吳不得親銘

季子之墓又其字特大非古簡牘所容第以其名傳之久不可遽廢故錄之以俟博識君子右集本

又

右古篆文曰嗚呼有吳延陵季子之墓自前世相傳以為孔子所書據張從紳疑記云舊石堙滅開元中玄宗命殷仲容搨本遂傳於世然則開元以前已有刻石矣其後正元中鄭播又為記盧國遷建堂樹碑則今本又非仲容所模者字亦奇偉莫知

何人所書按孔子未嘗至吳以史記世家考之其歷聘諸侯南不愈楚推其歲月蹤跡無過吳之理不得親銘季子之墓又其字特大非簡牘所容惟博物君子必能辨之

右真蹟

唐竇叔蒙海濤誌 大曆中

右海濤誌竇叔蒙撰其書六篇一曰海濤誌二曰濤曆三曰濤日時四曰濤期五曰朔望體象六曰春秋仲月漲濤解余嚮在揚州得此誌甚愛之張于座右之壁冀於

朝夕見也已而夜為風雨所壞其後求之凡十五年而復得斯本以事京師好事者皆云未嘗見也 右集本

唐鹽宗神祠記 大曆中

右鹽宗神祠記戴義方撰近時有尚書郎張席自言家寓解州為余言安邑解縣兩池鹽事云夏月鹽南風來池面紫色須臾凝結如雪土人謂之漫生鹽而兩池歲役畦夫數百種鹽公私耗弊而州縣吏緣以為姦利棄漫生鹽不取誣其苦不可食席

慱學能言漢唐事尤詳為余復言前世鹽皆自生開元中姜師度為河中尹而鹽池涸始置鹽屯故唐格自開元後遂有畦夫營種之課席因上書論鹽漫生之利官遂罷畦夫而公私皆以為然而議者或害其事乃云漫生鹽味苦不可食或云暫結復銷不可畜聽者方惑其事余因讀義方所記乃云若陰陽調和鬼神驅造不勞人而擅其利與夫鑿泉煑海不相為謀由是知唐世鹽非營種為洪可信義方大曆時為

榷鹽使余家集録古文不獨爲傳記正訛繆亦可爲朝廷決疑議也 右集本

唐鴈門王田氏神道碑 代宗時

右唐魏博節度使鴈門王田承嗣碑營田副使裴抗撰子緒碑節度判官丘絳撰按唐書列傳承嗣十一子維朝華縡綸綰緒繪純紳縉而緒次當第七此二碑皆以緒爲第六子而無綰自緒而下有繪純紛縉與史不同二碑當時故吏所作必不誤蓋史之繆也其文與字皆不嘉故余特録其

世次而已 右真蹟

唐李憕碑 大曆四年

右李憕碑李紓撰新唐書列傳云憕十餘子江溢渢瀛等同被害惟源彭免據李紓載憕子見於碑者實十二人曰右補闕彭汝州刺史深華陰丞渢左驍衛兵曹瀛硤石丞沆洪州別駕澥洛陽尉渭司農主簿汶又云公之薨也彭從玄宗南狩次公而殁深授任他郡其在洛陽者長子江第三子溢與華陰驍衛而又少子合六人皆從

公纖于虜刃硤石而下與衆孫之在者僅以孩提免如紓所記憕子盡於是矣未嘗有源也紓但言衆公孩亦不云有未名子也然則源者史家何從而得之據史言源爲司農主簿以碑考之源當爲汶也又據碑方憕殁于賊也彭深沆澥渭汶六子獲免而史惟云源彭此當以碑爲正紓當代宗時爲憕作碑自云與憕有通家之好幼奉升堂之慶宜知憕事不繆也 右集本

唐甘棠館題銘 歲月見本文

右甘棠館題銘自唐德宗貞元以來止於會昌文字多已磨滅惟高元裕韋夏卿所書尚可讀甚矣人之好名也其功德之盛固已書竹帛刻金石以垂不朽矣至於登高遠望行旅往來慨然寓興於一時亦必勒其姓名留于山石非徒徘徊俯仰以自悲其身世亦欲來者想見其風流夏卿所記留連感愴意不淺也如高韋二子皆當時知名士也史傳載之詳矣昔杜預沉碑漢水謂萬世之後谷或為陵庶幾復出以

見乎世其為慮深矣然預之功業不待碑而自傳其區區於此者好名之弊也故士或勤一生以自苦或餓死空山之中甚者蹈水火赴刀鋸以就後世之名為莊生所笑者有矣故余於集古每得前世題名未嘗不録者閔夫人之甚好名也 右集本

唐汾陽王廟碑 貞元二年

右郭子儀廟碑高參文其叙子儀功業不甚詳而載破墨姓處木討沙陀處密事則唐書列傳無之蓋子儀微時所歷 集本作立 其

後遂立大勲宜乎史畧不書也然唐書有處密處月朱耶孤注等皆是西突厥薛延陁別部名號余於五代史爲李克用求沙陁種類卒不見其本末而參謂處密爲沙陁不知其何所據也按陳翃子儀家傳亦云討沙陀處墨十二姓與參所書頗同唐書轉蜜爲密當以碑爲正　右真蹟

唐郭忠武公將佐略　貞元十二年

右忠武公將佐略陳翃撰忠武公者郭子儀也翃之所書亦爲盛矣猶言得其六七

蓋其官至宰相者七人為節度使者二十八人尚書丞郎京尹者十人廉察使者五人據栩所得而書者實六十人而顯名於世者蓋五十人雖喬琳周智光李懷光僕固懷恩等陷於禍敗然杜鴻漸黄裳李光弼光進之徒偉然名見於當時而垂稱於後世者亦不為少豈惟得失相當而已哉雖汾陽功業士多喜附以成名然其亦自有以得之也其忠信之厚固出其天性至於處富貴保功名古人之所難者謀謨之

際宜亦得其助也治平甲辰秋社前一日書 右真蹟

唐濟瀆廟祭器銘 貞元十三年

右濟瀆廟祭器銘張洗撰碑云置齋郎六人唐自高宗以後官不勝其濫矣洗之所記乃開元時事州縣祠廟置齋郎六人可知其濫官之弊然史家不能詳載惟於碑刻寓見其一二爾治平甲辰秋分後一日中書東閣雨中書 右真蹟

唐神女廟詩 貞元十四年

右神女廟詩李吉甫丘玄素李貽孫敬騫等作余貶夷陵令時嘗泛舟黄牛峽至其祠下又飲蝦蟇碚水覽其江山巉絶窮僻獨恨不得見巫山之奇秀每讀數子之詩愛其辭翰遂録之一有遂為佳玩字　右集本

唐馬寔墓誌銘貞元十四年

右馬寔墓誌銘唐歐陽詹撰并書其文辭不工而字法不俗故録之寔之事迹亦無足紀也　右集本

又

詹之文爲韓退之所稱遂傳于世然其不
幸早死故其傳者不多刻石之文祇有此
與福州佛記耳尤可惜也 右真蹟

唐石洪鍾山林下集序 貞元二十年

右鍾山林下集序者石洪爲浮圖總悟作
也石洪爲處士而名重當集本作一時者以常
爲韓退之稱道也唐世號處士者爲不少
矣洪終始無他可稱於人者而至今其名
獨在人耳目由韓文盛行於世也而洪之
所爲與韓道不同而勢不相容也然韓常

歎籍湜輩叛已而不絶之也豈諸子駁雜不能入於聖之域而韓子集本有獨字區區誨誘思援而出於所溺歟此孔孟之用心也治平元年八月八日書是日上以霖雨不止分命羣臣祈禱余祈于太社既歸而雨遂止其謹記 石真蹟

唐房太尉遺愛碑陰記 元和六年同是石洪撰附此

石洪文字罕見於後世故特錄之 右見綿本拾遺

唐賀蘭夫人墓誌 真元七年

右賀蘭夫人墓誌唐陸贄撰或云贄書也

題曰祕書監陸公夫人墓誌銘而贊自稱姪曾孫此石在常州一有陸監名齊望五字右集本

唐陸文學傳 咸通十五年

右陸文學傳鴻漸自撰茶之見前史蓋自魏晉以來有之而後世言茶者必本陸鴻漸蓋為茶著書自其始也至今俚俗賣茶肆中常置一甆偶人於竈側云此號陸鴻漸鴻漸以茶自名於世久矣考其傳著書頗多曰君臣契三卷源解三十卷江表四姓譜十卷南北人物志十卷吳興歷官記

三卷潮州刺史記一卷茶經三卷占夢三卷其多如此豈止茶經而已哉然其他書皆不傳 右集本

唐辯正禪師塔院記 貞元中

右辯正禪師塔院記徐峴書誠能行筆而少意思也往時石曼卿屢稱峴山曼卿多得顏栁筆其書與峴不類而遠過之不知何故喜峴書也余嘗曼卿在時猶未見峴書但聞其所稱曼卿歿已久始得此書遂錄之爾 右真蹟

唐韓愈盤谷詩序 貞元中

右送李愿歸盤谷序韓愈撰盤谷在孟州濟源縣正元中縣令刻石于其側令姓崔其名浹今已磨滅其後書云昌黎韓愈知名士也當時退之官尚未顯其道未為當世所宗師故但云知名士也然當時送愿者為不少而獨刻此序蓋其文章已重於時也以余家集本校之或小不同疑刻石誤集本世已大行刻石乃當時物存之以為佳翫爾其小失不足較也 右真蹟

唐韓退之題名 元和四年巳下七篇皆韓文公撰故不與别碑歲月爲叙

右韓退之題名二皆在洛陽其一在嵩山天封宫石柱上刻之集本有記龍潭遇雷事六字天聖中余為西京留守推官與梅聖俞遊嵩山入天封宫裴回柱下而去遂登山頂至武后封禪處有石記戒人遊龍潭者毋妄語笑以黷神龍龍怒則有雷恐因念退之記遇雷意其有所試也其一在福先寺塔下當時所見墨蹟不知其後何人模刻于石也治平元年三月廿二日書 右真蹟

唐田弘正家廟碑 元和八年

右田弘正家廟碑昌黎先生撰余家所藏書萬卷惟昌黎集是余為進士時所有最為舊物自天聖以來古學漸盛學者多讀韓文而患集本訛舛惟余家本屢更校正時人共傳號為善本及後集錄古文得韓文之刻石者如羅池神黃陵廟碑之類以校集本有余家二字集本舛繆猶多若田弘正碑則又尤甚蓋由諸本不同往往妄加改易集本有令字以碑校集印本與刻石多同當以

為正九字集本作𧘂未必誤多為校讎者妄改之乃知文字之
傳久而轉失其真者多矣則校讎之際決
於取捨不可不慎也
印本云衛訓事嗣朝夕不怠往時用他
本改云衛訓嗣事今碑文云衛訓事嗣
與印本同知其妄改也
印本云以降命書用他本改降以命書
今碑文云以降命書與印本同知為妄
改也
印本云奉我天明用他本改云奉我王

明令碑文云奉我天明與印本同知為妄改也此類甚多略舉三事要知改字當慎也

治平元年三月八日書（右真蹟）

唐韓愈南海神廟碑（元和十五年）

右南海神廟碑韓愈撰陳諫書以余家舊藏集本校之皆同惟集本云蜿蜿蜒蜒而碑為（集本作云）蜿蜿虵虵小異當以碑為正今世所行昌黎集類多訛舛惟南海碑不舛者以此刻石人家多有故也其妄意（集本無此字）改易者頗多亦賴刻石為正也治平元

年七月二十日書右真蹟

唐韓愈羅池廟碑長慶中

右羅池廟碑唐尚書吏部侍郎韓愈撰中書舍人史館修撰沈傳師書碑後題云長慶元年正月建按穆宗實錄長慶二年二月傳師自尚書兵部郎中翰林學士罷為中書舍人史館修撰其九月愈自兵部侍郎還吏部集本有然則據建碑時愈未為吏部沈亦未為舍人字碑言柳侯死後三年廟成明年愈為柳人書羅池事子厚以元和十四年卒至集本有後三年

字愈作碑時當是長慶三年考二君官與此碑亦同不應在元年正月蓋後人傳模者二十三字集本作則二君官當與此碑同其書元年正月蓋傳模者誤刻之爾今世傳昌黎先生集載此碑文多同惟集本以步有新船為涉荔子丹兮蕉黃蕉下加子二十五字集本作此文與碑多同惟集本云涉有新船而碑以涉為步荔子丹兮蕉子黃碑蕉下無子字當以碑為是而碑云春與猿吟而集本作兮秋鶴與飛則疑碑之誤也嘉祐八年六月二日書右真蹟

唐韓愈黃陵廟碑長慶元年

右黃陵廟碑韓愈撰沈傳師書昌黎二字集本作韓集令大行扵世而患本不真余家所藏最號善本世多取以為正然時時得刻石校之猶不勝其舛繆是知刻石之文可貴也不獨為翫好而已黃陵碑以家本校之不同者二十餘事如家本言降小君為夫人而碑云降小水之類皆當以碑為正也

嘉祐八年十月十八日書 右真蹟

唐胡良公碑 長慶三年

右胡良公碑韓愈撰良公者名珦韓之門

人張籍妻父也今以碑校余家所藏昌黎集本號為最精者文字猶多不同皆當以碑為正茲不復紀碑云珣子逞廼廵遇述遷造而集本無廵也流俗所傳本（集本有又字）又云遇或為廵者皆非（集本有也字）當以碑為正治平元年七月晦日書（右真蹟）

唐韓文公與顛師書（歲月未詳）

右韓文公與顛師書世所罕傳余以集錄古文其求之既勤且博（七字集本只作其求之博）蓋久而後獲其以易（集本無此字）繫辭為大傳謂著

山林與著城郭無異等語宜為退之之言其後書吏部侍郎潮州刺史則非也蓋退之自刑部侍郎貶潮州後移袁州召為國子祭酒遷兵部侍郎久之始遷吏部而流俗相傳但知為韓吏部爾顛師遺記雖云長慶中立蓋并韓書皆國初重刻故謬為附益爾治平元年三月十三日書 右真蹟

唐高閑草書 歲月未詳

高閑草書審如此則韓子之言為實錄矣

永豐歐陽脩 右見綿本別集二十三卷

唐武侯碑陰記 開成二年

右武侯碑陰記崔備撰唐歸南西川節度使武元衡及其將佐題名者二十九人楊嗣復再題及其僚屬又六人并嗣復汝士詩兩首合為一卷唐諸方鎮以辟士相高故當時布衣韋帶之士或行著鄉閭或名聞場屋者莫不為方鎮所取至登朝廷位將相為時偉人者亦皆出諸侯之幕如元衡所記裴度柳公綽楊嗣復皆相繼去為本朝名將相亦可謂盛矣哉治平元年初

伏休假兩中書 右真蹟

唐盧頊禱聰明山記 元和二年

右禱聰明山記盧頊撰乃盧從史禱山神之記也閱從史官屬題名見孔戡與烏重胤俱列于後而感（集本作覽）韓退之記戡事云戡屢諫從史不聽卒為重胤所縛掩卷歎息者久之嗚呼禍福成敗之理甚明而先事而言則罕見從事至而言則不及矣自古敗亂之國未始不如此也 右真蹟

唐侯喜復黄陂記 歲月見本文

右復黃陂記唐侯喜撰黃陂在汝州汝州有三十六陂黃坡最大溉田千頃始作于隋記云至貞元辛未刺史盧虔始復之辛未貞元七年也碑元和三年建喜之文辭嘗為韓退之所稱而世罕傳者余之所得此碑而已 右集本

又

昌黎先生甚稱侯喜其文罕傳於今余之所見止此一篇爾 右真蹟

唐柳宗元般舟和尚碑 元和三年

右般舟和尚碑柳宗元撰并書子厚所書碑世頗多有書既非工而字畫多不同疑喜子厚者竊惜其名以爲重子厚與退之皆以文章知名一時而後世稱爲韓柳者蓋流俗之相傳也其爲道不同猶夷夏也然退之於文章每極稱子厚者豈以其名並顯於世不欲有所貶毁以避争名之嫌而其爲道不同雖不言顧後世當自知歟不然退之以力排釋老而已任於子厚不得無言也治平元年三月廿二日書

右真蹟

唐南嶽彌陀和尚碑 元和五年

右南嶽彌陀和尚碑柳宗元撰幷書自唐以來言文章者惟韓柳柳豈韓之徒哉真韓門之罪人也蓋世俗不知其所學之非第以當時輩流言之爾今余又多錄其文懼益後人之惑也故書以見余意 右集本

唐元稹修桐柏宮碑 大和四年

右唐元稹撰文幷書其題云修桐柏宮碑又其文以四言為韻語既牽聲韻有述事不能詳者則自為注以解之為文自注非

作者之法且碑者石柱爾古者刻石為碑謂之碑銘碑文之類可也後世代石刻文既非因柱石不宜謂之碑文然習俗相傳理猶可考今特題云修桐柏宮碑者甚無謂也此在文章誠為小瑕病前人時有忽略然而後之學者不可不知自漢以來墓碑多題云某人之碑者此乃無害蓋自此石為某人之墓柱非謂自題其文目也今稹云修桐柏宮碑則於理何稽也 右集本

唐虞城李令去思頌 元和四年

右虞城李令去思頌李白撰文王遹篆唐世以書自名者多而小篆之學不（集本作十）數家自陽冰獨擅後無繼者其前惟有碧落碑而不見名氏遹開元天寶時人在陽冰前而相去不遠（集本有亦工八分四字）然當時不甚知名雖字畫不為工而一時未有及者所書篆字惟有此爾世亦罕傳余以（集本無此字）集錄求（集本無此字）之勤且博廑得此爾今世以小篆名家如邵不疑楊南仲章友直問之皆云未嘗見也治平元年二月七日書

右真蹟

唐陽公舊隱碣元和中

右陽公舊隱碣胡証撰黎燭書李靈省篆額唐世篆法自李陽冰後寂然未有顯於當世而能自名家者靈省所書陽公碣筆畫甚可佳既不顯聞於時亦不見於他處以余家所藏之博而見於録者惟此雖未爲絶筆亦可惜哉嗚呼士有負其能而不爲人所知者可勝道哉右真蹟

唐于奐神道碑元和中

右于奐神道碑盧景亮撰其文辭雖不甚雅而書事能不沒其實奐之爲人如其所書蓋篤於信道者也碑云司馬遷儒之外五家班固儒之外八流其語雖拙蓋言其集本作奐學不駮雜也然則非徒貶去釋老而已自儒術之外餘皆不學爾碑又云其弟可封好釋氏奐每非之奐于頔父也然可封之後不大顯而奐之後甚盛以此見釋氏之教信響者未必獲福毀貶者未必有禍也碑言奐篤於孝悌守節安貧不可動

以勢利其所覆如此足以興其後世矣治平元年八月十一日書右真蹟

唐昭懿公主碑元和中

右昭懿公主碑孟簡撰皇甫鑄書公主代宗女也號昇平公主嫁郭氏公主之號自漢以來始有謂天子之女禮不自主婚集本作壻以公主之因以為名爾後世號其國公主者雖實不以國公為主而名猶不失其義唐世始別擇佳名以加之如昇平之類是也已失其本義矣今此碑乃云諱昇平

公主字昇平公主（集本無此五字）斯莫可曉也巳
治平元年八月八日書（右真蹟）

唐李光進碑（元和中）

右李光進碑楊炎撰韓秀實書唐有兩李光進其一光顏之兄其一光㢸之兄弟也此碑乃光㢸弟也唐史書此兩人事多誤新書各為傳以附顏㢸遂得其正（右集本）

集古錄跋尾卷第八

西墉記元附三十一
禹廟碑元第九十七
崇徽公主手痕詩元第三百六十八
懷素法帖元第九百一十六
重摹吴季子墓銘元第二百五十一已有本一作自有真本未嘗過吴一作無過吴之理其名傳之久一作其傳也久嘉祐八年晦日書一有此九字
海濤誌元第九百誌一作志篇内同治平元年七月二十日書一有此十字
鹽宗神祠記元第九百六十九故唐一無故字官遂一無

官字爲然一作利不獨爲傳記正訛繆亦可爲朝廷決疑議也一作爲傳記正訛繆多矣爲朝廷決有司疑議獨斯記爾治平元年八月十一日書一有此十字

鴈門王田氏神道碑元無卷第

李憕碑元第四百六十九而又一作又兩六人一作子狹提一作提狹衆孫此下一有提字升堂之慶一作昇堂之慶治平元年三月二十三日一有此十一字

甘棠館題名元第四百二治平元年清明前一日書一有此十字

汾陽王廟碑元第九百二十九治平甲辰七月十

三日以服藥家居書一有此十五字

郭忠武公將佐略元第八百五至八百六謀謨一作謨謀

濟瀆廟祭器銘元第八百所記一作聞

神女廟詩元第一百四十三嘉祐八年十一月十四日書一有此十字

馬寔墓誌銘元第九十同前

鍾山林下集序元第九百八十九而洪一無而字

房太尉遺愛碑陰記元第四百三

賀蘭夫人墓誌元第三十二

陸文學傳元第五百四十七茶之此下一有載字號陸鴻

漸此下一有至飲茶客稱則烹茶沃之云可祝利市十五字鴻漸以茶四字上一有蓋字考其此下一有自字潮州一作湖州其多如此一無此四字不傳此下一有獨茶經著於世宜其自傳於此名也治平元年七月二十日書二十四字

又別本石陸文學傳題云自傳而曰名羽字鴻漸或云名鴻漸字羽未知孰是然則豈其自傳也茶載前史自魏晉以来有之而後世言茶者必本鴻漸蓋為茶著書自羽始也至今俚俗賣茶肆中多置一甆偶人云是陸鴻漸至飲茶容

稀則以茶沃此偶人祝其利市其以茶自名久矣而此傳載羽所著書頗多云君臣契三卷源解三十卷江表四姓譜十卷南北人物志十卷吳興歷官記三卷湖州刺史記一卷茶經三卷占夢三卷豈止茶經而已也然他書皆不傳獨茶經著於世爾

辨正禪師塔院記（元第二百六十二）徐峴（此下一有撰字）

柳筆（此下一有法字）

盤谷詩序（元第三百八十九）當時（一作蓋時）世已（一作既已）

治平元年中元日書一有此八字

韓退之題名元第四百七十記遇一無記字試也試一作識

田弘正家廟碑元第三百七十六尤甚此下一有焉字知

其一作爲改爲一作云

南海神廟碑元第八百九十二

羅池廟碑元第五十七碑言一作云荔子一作枝加

子一作菓

黄陵廟碑元第四十五餘事二字一作字本言一作云

胡良公碑元第七百二十

韓文公與顛師書元第三百一十五

高閑草書元無卷第草書一無草字

武侯碑陰記元第八百七十五

禱聰明山記元第五百八十六

復黄陂記元無卷第又一作祭樊仲文復黄陂記附元第八百九十五

般舟和尚碑元第四百六十二

彌陁和尚碑元第一百一十三惟韓一作稱韓令余一無余字其文一作書

修桐柏宮碑元第一百一十為碑一作於碑

虞城李令去思頌元第三百八

陽公舊隱碣元第五百七十三當世一作時

于奐神道碑 元第九百六十八

昭懿公主碑 元第九百八 義矣 一無矣字

李光進碑 元第七百六十三 兄弟 一無兄字 治平元年

夏至日書 一有此八字

集古錄跋尾卷第九　歐陽文忠公集一百四十二

唐樊宗師絳守居園池記　長慶三年

右絳守居園池記唐樊宗師撰或云此后宗師自書嗚呼元和之際文章之盛極矣其怪奇至於如此　右集本

唐張九齡碑　長慶三年

右張九齡碑按唐書列傳所載大節多同而時時小異傳云壽六十八而碑云六十三傳自左補闕改司勳員外郎而碑云遷禮部傳言　集本作云　張說卒召為祕書少監集

賢院學士知院事碑云副知至後作相遷中書令始云知院事其載張守珪誅安祿山事（集本無此字）傳云九齡判守珪狀碑云守珪所請留中不行而公以狀諫然其為語則略同碑長慶中立而公薨在開元二十八年至長慶三年實八十四年所傳或有同異而至於年壽官爵其子孫宜不繆當以碑為是也治平元年二月十日書（右真蹟）

唐田布碑 長慶四年

右田布碑庾承宣撰布之事壯矣承宣不

能發於文也蓋其力不足爾布之風烈非得左丘明司馬遷筆不能書也故士有不顧其死以成後世之名者集本有猶字有幸不幸集本有焉字各視其所遭如何爾今有道史漢時事者其人偉然甚著而市兒俚嫗猶能道之自魏晉以下不為無人而其顯赫不及於前者無左丘明司馬遷之筆以起其文也治平甲辰秋社日書右真蹟

唐沈傳師游道林嶽麓寺詩長慶中

右嶽麓寺詩沈傳師撰并書題云酬唐侍

御姚負外而二人之詩不見不知為何人也獨此詩以字畫傳于世而詩亦自佳傳師書非一體此尤放逸可愛也 右集本

唐崔能神道碑 長慶三年

右崔能神道碑李宗閔撰能弟從書碑云拜御史中丞持節觀察黔中仍賜紫衣金印按唐世無賜金印者官制古今 集本作古今官制 沿革不同而其名號尚或相襲自漢以来有銀青金紫之號當時所謂青紫者綬也金銀者乃其所佩印章爾綬所以繫印

者也後世官不佩印此名虛設矣隋唐以来有隨身魚而青紫為服色所謂金紫者乃金紫衣而佩金魚爾宗閔謂賜金印者繆也今世自以賜緋銀魚袋賜紫金魚袋結入官銜（集本有矣字）而（集本作今有）階至金紫光祿大夫者遂於結銜去賜紫金魚袋皆流俗相承不復討（集本作訂）正久矣故因宗閔之失并記之治平元年七月二十日書（右真蹟）

唐李德裕茅山三像記（寶歷二年）

右茅山三像記李德裕撰德裕自號上清

玄都大洞三景弟子上為九廟聖主吹為七代先靈下為一切含識敬造老君孔子尹真人像三軀此固俚巷庸鄙人之所常為德裕為之有不足怪然以孔子與老君為伍而又居其下此豈止德裕之獨可罪耶今史記載孔子問禮於老聃（集本作聃下同）聃戒孔子去其驕（集本作驕）氣多慾而孔子嘆其道（集本無此字）猶龍之語著于（集本作於）耳目自漢以來學者未有以為非者豈止德裕之罪哉治平元年八月八日

書右真蹟

唐李德裕平泉草木記 開成五年

已下三篇同是李衛公撰故不與別碑歲月為叙

右平泉草木記李德裕撰余嘗讀鬼谷子書見其馳說諸侯之國必視其為人材性賢愚剛柔緩急而因其好惡喜懼憂樂而捭闔之陽開陰塞變化無窮顧天下諸侯無不在其術中者惟不見其所好者不可得而說也以此知君子宜慎其所好蓋泊然無欲而禍福不能動其利害不能誘此

鬼谷之術所以不能為者聖賢之高致也其次簡其所欲不溺於所好斯可矣若德裕者處富貴招權利而好奇貪得之心不已至或疲弊精神於艸木斯其所以敗也其遺戒有云壞一草一木者非吾子孫此又近乎愚矣 右集本

唐李文饒平泉山居詩 開成五年

讀山居詩見文饒夢寐不忘於平泉而終不得少償其志者人事固多如此也余聞釋子有云出家是大丈夫事蓋勇決者人

之所難也而文饒詩亦云自是功高臨盡處禍来名滅不由人者誠哉是言也熙寧壬子正月二十九日書 右真蹟

唐李德裕大孤山賦 會昌五年

賛皇文辭甚可愛也其所及禍或責其不能自免然古今聰明賢智之士不能免者多矣豈獨斯人也哉 右集本

唐大孤山賦 歲月未詳

右字畫頗佳而傷於柔媚世傳埤工小篆此豈其筆耶 一作也 右見綿本拾遺

唐辨石鍾山記 大和元年

右辨石鍾山記并善權寺詩游靈巖記附覽三子之文皆有幽人之思蹟其風尚想見其人至於書畫亦皆可喜蓋自唐以前賢傑之士莫不工於字書其殘篇斷槀為世所寶傳於今者何可勝數彼其事業超然高爽不當留精於此小藝豈其習俗承流家為常事抑學者猶有師法而後世媮薄漸趨茍簡久而遂至於廢絶歟今士大夫務以遠自高忽書為不足學往往僅

能執筆而間有以書自名者世亦不甚知為貴也至於荒林敗塚時得埋沒之餘皆前世碌碌無名子然其筆畫有法往往今人不及茲甚可歎也石鍾山記字畫在二者間頗為劣而亦不為俗態皆忘憂之佳玩也 石真蹟

唐法華寺詩 大和八年

右法華寺詩唐越州刺史李紳撰其後自序題云大和甲寅歲遊寺刻詩于壁詳自序所言似紳自書然以端州題名較之字

體殊不類甲寅大和八年也右集本

唐薛苹唱和詩大和中

右薛苹唱和詩其間馮宿馮定李紳皆唐顯人靈澈以詩名後世皆人所想見者集本有而宿尤有詩名六字然詩皆不及苹豈唱者得於自然和者牽於強作邪右真蹟

唐僧靈澈詩元和四年

右靈澈詩云相逢盡道休官去林下何曾見一人世俗相傳以為俚諺慶曆中天章閣待制許元為江淮發運使因脩江岸得

斯石於池陽江水中始知為靈澈詩也澈以詩稱於唐故其與相和者皆當時知名之士包侍郎者佶也徐廣州者浩也代宗時為嶺南節度使 右集本

唐李藏用碑 大和四年

右李藏用碑王原中撰唐玄度書玄度以書自名于一時其筆法柔弱非復前人之體而流俗妄稱借之爾故存之以俟識者 右真蹟

唐玄度十體書 歲月未詳

右唐玄度十體書前本得於蘇氏後本得於李丕緒少卿丕緒長安人名家子喜收碑文二家之本大體則同而文有得失故並存之覽者得以自擇焉右集本

唐鄭澣陰符經序開成二年

右陰符經序鄭澣撰柳公權書唐世碑碣顏柳二家書最多而筆法往往不同雖其意趣或出於臨時而模勒鐫刻亦有工拙集本無此十八字公權書高重碑余特愛模者不失其真而鋒鋩皆在至集本有於字陰符經序

則蔡君謨以為柳書之最精者云善藏筆鋒與余之說正相反然君謨書擅當世其論必精故為誌之治平元年二月六日書

右真蹟

又

已下七篇同是柳誠懸書或撰故不與別碑歲月為款

余自皇祐中得公權所書陰符經序遂求其經云石已亡矣常意必有藏于人間者求之十餘年莫可得治平三年有鐫工張景儒忽以此遺余家小吏遽錄之信乎余所謂物常聚於所好也　右真蹟

唐山南西道驛路記 開成四年

公權書往往以模刻失其真雖然其體骨終在也 右見綿本拾遺

唐何進滔德政碑 開成五年

右何進滔德政碑唐翰林學士承旨兼侍書柳公權撰并書進滔唐書有傳開成五年立其高數丈制度甚閎偉在今河北都轉運使公廨園中 右集本

唐李聽神道碑 開成五年 柳公權書

右李聽神道碑李石撰聽父子為唐名將

其勳業昭彰故以碑考傳少所差異而史家當著其大節其徼時所歷官多不書於體宜然惟其自安州刺史遷神武將軍史不宜略而不書者蓋闕也 右集本

唐李石神道碑 會昌三年

右李石碑柳公權書余家集錄顔柳書尤多惟碑石不亡者則其字尤佳非字之然也譬夫金石埋沒於泥滓時時發見其一二則粲然在目特為可喜爾熙寧三年季夏既望書 右真蹟

唐高重碑 會昌四年

右高重碑元裕撰柳公權書唐世碑刻顔柳二公書尤多而字體筆畫往往不同雖其意趣或出於臨時而亦繫於模刻之工拙然其大法則常在也此碑字畫鋒力俱完故特為佳矧其墨蹟想宜如何也治平元年正月廿五日書 右真蹟

唐康約言碑 大中七年

右康約言碑柳公權撰并書約言宦者為河東監軍唐自開元以後職官益濫始有

置使之名歷五代迄今多因而不廢世徒知今之使額非古官襲唐舊號而不知皆唐宦者之職集本有也字約言在大和開成間嘗為鴻臚禮賓使又為內外客省使以此見今之使名自樞密宣徽而下皆唐宦官職也又以見鴻臚卿寺亦以宦者為使於其間約言又為宣徽北院副使又見當時南北院宣徽皆有副使也治平甲辰秋社前一日書右真蹟

唐復東林寺碑大中十一年

右唐湖州觀察使崔黯撰柳公權書東林寺會昌中廢之大中初黯為江州刺史而復之黯之文辭甚遒麗可愛而世罕有之

右集本

唐王質神道碑 開成四年

右王質神道碑唐太子賓客劉禹錫撰并書質字華卿王通之後也開成中為宣歙池等州觀察使 右集本

唐會昌投龍文 會昌五年

右會昌投龍文余脩唐本紀至武宗以謂

翛然除去浮圖鋭矣而躬受道家之籙服藥以求長年以此知其非明智之不惑者特其好惡有所不同爾及得會昌投龍文見其自稱承道繼玄昭明三光弟子南嶽炎上真人則又益以前言為不謬矣蓋其所自稱號者與夫所謂菩薩戒弟子者亦何以異余嘗謂佛言無生老言不死二者同出於貪信矣會昌之政臨事明果有足過人者至其心有所貪則其所為與庸夫何異治平元年五月五日書

右真蹟

唐俞珣書陳果仁告身并捨宅造寺跡大中八年

右陳果仁告身并妻軫靜緣捨宅造寺跡附跡後題云明政二年按隋書煬帝本紀大業十一年十月東海賊帥李子通擁衆渡淮僭稱楚王建元明政則明政二年乃大業十二年也唐高祖實錄武德二年四月隋禦衛將軍陳稜以江都降即以稜為總管九月李子通敗稜陷江都國號吳建元明政則明政二年是武德三年矣二說

不同如此呂夏卿爲余言若以大業十二年爲子通僭號之二年則江都方亂煬帝安得南幸而唐實錄陳稜事可據則明政二年當爲武德三年也隋書繆矣果仁終始事迹不顯略見於隋書云唐初爲隋太僕丞元祐將煬帝已遇弑沈法興果仁共殺祐起兵據江表法興自稱總管大司馬錄尚書事承制置百官以果仁爲司徒其事止見此爾開元中僧德宣爲果仁記捨宅造寺載其世家頗詳而其功閥官爵歲

月多繆德宣言中毒以死而宅跡言見屠戮當以宅跡為是德宣文辭不足錄獨採其世自事蹟終始著之俾覽者覈其真偽而少益於廣聞煬帝本紀高祖實錄皆唐初人所撰而不同如此何哉 右集本

唐圭峯禪師碑 大中九年

右圭峯禪師碑唐相裴休撰并書其文辭事迹無足採而其字法世所重也故錄之云 右集本

唐濠州勸民栽桑勑碑 大中十年

余得劉莒脩兗州文宣王廟碑見大中時中書門下牒又得此碑見大中時勅乃知平章事非署勅之官今世止見中書門下牒便呼為勅惟告身之制僅存焉右集本

唐閿遷新社記歲月見本文

右閿遷新社記唐濮陽宁撰其辭云大中十年夏六月關西公命遷社于州坤或作城凡築四壇壇社稷其廣倍丈有五尺其高倍尺有五寸主以石壇風師廣丈有五尺高尺有五寸壇雨師廣丈而高尺云文字

古雅甚可愛嗚呼唐之禮樂盛矣其遺文有足采焉州縣社稷有主見于此記蓋大中時其禮猶在也按唐書楊發自蘇州刺史爲福建觀察使至大中十二年遷嶺南節度以歲月推之關西公者楊發也 右集本

又

唐時州縣社稷有主獨此碑見之開元定禮至大中時猶僅存也禮樂廢壞久矣故録此記以著之 右真蹟

唐令狐楚登白樓賦 咸通二年

右登白樓賦令狐楚撰白樓在河中至楚子綯為河中節度使乃刻於石綯父子為唐顯人仍世宰相而楚尤以文章見稱世傳綯為文喜以語簡為工常飯僧僧判齋綯於佛前跪爐諦聽而僧倡言曰令狐綯設齋佛知蓋以此譏其好簡楚之此賦文無他意而至千有六百餘言何其繁也其父子之性相反如此信乎堯朱之善惡異也 右集本

唐百巖大師懷暉碑 歲月未詳

右百巖大師懷暉碑權德輿撰文鄭餘慶書歸登篆額又有别碑令狐楚撰文鄭絪書懷暉者吾不知為何人而彼五君者皆唐世名臣其喜為之傳道如此欲使愚庸之人不信不惑其可得乎民之無知惟上所好惡是從是以君子之所慎者在乎所學楚之文曰大師泥洹荼毗之六年余以門下侍郎平章事攝太尉泥洹荼毗是何等語宰相坐廟堂之上而口為斯言集本有邪

字皐夔稷契居堯舜之朝其語言尚書載

之矣異乎此也治平元年七月十三日雨

中書 石真蹟

唐孔府君神道碑 咸通十二年

右孔岑父碑鄭絪撰柳知微書其碑云有子五人載戣戡戢戵按新唐書宰相世系表岑父六子戵之下又有戚表據孔子氏譜譜其家所藏碑文鄭絪撰絪自言與孔氏有世舊作碑文時戣等尚在然則譜與碑文皆不應有失而不同者何也余所集錄與史傳不同者多其功過難以碑碣為

正者銘誌所稱有褒有諱疑其不實至於世繫子孫官封名字無情增損故每據碑以正史惟岑父碑文及其家譜二者皆為可據故並存之以俟來者治平元年三月廿二日侍上御崇政殿決繫囚退遂家居謝客因書 右真蹟

唐白敏中碑 咸通三年

右白敏中碑畢諴撰其事與唐書列傳多同而傳載敏中碑李德裕薦進以獲用及德裕貶抵之甚力以此為甚惡而碑云會

昌中德裕起刑獄陷五宰相竄之嶺外公
承是之後一年冤者皆復其位以此為能
其為毀譽難信蓋如此故余於碑誌惟取
其世次官壽鄉里為正至於功過善惡未
嘗為據者以此也碑又言桑道茂事云桑
道茂不知孰是治平元年七月二十日右
真蹟

唐于僧翰尊勝經 咸通五年

右尊勝經于僧翰書僧翰筆畫雖遒勁然
失分隸之法遠矣所以錄者亦自成一家

而為流俗所貴故聊著集本作述之庶知傳采之不遺爾 右真蹟

唐張將軍新廟記 龍紀元年

右張將軍新廟記李巨川撰唐彥謙書張魯事史傳詳矣巨川文辭匪工所錄者彥謙書頗知名於世故畧存其筆蹟也 右集本

唐王重榮德政碑 中和四年同是唐彥謙書附此

右王重榮德政碑歸仁澤撰唐彥謙書重榮當唐之末再逐其帥遂據河中雖破黃巢平朱玫之叛有功於一時而阻兵召亂

為唐患者多矣碑文辭非工而事實無可采所以錄者俾世知求名莫如自脩善譽不能掩惡也考重榮之碑豈不欲垂美名於千載而其惡終暴於（集本作于）後世者毀譽善惡不可誣故也彥謙以詩知名而詩鄙俚字畫不甚工皆非余所取也治平元年清明前一日書　右真蹟

唐磻（集本作盤）溪廟記　咸通二年

右磻溪廟記張翔撰高駢書駢為將嘗立戰功威惠著於蠻蜀筆研固非其所事然

書雖非工字亦不俗蓋其明爽豪儁終異庸人至其惑妖人吕用之諸葛殷等信其左道以冀長年乃騎木鶴而習淩虛僊去之勢此至愚下品皆知為可笑而駢為之惟恐不至者何哉蓋其貪心已動〔集本作薰〕於內故邪說可誘於外內貪外誘則其何所〔集本增有而二字〕不為哉〔右真蹟〕

唐梁公儒碑〔天祐中〕

右梁公儒碑于廣撰王說書公儒者世為成德軍將公儒當王鎔時為冀州刺史以

卒其碑首題云唐故成德軍内中門樞密使特進檢校太保使持節冀州諸軍事冀州刺史團練守捉等使軍器作坊使其餘所領事職甚多皆當時方鎮常事不足書惟樞密使唐之末年内官之職其後方鎮遂亦僭置於此見之軍器作坊五代之際號内諸司使皆朝廷官然不見其始置（集本有之字）時而今見於此豈方鎮之職朝廷因而用之耶將方鎮之盛亦僭置也公儒事迹無所取特以此錄之治平元年五月十

八日書 右真蹟

唐花林宴別記 歲月未詳

右花林宴別記唐竇常撰花林寺在滁州余在滁陽遣推官陳詵以事至縣見寺旁石澗岸土崩出石崖隱隱有字亟命模得之 右集本

唐陽武復縣記 貞元十九年

唐衢文世罕傳者余家集錄千卷唐賢之文十居七八而衢文祗獲此爾然其氣格不俗亦足佳也 右真蹟

唐崔敬嗣碑 景龍二年

右唐崔敬嗣碑胡皓撰郭謙光書崔氏為唐名族而敬嗣不顯皓為昭文館學士然亦無聞三字集本作觀其事實文辭皆不足多采而余錄之者以謙光書也其字畫筆法不減韓蔡李史四家而名獨不著此余屢以為歎也治平元年七月三十日 右集本

唐潤州陁羅尼經幢 歲月未詳

右陁羅尼經幢今在潤州寶墨亭中唐雲陽野夫王奐之書字畫頗為世俗所重故

錄之以備廣採 右集本

唐夔州都督府記 會昌五年

余嘗謂唐世人人工書故其名堙沒者不可勝數每與君謨嘆息于斯也如貝靈該繆師愈今人尚不知其姓名況其書乎余以集錄之慱僅各得其一爾 右見綿本拾遺

唐鄭權碑 寳曆二年

右姚向書筆力精勁雖唐人工於書者多而及此者亦少惜其不傳於世而今人莫有知者惟余以集錄之慱得此而已熈寧

辛亥孟夏清心堂書右見綿本拾遺

唐王藥詩沈傳師李德裕唱和歲月未詳見綿本拾遺

惠泉在今荊門軍余貶夷陵道荊門裴回泉上得二子之詩佳其詞翰遂錄之逮今蓋三十年矣嘉祐八年十一月二十日書

唐人書楊公史傳記歲月未詳

右楊公史傳記文字訛缺原作者之意所以刻之金石者欲為公不朽計也碑無年月不知何時然其字畫之法迺唐人所書爾今纔幾時而磨滅若此然則金石果能

傳不朽邪楊公之所以不朽者（八字集本作楊公者震也其所不朽者）果待金石之傳邪凡物有形必有終弊自古聖賢之傳也非皆託於物固能無窮也乃知為善之堅堅於金石也（集本無也字）

嘉祐八年十一月廿日書（右真蹟）

唐放生池碑（天寶十年）

右放生池碑不著書撰人名氏放生池唐世處處有之王者仁澤及於草木昆蟲使一物必遂其生而不為私惠也惟天地生萬物所以資於人（集本有也字）然代天而治物

者常為之節使其足用而取之不過故集本作萬物得遂其生而不夭三代之政如斯而已易大傳曰庖犧氏之王也能通神明之德以類萬物之情作結繩而為網罟以佃以漁蓋言其始教民取物資生而為萬世之利此所以為聖人也浮圖氏之説乃謂殺物者有罪而放生者得福茍如其言則庖犧氏遂為集本有人間之聖人五字地下之罪人矣

治平元年八月十日書　右真蹟

集古錄跋尾卷第九

絳守居園池記元第八十

張九齡碑元分作上下卷

卷上第三百六徐浩結銜云廣州刺史持節充嶺南節度當云廣州刺史豫章石本卷末有此二十二字

卷下第三百七同異一作異同

唐田布碑元第八百四十二

道林嶽麓詩元第一百一十六

崔紘神道碑元第八百八十三官不一無官字

茅山三像記元第九百九十老君一作子

平泉草木記元第五百三十九無窮此下一有故字其利一無其字其次一作然則可矣二字上一有亦字有云一無有字

非吾一作其治平元年七月二十四日中書東廳後閣書一有此十七字

又别本

右平泉山居草木記李德裕撰余嘗讀鬼谷子書見其馳説諸侯之國常視其人賢愚材性剛柔緩急而因其好惡喜懼憂樂而捭闔之陽開陰閉變化無窮

顧天下諸侯無不在其術中者惟不見其所好者不可得而説也以此知君子宜慎其所好泊然無欲而禍福不能動利害不能誘此鬼谷之術所不能為者也是聖賢之所難也

平泉山居詩（元附五百三十九）

大孤山賦（元第二百一十九）

辨石鍾山記（元第三百二）見其（此下一有為字）以遠（此下一有業字）前世（一作當世）治平元年二月六日書（一有此九字）

法華寺詩元第一百七

薛苹唱和詩元第三百一十四其間一無卅二字名後世一無後字和者二字上有而字

靈澈詩元第一百八相唱和者四字一作遊郎者一無者字州者一無者字代宗二字上一有浩字

李藏用碑元第三百七十

唐玄十體書元第四百八十四文有一作五有嘉祐癸卯七月二十五日書一有卅十二字

陰符經序元第二百九十九

山南西道驛路記元第一百二十七

何進滔德政碑元第二十二至二十七

李聽神道碑元第七百一十七治平元年七月三十日書一有卅十字

李石神道碑元第四百一十三

高重碑元第二百八十九

康約言碑元第八百二十五

復東林寺碑元第三十八

王質神道碑元無卷第

會昌投龍文元第六百五十七

陳果仁告身幷捨宅造寺跡元第五百八十七

子通（為一作乃）終始（一無此二字）沈法興（此下一有與字）嘉祐八年歲在癸卯八月十一日書（一有此十四字）

圭峯禪師碑（元第六十九）

濠州勸民栽桑勅碑

又別本（一作勸農碑）

皇祐元年春余自楊移潁舟過濠梁得此碑於今樞密使張公昪唐之制刺之文令不復見蓋官失其職久矣此大中時敕也尚可見其遺制焉

閿遷新社記（元第五十五）

登白樓賦元第九百四十五好簡此下一有也字治平元年八月八日祈晴于太社晨歸遂書一有此十七字

百巖大師碑元第九百二十八

孔府君神道碑元第四百六十三世繫一作系

白敏中碑元第六百六十六鷹進一作鷹進十日此下一有書字

于僧翰尊勝経元第三百十三

張将軍新廟記元第一百五十四書頗知名書一作詩

王重榮碑元第四百十六

磻溪廟記元第九百三十五　淩虛一作雲　治平元年

中秋日書一有此八字

梁公儒碑元第七百三十七

花林宴別記元無卷第

陽武復縣記元第九百四十九

崔敬嗣碑元第七百四十二

陁羅尼經幢元無卷第　今在一作在今

夔州都督府記元第七百二十四　堙沒一作埋沒　于斯一作於斯

鄭權碑元第七百六十八

王藥詩 元第一百六十九 惠泉詩附一作沈傳師字文鼎蒙泉詩附

楊公史傳記 元第一百七十一 年月 此下一有日字 非皆 一作

皆不 二十 此下一有八字

放生池碑 元第九百五 能通 一作以通

集古錄跋尾卷第十　　歐陽文忠公集一百四十三

瘞鶴銘　歲月未詳

瘞鶴銘黄庭遺教經難傳自晉而公疑唐人所書故附此

右瘞鶴銘題云華陽真逸撰刻於焦山之足常為江水所沒好事者伺水落時模而傳之往往秖得其數字云鶴壽不知其幾而已世以其難得尤以為奇惟余所得六百餘字獨為多也按潤州圖經以為王羲之書字亦奇特然不類羲之筆法而類顔魯公不知何人書也華陽真逸是顧況道號今不敢遂以為況者碑無年月不知何

時疑前後有人同斯號者也　右集本

又

右在焦山之足常為江水所没好事者伺水落時模而傳之往往抵得其數字云鶴壽不知其幾而止世以其難得尤以為奇惟余所得獨若此之多也潤州圖經以為王羲之書字亦奇放然不類羲之筆法而類顏魯公不知何人書也或云華陽真逸是顏況道號銘其所作也　右真蹟

黃庭經　永和十二年

右黃庭經一篇晉永和中刻石世傳王羲之書書雖可喜而筆法非羲之所爲黃庭經者魏晉時道士養生之書也今道藏別有三十六章者名曰內景而謂此一篇爲外景又分爲上中下三部者皆非也蓋內景者乃此一篇之義疏爾流俗又有一篇名曰中景者尤爲繁雜鄙俚之所得傳也余嘗患世人不識其真多以內景三十六章爲本經因取永和刻石一篇爲之注解余非學異說者哀世人之惑於繆妄爾右

真蹟

又

今道藏別有三十六章曰黄庭内景而謂此一篇者為外景又有分為上中下三部者流俗所行又別有中景者皆非也所謂内景者乃此經之義疏爾中景一篇尤為繁雜蓋妄人之所作也此本晉永和中刻石文字時亦脫繆然此今世俗所傳頗為精也右見綿本拾遺

又

右黃庭别本一作刻續得之京師書肆不知此石刻在何處其字畫頗類顔魯公甚可愛而不俗更俟求訪以足治平丁未閏月三日書右見綿本拾遺

又

黃庭經二篇皆不著書人姓名余初得後本已愛其字不俗遂錄之既而又得前本於殿中丞裴造造好古君子也自言家藏此本數世矣與其藏于家不若附見余之集錄可以傳之不朽也余因以舊本較其

優劣而並存之使覽者得以自擇焉世傳王羲之嘗寫黃庭經此豈其遺法歟右集本

遺教經

右遺教經相傳云羲之書僞也蓋唐世寫經手所書集本有爾字唐時佛書今在者大抵書體皆類此第其精麤不同爾近有得唐人所書經題其一云薛稷一云僧行敦書者皆與二人他所書不類而與此頗同即知寫經手所書也然其字亦可愛故錄之蓋今士大夫筆畫能髣髴乎此者鮮矣右

真蹟

小字道德經 開元二十七年

右小字八分道德經不著書人名氏亦不知其所自来或云在明州其后今亡矣問今藏書之家皆云未嘗見也其字畫精妙見者多疑為明皇書而知非者以其集本有首字但題御注而不云御書也 右真蹟

唐人臨帖

右唐人所臨諸家法帖一卷其前數帖類真卿所書蓋其筆畫精勁他人未易臻此

按唐書言褚無量嘗請以當時所藏奇書名畫命宰相以下跋尾而玄宗不許此乃有宋璟等列名于後又頗多訛繆豈後人妄增加之也然要為可觀何必窮較其真偽今流俗所傳鍾王遺迹多不同然時時各有所得故雖小小轉寫失真不害為佳物由是悉取前後所得諸家法帖分入集錄蓋以資博覽云　右集本

小字法帖　此下皆跋法帖蓋模本也故類於唐人臨帖之後

右小字法帖者近時有尚書郎潘師旦者

以官法帖私自模刻于家為別本以行於世余因分以為類散入集錄諸帙而程邈衛夫人鍾繇王廙宋儋皆以小字為一類於此余嘗辨鍾繇賀捷表為非真而此帖字畫筆法皆不同傳模不能不失本體以此真偽尤為難辨也治平元年七月三十日書　右真蹟

又

近時有尚書郎潘師旦者竊取官法帖中數十帖別自刻石以遺人而傳寫字多轉

失然亦時有可佳者因又擇其可錄者分為十餘卷以入集日聊為一時之翫爾其小字尤精故錄於此（右集本）

十八家法帖

右世傳十八帖者實二十五帖蓋書者十八家爾而流俗又自（集本無此字）有羲之十八帖然皆出於官法帖也太宗皇帝時常遣使者天下購募前賢真蹟集以為法帖十卷鏤板而藏之每有大臣進登二府者則賜以一本其後不賜或傳板本在御書院

往時禁中火災板被焚遂不復賜或云板今在但不賜爾故人間尤以官法帖為難得此十八家者蓋官法帖之尤精者也余得自薛公期云是家藏舊本頗真今世人所有皆轉相傳模者也 右真蹟

雜法帖六

嚮於薛十三處得法帖一部闕其第一久而始獲

南朝諸帝筆法雖不同大率意思不遠眇然都不復有豪氣但清婉若可佳耳

二

學書不必憊精疲神於筆硯多閱古人遺蹟求其用意所得宜多

三

羲獻世以書自名而筆法相去遠甚父子之間不同如此然皆有足喜也

四

吾有集古錄千卷晚又得此法帖歸老之計足矣寓心於此其樂可涯嘉祐壬寅大雩攝事致齋閣題

五

古今事異一時人語亦多不同傳模之際

又多轉失時有難識處惟當以意求之爾

嘉祐七年大饗明堂致齋于中書東閤偶

題

六

老年病目不能讀書又艱於執筆惟此與

集古錄可以把玩而不欲屢閱者留爲歸

穎銷日之樂也蓋物維不足然後其樂無

窮使其力至於勞則有時厭爾然內樂猶

有待於外物則退之所謂着山林與着城郭何異宜有道者所笑也熙寧辛亥清心堂書右見綿本別集二十三卷

懐州孔子廟記後魏太和中誤寘于此

右宣尼廟記文辭事實皆不足采其書亦非佳獨其字畫多異故特錄之以備博覽右見綿本拾遺

景福遺文

余在夷陵時得之民家見當時縣有驅使官銜直典然云来一作来不者莫詳其語嘉

祐七年五月二十六日右見綿本別集二十三卷

浮槎寺八紀詩

右浮槎寺八紀詩者自云鴈門釋僧皎字廣明作集本無此字詩雖非工而所載事蹟皆圖經所無可以資愽覽浮槎山在今廬州慎縣其上有泉其味與無錫惠山水相上下而鴻漸茶經及張又新等水記皆不載嘉祐中李留後端愿守廬州以其水遺余因為之記其事余甚愛山泉而浮槎水特佳頗怪前世遺而不錄及得僧皎紀浮槎

八事亦無之乃知物之晦顯有時也治平
元年七月三十日書 右真蹟

福州永泰縣無名篆

右在福州永泰縣觀音院後山上世俗多傳以為僊篆太常博士黄孝立閩人也嘗為余言其山無名上多積石無復鐫刻之蹟如人以手指畫泥而成文文隨圓石之形環布之如車輪循環莫知其首尾又言孝立嘗至於廣州見南蕃人以夷法事天日夕焚香拜金書字號為天篆者正類此

然不能曉也今人亦有以道家之言釋之者曰勤道守三一中有不死術亦莫知其是非也右真蹟

又

右在福州永泰縣觀音院後山上太常博士黄孝立閩人也爲余說曰山無名而甚高峻石皆積無復鐫刻之迹如人以手指畫泥而成文文隨圓石之形環布之又曰孝立嘗至廣州見南蕃人以夷法事天日夕拜金書字圖號天篆者視其字與此篆

正同然不能考也今世人亦有以道家之言譯之者曰勤道守三一中有不死術亦莫得而詳焉 右集本

謝仙火

右謝仙火字在今岳州華容縣廢玉真宮柱上倒書而刻之不知何人書也傳云大中祥符中玉真宮爲天火所焚惟留一柱有此字好事者遂模于石慶曆中衡山女子號何仙姑者絕粒輕身人皆以爲僊也有以此字問之者輒曰謝僊者靁部中鬼

也夫婦皆長三尺其如玉掌行火於世間後有聞其說者於道藏中檢之云實有謝僊名字主行火而餘說則無之由是益以僊姑爲真僊矣近見衢州奏云僊姑死矣都無神異容有自衢來者云僊姑晚年羸瘦面皮皺黑第一衰媪也嚮時蘇州有一丐者卧道中相傳云是得僊者也自天聖中余已聞之後二十餘年尚在其人姓沈舉世皆傳爲沈卧僊云而飲食不漏州縣吏屢使人監守或潛伺察之皆實卧而不

起亦不漏遂相傳以為神既而亦以病死雖素信惑其事喜為之稱說者亦不云死時有異也斯二人者皆令世人以為僊者如此故并載之 右集本

張龍公碑 乾寧元年

右張龍公碑趙耕撰云君諱路斯潁上百社人也隋初明經登第景龍中為宣城令夫人關州石氏生九子公罷令歸每夕出自戌至丑歸常體冷且濕石氏異而詢之公曰吾龍也蓼人鄭祥遠亦龍也騎白牛

擄吾池自謂鄭公池吾屢與戰未勝明日取決可令吾子挾弓矢射之繫鬣以青綃者鄭也絳綃者吾也子遂射中青綃鄭怒東北去投合把西山死今龍穴山是也由是公與九子俱復為龍亦可謂怪矣余嘗以事至百社村過其祠下見其林樹陰蔚池水窈然誠異物之所託歲時禱雨屢獲其應汝陰人尤以為神也 右集本

又

龍公之事怪哉余嘗以事至百社村過其

祠下見其林樹陰蔚池水窈然誠異物之所託歲時禱雨屢獲其應汝陰人尤以為神也 右真蹟

周伯著碑

右周著碑者在今宿州出於近歲蓋官部春夫開汴渠於泥沙中掘得之其文字古怪而磨滅無首尾了不可讀伯著不知為何人其僅可見者云勃海君玄孫季景長子也其事蹟不考文辭莫曉而字畫不工徒以其古怪而録之此誠好古之獘也治

平元年七月三十書 右真蹟

衛秀書梁思楚碑 上元元年

秀筆工之善模者也其自謂集書信矣無足多取也書譬君子皆學乎聖人而其所施爲未必同也 右集本

裴夫人誌 天寶四年

右裴夫人誌辭翰瀟灑固多情思惜乎不見其名氏石在長安之萬年矮槐文亦佳在亳州法相寺二者皆後得故續附于此熙寧二年六月二十有八日青州山齋書

右見綿本拾遺

五代時人署字

右五代時帝王將相等署字合一卷前人遺蹟往往因人家告身莊宅券契故後世傳之猶在此署字乃北京人家好事者類而模傳之爾 右集本

楊凝式題名 李西臺詩附

右楊凝式題名并李西臺詩附自唐亡道喪四海困於兵戈及聖宋興天下復歸于治蓋百有五十餘年而五代之際有楊少

師建隆以（集本作已）後稱李西臺二人者筆法不同而書名皆為一時之絕故並錄于此

右真蹟

徐鉉雙溪院記

右雙溪院記徐鉉書鉉與其第鍇皆能八分小篆而筆法頗少力其在江南皆以文翰知名號二徐為學者所宗蓋五代干戈之亂儒學道喪而二君能自奮然為當時名臣而中國既苦於兵四方僭偽割裂皆褊迫擾攘不暇獨江南粗有文物而二君

者優遊其間及宋興遣命侯來朝二徐得為王臣中朝人士皆傾慕其風采蓋亦有以過人者故得録其書爾若小篆則與鉉同時有王文秉者其筆甚精勁然其人無足稱（二字集本作所聞）也治平元年上元日書（右真蹟）

王文秉小篆千字文（紫陽石磬銘附）

右小篆千字文者江南人王文秉書其後題云大唐庚申歲者建隆元年也僞唐李煜自周師取淮南畫江為界以稱臣遂削

去年號奉周正朔然世宗特許其稱帝故
文秉猶稱唐而不書年號直云庚申歲也
文秉在江南篆書遠過徐鉉而鉉以文學
名重當時文秉人罕知者學者皆云鉉筆
雖未工而有字學一點一畫皆有法也文
秉所書獨余集錄屢得之此本得於太學
楊南仲紫陽石磬銘者張獻撰亦文秉書
也石集本

王文秉紫陽石磬銘

右紫陽石磬銘余獨錄於此而不附他書

者文秉之書罕見於今也小篆自李陽冰後未見工者文秉江南人其字畫之精遠過徐鉉而中朝之士不知文秉但稱徐常侍者鉉以文章有重名於當時故也歲在辛酉晉天福六年李昇之昇元五年也五代干戈之際士之藝有至於斯者太平之世學者可不勉哉（右見綿本拾遺）

郭忠恕小字說文字源

右小字說文字源郭忠恕書忠恕者（集本有五代漢周之際為湘陰公從事十二字）及事皇朝其事見實錄

頗奇怪世人但知小篆而不知其楷法尤精然其楷字亦不見刻石者蓋惟此耳故尤可惜也五代干戈之際學校廢是謂集本作為君子道消之時然猶有如忠恕者國家為國百年天下無事儒學盛矣獨於字書忽廢幾於中絕今求如忠恕小楷不可得也故余每與君謨歎息於此也石在徐州集本無此四字嘉祐八年十二月廿日書右真蹟

郭忠恕書陰符經

右陰符經郭忠恕書篆法自唐李陽冰後

未有臻於斯者近時頗有學者曾未得其髣髴也實錄言忠恕死時甚怪豈亦異人乎其楷書尤精也嘉祐六年九月十五日宴後歇泊假閑覽因題 右真蹟

太清石（集本作西）闕題名

余自至亳始得悉閱太清之碑其佳者皆（集本作悉）已入余集古錄矣乃知余之集錄所得多矣惟兩石闕題名（集本無二字）未有今（集本無此字）續錄於此熙寧元年二月十九日書 右真蹟

太清東閣題名

熙寧元年十二月十八日余率僚屬謁太清諸殿裴回兩閣之下周視八檜之異窺九井禹步之奇酌其水以烹茶而歸十九日書右見綿本拾遺

賓陽山文太和九年年誤寅于此

右跋尾者六人皆知名士也時余在翰林以盍饗致齋唐書局中六人者相與飲弈歡然終日而去蓋一時之盛集也明年夏鄴幾聖俞卒又九年而原甫長文卒自嘉

祐己亥至今熙寧辛亥一紀之間亡者四存者三而擇之遣酷吏以罪廢景仁亦以言事得罪獨余碌然蒙上保全貪冒寵榮不知休止然筋體憊矣尚此勉強而交遊零落無復情悰其盛衰之際可以悲夫是時同備書者七人今亡者五宋子京王景彝吕縉叔劉仲更與聖俞也存者二余與次道爾次道去年為知制誥亦以封還李定詞頭奪職因感夫存亡今昔之可歎者遂并書之熙寧四年三月十五日病告中

書右見綿本拾遺

集古錄跋尾卷第十

瘞鶴銘元第八十八奇特一作放

黃庭經元第一百四十

又元題作續跋

又三日一作三十日

又姓名一作名氏已愛其字一作愛其字畫此本一無此二字余因一無余字較其一無其字擇焉一作之庭經一無

經字

治平元年十月十三日致齋東閣書（一有此十四字）

遺教經（元第二百六十三）可愛（二字上一有自字）

小字道德經（元第九百二十二九百二十五）

唐人臨帖（元第七百八十八）真卿（一字上一有顏字）乃有（一作安得）然時時（三字一作然時）博覽云（此下一有此本得於李丕緒少卿治平元年夏至日書十七字）

小字法帖（元第七百二十九）官法帖（此下一有本字）

又（元第七百七十三）於此（一作于此）

十八家法帖（元第四百二十）集以（一無以字）進登（一作

登進

雜法帖六（元無卷第）

五時有（二字上一有以字）

六則有時而厭（五字一作時則有厭）

懷州孔子廟記（元第二百八十五）記（一作碑）

景福遺文（元無卷第）来不（一作釆不）

浮槎寺八紀詩（元第七百五十三）紀浮槎八事（一作）

（記浮槎八紀事）

無名篆（元第一百八十七）環布之（三字一作旋布）

又此篆（一無篆字）

謝山火元第二百六十六傳云一作傳者云絶粒二字上一
有能字世間一作人間而餘一作其餘死矣二字上一有已
字容肩至衰媪一無此二十一字縣吏一作官實卧
二字上一有云字一并戴一無并字治平元年上元日書
一有此八字

張龍公碑元第二百五

周伯著碑元第七百六十九勑碑作勅而錄一無而字

梁思楚碑元第一百七十五

裴夫人誌元附一百八亦佳一作亦可佳

五代時人署字元第七百三十

楊凝式題名 元第八百一十四

雙溪院記 元第二百六十九 皆能 一無皆字 及宋 一無及字

其筆 一無其字

小篆千字文 元第五百二十六 紫陽至書也 一無此十三字 治平元年四月九日書 一有此九字

紫陽石磬銘 元附五百二十六

小字説文字源 元第一百八十四 但知 此下一有其字

郭忠恕書陰符經 元第五百八十八

太清西闕題名 元第五百二十三

太清東闕題名 元第五百二十二

襄陽山文元第五百四十三得罪此下一有致仕二字

翰林學士吳奎知制誥劉敞祠部郎中

集賢校理江休復工部員外郎直集賢

院祖無擇屯田員外郎編修唐書梅堯

臣嘉祐四年四月六日於編脩院同觀

范鎮景仁後至後見真蹟題此六人官職姓名

集古碑千卷每卷碑在前跋在後銜幅

用公名印其外褾以緗紙束以縹帶題

其籤曰某碑卷第幾皆公親蹟至今猶

有存者按公嘗自云四百餘篇有跋今
世所傳本是也其間如唐鄭權碑乃熈
寧辛亥歲跋又至明年正月方跋鄧艾
碑李德裕山居詩四月題前漢鴈足鐙
名後數月而公薨殆集録之絶筆也方
崧卿裒聚真蹟刻板廬陵得二百四十
餘篇以校集本頗有異同疑真蹟一時
所書集本後或改定今於逐篇各注何
本若異同不多則以真蹟爲主而以集
本所改注其下或繁簡遼絶則兩存之

謂如後漢樊常侍碑真蹟作永壽四年四月而集本改作二月訪得古碑二月為是至於以始元為漢宣帝年號又稱後周大統十六年唐大足二年之類乃一時筆誤不敢有所更改集古跋既刻成方得公子叔弼目錄二十卷具列碑之歲月雖朝代僅差一二而紀年先後頗有倒置已具注其下

書簡卷第一　歐陽文忠公集一百四十四

與韓忠獻王 稚圭　慶曆二年

脩頓首再拜啓仲秋漸涼伏惟觀察太尉尊候動止萬福脩至愚極陋不足以獻思慮於聰明至於脩記以問起居則當大君子憂國之時又非宜輒以一作干視聽是以書牘之禮曠絶而一作逾年然而千里之外威譽之聲日至京師如在耳目可以見作鎮方面懾動羌戎撫循之間優有餘裕此脩不勝西首企望拳拳之誠私自爲慰者

也伏念脩材薄力弱不堪世用徒能少（一無此字）以文字之樂爲事而國家久安於無爲儒學之士莫知形容幸今剪除叛羌開拓西域紀功耀德茲也爲時惟侯凱歌東來函馘獻廟執筆吮墨作爲詩頌以述大賢之功業以揚聖宋之威靈雖曰懦焉亦區區之鄙志也謹奉手啓咨聞伏惟俯賜鑒察

謹啓八月日太子中允集賢校理歐陽脩

啓上

又　慶曆五年

某頓首啓冬序極寒不審資政諫議尊候動止何若昨者偶趨府下過煩主禮自到郡踰月尚稽候問豈勝愧悚某孤拙多累蒙朝廷保全之恩得此郡地僻事簡飲食之物奉親頗便終日尸禄未知論報之方用此不皇爾瞻望盛府數程之近時得通訊下執謹因請綃人行附此以道萬一新歳甫邇伏乞爲國自重下情禱詠之至

又 同前

某頓首啓近因州吏詣府請綃曽拜狀急

足至特辱手書爲誨伏審履此凝寒台候萬福豈勝慰抃之誠某此藏拙幸今歲淮甸大雪來春二麥有望若人不爲盜而郡素無事何幸如之惟尸禄端居未能報國此爲愧爾瞻望旌旆惟願爲國自重以副禱頌

又 慶曆六年

某再拜啓山州窮絶比乏水泉昨夏秋之初偶得一泉於州城西南豐山之谷中水味甘冷因愛其山勢回抱構小亭於泉側

又理其傍爲教場時集州兵弓手閱其習射以警饑年之盗間亦與郡官宴集于其中方惜此幽致思得佳木美草植之忽辱寵示芍藥十種豈勝欣荷山民雖陋亦喜遨遊今春寒食見州人靚裝盛服但於城上巡行便爲春遊自此得與郡人共樂實出厚賜也愧刻愧刻

又 同前

某頓首啓季冬極寒伏惟某官尊體動止萬福某幸守僻陋咫尺大府常闕脩問左右然幸尸禄奉親職事日益簡少養拙自

便遂成習性但時自警而已冬深少雪氣候已春和伏惟爲國自重以副瞻頌之誠

又 同前

某啓近急足還嘗略拜問歲暮晴和伏惟台候動止萬福本州張推官欲造麾戟云舊出門下此人涖官廉善謹守其職亦可自了恐不見多年要知本官行止謹此拜聞

又 慶曆八年

某頓首仲春下旬到郡領職疎簡之性久習安閑當此孔道動須勉強但日詢故老

去思之言遵範遺政謹守而已其餘廨舍城池數世之利無復增修宁小小斯不敢廢壞爾今年蝗蝻稍稍生長二麥雖豐雨損其半民間極不易猶賴盜賊不作伏恐要知擬擬之才已難開展又值罷絕回易諸事裁損日憂不濟此尤苦爾南北遼遠音信難頻輒此忉忉以煩視聽惠悚惠悚

又 皇祐元年

某頓首啓自去春初到維揚嘗因蔡中孚人行奉狀自後區區不覺踰歲即日春暄

不審尊候動止何似某昨以目疾爲苦因少私便求得汝陰仲春初旬巳趨官所廣陵嘗得明公鎮撫民俗去思未遠幸遵遺矩莫敢有踰獨平山堂占勝蜀岡江南諸山一目千里以至大明井瓊花二亭此三者拾公之遺以繼盛美爾大明井曰美泉亭瓊花曰無雙亭汝陰西湖天下勝絶養愚自便誠得其宜然尸禄苟安何以報國感愧感愧邊防之事動繫安危伏惟經略之餘爲國自重

又 皇祐二年

某頓首啓冬寒伏惟台候萬福脩前在潁曽一拜狀尋以移守南都苦於當道頗闕脩問徒切瞻思專使枉道手書爲賜佩服感慰何可勝言北俗蒙惠邊防有條冝歸大用以及天下不勝禱望之至謹奉狀叙謝

又 皇祐二年

脩啓辱示諭邊備有倫此已得之傳者乆矣閲古事蹟尤見大君子之用心動必有益于人也盛製記文并孔子廟嶽廟等記並於杜公處竊覽已獲祕傳然私怪明公

見遺獨不見寄謂於庸鄙有所惜者何邪見索亂道敢不勉彊茍得附方尺之木于梁棟間寓名諸公之後爲幸多矣所恨文字汙公好屋爾前在潁承示碑文甚多愧荷之懇已嘗附狀令者人至又惠宋公碑二本事蹟辭翰可令人想慕張迪碑并八關齋記此之所有聊答厚賜某皇恐

又 同前

某啓冬候凝寒伏惟某官尊體動止萬福十二日所遣人至伏承賜書誨諭勤勤且

榮且感嗣以近製石本俾之拭目信所謂未有不求而得之者則前之干請誠不爲非也惶恐惶恐公之德業固已偉然於當世矣而今又以文章筆札垂示不朽伏讀展玩之際因思窮邊武俗耳目乍此炤耀其喧傳驚動宜如何哉後世之見者想公爲人魁傑雄偉又宜如何哉説者謂天不以全美賦人其不信也其自夏入秋苦於親疾以故久不修問謹因人還附此爲謝伏惟幸察

又 皇祐三年

某頓首啓自夏迄今以老母臥疾營求醫藥加以京東盜賊縱横朝廷督責甚急公私多故遂闕拜狀中間伏承陞職留任亦以無由馳賀但深悚仄而已専人至辱書爲賜具審爲朝自重日膺多福邊隅已熟恩信兵民已安衣食當還廟堂以副公議此非小子之私祝真切真切富公移蔡亦便親而請也恐却以親疾難於移動未嘗求徐然此歲滿得徙亦其幸也某再拜

又　皇祐四年

某叩頭泣血罪逆哀苦無所告訴特蒙台念遠賜誨言雖在哀迷實知感咽昨大禍蒼卒不知所歸遽來居潁苟存殘喘承賜恤問敢此勉述其諸孤苦不能具道秋序已冷伏冀順時爲國自重哀誠所望

又　至和元年

某啓伏蒙寵示閱古堂碑三本豈勝榮幸公之德業當施本朝耀青史而刻金石淹留邊郡閑暇之餘尚足以爲一方故事煥

赫塞上竊顧小子亦得列于衆作之間旣足爲榮亦可愧也慼悚慼悚范公人之云亡天下歎息昨其家以銘見責雖在哀苦義所難辭然極難爲文也伏恐要知

又 同前

某啓近范純仁寺丞見過得觀所製奏議集序豈勝榮幸文正遺忠獲存於不朽亦勸善之道也某亦爲其子迫令作神道碑不獲辭然惟范公道大材闊非拙辭所能述富公墓刻直筆不隱所紀已詳而羣賢

各有撰述實難措手於其間近自服除雖勉牽課百不述一二今遠馳以干視聽惟公於文正契至深厚出入同於盡瘁竊慮有紀述未詳及所差誤敢乞指諭教之此繫國家天下公議故敢以請死罪死罪死罪

又同前

某啓昨自居憂服除便得召乃敢離潁至都見日便乞蒲同朝旨俾留遂領銓筦尋以引人事遽出同州入辭之際恩旨又留且領殘書既而遂被玆命孤拙多艱無所

補報屢招論議常黷上聰竊祿難忝若何爲效恐終碌碌以爲知己之羞久不拜狀出處多滯故敢略序范公碑如所教悉已改正但候橋川撿得希文奏議實在賊界恐知之某又上

又 同前

脩啓昨自服除召還闕出處不定皆由蹇拙使然諒惟悉察自忝此職嘗於遞附啓爲謝某衰病鬚鬢悉白兩目昏花豈復更有榮進之望而天下責望過重恨無所爲

進不能補益朝廷退不能得一作決去恐碌
碌遂爲庸人以貽知己之羞爾夙夜愧懼
不知何以見教顧聞誨勒之言真切真切
師魯及其兄子漸皆以今年十二月葬其
昨爲他作墓誌事有不備知公爲作表甚
詳使其不泯於後大幸大幸范公表已依
所教改正只是大順時撿得希文當初奏
議是在賊地中伏恐要知

又 嘉祐元年

某頓首啓秋暑尚繁不審三司尚書尊體

動止何似伏覩制書以天下之計資天下之才雖未足以施夔稷（一作契）之業致堯舜之道以興至治以副具瞻而天災水旱之時民困國貧之際上有以寬旰食之憂下有以救飢寒之急此縉紳之君子閭巷之愚民所以聞命之日欣歡鼓舞而引首比望惟恐來朝之緩也脩言不足信於人才不足用於世事有不得已而未能引去徒與衆人同其喜慰伏計大旆即日在塗伏惟爲國自重謹奉啓咨候不宣脩頓首再拜

又　嘉祐三年

某頓首啓自明公進用雖愚拙有以竭其思慮效萬一裨補之而久無一言甚可責也今竊見國子監直講梅堯臣以文行知名以梅之名而公之樂善宜不待某言固已知之久矣其人窮困于時亦不待某言而可知也中外士大夫之議皆願公薦之館閣梅得出公之門一美事也公之薦梅一美事也朝廷得此舉一美事也某不敢以一言而讓三美故言之雖公而不敢洩公賜擇焉

惶恐惶恐

又 嘉祐治平間

某啓兩日不奉宴言豈勝瞻系伏承台候稍爾愆和不審晚來起居何似氣脉小小留滯微行必遂清康旦夕拜見且此拜聞

又 同前

某頓首啓數日不奉餘論竊承台候微傷風冷喜已康和秋暑尚有殘歊更冀特加精攝無由咨候賓次謹勒此馳啓上問過旬休必獲瞻奉茲不盡區區

又 治平■年

某啓不奉顔色忽已經旬霜寒伏惟台候動履清福竊承表啓累上聖意決不少疑量斯勢也似非辯說可入莫且當勉屈高誼兼副中外人情否某衰病最宜先去者尚此遲疑矧公繫國體重豈可輕議昔人歎好事難必成皆此類也旦夕瞻近姑此以道愚見幸高明裁察也惶恐惶恐

又 治平元年

某啓晚來伏承台候萬福厚簡誨俾撰先

令公真賛前世文人喜爲聖賢記述蓋欲自託以垂名矧盛德清芬備載史牒但恐衰病久廢筆硯不能稱道萬一當試勉彊以應嘉命值夜草草

又 同前

某啓承教俾作魏國令公真賛屢日杼思不勝艱訥蓋以鉅德難名非委曲莫究萬一而滞於簡拙遂至窘窮實辱嘉命惟負慚恐勉自録呈

又 治平■年

某啓某以私門薄祐少苦終鮮惟存二姪又喪其一衰晚感痛情實難勝仰煩台慈特賜慰卹豈任哀感之至酷暑復盛伏承台候萬福來日參假當奉言侍謹且附此敍謝

又 治平■年

某頓首啓不獲瞻奉忽復數日秋暑伏承台候萬福某以餘毒所攻頸頰間又爲腫核第以不入咽喉比前所苦差輕旦夕欲且勉出重煩台念特賜存問不勝感愧區區謹奉此敍謝

又 治平■年

某啓不獲瞻見等閑數日餘暑尚繁不審

台候動履何似竊承有外計之戚方此炎

熾伏冀節損悲悼爲朝自愛無由馳謁門

屏謹奉此陳慰

又 治平■年

某啓至日不獲展慶不勝馳情伏惟履長

納吉爲國耆老永副中外之具瞻某所苦

悉已平蓋得節假中飽於將理尚煩憂恤

手筆存問其爲感激併留面敘人還粗布

萬一

又 治平[illegible]年

某啓日夕風凛伏喜台候萬福重辱手誨仰認意愛之深某所以欲速出者蓋家居不遑安爾謹當更與醫工審議昨亦有一劉乞更寬數日皆寂然所以尤難安處或因方便特爲略言及豈勝大幸承諭曾見與叔平簡拙疾更不復云惟乞不賜憂軫皇恐皇恐

又 治平四年

某啓不侍台席忽復彌旬經節伏承動履清福杜門俟命已上三表便值休假方欲旦夕馳布懇誠于左右忽辱惠誨一作翰感慰兼深某去就之際不惟果於自決而相知者皆勉以必去不疑亮公見愛素深意必不殊也此來賴君相之明爲之辨別皎然明白中外無所疑惑矣則某之引去不嫌稍速所推恩禮不必過優使災難中遂逃禍咎而保安全於始終蒙德不淺矣區區所欲述者此爾伏惟幸察

又 治平二年

其啓早暮遂涼伏承台候萬福昨日辱以相臺園池記爲貺俾得拭目辭翰之雄粲然如見衆製高下映發之麗而樂然如與都人士女遊嬉於其間也榮幸榮幸晝錦書刻精好但以衰退之文不稱爲慚而又以得託名于後爲幸也衆篇一時盛事往往佳作咸得珎藏豈勝感愧昨夕偶數客坐中不時布謝皇恐皇恐謹奉此咨啓

又 嘉祐八年誤寘此

其頓首啓板橋忽遽攀違忽復旬浹氣節遂爾寒凝伏惟台候萬福龍旌即路幸此晴明然而跋履之勞事務叢委竊計倍煩神用更乞爲朝自重以副傾依下情區區

又 治平四年

其啓冬序始寒不審台候動止何似竊承懇請之堅遂解機政處大位居成功古人之所難公保榮名被殊寵進退之際從容有餘德業兩全讒謗自止過於周公遠矣然而朝廷慮則元老遽去私自計則孤危

失恃此不能不惘然爾其他區區非筆墨
所可旣惶恐惶恐

又 同前

某啓自承遂解政機出鎮便郡尋奉拙記
計已通呈遽審殊命優禮悉已懇辭又當
馳賀也某藏拙於此幸亦優閑而衰病侵
攻略無寧日歸心愈切然素計亦稍有緒
也竊計大旆非晚啓行無由瞻望寒中伏
冀爲國自重區區不宣

又 熙寧元年

某啓東州難得酒村郡醞不堪爲信惟羔羊新得法造又以傷生不能多作然謂一無此字其味尚可少薦樽俎輕瀆台嚴惶恐惶恐

又熙寧■年

某頓首嚮嘗以拙惡應命深愧唐突乃蒙不鄙以之刻石得子履鉅筆錯之佳處因公勝迹託附之傳其爲榮幸多矣感惕感惕某近秋冬以來目病尤苦遂不復近筆硯小詩亦不曾作心志蕭條但思歸爾承諭臟腹多不調更乞節慎飲食酒能少戒

尤佳某一向不飲遂不復思無由少侍談席區區不

布萬一

又 熙寧二年

某啓專使至獲捧台翰伏承經寒動止萬

福下情欣慰某以病目艱於執筆稍闕拜

問其爲傾嚮之勤則未始少怠也某幸東

州歲豐事簡居已踰年已再削乞壽陽蓋

陳蔡埶難乞惟壽近穎亦便於歸計爾益

遠旌旆新春伏惟爲國保重

又 熙寧三年

某頓首啓近昨過郫瞻望留都纔三四驛因假急足拜問粗布區區不謂遠煩專介直走淮濵誨諭勤勤仰認意愛兼審秋寒台候動止萬福下情豈勝感慰脩過頼少留以足疾爲苦不久勉之官守情悰索然素志未遂其餘鄙冗莫道萬一惟乞爲國自重以副具瞻

又 同前

某啓某去秋留潁月餘嘗因急足還府附狀自爾勉力病軀祗赴官所忽忽遂見窮

臘即日凝凛伏惟鎮撫之餘台候動止萬
福某昨蒙上恩察其實爲病瘁得蔡如請
土俗淳厚本自閑僻白生新事條目固繁
然上下官吏畏罰趨賞不患不及而老病
昏然不復敢措意於其間若郡縣平日常
事則絶爲稀少足以養拙偷安俟日而去
爾甚幸甚幸荷公見愛之深欲知其如此
爾歲暮雪寒伏乞爲國加愛

又同前

某啓立朝雖久忝冒實多而未有卓然可

稱於人者蒙公愛念贈以嘉篇語重文雄過形褒借何以當克但祕藏榮感而已拙句唐突大匠出於勉強慙恐慙恐其自至蔡遂不曾作詩老年力盡蕉亦憂畏頗多冀靜默以安退藏爾

又 熙寧四年

其啓近嘗奉記粗布區區竊計已投几格專使忽至特枉親翰伏承經寒鎮撫之餘台候動履萬福豈勝感慰之極某衰病如昨老年憂畏旦暮未去間俛默苟偷如前

書所述爾忽忽又見新春惟乞爲國愛重以副中外瞻倚之望

又 同前

某啓辱貺齋醞尤爲醇美第小邦鮮嘉客老病少歡意不得如侍台席時豪飲之量爾可歎可歎近以序傳拜呈塵瀆聽覽蓋嚮在潁因欲遂留而當權者猜忌聊以自解爾進退之間其難如此可懼也千萬保重以慰勤企

又 同前

某頓首再拜近急足還府奉狀粗布謝懇新正令節限以官守無由一厠賀賓之列元勳柱石神明所相百福來臻春氣尚寒伏惟爲朝愛重上副眷倚下情祝頌之至

又 同前

某啓特承寵示歸榮等五篇刻石俾遂拭目豈勝榮幸唐世勳德鉅公爲不少而雄文逸翰兼美獨擅孰能臻於斯也某以朽病之餘事事衰退然猶不量力不覺勉强者竊冀附託以爲榮爾見索拙惡不能藏默

謹以録呈慙罪慙罪某某又上

又 同前

某啓向嘗輒以拙詩塵浼台聽尋蒙特賜寵和不惟以慰寂寥而雄文大句固已驚動人之耳目屬閑居杜門難偶信便遂稽布謝豈勝感幸愧恐之至也因王郎中詣府的便少道萬一

與富文忠公彥國 天聖明道閒

某頓首白彥國自西歸於今已踰月無由一致書蓋相别後患一大疽爲苦久之不

暇求西人行者然亦時時有客自西來獨
怪彥國了無一書又疑其人不的於段氏
僕夫來致幾道書此人最的宜有書又無
然後果可怪也始與足下相別時屢（一作累累）邀
聖俞語謂書者雖於交朋間不以疏數爲
厚薄然既不得羣居相笑語盡心有此猶
足以通相思知動靜是不可忽苟不能具
寸紙數行亦可易致則可頻致猶勝都不
致也當時相顧切切用要約如此謂令別
後宜馬朝西而書夕東也不意足下自執

牛耳登壇先唾降壇而吐之何邪平生與足下語思欲力行者事何限此尺寸紙爲俗累牽之不能勉強嚮所云云使僕何望哉洛陽去京爲僻遠孰與絳之去京師也今尚爾至絳又可知矣自相别後非見聖俞無一可語者思得足下一書不啻飢渴故不能不忉忉也秋暑差盛千萬自愛

又 嘉祐元年

某啓暑雨不審台候何似有蜀人蘇洵者文學之士也自云奔走德望思一見而無

所求然洵遠人以謂其能取信於公者求
爲先容旣不可却亦不忍欺輒以冒聞可
否進退則在公命也

又 嘉祐七年

某啓慰疏已具如別春候暄冷不常不審
孝履何似伏惟以時順變徇禮節哀上副
人主之眷懷下爲士民自重某自承乏東
府忽已半歲碌碌無稱厚顏俯仰尚思一
有論報而去然勉強庸拙不知所爲苟終
止若斯顧亦安能遲久不待彈劾當自爲

計也未知尚有可教否無由瞻近豈勝下懷時事多端伊洛過客絡繹必有能道其大槩者其他委細亦非筆墨可殫也謹因遣人萬不布一某又拜

又　嘉祐八年

某頓首啓近馳賀懇少布私誠伏承大諭已及近郊道路盛暑竊審台候萬福實慰區區瞻跂之勤朝廷新有大故時事多艱舊德元臣與國同體馳驅奔走不惟出處之節得宜與來者爲法康時濟物愚智所

同有望於馬首之來也餘如前書所述也旦夕當得瞻見顏色第因張師遠行不可無書謹奉手啓咨問

又 同前

某啓忽承手誨以屢辭新命未得請俾有所開陳敢不如教然愚竊以公自元宰還首西樞懇請而從則恩典未見其過但公以避災爲意愚欲深自退抑此與上待元老之意本不相爲謀也亦竊見初一劄自後更不降出上亦未嘗語及豈非事已決

定無可商量邪若德音有所詢當具道如
所教也秋涼喜承台候萬福謹奉此不宣

又治平二年

某啓餘暑未祛伏承台候動履清福人至
辱賜簡豈勝感服自公在告爲常制所拘
不得時伸候見固以爲恨今者大旆當西
不一造門下竊意不近人情兼料諸公意
必同此所以雖承誨勸未敢聞命也皇恐
皇恐人還謹此不宣

書簡卷第一

與韓忠獻王第一帖　尊候（一作尊體）以問（一作候問）

第九帖　曾一拜狀（曾一作嘗）

第十五帖　拙辭（拙一作訥）

第十九帖　自明公（三字上一有伏字）

第二十二帖　尚此（尚一作尔）

第二十五帖　仰煩（一作特煩）特賜（一作曲賜）

第三十五帖　酒村（村疑作材）

第四十二帖　不得（一作不復）

書簡卷第二　　歐陽文忠公集一百四十五

與晏元獻公 同叔 慶曆七年

某啓孟春猶寒伏惟判府相公尊體動止萬福前急足自府還伏蒙賜書爲報且承臨鎮之餘日有林湖間燕之樂此乃大君子以道出處之方而元老明哲所以爲國自重之意也幸甚幸甚有魏廣者好古守道之士也其爲人外柔而內剛一作內剛而外柔新以進士及第爲滎陽主簿今因吏役至府下非有它求也一有字直以卑賤不能自達

欲一趨門屏而已伏惟幸賜察焉不備某再拜

又 皇祐六年

某叩首孟春猶寒伏惟留守相公大學士動止萬福某罪逆不孝不自死滅猶存喘息自齒人曹近者輒以哀誠具之號踈台慈軫惻憐念孤窮亟遣府兵賜以慰荅有以見厚德載物無所不容求舊拾遺雖弊不棄捧讀感涕不知自已内惟孤賤受賜有年豈獨茲時乃爾切怛蓋以感激臨紙

發於其誠而不能止也留務清閑伏惟上爲邦家精調寢饍下情區區謹因人還附以叙謝某再拜

與杜正獻公 世昌慶曆五年

某頓首啓仲夏毒熱伏惟相公閤下尊候動止萬福某蒙國厚恩任責尤重殆此朞歲曠無所聞不惟上辜陶鈞實亦慚愧知己瞻望門館豈勝區區然自東藩下車已累月而尚稽脩問左右之禮蓋其進不能爲朝廷辨邪正而使讒言勝於公議退亦

何所述其私焉用此彷徨非懈怠也伏以大臣出處自繫時事惟望爲國自重以享多福卑情不任禱頌懇切之至謹奉啓起居伏惟幸察

又 慶曆八年

某啓仲夏毒熱不審相公閤下尊體動止何如某昨蒙恩自滁徙揚揚古名都嘗多鉅公臨治憶爲進士時從故胥公自南還舟次郡下遊里市中但見郡人稱頌太守之政愛之如父母某時尚未登公之門然

始聞公之盛德矣因竊歎慕不已以爲君子爲政使人愛之如此足矣然不知公以何道而能使人如此又不知使已他日爲之亦能使人如此否是時天聖六年冬也去今幾二十年而幸得繼公爲政於此以償夙昔歎慕之心而其材薄力劣復何能爲徒有志爾相公道德材業著于天下一郡之政不足多述因小生之幸遂以及之聊陳始末不覺言繁恐悚恐悚拜見未由伏惟爲國自重

又　皇祐元年

某啓孟秋猶熱伏惟致政相公閤下尊體動止萬福昨者某以目疾爲苦自揚州求潁至此經時闕於奉狀蓋以目疾（一作病目）無悰私門多故然其企望門館何日而忘頃自去冬子美之逝賢人不幸天下所哀伏計台慈倍深痛悼某年方四十有三而鬢鬚皆白眼目昏暗慈母垂老羸病厭厭身世若斯國恩未報每以自念慨然興嗟知遇至深敢茲瑣碎皇恐皇恐秋暑未退霖

雨爲災伏惟順時倍加保重卑情所望不任區區謹奉啓起居

又 同前

某頓首啓季冬極寒伏惟相公閤下尊候動止萬福某幸得守官近郡當時欲奔走候問起居而自秋以來老母卧病郡既僻小絶無醫藥逺冬至之後方得漸安由此踰月曠闕書啓之禮蕞爾小子蒙德有年瞻望門墻何日而已伏願順時自重以迎遐福以隆壽考卑情不任區區謹奉啓咨問

又 皇祐四年

某啓前月初專於郡中借人拜問不謂至今不達必以大水爲阻急足至伏喜秋來台候萬福得賛善書承頗多故亦玄微恙今必已平康諒煩台慮也寵示寄君謨唱和詩并梅書豈勝珍荷梅君窮困晩遇真知不爲否也某此苟活但葬事未有涯大事惟此固難容易自秋來忽患腰脚醫者玄脾元冷氣下攻遂勉從教誨食肉古人三年不食鹽酪誠有媿也不孝不孝 延陵

葬子孔子猶往觀之蓋君子於哀樂喜怒必有可觀以爲人法也今世士人居喪不及處多風俗久弊恬不爲怪心常患之不意自犯名教然存身亦以奉後此蒙寵誨之意也荷見憂愛至深不覺言多死罪死罪某上

與曾宣靖公明仲 慶曆五年

某啓山郡僻寂習閑成懶凡於人事幾廢絶前者送起居院文字人回特沐手誨違别兹久伏承德履甚休可勝慰浣某居此

雖僻陋然奉親尸禄僥幸至多愚拙之心本貪報國招仇取禍勢自當然然裨補未有一分而緣某之故事起多端有損無益可爲媿歎今而冒寵名飽食自便何以爲顔也未期良會冬冷保重

與呂正獻公 晦叔 皇祐二年

某啓别後人還兩辱書暑中喜承寢味多福某十三日受命與孫公易地此月下旬當行劾官不憚宣力苟爲公家何所不可若區區應接人事以避往來之謗秪恐違

其天性難久處也西湖宛然歸來之計不難圖而與賢者共樂知其不可得也秋涼惟冀保重

又　熙寧■年

某啓某以衰病之質幸此優閑中性易習遂成懶墮鄉審召還禁林固與士大夫同其慶抃而久闕馳誠恃知之厚必不罪其疎慢也辱書重增感愧未涯瞻覿漸寒爲國自重

又　熙寧三年

某啓養拙東州久自藏縮加之病苦廢事遂闕拜問此者得請淮西道出治下方俟及疆奉狀行次南郡（一作都）遽辱賜教其為感愧何可勝言仍審坐鎮之餘動履多福某衰晚之年蒙上信其實病不以避事為責而從其所欲恩出萬幸何感如之餘不復云皆留面布

又 熙寧五年

某啓晴陰不常不審動履何似前日四望一賞羣芳之盛已而遂雨古人謂四樂難

并信矣十三日欲枉軒騎顧訪蓋以草堂僅成幸一光飾之爾謹此咨布餘留面叙

又 同前

某啓昨晩辱教答承齒疾尚未平苦苦不敢勸酒莫可略枉顧否蓋欲少接清論不主於酒食物亦令減滋味也㓉茲疾某亦嘗苦每蒙寛假也更此咨啓

與程文簡公 天球 皇祐■年

某啓衰識迫塞不敢時通記問蒙存録過厚荷知有素不當煩述也賤累往來鎮下

特承差人送至及勞賜稠重紙以愧感佳釀拜惠甚頻增靦增靦衰病咫尺未由號（一作就）見依戀依戀

又（至和元年）

惎頓首啓依戀之懇略布具前大暑中特煩眷接累日連夕不見勸色私懷感著非一二所可陳舟行病酒累日不解府人屢還皆不能奉啓纔過長平遂苦大熱比及都下俗狀益勞瞻想清宴其可再得餘當續具咨目茲少叙依依不悉

又 至和二年

蒙頌寄佳醖感愧非一京師日苦俗狀無復清思臨觴之樂未始有之思去歲留奉清歡不覺已朞年矣柳湖陳之甘棠思有所頌述以遺陳人爲他日故事以彰公之雅志不惟拙訥直以多事悤悤殊所不暇秋涼必償素願得次詩榜之末亦大幸矣

又 同前

某啓昨得請淮西方作書乞舟謀出府下冀得一奉言色私懷喜幸何可勝言而改

職未謝恩旨復留孤拙無庸於時何報進退遑遽莫知所爲重以屢煩朝聽未敢輕有所陳覥顔周行碌碌而已荷公愛顧非比他人出處之節不敢自默時事日新未知如何區區非紙墨所布也秋熱惟乞以時爲國自重

又 同前

某啓忽忽久踈奉問近以被命出疆初緣持送御容須一學士同列五人皆以曾往遂不敢辭繼以虜中凶訃義益難免然冒風霜衣皮毛附火食麪皆於目疾有損亦

無如之何比者當馳問示諭柳湖嘉致誠願有所述以姓名附見爲榮比行馬上當得杼思偶祕書歸省顧治行計隨分牽率鄙懷不能盡萬一

又 至和元年

某頓首伏承台誨欲使撰述先公神道碑豈勝愧恐某才識卑近豈足以鋪列世德之清芬然蒙顧有年義不得辭其如大懼不稱所使以辱執事是用進退惕然餘當詣節下受教舟船荷德無已

又同前

某啓辱賜問并録到贈告屢煩台聽悚仄可知所要碑文今已牽課衰病無悰言無倫理不足以揚先烈愧汗而已某自病起益疲不能復舊豈遂衰邪碌碌處此思去未果但思明公柳湖春色不得陪俊騎爲恨爾大用猶稽時事多端思見舊德物論如此非諛也未聞樽俎爲適亦有嘉趣臨紙區區不能盡惟冀爲國珍重

與孫威敏公元規 皇祐四年

某僦居西郊苟活無求於世號奉几筵而已諸事無便不便也幸無恤秖如卜葬茫然未有涯然汲汲須於明年了却某邇來目昏略辨黑白耳復加重恐知之西行漸相遠哀苦中瞻望依依范杜二家之子不歸京西此不足怪人事就易爾仕宦子孫多在北古賢亦皆如此不以去就爲輕重也某亦不忍以先妣有歸子孫以遠不得時省墳墓也哀切哀切

又 同前

某叩首急足自徐還辱書承以七月首塗大旆遂西即日秋暑伏惟台候萬福昨日范公宅得書以埋銘見託哀苦中無心緒作文字然范公之德之才豈易稱述至於辨讒謗判忠邪上不損朝廷事體下不避怨仇側目如此下筆抑又艱哉某平生孤拙荷范公知獎最深適此哀迷别無展力將此文字是其職業當勉力爲之更須諸公共力商榷要須穩當承公許作行狀甚善便將請謚議官文書有司據以爲議大

是一重公據請早揮筆秪見行狀亦當牽
率爲之也入對少留應當西邁殘暑千萬
保攝時乞惠問以慰孤窮

與蘇丞相子容 同前

某啓哀窮苟活奄及仲秋孤苦之心何以
自處昨急足還府嘗奉號疏必達秋涼寢
味如何昨聞入京今必歸府某此幸紉賤
如常相見未涯嚮寒保愛因人奉此不次
某再拜推官即學士執事 八月五日狀

昨大禍倉卒離南都來不記料錢券曆何

在後來須繳納省中不知省中曾催否是
王仲文手分託與問之

又 同前

某啓近急脚子還嘗奉訊專人至辱書審
秋寒以來體況佳福脩苟自存活諸況前
書具之此不縻述職租極荷掛意前者爲
料錢曆子承封送王仲文等狀蓋當時作
書誤寫本爲添支曆尔更説與問看記得
當時離南都時似繳納了恐未曾繳時須
要見歸着也此中尋來並不見故也更爲

王渭州織紗如何亦告因書批及見解牓
喜賢弟被薦歲抄多愛某再拜
職田絲十二兩有公文却送還府

又 皇祐五年

某啓近累累辱書承夏熱幕中清勝某居
此以來事緒累次書中應悉但卜葬心欲
速了而事未有涯絶無人相助又無弟姪
可使者茫然中心未知所措吾弟替期應
亦不遠公租極小事煩挂意悚悚苟圖存
活所須至鮮然有不得已處也窮居危坐

病目眊然無以度日又爲一妹喪夫惸然無依居處相遠力未相及添此一重煩惱爾人還作書回謝事多未能子細思渴思渴

又 疑

某啓晴色可佳必遂出城之行泥濘竊惟勞頓清明之約幸率唐公見過喫一捥不托爾餘無可以爲禮也 專此不宣

又 疑

某啓雨晴便苦客多牽強攀和盛篇已不能如韻實愧於詩老也早來承見問所聞

再三疑惑不審何事彼有所傳幸以爲示
也爲客在門前守定寫簡不成悉之

又 疑

某啓拙詩趂韻有梅二之業病無其工也
早來許行香後見過何爲復輟所欲示者
何事來日能見顧否行香後乘涼枉駕作
一盂飯奉待却有絕品茶數種可試若所
説事不妨時幸就近約介甫同來爲幸惟
以方上號請告不敢聚飲爾其他並無害
批示某再拜

又 治平四年

某啓近嘗奉狀急足還并遞中併捧惠問所以慰誨存恤之甚厚兼審經暑動履多福乃識瞻嚮欣感可量汴流駛激承使舟即日東下得與民吏奔走道左豈勝馳情謹先奉此攀迎伏惟幸察不宣

又 同前

某啓某以孤拙蒙上恩憐予之一州俾養衰朽又得在使部遂依公庇頓安危心豈勝天幸某至此已數月幸歲豐盜息民事

亦稀蝗蝻不多隨時撲滅承齋舲下汴首
及弊封當得親受約束面布懇誠謹因迎
迓人行姑此上問尊候不宣

余皇祐庚寅歲爲南都從事會樂安公
來守留司以余乃昔所舉送進士待遇
特厚府中之務皆以見屬嘗謂余曰愛
君至誠喜得共事故事事奉諉必不憚
煩也又嘗親書余考牒曰才可適時識
能慮遠珪璋粹美是爲邦國之珍文學
純深當備朝廷之用又其所遺書簡往

往指事詰難盡其底處余亦荷其知照於論議閒纖悉無隱前後諸帖雖秘藏之或爲親識攜去者多矣今聞公薨謝感舊愴懷不能已已因索巾褚尚得數十帋命工裝背庋幾藏於久遠尔熙寧五年十月廿五日東陽郡思堂丹楊蘇頌子容題

予在樂安幙府二年日接論議聞所未聞府事之外則章奏書疏悉以見託至於私家細故亦多詢其何如故其簡札丁寧委

曲雖至親亦不過如此自公之薨予每與親舊語言未嘗不及之抑其風尚之可懷故彌久而不能忘也蘇頌子容題

與王文公 介甫 嘉祐二年

某再拜相別忽焉遂見新歲中間嘗一得附書其如忽遽不盡鄙懷於今猶以為恨雖然遂使不忽遽區區之懷亦不能盡也賢弟來得相見備審動止即日春寒奉太夫人萬福喜慰無限賢者不能留之朝袞病者不得放去皆失其分歸咎何所某自

新春來目益昏耳亦不聰大懼難久於筆硯平生所懷有所未畢遂恐爲庸人以死爾其他細故不足道惟奉親自愛

又 嘉祐三年

某啓近託揚州附書必達自拜别無日不瞻企秋氣稍涼伏惟尊候萬福毗陵名郡下車之始民其受賜然及侍親爲道之樂日益無涯矣某快快于此素志都違諸公特以外議爲畏勉相留古之君子去就乃若是也吕惠卿學者罕能及更與切磨之

無所不至也因其行謹附此咨起居

又 嘉祐元年

近得揚州書言介甫有平山詩尚未得見因信幸乞爲示此地在廣陵爲佳處得諸公録於文字甚幸也賢弟平甫秀才不及別書愚意同此前亦承惠詩多感多感

與韓獻肅公 子華 嘉祐六年

某啓多日思致問近見發遣使臣來請公用物呼渠欲附書待之終不至遂以稽滯不審秋涼所履何似某碌碌無所稱遂爲

朋友之羞弟以體難輕發當更小忍慙尒
君謨自南歸皤然一翁但喜其病渴且止
遂當安也仲儀頑健如故惟不能屢相見
交游索漠子華豈當久外何時來歸未聞
因風時枉數字猶足以慰衰病之懷竊冒
寵榮不知爲樂但覺其勞與負愧尒茶三
二種託賢弟致達勿罪少邉州早寒惟爲
時自愛

公儀云謝禮闈唱和已失二梅可歎可歎

與韓門下 持國 至和二年

承已受命未克馳賀蓋以治行徙居日併牽率也陰雨體況佳否小詩幸同作以送介甫因出見過思仰思仰某再拜十三日

何時可入史院幸先示諭爲望

與吴正憲公沖卿 嘉祐六年

某啓奉別忽見新歲辱書承經寒動履休勝某以孤拙之姿不求合世加以衰病心在江湖久矣此交親所共亮之也茲者遽叨誤選實出意外任責已重而無素蘊不敗何待見愛深者但可弔也不然何以教

之惶恐惶恐新春保愛以副瞻祝某再拜

又　嘉祐八年

某啓公私多故久闕奉狀辱書承經暑動履清和併深慰戀近審將漕京西但欣按部過都當遂瞻見亦承曾有章奏必難遂高懷莫且勉就否某自春涉夏以小兒女多病不無憂撓加以待罪碌碌不知所爲情緒蕭索無復前日惟握手一笑庶幾尚慰衰殘豈勝企望也未間盛暑爲時自重人還草率爲謝不宣

又 同前

某啓公私多故稍闕致問自因山赴役事非素料每見奏削足知勞慮也亦承邇來頗有倫緒諒非精敏不能濟也某以衰朽謬膺器使當此多艱未知何以免於罪戾也即此衰病之餘與兒婦輩各安恐知

又 治平四年

某啓違遠台席忽復更時秋暑尚繁不審動履何似某向以孤危之迹當羣論洶湧之時獨賴至公過以清議保全至此恩德

可量赴職以來日享安逸茲爲受賜不淺
矣乃情傾嚮豈勝區區惟冀以時爲國自重

又　熙寧四年

某啓感激之誠已具前幅某十七日受命
行裝素具適值久雨積水爲阻三五日始
遂東歸某此來恩數出於望外然猶有私
門合乞恩澤上煩朝廷幸乞留念（一作蓋意）
他門不敢言恃以親契皇恐皇恐某又上

又　治平元年

某啓多故稍闕致問辱書感愧新正竊承

動履休福貴眷各安某與兒婦等幸如宜第
苦殘衰齒牙搖脫飲食艱難殊無情況爾
京西忽已踰年承見諭謹當誌在下懷也
過年賓客書題坌集日益區區修報草率
不以爲罪春和惟以時慎愛

又 熙寧五年

某頓首啓某田野之人自宜屏縮而況機
政方繁猶蒙曲記其生日貺之厚禮仰佩
眷意之篤感懼交并某以衰病退藏人事
或不能勉力交親必賜寬恕謹此以代布

謝之萬一

又 熙寧五年

竊承懇章屢上而中外瞻矚方切恐未能遽遂高懷也近叔平自南都惠然見訪此事古人所重近世絶稀始知風月屬閑人也呵呵有會老堂三篇方刻石續納兒子在宅叨聒感愧感愧

與吴正肅公長文 嘉祐二年

某啓前日齋所却成叨聒累日宿齋不易承手教存問雨勢不減去年弊居上漏下

浸壓溺是憂更三數日如此當須奔避皇
皇不知何適爲可居京師其況如此柰何
柰何承惠奇物遠來更要新如何可得也
呵呵感著感著人還謹此不宣

又 同前

其再拜累日不瞻奉渴仰可勝酷暑中承
氣體清適其自初旬内嘗冒熱赴宿爲暑
毒所傷絶然飲不得加以腹疾時時作遂
在告數日前下牓子欲見以虛羸未任遂
復中止更三五日當出承手教存問感慰

感慰謹此奉謝

又（同前）

某啓在告累日不獲瞻見尤所企渴辱教承餘寒體氣清佳衰病極不自勝左臂疼痛繫衣搢笏皆不得懇告諸公幾乎乞骸也何暇復顧外論如何哉承見諭感仰感仰乍出事叢草草不悉

又（嘉祐四年）

某啓承奉祠齋宿喜體候清休某叅假方三日左眼瞼上生一瘡疼痛牽連右目不

可忍旦夕未止又須在告屢廢職事豈得安穩諸公不諒未肯令罷奈何奈何承惠佳篇甚釋病思和得納上目痛甚書不得勿訝

又同前

甚病中聞得解府事如釋籠縛交朋聞之應亦爲愚喜也請外又須更作一節般挈上下重以爲勞數日卜居稍定遂得從公游矣拙詩取笑

又此帖乃是嘉祐三年二月誤寘此

某啓一兩日不奉見伏惟體候清佳孫明復春秋文字知在彼傳録欲告借一兩册或彼中已寫了者若或未寫到者皆得此中一二筆吏閑坐必不久滯某遂赴班荊忽忽五七日不相見謹此不宣

又 同前

某啓昨日聖俞處見一篇又辱寵示其鋒豈易當也然自此極有工夫却歸人道上也呵呵云百司者尚未見報來不知的否某已有祕閣唐書便更無兼局亦情願斂

瘡未愈未得奉見區區不悉

又 同前

某啓昨日奉見偶忘咨聞爲親戚喬孝本避嫌當易局乞早與施行況武平郎君例甚近幸冀留念前時亂道數篇必已寵和專令咨請望付人也忙不詳悉

又 同前

某啓在告久不瞻顔采頓涼伏計德履康裕某病體得涼漸愈思欲朝參以奉言宴而假故須初三日方可出昨見新制京朝

官不自下文字令審官舉行磨勘朝士卿卿皆爲不便某亦思之有數節未便蓋爲害甚廣然不知長文曾留意否始初莫與建議否欲有所陳未敢先此咨問幸思而見教

又 嘉祐六年

某啓自大旆東出忽復踰時春氣猶寒竊承動履清勝前約臨行少留會話終不克遂至今爲恨東土雨雪不愆年豐俗阜爲郡之樂想亦無涯某衰病日增勉强碌碌

卒無毫分以塞咎責奈何奈何前日賞花
釣魚獲侍清宴自景祐三年逮今二十六
年獲見盛事獨恨長文不在爾嚮暑政暇
惟以時自愛因風惠問以慰瞻渴

又 治平二年

某啓以公私多故久不奉疏秋暑伏承孝
履支福賢郎來因得聞動靜粗慰瞻企然
而倚廬遠去城邑飲食非便亦承臟腑不
調諒由蔬食所致某向居憂於潁每每因
食素生疾遂且食肉然服除半歲猶未平

復此在典禮亦當從權前時傳侍講還朝尤病甚有羸色久之方復公奉侍慈顔尤當勉彊閒食少葷味以養助真氣交舊奉祝惟此爲切餘不煩言也亦知室居稍亦宁緝嚮寒更冀節哀慎護以副瞻祝

又 治平元年

某自春末家中疫疾深夏甫定遽此水災驚奔不暇僅有餘生入今年來兩目昏甚屯滯百端直以京師饑疫復此水患上心憂勞正當竭力未敢請外其如無所裨補

其責愈深柰何柰何賜茶數餅表信然亦
不宜多飲也

又 熙寧元年

某啓暑伏已深不審台候動履何似脩赴
職已旬餘幸歲豐盜賊衰息地僻人事稀
簡蹇拙之迹臨禍獲全荷德已多而又假
以寬閑之處俾養衰病之餘其受賜亦不
淺矣昨過潁尾蓋十五六年不到矣而風
氣之變物產益佳巨蠏鮮蝦肥魚香稻不
異江湖之富故亳雖名郡而歸思不可遏

也固不待巢成而斂翼矣公方上副聖君眷委之重下爲善人良士所賴惟爲國自重以副區區不宣某再拜

書簡卷第二

與蘇丞相第三帖

思渴（此下一有多愛多愛某再拜子容足下十一月一日一十六字）

于簿知不安來今應安也見且伸意（帖後又有此一十四字）

又 皇祐■年

誠如所諭甚善早來所聞是生開者河道去太淺却高如西面二尺已來更請子細看過或果如此即更湏那工開令深峻方可行水仍去大抵近東河底漸高恐流水不快千萬且與掛意其兩日拖病來日方可到城外恐知之其白子容足下

又 至和元年

其自去秋扶護南歸水陸往還四千餘里幸無風水之恐得遂安祔哀苦中獨力粗

如私願其如水往陸還奔馳勞苦故自春
多病僅有餘生中間承攺秩召試帖職未
皇爲賀亦以哀苦杜門少見人便故也即
日供職奉親外氣體休佳某六月當勉從
人事未知所往何方相見未可期企仰企
仰囙人不惜垂問此外珍重某又問
哀苦中承示啓事相知何必更如是未禫
除稽於復謝諒可情恕也
又　嘉祐七年
某啓中間辱書承爲政外體履安和近又

沐惠問適以合宮大禮前後事叢不時致謝第深感愧也潁城佳郡足以優賢然當舒發遠大則難久留也未聞湖園亦必資清興某衰病碌碌厚顏已多有名即得引去矣未由談款初寒以時慎愛不宣某再拜

知郡子容學士足下　十一月一日

續添

與杜正獻公第一帖　尊候（一作尊體）

第四帖　當時欲（欲字疑）

與杜正獻公（慶曆■年　見英辭類藁）

某頓首啓仲秋漸涼伏惟致政相公尊體起居萬福前者所遣人還伏蒙寵賜書荅因得備問起居之節進退之宜私心喜幸何可勝道淮南歲旱飛蝗羣下來自淮泗至秋暑毒不解不審沿汴如何更望順時倍保尊重

又 慶曆[■]年 見英辭類藁

某頓首山僻少便闕於修問伏惟台候萬福進士曾鞏者好古爲文知道理不類鄉閭少年舉子所爲近年文稍與[illegible]後進中如

此人者不過一二閤下志樂天下之英材

如犖者進於門下宜不遺之恐未知其實

故敢以告伏惟矜察

與曾宣靖公 幾廢絶一作幾至廢絶 手誨一作手教 事

起多端一作事紛然多端

與呂正獻公第二帖 瞻邇一作瞻近

與孫威敏公第二帖 請早一作早請

與王文公第一帖 得相見三字一作得書

（宋）歐陽修 撰

宋本歐陽文忠公集

第二一六册

國家圖書館出版社

第二六册目録

集古錄跋尾卷第四

歐陽文忠公集一百三十七

魏受禪碑（歲月見本文）

右魏受禪碑世傳為梁鵠書而顔真卿又以為鍾繇書莫知孰是按漢獻帝紀延康元年十月乙卯皇帝遜位魏王稱天子又（集本無此字）按魏志是歲十一月葬士卒死亡者猶稱（集本有王字）令是月丙午（集本午作寅）漢帝使張愔奉璽綬庚午王升壇受禪又是月癸酉奉漢帝為山陽公而此碑云十月辛未

受禪于漢三家之說皆不同今據裴松之注魏志備列漢魏禪代詔冊書令羣臣奏議甚詳蓋漢實以十月乙卯策詔魏王使張愔奉璽綬而魏王辭讓往返三四而後受也又據侍中劉廙奏問太史令許芝今月十七日己未可治壇場又據尚書令桓階等奏云輒下太史令擇元辰今月二十九日可登壇受命蓋自十七日己未至二十九日正得辛未以此推之漢魏二紀皆繆而獨此碑為是也漢紀乙卯遜位者書

其初命而略其辭讓往返遂失其實爾魏志十一月癸卯猶稱令者當是十月衍一字爾丙午張憘奉璽綬者辭讓往返容（集本作治）有之也惟庚午升壇最為繆爾癸卯去癸酉三十一日不得同為十一月此尤繆也禪代大事也而二紀所書如此則史官之失以惑後世者可勝道哉嘉祐八年九月十七日書（右真蹟）

魏公卿上尊號表（黃初元年）

右魏公卿上尊號表唐賢多傳為梁鵠書

今人或謂非鵠也乃鍾繇書爾未知孰是也嗚呼漢魏之事讀其書者可為之流涕也其鉅碑偉字其意惟恐傳之不遠也豈以後世為可欺歟不然不知耻者無所不為乎 右真蹟

魏鍾繇表 歲月見本文

右鍾繇法帖（二字集本作表）者曹公破關羽賀捷表也其後書云建安二十四年閏月九日南蕃東武亭侯鍾繇上集賢校理孫思恭精於曆學余問孫君建安二十四年閏在

何月思恭為余以漢家所用四分乾象曆推之是歲己亥二曆皆閏十月而陳壽三國志所書時月雖為簡略然以思恭言考之則合按魏志是歲冬十月軍還洛陽其下遂書孫權請討關羽自効於吳志則書閏月權討羽以魏吳二志參較是閏十月矣吳志又書十二月權獲羽及其子平魏志明年正月乃書權傳羽首至洛陽蓋二志相符乃權以閏十月方征羽至十二月獲之明年正月始傳首至洛（集本有陽字）理可

不疑然則鍾繇安得於閏十月先賀捷也由是此表可疑爲非真而今世盛行復有兩本字大小不同小字差類繇書然不知其果是否姑並存之以俟識者治平元年七月廿六日書 右真蹟

又 集本

右魏鍾繇書其辭云戎路兼行履險冒寒因述曹仁徐晃破關羽事其後題云建安二十四年閏月九日南蕃東武亭侯臣繇上按建安二十四年冬曹公軍于摩陂而

仁等破羽後未嘗出征覆險冒寒之役又古人戕敵不書年此二事可疑又云羽已被手刃據三國志羽圍曹仁於樊爲仁所敗而走後爲孫權兵斬於沮與此帖不同

魏劉熹學生冢碑 歲月未詳

右魏劉熹學生冢碑在襄州穀城縣界中余爲乾德令時嘗以公事過穀城見數荒冢在草間傍有古碑傾側半埋土中問其村人爲何人冢皆不能道而碑文磨滅不暇讀而去後數年在河北始集錄古文思

鄉所見穀城碑疑為漢碑求之又數年乃獲按襄州圖經云學生冢在縣東北水經注云魏濟南劉熹字德怡博學好古立碑載生徒百餘人其不終業而卒者葬于集本作於此號學生冢今碑雖殘缺而熹與生徒名字往往尚可見蓋余昔所見乃學生冢而碑魏時碑也熹穀城令也治平元年正月十日書 右真蹟

魏賈逵碑 歲月未詳

右魏賈逵碑魏志逵傳云逵為絳邑長為

賊郭援所攻絳人與援約不害逵乃降而援欲以逵為將怒逵不肯叩頭欲殺之絳人乘城呼曰負（集本作若）要殺我賢君寧俱死援義之遂不殺又按裴松之注引魏略云援捕得逵怒不肯拜促斬之諸將覆護因於壺關土窖中守者祝公道釋其械而逸之（集本有已字）與魏志不同而此碑但云為援所執臨以白刃不屈而已不載絳人約援事如傳所載不獨逵有德於絳人而絳人臨危能與逵生死亦可謂賢矣自古碑碣

稱述功德常患過實如逵與絳人德義集本有俱隆字碑不應略而不著頗疑陳壽作傳無此二字好奇而所得非實也松之又注魏書逵年五十五而碑云五十有四亦當以碑爲正嘉祐八年十一月十四日書右真蹟

魏鄧艾碑歲月未詳

右鄧乂碑考其事蹟終始即魏集本無此字鄧艾碑也艾嘗爲兖州刺史據碑云晉初嘗發兖州兵討叛羌艾降巫者傳言授以用兵之法因以破羌兖人神之遂爲艾立廟

建碑紀其事艾於三國時為名將嘗有大功其姓名聞於世甚顯史與兖人皆不應誤而艾乂二名不同如此此君子所以慎於傳疑也余謂古人艾乂常通用漢書曰黎民艾安與懲艾創艾注皆讀為乂豈非鄧侯名艾音乂而書碑者從省歟後人讀史無音注乃直以為蒿艾之艾而流俗轉失久而訛繆遂不復正此理或然覽者詳之熙寧壬子正月晦日六一堂書　右真蹟

吳九真太守谷府君碑　鳳凰元年四月

右谷朗者事吳為九真太守碑無書撰人名氏其序云府君諱朗字義先桂陽耒陽人豫章府君之曾孫公府君之孫郎中君之子也其先出自顓頊益為舜虞賜姓嬴氏至于扉子封於秦谷因而氏焉谷氏在吳不顯史傳無所見所謂豫章府君而下三世皆莫知其名字按秦本紀非子邑於秦而此與朗子永寧侯相碑皆為扉子莫詳其義也治平元年四月廿六日書 右真蹟

吳國山碑 歲月見本文

右吴國山碑者孫皓天册元年禪于國山改元天璽因紀其所獲瑞物刋石于山陰是歲晉咸寧元年後五年晉遂滅吴以皓昏虐其國將亡而衆瑞並出不可勝數後世之言祥瑞者可以鑒矣熙寧元年中元後一日書 右真蹟

晉南鄉太守頌 泰始中

右南鄉太守司馬整 集本作晉南鄉太守頌南鄉太守者司馬整也 按晉書宣帝弟曰安平獻王孚孚次子曰義陽成王望望第三子曰隨穆王整整

先望卒後武帝分義陽之隨縣封整爲王謚曰穆整以魏咸熙二年爲南鄉太守是歲晉武受禪改元泰始泰始三年徙整南陽而南鄉人爲整建此碑晉書地理志當魏末荆州分屬三國而南鄉南陽皆屬魏後晉武改南鄉爲順陽此碑今在光化軍軍即襄州穀城縣之陰城鎮陰城當魏晉時爲南鄉屬縣也余貶乾德縣令時得此碑今二紀矣嘉祐八年九月二十六日書

右真蹟

晉南鄉太守碑 泰始四年

右南鄉太守碑不著書撰人名氏題曰宣威將軍南鄉太守司馬府君紀德頌碑云君諱整字孔脩太宰安平王之孫太尉義陽王之子按晉書宣帝弟曰安平獻王孚孚次子曰義陽成王望望第三子隨穆王整整先望卒後武帝分義陽之隨縣封整爲王謚曰穆整以太始三年自南鄉太守徙南陽而南鄉人共立此碑今在光化軍軍即襄州穀城縣之陰城鎮按晉志不列

南鄉郡據此碑所載縣令名氏有武陵築陽丹水陰城順陽析六縣此蓋南鄉郡所治也晉志但云南鄉魏時屬荆州武帝平吴改為順陽郡而不著順陽治所興廢屬縣之名而獨此碑可見也又整傳但云整歷南中郎将封清泉侯薨贈冠軍将軍亦不言其為宣威将軍南鄉南陽二郡守皆其所漏畧也 右集本

南鄉太守碑陰 集本

右南鄉太守将吏三百五十人分為二卷

其磨滅者猶有二十餘人人皆有邑姓名
字而無次序其名號有令有長有南閤祭
酒門下督主簿部督郵監汀督郵部勸農
五官掾文學掾營軍掾軍謀掾府門亭長
主記史待事掾待事史部曲將部曲督又
有賊曹功曹議曹戶曹金曹水曹科曹倉
曹鎧曹左右兵曹曹皆有掾又有祭酒有
史有書佐有循行有從掾位有從史位有
史有小史等魏晉之際太守官屬之制蓋
如此他書或時見一二不能如此之備也

晉陸喈碑 歲月見本文

右晉陸喈碑喈為宣威內史建武元年卒碑以咸和七年立而碑後題云咸和七年歲在庚辰咸和成帝年號也成帝以泰寍三年八月即位是歲乙酉明年改元咸和據曆七年當為壬辰而此為（集本作云）庚辰者繆也陸氏有二碑余家集錄皆有之據陸禕碑後題云泰寍三年歲在乙酉與今曆合則當時曆官不應至咸和而頓爾差失然則庚辰特書碑者誤爾治平元年六月

二十九日書 右真蹟

晉蘭亭脩禊序 永和九年 集本

右蘭亭脩禊序世所傳本尤多而皆不同蓋唐數家所臨也其轉相傳模失真彌遠然時時猶有可喜處豈其筆法或得其一二邪想其真蹟宜如何也哉世言真本葬在昭陵唐末之亂昭陵為溫韜所發其所藏書畫皆剔取其裝軸金玉而棄之於是魏晉以來諸賢墨蹟遂復流落於人間太宗皇帝時購募所得集以為十卷俾模傳

之數以分賜近臣今公卿家所有法帖是也然獨蘭亭真本亡矣故不得列於法帖以傳今予所得皆人家舊所藏者雖筆畫不同聊並列之以見其各有所得至於真偽優劣覽者當自擇焉其前本流俗所傳不記其所得其二得於殿中丞王廣淵其三得於故相王沂公家又有別本在定州民家二家各自有石較其本纖毫不異故不復錄其四得於三司蔡給事君謨世所傳本不出乎此其或尚有所未傳更俟博

釆

范文度摹本蘭亭序 附

余嘗集錄前世遺文數千篇因得悉覽諸賢筆蹟比不識書遂稍通其學然人之於學其可不勉哉今老矣目昏手顫雖不能揮翰而閑卷臨几便別精麤若范君所書在余集錄實為難得也竊幸覽之（一作焉）為之忘倦嘉祐七年夏五月二十八日廬陵歐陽脩書 右真蹟

書雖列於六藝非如百工之藝也蔡君謨

以書名當世其稱范君者如此不為誤矣

滁山醉翁題 右真蹟

又

自唐末干戈之亂儒學文章掃地而盡宋興百年之間雄文碩儒比肩而出獨字學久而不振未能比蹤唐之（一無此字）人余每以為恨今乃獲見范君筆法信手時不乏人而患知之不博不然有於中必形於外若范君者筆迹不傳於世而獨傳其家蓋其潛光晦德非止其書閟不傳也 右真蹟

又 與前跋相類疑是稾本今兩存之

自唐末兵戈之亂儒學文章掃地而盡聖宋興百餘年間雄文碩學之士相繼不絶文章之盛遂追三代之隆獨字書之法寂寞不振未能比蹤唐室余每以為恨今迺獲見范君之書信手時不乏人而患聞見之不博也然若君之筆法宜傳於世久閟于家蓋其潛光晦伏非獨其書之閟也 右集本

晉樂毅論 永和四年

右晉樂毅論石在故高紳學士家紳死家人初不知惜好事者往往就閱或模傳其本其家遂祕藏之漸為難得後其子弟以其石質錢於富人而富人家失火遂焚其石今無復有本矣益為可惜也後有（集本有此二字）甚妙二字吾亡友聖俞書也論與文選所載時時不同考其文理此本為是惜其不完也　右真蹟

晉王獻之法帖　歲月未詳　真蹟

右王獻之法帖余嘗喜覽魏晉以來筆墨

遺蹟而想前人之高致也所謂法帖者其事率皆弔喪候病敘暌離通訊問施於家人朋友之間不過數行而已蓋其初非用意而逸筆餘興淋漓揮灑或妍或醜百態橫生披卷發函爛然在目使人驟見驚絶徐而視之其意態（集本無此三字）愈無窮盡故使後世得之以為奇翫而想見其人也至於高文大冊何嘗用此而今人不然至或棄百事弊精疲力以學書為事業用此終老而窮年者是真可咲也治平甲辰秋社日

書

又

獻之帖蓋唐人所臨其筆法類顏魯公更

俟識者辨之 右真蹟

晉賢法帖 真蹟

右晉賢法帖太宗皇帝萬機之餘留精翰

墨嘗詔天下購募鍾王真蹟集為法帖十

卷模刻以賜羣臣往時故相劉公沆在長

沙以官法帖鏤版遂布於人間後有尚書

郎潘師旦者又擇其尤妙者别為卷第與

劉氏本並行至余集錄古文不敢輒以官本參入私集遂於師旦所傳又取其尤者散入錄中俾夫啓帙披卷者時一得之把翫欣然所以忘勸也治平元年五月十日書

晉七賢帖

右晉七賢帖得之李丕緒少卿（真蹟無此二字）家丕緒多藏古書然不知此為真否七子書蹟世罕傳故錄之（右集本）

宋文帝神道碑（歲月未詳）

右宋文帝神道碑云太祖文皇帝之神道凡八大字而別無文辭惟以此爲表識爾古人刻碑（一作碑刻）正當如此而後世鐫刻功德爵里世繫惟恐不詳然自後漢以來門生故吏多相與立碑頌德矣余家集古所錄三代以來鍾鼎彝盤銘刻備有至後漢以後始有碑文欲求前漢時碑碣卒不可得是則冢墓碑自後漢以來始有也此碑無文疑非宋世立蓋自漢以來碑文務載世德宋氏子孫未必能超然獨見復古簡

質文南朝士人氣尚卑弱字書工者率以纖勁清媚為佳未有偉然巨筆如此者益疑後世所書按宋書文帝為元凶劭所弑初謚曰景廟號中宗孝武立改謚曰文號太祖其墓曰長寧陵也 右真蹟

宋宗慤母夫人墓誌 歲月見本文

右宗慤母夫人墓誌不著書撰人名氏有誌無銘其後云謹牒子孫男女次第名位婚嫁如左蓋一時之制也按慤本傳與此誌歷官終始不同本傳云宋孝武即位以

懿為左衛將軍累遷豫州刺史監五州諸軍使討竟陵王誕入為左衛將軍廢帝即位為寧蠻校尉雍州刺史卒此誌乃大明六年作誌云為右衛將軍監交廣二州湘州之始興冠軍將軍平越中郎將廣州刺史始遷豫州監五州軍事又為散騎常侍左衛將軍領太子中庶子荊州大中正而傳皆略之也懿南陽涅陽人而此誌云涅陽縣都鄉安衆里人又云窆於秣陵縣都鄉石泉里都鄉之制前史不載　右集本

齊鎮國大銘像碑　天統三年　集本

右齊鎮國大銘像碑銘像文辭固無足取所以錄之者欲知愚民當夷狄亂華之際事佛尤篤爾其字畫頗異雖為訛繆亦其傳習時有與今不同者其錄之亦以此也

南齊海陵王墓銘　歲月未詳

右南齊海陵王墓銘長兼中書侍郎謝朓撰海陵王昭文者文惠太子次子也初明帝鸞既廢鬱林王昭業而立昭文又廢為海陵王而殺之遂自立按謝朓傳朓當海

陵王時爲驃騎諮議領記室又掌中書郎後遷尚書吏部郎此誌題云長兼中書侍郎而據傳眺未嘗爲中書侍郎史之闕也按南齊書劉悛爲長兼侍中後魏臨淮王彧爲長兼御史中尉南北史多有此名蓋集本有長兼者三字當時兼官之稱如唐檢校官之類也嘉祐八年九月十七日書右真蹟

梁智藏法師碑普通三年　真蹟

右梁智藏法師碑梁湘東王蕭繹撰銘新安太守蕭幾作敘尚書殿中郎蕭挹書世

號三蕭碑法師者姓顧氏幾挹皆稱弟子衰世之弊遂至於斯余於集古錄而不忍遽棄者以其字畫集本作書粗可佳捨其所短取其所長斯可矣嘉祐八年五月晦日書

陳張慧湛墓誌銘 貞觀二十三年五

右陳張慧湛墓誌銘不著書撰人名氏陳隋之間字書之法極於精妙而文章頹壞至於鄙俚豈其時俗弊薄士遺其本而逐其末乎予家集錄所見頗多自開皇仁壽而後至唐高宗已前碑碣所刻往往不減

歐虞而多不著名氏如鉗耳君清德頌或有名而其人不顯如丁道護之類不可勝數也慧湛陳人至唐太宗時始改葬爾其銘刻字畫遒勁有法翫之忘勌惜乎不知為何人書也治平元年四月晦日書 右真蹟

陳浮屠智永書千字文 歲月未詳

右千字文今流俗多傳此本為浮屠智永書考其字畫時時有筆法不類者雜於其間疑其石有亡缺後人妄補足之雖識者覽之可以自擇然終汨其真遂去其二百

六十五字其文既無所取而世復多有所佳者字爾故輒去其僞者不以文不足爲嫵也蔡君謨今世知書者猶云未能盡去也嘉祐八年十月十八日書 右真蹟

又

梁書言武帝得王羲之所書千字命周興嗣以韻次之今官（集本作觀）法帖有漢章帝所書百餘字其言有海鹹河淡之類蓋前世學書者多爲此語不獨始於羲之也 右真蹟

大代修華嶽廟碑 歲月見本文

右大代修華嶽廟碑按魏書文成帝興光二年三月己亥改元爲太安故魏書興光無二年而此碑云（集本有興光二字）二年三月甲午立者蓋立碑後六日始改元也其曰闡皇風於五葉者自道武明元太武至於文成纔四世爾太武之弒南安王余立不踰年亦被弒不得成君（集本無此十九字）而景穆太子文成父也追尊爲帝立廟稱宗故以爲世也魏自道武天興元年議定國號羣臣欲稱代而道武不許乃仍稱魏自是之後

無改國稱代之事今魏碑數數有之碑石當時所刻不應妄但史失其事爾由是言之史家闕繆可勝道哉然予於史家非長故書之以待博學君子也嘉祐八年歲在癸卯七月三十日書昔在南譙自號醉翁晚又更號六一居士

右真蹟

又

按魏書文成帝興光二年三月己亥改元太安而此碑書二年三月甲午立蓋立碑後六日乃改元故碑猶得稱二年也其曰

闡皇風於五葉者自道武明元太武至於文成纔四世爾太武之弑南安王余立不踰年亦被弑不得成君爲一世而景穆太子文成父也追尊爲帝立廟稱恭宗故以爲世也魏自道武天興元年議定國號群臣欲稱代而道武不許乃稱魏自是之後無改國稱代之事今魏碑數數有之碑石當時所刻不應妄誤但史失其事爾由是言之史家闕繆多矣 右真蹟

後魏孝文北巡碑 歲月見本文

右魏孝文北巡碑云太和二十一年修省方之典北臨舊京又云涉西河出平陽斜順唐逵指遊咸轢路邇龍門遂紆雕軒按後魏本紀是歲正月乙巳北巡二月次太原至平城四月幸龍門以太牢祭夏禹遂幸長安汎渭浮河迴東歸與此碑所書皆合也碑無題首故依本紀爲北巡碑也治平元年三月廿二日書 右真蹟

後魏定鼎碑 歲月見本文

右魏定鼎碑景明三年建在今懷州流俗

謂之定鼎碑也景明魏宣武年號也碑云定鼎遷中之十年按魏孝文以太和十七年遷都洛陽至此景明三年蓋十年矣右真蹟

後魏石門銘 歲月見本文

右魏石門銘云此門蓋漢永平中所穿自晉氏南遷斯路廢矣皇魏正始元年漢中獻地褒斜遂開假節龍驤將軍梁秦二州刺史羊祉開創舊路詔遣左校令賈三德共成其事起四年十月訖永平二年正月

畢功其餘文字尚完而其大略如此石門在漢中所謂漢永平中所穿者乃明帝時司隸校尉楊厥所開也厥自有碑述其事甚詳正始永平皆後魏宣武年號也治平元年五月十日書（右真蹟）

後魏神龜造碑像記（歲月見本文）

右神龜造碑像記魏神龜三年立余所集錄自隋以前碑誌皆未嘗輒棄者以其時（集本無此字）有所取於其間也然患其文辭鄙淺又多言浮屠然獨其（集本作以）字畫往往工

妙惟後魏北齊差劣而文字法多異不知其何從而得之遂與諸家相戾亦意其夷狄昧於學問而所傳訛謬爾然錄之以資廣覽也此碑字畫時時遒勁尤可佳也神龜孝明年號按魏書（集本有神龜二字）三年七月辛卯改元正光而此碑是月十五日立不知辛卯是其月何日也當俟治曆者推之

嘉祐八年七月十一日書（右集本）

東魏任城王造浮圖記（歲月見本文）

右任城王造浮圖記不著其名云武定四

年建武定東魏孝靜年號也按後魏書景穆皇帝子雲雲子澄 集本有子燮二字 相襲為任城王其後國絕不封其去孝靜時差遠不知武定四年王任城者為誰也治平元年八月八日書 右真蹟

東魏造石像記 歲月見本文

右東魏造石像記其碑云大魏武定七年歲次己巳武定孝靜年號也今世所行曆譜惟龔頼運曆圖與今亳州宋退相紀年通譜為最詳而以頼所書推之武定七年

歲當巳巳與此碑合而武定止於八年是歲庚午東魏滅其事與東魏北齊書亦合而通譜以七年為戊辰八年為巳巳又有九年為庚午而東魏滅按孝靜以後魏大統十六年滅是歲庚午則知宋公所記甲子不繆惟武定不當有九年而七年不得為戊辰此其失爾蓋孝靜始即位改元天平盡四年而五年正月改為元象今通譜天平止於三年以四年為元象蓋自元象以後遞差一年故以武定七年為戊辰也

苟不見斯碑則運曆圖與通譜二家得失其何以決 右集本

魏九級塔像銘 歲月見本文 真蹟

右魏九級塔像銘不見書撰人名氏蓋北齊時人所作也其年號見於文者三曰真君九年者後魏太武號也又曰武定四年者東魏孝靜號也又曰天保三年者北齊文宣號也按高洋以後周大統十六年受東魏禪是歲庚午改元天保三年壬申此碑云歲在涒灘是矣碑文淺陋蓋鄙俚之

人所為惟其字畫多異往往奇怪故錄之
以備廣覽集本有云字治平元年三月廿三日
書

北齊常山義七級碑歲月見本文

右不著書撰人名氏文為聲偶頗奇怪而
字畫亦佳往往有古法碑云常山太守六
州大都督儀同三司綦連公以天保九年
造浮圖天保齊文宣年號也北齊書有綦
連猛而不為常山太守都督儀同等官不
知此所謂綦連公者何人也嘉祐八年九

月二十日書　右真蹟

又

右常山義七級碑不著書撰人名氏文辭聲偶而甚怪書字頗有古法其碑首題云慕容儀同魏常山石氏諸邑義七級之碑其文云常山太守六州大都督儀同三司綦連公以天保九年為國敬造七級浮圖一區至天統中使持節都督瓜州諸軍事驃騎大將軍儀同三司瓜州刺史常山太守六州大都督頻陽縣開國子樂平縣開

國男慕容樂及散騎常侍郎驃騎大將軍前給事黄門侍郎繕州大中正食新市縣幹新除常山太守麴顯貴與功曹石子和等增成之蓋北齊時碑也綦連公不見其名北齊有綦連猛不為常山太守不知此何人而慕容樂官兼刺史太守並封兩縣不可詳也食縣幹入官銜蓋當時之制亦不可詳也義者衆成之名猶若今謂義井之類也 右集本

永樂十六角題 附出

右永樂十六角題名不著年月列名人甚多皆無顯者莫可考究不知為何時碑其字畫頗怪而不精似是東魏北齊人所書十六角者庸俗所造佛塔其後又書云造十六角鎮國大浮圖則知為塔矣其謂之十六角只見此碑而後魏時又有常山義七級碑蓋當時俚俗語類皆如此治平元年八月八日書 右真蹟

魯孔子廟碑 附出 興和三年

右魯孔子廟碑後魏北齊時書多若此筆

畫不甚佳然亦不俗而往往相類疑其一時所尚（集本作傳）當自有法又有點畫多異故錄之以備廣覽（右真蹟）

北齊石浮圖記（歲月見本文）

右齊造石浮圖記云河清二年歲在癸未河清北齊高湛年號也碑文鄙俚而鐫刻訛繆時時字有字者筆畫清婉可喜故錄之又其前列題名甚多而名特奇怪如馮戳郎馮貴買之類皆莫曉其義若名野义伽耶者蓋出於浮圖爾自胡夷亂華以来

中國人名如此者多矣最後有馮黑太者予謂太亦音撻意隋末有劉黑闥吳黑闥皆以此爲名者太闥轉寫不同爾然隋去北齊不遠不知黑闥爲何等語也 右集本

後周大像碑 大象二年

右周大像碑字文氏之事迹無足采者惟其字畫不俗亦有取焉翫物以忘憂者惟怪奇變態真僞相雜使覽者自擇則可以忘倦焉故余於集古所錄者博矣嘉祐八年六月二日書 右真蹟

集古錄跋尾卷第四

魏受禪碑元第七十二受禪此下一有壇字往返一作反下同

魏公卿上尊號表元第七十三至七十四鉅一作巨

鍾繇表元第四百九十小字二字上一有而字

劉熹學生冢碑元第三百六十五

賈逵碑元第一百二十八

鄧艾碑元第七百五十或然此下一有也字

谷府君碑元第五百九十二

吳國山碑元第三百四至三百五

南鄉太守頌元第九十二後晉武一有帝字陰城當

魏晉時真蹟無城時二字集本有之

南鄉太守碑元附九十二紀德一作之德

南鄉太守碑陰元第九十四二卷一作三卷

碑陰官屬何其多邪蓋通從史而盡列

之當時猶於其間以取士人故吏亦清

修其勢然耳

右莆陽蔡君謨書今十年矣嘉祐八年九月二十七日（一有此五十六字）

陸喈碑（元第一百三十七）

蘭亭敘（元第九百九十六）數家（一作諸家）嘉祐八年六（一作八）月十日（一有此八字）

范文度模本蘭亭敘（蔡君謨題跋附）

右軍蘭亭敘著今世尚有搨本祕閣一本蘇才翁一本周越一本猶有氣象存焉今觀撫傚蓋得之矣嘉祐壬寅五月廿六日莆陽蔡襄

同前

又唐末（真蹟作室）寂寞（真蹟作寥）唐室（真蹟作賢）於世（真蹟此下有兩字）闕也（真蹟句休此下有日廬陵嘉祐歐陽七年某十五四月字）

樂毅論（元第八十三）論石（此下一有本字）

王獻之法帖（元第八百六十八）

又（元第三百一十九）

晉賢法帖（元第七百三十五）流（真蹟無此字）

晉七賢帖（元第七十六）

宋文帝神道碑（元第四百四十九）鐫刻（一作銘刻）墓碑（此下一有銘字）宋世（此下一有所字）士人（一作人士）治平元年

三月十六日書一有此十字

宗慤母墓誌元第一百五十三

齊鎮國大銘像碑元第一百二十

南齊海陵王墓銘元第八十五

右海陵王墓銘南齊謝朓撰海陵王者齊文惠太子之次子也名昭文初明帝鸞既廢鬱林王昭業而立昭文又廢為海陵王而殺之鸞立是為明帝按朓傳朓當海陵王時為驃騎諮議領記室又掌中書郎後遷尚書吏部郎此誌題云

長兼中書侍郎臣謝朓立而傳不書朓為侍郎也按齊書劉悛為長兼侍中魏臨淮王彧為長兼御史中尉南北史多有蓋長兼似當時兼官之稱如唐檢校官也此與前本不同故兩存之

梁智藏法師碑元第六十二余於一無於字可佳一作取所短一無所字

陳張慧湛墓誌銘元第六百一十三

智永書千字文元第四十六

大代修華嶽廟碑元第五百二十四興光無一作無興

光元也一作年於史家一作學

後魏孝文北巡碑元第八十九

後魏定鼎碑元第一百九

石門銘元第七百八至七七百九

神龜造碑像記元第四百九

任城王造浮圖記元第八百三十五

東魏造石像記元第八百三十九退相一作丞相後魏

此下一有永熙三年立在位十七年十字大統二字上一有至字記甲

子一作紀首尾以決此下一有然後知余之集錄不為無益也治平元年

閏五月九日書二十二字

九級塔像銘元第四百七十七

常山義七級碑元第十四

永樂十六角題元第九百八十五

魯孔子廟碑元第二百九十

北齊石浮圖記元第九百七十六

後周大像碑元第二百九十八

集古錄跋尾卷第五

歐陽文忠公集一百三十八

隋老子廟碑 開皇二年

右老子廟碑隋薛道衡撰道衡文體卑弱然名重當時余所取者特其字畫近古故錄之唐人二字集本作其碑後所題唐人姓名字皆不俗亦可佳也右真蹟

隋尒朱敞碑 開皇五年

右尒朱敞碑敞者榮從弟彥伯之子也按敞傳云字乾羅而此碑字天羅傳云為金

州總管而碑文爲徐州總管碑文雖残闕然斑斑尚可讀其述徐州事頗多事爲史家不取可也不書其官蓋闕繆也其字不同亦當以碑爲是余於集録正前史之闕繆者多矣治平元年二月十六日書 右真蹟

隋龍藏寺碑 開皇六年

右齊開府長兼行參軍九門張公禮撰不著書人名氏字畫遒勁有歐虞之體隋開皇六年建在今鎮州碑云太師上柱國大威公之世子左威衛將軍上開府儀同三

司使持節恒州諸軍事恒州刺史鄂國公金城王孝僊奉勑勸獎州人一萬共造此寺其述孝僊云世業重於金張器識逾於許郭然北齊周隋諸史不見其父子名氏不詳何人也右集本

又開皇六年

右隋龍藏寺碑齊張公禮撰龍藏集本無此二字寺已廢此碑今在常山府署之集本無此二字門書字頗佳第不見其人姓名爾碑以隋開皇六年立後題二字集本作而張公禮猶稱齊按

周武帝建德六年虜齊幼主高常齊遂滅後四年隋建開皇之號至六年齊滅蓋集本有巳字十年矣集本有不知二字公禮尚稱齊官集本無此字何也嘉祐八年九月廿九日書右真蹟

隋太平寺碑開皇九年

右太平寺碑不著書撰人名氏南北文章至於陳隋其弊極矣以唐太宗之致治幾乎三王之盛獨於文章不能少變其體豈其積習之勢其來也遠非久而衆勝之則不可以驟革也是以羣賢奮力墾闢芟除

至於元和然後蕪穢蕩平嘉禾秀草爭出而葩華美實爛然在目矣此碑在隋尤爲文字淺陋者疑其俚巷庸人所爲然視其字畫又非常俗所能蓋當時流弊以爲文章止此爲佳矣文辭既爾無取而浮圖固吾儕所貶（集本作鄙）所以錄於此者第不忍棄其書爾治平元年三月十六日書（右真蹟）

隋李康清德頌（開皇十一年）

右李康清德頌不著書撰人名氏文爲聲偶而字畫奇古可愛康隴西狄道人也其

碑首題云大隋冠軍將軍太中帥都督恒州九門縣令隴西李君清德之頌予在河北時遣人於廢九門縣城中得此碑字多訛闕其後題十一年歲在辛亥大將軍在酉二月癸丑朔十二日甲子建年上有二字訛闕不可識按隋書開皇十一年歲在辛亥其二字乃開皇也大將軍在酉之說出於陰陽家前史不載而此碑見之 右集本

隋梁洋德政碑 開皇十一年

右隋梁洋德政碑在今蔡州新息隋開皇

十一年行參軍事四字集本作參軍裴玉與州人爲息州刺史梁洋建寶塔表德政碑按隋書志後周於新息置息州至大業中州廢也右真蹟

隋韓擒虎碑開皇十五年

右韓擒虎碑不著書撰人名氏而以隋高祖爲令上乃隋人所撰碑文屢言虎字獨於名下去之若避唐諱此不可知也今以碑文考隋書列傳其家世官勳大略多同惟其在齊爲河長防主大都督車騎大將

軍開府儀同三司白超防主轉洪超防主傳皆無之又遷和州刺史而傳為利州皆史官之闕誤當以碑為是而傳載閻羅王事甚怪而碑無之使其實有碑不宜集本作應不書以此見史家之妄也治平元年六月十日書 右真蹟

隋陳茂碑 開皇十八年

右陳茂碑不著書撰人名氏而字畫精勁可喜隋書列傳載茂事尤多闕繆傳云高祖為隋國公引為寮佐及受禪拜給事黃

門侍郎在官十餘年轉益州總管司馬遷太府卿後數載卒而碑歷敘為高祖寮佐時官傳雖不書可也其自為黄門侍郎後又為行軍元帥長孫覽司馬又為蜀王府長史太僕卿判黄門侍郎上開府儀同三司梁州刺史等官史氏皆不書蓋其闕也又據碑茂為蜀王長史而傳為益州總管司馬碑為太僕卿而傳云太府皆史家之繆也碑云茂字延茂史亦闕治平甲辰秋社日書　右真蹟

隋蒙州普光寺碑 仁壽元年

右蒙州普光寺碑蒙州者漢南陽郡之育陽縣也應劭曰育水出弘農盧氏南入于沔故後人於育加水為淯陽西魏置蒙州隋仁壽中改為淯州又為淯陽郡唐為縣屬金州碑仁壽元年建猶曰蒙州既而遂改淯州矣碑無書撰人名氏而筆畫遒美翫之亡集本作忘倦蓋開皇仁壽以來碑碣字書多妙而往往不著名氏惟丁道護所書常自著之然碑石在者尤少余每與蔡君

謨惜之自大業已後率更與虞世南書始盛既接於唐遂大顯矣治平元年正月七日書 右真蹟

隋丁道護啟法寺碑 仁壽二年

此書兼後魏遺法與楊家本微異隋唐之交善書者衆皆出一法道護所得冣多楊本開皇六年去此十七年書當益老亦稍縱也甲辰治平初月十日莆陽

蔡襄記

右啓法寺碑丁道護書蔡君謨博學君子

也於書尤稱精鑒余所藏書未有不更其品目者其謂道護所書如此隋之晚年書學尤盛吾家率更與虞世南皆當時人也後顯於唐遂為絕筆余所集錄開皇仁壽大業時碑頗多其筆畫率皆精勁而往往不著名氏每執卷惆然為之歎息惟道護能自著之然碑刻在者尤少余家集錄千卷止有此爾有太學官楊褒者喜收書畫獨得其所書興國寺碑是梁正明中人所藏君謨所謂楊家本者是也欲求其本而

不知碑所在然不難得則不足為佳物古人亦云百不為多一不為少者正謂此也

治平元年立春後一日太廟齋宮書 右真蹟

隋鉗耳君清德頌 大業六年

右不著書撰人名氏其碑首題云大隋恒山郡九門縣令鉗耳君清德之頌大業六年建字畫有非歐虞之學不能至也碑云君名文徹華陰朝邑人也本周王子晉之後避地西戎世為君長因以地為姓曾祖静仕魏為馮翊太守祖朗成集二州刺史

父康周荆安盧鄧四州總管别駕安陸龍門二郡守而前史皆不載碑在今廢九門縣中余為河北轉運使時求得之右集本

隋廬山西林道場碑大業十三年

右廬山西林道場碑渤海公撰公為隋太常博士時作不著書人名氏而字法老勁疑公之書也西林道場者偽趙將竺氏捨俗出家名曇現始居于此晉太和二年光祿卿陶範始為現弟子慧永造寺而號西林捜兩京記隋嘗更名佛寺為道場此碑

大業十三年建也顏魯公寓題碑陰百餘字尤奇偉今附于碑後 右集本

又

右西林道場碑渤海公撰公在隋為太常博士時作不著書人名氏字畫遒勁世或以為公自書公時年尚少又字法與公書不同不知何人書也按 集本有常述二字 兩京記隋改佛寺為道場此碑大業中建故謂之道場也 右真蹟

唐孔子廟堂碑 武德九年

右孔子廟堂碑虞世南撰并書余爲童兒時嘗得此碑以學書當時刻畫字好後二十餘年復得斯本則殘缺如此（二字集本作矣）因感夫物之終弊雖金石之堅不能以自久於是始欲集錄前世之遺文而藏之殆（集本作逮）今蓋十有八年而得千卷可謂富哉嘉祐八年九月二十九日書（右真蹟）

千文後虞世南書（歲月未詳）

右虞世南所書言不成文乃信筆偶然爾其字畫精妙平生所書碑刻多矣皆莫及

也豈矜持與不用意便有優劣耶集本作也熈
寍辛亥續右真蹟

唐德州長壽寺舍利碑武德六年

右德州長壽寺舍利碑不著書撰人名氏碑武德中建而所述乃隋事也其事迹文辭皆無取獨錄其書爾余屢歎文章至陳隋不勝其弊而怪唐家能臻致治之盛而不能遽革文弊以謂積習成俗難於驟變及讀斯碑有云浮雲共嶺松張蓋明月與巖桂分叢廼知王勃云落霞與孤鶩齊飛

秋水共長天一色當時士無賢愚以為警絶豈非其餘習乎右集本

唐幽州昭仁寺碑貞觀二年

右昭仁寺碑在幽州唐太宗與薛舉戰處也唐自起義與郡雄戰處後皆建佛寺云為陣亡士薦福湯武之敗桀紂殺人固亦多矣而商周享國各集本作皆數百年其荷天之祐者以其心存大公為民除害也唐之建寺外雖託為戰亡之士其實自贖殺人之咎爾其撥亂開基有足壯者及區區於

此不亦陋哉碑文朱子奢撰而不著書人名氏字畫甚工此余所錄也治平甲辰秋分後一日書 右真蹟

唐呂州普濟寺碑 貞觀二年 許敬宗撰

右呂州普濟寺碑呂州者霍邑也唐高祖義兵起太原始破宋老生於此義寧元年乃以霍邑趙城汾西靈石四縣置霍山郡武德元年更曰呂州太宗十七年遂廢也

右集本

唐衛國公李靖碑 顯慶三年當載于後 同是許敬宗撰附此

右李靖碑許敬宗撰唐初承陳隋文章衰弊之時作者務以浮巧為工故多失其事實不若史傳為詳惟其官封頗備史云為撫慰使而碑云安撫使其義無異而後世命官多襲古號蓋靖時未嘗有撫慰使也由是言之不可不正又靖為刑部尚書時以本官行太子左衛率其封衛國公也授濮州刺史蓋太宗以功臣為世襲刺史後雖不行皆史宜書（集本有而不書者闕也六字）其餘略之可也故聊志之治平元年三月二十二

日書 右真蹟

唐顏師古等慈寺碑 貞觀二年

右等慈寺碑顏師古撰其寺在鄭州汜水唐太宗破王世充竇建德乃於其戰處建寺云為陣亡士薦福唐初用兵破賊處多大抵皆造寺自古創業之君其英豪智略有非常人可及者矣至其卓然信道而知義則非積學誠明之士不能到也太宗英雄智識不世之主而牽惑習俗之弊猶崇信浮圖豈以其言浩博無窮而好盡物理

為可喜邪蓋自古文姦言以惑聽者雖聰明之主或不能免也惟其可喜乃能惑人故余於（集本有其字）本紀譏其牽於多愛者謂此也治平元年清明後一日書（右真蹟）

隋郎茂碑（貞觀五年）

右隋郎茂碑李百藥撰其弟潁亦有碑在今鎮府北大墓林中余為都轉運使時得之隋書列傳言茂卒於京師此碑云從幸江都而卒史氏之繆當以碑為正（右集本）

又

碑在大墓林中余為都運使時得之殆今
蓋二十年矣嘉祐八年三月二十二日上
御延和放進士許將等及第明日歇泊假
閑閱遂書隋書列傳言茂卒于京師此碑
云從幸江都而卒史氏之繆當以碑為正
焉 右真蹟

唐郎頴碑 貞觀五年

右唐郎頴碑李百藥撰宋才書字畫甚偉
頴父名基字世業而李百藥書頴世次但
云父世業又書頴兄茂碑亦然考其碑文

有皇基締構之言則基字當時公私無所諱避而於書世次（四字集本作百藥書頴父）字而不名不詳其義也是以君子貴乎博學（集本有頴事唐為大理卿隋唐之時屢定律令蓋法吏也一十九字）嘉祐八年九月二十四日書（右真蹟）

唐郎頴碑陰題名（歲月未詳）

右郎頴碑陰題名柱國府僚佐三十二人常山公府國官一百七人合一百三十九人為一卷柱國府長史司馬掾屬各一人諮議記室司倉司功司戶司兵司鎧司法

司田司士叅軍事各一人又有叅軍事五人行參軍十人典籤三人常山國官國令大農各一人常侍侍郎國尉各二人典衛六人舍人四人城局廟長學官各一人食官廐牧各四人典府長一人典府丞二人親事七十五人頴以正觀四年卒此蓋唐制也 右集本

唐九成宮醴泉銘 貞觀六年

右九成宮醴泉銘唐秘書監魏徵撰歐陽率更書九成宮即隋仁壽宮也太宗避暑

於宮中而之水以杖琢地得水而甘因名醴泉焉 右集本

唐歐陽率更臨帖 歲月未詳同是率更書附此

右率更臨帖吾家率更蘭臺世有清德其筆法精妙迺其餘事豈止士人摸楷雖海外夷狄皆知為貴而後裔所宜勉旃庶幾不殞其美也 右真蹟

唐岑文本三龕記 貞觀十五年

右三龕記唐兼中書侍郎岑文本撰起居郎褚遂良書字畫尤奇偉在河南龍門山

山夾伊水東西可愛俗謂其東曰香山其西曰龍門龍門山壁間鑿石爲佛像大小數百多後魏及唐時所造惟此三龕像最大乃魏王泰爲長孫皇后造也　右集本

唐孟法師碑　貞觀十六年

右孟法師碑唐岑文本撰褚遂良書法師名靜素江夏安陸人也少而好道誓志不嫁隋文帝居之京師至德宮至唐太宗十二年卒年九十七　右集本

唐皇甫忠碑　貞觀十四年

右皇甫忠碑著作佐郎李儼撰忠為泰州龍門令歲滿縣民前左勲衛裴公隱等一千三百人申省請留八座報云公等請来遅晩縣令今已替訖好人堪用縣國共須豈一縣士庶獨懐悕或作怯惜所請不允忠以唐太宗時為令當時臺省文字如此可愛泰州者義寧元年以河中之汾陰龍門置治汾陰武德二年徙治龍門太宗十七年州廢令碑後列縣人姓名有錄事鄉長鄉老里正縣博士助教佐史等今之縣吏

惟錄事里正其名在爾右集本

唐辯法師碑顯慶三年當載于後同是李儼撰附此

右辯法師碑李儼撰薛純陀書純陀唐太宗時人集本有也字其書有筆法其道勁精悍不減吾家蘭臺意其當時必為知名士而今世人無知者然其所書亦不傳於後世余家集錄可謂博矣所得純陀書秖此而已如其所書必不止此而已也蓋其不幸堙沉泯滅非余偶錄得之則遂不見于世矣廼知士有負絕學高世之名而不幸不

傳於後者可勝數哉可勝歎哉治平元年
閏五月晦日書 右真蹟

唐孔穎達碑 貞觀二十二年

右孔穎達碑于志寧撰其文磨滅然尚可讀今以其可見者質於唐書列傳傳所闕者不載穎達卒時年壽其與魏鄭公奉勑共修隋書亦不著又其字不同傳云字仲達碑云字沖遠碑字多殘缺惟其名字特完可以正傳之繆不疑以沖遠為仲達以此知文字轉易失其真者何可勝數幸而

因余集錄所得以正其訛舛者亦不爲少也乃知余家所藏非徒翫好而已其益豈不博哉集本無此六字治平元年端午日書右真蹟

唐薛稷書貞觀永徽之間

薛稷書刻石者余家集錄頗多與墨蹟互有不同唐世顏柳諸家刻石者字體時時不類謂由模刻人有工拙昨日見楊褒家所藏薛稷書君謨以爲不類信矣凡世人於事不可一槩有知而好者有好而不知者有不好而不知者有不好而能知者褒

於書畫好而不知者也畫之為物尤難識其精麤真偽非一言可達得者各以其意披圖所賞未必是秉筆之意也昔梅聖俞作詩獨以吾為知音吾亦自謂舉世之人知梅詩者莫吾若也吾嘗問渠最得意處渠誦數句皆非吾賞者以此知披圖所賞未必得秉筆之人本意也 右集本

唐益州學館廟堂記 永徽元年 顔有意書

高朕之名於義不安頗疑有意得於古碑之訛缺爾存之以俟博學者 右集本

唐徐王元禮碑 咸亨三年

右徐王元禮碑崔行功撰趙仙客書元禮唐高祖子也以碑考傳年壽官閥悉同而碑云使持節徐譙泗三州諸軍事徐州刺史又云贈太尉使持節大都督冀相貝滄德魏傅等八州諸軍事冀州刺史傳云為徐州都督又云贈冀州大都督傳既簡略又都無法而碑之所書亦失也蓋刺史非兼州之官都督非一州之號碑云持節徐譙泗三州諸軍而傳獨為徐一州刺史

此其失也當如前史持節秦涼州諸軍事秦涼二州刺史乃為得爾其書贈官則如碑之書是矣蓋為一州刺史而兼督八州軍集本有州字事爾都者有所兼總之名也此特小故而余區區辨之者前史失之久矣又國朝自削方鎮之權而節度使都督無復兼州而舊名不除是節度都督自施於已此不可不正其失也治平甲辰中元日書 右真蹟

唐龍興宮碧落碑 咸亨元年

右碧落碑在降州龍興宮宮有碧落尊像篆文刻其背故世傳為碧落碑據李璿之以為陳惟玉書李漢以為黃公譔書莫知孰是洛中紀異云碑文成而未刻有二道士來（集本無此字）請刻之閉戶三日不聞人聲人怪而破戶有二白鴿飛去而篆刻宛然此說尤怪世多不信也碑文言有唐五十三祀龍集敦牂乃高宗總章三年歲在庚午也又云哀子李訓誼譔諶為妣妃造石像按唐書韓王元嘉有子訓誼譔而無諶

又有幼子訥元嘉以則天垂拱四年見殺在總章三年集本有立碑二字後十八年集本有史字有子訥不足怪而不應無譔蓋史官之闕也嘉祐八年十月四日書右真蹟

唐智乘寺碑咸亨四年

右智乘寺禪院集本有碑字者唐鄭惠王所作也惠王名元懿高祖第十三子也有子十人列于碑後而第五子樂陵公闕其名按唐書宗室世繫表集本作譜樂陵公名球不知集本有碑字何為獨闕也今唐書年表以嗣王

敬為璥樂平公珪為樂安公新平公璲為遂三者皆史家之失當以碑為正世繫譜牒歲久傳失尤難考正而碑碣皆當時所刻理不得差故集古所錄於前人世次是正頗多也治平元年清明前一日書 右真蹟

唐吳廣碑 總章二年

右吳廣碑不著書撰人名氏而字畫精勁可喜廣字黑闥唐初與程制節秦叔寶等俱從太宗征伐後與殺建成有功至高宗時為洪州都督以卒然唐書不見其名氏

惟會要列陪塋昭陵人有洪州刺史吳黑闥亦不知其名也其名字事蹟幸見於後世者以有斯碑也碑字稍磨滅世亦罕見獨余集錄得之遂以傳者以其筆畫之工也故余嘗爲蔡君謨言書雖學者之餘事而有助於金石之傳者以此也治平元年八月八日書 右真蹟

唐九門縣西浮圖碑 上元三年

右九門縣西浮圖碑唐應詔四科舉董行思文清河傅德節書題云九門縣合鄉城

人等為國建浮圖之碑浮圖在智矩寺中寺今已廢碑上元三年建按唐有兩上元此碑云歲在丙子乃高宗上元三年也肅宗上元三年歲在壬寅爾　右集本

唐陶雲德政碑　永淳三年

右唐申州錄事張羲感撰雲字大舉河南伊闕人也高宗時為恒州刺史碑永淳三年立予為河北轉運使至真定府見碑仆在府門外半埋池中命工掘出立于廡下字為行書筆蹟遒麗而不著書者姓名惜

哉右真蹟

隋汎愛寺碑大業五年誤寘此

李伯藥集本作樂下同字僅存其下磨滅而書字猶可辨疑此碑伯藥自書字畫老勁可喜秋暑鬱然覽之可以忘勌治平丙午孟饗攝事齋宮書南譙醉翁六一居士右真蹟

集古錄跋尾卷第五

老子廟碑 元第二百四

尒朱敞碑 元第三百三十五 殘闕 一作缺

龍藏寺碑 元第十七

又已廢 一作今廢

太平寺碑 元第四百四十六

李康清德頌 元第二十八

梁洋德政碑 元第二百二十九

韓擒虎碑 元第九百九十二

陳茂碑 元第八百二

普光寺碑 元第二百五十

啓法寺碑 元第二百五十三

鉗耳君清德頌 元第三十九

西林道場碑 元第十五

孔子廟堂碑 元第一 童兒 一作兒童

虞世南書 元附四十六 續 此下一有附字

長壽寺舍利碑 元第四百四十四 治平元年三月

十六日書 一有此十字 致治 一作至治

昭仁寺碑 元第七百九十二

普濟寺碑 元第三百二十三 廢也 一無也字

李靖碑 元第四百六十四

等慈寺碑元第七百三十二

郎茂碑元第十八

又爲都此下一有轉字延和此下一有殿字正焉一無焉字

郎頴碑元第十九

郎頴碑陰題名元第二十

九成宮醴泉銘元第七十七

率更臨帖元第五百五十四美也一無也字

三龕記元第三十四至三十五

孟法師碑元第三十六

皇甫忠碑元第六百三十五佐郎一無佐字縣國一作國字

為令（一作去縣）治平元年五月二日書（一有此九字）

辯法師碑（元第八百八十二）

孔潁達碑（元第六百七十二）

薛稷書（元無卷第）有不好而不知者有不好而能知者（一作有不好而知者有不好而不能知者）得者（一作之）

益州學館廟堂記（元第一百二十二）

徐王元禮碑（元第九百三十九）

碧落碑（元第十三）

智乘寺碑（元第四百一十七）何為（此下一有而字）

吳廣碑（元第九百四十八）

九門縣西浮圖碑元第七十五 智矩一作炬

陶雲德政碑元第十三 真定府一作府字

汎愛寺碑元第六百

此碑在邢州隋大業五年立合次啓法寺碑誤寘卷末

集古錄跋尾卷第六　歐陽文忠公集一百三十九

唐八都壇實錄　歲月見本文

右八都壇實錄撰人名元質不見其姓又不著書人名氏其字畫亦可愛碑首題云大唐八都壇神君之實錄其文云都望八山之始壇也此地名山封龍之類有八因壇立廟遂為號焉封龍山在今鎮州其餘七山不見其名又云漢光和中有碑而今亡此碑垂拱三年立　右集本

唐魏載墓誌銘　歲月見本文

右魏載墓誌銘其序云祖徵謚曰文正父叔玉光祿卿載以弘文生對策居甲授太常寺奉禮郎以疾謝職尋調懷州司兵叅軍屬惟（集本作維下同）揚詭道不戢斯焚譴及宗姻旋加此累以垂拱三年終於嶺外春秋三十有二所謂惟揚詭道者乃徐敬業起兵於揚州誅武后不克也時敬業以前盩厔尉魏思温為軍師（集本作帥）所謂譴及宗姻者疑敬業敗載坐思温竄死嶺南耳今據新唐書宰相世繫表鄭公諸房都無思温

及載而叔玉但著一子膺為祕書承豈載以官卑貶死無後而歿不見耶載死不幸而家譜不錄史官不書（八字集本作家譜史官不錄）非事載斯誌而誌錄於余其遂泯滅於無聞乎治平元年四月廿三日書（右真蹟）

唐乙速孤神慶碑（載初元年）

右乙速孤神慶碑弘文館學士苗神客撰神慶唐初仕三衛高宗時為太子右虞侯副率以卒乙速孤氏在唐無顯人惟以其姓見於當時者神慶一人而已元和姓纂

但云代人隨魏南徙而已其叙神慶世次又多闕繆而此碑所載頗詳云其先王氏太原人（有闕文）代祖顯為後魏驃騎大將軍賜姓乙速孤氏遂為京兆醴泉人曾祖貴隋河州刺史和仁郡公祖安隋益州都督父晟唐驃騎將軍乙速孤氏世無可稱而其姓出夷狄莫究其詳惟見於此碑者可以補姓纂之略以備考求故特錄之（右集本）

唐薛仁貴碑（天寶二年）

右薛仁貴碑苗神客撰云公諱禮字仁貴

河東汾陰人也唐書列傳云仁貴絳州龍門人又不云名禮余家集錄薛氏碑尤多據仁貴子楚玉碑亦云父仁貴爾仁貴為唐名將當時甚顯著往往見於他書未嘗有云薛禮者仁貴本田家子奮身行陣其僅知姓名爾其曰名禮字仁貴者疑後世文士或其子孫為增之也列傳又載仁貴降九姓事云軍中為之歌曰將軍三箭定天山戰士長歌入漢關仁貴卒於永淳中碑以天寶中建不載漢關之歌不應遺略

疑時未有此歎（五字集本作當時無此歎）亦為後人所增爾治平元年端午日書（右真蹟）

唐尹氏闕文（歲月見本文）

右尹氏闕文在襄州題云唐孝子尹仁恕闕萬歲通天二年旌表萬歲通天則天之年號也可謂昏亂之世矣然尹氏猶見旌表孔子以謂忠信可行於蠻貊信矣孝悌見尊於昏亂也

唐尹孝子旌表文（歲月闕）

唐之致治之意深矣嗚呼不得而見矣此

碑尤可惜也 右集本

唐孝子張常洧旌表碣 貞觀五年誤雕在此

右唐孝子張常洧旌表碣文字磨滅僅可見其髣髴蓋孝悌之為名人之所甚慕而旌表非為一世勸也故特錄之者惜其將遂不見於後世也其文辭筆畫亦自可佳然不專取乎此也 右集本

唐渭南令李君碑 聖曆元年

右鴻州渭南縣令李君清德碑馬吉甫撰

按唐書則天天授二年析雍州之渭南慶

山置鴻門縣遂以慶山鴻門渭南高陵櫟陽置鴻州大足二年廢治平二年正月十四日書 右真蹟

同前

右渭南令李君碑其首題云大周鴻州渭南縣按新唐書則天天授二年析雍州之渭南慶山置鴻門縣遂以渭南慶山鴻門高陵以置鴻州大足二年州廢矣 右集本

唐流杯亭侍宴詩 歲月見本文

右流杯亭侍宴詩者唐武后久視元年幸

臨汝湯留宴群臣應制詩也李嶠序殷仲容書開元十年汝水壞亭碑遂沉廢至正元中刺史陸長源以為嶠之文仲容之書絶代之寶也乃復立碑造亭又自為記刻其碑陰武氏亂唐毒流天下其遺蹟宜為唐人所棄而長源當時號稱賢者乃獨區區於此何哉然余今又錄之蓋亦以仲容之書可惜是以君子患乎多愛 右真蹟

同前

右流杯亭侍宴詩者唐武后久視元年幸

汝州温湯群臣應制詩也李嶠序殷仲容書開元中汝水壞其碑亭碑亦沉沒貞元中陸長源爲刺史以爲嶠序仲容書絶代之寶也乃爲之造亭立碑自記其事於碑陰武氏亂唐毒流天下其遺蹟宜爲唐人所棄而長源當時賢者區區於此何哉然余今又錄之者特以仲容書爾是以君子患乎多愛 右集本

唐司刑寺大脚跡勑 長安二年

右司刑寺大脚跡并碑銘二閻朝隱撰附

詩曰匪手攜之言示之事蓋諭昏愚者不可以理曉而決疑惑者難用空言雖示之已驗之事猶懼其不信也此自古聖賢以為難語曰中人以下不可以語上者聖人非棄之也以其語之難也佛為中國大患非止中人以下聰明之智一有惑焉有不能解者矣方武氏之時毒被天下而刑獄慘烈不可勝言而彼佛者遂見光蹟於其間果何為哉自古君臣事佛未有如武氏之時盛也視朝隱等碑銘可見矣然禍及

生民毒流王室亦未有若斯之甚也碑銘文辭不足録錄之者所以有（集本無此字）警也俾覽者知無佛之世詩書雅頌之聲斯民蒙福者如彼有佛之盛其金石文章與其人之被禍者如此可以少思焉嘉祐八年重陽後一日書（右真蹟）

唐韓覃幽林思（武后時）

右幽林思廬山林藪人韓覃撰余為西京留守推官時因遊嵩山得此詩愛其辭翰皆不俗後十餘年始集古金石之文發篋

得之不勝其喜余在洛陽凡再登嵩嶽其始往也與（集本作以）梅聖俞楊子聰俱其再往也與謝希深尹師魯王幾道楊子聰俱當發篋見此詩以入集時謝希深楊子聰已死其後師魯幾道聖俞相繼皆死盖遊嵩在天聖十年是歲改元明道余時年二十六距今嘉祐八年盖三十一年矣遊嵩六人獨余在爾感物追往不勝（二字集本作可為）愴然六月旬休日書（右真蹟）

唐武盡禮寍照寺鍾銘 景龍三年

右武盡禮筆法精勁當時宜自名家而唐人未有稱之見於文字者豈其工書如盡禮者往往皆是特令人罕及爾余每得唐人書未嘗不嘆今人之廢學也　右真蹟

唐常維善政論　先天元年

右常維善政論著作郎楊齊哲撰維先天中為坊州刺史齊哲所撰其實德政碑也特異其名爾余嘗患文士不能有所發明以警未悟而好為新奇以自異欲以怪而取名如元結之徒是也至於樊宗師遂不

勝其弊矣如齊揩之文初無高致第易碑銘為論贊爾 右集本

唐令長新戒 開元中

右令長新戒唐開元之治盛矣玄宗嘗自擇縣令一百六十三人賜以丁寧之戒其後天下為縣者皆以新戒刻石今猶有存者余之所得者六世人皆忽不以為貴也玄宗自除內難遂致 集本作至 太平世徒以為英豪之主然不知其興治之勤用心如此可謂為政知本末矣然鮮克有終明智所

不免惜哉新戒凡六其一河内其二虞城其三不知所得之處其四汜水其五穰其六舞陽嘉祐八年六月十日書 右真蹟

唐華陽頌 天寶九年

右華陽頌唐玄宗詔附玄宗尊號曰聖文神武皇帝可謂盛矣而其自稱曰上清弟子者何其陋哉方其肆情奢淫以極富貴之樂蓋窮天下之力不足以贍其欲使神僊道家之事為不無亦非其所可冀矧其實無可得哉甚矣佛老之為世惑也佛之

徒曰無生者是畏死之論也老之徒曰不死者是貪生之說也彼其所以貪畏之意篤則棄萬事絕人理而爲之然而終於無所得者何哉死生天地之常理畏者不可以苟免貪者不可以苟得也惟積習之久者成其邪妄之心佛之徒有臨死而不懼者妄意乎無生之可樂而以其所樂勝其所可畏也老之徒有死者則相與諱之曰彼超去矣彼解化矣厚自誣而託之不可詰或曰彼術未至故死爾前者苟以遂其

非後者從而惑之以為誠然也佛老二者同出於貪而所習則異然由必棄萬事絕人理而為之其貪於彼者厚則捨於此者果若至宗者方溺於此而又慕於彼不勝其勞是真可笑也　右集本

唐有道先生葉公碑　開元五年

右有道先生葉公碑李邕撰并書余集古所錄李邕書頗多最後得此碑於蔡君謨君謨善論書為余言邕之所書此為最佳也　右真蹟

唐李邕嵩嶽寺碑 開元二十七年

右嵩嶽寺碑唐淄州刺史李邕撰胡英書英之書世所重也其文云寺後魏孝明帝之離宮初名閑居寺仁壽二年改爲嵩嶽寺也 右集本

唐李邕端州石室記 開元十五年

右端州石室記唐李邕撰不著書人名氏考其筆蹟似張庭珪書疑庭珪所書也 右集本

唐獨孤府君碑 歲月闕

右獨孤府君碑李邕撰蕭誠書誠書世多有而此尤佳碑在峴山亭下余自夷陵徙乾德令嘗登峴山讀此碑碑為四面而一面字完令人家所傳秖有一面而余所得有二面故其一面頗有訛缺也府君諱冊字伯謀河南人也其文不完故不見其終始 石集本

同前 歲月闕

右碑在峴山亭下余自夷陵徙乾德令嘗登峴山讀此碑碑為四面而一面字完人

家多有之而余所得蓋二面也故其一面頗訛缺也蕭誠書世數數有之而此尤佳也右真蹟

唐裴大智碑開元二十九年

右裴大智碑李邕撰蕭誠書誠以書知名當時今碑刻傳於世者頗少余集錄所得纔數本爾以余之博采而得者止此故知其不多也然字畫筆法多不同疑模刻之有工拙惟此碑及獨孤冊碑字體同而最佳冊碑在襄陽而不完可惜也二碑皆李

邕撰而誠書（集本有爲字）治平元年清明後一
日書（右真蹟）

唐張嘉正碑（開元二十六年）

右張嘉正碑李邕撰蔡有鄰立書（集本有按字）
李絳論事集言吐突承璀欲於安國寺為
憲宗立紀聖德碑乃先立碑建樓請學士
撰文絳疏論以為不可憲宗遽命以牛百
頭拽碑倒蓋未撰文而先立碑建樓此碑
有鄰又（三字集本作文）云立書亦應先立石矣今
人立碑須鐫刻成文然後建立蓋今昔所

為不同各從其便爾治平元年十月二十日書右真蹟　已上六碑類李邕所撰不以歲月為序

唐郭知運碑銘開元十年

右郭知運碑銘蘇頲撰其書知運子四人皆以次第曰英傑英奇英協英彥而張說亦為集本有郭字知運撰碑其書知運子與頲集本有此碑二字正同而唐書知運傳書其子二人而無英奇英協英彥但云二子英傑英乂而已十八字集本作英傑英乂而無英奇英協英彥而蘇張二碑又無英乂英奇等三子在唐不顯史家集本作官闕略

尚或有之英乂嘗為西川節度集本有使字其事甚著史官不應失集本作差其世家而集本有蘇張二字二公作銘在郭知運卒後不遠亦不應闕其子孫莫可究其孰失也姑志集本作誌之以俟知者嘉祐八年十月十八日書右真蹟

唐御史臺精舍記開元十一年

右御史臺精舍記崔湜撰梁昇卿書讀其文則湜於佛可為疑篤信者矣唐書列傳云桓彥範等當國畏武三思使湜陰伺其

姦而三思恩寵日盛湜反以彥範等計告之遂勸三思速殺彥範等以絶人望因薦其外兄周利正以害彥範等又云湜貶襄州刺史以譙王事當死賴劉幽求張説救護得免後為宰相陷幽求嶺表諷周利正殺之不果又與太平公主逐張説其餘傾邪險惡不可勝紀世言佛之徒能以禍福怖小人使不為惡又為虛語矣以斯記之言驗湜所為可知也故錄之于此其碑首題名多知名士小字頗佳可愛也治平元

年三月九日書　右真蹟

唐西嶽大洞張尊師碑　開元十四年

右西嶽大洞張尊師碑王延齡撰李慈書尊師名敬忠其事迹余無所取所錄者以慈書爾慈之書體兼虞褚而遒麗可喜然不知為何人以其書當時未必不見稱於世葢唐人善書者多遂不得獨擅既又無佗可稱遂至泯然於後世以余集錄之博慈所書碑秖得此爾尤為可惜也治平元年七月廿日書　右真蹟

唐景陽井銘 開元二十一年

右景陽樓下井銘不著撰人名氏述隋滅陳叔寶與張麗華等投井事其後有銘以爲（集本作著）戒又有唐江寧縣丞王震井記云井在興嚴寺其石檻銘有序稱余者晋王廣也其文字皆磨滅僅可識其十一二叔寶事前（集本無此字）史書之甚詳不必見於此然録之以見煬帝躬自滅陳目見叔寶事又嘗自銘以爲戒如此及身爲淫亂則又過之豈所謂下愚之不移者哉今其銘文

隱隱尚可讀處有云前車已傾覆乘將沒者又可嘆也嘉祐八年十二月二十六日書 右真蹟

唐華嶽題名 歲月見本文

右華嶽題名自唐開元二十三年訖後唐清泰二年實二百一年題名者五百（集本有十字）一人再題者又三十一人（集本有錄為十卷四字）往往當時知名士也或兄弟同遊或子姪並侍或寮屬將佐之咸在或山人處士之相攜或奉使奔命有行役之勞或窮高望

遠極登臨之適其富貴貧賤歡樂憂悲非惟人事百端而亦世變多故開元二十三年（集本有歲在二字）丙午（集本作子）是歲天子（集本有躬字）耕籍田肆大赦群臣方頌太平請封禪蓋有唐極盛之時也清泰二年（集本有歲在二字）乙未廢帝篡立之明年也是歲石敬瑭以太原反召契丹入自鴈門廢帝自焚於洛陽而晉高祖入立蓋（二字集本作自太原）五代極亂之時也始終二百年間或治或亂或盛或衰而往者來者先者後者雖窮達壽夭參差

不齊而斯五百人者卒歸於共盡也其姓名歲月風霜剝裂亦或在或亡其存者獨五集本作有千仞之山石爾故特錄其題刻每撫卷慨然何異臨長川而歎逝者也治平元年清明後一日書右真蹟

唐石臺道德經歲月見本文

右老子道德經唐玄宗注開元二十三年道門威儀司馬秀等請於兩京及天下應修官齋等州皆立石臺刊勒其經文御書其注皆諸王所書此本在懷州右集本

唐群臣請立道德經臺奏答 歲月見本文

右羣臣請立道德經臺奏答并書注諸王列名附唐玄宗諸子三十人其一是為肅宗其七不及得封而早夭唐書列傳所載二十二人以注經列名于此者十八人按集本有明皇既書道德經七字道士尹愔奏請懷州依京樣摹勒石臺乃開元二十五年也皇太子瑛以二十五年廢二十六年始立忠王璵為皇太子二十七年始更名紹則當書注時不得有皇太子紹也信王珵義王玭豐

王珙陳王珪凉王璿汴王璥皆以二十一年封當書注時皆年尚幼（集本有疑字）未能書而（集本作又）今經注字皆一體疑非諸王所書而後人追寓其名爾舊唐書以信王珵為瑝濟王環為瓌壽王瑁為瑁瑁名（集本有別字）見於武惠妃碑為瑁與此同當為瑁也（集本無也字有不疑而三字）此碑列名既可疑則環瑝二名未知孰是也嘉祐八年癸卯九月十日書（石真蹟）

唐陝州盧奐廳事讚（開元二十四年）

右盧奂廳事讚唐玄宗撰并書奂爲陝州刺史玄宗行幸過陝州書其廳壁而刻之

右集本

唐鶺鴒頌 歲月闕

當皇祐至和之間余在廣陵有勑使黃元吉者以唐明皇自書鶺鴒頌本示余把玩久之後二十年獲此石本於國子博士楊褒又三年来守青州始知刻石在故相沂公宅熙寧三年五月二十八日書 右集本

唐玄宗謁玄元廟詩 歲月闕

右謁玄元廟詩唐玄宗撰并書余嘗見世有玄宗所書鶺鴒頌與此字法正同碑在北邙山上洛陽人謂之老君廟也 右集本

唐裴光庭碑 歲月見本文

右裴光庭碑張九齡撰玄宗御書按唐書列傳云光庭素與蕭嵩不平及卒博士孫琬希嵩意以其用循資格非獎勸之誼謚曰克平帝聞特賜謚曰忠憲今碑及題額皆以忠獻傳云撰搖集本作瑤山往則而碑云往記光庭以開元二十一年薨二十四年

建此碑玄宗自書不應誤皆當以碑為是集本有也字治平元年三月二十日書右真蹟

唐萬回神迹記碑開元二十五年

右萬回集本有神迹記三字碑徐彥伯撰其事固矣集本作可怪矣玄宗英偉之主彥伯當時名臣也而君臣相與尊寵稱述之如此欲使愚庸之人不信其惑其可得乎世傳道士罵老子云佛以神怪禍福恐動世人俾皆信嚮集本有故僧尼得亭豐饒七字而爾徒二字集本作吾老子高談清淨遂使我曹寂寞此雖鄙語有足采也

治平元年三月八日書（右真蹟）

唐安公美政頌（開元二十九年）

右安公美政頌，房璘妻高氏書。安公者名庭堅，其事蹟非奇，而文辭亦匪佳作，惟其筆畫遒麗，不類婦人所書。余所（集本無此字）集錄亦已博矣，而婦人之筆（二字集本作筆畫）著於金石者，高氏一人而已。然余常與蔡君謨論書，以謂書之盛莫盛於唐，書之廢莫廢（集本作甚）於今。余之所錄，如于頔、高駢，下至（集本有楷書手三字）陳游瓌等書，皆有蓋（集本有唐之二字）武夫悍將暨楷書手輩字皆可愛今文儒之盛其書屈指可數者無三四人非皆不能蓋忽不為爾唐人書見於今而名不知於當時者如張師丘繆師愈之類蓋（集本有又字）不可勝數也非余錄之則將遂泯然於後世矣余以集古不為無異也夫治平元年正月十三日書（右真蹟）

唐石壁寺鐵彌勒像頌（開元二十九年）

右太原府交城縣石壁寺鐵彌勒像頌者（集本有林諤撰三字）參軍房璘妻高氏書余所集錄

古文自周秦以下訖于顯德凡爲千卷唐居其十七八其名臣顯達下至山林幽隱之士所書莫不皆有而婦人之書惟此高氏一人爾然其所書刻石存于今者惟此頌與安公美政頌爾二碑筆畫字體遠不相類殆非一人之書疑模刻不同亦不應相遠如此又疑好事者寓名以爲奇也識者當爲辨之治平元年端午日書 右真蹟

唐郎官石記 歲月闕

右唐右司員外郎陳九言撰張旭書旭以

草書知名此字真楷可愛記云自開元二十九年已後郎官姓名列于次而此本止其序爾右集本

唐開元聖像碑天寶元年

右開元聖像碑陳知溫書唐開元之治盛矣治於天寶而溢焉方其盛時人主意氣之驕超然遂欲追真僊於雲表其夢寐怳惚集本作惚云有見焉者雖是非真僞難明於杳藹亦其注心於物精神會通集本作通會志苟至焉無不獲也唐書著集本作紀玄宗事至

於神仙道家頗（集本作類）不詳悉而此碑所（集本無此字）載夢真容事最備故特錄之以見其（集本作當時）君臣吁俞相與言語者止於如（集本無此字）此俾覽者得以迹其盛衰治亂云（右真蹟）

唐大照禪師碑（歲月見本文）

右大照禪師碑唐吏部員外郎盧僎撰伊闕縣尉集賢院待制兼校理史惟則書碑天寶元年立唐世分書名家者四人而已韓擇木李潮蔡有鄰及惟則也（右集本）

唐舞陽侯祠堂碑 歲月見本文

右舞陽侯祠堂碑唐王利器撰史惟則八分徐浩篆額天寶二年縣令張紫陽修樊噲廟文及書篆皆可愛也 右集本

唐崔潭龜詩 天寶五年

右崔潭龜詩蔡有鄰書唐世以八分名家者四人韓擇木蔡有鄰李潮史惟則也韓史二家傳於世者多矣李潮僅有存者有鄰之書亦頗難得而小字尤佳若石經藏讚崔潭龜詩與三代彝鼎銘何異 右真蹟

唐興唐寺石經藏讚 開元中

右唐興寺石經藏讚皆其作者自書而八分者數家惟蔡有鄰著其姓氏有鄰名重當世杜甫嘗稱之於詩其爲苑咸所書小字與三代器銘何異可謂名實相稱也余家集錄有鄰書頗多皆不若此讚故尤寶之余初不識書因集古著錄所閱既多遂稍識之然則人其可不勉彊於學也治平元年三月晦日書 右真蹟

唐蔡有鄰盧舍那珉像碑 開元十六年

右盧舍那珉像碑蔡有鄰書在定州唐世名能八分者四家韓擇木史惟則世傳頗多而李潮及（十七字集本作韓擇木等四家爲最而）有鄰特爲難得慶曆中今昭文韓（集本作相）公在定州爲余得此本余所集錄自非衆君子共成之不能若此之多也（右真蹟）

唐植栢頌（天寶元年）

唐世八分四家而已韓擇木史惟則之書見於世者頗多蔡有鄰甚難得而李潮僅有亦（或作爾）皆後人莫及也不惟筆法難工

亦近時學者罕復專精如前輩也右集本

唐美原夫子廟碑天寶八年

右美原夫子廟碑縣令王嵒字山甫撰并書碑不知在何縣嵒天寶時人字畫奇怪初無筆法而老逸不羈時有可愛故不忍棄之蓋書流之狂士也文字之學傳自三代以來其體隨時變易轉相祖習遂以名家亦烏有集本有定字法邪至魏晉以後漸分真草而羲獻父子為一時所尚後世言書者非此二人集本有則字皆不為法其藝誠為

精絶然謂必為法則初何所據所謂集本無此二字天下孰知夫正法哉邕書固自於怪逸矣聊存之以備博覽治平元年八月十一日書 右真蹟

唐鄭預注多心經 天寶九年

右鄭預注多心經不著書人名氏疑預自書蓋開元天寶之間書體類此者數家如擣練石韓公井記洛祠志皆一體而皆不見名氏此經字體不减三記而注尤精勁蓋他處未嘗有故錄之而不忍棄刻釋氏

之書因字而見録者多矣余每著其所以録之意覽者可以察也治平元年夏至日大熱翫此以忘暑因書 右真蹟

集古録跋尾卷第六

八都壇實錄元第三十文云一作曰

魏戴墓誌銘元第五百六十四居甲一作高甲

乙速孤神慶碑元第八百五十二代祖二字上一有五字

治平甲辰杜日書一有此七字

薛仁貴碑元第六百五十二

尹氏闕文元第一百六十二

尹孝子旌表文元附一百六十二深矣此下一有乎字

孝子張常洧旌表碣元第二百三十二

渭南令李君碑元第一百一十九

流杯亭侍宴詩元第二百二十二臨汝此下一有温字

同前碑亭一無碑字

司刑寺大脚跡勑元第五百一十二脚跡一作佛跡勑

一作記若斯此下一有時字甚也一作盛也斯民一作人

幽林思元第二十九

寧照寺鍾銘元第五百九十六

常維善政論元第八百五十治平甲辰秋社日書

一有此八字

唐令長新戒元第三百九

華陽頌元第二百一十七所以貪畏一作所貪所畏之心

一作性或曰彼術未至故死爾一無此九字於彼

此下一有其字笑也此下一有已字治平元年正月四日

書一有此九字

有道先生葉公碑元第二百二十為最一作最為

嵩嶽寺碑元第一百十七

端州石室記元第四十四

獨孤府君碑元第四十七伯謀一作仲謀

同前缺也一無也字

裴大智碑元第四百三十五

張嘉正碑元第六百二十二至六百二十三

郭知運碑元第三十七知者此下一有注云英又記德碑云知運

第七子也今碑與唐書互見者五人尚闕其二

御史臺精舍記元第三百七十三

張尊師碑元第六百七十

景陽井銘元第二百六皆磨一無皆字

華嶽題名元第四百二十一至四百三十開元二十三年真蹟誤作丙午集本改作丙子其實歲在乙亥

其無歲月不可次第者別為一卷第十跋後一有此十五字

石臺道德經元第二至七

唐群臣請立道德經臺奏答元第十玭一作玼

廬陵歐陽某家藏一有此七字

盧阜廳事讚元第九十五

鶺鴒頌元無公卷第沂公二字上一有王字

唐玄宗謁玄元廟詩元第七十九

裴光庭碑元第四百五十七

萬回碑元第三百七十八

安公美政頌元第二百五十二師丘一作求

鐵彌勒像頌元第六百七十七

唐郎官石記元第九十八至一百

開元聖像碑元第二百九十七嘉祐八年歲在癸

卯初伏日書一有此十二字

大照禪師碑元第五十八

舞陽侯祠堂碑元第六十三

崔潭龜詩元第五百四十

興唐寺石經藏讚元第四百八十六

盧舍那珉像碑元第二百三十三至二百三十四余所集

錄自五字一作所集錄目

植栢頌元第一百五十九植一作桐甚難一作差難

美原夫子碑元第九百七十七

鄭預注多心經元第七百八十二

集古錄跋尾卷第七　歐陽文忠公集一百四十

唐開元金籙齋頌　天寶九年衛包書撰

右開元金籙齋頌雖不著書人姓氏而字為古文實為包書也唐世華山碑刻為古文者皆包所書包以古文見稱當時甚盛蓋古文世俗罕通徒見其字畫多奇而不知其筆法非工也余以集錄所見三代以来古字尤多遂識之爾　右集本

唐龍寺七祖堂頌　天寶十年

右龍興寺七祖堂頌陳章甫撰胡霈然書

霈然筆法雖未至而媚熟可喜今上黨佛寺畫壁有霈然所書多為流俗取去匣而藏之以為奇翫余數數於人家見之其墨蹟尤工非石刻比也（右真蹟）

唐明禪師碑（天寶十年　鄭炅之撰　徐浩書）

秋暑困甚覽之醒然治平丙午孟饗致齋東閣書（右真蹟）

唐徐浩玄隱塔銘（天寶十一年）

右玄隱塔銘徐浩撰并書嗚呼物有幸不幸者視其所託與其所遭如何爾詩書遭

秦不免猥燼而浮圖老子以託於字畫之善遂見珍藏余於集錄屢誌此言蓋慮後世以余為惑於邪說者八字集本作之疑余也比見當世知名士方少壯時力排異說及老病畏死則歸心釋老反恨得之晚者往往如此也可勝歎哉右真蹟

唐顔真卿書東方朔畫贊天寶十三年

右東方朔畫贊晉夏侯湛撰唐顔真卿書贊在文選中今較選本二字不同而義無異也選本曰棄俗登仙而此云棄世選本

曰神交造化而此云神友右集本

唐畫贊碑陰歲月見本文

右畫贊碑陰唐顔真卿撰并書湛贊開元八年德州刺史韓思復刻于廟天寶十三年真卿始别書之右集本

唐顔魯公題名歲月見本文

右靖居寺題名唐顔真卿題按唐書紀傳真卿當代宗時為檢校刑部尚書為宰相元載所惡坐論祭器不脩為誹謗貶硤州員外别駕撫州湖州刺史載誅復為刑部

尚書而此題名云永泰二年真卿以罪佐吉州與史不同據真卿湖州放生池碑陰所序云貶硤州旬餘再貶吉州蓋真卿未嘗至硤遂貶吉而史氏但據初貶書于紀傳耳真卿大曆三年始移撫州當遊靖居時猶在吉也右集本

同前

右魯公題名言五字集本作顏魯公華嶽靖居寺東西二林題名靖居寺在吉州據魯公言永泰二年真卿以罪貶佐吉州據舊二字集本作按唐書列傳云真卿代宗時

為刑部尚書爲宰相元載所惡貶硤州員
外別駕撫州湖州刺史載誅復爲刑部尚
書不書其貶吉州也按真卿湖州放生池
碑陰自叙云貶硤州旬餘再貶吉州蓋真
卿未嘗至硤遂貶吉州（集本無此四字）而史官闕
漏但書其初貶爾嘉祐八年十月廿三日
書　右真蹟

唐顔真卿麻姑壇記（大暦六年）

右麻姑壇記顔真卿撰并書顔公忠義之
節皎如日月其爲人尊嚴剛勁象其筆畫

而不免惑於神仙之説釋老之為斯民患也深矣 右集本

唐顔真卿小字麻姑壇記 歲月闕

右小字麻姑壇記顔真卿撰并書或疑非魯公書魯公喜書大字余家所藏顔氏碑最多未嘗有小字者惟干禄字書注最為小字而其體法與此記不同蓋干禄之注持重舒和而不局蹙此記遒峻緊結尤為集本無此字精悍此所以或者疑之也余初亦頗以為惑及把翫久之筆畫巨細皆有法

愈看愈佳然後知非魯公不能書也故聊誌之以釋疑者治平元年二月六日書右真蹟

唐中興頌 大曆六年

右大唐中興頌元結撰顏真卿書書字尤奇偉而文辭古雅世多模以黃絹為圖障碑在永州磨崖石而刻之模打既多石亦殘缺今世人所傳字畫完好者多是傳模補足非其真者此本得自故西京留臺御史李建中家蓋四十年前崖石真本也尤

為難得爾 右集本

又

右中興頌世傳顔氏書中興頌多矣然其崖石歲久剥裂故字多訛缺近時人家所有往往為好事者嫌其剥缺以墨增補之多失其真余此本得自故西臺李建中家葢四十年前舊本最為真爾 右真蹟

唐干祿字樣 大曆九年

右干祿字樣別有模本文注字全可備檢用此本刻石殘缺處多直以魯公所書真

本而錄之爾魯公書刻石者多而絶少小字惟此注最小而筆力精勁可法尤宜愛惜而世俗多傳模本此以殘缺不傳獨余家藏之治平丙午九月二十九日書右集本

唐干祿字模樣本歲月見本文

右干祿字模樣本顏真卿書楊漢公模真卿所書乃大曆九年刻石至開成中遽已訛缺漢公以謂一二工人用為衣食之業故摹多而速損者非也蓋公筆法為世楷模而字書辨正偽繆尤為學者所資故當

時盛傳於世所以模多爾豈止工人為衣食業邪今世人所傳乃漢公模本而大曆真本以不完遂不復傳若顏公真蹟今世在者得其零落之餘藏之足以為寶豈問其完不完也故余並錄二本並藏之亦欲俾覽者知模本之多失真也右集本

又

右顏魯公干祿字書乃大曆九年刻石至開成中遽已訛缺蓋由公筆法為世楷模而字書辨正僞謬尤為學者所資而當時

盛傳於世爾漢公謂一二工人用為衣食之業者惜其傳模多而早損然豈止為工人為衣食業也今世人多傳漢公模本而大曆真本以不字遂不復傳若顔公真蹟今世在者皆其零落之餘藏之尤足為寶豈問其字不字也故余并錄二本並藏之亦欲俾覽者知模本之多失真也治平元年正月五日錫慶院賜壽聖節宴歸書 右真蹟

唐歐陽琟碑 大曆十年

右歐陽琟碑顔真卿撰并書余自皇祐至和以来頗求歐陽氏之遺文以續家譜之闕既得顔魯公歐陽琟碑又得鄭真義歐陽諶墓銘以與家所傳舊譜及陳書元和姓纂諸書參較又問於呂學士夏卿夏卿世稱博學精於史傳因為余考正訛舛而家譜遂為定本然獨琟碑所失者四顔公書穆公封山陽郡公呂學士云陳無山陽郡山陽令楚州是也當梁陳時自為南兗州而以連州為陽山郡然則陳書及舊譜

皆云穆公封陽山公爲是而顔公所失者一也舊譜皆云堅石子質南奔長沙顔公云自景達始南遷其所失者二也歐陽生自前漢以来諸史皆云字和伯而顔公獨云字伯和二字義雖不異然當從衆又顔氏獨異初無所據蓋其繆爾其所失者三也元和姓纂及諶銘皆云亂約之子而顔公獨以爲紇子其所失者四也琟之世次不應舛亂如此蓋諶之卒葬在咸亨上元之間去率更未遠真義所誌宜得其實琟

來大曆中唐之士族遭天寶之亂失其譜繫者多顏公之失當時所傳如此不足怪也治平元年夏至日書銘闕其末數句不補 右真蹟

唐杜濟神道碑 大曆十二年

右杜濟神道碑顏真卿撰并書藝之至者如庖丁之刀輪扁之斲無不中也顏魯公之書刻於石者多矣而有精有粗雖他人皆莫可及然在其一家自有優劣余意傳模鐫刻之有工拙也而有碑字畫遒勁豈

傳刻不失其真者皆若是歟碑已殘缺銓次不能成集本有其字文第錄其字法爾嘉祐八年中元假日書右真蹟

唐杜濟墓誌銘大曆十二年

右杜濟墓誌銘但云顏真卿撰而不云書然其筆法非魯公不能為也蓋世頗以為非顏氏書更俟識者辨之右真蹟

唐顏真卿射堂記大曆十二年

右射堂記顏真卿書魯公在湖州所書刻于石者余家集錄多得之惟放生池碑字

畫字好如干祿字書之類今已殘闕每為之歎惜若射堂記者最後得之今僕射相公筆法精妙為余稱顏氏書射堂記最佳遂以此本遺余家素所藏諸書較之惟張敬因碑與斯記為尤精勁惜其皆殘闕也

右集本

唐張敬因碑 大曆十四年

右張敬因碑顏真卿撰并書碑在許州臨頴縣民田中慶曆初有知此碑者稍稍往模之民家患其踐田稼遂擊碎之余在滁

陽聞而遺人往求之得其殘闕者爲七段
矣其文不可次第獨其名氏存焉曰君諱
敬因南陽人也乃祖乃父曰承曰運其字
畫尤奇甚可惜也 右集本

又

右魯公之碑世所奇重此尤可珍賞也廬
陵歐陽脩書 右續添

唐顏勤禮神道碑 天寶十四年

右顏勤禮神道碑顏真卿撰并書序顏溫
二家之盛云思魯大雅在隋俱仕東宮愍

楚彥博同直內史省遊秦彥將皆典秘閣按唐書云温大雅字彥弘弟彥博字大臨弟大有字彥將兄弟義當一體而名大者字彥名彥者字大不應如此蓋唐世諸賢名字可疑者多封德彝云名倫房玄齡云名喬高士廉云名儉顏師古云名籀而皆云以字行倫喬儉籀在唐無所諱不知何避而行字余於中書見顏氏裔孫有獻其家世所藏告身三卷以求官者其一思魯除儀同制其一勤禮除詹事府主簿制其

一師古加正議大夫制思魯制云内史令
臣瑀宣者蕭瑀也侍郎臣封德彝奉舍人
臣彦将行不應内史令書名而侍郎舍人
書字又必不稱臣而書字則德彝彦将皆
當為名師古制有尚書左僕射梁國公玄
齡右僕射申國公士廉又有吏部尚書君
集者侯君集也侍郎纂者楊纂也四人並
列于後不應二人書名二人書字也則玄
齡士廉亦皆當為名矣又師古與令狐德
棻同制不應德棻書名而師古書字則師

古亦當為名也然余家集錄有申文獻公瑩兆記是高宗時許敬宗撰云公諱儉字士廉敬宗與士廉同時人而為其家作記必不繆誤則士廉又當為字也然告身書字在理豈安今新唐書雖云房玄齡字喬顏師古字籀以髙儉瑩兆記為名則喬籀果為字乎又按元和姓纂封氏蓨人隨通州刺史繡生四子曰德潤德輿德如德彝又云德彝更名倫亦不知果是否唐去今未遠事載文字者未甚訛舛殘缺尚可考

求而紛亂如此故余嘗謂君子之學有所不知雖聖人猶闕其疑以待來者蓋慎之至也 右集本

唐顔氏家廟碑 建中元年

右顔氏家廟碑顔真卿撰并書真卿父名惟貞仕至薛王友真卿其第七子也述其祖禰羣從官爵甚詳 右集本

唐顔魯公書殘碑 歲月闕

右顔氏殘碑以家廟碑考之是顔允南碑也家廟碑云允南歷殿中膳部司封郎中

司業金鄉男此碑云肅宗入中京遷司封
尋封金鄉縣男又云遷國子司業此碑云
二子頵頔頍好爲五言詩授校書郎早卒
家廟碑亦云頍好五言授書而此碑又云
與弟允臧同時臺省則爲允南可知不疑
惟書頍事家廟碑云侍郎蔣冽賞其判此
碑云爲崔器所賞小不同爾治平元年寒
食日書 右真蹟

又

余謂顔公書如忠臣烈士道德君子其端

嚴尊重人初見而畏之然愈久而愈可愛也其見寶于世者不必多然雖多而不厭也故雖其殘缺不忍棄之 右集本

唐湖州石記 歲月闕

右湖州石記文字殘缺其存者僅可識讀考其所記不可詳也惟其筆畫奇偉非顏魯公不能書也公忠義之節明若日月而堅若金石自可以光後世傳無窮不待其書然後不朽然公所至必有遺蹟故今處處有之唐人筆蹟見於今者惟公為最多

視其鉅書深刻或託於山崖其用意未嘗不為無窮計也蓋亦有趣好所樂爾其在湖州所書為世所傳者惟干祿字放生池碑尚多見於人家而干祿字書乃楊漢公摹本其真本以訛缺遂不復傳獨余集錄有之惟好古之士知前人用意之深則其堙沉磨滅之餘尤為可惜者也 右集本

唐顏魯公帖 歲月闕

右蔡明遠帖寒食帖附皆顏魯公書魯公後帖流俗多傳謂之寒食帖 集本無此十三字 其

集本有後字印文曰忠孝之家者錢文僖公自號也希錢公字也又曰化鶴之系者丁崖相印也潤州觀察使者錢惟濟也　右真蹟

唐顏魯公二十二字帖　歲月闕

斯人忠義出於天性故其字畫剛勁獨立不襲前蹟挺然奇偉有似其為人　右真蹟

唐顏魯公法帖　虞世南帖附　歲月闕

右顏真卿書二帖并虞世南一帖合為一卷顏帖為刑部尚書時乞米於李大夫云拙於生事舉家食粥來已數月今又罄乏

實用憂煎蓋其貧如此此本墨蹟在予亡友王子野家子野出於相家而清苦甚於寒士嘗模帖刻石以遺朋友故人云魯公爲尚書其貧如此吾徒安得不思守約世南書七十八字尤可愛在智永千字文後今附于此石集本

唐元次山銘歲月闕

右元次山銘顔真卿撰并書唐自太宗致治之盛幾乎三代之隆而惟文章獨不能革五國二字集本作陳隋之弊既久而集本有其字後

韓柳之徒出蓋習俗難變而文章變體集本作之又難也次山當開元天寶時獨作古文其筆力雄健意氣超拔不減韓之徒也十二字集本作雖少雄健而意氣不俗亦可謂特立之士哉右真蹟

唐呂諲表 上元二年

右呂諲表元結撰顔戒奢八分書景祐三年余謫夷陵過荆南謁呂公祠堂見此碑立廡下碑無趺石埋地中勢若將踣惜其文翰遂得斯本而入于地處字多缺滅今

世傳元子文編亦有此文以碑考之集本首尾不完中間時時小異當以石本為是然石本亦自多亡缺可不惜哉 右集本

又

景祐三年余謫夷陵過荆南謁呂公祠堂見此碑立廡下碑無趺石埋地中勢若將踣惜其文翰遂得斯本而入于地處字多缺滅今世傳元子文編所載首尾不完中間時時小異當以石本為是集錄實不為無益矣然石本亦自多亡缺可不惜哉書

者顧戒奢也余得此碑三十年矣暇日因偶題之嘉祐八年五月中旬休日書 右真蹟

唐元結窪罇銘 永泰二年

右窪罇銘元結撰瞿令問書次山喜名之士也其所有為惟恐不異於人所以自傳於後世者亦惟恐不奇而無以動人之耳目也視其辭翰可以知矣古之君子誠恥於無聞然不如是集本有人字之汲汲也 右真蹟

唐元結陽華巖銘 永泰二年

右陽華巖銘元結撰瞿令問書元結好奇

之士也其所居山水必自名之惟恐不奇而其文章用意亦然而氣力不足故少遺韻（集本無此九字）君子之欲著于不朽者有諸其內而見於外者必得於自然顏子蕭然臥於陋巷人莫見其所為而名高萬世所謂得之自然（集本有者字）也結之汲汲於後世之名亦已勞矣嘉祐八年十二月二十六日書

右真蹟

唐元結峿臺銘　大曆二年

右斯人之作非好古者不知為可愛也然

来者安知無同好也邪 右真蹟

唐張中丞傳 歲月闕

右張中丞傳李翰撰嗚呼集本無此二字張巡許遠之事壯矣秉筆之士皆喜為之稱述也然以翰所記考唐書列傳及韓退之所書皆互有得失而列傳最為踈略雖云史家當記大節然其大小數百戰屢敗賊兵其智謀材力亦有過人可以示後者史家皆滅而不著甚可惜也翰之所書誠為太繁然廣記備言所以備史官之采也 右真蹟

唐李陽冰城隍神記 乾元二年

右城隍神記唐李陽冰撰并書陽冰為縉雲令遭旱禱雨約以七日不雨將焚其祠既而雨遂徙廟于西山陽冰所記云城隍神祀典無之吳越有爾然今非止吳越天下皆有而縣則少也 右集本

唐李陽冰忘歸臺銘 乾元二年

右忘歸臺銘唐李陽冰撰并書銘及孔子廟城隍神記三碑並在縉雲其篆刻比陽冰平生所篆最細瘦世言此三石皆活歲

久漸生刻處幾合故細爾然時有數字筆畫特偉勁者乃真蹟也右集本

唐縉雲孔子廟記上元二年

右縉雲孔子廟記李陽冰撰并書孔子廟像之制前史不載開元八年國子司業郭璀奏云先聖孔宣父以先師顏子配其像為立侍配享宜坐弟子十哲雖得列像而不在祀享之位按祠令何休范甯等二十二賢猶蒙從祀十哲請列享在何休等上於是詔十哲皆為坐像據陽冰記云換夫

子之容貌增侍立者九人蓋獨顏回配坐而閔損等九人爲立像矣陽冰修廟在肅宗上元二年其不用開元之詔何也右集本

唐裴虬怡亭銘永泰元年

右怡亭在武昌江水中小島上武昌人謂其地爲吳王散花灘亭裴鷗造李陽冰名而篆之裴虬銘李莒八分書刻于島石四十六字集本作怡亭銘李陽冰篆裴虬撰李莒書銘在武昌江水中有小島亭在其上人謂其地爲吳王散花灘銘刻于島石常爲江水所沒故世亦罕傳鷗集本以鷗字作亭裴公作不知何人虬代宗

時集本有為字道州刺史韓愈集本作退之為其子復墓志云虬為諫議大夫有寵代宗朝屢諫諍數命以官多辭不拜然唐史不見其事李莒華弟也治平二年正月十日孟春薦饗攝事致齋中書東閣書 右真蹟

唐李陽冰庶子泉銘 大曆六年

右庶子泉銘李陽冰撰并書慶曆五年余自河北都轉運使貶滁陽屢至陽冰刻石處未嘗不裴回其下庶子泉昔為流谿今為山僧填為平地起屋于其上問其泉則

指一大井示余集本無此二字曰此庶子泉也可

不惜哉右真蹟

唐李陽冰阮客舊居詩歲月闕

右李陽冰阮客舊居詩云阮客身何在僊

雲洞口横人間不到處今日此中行阮客

者不見其名氏蓋縉雲之隱者也彼以遁

俗爲高而終以無名於後世可謂獲其志

矣然聖人有所不取也陽冰欲稱其人而

不顯其名字何哉豈阮客見稱於當時而

陽冰不慮於後世邪夫士固有顯聞於一

時而泯沒於萬（集本作後）世者矣顧其道何如（集本作如何）也陽冰篆字世傳多矣此磨滅而僅存尤可惜也治平元年四月二十有六日書 右真蹟

唐裴公記德碣銘 歲月見本文

右裴公記德碣銘唐越州刺史王密撰國子監丞集賢院學士李陽冰篆裴公儆為明州刺史密代之為作此文其文云皇唐御神器一百四十二年天下大康海隅小冠結亂颰越因言明州當出兵之衝民物

殘弊儆撫綏有惠愛而人思之爾按唐自戊寅武德元年受命至乙亥乾元二年乃一百四十二年是時肅宗新起靈武上皇自蜀初還史思明僭號于河北是歲洛陽汝鄭等州皆陷于賊不得云天下大康而海隅小寇也考于史傳又不見其事惟台州賊袁晁攻陷浙東州郡乃寶應元年當云一百四十五年又據寀代儆為明州刺史至大曆十四年移湖州則儆寀相繼為刺史宜在代宗時然寀當時人推次唐年

不應有失余友王回深父曰唐自武德至大曆八年實一百五十六年中間除則天稱周十四年則正得一百四十二年是時天下粗定文人著辭以為大康理亦可通是歲廣州哥舒晃作亂海隅小寇豈謂此歟余以謂晃之亂唐命江西路嗣恭討平之不當自明州出兵深父曰然兵家出奇明州海道去廣不遠亦或然也故并著之

右集本

又

右裴公紀德碣王密撰裴公名儆代宗時爲明州刺史密代之碣文云皇唐御神器一百四十三載天下大康而海隅小寇結亂甌越按唐自武德元年至乾元二年實一百四十二年是時肅宗新起靈武上皇自蜀初還史思明僭號于河北是歲洛陽汝鄭等州皆陷于賊不得云天下大康而海隅小寇考于史傳又不見其事然密當時人推次唐年不宜有失王回曰大曆八年廣州哥舒晃作亂此所謂海隅小寇者

也自武德元年至是歲實一百五十六年中間則天稱周者十四年去之正得一百四十二年矣豈謂此歟以事考驗理宜如此又不知客意為何如也姑志其語以俟知（集本有之字）者嘉祐八年十月三十日書右真蹟

唐玄靜先生碑（大曆七年）

右玄靜先生碑柳識撰張從申書李陽冰篆額唐世工書之士多故以書知名者雖自非有以過人者不能也然而張從申以

書得名於當時者何也從申每所書碑李陽冰多爲之篆額時人必稱爲二絶其爲世所重如此余以集録古文閲書既多故雖不能書而稍識字法從申所書棄者多矣而時録其一二者以名取之也夫非衆人之所稱任獨見以自信君子於是慎之故特録之必待知者 右真蹟

唐龍興寺四絶碑首 大曆八年

右四絶碑首者李陽冰篆法慎律師碑額也在揚州龍興寺唐李華文張從申書李

陽冰篆額律師者淮南愚俗素信重之謂此碑為四絕碑律師非余所知華文與從申書余亦不甚好故獨錄此篆爾 右集本

唐滑州新驛記 大曆九年

右新驛記李陽冰篆碑在今滑州驛中其陰有銘曰斯去千載冰生唐時冰今又去後来者誰後千年有人吾不知之後千年無人當盡於斯嗚呼郡人為吾寶之不知作者為誰然賈躭嘗為李騰序說文字源盛稱陽冰此記躭為滑州刺史因見斯記

而稱之耳陽冰所書世固多有可愛者不獨斯記也嘉祐八年十二月廿六日書右真蹟

唐王師乾神道碑 大曆十三年

右王師乾神道碑張從申書余初不甚以為佳但怪唐人多稱之第錄此碑以俟識者前歲在亳社因與秦玠郎中論書玠學書於李西臺建中而西臺之名重於當世余因問玠西臺學何人書云學張從申也問玠識從申書否云未嘗見也因以此碑

示之玠大驚曰西臺未能至也以此知世以鑒書為難者誠然也從申所書碑今絕不行於世惟予集錄有之者呉季子碑陰記崔圓頌德碑并此纔三爾熙寧三年十月二十七日書 右真蹟

集古錄跋尾卷第七

開元金籙齋頌元第七百二十七姓氏一作名氏治平

元年七月三十日一有卅九字

七祖堂頌元第三十三

明禪師碑元第五百二十五

玄隱塔銘元第五百九十

東方朔畫贊元第五十九

畫贊碑陰元第六十

顔魯公題銘元第一百二

麻姑壇記元第四十

小字麻姑壇記元第三百

唐中興頌元第四十八至五十

千祿字樣元第二百三十七

千祿字樣模本元第二百三十八

歐陽琟碑元第七百七十六至七百七十七

杜濟神道碑元第四百五碑已一作以

杜濟墓誌銘元第三百七十七

射堂記元第五百三十爲余二字上一有數字諸書一作本

治平元年七月二十二日中書東閣書一有此十五字

或問余曰何謂六一居士余曰吾家有

書一萬卷集古錄一千卷棋一局琴一張置酒一壺問者曰此五一也柰何余曰以吾一翁老於五物之間豈非六一乎治平丙午秋饗攝事齋于東閣書跋後

一有此七十五字

張敬因碑元第四十二至四十三

顏勤禮碑元第三百四十五至三百四十六彥將皆當爲名此下一有也字字乎一作否治平元年二月二十八日書一有此十一字

顏公家廟碑元第五十二至五十三

顏魯公書殘碑元第三百九十七

又棄之一作也

湖州石記元第二百七十七後世此下一有而字不朽此下一有也字亦有一作其治平元年正月二十日書

一有此十字

顏魯公帖元第一百八十一罄之石本作罄竭

顏魯公二十二字帖元無卷第

顏魯公并虞世南帖元無卷第

元次山銘元第二百四十三

呂諲表元第一百五十五

窪罇銘 元第三百一十八

陽華巖銘 元第二百二 見於 此下一有其字

峿臺銘 元第一百七十六

張中丞傳 元第二百八十二至二百八十三 最為 一無為字

城隍神記 元第一百三

忘歸臺記 元附一百四

縉雲孔子廟記 元第一百四 郭瓘 一作郭元瓘或作李元瓘 案唐志李元瓘為是

嘉祐八年十月二十三日書 一有此十字

怡亭銘 元第一百一十二

庶子泉銘元第七十裴回一作徘徊

阮客舊居詩元第五百九十五

裴公紀德碣元第一百一十八

玄静先生碑元第五百二十七之必二字一作以

四絕碑首元第一百七十九覺寂碑首附嘉祐八年夏

至日書一有此八字

覺寂碑首亦陽冰篆也跋後又有此九字

滑州新驛記元第二百一十

王師乾碑元第七百五

（宋）歐陽修　撰

宋本歐陽文忠公集

第二五册

國家圖書館出版社

第一二五册目録

集古錄目序

物常聚於所好而常得於有力之彊有力而不好好之而無力雖近且易有不能致之象犀虎豹蠻夷山海殺人之獸然其齒角皮革可聚而有也玉出崑崙流沙萬里之外經十餘譯乃至乎中國珠出南海常生深淵採者腰絙而入水形色非人往往不出則下飽蛟魚金礦于山鑿深而穴遠篝火餱粮而後進其崖崩窟塞則遂葬於其中者率常數十百人其遠且難而又多

死禍常如此然而金玉珠璣世常兼聚而有也凡物好之而有力則無不至也湯盤孔鼎岐陽之鼓岱山鄒嶧會稽之刻石與夫漢魏以來聖君賢士桓碑彝器銘詩序記下至古文籀篆分隸諸家之字書皆三代以來至寶怪奇偉麗工妙可喜之物其去人不遠其取之無禍然而風霜兵火湮淪磨滅散棄於山崖墟莽之間未嘗收拾者由世之好者少也幸而有好之者又其力或不足故僅得其一二而不能使其聚

也夫力莫如好好莫如一予性顓而嗜古凡世人之所貪者皆無欲於其間故得一其所好於斯好之已篤則力雖未足猶能致之故上自周穆王以来下更秦漢隋唐五代外至四海九州名山大澤窮崖絶谷荒林破塚神仙鬼物詭怪所傳莫不皆有以為集古錄以謂轉一作傳寫失真故因其石本軸而藏之有卷帙次第而無時世之先後蓋其取多而未已故隨其所得而錄之又以謂聚多而終必散乃撮其大要别

為錄目因并載夫可與史傳正其闕繆者以傳後學庶益於多聞或譏予曰物多則其勢難聚聚久而無不散何必區區於是哉予對曰足吾所好玩而老焉可也象犀金玉之聚其能果不散乎予固未能以此而易彼也廬陵歐陽脩序

昔在洛陽與余遊者皆一時豪儁之士也而陳郡謝希深善評文章河南尹師魯辨論精博余每有所作二人者必伸紙疾讀便得余深意以示他人亦或時

有所稱皆非余所自得者也宛陵梅聖俞善人君子也與余共處窮約每見余小有可喜事懽然若在諸己自三君之亡余亦老且病矣此敍之作既無謝尹之知音而集錄成書恨聖俞之不見也悲夫嘉祐八年歲在癸卯七月二十四日書

錄目記 公子棐

集古錄既成之八年家君命棐曰吾集錄前世埋沒缺落之文獨取世人無用

之物而藏之者豈徒出於嗜好之僻而
以為耳目之玩哉其為所得亦已多矣
故嘗序其說而刻之又跋於諸卷之尾
者二百九十六篇序所謂可與史傳正
其闕繆者已粗備矣若撮其大要別為
目錄則吾未暇然不可以闕而不備也
棐退而悉發千卷之藏而考之曰嗚呼
可謂詳矣蓋自文武以來迄于五代盛
衰得失賢臣義士姦雄賊亂之事可以
動人耳目者至於釋氏道家之言莫不

皆有然分散零落數千百年而後聚於此則亦可謂難矣其聚之既難則其久也又將遂散而無傳宜公之惜乎此也於是各取其書撰之人事迹之始終所立之時世而著之為一十卷以附於跋尾之後夫事必簡而不煩然後能傳於久遠今此千卷之書者刻之金石託之山崖未嘗不為無窮之計也然必待集錄而後著者豈非以其繁一作多而難於盡傳哉故著其大略而不道其詳者公

之志也熙寧二年二月記

右集錄序成於嘉祐末年其云有卷帙次第無時世先後蓋取多而未已故隨其所得而錄之此公述千卷不以世代為之序意也又云撮其大要別為錄目因載夫可與史傳其正闕繆者以傳後學此公述錄目跋尾之意也至熙寧二年公之子叔弼記其後云公命棐曰吾跋諸卷之尾者二百九十六篇若撮其

大要別為錄目則吾未暇棐乃盡發千卷著其大略自今觀之公序明言別為錄目而棐乃記公未暇之語世傳集古跋十卷四百餘篇而棐乃謂二百九十六篇雖是時公尚無恙後三年方薨然續跋總十餘耳不應多踰百篇得非寫本誤以三百為二百或棐記在熙寧之前耶棐又云為十卷附跋尾之後今錄目自為一書乃二十卷不過列碑石所在及其名氏歲月初無難著何未暇之

有是皆可疑姑以𣂪所記附公本序之
後而自周秦至于五季皆隨年代爲之
序庶幾時世先後秩然不紊間有書撰
出於一手其歲月相逼則類而次之又
於每卷之末備存當時卷帙之次第既
以便今亦不失其初云

集古錄序經十（一作重十）葵於（一作䔍于）所貪（一作所好）予固（一作吾固）

集古錄跋尾第一卷

歐陽文忠公文集一百三十四

古敦銘　毛伯敦　龔伯彝　伯庶父敦

右毛伯古敦銘，嘉祐中原父以翰林侍讀學士出爲永興軍路安撫使，其治在長安。原父博學好古，多藏古奇器物，能讀古文銘識一作之，考之其人事蹟，而長安秦漢故都，時時發掘所得，原父悉購而藏之，以予方集錄古文，故每有所得，必模其銘文以見遺。此敦原父得其蓋於扶風而有此銘原父為予考按其事云史記武王克商尚父牽牲毛叔鄭奉明水則此銘謂鄭者毛叔鄭也銘稱伯者爵也史稱叔者字也敦乃武王時器也蓋余集錄最後得此銘當作錄目序時但有伯冏銘吉日癸巳字最遠故敘言自周穆王以來敘已刻石始得斯（一作此）銘乃武王時器也其後二銘一得盩厔曰龔伯尊彝其一亦得扶風曰伯庶父作舟姜尊敦皆不知為何人也三器銘文皆完可識具列如左 右真蹟

毛伯𣪕銘

隹一年正月初吉王在周邵宮
丁亥王各于宣射毛伯內門立
中廷右祝鄭王乎內史冊命鄭
王曰鄭昔先王既命女乍邑𦆫
五邑祝今余隹𤔲乃命錫女
赤市冋衡黃鑾旂用事鄭拜稽
首敢對揚天子休命鄭用乍朕
皇考龏伯𩕘𣪕鄭其眉壽萬
年無疆子子孫孫永寶用享

釋文

隹二年正月初吉王在周昭宮丁亥王格于宣射毛伯入門位中庭右祝鄭王呼内史冊命鄭王曰鄭昔先王既命女作邑（一字未詳）五邑祝今余隹亂啇乃命錫女赤芾同冕齊黃絲旂用事鄭拜稽首敢對揚天子休命鄭用作朕皇考龔伯尊𣪕鄭其𧟟壽萬年無疆子子孫孫永寶用享

薛尚功釋云惟二年正月初吉王在周邵宮丁亥王格于宣榭毛伯内門立中廷佑祝鄁王呼内史冊命鄁王曰鄁昔先王既命汝作邑繼五

邑祝令余惟嗹京乃命錫汝赤市彤冕齊黃鑾旂用事郝拜稽首敢對揚天子休命郝用作朕皇考龔伯尊彝郝其其眉壽萬年無疆子子孫孫永寶用享

龔伯彝銘

釋文

夒作皇祖懿公文公武伯皇考龔伯尊彝夒其熈萬年無疆霝終霝始其子子孫孫永寶用享于宗室

薛尚功釋云夒作皇祖益公文公武

伯皇考龔伯龏彝屢其洍萬年無疆令
終令命其子子孫孫永寶用享于宗室

伯庶父彝銘

隹二月戊寅伯庶父乍王姑舟
姜尊彝其永寶用

釋文

惟二月戊寅伯庶父作王姑舟姜尊彝其
永寶用享 薛尚功釋曰為周餘同上

韓城鼎銘

隹王九月乙亥晉姜曰余隹司
朕先姑君晉邦余不叚妄寧巠

雝明德宣邲我猷用紹匹辝辟
每揚厥光烈虔不墜魯覃京師
乂我萬民嘉遣我賜鹵積千兩
勿廢文侯顯命俾貫通弘征繁
湯原取厥吉金用作寶尊鼎用
康柔綏懷遠邇君子晉姜用祈
綽綰眉壽作疐為極萬年無疆
用享用德畯保其孫子三壽是利

右原甫既得鼎韓城遺余以其銘而太常博士楊南仲能讀古文篆籀為余以今文

寫之而闕其疑者原甫在長安所得古奇
器物數十種亦自為先秦古器記原甫博
學無所不通為余釋其銘以今文而與南
仲時有不同故并著二家所解以俟博識
君子具之如右 右真蹟

惟王九月乙亥晉姜曰余惟司朕先姑
君晉邦余不〇安寧巠雝明德宣我
猷用 所辭辟 劉虔不
吕寵我萬民嘉遺我錫鹵賚千兩
㐱灋文侯 征綏 堅

乆吉金用作寶尊鼎用康𩞁妥懷遠邦

君子晉姜用𣫧麋壽作惠亟萬

年無疆用德畯保其孫子三壽是利

右原父所寫如此

佳惟王九月乙亥晉姜曰余佳惟司嗣孚

同朕先姑君晉邦余不叚敎今作敢者籀文省妄

寧巠經濇難明德宣邲疑鄙省隸作邺我𩰳用

𤕌厈辥辟妊疑即毋字𩭤久乂剿虔不家疑家

字讀為墜譚諸𦥑覃亭享㠯師𩰫我萬民亂

遣我𠩺疑易字圅卤或胃字省賚千兩勿灋文

矦頵令畀疑畀字畢疑毋字讀為貫衜通仯征繇

疑䌛字湯𨇨馭受久吉金用乍作寶障障

鼎用康𩱽疑西夏字㚤疑妥讀為綏衮𨙀切君子晋

姜用蘄疑析字讀為祈綽窹釁疑釁字讀為眉蔦少龔

眔為丞極萬年無疆疆用亯享用德畯

疑允字俆囟其孫子三蔦是料

右嘉祐己亥歲馮掖有得鼎韓城者摹

其款識于石樂安公以南仲職典書學

命釋其字謹按其銘蓋多古文奇字古

文自漢世知者已稀字之傳者賈逵許

慎輩多無其說蓋古之事物有不與後
世同者故不能盡通其作字之本意也
其不傳者今或得於古器無所依據難
以臆斷大抵古字多省偏旁而趣簡易
故佳司坙自𠤎等字皆假借也鄭司農
說周禮云古者書儀但為義又云古者
立位同字古文春秋經公即位為公即
立者是也𠭥者進取也从受故叟疑
為𠭥每母从女而象乳子形故娒疑為
母而繇讀為繇　雝用邕斅邕从巛古

文作營令此𩐁从水从呂故疑為雝

魯字古作㫚即旅字古文旅作㫚而㫚者

字用㫚為聲蓋古文魯旅者三字通用

故譌疑為諸　易者篆文象蜥易形故

卭疑為易而讀為錫為賜皆以穀假借

也鹵从鹵古西字中象鹽形𦞄胃上象胃

中穀形故圂胃二字　甹者从ナ在甲

下ナ今但用左古者尚右故ナ在甲下為甹故畀疑為甹亦恐

借為俾讀毋音冠象穿寶貨形貫字从之串或

即毋字今毛詩有串夷字俗用為串穿

之串而說文不載豈非𠦬字之省也故𠭊𠦬讀為貫通从辵凡从辵彳之字多通用故俑𠭊為通古語二字相屬者多為一字書之若秦鍾銘有字（小字旁四方）之字是也卣古西字故𠧩𠭊為西夏字（秦鍾銘亦有此字）妥字說文無之蓋古綏字省糸尒其後相承讀如婧故妥𠭊讀為綏於（音偃）石鼓文皆作㫃古之旌旂悉載於車故𠭊斵即旂字而从車借讀為祈近嘗有得敦藍田者二銘皆有用斵

萬舊之文故知然也　釁今嶓為許刃而虋芑之虋（音門）用之為聲詩鳧鷖在釁又省為亹易繫辭亹亹又讀如尾釁（門）尾眉聲相近又古者字音多與今異（徐鉉所謂如𠐌亦音香釁亦音門乃亦音仍它皆倣此是也）豈釁眉古亦同音歟秦鍾銘亦有釁舊字故釁疑為眉　為者母猴也从爪而象其形故㒸為爲　晛字字書所無而於文埶宜為允蓋用⿰目川省⿰豈殳也它字不可識者猶十一二與其偏旁之異者若尋旨旅凡

斗之類皆今所不傳以小篆參求之不能仿佛以今揆之其間或當時書者鑴器者不必無謬誤矣盡淺學以塞公命云尒

嘉祐壬寅冬十月太常博士知國子監書學豫章楊南仲識

嘗觀石鼓文愛其古質物象形埶有遺思焉及得原甫鼎器銘又知古之篆字或多或省或移之左右上下惟其意之所欲然亦有工拙秦漢以來裁歸一體

故古文所見者止此惜哉治平甲辰正月莆陽蔡襄

商雒鼎銘 真蹟

右商雒鼎銘者原甫在長安時得之上雒其銘云惟十有四月既死霸王在下都雒公鹹作隮鼎用追享丁于皇且考用气麋壽萬年無疆子子孫孫永寶用雒公不知爲何人原甫謂古丁寧通用蓋古字簡略以意求之則得爾而蔡君謨謂十有四月者何原甫亦不能言也治平元年中伏日

書

古器銘鍾銘二　奎器銘一字疑非奎　甗銘二　寶敦銘一

右古器銘六余嘗見其二曰甗也寶龢鍾也太宗皇帝時長安民有耕地得此甗初無識者其狀下為鬲三足上為方甑中設銅箄可以開闔製作甚精有銘在其側學士句中正工於篆籀能識其文曰甗也遂藏于秘閣余為校勘時常閱于秘閣下景祐中修大樂冶工給銅更鑄編鍾得古鍾有銘于腹因存而不毀即寶龢鍾也余知

太常禮院時嘗於太常寺按樂命工叩之與王朴夷則清聲合初王朴作編鍾皆不圖至李照等奉詔修樂皆以朴鍾為非及得寶龢其狀正與朴鍾同乃知朴為有法也嘉祐八年六月十八日書 右真蹟

同前 綏和鍾 寶盉 寶龢

右古器銘四尚書屯田員外郎楊南仲為俞讀之其一曰綏和林鍾其文磨滅不可而字有南仲不能識者其二曰寶盉其文可讀曰伯玉般子作寶盉其萬斯年子

子孫孫其永寶用其三其四皆曰寶𣪘其銘文亦同曰惟王四年八月丁亥散季肇作朕王母叔姜寶𣪘散季其萬年子子孫孫永寶蓋一𣪘而二銘余家集錄所藏古器銘多如此也治平元年七月十三日以服藥假家居書　右真蹟

自余集錄古文所得三代器銘必問於楊南仲章友直暨集錄成書而南仲友直相繼以死古文奇字世罕識者而三代器銘亦不復得矣治平三年七月二十（一有八字）日

一有以字 盂饗攝事太廟齋宫書 右真蹟

終南古鼎銘

右終南古鼎銘太理評事蘇軾爲鳳翔府判官得古器於終南山下其形制與今三禮圖所畫及人家所藏古鼎皆不同初莫知爲鼎也蓋其銘有寶尊鼎之文遂以爲鼎爾 右集本

叔高父煮簋銘

右煮簋銘曰叔高父作煮簋其萬年子子孫孫永寶用原長安得此簋於扶風原甫

曰簋四升其形外方內圓而小堉之似龜有首有尾有足有甲有腹今禮家作簋亦外方內圓其形如桶但於其蓋刻為龜形（一有爾字）與原甫所得真古簋不同（一有也字）君謨以謂禮家傳其說不見其形制故名存實亡原甫所見可以正其繆也故幷錄之以見君子之於學貴乎多見而慱聞也治平元年六月二十日書　右真蹟

周穆王刻石

右周穆王刻石曰吉日癸巳在今贊皇壇

山上壇山在縣南十三里穆天子傳云穆天子登贊皇（一有山字）以望臨城置壇此山遂以為名癸巳誌其日也圖經所載如此而又別有四望山者是穆王所登者（一作山）據穆天子傳但云登山不言刻石然字畫亦奇怪土人謂壇山為馬蹬山以其巳字形類也慶曆中宋尚書祁在鎮南遣人於壇山模此字而趙州守將武臣也遽命工鑿山取其字龕于州廨之壁聞者為之嗟惜也治平甲辰秋分日書 右真蹟

𣪘匜名　周姜寶𣪘　張伯費匜

右伯冏𣪘銘曰伯冏父作周姜寶𣪘用夙夕享用蘄萬壽尚書冏命序曰穆王命伯冏爲周大僕正則此𣪘周穆王時器也按史記年表自厲王以上有世次而無年數共和以後接乎春秋年數乃詳蓋自穆王傳共孝懿夷厲五王而至于共和自共和至今蓋千有九百餘年斯𣪘之作在共和前五世而遠也古之人欲存乎久遠者必託於金石而後傳其堙沉埋沒顯晦出入

不可知其可知者久而不朽也然岐陽十鼓今皆在而文字剝缺者十三四惟古器銘在者皆完則石之堅又不足恃是以古之君子器必用銅取其不為燥濕寒暑所變為可貴者以此也古之賢臣名見詩書者常為後世想望矧得其器讀其文器古而文奇自可寶而藏之邪其後張伯匜銘曰張伯作煑匜其子子孫孫永寶用張伯不知何人也二銘皆得之原父也 右集本

敦匜銘 伯冏敦 張仲匜

嘉祐六年原父以翰林侍讀學士出爲永興軍路安撫使其治在長安原父博學好古多藏古奇器物而咸鎬周秦故都其荒基破冢耕夫牧兒往往有得必購而藏之以余方集録古文乃模其銘刻以爲遺故余家集古録自周武王以来皆有者多得於原父也歸自長安所載盈車而以其二器遺余其一曰伯冏之敦其一曰張仲之匜其形制舉今不同而極精巧敦匜皆有銘而云匜獲其二皆有蓋而上下皆銘銘

文皆同甚矣古之人慮遠也知夫物必有弊而百世之後埋沒零落幸其一在尚冀或傳爾不然何丁寧重複若此之煩也其於一用器為慮猶如此則其操修施設所以垂後世者必不苟二子名見詩書伯冏周穆王時人張仲宣王時人太史公表次三代以來自共和以後年世乃詳蓋自共和元年遠今千有九百餘年而穆王又共和前五世可謂遠矣而斯器也使獲於吾二人其中間晦顯出入不可知以其無文

字以志之也蓋其出或非其時而遇或非其人者物有幸不幸也今出而遭吾二人者可謂幸矣不可以不傳故為之書且以為贈我之報歐陽脩記 右集本

張仲器銘 集本

張 仲 作 寶 匜 奉

之 金 鏤

其 其 光 用

授 熊

用 饗 大 正 商 王

賓 饔 鼎 召 飲

張 仲 受 無 疆 福

飤 鼎 餬

張 仲 萬 壽

匽銘雖四而文則一今類轉注偏傍之
或異者分注釋文四十一字於其下

張 仲 作 寶 簠 萁

之 金 鈇 鈂 欽

鐃 熏 其 其

黃 用 盛 七 請 受 糕

米 用 饗 大 正 音

王賓殨殨具召飼飼

張仲受無疆福福

必友殨飼鼎寶寶

張仲畀壽

薛尚功編鼎彝款識有此釋文五十一字附見于此

右張仲器銘四其文皆同而轉注偏傍左右或異蓋古人用字如此爾嘉祐中原父在長安獲二古器於藍田形制皆同有蓋而上下有銘甚矣古人之為慮遠也知夫物必有弊而百世之後理沒零落幸其一

在尚冀或傳爾不然何丁盌重複一作復若此之煩也詩六月之卒章曰侯雖在矣張仲孝友蓋周宣王時人也距今實千九百餘年而二器始復出原甫藏其器予錄其文蓋仲與吾二人者相期於二千年之間可謂遠矣方仲之作斯器也豈必期吾二人者哉蓋久而必有相得者物之常理爾是以君子之於道不汲汲而志常在於遠大也原甫在長安得古器數十作先秦古器記而張仲之器其銘文五十有一其可

識者四十有一具之如左其餘以俟博學君子

石鼓文

右石鼓文岐陽石鼓初不見稱於前世至唐人始盛稱之而韋應物以為周文王之鼓（一有至字）宣王刻時（一有爾字）韓退之直以宣王之鼓在今鳳翔孔子廟中鼓有十先時散棄于野鄭餘慶置于廟而亡其一皇祐四年向傳師求於民間得之（一有十鼓二字）足其文可見者四百六十五（一有磨滅二字）不可識者

過半余所集錄文之古者莫先於此然其可疑者三四今世所有漢桓靈時碑往往尚在其距今未及千歲大書深刻而磨滅者十猶八九此鼓按太史公年表自宣王共和元年至今嘉祐八年實千有九百一十四年鼓文細而刻淺理豈得存此其可疑者一也其字古而有法其言與雅頌同文而詩書所傳之外三代文章真蹟在者惟此而已然自漢已來博古好奇之士皆略而不道此其可疑者二也隋氏藏書最

多其志所錄秦始皇刻石婆羅門外國書皆有而獨無石鼓遺近錄遠不宜如此此其可疑者三也前世傳記所載古遠奇怪之事類多虛誕而難信況傳記不載不知韋韓二君何據而知為文宣之鼓也隋唐古今書籍粗備豈當時猶有所見而今不見之邪然退之好古不妄者余姑取以為信爾至於字畫亦非史籀不能作也廬陵歐陽某記嘉祐八年六月十日書 右真蹟

秦度量銘

右秦度量銘二按顔氏家訓隋開皇二年之推與李德林見長安官庫中所藏秦鐵稱權傍有鐫銘二其文正與此二銘同之推因言司馬遷秦始皇帝本紀書丞相隗林當依此銘作隗狀遂錄二銘載之家訓余之得此二銘也迺在秘閣校理文同家同蜀人自常遊長安買得（一有此字）二物其上刻二銘出以示余其一乃銅鍰不知為何器其上有銘循環刻之乃前一銘也其一乃銅方版可三四寸許所刻乃後一銘也

考其文與家訓所載正同然之推所見是

鐵稱權而同所得乃二銅器余意秦時兹

二銘刻於器物者非一也及後又於集賢

校理陸經家得一銅版所刻與前一銘亦

同益知其然也故并録之云嘉祐八年七

月十日書 右真蹟

秦昭和鍾銘

右秦昭和鍾銘曰秦公曰丕顯朕皇祖受

天命奄有下國十有二公按史記秦本紀

自非子邑秦而秦仲始爲大夫卒莊公立

卒襄公文公寧公出公武公德公宣公成公穆公康公共公桓公景公相次立太史公於本紀云襄公始列為諸侯於諸侯年表則以秦仲為始今據年表始秦仲則至康公為十二公此鍾為共公時作也據本紀自襄公始則至桓公為十二公而銘鍾者當為景公也故並列之以俟博識君子

治平元年二月社前一日書 右真蹟

秦祀巫咸神文 一作秦誓文

右秦祀巫咸神文今流俗謂之詛楚文其

言首述秦穆公與楚成王事遂及楚王熊相之罪按司馬遷史記世家自成王以後王名有熊良夫熊適熊槐熊元而無熊相據文穆公與成王盟好而後云倍十八世之詛盟今以世家考之自成王十八世為頃襄王而頃襄王名横不名熊相又以秦本紀與世家參較自楚平王娶婦於秦昭王時吳伐楚而秦救之其後歷楚惠簡聲悼肅五王皆寂不與秦相接而宣王熊良夫時秦始侵楚至懷王熊槐頃襄王熊横

當秦惠文王及昭襄王時秦楚屢相功伐則此文所載非懷王則頃襄王也而名皆不同又以十八世數之則當是頃襄然則相之名理不宜繆但史記或失之爾疑相傳寫為橫也 右集本

之罘山秦篆遺文 集文

右秦篆遺文總二十一字曰於久遠也如後嗣為成功德盛臣去疾御史大夫臣德其文與嶧山碑泰山刻石二世詔語同而字畫皆異惟泰山之為真李斯篆爾此遺

者或云麻温故學士於登州海上得片木有此文豈杜甫所謂棗木傳刻肥失真者邪

秦泰山刻石 一作書李斯篆後 集本

右秦二世詔李斯篆天下之事固有出於不幸者矣苟有可以用於世者不必皆賢聖之作也蚩尤作五兵紂作漆器不以二人之惡而廢萬世之利也篆字二字一作小篆之法出於秦李斯斯之相秦焚棄典籍遂欲滅先王之法而獨以已之所作刻石而示

萬世何哉十四字一作全已之所作則為萬世不可朽之計何其愚哉

按史記秦始皇帝行幸天下凡六刻石及二世立又刻詔書于一作於其旁今皆亡矣獨泰山頂上二世一有此字詔僅在所一無二字存數十字爾今俗傳嶧山碑者史記不載又其字體差大六字一作其字特大不類泰山存者其本出於徐鉉一無此六字又有別本云一無此字出於夏竦家者以今市人所鬻校之無異一無此十一字自唐封演已言嶧山碑非真而杜甫直謂棗木傳刻爾皆不足貴也一無此五字余

友江鄭幾（一作休復）謫官於奉符，嘗自至泰山頂上視秦所刻石處，云石頹不可鐫鑿，不知當時何以刻也。然而（二字一作其）四面皆（一有石字）無草木，而野火不及，故能若此之久（一有也字）。然風雨所剥，其存者纔此數十字（一無此三字）而已。本鄭幾遺余也。此今俗傳嶧山碑本特為真者爾（一無此十九字，只作休復字鄭幾）。

秦嶧山刻石

右秦嶧山碑者，始皇帝東巡，群臣頌德之辭，至二世時，丞相李斯始以刻石。今嶧山實無此碑而人家多有傳者各有所自來昔徐鉉在江南以小篆馳名鄭文寶其門人也嘗受學於鉉亦見稱於一時此本文寶云是鉉所摹文寶又言嘗親至嶧山訪秦碑莫獲遂以鉉所摹刻石於長安世多傳之余家集録别藏泰山李斯所書數十字尚存以較摹本則見真僞之相遠也治平元年六月立秋日 右真蹟

同前 一作秦二世詔

右鄒嶧山秦二世刻石以泰山所刻較之

字之存者頗多而磨滅尤甚其趙嬰楊繆姓名以史記考之乃微可辨其文曰大夫趙嬰五大夫楊繆皇帝曰金石刻盡始皇帝所為也今襲號而金石刻凡二十九字多於泰山存者而泰山之石又滅盛德二字其餘則同而嶧山字差小又不類泰山存者刻畫字好而附錄于（一作於）此者古物難得兼資博覽爾蓋集錄成書後八年得此于（一作於）青州而附之熙寧元年秋九月六日書 右真蹟

前漢二器銘 林華宮行鐙一歲月見本文蓮勺宮愽山爐

劉原父帖

近又獲一銅器刻其側云林華觀行鐙重一斤十四兩五鳳二年造第一令附墨本上呈

右林華宮行鐙銘一蓮勺宮銅愽山爐下槃銘一皆漢五鳳中造林華宮漢書不載宣帝本紀云困於蓮勺鹵中注云縣也亦不云有宮蓋秦漢離宮別館不可勝數非因事見之則史家不能備載也余所集錄

古文自周穆王以来莫不有之而不獨無
前漢時字求之久而不獲每以為恨嘉祐
中友人劉原甫出為永興守長安秦漢故
都多古物奇器埋沒於荒基敗冢往往為
耕夫牧豎得之遂復傳於人間而原甫又
雅喜藏古器由此所獲頗多而以余方集
古文故每以其銘刻為遺既獲此二銘其
後又得谷口銅甬銘乃甘露中造由是始
有前漢時字以足余之所闕而大償其素
願焉余所集錄既博而為日滋久求之亦

勞得於人者頗多而最後成余志者原甫也故特誌之嘉祐八年歲在癸卯七月二十日書右真蹟

前漢谷口銅甬銘歲月見本文

右漢谷口銅甬原父在長安時得之其前銘云谷口銅甬容十其下滅兩字始元四年左馮翊造其後銘云谷口銅甬容十斗重四十斤甘露元年十月計掾章平左馮翊府下滅一字原父以今權量校之容三斗重十五斤始元甘露皆宣帝年號一有也字

余所集録千卷前漢時文字惟此與林華行鐙蓮勺博山鑪盤銘爾治平元年六月九日書右真蹟

前漢鴈足鐙銘此跋本與漢二器銘銅甬銘共為一卷

裴如晦帖

煜頃嘗謂周秦東漢往往有銘傳於世間獨西漢無有王原𠦑言華州片瓦有元光字急使人購得之乃好事者所為非漢字也侍坐語及公亦謂家集所闕西漢字耳煜守丹楊日蘇氏者出古物

有銅鴈足鐙制作精巧因辨其刻則黃龍元年所造其言榮宮二史間未始概見遂摹之欲寄左右以為集古録之一事會悲苦不果昨偶開篋見之謹以上獻亦聞原甫於秦中得西漢數器不知文字與此類不煜再拜 治平元年十二月十四日

後三年余出守亳社而裴如晦以疾卒于京師明年原甫卒于南都二人皆年壯氣盛相次以歿而余獨巋然而存也熙寧壬子四月 右真蹟

後西漢嶽華山廟碑歲月見本文

右漢西嶽華山廟碑文字尚完可讀其述自漢以來云高祖初興改秦淫祀太宗承循各詔有司其山川在諸侯者以時祠之孝武皇帝修封禪之禮巡省五嶽立宮其下宮曰集靈宮殿曰存僊宮殿門曰望僊門中宗之世使者持節歲一禱而三祠後不承前至於亡新寖用丘虛建武之元事舉其中禮從其省但使二千石歲時往祠自是以來百有餘年所立碑石文字磨滅

延熹四年弘農太守袁逢修廢起頓易碑飾闕會遷京兆尹孫府君到欽若嘉業遵而成之孫府君諱璆其大略如此所謂集靈宮者他書皆不見惟見此碑 一有爾字 則余之集錄不爲無益矣 一無此十字 治平元年閏五月十六日書 右真蹟

後漢樊毅華嶽碑 歲月見本文

右漢樊毅華嶽碑云泰華之山削成四方其高五千仞廣十里周禮職方氏華謂之西嶽祭視三公者以能興雲雨產萬物通

精氣有益於人則祀之故帝舜受堯親自巡省暨夏殷周未之有改秦違其典壁遺鄗池二世以亡漢祖應運禮遵陶唐祭則獲福亦世克昌亡新滔逆鬼神不享建武之初彗掃頑凶光和二年有漢元舅五侯之冑謝陽之孫曰樊府君諱毅字仲德命守斯邦孟冬十月齋祠西嶽以傳窄狹不足處尊卑廟舍舊久墻屋傾亞特部行事荀班縣令先讜以漸補治此其事也又云功曹郭敏等遂刊玄石銘勒鴻勳其字畫

頗孕其文彬彬可喜惟以周禮職方氏爲

職方氏其字畫分明非訛缺疑當時周禮

之學自如此蓋識誌其義皆通也治平元

年五月十日書　右真蹟

同前

右漢樊毅修華嶽廟碑云惟光和元年歲

在戊午名曰咸池季冬已巳弘農太守河

南樊君諱毅字仲德下車之初恭肅神祀

西嶽至尊詔書奉祠躬親自往齋室逼窄

法齋無所於是與令巴郡朐忍先讜圖議

繕故二年正月已卯興就刻茲碑號吏卒挾路攄此碑乃即時所立而太守生稱諱者何哉治平元年末伏日書 右真蹟

後漢修西嶽廟復民賦碑 歲月見本文

右漢修西嶽廟復民賦碑云光和二年十二月庚午朔十三日壬午弘農太守臣毅頓首死罪上尚書臣毅頓首頓首死罪死罪謹按文書臣以去元年十一月到官其十二月奉祠西嶽華山省視廟舍及齋衣祭器率皆久遠有垢臣以神嶽至尊宜加

恭肅輒遣行事荀班與華陰令先讜以漸
繕治成就之又曰讜言縣當孔道加奉尊
嶽一歲四祠養牲百日用穀稾三千餘斛
或有請雨齋禱役費兼倍小民不堪有饑
寒之窘違宗神之敬乞差諸賦復華下十
里之内民租田口臣輒聽盡力奉宣詔書
思惟惠利增異復上臣毅誠惶誠恐頓首
頓首死罪死罪上尚書漢家制度今不復
見惟余家集錄漢碑頗多故於磨滅之餘
時見一二而此碑粗完故錄其首尾以傳

臣毅者樊毅也右集本

後漢北嶽碑歲月見本文集本

右漢北嶽碑文字殘滅尤甚莫詳其所載何事第其隱隱可見者曰光和四年以此知為漢碑爾其文斷續不可次序蓋多言珪斃牲酒黍稷豐穰等事似是禱賽之文其後有二人姓名偶可見云南陽冠軍馮巡字季祖甘陵夏方字伯陽其餘則莫可考矣

後漢無極山神廟碑歲月見本文

右漢無極山神廟碑文字磨滅斷續煞尋
繹次序其可見者尚可成文云太常臣耽
丞敏頓首上尚書謹按文書男子常上蓋
高上黨范遷爲元氏三公神山去年五月
常山相巡詣山請雨山神即使高傳言白
國縣即與封龍靈山無極山共興雲雨常
山相巡元氏令王翊各以一白羊賽復使
高與遷俱詣太常爲無極山神索法食臣
疑高遷言不實輙移本國令常山相巡書
言郡督郵言無極山體可三里所立石爲

體長二丈五尺所山周匝二十餘里其三公封龍靈山皆得法食乞令無極山比三山祠牲出王家以珪璧爲信愚臣如廵言請少府給珪璧故事須報臣駹愚戇頓首頓首上尚書制曰可尚書令忠奏雒陽宮太常承書從事光和四年八月十七日丁酉尚書令忠下太常駹丞敏下常山相其奏章如此其後遂言造廟事而有銘其文多不載按漢奏章首尾皆言臣某頓首頓首死罪死罪上尚書而此碑所載太常一有

奏字章首尾不稱死罪而丞敏又不稱臣莫曉其制碑後又列常山官屬云常山相南陽馮巡字季祖元氏令王翊字元輔云治平元年四月一日書　右真蹟

後漢桐柏廟碑　歲月見本文

右漢桐柏廟碑磨滅雖不甚而文字斷續粗可考次蓋南陽太守修廟碑也其辭云延熹六年正月乙酉南陽太守中山盧奴君奴下正闕一字當是其姓又云尊神敬祀立廟桐柏春秋宗禜災異告變水旱請

求位比諸侯聖漢所尊（一作宗）太守奉祀二十餘年不復身至遣丞行事簡略不敬明神弗歆災害以生五嶽四瀆與天合德仲尼慎祭常若神在君準則大聖親之桐柏來見廟祠崎嶇逼狹開拓神門立闕四望增廣壇場又云執玉以沉為民祈福靈祇報祐天地清和其大意止於如此其後有頌亦可讀第不見太守姓名爾然不著他事惟修廟祀神爾桐柏淮瀆廟也治平元年六月十三日書

右真蹟

後漢殽阬君神祠碑 光和四年

右漢殽阬君神祠碑在鄭縣慶曆中樞密直學士施君爲陝西都轉運使爲余模此本云碑文已磨滅初不可辨以麩填其刻稍尋其點畫命工鐫治之乃可讀漢碑今在者頗多磨滅不完故斯碑歷歷可見也惟裴曄姓名爲鄉人鑱去矣殽阬所以畜洩水患據碑文云自亡新以来廢之則前漢時已有之矣光和中曄爲鄭縣令始修復之事見水經及華州圖經殽阬君祠今

謂之五部神廟其像有石隄西戍樹谷五樓先生東臺御史王翦將軍皆莫曉其義施君名昌言今爲涇原路安撫使右集本

集古録跋尾卷第一

古敦銘 録目元第九百四十一 敦乃武王下二字一作文武

韓城鼎銘 元第七百六十一 亦自一作嘗

商雒鼎銘 元附九百四十一

古器銘 元第三百七十一 存而一無而字

同前元第五百九十一 般子款識法帖無子字 斯年款識法帖無斯字 八月款識法帖此下有初吉字 暨集録一作古

終南古敦銘元第二百四十一 初莫知爲敦也一無此六字

煮簋銘元第四十一 煮款識法帖作旅

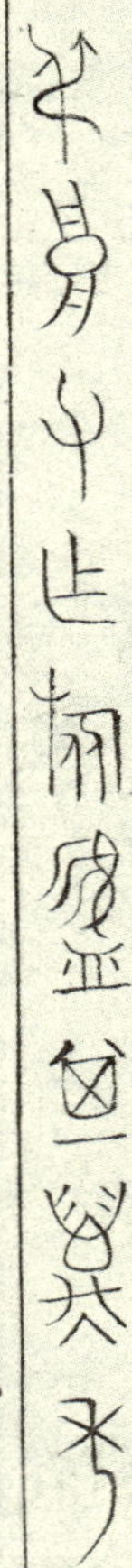

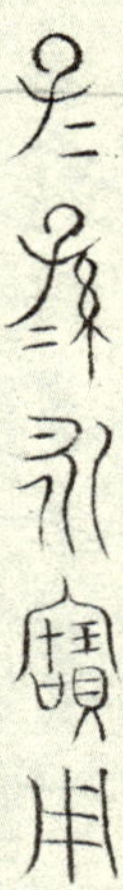

此盖銘

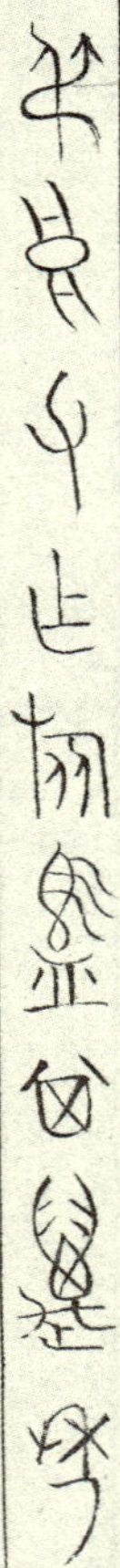

此腹銘

右一器其銘云叔高父作煮簋其萬年子子孫孫永寶用其容四升外方内圜

而小堉之望之畧似龜有首有尾有足有腹有甲也今禮家作簋内正圜外正方刻蓋正為龜形猶有近也不全與古同耳

此銘劉原甫在永興得古銅簋模其銘以見寄其後原甫所書也禮家作簋傳其說不知其形制故名存實亡此器可以正其繆也甲辰正月十二日書

周穆王刻石元附七百六十一天子登上二字一作三此

山一作北山癸巳至如此而十三字一作圖經云癸巳誌其日也

鑿山一無山字

鄣匜銘元附八百九十一匜一作匜款識法帖作匜史記此下一有本紀二字治平元年正月二日書一有此九字

鄣医銘元無卷第

張仲器銘元第八百九十一古人一作古之人嘉祐八年十二月二十八日書一有此十二字

石鼓文元第二百一右石鼓文此下一有在字千有一無有字獨無石鼓此下一有文字猶有一作獨有

秦度量銘元第六百六十一

秦昭龢鐘元第三百四十一

秦祀巫咸神文元第四百一熊邉一作商

又别本秦祀巫咸神文祀朝那文附

右秦祀巫咸神文今流俗謂之詛楚文者一無此字以其言楚王熊相之罪也史記世家楚自成王以後王名一無此二字有熊疑熊良夫熊商熊槐熊元而無熊相詛一作據文言穆公與成王盟好而後云一無此二字倍十八世之詛盟則秦一無此二字自穆公十八世為惠文王也又按秦本紀

與楚世家自楚平王娶婦於秦其後累世不以兵交至宣王熊良夫時秦始侵楚及惠文王時與楚懷王熊槐屢相攻伐則秦所詛者是懷王也但史記以爲熊槐者失之爾槐相二字相近蓋轉寫之誤當從詛文石刻以相爲正又有祀朝那湫文其文一無此二字與此同今附于後熙寧三年四月二十三日書

秦漢遺文元第三百六十一嗣馬石刻作爲臣斯石刻作德

此遺一有文字或云一作曰治平元年六月二十

日書一有此十字

泰山刻石元第一百三十一賢聖一作聖賢秦始一無秦字

此詔一作詔書余友一有人字嘉祐八年五月十日

書一無此九字

嶧山刻石元第九百五十一而附一無而字

漢二器銘元第八百一十一茲久一作滋久得於一作之於一作得

銅甬銘鴈足鐙銘元附八百一十一

華山廟碑元第八百四十一如此此下一有其記漢祠四岳事見本末十字

華嶽碑元第七百二十亭古碑作亭班古碑作班同前元第三百十

復民賦碑元第二百一十一西一作華嶽廟山下一有請字

蔔班右碑作斑就之此下一有後仍兩廿有五字口一有算字治
平元年六月十四日書一有此十字
北嶽碑元第七百三十一考矣一作也治平元年五
月十日書一有此九字
無極山神廟碑元第四百九十一愚臣古碑作呂請少
府一作請以少府
桐柏廟碑元第一百九十一又云一無此二字災害一作異
殺阬神祠碑元第二百九十一在一作今在或作在今斯碑
二字上一有獨字復之此下一有時字治平元年二月一
日書一有此九字

集古録跋尾卷第二

歐陽文忠公集一百三十五

後漢堯母碑（歲月見本文）

右漢堯母碑漢建寧五年年造其文略曰堯母慶都感赤龍而生堯遂以侯伯悈踐帝（下有闕）慶都遷没蓋塋于兹歆人莫知名曰靈臺上立黄屋堯所奉祠三代改易荒廢不修漢受濡期興滅繼絕如堯爲之遂遺亡新禮祠絕矣故廷尉（姓名磨滅不可讀矣）深惟大漢堯之苗胄當修堯祠追遠復舊前後

奏上帝納其謀歲以春秋奉大牢祠時濟陰太守魏郡審晃成陽令博陵管遵各遣大掾輔助闕一字若經之營之不日成之此其大槩也按皇覽云堯冢在濟陰城陽呂氏春秋云堯葬穀林皇甫謐云穀林即城陽然自史記地志及水經諸書無堯母葬處惟見於此碑蓋亦葬城陽也而諸書俗本多為城陽獨此碑為城陽當以碑為正碑後列當時人名氏又云審晃字元讓管遵字君臺又云漢受濡期莫曉其義也右集本

後漢堯祠碑　歲月見本文

右漢堯祠碑在濟陰碑云帝堯者蓋昔世之聖王也又曰聖漢龍興纂堯之緒祠以上犧至于王莽絶漢之業而壇場夷替屏懾（真蹟作懾）無位大抵文字磨滅字雖可見而不復成文其後有云李樹連理生於堯祠太守河南張寵到官始初出錢二千敬致禮祠其餘不能（一作可）讀也碑後有年月蓋熹平四年建也治平元年五月晦日書（真蹟）

後漢堯祠祈雨碑　歲月見本文

右漢堯祠祈雨碑首尾殘滅其僅可識者有云股肱賢良廣行多福虔虔夙夜又云常以甲子日詔太常陳上古之禮舞先王之樂又云延熹十年仲春二月陽氣侵陰又云享祀羣神仰瞻雲漢又曰嘉澍優霑物茂萬物又云孟府君知堯精靈與天通神修治大殿以此知為祈雨於堯祠也堯祠在漢濟陰郡孟府君者當是濟陰郡太守也其餘隸字存者頗多亦往往成句但斷續不可次序爾 右集本

後漢老子銘 歲月見本文

右漢老子銘按桓帝本紀云延熹八年正月遣中常侍左悺之苦縣祠老子至十一月又遣中常侍管霸祠之而此碑云八月夢見老子而祠之世言碑銘蔡邕作今檢邕集無此文皆不可知也 右真蹟

後漢魯相置孔子廟卒史碑 歲月見本文

右漢魯相置孔子廟卒史碑云司徒臣雄司空臣戒稽首言魯前相瑛書言詔書崇聖道孔子作春秋制孝經演易繫辭經緯

天地故特立廟褒成侯四時來祠事已即
去廟有禮器無常人掌領請置百石卒史
一人典主守廟謹問太常祠曹掾馮牟史
郭玄辭對故事辟雍祠先聖太宰太祝各
一人備爵太常丞監祠河南尹給牛羊豕
大司農給米臣愚以為如瑛言可許臣雄
臣戒愚戇誠惶誠恐頓首頓首死罪死罪
臣稽首以聞制曰可按漢書元嘉元年吳
雄為司徒二年趙戒為司空即此云臣雄
臣戒是也魯相瑛者據碑言信乙字仲卿

漢碑在者多磨滅此幸字可讀錄之以見漢制三公奏事如此與羣臣上尚書者小異也又見漢祠孔子其禮如此治平元年六月二十日書右真蹟

後漢修孔子廟器碑一作表　歲月見本文

右漢一有朝字諱明府修孔子廟器碑云永壽二年青龍二字一作歲在涒灘霜月之靈皇極之日永壽桓帝年號也按爾雅云歲在申曰涒灘桓帝永興三年正月戊申大赦改元永壽明年一有歲次二字丙申曰歲在涒灘是

矣云霜月之靈皇極之日莫曉其義疑是九月五日前漢文章之盛庶幾三代之純深自建武以後頓爾衰薄崔蔡之徒擅名當世然其筆力辭氣非出自然與夫揚馬之言醇醨異味矣及其末也不勝其弊霜月皇極是何等語韓明府者名敕字叔節前世見於史傳未有名敕者豈自余學之不博乎春秋左氏傳載古人命名之說不以為名者頗多故以敕為名者少也治平元年二月晦日書 右真蹟

後漢魯相晨孔子廟碑 歲月見本文

右漢魯相上尚書章其略云建寧二年三月癸卯朔七日己酉魯相臣晨長史臣謙頓首死罪上尚書臣晨頓首頓首死罪死罪臣以元年到官行秋饗飲酒泮宮復禮孔子宅而無公出酒脯之祠臣輒依社稷出王家穀春秋行禮建寧靈帝年號也於此見漢制天子之尊其辭稱頓首死罪而不敢斥至尊因尚書以致達而已余家集錄漢碑頗多亦有奏章患其磨滅獨斯碑

首尾完備可見當時之制也又云孔子乾坤所挺西狩獲麟為漢制作故孝經援神契曰玄丘制命帝卯行又尚書考靈耀曰丘生倉際觸期稽度為赤制讖緯不經不待論而可知甚矣漢儒之狹陋也孔子作春秋豈區區為漢而已哉治平元年三月廿五日書 右真蹟

後漢碑陰題名 歲月未詳

右漢碑陰題名不知為何人碑余家集錄古文既多或失其所得之自然漢碑存於

今者惟華嶽與孔子廟最多其陰往往列
修廟人姓名并記其所出錢數不過三百
至五百今斯碑所題文字鈌減而中間有
錢各五百四字則似是修廟人所記其人
可見者有濟陰定陶蔡顥子盛山陽金鄉
張諺季德河南宛陵趙堂世萇南陽南鄉
鄧升升遠濟陰成武周鳳季節而其餘人
姓名邑里多不可又時時有故吏字不知
為何人祠廟第以漢隸難得錄之爾治平
元年閏五月八日書 右真蹟

同前

右漢碑陰題名不知為何碑之陰蓋余家集錄既多而或失其所得之處又其文字磨滅莫可考究惟有錢各五百四字似是漢時修廟人爾漢碑今在者惟華嶽與孔子廟中最多其碑陰題名者往往各書所出錢數不過三百五百也而此碑所列邑里姓名字字可見者尚十餘人然皆是濟陰山陽彭城汝南陳留人則疑為修孔子廟人也今列于後覽者可以察焉濟陰定

陶蔡顒子盛濟陰張翔季審陳留酸棗李
直顒節山陽金鄉張諺季德河南宛陵趙
堂岳萇南陽南鄉鄧升升遠濟陰成武周
鳳季節山陽昌邑田瓛元尊濟陰成武史
楞岳明彭城朱翔元舉　右真蹟

同前

右漢碑陰題名二皆不知為何碑陰其人
各記所出錢數似是漢時修廟人題名余
家集錄華嶽及孔子廟碑多如此此亦疑
是二廟中碑前碑殘滅尤甚第時有門生

濟南東郡等字而姓名無復存者後碑則有議曹功曹騎吏有蓮勺左鄉有秩池陽左鄉有秩池陽集丞有秩皆不知是何名號又有（闕一字）陽候長栘栩候長則是縣吏之名其隸字不甚精又無事實可考姑錄其名號以俟知者爾（右集本）

後漢張公廟碑（歲月見本文）（真蹟）

右漢張公廟碑在黎陽而碑無題首又其文字殘滅不可考究莫知為何碑第時時得其字之可識而僅成文者曰惟和平元

年正月丙寅和平桓帝年號以此知為漢碑也又曰豐碑廟堂之前又曰於穆張公則又知為張公廟碑矣又云國無災祲屢獲豐年作歌九章頌公德芳其辭有云公與守相駕蜚魚往来倏忽遠熹娛祐此兆民寍厥居其餘字畫尚完者甚多但不成文爾治平元年閏五月九日書是日奏事垂拱退召赴延和閣讌契丹禮物送歸休

後漢公昉碑 一作仙人唐君碑 歲月未詳

右漢公昉碑者題漢中太守南陽郭芝為

公昉修廟記也漢碑今在者類名磨滅而此記文字僅存可讀所謂公昉者初不載其姓名但云君字公昉爾又云耆老相傳以為王莽居攝二年君為郡吏啖瓜旁有真人（一有居字）左右莫察君獨進美瓜又從而敬禮之真人者遂與期谷口山上乃與君神藥曰服藥以後當移意萬里知鳥獸言語是時府君去家七百餘里休謁往來轉景即至闔郡驚焉白之府君徙為御史（一作吏）鼠齧被具君乃畫地為獄召鼠誅之視

其腹中果有被具府君欲從學道頃無所進府君怒勑尉部吏收公昉妻子公昉呼其師告以厄其師以藥飲公昉妻子曰可去矣妻子戀家不忍去於是乃以藥塗屋柱飲牛馬六畜須臾有大風雲來迎公昉妻子屋宅六畜翛然與之俱去其説如何可以爲怪妄矣嗚呼自聖人殁而異端起戰國秦漢以來一作之際奇辭怪説紛然爭出不可勝數久而佛之徒來自西夷老之徒起於中國而二患交攻爲吾儒者往往牽

而從之其卓然不惑者僅能自守而已歟

排其說而黜之常患乎力不足也如公昉

之事以語愚人豎子皆知其妄矣不待有

力而破後能破其惑也然彼漢人乃刻之

金石以傳後世其意惟恐後世之不信然

後世之人未必不從而惑也治平元年四

月二十三日以旱開宮寺祈雨五日中一

日休務假書　右真蹟

後漢祈里橋郙閣頌　歲月見本文

右漢祈里橋郙閣頌建寧五年立云惟斯

析里處漢之右溪源漂疾橫注于道涉秋

霖漉稽滯商旅休謁往還常失日晷行理

咨嗟郡縣所苦斯溪既然郙閣尤甚臨深

長淵三百餘丈接木相連號為萬柱遭遇

隤納人物俱隋一作隳沈沒洪淵酷烈為禍

於是太守阿陽李君諱會字伯都以建寧

三年二月辛巳到官思惟惠利有以綏濟

聞此為難其日久矣乃俾府掾仇審改解

危殆即便求隱析里大橋於爾乃造又醳

散關之嶃漯從朝陽之平燥減西高閣就

安盜之石道禹導江河以靖四海經紀厥績艾康萬里乃作頌曰頌後又有詩皆磨滅不字其云遭遇隤納又云醳散關之嶃漯從朝陽之平[火參]刻畫適字非其訛繆而莫詳其義疑當時人語與今異又疑漢人用字簡略假借不同爾故錄之以俟博識君子治平元年六月十日書 右真蹟

後漢人闕銘 歲月未詳 真蹟

右漢人闕銘二其一曰永樂少府賈君闕其一曰雒陽令王君闕二者皆不知為何

人按漢書桓帝母孝崇匽皇后居永樂宮和平元年詔置太僕少府如長樂故事又按顏師古注地里志曰魚豢（真蹟誤作券）云漢火行忌水故去洛水加佳師古謂光武以後始改為雒然則二人者皆後漢時人也又按漢官儀長樂少府以宦者為之則貫君者蓋亦宦者也治平元年九月十五日書

後漢文翁石柱記（歲月見本文）

右漢文翁石柱記云漢初平五年倉龍甲

戊昊天季月脩舊築周公禮殿始自文翁

開建泮宮攄顔有意益州學舘廟堂記云

按（一無此字）華陽國志文翁為蜀郡守造講堂

作（一無此字）石室一名玉堂安帝永初間烈火

為災堂及寺舍並皆焚燎惟石室獨存至

獻帝興平元年太守高朕於玉堂東復造

一石室為周公禮殿有意又謂獻帝無初

平五年當是興平（四字一作當如華陽志為興平）元年盖

時天下喪亂西蜀僻遠年號不通故仍稱

舊號也今檢范曄漢書本記初平五年正

月改為興平顏説是也治平元年六月十三日書　右真蹟

後漢文翁學生題名

右漢文翁學生題名凡一百有八人文學祭酒典學從事各一人司儀主事各二人左生七十三人右生三十人文翁在蜀教學之盛為漢稱首其弟子著籍者何止於此蓋其磨滅之餘所存者此爾治平元年六月二十日書　右真蹟

後漢泰山都尉孔君碑　歲月見本文

右漢泰山都尉孔君碑云君諱宙字季将二字一作秀特孔子十九世之孫也年六十一延熹四年正月乙未以疾卒一有于家二字其序官閥甚簡又或殘滅不完但見其舉孝廉為郎遷元城令遂為泰山都尉爾其辭有云躬忠恕以及人兼禹湯之罪己宙人臣而引禹湯以為比在今人於文為不類蓋漢世近古簡質猶如此也治平元年閏五月二十一日書右真蹟

後漢孔宙碑陰題名

右漢孔宙碑陰題名漢世公卿多自教授聚徒常數百人其親授業者為弟子轉相傳授者為門生今宙碑殘缺其姓名邑里僅可見者纔六十二人其稱弟子者十人門生者四十三人故吏者八人故民者一人宙孔子十九世孫為泰山都尉自有錄

治平元年閏五月二十一日書　右真蹟

後漢孔君碑　歲月見本文　真蹟

右漢孔君碑其名字磨滅不可見而世次官閥粗可考云孔子十九代孫潁川君之

元子也舉孝廉除郎中博昌長遷太守君憂服竟拜尚書侍郎治書御史博陵太守遷下邳相河東太守建寧四年十月卒其餘文字歷歷可讀以其斷絕處多文理難續故不復盡錄然其終始略可見矣惟其名字皆已為可惜也治平元年五月十日書

後漢孔德讓碑（一作碣）　歲月見本文

右漢孔德讓碑蓋其名已磨滅但云字德讓者宣尼公二十世孫都尉君之子也仕

歷郡諸曹史年二十永興二年七月遭疾不祿碑在今兗州孔子墓林中永興孝桓帝年號也（一有都尉者／宙也五字）其人（二字一／作德諱）早卒無事蹟可考余集錄所藏（一有獨／闕二字）孔林中漢（一無／此字）碑最後得此遂無遺者蓋以其文字簡少無事實故世人遺而不取獨余家有之也治平元年閏五月二十日書（右真／蹟）

後漢劉寬碑（中平二年）

右漢太尉車騎將軍特進逯鄉（二字一／作封）昭烈侯劉公碑公諱寬有兩碑皆在洛陽余

家集錄皆得之其一故吏李謙所（等一作）立而此碑門生殷包等所（一無此字）立其所書與李謙等（一作碑）所載不異惟漢隸難得當錄（二字一作故錄之）漢公卿（一有卒字）故吏門生各自立碑以伸感慕惟見於此今人家碑碣非其子孫則他人不為立也治平元年六月十四日書（右真蹟）

後漢太尉劉寬碑（同前）

右漢太尉劉寬碑漢書有傳其官閥始卒與碑多同而傳載遷官次序頗略蓋史之

所記善惡大事官次雖小略不足為失惟其繆誤與闕其大節不可不正碑云大將軍以禮脅命拜侍御史遷梁令三府並用博士徵皆不就司隸校尉舉其有道公車徵拜議郎司徒長史而傳但云大將軍辟五遷司徒長史令據碑止四遷爾博士未嘗拜也碑於長史下遂云入登侍中延熹八年地震有詔詢異而拜尚書遷南陽太守拜太中大夫復拜侍中屯騎尉宗正光祿勳遂授太尉傳至太中大夫始云遷侍

中其前自長史入登侍中史闕書也碑又云固疾遜位拜光祿大夫遷位衛尉復作太尉而傳云以日食免拜衛尉以日食免當從傳為正而不書光祿大夫史闕也其餘皆同故不復錄（右集本）

後漢太尉劉寬碑陰題名（歲月見本文）

右漢太尉劉寬碑陰題名寬碑有二其故吏門生各立其一也此題名在故吏所立之碑陰其別列于後者在寬子松之碑陰也寬以漢中平二年卒至唐咸亨元年其

裔孫湖（一作胡）城公奭以碑歲久皆仆于野為再立之并記其世序嗚呼前世士大夫世家著之譜牒故自中平至咸亨四百餘年而奭能知其世次如此之詳也蓋自黄帝以来子孫分國受姓歷堯舜三代數千歲閒詩書所記皆（一有各字）有次序豈非譜繫源流傳之百世而（一無此字）不絶歟此古人所以為重也不然則士生於世皆莫自知其所出而昧其世德遠近其所以異於禽獸者僅能識其父祖爾其可忽哉唐世譜牒

尤備士大夫務以世家相高至其獘也或陷輕薄婚姻附託邀求貨賂君子患之然而士子修飭喜自樹立兢兢惟恐墜其世業亦以有譜牒而能知其世也今之譜學亡矣雖名臣巨族未嘗有家譜者然而俗習茍簡廢失者非一豈止家譜而已哉嘉祐八年七月二十九日書 右真蹟

後漢楊震碑 歲月未詳

右漢楊震碑首題云漢故太尉楊公神道碑銘文字殘缺首尾不完其可見而僅成

文者云聖漢龍興神祇降祉乃生於公又云窮神知變與聖同符鴻漸衡（一作于）門群英雲集又云貽我三魚以章懿德又云大將軍辟舉茂材除襄城令遷荊州刺史東萊涿郡太守又云司徒太尉立朝正色恪勤竭忠其餘字存者多而不復成文矣治平元年六月十日書　右真蹟

後漢楊震碑陰題名

右漢楊震碑陰題名者一百九十人其餘磨滅不完者又十餘人余家所録漢碑陰

題名頗多或稱故吏門生弟子或稱從事曹掾之類其人皆著州縣邑里名字甚詳獨此碑所書簡略直云河間貫伯錡博陵劉顗祖之類凡百九十人者皆然疑其所書皆是字爾蓋後漢時人見於史傳者未嘗有名兩字者也漢隸世所難得幸而在者多殘滅不完獨此碑刻畫完具而隸法尤精妙甚可喜也治平元年中伏日書 真蹟

後漢沛相楊君碑 歲月見本文 真蹟

右漢沛相楊君碑在閿鄉楊震墓側碑首

尾不字失其名字按後漢書震及中子秉秉子賜賜子彪皆有傳又云震長子牧富波相牧孫奇侍中奇子亮陽成亭侯又云少子奉奉子敷敷子衆蓩亭侯又有彪子脩楊氏子孫載于史傳者止此爾不知沛相爲何人也碑云孝順皇帝西巡以掾史召見拜郎中遷常山長史換犍爲府丞宰司累辟應于司徒州察茂材遷鮦陽侯相後拜議郎五官中郎將沛相年五十六建寧元年六月癸丑遘疾而卒其終始尚可

見而惜其名字亡矣治平元年六月十日書

後漢繁陽令楊君碑 （熹平中）

右漢繁陽令楊君碑首尾不亡文字磨滅可識者四百三十字不可識者六十一字碑云君遭叔父太尉薨委榮輕舉吏民攀轅守闕上書運穀萬斛助官賑貧以乞君還又云（一作君）富波君之子按漢書楊震子牧為富波相君廼牧子也叔父太尉者秉也出來乞令前史所無惜其名字磨滅不

可見矣嘉祐八年十月廿三日書　右真蹟

後漢高陽令楊君碑　歲月未詳

右漢高陽令楊著碑首尾不亡而文字尚可識云司隸從事定潁侯相最後為善侯相善上一字磨滅不可見蓋其中間嘗為高陽令而碑首不書最後官者不詳其義也按楊震碑高陽令著震孫也今碑在震墓側（一有也字）　右真蹟

後漢楊君碑陰題名　真蹟

右漢楊君碑陰題名首尾不亡今可見者

四十餘人楊震子孫塋閔鄉者數世碑多
残缺此不知為何人碑陰其後有云右後
公門生又云右沛二字集本作後史君門生沛君
疑是沛相者自有碑而亡其名字矣後公
亦不知為何人也治平元年六月十日書

同前真蹟

右漢楊君碑陰題名凡一百三十一人有
稱故吏者故民者處士者故功曹史者故
門下佐者類例不一似當時人各隨意書
之而文字磨滅僅可讀其姓名字俱亡可

識者八十三人其餘或在或亡蓋後漢楊震墓域中碑也楊氏墓在閿鄉有碑數片皆世所立余家集錄得其四震及沛相繁陽高陽令碑并得碑陰題名然（一有嚮字）得時參錯不知為何碑之陰也其名氏可見者當時皆無所稱述顧其人亦不足究考第以漢隸真蹟金石所傳者至今類多磨滅可惜故錄之爾治平元年三月晦日書

後漢碑陰題名

右漢碑陰題名在閿鄉楊震墓側文字磨

滅不復可考其僅可見曰侯長汾陰趙遺子宣侯上滅一字又曰故督郵曹史縣功
曹鄉部吏柏昱等人名鄉上又滅一字又曰西鄉亭長柏昱子政又曰鄉亭長翟國
相如鄉上又滅一字又曰麟都亭長陰定安定谷口亭長方文雅方上又滅一字東
門亭長梁忠子孝四望亭長吳鴻子名麟武亭長常曷君宣其餘缺裂不完盖楊氏
子孫當時皆葬閿鄉碑碣往往磨滅此不知為誰碑也治平五年五月廿日謝雨致

齋于太社書 右真蹟

後漢楊公碑陰題

右漢楊公碑陰題名楊氏世葬閿鄉墓側皆有碑今其存者四余家集錄皆得之乃太尉沛相高陽繁陽令也此碑陰者不知為何人碑文字殘缺其僅存者十五人又滅其一其在者十四人曰懷陵園令相蔣禧字武仲宜禄長蕭劉瑞字仲祐孝廉杍秋劉旭字子明太官日丞譙曹臻字建國辭曹史鄭公孫銀字山根門下書佐史韓

純字子敬豐畢珮字廣世鄲孟縱字河雒决曹書佐鄲公孫賜字元晹皆稱故吏又有故吏（一無二字）贇陳俊字仲顯蘄夏陽字儀公蘄兒銀字伯玉杼秋劉順字子選沛周儀字帛民凡五人皆不著職（一有但稱故吏四字）而孟縱字河雒周儀字帛民文字皆岁非訛繆而莫曉其義也治平元年六月十四日書

後漢殘碑陰（歲月未詳）

右漢殘碑陰前後（二字一作亦）磨滅不知為何

人碑其知為漢碑者蓋其隸字非漢人莫能為也其字僅可見者尚數十而姓名字者九人曰王伯鄉趙仲方賈元周王景陽賈元輔宗石慶王仲宣馬安國王通國皆無官號邑里莫知為何人惟漢隸在者少為難得故錄之治平元年五月十八日書

後漢朔方太守碑陰歲月見本文

右漢朔方太守碑陰題名一無此字云永壽二年朔方太守上郡仇君察察下滅一字除郎中大曲長大下又滅一字延熹四年九

月乙酉詔書遷衛令五年正月到官奉見明府見下又減一字立祠刊石表章大聖之遺靈永示來世之未一作末未下又減一字謹出錢千千下又減兩字者下行因紀姓名一無七字據此乃當時脩廟出錢人爾今其姓名往往可見云衛鄉三老時勤伯秋上官鳳季方錄事史楊禹孟布衛主記掾楊綾子長門下功曹裴篤伯安倉曹掾任就子優又有集曹掾軍一作君假司馬之類名字多不完其所出錢不過三百至五百

葢漢世物輕幣重今華嶽孔子廟碑陰所列亦皆如此其所立祠葢不知爲何廟也治平元年夏至日書 右真蹟

後漢劉曜碑一有并陰二字 歲月未詳真蹟

右漢劉曜碑在今鄆州界中文字磨滅僅有存者云諱曜字季尼年七十三其餘爵里官閥卒葬歲月皆不可見字爲漢隸亦不甚工惟其銘云天臨大漢錫以明悊碑首題云漢故光祿勲東平無塩劉府君之碑以此知爲漢碑也治平元年四月一日

書

後漢北海相景君銘　歲月見本文

右漢北海相景君銘其碑首題云漢故益州太守北海相景君銘其餘文字雖往往可讀而漫滅多不成文故君之名氏邑里官閥皆不可考一作見其可見者云惟漢安二年北海相任城府君卒城下一字不可識當為景也漢功臣景丹封櫟陽侯傳子尚尚傳子苞苞傳子臨以無嗣絶安帝永初中鄧太后紹封苞弟遽為監亭侯以績

丹後自是而後史不復書而他景氏亦無顯者漢安順帝年號也君卒於順帝時蓋與遷同時人也碑銘有云不永麋壽余家集録三代古器銘有云眉壽者皆爲麋蓋古字簡少通用至漢猶然也治平元年四月二十九日書　右真蹟

後漢謁者景君碑

右漢景君碑尤磨滅惟謁者任城景君數字尚可其餘班班可見者皆不能成文故其年世壽考功行卒葬莫可考也蓋漢隸

令尤難得其磨滅之餘可惜爾　右集本

後漢景君石郭銘

右景君石郭銘者余既得前景君碑又得此銘皆在任城不知一景君乎將任城景氏之族多耶文字磨滅不可考故附于此

熙寧三年正月朔旦山齋記　右真蹟

後漢袁良碑　歲月見本文

右漢袁良碑云君諱良字卿卿上一字磨滅陳國扶樂人也厥先舜苗世為封君周興虞閼父自此而滅又云滿為陳侯至玄

孫濤塗以字立姓曰袁自此又滅又云當秦之亂隱居河洛高祖破項實從其冊天下既定還宅扶樂蓋不知為何人也又云孝武征和三年曾孫斬賊先勇拜黃門郎曾孫滅其名賊下亦一作又滅一字又曰封關內侯食遺鄉六百户薨子經嗣經薨子山嗣傳國三世至王莽而絕君即山之曾孫也舉孝廉郎中謁者將作大匠丞相令廣陵太守討江賊張路等威震徐方瀸病歸家孝順初初下數字滅一作滅數字又云府

舉君拜議節符節令其後又云永建六年二月卒其碑首題云漢故國三老袁君碑而碑文有使者持節安車又有几杖之尊祖割之養君寔饗之之語以此知良嘗爲三老矣其餘磨滅雖時時可讀而不能次第也又云帝御九龍殿引對飲宴九龍殿名惟見於此治平元年五月二十九日夏至假書 右真蹟

後漢張平子墓銘 永和四年

右漢張平子墓銘世傳崔子玉撰并書按

范曄漢書張衡傳贊云崔子玉謂衡數術窮天地制作侔造化此銘有之（四字一作令銘有此語）則真子玉作也其刻石為二本一在南陽一在向城天聖中有右班殿直趙球者知南陽縣事因治縣署毀馬臺得一石有文驗之迺斯銘也遂龕于聽事之壁其至凡百君子而止其後（一有半字）亡矣其在向城者今尚書屯田員外郎謝景初得其半於向城之野自凡百子已上則亡矣（三字一作其前半亡矣）今以二本相補續其文遂復完而闕其最

後四字然則昔人爲二本者不爲無意矣據徐方回所記二十一字迺趙球所得南陽石之亡者二十一字一作唐寶應中有徐方回者别得二十一字云是銘最後文疑球所得南陽石之半亡者爾今不復見則又亡矣惜哉嘉祐八年歲在癸卯十月十八日書

右真蹟

集古録跋尾卷第二

堯母碑元第四百六十一 堯母一有祠字悏踐帝一有宮字

奉祠一作祀讀矣一無此字諸書此下一有皆字嘉祐元年三月二十九日書一有此十一字

堯祠碑元第七百九十一屛懾真碑及公跋皆作屛懾或因國語并左氏傳疑懾為攝非

祈雨碑元第九百六十一又曰一作云斷續一作絶治平元年六月六日書一有此九字

老子銘元第一百六十一

置孔子廟卒史碑元第三百九十一辟雍一作廱碑作雍

修孔子廟器碑元第三百五十一莫曉莫字上一有者字

孔子廟碑元第四百七十一

碑陰題名元第八百一斯碑一無碑字世萇一作長

同前元第八百二十一又有此下闕壹夏字治平元年閏

五月九日書一有此十字

張公廟碑元第八百二十一災祲一作寖

公昉碑元第五百七十一府軍一無君字君徙碑作從

郙閣頌元第九百八十一府掾碑作衛官掾徙朝碑作從朝

經紀碑作記

後漢人闕銘元第七百八十一人也一無也字

后柱記元第一百二十一

文翁學生題名元第六十一

都尉孔君碑（元第三百八十一）宙人臣（一作宙為人臣）此

也（一無也字）

孔宙碑陰題名（元第八百六十一）

孔君碑（元第七百一）

孔德讓碑（元第八百五十一）漢碑最（一作碑最多）

劉寬碑（元第二百七十一）殷包（古碑作苞）

太尉劉寬碑（元第二百六十一）漢書（二字上一有寬字）善

悪大事（事一作節）與闕其大節（一無五字）舉其有道（四字一作舉茂林太尉舉有道）而拜（一作轉拜）屯騎（此下一有校字）治

平元年六月十四日書（一有此十字）

劉寛碑陰題名元第五百二十一

楊震碑元第九十一降祉一作祚

楊震碑陰題名元第八百七十一

沛相楊君碑元第十一長子一無長字

右漢楊君碑其文字皆已磨滅惟其銘云明明楊君其姓尚可見爾其官閥始卒則粗可考云孝順皇帝西巡以掾史召見帝嘉其忠臣之苗器其璵璠之質詔拜郎中遷常山長史換揵為府丞非其好也廼翻然輕舉宰司累辟應于司

徒州察茂材遷鮦陽侯相金城大守南蠻蠢迪王師出征拜車騎將軍從事軍還策勳復以疾辭後拜議郎五官中郎將沛相年五十六建寧元年五月癸丑遘疾而卒其始終頗可詳見而獨其名字泯滅爲可惜也是故余嘗以謂君子之垂乎不朽者顧其道如何爾不託於事物而傳也顏子窮卧陋巷亦何施於事物耶而名光後世物莫堅於金石蓋有時而弊也治平元年閏五月二十八

日書此與前本不同故兩存之

繁陽令楊君碑元第一百一

高陽令楊君碑元第一百十一

楊君碑陰題名元第二十一亦不知為一作不知其為

同前元第四百八十一楊君一作氏史者一無者字

同前元第七百四十一五年一作元年

同前元第二百二十

後漢殘碑陰元第二百二十一惟漢隷在者少為難得故錄之一無此十二字

朔方太守碑陰元第二百二十一

劉曜碑元第五百一慾一無詰

景君銘元第六百二十六

景君碑元第九百七十一熙寧二年十月朔一作晦

日山齋書一有此十一字

景君后郭銘元附九百七十一

袁良碑元第七百七十一時時一作有時

張平子墓銘元第三十一謂衡一作稱衡

集古錄跋尾卷第三

歐陽文忠公集一百三十六

後漢費鳳碑（歲月見本文）

右漢費鳳碑云（集本有君諱鳳三字）字伯蕭梁相之元子也（集本無也字）漢安二年舉孝廉拜郎中除陳國新平長又云試守故障長其文班班可見而卒塟年壽皆不載其後悉為五言韻語其略曰不悟（集本作語）奄忽終藏形而匿景（集本作影）耕夫釋耒耜桑女投鈎筥道阻而且長起坐淚如雨其文既非工故不悉

錄八字集本作文字工拙古今皆然惟漢隸難得故錄爾熙寧二年十一月十六日山齋書右真蹟略曰一作去

後漢武班碑歲月見本文

右漢班碑者蓋其字畫殘滅不復成文其氏族州里官閥卒葬皆不可見其僅見者曰君諱班爾其首書云建元年太歲在丁亥而建下一字不可識以漢書考之後漢自光武至獻帝以建名元者七謂建武建初建光建康建和建寧建安也以歷推之歲在丁亥乃章帝章和元年後六十一年

桓帝即位之明年改本初二年為建和元年又太歲在丁亥則此碑所缺一字當為和字（真蹟無此六字）廼和建元年也碑文缺滅者十八九惟亡者多而存者少尤為可惜也故錄之治平元年四月二十日書（右集本）後得別本模搨粗明始辨其一二云武君諱班乃易去前本熙寧二年九月朔日記

後漢中常侍費亭侯曹騰碑（歲月見本文真蹟）

右漢中常侍費亭侯曹騰碑文字磨滅其粗可見者云維建和元年七月二十二日

巳巳皇帝若曰其遣費亭侯之國其餘不可識也建和桓帝即位之元年也後三十七年獻帝中平元年騰養子操始爲騎都尉（集本有領兵二字）擊黄巾矣治平元年六月十日書

後漢司隸楊君碑（歲月見本文）

右漢司隸校尉楊厥碑云惟巛靈定位川澤㣲同澤有所注州有所通余谷之川其澤南隆八方所達益城爲充高祖受命興於漢中道由子午出散入秦建定帝位以

漢詆馬後以子午塗路澀難更隨圍谷復通堂光凡此四道垓鬲允艱至於永平其有四年詔書開余鑿通石門中遭元二西夷虐殘橋梁斷絕子谷復循於是故司隸校尉揵為武陽楊厥字孟文深執忠伉數上奏請廢子由斯得其度經至建和二年漢中太守王升字稚紀嘉君明知美其仁賢勒石頌德以明厥勳其辭大略如此其刻畫尚多可讀大抵述厥修復斜谷路爾但其用字簡省復多舛繆惟以巛為坤以

余爲斜漢人皆爾獨詆字未詳永平明帝建和桓帝年號也右集本

後漢樊常侍碑歲月見本文

右漢樊常侍碑云君諱安字子佑南陽湖陽人也君幼學治韓詩論語孝經歷中黄門拜小黄門右史遷藏府令中常侍年五十有六永壽四年四右本作二月甲辰卒其先爲中黄門後爲小黄門右史蓋漢官之制今不詳其次序也余少家漢東天聖四年舉進士赴尚書禮部道出湖陽一本作間見山

碑立道左下馬讀之徘徊碑下者久之後三十年始得而入集錄蓋初不見錄于世自予集錄古文時人稍稍知為可貴自此古碑漸見收采也　右集本

後漢郎中鄭固碑　固一本作宣　歲月見本文

右漢郎中鄭固碑文字磨滅其官閥卒塟年月皆莫可考其僅可見者云君諱固字伯堅孝友著于閨門至行立乎鄉黨初授業於歐陽仕郡諸曹掾史主簿督郵五官掾功曹又曰忠以衛上清以自修其餘殘

缺不復成文又云延熹元年二月詔拜而不見其官惟其碑首題云漢故郎中鄭君之碑以此知其官至郎中爾漢隸刻石存於今者少余惟以集錄之勤所得爲獨多然類多殘缺（一作滅）不完蓋其難得而可喜者其零落之餘尤爲可惜也（延熹元年二月之下一本云詔拜郎中非其好也以疾錮辭年四十二遭命隕身而中間又自逡遁退讓之語遁當作循錮當作固疑漢人用字多假借又疑以疾錮辭謂疾以堅固右集本若云以疾篤辭覽者詳之）

後漢田君碑（歲月見本文） 真蹟

右漢田君碑今在沂州其名字皆已磨滅惟云其先出自帝舜之苗裔自岁適齊因以為氏乃知為姓田爾又云周秦之際家於東平陽君總角修韓詩京氏易（真蹟作易京氏）究洞神變窮奧極微為五官掾功曹州從事辟太尉延熹二年辛亥詔書泰山瑯耶盜賊未息州郡吏有仁惠清撥煩整化者試守蒲歲為真州言名時牧劉君知君宿操表上試守費自此以後殘缺不可次第而隱隱可見蓋無年壽卒葬月日而有故

吏薛咸等立石勒銘之語乃費縣令長德政去思碑爾治平元年六月二十九日書

後漢孫叔敖碑（延熹三年）

右漢孫叔敖碑云名饒字叔敖而史記不著其名而見於他書者亦皆曰叔敖而已微斯碑後世遂不復知其名饒也此（集本無此字）碑世亦（集本作所）罕傳余以集錄二十年間求之博且勤乃得之然則世之未見此碑者猶不知為名饒也謂余集古為無益可乎（集本無此九字）　右真蹟

後漢王元賞碑 歲月見本文

右漢王元賞碑云君諱其字元賞御史君之孫茂材君之子也歷秦及漢有國有家宰相牧守踵武相襲又曰遭父喪以孝立稱土埒環堵無業並受門徒雨集盛於洙泗又云郡察孝廉郎中謁者宛陵丞封丘令毋憂去官服祥辟司空府延熹四年五月辛酉遭命而終其文字磨滅隱隱可見者如此其名既亡又不序其姓惟其名云惟於王君以此知其姓王爾 右集本

後漢祝睦碑 歲月見本文 真蹟

右漢祝睦碑云君諱睦字元其下遂缺滅不能成文惟其官壽年月可見云賓于王庭除北海長史潁州鄢令辟司空府北軍中侯拜大尚書尚書僕射遷常山相山陽太守年六十有八延熹七年八月丁巳卒睦有二碑皆在今南京虞城縣此碑不見世次而隱隱云其先高辛爾其後碑則頗序故錄于次也治平元年六月立秋日書

後漢祝睦後碑 延熹七年

右漢祝睦後碑其前碑不知所立人名氏兩碑所載官閥壽考年月悉同而此碑有立碑人名氏及睦世次云故吏王堂等竊闡下有述上之功臣有叙君之德又曰君兆自黎幸祝融苗冑鄭有祝聃君其胤也其餘文字亦字可讀二銘皆以三言為文而後銘尤字云穆我君邦之陽資五就闓道綱縕下烕一字表微準樞衡稽列宿覽四方德合乾道應皇領二郡耀重光化流洽緄幽昌性天約元用長頌嗀作誄令香

功烈著遺楙芳存覿榮淪弗忘其後二句磨滅難詳故錄其成文以見其雅質亦可佳也治平元年六月立秋日書 右真蹟

後漢衡方碑 歲月見本文 真蹟

右漢衡方碑云府君諱方字興祖其先伊尹在殷號稱阿衡因而氏焉又曰州舉孝廉除郎中卽丘侯相膠東令州舉尤異遷會稽東部都尉又拜議郎北平太守遷潁川太守又曰拜步兵校尉年六十有三建寧元年二月五日癸丑卒於是海內門生

故吏采嘉石樹靈碑鐫茂伐祕將來此其始終之大略其餘歷歷可見而時亦磨滅以其文多不備錄也治平元年六月三日書

後漢冀州從事張表碑 歲月見本文真蹟

右漢冀州從事張表碑云君諱表字元異其碑首題云漢故冀州從事張君碑而文為韻語敘其官閥不甚詳但云春秋六十四以建寧元年三月癸巳寢疾而終其辭有云任郡為督郵鷹撮盧擊是以狗喻人

集本有也字又有畔桓利正之語蓋漢人猶質不嫌取類於鷹犬畔桓疑是盤桓集本有漢時二字文字簡少假借爾治平元年六月廿九日書

後漢祝竹邑侯相張壽碑歲月見本文

右漢竹邑侯相張壽碑云君諱壽字仲吾其先晉大夫張老盛德之裔孝友恭懿明允篤信博物多識獵一作略涉傳記臨疑獨照確然不撓有孔甫之風舉孝廉除郎中給事謁者遷竹邑侯相年八十十建寧元年

五月辛酉卒其大略可見者如此其餘殘缺或在或亡亦班班可讀爾 右集本

後漢金鄉守長侯君碑 歲月見本文 真蹟

右漢金鄉守長侯君碑云君諱成字伯盛山陽防東人也其先出自豳岐周文之後封于鄭鄭共仲賜氏曰侯厥胤宣多以功佐國漢之興也侯公納策濟太上皇於鴻溝之阨謚曰安國君曾孫酺封明統侯光武中興玄孫霸為臨淮太守轉拜執法右刺姦五威司命大司徒公封於陵侯枝葉

繁茂或家河淯或邑山濟君即上黨太守之弟郡請署主簿督郵五官掾功曹守金鄉長建寧二年四月癸酉卒年八十一碑文首尾皆完故得詳其世次其云上黨太守不見其名按漢書執法左右刺姦五威司命皆王莽官名侯霸列傳云霸莽時為隨令遷執法刺姦而未嘗為五威司命後事光武代伏湛為大司徒封關内侯既薨光武下詔追封則鄉侯而此碑言封於陵侯未知孰是據碑言刺姦司命為光武時

官蓋碑文之繆矣治平元年四月二十九日書

後漢慎令劉君墓碑 建寧四年

右漢慎令劉君墓碑在今南京下邑其名已磨滅其守伯麟少罹艱苦身服田畝舉孝廉除郎中辟從事司徒掾遷慎令卒年六十有二其銘曰於惟君德忠孝正直至行通洞高明柔克鬼神福讓受茲介福知命不延引輿旋歸忽然輕舉志激拔葵人皆有亡貴終譽兮殁而不朽垂銘著兮余

家漢碑常患其銘多缺滅而斯銘偶存故錄之 右真蹟

後漢北軍中侯郭君碑 歲月見本文

右漢北軍中侯郭君碑其名字磨滅云元城君第四子也其先盖周之冑緒枝葉雲布列於州郡自東郡衛國家於河内汲兄竹邑侯相次尚書侍郎次濟北相順弟臨沂長次徐州刺史次中山相次雒陽令君為五官掾功曹司隷中都官從事三辟將軍府舉廉比陽長復辟司徒拜北軍中侯

年六十有六建寧四年九月丙子卒其於兄竹邑侯相上一字缺滅不完疑是惠字其下又云順弟莫曉其義豈漢人謂兄弟為此語邪故闕其疑以俟知者治平元年六月廿九日書 右真蹟

後漢司隸從事郭君碑 歲月見本文

右漢司隸從事郭君碑云君諱究汲人也元城君之孫雒陽令之適歷主簿督郵五官掾功曹守令長辟司隸從事部郡都官春秋二十八而卒中平元年歲在甲子三

月而葬據北軍中侯碑爲元城君子而弟爲雒陽令考其世次皆同前世碑碣但書子孫而不及兄弟惟郭氏碑載其兄弟甚詳蓋古人譜牒既亡而於碑碣又詳如此可見其以世家爲重不若今人之苟簡也

治平元年六月廿九日書 右真蹟

後漢魯峻碑 歲月見本文 集本

右漢魯峻碑云君諱峻字仲嚴山陽昌邑人監營謁者之孫修武令之子治魯詩顔氏春秋舉孝廉除郎中謁者河內太守丞

辟司徒司空府舉高第御史東郡頓丘令還九江太守拜議郎太尉長史御史中丞司隷校尉遭母憂自乞拜議郎服竟還拜屯騎校尉以病遜位熹平元年卒門生于商等二百三十人謚曰忠惠父其餘文字粗存故得還拜次序頗詳以見漢官之制如此惟云遭母憂自乞拜議郎又其最後為屯騎校尉而碑首題云漢故司隷校尉忠惠父魯君碑二者莫曉其義治平元年四月二十三日

後漢玄儒婁先生碑歲月見本文

右漢玄儒婁先生碑云先生諱壽字元考南陽隆人也祖太常博士父安貧守賤不可營集本作榮以祿先生童孩多奇岐嶷有志好學不猒不飭小行善與人交久而能敬榮沮溺之偶耕甘山林之杳藹又曰有朋自遠冕紳莘莘講習不倦年七十有八熹平三年二月甲子不祿今光化軍乾德縣圖経載此碑景祐中余自夷陵貶所再遷乾德令按圖求碑而壽有墓在穀城界中余率縣學生親拜其墓見此碑在墓側遂

據圖經遷碑還縣立於勑書樓下至今在焉治平元年六月十三日書 右真蹟

後漢郭先生碑 真蹟 歲月未詳

右漢郭先生碑云諱輔字輔成其先出於王季之中子爲文王卿士食菜於虢後世謂之郭歷戰國秦漢子孫流分來居荊土先生其少也孝友而悅學其長也寬舒如好施是以宗親歸懷鄉鄙高尚年五十有二遇疾而終其以而爲如及用鄉鄙字與婁壽碑同蓋漢人如此爾治平元年六月

二十日書

又 集本

右不見書撰人名氏碑在襄州穀城縣界中其辭先生諱輔字輔成其先出自有周王季之中子爲文王卿士食采於虢至于武王錫而封之後世謂之郭春秋之時爲晉所并歷戰國秦漢子孫派分來居荆土氏國立姓焉傳云聖賢之後必有達者先生應焉孝友而說學其長也寬舒如好施是以宗親歸懷鄉鄙高尚年五十有二遇

疾而終其文字古質蓋漢之碑也其用鄉鄙字與漢婁壽碑同其曰寬舒如好施蓋以如字為而也春秋書星隕如雨釋者曰如而也然施於文章以如為而始見于此也

後漢桂陽太守周府君紀功銘 熹平中

此君檢漢書無之今碑石缺不見其名惜乎遂不見於世也南人見紀其所修瀧水即韓文公所謂昌樂瀧者也至今以為利祠宇甚嚴云 右集本

後漢桂陽周府君碑 熹平中

右漢桂陽周府君碑按韶州圖經云後漢桂陽太守周府君碑按廟在樂昌縣西一百一十八里武溪上武溪驚湍激石流數百里昔馬援南征其門人轅寄生善吹笛援為作歌和之名曰武溪深其辭曰滔滔武溪一何深鳥飛不渡獸不能臨嗟哉武溪何毒淫周使君開此溪下合真水桂陽人便之為立廟刻石又云碑在廟中郭蒼文今碑文磨滅云府君字君光而名已訛

缺不可辨圖經但云周使君亦不著其名後漢書又無傳遂不知為何人也按武水源出郴州臨武縣鸕鷀石南流三百里入桂陽而桂陽真水一有梁溪二字盧溪青溪諸水皆與武水合流其俗謂水湍峻為瀧韓退之詩云南下樂昌瀧即此水也碑首題云神漢者如唐人云聖唐爾蓋當時已為此語而史傳他書無之獨見於此碑也右集本

後漢桂陽周府君碑後本熹平中

右漢桂陽周府君碑余初得前本恨其名

遂磨滅後有國子監直講劉仲章者因出其碑而為余言前為樂昌令因道府君事云名憬問其何以見之云碑刻雖闕尚可識也乃以此碑并陰遺余蓋前本特模者不工爾又余初以韓集云昌樂瀧疑其誤乃改從樂昌仲章曰不然縣名樂昌而瀧名昌樂其舊俗所傳如是韓集不誤也乃知古人傳疑而慎於更改者以此 右集本

後漢費府君碑 歲月未詳 集本

右漢梁相費府君碑其名字若云諱汎字

仲慮而況疑為汎慮疑為寬其官閥可見者為蕭令九年沛有蝗獨不入其界國以狀聞朝廷嘉諸拜梁相春秋八十卒其銘頗簡而文字粗字云蘇蘇顯祖厥德懿鑠播勳於前丕碩基業遺愛於民福流於後胙自此磨滅不可識者八字其卒章云功烈休矣來昆勠力而穆字為蘇古文多然

後漢郎中王君碑 光和元年

右漢郎中王君碑云文字磨滅不復成文而僅有存者其名字官閥卒葬年月皆莫

可考惟其碑首題云漢故郎中王君之銘知君為漢人姓王氏而官為郎中爾蓋夫有形之物必有時而獘是以君子之道無獘而其垂世者與天地而無窮顏回高卧於陋巷而名與舜禹同榮是豈有託於物而後傳邪豈有為於事而後著耶故曰久而無獘者道隱而無顯者誠此君子之所貴也若漢王君者託有形之物欲垂無窮之名及其獘也金石何異乎瓦礫治平元年四月晦日書　右真蹟

後漢太尉陳球碑 歲月見本文

右漢太尉陳球碑云君諱球字伯真廣漢太守之元子也又云除郎中尚書符節郎慎陵園令換中東城門候遷繁陽令拜侍御史其後又云拜將作大匠其餘磨滅僅存按後漢書球傳云父亹廣漢太守陽嘉中球舉孝廉稍遷繁陽令太尉掾秉表球零陵太守後累拜司空光和元年遷太尉坐日食免復拜光祿大夫與司徒劉郃等謀誅宦官曹節等不果下獄死球在零陵

破賊胡蘭朱蓋有功威著南邦今碑碣破
蘭蓋事班班可讀與傳皆合惟不著誅官
官事至其卒時文字磨滅不可識惟云六
十有二亦與傳合予所集錄古文與史傳
多異惟此碑所載與列傳同也治平元年
四月晦日書　右真蹟

後漢敬仲碑　歲月見本文

右漢敬仲碑者其姓名字皆不可見惟其
初有敬仲二字尚有可識故以寓其名爾
蓋疑其人姓田氏也大抵文字磨滅比其

他漢碑尤甚字可識者頗多第不成文爾惟云州郡課最臨登大郡又云居喪致哀又云司隸從事治書侍御史又云光和四年閏月庚申此數句粗可讀爾其餘字畫廑存者以漢隸今為難得錄之爾治平元年閏五月二十九日書此與前跋大槩同

後漢無名碑此與前跋大槩同

右漢無名碑文字磨滅其姓氏名字皆不可見其僅可見者云州郡課最臨登大郡又云居喪致哀曾參閔損又曰辟司隸從

事拜治書侍御史又曰耆乾剗之嚴威揚哮虎之武節又曰年六十有三光和四年閏月庚申遭疾而卒其餘字畫尚完者多但不能成文爾夫好古之士所藏之物未必皆（一作能）適世之用惟其埋沒零落之餘尤以為可惜此好古之僻也治平元年六月五日書（右真蹟）

後漢槀長蔡君頌碑（光和四年 真蹟）

右漢槀長蔡君頌碑在鎮府故天章閣待制楊畋嘗為余言漢時隸書在者此為最

佳畋自言平生惟學此字余不甚識隸書因畋言遽遣人之常山求得之遂入于錄

後漢唐君碑 歲月見本文

右漢唐君碑其名已磨滅其字正南云集本作云字正南潁州鄢人也其先出自慶都感赤龍生堯王有天下苗胄枝分相土視居因氏唐爲君父孝廉郎中早卒君繼厥緒躭道好古敦書味詩守舞陽丞潁陽令察能治劇遷豫章其後遂復磨滅雖文字班班可見而不能得其次序其後又云換君昌

陽令吏民慕戀韋君車輪不得行君臣流涕道路琅玕是故從事郡掾刊石樹頌歌君之美據此蓋縣令去思碑爾其後又云光和六年二月壬午朔二十五日丙午則知唐君為後漢時人矣治平元年閏五月二十八日書 右真蹟

後漢朱龜碑 歲月見本文

右漢朱龜碑云字伯靈察孝廉除郎中尚書侍郎以將事去官于時幽州州下滅一字夷侵寇以君為御史中丞討伐其後磨

滅又云鮮卑侵犯障塞復舉君拜幽州刺史年六十四光和六年卒匈之事迹不見史傳其僅見於此碑者如此碑在今亳州界中云將事去官莫曉其語治平元年六月十四日書 右真蹟

後余守亳州徙碑置州學中

後漢小黃門譙君碑 歲月見本文

右漢小黃門譙君碑云君諱敏字漢達年五十七中平二年卒其文不甚磨滅而官閥無所稱述惟云肅將王命守靜韜光以

遠悔咎而已後漢宦者用事靈帝時尤盛敏卒之歲張讓等十二人封侯於斯之時能守靜遠悔是亦可佳然敏一以小黃門而立碑稱頌於此可見宦官之盛也治平元年四月三日書 右真蹟

後漢熊君碑 歲月見本文

右漢熊君碑云君諱喬字舉舉上缺一字其官闕不可詳考其僅可知者劉表時為綏民校尉後遷騎都尉建安二十一年卒享年七十有一其云治歐羊尚書其字非

訛闕而以陽為羊盖古文字少故須假借
至漢字已備而獨假用何哉後云太歲在
甲申上減一字以曆推之當是丙申又云
碑師春陵福造福上減一字當是其姓其
書顯字皆為顯按許慎說文顯從㬎[illegible]而
轉為累其失遠矣莫曉其義也 右集本

後漢俞鄉侯季子碑 歲月未詳

右漢俞鄉侯季子碑云君諱熊字孟下闕
一字廣陵海西人也厥祖天皇大帝垂精
接感篤生聖明子孫享之分源而流枝葉

扶踈出王別胤受爵列土封侯載德君光
武皇帝之玄廣陵之孫俞鄉侯之季子也
由是而後文字鈌滅其稍稍可讀者時得
其一二云六籍五典如源如泉既練州郡
卷舒委隨化流南城政循北辰三祀有成
来臻我邦仁恩如冬日威猛烈夏日吏民
愛若慈父畏如神明其後又云探摭謠言
作詩三章據碑文無卒葬年月而其辭若
此似是德政碑按後漢書光武皇帝子曰
廣陵思王荊荊子元壽等四人皆封鄉侯

史畋而不載其名俞鄉侯者不知為誰也思王荊之第幾子也天皇大帝之語自漢以来有矣右集本

後漢武榮碑歲月未詳

右漢武榮碑云君諱榮字含集本作舍和治魯詩經韋君章句孝經論語漢書史記左氏國語為州書佐郡曹史集本作文學主簿督郵五官掾功曹年三十六南蔡府君察舉孝廉執金吾丞孝桓大憂屯守玄武関加遇害氣遭疾隕靈其餘文字殘缺不見其卒

塋年月又不著氏族所出惟其碑首題云漢故執金吾丞武君之碑云治平元年五月六日書（右真蹟）

後漢秦君碑首（歲月見本文）

漢碑今存者少此篆亦與今文小異勢力勁健可愛（蔡君謨題）

右漢熹平中碑在南陽界中字已摩（或作磨非）滅不可識獨其碑首字大僅存其筆畫頗奇偉蔡君謨甚愛之此君謨過南都所題乃皇祐三年也今一紀矣嘉祐八年九月

十七日書右真蹟

又右集本與真蹟頗不同故兩存

右漢秦君碑首題云漢故南陽太守秦君之碑秦君不知為何人碑在南陽界中字已磨滅不可識獨其碑首字大僅存其筆畫頗奇偉蔡君謨甚愛之

後漢元節碑歲月未詳

右漢元節碑文字磨滅不見其氏族其可見者纔數十字爾云君集本無此字諱立字元節其先出自伊尹其餘不復成文其銘云

於穆從事疑其姓伊而為從事也碑無年月而知為漢人者以其隸體與他漢碑同爾治平元年五月三日書 右真蹟

後漢殘碑 歲月未詳 真蹟

右漢殘碑不知為何人所存者纔三十二字不復成文惟云高字幼知其名高又云漢一有中字興復知為後漢時人而隸字在者甚字體質淳勁非漢人莫能為也故錄之

後漢天祿辟邪字 歲月未詳

右漢天祿辟邪四字在宗資墓前石獸膊

上按後漢書宗資南陽安衆人也今墓在鄧州南陽界中墓前有二石獸刻其髆上一曰天祿一曰辟邪余自天聖中舉進士往來穰（集本作襄）鄧間見之道側迨今三十餘年矣其後集錄古文思得此字屢求於人不能致尚書職方員外郎謝景初家於鄧為余模得之然字畫（集本作或）訛缺不若余見時完也按黨錮傳云資祖均自有傳今後漢書有宋均傳云南陽安衆人而無宗均傳疑黨錮傳轉（集本無此字）寫宋為宗爾蜀

志有宗預南陽安衆人豈安衆當漢時有宗宋二族而字與音皆相近遂至訛繆邪史之失傳如此者多矣嘉祐八年臘日書

集古錄跋尾卷第三

費鳳碑元第九百九十一起坐一作坐起按古碑作望遠

武班碑元第五百五十一書云一無此字又歲一作歲又

曹騰碑元第一百七十一

司隸楊君碑元第六百九十一至六百九十二右漢一有故字

攸同一作股躬益城一作域

樊常侍碑元第一百四十二右漢至序也九十四字一本無

集錄一無錄字古碑一無此二字嘉祐八年十月十四日書一有此十字

鄭固碑元第五百四十一又曰一作云治平元年四月十二日書一有此十字

田君碑元第四百五十一今在一作在今爲姓一作其姓

孫叔敖碑元第二百八十一

王元賞碑元第六百四十一茂才一作材治平元年

五月二日書一有此九字

祝睦碑元第三百一十一皆在今一作今皆在

祝睦後碑元第三百二十一

衡方碑元第九百二十一

張表碑元第四百一十一漢故真蹟圈去漢字張君此下一有

之字

張壽碑元第六百七十一治平元年端午日書一有

此九字

侯君碑元第六百三十一碑文一無文字繆矣一無矣字

劉君墓碑元第七百五十一

北軍中侯郭君碑元第四百三十一

司隸從事郭君碑元第四百四十一

魯峻碑元第五百六十一司空一無二字故得此下一有其字

婁先生碑元第一百五十一偶一作耦謁一作靄

郭先生碑元第五百十一碑云此下一有先生字輔成古碑作甫成

歷一作婁壽二字上一有漢字二十日一作二十二日

周府君紀功銘元第一百八十一

周府君碑元第一百八十一　碑捜一無此二字　桂陽一作桂水或作桂陽桂水　湍峻一作湲

周府君碑後本元附一百八十一　因出其碑而一無此五字

費府君碑元第七百一十一　文字一無此一字　於後一無於字　磨滅不可識者八字一作八字已滅不可識　其卒一無其字　多然一作多如此也　熙寧二年十一月十六日山齋書一有此十三字

王君碑元第六百一

陳球碑元第六百一十一

敬仲碑（元第九百一十一）

無名碑（元第六百八十一）又云（一作曰）

蔡君頌碑（元第五百八十一）為最（一作最為）

唐君碑（元第八百八十一）

朱龜碑（元第二百三十一）

譙君碑（元第五百一十一）

熊君碑（元第九百一）其云（一作其辭有云）熙寧二年十月晦日山齋書（一有此十一字）

季子碑（元第九百三十一）字孟（一本此下再有孟字）夏日（一作矣夏）史略（一無此二字）誰也（一無此二字）天皇（至）有矣

十二字一本無治平元年六月五日書一有卅九字

武榮碑元第五百三十一南古碑作汝南

秦君碑首元第八十一

元節碑元第六百五十一

後漢殘碑元第三百三十一

天祿辟邪字元第七十一集錄一無錄字